DERECHO PENAL

PARTE GENERAL

CONCEPCIÓN MOLINA BLÁZQUEZ
Profesora Ordinaria de Derecho Penal de la Universidad Pontificia Comillas

DERECHO PENAL

PARTE GENERAL

tecnos

Diseño de cubierta:
J. M. Domínguez y J. Sánchez Cuenca

Juan Ignacio Luca de Tena, 15 - 28027 Madrid

PAPEL DE FIBRA CERTIFICADO

ISBN: 978-84-309-8659-0
Depósito Legal: M-17881-2022

Printed in Spain

ÍNDICE

ABREVIATURAS ... *Pág.* 33

BIBLIOGRAFÍA GENERAL ... 35

PRESENTACIÓN ... 41

INTRODUCCIÓN
FUNDAMENTOS CONCEPTUALES, METÓDICOS E HISTÓRICOS

TEMA 1. CONCEPTO DE DERECHO PENAL ... 45

I. DERECHO PENAL OBJETIVO ... 45

1. Definición, objeto y contenidos fundamentales ... 45
2. Denominación ... 46
3. Derecho Penal común y Derecho Penal especial ... 46
4. Derecho Penal normal y Derecho Penal de excepción ... 47

II. DERECHO PENAL SUBJETIVO ... 47

1. Definición de Derecho Penal subjetivo ... 47
2. Fundamento y naturaleza ... 48

A) *Fundamento del* ius puniendi ... 48
B) *Fundamento de la titularidad exclusiva del Estado* ... 48
C) *Mediación y conciliación; la Justicia restaurativa* ... 48

3. Límites formales del *ius puniendi* ... 49

A) *Por razón del titular* ... 50
B) *Por su vinculación al Derecho objetivo* ... 50
C) *Por razón del órgano jurisdiccional* ... 50

4. Límites materiales del *ius puniendi* ... 50

A) *Función del Estado, del Derecho Penal de la pena* ... 51
B) *Límites materiales del Derecho Penal* ... 52

a) El Principio de la mínima intervención penal ... 52
b) La protección de bienes jurídicos y de valores ético-sociales ... 52
c) El Principio de culpabilidad ... 54
d) El Principio de proporcionalidad ... 54
e) El Principio de *non bis in idem* ... 55
f) La dignidad de la persona ... 55

TEMA 2. POSICIÓN Y DELIMITACIÓN DEL DERECHO PENAL DENTRO DEL ORDENAMIENTO JURÍDICO ... 56

I. EL DERECHO PENAL COMO RAMA DEL DERECHO PÚBLICO ... 56
II. RELACIONES DEL DERECHO PENAL CON OTRAS RAMAS DEL ORDENAMIENTO JURÍDICO ... 56

1. DERECHO PENAL Y DERECHO CONSTITUCIONAL 56
2. DERECHO PENAL Y DERECHO PROCESAL PENAL 57
3. DERECHO PENAL Y DERECHO ADMINISTRATIVO 57

A) *Delimitación del problema* 58
B) *Intentos de solución* 58

a) Intentos doctrinales de delimitación 58
b) Solución española 59

4. DERECHO PENAL Y DERECHO INTERNACIONAL 62
5. DERECHO PENAL Y DERECHO PRIVADO 62

III. LA LLAMADA NATURALEZA SECUNDARIA DEL DERECHO PENAL 63

TEMA 3. LAS CIENCIAS PENALES 65

I. CIENCIAS NORMATIVAS 65

1. LAS CIENCIAS DEL DERECHO PENAL 65

A) *La Dogmática jurídico-penal* 66

a) Concepto y objeto 66
b) Método 66

B) *El Derecho Procesal penal* 67
C) *El Derecho de Ejecución de la pena* 67

2. LA POLÍTICA CRIMINAL 68

A) *Concepto* 68
B) *Contenido* 68
C) *Relaciones con la Dogmática jurídico-penal* 69

3. LAS DISCIPLINAS FUNDAMENTADORAS 70

A) *La Filosofía del Derecho Penal* 70
B) *La Historia del Derecho Penal* 71
C) *El Derecho Penal comparado* 71

II. LA CRIMINOLOGÍA 72

1. CONCEPTO DE CRIMINOLOGÍA 73
2. OBJETO DE LA CRIMINOLOGÍA 73
3. EL SISTEMA CRIMINOLÓGICO 75

A) *Fenomenología criminal* 75
B) *Victimología* 76
C) *Criminología general* 77
D) *Criminología clínica* 77

a) Diagnóstico criminológico 77
b) Etiología criminológica 78
c) Pronóstico criminológico 78
d) Terapia criminológica 79

4. LOS MÉTODOS EN CRIMINOLOGÍA 79

A) *Estudios sobre grupos criminológicos concretos* 79
B) *Estudio clínico sobre casos concretos* 80

5. CORRIENTES CONTEMPORÁNEAS 80
6. VALORACIÓN DEL ESTADO ACTUAL DE LA CRIMINOLOGÍA 81

III. CIENCIAS AUXILIARES DEL DERECHO PENAL 82

1. LA MEDICINA LEGAL Y LA PSIQUIATRÍA FORENSE 83
2. LA PSICOLOGÍA JUDICIAL 83

3. La Policía Científica 83
4. La Estadística criminal 83

TEMA 4. EVOLUCIÓN HISTÓRICO-DOCTRINAL DEL DERECHO PENAL MODERNO. 85

I. EL DERECHO PENAL DEL ANTIGUO RÉGIMEN 85
II. EL PENSAMIENTO PENAL DE LA ILUSTRACIÓN Y EL MOVIMIENTO REFORMISTA 86
III. LA LUCHA DE ESCUELAS EN ITALIA 87

1. La escuela Clásica 88
2. La escuela Positiva 88
3. La lucha entre la Escuela Clásica y la Positiva 89
4. Teorías intermedias 90

IV. EL POSITIVISMO 90

1. El positivismo jurídico 91
2. El positivismo naturalista 91

V. LA CIENCIA DEL DERECHO PENAL EN EL SIGLO XX 92

1. Reacción antiformalista 92

A) *Renacimiento filosófico* 92

a) La Filosofía de los Valores 92
b) El iusnaturalismo 93

B) *La defensa social* 93

2. El Derecho Penal entre las dos guerras mundiales 94
3. El Derecho Penal posterior a la Segunda Guerra Mundial 95

A) *Reacción iusnaturalista* 95
B) *Controversias dogmáticas* 96

VI. CORRIENTES CONTEMPORÁNEAS 96

1. Directrices de política criminal 96
2. Relación entre las Ciencias Penales 99
3. Orientaciones de la teoría general del delito 100

VII. LA CIENCIA ESPAÑOLA DEL DERECHO PENAL 101

1. Los precursores 101
2. La Ilustración 102
3. El clasicismo en España 102
4. El Correccionalismo 103

A) *Los krausistas* 103
B) *Los correccionalistas* 104

5. La Criminología 105
6. La Dogmática jurídico-penal 106

TEMA 5. EVOLUCIÓN HISTÓRICO-LEGAL DEL DERECHO PENAL 107

I. EL PERÍODO ANTERIOR A LA CODIFICACIÓN 107
II. EL CÓDIGO PENAL DE 1822 108
III. EL CÓDIGO PENAL DE 1848 Y LA REFORMA DE 1850 109
IV. LA REFORMA DEL CÓDIGO PENAL DE 1870 110
V. EL CÓDIGO PENAL DE 1928 110
VI. LA REFORMA DEL CÓDIGO PENAL DE 1932 111
VII. EL CÓDIGO PENAL, TEXTO REFUNDIDO DE 1944 111

VIII. EL TEXTO REFUNDIDO DE 1973 112

1. La Ley de Reforma urgente y parcial del Código Penal de 1983 112
2. La Ley Orgánica de Actualización del Código Penal de 1989 113

IX. LOS PROYECTOS DE REFORMA DE LA LEGISLACIÓN PENAL 113

1. Proyecto de Ley Orgánica de Código Penal de 1980 114
2. Propuesta de Anteproyecto de nuevo Código Penal de 1983 114
3. Proyecto de Código Penal de 1992 114

X. EL CÓDIGO PENAL DE 1995 115
XI. PRINCIPIOS INFORMADORES DEL CÓDIGO PENAL ESPAÑOL 118
XII. LEGISLACIÓN PENAL COMPLEMENTARIA Y ESPECIAL 119

1. Leyes que complementan el Código Penal 120
2. Leyes penales especiales 120

PRIMERA PARTE
TEORÍA DE LA NORMA PENAL

TEMA 6. FUENTES DEL DERECHO PENAL 125

I. EL PRINCIPIO DE LEGALIDAD 125

1. Origen y evolución del principio de legalidad 125
2. Significado del principio de legalidad 127
3. Garantías derivadas del principio de legalidad 127

A) *Garantía criminal* 127
B) *Garantía penal* 128
C) *Garantía judicial* 128
D) *Garantía de ejecución* 128

4. El principio de legalidad en el Ordenamiento Jurídico español 128
5. Vigencia incompleta del principio de legalidad 130

A) *Fijación del tipo penal* 130
B) *Determinación de la pena* 131
C) *Los estados peligrosos* 131
D) *Conclusión* 131

II. LAS DIVERSAS FUENTES DEL DERECHO PENAL 131

1. La Ley 132

A) *La reserva de ley orgánica* 132
B) *Los decretos legislativos* 135
C) *El decreto-ley* 136
D) *Los bandos militares* 136

2. La costumbre 137
3. Los principios generales del Derecho 138
4. Los Tratados Internacionales 138
5. La jurisprudencia 139

A) *Estructura de una sentencia penal del Tribunal Supremo* 139
B) *Congruencia de las sentencias del Tribunal Supremo* 139
C) *Valor de las sentencias del Tribunal Supremo como fuentes de Derecho Penal* 140

6. El papel de la doctrina científica 140
7. La analogía 141

A) *Concepto de analogía* 141
B) *Derecho comparado* 141

C) *Legislación española* 142
D) *Casos dudosos* 142

TEMA 7. LA NORMA PENAL 144

I. ESTRUCTURA DE LA NORMA PENAL 144

1. Presupuesto y consecuencia de la norma penal 144
2. Diferencias entre norma y ley penal 145
3. La ley penal como norma de valoración y norma de determinación 145

II. LOS DESTINATARIOS DE LA NORMA PENAL 146
III. CLASES DE NORMAS PENALES 146

1. Normas penales completas e incompletas 146
2. Las leyes penales en blanco 147

TEMA 8. INTERPRETACIÓN Y DETERMINACIÓN DE LA LEY PENAL APLICABLE 149

I. LA INTERPRETACIÓN DE LA LEY PENAL 149

1. Concepto y objeto 149
2. Clases de interpretación 149

II. EL CONCURSO DE NORMAS PENALES 150

1. Concepto de concurso de normas penales 151
2. Distintas relaciones entre las normas penales 151

A) *Relación de especialidad* 151
B) *Relación de subsidiariedad* 152
C) *Relación de consunción* 152
D) *Relación de alternatividad* 153

3. El concurso de leyes en el derecho positivo español 153

III. EL PRINCIPIO DE PRESUNCIÓN DE INOCENCIA Y EL PRINCIPIO DEL *IN DUBIO, PRO REO* 154

1. El principio de presunción de inocencia 154
2. El principio del *in dubio, pro reo* 155

TEMA 9. VIGENCIA TEMPORAL DE LA LEY PENAL 157

I. PRINCIPIO GENERAL: IRRETROACTIVIDAD DE LA LEY PENAL 157

1. Legislación española 158
2. Fundamento y extensión 158

II. RETROACTIVIDAD DE LA LEY PENAL MÁS FAVORABLE 159

1. Legislación española 159
2. Fundamento y extensión 159
3. Determinación de la ley penal más favorable 160
4. Algunos casos especiales 161

A) *Leyes intermedias* 161
B) *Leyes temporales* 161
C) *Leyes que regulan los plazos de prescripción* 162
D) *Normas que regulan la ejecución de las penas* 163

TEMA 10. VIGENCIA ESPACIAL DE LA LEY PENAL 166

I. EL PRINCIPIO DE TERRITORIALIDAD 166

1. Presupuestos 167
2. Determinación del territorio español 167

A) *Espacio terrestre* ... 167
B) *Espacio marítimo* ... 167
C) *Espacio aéreo* ... 168

II. PRINCIPIOS COMPLEMENTARIOS ... 169

1. Principio personal o de nacionalidad ... 169
2. Principio real o de protección ... 170
3. Principio de comunidad de intereses; Jurisdicción Universal ... 170

III. LA EXTRADICIÓN ... 176

1. Concepto, fundamento y naturaleza ... 176
2. Clases de extradición ... 177
3. Fuentes de la extradición ... 177

A) *Fuentes de la extradición activa* ... 177
B) *Fuentes de la extradición pasiva* ... 178

4. La orden de detención europea (euro-orden) y los procedimientos de entrega ... 179
5. Principios informadores en materia de extradición ... 180

A) *Por razón del delito* ... 180

a) Principio de legalidad ... 180
b) Principio de identidad o doble incriminación ... 180
c) Principio de especialidad ... 181
d) No entrega por delitos políticos ... 181
e) No entrega por delitos militares ... 183
f) *Minima non curat praetor* ... 184
g) Delitos perseguibles a instancia de parte ... 184
h) Delitos cometidos por medios audiovisuales ... 184

B) *Por razón del delincuente* ... 185
C) *Por razones humanitarias* ... 186

IV. EL DERECHO DE ASILO Y LA PROTECCIÓN SUBSIDIARIA ... 186

SEGUNDA PARTE
LA TEORÍA DEL DELITO

SECCIÓN PRIMERA
CONCEPTO DEL DELITO

TEMA 11. EL CONCEPTO JURÍDICO DEL DELITO ... 193

I. EL CONCEPTO FORMAL DEL DELITO ... 193
II. EL CONCEPTO MATERIAL DEL DELITO ... 194
III. EVOLUCIÓN HISTÓRICO-DOGMÁTICA DE LA TEORÍA DEL DELITO ... 195

1. El causalismo ... 196

A) *La escuela clásica en Italia* ... 196

a) Postura filosófica ... 196
b) Teorías penales ... 196
c) Influjo de la escuela clásica italiana ... 197

B) *La escuela clásica en Alemania* ... 197

a) Postura filosófica ... 197
b) Teorías penales ... 198
c) Valoración de la escuela clásica alemana ... 199
d) Influjo en España ... 199

C) *La escuela neoclásica* 200

a) Postura filosófica 200
b) Teorías penales 200
c) Valoración de la escuela neoclásica 201
d) Influjo en España 201

2. La Escuela de Kiel 202
3. El finalismo 203

A) *La doctrina finalista de Welzel* 203

a) Postura filosófica 203
b) Teorías penales 204
c) Valoración del finalismo 205
d) Influjo en España 206

B) *De la prevención general a la sistemática finalista* 206

a) Postura doctrinal 206
b) Teorías penales 207
c) Valoración 207
d) Influjo de estas teorías 207

C) *Influjo actual del finalismo en España* 208

IV. EL CONCEPTO DEL DELITO EN EL DERECHO PENAL ESPAÑOL 208

1. Definición del delito 208
2. Significado y función de la definición legal 209

V. CLASIFICACIÓN DE LAS INFRACCIONES PENALES POR SU GRAVEDAD 209

SECCIÓN SEGUNDA
ELEMENTOS ESENCIALES DEL DELITO

TEMA 12. LA ACCIÓN COMO ELEMENTO BÁSICO DEL DELITO 215

I. EVOLUCIÓN DOCTRINAL DEL CONCEPTO DE ACCIÓN 215

1. Diversos significados de la palabra «acción» 215
2. La polémica doctrinal acerca del concepto de acción 216

A) *Funciones del concepto de acción* 216
B) *Concepto causal de la acción* 217

a) Exposición del concepto causal 217
b) Valoración del concepto causal 219

C) *Concepto final de la acción* 220

a) Exposición del concepto finalista 220
b) Valoración del concepto finalista 222

D) *La doctrina social de la acción* 224

a) Precursores 224
b) Formulación de Jescheck 224
c) Valoración 225

3. Límites del concepto de acción y del de tipicidad 226

A) *Funciones del concepto de acción* 226
B) *Función de la tipicidad* 226
C) *Valoración de la distinción entre acción y tipicidad* 227

a) Razones a favor de la distinción 227
b) Importancia de la distinción 228

II. LA ACCIÓN COMO CONDUCTA HUMANA ... 229

1. Concepto de conducta humana ... 229

A) *El actuar humano* ... 229
B) *Cuadro sinóptico de la conducta humana* ... 230
C) *Definición de conducta humana* ... 231
D) *Concepto del voluntario* in se *y del voluntario* in causa ... 232

2. Valoración del anterior concepto de acción ... 233

A) *Actividad y pasividad* ... 234
B) *Intención e imprudencia* ... 235

III. ELEMENTO OBJETIVO DE LA CONDUCTA HUMANA. LA RELACIÓN DE CAUSALIDAD ... 237

1. Teorías individualizadoras ... 238
2. Teorías generalizadoras ... 238
3. La imputación personal ... 239

IV. ELEMENTO SUBJETIVO DE LA ACCIÓN ... 240

1. El dolo ... 240

A) *Concepto de dolo* ... 240
B) *Elementos del dolo* ... 241

a) Elemento intelectual ... 241
b) Elemento volitivo ... 241

C) *Clases de dolo* ... 242

2. La culpa ... 243

A) *Concepto de culpa* ... 243
B) *Elementos de la culpa* ... 244

a) Elemento intelectual ... 244
b) Elemento volitivo ... 244

C) *Clases de culpa* ... 246

TEMA 13. CAUSAS DE EXCLUSIÓN DE LA ACCIÓN ... 247

I. LA FUERZA IRRESISTIBLE ... 247

1. Concepto ... 247
2. Naturaleza jurídica ... 247
3. Extensión ... 248

A) *Casos tradicionalmente considerados* ... 248
B) *Movimientos reflejos* ... 248

II. LOS ESTADOS DE INCONSCIENCIA ... 249

1. El sueño y el sonambulismo ... 249
2. La embriaguez letárgica ... 250
3. La hipnosis ... 250

III. EL CASO FORTUITO ... 251

1. Concepto ... 251
2. Naturaleza jurídica ... 251

A) *Opiniones doctrinales* ... 251
B) *Tratamiento legislativo* ... 252

TEMA 14. TEORÍA GENERAL DEL INJUSTO 254

I. EVOLUCIÓN HISTÓRICO-DOGMÁTICA DE LOS CONCEPTOS DE ANTIJURIDICIDAD Y TIPICIDAD Y DE SU RELACIÓN 255

1. Antijuridicidad formal y antijuridicidad material 255
2. Evolución de la teoría del tipo y de su relación con la antijuridicidad 256

A) *La escuela clásica* 256
B) *La escuela neoclásica* 257
C) *La escuela finalista* 257
D) *La teoría sobre los elementos negativos del tipo* 258

II. EL CONTENIDO DEL INJUSTO 258

1. Elementos del injusto: la tipicidad y la antijuridicidad 258
2. Contenido objetivo/subjetivo del injusto 261
3. Naturaleza jurídica del injusto: norma de valoración/norma de determinación 263

TEMA 15. LA TIPICIDAD 265

I. DIVERSAS ACEPCIONES DEL TÉRMINO «TIPO» 265
II. FUNCIONES DEL TIPO 265

1. El tipo y el principio de legalidad 266
2. Función indiciaria del tipo 266

III. FUNDAMENTO DE LA TIPICIDAD: EL BIEN JURÍDICO PROTEGIDO 266

1. Concepto de bien jurídico protegido 267
2. Bien jurídico protegido y objeto material 267
3. Funciones del bien jurídico protegido 268
4. Clases de delitos por su relación con el bien jurídico protegido 269

IV. LA FORMULACIÓN DE LOS TIPOS Y EL PRINCIPIO DE LEGALIDAD 270

TEMA 16. EL TIPO OBJETIVO 271

I. ELEMENTOS DE LOS TIPOS 271

1. Elementos descriptivos y normativos 271
2. Elementos objetivos y subjetivos 272
3. Las condiciones objetivas de punibilidad 272

II. LOS SUJETOS Y EL OBJETO MATERIAL DE LA ACCIÓN TÍPICA 273

1. El sujeto activo 273
2. El sujeto pasivo 274
3. El objeto material 275

III. TIEMPO Y LUGAR DE LA ACCIÓN TÍPICA 275

1. Teorías doctrinales 275
2. Soluciones más aceptadas 276
3. Solución legal 276

IV. ESTRUCTURA DE LOS TIPOS PENALES 277

1. Delitos sin resultado 278

A) *Delitos formales* 278
B) *Delitos de simple omisión o de omisión propia* 278
C) *Diferenciación de los delitos por actividad y por pasividad* 279

2. Delitos con resultado 279

A) *Delitos materiales* 279

B) *La imputación del resultado* ... 279

a) Teoría de la adecuación ... 280
b) Teoría de la relevancia jurídica ... 281
c) Teoría de la imputación objetiva ... 282
d) Doctrina jurisprudencial sobre la imputación del resultado a la acción ... 286

C) *Delitos de comisión por omisión o de omisión impropia* ... 288
D) *La omisión de garante* ... 291

V. CONEXIÓN DE LOS TIPOS ... 292

1. Tipos simples ... 292
2. Tipos compuestos ... 293

TEMA 17. EL TIPO SUBJETIVO Y AUSENCIA DE TIPICIDAD ... 294

I. EL ELEMENTO SUBJETIVO EN LA LEGISLACIÓN ESPAÑOLA ... 294
II. EL DOLO ... 294

1. Clases históricas de dolo ... 295

A) *El* versari in re illicita ... 295
B) *Otras formas históricas de dolo* ... 296

2. El dolo en el Código Penal vigente ... 297

A) *Inclusión legislativa del dolo* ... 297
B) *Elementos que abarca el dolo* ... 298

3. La actual clasificación del dolo ... 298

A) *Teoría de la probabilidad* ... 299
B) *Teoría del consentimiento* ... 299
C) *Valoración de ambas teorías* ... 300

4. Los elementos subjetivos del tipo ... 301

A) *Origen histórico* ... 301
B) *Clasificación de* Mezger ... 301
C) *Elementos diferenciales* ... 302

III. LA IMPRUDENCIA ... 303

1. Fundamentación de la punición de la imprudencia ... 303

A) *Fundamentación del injusto en el hecho imprudente* ... 303
B) *Elemento fundamentador del injusto del hecho imprudente* ... 305

2. La imprudencia en el Código Penal español ... 306

A) *Denominación* ... 306
B) *Política criminal* ... 306

a) Principios de política criminal ... 306
b) Delitos que admiten la comisión imprudente ... 308

C) *La imprudencia en el Código Penal* ... 309

a) La estructura del tipo imprudente ... 309
b) Especies básicas: la imprudencia grave, la imprudencia menos grave y la imprudencia leve ... 312
c) La profesionalidad ... 315
d) La imprudencia utilizando vehículos a motor y ciclomotores ... 317
e) Cualificación por utilización de armas ... 318

D) *La acción imprudente con varios resultados* ... 318
E) *Concurrencia de culpas* ... 322

IV. FORMAS MIXTAS DE DOLO E IMPRUDENCIA ... 322

1. La preterintencionalidad ... 323
2. Los delitos cualificados por el resultado ... 323

V. AUSENCIA DE TIPICIDAD ... 324

1. Ausencia de tipicidad ... 324
2. Causas de exclusión de la tipicidad ... 326

A) *La adecuación social* ... 326
B) *El riesgo permitido* ... 327
C) *Otras causas de exclusión de la tipicidad* ... 328

TEMA 18. LA ANTIJURIDICIDAD: AUSENCIA DE JUSTIFICACIÓN ... 331

I. TEORÍA GENERAL DE LAS CAUSAS DE JUSTIFICACIÓN ... 332

1. Fundamento de las causas de justificación ... 332

A) *Ausencia de interés* ... 332
B) *Interés preponderante* ... 333

2. Naturaleza objetiva/subjetiva ... 334
3. Efectos de las causas de justificación ... 335

II. EL CUMPLIMIENTO DE UN DEBER ... 336

1. Concepto ... 336
2. Fundamento ... 337
3. Naturaleza jurídica ... 337
4. Extensión ... 337
5. Requisitos ... 339

III. EL EJERCICIO LEGÍTIMO DE UN DERECHO, OFICIO O CARGO ... 339

1. Concepto ... 339
2. Fundamento y naturaleza jurídica ... 340
3. Extensión ... 340

A) *El derecho a la corrección* ... 340
B) *Las lesiones en los deportes* ... 341
C) *El tratamiento médico* ... 342

a) Tratamientos médicos coactivos ... 342
b) Tratamientos voluntarios ... 343

D) *El ejercicio de la abogacía* ... 345

4. Requisitos ... 345

IV. LA LEGÍTIMA DEFENSA ... 346

1. Concepto ... 346
2. Fundamento ... 346
3. Naturaleza jurídica ... 348
4. Extensión ... 348

A) *Bienes defendibles* ... 348
B) *Personas que pueden defenderlos* ... 349

5. Requisitos legales ... 349

V. EL ESTADO DE NECESIDAD ... 351

1. Concepto ... 351

A) *Texto legal* ... 351
B) *Definición doctrinal* ... 352
C) *Diferencias con otras causas de justificación* ... 352

2. Fundamento y naturaleza jurídica 353
3. Extensión 354
A) *Bienes y derechos incluidos* 355
B) *El auxilio necesario* 355
4. Requisitos 355
A) *Estado de necesidad* 355
a) Situación de peligro 356
b) Necesidad de lesionar un bien jurídico 356
c) El elemento subjetivo 357
B) *Ponderación de los males* 358
C) *Falta de intencionalidad* 358
D) *Obligación de sacrificarse* 359
VI. EL CONSENTIMIENTO DEL OFENDIDO 360
1. Concepto 360
2. Fundamento y naturaleza jurídica 360
3. Extensión 361
4. Requisitos 361
TEMA 19. LA CULPABILIDAD 362
I. CONCEPTO JURÍDICO-PENAL DE LA CULPABILIDAD 362
1. Concepto de culpabilidad 363
2. Evolución histórica del principio de culpabilidad 363
II. FUNDAMENTO DE LA CULPABILIDAD 364
1. El libre albedrío 364
A) *El conocimiento científico* 364
B) *Concepto de libertad* 365
C) *Pruebas de la existencia de la libertad* 366
a) La introyección de los propios actos 366
b) El consentimiento universal 367
c) La contemplación del mundo jurídico 367
d) Valoración de las pruebas anteriores 368
D) *Límites de la libertad* 368
E) *La influencia de las Neurociencias en el Derecho Penal* 370
2. Otras fundamentaciones 371
A) *Necesidad de la pena* 371
B) *Normalidad de la motivación* 372
C) *Teoría comunicativa de la culpabilidad* 374
3. Valoración 375
A) *Examen crítico de las fundamentaciones* 375
B) *Labor del Juez penal* 376
III. NATURALEZA DE LA CULPABILIDAD 376
1. Teoría psicológica 376
2. Teoría normativa mixta 377
3. Teoría estrictamente normativa 378
IV. ESTRUCTURA DE LA CULPABILIDAD 379
V. EFECTOS DE LAS CAUSAS DE EXCLUSIÓN DE LA CULPABILIDAD 379

TEMA 20. LA IMPUTABILIDAD 380

I. CONCEPTO DE IMPUTABILIDAD 380

1. Definición 380
2. Efectos de la imputabilidad 381
3. Naturaleza jurídica de la imputabilidad 381

II. LA INIMPUTABILIDAD 381

1. Formulación de las causas de inimputabilidad 381
2. Medidas aplicables 382

III. EL MOMENTO DE LA IMPUTABILIDAD 382

1. Regla general 382
2. Las *actiones liberae in causa* 383

A) *Teoría general de las* actiones liberae in causa 383
B) *Las* actiones liberae in causa *en la legislación anterior al Código Penal de 1995.* 384
C) *Las* actiones liberae in causa *en el Código Penal de 1995* 385
D) *Valoración crítica* 386

IV. NOCIONES DE PSICOPATOLOGÍA 387

1. Las psicosis 387

A) *Concepto y clasificación* 387
B) *Psicosis orgánicas* 388

a) Las epilepsias 388
b) Psicosis tóxicas. Trastornos mentales debidos al consumo de sustancias psicotrópicas 389
c) Psicosis traumáticas. Síndrome posconmocional o cerebral postraumático 390
d) Psicosis seniles. Demencias seniles 390
e) Otras psicosis orgánicas. Trastornos mentales debidos a enfermedad somática 390

C) *Psicosis funcionales* 390

a) La esquizofrenia 390
b) La paranoia 391
c) La psicosis maniaco-depresiva o trastorno bipolar 392

2. Las neurosis 392

A) *Concepto y clasificación* 393
B) *Neurosis actuales* 394

a) Neurosis de terror 394
b) Neurosis de angustia 394
c) Neurastenia 395

C) *Neurosis funcionales* 395

a) La histeria 395
b) La obsesión 396

3. Las depresiones 397
4. Las psicopatías 397

A) *Concepto de psicopatía* 397
B) *Diferencias con las psicosis y con las neurosis* 398
C) *Diversos tipos de psicopatías* 398

a) La escuela americana 399
b) La escuela alemana 399

c) Clasificación Internacional de las Enfermedades (CIE-10) de la Organización Mundial de la Salud 399
d) Valoración 400

5. El retraso mental 400

V. LAS CAUSAS DE INIMPUTABILIDAD EN EL CÓDIGO PENAL DE 1995 401

1. Anomalías y alteraciones psíquicas 401

A) *Historia* 401
B) *La fórmula legal vigente* 402

a) Elemento biológico 402
b) Elemento psicológico 403
c) Aplicación de la eximente 403

2. La intoxicación plena 404
3. El síndrome de abstinencia 405

A) *Elemento biológico* 405
B) *Elemento psicológico* 406
C) *La* actio libera in causa 406

4. Las alteraciones en la percepción 407
5. La menor edad 407

A) *Los códigos penales del siglo* xix 407
B) *Los códigos penales del siglo* xx 408
C) *La solución actual* 408

TEMA 21. CONCIENCIA DE LA ANTIJURIDICIDAD 410

I. LA CONCIENCIA DE LA ANTIJURIDICIDAD 410

1. Concepto 410
2. Contenido 410
3. Importancia para la culpabilidad 411

II. LA PROBLEMÁTICA DEL ERROR 412

1. Concepto de error 412
2. Clases de error 413

A) *Error esencial y accidental* 413
B) *Error invencible y vencible* 413
C) *Error propio e impropio* 414
D) *Error de tipo y de prohibición* 414

a) Concepto 414
b) Historia de la clasificación 415
c) Contenido 416

3. Naturaleza jurídica 416

A) *Teoría del dolo* 417
B) *Teoría estricta de la culpabilidad* 417
C) *Teoría restringida de la culpabilidad* 418
D) *Conclusión* 419

4. Regulación jurídica del error propio 419

A) *Regulación del error propio* 419

a) Texto legal 419
b) Regulación del error de tipo 420
c) Regulación del error de prohibición 421

B) *Regulación del error impropio* 421

a) Error impropio sin error *in delicto* 421
b) Error *in delicto* 423
c) Conclusión 424

C) *El delito imaginario* 424

5. Resumen sobre el error 424

TEMA 22. LA EXIGIBILIDAD DE OTRA CONDUCTA 426

I. LA EXIGIBILIDAD DE LA CONDUCTA 426

1. Concepto diferencial 426
2. Naturaleza jurídica 427

II. LAS CAUSAS DE EXCULPACIÓN 430

1. El miedo insuperable 430

A) *Concepto diferencial* 430
B) *Texto legal* 431
C) *Naturaleza jurídica* 431
D) *Requisitos* 432

a) Miedo insuperable 432
b) Realidad del mal 433

2. El estado de necesidad exculpante 433
3. El encubrimiento entre ciertos parientes 434

A) *Texto legal* 435
B) *Naturaleza jurídica* 435
C) *Requisitos* 435

a) Parientes comprendidos 435
b) Formas de encubrimiento exentas 436
c) Responsabilidad civil 436

4. La condición de víctima de trata de seres humanos 437

TEMA 23. LA PUNIBILIDAD 438

I. LA PUNIBILIDAD COMO ELEMENTO DEL DELITO 438

1. Historia 438
2. Concepto diferencial 439
3. Naturaleza jurídica 439
4. Efectos de la exclusión de la punibilidad 440

II. CAUSAS DE EXCLUSIÓN DE LA PUNIBILIDAD 440

1. Causas personales 440

A) *Nociones* 441
B) *Exenciones* 441

a) Jefes de Estado extranjeros 441
b) Diplomáticos 442

C) *Inviolabilidades* 442

a) El Rey 442
b) El Defensor del Pueblo 443
c) Los parlamentarios 443

D) *Inmunidades* 444

2. Las excusas absolutorias 444

A) *Las sustracciones entre ciertos parientes* 445

a) Texto legal 445
b) Parientes comprendidos 445
c) Delitos incluidos 446
d) Breve crítica 446

B) *Rebelión y sedición* 446
C) *El resto de las excusas absolutorias* 447

3. Las condiciones objetivas de procedibilidad 447

A) *Concepto diferencial* 447
B) *Acto jurídico anterior* 448
C) *Delitos perseguibles a instancia de parte* 448

SECCIÓN TERCERA
EL DELITO CIRCUNSTANCIADO

TEMA 24. LAS CIRCUNSTANCIAS MODIFICATIVAS 451

I. TEORÍA GENERAL DE LAS CIRCUNSTANCIAS MODIFICATIVAS 451

1. Naturaleza jurídica 451
2. Clasificaciones 453
3. Comunicabilidad 453
4. Inherencia 457
5. Incompatibilidades 458

II. LAS CIRCUNSTANCIAS ATENUANTES 458

1. Las eximentes incompletas 458

A) *Texto legal* 459
B) *Naturaleza jurídica* 459
C) *Interpretación* 459

a) Eximentes comprendidas 459
b) Requisitos mínimos 460
c) Medidas aplicables 460

D) *Inherencia* 460
E) *Incompatibilidades* 460
F) *Eficacia penológica* 461

2. Las atenuantes ordinarias 461

A) *La adicción* 461

a) Texto legal 461
b) Interpretación 461
c) Límites 462
d) Inherencia 463

B) *Los estados emocionales* 463

a) Texto legal 463
b) Interpretación 464
c) Inherencia 465

C) *La confesión* 465

a) Texto legal 465
b) Interpretación 466
c) Inherencia 466

D) *La reparación del daño* 466

a) Texto legal 467
b) Interpretación 467
c) Inherencia 468

E) *Las dilaciones indebidas* 468

a) Texto legal 468
b) Interpretación 468

3. La atenuante por analogía 469

A) *Texto legal* 469
B) *Interpretación* 469

III. LAS CIRCUNSTANCIAS AGRAVANTES 470

1. La alevosía 470

A) *Texto legal* 470
B) *Interpretación* 471

a) Concepto de alevosía 471
b) Limitación a los delitos contra las personas 472

C) *Comunicabilidad* 472
D) *Inherencia* 472
E) *Incompatibilidades* 472

2. El abuso de superioridad 473

A) *Texto legal* 473
B) *Interpretación* 473
C) *Comunicabilidad* 474

3. El precio, recompensa o promesa 474

A) *Texto legal* 474
B) *Interpretación* 474
C) *Comunicabilidad* 475
D) *Inherencia* 475

4. Motivos discriminatorios 475

A) *Texto legal* 475
B) *Interpretación* 475
C) *Comunicabilidad* 476
D) *Inherencia* 477

5. El ensañamiento 477

A) *Texto legal* 477
B) *Interpretación* 477
C) *Comunicabilidad* 478
D) *Inherencia* 478
E) *Incompatibilidades* 478

6. El abuso de confianza 479

A) *Texto legal* 479
B) *Interpretación* 479
C) *Comunicabilidad* 479
D) *Inherencia* 479
E) *Incompatibilidades* 480

7. El carácter público 480

A) *Texto legal* 480
B) *Interpretación* 480

C) *Comunicabilidad* 480
D) *Inherencia* 480

8. La reincidencia 481

A) *Texto legal* 482
B) *Interpretación* 482
C) *Comunicabilidad* 482

IV. LA MAL LLAMADA CIRCUNSTANCIA MIXTA DE PARENTESCO 483

1. Texto legal 483
2. Interpretación 483
3. Comunicabilidad 484
4. Inherencia 484

SECCIÓN CUARTA
FORMAS DE APARICIÓN DEL DELITO

TEMA 25. EL GRADO DE EJECUCIÓN DEL DELITO 487

I. LA FASE INTERNA 487
II. LAS FORMAS DE RESOLUCIÓN MANIFESTADA 488

1. Concepto 488
2. Historia 489
3. Naturaleza jurídica 489
4. Formas punibles 490

A) *La conspiración* 490
B) *La proposición* 491
C) *La provocación* 492
D) *La apología del delito* 493
E) *El agente provocador* 494

III. LOS ACTOS PREPARATORIOS 495

1. Concepto 495
2. Historia 495
3. Límites respecto a los actos de ejecución 495

IV. LA TENTATIVA 497

1. Concepto 497
2. Texto legal 498
3. Elementos 498

A) *Elementos positivos* 498
B) *La evitación voluntaria de la consumación del delito* 499

a) El desistimiento con un solo partícipe en el delito 499
b) El desistimiento de uno de los partícipes 500

4. La tentativa inidónea 501

A) *Concepto* 501
B) *Naturaleza jurídica y punición* 501
C) *Límites* 502

V. LA CONSUMACIÓN DEL DELITO 502

1. Concepto 503
2. Texto legal 503
3. Distinción con el agotamiento 503

TEMA 26. LA CODELINCUENCIA 504

I. LA DISTINCIÓN ENTRE AUTOR Y PARTÍCIPE 504

1. Planteamiento del problema 504

A) *Enfoque ontológico* 504
B) *Enfoque legal* 505

2. Teorías doctrinales 505

A) *Concepto unitario* 505
B) *Concepto restrictivo* 506

a) Teoría objetivo-formal 506
b) Teoría objetivo-material 506
c) Teoría del dominio del hecho 507

II. LA AUTORÍA 507

1. Concepto de autor en el Código Penal 507

A) *Texto legal* 508
B) *Interpretación del precepto* 508

2. Modalidades de la autoría 508

A) *La autoría directa* 508
B) *La autoría mediata* 508

a) Concepto 509
b) Fundamento 509
c) Límites de la autoría mediata 509

C) *La coautoría* 510

a) Concepto 510
b) Teorías sobre la coautoría 510
c) El exceso del coautor 511

D) *La llamada participación necesaria* 512

a) Concepto 512
b) Clases 512
c) Sujetos punibles 512

III. LA PARTICIPACIÓN CRIMINAL 513

1. Concepto 513
2. Fundamento de su punibilidad 513
3. Naturaleza jurídica 514
4. Presupuestos 514

A) *La accesoriedad* 514
B) *La unidad del título de imputación* 515
C) *La participación en los delitos especiales* 516

5. Las formas de participación 519

A) *La inducción* 519

a) Concepto 519
b) Elementos 520

B) *La cooperación* 521

a) Concepto 521
b) Texto legal 521
c) Criterios diferenciales 522
d) Requisitos 522

6. PROBLEMAS REFERENTES A LA PARTICIPACIÓN CRIMINAL 523

A) *La problemática del elemento subjetivo en la participación* 523

a) Participación dolosa en delito doloso 523
b) Participación en delitos imprudentes 524
c) Participación dolosa en delito imprudente y participación imprudente en delito doloso 524

B) *Exceso y desistimiento del partícipe* 525

IV. LA AUTORÍA EN DELITOS POR MEDIOS AUDIOVISUALES 525

1. TEXTO LEGAL 525
2. EXTENSIÓN 526
3. PROBLEMÁTICA DEL TEXTO LEGAL 526
4. CONSIDERACIONES CRÍTICAS 527

TEMA 27. CONCURSO DE DELITOS 528

I. PLANTEAMIENTO DEL PROBLEMA 528
II. EL CONCURSO DE DELITOS 529

1. CONCEPTO 529
2. CLASES 529
3. EL CONCURSO REAL 530

A) *Concepto* 530
B) *Regulación legal* 530

a) Acumulación aritmética 531
b) Acumulación jurídica 531
c) Supuestos comprendidos 534

4. EL CONCURSO IDEAL Y DELITO MEDIO 537

A) *Concepto* 537
B) *Regulación legal* 538

a) Reglas penológicas del concurso ideal 538
b) Reglas penológicas del delito medio 539

III. EL DELITO CONTINUADO 540

1. CONCEPTO Y NATURALEZA JURÍDICA 541
2. REGULACIÓN LEGAL 541

A) *Requisitos del delito continuado* 542
B) *Reglas aplicables* 542
C) *Notas críticas* 544

TERCERA PARTE
LAS CONSECUENCIAS JURÍDICAS DEL DELITO

TEMA 28. TEORÍA GENERAL DE LA PENA 547

I. CONCEPTO DE PENA 547

1. DEFINICIÓN 547
2. HISTORIA 548
3. PRINCIPIOS 548
4. DIFERENCIA CON OTROS CONCEPTOS 549

II. FUNCIÓN Y FINES DE LA PENA 550

1. Teorías penales 550

A) *Teorías absolutas* 550
B) *Teorías relativas* 550

a) La prevención general 551
b) La prevención especial 551

C) *Teorías mixtas* 551

a) Los Proyectos alemanes de Código Penal 552
b) La prevención general positiva 552
c) La teoría de la diferenciación 553

D) *Función y fines de las medidas penales* 553

2. Fundamentación de la pena 554

A) *Función del Estado* 554
B) *Función del Derecho* 555
C) *Función del Derecho Penal* 556
D) *Función de la pena* 556

a) La justicia conmutativa 556
b) La justicia distributiva 557
c) La justicia social 557
d) Fin último de la pena 558

3. Conclusiones 558

A) *Consideración estática y dinámica* 558
B) *Interdependencia de los fines subalternos de la pena* 558
C) *Resumen final* 559

4. Legislación española 559

TEMA 29. ESTUDIO CONCRETO DE LAS PENAS 561

I. LA POLÉMICA EN TORNO A LA PENA DE MUERTE 561

1. Regulación legal 561
2. Argumentos filosófico-teológicos 562

A) *Doctrina de la Iglesia* 562
B) *Argumentos filosóficos* 562

3. Argumentos criminológicos 562

A) *Efectos positivos de la pena de muerte* 563

a) Efecto intimidatorio 563
b) Protección de la sociedad 565

B) *Contraindicaciones de la pena de muerte* 566

a) Resocialización del delincuente 566
b) Abuso estatal 567
c) Error judicial 567

C) *Conclusiones* 568

II. CLASIFICACIÓN DE LAS PENAS EN EL CÓDIGO PENAL DE 1995 569

1. Penas principales y accesorias 569
2. Por el bien jurídico limitado 569
3. Por su gravedad 570

III. LAS PENAS PRIVATIVAS DE LIBERTAD 572

1. La pena de prisión 572

A) *Orígenes remotos* 572
B) *Intentos de corrección* 572
C) *Las galeras* 573
D) *Tendencias reformadoras* 573
E) *El sistema progresivo* 574

2. Las penas cortas privativas de libertad 575
3. Regulación en la legislación española de las penas privativas de libertad 577

A) *Prisión permanente revisable* 577
B) *Prisión* 581
C) *La localización permanente* 581
D) *La responsabilidad personal subsidiaria por impago de multa* 582

IV. LAS PENAS RESTRICTIVAS DE DERECHOS 583

1. Penas que afectan al empleo o cargo público 583

A) *Inhabilitación absoluta* 583
B) *Inhabilitación especial* 583
C) *Suspensión* 584

2. El resto de las inhabilitaciones 584
3. Penas restrictivas de otros derechos 586
4. El trabajo en beneficio de la comunidad 587

V. LA PENA DE MULTA 589

1. Problemática de la pena de multa 589
2. Regulación legal 589

A) *El sistema de los días-multa* 590
B) *La multa proporcional* 591

VI. LAS PENAS ACCESORIAS 592

1. Penas que llevan consigo otras accesorias 593
2. Delitos que pueden llevar consigo pena accesoria 594

TEMA 30. LA DETERMINACIÓN DE LA PENA 596

I. PLANTEAMIENTO ACTUAL DEL PROBLEMA 596
II. EL PROCESO DE DETERMINACIÓN DE LA PENA 597

1. La determinación legal de la pena 597

A) *Bases del sistema español* 597

a) Pena del tipo 597
b) Pena superior e inferior en grado 598

B) *Reglas de aplicación de la pena* 600

a) Grado de ejecución 600
b) Grado de participación 600
c) Circunstancias modificativas 601
d) Reglas especiales 606

2. La determinación judicial de la pena 607

TEMA 31. LA EJECUCIÓN DE LA PENA 608

I. LA EJECUCIÓN DE LAS PENAS PRIVATIVAS DE LIBERTAD 608

1. Las formas sustitutivas de la ejecución de las penas privativas de libertad 609

A) *La suspensión de la ejecución de las penas privativas de libertad* 609

a) Introducción 609
b) Régimen general 611
c) Régimen especial para enfermos terminales 615
d) Régimen especial por reparación del daño causado por el delito 616
e) Régimen especial para drogodependientes 617

B) *La sustitución de la ejecución de las penas privativas de libertad: la expulsión de extranjeros* 618

2. El cumplimiento de las penas privativas de libertad 620

A) *Régimen y tratamiento penitenciario* 620
B) *Sistema progresivo e individualización científica* 621
C) *El sistema progresivo en la legislación española actual* 622

3. El régimen general de cumplimiento de la pena de prisión: acceso al tercer grado y la «suspensión y libertad condicional» 623

A) *El acceso al tercer grado penitenciario* 623

a) El período de prueba 623
b) La satisfacción de la responsabilidad civil 625

B) *La libertad condicional* 626

a) Naturaleza jurídica 627
b) La libertad condicional en la pena de prisión 627
c) Regímenes de libertad condicional en la pena de prisión 630
d) La libertad condicional en la prisión permanente revisable: el artículo 92 del CP 632

4. El régimen especial de cumplimiento de las penas en los casos de acumulación jurídica 633

A) *Régimen general para la acumulación y régimen especial para terroristas: el artículo 78 del CP* 633
B) *Régimen especial para la acumulación con pena de prisión permanente revisable: el artículo 78 bis* 636

5. La intervención judicial en la ejecución: el Juez de Vigilancia Penitenciaria 637

II. LA EJECUCIÓN DE LA PENA DE MULTA 638

1. Ejecución de la pena de multa cuando el condenado es solvente 638

A) *Tiempo y forma de pago* 639
B) *Momento procesal* 640
C) *Obligatoriedad del pago* 642

2. Ejecución de la pena de multa para el condenado insolvente: la responsabilidad personal subsidiaria por impago de multa 643

A) *Naturaleza jurídica* 643
B) *Especies* 643

a) Responsabilidad personal subsidiaria por impago de días-multa 644
b) Responsabilidad personal subsidiaria por impago de multas proporcionales 644

III. EL CUMPLIMIENTO DE LAS RESTANTES CLASES DE PENAS 644
IV. EL CÓMPUTO DE LAS PENAS 645

TEMA 32. LAS MEDIDAS DE SEGURIDAD 646

I. TEORÍA GENERAL DE LAS MEDIDAS DE SEGURIDAD 646

1. Concepto de medidas de seguridad 646

A) *Origen* 646
B) *Necesidad* 646
C) *Definición* 647

2. Fundamento de las medidas 647

A) *Concepto de peligrosidad* 647
B) *Clases de peligrosidad* 648

a) Peligrosidad predelictual y postdelictual 648
b) Peligrosidad criminal y social 649

3. Constitucionalidad de las medidas 650

II. LAS MEDIDAS DE SEGURIDAD EN EL CÓDIGO PENAL 650

1. Presupuestos para su imposición 650

A) *Supuestos en los que pueden imponer medidas* 650
B) *Supuestos controvertidos* 651

a) Grave adicción a las drogas 651
b) Habitualidad 652

C) *Conclusión* 653

2. Clases de medidas 653

A) *Medidas privativas de libertad* 654
B) *Medidas no privativas de libertad* 655
C) *La libertad vigilada* 657
D) *La inhabilitación profesional* 658
E) *La expulsión de extranjeros* 658

3. Concurrencia de penas y medidas 659
4. Alzamiento y sustitución 660
5. Quebrantamiento 662

III. LAS MEDIDAS RELATIVAS A MENORES 662

1. Naturaleza jurídica de la Ley 662
2. Ámbito de aplicación 663
3. Las medidas para menores 664

A) *Clases de medidas* 664
B) *Reglas de aplicación* 666
C) *Pluralidad de infracciones* 668
D) *Mayoría de edad del menor sujeto a medida* 669
E) *Ejecución de las medidas* 669
F) *Régimen de aplicación de la medida privativa de libertad* 670

4. El Derecho adjetivo 670

A) *Jurisdicción y competencia* 671
B) *Partes procesales* 671
C) *Procedimiento* 671

5. Las soluciones extrajudiciales 672
6. Valoración de la ley 672

TEMA 33. EXTINCIÓN DE LA RESPONSABILIDAD CRIMINAL Y SUS EFECTOS 674

I. CAUSAS DE EXTINCIÓN DE LA RESPONSABILIDAD CRIMINAL 674

1. Muerte del reo 675
2. Cumplimiento de la condena 675
3. Remisión definitiva de la pena 676
4. El Derecho de gracia: amnistía e indulto 676

A) *Razones del derecho de gracia* 676
B) *El indulto* 677

5. El perdón del ofendido 678

A) *Personas legitimadas* 678
B) *Delitos en los que el perdón tiene efectos extintivos* 678
C) *Requisitos del perdón* 679

6. Prescripción del delito y de la pena 679

A) *Prescripción del delito* 680

a) Plazos de prescripción 680
b) Cómputo de los plazos 681
c) Interrupción de la prescripción 683

B) *Prescripción de la pena* 684

a) Plazos de prescripción 684
b) Cómputo de los plazos 685
c) Prescripción de las medidas 685

II. LA INSCRIPCIÓN DE LAS SENTENCIAS Y LA REHABILITACIÓN DEL CONDENADO 686

1. Inscripción de los antecedentes penales 686
2. La rehabilitación 686

A) *Regulación legal* 687
B) *Tipos de rehabilitación* 687
C) *Requisitos* 688

TEMA 34. RESPONSABILIDAD CIVIL, CONSECUENCIAS ACCESORIAS Y COSTAS PROCESALES 689

I. LA RESPONSABILIDAD CIVIL 689

1. Naturaleza 689
2. Contenido de la responsabilidad civil 691

A) *La restitución* 691
B) *La reparación del daño* 692
C) *La indemnización de los perjuicios* 692

3. Personas responsables civilmente 694

A) *Responsabilidad civil directa* 694

a) La responsabilidad civil del responsable criminal 694
b) La responsabilidad del partícipe a título lucrativo 695
c) La responsabilidad civil directa de las compañías aseguradoras 695

B) *La responsabilidad civil en los casos de exención de responsabilidad penal* 696

a) La responsabilidad civil en los casos de inimputabilidad 697
b) Otros supuestos 698
c) Estimación por el Tribunal penal de alguna de las causas de exención que afecten a la responsabilidad civil 698

C) *La responsabilidad civil subsidiaria* 699

a) Responsabilidad civil subsidiaria de los curadores respecto de los daños y perjuicios causados por las personas a las que prestan apoyo 699
b) Responsabilidad civil del empresario 700
c) La responsabilidad subsidiaria de los titulares de vehículos de motor 702
d) La responsabilidad civil del Estado, las Comunidades Autónomas, Provincia, Isla o el Municipio y demás Entes públicos 703

D) *Responsabilidad civil en los casos de minoría de dieciocho años* 703

4. Fraccionamiento y transmisión de la responsabilidad civil 704
5. Responsabilidad civil específica en determinados delitos 704
6. Prescripción de la responsabilidad civil 705

II. LAS CONSECUENCIAS ACCESORIAS 706

1. El comiso 707
2. La toma de muestras de ADN 708

III. LAS COSTAS PROCESALES 709
IV. PRELACIÓN DE RESPONSABILIDADES PECUNIARIAS 709

CUARTA PARTE
LA RESPONSABILIDAD PENAL DE LA PERSONA JURÍDICA

TEMA 35. RESPONSABILIDAD PENAL DE LA PERSONA JURÍDICA 713

I. INTRODUCCIÓN 713
II. EVOLUCIÓN LEGISLATIVA ESPAÑOLA 715
III. LA ACTUACIÓN EN NOMBRE DE OTRO 716
IV. LA RESPONSABILIDAD PENAL DE LA PERSONA JURÍDICA 717

1. Personas jurídicas responsables 717
2. Requisitos de imputación del delito a la persona jurídica 719
3. Causas de exención de la responsabilidad penal 721
4. Circunstancias modificativas 724
5. Reglas de exigibilidad de responsabilidad para la persona física y jurídica por los mismos hechos 725

V. LAS PENAS APLICABLES A LAS PERSONAS JURÍDICAS 725

1. El catálogo de penas 725
2. La determinación de la pena aplicable a la persona jurídica 726
3. La pena de multa 728

A) *El sistema de los días multa* 728
B) *La multa proporcional* 729
C) *La ejecución de la pena de multa* 730

VI. MEDIDAS APLICABLES A LAS ORGANIZACIONES SIN PERSONALIDAD JURÍDICA 730
VII. LA EXTINCIÓN DE LA REPONSABILIDAD PENAL Y LA REHABILITACIÓN DE LA PERSONA JURÍDICA 732
VIII. LA RESPONSABILIDAD CIVIL 733

ABREVIATURAS

ACP	Anteproyecto de Código Penal. 1992
AN	Audiencia Nacional
AP	Audiencia Provincial
BAPG	Borrador de Anteproyecto de Código Penal. Parte General. 1990
BOC	*Boletín Oficial de las Cortes*
BOE	*Boletín Oficial del Estado*
CC	Código Civil
C de C	Código de Comercio
C de la C	Código de la Circulación
CGC	Comisión General de Codificación
CGPJ	Consejo General del Poder Judicial
CJM	Código de Justicia Militar
CP	Código Penal de 1995
CPD	Código Penal derogado. 1973
CPM	Código Penal Militar
LCPJM	Ley Orgánica reguladora de la Competencia y el Procedimiento de los Juzgados de Menores. 1992
LEC	Ley de Enjuiciamiento Civil
LECrim	Ley de Enjuiciamiento Criminal
LEP	Ley de Extradición Pasiva. 1985
LDPJ	Ley de Demarcación y de Planta Judicial. 1988
LGP	Ley General Penitenciaria
LNA	Ley de Navegación Aérea
LOPJ	Ley Orgánica del Poder Judicial
LPDMM	Ley Penal y Disciplinaria de la Marina Mercante
LPRS	Ley de Peligrosidad y Rehabilitación Social
LRPM	Ley de Responsabilidad Penal del Menor
LTCSV	Ley sobre el Tráfico, Circulación de Vehículos a Motor y Seguridad Vial
LTTM	Ley de Tribunales Tutelares de Menores
LVM	Ley de Vagos y Maleantes
PANCP	Propuesta de Anteproyecto de Nuevo Código Penal. 1983
PLOCP	Proyecto de Ley Orgánica de Código Penal. 1980
STC	Sentencia del Tribunal Constitucional
STS	Sentencia del Tribunal Supremo
TC	Tribunal Constitucional
TS	Tribunal Supremo

BIBLIOGRAFÍA GENERAL

I. OBRAS GENERALES DE DERECHO PENAL

Se reseñan en este apartado sólo las obras más importantes de Derecho Penal.

ANTOLISEI, F., *Manual de Derecho Penal. Parte General*, traducción del italiano por Juan del Rosal y Ángel Torío, Uteha, Buenos Aires, 1960.

ANTÓN ONECA, J., *Derecho Penal. Parte General*, 2.ª ed. anotada y puesta al día por Hernández Guijarro y Beneytez Merino, Akal, Torrejón de Ardoz (Madrid), 1986.

ARROYO DE LAS HERAS-MUÑOZ CUESTA, *Manual de Derecho Penal*, vol. I-II, Aranzadi, Pamplona, 1985-1988.

BACIGALUPO, E., *Principios de Derecho Penal Español: Parte General*, Akal, Madrid, 1998.

BAUMANN, J., *Derecho Penal*, Depalma, Buenos Aires, 1981.

BERDUGO GÓMEZ DE LA TORRE, I., y otros, *Lecciones de Derecho Penal. Parte General*, 2.ª ed., Praxis, Barcelona, 1999.

— *Lecciones y materiales para el estudio del Derecho Penal*, tomo I, Iustel, 2010.

BERISTÁIN IPIÑA, A., *Ciencia Penal y Criminología*, Tecnos, Madrid, 1985.

BOUZAT-PINATEL, *Traité de Droit Pénal et de Criminologie*, t. III: *Criminologie*, 3.ª ed., Dalloz, París, 1975.

BUSTOS RAMÍREZ, J., *Manual de Derecho Penal Español. Parte General*, 4.ª ed. Ariel, Barcelona, 1994.

CARBONELL MATEU, J. C., *Derecho Penal: Concepto y principios constitucionales*, 2.ª ed., Tirant lo Blanch, Valencia, 1996.

CEREZO MIR, J., *Curso de Derecho Penal Español. Parte General*, vol. I-II, Tecnos, Madrid, 2004.

— *Parte General*, Lecciones 26-40, UNED, Madrid, 1997.

COBO DEL ROSAL-QUINTANAR DÍEZ, *Instituciones de Derecho Penal Español. Parte General*, CESEJ, Madrid, 2004.

COBO DEL ROSAL-VIVES ANTÓN, *Derecho Penal. Parte General*, 4.ª ed., Tirant lo Blanch, Valencia, 1999.

CUELLO CALÓN, E., *Derecho Penal Español, Parte General*, vol. I-II. Puesto al día por César Camargo Hernández, 18.ª ed., Bosch, Barcelona, 1980.

CUELLO CONTRERAS, J., *El Derecho Penal Español. Curso de iniciación. Parte General*, 2.ª ed., Civitas, Madrid, 1996.

GARCÍA-PABLOS DE MOLINA, A., *Criminología. Una Introducción a sus fundamentos teóricos*, 6.ª ed., Tirant lo Blanch, Valencia, 2007.

— *Manual de Criminología*, Espasa Calpe, Madrid, 1988.

— *Tratado de Criminología*, 4.ª ed., Tirant lo Blanch, Valencia, 2009.

— *Derecho Penal. Introducción*, 3.ª ed., Ramón Areces, Madrid, 2005.

GIL GI, A., LACRUZ LÓPEZ, J. M., MELENDO PARDOS, M., NÚÑEZ FERNÁNDEZ, J., *Curso de derecho penal: parte general*, Dykinson, Madrid, 2015.

GIMBERNAT ORDEIG, E., *Introducción a la Parte General del Derecho Penal Español*, Facultad de Derecho de la UCM, Madrid, 1979.

— *Estudios de Derecho Penal*, Tecnos, Madrid, 1996.

— *Ensayos penales*, Tecnos, Madrid, 1999.
— *Concepto y método de la Ciencia del Derecho Penal*, Tecnos, Madrid, 1999.
GÓMEZ BENÍTEZ, J. M., *Teoría Jurídica del Delito*, Civitas, Madrid, 1984.
GÓMEZ RIVERO, M. C., *Nociones Fundamentales de Derecho Penal. Parte general*, Tecnos, 2010.
GÖPPINGER, H., *Criminología*, Reus, Madrid, 1975.
HASSEMER, W., *Introducción a los Fundamentos del Derecho Penal*, traducción por Arroyo y Muñoz Conde, Bosch, Barcelona, 1985.
HASSEMER, W., y MUÑOZ CONDE, F. J., *Introducción a la Criminología*, Tirant lo Blanch, Valencia, 2001.
JAKOBS, G., *Derecho Penal. Parte General. Fundamentos y teoría de la imputación*, Marcial Pons, Madrid, 2003.
— *Estudios de Derecho Penal*, traducción de Peñaranda Ramos, Suárez González y Cancio Meliá, Civitas, Madrid, 1997.
JESCHECK, H. H., *Tratado de Derecho Penal*, traducción de la 3.ª ed. alemana y adiciones de Mir Puig y Muñoz Conde, vol. I-II, Bosch, Barcelona, 1983. Traducción de la 4. ª ed. alemana de José Luis Manzanares, Comares, Granada, 1993. Traducción de la 5.ª ed. de Miguel Olmedo Cardenete, Comares, Granada, 2002.
JIMÉNEZ DE ASUA, L., *Traducción al Tratado de Derecho Penal de v. Liszt, Tratado de Derecho Penal*, vol. I-VII, 2.ª ed. Losada, Buenos Aires, 1964-1970.
LANDROVE DÍAZ, G., *Introducción al Derecho Penal Español*, 6.ª ed., Tecnos, Madrid, 2004.
LISZT, F. von, *Tratado de Derecho Penal*, vol. I, II y III. Traducción y notas de Quintiliano Saldaña y de Luis Jiménez de Asua, 1.ª ed., 1914-1917, 2.ª ed., 1926-1929, 3.ª ed. s / a., Reus, Madrid.
LUZÓN CUESTA, J. M.ª, *Compendio de Derecho Penal. Parte General*, 20.ª ed., Dykinson, Madrid, 2010.
LUZÓN PEÑA, D. M., *Curso de Derecho Penal. Parte General I*, Universitas, Madrid, 1996.
— *Lecciones de Derecho Penal, Parte General*, Tirant lo Blanch, Valencia, 2016.
— *Derecho Penal del estado social y democrático de derecho*, La Ley, Madrid, 2010.
MAURACH, R., *Tratado de Derecho Penal*, vol. I-II. Traducción y notas de Juan Córdoba Roda, Ariel, Barcelona, 1962.
MEZGER, E., *Tratado de Derecho Penal*, vol. I-II. Traducción y notas de Arturo Rodríguez Muñoz, 3.ª ed., Revista de Derecho Privado, Madrid, 1955-1957.
MIR PUIG, S., *Adiciones a JESCHECK, Tratado*, 3.ª ed., 261-1042.
— *Derecho Penal. Parte General*, 9.ª ed., Reppertor, Barcelona, 2011.
— *Introducción a las bases del Derecho Penal*, Bosch, Barcelona, 1976.
MORENO-TORRES HERRERA, R. M. (dir.), *Lecciones de derecho penal. Parte general*, Tirant lo Blanch, Valencia, 2021.
MUÑOZ CONDE, F., *Adiciones a JESCHECK, Tratado*, 3.ª ed., 1-260.
— *Introducción al Derecho Penal*, Bosch, Barcelona, 1975.
— *Teoría General del Delito*, 2.ª ed., Tirant lo Blanch, Valencia, 1989.
MUÑOZ CONDE-GARCÍA ARÁN, *Derecho Penal. Parte General*, 10.ª ed., Tirant lo Blanch, Valencia, 2019.
OBREGÓN GARCÍA, A., GÓMEZ LANZ, J., *Derecho Penal. Parte General. Elementos básicos de teoría del delito*, Tecnos, Madrid, 2015 (2.ª ed.).
OCTAVIO DE TOLEDO, E., *Sobre el concepto de Derecho Penal*, Univ. Complutense, Madrid, 1981.
OCTAVIO DE TOLEDO-HUERTA TOCILDO, *Derecho Penal. Parte General*, 2.ª ed., R. Castellanos, Madrid, 1986.
ORTS BERENGUER Y GONZÁLEZ CUSSAC, *Compendio de Derecho Penal. Parte General*, 7.ª ed., Tirant lo Blanch, Valencia, 2017.
PÉREZ DEL VALLE, C., *Lecciones de Derecho Penal: Parte General*, Dykinson, Madrid, 2016.
PINATEL, J., *Criminologie*, véase: BOUZAT-PINATEL, *Criminologie*.
POLAINO NAVARRETE, M., *Derecho Penal. Parte General*, t. I, *Fundamentos científicos del Derecho Penal*, Bosch, Barcelona, 1996.
QUINTANO RIPOLLÉS, A., *Curso de Derecho Penal*, Revista de Derecho Privado, Madrid, 1963.
QUINTERO OLIVARES, G., MORALES PRATS, F., *Parte General del Derecho Penal*, 5.ª ed., Aranzadi, Cizur Menor, 2015.
RODRÍGUEZ DEVESA-SERRANO GÓMEZ, *Derecho Penal Español. Parte General*, 18.ª ed., Dykinson, Madrid, 1995.

Rodríguez Mourullo, G., *Derecho Penal. Parte General*, 1.ª Reimpresión, Civitas, Madrid, 1978.
Rodríguez Muñoz, A., *La doctrina de la acción finalista*, Universidad de Valencia, Valencia, 1978. Traducción y notas al Tratado de Derecho Penal de Mezger.
Rodríguez Ramos, L., *Compendio de Derecho Penal. Parte General*, Dykinson, Trivium, Madrid, 2010.
Romeo Casabona, C., *Dogmática penal, política criminal y criminología en evolución*, Universidad de La Laguna, 1996.
Del Rosal, J., *Tratado de Derecho Penal*, vol. I-II, 2.ª ed., Madrid, 1976.
Roxin, C., *Derecho Penal. Parte General. Fundamentos, la estructura de la Teoría del Delito*, traducción y notas de Luzón Peña, Díaz y García Conlledo, y Vicente Remesal, Civitas, Madrid, 1997.
— *Derecho Penal Parte General*, t. I y II, Civitas, Madrid, 2014.
Roxin-Arzt-Tiedemann, *Introducción al Derecho Penal y al Derecho Penal Procesal*, Ariel, Barcelona, 1989.
Sainz Cantero, J. A., *Lecciones de Derecho Penal. Parte General*, 3.ª ed., Bosch, Barcelona, 1990.
Schünemann, B. (comp.), *El Sistema moderno del Derecho Penal. Cuestiones fundamentales*, Tecnos, Madrid, 1991.
Serrano Gómez, A., *Introducción a la Ciencia del Derecho Penal*, Uned, Madrid, 1981.
Silva Sánchez, J. M., *Aproximación al Derecho Penal contemporáneo*, Bosch, Barcelona, 1992.
— *La expansión del Derecho Penal: aspectos de la política criminal en las sociedades postindustriales*, 2.ª ed., Civitas, Madrid, 2001.
— *Lecciones de Derecho Penal*, 2.ª ed., Atelier, Barcelona, 2009.
— *El delito de omisión: concepto y sistema*, B de F, Montevideo, 2003.
Stratenwerth, G., *Derecho Penal. Parte General*, Edersa, Madrid, 1982.
Vives Antón, T., *Fundamentos del sistema penal*, Tirant lo Blanch, 2.ª ed., Valencia, 2010.
Welzel, H., *Das Deutsche Strafrecht*, 11.ª ed., Auflage, Walter de Gruyter, Berlín, 1969. *Derecho Penal. Parte General*, trad. de la 11.ª ed. alemana por J. Bustos Ramírez y S. Yáñez Pérez, 3.ª ed. castellana, Editorial Jurídica, Santiago de Chile, 1984.
Wessels, J., *Derecho Penal. Parte General*, Depalma, Buenos Aires, 1980.
Zaffaroni, E. R., *Manual de Derecho Penal. Parte General*, 9.ª reimpr., Sociedad Anónima Editora, Buenos Aires, 1986.
Zaffaroni, E. R.; Alagia, A., y Slokar, A., *Derecho Penal. Parte General*, Ediar, Buenos Aires, 2005.
Zugaldia Espinar, J. M., *Fundamentos de Derecho Penal. Parte General*, 4.ª ed. Universidad, Tirant lo Blanch, Valencia, 2010.

II. OBRAS SOBRE CONSECUENCIAS JURÍDICAS DEL DELITO ACORDES CON EL CÓDIGO PENAL DE 1995

Choclán Montalvo, J. A., *Individualización judicial de la pena: función de la culpabilidad y la prevención en la determinación de la sanción penal*, Colex, Madrid, 1997.
García Arán, M., *Fundamentos y aplicación de penas y medidas de seguridad en el Código Penal de 1995*, Aranzadi, Pamplona, 1997.
Gracia Martín, L. (coord.); Boldova Pasamar, M. A., y Alastuey Dobon, M. C., *Las consecuencias jurídicas del delito en el nuevo Código Penal español*, Tirant lo Blanch, Valencia, 2004.
— *Tratado de las consecuencias jurídicas del delito*, Tirant lo Blanch, Valencia, 2006.
— *Lecciones de consecuencias jurídicas del delito*, Tirant lo Blanch, 5.ª ed., Valencia, 2016.
Lamo Rubio, J., *Penas y medidas de seguridad en el nuevo Código*, Bosch, Barcelona, 1997.
Landrove Díaz, G., *Las consecuencias jurídicas del delito*, 6.ª ed., Tecnos, Madrid, 2005.
López Beltrán de Heredia, C., *Efectos civiles del delito y responsabilidad extracontractual*, Tirant lo Blanch, Valencia, 1997.
Llorca Ortega, J., *Manual de determinación de la pena conforme al Código Penal de 1995*, 6.ª ed., Tirant lo Blanch, Valencia, 2004.
Mapelli Caffarena, B., *Las consecuencias jurídicas del delito*, Aranzadi, 2011.

MAPELLI CAFFARENA, B., y TERRADILLOS BASOCO, J., *Las consecuencias jurídicas del delito*, 3.ª ed., Civitas, Madrid, 1996.
MOLINA BLÁZQUEZ, C., *La aplicación de la pena. Estudio práctico de las consecuencias del delito*, 3.ª ed., Bosch, Barcelona, 2002.
MOLINA BLÁZQUEZ, C. (coord.); ARMENDÁRIZ LEÓN, C.; BELTRÁN NÚÑEZ, A.; GÓMEZ LANZ, J., y OBREGÓN GARCÍA, A., *La aplicación de las consecuencias jurídicas del delito*, Bosch, Barcelona, 2004.
OBREGÓN GARCÍA, A., *La atenuación de la pena*, Dykinson y Servicio de Publicaciones de la Universidad Pontificia Comillas de Madrid, Madrid, 1998.
RÍOS MARTÍN, J. C., *Manual de ejecución penitenciaria: defenderse en la cárcel*, 6.ª ed., Colex, Madrid, 2010.
— *La prisión perpetua en España*, Gakoa, Donostia, 2013.
SERRANO BUTRAGUEÑO, I., *Las penas en el nuevo Código Penal. Doctrina, jurisprudencia, Derecho comparado y casos prácticos*, Comares, Granada, 1996.
TAMARIT SUMALLA, J. M., *Derecho Penitenciario*, Cedecs, Barcelona, 1996.
TAMARIT SUMALLA, J. M., *et al.*, *Curso de Derecho Penitenciario*, 2.ª ed., Tirant lo Blanch, Valencia, 2005.
TAMARIT SUMALLA, J. M., y GARCÍA ALBERO, R. M., *La reforma de la ejecución penal*, Tirant lo Blanch, 2004.

III. RESPONSABILIDAD PENAL DE LA PERSONA JURÍDICA

AGUDO FERNÁNDEZ, E.; JAÉN VALLEJO, M.; PERRINO PÉREZ, A. L., *Derecho Penal de las personas jurídicas*, Dykinson, Madrid, 2016.
BAJO FERNÁNDEZ M., FEIJOO SÁNCHEZ B. J., GÓMEZ-JARA DÍEZ C., *Tratado de Responsabilidad de las personas jurídicas*, Civitas Aranzadi, Cizur Menor, 2012.
CUESTA ARZAMENDI, J. L. (dir.) y DE LA MATA BARRANCO, N. (coord.), *Responsabilidad penal de las personas jurídicas*, Aranzadi, Cizur Menor, 2013.
FEIJÓO SÁNCHEZ, B., *El delito corporativo en el Código Penal Español*, Civitas Aranzadi, Cizur Menor, 2016.
GALÁN MUÑOZ, A. *Fundamentos y límites de la responsabilidad penal de las personas jurídicas tras la reforma de la LO 1/2015*, Tirant lo Blanch, Valencia, 2017.
GÓMEZ COLOMER, J. L. (dir.), *Tratado sobre compliance Penal: responsabilidad penal de las personas jurídicas y modelos de organización y gestión*, Tirant lo Blanch, Valencia, 2019.
GÓMEZ TOMILLO M., Introducción a la responsabilidad penal de las personas jurídicas en el sistema penal español, Lex Nova, Valladolid, 2010.
GÓNZALEZ CUSSAC, J. L., *Responsabilidad penal de las personas jurídicas y programas de cumplimiento*, Tirant lo Blanch, 2020.
JUANES PECES, A. (coord.); CORTÉS BECHIARELLI, E., y DE LA MATA BARRANCO, N., *Responsabilidad penal y procesal de las personas jurídicas*, Ediciones Francis Lefebvre, 2015.
MARÍN DE ESPINOSA CEBALLOS, E. (coord.) y ZUGALDÍA ESPINAR, J. M. (coord.), *Aspectos prácticos de la Responsabilidad Criminal de las Personas Jurídicas*, Civitas Aranzadi, Cizur Menor, 2013.
ZUGALDÍA ESPINAR, J. M, *La responsabilidad penal de empresas, fundaciones y asociaciones*, Tirant lo Blanch, Valencia, 2008.
— *La responsabilidad criminal de las personas jurídicas, de los entes sin personalidad y de sus directivos: (análisis de los arts. 31 bis y 129 del Código Penal)*, Tirant lo Blanch, Valencia, 2013.

IV. COMENTARIOS AL CÓDIGO PENAL DE 1995

ARROYO ZAPATERO (DIR.) Y A. NIETO MARTÍN, A.I. PÉREZ CEPEDA (coords.), *Comentarios al Código Penal*, Iustel, 2007.
COBO DEL ROSAL, M. (dir.), *Comentarios al Código Penal*, Edersa, t. I a IV, Madrid, 2000.
CONDE PUMPIDO FERREIRO, C. (dir.), *Código Penal. Doctrina y jurisprudencia*, Trivium, Madrid, 1997.

Corcoy Bidasolo, M., Mir Puig, S. (dirs.), *Comentarios al Código Penal*, Tirant lo Blanch, Valencia, 2015.
Córdoba Roda y García Arán (dirs.), *Comentarios al Código Penal. Parte Especial*, Marcial Pons, 2004.
Díez Ripollés, J. L., y Gracia Martín, L., *Comentarios al Código Penal. Parte Especial*, t. I y II, Tirant lo Blanch, Valencia, 1997.
García Arán, M., Córdoba Roda, J., *Comentarios al Código Penal. Parte Especial*, Marcial Pons, Madrid, 2004.
Gómez Tomillo, M. (dir.), *Comentarios prácticos al Código Penal*, Aranzadi, Cizur Menor, 2015.
— (dir.), *Comentarios al Código Penal*, 2.ª ed., Lex Nova, Valladolid, 2011.
Gonzalez Causacc, J. L., *Comentarios a la reforma del Código Penal de 2015*, Tirant lo Blanch, Valencia, 2015.
Lopez Barja de Quiroja, J., y Conde Pumpido Tourón, C., *Comentarios al Código Penal*, Bosch, Barcelona, 2007.
López Garrido, D., y García Arán, M. (coords.), *El Código Penal de 1995 y la voluntad del legislador*, Eurojuris, Madrid, 1996.
Manzanares Samaniego, J. L., *Comentarios al Código Penal*, ed. La Ley, Madrid, 2016.
Quintero Olivares, G. (dir.), *Comentarios al nuevo Código Penal*, 7.ª ed., Aranzadi, Pamplona, 2016.
Rodríguez Mourullo, G. (dir.), *Comentarios al Código Penal*, Civitas, Madrid, 1997.
Silva Sánchez, J. M., *El nuevo Código Penal, Comentarios a la reforma 2010*, Wolters Kluwer, Madrid, 2012.
Vázquez Iruzubieta, C., *Nuevo Código Penal comentado*, Edersa, Madrid, 1996.
Vives Antón, T. S. (coord.), *Comentarios al Código Penal de 1995*, vols. I-II, Tirant lo Blanch, Valencia, 1996.

PRESENTACIÓN

Desde una perspectiva jurídica el Derecho Penal se define como el conjunto de normas estatales que se refieren al delito y a sus consecuencias jurídicas.

Es en torno a esa definición que se organizan los contenidos de esta obra incluyendo, después de unos temas introductorios que enmarcan el Derecho Penal como rama del ordenamiento jurídico y como ciencia, la Teoría de la Ley Penal, la Teoría Jurídica del Delito y las Consecuencias Jurídicas que derivan del mismo, para concluir analizando la responsabilidad penal de las personas jurídicas. Es decir, se aborda de manera completa lo que suele conocerse como Parte General del Derecho Penal, aquello que es común a todos los delitos, y cuya regulación se contiene esencialmente en el Libro I del Código Penal.

Esta obra tiene su origen en el *Derecho Penal Español. Parte General* que fue escrita en colaboración con Carlos M.ª Landecho Velasco SJ y cuya primera edición acorde al Código Penal de 1995 se publicó en esta editorial en 1996. Muchos años, muchas reformas del CP, y haber elaborado en solitario las ediciones sucesivas de la obra, me han movido a iniciar este nuevo comienzo. Ciertamente de la publicación de 1996 no se conservaba mucho, aunque quiero dejar constancia aquí de que todavía hay tres contenidos que fueron íntegramente redactados por Carlos Landecho y que se conservan con muy pocos cambios: el tema dedicado a la acción como elemento básico del delito, con la formulación de la conducta humana como *acaecimiento del mundo circundante en el que el sujeto activo influye voluntariamente*, concepto que constituye la aportación de Landecho a la Teoría del delito; la introducción a la imputabilidad, con las nociones de psicopatología, al que Landecho le tenía mucho aprecio porque respondía a sus estudios de psicología clínica; y la polémica sobre la pena de muerte, que tuvo su origen en una investigación que realizó sobre el tema.

La labor del legislador penal español a partir de las reformas del año 2003 ha seguido un derrotero que no puede sino preocupar al penalista. Los principios de proporcionalidad, de legalidad, de irretroactividad de la ley penal desfavorable y de reinserción social no dejan de tambalearse frente al populismo punitivo. Es cierto que el nuevo siglo nos enfrenta a problemas de gran calado, el terrorismo, el crimen organizado, la violencia de género y el odio que parece ir impregnando a la sociedad en la que vivimos. También lo es que la función del Derecho Penal es proteger a la sociedad frente al delito. Pero no a cualquier precio porque olvidar los límites del *Ius Puniendi* deja al ciudadano —a todos los ciudadanos— desprotegidos frente al Estado.

Las últimas palabras quiero dirigirlas a mis queridos alumnos que con sus continuos cuestionamientos me han obligado a ir repensando a lo largo de los años hasta los temas que ya creía superados. A ellos dedico este trabajo.

La Autora

Madrid, 1 de julio de 2022

INTRODUCCIÓN

FUNDAMENTOS CONCEPTUALES, METÓDICOS E HISTÓRICOS

En la presente Introducción se van a tratar sucesivamente el concepto de Derecho Penal (Tema 1), su delimitación dentro del Ordenamiento jurídico español (Tema 2), su diferencia metodológica con otras ciencias afines dentro del campo de las ciencias penales (Tema 3) y, finalmente, la evolución histórico-doctrinal de las ideas penales (Tema 4) y de su plasmación legislativa (Tema 5).

TEMA 1

CONCEPTO DE DERECHO PENAL

El concepto de Derecho Penal tiene dos vertientes: Objetiva y Subjetiva. Esto es, las normas que regulan el campo penal y la cuestión de la titularidad del mismo.

I. DERECHO PENAL OBJETIVO

En este apartado se van a abordar sucesivamente la definición, objeto y contenidos fundamentales del Derecho Penal, su denominación y, finalmente, las principales divisiones del mismo.

1. Definición, objeto y contenidos fundamentales

El Derecho Penal objetivo suele definirse como el conjunto de normas estatales relativas al delito y a sus consecuencias jurídicas: la pena, las medidas de seguridad, y la responsabilidad civil.

Hasta el siglo XIX no se incluía en el Derecho Penal el campo de las medidas de seguridad; pero desde el auge de la Escuela Positiva se ha impuesto dicha materia (y, por tanto, los estados peligrosos) en los estudios de Derecho Penal, en la Criminología y en la legislación vigente, bajo la denominación de sistema dualista o binario.

La responsabilidad civil es para la mayoría de los tratadistas materia netamente civil; aunque algunos la suponen hoy en día una tercera sanción autónoma del delito, junto con la pena y la medida (véase *infra*, Tema 34, II, 1). Pero la derivada del delito en el sistema jurídico español no sólo se regula en el Código Penal, sino que, además, se sustancia en sede penal. Por ello su estudio se incluye en el Derecho punitivo por todos los tratadistas españoles, aunque no todos la incluyen en la definición de Derecho Penal. Esto (la regulación de la responsabilidad civil en el Código Penal y su sustanciación en sede penal) constituye una diferencia fundamental del ordenamiento jurídico español respecto a la mayoría de los restantes ordenamientos jurídicos.

La formación del Derecho Penal ha sido fragmentaria y ha ido surgiendo al compás de las necesidades más perentorias de los pueblos de dar protección a los intereses más amenazados. Por ello lo primero que va surgiendo es la que hoy llamamos Parte Especial, que se va sistematizando paulatinamente en grupos de delitos, a tenor del bien jurídico protegido. La Parte General nace más tarde, por el sistema de sacar factores comunes a ciertos delitos; por ello durante siglos cada elemento concreto de la Parte General se trataba en el delito, en el que concurría dicho elemento común con más frecuencia; así, por ejemplo, la legítima defensa se estudiaba alrededor del homicidio. Sólo en el siglo XIX se van sistematizando dichos factores y se construye una auténtica Parte General.

También en otro sentido sigue existiendo fragmentariedad en el Derecho Penal: como éste no castiga todo lo malo, sino sólo lo más perjudicial para la convivencia social (el llamado principio de mínima intervención estatal a través del Derecho Penal), necesariamente el Derecho punitivo ha de limitarse a proteger ciertos valores, los más necesitados de protección para la convivencia, lo que supone un castigo fragmentario de las conductas perjudiciales.

2. Denominación

En el siglo actual ha surgido el problema de la denominación del Derecho Penal. En los sistemas romanistas se utilizó hasta principios del siglo XIX la nomenclatura «Derecho Criminal» o «Práctica Criminal», que ha sido sustituida por la de «Derecho Penal» durante dicho siglo y el siglo XX. Los sistemas anglosajones siguen utilizando el nombre de «Derecho Criminal» (*Criminal Law*).

La cuestión se ha hecho más aguda desde la introducción del estudio de las medidas en el Derecho Penal, pues se arguye que dicha rama del Derecho no trata ya tan sólo de las penas; incluso algunos autores pretenden dar una nueva denominación. Así se usa por algún autor (Laborde) el nombre de Derecho Determinador, mientras que otro (Thomsen) lo denomina Derecho de la lucha contra el Crimen, y alguno (Choissone) Derecho transgresional. Dorado Montero lo denominó «Derecho protector de los criminales».

En realidad, nuestra materia se sigue denominando «Derecho Penal» en el área romanista, tanto por la mayoría de los autores como por el legislador. En favor de esta denominación aduce Petrocelli los siguientes argumentos: 1) La pena sigue siendo el medio fundamental para la represión del delito. 2) La palabra «pena» es la que distingue las sanciones penales propiamente dichas de las restantes sanciones (administrativas, etc.). 3) El legislador sigue utilizando la palabra «Penal» para designar el Código punitivo. 4) Con la palabra «Criminal» (de significado vario y restringido) no se llegaría a mayor claridad, ya que tampoco se incluyen en ella los estados peligrosos.

3. Derecho Penal común y Derecho Penal especial

El Derecho Penal común es el recogido en el Código Penal (que es el tronco de la legislación penal) y en las leyes que modifican, complementan o desarrollan un precepto del Código Penal.

Mientras que el Derecho Penal especial es el conjunto de leyes penales que no quedan comprendidas en el Derecho Penal común. Sainz Cantero divide las leyes penales especiales en propias, cuando su finalidad es crear tipos penales, e impropias, cuando buscan otras finalidades, aunque incluyan algún tipo penal. Ejemplo de las primeras es el Código Penal Militar y de las segundas la Ley del Régimen Electoral General.

Más adelante se dará una lista de las leyes penales comprendidas en el Derecho Penal común y en el especial. Se pueden incluir entre las leyes penales que complementan el CP (y que, por tanto, son Derecho Penal común) la Ley General Penitenciaria; y entre las que lo desarrollan, la Ley para el Ejercicio de la Gracia de Indulto de 18 de junio de 1870.

La relación entre el Derecho Penal común y el especial se regula en el artículo 9 del CP:

> Las disposiciones de este Título se aplicarán a los delitos que se hallen penados por Leyes especiales. Las restantes disposiciones de este Código se aplicarán como supletorias en lo no previsto expresamente en ellas.

Es decir, el Título Preliminar del CP se aplicará en todo caso a las leyes especiales, aunque éstas dispongan otra cosa, mientras que el resto de la Parte General, contenida en el Libro I, se aplicará sólo en defecto de norma específica recogida en la ley especial.

Sobre la relación de las leyes penales especiales entre sí, se hablará más abajo, al tratar sobre el concurso de normas penales (véase *infra*, Tema 8, II).

4. Derecho Penal normal y Derecho Penal de excepción

El Derecho Penal normal es el que se dicta para regir una situación de normalidad en la vida ciudadana. Por el contrario, el Derecho Penal de excepción es el emanado, cuando se produce una alteración profunda de esos presupuestos, como guerras o intensas conmociones sociales, catástrofes naturales, etc.

La relación de esta división con la anterior es la siguiente: todo Derecho Penal de excepción es Derecho Penal especial, pero no todo Derecho Penal especial es Derecho Penal de excepción; ya que la mayoría de las leyes penales especiales están dictadas para las circunstancias de normal convivencia ciudadana.

Por las circunstancias de su promulgación, las leyes penales de excepción suelen endurecer las penas de los tipos penales existentes, o incluso crear nuevos tipos penales. Por su propia naturaleza, las situaciones de excepción son transitorias; por lo que las leyes penales de excepción son temporales, esto es, llevan el plazo de su vigencia incluido en sí mismas («Durante seis meses», «Mientras dure la actual campaña», etc.).

II. DERECHO PENAL SUBJETIVO

En el presente apartado se tratarán sucesivamente la definición, el fundamento y naturaleza del Derecho Penal subjetivo. Pero como el derecho a castigar es el más duro que posee el Estado moderno, desde la constitución del Estado de Derecho se ha visto la necesidad de poner límites al *ius puniendi* del Estado, por lo que en el presente apartado se estudiarán los límites formales y materiales del Derecho Penal subjetivo.

1. Definición de Derecho Penal subjetivo

El Derecho Penal subjetivo plantea la cuestión de quién es el titular del derecho a castigar. En el Estado moderno es el Estado el único titular del Derecho Penal, el único que puede señalar los delitos y castigarlos con la pena adecuada.

Esto no prejuzga la cuestión del origen último del derecho a castigar, que en una concepción teísta (no sólo cristiana, sino la de todos los que admitan la existencia de Dios) es sin duda el Creador de la persona humana y por tanto de la sociedad civil.

Por ello suele definirse el Derecho Penal subjetivo como el derecho del Estado a establecer normas penales y aplicarlas, cuando se cumplan los requisitos previstos en las mismas.

2. Fundamento y naturaleza

En este epígrafe hay que fundamentar dos cuestiones distintas: el derecho a castigar (el *ius puniendi*) y el monopolio estatal del mismo.

A) *Fundamento del* ius puniendi

El Derecho Natural enseña que el Estado tiene que poseer todos aquellos medios que son necesarios para su pervivencia. Y es evidente que ninguna sociedad podría subsistir pacíficamente si los delitos no pudieran ser castigados.

La misma historia de la humanidad y, en concreto, la historia del Derecho corroboran esta afirmación; ya que aun en los pueblos primitivos (tanto en los de la antigüedad, como en los que aún coexisten con nuestra cultura contemporánea) se ha dado y se da el castigo de los delincuentes.

Esta cuestión en sí es independiente de la que se va a tratar a continuación (el monopolio estatal del *ius puniendi*), pues sólo afirma que en el Estado (o si se prefiere, en la sociedad) ha de existir la potestad de castigar los delitos.

B) *Fundamento de la titularidad exclusiva del Estado*

A esta cuestión se le puede dar una primera respuesta jurídica: porque así lo determina la Constitución. Pero esta contestación deja en pie el problema de fondo: ¿por qué la Constitución lo determina así?

Fundamentalmente la respuesta hay que buscarla en el desenvolvimiento histórico del Derecho Penal. En épocas primitivas, cuando el Estado apenas existía, quedaba en manos de la víctima tomarse por su mano la venganza, hacerse justicia de las ofensas que le inferían: es la etapa de la llamada venganza privada. Pero la misma evolución semántica de la palabra «venganza» es clara muestra de lo que fue sucediendo. Dicha palabra significaba «justicia» en las lenguas primitivas. Pero el hecho de que la víctima no es, sin duda, el mejor Juez en causa propia, fue llevando al cambio de significado de la palabra «venganza» hasta el actual sentido de «revancha». Por eso todos los Estados tuvieron que ir monopolizando el ejercicio del *ius puniendi*. Como nos recuerda García-Pablos precisamente el Estado se autoafirmó como organización política soberana frente a los otros poderes sociales intermedios cuando les arrebató el *ius puniendi* que compartían y lo monopolizó.

C) *Mediación y conciliación; la Justicia restaurativa*

Hasta hace relativamente poco tiempo podía afirmarse que en nuestro ordenamiento jurídico-penal tan sólo quedaba un resto de privatización de la Justicia penal, en los llamados delitos semi-públicos o privados [véase *infra*, Tema 33, I, 4]. Sin embargo, poco a poco, nuestra legislación está incorporando la «mediación» y la «conciliación» que se pueden enmarcar dentro de los mecanismos informales de solución de conflictos, que tanto las Naciones Unidas (1985) como el Consejo de Europa (1987) habían sugerido hace tiempo.

El primer paso en esta dirección se dio en la Ley de Responsabilidad Penal de los Menores [véase *infra*, Tema 32, III, 5], y en la reforma operada por la LO 1/2015 se da el siguiente, al introducir como condición de la sustitución de la pena —que se configura desde entonces como modalidad concreta de suspensión— el cumplimiento del acuerdo alcanzado entre las partes en virtud de mediación (art. 84.1.1.ª).

Como afirma García-Pablos mediación y conciliación tienen una corta historia, pero un largo pasado. No se trata de artificios novedosos de ingeniería jurídica, sino de estilos y procedimientos orientados a la negociación entre las partes y al compromiso de solucionar el conflicto entre ellas.

En materia penal la mediación y conciliación responden a un nuevo modelo de respuesta al comportamiento delictivo que pretende satisfacer las legítimas expectativas de todos los implicados en el delito: infractor, víctima, Estado y comunidad. Son muchas y muy dispares las orientaciones político-criminales que por razones también bien distintas se muestran partidarias de estas técnicas: las tesis abolicionistas, las tesis anglosajonas de alternativas al enjuiciamiento convencional, el movimiento victimológico, las corrientes radicales que propugnan la reprivatización de los conflictos, y el llamado movimiento de Justicia restaurativa.

A falta de una definición universal de lo que se denomina Justicia restaurativa utilizaremos la definición de nuestro compañero Ríos Martín: «la filosofía y el método de resolver los conflictos que atienden prioritariamente a la protección de la víctima y al restablecimiento de la paz social, mediante el diálogo comunitario y el encuentro personal entre los directamente afectados, con el objeto de satisfacer de modo efectivo las necesidades puestas de manifiesto por los mismos, devolviéndoles una parte significativa de la disponibilidad sobre el proceso y sus eventuales soluciones, procurando la responsabilización del infractor y la reparación de las heridas personales y sociales provocadas por el delito».

La mediación y la conciliación sólo se legitiman, a nuestro juicio, en cuanto plasmación de la Justicia restaurativa, lejana a la privatización del Derecho Penal, complementaria de la necesaria función protectora y preventiva del sistema penal tradicional y superadora, en última instancia, de la utilización simbólica del Derecho Penal a la que nos va acostumbrando el legislador español en los últimos tiempos. Así es, el proceso de mediación no debe eludir la intervención del sistema penal, ni anular el papel de la Administración de justicia. En este sentido, la mediación no supone una privatización de la justicia penal, porque corresponde al Estado, de un lado, definir y delimitar el marco de la mediación —sus límites objetivos, subjetivos, formales y estructurales—, y, de otro, garantizar el cumplimiento de las garantías procesales, evitando eventuales abusos que pudiesen ocurrir. Se trata más bien de incluir de una manera más activa a la víctima y al infractor en el proceso, con el objetivo de que la reparación, la responsabilización del daño, y la petición de perdón —disculpas—, no se realice únicamente en el ámbito privado, sino también en el público, con la trascendencia social que permiten las salas de la Administración de justicia.

3. Límites formales del *ius puniendi*

El derecho a castigar es el más duro que tiene en su mano el Estado, porque incide en bienes eminentemente personales del sujeto: su libertad, su honor, su patrimonio, etc. Por ello se ha ido viendo la necesidad ineludible de limitar el poder del Estado en el campo penal y de someterlo a garantías jurídicas.

En el presente epígrafe se van a exponer los límites formales que se vienen señalando al *ius puniendi* del Estado desde la constitución del moderno Estado de Derecho. Dichos límites formales son los siguientes:

A) *Por razón del titular*

Sólo el Estado es el titular del *ius puniendi* (monopolio estatal), lo que es admitido desde el Derecho Romano.

Aun en los delitos semi-públicos, la parte agraviada tiene en su mano poner o no poner en marcha el proceso e incluso paralizarlo; pero el enjuiciamiento del presunto delincuente, la aplicación de la pena y su ejecución es cuestión privativa del Estado.

B) *Por su vinculación al Derecho objetivo*

Desde la Revolución francesa rige en el sistema continental el principio de legalidad. Dicho principio implica que la única fuente creadora de delitos y penas es la Ley, emanada del Parlamento; por lo que el Juez, según los postulados más estrictos del principio de legalidad, tendría que limitarse a su mera aplicación (véase *infra*, Tema 6, I).

Por supuesto que en un Estado de Derecho las leyes penales, como todo el resto del Ordenamiento Jurídico, tienen que estar sometidas a la Constitución. Sin embargo, Rocco defendió en el pasado que el único límite del poder sancionador del Estado era su propia autoridad. Tal teoría sólo tiene cabida en un concepto autoritario de Estado, como en el que vivía Rocco. Pero, como acertadamente señala Bacigalupo, la tradición desde Beccaria, fijada entre otros puntos en la Constitución Española, señala que la ley penal ha de estar bajo el imperio de la Constitución.

Aunque en el sistema anglosajón es el Juez quien crea el Derecho Penal, su vinculación al «precedente» (sentencias anteriores del *Queen Bench* o Tribunal Supremo británico), juega en gran medida el papel de nuestro «principio de legalidad».

C) *Por razón del órgano jurisdiccional*

Para evitar intromisiones de la Administración en la justicia penal, desde la división de poderes del moderno Estado de Derecho se exige que la justicia penal sea aplicada por un órgano jurisdiccional independiente.

Las implicaciones de esta cuestión en el campo del llamado Derecho Penal Administrativo se examinarán más abajo.

4. Límites materiales del *ius puniendi*

Los límites formales constituyen tan sólo el marco jurídico del que no se puede salir el Estado en el manejo del *ius puniendi*. Pero se ha visto, además, la necesidad de señalar al *ius puniendi* del Estado otros límites materiales que orienten y delimiten su política criminal en la utilización del poder más duro que pone en sus manos el ciudadano.

La materia actual incide en la que se ha de tratar al estudiar la teoría general de la pena; pero se hace necesario adelantar aquí algunos conceptos, ya que orientan todo el enfoque moderno del Derecho Penal y, por lo mismo, todo el desarrollo de la presente asignatura.

Para señalar los límites materiales del *ius puniendi*, se va a intentar ahora dar una fundamentación más profunda a los mismos a partir de lo que suele admitirse hoy en día por la mayoría de la doctrina sobre la función y fines del Estado, del Derecho, del Derecho Penal y de la pena. Algunos autores utilizan un esquema distinto, aunque coincidan en las garantías materiales que exigen al *ius puniendi* con las que se postulan aquí, esquema condicionado a veces por su postura ante el Derecho Natural.

A) *Función del Estado, del Derecho Penal y de la pena*

Por tratarse en la presente materia de una fundamentación que se basa en otras disciplinas (especialmente en la Filosofía del Derecho y en el Derecho Político), no se va a intentar probar aquí cada uno de los extremos que se afirman; que, por lo demás, gozan de amplio consenso entre los estudiosos iusnaturalistas de dichas materias desde santo Tomás, pasando por los teólogos-juristas del siglo XVI, hasta hoy.

Suele afirmarse hoy en día, con unas u otras fórmulas, que la función del Estado —ya sea utilizando este término en sentido amplio como comunidad política (estamento gobernante y común de los ciudadanos), ya sea restringiéndolo a los órganos de gobierno— es procurar el bien común de todos los ciudadanos.

Es, pues, en este empeño por encontrar el bien común, entendido como conjunto de condiciones de la vida social con las que las personas y los grupos pueden lograr más plena y fácilmente su propia perfección, en donde se justifica, encuentra un sentido y se legitima el Estado. Se entiende aquí perfección como la búsqueda del bien, de la verdad, de la belleza y de todas aquellas necesidades inherentes a la condición humana de la persona.

De esta afirmación se sigue que la persona individual no es para el Estado ni siquiera para la sociedad, sino por el contrario el Estado e incluso la sociedad (como entramado de grupos sociales) son para la persona, ya que nacen para perfeccionarla y para ayudarla a realizarse como tal plenamente. Esto es lo que en el fondo proclama el artículo 10 de nuestra Constitución.

Por lo mismo debe considerarse que son las personas y los grupos sociales básicos, como la familia, son los que poseen los derechos fundamentales, que no crea el Estado. Éste debe reconocerlos, protegerlos y desarrollarlos como parte esencial del bien común. Luego los valores que protege el Estado no pueden ser puestos arbitrariamente por éste (ni siquiera por la mayoría gobernante), sino que tienen que basarse en la dignidad de la persona y en sus derechos fundamentales.

Por otra parte, debe considerarse que la función del Derecho es la de posibilitar el bien común y la pacífica convivencia de los ciudadanos por medio de leyes (en el sentido amplio de la palabra), fundadas en la Justicia. En virtud de su finalidad el Estado puede y debe prohibir (e incluso, como *ultima ratio*, penalizar) conductas externas que perturben la convivencia pacífica ciudadana. Ahí encuentra su legitimación el Derecho Penal cuya función, indisolublemente unida a la función de la pena, consiste en la protección de los bienes jurídicos y de los valores ético-sociales fundamentales del orden social [véase *infra*, Tema 28, II, 1, C), *c*) y 3, B)]. Tal planteamiento suscita, por una parte, la cuestión de qué criterios debe manejar el Estado para decidir qué valores protege penalmente, y por otra, que el Estado no debe utilizar el Derecho Penal para asegurar la pacífica convivencia sino cuando no exista un medio menos lesivo para los derechos de la persona.

B) *Límites materiales del Derecho Penal*

El Derecho Penal es el arma más dura que pone el ciudadano en manos del Estado para que éste pueda asegurar el bien común y la convivencia pacífica, puesto que a través de la pena limita o restringe derechos fundamentales y libertades públicas. De aquí se derivan las precauciones de todo género de las que hay que revestir su empleo, si no se quiere dejar al ciudadano desarmado ante un Estado todopoderoso. A continuación se van a especificar los límites a los que debe quedar sometido el Derecho Penal que, a nuestro juicio, derivan de lo expuesto en el apartado anterior.

a) El Principio de la mínima intervención penal

El Estado, en cumplimiento de su función de asegurar el bien común y la pacífica convivencia de los ciudadanos, debe utilizar el Derecho Penal para sancionar las conductas contrarias a dichos fines. Sin embargo, no está obligado a castigar todo lo malo, sino lo más perjudicial para la convivencia ciudadana. Si pretendiese castigar todo lo malo, tendría que multiplicar el aparato policial, judicial y penitenciario hasta límites insostenibles y, además, se expondría a agarrotar la convivencia normal de los individuos. Por tanto, el Derecho Penal se ha de mantener como *ultima ratio*, como el instrumento a que se acude en último extremo para mantener la convivencia ciudadana, lo que también se expresa con el Principio de mínima intervención del Estado en materia penal.

En contra de ello se encuentra lo que suele denominarse la huida al Derecho Penal: cuando el Estado no consigue reprimir suficientemente una conducta, acude al sistema de penalizarla o de exacerbar las penas. Los resultados suelen ser perniciosos, pues se carga sobre el Derecho Penal lo que debería ser tan sólo objeto de mayor persecución policial. Con ello se olvida el viejo principio, enunciado entre otros por Beccaria, de que lo que intimida al delincuente no es la magnitud de la pena, sino la certeza de ser aprehendido y la seguridad y rapidez de la sanción.

Desgraciadamente en nuestro país en los últimos años se viene asistiendo al olvido del principio de mínima intervención en materia penal; obviando las recomendaciones de carácter técnico el legislador español atiende a consideraciones de carácter mediático y de rédito político, que en última instancia no solucionan los problemas delincuenciales.

b) La protección de bienes jurídicos y de valores ético-sociales

Como queda indicado, el Derecho Penal debe limitar su intervención a la protección de los valores fundamentales del orden social. Esto supone una doble protección: la de los bienes jurídicos y la de los valores ético-sociales; aunque en ambos casos se debe limitar el Estado a proteger penalmente sólo los fundamentales, conforme al principio de mínima intervención penal.

Para ello, en primer término, el Estado ha de seleccionar ciertos valores cuyo mantenimiento considera imprescindible para la convivencia ciudadana pacífica, a los que convierte en bienes jurídicos al protegerlos penalmente; esto es, al castigar su lesión o puesta en peligro con una pena.

Tal actividad requiere una fundamentación valorativa, especialmente en una sociedad pluralista, en la que, al no haber coincidencia de enfoques valorativos, es más fácil que se produzca la disgregación de opiniones y con ello se vaya al caos. Algunos autores consideran que tales valoraciones deben tomarse de las de la mayoría que gobierna el país; pero en tal afirmación se oculta un grave engaño: la mayoría absoluta no es criterio de la verdad; es más, por este camino se ha llegado a grandes aberraciones en la historia de los pueblos: Hitler salió de un parlamento elegido por mayoría absoluta. La mayoría absoluta es una manera de gobernar, no un modo de encontrar la verdad como afirman los mismos sociólogos respecto al valor de las encuestas. Por eso, la mayoría, incluso absoluta, de un parlamento necesita criterios valorativos externos a la misma, que permitan enjuiciar sus decisiones. Además, la realidad cotidiana enseña que una tal fundamentación valorativa de cualquier acto legislativo existe, aunque no se quiera confesar, en todo Estado y en todo legislador. Pero tales valoraciones, al no ser presentadas por los que las manejan al crear las leyes, no pueden ser refutadas ni discutidas ni, en ocasiones, advertidas; con lo que no raras veces se convierten en métodos de manipulación de la opinión pública.

A nuestro juicio resulta necesario afirmar la base ético-social (iusnaturalista) de las valoraciones que protege el Estado y especialmente de las que sustenta el Derecho Penal, que se deriva del imperativo de Justicia en que se fundamenta todo el Derecho. Si se niega una tal base, se cae en un crudo positivismo jurídico, que carecería de criterios para dilucidar y fundamentar el *quid puniendum* y el *quantum* de la punición; lo que podría degenerar en las mayores arbitrariedades en manos de un Estado totalitario.

Como WELZEL solía insistir en sus clases, mantenido el Derecho Natural en sus principios primarios (esto es, en los que son evidentes a la razón), aunque luego se varíe en la interpretación de los secundarios (los derivados de los primarios y que no son admitidos por todos), aquéllos dan un sólido fundamento, cuyo valor se aprecia especialmente en las situaciones de emergencia de un pueblo, como las que tuvo él que vivir en tiempo nazi.

Pero, en segundo lugar, la acción del Estado sería insuficiente si el Derecho Penal se limitase a castigar la lesión o puesta en peligro *externas* de los bienes jurídicos. Por ello el Estado se encuentra también interesado por la calidad de las acciones humanas de los ciudadanos, *por su vertiente interna*, porque la mera observancia externa de lo preceptuado en la ley no se muestra suficiente para conseguir mantener la pacífica convivencia de los ciudadanos. Suele defenderse que el Estado no tiene el deber ni el derecho de moralizar a los ciudadanos, lo que es cierto, porque la función del Estado no es la de inmiscuirse en la conciencia de los individuos, pero el Estado *sí* está interesado por un cumplimiento interno de las leyes, ya que el mero cumplimiento externo se evade y termina por ser una irrisión. Además, no debe olvidarse que, se quiera o no, el ciudadano se encuentra fuertemente influido por los preceptos y prohibiciones penales (el llamado efecto pedagógico del Derecho Penal).

Esto lleva a que el Derecho Penal no se limite a castigar tan sólo la lesión o puesta en peligro de los bienes jurídicos, sino también la lesión de los valores ético-sociales que los sustentan. Tal concepción fue introducida por WELZEL que defendió que el Derecho Penal no se puede limitar a reprimir la lesión (o puesta en peligro) de los bienes jurídicos, pues esto supone una visión liberal de la misión del Estado, reducida a la mera evitación de las conductas externas nocivas a la comunidad, sino que debe castigar también el abandono de los valores fundamentales del actuar jurídico. En frase de WELZEL: «La misión del Derecho Penal es la protección de los bienes jurídicos mediante la protección de los valores elementales ético-sociales de la acción».

La relación entre la protección de los bienes jurídicos y de los valores ético-sociales ha quedado perfectamente plasmada en la frase de JESCHECK: «Estos valores se convierten en bienes jurídicos gracias a su incorporación a la esfera de protección del orden jurídico».

c) El Principio de culpabilidad

El Principio de culpabilidad es uno de los límites del Derecho Penal que más claramente se derivan de la función que hemos otorgado al Estado.

Sin embargo, conviene dejar constancia ahora de que el término culpabilidad tiene diversas acepciones y significados en Derecho Penal; se contrapone el término culpabilidad al de inocencia; pero también se utiliza como categoría dogmática, que en la teoría del delito, fundamenta la imposición de la pena por el hecho típico y antijurídico cometido (véase *infra*, Tema 19); o como sinónimo de responsabilidad subjetiva o personal y que incluye, por tanto, el dolo y la culpa (véase *infra*, Tema 12, IV); y también, desde una perspectiva político-criminal, como equivalente a responsabilidad criminal, y en tal sentido expresa el conjunto de presupuestos necesarios para hacer responder —culpar— a alguien por el evento que motiva la pena. Este último es el sentido en que se emplea ahora el término culpabilidad.

El Principio de culpabilidad es consecuencia de la dignidad de la persona, a la que se refiere el artículo 10 de nuestra Constitución, y supone que el ser humano es capaz de autodeterminarse, lo que le convierte en responsable de sus actos, mereciendo en justicia una pena cuando hace mal uso de su libertad. Consecuentemente el Derecho Penal no puede considerar responsable, e imponer una pena, al que no actuó libremente, ni al que actuó sin dolo o culpa (art. 5 del CP), ni puede imponer una pena superior a la culpabilidad del que realiza el hecho (Principio de proporcionalidad).

d) El Principio de proporcionalidad

Como vimos antes el Estado debe posibilitar el bien común de los ciudadanos mediante leyes fundadas en la justicia, y la justicia conmutativa implica que las penas no pueden ser desproporcionadas a la gravedad del hecho cometido [véase *infra*, Tema 28.2.D)].

El principio de proporcionalidad rechaza la imposición de penas abstractas (aquellas con las que el legislador amenaza la conducta que considera merecedora de sanción penal) y de penas concretas (las que impone el juez en su sentencia) que carezcan de relación valorativa con el hecho cometido. Tiene por tanto un doble destinatario el legislador (que ha de establecer penas proporcionadas al delito) y el juez (que debe imponer penas proporcionales al hecho delictivo concreto cometido).

El principio de proporcionalidad no se consagra de forma explícita en nuestra Constitución, pero se desprende de la misma. La doctrina mayoritaria deduce su rango constitucional del artículo 15, argumentando que solo la pena proporcionada a la gravedad del hecho es humana y respetuosa con la dignidad de la persona.

Como señala García-Pablos el mandato de proporcionalidad implica un juicio lógico que comparara, valorativamente, la gravedad del hecho antijurídico, la gravedad de la pena, la entidad del injusto y la del castigo del mismo.

El principio de proporcionalidad implica también que exista una correlación lógica entre la escala de valor de los bienes jurídicos que protegen y las penas que se imponen. Dicha correlación existía, en buena medida, en la versión original del CP de 1995, y sin embargo las numerosas reformas que ha sufrido desde entonces la han ido deteriorando.

e) El Principio de *non bis in idem*

Del Principio de proporcionalidad deriva el Principio de *non bis in idem*, según el cual nadie puede ser sancionado dos veces por la realización de la misma conducta que infringe la misma prohibición.

Este principio no tiene reconocimiento constitucional expreso, pero ya en la STC 2/1981, de 30 de enero, el Tribunal Constitucional consideró que se incluye en el derecho fundamental al Principio de legalidad en materia penal y sancionadora —por su conexión con las garantías de tipicidad y de legalidad de las infracciones— a pesar de su falta de mención expresa en el artículo 25 de la Constitución. También declaró entonces que el Principio de *non bis in idem* veda la imposición de una dualidad de sanciones «en los casos en que se aprecie la identidad del sujeto, hecho y fundamento» (en el mismo sentido numerosas sentencias posteriores entre las que cabe citar las siguientes: SSTC 2/1981, 66/1986, 154/1990, 234/1991, 270/1994 y 204/1996).

f) La dignidad de la persona

Como ha quedado de manifiesto más arriba al hablar de la función del Estado, la persona individual no es para el Estado ni siquiera para la sociedad, sino que son éstos los que se constituyen para ayudar a la persona a desarrollarse como tal. Esto ha llevado en el Derecho Constitucional moderno a hacer de la dignidad de la persona el fundamento del orden político y social, como lo reconoce la Constitución Española en su artículo 10.1.

Por lo mismo, el Derecho Penal moderno sufre una serie de limitaciones impuestas al *ius puniendi* del Estado por razón de los derechos fundamentales de la persona. También por ello la evolución del pensamiento en torno a la pena ha convertido en axiomas varios principios que en otras épocas distaron mucho de ser admitidos. Tales principios son, fundamentalmente, el de la personalidad de las penas, el de la igualdad ante la ley, el de la proporcionalidad entre la culpabilidad y la pena —del que deriva el principio *non bis in idem*—, el de la humanidad de las penas y, finalmente, el de la resocialización del delincuente (véase *infra*, Tema 28, I, 3).

TEMA 2

POSICIÓN Y DELIMITACIÓN DEL DERECHO PENAL DENTRO DEL ORDENAMIENTO JURÍDICO

Este Tema se va a ocupar sucesivamente de la pertenencia del Derecho Penal al Derecho Público Estatal, de sus relaciones con otras ramas del Ordenamiento Jurídico y de la llamada naturaleza secundaria del Derecho Penal.

I. EL DERECHO PENAL COMO RAMA DEL DERECHO PÚBLICO

Sin entrar en las intrincadas cuestiones de los criterios para distinguir el Derecho Público del Derecho Privado, todos los autores admiten que el Derecho Penal es una rama del Derecho Público. Abonan tal postura los argumentos expuestos en el Tema anterior sobre el monopolio estatal tanto en la cuestión de la titularidad del Derecho Penal (el Estado como único titular), como en la de su producción (principio de legalidad) y en la de su administración (órgano jurisdiccional estatal independiente).

Lo anterior no se opone al hecho de que muchos de los conceptos manejados en Derecho Penal provengan del Derecho Privado; e incluso la realidad de que muchos de los tipos penales traten de proteger valores recogidos en el Derecho Privado.

II. RELACIONES DEL DERECHO PENAL CON OTRAS RAMAS DEL ORDENAMIENTO JURÍDICO

En este apartado se va a pasar rápida revista a los principales campos limítrofes con el Derecho Penal en el Ordenamiento Jurídico español.

1. Derecho Penal y Derecho Constitucional

La Constitución es el marco de todo el Ordenamiento Jurídico de un Estado y, por tanto, influye en todas las ramas del Derecho. Pero de modo especial se nota su influjo en el Derecho Penal, ya que éste protege los valores fundamentales de la convivencia ciudadana.

Este influjo se acusa, en primer término, en el campo de los delitos contra la seguridad interior del Estado (L. II, Tít. II), ya que es obvio que una Constitución hecha para una Monarquía no proteja los mismos valores que la confeccionada para una República, y también lo es que la Constitución de un estado totalitario tutele valores distintos que la de un estado democrático, por citar casos palmarios; por eso a todo cambio constitucional, suele seguir una modificación del Código Penal. Pero también influye la Constitución en otros muchos campos del Código Penal: por poner otro ejemplo palmario, la Constitución de un estado colectivista protege más la propiedad colectiva que la particular, al revés de lo que sucede en los países de economía de mercado. Suele decirse que basta leer un Código Penal para detectar los valores vigentes en una sociedad y época determinadas.

2. Derecho Penal y Derecho Procesal penal

Durante muchos siglos no se ha distinguido en los tratados, e incluso en las leyes penales, entre el Derecho Penal material y el Derecho Procesal penal.

El Derecho Penal suele denominarse sustantivo o también material, en contra del Derecho Procesal penal que recibe la denominación de adjetivo o formal. Tales denominaciones quieren indicar que el Derecho Penal material es el que señala las conductas delictivas y sus penas, mientras que el Derecho Procesal penal es el que regula el modo de castigar un delito concreto: la competencia de los Tribunales, el procedimiento a seguir, los recursos, etc. No es suficiente, sin embargo, el emplazamiento de los preceptos en un cuerpo legal determinado; porque el Código Penal contiene normas indudablemente procesales, mientras que la LECrim muestra, a su vez, preceptos penales.

Es clara, por tanto, la estrecha conexión que existe entre ambas parcelas del Ordenamiento Jurídico. Pero, como bien señala, entre otros, Rodríguez Devesa, puede haber un delito sin juicio consiguiente (porque no se descubra el delito o porque no se logre detectar al delincuente, ni siquiera al sospechoso) y, por el contrario, puede haber un proceso sin delito (porque se ha sospechado vehementemente la existencia de un delito que no ha existido).

3. Derecho Penal y Derecho Administrativo

La dificultad actual de la distinción entre el Derecho Penal y el Derecho Administrativo no se plantea hasta la implantación del Estado liberal; porque en el Estado Policía de la época anterior no podía presentarse el problema, ya que no existía distinción propiamente dicha entre los tribunales de justicia y las autoridades administrativas, al no darse división de poderes.

Por otro lado, el creciente intervencionismo del Estado que, a partir del ideal del primer liberalismo del siglo xix (el Estado debería intervenir al mínimo en la vida social), ha ido multiplicando por mil modos y con nombres y técnicas diversas su presencia en la vida ciudadana, ha llevado aparejada la paulatina creación de un llamado Derecho sancionador de la Administración.

Además, hoy se defiende por la doctrina penal el principio de la mínima intervención del Estado a través del Derecho Penal (éste debe ser la *ultima ratio*), lo que lleva aparejado el crecimiento de las sanciones administrativas, para llenar el hueco que va dejando la desaparición de las sanciones penales.

A) *Delimitación del problema*

En un sistema en que rigiera de manera estricta y sin fisuras la división de los poderes del Estado, la potestad sancionadora debería constituir un monopolio judicial y no podría estar nunca en manos de la Administración, pero un sistema semejante no ha funcionado nunca históricamente, e incluso se puede cuestionar que fuera viable por varios motivos: *a*) recargaría en exceso las actividades de la Administración de Justicia como consecuencia de ilícitos de gravedad menor —piénsese por un momento lo que supondría que los tribunales de justicia tuvieran que encargarse de sancionar todas las infracciones de tráfico de vehículos de motor—; *b*) respecto de estos ilícitos de menor gravedad es más conveniente que exista un aparato represivo que por la mayor inmediación fuera rápido y eficaz, y también más económico para el ciudadano.

Atendiendo a estas razones en prácticamente todos los ordenamientos jurídicos actuales conviven el Derecho Penal y el Derecho Administrativo sancionador. Actualmente en España se da una verdadera hipertrofia de este último en detrimento del Derecho Penal en contra de lo que sucede en otros países, por ejemplo Alemania, en los que se ha optado por recargar el Derecho Penal en tales casos. La convivencia de ambas formas de manifestación de la potestad punitiva del Estado obliga a plantear cómo realizar la delimitación entre ambas.

B) *Intentos de solución*

Se van a analizar sucesivamente los intentos doctrinales de delimitación entre el Derecho Penal y el Administrativo sancionador y la solución española.

a) Intentos doctrinales de delimitación

Por el camino doctrinal (especialmente en la doctrina alemana) se han pretendido señalar criterios de distinción cualitativos entre el Derecho Penal propiamente dicho y el llamado Derecho Administrativo sancionador de la Administración (también llamado por algunos Derecho Penal administrativo), pero no ha conseguido llegarse a un claro deslinde entre ambos campos.

Así GOLDSCHMIDT y WOLF, entre otros, creen que los delitos tipificados en el Derecho Penal son delitos propiamente dichos, «de Derecho Natural», mientras que las infracciones administrativas son delitos artificiales, «creados sólo por la voluntad del Estado».

Pero WELZEL les contestó que la historicidad es esencia del Derecho, por lo que no es posible hablar de «delitos naturales». Por ello LANGE puntualizó diciendo que los «delitos naturales» serían los que en cada época histórica fueran ético-socialmente relevantes; mientras que las infracciones administrativas serían acciones éticamente irrelevantes o culturalmente indiferentes.

Mas esta concepción de las infracciones administrativas como éticamente irrelevantes no parece convincente; puesto que el legislador no establece sus mandatos o prohibiciones meramente para ejercitar la obediencia de los ciudadanos, sino para crear situaciones valoradas positivamente e impedir la producción de daños éticamente reprobables. La exclusión del concepto de bien jurídico del ámbito del llamado Derecho sancionador de la Administración carece de fundamento. No es posible precisar teóricamente la diferencia entre los intereses de la Administración tutelados por el Derecho Penal y los restantes bienes jurídicos, protegidos por el Derecho Administrativo.

La discusión, sin embargo, no se encuentra agotada y así por ejemplo, en la doctrina española, siguen pretendiendo una distinción sustancial entre el ámbito del Derecho Penal y de la potestad sancionadora de la Administración, entre otros, SILVA, FEIJOÓ y GARCÍA CAVERO.

La imposibilidad de hallar un criterio cualitativo claro para distinguir qué materias deben reservarse al Derecho Penal y cuáles pueden quedar en manos de la potestad sancionadora de la Administración ha llevado a los Estados contemporáneos a arbitrar una solución que podríamos llamar de compromiso: se admite que la Administración pueda dictar normas con carácter sancionador —que se suelen limitar en cuanto a los bienes jurídicos a los que afectan las sanciones— que son ejecutadas por la propia Administración a través de sus funcionarios, pero se establece un control judicial de las mismas a través de los recursos llamados contenciosos-administrativos. Esto es, el ciudadano que ha sido sancionado por la Administración tiene la posibilidad, una vez agotada la vía administrativa, de acudir a los tribunales de justicia.

b) Solución española

Nuestra Constitución no ha excluido la existencia de una potestad sancionadora de la Administración, sino que, lejos de ello, la ha admitido en el artículo 25, apartado tercero, aunque, como es obvio, sometiéndole a las necesarias cautelas, que preserven y garanticen los derechos de los ciudadanos.

Los límites de la potestad sancionadora de la Administración en nuestro ordenamiento jurídico son los siguientes: *a*) la potestad sancionadora debe ser ejercida a través de normas de rango legal, es decir, la Administración sólo puede sancionar al ciudadano que haya infringido una norma legal dictada por la propia Administración en uso de su potestad sancionadora; *b*) la interdicción de las penas de privación de libertad —a las que puede llegarse de modo directo o indirecto a partir de las infracciones sancionadas—, lo que quiere decir que la Administración no puede amenazar el incumplimiento de las normas por ella dictadas con sanciones que supongan la privación de libertad; *c*) el respeto de los derechos de defensa, reconocidos en el artículo 24 de la Constitución, que son de aplicación también en los procedimientos que la Administración siga para la imposición de sanciones dimanantes de sus normas, y *d*) finalmente, la subordinación de la potestad sancionadora a la autoridad judicial.

El límite de la subordinación de los actos de la Administración en el ejercicio de su potestad sancionadora a la autoridad judicial exige que cuando se dé una colisión entre una actuación jurisdiccional y una actuación administrativa haya de resolverse en favor de la primera. De esta premisa se siguen las siguientes consecuencias: *a*) la posibilidad de control *a posteriori* por la autoridad judicial de los actos administrativos, mediante el oportuno recurso; *b*) la imposibilidad de que los órganos de la Administración lleven a cabo actuaciones o procedimientos sancionadores en aquellos casos en que los hechos puedan ser constitutivos de delito según el Código Penal o las leyes penales especiales, mientras la autoridad judicial no se haya pronunciado sobre ellos; y *c*) la necesidad de respetar la cosa juzgada.

La solución legal española al problema de la delimitación entre el Derecho Penal y el Derecho Administrativo sancionador, muy extendida en los países de nuestra órbita, no supone, sin embargo, que se hayan resuelto todos los posibles conflictos entre una y otra. En efecto, dos cuestiones siguen en pie:

a) Por una parte, la inmisión de la Administración en el Derecho Penal a través de las llamadas leyes penales en blanco de las que se hablará en el Tema 7, 3, 2. En efecto, en la medida en que es la Administración la que dicta las normas que sirven de complemento al presupuesto de hecho de las leyes penales en blanco está indirectamente usurpando el *ius puniendi.*

b) Por otra parte, existen ocasiones, bastante numerosas en nuestro ordenamiento jurídico, en los que la misma conducta puede sancionarse por la vía penal y por la vía administrativa, porque es una conducta prohibida por el Derecho Administrativo sancionador y también por el Derecho Penal. Se trata de los casos en los que la delimitación entre el ilícito penal y el ilícito administrativo es difícil de conseguir porque la misma conducta puede ser insignificante en algunos casos y muy grave en otros. Por ejemplo, nadie duda que defraudar 200 euros a Hacienda es una conducta poco relevante y sin embargo defraudar 100 millones es muy grave, sin embargo, el núcleo de la conducta —defraudar— es exactamente el mismo. En este caso, y en otros semejantes en los que cabe la delimitación cuantitativa, éste es el criterio que se suele utilizar para separar el ámbito sancionador de la Administración del ámbito penal. En otros ámbitos —delitos medioambientales, conductas relativas a la conducción de vehículos a motor, etc.— la delimitación no puede hacerse con criterios cuantitativos y es necesario recurrir a criterios cualitativos más difíciles de objetivizar.

Actualmente el límite entre el delito de defraudación a la Hacienda Pública y la infracción administrativa está en 120.000 euros, el mismo que en la defraudación a la Seguridad Social. Sin embargo, en la conducción de vehículos a motor la conducción temeraria, sin más, es constitutiva de infracción administrativa y la conducción temeraria que pone en peligro la vida o la integridad de las personas es delito.

Decíamos antes que uno de los límites de la potestad sancionadora de la Administración es su subordinación a la autoridad judicial, y que ello implica que la Administración deba paralizar aquellos procedimientos sancionadores en los que se detecten indicios de criminalidad. La preferencia de la jurisdicción penal sobre la administrativa se suele incluir expresamente en las normas sancionadoras de la Administración y se recoge también en el artículo 133 de la Ley 30/1992, de 26 de noviembre, de Régimen Jurídico de las Administraciones públicas y del procedimiento administrativo común. Sin embargo, ocurre con una cierta frecuencia que dicho principio se incumple y, por los mismos hechos, se abren dos procedimientos —uno administrativo y otro penal— terminando ambos *condenando* al ciudadano. En estos supuestos se plantea un *bis in idem* porque el ciudadano está siendo sancionado dos veces por la realización de la misma conducta que infringe la misma prohibición. El principio de proporcionalidad obliga a negar que quepa la doble sanción cuando hay una identidad de sujeto, hecho y fundamento.

Ya en la STC 2/1981, de 30 de enero, consideró el Tribunal Constitucional que el principio *non bis in idem* se incluye en el derecho fundamental al principio de legalidad en materia penal y sancionadora —por su conexión con las garantías de tipicidad y de legalidad de las infracciones— a pesar de su falta de mención expresa en el artículo 25 de la Constitución. También declaró entonces que el principio de *non bis in idem* veda la imposición de una dualidad de sanciones «en los casos en que se aprecie la identidad del sujeto, hecho y fundamento» (en el mismo sentido numerosas sentencias posteriores entre las que cabe citar las siguientes: SSTC 2/1981, 66/1986, 154/1990, 234/1991, 270/1994 y 204/1996).

La imposibilidad de dualidad de sanciones, como manifestación del principio de *non bis in idem*, es la vertiente material de este principio, pero debe plantearse también la vertiente procesal del mismo, es decir, que no caben dos procedimientos sancionadores cuando se dé identidad de sujeto, hecho y fundamento.

Dado que los procedimientos administrativos sancionadores son más rápidos que los procedimientos penales y que no siempre existe la debida coordinación entre la Administración Pública y la de Justicia, se ha planteado que concluido el procedimiento administrativo con sanción firme, se ha abierto, o ha concluido con posterioridad, el procedimiento penal.

La primera postura de nuestro Tribunal Constitucional frente a esta problemática, mantenida en SSTC 177/1999, de 11 de octubre, y 152/2001, de 2 de julio consideró que la reapertura de un procedimiento sancionador —de carácter penal— una vez que se había sancionado por los mismos hechos en la vía administrativa vulneraba la prohibición constitucional de incurrir en *bis in idem*.

La doctrina de estas dos sentencias ha sido rectificada por el Pleno del Tribunal Constitucional en Sentencia de 2/2003, de 16 de enero, sobre la base, entre otros, de los siguientes argumentos:

a) La interdicción constitucional de apertura o reanudación de un procedimiento, cuando se ha dictado previamente una resolución sancionadora firme, se extiende a los procedimientos sancionadores que puedan equipararse —por su grado de complejidad, naturaleza y magnitud— al procedimiento penal.

b) La interdicción de doble procedimiento sancionador sólo se incumple si los dos procedimientos han sido sustanciados con las debidas garantías, de modo que un primer procedimiento tramitado sin respetar la prioridad legal del orden jurisdiccional penal no impide un segundo procedimiento sancionador.

En definitiva, el reconocimiento del Principio de *non bis in idem* unido a la preferencia de la jurisdicción penal sobre la administrativa —vertiente procesal del Principio de *non bis in idem*— lleva lógicamente a concluir que en el supuesto en que la vía administrativa haya terminado con la imposición de una sanción —que incluso se puede haber cumplido— y posteriormente se dicte una sentencia condenatoria por los mismos hechos, sea la sentencia de los Tribunales penales —que considere naturalmente la imposición de la sanción administrativa absorbiéndola en la pena— la que tenga primacía.

4. Derecho Penal y Derecho Internacional

La relación entre el Derecho Penal y el Derecho Internacional suele condensarse en dos enunciados: el llamado Derecho Penal internacional y el denominado Derecho Internacional penal.

A juicio de Bueno Arús y De Miguel Zaragoza, el Derecho Internacional Penal es «el conjunto de normas internacionales referentes a delitos, consecuencias del delito, Tribunales penales internacionales y procedimiento penal», de lo que se deduce que, aunque tiene relaciones profundas con el Derecho Penal, es una materia de Derecho Internacional. Por su parte el Derecho Penal Internacional es el sector del Derecho interno que regula los problemas de competencia en aquellos conflictos penales que afectan a varios Estados. Sobre el Derecho Penal Internacional se hablará más tarde (véase *infra*, Tema 10).

En el ámbito del Derecho Internacional Penal puede afirmarse que la creación de un Tribunal Penal Internacional ha sido una constante en el cuadro de asuntos pendientes de las organizaciones internacionales (lo intentaron la Cruz Roja en 1872, el Tratado de Versalles que puso fin a la Primera Guerra Mundial y la Sociedad de Naciones). El primer paso real en este sentido lo constituyó el Estatuto del Tribunal Militar Internacional de Núremberg (1945), destinado a juzgar los delitos cometidos por los criminales de guerra de los países europeos del Eje (Alemania y sus aliados), al que siguieron los Tribunales Internacionales para el castigo de los crímenes internacionales perpetrados en la antigua Yugoslavia (1993) y Ruanda (1995).

Sin embargo, hasta la Conferencia diplomática reunida en Roma, entre el 15 de junio y el 17 de julio de 1998, que convocaron ciento veinte países —entre ellos España— no se había conseguido crear un Tribunal de carácter permanente, independiente y vinculado a las Naciones Unidas, con competencia sobre los crímenes más graves de trascendencia para la comunidad internacional.

El llamado Estatuto de Roma fue ratificado por España mediante LO 6/2000, de 4 de octubre, y entró en vigor el 1 de julio de 2002; la LO 18/2003 autoriza la cooperación con la Corte Penal Internacional.

El Tribunal Penal Internacional es una institución de carácter permanente que ejerce su jurisdicción respecto de los crímenes más graves de transcendencia internacional (genocidio, crímenes de guerra, crímenes de lesa humanidad o crimen de agresión). Son los Estados los que asumen la responsabilidad principal de la investigación y enjuiciamiento de los responsables (que sólo pueden ser personas físicas, no personas jurídicas o Estados), actuando el Tribunal únicamente cuando aquellos no quieren o no pueden hacerlo (principio de complementariedad). Su competencia puede ser universal (cuando actúa en virtud de una remisión del Consejo de Seguridad de las Naciones Unidas), automática (para los Estados miembros) y facultativa (para los Estados que no son parte, entre ellos EEUU y China).

5. Derecho Penal y Derecho Privado

El Derecho Penal protege gran número de instituciones del Derecho Privado (civil, mercantil, laboral, etc.), para lo que normalmente utiliza los mismos conceptos de éste. Sin embargo, suele remodelar dichos conceptos, para otorgar la protección penal del modo que el legislador cree más conveniente para sus objetivos de política criminal y de acuerdo con el principio de que el Derecho Penal permanezca siempre como *ultima ratio*; esto es, que sólo se castigue el mínimo necesario para asegurar la pacífica convivencia ciudadana.

Se ha dicho en ocasiones que el Código Civil es el Código de los ricos, mientras que el Código Penal es el de los pobres; aludiendo al hecho, históricamente difícil de negar, de que la justicia penal no ha actuado con la misma energía contra los unos que contra los otros. Esto no pasa de ser una deficiencia que debe corregirse a toda costa, si se pretende que la justicia sea igual para todos. En nuestros tiempos se hace cada vez más necesaria esta postura, dado el incremento de la criminalidad de empresa.

III. LA LLAMADA NATURALEZA SECUNDARIA DEL DERECHO PENAL

En la literatura jurídica se usan como sinónimos para plantear la cuestión presente los términos de naturaleza secundaria, accesoria, subsidiaria, complementaria o meramente sancionadora del Derecho Penal. A dichos términos se contrapone el de naturaleza autónoma del mismo; esto es, la teoría de los autores que defienden que el Derecho Penal tiene la misma autonomía que cualquier otra rama del Derecho, siempre dentro del Ordenamiento Jurídico unitario.

La cuestión fue suscitada por BINDING en su *Handbuch des Strafrechts* (1885) por lo siguiente: mientras en las restantes parcelas del Derecho, el legislador recoge en la ley la conducta que *quiere* que observe el ciudadano (la norma o precepto positivo), en el Derecho Penal se limita a asociar, en sus enunciados legales, una pena a la realización de una conducta —presupuesto de hecho—, por lo que el delincuente lo que hace es *cumplir* el presupuesto de hecho contenido en el precepto penal. De ahí deduce BINDING que la ley penal no incluye la norma (o precepto) positivo que quiere inculcar el legislador. Por tanto, la norma positiva (ley primaria) habría que buscarla en el resto del Ordenamiento Jurídico; y el Derecho Penal no tendría más misión que la de sancionar las instituciones de otras parcelas de dicho Ordenamiento: su naturaleza sería secundaria o meramente sancionadora.

La doctrina defiende mayoritariamente la autonomía del Derecho Penal y da varias respuestas a los argumentos apuntados. En primer término históricamente es innegable que el Derecho Penal precede al resto del Ordenamiento Jurídico, luego no puede depender de él.

Pero contestando al argumento de BINDING, hay que preguntarse si toda ley penal tiene una norma extrapenal correlativa. Dicho de otro modo, si, suprimido mentalmente el Código Penal, las conductas que en él se castigan, seguirían encontrando sanción extrapenal. Aunque en el caso de los delitos más graves contra las personas parece que seguiría existiendo una sanción civil (aunque fuera a través del recurso a la costumbre o a los principios generales del Derecho), no es tan claro en toda una serie de delitos contra el Estado. Tampoco parece que sería fácil encontrar una sanción en la legislación civil para ciertos delitos de proxenetismo con adultos cometidos con el consentimiento de éstos (véase, por ejemplo, el art. 187.1, párrafo segundo).

Por otro lado, el Derecho Penal no asume sin más los conceptos o instituciones de otra rama del Ordenamiento Jurídico y se limita a sancionarlos, sino que frecuentemente los remodela e incluso les concede una protección jurídica diversa de la que les da la rama del Derecho correspondiente. Por poner un solo ejemplo, la división del

Derecho Civil de los bienes en muebles e inmuebles es muy diversa de la que se utiliza en el Derecho Penal, en el que «mueble» viene a equivaler a «objeto movilizable». Además, mientras que para el Derecho Civil el bien inmueble tiene una mayor valoración que el mueble, la protección penal de los bienes muebles es mayor que la de los inmuebles, por razones obvias.

Pero queda en pie la pregunta a la cuestión suscitada por BINDING: ¿dónde se encuentra la norma (o precepto) penal positiva?, ya que claramente se ve que no siempre se encuentra fuera del mismo. La respuesta es obvia: se encuentra implícita en la ley penal. Cuando el legislador señala: «El que matare a otro será castigado, como homicida, con la pena de prisión de diez a quince años», está diciendo implícitamente: respeta la vida ajena. La norma penal es como el negativo de la foto, mientras que la ley penal es como el positivo.

La norma penal se encontraba explícitamente en las leyes anteriores a la Codificación en las amplias exposiciones de motivos y aún hoy se halla en ocasiones en las que suele anteponer el legislador a una reforma de la ley penal. Pero al llegar la Codificación el legislador dejó de anteponer a cada artículo (como podría haberlo hecho) la norma positiva, para incluir tan sólo la ley negativa, por simple ahorro legislativo. Pero estaba en su mano haber redactado así el artículo 138 del Código Penal: «Respeta la vida ajena. El que matare a otro será castigado, como homicida, con la pena de prisión de diez a quince años».

TEMA 3

LAS CIENCIAS PENALES

Hoy en día muchos autores adoptan el nombre de Enciclopedia de las Ciencias Penales para englobar el conjunto de saberes que se ocupan del delincuente y del delito. Ya Von Liszt en el siglo pasado habló en este sentido y por ello dio el nombre de *Revista de la Ciencia conjunta del Derecho Penal* (*Zeitschrift für die gesamte Strafrechtswissenschaft*) a la revista penal por él fundada. Otros autores han seguido la misma tendencia con diversos nombres, que ha cristalizado en el actual a partir del Tratado de Derecho Penal de Jiménez de Asúa. Incluso algunos autores han adoptado la misma denominación, entre ellos Cerezo, Conde-Pumpido, Luzón y Sainz Cantero.

Los autores no concuerdan al señalar las materias ni los grupos que integran la Enciclopedia de las Ciencias Penales, aunque bajo diversos nombres y divisiones, suelen incluir con frecuencia las mismas disciplinas.

Sin pretender llegar a una agrupación definitiva ni mejor que las de los demás autores, a fines meramente didácticos aquí se va a dividir la Enciclopedia de las Ciencias Penales en Ciencias normativas, explicativas y auxiliares.

El grupo de las Ciencias normativas comprenderá las Ciencias del Derecho Penal (Dogmática jurídico-penal, Derecho Procesal penal y Derecho de Ejecución de la pena), la política criminal y las disciplinas fundamentadoras de las Ciencias normativas (Filosofía, Historia y Derecho Penal comparado); el grupo de las Ciencias explicativas incluirá tan sólo la Criminología; mientras que el tercer grupo se dedicará a las ciencias auxiliares, y en él encontrarán cabida la Medicina legal, la Psiquiatría forense, la Psicología judicial, la Policía Científica (también llamada Criminalística) y la Estadística criminal.

I. CIENCIAS NORMATIVAS

Según la clasificación adoptada de la Enciclopedia de las Ciencias Penales, las ciencias normativas comprenden las Ciencias del Derecho Penal, la Política Criminal y las disciplinas fundamentadoras de las ciencias normativas.

1. Las ciencias del Derecho Penal

Dentro de las Ciencias del Derecho Penal se incluyen la Dogmática jurídico-penal (que forma el núcleo del Derecho Penal material), el Derecho Procesal Penal y el Derecho de Ejecución de la pena. Estas dos últimas son distintas del Derecho Penal propiamente dicho, aunque están fuertemente emparentadas con él.

A) *La Dogmática jurídico-penal*

Como queda indicado, la Dogmática jurídico-penal es la que forma el núcleo fundamental del Derecho Penal material. Su Parte General está construida por la ciencia penal alemana en sus líneas maestras y ha influido notablemente en casi todo el sistema continental de Derecho, si se exceptúa el área de influencia francesa.

a) Concepto y objeto

Hoy en día se entiende bajo el nombre de Dogmática el intento de ordenar sistemáticamente un área de conocimientos (en nuestro caso, el Derecho Penal positivo) a base de un sustrato lógico y de principios filosófico-valorativos.

Aunque en los principios alemanes de la dogmática jurídico-penal se excluía de la misma todo sustrato filosófico y todo intento valorativo, con el correr del tiempo se han vuelto a incluir en la misma ambos elementos. Por eso, en la actualidad los autores incorporan a sus definiciones de Dogmática jurídico-penal otros contenidos, que enriquecen y modifican el concepto tradicional y exclusivamente «dogmático» de esta disciplina.

Esto lleva a que el objeto de la Dogmática jurídico-penal sean, por un lado, las normas jurídicas sobre los delitos y las penas y, por otro, los principios filosóficos a los que deben ir orientadas y en los que deben fundamentarse.

Por tanto, podría definirse la Dogmática jurídico-penal como el intento de construir y ordenar el Derecho Penal positivo a base de un sustrato lógico-sistemático y de ciertos principios filosóficos, en nuestro caso iusnaturalistas.

b) Método

La palabra «método» significa el camino para llegar a una meta. Aplicada a esta materia significa el sistema empleado para crear una auténtica Dogmática jurídico-penal.

Anteriormente quedan indicados los pasos que se han seguido históricamente para llegar a la actual construcción dogmática de la Parte General. De ello se deduce que el método empleado es a la vez lógico-sistemático (ordenación de los preceptos legales) y filosófico (más concretamente, analítico-deductivo), para la fundamentación de dichos preceptos.

Esto es, se parte de principios generales, de los cuales se va deduciendo lo particular, lo que supone un método analítico-deductivo. A la vez sirven estos principios para fundamentar la Justicia de los preceptos penales y para señalar sus límites.

Pero además el método indicado es lógico-sistemático, porque va agrupando las distintas parcelas de conocimiento de una materia (en nuestro caso, del Derecho Penal) conforme a ciertos principios o directrices, lo que lleva a construir un sistema. En el Derecho Penal actualmente existen dos sistemas fundamentales (causalismo y finalismo) a los que se han ido añadiendo otros, que son entrecruzamientos o desarrollos de los anteriores.

El sistema tiene grandes ventajas para el estudio dogmático de un campo científico determinado, porque libera de cuestiones secundarias y centra en las fundamentales. Además, hace comprender mejor las partes que se insertan en un todo, permite descubrir cuestiones nuevas (a cuyo conocimiento o estudio quizás no se hubiera llegado sin él), y profundizar en cada cuestión desde el punto de vista de su colocación sistemática.

Pero esto no debe llevar a olvidar el papel de auxiliar que corresponde al sistema de la ciencia, a la que se aplica. Porque se corre el peligro de querer forzar las piezas, para que encajen en el todo o de detenerse excesivamente en consideraciones sistemáticas, que a veces pueden tornarse en puras elucubraciones filosóficas inútiles, especialmente en el caso de una materia tan eminentemente práctica y por otro lado sometida al principio de legalidad, como es el Derecho Penal.

Pero el Derecho Penal no puede encerrarse en una pura dogmática, que lo alejaría de la realidad. Ha de beneficiarse de un estudio interdisciplinar, en el que confluyan elementos éticos, sociológicos, psicológicos, etc., tanto para la determinación de lo que debe ser castigado (el llamado *quid puniendum*), como para su adecuada tecnificación legislativa (el *quomodo puniendum*), no menos que para el estudio de las sanciones más adecuadas y para la aplicación de las mismas en sede penitenciaria. Por ello el Derecho Penal necesita de la Criminología, que se estudiará en el apartado siguiente.

B) *El Derecho Procesal penal*

Más arriba (Tema 2, II, 2) se han tratado las relaciones del Derecho Penal (material o sustantivo) con el Derecho Procesal penal (también llamado formal o adjetivo).

Durante largos siglos el Derecho Penal y el Derecho Procesal penal constituyeron una misma disciplina bajo el nombre de Derecho Criminal. Pero hoy en día forman dos disciplinas independientes, aunque estrechamente relacionadas entre sí.

Por la estrecha conexión existente entre ambas disciplinas, es muy difícil, por no decir imposible, una reforma en el Derecho Penal sin la correspondiente del Derecho Procesal penal. Por olvidar este principio se cometió el error de cambiar la división de los Delitos por su gravedad en la reforma del Código Penal de 1932 sin hacerlo en la LECrim, lo que llevó a una situación insostenible que hubo que solucionar jurisprudencialmente.

C) *El Derecho de Ejecución de la pena*

La presente disciplina ha recibido y recibe en la actualidad nombres diversos. Con frecuencia la denominan los autores «Ciencia Penitenciaria», aunque otros creen que su nombre auténtico es el de «Penología» que es el que le impuso en 1834 Francis LIEBER.

Sin duda que su contenido comprende no sólo la pena, sino, como indica acertadamente SAINZ CANTERO, todos los medios de represión y prevención directa del delito (penas y medidas de seguridad), los métodos de aplicación de los mismos y la actuación postpenitenciaria.

Existe una estrecha interdependencia entre el Derecho de Ejecución de la pena y el Derecho Penal sustantivo, ya que todo el campo de la aplicación de la pena tiene que mantenerse bajo el principio de legalidad.

Además, la Ciencia Penitenciaria indica en muchos casos al legislador el modo más adecuado de cumplir una pena, la conveniencia de sustituirla por una medida o, viceversa, la de acortar o alargar su duración en función de las necesidades de la resocialización del delincuente, etc.

Esto no impide que ambas disciplinas tengan sustantividad propia, especialmente en la actualidad, en la que la Ciencia Penitenciaria se está convirtiendo cada vez más en una Enciclopedia de Ciencias Penitenciarias, fecundadas y estrechamente relacionadas con la Criminología.

Por lo mismo, la Penología tiene una estrecha relación con la Criminología, aunque dista de confundirse con ella. SAINZ CANTERO expresa esta relación con palabras de GARCÍA BASALO diciendo que la Penología es jurídica en su base, pedagógica en sus medios y social en su fin.

2. LA POLÍTICA CRIMINAL

En el presente epígrafe se va a analizar la segunda gran Ciencia normativa de las que constituyen la Enciclopedia de ciencias penales: la Política Criminal. Para ello se va a exponer sucesivamente el concepto, el contenido y, finalmente, sus relaciones con la dogmática jurídico-penal.

A) *Concepto*

Como acertadamente apunta CEREZO, existe una gran confusión acerca del concepto de Política Criminal.

Los autores que se han ocupado más extensamente de la materia convienen en señalar que la política criminal comprende los principios fundamentales, según los cuales el Estado debe dirigir la lucha contra el delito por medio de la pena y de medidas análogas.

Por lo anterior parece que la Política Criminal podría definirse como la estrategia de la lucha contra el delito, basada en principios derivados de la investigación empírica (especialmente de la Criminología) sobre el delito, la pena y las medidas de seguridad, siempre dentro de los límites de la Justicia y de los ideales jurídico-penales. Contra lo que defienden diversos autores, no parece conveniente limitar la Política criminal a la actuación del Estado; porque, aunque el derecho subjetivo a castigar esté monopolizado por el Estado (véase *supra*, Tema 1, II), no lo están de hecho ni deben estarlo de derecho diversas actuaciones sociales que en un modo o en otro tratan de luchar contra el fenómeno delincuencial, en favor de la resocialización del delincuente. Y parece claro que también estas actuaciones deben orientarse conforme a los postulados de la Política Criminal.

B) *Contenido*

Aunque algunos autores señalan diversos contenidos a la Política Criminal, la mayoría suele estar de acuerdo en que esta disciplina debe ocuparse de la crítica y de la reforma del Derecho Penal vigente, así como de la aplicación de las leyes penales.

Por todo lo anterior, la Política Criminal ha de plantearse dos cuestiones distintas: el *quid puniendum* (qué se ha de castigar penalmente) y el *quomodo puniendum* (cómo se ha de castigar), lo que son dos problemas diversos, aunque frecuentemente se confundan en la práctica.

La primera cuestión (esto es, el *quid puniendum*) es un asunto eminentemente valorativo, ya que el Derecho Penal no está obligado a castigar toda conducta mala, sino tan sólo las conductas más perjudiciales en un momento determinado para la convivencia social. Y en dicha valoración puede acertar el legislador o errar; es más, aunque hubiera acertado en una coyuntura histórica determinada, eso no indica que en otra deba seguir castigándose dicha conducta, ya que han podido variar profundamente las circunstancias.

La segunda cuestión (esto es, el *quomodo puniendum*) es por el contrario un asunto de orden práctico. Porque la Historia del Derecho Penal muestra elocuentemente que en más de una ocasión el no haber acertado con la medida adecuada de la pena impuesta a un cierto delito, ha llevado a la impunidad del mismo; ya que por ser ésta excesiva a todas luces, ni la policía se atrevía a detener al delincuente, ni el Juez llegaba a condenarlo como culpable. También ha habido casos, en los que la exacerbación de la pena ha llevado a que el delincuente pase a cometer un delito mayor. Uno de los más famosos lo constituyó el asalto a diligencias por los bandoleros en la Francia del siglo XVIII. Como para reprimirlo se impuso la pena de muerte a todos los autores de dicho delito, éstos pasaron de lo que hasta entonces había sido un robo con intimidación al robo con homicidio, para no dejar testigos de su hecho. También es necesario acertar con la pena o la medida penal más adecuada para conseguir la intimidación y, en su caso, la resocialización del delincuente.

Todo lo anterior supone estudios criminológicos, sociológicos y estadísticos para conocer los delitos que de hecho se cometen; así como para llegar a señalar el tipo de delincuente que se oculta detrás de cada delito: esto último es lo que se denominan Estudios de Fenomenología Criminal. Pero también hay que echar mano de las otras partes de la Criminología y de las demás Ciencias auxiliares de Derecho Penal. Sólo así puede llegarse a una Legislación Penal sensata y capaz de hacer frente con éxito al reto de la delincuencia.

Lo anterior indica que la Política Criminal tiene por misión la crítica y la reforma del Derecho Penal vigente. Porque si todas las parcelas del Ordenamiento Jurídico están necesitadas de una constante crítica y reforma, el Derecho Penal las necesita aún más, por su sometimiento al principio de legalidad y por su historicidad.

C) *Relaciones con la Dogmática jurídico-penal*

Como anota BACIGALUPO, el problema de las relaciones entre la Dogmática jurídico-penal y la Política Criminal surge desde VON LISZT que distinguía dos momentos diferentes: el de la realización del principio *nullum crimen sine lege*, que se refiere al enjuiciamiento de un hecho tipificado como delito y que constituye un acto judicial exclusivamente, donde la política criminal no tiene nada que hacer, y el de la aplicación del principio *nulla poena sine lege*, en el que se trata de la determinación de la pena y de la selección de la misma, dentro de los marcos legales, que debe apoyarse en consideraciones político-criminales. Por tanto, para VON LISZT la Dogmática jurídico-penal y la Política Criminal son dos disciplinas distintas, aunque estrechamente relacionadas entre sí.

Posteriormente las posturas se diversifican:

1. Algunos autores piensan que el Derecho Penal y la Política Criminal no son ciencias autónomas, sino que la segunda es parte de la primera. Así, por ejemplo, CEREZO opina que se trata

de una sola disciplina, por lo que concluye con Antón ONECA que «Dogmática jurídico-penal y Política Criminal se superponen y complementan, siendo no disciplinas separadas, sino más bien zonas o aspectos de la Ciencia del Derecho Penal».

2. En Alemania se ha ido abriendo paso la teoría de ROXIN (que también ha hecho impacto en la doctrina española), según la cual hay que superar la postura de VON LISZT (que, a su juicio, disociaba excesivamente el Derecho Penal y la Política Criminal) y por ello hacer de la política criminal no sólo el límite externo de la Dogmática, sino también el límite interno, por lo que ha de servir para orientar cada una de las categorías sistemáticas (tipicidad, antijuridicidad y culpabilidad) de la teoría general del delito.

3. En otra dirección HASSEMER pretende distinguir los ámbitos propios de la Dogmática jurídico-penal y de la Política Criminal, para lo que distingue el objeto inmediato y el mediato de cada una de ellas. El objeto inmediato de la Política Criminal es el comportamiento desviado; mientras que el de la Dogmática es la ley penal. Por eso la Política Criminal posee un doble cometido: fijar las metas que orientan la estrategia de la lucha contra el delito y plasmarlas en fórmulas legales; mientras que la Dogmática parte de estas fórmulas legales, que no puede rebasar por imperativo del principio de legalidad, y tiene por misión precisar su contenido.

3. LAS DISCIPLINAS FUNDAMENTADORAS

Dentro aún de las Ciencias normativas se incluyen aquí las llamadas disciplinas fundamentadoras del Derecho Penal. Entre ellas hay que contar con la Filosofía del Derecho Penal, su Historia y el Derecho Penal comparado.

Se ha optado aquí por separarlas de las restantes ciencias normativas, porque ocupan un lugar independiente: servir de fundamento tanto a la Dogmática jurídico-penal como a la Política Criminal. Por otro lado, parece del todo necesaria su inclusión entre las Ciencias normativas, ya que la Filosofía del Derecho Penal (y más concretamente, el Derecho Natural) es la única que ofrece un criterio sólido para juzgar desde un punto de vista valorativo tanto la Dogmática jurídico-penal como la Política Criminal; mientras que la Historia del Derecho Penal y el Derecho Penal comparado sirven de base práctica para analizar los aciertos o errores de sistemas jurídicos pasados o actuales.

A) *La Filosofía del Derecho Penal*

En primer término ocupa un lugar preeminente la Filosofía del Derecho Penal o, si se quiere, el Derecho Natural. Porque, como se viene indicando, el legislador penal ha de tomar decisiones constantes conforme a juicios de valor, respecto al *quid* y al *quomodo puniendum*. Tales juicios de valor suponen detrás un sistema de valores más o menos conscientes, se quieran confesar o no.

En este sentido afirma JESCHECK:

> La Filosofía del Derecho se esfuerza en elaborar los criterios, según los cuales puede enjuiciar el dogmático, si las proposiciones del Derecho vigente son compatibles con los presupuestos naturales del orden social (naturaleza de las cosas) y con las ideas valorativas de la ética social (derecho natural), o, en su caso, de qué forma deben modificarse.

Algunos recurren, para evitar este argumento, a decir que sus juicios de valor se acomodan a lo que decida o piense la mayoría de la población; esto es, que ellos no formulan juicios de valor, sino que son meros mandatarios de la voluntad popular. Aparte de que la historia del parlamentarismo contemporáneo ha puesto en entredicho el valor de afirmaciones semejantes, sobre todo a través de la realidad de la partitocracia, no es menos cierto que una tal postura sería de imposible realización. ¿Cómo se iba a investigar el sistema de valores de una mayoría parlamentaria, así como su aplicación a la determinación de la pena justa de un delito concreto en relación con los semejantes, el modo más adecuado de recogerlo en las leyes penales o la sanción oportuna para el mismo? Todas estas operaciones, aunque tengan parte técnica, como se ha señalado al hablar de la Política Criminal, suponen una constante valoración por parte del legislador. Tampoco vale recurrir al hecho de que el Parlamento ha sido elegido democráticamente, porque ¿qué sabe el elector en realidad sobre la total cosmovisión o valoración del diputado que elige?

Pero es que existe una cuestión más profunda aún, que cada vez se pone más de manifiesto y últimamente incluso desde el campo de la Sociología: la encuesta o, lo que es lo mismo, el criterio de lo que piensa la mayoría, no es argumento de la verdad o del acierto de una opinión, sino que prueba meramente que la mayoría piensa así. Dicho de otra manera, lo que dice una encuesta no es criterio valorativo, sino dato meramente estadístico. Por tanto, si se quiere acertar con la política criminal adecuada en un país y en un momento histórico determinado, no vale apelar al criterio de la mayoría.

Finalmente, el peligro mayor de esas posturas aparentemente neutrales (o, si queremos llamarlas, «democráticas»), es que detrás de ellas se esconde una valoración más o menos consciente. Pero al no ponerse de manifiesto, son más difíciles de ser refutadas, complementadas o asumidas, incluso por los mismos defensores de las mismas [para todo lo anterior, véase *supra*, Tema 1, II, 4, C)].

B) *La Historia del Derecho Penal*

Ya CICERÓN llamaba a la Historia *Magistra Vitae*, y en nuestro caso es sin duda una ciencia necesaria para el legislador penal. Porque el conocimiento de las soluciones adoptadas en materia penal por nuestros antepasados puede dar lugar a encontrar soluciones adecuadas, así como enseñar al legislador a no incurrir en los mismos yerros que ellos [véase *supra*, Tema 1, II, 4, A), *c*)]. Luego la Historia del Derecho Penal es útil tanto para enjuiciar el Derecho Penal vigente como en orden a su reforma; esto es, desde el punto de vista de la dogmática jurídico-penal y desde el de la política criminal.

Naturalmente que la Historia del Derecho Penal, tanto nacional como comparado, supone tan sólo una serie de materiales que han de ser examinados y valorados cuidadosamente antes de su aplicación. Porque dada la dependencia innata del Derecho Penal respecto al tiempo y al espacio, ya que no puede conformarse con castigar lo malo, ni siquiera lo peor, sino lo que más perturba a la convivencia ciudadana en un momento histórico concreto [véase *supra*, Tema 1, II, 4, A), *c*)], el castigo de una conducta determinada en un momento histórico pretérito, así como el modo de castigarla en aquel entonces, pudo ser totalmente adecuado en dicha época y resultar desplazado en el momento actual. Lo que indica también el valor de la Historia del Derecho Penal en orden a las reformas del Derecho Penal vigente.

C) *El Derecho Penal comparado*

El Derecho comparado se ha hecho instrumento de uso obligado en la elaboración del Derecho Penal. Pero respecto a él no se puede prescindir de lo que se ha dicho al hablar de la Historia del Derecho Penal: hay que tener muy en cuenta los condicionamientos espacio-temporales de esta rama del Derecho.

No se puede negar sin embargo la gran contribución que suponen los estudios de Derecho comparado para el legislador penal y, en general, para los estudiosos de esta disciplina, porque les indican las soluciones adoptadas en otros países e incluso el éxito o el fracaso de las mismas. Pero para su recta aplicación no se pueden olvidar dos factores. El primero, es la división del mundo actual en dos grandes bloques de sistemas jurídicos: el continental o romanista y el anglosajón o *Common Law*. El segundo factor está constituido por la diversa idiosincrasia de los pueblos, aun vecinos e incluso aparentemente de la misma área cultural: valga para demostrarlo el ejemplo de lo que sucedió, cuando quiso copiarse sin la debida aclimatación en la República Federal Alemana, el modelo danés de los llamados *Sozialtherapeutischen Anstalten*.

Actualmente los estudios de Derecho Penal comparado han adquirido especial relieve en el camino de una paulatina armonización e incluso unificación de los Derechos penales de los distintos países de la Unión Europea. Esto se pone más de manifiesto ante el fenómeno de la Europa sin fronteras que ya vivimos y en la que resultará cada vez más incongruente, e incluso imposible, tener sistemas penales diversos en naciones que ni siquiera están separadas por fronteras más o menos convencionales. Pero aparte de ello, el creciente tráfico internacional, tanto de personas como de mercancías, va haciendo cada vez más imperiosa la necesidad no sólo de un Derecho Mercantil armonizado y hasta unitario, sino también se va acrecentando el mismo problema en otras ramas del Derecho y, en concreto, del Derecho Penal. Sin embargo, hay que tener en cuenta que, en la copiosa legislación y reglamentación unificadora, llevada a cabo por las instancias europeas de la Comunidad, hasta ahora se ha soslayado prácticamente el problema de la unificación penal, sin duda por lo arduo del mismo. Pero en fecha no lejana no habrá más remedio que enfrentarse con él.

II. LA CRIMINOLOGÍA

La Criminología se suele agrupar dentro de la Enciclopedia de las Ciencias Penales entre las Ciencias explicativas del fenómeno criminal y en realidad es la que se ocupa fundamentalmente de ello.

Es sin duda la materia más estrechamente relacionada con el Derecho Penal, después de la dura lucha de Escuelas del siglo pasado, de la que se hablará enseguida (véase *infra*, Tema 4, III).

De reciente creación para lo que es una ciencia, ya que los principios científicos de la Criminología son del último tercio del siglo XIX, ha adquirido carta de ciudadanía en el terreno de las ciencias penales.

Paulatinamente se ha ido separando el campo de la Criminología del de la Criminalística, a la que también se denomina Policía Científica de la que se hablará más abajo (véase en este mismo Tema, II, 3), así como del de la Ciencia de Ejecución de la pena (Penología), de la que se ha hablado ya brevemente.

Su estudio se ha convertido en una Licenciatura en algunos países (así en Lovaina o en Montreal), mientras que en otros constituye un instituto interdisciplinar, frecuentemente radicado en las facultades de Derecho, que expide un título de postgraduado después de varios años de serio estudio de la materia. En España, hasta el año 2003 en que se crea la Licenciatura de segundo ciclo, las enseñanzas de Criminología se habían impartido exclusivamente a través de los Institutos

Universitarios de Criminología que tenían su sede en las respectivas Facultades de Derecho, si bien con la categoría de título propio o diplomatura. Como centro pionero, el Instituto de Criminología de la Universidad Complutense de Madrid ha ofrecido estos estudios desde su creación en 1964. Hace unos diez años se puso de moda la Criminología en nuestro país y a partir de ese momento empezaron a surgir distintos grados o postgrados que abordan el estudio de esta materia.

Como es de suponer, en un programa de Derecho Penal apenas se le puede dedicar espacio a esta materia, a pesar de la importancia creciente que ofrece para el jurista (tanto en sede judicial y penitenciaria, como en sede legislativa) y en general, para el estudioso de Derecho Penal. Por eso hay que limitarse aquí a exponer el concepto, el objeto, la división, la historia, el sistema criminológico, los métodos, las corrientes contemporáneas y, finalmente, una valoración de la criminología actual.

1. Concepto de Criminología

El concepto de Criminología presenta las dificultades inherentes a la determinación de su objeto, de que se hablará en el epígrafe siguiente.

A reserva de lo que se dirá enseguida, la Criminología puede definirse como el estudio del delincuente concreto, para intentar resocializarlo. Por tanto, centra su visión en el delincuente, a diferencia del Derecho Penal, que se centra en el delito.

Rodríguez Devesa, con otros autores, define la Criminología, siguiendo a Seelig, como el estudio de las formas reales de comisión del delito y la lucha contra el mismo. Más recientemente, García-Pablos define la Criminología como la ciencia empírica e interdisciplinaria que se ocupa del estudio del crimen, de la persona del infractor, de la víctima y del control social del comportamiento delictivo, y trata de suministrar una información válida, contrastada, sobre la génesis, dinámica y variables principales del crimen —contemplado éste como problema individual y como problema social—, así como sobre los programas de prevención eficaz del mismo, las técnicas de intervención positiva en el hombre delincuente y los diversos modelos o sistemas de respuesta al delito.

Conjugando las tres definiciones habría que afirmar que la Criminología es la ciencia empírica e interdisciplinar que estudia el delito, al delincuente, a la víctima y el control social y que cumple tres funciones; una función explicativa del delito como problema individual y social, una función de desarrollo de programas preventivos y una función de intervención sobre el delincuente enfocada a su reinserción social.

2. Objeto de la Criminología

Como se acaba de exponer, el objeto de la Criminología lo constituyen el delito, el delincuente, la víctima y el control social.

La Criminología clásica, que es la que vamos a seguir en los siguientes apartados, se centraba en el estudio de ese grupo de hombres y mujeres, que denominamos delincuentes, estudiándolos desde el punto de vista de las ciencias del hombre, para ayudarles a llevar una vida integrada en la sociedad, a resocializarse. La palabra delincuente implica a su vez el concepto de delito, lo que supone una serie de problemas. Porque el concepto de delito es en sí un término eminentemente jurídico. Esto conlleva una serie de dificultades desde el punto de vista criminológico, ya que el que una conducta sea o no delito, depende en cada caso del legislador. Pero además, para la Criminología el campo de estudio (su objeto) no puede limitarse al hombre o mujer que ya ha cometido un delito en el sentido jurídico de la palabra y que además ha sido condenado por él, que es el único ciudadano propiamente delincuente ante la ley penal. Porque entonces la Criminología dejaría fuera de su objeto a la mayoría de los delincuentes reales, ya que, sobre todo en ciertos campos de la delincuencia, el número de los condenados por un delito determinado es irrisoriamente menor al número de los que de hecho lo cometen (sobre este aspecto, véase lo que se dice *infra*, III, 4). Por otra parte, la Criminología llegaría demasiado tarde en su intento de resocializar los delincuentes, ya que cuando se pronuncia la primera condena, hace tiempo (a veces mucho tiempo) que el delincuente ha emprendido su carrera delincuencial.

Por eso, desde los comienzos de la Criminología se han hecho diversos intentos de crear conceptos distintos (criminológicos) del concepto jurídico de delito, para conseguir así ampliar el objeto de la Criminología.

Se comenzó con el empeño por definir el delito natural. El más conocido es el concepto expuesto por GAROFALO ya en 1885, según el cual «El delito social o natural es una lesión de aquella parte del sentido moral que consiste en los sentimientos altruistas fundamentales (de piedad y probidad) según la medida media en que se encuentran en las razas humanas superiores, cuya medida es necesaria [en correcto castellano: "medida que es necesaria"] para la adaptación del individuo a la sociedad».

Por todo lo anterior, entre los criminólogos europeos hoy en día predomina el concepto jurídico de delito y, por tanto, el de delincuente para determinar el objeto de la Criminología, aunque con una cierta ampliación. Se incluye en ella al delincuente propiamente dicho y también todas las conductas que van hacia el delito (conductas desviadas) o son consecuencia del mismo; así como los inimputables.

Como afirma GARCÍA-PABLOS, en la moderna Criminología el estudio del hombre delincuente ha pasado a un segundo plano como consecuencia del giro sociológico experimentado por esta ciencia, que ha llevado a considerar superados los enfoques individualistas para centrarse en los objetivos político-criminales. De ahí que, aunque no se haya abandonado el estudio del delincuente, en la actualidad se dé prioridad a la conducta delictiva en sí misma, a la víctima y al control social.

Respecto de la víctima del delito lo primero que hay que anotar es que tras su edad de oro en la justicia primitiva pasó a padecer un secular y deliberado abandono. Como afirma GARCÍA-PABLOS, en el Estado social de Derecho «aunque parezca paradójico, las actitudes reales hacia la víctima del delito oscilan entre la compasión y la demagogia, la beneficencia y la manipulación». La Victimología se ha desarrollado como ciencia en los últimos lustros y ha impulsado un proceso de revisión del rol de la víctima en el fenómeno criminal.

Por último una palabra para reseñar que la moderna Criminología se preocupa también del control social, sin duda por su orientación cada vez más sociológica. Por control social se entiende el conjunto de instituciones, estrategias y sanciones que pretenden promover y garantizar el sometimiento del individuo a los modelos y normas comunitarias. El control social dispone de dos clases de instancias: formales e informales. El proceso de interiorización de las normas sociales se conoce como *proceso de socialización* y comienza en las instancias informales (familia, escuela, profesión, opinión pública), cuando las instancias de control social fracasan entran en funcionamiento las instancias formales que actúan de un modo coercitivo e imponen sanciones cualitativamente distintas a las sociales. Desde esta perspectiva, el derecho penal se define como un medio de control social altamente formalizado.

El estudio pormenorizado del control social se incorpora como objeto de estudio de la Criminología por influencia de las corrientes sociológicas anglosajonas (entre ellas del *Labelling Approach* o teoría del etiquetamiento) y para algunos autores como GARCÍA-PABLOS incluso cabe hablar de un nuevo modelo o paradigma de la Criminología, el paradigma del control social.

3. EL SISTEMA CRIMINOLÓGICO

La Criminología puede sistematizarse de modos diversos, según las distintas concepciones que se tengan de dicha ciencia. En general, se suele distinguir un concepto amplio de la Criminología (también llamado enciclopédico), propio de la Escuela Austríaca, y otro restringido, que es defendido por gran parte de los autores. Ambos conceptos difieren fundamentalmente en incluir o no en la Criminología, la Criminalística y la Ciencia de la Ejecución de la pena (Penología). Respecto de la Victimología hoy en día no se cuestiona su pertenencia a la Criminología sino su mayor o menor grado de autonomía respecto de la misma. Aquí se opta, siguiendo a la mayoría de los autores, por separar estas ciencias de la Criminología y considerarlas como ciencia del Derecho Penal (así, la Penología) o como auxiliar del mismo (tal es el caso de la Criminalística).

Siguiendo el sistema propuesto por PINATEL se va a dividir la Criminología en dos grandes grupos, el primero de los cuales intenta conocer las cuestiones fundamentales de la Criminología (Criminología general) mientras que el segundo se ocupa del estudio del delincuente concreto (Criminología clínica). Se van a añadir aquí algunas líneas sobre la Fenomenología criminal, materia que no incluye PINATEL, pero cuyo estudio es menester para tener la visión de todo el conjunto de las ciencias criminológicas, y una breve referencia a la Victimología, que en los últimos años ha tenido un desarrollo muy importante.

A) *Fenomenología criminal*

La Fenomenología criminal estudia las formas concretas de comisión del delito, para conocer al delincuente real. Porque los tipos penales no siempre corresponden a un género de delincuente concreto, sino que en ocasiones un mismo tipo delictivo tiene detrás de sí dos tipos de delincuentes totalmente distintos desde el punto de vista criminológico y, por el contrario, dos tipos penales diversos pueden corresponder a un mismo tipo criminológico de delincuente.

Así, por ejemplo, en los delitos contra el patrimonio el CP distingue el robo del hurto, y dentro de aquél, el robo con violencia o intimidación del robo con fuerza en las cosas. Pero, desde el punto de vista de la Criminología, el reo de robo con fuerza en las cosas y el reo de hurto constituyen un mismo tipo, mientras que el reo de robo con violencia e intimidación es otro tipo criminológico completamente distinto: ni siquiera quieren mezclarse unos con otros dentro de las prisiones, pues los violentos consideran a los simples ladrones como hombres de poco empuje, mientras que éstos tienen a gala no haber manchado sus manos de sangre.

La Fenomenología criminal es incluida dentro de la Enciclopedia de las ciencias criminológicas por la Escuela Austríaca (véase en este mismo Tema *supra*, II, 3), mientras que PINATEL considera que es parte de las criminologías especializadas. Parece más apropiado darle tratamiento separado, ya que su estudio permite distinguir tipos delincuenciales diferentes y ayuda, por lo mismo, a enfrentarse con el problema de la delincuencia real.

B) *Victimología*

El primer tratamiento sistemático de las víctimas del delito apareció en 1948 en el libro de VON HENTIG, *El criminal y su víctima*, obra en la que el autor insiste en que muchas de las víctimas del delito contribuyen a su propia victimización, ya sea por incitar o provocar a los criminales, o por crear o fomentar una situación propicia que pueda dar lugar a la comisión del delito.

El término Victimología fue acuñado un año más tarde por el psiquiatra FREDRIC WERTHAM, y hace referencia a la disciplina científica que estudia a las víctimas de la delincuencia en las diversas fases de victimización. No es, sin embargo, hasta los años 80 del siglo pasado que una importante ola de publicaciones marcan la mayoría de edad de la Victimología como ciencia.

En palabras de EZZAT A. FATTAH, en los últimos veinticinco años la Victimología ha sufrido una gran transformación, pasando de estar preocupada casi exclusivamente por las explicaciones causales del delito y el papel de la víctima, a enfocarse en ayudar y asistir a las víctimas de delitos, aliviar su penosa situación y afirmar sus derechos. De esta forma, la Victimología se ha convertido en un movimiento político humanista y fruto de su labor puede considerarse la aprobación formal por parte de la Asamblea General de las Naciones Unidas, el 11 de noviembre de 1985, de la Declaración sobre los Principios Fundamentales de Justicia para las Víctimas de Delitos y de Abuso de Poder. Al adoptarla, la Asamblea General declaró que era «Consciente de que millones de personas en todo el mundo sufren daños como resultado de delitos y abuso de poder y que los derechos de estas víctimas no han sido reconocidos en forma adecuada».

Fruto también de los planteamientos de la Victimología, y al amparo de la Declaración de la ONU, en muchos países de nuestro entorno se han dictado leyes encaminadas a la protección de la víctima del delito. En nuestro país, los derechos de la víctima han estado regulados en una normativa dispersa y fragmentaria que se ha centrado especialmente en las víctimas de delitos de carácter violento hasta la aprobación de la Ley 4/2015, de 27 de abril, del Estatuto de la víctima del delito. Según el Preámbulo de la Ley 4/2015, se pretende «ofrecer desde los poderes públicos una respuesta lo más amplia posible, no solo jurídica sino social, a las víctimas, no sólo reparadora del daño en el marco de un proceso penal, sino también minimizadora de otros efectos traumáticos en lo moral que su condición puede generar, todo ello con independencia de su situación procesal».

Por último, es necesario mencionar que en nuestro país la Victimología es una disciplina muy reciente, que se ha focalizado en ámbitos de actuación muy concretos:

violencia de género, terrorismo y las víctimas de delitos sexuales, dejando al margen a otras víctimas como las de acciones propias del Estado, las víctimas corporativas y de delincuencia de cuello blanco, o las víctimas de daño ambiental.

C) *Criminología general*

La Criminología general se ocupa del estudio de los grandes problemas de la delincuencia: la criminalidad, el criminal y el crimen.

Esto lo hace desde el punto de vista de la llamada Criminología científica (o criminologías especializadas), cuyas ramas son la Biología y Psicología criminales (a las que algunos prefieren llamar Antropología criminal) y la Sociología Criminal, para constituir con ellas una Criminología sintética o general.

Muchos autores niegan la posibilidad de esta Criminología general, porque creen que no se puede salir del terreno de las criminologías especializadas, para formar con ellas esta especie de súper-ciencia que sería la criminología sintética. Por el contrario, otros autores afirman la necesidad imperiosa de ella y han plasmado la frase de que el criminólogo no nace hasta que muere el especialista de cualquiera de las ramas que integran la Criminología general. Esta síntesis de conocimientos, que forma el criminólogo, se consigue sobre todo en el equipo criminológico, propio de la Criminología clínica, de que se hablará enseguida (véase en este mismo Tema *infra*, II, 5).

D) *Criminología clínica*

La Criminología clínica se enfrenta con el estudio del delincuente concreto. Como acertadamente apunta Göppinger, aunque las tendencias investigadoras de la misma difieren notablemente, todas tienen una finalidad común: la comprensión y tratamiento exactos de la personalidad individual del delincuente concreto. También coinciden, aparte de su método eminentemente práctico y de trabajar en equipo, en manejar (a imitación de la Medicina) las cuatro fases que a continuación se estudian: diagnóstico, etiología, pronóstico y terapia criminológicos.

a) Diagnóstico criminológico

El Diagnóstico criminológico trata de estudiar al delincuente concreto, tanto en su aspecto individual (Biología, Psicología y, en su caso, Psiquiatría criminal), como en su aspecto social (Sociología criminal, que se ocupa de los sucesivos grupos sociales, en los que se ha ido insertando el delincuente concreto: familia, grupo de los pares, esto es de los compañeros de juego, escuela, etc., grupos de trabajo, y otros grupos sucesivos).

Con ello se pretende fijar las dos dimensiones del estado peligroso: la capacidad criminal y la adaptabilidad social del delincuente.

Todas estas ramas son las aplicaciones al delincuente de las ciencias del hombre y suponen un equipo criminológico, del que se hablará más abajo.

b) Etiología criminológica

La Etiología criminológica trata de averiguar la razón por la cual un sujeto ha llegado a ser delincuente. Suelen dividirse las causas en dos grupos: endógenas (hereditarias o congénitas) y exógenas (medio social).

Aunque no se puede hacer una clasificación totalmente clara y excluyente de las diversas tendencias que han predominado en la Etiología criminológica durante los años anteriores a la Segunda Guerra Mundial y al compás del desarrollo de la Biología, la Psicología y la Sociología, existieron dos escuelas que intentaron explicar el fenómeno delincuencial de modo unilateral: la centroeuropea (localizada sobre todo en el área germana), que colocaba la raíz del fenómeno delincuencial sobre todo en las causas endógenas (y, por lo mismo, en las biológicas o psicológicas) y la americana, que ponía el factor fundamental de la delincuencia en los influjos sociales. Actualmente se va viendo que toda explicación unilateral del fenómeno delincuencial (lo mismo que el de la conducta de cualquier ser humano) es insuficiente y que hay que ir, por eso, a una etiología pluridimensional; esto es, a una mezcla de los factores endógenos y de los exógenos que, además, es distinta en cada delincuente concreto.

Esto no impide, sin embargo, que de vez en cuando sigan surgiendo explicaciones unilaterales, aunque después de cierto tiempo son abandonadas, al menos como explicación única del complejo fenómeno delincuencial. Por citar algunas, se pueden recordar la explicación endógena, a través del cromosoma XYY (con lo que se quiso revivir la teoría del delincuente nato); así como el llamado *Labelling Approach* (que mantiene que es la sociedad la que estigmatiza, etiqueta, marca desde niño a un hombre y así lo convierte en delincuente; pero que no consigue explicar, entre otras, la llamada criminalidad de cuello blanco) por parte de las teorías exógenas. Lo mismo ha ido sucediendo con las teorías criminológicas politizadas, tales como las de influjo marxista, que intentaban explicar el fenómeno delincuencial (especialmente la delincuencia contra el patrimonio) por las desigualdades de la sociedad capitalista, puesto que después de muchos años de sociedad comunista o incluso socialista, no desapareció en dichos países ni siquiera disminuyó la delincuencia contra los bienes. Únicamente se desplazó de los delitos contra la propiedad privada (que prácticamente desaparecieron de los Códigos penales de corte marxista), a los delitos contra la propiedad estatalizada o socializada.

c) Pronóstico criminológico

El Pronóstico criminológico se basa en los datos aportados sobre un delincuente concreto, con los que se procura construir una predicción sobre la futura conducta del mismo.

Tal pronóstico es fundamental, en primer término, para determinar si el delincuente estudiado ha de ser sometido a tratamiento o si no lo necesita; pues sería no sólo inútil sino incluso altamente perjudicial someter a un sujeto a tratamiento, cuando no ofrece un alto índice de peligrosidad criminal (véase *infra*, Tema 32, I, 2).

Pero, además, el pronóstico se ocupa de determinar, dentro de lo que es predecible, en qué campos delincuenciales ha de desarrollar su actividad el posible delincuente; ya que no todo delincuente es igualmente peligroso en cualquier sector, sino que su peligrosidad se acentúa en unos campos más que en otros. Todo esto se hace necesario para edificar con base científica el futuro programa de tratamiento.

d) Terapia criminológica

La Terapia criminológica tiene por objetivo poner los medios para evitar que un individuo llegue a ser delincuente o que permanezca en el delito. Suele subdividirse en Profilaxis y Terapia propiamente dicha.

La Profilaxis criminal se puede ejercer en la dimensión individual y en la social. La primera abarca todo género de medidas que pretenden evitar que un individuo concreto llegue a la delincuencia: las llamadas medidas de reeducación (véase *infra*, Tema 32, I, 1). La profilaxis social se ocupa de sanear especialmente las llamadas áreas delincuenciales, mediante la creación de Centros educacionales (tanto los dirigidos a cualquier género de niños, como los Centros especializados para predelincuentes), puestos de trabajo, etc.

La Terapia criminal propiamente dicha es la que se dirige al delincuente concreto y se ejerce en los centros penitenciarios y también en otros centros de tratamiento para delincuentes en libertad. Presupone el diagnóstico criminológico, de que se ha hablado más arriba, y que normalmente va acompañado de un programa de tratamiento. Dicho programa ha de aplicarse por especialistas y en Centros adecuados, ya supongan el internamiento del sujeto en cuestión, ya pueda utilizarse el tratamiento ambulatorio, al que se propende hoy en día en los sistemas más avanzados, tanto por el menor costo que supone, como por sus efectos más favorables para la resocialización y reinserción del delincuente.

4. Los métodos en Criminología

La Criminología utiliza diversos métodos que son reseñados por los distintos tratadistas y que difieren según el punto de partida de los mismos. Así Pinatel distingue los métodos, según los niveles de interpretación de la realidad, bajo los que él estudia el fenómeno criminal: la criminalidad que son fundamentalmente los métodos estadísticos; el criminal, método que se reduce a los estudios clínicos de delincuentes; y los métodos que aíslan el crimen concreto que en gran parte coinciden con la que aquí se denomina Fenomenología criminal. Más completo Göppinger, hace un pormenorizado estudio sobre los métodos criminológicos en particular que, según él, culminan en el método integrador. García-Pablos distingue los métodos de las técnicas criminológicas, en las que incluye las mismas que Göppinger califica de métodos de comprobaciones en particular.

Dado el fin meramente didáctico y resumido de esta exposición, pueden dividirse los métodos utilizados en Criminología en tres grupos: observación directa sobre un grupo criminológico de delincuentes, estudio clínico de casos concretos y la llamada estadística criminal. Pero el estudio de ésta última se deja para más adelante, porque por su entidad y por la ayuda que presta a otras ciencias penales, constituye una ciencia auxiliar independiente, dentro de la vasta Enciclopedia de las Ciencias Penales.

A) *Estudios sobre grupos criminológicos concretos*

Uno de los sistemas para investigar el fenómeno delincuencial es el estudio de un grupo criminológico concreto (por ejemplo, los juveniles, los multirreincidentes, etc.). Cada individuo de ese grupo es analizado en sus características, tanto individuales como sociológicas, por uno o más especialistas en dichas materias; esto es, desde un punto de vista plurifactorial. Con ello se obtienen conclusiones sobre su idiosincrasia, factores que más han contribuido a su carrera delincuencial, etc.

Tal es el sistema utilizado por los esposos Eleanor y Sheldon GLUECK, catedráticos durante muchos años de Criminología en la universidad de Harvard, para construir sus tablas de predicción de la delincuencia. En el mismo sentido, aunque con muchos menores medios económicos, se han investigado diversos grupos criminológicos de delincuentes en otras naciones.

B) *Estudio clínico sobre casos concretos*

La Criminología clínica trabaja sobre casos concretos de delincuentes, en todas las dimensiones, de que se ha hablado al tratar de los sistemas criminológicos. Suelen elaborar un diagnóstico, una etiología, un pronóstico y finalmente un programa de tratamiento de cada delincuente concreto, todos ellos en base plurifactorial.

En los diversos países de nuestra área cultural existe al menos un Centro de observación para delincuentes, en el que se estudian los casos más complicados, que generalmente son los que han sido condenados a penas más graves. Especial atención se presta al grupo de los multirreincidentes en delitos contra el patrimonio, los llamados profesionales, que han iniciado su carrera delincuencial a edad temprana y que viven del delito y para el delito. Este grupo suele constituir en la estadística mundial una tercera parte de los delincuentes en prisión y son los más refractarios a todo tratamiento penitenciario.

Por enumerar tan sólo algunos de los centros de este tipo más famosos, conviene citar los de Toronto y Montreal y entre los más cercanos a nosotros, el de Fresnes, junto a París, el de Lyon, y el anejo a la Prisión de Rebibbia, junto a Roma. En España existe la Central de Observación, aneja al Centro Penitenciario de Carabanchel, en la que un excelente equipo criminológico dictamina y traza un programa de tratamiento para los delincuentes más peligrosos. Pero lo que falta en nuestro sistema penitenciario, como en muchos otros de los colindantes, son los centros de tratamiento adecuados, en los que un personal especializado y suficiente se dedique a la tarea de resocializar a los delincuentes.

5. CORRIENTES CONTEMPORÁNEAS

La evolución de la Criminología es ciertamente compleja, con multitud de variantes, sobre todo en el ámbito anglosajón, caracterizado por el estudio de la reacción social, lo que ha dado lugar a hablar de una Criminología de la Reacción Social. En esta corriente el acento se traslada del estudio del delincuente, al de la Reacción Social ante el delincuente y el delito, y al de los efectos de la «estigmatización» social en el desarrollo de las «carreras criminales» (*Labelling Approach*). Pero tal teoría se muestra imposibilitada de explicar la creciente delincuencia económica de empresa (la llamada *White Collar Criminality*), una de las mayores plagas delincuenciales de nuestra época.

La crítica política del funcionamiento selectivo (enormes cifras negras) de la Justicia, con la excesiva representación de los colectivos de la sociedad provenientes de las capas menos favorecidas económicamente, ha conducido a teorizaciones sobre el carácter político de la delincuencia común como modo de lucha contra un sistema injusto con desigualdad de oportunidades.

La Criminología Crítica, de inspiración marxista, subraya los aspectos del Derecho Penal como «instrumento de dominación». Según esta corriente, el delito no constituye una realidad natural anterior a la ley que lo establece, sino que depende en su existencia de una ley que surge en un sistema social concreto, como consecuencia de unas condiciones sociales determinadas. El Derecho Penal es para ella la causa del delito, un mero agente de control social (de instrumento de dominación de la clase imperante), y la Criminología sería un mero estudio del Derecho Penal como causa de criminalización, una Sociología del control social. Lo que antiguamente fue el campo de la «Sociología jurídica» se reivindica ahora por la llamada «nueva criminología».

Pero las estadísticas de los estados socialistas han demostrado que, a pesar del cambio sociopolítico operado en los mismos, no disminuyó en ellos la delincuencia, ni siquiera la delincuencia contra el patrimonio, sino que solamente se desplazó de la propiedad privada (que al dejar prácticamente de existir en ellos, como es lógico, dejó de producir criminalidad contra la misma) a la estatal o a la socializada (que aumentó prácticamente en la misma proporción en la que disminuyó la criminalidad contra la propiedad privada). Quizás por dicha causa, esta corriente, que se desarrolló en la década de los setenta, ha comenzado a declinar en la de los ochenta y ha derivado a posiciones llamadas «nuevo realismo», incluso «nuevo realismo de izquierda», que confluyen con las exigencias de reforzar la represión penal ante los delitos que afectan a capas importantes de la población (delitos contra la libertad sexual, especialmente violaciones, delitos contra el consumidor, contra los trabajadores, delito ecológico, etc.).

Otro sector reclama el Reduccionismo penal en la línea, hoy mayoritaria, de que el Derecho Penal sea la *ultima ratio* a la que acuda el Estado para garantizar la convivencia ciudadana, lo que también se denomina el principio de la mínima intervención estatal [véase *supra*, Tema 1, II, 4, C), *c*)]. Esta corriente insiste también en subrayar los aspectos garantistas del Derecho Penal y del Proceso penal. En tal sentido Ferrajoli subraya que la intervención penal debe evitar la violencia que supone el delito, pero también la violencia que supone la reacción social ante el delito, en cuanto que sin la intervención estatal se pueden originar abusos vindicativos.

6. Valoración del estado actual de la Criminología

Para llegar a la valoración de la Criminología en la actualidad, hay que tener en cuenta, ante todo, que ésta es una ciencia de muy reciente creación: tan sólo lleva unos cien años de existencia. Lo que para un hombre es una edad muy avanzada, para una ciencia es apenas la infancia. Pero a lo anterior se añade una serie de factores, que no se pueden ignorar, si se intenta llegar a ver en su conjunto el estadio de desarrollo en que se encuentra actualmente la Criminología.

En primer término, el progreso de la Criminología está íntimamente ligado e incluso depende del avance de las ciencias del hombre, tales como la Antropología normal (en sus dos vertientes de Antropología y Sociología) y la patológica (Psiquiatría y Psicopatología), sin olvidar la Medicina, ni la Pedagogía. El avance de la Criminología depende en gran parte del avance de las ciencias indicadas, aunque en ocasiones lo hace por su cuenta e incluso lleva al progreso de dichas ciencias.

Pero, como sucede también en las restantes ciencias del hombre, la aplicación de sus conocimientos a un sujeto concreto supone un equipo criminológico, compuesto por los especialistas de las diversas ciencias humanas: suelen ser menester uno o más psicólogos clínicos, sociólogos y asistentes sociales, médicos generales, psiquiatras, pedagogos, etc. Pero además es del todo necesaria la presencia de uno o más juristas, que indiquen al equipo el marco legal, en que puede moverse, especialmente en su intento de resocializar al delincuente. Todo lo anterior añade a la problemática no pequeña del trabajo en equipo (tan actual, tan necesaria en todos los campos de la ciencia y a la vez tan espinosa), la propia del equipo criminológico, que sustancialmente consiste en lo siguiente: los especialistas de las ciencias apuntadas más arriba hablan lenguajes distintos entre sí, pues parten de concepciones del hombre muy diferentes e incluso no raras veces contrapuestas, aun dentro de la misma especialidad. Por poner sólo un ejemplo, basta pensar en la distancia que separa a un psiquiatra clásico, de un partidario de la antipsiquiatría, no sólo en el diagnóstico, sino sobre todo en el tratamiento de un paciente; y lo mismo sucede hoy entre los psicólogos o sociólogos de las distintas escuelas. Pero, además, cada uno ha de entender y hacer entender a los distintos representantes de otras ramas de las ciencias del hombre, lo que él significa con sus conceptos: piénsese tan sólo en el diverso significado de la palabra culpa o de culpabilidad para un jurista y un psicólogo o psiquiatra. Todo lo anterior ha llevado a plasmar la frase, hoy frecuente en Criminología, de que el criminólogo nace cuando muere el especialista de la ciencia concreta.

Para crear un equipo criminológico auténtico, tanto en el plano de la investigación como en el del tratamiento del delincuente, hace falta invertir sumas de dinero importantes, a lo que se resisten hoy en día gran parte de los Estados. Esto sucede sobre todo por dos factores: por las dificultades presupuestarias de la mayoría de las naciones y por la falta de convicción tanto de los gobernantes como de la masa de la población, de que se pueda llegar a una auténtica resocialización de los delincuentes. Sin embargo, se han hecho en diversos países en las últimas décadas estudios minuciosos y concienzudos sobre los denominados costes del delito; esto es, sobre lo que cuesta un delincuente anualmente a la sociedad, estudios que concluyen que no hay inversión más rentable para un Estado moderno que la resocialización de los delincuentes. Todo lo anterior se refiere tan sólo a un aspecto del problema: el económico. Sin duda existen otros ángulos de enfoque más dignos de ser tenidos en cuenta, tales como el de la solidaridad con el delincuente que, guste o no, es parte integrante de nuestra sociedad y que, por lo mismo, tiene el derecho a que se le ofrezcan serias oportunidades de ser resocializado. Pero se subraya aquí el aspecto económico porque es el que más frecuentemente se aduce para denegar las cantidades que serían necesarias, a fin de emprender la labor de una auténtica resocialización del delincuente.

Todo lo anterior indica que la Criminología es una ciencia en fuerte progreso científico y con prometedoras expectativas, que necesita seguir siendo cultivada intensamente y que en un futuro puede contribuir notablemente a la solución del problema delincuencial. Pero además conviene subrayar que ya en la actualidad ha contribuido poderosamente al enriquecimiento del Derecho Penal e incluso a la resocialización de ciertos delincuentes. Esto último está en función directa al interés que se le ha dedicado en los distintos Estados y de los fondos públicos que se han destinado a la creación y dotación presupuestaria imprescindible de auténticos equipos criminológicos y de equipos de tratamiento.

III. CIENCIAS AUXILIARES DEL DERECHO PENAL

Aunque en el transcurso de este Tema se han indicado ya muchas ciencias que, en parte al menos, son auxiliares del Derecho Penal, conviene reseñar aquí algunas otras.

1. La Medicina legal y la Psiquiatría forense

Constituyen ambas meras aplicaciones de la Medicina y de la Psiquiatría a la sede judicial, para ayudar a jueces y magistrados a dilucidar cuestiones médicas y psiquiátricas, relacionadas con los procesados.

Ambas disciplinas suelen estar estrechamente emparentadas con la Policía Científica. Es más, en ocasiones nuestro sistema jurídico exige del médico o del psiquiatra forense dilucidar cuestiones que claramente superan su campo de competencia. Así lo hacía nuestra LPRS cuyo artículo 2 exigía que para ser declarado un sujeto peligroso había de apreciarse en él la peligrosidad criminal. Por su parte, el CP de 1995 establece en el artículo 95.2.ª, como requisito para la imposición de una medida de seguridad, «un pronóstico de comportamiento futuro que revele la probabilidad de comisión de futuros delitos», si bien es cierto que el CP no encomienda directamente esa tarea al médico forense, puesto que el artículo 95 se refiere a los informes que el Tribunal estime convenientes. La detección de la peligrosidad supone un estudio criminológico complejo del sujeto en cuestión, que sólo puede realizar un equipo criminológico, tal y como se ha descrito anteriormente. Sin embargo, en nuestra práctica judicial, tal estudio ha quedado encomendado al médico o al psiquiatra forenses que, aparte de no estar preparados para ello, no pueden formar equipo por sí solos, esperemos que la práctica judicial cambie a raíz del nuevo CP y de la previsión en él contenida.

2. La Psicología judicial

El Juez de lo penal tiene que enfrentarse no sólo con el reo, sino también y de modo muy importante con los testigos, la víctima, el abogado defensor, el fiscal y los peritos. Esto le supone ciertos conocimientos de la llamada Psicología judicial o también Psicología del testimonio.

3. La Policía Científica

Bajo el nombre de Policía Científica se entienden hoy en día todas las técnicas científicas modernas al servicio de la Policía, y en una segunda instancia, del Juez o magistrado, para el descubrimiento del delito y la identificación del delincuente. A partir de Hans Gross es frecuente denominarla Criminalística.

4. La Estadística criminal

La Estadística criminal es una aplicación a la Criminología de la estadística. Tiene sus comienzos poco después de que Quetelet publicara en 1835 su *Physique Sociale* y constituye el arranque de la Sociología criminal de Ferri (véase *infra*, Tema 4, III, 2).

Existen tres posibles clases de estadística, que tratan de captar el fenómeno criminal: la policial, la judicial y la penitenciaria. La primera recoge todos los delitos que se denuncian o que llegan a conocimiento de la policía; la segunda, los que llegan a juzgarse o al menos sobre los que se abre un procedimiento judicial; y la tercera refleja tan sólo el número de delincuentes sometidos al cumplimiento de una pena privativa de libertad.

Es claro que la estadística policial arroja cifras más altas que la judicial, ya que muchos de los delitos denunciados no dan lugar a la apertura de un procedimiento judicial. Pero también son numerosos los que terminan en sobreseimiento o en absolución por falta de pruebas; lo que lleva consigo que la estadística penitenciaria recoja cifras mucho menores que las dos otras.

Pero el problema fundamental de la Estadística criminal estriba en las llamadas *cifras negras* (u oscuras, o grises) de la criminalidad. Se entiende por este término el número de delitos que quedan sin ser denunciados y que, por tanto, no se recogen en ninguna estadística. Este número es sustancialmente diverso según las clases de delitos. Así, por ejemplo, el número de estafas callejeras o de hurtos que se denuncian, se calcula en uno por cada cincuenta; mientras que en el caso del homicidio se piensa que es estadísticamente despreciable el número de los que, al menos, no llegan a conocimiento de la policía.

En las últimas décadas se han multiplicado (sobre todo en el área anglosajona) los estudios sobre las *cifras negras* de la criminalidad. Los métodos han sido diversos, aunque los resultados de las distintas investigaciones van coincidiendo sensiblemente.

Uno de los sistemas utilizados es la llamada Encuesta sobre víctimas (quizás la más famosa es la realizada en los Estados Unidos por H. Ennis, en 1966; o la de Kutschinski en Dinamarca; etc.) que consiste en lo siguiente: en un determinado barrio de una población concreta se solicita de sus habitantes que rellenen una encuesta sobre el número de hurtos, etc., de que han sido víctimas en un período de tiempo dado; dichas cifras se comparan luego con los datos sobre denuncias por ese mismo delito en la comisaría del barrio y así se obtiene la cifra negra del delito en cuestión.

También se han utilizado las llamadas Encuestas sobre autores, que utilizan el procedimiento siguiente: a una muestra determinada de delincuentes se les pasa una encuesta (o se les entrevista) sobre el número de delitos cometidos en un género determinado (por ejemplo, hurtos, robos con fuerza en las cosas, estafas callejeras, etc.) y a la vez se les ruega que indiquen cuántos de ellos fueron denunciados y por cuántos de ellos han sido acusados.

Otra variante son las Encuestas sobre autores que se han realizado con personas en libertad (entre las mejores cuenta la de Gold sobre delincuentes juveniles, realizada sobre una muestra 13.200 chicos en una ciudad de unos 200.000 habitantes cercana a Detroit), a los que se preguntan las mismas cuestiones. Naturalmente que la fiabilidad de dichas encuestas está condicionada en gran manera por la sinceridad en la respuesta de los encuestados, pero parece que ésta es muy elevada; aparte de que la estadística posee hoy en día procedimientos para calcular la fiabilidad. Además, los diversos métodos de encuestas conocen también modos de determinar el grado de sinceridad de los encuestados.

TEMA 4

EVOLUCIÓN HISTÓRICO-DOCTRINAL DEL DERECHO PENAL MODERNO

En este Tema se va a exponer la evolución doctrinal (del pensamiento) del Derecho Penal moderno; mientras que en el tema siguiente se estudiará la plasmación legislativa del mismo. Dentro del presente tema se comienza por el pensamiento penal en el mundo (especialmente en Europa), para concretarlo luego en España.

I. EL DERECHO PENAL DEL ANTIGUO RÉGIMEN

En el Antiguo Régimen (que en Derecho Penal dura prácticamente hasta la Codificación) existía un Derecho Penal unitario en el mundo entero, cuyas características se pueden resumir brevemente en las siguientes ideas:

Había ido surgiendo fragmentariamente al compás de las necesidades concretas de cada pueblo, con el fin de atajar los principales abusos que se iban presentando y que dificultaban la convivencia ciudadana. Por eso se crea en primer término la que hoy se denomina Parte Especial, que luego se va sistematizando por grupos de delitos, según el bien jurídico protegido. Sólo mucho más tarde (y normalmente alrededor de un delito concreto) se va construyendo fragmentariamente la que hoy se llama Parte General.

El Derecho Penal se va monopolizando lentamente por el Estado, para evitar los abusos de la llamada «venganza privada» [véase *supra*, Tema 1, II, 2, B)].

La creación del Derecho Penal se debe a los jueces, que lo van desarrollando al compás de sus sentencias y que, sobre todo en épocas remotas, actúan como delegados del Soberano, una de cuyas funciones fundamentales era la de ser Juez. De aquí también, entre otras causas, la falta de separación de poderes, ya que era el Rey el que en última instancia administraba la Justicia.

Aunque paulatinamente va entrando la ley como fuente creadora de Derecho Penal el Juez goza de un inmenso arbitrio, que además amplía a través de la llamada pena extraordinaria. Esto quería decir que el Juez, cuando lo creía conveniente, podía modificar la pena señalada por la ley y aplicar una *poena extra ordinem*, que normalmente era más suave que la prescrita por la ley.

Desde el Renacimiento aparece el llamado Derecho común (en nuestro caso, Derecho Penal común), que se extiende prácticamente a todo el mundo civilizado y que recibe su nombre por las dos razones siguientes: en primer lugar, porque procede de fuentes comunes: el Derecho Romano y el Canónico, detrás de los cuales se encontraba un fuerte impacto filosófico (desde la filosofía griega hasta la escolástica, especialmente influida por santo Tomás) y teológico (que culmina en los teólogos-juristas españoles del siglo xvi, tales como Francisco Vitoria, Francisco Suárez, Alfonso de Castro y Diego de Covarrubias); y en segundo término, porque maneja una lengua común: el latín. Esto tiene la gran ventaja de que los textos de los estudiosos pueden correr fácilmente por toda Europa, y que, dado el gran arbitrio judicial, pueden servirse de ellos también los jueces de todo el mundo cultural de entonces. El Derecho Penal común es creación de los prácticos del Derecho, que escriben tratados de Práctica Criminal, editados en todos los países europeos y manejados indistintamente por los prácticos de todas estas naciones. Entre los más famosos prácticos del Derecho baste mencionar fuera de España a Julio Claro y a Próspero Farinacio y en nuestro país al llamado «príncipe de los jurisconsultos» Antonio Gómez y al no menos afamado Juan Gutiérrez.

El sistema del Antiguo Régimen tenía sus ventajas y sus inconvenientes. Las primeras pueden condensarse en el hecho de que el Juez podía ajustar mejor la pena al caso concreto que tenía delante de sí; y en que, además, al ir creando prácticamente la ley penal al compás de sus sentencias, la podía hacer más fácil y flexible y podía adaptarse mejor a los cambios de los tiempos. Pero presenta la gran dificultad de que el arbitrio judicial puede convertirse en arbitrariedad (tanto en manos de jueces inexpertos, como en caso de jueces politizados); y de que, por otro lado, es más fácil la desigualdad ante la ley, al ser aplicada ésta por jueces con diversos criterios.

II. EL PENSAMIENTO PENAL DE LA ILUSTRACIÓN Y EL MOVIMIENTO REFORMISTA

En el siglo xviii surge la Ilustración como movimiento cultural que, entre otras cosas, hace la crítica del Derecho Penal del Antiguo Régimen, especialmente de la situación de la Justicia penal en Francia. A ésta se le achaca en concreto, entre otros extremos, la dureza de las penas, así como la politización de los jueces que, al ser nombrados por los gobernantes, quedaban muy sometidos a ellos en el ejercicio de sus funciones. Por otra parte, se pide un Derecho Penal más lógico, estructurado según los principios de la razón, entendida ésta conforme a los moldes ilustracionistas; esto es, conforme a un iusnaturalismo racionalista.

Como es sabido, el movimiento ilustracionista se propaga rápidamente por Europa y encuentra un amplio eco en todos los ambientes cultos. Su cristalización en materia penal viene por obra de Cesare Bonesana, Marqués de Beccaria (1738-1794), que publica un pequeño libro bajo el nombre *Dei delitti e delle pene* (Livorno, 1764), en el que condensa con estilo breve, claro y atractivo los postulados penales de la Ilustración. La obra tuvo tal éxito que en poco más de medio siglo alcanzó sólo en Italia veintiocho ediciones, y fue traducido rápidamente a las principales lenguas europeas. Otro índice de su aceptación generalizada se encuentra en el hecho de que un alto porcentaje (algunos creen que alrededor del 90 por 100) de sus postulados ha sido incorporado al Derecho Penal moderno.

Beccaria parte del *contrato social* de Rousseau: el hombre al asociarse cede al Estado el derecho de ser castigado por sus delitos. Luego el uso de tal derecho por parte del Estado debe estar sometido al principio de legalidad. La pena tiene como fin en primer término la prevención general, en lo que sigue las teorías del Antiguo Régimen; pero éste se ha dejado llevar a notables excesos en la represión, con lo que ha conseguido el efecto contrario: el endurecimiento del delincuente. Por eso es menester mitigar las penas y sustituir la pena incierta y cruel por la suave, pero cierta. Combate así mismo varias instituciones del Antiguo Régimen, por ejemplo, el tormento, que es pena anticipada, aplicada al que aún es inocente ante la ley. También es adversario de la pena de muerte, que admite tan sólo en dos casos: cuando reina la anarquía o cuando se teme que el delincuente termine por evadirse, dada su importancia social.

La postura ilustracionista respecto al Derecho Penal puede condensarse en tres reformas fundamentales: división de poderes, como medio de evitar el influjo de la Administración en los jueces; principio de legalidad, para quitar todo arbitrio al Juez, ya que la ley penal en adelante habría de proceder tan sólo del Parlamento (en frase de MONTESQUIEU, el Juez debería ser sólo la boca que pronuncia las palabras de la ley); y la Codificación, que en penal conseguiría (aparte de los otros fines perseguidos por el movimiento codificador) quitar al Juez la decisión sobre cuál era la ley vigente y con ello restringir aún más el arbitrio judicial. Conviene no olvidar que la doctrina penal de la Ilustración procede como reacción a la Justicia penal del Antiguo Régimen francés, y que, aunque en los restantes Estados europeos la situación penal no era del todo diversa, tampoco se podía equiparar sin más a la francesa. Por citar sólo un caso, en Francia el miedo al arbitrio judicial procedía de la excesiva dureza de las penas aplicadas por los jueces; mientras que cuando se emprendió en España el movimiento codificador (prácticamente con el CP de 1848) la situación era la contraria: los jueces, influidos por las ideas ilustracionistas, habían declinado a excesiva blandura en el tratamiento de los delincuentes y por ello se pretendió con el principio de legalidad y con la Codificación (aparte de los otros fines indicados) llevarles a un mayor rigor en la Administración de la Justicia penal.

El movimiento ilustracionista va entrando en todos los Estados europeos por una doble vía, aunque a veces se entrecruzan ambas: la revolucionaria, que cristaliza sobre todo en la Revolución francesa, cuyas secuelas en Europa son abundantes; y la evolutiva, cuya máxima expresión son los monarcas ilustrados (el llamado despotismo ilustrado, del griego *despótes*, dueño, señor absoluto), cuyos representantes fundamentales son Pedro Leopoldo de Toscana, José II de Austria, Federico II de Prusia (amigo personal de VOLTAIRE, al que consideraba como su consejero), Catalina II de Rusia y, entre nosotros, Carlos III. Éstos pretenden acomodar las ideas ilustracionistas a sus países, como concesión graciosa del monarca.

III. LA LUCHA DE ESCUELAS EN ITALIA

Durante el siglo XIX surgen en el norte de Italia dos Escuelas penales, que se disputan entre sí la orientación de la materia con pretensiones hegemónicas y en duro combate, que en ocasiones trasciende más allá del terreno científico: la llamada Escuela Clásica y la denominada Escuela Positiva. En primer término se van a exponer por separado los postulados de ambas, para describir luego brevemente la lucha que emprendieron por la hegemonía en Derecho Penal.

1. La Escuela Clásica

Dada la diversidad existente entre los distintos autores de la llamada Escuela Clásica, se hace difícil reducir a síntesis su postura doctrinal. Pero se va a intentar ahora, con referencia especial a la doctrina de Carrara, para poderla contraponer luego a la postura de la Escuela Positiva.

El punto de partida de la Escuela Clásica es el liberalismo individualista de principios del siglo xix. Por ello exaltan hasta límites no compatibles con las doctrinas indeterministas, que dicen profesar, la absoluta vigencia del libre albedrío. Suponen que todos los seres humanos (excepto los inimputables) son total y absolutamente libres y todos ellos por igual. Su reflejo penal es la carencia de circunstancias atenuantes y agravantes de la responsabilidad criminal, como se muestra en el primer Código Penal francés de 1791.

La fundamental discrepancia entre ambas Escuelas la constituye el método científico. El de la Escuela Clásica es abstracto, racional y deductivo, con lo que resulta alejado de la realidad y falto de eficacia en la lucha contra el delito concreto. Aquí se centra la crítica de la Escuela Positiva que busca un método experimental, positivo, cercano a la realidad y alejado de abstracciones metafísicas, para combatir el delito.

De la diferencia de métodos surge otra discrepancia de la Escuela Clásica con la Positiva. La Escuela Clásica pone como centro del Derecho Penal el concepto de delito, mientras que para la Escuela Positiva ha de ser el delincuente. Este concepto de delito es abstracto, racional y despegado de la realidad empírica.

La Escuela Clásica funda la responsabilidad del delincuente en su culpabilidad, porque lo tiene por un ser que se ha decidido libremente a ponerse contra la ley; mientras que la Escuela Positiva prescinde de la cuestión del libre albedrío (que algunos de sus cultivadores como Ferri niegan) y funda la responsabilidad del sujeto en el hecho de vivir en sociedad y por ello en su peligrosidad.

Por lo mismo, la Escuela Clásica defiende que la reacción estatal ante el delito ha de ser la pena con una finalidad en parte (no sólo) retributiva como medio de poner como coto al utilitarismo el límite de la justicia.

Del desarrollo de la Escuela Clásica (especialmente en su continuación alemana) surge el moderno Derecho Penal que, superada la lucha de escuelas, se ha de enriquecer notablemente con las aportaciones de la Escuela Positiva.

2. La Escuela Positiva

La Escuela Positiva se funda en 1878 por obra de tres autores: Lombroso, Ferri y Garofalo. Pero, contra lo que frecuentemente se viene exponiendo, los tres varían notablemente en sus concepciones y prácticamente coinciden tan sólo en el método positivo (experimental) de investigación y en hacer centro de su «Derecho Penal» al delincuente y a su peligrosidad.

Hay que anotar que, principalmente en España, la doctrina de la Escuela Positiva, que exponen muchos autores, se limita a las teorías de Ferri, mientras que se malentienden las de Lombroso (del que sólo se conoce la falsificación del delincuente nato como ser irremediablemente destinado al delito) y se desconocen casi en absoluto las de GAROFALO.

Como acaba de indicarse, los autores de la Escuela Positiva tienen sólo algunos puntos de coincidencia: fundamentalmente el método positivo y el hacer del delincuente y de su la peligrosidad el centro del sistema penal.

Ante todo van a utilizar un método inductivo-experimental, lo que se indica en el mismo nombre de la Escuela, ya que la palabra «Positiva» directamente nada tiene que ver con el problema de las fuentes del Derecho (iusnaturalismo o positivismo jurídico), sino meramente con el método empleado.

En segundo término, el foco de atención para la nueva Escuela es el delincuente, conforme al lema adoptado por LOMBROSO y en radical oposición con los postulados de CARRARA y de su Escuela, para los que el centro del Derecho Penal era el delito.

Pero además LOMBROSO prescinde de la culpabilidad (no niega el libre albedrío, como había de hacerlo FERRI, pero prescinde de esa cuestión que tilda de «metafísica») y fundamenta la responsabilidad del delincuente ante la sociedad en su peligrosidad, concepto que había plasmado GAROFALO y que ha de ser central en toda la concepción criminológica de la Escuela Positiva.

Por ello, la reacción de la sociedad ante el delincuente no puede ser la pena que, según LOMBROSO, se había mostrado ineficaz para atajar el problema de la delincuencia, sino la medida, sea de seguridad o de resocialización.

De la Escuela Positiva nace, después de la dura lucha de escuelas de que se hablará enseguida, una nueva ciencia complementaria y enriquecedora del Derecho Penal (y no menos, de la Ciencia Penitenciaria), pero con entidad propia y diversa de ambas: la Criminología.

A continuación se inserta un cuadro comparativo, en el que se sintetizan las características diferenciales de la Escuela Clásica y de la Positiva, que acaban de señalarse:

Diferencias entre la Escuela Clásica y la Positiva

ESCUELA	INICIADOR	MÉTODO	CENTRO	RESPONS.	SANCIÓN	DISCIPLINA
Clásica	Carrara	Deductivo	Delito	Culpabilidad	Pena	Derecho Penal
Positiva	Lombroso	Inductivo	Delincuente	Peligrosidad	Medida	Criminología

3. LA LUCHA ENTRE LA ESCUELA CLÁSICA Y LA POSITIVA

La Escuela Positiva nace en dura pugna con la Escuela Clásica y con la pretensión de monopolizar el Derecho Penal y hasta de producir en él una «Revolución Copernicana» en frase del mismo LOMBROSO. Porque, según este autor, había que pasar a hacer centro del Derecho Penal al delincuente en vez del delito, de modo semejante a lo que hizo COPÉRNICO al poner como centro de nuestro sistema planetario al Sol en vez de la Tierra.

La lucha se enardece y se complica de modo innecesario por el hecho de que los partidarios de ambas Escuelas militaban en campos políticos, e incluso religiosos, opuestos, especialmente en Italia. Por eso en no raras ocasiones se abandona el sereno campo de lo científico para entrar en polémicas encendidas, en las que se mezclan argumentos y apasionamientos que nada tienen que ver con el Derecho Penal.

Las teorías unitarias orientadas según las directrices de la Escuela Positiva pretenden construir un Derecho Penal puramente de medidas, que se apliquen según la peligrosidad del sujeto; por lo mismo prescinden de la culpabilidad, así como de su sanción: la pena. Según los casos, las medidas serán reeducativas, resocializadoras o, en último extremo, de seguridad. En una primera época, LOMBROSO era partidario de la pena de muerte, aplicada en gran escala a los delincuentes, para extirparlos y asegurar definitivamente a la sociedad contra ellos; aunque al final de su vida retrocedió por razones humanitarias. La razón de sancionar con medidas, especialmente con las de seguridad, a los delincuentes era la de mera defensa social. En frase de LOMBROSO a un periodista, que le interrogaba, cómo podían aplicarse dichas medidas a un delincuente, si no era culpable, respondió: «Tampoco el tigre es culpable y me defiendo de él». FERRI redactó un Anteproyecto de Código Penal Italiano en el que se aplicaban sólo medidas, pero fracasó en la comisión. También ha habido algunos intentos legislativos en el mismo sentido (quizás el más famoso fue el de la URSS), e incluso algún autor de la altura de JIMÉNEZ DE ASÚA vaticinó que la Criminología «se tragaría» al Derecho Penal. Pero tales intentos han fracasado por lo siguiente: el hecho de considerar que nadie de toda una población es culpable, aparte de pugnar con la verdad, desmoraliza a ésta y lleva a que el número de delitos se multiplique.

Por la misma razón, aunque aplicada en sentido inverso, han fracasado los intentos de las teorías unitarias que parten de los postulados de la Escuela Clásica: es imposible, sin faltar a las más mínimas exigencias de la verdad, considerar que todos los delincuentes son culpables e intentar castigarlos. Esto no lo intentó nunca la Escuela Clásica, que siempre distinguió de los delincuentes al grupo de los inimputables, a los que no hacía responsables de sus delitos, aunque no siempre separó suficientemente ambos grupos en sede penitenciaria. Pero es que, además, no se puede limitar el Estado a castigar con una pena al delincuente, sino que debe procurar su resocialización (como se expondrá ampliamente *infra*, en los Temas 28, II y 32, I).

4. TEORÍAS INTERMEDIAS

La polémica entre Escuelas da lugar a una serie de corrientes llamadas teorías intermedias, entre las que destaca la llamada *Terza Scuola* que es quizás la más importante. Sus autores fundamentales son Bernardino ALIMENA y Manuel CARNEVALE (a los que se pueden añadir SABATINI y LONGHI), que pretenden conciliar los postulados de la Escuela Clásica con los de la Positiva. En realidad no varían el objeto ni el método de ambas escuelas, sino que pretenden aunarlos. En la materia de la pena ponen como límite el mínimo de sufrimiento individual, dentro del máximo de defensa social. Por la misma razón propugnan un sistema dualista de penas y medidas de seguridad.

IV. EL POSITIVISMO

El positivismo alemán de finales del siglo XIX es fruto, por una parte, de la filosofía positivista de esta época, y, por otra, surge como reacción al positivismo criminológico de la Escuela Positiva Italiana.

El positivismo como corriente filosófica mantienen que sólo son «científicas» las elaboraciones o estudios de la realidad que se llevaban a cabo a través de las ciencias naturales; lo que, a su vez, implicaba el rechazo de toda Filosofía, especialmente de toda «Metafísica». Dicho de otro modo, sólo podían considerarse como «científicos» los conceptos surgidos de la «experiencia»; es decir, los que pudieran ser reconducidos lógicamente a conceptos empíricos elementales (sensaciones, impresiones, realidades, percepciones), aunque fuera a través de procesos intelectuales más o menos complicados, como, por ejemplo, sucede en la Lógica o en las Matemáticas.

Suelen considerarse dentro del positivismo alemán dos corrientes distintas: el positivismo jurídico y el naturalista.

1. El positivismo jurídico

Suele considerarse como antecedente del positivismo jurídico a Anselm von Feuerbach (1775-1833), autor del Código Penal Bávaro (1813), al que se debe el primer intento de construir el Derecho Penal a partir tan sólo de la ley. Según este autor, todo lo que está en la ley es dogma por el principio de legalidad y sólo sobre ello se debe construir el Derecho Penal. Para él el Derecho Natural podía tener tan sólo la misión de esclarecer (*Aufklären*) lo que preceptúa el Derecho Positivo. Con ello funda el Derecho Penal liberal del siglo xix y se pone en contra de la corriente dominante en el siglo xviii que había construido el Derecho Penal a partir del Derecho Natural. Pero el mismo Feuerbach admite que respecto a los principios de la pena y respecto a la imputación hay que acudir al Derecho Natural, porque no existe aún la fundamentación positiva (en la ley) de los mismos.

Le siguen en este intento, Binding, Merkel y Beling. Karl Binding (1841-1920) toma una postura radical contra los principios iusnaturalistas de la Escuela Clásica y contra las concepciones criminológicas de la Positiva. No admite, y por eso ignora totalmente, la Criminología. De él procede también la más crasa formulación del Positivismo Jurídico: «Solamente el Derecho Positivo es Derecho y todo Derecho Positivo es Derecho». Por lo mismo rechaza Binding toda consideración del Derecho Penal desde el punto de vista de la Política Criminal, pues es «música del futuro», en la que no entra por considerarla impropia de su cometido «científico».

En Italia esta corriente tiene un aspecto menos filosófico y más técnico por obra de Arturo Rocco: la que se ha llamado Escuela Técnico-Jurídica. Se reafirma por dicha Escuela la autonomía del Derecho Penal y se pospone todo a la seguridad jurídica. Sigue con una excesiva aversión al Derecho Natural y a la Criminología, lo que le lleva a un exagerado formalismo y a encerrarse en la mera interpretación técnico-jurídica de la ley penal; lo que a veces deriva a un virtuosismo dialéctico, al exagerar las distinciones y al aquilatarlas. Ambas cosas son consecuencia del punto de partida de esta Escuela: todo está en la ley y no hay nada que buscar fuera de ella. Además profesa un pancivilismo exagerado; esto es, extiende con demasía los dominios del Derecho Civil.

2. El positivismo naturalista

Franz von Liszt (1851-1919), fundador de la llamada «Joven Escuela» o también «Escuela Sociológica», es el máximo representante del positivismo naturalista alemán, por ello, algunos autores lo consideran como un predecesor de la Defensa Social. Ya en su lección inaugural de Marburgo (*Der Zweckgedanke im Strafrecht*, 1882) enuncia su nuevo programa: la pena ha de tener un fin (*Zweck*) utilitario, pero por otro lado hay que mantener la sustantividad y autonomía del Derecho Penal.

Aunque en su pensamiento filosófico es determinista, mantiene la distinción entre imputables e inimputables, y sustituye el concepto de «libertad» por el de «normalidad». Por ello, aunque para los alemanes ha representado la dirección extrema del positivismo naturalista, desde el extranjero ha sido calificado de ecléctico. De hecho, VON LISZT no quiso alinearse nunca con la Escuela Positiva, cuyos postulados no admitió.

VON LISZT (1851-1919) adopta una tesitura más abierta que el positivismo jurídico respecto a la Criminología. Pero su postura es del todo radical y totalmente de acuerdo con las corrientes filosóficas, ya que rechaza todo lo que no sea la «realidad» de los textos legales, única que, según él, es susceptible de un estudio «científico». Piensa que dicho estudio se hace a través de tres fases: recolección del material (para lo que sólo se puede utilizar el Derecho Penal vigente), deducción de los conceptos a partir exclusivamente de dicho material (que es un «dogma» o punto de partida de inexcusable consideración) y construcción de un sistema (pues sólo éste garantiza el dominio total de lo particular). Con todo ello se facilitaba y se otorgaba seguridad a la aplicación de las proposiciones jurídicas.

Otra aportación de gran trascendencia hizo VON LISZT, al Derecho Penal. Unido al holandés VAN HAMEL y al belga PRINS creó la «Unión Internacional de Derecho Penal». A los congresos de esta Asociación han ido acudiendo los penalistas de todas las tendencias y en ellos se han ido perfilando soluciones armónicas, de las que en gran parte se ha derivado el Derecho Penal moderno, con su sistema dualista de penas y medidas.

V. LA CIENCIA DEL DERECHO PENAL EN EL SIGLO XX

1. REACCIÓN ANTIFORMALISTA

Ya a comienzos de este siglo comienzan a superarse la polémica entre la ciencia del Derecho Penal y la Criminología y, por otra parte, el positivismo filosófico, lo que da lugar a la reacción antiformalista, que se produce en dos dimensiones: el renacimiento filosófico y la «Nueva Defensa Social».

A) *Renacimiento filosófico*

En los principios del siglo XX hay una clara reacción contra el ambiente anti-filosófico de finales del siglo XIX, que ha de llevar a una oposición al positivismo jurídico formalista. Esta reacción presenta dos tendencias: la de la Filosofía de los Valores y la Iusnaturalista.

a) La Filosofía de los Valores

La primera reacción surge por parte de la llamada Filosofía de los Valores, defendida en Alemania en el campo de la Filosofía por la Escuela sudoccidental alemana y en concreto por WINDELBAND y RICKERT, así como por Max SCHELER y Nikolai HARTMANN; y en el Derecho Penal por M. E. MAYER, RADBRUCH y MEZGER, de los que se hablará en los Temas 11, III, 1, C) y 12, I, 2, B), a propósito de la Escuela Neoclásica. Fuera de Alemania hay que apuntar a la dirección idealista-actualista de GENTILE y, entre nosotros, al pragmatismo penal de Quintiliano SALDAÑA.

Los propugnadores de los valores afirman que el entendimiento no sólo formula juicios de realidad, sino también juicios de valor. No se conforma con etiquetar los objetos (esto es una mesa, una silla, etc.), sino que les señala un valor (es buena o mala, agradable o desagradable, bonita o fea, cara o barata, etc.). Luego todo tiene un valor: positivo o negativo.

La filosofía de los valores parte en el campo filosófico del neokantismo de la Escuela sudoccidental alemana. Por ello defiende que los valores intentan aprehender conexiones medio-fin, en contra de lo que sucede en las ciencias de la naturaleza, que se limitan a captar las relaciones causa-efecto. Pero ambas relaciones (causa-efecto y medio-fin) no son aportadas por la «materia» (en lenguaje kantiano, por lo que viene del exterior, de la cosa en sí), sino puestas *a priori* por el entendimiento (por tanto, sin conexión alguna con la realidad objetiva), en contra de lo que habría de afirmar más tarde WELZEL.

En el campo del Derecho, el supremo valor es la Justicia que, por tanto, hay que buscar en todo el Derecho, ya que los preceptos jurídicos están referidos a este valor. Luego en la interpretación de los preceptos penales hay que tener en cuenta dicho valor y se puede llegar a la interpretación extensiva o incluso analógica de los mismos, cuando la justicia lo exigiere. Fundados en tal doctrina han llegado los penalistas alemanes a la creación de eximentes supralegales, como el estado de necesidad, que no estaba suficientemente recogido en su Derecho positivo; pero también a auténticos abusos en tiempo del nacionalsocialismo [a este respecto, véase *infra*, Tema 12, 2, C)].

Porque la Filosofía de los Valores lleva en sí a la estima de la Justicia; pero como el concepto de Justicia es puesto *a priori* (y, según su concepción, por el Estado), no sale del positivismo jurídico, lo que llevó a los abusos señalados en tiempo nazi. También subraya la importancia del bien jurídico protegido y de las normas de cultura.

b) El iusnaturalismo

La reacción iusnaturalista se produce en Alemania sobre todo a consecuencia de los abusos cometidos por el nacional-socialismo (y en este sentido se ha de tratar de ella en el período posterior a la Segunda Guerra Mundial) que se había apoyado en parte en la filosofía de los valores, ya que ésta admitía que el concepto de justicia lo determinaba en último término el legislador.

Sin embargo, conviene señalar que desde finales del siglo pasado se venía produciendo no sólo en Alemania, sino en todos los países de nuestra área cultural un renacimiento del Derecho Natural cada vez más potente, especialmente en el campo católico y, debido, entre otras causas, al neotomismo.

B) *La defensa social*

Como consecuencia de la lucha de Escuelas, e incluso en ocasiones, antes del auge de la Escuela Positiva, surge una serie de autores que pretenden conciliar los postulados de defensa de la sociedad propugnados por la Escuela Positiva, con otros postulados, especialmente el de seguridad jurídica, más propios de la Escuela Clásica. A estas corrientes se les suele denominar «defensa social» y algunos autores ven en VON LISZT uno de sus precursores.

La corriente que se denomina «nueva defensa social» fundamentalmente sostiene que la sociedad ha de defenderse de actividades delictivas, pero para ello ha de partir del supuesto de que el delincuente es un ser humano, susceptible de reformarse y de que esta reforma es la mejor defensa de la sociedad ante el fenómeno delincuencial.

Su iniciador es el italiano Filippo GRAMATICA, aunque su representante más conocido y el que consagró su actual denominación es el francés Marc ANCEL, sin olvidar la contribución del suizo Jean GRAVEN.

Desde esta corriente se propugna una humanización del Derecho Penal, especialmente de la aplicación de las penas y de su utilización como medios de reforma del delincuente. Lo que a su vez exige la utilización (especialmente en el plano penitenciario) de gran número de ciencias que contribuyan al mejor conocimiento de la personalidad del delincuente y de los métodos más adecuados para su resocialización. Para todo lo anterior postulan la desjuridificación de muchos conceptos del Derecho Penal.

Estos postulados, sobre todo el último, son los que han suscitado oposición por parte de muchos penalistas, que ven en ellos un peligro para la seguridad jurídica e incluso un reblandecimiento de la justicia penal en un momento de fuerte inseguridad ciudadana. Sin embargo, no tiene por qué suceder así, si se usan sensatamente.

También se ha suscitado una viva polémica sobre la naturaleza de la «nueva defensa social»: ¿Se trata de una rama distinta de la ciencia, con pretensiones de sustituir al Derecho Penal o tan sólo de una nueva orientación del mismo, de una política criminal? El mismo Marc ANCEL ha terminado por confesar que su Escuela es tan sólo una nueva orientación de la política criminal, aunque por lo mismo pretende influir en la legislación y en la práctica penal y penitenciaria.

2. EL DERECHO PENAL ENTRE LAS DOS GUERRAS MUNDIALES

Después de la Primera Guerra Mundial hay un apaciguamiento en la lucha entre las dos Escuelas. Por ejemplo, ROCCO (representante de la Escuela Neoclásica) admite en su CP de 1930 el sistema dualista, al introducir en el mismo las medidas, aunque las llama administrativas; mientras que Filippo GRISPIGNI (representante del neopositivismo) padece de «intoxicación jurídica» en frase de su maestro FERRI. Es más, el mismo FERRI termina por componer un *Diritto Criminale*, en contra de sus entusiasmos sociológicos anteriores.

Respecto a la sanción, se acepta el sistema binario o dualista: pena y medida, lo que se va introduciendo en todas las legislaciones. Se varía tan sólo en el modo de aplicarlas: unos imponen ambas, mientras que algunos absorben una de ellas en la otra, cuando concurren las dos, y finalmente otros dejan la posibilidad de imponer una u otra al arbitrio judicial o a su aplicación en sede penitenciaria (alternatividad o vicariedad).

Mientras tanto se ha ido concentrando la atención de los penalistas en las controversias sobre el método y especialmente en la teoría general del delito (véase *infra*, Tema 11, III).

En este período surge el llamado Derecho Penal autoritario cuyas muestras fundamentales se dan en la URSS y en la Alemania nazi, aunque tiene también algunas manifestaciones en Italia, y un influjo más o menos señalado en otros países. Nace bajo el signo de la concepción política autoritaria, aunque en parte es reacción contra los unilateralismos y excesos de las teorías anteriores; lo que le lleva, sin embargo, a excesos y unilateralismos mayores de los que condena. Tiene de común en todos los países donde se manifiesta el empeño de poner la justicia penal al servicio del fortalecimiento del Estado (entendiendo por tal el partido en el poder) y de la defensa del régimen político dominante, bajo un clima general de rigor.

En Alemania la Escuela de Kiel mantiene una concepción del delito como un ente monolítico y la teoría de los llamados tipos de autor, lo que, unido a la analogía que se introdujo por estas fechas en el CP, facilitó la politización de la justicia penal. Los penalistas más característicos de la Escuela de Kiel fueron DAHM y SCHAFFSTEIN, que, sin embargo, volvieron a ocupar sus cátedras después de un corto período de depuración, pues fueron considerados más como víctimas que como culpables de lo ocurrido en tiempo nazi.

3. EL DERECHO PENAL POSTERIOR A LA SEGUNDA GUERRA MUNDIAL

Después de la Segunda Guerra Mundial se produce una reacción iusnaturalista, especialmente en los países de régimen autoritario. Por otro lado, siguen las controversias sobre los fines de la pena, así como las originadas alrededor de la construcción dogmática de la teoría general del delito.

A) *Reacción iusnaturalista*

Los excesos del tiempo nazi en el campo del Derecho llevan a una fuerte reacción iusnaturalista en toda la doctrina. Amparados en la tremenda frase de RADBRUCH (que fue el filósofo del derecho que formó la generación de juristas, de la que abusaron los nazis), de que, así como despreciaríamos al sacerdote que predicase en contra de sus creencias, así admiramos al Juez que aplica la ley contra su conciencia, los nazis habían hecho a jueces y magistrados esclavos de su ideología.

El mismo RADBRUCH vuelve claramente al iusnaturalismo en sus últimos años y señala como fines del Derecho servir a la seguridad jurídica, a las necesidades sociales y a la justicia. Llega a escribir que todo lo que va contra la justicia, no tiene naturaleza jurídica.

Hans WELZEL profesa el Derecho Natural a través de su teoría sobre la naturaleza de las cosas (a las que llama también estructuras lógico-ontológicas de las cosas, etc.). Para ello pretende superar la escisión entre el mundo de la realidad (lo óntico, el noúmeno o el incógnito X, en la terminología kantiana) y el del pensamiento (lo fenomenológico) que venía dominando la filosofía alemana desde KANT. A superar dicha escisión había contribuido en gran medida la escuela fenomenológica de HUSSERL y VON BRENTANO, que defendía que en el fenómeno (en la categoría, en lo ontológico), se intuía lo óntico (lo real).

WELZEL pretende hacer un Derecho Natural válido tanto para los neokantianos como para los partidarios de una filosofía realista y por eso subraya que existen unas estructuras lógico-ontológicas (por tanto, en el orden ontológico o categorial) comunes a todos los hombres, anteriores a la actividad del legislador y que éste no puede ignorar en ningún caso. Para ello defiende que los neokantianos habían tergiversado a KANT; porque cuando éste dice que el entendimiento prescribe a las cosas sus leyes, no se refiere a nuestro entendimiento humano e individual, sino al entendimiento puro y, por tanto, común a todos los hombres. Luego, según WELZEL, las estructuras lógico-ontológicas son anteriores a la labor del legislador y a la del dogmático y se imponen a ambos.

Se trata con ello de volver a un Derecho Natural admisible para todas las posturas filosóficas y que sustraiga de las manos del legislador ciertas cuestiones vitales para la convivencia ciudadana en justicia.

También cambian en el mismo sentido autores como MEZGER, que pasa respecto al fundamento de la pena de una postura intermedia (en su *Lehrbuch*) a otra absoluta (en el *Studienbuch*): el fundamento de la pena está en el *ethos*, pues es un acto de justicia. Y en los trabajos preparatorios al nuevo CP mantiene MEZGER el carácter problemático de la corrección, con lo que vuelve a la tesis de HEGEL. De modo semejante se pronuncian SCHMIDT, MAURACH y BAUMANN.

B) *Controversias dogmáticas*

Al final del siglo pasado había comenzado en Alemania la construcción dogmática de la teoría general del delito, que es la base de la Parte General del actual Derecho Penal, como se expondrá extensamente en el Tema 11. Esta controversia continúa durante el período entre las dos guerras mundiales y en ambas épocas (anterior y posterior a la Primera Guerra Mundial) triunfa la llamada teoría causalista.

Pero, aunque Hans WELZEL ya había comenzado a desarrollar su teoría sobre la acción en el período entre las dos guerras mundiales, es después de la segunda de dichas guerras, cuando su teoría finalista (el llamado concepto final de la acción) se propaga por toda Alemania y por los países influenciados por la dogmática penal alemana. En un primer momento se suscita una viva polémica entre MEZGER y WELZEL, en la que ambos autores, ambos también formidables polemistas, luchan denodadamente por el triunfo de sus respectivos conceptos de la acción; pero ya a lo largo de los años sesenta la doctrina y la jurisprudencia alemanas se inclinan decididamente por el finalismo, cuyas doctrinas se extienden paulatinamente a los demás países de influjo germano en la dogmática penal.

Desde los años ochenta y aun en la década anterior, comienza a decaer el interés de los penalistas por los problemas de la Parte General, para dedicarse a los tipos penales de la Parte Especial y a un intenso replanteamiento de las cuestiones penitenciarias e incluso del fin del Derecho Penal, como se va a exponer en el epígrafe siguiente.

VI. CORRIENTES CONTEMPORÁNEAS

En el panorama del Derecho Penal contemporáneo se van a exponer aquí tres cuestiones distintas: las directrices ideológicas fundamentales de la política criminal, la relación entre las ciencias penales y las orientaciones dogmáticas en la teoría del delito de los diversos autores.

1. DIRECTRICES DE POLÍTICA CRIMINAL

Las directrices ideológicas de la política criminal podrían sintetizarse en los puntos siguientes:

El primero es considerar el Derecho Penal como la *ultima ratio* frente a las conductas nocivas a la sociedad: la intervención del Estado amenazando con castigos e imponiéndolos debe reservarse a las conductas que constituyan los ataques más intolerables para los presupuestos de la vida social y para los que el Estado considere que los medios restantes de control social (sanciones administrativas, reparaciones civiles, sanciones privadas, etc.) no son adecuados o son claramente insuficientes.

En segundo término, destaca el carácter preventivo general de la pena. La función del Derecho Penal se despoja de fundamentos retributivos (la pena estatal no se justifica en imperativos morales o filosóficos de «castigo» o «penitencia») para asentarse en consideraciones de orden social: la pena se justifica por su necesidad de evitar la comisión de delitos, en definitiva, por su utilidad. Pero, no obstante, se reclama el principio de proporcionalidad entre la gravedad del hecho, la culpabilidad del autor y la pena. La pena es «una amarga necesidad» como decía RADBRUCH, no un imperativo categórico o una consecuencia obligada del mal cometido.

En tercer lugar, se señala cada vez con mayor insistencia que las contraindicaciones de la pena de prisión son evidentes. Las investigaciones empíricas han resaltado el hecho de que la «resocialización» resulta una utopía en la práctica, así como los llamados «modelos terapéuticos». La constatación de los efectos criminógenos de la prisión ha llevado a dar la vuelta al principio de «resocialización» para exigir de la Administración que evite la «desocialización» del delincuente. En tal sentido las Directrices penitenciarias del Consejo de Europa de 1987 insisten en fomentar los contactos del encarcelado con el exterior. El mantenimiento de los programas de «reeducación» o de «tratamiento» queda condicionado a su aceptación voluntaria por parte del interesado. Se han desarrollado también en las últimas décadas las penas sustitutivas o alternativas a la de prisión; mientras que la pena privativa de libertad retrocede. En Alemania la pena de prisión pasa a ser un 10 por 100 del total de las penas impuestas por delito y en los países nórdicos el porcentaje es aún menor.

En cuarto término, y en contra de estas tendencias de contracción del Derecho Penal, se constata una tendencia de signo opuesto: la *Expansión del Derecho Penal*, en palabras de SILVA SÁNCHEZ. Dicho fenómeno tiene tres manifestaciones principales: 1) la ampliación del Derecho Penal a conductas hasta ahora relegadas al ámbito de sanciones administrativas; 2) la utilización del Derecho Penal con una finalidad meramente *simbólica*, y, 3) el llamado *Derecho Penal del Enemigo*.

1) La consagración constitucional del Estado social y democrático de derecho, que imponen la protección de instituciones, situaciones o intereses básicos para garantizar y fomentar la participación de los ciudadanos en condiciones de igualdad en el sistema social, ha hecho irrumpir en el ámbito penal los llamados bienes jurídicos supraindividuales y colectivos, relacionados con el medio ambiente y la economía, dando lugar al *Derecho Penal socioeconómico*. A este proceso de *administrativización* del *moderno* Derecho Penal se oponen los filósofos, sociólogos y juristas que integran la Escuela de Fráncfort, entre otros HIRSCH y NEUMANN. Los teóricos de esta Escuela consideran necesario la vuelta del Derecho Penal a sus orígenes y que se limite a cumplir su función genuina; la protección de los bienes jurídicos individuales, de la persona física de carne y hueso, dejando en manos de otros sectores del ordenamiento jurídico la tutela de los intereses supraindividuales y colectivos.

Es cierto que en los tipos del nuevo Derecho Penal abundan, en detrimento del principio de legalidad, las cláusulas generales, los conceptos jurídicos indeterminados, los tipos abiertos, las leyes penales en blanco, etc., como denuncia la Escuela de Fráncfort, pero ello es más consecuencia de la deficiente técnica jurídica empleada por el legislador que por la inclusión de delitos que protegen bienes jurídicos supraindividuales y colectivos.

Sin embargo, a nuestro juicio debe rechazarse que la legislación penal española haya optado por establecer la responsabilidad penal de la persona jurídica que puede llegar a distorsionar el principio de culpabilidad y de la personalidad de la pena (véase en este sentido *infra*, Tema 35, I).

2) Con el término Derecho Penal *simbólico* se hace alusión a la tendencia del legislador a promulgar leyes penales destinadas más a producir tranquilidad en una sociedad que se siente insegura que a solucionar conflictos sociales. Diez Ripollés propone identificar el Derecho Penal simbólico en atención al incumplimiento esencial de los fines de la intervención social. Así formarán parte del Derecho Penal simbólico:

a) Las decisiones político-criminales que no atiendan a la prevención de comportamientos delictivos; como las leyes *reactivas*, en las que predomina el objetivo de demostrar la rapidez de reflejos de acción del legislador ante la aparición de problemas nuevos (así la clonación de seres humanos); las leyes *identificativas*, con las que, sobre todo, se manifiesta la identificación del legislador con determinadas preocupaciones de los ciudadanos (así la modificación de las medidas a imponer a los menores de dieciocho años por la comisión de ciertos delitos); las leyes *declarativas*, con las que se aclaran contundentemente cuales sean los valores correctos respecto a una determinada realidad social (así el maltrato animal); las leyes *principialistas*, que manifiestan primordialmente la validez de ciertos principios de convivencia (así la tipificación de la negativa pública de los delitos de genocidio); y las leyes de *compromiso*, cuyo papel más significativo es el de mostrar a las fuerzas políticas que las han impulsado el respeto de los acuerdos alcanzados (así el cumplimiento íntegro de las penas).

b) Las intervenciones penales que no van más allá de la propia conminación penal; como las leyes *aparentes*, cuya formulación es técnicamente tan defectuosa que resulta imposible que pasen el filtro del proceso penal; las leyes *gratuitas*, las que son aprobadas sin los recursos personales o materiales precisos para su efectiva aplicación (así la derogada pena de arresto fin de semana); las leyes *imperfectas*, que no prevén sanciones o cuya aplicación es técnicamente imposible (así el derogado delito de hurto que consistía en la comisión de tres faltas de hurto en el plazo de un año).

c) Las leyes penales que ignoran el principio de subsidiariedad del Derecho Penal; como las leyes *activistas*, que tratan de trasmitir al ciudadano la tranquilidad de que se está haciendo algo con problemas irresueltos (así las constantes modificaciones en relación a la violencia de género); las leyes *apaciguadoras*, que buscan calmar las reacciones emocionales que ciertos sucesos producen entre la ciudadanía (así la tipificación de una modalidad de asesinato subsiguiente a un delito contra la libertad sexual); las leyes *promotoras*, cuyo efecto habría de ser la modificación de determinadas actitudes sociales (así la tipificación de los delitos de odio); y, las leyes *autoritarias*, que tratan de demostrar la capacidad coactiva en general de los poderes públicos (así la penalización del top manta).

3) Por último nos referiremos al *Derecho Penal del enemigo*, concepto introducido en la discusión reciente por Jakobs un año antes de los atentados terroristas del 11 de septiembre de 2001 en el World Trade Center de Nueva York, y que ha generado una amplia controversia entre la doctrina por lo radical de sus postulados.

En su teoría penal Jakobs distingue a los ciudadanos, personas que gozan de todos los derechos que les otorga el ordenamiento jurídico porque ocupan su rol de ciudadanos —aun cuando cometen un delito— de los enemigos, aquellos individuos que con su actitud, su vida económica o mediante su incorporación a una organización delictiva, se han apartado del derecho, rechazan la legitimidad del ordenamiento jurídico (terroristas, narcotraficantes, tratantes de seres humanos). A estas dos categorías humanas hace corresponder JAKOBS dos tipos de Derecho Penal; el derecho penal del ciudadano, que le juzga por su condición de persona con todos sus derechos y protegido por la totalidad de las garantías del Derecho Penal, en particular por la garantía de presunción de inocencia, y el Derecho Penal del enemigo que, en palabras de CANCIO MELIÁ, se caracteriza por tres elementos: 1) el notabilísimo adelantamiento de la barrera de punibilidad; se penaliza el hecho futuro en lugar del hecho cometido; 2) las penas son desproporcionadamente altas; y, 3) se relativizan, o incluso se suprimen, las garantías procesales.

El Derecho Penal del enemigo debe ser rechazado por una diversidad de motivos; de Derecho Natural, porque no cabe negar que los enemigos sean personas y por ello estén revestidas de dignidad, ya que la dignidad es algo intrínseco a la persona no algo merecido; constitucionales puesto que se opone al principio de presunción de inocencia y al resto de las garantías procesales; de eficacia penal, puesto que no se demuestra más efectivo en la lucha contra el delito; y, fundamentalmente, porque supone una seria amenaza a la subsistencia futura del Estado de Derecho, dado el enorme potencial expansivo de esta clase de ideas. El fanatismo violento del terrorismo islamista no debe hacernos olvidar este hecho. Debemos aprender de la experiencia histórica: la doctrina del «derecho penal del enemigo» recuerda mucho al positivismo criminológico socialdarwinista del último tercio del siglo XIX y la primera mitad del siglo XX, que llevó al régimen nazi a intentar exterminar a la variopinta categoría de los «asociales» (delincuentes reincidentes, personas de vida disoluta, alcohólicos crónicos, deficientes mentales, depresivos crónicos, personas homosexuales), juzgados, al igual que judíos, gitanos y disidentes políticos, «extraños a la comunidad». Debemos encontrar maneras de afrontar los conflictos que no desemboquen en la exclusión, la inhumanidad y el asesinato a gran escala.

2. RELACIÓN ENTRE LAS CIENCIAS PENALES

En el último cuarto del pasado siglo se asiste a una reconciliación de las distintas perspectivas científicas en relación con el fenómeno del delito. La ciencia del Derecho Penal se asienta hoy en tres pilares o disciplinas básicas: la Dogmática penal, la Criminología y la Política Criminal. Se piensa hoy que la última debe actuar como de puente entre las dos primeras, recogiendo por un lado los conocimientos que suministran los estudios empíricos, para proponer cuáles son los medios adecuados para la lucha contra el delito.

La Dogmática penal cumple las tareas de elaboración de conceptos y principios derivados del derecho positivo y de construir un sistema congruente de interpretación de las normas penales que sirva para la aplicación racional y segura de las leyes, a la vez que evite la arbitrariedad y la improvisación. Aunque utiliza el método abstracto y deductivo, propio de las ciencias normativas, debe tener en cuenta, sin embargo, consideraciones político-criminales a la hora de elegir entre varias opciones posibles, en el entendimiento de los conceptos.

La Criminología, como ciencia empírica, observa el comportamiento individual y social del delincuente. En los últimos tiempos los estudios criminológico-sociológicos prestan particular atención a la reacción social frente al delito. También a los procesos de selección de conductas desviadas, tanto a nivel legislativo como a nivel del funcionamiento real de la maquinaria penal, desde la detección del delito hasta el cumplimiento de la pena, cuestionando la realización del principio de igualdad ante la ley y de los fines teóricos, asignados a la pena.

La Política Criminal, recogiendo las observaciones de la Criminología sobre los factores que inciden en la comisión del delito y sobre los efectos del sistema penal, intenta proponer los medios más adecuados para la prevención del delito. Para ello establece prioridades y criterios en la intervención penal, dentro del marco derivado del Estado de Derecho.

Partiendo del reconocimiento de los distintos métodos que caracterizan a estas tres disciplinas, se aboga por una complementación que evite la contradicción entre ellas. Así se insiste en que las propuestas de la Dogmática en la interpretación de las normas jurídicas y en la construcción del sistema de conceptos y principios no debe conducir a resultados opuestos a las finalidades político-criminales, ni ignorar las realidades que se encuentran en la base de los comportamientos delictivos y en la realidad del funcionamiento del sistema punitivo español.

3. Orientaciones de la teoría general del delito

Las orientaciones dogmáticas sobre la teoría general del delito en la actualidad son tributarias de las construcciones dogmáticas sobre la misma que se han desarrollado básicamente en la primera mitad del siglo xx: modelo causalista (o clásico), modelo valorativo (o neoclásico) y modelo finalista. No obstante, la creciente influencia de las orientaciones sociológicas en la fijación de las funciones del Derecho Penal repercute también en la interpretación de los contenidos de las categorías dogmáticas. El resurgir de la política criminal, la vuelta a Von Liszt, se apoya en el mayor protagonismo de los criterios sociológicos que caracterizan la cultura general y también la jurídica de nuestra época.

El Derecho Penal, concebido como instrumento de «control social altamente formalizado» en frase de Hassemer, sitúa la intervención punitiva en el contexto global de los distintos medios sociales (informales o jurídico-formales) de modelación de conductas, donde el Derecho Penal ocupa el escalón último y el más drástico de la intervención social. La justificación del Derecho Penal viene determinada para estos autores por su idoneidad para motivar a la generalidad contra la realización de hechos gravemente dañosos. Incluso (según la perspectiva funcionalista extrema de Jakobs) el Derecho Penal se justifica, en tanto sirva para mantener la confianza del ciudadano en el Derecho y en el sistema social.

Dejando de lado la controvertida posición de Jakobs y tomando las posiciones mayoritarias sobre la prevención general intimidatoria o motivadora, destaca la penetración de los criterios político-criminales de la finalidad de la pena en el entendimiento de las categorías jurídicas de la antijuridicidad y de la culpabilidad. Desde la perspectiva indicada, el juicio de valor (disvalor) de la antijuridicidad presupone una conducta que se desvía de la prohibición (o del mandato). El contenido de la prohibición dirigida al ciudadano sólo puede versar sobre conductas que el ciudadano puede controlar, sobre aspectos respecto a los cuales el ciudadano puede ser motivado, para que así se realice la finalidad preventiva de la norma penal. Al subrayar el aspecto de «prohibición», el juicio objetivo de desaprobación sólo puede recaer sobre el objeto de la prohibición: la conducta del individuo y no los meros procesos causales. La ley no puede prohibir que, como consecuencia de un disparo, la víctima muera, ni que, como consecuencia de una colisión automovilística, se produzcan lesiones. Lo que la ley puede y debe prohibir es la ejecución intencionada de hechos que puedan causar la muerte o la inobservancia de las normas de prudencia, en la realización de conductas que comporten riesgos.

Las consecuencias sistemáticas de esta postura (a la que WESSELS denomina sistema teleológico) en la teoría general del delito coinciden con el finalismo. El dolo natural y la imprudencia (culpa) natural pasan a constituir elementos básicos de la tipicidad. Se adopta, por tanto, la concepción del injusto personal de WELZEL; si bien la fundamentación descansa sobre la función preventiva de la norma penal, mientras que WELZEL señalaba a la pena un fin retribucionista. Como señala JESCHECK, las posturas finalistas se reconocen acertadas en sí mismas y defendibles, incluso por sectores ajenos al concepto final de la acción.

La atención a las finalidades político-criminales y particularmente a las finalidades preventivas de la pena se deja sentir así mismo, en la concepción de la culpabilidad, orientando la fundamentación de sus componentes (imputabilidad, conocimiento de la antijuridicidad y exigibilidad de la conducta) a partir de las necesidades de la prevención general o de la especial. Exponentes máximos de esta corriente son ROXIN y HASSEMER, cuya influencia en España es notable, a través de la traducción de varias de sus obras.

Para terminar, se van a indicar aquí los autores fundamentales de cada una de las tendencias en la dogmática alemana, por su influjo evidente en España; para lo que se sigue la clasificación hecha por WESSELS. En el sistema neoclásico (o neocausalista) hay que alinear a BAUMANN y KIENAPFEL. La teoría final de la acción es defendida por WELZEL y MAURACH y sus discípulos, tales como GÖSSEL, HIRSCH, Armin KAUFMANN, SCHROEDER, STRATENWERTH y ZIPF. Finalmente se alinean en el sistema teleológico (en su parte fundamental, coincidente con el finalismo) CRAMER, ESER, GALLAS, JESCHECK, LACKNER, LENCKNER, ROXIN, RUDOLPHI, WESSELS y WOLTER. Esto indica que el finalismo, al menos en su postulado de incluir el elemento subjetivo (el dolo y la imprudencia) en la antijuridicidad, es prácticamente admitido por toda la doctrina alemana actual [véase en este sentido *infra*, Tema 11, III, 3, B)].

VII. LA CIENCIA ESPAÑOLA DEL DERECHO PENAL

Prescindiendo de antecesores remotos, tales como Lucio Anneo SÉNECA (4 a. C.-65), la ciencia española del Derecho Penal moderno comienza con los teólogos-juristas y con los prácticos del Derecho de los siglos XVI y XVII, tiene ya algún representante notable en la Ilustración, y florece en los siglos XIX y XX con la Escuela clásica, el Correccionalismo, la Criminología y la Dogmática Penal.

1. LOS PRECURSORES

En el siglo XVI florece en España un grupo de teólogos-juristas cuyas doctrinas tienen gran influjo en el mundo cultural de entonces y, en nuestro caso, en el Derecho Penal. Tales son, por citar tan sólo los principales, Alfonso DE CASTRO (1495-1558), Domingo DE SOTO (1494-1570), Luis MOLINA (1536-1600) y Francisco SUÁREZ (1548-1617).

El otro grupo de precursores españoles del Derecho Penal moderno es el de los prácticos del Derecho. Entre ellos descuella Antonio GÓMEZ, llamado «el príncipe de los jurisconsultos», cuyas obras son reeditadas en toda Europa y manejadas por abogados, jueces y magistrados. También adquiere fama europea Diego DE COVARRUBIAS y LEIVA (1512-1577) que, en frase del P. PEREDA, fue el más jurista de los teólogos y el más teólogo de los juristas. Algunos de sus escritos tienen contenido tan moderno que apenas se creería que fueron redactados hace varios siglos. Trata con amplitud la legítima defensa, la culpabilidad y en especial el tema de la preterintencionalidad. Entre los muchos prácticos del Derecho en España que se podrían citar, además de los dichos, destaquemos tan sólo a Juan GUTIÉRREZ.

2. LA ILUSTRACIÓN

El penalista más destacado de España en el período de la Ilustración es Manuel de LARDIZÁBAL y ORIVE (1739-1820). Fue funcionario judicial y luego Alcalde del Crimen en el Consejo Real. Secretario de la Real Academia e historiador, edita el Fuero Juzgo, que era aún fuente supletoria de Derecho.

En el ambiente ilustrado de la corte de CARLOS III se pensó en acometer una reforma de las leyes penales españolas, para lo que se da la orden al Consejo de Castilla de preparar un «Código Criminal», aunque, por la época y el contexto, la palabra «Código» se entiende en el sentido de «Recopilación». El Consejo encarga a LARDIZÁBAL que haga un extracto de las disposiciones penales vigentes, aunque luego no se llega a hacer la reforma preconizada.

Sin embargo, LARDIZÁBAL había trabajado a fondo. Con los materiales recogidos, escribe su *Discurso sobre las penas contenidas en las Leyes Criminales de España, para la Reforma*, que publica en 1782 y que ha tenido varias ediciones, incluso en el siglo presente. LARDIZÁBAL no es mero seguidor de BECCARIA, aunque éste influye mucho en su pensamiento penal, pero la postura de ambos es distinta. BECCARIA es un filósofo de la Ilustración, que nunca trabajó en la Administración de la Justicia; además tiene un tono muy retórico, con el que aspira a despertar conmoción afectiva en sus lectores; finalmente es claramente opuesto a todo el Antiguo Régimen, en cuya crítica funda su obra. Por el contrario LARDIZÁBAL es Magistrado e historiador, por lo que procura hacer la síntesis del Derecho vivo y practicado en el Antiguo Régimen con las nuevas ideas penales. Su tono es más mesurado y nunca acude a la retórica ni al patetismo.

Además LARDIZÁBAL discrepa de BECCARIA en varios puntos. Por ejemplo, es partidario de la pena de muerte, admite diferencias de castigos según las distintas clases sociales y, en los fines de la pena, subraya el correccional, tan típico de nuestros penalistas y filósofos, ya desde SÉNECA. Finalmente se ocupa LARDIZÁBAL del tema penitenciario y preconiza las casas de corrección.

3. EL CLASICISMO EN ESPAÑA

Aunque sus principios pueden ponerse en LARDIZÁBAL, conviene destacar en el influjo de la Escuela Clásica en España dos períodos netamente diferenciados: el que aboca al Código Penal de 1822 y el que produce el Código Penal de 1848.

Ambos períodos tienen de común entre sí y con la dirección de la Escuela Clásica italiana (e incluso con el primer período de la alemana) poner por objeto el Derecho Penal dictado por la razón, entendida ésta en el sentido de la Ilustración y del liberalismo y estudiado por un método abstracto y racional. Aunque en todo caso, en España existe una mayor referencia al Derecho Positivo.

El primer período se inspira claramente en el utilitarismo de Jeremías BENTHAM (1748-1832), que había sido traducido al español por Ramón SALAS y expuesto por Toribio NÚÑEZ, autor que es el que ideológicamente más influye en el Código Penal de 1822. Quizás el máximo exponente de esta dirección en la doctrina española es el *Discurso de los delitos y penas*, inserto en el Tomo III de la *Práctica Criminal de España* de José Marcos GUTIÉRREZ, en el que este autor se sitúa en el terreno del utilitarismo.

El segundo período está dominado por la figura de Joaquín Francisco PACHECO que influye en el Código Penal de 1848 por una doble vía. Primero, como su inspirador ideológico a través de sus *Estudios de Derecho Penal*, pronunciados en el Ateneo de Madrid en 1839-1840 y que consiguen en pocos años cinco ediciones. En segundo término, por su obra *El Código Penal, concordado y comentado* (1848-1849). El influjo ideológico de PACHECO procede de ROSSI y con este autor defiende un eclecticismo que pone como fin de la pena la retribución, pero moderada por la utilidad. En su segunda obra representa más bien la llamada Escuela de la exégesis francesa.

La misma línea metodológica de PACHECO en su comentario al Código Penal siguen los restantes comentaristas del mismo, tales como GARCÍA GOYENA, VIZMANOS, CASTRO OROZCO, ORTIZ DE ZÚÑIGA y GROIZARD.

4. EL CORRECCIONALISMO

Surge durante el predominio de la Escuela Clásica, pero tiene caracteres que le hacen precursor de la Escuela Positiva, al menos parcialmente. Alcanza gran difusión en España.

La orientación correccional no era nueva entre nosotros. Las ideas de PLATÓN de que debe intentarse corregir al delincuente y sólo eliminarlo, cuando no quede otro remedio, pasan a través de SÉNECA y de nuestros teólogos a ser patrimonio común de los penalistas españoles. El mismo LARDIZÁBAL ponía la corrección como el fin más importante de la pena.

Para entender el correccionalismo español, hay que tocar antes levemente el influjo de GINER DE LOS RÍOS en el ambiente cultural español del siglo XIX.

A) *Los krausistas*

Francisco GINER DE LOS RÍOS (1839-1915) dirige a sus discípulos, y en general a la Institución Libre de Enseñanza, hacia las doctrinas de Carlos Cristian Federico KRAUSE (1781-1832), filósofo alemán relativamente desconocido, pero que defendía como centro de su sistema un panenteísmo (doctrina que piensa que todos los seres son un solo ente; por tanto, cercana al panteísmo) de corte moralizador.

Discípulo de KRAUSE en lo penal fue Carlos David Augusto RÖDER (1806-1879), que enseñó en Heidelberg. Su doctrina apenas tuvo repercusión en Alemania ni en el extranjero, con excepción de España. Expuso sus ideas en *Las doctrinas fundamentales reinantes sobre el delito y la pena en sus internas contradicciones*, en donde desenvolvió los principios de su maestro KRAUSE.

Define el Derecho como el conjunto de condiciones conforme a las que el hombre debe cumplir su destino por su libre voluntad. Con ello viene a oponerse a la disociación entre Derecho y Moral, preconizada por KANT; pues, repite RÖDER, el Estado no puede satisfacerse con el cumplimiento externo de la Ley, sino que debe tratar de conseguir la íntima y completa justicia de la voluntad.

Por tanto, el fin de la pena es la enmienda moral del delincuente. Este es semejante al menor y la pena es su segunda educación. Cree que para reeducar al delincuente ha de adoptarse el sistema penitenciario de Pensilvania, pues con él se evita la corrupción proveniente del contacto de unos delincuentes con otros. También considera necesaria la sentencia indeterminada, lo mismo que sucede con el tratamiento de un enfermo.

Tal concepción peca de utópica, ya que, en primer lugar, muchos delincuentes no necesitan de corrección o reeducación; mientras que otros son incorregibles, al menos con los métodos actuales.

El influjo de RÖDER se hace notar en los penalistas españoles con vertiente netamente dogmática, tales como Luis SILVELA y Félix ARAMBURU; pero sobre todo en los llamados «Correccionalistas», aunque entre éstos hay también claras influencias de la Escuela Positiva italiana.

B) *Los correccionalistas*

Concepción ARENAL (1820-1893) es la figura más popular de la ciencia penitenciaria española. Mujer de espíritu filantrópico, desarrolla una enorme actividad en favor de los menesterosos, propaga las Conferencias de San Vicente de Paúl, organiza sociedades para protección de los presos, hospitales de sangre durante las guerras, etc. Escribe abundantemente sobre temas penitenciarios, lo mejor de lo cual son sus *Estudios penitenciarios* (1877). Su fama ha pasado nuestras fronteras y es citada en el extranjero. Influye mucho en la reforma penitenciaria española con su crítica sobre el estado lamentable de nuestras prisiones a fines del siglo XIX.

Como fin de la pena señala ante todo la corrección del delincuente: «una prisión es como un hospital para el enfermo del alma», escribe; pero admite también otros fines, como la expiación. En su comunicación al Congreso penitenciario de San Petersburgo dice que no se debe hablar de incorregibles, sino de incorregidos, ya que con frecuencia los medios empleados son ineficaces. Pero tales frases hay que entenderlas dentro del concepto amplísimo de «corrección» que ella maneja: corrección significa no sólo conseguir que el delincuente no vuelva a delinquir, sino cualquier mejora obtenida en la conducta del mismo.

Pedro G. DORADO MONTERO (1861-1919), salmantino y catedrático de la misma Universidad, dedicó toda su vida al Derecho Penal, materia sobre la que publicó multitud de artículos y libros, en los que no sólo expuso sus doctrinas, sino también, aunque desde un punto de vista crítico, las de la Escuela Positiva e incluso varios trabajos sobre Derecho Penal positivo.

Concibió la idea de unir la Escuela Correccionalista con la Escuela Positiva italiana, «la infusión del espíritu de la primera en el cúmulo no demasiado ordenado de datos de la segunda, el ensanchamiento del molde metafísico y cerrado de aquélla con la sangre viva y joven procedente de la observación experimental que guía a ésta».

Coincidía con los correccionalistas en concebir la Pena como protección o tutela del delincuente; pero mientras éstos defendían el libre arbitrio, DORADO MONTERO era determinista, por lo que negaba el principio de responsabilidad. También defendía la evolución del Estado desde una época en que fue un poder de dominación, hasta otra en la que su misión habría de ser francamente tutelar. El mismo título de su obra fundamental (*El Derecho Protector de los Criminales*) indica su dirección predominante: hay que considerar completamente cancelado el Derecho Penal clásico expiatorio y sustituirlo por un Derecho Penal preventivo y, en tal sentido, protector de los criminales, que, al mismo tiempo y por la corrección de éstos, será también protector de la sociedad. Para ello hay que calar hondamente en la personalidad del delincuente y realizar en él una labor semejante a la que el médico realiza con el enfermo. Para misión tan trascendental, el Juez debe tener una completa libertad de acción, no debiendo estar atado por leyes rígidas, sino por preceptos flexibles y amplios.

DORADO MONTERO se tuvo siempre por más correccionalista que positivista; pero por sus ideas sobre la responsabilidad puede ser considerado como el más entusiasta de los iniciadores de la dirección humanitaria dentro de la Escuela Positiva; la cual en sus primeros tiempos había manifestado un perfil rigorista, en contraposición con la Escuela Clásica.

5. LA CRIMINOLOGÍA

Como predecesor de varios aspectos de la Escuela Positiva puede citarse a Mariano CUBÍ y SOLER (1801-1875). Este ilustre mallorquín cultiva la Frenología, que viene a ser la fisiología del cerebro, como órgano en cuya estructura incluso visible se refleja el modo de ser de una persona. O, como él mismo dice, estudia los efectos perceptibles que produce el alma por medio del cerebro. Con ello anticipa la teoría de los estigmas delincuenciales de LOMBROSO e incluso utiliza años antes que él la palabra criminal nato. En Penología propugna algunos de los postulados del Correccionalismo. Su principal mérito estriba en haber utilizado el método positivo-experimental para fijar la etiología del delincuente, aunque los postulados de la Frenología no hayan tenido éxito.

Los correccionalistas, y más en concreto DORADO MONTERO, fueron los que crearon la Criminología en España. Aparte del citado autor, que se acaba de estudiar, hay que destacar la figura de Rafael SALILLAS (1855-1923), médico y funcionario de la Dirección General de Prisiones, que es el más claro exponente del positivismo criminológico en España. En la etiología del delincuente se inclina decididamente por el factor sociológico, aunque no prescinde totalmente del antropológico: le interesa más el ambiente del delincuente que el delincuente mismo. Sus obras fundamentales (*El delincuente español: El lenguaje* y, sobre todo, *El Hampa*) acusan claramente esta dirección. Considera que el delincuente no es una subespecie humana, sino producto del medio.

Otra figura notable de este tiempo es Constancio BERNALDO DE QUIRÓS (1873-1959). Discípulo de GINER DE LOS RÍOS y asiduo colaborador del «Laboratorio de Criminología», fundado por aquel, aunque estudió Derecho, fue más criminólogo que jurista. Su obra fundamental es *Las Nuevas Teorías de la Criminalidad*.

Otros dos exponentes de la Criminología española son Manuel RUIZ FUNES y Manuel LÓPEZ-REY. El primero fue el sistematizador en España de la doctrina endocrinológica, tema al que dedica su obra fundamental: *Endocrinología y Criminalidad*. Participó también muy activamente en la preparación del Proyecto de la Ley de Vagos y Maleantes (1933). LÓPEZ-REY ha trabajado más bien en la crítica de las teorías criminológicas con sus obras *Criminología* (1973), *Introducción a la Criminología* (1981) y *Compendio de Criminología y Política Criminal* (1985), entre otras.

Pero los tres últimos autores citados se exiliaron como consecuencia de la guerra civil, sin dejar apenas continuadores en España. Sólo actualmente comienza un resurgir de esta Ciencia en nuestro país, de lo que es índice la creación de Institutos de Criminología en varias Universidades (Barcelona, Córdoba, Madrid, Palma de Mallorca, San Sebastián, Santiago de Compostela y Valencia), entre los que destaca por su actividad docente el de Madrid, que la extiende a todo el año académico y expide un Diploma al cabo de tres años académicos de clase diaria. Pero aún no se ha desarrollado en ninguno de ellos una auténtica actividad investigadora. También se trabaja en sede penitenciaria, especialmente en la Central de Observación de Carabanchel, así como en los equipos de observación de todos los Centros Penitenciarios; pero la escasez de medios económicos les impide desarrollar una actividad investigadora real, e intentar en serio la resocialización del delincuente. Finalmente se han creado dos cátedras de Derecho Penal y Criminología: la primera en la Universidad Complutense de Madrid, que actualmente regenta Antonio García-Pablos Molina, y la segunda en la Universidad Nacional de Educación a Distancia, cuyo Titular es Alfonso Serrano Gómez. Ambos han comenzado a desarrollar una seria actividad académica, que hace augurar un resurgir de la Criminología en España.

6. La Dogmática jurídico-penal

El primer influjo de Von Liszt en España se debe quizás a Quintiliano Saldaña (1878-1938), que defiende el pragmatismo penal, según el cual hay que juzgar nuestros pensamientos por sus consecuencias prácticas. Este autor influye en la redacción de la Parte General del Código Penal de 1928. Su principal discípulo fue Masaveu.

La llamada corriente neoclásica (causalista) continúa gozando de firmes seguidores, fieles a las orientaciones del neokantismo, representado en Alemania fundamentalmente por Mezger, quien penetra a través de la traducción de su *Tratado de Derecho Penal* por Rodríguez Muñoz. Las obras ya clásicas de Antón Oneca, Cuello Calón, Jiménez de Asúa, Puig Peña, Quintano Ripollés, Rosal y Rodríguez Devesa reproducen la sistemática causalista (neoclásica), aunque Quintano sigue en varios aspectos su propio sistema. Igualmente en manuales más recientes se consolida la misma orientación a cargo de Bajo Fernández, Cobo del Rosal, Rodríguez Mourullo y Serrano Gómez. Tradicional representante de esta corriente, insistiendo en sus trabajos en la perspectiva valorativo-teleológica, Torío López parece aceptar recientemente algunas consecuencias de la concepción personal del injusto, al admitir la «relatividad» de las distintas teorías del delito y la «relativa» permeabilidad que puede percibirse entre ellas. Alrededor de los autores citados se encuentran sus discípulos.

Sin embargo es creciente en los últimos tiempos el número de partidarios de la sistemática finalista en la teoría del delito, por ejemplo, Bacigalupo, Barbero Santos, Beristáin, Boldova Pasamar, Bustos, Cerezo, Córdoba, Cuello Contreras, Díez Ripollés, García Arán, Gil Gil, Gimbernat, Gómez Benítez, Gracia Martín, Huerta Tocildo, Luzón Peña, Muñoz Conde, Mir Puig, Octavio De Toledo, Quintero Olivares, Romeo Casabona, Silva Sánchez, Suárez Montes y Zugaldía Espinar, y alrededor de ellos los discípulos respectivos, que constituyen la más reciente generación de penalistas.

TEMA 5

EVOLUCIÓN HISTÓRICO-LEGAL DEL DERECHO PENAL

En el Tema pasado se ha ido estudiando la evolución doctrinal del Derecho Penal, tanto en Europa como en nuestra patria. En el presente se va a exponer el desarrollo histórico de la legislación penal española.

Como el Derecho Penal moderno comienza con la Ilustración, se va a resumir en primer término la legislación penal del Antiguo Régimen (esto es, la anterior a la Codificación), para pasar a estudiar rápidamente la historia de los diversos Códigos Penales y de sus numerosas reformas.

Hay que tener en cuenta, en la historia de nuestra Codificación Penal, que en realidad no existen más que cuatro CCPP distintos: los de 1822, 1848, 1928 y 1995. Todos los demás, aunque suelen llamarse «Códigos Penales» son reformas del CP de 1848 que, como suele decirse, seguían conservando «las paredes maestras» del CP de 1848. Dichas reformas obedecieron, en la mayoría de los casos, a los cambios políticos, en que ha sido tan pródiga la Historia de España en el pasado siglo y en el actual. Por ello adolecían de precipitación, de contradicciones internas con las «paredes maestras» del CP de 1848, que con frecuencia conocían sólo insuficientemente los nuevos legisladores, e incluso de contradicciones dentro de la misma reforma.

Los otros dos Códigos Penales (el de 1822 y el de 1928) son diversos de la que también suele llamarse «la familia de los CCPP de 1848». Aunque no tienen dependencia interna entre sí, ofrecen ciertas características externas en las que se asemejan: brevedad de su duración (ninguno llega a los tres años de vigencia), extensión de su articulado (los dos pasan de los ochocientos artículos, mientras que los CCPP dependientes del de 1848 se mueven entre los quinientos y seiscientos), la inclusión de un Título Preliminar (del que carecen los CCPP dependientes del de 1848) e incluso el hecho de que ambos entraran en vigor el 1 de enero del año siguiente a aquel con que se les suele denominar.

La Transición y la aprobación de la Constitución de 1978 movieron al legislador a abordar la elaboración y promulgación de un nuevo CP, el que se ha dado en llamar Código de la Democracia, más acorde con las exigencias actuales. El proceso ha resultado arduo y han hecho falta cuatro proyectos antes de que el CP de 1995 haya visto la luz.

I. EL PERÍODO ANTERIOR A LA CODIFICACIÓN

Las raíces del Derecho Penal son muy antiguas, ya que parece ser la rama del Derecho que surge más pronto en la historia de todos los pueblos, por las mismas necesidades de la convivencia ciudadana pacífica. Pero el Derecho Penal moderno nace de la Ilustración y es desarrollado por la Escuela Clásica y la Escuela Positiva en el siglo XIX.

Hasta la Codificación estaba vigente en España la Novísima Recopilación (1805) con los Fueros y Partidas, que se utilizaban conforme a la prelación de fuentes del Ordenamiento de Alcalá (1348). En realidad eran las Pragmáticas y las Partidas.

La Justicia Penal del Antiguo Régimen presenta los siguientes caracteres:

1. Las penas se ordenaban principalmente a la intimidación (prevención general).
2. La responsabilidad de los crímenes más graves trascendía a los parientes próximos del culpable.
3. Los jueces, además de las penas ordinarias o legales, podían imponer otras extraordinarias (*poena extra ordinem*) o arbitrarias (esto es, según lo que el Juez estimara conveniente, a su arbitrio, no «arbitrarias» en el sentido actual de la palabra. Normalmente eran más suaves que las ordinarias).
4. Las penas eran desiguales, según la condición social del culpable. A los nobles no se les aplicaba el tormento, sino en casos excepcionales.

Las penas se habían ido suavizando a través del arbitrio judicial y bajo el influjo de las ideas ilustracionistas de los jueces. Así, había desaparecido la muerte cualificada, el tormento en Aragón y Vizcaya, etc.

El primer paso para la reforma del Derecho Penal fue la Constitución de Bayona (6 de julio de 1808): quedó abolido el tormento, la Inquisición, algunas penas infamantes, etc. Nadie podía ser detenido sin orden legal y escrita, etc. Pero por ser la Constitución del invasor, quedó pronto abolida.

Son las Cortes de Cádiz y su Constitución (19 de marzo de 1812) las que comienzan la reforma de la Justicia penal: queda abolido el tormento, los azotes, la confiscación, se establece la personalidad de las penas, la pena de horca es sustituida por la de garrote por parecer menos infamante, etc. Y la Constitución ordena que se redacten Códigos para toda la Monarquía (art. 258).

Pero el nuevo período absolutista (1 de octubre de 1813) paraliza las innovaciones. Sin embargo, su necesidad era tan grande que FERNANDO VII confió a su Consejo Real la redacción de un Código Criminal para toda la monarquía (2 de diciembre de 1819).

II. EL CÓDIGO PENAL DE 1822

El 1 de enero de 1820 se subleva Riego en Cabezas de San Juan y proclama la Constitución de 1812, abriendo un corto paréntesis en el régimen absolutista. Durante el mismo se elabora y entra en vigor el primer Código Penal español.

Su vigencia fue muy breve. Pero además fue imperfecta y desigual, tanto por las circunstancias políticas, como por el hecho de que había de ser utilizado por Tribunales acostumbrados al estilo del Antiguo Régimen, de gran arbitrio judicial y para los que la ley era poco menos que indicativa. Por ello se ha llegado incluso a dudar de su vigencia, pero es cierto que estuvo vigente.

Es un Código moderado e individualista, a tenor del liberalismo reinante en aquella época. Es muy casuístico (casi el más largo de nuestros CCPP: 816 artículos) en parte debido a la falta de técnica penal depurada y en parte también a la circunstancia de que los jueces no estaban acostumbrados a manejar Códigos, sino textos legales extensos, como las Partidas o las Pragmáticas.

Es original y en muchos puntos prejuzga la evolución posterior: así en hacer del favorecimiento y de la receptación formas de participación criminal, en castigar la conspiración y la proposición, etc.

III. EL CÓDIGO PENAL DE 1848 Y LA REFORMA DE 1850

Conviene recordar lo dicho más arriba respecto a este Código Penal: todos los llamados «Códigos Penales» posteriores a éste (con excepción del CP de 1928) son reformas más o menos profundas del mismo. Pero todos ellos siguen conservando las que suelen llamarse las «paredes maestras» del CP de 1848.

La Historia de la Codificación Penal de 1848 ha sido desconocida durante más de un siglo, pues permanecía enterrada en el Archivo de la Comisión General de Codificación. Sólo a partir de los años sesenta dichos archivos han sido desenterrados y publicados por obra de Juan Francisco LASSO GAITE, lo que ha permitido un conocimiento exacto de la elaboración del CP de 1848 y ha contribuido notablemente a la recta interpretación de sus preceptos.

La inquietud codificadora conduce a la creación de una Comisión General de Códigos (1843) bajo la presidencia de CORTINA, que se divide en Secciones. En materia penal se encarga a Manuel SEIJAS LOZANO la redacción del proyecto. Según palabras del mismo, se inspira en el *Code Napoléon*, pero, por parecerle excesivamente duro, sigue dos réplicas del mismo: el Código Penal del Brasil y el de las Dos Sicilias (Nápoles). También se acusa la influencia del CP austríaco.

Es de tener en cuenta que el primer Código Penal español (ya que el de 1822 apenas tuvo vigencia), no supone humanización de la justicia penal, sino más bien endurecimiento de la misma. Las causas de este fenómeno son las siguientes. Por entonces había una fuerte desconfianza hacia los magistrados, que cambiaban con el régimen político y que, por tanto, carecían de independencia y de altura. Por otra parte el arbitrio judicial había conducido a un exceso de benignidad hacia el reo (pues era utilizado por magistrados influidos por la mentalidad de la Ilustración), con lo que se había recrudecido el delito. Contra tal situación penal se dirige el CP de 1848 que quiere frenar el arbitrio judicial mediante el principio de legalidad y volver la Justicia penal a su antiguo prestigio. Pero no se puede decir por eso que sea un CP duro, sino que mantiene el tono moderado del liberalismo de la época.

Aunque no es error de este CP, sino consecuencia del Derecho Penal común, incluye éste en su artículo 1 y en su concepción y articulado el principio del *versari in re illicita*, de tan nefastas consecuencias penales y que ha de perseverar en la legislación penal española hasta la Reforma de 1983. En los fines de la pena se pronuncia por la retribución y por la prevención general.

Se refleja en él el autoritarismo liberal que reina en el ambiente político. Por ello se da gran importancia a la seguridad jurídica, lo que se concreta en la definición minuciosa de los delitos y determinación de las penas, así como en las reglas de aplicación de las mismas, que restringen el arbitrio judicial hasta el máximo.

Técnicamente es un CP bastante bien pensado y armónico, ya que cada parte o artículo está redactado en función del todo. Esto se va perdiendo en las Reformas posteriores por el apresuramiento de las mismas y por el desconocimiento que tiene el legislador de la estructura del CP de 1848.

La misma Ley que autorizó al Gobierno para publicar el CP de 1848, le autorizaba también para hacer de por sí cualquier reforma urgente, dando cuenta a las Cortes tan pronto como fuera posible. En virtud de ello el mismo Gobierno Narváez, que había promulgado el CP de 1848, hace la Reforma de 1850, en la que se acentúa el autoritarismo liberal, que fue la característica de dicho Gobierno.

La Reforma fue de poca monta. Se castigan la conspiración y la proposición en todos los delitos, constante que se va a reproducir en todas las reformas «autoritarias» frente a las «liberales»; en realidad tales actos se dan preferente y casi exclusivamente en los delitos políticos. También se incrementan, y han de seguir incrementándose en las posteriores reformas bajo cualquier signo político, los tipos de delito contra la seguridad interior del Estado.

IV. LA REFORMA DEL CÓDIGO PENAL DE 1870

El Texto Reformado del CP de 1870 es el de más larga duración en la historia de la Codificación Penal española, ya que se mantiene cincuenta y nueve años en su primera vigencia (desde el 30 de agosto de 1870 hasta el 1 de enero de 1929) y además año y medio en su segundo período de vigencia (del 15 de abril de 1931 al 1 de diciembre de 1932).

En su conjunto la Reforma no es afortunada, pues aumenta el casuismo del anterior CP, lo que se advierte, por ejemplo, en las lesiones.

En parte se debe a que el autor de la reforma fue Groizard, miembro de la Comisión que la elaboró y que había escrito un buen Comentario al CP de 1848. Pero Groizard era un abogado en ejercicio, un buen práctico del Derecho, no un teórico del mismo, lo que se refleja en su propensión al casuismo.

Finalmente se acusa la precipitación de la reforma, para la que apenas se consultó a nadie, fuera de los miembros de la Comisión, sin que, en realidad fuera discutida en las Cortes.

V. EL CÓDIGO PENAL DE 1928

El tercer Código Penal de la Historia de la Codificación española es el de 1928 que, como queda dicho, presenta semejanzas externas con el CP de 1822 (brevedad de vigencia, longitud de su articulado, anteposición de un Título Preliminar e incluso haber entrado en vigor el año siguiente de la fecha con la que se le suele citar), aunque su contextura y contenido son del todo diversos.

La Comisión Codificadora que elaboró el Proyecto estaba presidida por Juan de la Cierva y en ella jugaron un papel destacado Quintiliano Saldaña en la redacción de la Parte General y en la de la Parte Especial Eugenio Cuello Calón, que se incorporó a la Comisión al comienzo de la discusión de ésta.

La Parte General acusa el sello de Quintiliano Saldaña, hombre de cultura muy vasta, pero sin concreción. Por ello abundan las declaraciones generales de sentido doctrinal, mientras que su aplicación práctica se deja al aire. Pero en su conjunto la Parte General tiene méritos indiscutibles. La Parte Especial es más floja por la casuística interminable a que desciende, debida en parte a las interpretaciones jurisprudenciales.

Como era de suponer, este CP tuvo mala prensa por proceder de una época dictatorial; lo que llevó a abolirlo al día siguiente del advenimiento de la II República y a no tenerlo en cuenta para nada en la Reforma del CP de 1932. Proceder que contrasta altamente con el de otros Estados europeos en ocasiones similares. Así por ejemplo, Italia se limitó a derogar un artículo del CP Rocco (1930), con el cambio de régimen al final de la Segunda Guerra Mundial. Aunque sin duda el CP de 1928 no es comparable en su valor intrínseco con el CP Rocco, nuestro legislador podría haber utilizado varios de sus indiscutibles valores para incorporarlos a la reforma de 1932, entre ellos, la introducción en el CP de las medidas penales.

VI. LA REFORMA DEL CÓDIGO PENAL DE 1932

Recuerda, por la ocasión y lo limitado de la reforma, a la de 1870. La reforma fue moderada y hecha con discreción y buena técnica legislativa, aunque se resintió del apresuramiento con que tuvo que trabajar la Comisión. Así por ejemplo, al suprimir la división tripartita de los delitos, dejaron el artículo 565 en una redacción casi ininteligible para el intérprete. Incluso la supresión de dicha tripartición de los delitos, que se presentó como una mejora técnica, es altamente cuestionable por razones procesales y de hecho no se ha abandonado en las leyes procedimentales, volviendo a la misma el CP de 1995.

Aunque se introdujeron algunos elementos del CP de 1928 (elevación de la minoría de edad penal a dieciséis años, etc.) no se pudo hacer la reforma que se necesitaba, por la premura de tiempo con que trabajó la Comisión. Especialmente desaparecieron las medidas, que habían sido incorporadas al CP de 1928, lo que dio lugar a la apresurada elaboración de la Ley de Vagos y Maleantes, de la que se hablará más abajo [véase *infra*, Tema 32, II, 2, A)].

VII. EL CÓDIGO PENAL, TEXTO REFUNDIDO DE 1944

El CP de 1973, a pesar de sus frecuentes y casi innumerables reformas, sigue siendo el «Texto refundido de 1944» que, a su vez, continúa siendo el CP de 1848.

El texto refundido de 1944 es un CP más duro que los anteriores, consecuencia de una posguerra que se une a la Segunda Guerra Mundial, con sus secuelas de escasez de artículos alimenticios, abundancia de armas en manos de los particulares y el fenómeno de los maquis, que a su vez fue secuela del bloqueo de España por las potencias aliadas. Al insertarse en el CP las leyes penales especiales, resultado de dichas circunstancias, se multiplicaron las repeticiones, las zonas confusas y la no utilización de los preceptos del CP en una serie de delitos, por la absorción de los mismos por la Jurisdicción Militar y aplicación consiguiente del Código de Justicia Militar.

La reducción de las penas privativas de libertad por la libertad condicional y por la redención de penas por el trabajo lleva a que los reos apenas cumplan la mitad de la pena impuesta, lo que resulta un beneficio excesivo y a veces quita gran parte del efecto intimidatorio de la pena.

Sin embargo, el endurecimiento del castigo por la reincidencia, unido a la subida de la penalización real de los delitos contra la propiedad, al imponerse las penas en toda su extensión, y a la devaluación de la peseta, ha llevado a una sobrepenalización de dichos delitos, al menos hasta la reforma de 1983.

Sobre todo hay que criticar la excesiva celeridad con que se hizo la reforma, tenido en cuenta el hecho de que habían pasado ya cinco años desde el final de la guerra civil, tiempo en que se pudo planear y llevar a cabo una reforma más meditada y ponderada.

VIII. EL TEXTO REFUNDIDO DE 1973

Desde la entrada en vigor del CP, texto refundido de 1944, se han hecho hasta la actualidad incontables reformas del mismo. Baste decir que entre la Reforma de 1973 y la de 1983 se hicieron diecinueve reformas de menor trascendencia y entre la de 1983 y la de 1989 otras doce reformas; esto es, un total de treinta y una reformas, sin contar las tres reformas más extensas de 1963, 1973 y 1983.

La Ley de 15 de noviembre de 1971, que reformó el CP, dio lugar a una tardía edición oficial por Decreto del 14 de septiembre de 1973, que suele llamarse «Texto Refundido de 1973».

El cambio de la realidad sociopolítica, tanto fuera como incluso dentro de nuestras fronteras, obligaba a atemperar el texto del Código Penal. Se pretendió una vez más incluir en el texto del CP una serie de disposiciones penales que vagaban fuera del Código y perturbaban su inteligencia y aplicación. Igualmente se buscaba derogar la penalización de ciertas conductas, contenidas en leyes penales especiales. También se intentaba con la Reforma cumplir con varios compromisos internacionales en materia penal, favorecer la rehabilitación del delincuente y dar mayor amplitud a la protección penal de las distintas confesiones religiosas no católicas. Finalmente, se incluyeron en el CP los llamados delitos sociales.

Pero se sigue respetando la estructura y las divisiones fundamentales del envejecido CP que, más que una reforma, lo que acusa es una operación de cirugía estética, aunque es discutible si de ella salió embellecido o afeado.

Como en casos anteriores, con la reforma de 1973 no cesa la actividad legislativa, que se manifiesta principalmente en el campo del terrorismo. Las Leyes principales de este período son la de 1975 sobre prevención del terrorismo y la de 1978 que restituye a su verdadero nombre (asesinatos, homicidios, robos con violencia e intimidación, detenciones ilegales cualificadas, estragos, etc.) los delitos que en reformas anteriores se denominaban con el término vago de «terrorismo».

1. La Ley de Reforma urgente y parcial del Código Penal de 1983

Con la instauración de la Monarquía, la transición a la democracia, los Pactos de la Moncloa de 1977 y con la nueva Constitución de 1978 se multiplicaron las reformas parciales del CP, sin duda impuestas por el cambio político, pero en las que se han tenido poco en cuenta las más elementales exigencias de la técnica legislativa. Baste decir que en un solo año (1977) se hicieron cinco reformas y en el año siguiente (1978) las reformas del CP llegaron a ocho. En total se hicieron diecinueve reformas del CP entre 1973 y 1983.

También se intentó con el mismo apresuramiento llevar a cabo la reforma definitiva de nuestro Código Penal en 1980, como se expondrá más abajo. Pero los trámites parlamentarios fueron tan lentos y el número de enmiendas tan elevado (más de dos mil), que se agotó la legislatura, sin que las enmiendas fueran siquiera discutidas en comisión.

Ante el inminente fin de la legislatura y la necesidad imperiosa de hacer una reforma a fondo del CP se arbitró el sistema de presentar a las Cortes un Proyecto de Reforma Parcial del CP (1982), elaborado fundamentalmente por Enrique Ruiz Vadillo, pero que tampoco pudo ser discutido en dicho período legislativo. Éste constituyó, sin embargo, aunque con poco afortunadas modificaciones, el núcleo de la Ley Orgánica de Reforma Urgente y Parcial del Código Penal del 25 de junio de 1983.

Puede decirse que la reforma de 1983 fue muy acertada en lo que se refiere a la Parte General, pero muy poco afortunada en la Parte Especial. En tal sentido hizo honor al título de «urgente» con que quiso llamarla el legislador y ha seguido la desgraciada tradición de nuestras reformas penales, hechas sin suficiente tiempo de ponderación y frecuentemente sin el debido asesoramiento de técnicos en la materia. La «urgencia» fue tal, que el legislador olvidó omitir en el artículo 70 la mención a la pena de muerte y a las de presidio; éstas siguen apareciendo aún en algunos delitos del Libro II, sin que ni siquiera se haya aprovechado la reforma de 1989 para suprimir tan evidentes erratas y otras varias que siguen diseminadas en el Código Penal.

2. La Ley Orgánica de Actualización del Código Penal de 1989

Las reformas del CP no cesaron con la Ley de 1983. En los seis años transcurridos entre dicha fecha y la nueva reforma, se modificó doce veces el Código Penal: tres veces por año, exceptuado el año 1986, en el que (por excepción) no hubo ninguna reforma.

El 21 de junio de 1989 se promulga la Ley Orgánica de Actualización del Código Penal, en cuya Exposición de Motivos se explica la razón de la nueva reforma: se trata de aplicar el principio de intervención mínima del Estado en materia penal (lo que también suele expresarse diciendo que el Derecho Penal ha de constituir la *ultima ratio* a la que acuda el Estado), principio en el que estaban conformes la doctrina y la jurisprudencia. Con tal principio se justifica la abundante poda en el Libro III de una serie de faltas que o no tenían razón de estar en el mismo o recibían ya o podían recibir una sanción administrativa, más eficaz y más conforme a su naturaleza que la penal.

IX. LOS PROYECTOS DE REFORMA DE LA LEGISLACIÓN PENAL

Tres han sido los intentos del legislador español de elaborar y promulgar el CP de la Democracia desde la Transición: el llamado Proyecto de Ley Orgánica de Código Penal de 1980 (PLOCP), la Propuesta de Anteproyecto de Nuevo Código Penal de 1983 (PANCP) y Proyecto de Código Penal de 1992 (ACP), que tuvo como antecedente el Borrador de Anteproyecto de la Parte General del Código Penal de 1990 (BAPG). El Proyecto de 1992 pasó posteriormente, con algunas modificaciones, a ser el Proyecto de Código Penal 1994, que se promulgó el 23 de noviembre de 1995 y entró en vigor a los seis meses de su publicación en el *BOE*, según establecía su Disposición Final Séptima.

1. Proyecto de Ley Orgánica de Código Penal de 1980

El 25 de abril de 1978 se nombró por el entonces Ministro de Justicia, Landelino Lavilla, una Ponencia, para redactar un Anteproyecto de Código Penal, a la que se dio de plazo hasta el 30 de noviembre del mismo año. La misma Ponencia comprendió que en tan breve plazo y sin las consultas pertinentes no se podía redactar un nuevo Código Penal, sino tan sólo someter el actual a una profunda revisión; pero tal propósito no se observó de hecho, sino que se acometió la redacción de un nuevo Código Penal.

A pesar del ritmo acelerado de los trabajos, lo que suscitó protestas e incluso la dimisión de uno de los miembros de la Comisión que elaboraba el Anteproyecto, no se pudo entregar éste hasta el 28 de marzo de 1979. Tampoco se atendió a la petición de varias universidades españolas y de otras entidades, de que se abriese un período de información pública, sino que los trabajos se llevaron con el mayor sigilo.

El Anteproyecto pasó por el Consejo de Ministros del 21 de septiembre de 1979, que debió otorgar una aprobación en blanco, ya que fue modificado después de dicha aprobación, puesto que en el largo período hasta su ingreso en las Cortes (17 de enero de 1980) pasó de 679 a 688 artículos. Parece que los cambios se debieron a las sucesivas redacciones de los delitos económicos, que constituían la piedra de escándalo del Anteproyecto. Se le denominó Proyecto de Ley Orgánica de Código Penal.

2. Propuesta de Anteproyecto de nuevo Código Penal de 1983

En enero de 1983 el entonces Ministro de Justicia Fernando Ledesma nombró una Comisión, para que, sobre el Proyecto de CP de 1980, las enmiendas presentadas en su día al mismo y las distintas aportaciones científicas sobre la reforma penal, procediera a la confección de un texto articulado.

El mismo Ministerio de Justicia lo publicó en octubre de 1983 como Propuesta de Anteproyecto de Nuevo Código Penal (PANCP). Parece que con ello quería evitar la acusación de secretismo que había gravitado desde el principio sobre el anterior Proyecto y que, además, se procediese a su discusión y valoración pública.

3. Proyecto de Código Penal de 1992

El 8 de octubre de 1990 el entonces Ministro de Justicia, Enrique Múgica, dio la noticia a los medios informativos de que el Equipo Técnico del Ministerio había elaborado un Borrador de Anteproyecto de la Parte General del Código Penal (BAPG), que se remitía a las distintas Asociaciones de Jueces, Fiscales y Abogados, para que en el plazo de cuatro semanas enviaran al Ministerio sus observaciones sobre el mismo. Transcurrido ese plazo, el Borrador se facilitaría a los distintos Grupos Parlamentarios «para alcanzar el máximo consenso posible».

El camino a recorrer hasta que este Borrador llegase a ser Ley (aparte de las consultas ya indicadas) era muy largo y estaba erizado de dificultades. Por no enumerar más que algunas, faltaba la Parte Especial, que es la que mayores objeciones planteó tanto en el PLOCP como en la PANCP, especialmente en relación con los delitos económicos, fiscales y sociales. Sin dicha Parte Especial era imposible promulgar la Parte General, sobre todo por el cambio en el sistema de penas, por la inclusión de las medidas en el Código, por la prevista reducción de la longitud de las penas, etc. Pero, además, el paso de la responsabilidad civil al Código Civil suponía una modificación de las leyes civiles, que tampoco podía hacerse en el breve plazo deseado por el Ministerio. Por eso algunos peritos en la materia supusieron un plazo mínimo de dos años hasta que el Borrador se transformase en Ley. Además, se produjo el cambio de Ministro de Justicia, lo que sin duda retrasó el Anteproyecto.

En marzo de 1992 el nuevo Ministro de Justicia, QUADRA-SALCEDO, presentó un Anteproyecto de Código Penal (ACP) que fue remitido al Consejo General del Poder Judicial para su Informe preceptivo y que modificaba incluso el anterior BAPG, al menos parcialmente. Como era de suponer, volvió lleno de propuestas de enmiendas.

El Equipo Técnico, que redactó este Anteproyecto, ha manejado en gran escala la Propuesta de 1983 (la PANCP), a la que, según Manuel COBO DEL ROSAL, el ACP en su Parte General seguía en el 80 por 100 de los casos. Este Anteproyecto, convertido en Proyecto, fue remitido a las Cortes con fecha de 23 de septiembre de 1992, aunque no llegó a discutirse por la disolución de las Cámaras.

X. EL CÓDIGO PENAL DE 1995

El Ministro de Justicia, BELLOCH, remitió el 26 de septiembre de 1994 a las Cortes Generales el Proyecto de Ley Orgánica del Código Penal que no difería excesivamente del Proyecto de QUADRA-SALCEDO.

El Proyecto de 1994 fue aprobado en el Congreso de los Diputados en sesión plenaria de 8 de noviembre de 1995, y se promulgó por Ley Orgánica 10/1995, de 23 de noviembre (*BOE* n.º 281, de 24 del mismo mes), por lo que al Código Penal vigente, que entró en vigor el día 25 de mayo de 1996, se le conoce como Código Penal de 1995.

El nuevo CP tuvo relativamente buena acogida entre los teóricos y los prácticos del Derecho Penal de todos los sectores. Se ponderaba, entre otras cosas, la urgente necesidad de la sustitución del CP de 1973, lleno de reformas y «parcheos» y, además, procedente de época cultural y socialmente tan distinta a la actual, como la del CP de 1848. También resultó encomiable la inclusión de un Título Preliminar en el CP (que sólo existió en los CCPP de 1822 y de 1928), la nueva redacción y reducción de las circunstancias agravantes, el *numerus clausus* en la materia de la imprudencia, la vuelta a la división tripartita de los delitos y de sus penas y, en general, el nuevo sistema de penas y medidas. Se criticó, sin embargo, el notable endurecimiento de penas que supuso, en relación al CP de 1973, y la falta de coordinación de las penas en la Parte Especial.

En palabras de VIVES ANTÓN «los defectos del que fue llamado "Código Penal de la democracia" eran muchos; pero, creo que no cabe negar que tomaba como eje las ideas de libertad, seguridad jurídica y humanitarismo penal; y que los aspectos en que no fue totalmente fiel a esas ideas no han sido, históricamente, los que más críticas le han supuesto. Al contrario, se han criticado con dureza los momentos en que se manifestaban más claramente la opción por la libertad como v. gr., la exigencia de objetividad del peligro en la tentativa o la limitación de la punibilidad de la apología, así como la supuesta lenidad de algunas penas».

Desde que entró en vigor en 1996 el Código Penal de 1995 ha sufrido treinta y dos reformas, de las cuales las más importantes son las siguientes: LO 11/1999, de 30 de abril, que modificó el Título VIII del Libro II (delitos contra la libertad e indemnidad sexual); LO 14/1999, de 9 de junio, que afectó a diversos artículos del Código Penal para conseguir una mejor regulación del delito de malos tratos; LO 3/2002, de 22 de mayo, que suprimió los delitos relativos al servicio militar y la prestación social sustitutoria; LO 9/2002, de 10 de diciembre, que introdujo un nuevo delito de sustracción de menores; LO 7/2003, de 30 de junio, de medidas para el cumplimiento íntegro y efectivo de las penas; LO 11/2003, de 29 de septiembre, de medidas concretas en materia de seguridad ciudadana, violencia doméstica e integración social de los extranjeros; LO 15/2003, de 25 de noviembre, que modificó gran parte del sistema de penas establecido en el CP de 1995; LO 1/2004, de 28 de diciembre, de protección integral contra la violencia de género, que elevó a la categoría de delito conductas que, de ser realizadas fuera de un contexto de género, tan sólo eran constitutivas de falta, afrentando, a nuestro juicio y pese a la opinión contraria del Tribunal Constitucional, al principio de igualdad que debe regir el Derecho Penal. Más recientemente la LO 5/2010, de 22 de junio, modificó gran parte del articulado del Código Penal, e incorporó, como principal novedad, la responsabilidad penal de la persona jurídica e introdujo la medida de la libertad vigilada.

En 2015 se dictaron tres importantes leyes orgánicas que afectaron a la materia penal: la LO 1/2015 que supuso una profunda modificación del CP de 1995, la LO 2/2015, que afectó al CP en materia de terrorismo, y la LO 4/2015 de protección de la seguridad ciudadana, todas ellas de 30 de marzo.

La LO 1/2015 introduce la pena de prisión permanente revisable, suprime el Libro III del CP, modifica el régimen de responsabilidad penal de la persona jurídica, trasforma en contra de la tradición jurídica española la naturaleza jurídica de la libertad condicional, reforma la regulación de la suspensión y sustitución de penas, y supone una importante modificación de muchas de las figuras de la Parte Especial. La LO 2/2015, fruto del pacto antiyihadista de PP y PSOE, modifica el CP en materia de terrorismo añadiendo, a una legislación que ya era la más amplia y severa de Europa, una serie de delitos que sancionan el mero pensamiento (así el nuevo art. 572.2, párrafo segundo). Por su parte la LO 4/2015, so capa de proteger la seguridad ciudadana, restringe derechos fundamentales (el derecho de reunión y manifestación) no para proteger el «orden público» sino el «orden en las vías públicas».

Las reformas del Código Penal operadas a partir de 2003 no habían tenido buena acogida en la doctrina científica; algunas porque presentaban deficiencias técnicas importantes y otras porque suponían, como poco, el alejamiento de principios fundamentales de la Constitución y el Derecho Penal democrático.

Pero las reformas operadas en 2015 han soliviantado completamente a la doctrina mayoritaria que, con fecha de 21 de enero de 2015, facilitó a diversos medios de comunicación un Manifiesto, firmado por gran parte de los penalistas más representativos de nuestro país, en la que se vertían las siguientes críticas a las que nos adherimos:

1. «Enorme pobreza técnica, lo que se ha puesto de relieve por los juristas que han informado ante la Comisión de Justicia del Congreso de los Diputados. Así, y paradójicamente, en unos tiempos en los que la calidad de la doctrina penal española está en uno de sus mejores momentos históricos, el Gobierno da a luz una pésima legislación de la mano de ignotos asesores. Lo anterior es lo que, seguramente, explica el que se hayan introducido en el texto de la reforma preceptos que superan la Constitución, pero no solamente por sus propuestas de fondo sino también por el deliberado y constante uso

de términos ambiguos en la redacción de las normas, lo que compromete seriamente exigencias básicas del principio de legalidad penal».

2. «En la elaboración de las dichas reformas el Gobierno, además, ha prescindido de la tradición jurídica española, olvidando las esforzadas elaboraciones jurisprudenciales y doctrinales que han permitido en los últimos decenios superar problemas —es el caso de los delitos de lesiones— que nos perseguían desde hace siglos. Pues bien, cuando buena parte de las dificultades ya estaban solucionadas con las últimas reformas penales y las aportaciones de la doctrina y Jurisprudencia, el Gobierno vuelve a arrojarnos en los brazos de la inseguridad y de la incertidumbre».

3. «Las reformas propuestas, además, beben político criminalmente de las peores fuentes del siglo xx de las corrientes más reaccionarias, más autoritarias, de aportaciones en suma que han sido por todos denostadas».

4. «Algunas de las iniciativas legislativas llevadas al texto de la reforma, profundizan en una línea dirigida conscientemente a alejar a los ciudadanos del servicio público de la Justicia, privatizando no pocas infracciones actualmente consideradas faltas y en las que se ven involucrados anualmente decenas de miles de ciudadanos: es el caso de los accidentes de tráfico. Esa privatización va a provocar que el ciudadano cargue con el pago de tasas, costas y peritajes, lo que le llevará en no pocas ocasiones a renunciar a reclamaciones para mayor beneficio de las compañías de seguros».

5. «Se produce un indeseado incremento de la gravedad de no pocas conductas, especialmente por la conversión de faltas en delitos, a lo que se suma el aumento de unas penas de prisión que ya son de por sí demasiado altas (pueden llegar hasta los cuarenta años) y a la previsión de una injustificable pena de cadena perpetua. Con todo ello el único efecto seguro va a ser el del aumento de una población penitenciaria ya suficientemente elevada, lo que por otra parte no se traducirá en una mayor seguridad ciudadana».

6. «Pero, quizá, lo más grave de esta iniciativa legislativa —por si lo anteriormente expuesto no fuera ya suficiente— es el claro abandono que se produce del principio de culpabilidad y su sustitución por criterios de peligrosidad: la dignidad humana va a resultar pisoteada en aras de un defensismo a ultranza, y los ciudadanos van a verse entregados no a la seguridad de la norma sino a la indeterminación de los criterios personales con los que se va a administrar la peligrosidad».

7. «El Gobierno burla continuamente los trámites legalmente establecidos para la tramitación de las leyes que afectan a derechos y libertades fundamentales. En efecto, y valga como ejemplo lo que está sucediendo con la reforma del Código Penal, tras presentar un determinado texto a informe de la Fiscalía General del Estado y del Consejo General del Poder Judicial, se termina llevando a las Cámaras Legislativas un nuevo Proyecto que incluye materias que no han sido objeto previamente de dictamen; e incluso, en el seno del trámite parlamentario se introducen —bajo la cobertura de enmiendas del Grupo Parlamentario que sostiene al Ejecutivo— nuevas regulaciones referidas a delitos que no habían sido sometidas tampoco a dictamen previo. Todo esto constituye un evidente fraude de ley del que ha advertido ya el Consejo de Estado y la misma Sala 3.ª del Tribunal Supremo. De esta forma no sólo se conculca la legalidad vigente sino que al hacerlo se hurta a las leyes de los controles debidos: una forma, pues, de auténtica utilización arbitraria del poder, sólo que en el ámbito de la producción legislativa».

8. Las reformas operadas en el *Ius Puniendi* español con las leyes aprobadas en 2015 suponen «una urdimbre jurídica extraordinariamente alejada de un sistema democrático

atento a las libertades y derechos fundamentales, y mucho más próxima a un sistema autoritario que francamente creíamos ya olvidado».

En 2019 se ha reformado el CP mediante LO 1/2019, de 20 de febrero, que traspone algunas directivas en el ámbito financiero y de terrorismo, y aborda algunas cuestiones de ámbito internacional, y mediante LO 2/2019, de 1 de marzo, en materia de imprudencia en la conducción de vehículos a motor y ciclomotores, reforma ésta que pese a su pretensión de circunscribirse a dichos tipos de imprudencia ha afectado a cualquier tipo de imprudencia grave con resultado de muerte (art. 142 bis) o lesiones graves (art. 152 bis). De las reformas que se han producido en 2021 y 2022 las más importantes son la LO 3/2021, de regulación de la eutanasia; la LO 8/2021, de protección integral a la infancia y la adolescencia frente a la violencia, y la Ley de garantía integral de la libertad sexual.

XI. PRINCIPIOS INFORMADORES DEL CÓDIGO PENAL ESPAÑOL

El Código Penal contiene las siguientes líneas maestras:

1. Mayoritariamente contiene un Derecho Penal de hecho y no de autor; esto es, se pretende castigar al delincuente por el hecho cometido, no por su personalidad. Como se comentaba en el apartado anterior algunas de las normas incluidas en las últimas reformas son contrarias a este principio.
2. Mayoritariamente es un Derecho Penal de culpabilidad; por tanto se castiga al sujeto porque se le cree responsable de su hecho punible. También las últimas reformas impiden hablar de una vigencia completa de este principio.
3. Se admiten las medidas junto a las penas (sistema dualista o binario), aunque las medidas no atienden a la culpabilidad sino a la peligrosidad.
4. Se utiliza el *numerus clausus* en la materia de imprudencia (término que se utiliza decididamente, sin mezclarlo con la palabra «culpa») y en las formas de resolución manifestada (conspiración, proposición y provocación, a las que se añade la apología del delito).
5. Se establece una división tripartita de las infracciones penales que se dividen en: delitos graves, delitos menos graves y leves.
6. Respecto del sistema de penas cabe afirmar que se hace un excesivo uso de la pena de prisión, lo que se evidencia con la constatación de que nuestro país es uno de los más seguros de Europa, con una tasa de criminalidad de 44,8 delitos por cada mil habitantes en 2014, y sin embargo la población reclusa española prácticamente duplica la media europea y la estancia media en prisión es también superior. Ante estos datos el Consejo de Europa insta a una mayor utilización de las penas alternativas a la prisión, sobre todo a las cortas.
7. En cuanto a las penas cortas privativas de libertad debe señalarse que, desde la aprobación del CP de 1995, se ha ido produciendo un cierto abandono en la búsqueda de alternativas a la misma. La primera versión del CP de 1995 suprimió las penas de prisión inferiores a seis meses, sustituyéndolas por arrestos fin de semana y multa. La LO 15/2003 suprimió el arresto fin de semana del catálogo de penas, sustituyéndolo por la localización permanente, al mismo tiempo que disminuyó la duración mínima

de la pena de prisión a tres meses. En la actualidad están erradicadas, salvo en aplicación del régimen de responsabilidad personal subsidiara por impago de multa, las penas de prisión inferior a tres meses, que son sustituidas por multa, trabajo en beneficio de la comunidad o localización permanente.

8. Por último debe señalarse, con pesar, que la LO 1/2015 introdujo en la legislación española la pena de prisión permanente revisable —una auténtica cadena perpetua, suprimida por cierto durante la Dictadura de Primo de Rivera— sin más argumento que la presión social favorable a su implantación. El legislador debiera recordar las palabras de Vives Antón: cuando hay que elegir «entre la eficacia y las garantías constitucionales, entre las exigencias materiales de la democracia y la opinión, a menudo irreflexiva y visceral de la mayoría» el legislador racional no debe decantarse por la opinión pública, sino por cambiar ésta.

XII. LEGISLACIÓN PENAL COMPLEMENTARIA Y ESPECIAL

La legislación penal está lejos de encontrarse contenida solamente en el Código Penal, en contra del que fue uno de los postulados del movimiento Codificador. Tomando de base la división del Derecho Penal en Derecho Penal común y Derecho Penal especial (véase *supra*, Tema 1, I, 3), puede dividirse la legislación penal que se encuentra extramuros del Código en dos grandes grupos: la que complementa o desarrolla preceptos del Código Penal (a la que suele llamarse legislación penal complementaria y que por tanto constituye con el Código la legislación penal común) y el resto de las leyes penales especiales (que suelen denominarse legislación penal especial).

Conviene no confundir ninguno de estos grupos con el llamado Derecho sancionador de la Administración (también llamado Derecho Penal administrativo; véase *supra*, Tema 2, II, 3), pues ambos (tanto la legislación penal complementaria como la especial) constituyen el auténtico Derecho Penal.

No es fácil en ocasiones decidir si una ley penal pertenece a uno o al otro de los grupos indicados, porque a veces su articulado tiene ambas funciones. Tampoco hay que pensar que el hecho de incluir una ley en el Derecho Penal especial quiera decir que todos sus artículos tengan contenido penal; pues muchas veces el legislador ha promulgado leyes con contenido parcialmente penal, pero que también incluyen preceptos de otras áreas jurídicas.

También hay que tener muy presente que los principios esenciales de la legislación penal española actual, contenidos en el Título Preliminar del Código Penal, son aplicables a la legislación penal contenida extramuros del propio Código. Así lo dispone el art. 9 del CP, el último del Título Preliminar, según el cuál:

Las disposiciones de este Título se aplicarán a los delitos que se hallen penados por leyes especiales. Las restantes disposiciones de este código se aplicarán como supletorias en lo no previsto expresamente por aquéllas.

1. Leyes que complementan el Código Penal

Se van a incluir en este apartado las Leyes que complementan o desarrollan preceptos del Código Penal, que son las que constituyen con éste el Derecho Penal común (véase *supra*, Tema 1, I, 3).

Indulto. La vieja Ley para el Ejercicio de la Gracia de Indulto (18 de junio de 1870) sigue actualmente en vigor, aunque ha sido algo remozada por la Ley del 14 de enero de 1988, y por LO 1/2015.

Ejecución de la pena. En el campo del Derecho Penitenciario está vigente la Ley Orgánica General Penitenciaria de 26 de septiembre de 1979, con su Reglamento, contenido en el RD 190/1996, de 9 de febrero. En este ámbito debe mencionarse también el RD 840/2011, de 17 de junio, por el que se establecen las circunstancias de la ejecución de las penas de trabajo en beneficio de la comunidad, de localización permanente y de determinadas medidas de seguridad, así como de la suspensión de las penas privativas de libertad.

Menores. En esta materia está vigente la LO 5/2000, de 12 de enero, reguladora de la responsabilidad penal de los menores y su reglamento, contenido en el RD 1.774/2004, de 30 de julio.

Extradición pasiva. En este ámbito deben tenerse en cuenta la Ley 4/1985, de 21 de marzo, de extradición pasiva y la Ley 23/2014, de 20 de noviembre, de Reconocimiento mutuo de resoluciones penales en la Unión Europea.

Derecho de asilo y condición de refugiado. En este tema debe resaltarse la Ley 12/2009, de 30 de octubre, reguladora del derecho de asilo y de la protección subsidiaria.

Extranjeros. Deben señalarse fundamentalmente la Ley Orgánica 4/2000, de 11 de enero, sobre derechos y libertades de los extranjeros en España y su integración social.

Víctimas. Deben tenerse en cuenta la Ley 4/2015, de 27 de abril, del Estatuto de la víctima del delito; la Ley 35/1995, de 11 de diciembre, de ayuda y asistencia a las víctimas de delitos violentos y contra la libertad sexual, y su reglamento, aprobado por Real Decreto 738/1997, de 23 de mayo; y el RD 288/2003, de 7 de marzo, por el que se aprueba el reglamento de ayudas y resarcimiento a las víctimas de delitos de terrorismo.

Aborto. Deben tenerse en cuenta la LO 2/2010, de 3 de marzo, de salud sexual y reproducción y de la interrupción voluntaria del embarazo, el RD 825/2010, de 25 de junio, de desarrollo de la misma y el RD 831/2010, de 25 de junio, de garantía de la calidad asistencial de la prestación a la interrupción voluntaria del embarazo.

Medicina. Deben señalarse la Ley 41/2002, de 14 de noviembre, de autonomía del paciente, la Ley 30/1979, de 27 de octubre, sobre extracción y trasplante de órganos; el RD 2.070/1999, de 30 de diciembre, por el que se regulan las actividades de obtención y utilización clínica de órganos humanos y la coordinación territorial en materia de donación y trasplante de órganos; la Ley 14/2006, de 26 de mayo, sobre técnicas de reproducción asistida y la Ley 14/2007, de 3 de julio, sobre investigación médica.

2. Leyes penales especiales

Sin pretender un tratamiento exhaustivo de la materia, se van a citar aquí por grupos de materias las principales leyes penales especiales vigentes (véase *supra*, Tema 1, I, 3).

Derecho de sufragio. hay preceptos penales en la Ley del Régimen Electoral General de 19 de junio de 1985.

Legislación penal económica. Hay preceptos penales en la Ley sobre Control de Cambios de 10 de diciembre de 1979; también afecta a esta materia la Ley 19/2003, sobre régimen jurídico de los movimientos de capitales y de las transacciones económicas con el exterior y sobre determinadas medidas de prevención del blanqueo de capitales. Además, hay legislación penal económica en la Ley 10/2010, de 28 de abril, de prevención del blanqueo de capitales y la financiación del terrorismo y en la Ley Orgánica 12/1995, de 12 de diciembre, de represión del contrabando.

Potencia militar. La ley penal de las fuerzas de defensa está regulada por el Código Penal Militar de 2015 aprobado mediante LO 14/2015, de 14 de octubre, que sustituye al de 1985. Según señala su propia Exposición de Motivos, su propósito es limitar el ámbito de la jurisdicción militar a lo estrictamente indispensable, concepto que se identifica, en tiempos de normalidad, con los delitos exclusivamente militares. Así mismo, las referencias que el Código Penal Militar de 1985 hacía a la locución «tiempos de guerra» se sustituyen por la utilización en determinados tipos penales de la expresión «en situación de conflicto armado», conforme con el concepto y terminología empleados por los Convenios de Ginebra de 1949, y la jurisprudencia consolidada en materia de Derecho Internacional Humanitario.

Aunque no es Legislación Penal Especial, por su frecuente uso por los penalistas, especialmente en la materia de la imprudencia punible, conviene citar la Ley sobre Tráfico, Circulación de Vehículos a Motor y Seguridad Vial de 2 de marzo de 1990; el Reglamento General de Circulación, aprobado por Real Decreto 1.428/2003, de 21 de noviembre, y la Ley sobre responsabilidad civil y seguro en la circulación de vehículos a motor de 2004, aprobado por Real Decreto Legislativo 8/2004, de 29 de octubre.

PRIMERA PARTE

TEORÍA DE LA NORMA PENAL

En esta Primera Parte se van a tratar las fuentes del Derecho Penal, que presentan diferencias notables con el resto del Ordenamiento Jurídico, debidas al principio de legalidad: la norma penal en sí misma considerada, la determinación e interpretación de la ley penal aplicable y, finalmente, la vigencia temporal y espacial de la ley penal.

TEMA 6

FUENTES DEL DERECHO PENAL

Como se acaba de indicar, las fuentes del Derecho Penal presentan una notable peculiaridad con respecto a las fuentes del Ordenamiento Jurídico español, que se exponen en el Código Civil: están rígidamente sometidas al principio de legalidad. Por ello hay que ocuparse en primer término de dicho principio, para pasar a continuación a exponer su incidencia en las diversas fuentes de Derecho Penal.

I. EL PRINCIPIO DE LEGALIDAD

El principio de legalidad significa que la única fuente creadora de Derecho Penal es la ley. Sin embargo, hay que restringirlo a sus debidos límites, para entender su alcance en la actualidad y, en concreto, dentro de nuestro Ordenamiento Jurídico. Para ello se van a exponer el origen y evolución histórica del mismo, su significado, las garantías que implica y su vigencia en el Ordenamiento Jurídico español.

Pero antes conviene recordar los diversos significados, con los que se usa la palabra ley. En sentido formal la ley es una disposición de carácter general, aprobada por las Cortes Generales y sancionada por el Jefe del Estado; así lo declara la Constitución en sus artículos 90 y 91. Pero en sentido material se habla también de ley, cuando la aprobación procede de cualquier otro órgano del Estado, aunque entonces recibe nombres distintos.

Cuando en Derecho Penal se habla de ley se toma ésta en su sentido formal; es más, según la doctrina mayoritaria y la jurisprudencia de los Tribunales Constitucional y Supremo ha de tratarse de una ley orgánica.

1. Origen y evolución del principio de legalidad

El origen del principio de legalidad está en el anhelo de seguridad jurídica que se ha dado en todos los pueblos, especialmente en la materia penal; ya que es ésta la potestad más peligrosa en manos de un Estado absoluto. Pero, dejando precedentes históricos más o menos remotos y discutibles, su formulación es relativamente reciente: surge con la Ilustración.

Enunciado por Beccaria, se proclama en varias de las constituciones de los Estados Unidos, llevado por *The Pilgrim Fathers*: la primera en la historia es la de Filadelfia en 1774. Pero en las constituciones americanas el principio de legalidad no tiene el sentido ni las derivaciones que ha de revestir en el Derecho continental, ya que (como se verá enseguida) en el Derecho anglosajón no existe dicho principio, sino que es el Juez el que hace la ley penal. En Europa aparece por vez primera en la Constitución Josefina, dada por José II de Austria en 1787. Luego en la Declaración de los Derechos del Hombre de la Revolución francesa en 1789, que es la que más influye en todo el Derecho continental. También aparece en el Derecho territorial prusiano de 1794. De ahí va pasando paulatinamente a todas las constituciones y después de la Segunda Guerra Mundial se recoge en las Declaraciones Internacionales de Derechos del Hombre: por citar una sola, en la Declaración Universal de los Derechos del Hombre de 10 de diciembre de 1948. Su enunciado latino se debe a Anselm von Feuerbach en 1801, que lo plasma en las tres frases siguientes: *nulla poena sine lege, nulla poena sine crimine, nullum crimen sine poena legali.*

Hay que tener en cuenta que el mundo actual desde el punto de vista jurídico se divide en dos bloques: el romanista (o continental) y el del *Common Law* (o anglosajón). Al primero pertenece el continente europeo y sus antiguas colonias o zonas de influencia; mientras que en el segundo se encuentran la Gran Bretaña y sus antiguas colonias o zonas de influencia.

Pues bien, mientras que el Derecho continental ha optado por el principio de legalidad a partir de la Revolución francesa, el mundo de la *Common Law* sigue haciendo que sea el Juez con sus sentencias, quien vaya creando el Derecho Penal. Lo que en el continente se consigue con el principio de legalidad, lo garantiza en el sistema anglosajón la vinculación de los jueces al precedente judicial y la inamovilidad de los mismos. Es cierto que ambos sistemas se han ido aproximando con el correr del siglo XIX y del XX, ya que el derecho continental ha ido concediendo más arbitrio al Juez, mientras que en el derecho anglosajón se han ido unificando las leyes penales, especialmente por el recurso a los *Statutes* y a las *Criminal Acts* del Parlamento.

Pero conviene tener presente que se trata de una opción fundamental en el Derecho Penal: o se prefiere dar más arbitrio al Juez y se permite al juzgador acomodar el delito y la pena con mayor precisión al reo, pero con ello se disminuye la seguridad jurídica, ya que el arbitrio se puede convertir en arbitrariedad; o se opta por el principio de legalidad, con lo que se pone el acento en la seguridad jurídica, pero el reo sale malparado en ocasiones, ya que el Juez tiene que moverse dentro de límites muy estrechos en la imposición de la pena.

La respuesta a este dilema depende en gran medida de la confianza que un pueblo tenga en sus jueces. Por eso el Reino Unido, en el que se dice que el Juez es rey, ha optado por el arbitrio judicial; mientras que la Europa de la Ilustración, que desconfiaba fuertemente de los jueces del Antiguo Régimen, optó decididamente porque fuera el Parlamento el que emanase las leyes penales y porque el Juez fuera tan sólo «la boca que pronuncia las palabras de la ley» en frase de Montesquieu.

Hay que tener presente, sin embargo, que la confianza del pueblo ha variado mucho desde el principio del siglo XIX. Entonces la depositaba en el Parlamento, al que consideraba como mandatario de la soberanía popular. Pero la historia del parlamentarismo ha ido llevando al pueblo a desconfiar de sus «mandatarios», especialmente por el fenómeno de la partitocracia, mientras que se ha ido acrecentando su confianza en el poder judicial independiente. Prueba de lo anterior es que en la cúspide de todo Estado de Derecho se sitúa hoy, aunque con distintos nombres, un Tribunal Constitucional, independiente de los vaivenes de la política. Y dicho Tribunal, cuando es realmente independiente del Ejecutivo, se granjea el máximo respeto y la confianza de los ciudadanos.

Lo anterior hará comprender que en la actualidad el principio de legalidad, sobre todo en su interpretación a favor del reo, de que se hablará enseguida, se encuentre en crisis; ya que el ciudadano de a pie teme mucho más la inseguridad ciudadana y la excesiva blandura de la justicia penal, que el abuso y rigor por parte de los jueces.

2. Significado del principio de legalidad

Para interpretar en su justo sentido el principio de legalidad, hay que recordar la coyuntura histórica de la que surge: en la Francia del siglo XVIII: se había abusado del rigor en la justicia penal, a la vez que los jueces (nombrados y removidos libremente por el Ejecutivo) habían sido fuertemente manipulados por la Administración. Contra tal estado de cosas reacciona la Ilustración, que es sin duda el resorte más poderoso para la implantación del principio de legalidad en el Derecho continental. La coyuntura histórica, sin embargo, no era la misma en todos los países europeos. Recuérdese que, por ejemplo, en España, la promulgación del CP de 1848 tiene signo contrario: evitar la excesiva blandura de la justicia penal.

Pero el principio de legalidad fue interpretado desde sus comienzos como una defensa del ciudadano ante el posible abuso por parte del Estado del poder más duro que maneja: del poder punitivo. Recuérdese a este respecto lo dicho en el Tema 1, II, 3, en relación con el Derecho Penal subjetivo y sus límites. Mientras que por entonces no se temía (por lo menos en Francia) la posible blandura del Juez en sus actuaciones.

De lo anterior se deriva la llamada interpretación teleológica del principio de legalidad. La interpretación teleológica busca encontrar el sentido y la extensión de una norma en la finalidad que se persigue con ella. Como en el momento de proclamarse el principio de legalidad se temía el abuso del poder penal por parte del Estado, pero no la excesiva blandura, según dicha interpretación (que sigue en vigor aún hoy en día, a pesar del cambio de circunstancias, que ha llevado a que el ciudadano normal no tema tanto el abuso del poder penal por parte del Estado, sino más bien la excesiva blandura), la ley es la única fuente de Derecho Penal en contra del reo; pero cabe emplear otras fuentes (la analogía, la costumbre, etc.) en favor del reo.

Por lo anterior el principio de legalidad suele enunciarse hoy del modo siguiente: La ley es la única fuente creadora de delitos, penas, causas de agravación y medidas de seguridad. Pero cabe usar otras fuentes de Derecho Penal (por ejemplo, la analogía, la costumbre, los principios generales del Derecho, etc.) para crear circunstancias eximentes, atenuantes o incluso para declarar atípica una conducta.

3. Garantías derivadas del principio de legalidad

Suelen dividirse en cuatro: garantía criminal, penal, judicial y de ejecución.

A) *Garantía criminal*

No hay delito sin ley (*nullum crimen sine lege*). Lo que significa que para que una conducta sea delito ha de estar especificada (tipificada) en una ley penal. Por lo mismo no cabe el delito natural y los tribunales carecen de facultades para considerar o castigar como delito una conducta (por muy perversa que la consideren) que no esté tipificada en una ley penal.

B) *Garantía penal*

No hay pena sin ley (*nulla poena sine lege*). Por ello, la ley tiene que determinar claramente la clase de pena que procede imponer a cada delito. Tampoco cabe la pena absolutamente indeterminada en su duración. Ni los tribunales tienen facultad para imponer penas distintas de las señaladas en la ley.

C) *Garantía judicial*

No hay pena sin juicio legal (*nulla poena sine legali iudicio*). Por tanto, para el juicio y posterior condena de un presunto delincuente hay que seguir los trámites señalados en la ley de procedimiento correspondiente y observar los plazos señalados en la misma para los posibles recursos, hasta que la sentencia sea firme.

D) *Garantía de ejecución*

No hay ejecución de una pena sin la ley (*nulla executio sine lege*). No pueden variarse las circunstancias de la ejecución de la pena señaladas en las leyes y reglamentos correspondientes.

4. El principio de legalidad en el Ordenamiento Jurídico español

La Constitución española en su artículo 9.3 dice que «La Constitución garantiza el principio de legalidad»; pero esta declaración suele entenderse de todo el Ordenamiento Jurídico y, por tanto, no parece que se refiere al principio de legalidad, tal y como se aplica en Derecho Penal. Más explícito parece el artículo 25.1, que dice:

> Nadie puede ser condenado o sancionado por acciones u omisiones que en el momento de producirse no constituyan delito, falta o infracción administrativa, según la legislación vigente en aquel momento.

En este texto se recoge la irretroactividad de la ley penal y a lo más la garantía criminal; pero no quedan explícitas las otras tres garantías que integran el principio de legalidad. Además creen algunos que la palabra «legislación» hay que tomarla en sentido amplio (ley en sentido material, que incluye también las reglamentaciones); pues, de lo contrario, sería necesaria una ley formal para establecer incluso las más mínimas infracciones y sanciones en el ámbito interno de la Administración. Por lo tanto, nuestra Constitución no recoge el principio de legalidad, al menos de modo claro y explícito, quizá porque nuestro constituyente lo consideró implícito en la consideración del Estado de Derecho, como arguye ALZAGA.

Pero en nuestra legislación penal se encuentran las cuatro garantías que constituyen el principio de legalidad.

La garantía criminal se recoge en el artículo 1.º del CP con las siguientes palabras, que ponen esta garantía en conexión con la irretroactividad de la ley penal:

> 1. No será castigada ninguna acción ni omisión que no esté prevista como delito por Ley anterior a su perpetración.
> 2. Las medidas de seguridad sólo podrán aplicarse cuando concurran los presupuestos establecidos previamente por Ley.

Pero además se prescribe en el artículo 4.º2:

> En el caso de que un Juez o Tribunal, en el ejercicio de su jurisdicción, tenga conocimiento de alguna acción u omisión que, sin estar penada por la Ley, estime digna de represión, se abstendrá de todo procedimiento sobre ella y expondrá al Gobierno las razones que le asistan para creer que debiera ser objeto de sanción penal.

La garantía penal se encuentra recogida en el artículo 2.º del CP, también en relación con la garantía de irretroactividad:

> No será castigado ningún delito con pena que no se halle prevista por Ley anterior a su perpetración. Carecerán, igualmente, de efecto retroactivo las Leyes que establezcan medidas de seguridad.

Pero además se añade en el artículo 4.º, números 3 y 4:

> 3. Del mismo modo acudirá [el Tribunal] al Gobierno exponiendo lo conveniente sobre la derogación o modificación del precepto o la concesión del indulto, sin perjuicio de ejecutar desde luego la sentencia, cuando de la rigurosa aplicación de las disposiciones de la Ley resultare penada una acción u omisión que, a juicio del Juez o Tribunal, no debiera serlo, o cuando la pena sea notablemente excesiva, atendidos el mal causado por la infracción y las circunstancias personales del reo.
> 4. Si mediara petición de indulto, y el Juez o Tribunal hubiere apreciado en resolución fundada que por el cumplimiento de la pena puede resultar vulnerado el derecho a un proceso sin dilaciones indebidas, suspenderá la ejecución de la misma en tanto no se resuelva sobre la petición formulada.
>
> También podrá el Juez o Tribunal suspender la ejecución de la pena, mientras no se resuelva sobre el indulto cuando, de ser ejecutada la sentencia, la finalidad de éste pudiera resultar ilusoria.

También la garantía judicial se encuentra recogida en nuestro texto punitivo, que en su artículo 3.º, número 1, prescribe:

> No podrá ejecutarse pena ni medida de seguridad sino en virtud de sentencia firme dictada por el Juez o Tribunal competente, de acuerdo con las leyes procesales.

También la Ley de Enjuiciamiento Criminal (LECrim) preceptúa en su artículo 1:

> No se impondrá pena alguna por consecuencia de actos punibles cuya represión incumba a la jurisdicción ordinaria, sino de conformidad con las disposiciones del presente Código o de leyes especiales, y en virtud de sentencia dictada por Juez competente.

Finalmente la garantía de ejecución se encuentra también recogida en el artículo 3.º2 de nuestro Código Penal:

> Tampoco podrá ejecutarse pena ni medida de seguridad en otra forma que la prescrita por la Ley y reglamentos que la desarrollan, ni con otras circunstancias o accidentes que los expresados en su texto. La ejecución de la pena o de la medida de seguridad se realizará bajo el control de los Jueces y Tribunales competentes.

5. Vigencia incompleta del principio de legalidad

El principio de legalidad no sólo debe estar presente en la Constitución y en la leyes penales, porque podría reducirse a una declaración de estilo sin trascendencia práctica. Es preciso que se tenga en cuenta en la redacción de las mismas y que se pretenda sinceramente llevarlo a la práctica.

Pero tampoco cabe una plena realización del mismo, porque el legislador utiliza un lenguaje humano, cuya intelección e interpretación ha de quedar en último extremo en manos del Juez y del estudioso del Derecho. Aparte de ello hay que distinguir entre la fijación del tipo penal y la determinación de la pena, ya que necesariamente en el último caso hay que dejar mayor arbitrio al Juez, porque si no, se podría llegar a auténticas injusticias. Problema aún más arduo es el que se presenta en los estados peligrosos y en la duración de las medidas de seguridad aplicables a los mismos.

A) *Fijación del tipo penal*

Es necesario, para una plena realización del principio de legalidad en el tipo, que el legislador delimite con precisión y exactitud la conducta prohibida. Pero si quisiera hacerlo de modo exhaustivo, tendría que redactar leyes excesivamente casuísticas, lo que, además de la longitud de las mismas, llevaría aparejado que quedasen lagunas entre una y otra posibilidad de las descritas, lo que contribuiría a la impunidad de los delincuentes. Pero por otro lado no puede conformarse con preceptos excesivamente amplios que atentarían contra la seguridad jurídica. Si no, como señala la doctrina alemana, bastaría en vez del Código Penal el artículo del sinvergüenza. «Todo el que sea un sinvergüenza, irá a la cárcel». Por tanto el legislador ha de moverse entre dos extremos: un cierto grado de abstracción y una concreción suficiente.

Otra dificultad, con que tropieza el legislador, es la de las palabras que utiliza en los tipos penales. Para sustraerlas a la interpretación del Juez, tendría que usar sólo los que se llaman elementos descriptivos, que son los que se toman del lenguaje normal (matar, cabeza de ganado, etc.). Pero frecuentemente tiene que usar los llamados elementos normativos, que implican una valoración por parte del Juez (bien mueble, etc.); tales elementos son imposibles de evitar, porque el Derecho, como toda técnica, tiene necesidad de un lenguaje tecnificado. Otra razón de la necesidad de utilizar estos elementos se debe al hecho de que no se puede precisar con una fórmula matemática, cuándo un conductor, por ejemplo, pone en peligro concreto la vida de un peatón, sino que hay que dejar cada caso a la valoración del Juez. (De todas estas clases de elementos del tipo se hablará *infra*, Tema 15, IV.)

B) *Determinación de la pena*

Si se quisiera restringir todo el arbitrio judicial en la determinación de la pena, habría que hacer un CP como el de 1791 de la Revolución francesa: en él se señalaba la pena exacta de cada delito en años, meses y días, sin dejar margen alguno al arbitrio judicial. Pero pronto se vio que tal procedimiento conducía a las mayores injusticias; pues, por ejemplo, no hay dos homicidios con los mismos caracteres de gravedad y a los que se les pueda imponer exactamente la misma pena, sin faltar a la más elemental justicia.

Por eso se pasó al sistema del marco legal, que es el que adopta ya el CP francés de 1810 y del que lo toman la mayoría de las legislaciones penales: la ley establece un tope máximo y otro mínimo, dentro de los cuales el Juez aprecia las circunstancias agravantes y atenuantes.

C) *Los estados peligrosos*

Desde que, por el impacto causado por la Escuela Positiva, van entrando en todas las legislaciones penales los estados peligrosos y las medidas de seguridad que se aplican a los mismos, el problema, que suscita el principio de legalidad, aumenta sobremanera.

Porque no es tarea fácil construir un tipo de peligrosidad criminal que por sí mismo conlleva contornos un tanto vagos: por ejemplo, el mendigo habitual. ¿Con qué criterios se define cuando un sujeto es habitual de la mendicidad? Los ejemplos podrían multiplicarse, y no cabe duda que esta dificultad ha influido en el legislador, que en el CP de 1995 ha decidido prescindir de los tipos de peligrosidad e inclinarse por la aplicación de medidas de seguridad tan sólo en aquellos supuestos en los que el imputado haya cometido al menos un hecho punible, siempre y cuando, además, se aprecie en él peligrosidad criminal.

Respecto a la duración de las medidas de seguridad, sobre todo si se pretende la resocialización del delincuente, se ha indicado por algunos que es tan imposible pedir al Juez que determine en la sentencia su duración, como sería pedir a un médico que dijese con exactitud el tiempo que va a estar internado un enfermo, cuando éste llega al sanatorio en la ambulancia. Por ello se usa también aquí el sistema de las penas: un marco legal. Pero se concede al Juez la potestad de variar la medida, acortarla, etc., previo dictamen del equipo de tratamiento del delincuente.

D) *Conclusión*

Lo dicho hasta aquí indica elocuentemente que el principio de legalidad no puede tener una vigencia absoluta en un sistema jurídico, si no se quiere llegar a la impunidad de ciertos delincuentes o a injusticias manifiestas. Es una meta, hacia la que tiende el Estado de Derecho en los sistemas jurídicos continentales.

II. LAS DIVERSAS FUENTES DEL DERECHO PENAL

Suelen dividirse las fuentes del Derecho Penal en mediatas e inmediatas. Estas son las que crean Derecho Penal, mientras que aquéllas dan a conocer la ley penal vigente.

Conforme a lo indicado al tratar del principio de legalidad, en nuestro Ordenamiento Jurídico sólo la ley es fuente inmediata de Derecho Penal y, según la doctrina mayoritaria, sólo la ley orgánica. A ella hay que añadir, por imperativo de la Constitución y con las matizaciones que se verán, los Tratados Internacionales suscritos por España. Pero todas las demás fuentes, que van a enumerarse, son sólo fuentes mediatas; lo que, según la interpretación teleológica del principio de legalidad, significa que son mediatas en lo que vaya en contra del reo; pero a favor del reo pueden convertirse en fuentes inmediatas y, por tanto, crear Derecho Penal.

1. La Ley

En nuestra Constitución se distingue entre ley orgánica y ley ordinaria. Pero, además, se habla de decretos legislativos y de decretos-leyes. Por ello surge la pregunta de cuál de todas estas «leyes» puede ser fuente de Derecho Penal. Para aclarar esta enmarañada cuestión se va a hablar en primer término de la que se viene llamando «reserva de ley orgánica», para tratar luego sucesivamente de los decretos legislativos, los decretos-leyes y de los bandos militares.

Con carácter previo conviene precisar que las leyes de las Comunidades Autónomas no pueden crear directamente Derecho Penal puesto que esta rama del ordenamiento jurídico es competencia exclusiva del Estado según dispone el artículo 149.I.6.ª de la Constitución. Sin embargo, en la medida en que las Comunidades Autónomas tienen trasferidas competencias en algunas materias —el Derecho medioambiental, por ejemplo—, podría llegar a darse que la legislación autonómica integrase leyes penales en blanco (véase *infra*, Tema 7, III, 2).

A) *La reserva de ley orgánica*

La cuestión ha sido suscitada por Cobo y Vives, y posteriormente ha sido asumida por la doctrina mayoritaria. Según dichos autores, la legislación penal sólo podría dictarse por ley orgánica; no cabría utilizar ni siquiera la ley ordinaria. El argumento fundamental que utilizan es el artículo 81.1 de la Constitución que dice: «Son leyes orgánicas las relativas al desarrollo de los derechos fundamentales y de las libertades públicas». De aquí deducen que, como todas las penas coartan alguno o algunos de los derechos fundamentales, toda ley penal ha de ser ley orgánica.

A dicho argumento puede responderse del modo siguiente: el texto constitucional habla de las leyes relativas al desarrollo de los derechos fundamentales, no de toda ley que incida o coarte de algún modo un derecho fundamental. Luego se refiere sólo a las leyes que regulen un derecho fundamental *ex integro*.

Es conocido, además, el viejo adagio filosófico que enseña que «lo que prueba demasiado, no prueba nada». Pues bien, si se admitiese que toda ley, que en algún modo coarte o incida en un derecho fundamental, hubiera de ser ley orgánica, apenas quedaría espacio en nuestra legislación para una ley ordinaria. Basta pensar, por ejemplo, en toda la legislación sobre el patrimonio, en la mayoría de la legislación administrativa o, puestos a llevar las cosas hasta su extremo, en el mismo Código de Circulación o en la nueva Ley sobre Tráfico, Circulación de vehículos a motor y Seguridad Vial, que coartan notablemente el derecho fundamental a la libre circulación y al aparcamiento.

Finalmente se olvida en dicho argumento la necesidad, en ciertas circunstancias de emergencia, de dictar leyes penales de excepción. Por ejemplo, con ocasión de un terremoto o de un incendio de grandes magnitudes en una ciudad se hace necesario y urgente dictar disposiciones penales que frenen el pillaje, etc. ¿Habría que esperar en tales supuestos a que se reuniese el Parlamento y votase una Ley Orgánica, con todas las dificultades y lentitudes de su tramitación? En el pasado se ha acudido en tales circunstancias al decreto-ley; y no parece que en el futuro se pudiese arbitrar otro medio en caso de una grave calamidad, en la que los parlamentarios se encontrasen incluso huidos o refugiados fuera de la población, para librarse del siniestro.

Por su parte, el Tribunal Constitucional en su Sentencia 25/1984, de 23 de febrero (*BOE* de 9 de marzo del mismo año), parece coincidir con la interpretación que se hace aquí del texto constitucional, pues escribe:

> La legislación en materia penal o punitiva se traduce en la reserva absoluta de ley. Ahora bien, que esta reserva de ley en materia penal implique reserva de Ley Orgánica, es algo que no puede deducirse sin más de la conexión del artículo 81.1 con el mencionado artículo 25.1. El desarrollo del artículo 81.1 y que requiere Ley Orgánica tendrá lugar cuando sean objeto de las correspondientes normas sancionadoras los derechos fundamentales.

Sin embargo, posteriormente, en Sentencia núm. 140/1986 de 11 noviembre, nuestro TC ha afirmado que:

> El art. 81.1 mencionado prevé que son Leyes Orgánicas «las relativas al desarrollo de los derechos fundamentales y las libertades públicas». Y no cabe duda de que las normas penales (como ha admitido la gran mayoría de nuestra doctrina penalista) suponen un desarrollo del derecho a la libertad (aparte de otros derechos fundamentales que no son ahora relevantes). El desarrollo legislativo de un derecho proclamado en abstracto en la Constitución consiste, precisamente, en la determinación de su alcance y límites en relación con otros derechos y con su ejercicio por las demás personas, cuyo respeto, según el art. 10.1 de la CE, es uno de los fundamentos de orden político y de la paz social. Pues bien, no existe en un ordenamiento jurídico un límite más severo a la libertad, que la privación de la libertad en sí. El derecho a la libertad del art. 17.1 es el derecho de todos a no ser privados de la misma, salvo «en los casos y en la forma previstos en la Ley»: en una Ley que, por el hecho de fijar las condiciones de tal privación, es desarrollo del derecho que así se limita. En este sentido, el Código Penal y en general las normas penales, estén en él enmarcadas formalmente, o fuera de él en leyes sectoriales, son garantía y desarrollo del derecho de libertad en el sentido del artículo 81.1 de la CE, por cuanto fijan y precisan los supuestos en que legítimamente se puede privar a una persona de libertad. De ahí que deban tener carácter de Orgánicas.

Además, el Parlamento ha procedido como si la «reserva de ley orgánica» fuese una consecuencia indeclinable de nuestro texto constitucional puesto que las leyes netamente penales aprobadas a partir de la entrada en vigor de la Constitución tienen carácter de ley orgánica.

Afortunadamente no ha sido necesario dictar Derecho Penal de excepción desde que se aprobó la Constitución, pero no cabe duda de que si fuera preciso hacerlo habría que recurrir al Decreto-Ley, porque sería prácticamente imposible dictar una ley orgánica. Lo que plantearía, o bien la completa ineficacia de dictar normas penales excepcionales, o bien la necesidad de reinterpretar el art. 81.1 de la Constitución.

La reciente pandemia del COVID-19 ha creado la situación más necesitada de dictar Derecho Penal de excepción desde que se aprobó la Constitución. La emergencia sanitaria fue abordada por el gobierno mediante la discutible y discutida solución de decretar el estado de alarma, previsto en el artículo 116 de la Constitución, y desarrollado por la Ley 4/1981 de 1 de junio reguladora de los Estados de Alarma y Excepción. Al amparo de lo dispuesto en el artículo 4.*b*) de la Ley 4/1981, que recoge la posibilidad de decretar el estado de alarma en «crisis sanitarias, tales como epidemias y situaciones de contaminación graves», se dictó el Real Decreto 463/2020, de 14 de marzo, que declara el estado de alarma, mediante el que se impusieron numerosas restricciones a la libre circulación de las personas, confinando a los ciudadanos en sus domicilios y evitando las concentraciones humanas, a los efectos de disminuir y/o evitar la propagación del virus. El incumplimiento de las medidas, y la resistencia a las órdenes de las autoridades competentes en el estado de alarma, se sancionaba, según establecía el art. 20, «con arreglo a las leyes, en los términos establecidos en el artículo 10 de la Ley Orgánica 4/1981».

Así el art. 20 contenía una norma en blanco que se completaba con lo dispuesto en la Ley de Seguridad Ciudadana (LO 4/2015, de 30 de marzo), la Ley 33/2011, de 4 de octubre, General de Salud Pública, y el Código Penal (art. 550 y ss.). En concreto, respecto de la infracción por saltarse el confinamiento, las dudas respecto de la normativa aplicable no se solventaron hasta que el día 15 de marzo el ministro Marlaska, a través de la orden INT/226/2020, especificó que dichas conductas se iban a sancionar como desobediencia o resistencia a la autoridad o sus agentes, según lo previsto en el Código Penal (art. 556) y en el artículo 36.6 de la Ley de Seguridad Ciudadana para los supuestos no constitutivos de delito. Tanto el Defensor del Pueblo como la Abogacía General del Estado ya consideraron en su momento que el mero incumplimiento de las limitaciones o restricciones impuestas durante el estado de alarma no podía ser calificado automáticamente como infracción de desobediencia del artículo 36.6 de la Ley Orgánica 4/2015, y menos aún como delito, señalando que para que se pudieran aplicar las sanciones previstas en dichas normas resultaba necesario un requerimiento «expreso e individualizado» de las Fuerzas de Seguridad que el ciudadano desobedeciera.

Según los datos del Ministerio del Interior a día 16 de mayo de 2020 se había detenido a 8.277 personas por el incumplimiento de las medidas del Real Decreto 463/2020, y las propuestas de sanción cumplimentadas por las Fuerzas de Seguridad ascendían ya a 984.048 en toda España, habiéndose dictado incluso algunas sentencias, condenatorias unas y absolutorias otras.

Como es sabido el Pleno del Tribunal Constitucional, en Sentencia 183/2021, de 27 de octubre de 2021, declaró por 6 votos frente a 4, la inconstitucionalidad de los apartados 1, 3 y 5 del artículo 7 del Real Decreto 463/2020, de 14 de marzo.

La sentencia no cuestiona la necesidad de adoptar medidas excepcionales para hacer frente a la gravedad y extensión de la pandemia, medidas consideradas como necesarias, idóneas y proporcionadas, pero sí el instrumento jurídico utilizado para ello, por considerar que aquellas que implicaban la suspensión de derechos fundamentales, no encontraban cobertura constitucional en el estado de alarma declarado, y habrían justificado la declaración del estado de excepción.

La sentencia viene a precisar el alcance de la declaración de inconstitucionalidad, modulando los efectos de la nulidad. En concreto declara que:

a) No son susceptibles de ser revisados los procesos conclusos por sentencia con fuerza de cosa juzgada o las situaciones decididas por actuaciones administrativas firmes, tampoco las demás situaciones jurídicas generadas por la aplicación de los preceptos anulados. El fundamento de esta decisión se encuentra, según la sentencia, en que las medidas eran necesarias, idóneas y proporcionadas, amén de que entenderlo de otra forma repugnaría el principio constitucional de seguridad jurídica (art. 9.3 CE) y el de igualdad (art. 14 CE).

b) Es posible la revisión de procesos penales o contencioso-administrativos referentes a un procedimiento sancionador en que, como consecuencia de la nulidad de la norma, resulte una reducción de la pena o sanción, o una exclusión, exención o limitación de la responsabilidad (art. 40.1 LOTC). En virtud de ello la STS de 9 de marzo de 2022 anula una condena por delito de desobediencia grave durante el estado de alarma, afirmando que: «En palabras del Tribunal, "el acusado se hallaba precisamente en el legítimo ejercicio de estos derechos fundamentales, cuando los agentes, en cumplimiento de lo establecido en el mencionado Real Decreto, le ordenaron, de modo antijurídico a la luz de la doctrina expuesta, que cesara en el disfrute de aquéllos"».

c) Finalmente, y tratándose de medidas que los ciudadanos tenían el deber jurídico de soportar, la inconstitucionalidad declarada no será por sí misma título jurídico suficiente para fundar reclamaciones de responsabilidad patrimonial de las administraciones públicas, sin perjuicio de lo dispuesto en el artículo 3.2 de la Ley Orgánica 4/1981, de los estados de alarma, excepción y sitio.

Por último, queríamos señalar que ni el recurso, ni la sentencia, ni los votos particulares de la misma, cuestionaron que se hubiera utilizado un Real Decreto para limitar derechos fundamentales utilizando además una norma penal en blanco. Y es que la necesidad dicta sus propias leyes.

B) *Los decretos legislativos*

La Constitución en sus artículos 82 a 85 regula los llamados decretos legislativos, las que tradicionalmente se han llamado Leyes de Bases. Se trata de una delegación del Legislativo al Ejecutivo para que desarrolle y articule una ley, conforme a las bases que se han aprobado por el Parlamento. El punto más controvertido es el del control que compruebe, si el Ejecutivo se ha ajustado a la delegación dada por el Legislativo, o la ha excedido, como ha habido más de un caso en nuestra legislación penal. Actualmente la Constitución deja en manos del Parlamento establecer en cada caso la fórmula de control que crea más conveniente (art. 82.6).

En el pasado se ha utilizado este procedimiento en la legislación penal, por ejemplo, en las Reformas del Código de 1932, de 1944, de 1963 y de 1973. Con ello se trataba de evitar la discusión de un texto articulado, o incluso de un Código, en las Cortes, lo que (aparte del tiempo que supone) suele llevar a que las enmiendas hechas por los diputados (que no tienen por qué ser juristas y menos especialistas en materia penal) rompan la sistemática del texto legal y produzcan no raras veces graves incongruencias en el mismo.

La cuestión de si actualmente se puede legislar en materia penal por decreto legislativo depende de la respuesta que se dé a la de la «reserva de ley orgánica». Porque en el artículo 82.1 de la Constitución se prohíbe a las Cortes Generales delegar en el Gobierno las materias incluidas en el artículo 81, que es el que trata de las leyes que desarrollan los derechos fundamentales. En congruencia con la respuesta que se ha dado más arriba, parece que las Cortes Generales pueden delegar en el Gobierno el articulado de una ley de bases de materia penal. Es más, parece muy conveniente un tal proceder, que evitaría las frecuentes incongruencias e incluso claras contradicciones que se están multiplicando en nuestra reciente legislación penal. En tal caso procedería establecer un serio control parlamentario sobre el desarrollo de la ley de bases, para evitar que el Ejecutivo excediese la delegación o no desarrollara todas las bases contenidas en la ley, como ha sucedido más de una vez en el pasado.

C) *El decreto-ley*

El artículo 86 de nuestra Constitución permite al Gobierno «en caso de extraordinaria y urgente necesidad» dictar disposiciones legislativas provisionales, que no podrán afectar, entre otros puntos, «a los derechos, deberes y libertades de los ciudadanos regulados en el Título I». Como es sabido, en el citado Título se regulan los derechos fundamentales y, entre ellos, el derecho a la libertad y a la propiedad.

La cuestión es, por tanto, distinta de la planteada más arriba, al hablar de la «reserva de ley orgánica», porque en el artículo 86 se preceptúa que los decretos-leyes no podrán afectar a los derechos fundamentales. Sin embargo, se han producido en el pasado próximo incluso expropiaciones por decreto-ley (recuérdese el caso Rumasa, que fue tramitado en Cortes como Proyecto de Ley, con lo que el Gobierno enmascaraba la posible derogación parcial de la Constitución), sin que el Tribunal Constitucional haya puesto objeciones insalvables al mismo.

Pero el artículo 86 de la Constitución no puede entenderse literalmente, según piensan los administrativistas. Por ejemplo, Garrido Falla en sus Comentarios a la Constitución defiende que las palabras «no podrán afectar» no hay que entenderlas en toda su extensión, porque, si lo hacemos, no se podría utilizar nunca el decreto-ley. En efecto, la amplitud de los derechos, deberes y libertades de los ciudadanos, regulados en el Título I, haría imposible legislar mediante decreto-ley, si se mantuviese una interpretación literal del artículo 86 de la Constitución.

Dado que, precisamente el único medio de legislar penalmente en casos de gravísima emergencia es el decreto-ley, como se ha apuntado más arriba, o se opta por admitir la posibilidad de legislar penalmente por dicho sistema o habría que ir a una reforma constitucional. Puesto que las leyes no deben servir tan sólo para las situaciones normales de convivencia ciudadana, sino especialmente para las anormales.

D) *Los bandos militares*

El derogado Código de Justicia Militar establecía, en su artículo 181, que los bandos militares eran fuente de Derecho Penal en campaña, o sea, en tiempo de guerra. Actualmente no existe precepto semejante en el Código Penal Militar de 2015, pero su artículo 30 dice:

> El que se negare a cumplir o no cumpliere las prescripciones contenidas en los Bandos que dicten las Autoridades Militares en situación de conflicto armado o estado de sitio, será castigado de tres meses y un día a seis años de prisión.

Este artículo contiene una ley penal en blanco puesto que no describe la conducta típica, sino que la remite a una norma de rango inferior cual es el bando militar (véase *infra*, Tema 7, III, 2). A juicio de algunos autores, Mir Puig por ejemplo, esta norma es inconstitucional porque supone una renuncia completa a delimitar la conducta típica. Sin embargo, resulta necesario que exista una previsión sobre el carácter jurídico de los mandatos o prohibiciones contenidos en los bandos militares y, al mismo tiempo, es difícil instrumentar otra técnica distinta que la ley penal en blanco, por lo que puede admitirse la constitucionalidad de esta norma y, con ello, admitir también que los bandos militares en tiempo de guerra o en estado de sitio constituyen indirectamente una fuente del Derecho Penal, en la medida en que colman el presupuesto de hecho del artículo 30 del Código Penal Militar. Con todo, resulta muy criticable que el artículo 30 no contemple que los bandos militares pueden imponer mandatos o prohibiciones de contenido muy diverso por lo que podría llegar a darse que las infracciones o prescripciones de un bando de pequeña trascendencia se castigarán con penas graves, según el libre arbitrio del Juez.

2. La costumbre

Con Federico de Castro, suele definirse la costumbre como «norma creada e impuesta por el uso social». Por tanto, no se trata de un mero uso, sino que llega a tener obligatoriedad. Tampoco se trata de la costumbre creada por los tribunales de justicia, que entre nosotros recibe el nombre de jurisprudencia, sino que es creada por el uso social. Finalmente no hay que confundir la costumbre con las buenas o malas costumbres, que son los usos sociales.

A la costumbre se le suelen señalar dos elementos: el objetivo o material, que consiste en la repetición reiterada de actos, y el subjetivo o espiritual, que supone la convicción de la obligatoriedad, surgida de esa repetición.

En algunos sistemas jurídicos la costumbre llega a ser fuente inmediata de Derecho Penal: así, por ejemplo, en la *Common Law* o en el mundo islámico. Nuestro Código Civil admite la costumbre como fuente inmediata de Derecho en su artículo 1.3:

> La costumbre sólo regirá en defecto de ley aplicable, siempre que no sea contraria a la moral o al orden público y que resulte probada.

Pero en Derecho Penal la costumbre no puede ser fuente inmediata de derecho en contra del reo por el principio de legalidad. Sin embargo, y de acuerdo con la interpretación teleológica del mismo, cabe utilizar la costumbre a favor del reo: esto es, para crear eximentes o atenuantes.

Además, la eximente del artículo 20.7.º (cumplimiento de un deber o ejercicio legítimo de un derecho, oficio o cargo) le da cabida, ya que dichos cumplimiento o ejercicio pueden descansar en el derecho consuetudinario. También tiene su entrada en los delitos imprudentes, para determinar cuándo se da la diligencia debida.

Finalmente, tampoco está admitida la desuetudo en el Derecho español, ya que la prohíbe expresamente el artículo 2.2 del CC. Cosa distinta es la falta de intensidad en la persecución de un delito por los órganos estatales. Esto no implica la derogación formal del delito; aunque, guste o disguste, en más de una ocasión ha llevado a la derogación de hecho del precepto penal en cuestión.

3. Los principios generales del Derecho

El CC en su artículo 1.4 prescribe que:

> Los principios generales del derecho se aplicarán en defecto de ley o costumbre, sin perjuicio de su carácter informador del ordenamiento jurídico.

Pero, de nuevo, esta norma no es de aplicación directa en Derecho Penal en contra del reo por la vigencia del principio de legalidad. Aunque, también una vez más, hay que utilizar la interpretación teleológica de dicho principio. Lo que significa que cabe usar los principios generales del derecho en favor del reo.

4. Los Tratados Internacionales

Para que un tratado internacional entre a formar parte del ordenamiento jurídico español y sea de aplicación directa en España es menester su publicación íntegra en el *BOE*, a tenor de lo que se prescribe en el artículo 96 de la Constitución y en el artículo 1.5 del CC.

En el caso de que crease delitos y penas (caso por lo demás harto infrecuente), según una parte de la doctrina no bastaría su publicación íntegra, por el principio de legalidad; pero otra parte de la doctrina, apoyada en la postura del TC, piensa que es suficiente, porque un Tratado suscrito por España y publicado en el *BOE* tiene rango superior al de la ley.

Por otra parte, las normas comunitarias de la Unión Europea tienen el carácter de normas supranacionales y por ello prevalecen sobre las de derecho interno. El artículo 5 del Tratado Constitutivo de la Unión Europea obliga a los poderes públicos a inaplicar las normas nacionales incompatibles con las normas comunitarias. Para el cumplimiento de muchos de los objetivos de la Unión Europea resulta necesaria una cierta armonización del Derecho Penal. Para conseguir este objetivo se utilizan dos estrategias: la de la asimilación, hoy consagrada en el art. 325.2 del Tratado, que obliga a los Estados miembros a combatir el fraude que afecte a los intereses financieros de la Unión con las mismas medidas que para combatir el fraude que afecte a sus propios intereses financieros; y la de la armonización, que consiste en dictar normas que obligan a los Estados a incorporar a sus ordenamientos penales ciertos delitos y a castigarlos con ciertas penas. Muchas han sido las reformas que de nuestra legislación penal se han realizado en los últimos años para dar cumplimiento a este objetivo de armonización.

5. La jurisprudencia

La jurisprudencia en sentido estricto está formada por las sentencias de la Sala Segunda del Tribunal Supremo, cuando resuelve recursos de casación por infracción de ley o de doctrina legal. También son jurisprudencia en sentido estricto las sentencias del Tribunal Constitucional.

A) *Estructura de una sentencia penal del Tribunal Supremo*

Aunque el estudio de las sentencias corresponde al Derecho procesal, conviene adelantar aquí su estructura, para su manejo por los alumnos en Derecho Penal, así como para conocer las cortapisas con que se mueve el TS, a fin de entender su posible valor como fuente de Derecho Penal.

La sentencia penal consta hoy en día de un encabezamiento, en el que se consignan la fecha, índole del recurso, nombre del recurrente y contra qué sentencia se recurre; los antecedentes de hecho (antiguamente llamados resultandos), que son los hechos declarados probados por el Tribunal *a quo* (esto es, el Tribunal inferior, del que se recurre), el fallo y los motivos del recurso interpuesto; los fundamentos de derecho (antiguamente llamados considerandos), que son las razones jurídicas para admitir o denegar el recurso; y, finalmente, el fallo, en el que se declara, si hay lugar o no al recurso. Cuando se admite el recurso y se trata de infracción de Ley, el mismo Tribunal Supremo entra en el fondo de la cuestión y la resuelve (elemento diferencial de nuestro sistema procesal respecto a la mayoría de los extranjeros), pero si es por quebrantamiento de forma, el TS no entra en cuestiones de fondo, sino que remite los autos al Tribunal *a quo*.

B) *Congruencia de las sentencias del Tribunal Supremo*

El Tribunal Supremo no tiene la libertad de movimientos de la doctrina científica, para declarar o explicar la ley penal, sino que su campo de acción y su facultad decisoria están estrechamente delimitados por una serie de reglas, que coartan su libertad de movimientos.

Estas reglas (que se van a exponer a continuación, sin descender a excesivos detalles o precisiones, ya que el lugar de su estudio es el Derecho procesal) se deben al principio de la congruencia entre lo que piden las partes y la sentencia en cuestión, consecuencia del principio de acusación, vigente en nuestro Derecho procesal. Brevemente son las siguientes:

1.ª Los hechos declarados probados por el Tribunal *a quo* no pueden ser alterados ni modificados por el TS, aunque resulten incompletos. Suele expresarse esta regla con la frase: «Lo que no está en los hechos, no está en el mundo».

2.ª Por el principio de la justicia material, el TS a veces no casa la sentencia, cuando la pena resultante es justa, aunque se haya aplicado mal el derecho.

3.ª No cabe la llamada *reformatio in peius*, que significa que el TS no puede castigar con mayor pena ni tipificar por un delito más grave que lo que hizo el Tribunal *a quo*, si los recurrentes no lo han solicitado.

4.ª No forman jurisprudencia los *obiter dicta* (lo dicho de paso), esto es, aquellas consideraciones concomitantes al problema que se discute en la casación. Dada la tendencia de muchos de nuestros tribunales a pronunciarse en sus sentencias, como de paso, sobre cuestiones diversas a las que se les plantean, el TS no puede corregirlos en tales ocasiones.

5.ª Tampoco puede el TS entrar en cuestiones que no se le han planteado, porque no puede actuar *extra petita*. Por tanto, si en el recurso no se entra en alguna cuestión o se deja de lado una infracción cometida, el TS no puede pronunciarse sobre ella. Por eso en ocasiones el TS confirma una sentencia, aunque advierte que existe infracción de un precepto legal, que no puede corregir.

La consecuencia de todo lo anterior es que la misma confirmación de una sentencia recurrida por parte del TS no siempre significa que la dicha sentencia, y menos aún, todas sus partes, respondan a juicio del TS a justicia material, aunque el TS lo intente con todo empeño; ni siquiera que el TS esté conforme con la interpretación o aplicación del CP que hizo el Tribunal *a quo*, sino, en algunas ocasiones que procura sean las mínimas, meramente que no pudo hacer más.

C) *Valor de las sentencias del Tribunal Supremo como fuentes de Derecho Penal*

La cuestión teórica sobre el valor de las STS como fuentes de Derecho Penal se soluciona por el CC en su artículo 1.6 donde se dice que:

> La jurisprudencia complementará el ordenamiento jurídico con la doctrina que, de modo reiterado, establezca el Tribunal Supremo al interpretar y aplicar la ley, la costumbre y los principios generales del derecho.

La palabra complementará podría dar lugar a pensar que la jurisprudencia es fuente inmediata de Derecho Penal; esto es, que crea Derecho Penal. Sin embargo, la opinión unánime de los civilistas, aun después de la reforma del Título Preliminar del CC, es que el término usado en el artículo 1.6 —«complementará»— no ha cambiado la situación anterior a la reforma y que la jurisprudencia sigue siendo tan sólo fuente mediata de Derecho. Por tanto cualquier Tribunal inferior en teoría puede fallar en contra de la línea jurisprudencial, aun constante, del TS.

Esta es la solución a la cuestión teórica; pero en la práctica las STS tienen enorme fuerza sobre los tribunales inferiores, ya que los jueces y magistrados no ignoran que, caso de fallar en sentido contrario a las STS, la parte que se considere lesionada, acudirá al mismo y éste casará la sentencia. Apoyado en esta realidad, el TS no ha dudado incluso en seguir líneas jurisprudenciales que, en ocasiones, han lesionado claramente la ley penal. Por no citar más que un caso, baste recordar la aplicación del delito continuado y del delito masa (que eran meramente creaciones doctrinales y jurisprudenciales a favor del reo, ya desde su origen en el Medievo) y que se estuvieron aplicando en contra del reo hasta la Reforma de 1983, en que se introdujo el artículo 69 *bis* en nuestro Código Punitivo. Y eso, a pesar de los constantes recursos de los abogados defensores (véase *infra*, Tema 27, III).

Lo mismo puede decirse, aun en la actualidad, de la diferencia que hace el TS entre los diversos partícipes de un delito [véase *infra*, Tema 26, III, 2, C), *b*)].

6. El papel de la doctrina científica

Suele entenderse bajo el nombre de doctrina científica la expresada por los estudiosos del Derecho Penal, tanto oralmente en sus lecciones o conferencias, como sobre todo por escrito. Entre los escritos se encuentran los tratados y los manuales, que se distinguen prácticamente tan sólo por la mayor longitud de aquéllos, pues ambos estudian el Derecho Penal de modo sistemático. Los comentarios siguen el articulado del CP, al que van comentando artículo por artículo. Finalmente las monografías se concentran en un punto concreto que intentan estudiar de modo exhaustivo.

Es claro para todos los tratadistas que la doctrina científica no es fuente inmediata de Derecho Penal; pero esto, no quiere decir que carezca de influjo en el mismo. Porque los actuales discípulos son los legisladores, los jueces, los magistrados y los fiscales del día de mañana y por eso, a medio o largo plazo, la doctrina científica suele influir de modo decisivo en la legislación y en las sentencias de los tribunales. Es más, como es lógico, todos los antedichos prácticos del Derecho Penal siguen con interés y atención cuanto se publica en esta materia, por lo que a veces el efecto se produce a corto plazo. Por poner un ejemplo de influjo de la doctrina en la legislación penal, aunque este influjo tardó muchos años en encontrar un eco legislativo, baste recordar la tesis doctoral del P. PEREDA sobre el *versari in re illicita*, que terminó por llevar a la erradicación de dichos supuestos de nuestro CP en la Reforma de 1983, aunque fuera después de la muerte de este ilustre penalista.

7. LA ANALOGÍA

Se va a tratar sucesivamente en este epígrafe del concepto de analogía, de su uso en el Derecho comparado, de la legislación española y de algunos casos dudosos.

A) *Concepto de analogía*

Se entiende por analogía la aplicación a un caso no previsto en la ley de una norma sacada de la misma ley (*analogia legis*) o del resto del Ordenamiento jurídico (*analogia iuris*). Por tanto la distinción entre ambas formas de analogía es meramente topográfica: depende de la proximidad o lejanía del texto legal, de donde se extraiga la norma en cuestión.

La analogía supone que existe una laguna en la ley y que con ella se pretende rellenar dicha laguna. Por tanto, se trata de crear un nuevo precepto, con el apoyo de otros semejantes.

Suele dividirse en analogía *in bonam partem* y analogía *in malam partem* según se aplique en favor o en perjuicio del reo.

B) *Derecho comparado*

La analogía, tanto en favor como en contra del reo, está admitida por el CP danés, aunque parece que los jueces la usan muy poco. Pero su artículo 1 la recoge con las siguientes palabras:

> Cae bajo la ley aquel acto cuyo carácter punible esté previsto por la legislación danesa o aquella acción enteramente asimilable a un acto de esta clase.

La analogía fue también admitida por el CP ruso de 1926 e introducida en el CP alemán en 1935. Pero fue abolida en este último país por el Consejo de Control en 1946 y en la URSS en 1958 (CP ruso de 1960). El mundo anglosajón, al permitir al Juez ir creando con sus sentencias el Derecho Penal, se mueve por otros parámetros.

C) *Legislación española*

El artículo 4 del CC dice:

> 1. Procederá la aplicación analógica de las normas cuando éstas no contemplen un supuesto específico, pero regulen otro semejante entre los que se aprecie identidad de razón.
> 2. Las leyes penales, las excepcionales y las de ámbito temporal no se aplicarán a supuestos ni en momentos distintos de los comprendidos expresamente en ellas.

El CP en su artículo 4.º 1 establece:

> Las Leyes penales no se aplicarán a casos distintos de los comprendidos expresamente en ellas.

Del texto anterior parece deducirse que en Derecho Penal está prohibida toda analogía, tanto en favor como en contra del reo. Sin embargo, el propio CP permite expresamente crear circunstancias atenuantes por analogía, pues en su artículo 21.6.ª dice:

> Cualquier otra circunstancia de análoga significación que las anteriores.

De aquí que pueda concluirse, aduciendo la interpretación teleológica del principio de legalidad, que lo que se prohíbe es crear por analogía delitos, agravantes, penas o medidas de seguridad; pero que está permitido crear eximentes o atenuantes por analogía.

D) *Casos dudosos*

Un caso de falsa analogía son las enumeraciones *ad exemplum* de las que tanto gusta nuestro legislador penal. Se trata de los supuestos, en los que después de una larga enumeración de casos concretos, añade una fórmula general, tal como «y otros de semejante entidad». En tales ocasiones el tipo está constituido por las últimas palabras, mientras que los casos concretos anteriores son mera ejemplificación, para permitir al Juez entender la mente del legislador. Así sucede, por ejemplo, en el artículo 174.1 en el que, después de enumerar una serie de casos concretos, termina el legislador con la fórmula: «o de cualquier otro modo atenten contra su integridad moral», que es la frase que constituye propiamente el tipo penal. Tal modo de proceder era más admisible en el legislador del CP de 1848, porque tenía que instruir al Juez, para posibilitarle el paso de las amplias redacciones de nuestras antiguas leyes penales a la escueta concreción de un Código; pero resultan hoy en día menos excusables y suponen un riesgo para la seguridad jurídica. Aunque no hay que olvidar lo que se dijo más arriba, a propósito de la vigencia incompleta del principio de legalidad y de la necesidad de usar tales fórmulas, en ocasiones, por parte del legislador.

Finalmente hay que distinguir la interpretación de la analogía. La interpretación supone la búsqueda del sentido del texto legal, por lo que queda limitada por el propio texto, mientras que la analogía supone la aplicación a un caso no comprendido en el texto de la ley de la consecuencia prevista en dicha ley. En ocasiones la interpretación puede ser analógica, por ejemplo, cuando se vaya a buscar en otro precepto legal el significado de una palabra controvertida. Esto último está permitido, pero roza fácilmente con los casos de auténtica analogía, sobre todo cuando amplían el contorno del tipo legal a través de la interpretación extensiva del mismo. Suele decirse con frase precisa que la analogía termina donde comienza la interpretación. Pero en muchos casos no es tan fácil trazar la frontera exacta. Y no se puede negar que el TS ha utilizado en más de una ocasión la analogía en contra del reo, encubriéndola bajo los nombres de interpretación extensiva o analógica.

TEMA 7

LA NORMA PENAL

En el presente Tema se van a exponer sucesivamente la estructura de la norma penal, sus destinatarios y una primera clasificación de las normas penales.

I. ESTRUCTURA DE LA NORMA PENAL

Este apartado se va a ocupar sucesivamente de la estructura propiamente dicha de la norma penal, de la diferencia entre norma y ley penal y finalmente de las distintas funciones de la misma, como norma de valoración y de determinación.

1. Presupuesto y consecuencia de la norma penal

Toda norma penal puede sintetizarse en los siguientes elementos, que responden a una proposición condicional:

Si A (el autor) realiza D (un delito), será castigado con P (una pena).

A la primera parte se le llama presupuesto de hecho y supone la descripción de una conducta humana; y a la segunda, consecuencia imperativa (o consecuencia jurídica), que es lo que se debe imponer al autor, si realiza la conducta prohibida.

Por ejemplo, en el artículo 138.1, que penaliza el homicidio, se dice:

> El que matare a otro será castigado, como reo de homicidio, con la pena de prisión de diez a quince años.

En dicho tipo el presupuesto de hecho es la frase: «El que matare a otro», mientras que la consecuencia imperativa (o consecuencia jurídica) se expresa con las palabras «con la pena de prisión de diez a quince años».

No toda norma penal ofrece a primera vista esta estructura, pues por economía legislativa (para evitar repeticiones innecesarias y enojosas) a veces se reúnen en un sólo artículo los elementos comunes a un grupo de delitos o a sus penas. Así, por ejemplo, en el de hurto del artículo 234 o en el concepto de robo del artículo 237 del CP.

También se agrupan en la Parte General una serie de elementos (que se podrían denominar factores comunes) que son de aplicación a todos los delitos de la Parte Especial; por ejemplo: las eximentes, la participación criminal, las normas sobre la determinación de la pena, etc. Esto se debe al hecho de que históricamente primero se fue construyendo la Parte Especial, al compás de las necesidades de un Estado de garantizar la paz ciudadana; sólo más tarde los penalistas fueron sacando los factores comunes a todos los delitos y con ellos se construyó en un proceso lento de abstracción la Parte General.

2. Diferencias entre norma y ley penal

El fin de una norma penal es evitar que los ciudadanos realicen ciertas conductas. Para ello se castiga a los que las ejecuten. El legislador consigna directamente la pena, con que se amenaza al que la realice, con lo que indirectamente está estableciendo una norma de conducta. En el citado ejemplo del homicidio, está inculcando la norma: «Respeta la vida ajena». Luego en la ley penal (en este caso en el art. 138.1 del CP) está contenida implícitamente la norma penal.

Hoy en día los autores usan indistintamente las palabras «norma» y «ley» penal. Pero en el pasado se pretendió encontrar diferencias entre ambas.

El primero en señalarlas fue Binding (1861-1920) que en su *Handbuch des Strafrechts* defendió que el delincuente no procede contra la ley penal, con arreglo a la cual es condenado, sino que, por el contrario, pone la conducta señalada en el presupuesto de la misma; por lo que el delincuente no infringe la ley penal, sino un precepto distinto de ella, al que denominó norma. Las consecuencias que sacó Binding de esta teoría en orden a la naturaleza secundaria del Derecho Penal y la respuesta a sus argumentos, quedan expuestas en el Tema 2, II. Baste aquí añadir que dichas normas no son ajenas a la ley penal, sino que se encuentran implícitas en la misma, como quedó señalado también en el citado Tema 2 y se acaba de repetir; por lo que la distinción propuesta por Binding se hace del todo innecesaria.

El segundo intento fue realizado por Max Ernst Mayer, de acuerdo con su teoría sobre las normas de cultura. Según este autor los mandatos y las prohibiciones de la ley penal son sanción de las normas de cultura vigentes en una sociedad. Para él cultura equivale al conjunto de actividades que realizan los ciudadanos en la vida social. Según M. E. Mayer, existe una diferencia entre ley y norma, ya que la ley penal recoge sólo las normas de cultura que reconoce el Estado, que promueve de este modo las conductas correspondientes a sus intereses. Pero por el hecho de que este autor exija que las normas de cultura reciban un reconocimiento estatal, pierde todo su valor la distinción entre norma y ley penal, ya que lo que se inculca al ciudadano no son todas las normas de cultura, sino sólo las que reconoce el Estado, esto es, las normas penales.

3. La Ley penal como norma de valoración y norma de determinación

Más arriba se ha hablado de la estructura de la ley penal, que consta de un presupuesto de hecho y de una consecuencia jurídica: es lo que algunos autores denominan consideración estática de la ley penal. Pero además existe una consideración dinámica de la misma que consiste en ver por qué y para qué se promulga una ley penal.

La primera cuestión (el porqué de la ley penal) es netamente valorativa. En este sentido se habla de la ley penal como norma de valoración. El legislador ha valorado negativamente una conducta: la ha disvalorado ante los ojos de la comunidad. Tal valoración es resultado de un proceso histórico, en el que intervienen elementos de diversa índole (éticos, pedagógicos, psicológicos, sociológicos, históricos, políticos, etc.) que en su conjunto se incluyen en la que se denomina política criminal y que supone que el legislador no sólo piensa que esa conducta es perniciosa para el convivir social, sino que es de las más perniciosas en ese momento; ya que, como se dijo anteriormente [véase *supra*, Tema 1, II, 4, C), *c*)], el legislador no sólo debe castigar lo malo, sino lo peor para la convivencia ciudadana en dicho momento histórico. Claro está que, como todo juicio de valor humano, el juicio del legislador es falible y por eso está necesitado de crítica y de constante revisión. Porque lo que para una época histórica pudo ser altamente pernicioso, ha podido dejar de serlo en otra distinta y viceversa. Por poner un ejemplo, el duelo se castigaba en la mayoría de los CCPP del siglo pasado, mientras que hoy constituye una reliquia histórica. Por el contrario, piénsese en el desarrollo contemporáneo de los delitos con vehículos de motor.

A la segunda cuestión (el para qué de la ley penal) responde lo que se denomina la ley penal como norma de determinación. Cuando el legislador prohíbe una conducta con la amenaza de una pena es porque quiere determinar a los ciudadanos a que no la realicen. Este aspecto, al que también se llama el valor pedagógico de la ley penal, es de gran importancia para el convivir pacífico de los ciudadanos. Baste pensar lo que sucedería, si, con ocasión de una romería (por poner un ejemplo irreal), se anunciase que durante esos días el hurto dejaba de estar penalizado. Hasta sujetos de «buena conciencia» sustraerían objetos de sus vecinos. Este aspecto se olvida a veces, o se quiere ignorar, cuando se promueven campañas para la despenalización (aunque se denomine parcial) de ciertos delitos, como el aborto. Porque sin duda toda despenalización lleva aneja una relajación de la moral pública y a un incremento considerable del delito en cuestión.

II. LOS DESTINATARIOS DE LA NORMA PENAL

Suele discutirse entre los autores, si el destinatario de la ley penal es el Juez o la sociedad y se encuentran defensores de ambas posturas. Pero generalmente se admite hoy por los penalistas que son ambos, aunque bajo diversos aspectos.

Desde un punto de vista puramente legal o procesal, la ley penal está dirigida al Juez, al que se ordena que si un ciudadano pone una determinada conducta, lo condene a la pena señalada.

Pero bajo un aspecto más profundo y que responde a lo que intenta el legislador, la ley penal se dirige a la sociedad, a la que pretende disuadir de ciertas conductas. Porque, como queda dicho anteriormente, al disvalorar una conducta, el legislador determina al conjunto de la sociedad a que no la cometa.

III. CLASES DE NORMAS PENALES

Las normas penales suelen dividirse en completas e incompletas. Una clase de las últimas son las llamadas leyes penales en blanco.

1. Normas penales completas e incompletas

Se llaman normas penales completas las que contienen todos los elementos del presupuesto de hecho y de la consecuencia jurídica. En un sentido estricto ningún enunciado penal contiene una norma penal completa porque los enunciados de la Parte General no contienen presupuestos de hecho y los enunciados de la Parte Especial no pueden aplicarse sin recurrir a los de la Parte General.

Por ello, o bien se admite que todos los enunciados penales constituyen normas penales incompletas, o bien se aquilata el concepto de norma penal completa. Esta segunda opción es la que sigue la doctrina mayoritaria, que considera que el enunciado legal contiene una norma penal completa cuando determina el presupuesto de hecho —recogiendo los elementos específicos de la correspondiente conducta delictiva— y señala la sanción que corresponde imponer por la realización de la conducta prohibida. En este sentido se suele admitir, por ejemplo, que el artículo 138 del CP recoge una norma penal completa. Otros enunciados penales, sin embargo, no contienen más que normas penales incompletas; por ejemplo, el artículo 237 del CP sólo establece la definición de robo. En estos casos la norma penal completa se consigue por la adición de los distintos enunciados penales que la contienen. Así, la norma penal que contiene el delito de robo en casa habitada con escalamiento se obtiene adicionando los enunciados legales contenidos en los artículos 237, 238.1.º 241.1.º y 2.º

2. Las leyes penales en blanco

La doctrina utiliza la expresión «leyes penales en blanco» para referirse a las normas penales incompletas, que lo son por no consignar los elementos específicos del presupuesto de hecho, que se remiten a otra disposición legal.

En sentido amplio se consideran leyes penales en blanco:

1.º Las normas que remiten a otro precepto de la misma ley penal. Por ejemplo, el artículo 395 (falsificación en documento privado) remite al artículo 390 (falsificación en documento público), para no tener que repetir todas las modalidades de comisión de dicho delito.

2.º Las normas que remiten a otra ley no penal. Tal era el caso del artículo 521 del CP de 1973 que castigaba las quiebras fraudulentas, pero que remitía al artículo 888 del Código de Comercio para determinar cuándo una quiebra era fraudulenta.

3.º Las normas que remiten a una disposición de rango inferior a la ley o a actos de la Administración. Este expediente es frecuente en el CP para evitar tener que incluir en el mismo todas las reglamentaciones administrativas sobre una materia. Así, por ejemplo, el artículo 316 del CP remite a las leyes o reglamentos sobre prevención de riesgos laborales y el artículo 359 exige autorización administrativa para elaborar sustancias nocivas para la salud o productos químicos que puedan causar estragos.

En sentido estricto leyes penales en blanco son exclusivamente las contenidas en la tercera categoría, porque son de las que se puede plantear que infringen el principio de legalidad: bien porque remiten a una norma sin rango de ley —o un acto de la Administración— en el que finalmente se determina la conducta que se considera constitutiva de delito; bien porque remiten a normas en las que las Comunidades Autónomas tienen transferidas competencias, en cuyo caso se infringe el principio de reserva estatal en materia penal.

Se ha planteado la constitucionalidad de las leyes penales en blanco en la medida en que suponen una vulneración del principio de legalidad, pero finalmente la doctrina las admite argumentando que en ciertos casos vienen exigidas por la complejidad técnica o el carácter cambiante de la materia sobre la que recaen.

También el Tribunal Constitucional se ha pronunciado sobre este tema en numerosas ocasiones (SSTC 122/1987, 3/1988, 77/1985, 127/1990 y 53/1994, entre otras) admitiendo la constitucionalidad de las leyes penales en blanco siempre y cuando cumplan los siguientes requisitos: que la norma extrapenal sea necesaria y se justifique en razón del bien jurídico protegido por la norma penal y la complejidad técnica o el carácter cambiante de la materia; que el reenvío normativo sea expreso y lo más detallado posible, de tal forma que pueda conocerse cuál es la norma a la que se remite; que la norma penal, además de señalar la pena, contenga el núcleo esencial de la prohibición y se satisfaga así la exigencia de certeza.

Tampoco ha encontrado óbice nuestro alto Tribunal en reconocer que, pese a que las Comunidades Autónomas no tengan competencias en materia penal, las normas emanadas de las mismas pueden servir de complemento a las leyes penales en blanco, siempre y cuando «se acomoden a las garantías constitucionales dispuestas en el artículo 25.1 de la CE y que no "introduzcan divergencias irrazonables y desproporcionadas al fin perseguido respecto al régimen jurídico aplicable en otras partes del territorio"» (STC 120/1988).

TEMA 8

INTERPRETACIÓN Y DETERMINACIÓN DE LA LEY PENAL APLICABLE

En este Tema se va a abordar la interpretación de la ley penal, la problemática del concurso de normas penales, y dos principios que, aunque tienen un carácter procesal, inciden en nuestra materia: el principio de presunción de inocencia y el de *in dubio, pro reo*.

I. LA INTERPRETACIÓN DE LA LEY PENAL

Se van a explicar los diversos procedimientos para interpretar la ley penal, requisito necesario para proceder a su aplicación.

1. Concepto y objeto

La interpretación es una actividad intelectual, por la que se intenta poner de manifiesto el alcance de la ley. La ley tiene siempre un cierto grado de abstracción, por lo que es menester interpretarla para ver a qué casos concretos se extiende.

La interpretación, se quiera o no, supone un cierto coeficiente de aportación por parte del que la realiza. Por eso el ideal de la Ilustración, formulado por Montesquieu en la frase de que «El Juez son los labios que pronuncian las palabras de la ley», se ha mostrado irrealizable e incluso perjudicial; porque convertiría al Juez en una máquina, en perjuicio de la Justicia, e impediría la interpretación progresiva de la ley, necesaria especialmente en las épocas de cambio, si no se quiere anquilosar el Derecho. Y lo mismo podría decirse respecto a los restantes intérpretes de la ley.

2. Clases de interpretación

Se van a citar brevemente las clases de interpretación de la ley, ya que, con alguna excepción en la que conviene detenerse, son las mismas que se estudian en Derecho Civil.

Por el sujeto que la realiza suele distinguirse la interpretación auténtica, hecha por el mismo legislador, la judicial, que es la que realiza los tribunales y la doctrinal que es la que lleva a cabo la doctrina científica.

Por la finalidad que se persigue se suele distinguir la que busca la *voluntas legis* y la que intenta hallar la *voluntas legislatoris*. Esta última se ha hecho muy difícil actualmente, porque el legislador es colectivo: el Parlamento. Por eso se confunde en gran parte con la investigación histórica de que se hablará enseguida. Por el contrario, la *voluntas legis* prescinde de lo que quiso el legislador y considera la ley como independizada del que la hizo, por lo que se puede aplicar incluso a casos que su autor nunca imaginó. Sin duda que este procedimiento es más útil para una interpretación progresiva de la ley.

Por los medios empleados suele hablarse de una interpretación gramatical, histórica, sistemática y teleológica, según atienda preferentemente a la mera filología de las palabras o frases utilizadas por el legislador, al conjunto sistemático de la ley, a sus antecedentes históricos o a la finalidad que se pretendió al promulgarla.

En Derecho Penal adquiere gran importancia la interpretación teleológica, aplicada al principio de legalidad (véase *supra*, Tema 6, I, 1). Como el fin que se pretendió con él fue evitar el abuso del poder punitivo por parte del Estado, el principio de legalidad prohíbe crear delitos, penas, medidas y agravantes (esto es, todo aquello que pueda resultar gravoso al posible reo) por otra fuente que no sea la ley; pero permite crear eximentes y atenuantes (o de modo más amplio, todo lo que sea a favor del posible reo) por otras fuentes legales, ya que en este caso no cabe que el Estado abuse en contra del ciudadano.

Por sus resultados la interpretación puede ser declarativa, extensiva, restrictiva y progresiva, lo que se determina con relación a la interpretación gramatical (al pie de la letra). Si se mantiene en la misma extensión que ésta, será declarativa; si restringe el sentido gramatical, restrictiva; si por el contrario lo amplía, extensiva. Pero la interpretación extensiva no ha de superar lo permitido por la letra de la ley, porque entonces estaría creando nuevos delitos, penas, etc. Hay que confesar, sin embargo, que en más de una ocasión nuestra jurisprudencia ha ampliado el sentido de la ley so capa de hacer interpretación extensiva, o también, la llamada interpretación analógica, que convierte en verdadera analogía.

La interpretación progresiva se fundamenta en el artículo 3 del CC, que dice que las normas se interpretarán (entre otros criterios) conforme a «la realidad social del tiempo en que han de ser aplicadas, atendiendo fundamentalmente al espíritu y finalidad de aquéllas». Aunque tal modo de interpretar las leyes es lícito y en ocasiones necesario, ofrece los mismos peligros, de que se ha hablado en el párrafo anterior. Especialmente en Derecho Penal hay que salvaguardar el principio de legalidad en su interpretación teleológica, por lo que sería muy sospechosa (por no decir inadmisible) una interpretación progresiva en contra del reo.

Naturalmente que todos estos criterios y modos de interpretación no se suelen ni se deben utilizar aisladamente, sino que forman un conjunto, del que a veces habrá que echar mano más de uno que de otro. Pero es su mezcla la que lleva a una interpretación correcta de la ley.

II. EL CONCURSO DE NORMAS PENALES

Es un problema distinto del concurso de delitos, del que se hablará en el Tema 27. En el concurso de normas penales se da un solo hecho, al que aparentemente podrían aplicarse dos o más normas penales, pero sólo una de ellas es de aplicación, por lo que ésta excluye las restantes. Mientras que en el concurso de delitos hay que aplicar dos o más normas penales y, por tanto, dos o más penas: sólo se trata de ver la pena conjunta con la que se castiga al delincuente, al que normalmente se le suaviza por benignidad, a fin de que no esté un número excesivo de años en prisión.

A la pregunta: ¿por qué en el concurso de normas sólo cabe aplicar una de ellas mientras que en el concurso de delitos pueden aplicarse varias?, habría que contestar que en el concurso de normas late un problema de *non bis in idem*, que no se suscita en el concurso de delitos. Efectivamente, en el concurso de normas las distintas normas que pueden aplicarse comparten el mismo fundamento, como además el sujeto y el hecho son los mismos, sancionar por más de una implicaría un *bis in idem*. Sin embargo, en el concurso de delitos el fundamento de las normas es distinto, motivo por el que cabe sancionar por varias.

1. Concepto de concurso de normas penales

Hay un concurso de normas penales cuando aparentemente vienen en aplicación varias normas, pero una de ellas excluye a las demás. Luego se parte del supuesto que dichas normas están en tal relación que una de ellas excluye a las otras: no se puede castigar más que por una de ellas.

2. Distintas relaciones entre las normas penales

Suelen señalarse varios posibles concursos de normas penales, que en realidad podrían reducirse a uno, como sostiene Antolisei: al principio de especialidad, pues todos los otros son modalidades del mismo. Pero para mayor claridad va a hablarse aquí de cuatro casos, cada uno de los cuales contiene una regla para la solución del concurso. Son las llamadas relaciones de especialidad, subsidiariedad, consunción y alternatividad.

A) *Relación de especialidad*

La relación de especialidad se da entre dos o más normas penales, una de las cuales contiene las notas básicas (el núcleo) del tipo delictivo, y por eso se llama ley general, a la que la otra u otras añaden una o más notas específicas, y reciben por ello el nombre de ley o leyes especiales. Luego si la ley general es A, la ley especial es A+B, y otra ley especial respecto a la segunda sería A+B+C. A la ley general se le denomina también tipo básico. Si la pena que se impone en la ley especial es más severa que la de la ley general, se llama a la especial tipo cualificado, mientras que si es más benigna, se le denomina tipo privilegiado.

Un ejemplo de esta relación se da entre las detenciones ilegales del artículo 163.1, 2 y 3. La ley general o tipo básico viene constituido por el artículo 163.1 que castiga al particular que encierra a otro privándole de su libertad (núcleo), mientras que la ley especial o tipo cualificado viene determinado por el artículo 163.3 que castiga también al particular que priva de la libertad a otro siempre que esa privación haya durado más de quince días. El artículo 163.2 constituye también una ley especial, pero en este caso se trata de un tipo privilegiado, el núcleo del tipo es el mismo, privar de la libertad a otro, y el elemento que privilegia viene constituido por la nota «dar libertad dentro de los tres primeros días de la detención».

La regla aplicable a este concurso de normas penales es que la ley especial excluye a la general (*lex specialis derogat legi generali*).

B) *Relación de subsidiariedad*

En la relación de subsidiariedad, en contra de lo que sucede en la de especialidad, no hay un núcleo básico en todas las leyes al que las demás añadan notas diferenciales, sino que cada una de ellas tiene notas distintas e independientes de las otras. Se da un precepto primario (ley primaria) y otro u otros subsidiarios (ley o leyes subsidiarias). Se trata de conductas distintas, pero que tienen una cierta conexión entre sí. Por tanto el esquema sería: A (ley primaria), C y E (leyes subsidiarias). Suele dividirse la subsidiariedad en expresa (cuando ésta se declara expresamente en el tipo penal) y tácita (cuando no se declara expresamente, pero se desprende del sentido de la ley).

Por ejemplo, se da la subsidiariedad entre el autor (art. 28) y el cómplice (art. 29). El autor es el que realiza el tipo; el cómplice se limita a auxiliarlo desde fuera, sin poner actos de ejecución, pero son actos simultáneos con los del autor. Luego no existe entre las dos conductas un núcleo común del que se deriva la otra por mera adición de notas, sino que son cosas distintas (*aliud quid*); aunque las dos conductas tengan una cierta conexión entre sí: son participación en el delito. La ley primaria es la que castiga al autor, la que penaliza al cómplice es subsidiaria respecto a la del autor.

También se da subsidiariedad entre la tentativa (art. 16) y la consumación de un delito (art. 15.1); en este caso la consumación es la ley primaria y la tentativa es subsidiaria respecto a ella. Algunos autores, sin embargo, prefieren hablar en este caso de la relación de consunción.

La regla que se aplica en la relación de subsidiariedad es que la ley primaria excluye a la subsidiaria (*lex primaria derogat legi subsidiariae*).

C) *Relación de consunción*

Se da la relación de consunción cuando la desaprobación que supone un precepto penal (ley que consume) abarca con arreglo al sentido de la ley la reprobación contenida en otro precepto penal (ley consumida). Luego se trata de un juicio de valor sobre ambos preceptos, por el que el intérprete se decide a aplicar uno solo de ellos. Por eso es también de más difícil aplicación que las dos anteriores. La diferencia con ellas estriba en que en la relación de consunción el delincuente ataca bienes jurídicos distintos, mientras que en las relaciones de especialidad y de subsidiariedad el bien jurídico protegido es el mismo.

La relación de consunción se ha de examinar en concreto, precisamente porque se trata de un juicio valorativo.

Se aplica la relación de consunción a los llamados actos anteriores y posteriores impunes. Por ejemplo, el uso de un documento por parte del que lo falsifica. O el autoencubrimiento por parte del autor de un delito.

La regla aplicable es que la ley que consume excluye a la ley consumida (*lex consumens derogat legi consumptae*).

D) *Relación de alternatividad*

La relación de alternatividad se da en los casos en que existe una doble valoración jurídica, no sólo aparentemente sino en la realidad (y en esto se distingue de las otras tres relaciones) para un mismo hecho. A veces la coincidencia de tales preceptos no es total, sino sólo parcial. Como señala BINDING, los preceptos se comportan como dos círculos secantes: tienen una zona común y dos zonas propias de cada uno de los tipos. Las zonas propias de cada tipo tienen pena diferente, pero a la zona común se le podría aplicar cualquiera de las dos penas. Se trata, por tanto, de un defecto de técnica legislativa, pues el legislador debió hacer dos preceptos al menos tangentes entre sí.

En nuestro Código Penal se sigue dando relación de alternatividad, por poner sólo un ejemplo, entre el robo con violencia o intimidación (art. 242) y el delito de coacciones (art. 172). La zona común está constituida por el empleo de la violencia para obligar a la víctima a hacer lo que la ley no le manda, entregar bienes muebles a un desconocido sin base contractual ninguna. La zona diferencial del robo está en usar de la intimidación (sin violencia) para conseguir el apoderamiento de la cosa mueble ajena; la de las coacciones, en el uso de la violencia para conseguir cualquier otro fin distinto del apoderamiento de un bien mueble ajeno. Como se ve, se trata de un defecto de técnica que el legislador pudo evitar con añadir tan sólo al tipo de coacciones una frase del tenor de la siguiente: «a excepción de los casos en los que se trate del apoderamiento de un bien mueble ajeno». No se comprende cómo el legislador no ha introducido en el CP de 1995 una frase semejante a ésta que convierta la relación de alternatividad en una de subsidiariedad expresa.

La doctrina piensa que en tales casos hay que aplicar la ley penal más dura y la razón es obvia: el legislador intentó penar más esa zona común, aunque por defecto en el empleo de la técnica legislativa, no lo consiguió de modo satisfactorio. Esta solución tiene en contra la postura de benignidad hacia el reo, tan arraigada en el Derecho punitivo. Pero entre nosotros queda reforzada por el artículo 8.4.ª del CP, que se comentará más abajo, por lo que en el ejemplo indicado y en otros semejantes se viene aplicando sin excepción la ley que castiga el delito con pena mayor.

3. EL CONCURSO DE LEYES EN EL DERECHO POSITIVO ESPAÑOL

El CP de 1973 daba como única solución al concurso de leyes sancionar por la infracción más gravemente penada (art. 68). Sin embargo, el CP de 1995 ha recogido íntegramente los planteamientos doctrinales en el artículo 8, que dispone:

> Los hechos susceptibles de ser calificados con arreglo a dos o más preceptos de este Código, y no comprendidos en los artículos 73 a 77, se castigarán observando las siguientes reglas.

1.ª El precepto especial se aplicará con preferencia al general.

2.ª El precepto subsidiario se aplicará sólo en defecto del principal, ya se declare expresamente dicha subsidiariedad, ya sea ésta tácitamente deducible.

3.ª El precepto penal más amplio o complejo absorberá a los que castiguen las infracciones consumidas en aquél.

4.ª En defecto de los criterios anteriores, el precepto penal más grave excluirá los que castiguen el hecho con pena menor.

III. EL PRINCIPIO DE PRESUNCIÓN DE INOCENCIA Y EL PRINCIPIO DEL *IN DUBIO, PRO REO*

Se van a abordar el principio de presunción de inocencia y el *in dubio, pro reo* por su conexión profunda con nuestra materia aunque en sí se trata de cuestiones procesales.

1. El principio de presunción de inocencia

El principio de presunción de inocencia queda establecido en el artículo 24 de nuestra Constitución y desde la aprobación de la misma ha sido ampliamente utilizado por nuestros Tribunales. El derecho a la presunción de inocencia, en su vertiente de regla de juicio, se configura como el derecho a no ser condenado sin prueba de cargo válida (STC 31/1981). De ahí que sólo quepa constatar la vulneración del derecho a la presunción de inocencia cuando no haya pruebas de cargo válidas, es decir, cuando los órganos judiciales hayan utilizado una actividad probatoria lesiva de otros derechos fundamentales o carente de garantías, o cuando no se motive el resultado de dicha valoración, o, finalmente, cuando por ilógico o insuficiente no sea razonable el *iter* discursivo que conduce de la prueba al hecho probado (SSTC 189/1998, 120/1999, 249/2000, 155/2002 y 209/2002).

Desde la STC 174/1985 ha sostenido el Tribunal Constitucional que, a falta de prueba directa, la prueba de cargo puede ser indiciaria, siempre que se cumplan los siguientes requisitos, que permiten distinguirla de las simples sospechas: *a*) que parta de hechos plenamente probados, y *b*) que los hechos constitutivos de delito se deduzcan de esos indicios a través de un proceso mental razonado y acorde con las reglas del criterio humano, explicitado en la Sentencia condenatoria (SSTC 174/1985, 175/1985, 24/1997, 189/1998, 220/1998, 44/2000, 124/2001, 17/2002 y 123/2006).

Constituye también reiterada doctrina del Tribunal Constitucional la afirmación de la falta de competencia de la jurisdicción de amparo para la valoración de la actividad probatoria practicada en el proceso penal y para la evaluación de dicha valoración conforme a criterios de calidad o de oportunidad. Por lo que se concluye que la función del Tribunal Constitucional no consiste en enjuiciar el resultado alcanzado por los tribunales penales, sino en el control externo del razonamiento lógico seguido para llegar hasta él (STC 220/1998, entre otras).

El control de la razonabilidad del discurso, esto es, de la solidez de la inferencia, puede llevarse a cabo tanto desde el canon de su lógica o coherencia —siendo irrazonable cuando los indicios constatados excluyan el hecho que de ellos se hace derivar o no conduzcan naturalmente a él—, como desde el de su suficiencia o carácter concluyente

—excluyéndose la razonabilidad por el carácter excesivamente abierto, débil o indeterminado de la inferencia—. En este último caso el Tribunal Constitucional debe mostrase cauteloso, porque son los órganos judiciales los únicos que tienen un conocimiento preciso, completo —y adquirido con todas las garantías— de la actividad probatoria, especialmente por factores derivados de la inmediación. Por ello se afirma que sólo se considera vulnerado el derecho a la presunción de inocencia cuando la inferencia sea ilógica o tan abierta que en su seno quepa tal pluralidad de conclusiones alternativas que ninguna de ellas pueda darse por probada (SSTC 189/1998 y 155/2002, entre otras muchas).

2. El principio del *in dubio, pro reo*

El principio del *in dubio, pro reo* se aplica en los casos, en los que el juzgador no llega a tener pruebas suficientes de que el imputado haya cometido los hechos de los que se le acusa. Si tras agotar todos los medios procesales admisibles y disponibles, no se logran establecer los hechos de modo convincente para el Tribunal, éste no puede condenar, pues toda condena supone que haya certeza (al menos moral) de que el presunto reo ha cometido el hecho punible del que se le acusa. Pero tampoco puede el Tribunal dejar el caso indeciso. Entonces el Tribunal debe absolver por falta de pruebas, de acuerdo con el principio *in dubio, pro reo*.

La misma situación puede plantearse respecto a una circunstancia constitutiva de un elemento del delito (como cuando queda probado que Luis mató a Pedro, pero no se llega a demostrar con claridad, si hubo alevosía) o respecto a una circunstancia agravante en general (se duda si hubo abuso de superioridad). En tales casos el Tribunal no puede apreciar el elemento o la agravante en cuestión.

El principio *in dubio, pro reo* existía ya de forma expresa en el Derecho romano (Digesto, libro 48, 19, 12). En el Derecho español se fue formulando la idea por la jurisprudencia y la doctrina, que fueron utilizando dicho principio.

Algún sector de la doctrina ha querido contraponer al principio *in dubio, pro reo* el contrario: *in dubio, pro societate*, pero sin base suficiente; ya que el Derecho Penal debe atender a la culpabilidad del individuo, cuando trate de imponer una pena a un ser humano.

Como se ha indicado más arriba, este principio no es aplicable a la dogmática penal, por ejemplo, para solucionar problemas teóricos o para dar la razón a una teoría más benigna que otra; en tales casos habrá que acudir a otros principios, tales como la interpretación teleológica del principio de legalidad, etc. El auténtico sentido del principio que se analiza ahora es que, en el caso (no tan infrecuente) de que el Juez dude sobre si la prueba es suficiente o no y por tanto se encuentre en la disyuntiva de enviar a prisión a un inocente o absolver a un culpable, ha de optar por lo segundo, ya que es menos grave dejar en libertad a un culpable que enviar a prisión a un inocente.

Es claro que la duda del juzgador ha de ser razonable y que tampoco es necesario que el Juez llegue a una certeza metafísica, imposible en la mayoría de las ocasiones, sino que es suficiente la certeza moral o lo que la doctrina alemana llama una probabilidad rayana fuertemente con la certeza. Pero el Juez nunca puede sentenciar por meras presunciones, aunque tiene que hacerlo a veces por muy fuertes indicios racionales de criminalidad, pues se expondría a condenar a un inocente.

Tampoco hay que confundir el principio *in dubio pro reo* con la presunción constitucional de inocencia pues este, presuponiendo la previa existencia de la presunción de inocencia, se desenvuelve en el campo de la estricta valoración de las pruebas, aunque últimamente se están destacando sus conexiones. Como recuerda la STS la 10 de octubre de 2018:

> «durante algún tiempo esta Sala ha mantenido que el principio *in dubio pro reo* no era un derecho alegable al considerar que no tenía engarce con ningún derecho fundamental y que en realidad se trataba de un principio interpretativo y que por lo tanto no tenía acceso a la casación. Sin embargo, en la actualidad tal posición se encuentra abandonada, hoy en día la jurisprudencia reconoce que el principio *in dubio pro reo* forma parte del derecho a la presunción de inocencia y es atendible en casación. Ahora bien, solo se justifica en aquellos casos en los que el tribunal haya planteado o reconocido la existencia de dudas en la valoración de la prueba sobre los hechos y las haya resuelto en contra del acusado».

TEMA 9

VIGENCIA TEMPORAL DE LA LEY PENAL

Las leyes están vigentes durante un cierto período de tiempo, para luego dar paso a otras. Es necesario saber, por tanto, a qué hechos se aplican; especialmente se hace agudo el problema, cuando un hecho se comete durante la vigencia de una ley penal y es juzgado después de entrar en vigor una ley penal nueva, o también, cuando después de ser juzgado un hecho e incluso de haber sentencia firme, entra en vigor una nueva ley penal más benigna que la anterior.

Se va a estudiar en primer término el principio general en esta materia, que es el de la irretroactividad de la ley penal, para exponer a continuación la importantísima excepción que sufre dicho principio: la retroactividad de la ley penal más favorable al reo.

I. PRINCIPIO GENERAL: IRRETROACTIVIDAD DE LA LEY PENAL

Suele distinguirse entre la vigencia formal y la vigencia material de una ley. El principio general es el de la identidad entre la vigencia formal y la material.

Bajo el nombre de vigencia formal se entiende el tiempo en que una ley está vigente. Comienza la vigencia formal con su entrada en vigor, lo que sucede, a tenor del artículo 2.1 del CC,

> a los veinte días de su completa publicación en el *Boletín Oficial del Estado*, si en ellas no se dispone otra cosa.

Termina dicha vigencia formal con su derogación que, de nuevo a tenor del artículo 2.2 del CC, sólo sucede por otra ley posterior derogatoria; y se añade que: «por la simple derogación de una ley, no recobra vigencia la que ésta hubiere derogado».

La vigencia material consiste en la aplicación de una ley a unos hechos determinados. Normalmente son los que suceden durante su vigencia formal (principio de identidad entre la vigencia formal y la material), pero excepcionalmente puede aplicarse a otros anteriores. En el primer caso se habla de irretroactividad y en el segundo de retroactividad de la ley penal.

Hay que tener en cuenta que el principio *nullum crimen, nulla poena sine lege* no incluye directamente la irretroactividad de la ley penal; porque cabría en teoría una ley que fijase delitos y penas (con lo que se habría cumplido el citado principio) y que fuera de efecto retroactivo. Pero ambos tienen un mismo fundamento (la limitación del poder punitivo del Estado) y por ello se encuentran recogidos en todas las legislaciones que utilizan el principio de legalidad. Entre nosotros, en el mismo artículo 2.1 del CP, que enseguida se va a citar.

1. Legislación española

El Código Civil, en su artículo 2.3, establece que:

> Las leyes no tendrán efecto retroactivo, si no dispusieren lo contrario.

Por tanto deja abierta la posibilidad de que una ley disponga el efecto retroactivo de la misma.

Esta posibilidad queda cerrada en materia penal por la Constitución que en su artículo 9.3 garantiza la irretroactividad de las leyes penales al determinar que «La Constitución garantiza [...] la irretroactividad de las disposiciones sancionadoras no favorables o restrictivas de derechos individuales [...]».

Y en su artículo 25.1 une esta garantía con el principio de legalidad:

> Nadie puede ser condenado o sancionado por acciones u omisiones que en el momento de producirse no constituyan delito o infracción administrativa, según la legislación vigente en aquel momento.

El CP recoge la irretroactividad de las leyes penales desfavorables en su artículo 2.1 que dice:

> No será castigado ningún otro delito con pena que no se halle prevista por ley anterior a su perpetración. Carecerán, igualmente, de efecto retroactivo las leyes que establezcan medidas de seguridad.

El principio de la irretroactividad de las leyes penales ha adquirido rango internacional al ser recogido en el artículo 11.2 de la Declaración Universal de los Derechos del Hombre de 10 de diciembre de 1948 y en el artículo 7 de la Convención Europea de salvaguardia de los Derechos del Hombre y de las Libertades Fundamentales de 4 de noviembre de 1950.

2. Fundamento y extensión

El fundamento de la irretroactividad de la ley penal es el mismo que el del principio de legalidad: evitar el posible abuso estatal del poder punitivo y con ello dar seguridad jurídica al ciudadano, al garantizarle que no podrá ser castigado por conductas que, cuando las realizó, no constituían delito.

Pero pueden añadirse otras fundamentaciones, a partir de los fines de la pena. La retribución supone el castigo al culpable de haber violado una ley penal, por lo que nunca puede llegarse a la punición de conductas que, al ponerse, eran lícitas. Tampoco cabe hacerlo en nombre de la prevención general, ya que no puede pretenderse que la población evite conductas pasadas.

Se ha discutido si se podría ir contra la irretroactividad en nombre de la prevención especial en el campo de las medidas. Porque el aplicar las medidas más recientemente investigadas a un peligroso parece lo indicado, igual que un médico receta los últimos fármacos al paciente. La doctrina se inclina a distinguir entre medidas que sean más onerosas al peligroso (como sería aumentar la privación de libertad) y las restantes medidas. En cualquier caso, el CP aplica a las medidas las mismas reglas de irretroactividad y de retroactividad que a las penas; por tanto, se pueden aplicar con efecto retroactivo sólo las más favorables al reo.

La irretroactividad no sólo afecta a las leyes penales en sí mismas, sino también a las disposiciones que completan una ley penal en blanco. Lo contrario sería una burla al principio de irretroactividad y podría dar lugar a abusos por parte de la Administración.

II. RETROACTIVIDAD DE LA LEY PENAL MÁS FAVORABLE

Se va a tratar en este apartado de modo sucesivo de la legislación española que garantiza la retroactividad de le ley penal más favorable al reo, del fundamento y extensión de dicha retroactividad, de la determinación de la ley más favorable y de algunos casos especiales.

1. Legislación española

Como se ha visto en el apartado anterior, la Constitución, en su artículo 9.3, garantiza tan sólo la irretroactividad de las disposiciones sancionadoras no favorables para el reo; por lo que deja abierta la posibilidad de que las leyes penales que le sean favorables tengan efecto retroactivo.

Se admite expresamente la retroactividad de las leyes penales favorables al reo en el número 2, inciso primero, del artículo 2 del CP:

> No obstante, tendrán efecto retroactivo aquellas leyes penales que favorezcan al reo, aunque al entrar en vigor hubiera recaído sentencia firme y el sujeto estuviese cumpliendo condena. En caso de duda sobre la determinación de la Ley más favorable, será oído el reo.

2. Fundamento y extensión

El fundamento de la retroactividad de la ley penal más favorable al reo hay que buscarlo en último término en la postura de benignidad que caracteriza al Derecho Penal, así como en la misma razón que llevó a la interpretación teleológica del principio de legalidad: lo que ambos principios (legalidad e irretroactividad) pretenden es garantizar al ciudadano que el Estado no ha de abusar del poder más duro que pone en sus manos: la potestad de castigar. Porque el ciudadano no alberga (o no albergaba a finales del siglo XIX) el temor de que el Estado sea demasiado blando en el uso de la justicia penal.

Pero conviene no olvidar (como se indicó más arriba, Tema 6, I, 1) que en la actualidad el ciudadano no está tan preocupado por el posible abuso por parte del Estado de la justicia penal, sino por la creciente inseguridad ciudadana. Por lo que esta postura de benignidad hacia el reo, que se refleja tanto en la citada interpretación teleológica del mencionado principio de legalidad, como en la retroactividad de la ley penal más favorable no es al menos tan evidente como lo fue para nuestros antepasados y parece que necesitaría de un estudio profundo. Conviene recordar que, en un pasado no tan lejano (cuando la reforma del CP de 1983, que afectó también a la cuantía del límite entre el delito y la falta contra el patrimonio), dicha Reforma se retrasó por la discusión entre los Ministros de Justicia y del Interior, sobre hasta qué punto se podía garantizar la seguridad ciudadana, si por la subida de las cuantías (que iba a convertir en faltas lo que hasta entonces eran delitos contra el patrimonio) quedaban en la calle demasiados delincuentes.

Pero la benignidad hacia el reo no es el único fundamento que suele alegarse en favor de la retroactividad de la ley penal más favorable. Suele decirse también que si el legislador deja de penar una conducta o disminuye la pena es porque ha cambiado de valoración respecto a ellas; por lo que parece injusto que los que delinquieron bajo la antigua ley, sigan en prisión o sean condenados más duramente que los que han delinquido bajo la nueva ley. Pero a esto puede responderse que, por la misma razón (aunque sería del todo inadmisible por la irretroactividad de la ley penal), cuando el legislador cambia de valoración y crea un nuevo tipo penal o aumenta la pena, ha cambiado de valoración y consecuentemente debería castigarse o aumentar la pena a los que pusieron esa conducta en el pasado. Esta argumentación deja patente lo que se ha indicado antes: que la única causa real de la retroactividad de la ley penal más favorable es la benignidad hacia el reo.

La extensión de la retroactividad de la ley penal más favorable al reo en nuestro país es muy considerable. Nuestra legislación es de las más generosas en el Derecho comparado, pues no sólo aplica la retroactividad cuando aún no se ha juzgado el delito o incluso cuando se está juzgando, sino que no retrocede ni ante la sentencia firme, que en otros sistemas legislativos es el límite por la llamada santidad de la cosa juzgada.

3. Determinación de la ley penal más favorable

Ante todo surge la cuestión de si se ha de considerar la nueva ley en concreto o en abstracto; esto es, si se ha de tomar la pena que en abstracto señala la ley a un delito o la que el Juez le impuso de hecho y compararla con la que le impone con la nueva ley. Porque podría suceder que una ley anterior fuese en abstracto más rigurosa, pero que en concreto diese al Juez un arbitrio mayor y que por ello la pena concreta fuese, en la nueva ley, más elevada.

Un ejemplo aclarará el problema. Antes de la reforma operada en el CP de 1995 por la LO 15/2003, el artículo 68 del Código facultaba la imposición de la pena inferior en uno o dos grados a la señalada por la Ley en los supuestos de concurrencia de una eximente incompleta, mientras que el nuevo artículo 68 considera obligatorio rebajar un grado y faculta al Tribunal a rebajarla en dos. Por tanto, en abstracto el nuevo artículo 68 es más beneficioso que el anterior. Pues bien, supongamos que el Juez, en virtud del antiguo artículo 68, había rebajado la pena en dos grados al condenado y que tras la modificación del artículo se le pretende aplicar el nuevo artículo 68 —por resultar más beneficioso— rebajándole sólo un grado la pena. ¿Sería congruente decir al condenado: «como la pena después de la reforma en abstracto te es más favorable, te impongo en concreto una pena más elevada»?

Por ello es claro que lo que cuenta es la pena en concreto, con todos los presupuestos de los que depende la determinación de la pena, e incluso las llamadas modificaciones extrapenales de la misma. En este sentido la Disposición Transitoria primera de la LO 1/2015 establece, en su número segundo, que «para la determinación de cuál sea la ley más favorable se tendrá en cuenta la pena que correspondería al hecho enjuiciado con la aplicación de las normas completas del Código en su redacción anterior y con las del Código resultante de la reforma operada por la presente Ley y, en su caso, la posibilidad de imponer medidas de seguridad».

Otra cuestión que se suscita cuál es la pena más favorable cuando se trata de diferentes clases de penas. Porque cuando la nueva pena es de la misma naturaleza que la anterior, la de mayor duración es más onerosa que la de menor longitud. Pero cuando se sustituye una pena privativa de libertad por una multa o por una pena restrictiva de otros derechos (por ejemplo, una prisión por una inhabilitación especial), la cosa no es tan clara y en ocasiones depende de la situación económica del reo o de otras circunstancias personales. Por eso, desde el CP de 1928 en todas las reformas se viene repitiendo la cláusula de que, cuando se trate de penas de diversa naturaleza, sea oído (lo que indica que el Tribunal no está obligado a seguir su parecer) el reo. Esta tradición se continúa en el CP y en sus sucesivas reformas.

4. Algunos casos especiales

Se van a tratar ahora algunos casos de leyes penales que pueden ofrecer más dificultad. Tales son los de la ley intermedia, las leyes penales temporales y la leyes que regulan los plazos de prescripción de los delitos y de las penas.

A) *Leyes intermedias*

Se trata de los casos en los que entre el momento en que se cometió el hecho delictivo y el momento en que se dicta la sentencia ha estado vigente una ley intermedia más favorable al reo. En tales supuestos la doctrina y la jurisprudencia se inclinan por la aplicación de la ley intermedia más favorable, quizás por el hecho de que el no haber sido juzgado el reo bajo la vigencia de la ley intermedia en muchas ocasiones se debe tan sólo al retraso de los tribunales. Pero aunque no fuera así, los autores siguen inclinándose a que se aplique la ley más favorable, lo que es de nuevo índice de la benignidad hacia el reo que caracteriza al Derecho Penal moderno.

B) *Leyes temporales*

Son las leyes que se promulgan con un plazo de vigencia determinado; en general se trata de leyes de excepción (véase *supra*, Tema 1, I, 4). Por tanto su duración está limitada a un año, a seis meses, etc. Suelen usarse para momentos difíciles de la convivencia ciudadana (un terremoto, un gran incendio en una ciudad o una región, etc.) en los que se hace necesario endurecer las penas o crear nuevos delitos, para evitar el pillaje, etc.

Si a estas leyes se aplicase la retroactividad de la ley penal más favorable, serían ineficaces de todo punto; porque raras veces (por no decir nunca) un hecho llega a ser juzgado antes de los seis meses o del año de su comisión. Como por entonces ya estaría de nuevo en vigor la ley anterior (que normalmente impone sanciones más leves), la ley temporal no se aplicaría nunca.

La doctrina se inclina unánimemente por la aplicación de la ley temporal, aunque los hechos se juzguen cuando ha dejado de estar en vigor, motivo por el cual se ha recogido en el CP el artículo 2.2, inciso segundo, que «Los hechos cometidos bajo la vigencia de una ley temporal serán juzgados, sin embargo, conforme a ella, salvo que se disponga expresamente lo contrario».

C) *Leyes que regulan los plazos de prescripción*

La prescripción es un instituto jurídico, por el que el mero paso del tiempo produce ciertos efectos jurídicos; por ejemplo, convertir la posesión de buena fe en propiedad. En Derecho Penal tanto los delitos como las penas están sujetos a plazos de prescripción (como se estudiará en el Tema 33, I, 5). Por ello, pasado un cierto tiempo desde la comisión del delito, éste no puede ser juzgado; y transcurrido un cierto tiempo desde la sentencia firme o desde la evasión del condenado del establecimiento penitenciario, no se le puede hacer cumplir la condena.

Hay leyes que regulan la duración de estos plazos de prescripción, que son tanto más largos, cuanto más grave es el delito o la pena. Tales leyes también se modifican en ocasiones y entonces surge la cuestión de si es aplicable a este tipo de leyes la retroactividad de la ley más favorable.

El problema surge, cuando antes de haberse cumplido el plazo de prescripción de un delito o de una pena, se promulga otra ley que prolonga los plazos; porque si se ha cumplido ya el plazo de prescripción, es evidente para todos que no puede volverse sobre el asunto, aunque se promulgase una ley con plazos más largos.

Es un hecho que en las postguerras de la guerra civil española y de la segunda guerra mundial la jurisprudencia española y la de los países aliados aplicó las nuevas leyes sobre plazos de prescripción a delitos cometidos durante la contienda y bajo la vigencia de leyes con plazos de prescripción más cortos. Es más, en la República Federal Alemana el *Bundestag* promulgó una ley, en virtud de la cual los crímenes de guerra se declararon imprescriptibles, poco tiempo antes de que, según la ley alemana vigente en el momento de su comisión (que ponía el plazo más largo para la prescripción de todo delito en treinta años), hubieran prescrito.

La cuestión se centra en determinar si dichas leyes son penales o procesales. Porque en las leyes procesales no se aplica la retroactividad de la ley más favorable, sino que se utiliza el principio *tempus regit actum* (el tiempo rige el acto); esto es, que se aplica la ley procesal vigente en el momento de celebrarse el juicio, sin tener en cuenta si es más o menos favorable. Esto es, el Derecho procesal se atiene a la norma del artículo 2.1 del CC.

En favor de su naturaleza procesal suele aducirse el hecho, de que lo que prescribe no es el delito o la pena, sino la potestad del Estado a ejercer la acción procesal contra el delincuente o de aplicarle la pena. En favor de su naturaleza penal se dice que la razón de que no esté vigente en las leyes procesales el principio de la retroactividad de la ley más favorable es que normalmente no suele ser ninguna de ellas ni más favorable ni más desfavorable para el reo; mientras que los plazos de prescripción son claramente más favorables al reo, cuanto más breves. No es argumento, sin embargo, el hecho de que la regulación de los plazos de prescripción esté en nuestra legislación en el Código Penal; porque es evidente que nuestro Código punitivo incluye en ocasiones preceptos no penales (administrativos, etc.).

Dada la amplitud del artículo 2.2 del CP, el hecho de que los plazos de prescripción más breves sean claramente más favorables al reo y la benignidad con que el Derecho Penal le trata en tantas ocasiones, parece que hay que concluir que las leyes que regulan los plazos de prescripción son de naturaleza penal y, por tanto, hay que aplicarles la retroactividad de la ley penal más favorable.

D) *Normas que regulan la ejecución de las penas*

La LO 7/2003, de 30 de junio, de medidas para el cumplimiento íntegro y efectivo de las penas, afectó al cumplimiento de la pena de prisión, creando lo que se denomina período de seguridad y modificando los requisitos para el acceso al tercer grado de cumplimiento y a la libertad condicional (véase *infra*, Temas 29, II, y 31, I). La Disposición Transitoria de esta Ley contenía las normas aplicables en materia de retroactividad respecto del acceso al tercer grado y la libertad condicional, aunque no se refería al período de seguridad.

Establecía la Disposición Transitoria única de la LO 7/2003 que:

> Lo dispuesto, conforme a esta ley, en los artículos 90 y 93.2 del Código Penal, respecto a las circunstancias para acceder a la concesión de la libertad condicional, y en el artículo 72.5 y 6 de la Ley Orgánica General Penitenciaria respecto a la clasificación o progresión al tercer grado de tratamiento penitenciario, será aplicable a las decisiones que se adopten sobre dichas materias desde su entrada en vigor, con independencia del momento de comisión de los hechos delictivos o de la fecha de la resolución en virtud de la cual se esté cumpliendo la pena.

De la lectura de la norma se deduce que la Disposición Transitoria afectaba retroactivamente —y en contra del reo— a los condenados a penas de prisión que no hubieran accedido al tercer grado o a la libertad condicional a la entrada en vigor de la LO 7/2003, que, por cierto, se produjo al día siguiente de su publicación en el *BOE*.

El Consejo General del Poder Judicial, en el Informe preceptivo emitido sobre el Anteproyecto de Ley, no encontró óbice a esta retroactividad, argumentando que del Derecho Penal material debe distinguirse el Derecho de la ejecución de la pena y que el artículo 25.2 CE no alcanza al derecho de ejecución sino sólo a la fase de declaración en sentencia de la culpabilidad y a la medida de la misma. A juicio del Consejo, la persona que está cumpliendo una pena sólo tiene derecho al tercer grado o a la libertad condicional cuando ya se le han otorgado; entretanto no tiene sino una expectativa de derecho, por lo que cabe aplicar retroactivamente un derecho de ejecución más severo.

El contenido de la LO 7/2003 en materia de concesión del tercer grado y de la libertad condicional dio lugar a la denominada doctrina Parot (establecida en la Sentencia del Tribunal Supremo 197/2006, de 28 de febrero, según la cual los beneficios penitenciarios, que naturalmente incluían la redención de penas por el trabajo del viejo Código Penal, debían aplicarse sobre la totalidad de la condena (en algunos casos penas de prisión de más de 3.000 años) y no sobre el máximo de treinta años previstos en dicho Código.

La doctrina Parot fue ratificada por el Tribunal Constitucional en diversas sentencias, pese a que, en relación con la ejecución de las penas privativas de libertad, ha declarado en diversas ocasiones que no es excluible una lesión del artículo 17.1 CE, si no se procede tal y como ordena el Código Penal y la Ley de Enjuiciamiento Criminal, pues el derecho reconocido en el artículo 17.1 CE permite la privación de libertad sólo en los casos y en las formas previstos en la ley. De modo que «no ha de excluirse que lesione el derecho reconocido en el artículo 17.1 CE la ejecución de una Sentencia penal con inobservancia de las disposiciones de la Ley de Enjuiciamiento Criminal y del Código Penal respecto al cumplimiento de las distintas condenas de pérdida de libertad que pudieran reducir el tiempo de permanencia en prisión del condenado, en cuanto supongan un alargamiento ilegítimo de esa permanencia y, por ende, de la pérdida de libertad [SSTC 130/1996, de 9 de julio (RTC 1996, 130), FJ 2; 57/2008, de 28 de abril (RTC 2008, 57), FJ 2, y 92/2012, de 7 de mayo (RTC 2012, 92), FJ 4]».

En su momento discrepamos de la interpretación que hacía el Consejo General del Poder Judicial, y naturalmente de la doctrina Parot, porque a nuestro juicio, no cabe afirmar que el Derecho de la ejecución de la pena no sea Derecho Penal, nótese que, si eso fuera cierto, deberíamos incluso replantear el nombre de nuestro Código, e incluso de nuestra ciencia, y optar por el de Derecho Criminal. En efecto, el Derecho Penal no se agota en la definición de lo que es delito, sino que, como el propio Consejo reconoce, abarca también las penas, las medidas y las consecuencias accesorias. Que la pena de prisión requiera de una legislación propia que la desarrolle no significa que esa legislación no forme parte del Derecho Penal y, por ello, quede vinculada por sus principios; lo contrario abocaría a afirmar que para dar cumplimiento a la garantía penal basta con que la legislación que desarrolle la pena utilice la misma denominación para ésta que el Código Penal. ¿Puede afirmarse en un Estado Democrático de Derecho, como es el nuestro, que la garantía penal se reduce a dar nombre a la pena?, ¿todo lo que puede el Derecho Penal respecto de la pena privativa de libertad es darle nombre? A esto reduciríamos la garantía penal si aceptáramos que el Derecho de la ejecución de la pena de prisión no es Derecho Penal.

En sintonía con la postura aquí mantenida el Tribunal Europeo de Derechos Humanos, en la Sentencia de 21 de octubre de 2013 (TEDH 2013, 73) (caso del *Río Prada c. España*) consideró que la doctrina Parot infringía el artículo 7 del Convenio Europeo de Derechos Humanos sosteniendo que «la privación de libertad, debe ser suficientemente accesible, precisa y previsible en su aplicación para evitar cualquier riesgo de arbitrariedad», y que «el criterio de legalidad establecido por el Convenio exige que toda ley debe ser suficientemente precisa para permitir a las personas —si procede, con el pertinente asesoramiento— prever, hasta un punto razonable en las circunstancias de cada caso, las consecuencias que pueden derivarse de un acto determinado».

Últimamente el Tribunal Constitucional, en Sentencia 261/2015, de 14 de diciembre (RTC 2015/261) a la que han seguido otras posteriores, ha considerado que también puede lesionarse el artículo 17.1 CE cuando la controversia se plantea ante una sucesión temporal de normas en el tiempo, puesto que la selección de la ley aplicable, de entre varias posibles, no es sino un precedente indispensable de la aplicación propiamente dicha, de manera que en la medida en dicha elección pudiera influir, en definitiva, sobre el tiempo de efectiva privación de libertad del condenado, afectaría al contenido reconocido del derecho fundamental. Esta decisión del Tribunal Constitucional incorpora ya la doctrina del TEDH y refuerza la idea de que también en este ámbito rigen los parámetros de razonabilidad, previsibilidad y *favor libertatis*, pues «la interpretación más favorable no puede entenderse como la admisión de interpretaciones que por forzosas e imprevisibles violenten la literalidad, finalidad y racionalidad de la norma aplicada, con quiebra de la seguridad jurídica y de la previsibilidad de la ley».

TEMA 10

VIGENCIA ESPACIAL DE LA LEY PENAL

Se va a tratar del ámbito espacial de la ley penal. Dicho de otra manera, se van a dar las reglas para averiguar ante qué tribunales y con qué ley penal se juzga a un delincuente determinado.

La ley penal es la más territorial de todo el ordenamiento jurídico y por eso está vigente en ella el principio de territorialidad. Pero existen algunos principios complementarios (real, personal y de comunidad de intereses), que intentan suavizar aristas al principio de territorialidad. También hay que tratar de la extradición, que supone un correctivo a las dificultades inherentes al dicho principio y, como límite a la misma, del derecho de asilo.

Las disposiciones legales que regulan esta materia están dispersas en diversas leyes, fuera del Código Penal; a diferencia de lo que ocurrió en el CP de 1822 y en el de 1928 y de lo que intentaron tanto el Proyecto de CP de 1980 como la Propuesta de 1983. Hay que señalar que el CP de 1995 vuelve a dejar fuera la regulación del ámbito espacial de la ley penal.

I. EL PRINCIPIO DE TERRITORIALIDAD

Como acaba de indicarse, la ley penal es la más sujeta al principio de territorialidad en todo el ordenamiento jurídico.

Así lo afirma el CC artículo 8.1:

> Las leyes penales, las de policía y las de seguridad pública obligan a todos los que se hallan en territorio español.

Y el artículo 4 de la Ley Orgánica del Poder Judicial (LOPJ) dispone:

> La jurisdicción se extiende a todas las personas, a todas la materias y a todo el territorio español, en la forma establecida en la Constitución y en las leyes.

Esto es consecuencia del principio de soberanía, pues como regla general la ley española sólo es aplicable en España y, además, ninguna otra ley penal extranjera tiene vigencia en el territorio nacional. Por tanto y como principio general (que sufrirá luego excepciones) la ley penal española se aplica a todos los delitos cometidos dentro del territorio nacional por ciudadanos de cualquier nacionalidad y no se puede aplicar a los cometidos fuera del mismo.

Pero el principio de territorialidad no sólo incluye el territorio español, sino también las aguas y el aire jurisdiccionales, esto es, el espacio de soberanía española. Además hay que tener en cuenta dos presupuestos para toda la materia.

1. Presupuestos

Ante todo es necesario que el presunto autor del delito esté a disposición de los tribunales españoles, que, salvo los militares, tienen siempre una base territorial. La necesidad de presencia física del acusado en España no deriva de la Ley Orgánica del Poder Judicial, que a estos efectos no dice nada, pero sí es una exigencia que deriva del sistema procesal español que, a diferencia de otros como el italiano o el francés, no admite las sentencias penales dictadas en rebeldía, salvo en los delitos leves.

Pero, además, hay que tener en cuenta los Tratados Internacionales suscritos por España; porque la LOPJ, en su artículo 23.1, al atribuir la competencia a los tribunales españoles, hace esta importante restricción: «sin perjuicio de lo previsto en los Tratados Internacionales en los que España sea parte».

2. Determinación del territorio español

La Constitución española no especifica cuál es el territorio español, aunque incluye algunas referencias sobre ciertos aspectos organizativos: por ejemplo, se mencionan los archipiélagos (art. 148.4), las Canarias (Disp. Adic. 3.ª) y Ceuta y Melilla (Disp. Trans. 5.ª). Tampoco la Ley Orgánica del Poder Judicial define el territorio, aunque lo extiende a los buques y aeronaves españolas. Básicamente la delimitación del territorio se realiza conforme a categorías de Derecho Internacional Público, desarrolladas parcialmente en ocasiones por legislación interna española. Tomando como base las mismas, se puede afirmar que el territorio español comprende ante todo las tierras españolas, pero la soberanía se extiende también a las aguas y aire jurisdiccionales.

A) *Espacio terrestre*

El espacio terrestre español comprende la Península Ibérica (menos Portugal y Gibraltar), las islas y plazas de soberanía.

B) *Espacio marítimo*

La LOPJ dispone en su artículo 23.1:

> En el orden penal corresponderá a la jurisdicción española el conocimiento de las causas por delitos y faltas cometidos en territorio español o cometidos a bordo de buques o aeronaves españoles, sin perjuicio de lo previsto en los tratados internacionales en los que España sea parte.

Pero nada se dice de cuál es la extensión del espacio marítimo. Respecto al mismo existen las siguientes disposiciones legales. En los artículos 2 y 3 de la Ley de 4 de enero de 1977 sobre el mar territorial español, se delimita éste a todos los efectos a doce millas marinas (22,222 kilómetros) desde «La línea de la baja mar escorada y, en su caso, por las líneas de base rectas que sean establecidas por el gobierno».

No debe confundirse el mar territorial con la zona económica de pesca, que se extiende hasta doscientas millas marinas en el Atlántico y en el Cantábrico (Ley de 20 de febrero de 1978) y que no se considera a efectos penales como mar territorial sino como alta mar.

La citada Ley de 4 de enero de 1977 sobre el mar territorial español señala en su artículo 1, párrafo 2.º, que la jurisdicción española se ejerce sobre el mar territorial.

> Dicha soberanía [la española] se ejerce de conformidad con el Derecho internacional, sobre la columna de agua, el lecho, el subsuelo y los recursos de ese mar, así como el espacio aéreo subyacente [«subyacente» es clara errata, porque naturalmente el espacio aéreo no subyace, sino que se encuentra sobre las aguas marinas.]

Pero la Convención de las Naciones Unidas sobre el Derecho del Mar de 1982 incluye también las aguas interiores, desembocadura de los ríos, bahías, puertos, radas, etc., en las aguas de soberanía de un Estado.

Tampoco especifica la LOPJ, en su artículo 23.1, lo que sucede con los buques que se encuentran en el espacio marítimo español. Sólo indica en su último inciso que hay que tener en cuenta «lo previsto en los tratados internacionales en los que España sea parte». Respecto a los buques, por los tratados y por la costumbre internacional se observa lo siguiente: Los buques de guerra (y a ellos se asimilan los buques del Estado; esto es, los estatales no destinados a fines comerciales) se rigen por la ley del pabellón (=el país de su matrícula, que se manifiesta en la bandera que enarbolan a popa) en cualquier sitio en que se encuentren: mar territorial, incluso de otras naciones, alta mar, etc. Por el contrario, los buques mercantes están sometidos a la legislación del país en cuyas aguas territoriales se encuentran; mientras que en alta mar siguen la ley de su pabellón.

C) *Espacio aéreo*

El artículo 1 de la Ley de Navegación Aérea de 21 de julio de 1960 fija el espacio aéreo español y lo declara sujeto a la soberanía española:

> El espacio aéreo situado sobre el territorio español y su mar territorial está sujeto a la soberanía del Estado español.

Respecto a las aeronaves, la misma Ley, en su artículo 16, distingue entre aeronaves del Estado (en las que se incluyen las militares y las destinadas exclusivamente a servicios estatales no comerciales) que se consideran territorio español y por ello se rigen siempre por la ley del pabellón (esto es, por la ley penal española), dondequiera que se encuentren, y las aeronaves privadas españolas, que:

> [...] estarán sometidas a las leyes españolas cuando vuelen por espacio libre o se hallen en territorio extranjero, o lo sobrevuelen, si a ello no se opusieren las leyes de policía y seguridad del país subyacente.

Lo anterior es un modo de evitar que una aeronave española pudiese quedar en algún caso sin estar sometida a jurisdicción penal ninguna, al no regularlo las leyes del país subyacente. Pero la mayoría de los Estados tienen una regulación del todo semejante a la que existe en España respecto a las aeronaves privadas extranjeras que, a tenor del mismo artículo 16 de la LNA quedan sometidas a la jurisdicción penal española «mientras se encuentren en territorio de soberanía española o en espacio aéreo a ella sujeto».

Luego en la práctica las aeronaves, tanto españolas como extranjeras, están sometidas a las siguientes jurisdicciones penales: las aeronaves del Estado, a la jurisdicción penal del país de su pabellón, dondequiera que se encuentren. Las aeronaves privadas, a la jurisdicción penal del país de su pabellón cuando se encuentran en territorio o aire jurisdiccional del país de su pabellón o vuelan por espacio libre (el que se encuentra sobre la alta mar); pero si están en territorio o aire jurisdiccional extranjero, quedan sometidas a la jurisdicción penal de dicho Estado, salvo muy raras excepciones (cuando no se opongan o nada digan las leyes del país en cuestión).

II. PRINCIPIOS COMPLEMENTARIOS

El principio de territorialidad es la regla general respecto al ámbito espacial de la ley penal, pero existen algunas excepciones o complementos al mismo: el principio personal o de nacionalidad, el principio real o de protección y el principio de comunidad de intereses. Estos principios se hallan contenidos en el artículo 23 LOPJ, que se ha modificado mediante LO 1/2014, de 13 de marzo.

1. Principio personal o de nacionalidad

El principio personal supone una excepción al principio de territorialidad de la ley penal porque permite que los nacionales que hayan cometido delitos en el extranjero sean juzgados en nuestro país. Este principio es consecuencia de la cláusula, que rige en materia de extradición, de no entrega del nacional. Si no existiese este principio, un nacional que delinque en el extranjero y escapa a su país de origen no podría ser juzgado en el extranjero, porque no se concedería la extradición, ni en su país, porque había delinquido fuera de sus fronteras. Esto es, que cada nación se convertiría en refugio de sus propios delincuentes.

El artículo 23.2 de la LOPJ dispone que:

> También conocerá la jurisdicción española de los delitos que hayan sido cometidos fuera del territorio nacional, siempre que los criminalmente responsables fueren españoles o extranjeros que hubieran adquirido la nacionalidad española con posterioridad a la comisión del hecho y concurrieren los siguientes requisitos:
>
> *a*) Que el hecho sea punible en el lugar de ejecución, salvo que, en virtud de un Tratado internacional o de un acto normativo de una Organización internacional de la que España sea parte, no resulte necesario dicho requisito, sin perjuicio de lo dispuesto en los apartados siguientes.
>
> *b*) Que el agraviado o el Ministerio Fiscal interpongan querella ante los Tribunales españoles.

c) Que el delincuente no haya sido absuelto, indultado o penado en el extranjero, o, en este último caso, no haya cumplido la condena. Si sólo la hubiere cumplido en parte, se le tendrá en cuenta para rebajarle proporcionalmente la que le corresponda.

Además de los requisitos expresados en el artículo 23.2 resulta necesario que el nacional o nacionalizado se encuentre en nuestro territorio, puesto que el artículo 826 LECrim, *a sensu contrario*, impide solicitar la extradición de los españoles que hayan cometido un delito en el extranjero por el mero hecho de ser españoles.

Por otra parte, debe señalar que en este artículo no se otorga competencia a los tribunales españoles para conocer de los delitos cometidos en otros países contra ciudadanos españoles, es decir, no se establece el denominado principio de personalidad pasiva. Sin embargo, en el artículo 23.4 se recoge parcialmente este principio en conexión con el principio de comunidad de intereses (véase *infra*, apartado 3).

2. Principio real o de protección

La razón de este principio es la necesidad de proteger penalmente ciertos intereses vitales para el Estado español, aunque el delito se cometa en el extranjero. Se trata por eso de delitos contra la seguridad del Estado, contra la Administración pública española, contra la moneda española, contra el control de cambios y contra los funcionarios públicos españoles en el extranjero o los cometidos por éstos, también en el extranjero.

La LOPJ, en su artículo 23.3, prescribe que:

> Conocerá la jurisdicción española de los hechos cometidos por españoles o extranjeros fuera del territorio nacional cuando sean susceptibles de tipificarse, según la ley penal española, como alguno de los siguientes delitos:
>
> *a*) De traición y contra la paz o la independencia del Estado.
>
> *b*) Contra el titular de la Corona, su Consorte, su Sucesor o el Regente.
>
> *c*) Rebelión y sedición.
>
> *d*) Falsificación de la firma o estampilla reales, del sello del Estado, de las firmas de los Ministros y de los sellos públicos u oficiales.
>
> *e*) Falsificación de moneda española y su expedición.
>
> *f*) Cualquier otra falsificación que perjudique directamente al crédito o intereses del Estado, e introducción o expedición de lo falsificado.
>
> *g*) Atentado contra autoridades o funcionarios públicos españoles.
>
> *h*) Los perpetrados en el ejercicio de sus funciones por funcionarios públicos españoles residentes en el extranjero y los delitos contra la Administración Pública española.
>
> *i*) Los relativos al control de cambios.

3. Principio de comunidad de intereses; Jurisdicción Universal

En el Tema 2, II, 4, se habló del que suele llamarse Derecho Internacional Penal, que intenta llegar a una justicia penal internacional. También se indicó que la primera aproximación a dicha meta se materializó por la vía del reconocimiento en el Derecho Internacional de una serie de delitos internacionales, es decir, delitos que afectan a diversos Estados o que están dirigidos a tener una repercusión intensa sobre muchas personas, por lo que la alarma que producen o el interés en su erradicación abarca a más de un territorio nacional. A partir de ese momento proliferaron una serie de Tratados internacionales (normalmente realizados alrededor de la ONU) por los que los países signatarios se comprometían a castigar los delitos sobre los que versaba el mismo, con independencia del lugar de comisión y de la nacionalidad del delincuente. España ha suscrito varios Tratados internacionales en relación con la persecución de delitos que protegen bienes jurídicos cuya protección interesa en general a la Comunidad internacional.

A título ejemplificativo pueden mencionarse: el Convenio para la prevención y sanción del genocidio, de 9 de diciembre de 1948; la Convención sobre la prevención y el castigo de delitos contra personas internacionalmente protegidas, inclusive los agentes diplomáticos, de 14 de diciembre de 1973; el Convenio para la represión del apoderamiento ilícito de aeronaves, de 16 de diciembre de 1970; el Convenio para la represión de actos ilícitos contra la seguridad de la aviación civil internacional, de 23 de septiembre de 1971; la Convención contra la tortura y otros tratos o penas crueles, inhumanos o degradantes, de 10 de diciembre de 1984; la Convención contra la toma de rehenes de 17 de diciembre de 1979, y el Convenio Europeo para la represión del terrorismo de 21 de enero de 1977.

Estos Tratados internacionales plasman criterios de atribución jurisdiccional basados generalmente en el territorio o en la personalidad activa o pasiva, y añaden el compromiso de cada Estado para perseguir los hechos, sea cual sea el lugar de comisión, cuando el presunto autor se encuentre en su territorio y no se conceda la extradición, previendo así una reacción ordenada contra la impunidad, y suprimiendo la posibilidad de que existan Estados que sean utilizados como refugio. Pero no se ha establecido expresamente en ninguno de esos Tratados que cada Estado parte pueda perseguir, sin limitación alguna y acogiéndose solamente a su legislación interna, los hechos ocurridos en territorio de otro Estado, ni aun en los casos en que éste no procediera a su persecución, es decir, estos Tratados no establecen la llamada jurisdicción universal.

Esta materia se aborda en el artículo 23.4 LOPJ que hasta la reforma operada por LO 1/2009, de 3 de noviembre, establecía una lista de delitos —fruto de los compromisos internacionales firmados por España— respecto de los que la jurisdicción española se consideraba competente aunque se hubieran cometido fuera de las fronteras nacionales, sin exigir ningún requisito ulterior a que el delincuente no hubiera sido ya absuelto, indultado o penado en el extranjero y hubiere cumplido su condena. Ello dio lugar a que se plantease si se trataba de una norma de jurisdicción universal, es decir, si se permitía en ella la apertura de diligencias penales ante la noticia de la comisión de hechos susceptibles de ser calificados como alguno de los delitos a los que se refería, cualquiera que fuera el lugar de su comisión, la nacionalidad de su autor o víctima y el lugar en que se encontrara el delincuente.

El Tribunal Supremo, en Sentencia de 25 de febrero de 2003 (asunto Guatemala), se mostró contrario a dicha interpretación, considerando que resultaba necesaria la existencia de un interés nacional como elemento legitimador para modular su extensión con arreglo a criterios de racionalidad y con respeto al principio de no intervención. Sin embargo, el Tribunal Constitucional, en Sentencia de 26 de diciembre de 2005, anuló la Sentencia del TS comentada por considerar que la interpretación que realizaba del artículo 23.4 de la LOPJ era abiertamente restrictiva, y vulneraba el derecho a la tutela judicial efectiva del artículo 24.1 de la Constitución. La postura de nuestro TC no era nada razonable puesto que conducía prácticamente, como argumentó García-Pablos, a erigir a los tribunales españoles en gendarmes universales de la lucha contra el delito y de la protección de los derechos humanos.

La modificación del artículo 23.4 operada en LO 1/2009, recogía la postura del TS, y recondujo la situación a los cauces habituales en el orden internacional, al exigir como requisito para conocer los Tribunales españoles que los presuntos autores se encontraran en España, que las víctimas fueran españolas (principio de personalidad pasiva) o que existiera algún otro vínculo relevante con España y, en todo caso, que en otro país competente o en el seno de un Tribunal internacional no se hubiera iniciado procedimiento que supusiera una investigación y una persecución efectiva.

El artículo 23.4 ha sufrido una nueva modificación, por LO 1/2014, de 13 de marzo, fruto del conflicto diplomático con China generado por la pretensión de la Audiencia Nacional de juzgar en España, por el genocidio tibetano, a los anteriores dirigentes de la cúpula del Partido Comunista chino.

La valoración que la doctrina hace del nuevo contenido del artículo 23.4 es mala, no sólo por su falta de técnica jurídica —es una norma farragosa, casuística y reiterativa—, sino también por su contenido que, a juicio de muchos, choca frontalmente con el Derecho Internacional y vulnera la Constitución.

Por una parte, se alega que la nueva norma ignora deliberadamente que la Justicia Universal es un principio derivado del Derecho internacional, basado en un interés supranacional que posibilita a los tribunales nacionales ejercer la justicia penal, en representación de la comunidad internacional, para el enjuiciamiento de los crímenes internacionales más graves y que, desde la consolidación de los principios de Nuremberg, la comunidad internacional en su conjunto se obligó a perseguirlos.

Por otra se considera inconstitucional, puesto que parece establecer víctimas españolas de primera y de segunda categoría, al privilegiar a las víctimas del terrorismo, respecto de las de otros delitos. Así es, los tribunales españoles podrán ejercer la jurisdicción respecto del delito de terrorismo por el mero hecho de que la víctima sea española, pero no podrán hacerlo, salvo que concurra la presencia de otros requisitos, si se trata de genocidio, lesa humanidad, tortura o crímenes de guerra. De ahí que se considere que la norma vulnera el derecho a la tutela judicial efectiva.

Establece ahora el artículo 23.4 de la LOPJ que:

> «Igualmente, será competente la jurisdicción española para conocer de los hechos cometidos por españoles o extranjeros fuera del territorio nacional susceptibles de tipificarse, según la ley española, como alguno de los siguientes delitos cuando se cumplan las condiciones expresadas:
>
> *a*) Genocidio, lesa humanidad o contra las personas y bienes protegidos en caso de conflicto armado, siempre que el procedimiento se dirija contra un español o contra un ciudadano extranjero que resida habitualmente en España, o contra un extranjero que se encontrara en España y cuya extradición hubiera sido denegada por las autoridades españolas.
>
> *b*) Delitos de tortura y contra la integridad moral de los artículos 174 a 177 del Código Penal, cuando:
>
> 1.º el procedimiento se dirija contra un español; o,
>
> 2.º la víctima tuviera nacionalidad española en el momento de comisión de los hechos y la persona a la que se impute la comisión del delito se encuentre en territorio español.

c) Delitos de desaparición forzada incluidos en la Convención internacional para la protección de todas las personas contra las desapariciones forzadas, hecha en Nueva York el 20 de diciembre de 2006, cuando:

1.º el procedimiento se dirija contra un español; o,

2.º la víctima tuviera nacionalidad española en el momento de comisión de los hechos y la persona a la que se impute la comisión del delito se encuentre en territorio español.

d) Delitos de piratería, terrorismo, tráfico ilegal de drogas tóxicas, estupefacientes o sustancias psicotrópicas, trata de seres humanos, contra los derechos de los ciudadanos extranjeros y delitos contra la seguridad de la navegación marítima que se cometan en los espacios marinos, en los supuestos previstos en los tratados ratificados por España o en actos normativos de una Organización Internacional de la que España sea parte.

e) Terrorismo, siempre que concurra alguno de los siguientes supuestos:

1.º el procedimiento se dirija contra un español;

2.º el procedimiento se dirija contra un extranjero que resida habitualmente o se encuentre en España o, sin reunir esos requisitos, colabore con un español, o con un extranjero que resida o se encuentre en España, para la comisión de un delito de terrorismo;

3.º el delito se haya cometido por cuenta de una persona jurídica con domicilio en España;

4.º la víctima tuviera nacionalidad española en el momento de comisión de los hechos;

5.º el delito haya sido cometido para influir o condicionar de un modo ilícito la actuación de cualquier Autoridad española;

6.º el delito haya sido cometido contra una institución u organismo de la Unión Europea que tenga su sede en España;

7.º el delito haya sido cometido contra un buque o aeronave con pabellón español; o,

8.º el delito se haya cometido contra instalaciones oficiales españolas, incluyendo sus embajadas y consulados.

A estos efectos, se entiende por instalación oficial española cualquier instalación permanente o temporal en la que desarrollen sus funciones públicas autoridades o funcionarios públicos españoles.

f) Los delitos contenidos en el Convenio para la represión del apoderamiento ilícito de aeronaves, hecho en La Haya el 16 de diciembre de 1970, siempre que:

1.º el delito haya sido cometido por un ciudadano español; o,

2.º el delito se haya cometido contra una aeronave que navegue bajo pabellón español.

g) Los delitos contenidos en el Convenio para la represión de actos ilícitos contra la seguridad de la aviación civil, hecho en Montreal el 23 de septiembre de 1971, y en su Protocolo complementario hecho en Montreal el 24 de febrero de 1988, en los supuestos autorizados por el mismo.

h) Los delitos contenidos en el Convenio sobre la protección física de materiales nucleares hecho en Viena y Nueva York el 3 de marzo de 1980, siempre que el delito se haya cometido por un ciudadano español.

i) Tráfico ilegal de drogas tóxicas, estupefacientes o sustancias psicotrópicas, siempre que:

1.º el procedimiento se dirija contra un español; o,

2.º cuando se trate de la realización de actos de ejecución de uno de estos delitos o de constitución de un grupo u organización criminal con miras a su comisión en territorio español.

j) Delitos de constitución, financiación o integración en grupo u organización criminal o delitos cometidos en el seno de los mismos, siempre que se trate de grupos u organizaciones que actúen con miras a la comisión en España de un delito que esté castigado con una pena máxima igual o superior a tres años de prisión.

k) Delitos contra la libertad e indemnidad sexual cometidos sobre víctimas menores de edad, siempre que:

1.º el procedimiento se dirija contra un español;

2.º el procedimiento se dirija contra ciudadano extranjero que resida habitualmente en España;

3.º el procedimiento se dirija contra una persona jurídica, empresa, organización, grupos o cualquier otra clase de entidades o agrupaciones de personas que tengan su sede o domicilio social en España; o,

4.º el delito se hubiera cometido contra una víctima que, en el momento de comisión de los hechos, tuviera nacionalidad española o residencia habitual en España.

l) Delitos regulados en el Convenio del Consejo de Europa de 11 de mayo de 2011 sobre prevención y lucha contra la violencia contra las mujeres y la violencia doméstica, siempre que:

1.º el procedimiento se dirija contra un español;

2.º el procedimiento se dirija contra un extranjero que resida habitualmente en España; o,

3.º el delito se hubiera cometido contra una víctima que, en el momento de comisión de los hechos, tuviera nacionalidad española o residencia habitual en España, siempre que la persona a la que se impute la comisión del hecho delictivo se encuentre en España.

m) Trata de seres humanos, siempre que:

1.º el procedimiento se dirija contra un español;

2.º el procedimiento se dirija contra un ciudadano extranjero que resida habitualmente en España;

3.º el procedimiento se dirija contra una persona jurídica, empresa, organización, grupos o cualquier otra clase de entidades o agrupaciones de personas que tengan su sede o domicilio social en España; o,

4.º el delito se hubiera cometido contra una víctima que, en el momento de comisión de los hechos, tuviera nacionalidad española o residencia habitual en España, siempre que la persona a la que se impute la comisión del hecho delictivo se encuentre en España.

n) Delitos de corrupción entre particulares o en las transacciones económicas internacionales, siempre que:

1.º el procedimiento se dirija contra un español;

2.º el procedimiento se dirija contra un ciudadano extranjero que resida habitualmente en España;

3.º el delito hubiera sido cometido por el directivo, administrador, empleado o colaborador de una empresa mercantil, o de una sociedad, asociación, fundación u organización que tenga su sede o domicilio social en España; o,

4.º el delito hubiera sido cometido por una persona jurídica, empresa, organización, grupos o cualquier otra clase de entidades o agrupaciones de personas que tengan su sede o domicilio social en España.

o) Delitos regulados en el Convenio del Consejo de Europa de 28 de octubre de 2011, sobre falsificación de productos médicos y delitos que supongan una amenaza para la salud pública, cuando:

1.º el procedimiento se dirija contra un español;

2.º el procedimiento se dirija contra un extranjero que resida habitualmente en España;

3.º el procedimiento se dirija contra una persona jurídica, empresa, organización, grupos o cualquier otra clase de entidades o agrupaciones de personas que tengan su sede o domicilio social en España;

4.º la víctima tuviera nacionalidad española en el momento de comisión de los hechos; o,

5.º el delito se haya cometido contra una persona que tuviera residencia habitual en España en el momento de comisión de los hechos.

p) Cualquier otro delito cuya persecución se imponga con carácter obligatorio por un Tratado vigente para España o por otros actos normativos de una Organización Internacional de la que España sea miembro, en los supuestos y condiciones que se determine en los mismos.

Asimismo, la jurisdicción española será también competente para conocer de los delitos anteriores cometidos fuera del territorio nacional por ciudadanos extranjeros que se encontraran en España y cuya extradición hubiera sido denegada por las autoridades españolas, siempre que así lo imponga un Tratado vigente para España.

La regulación contenida en el artículo 23.4 se completa, reiterándose en muchos supuestos, con los números 5 y 6 del mismo artículo, que señalan que:

5. Los delitos a los que se refiere el apartado anterior no serán perseguibles en España en los siguientes supuestos:

a) Cuando se haya iniciado un procedimiento para su investigación y enjuiciamiento en un Tribunal Internacional constituido conforme a los Tratados y Convenios en que España fuera parte.

b) Cuando se haya iniciado un procedimiento para su investigación y enjuiciamiento en el Estado del lugar en que se hubieran cometido los hechos o en el Estado de nacionalidad de la persona a que se impute su comisión, siempre que:

1.º la persona a la que se impute la comisión del hecho no se encontrara en territorio español; o,

2.º se hubiera iniciado un procedimiento para su extradición al país del lugar en que se hubieran cometido los hechos o de cuya nacionalidad fueran las víctimas, o para ponerlo a disposición de un Tribunal Internacional para que fuera juzgado por los mismos, salvo que la extradición no fuera autorizada.

Lo dispuesto en este apartado *b*) no será de aplicación cuando el Estado que ejerza su jurisdicción no esté dispuesto a llevar a cabo la investigación o no pueda realmente hacerlo, y así se valore por la Sala 2.ª del Tribunal Supremo, a la que elevará exposición razonada el Juez o Tribunal.

A fin de determinar si hay o no disposición a actuar en un asunto determinado, se examinará, teniendo en cuenta los principios de un proceso con las debidas garantías reconocidos por el Derecho Internacional, si se da una o varias de las siguientes circunstancias, según el caso:

a) Que el juicio ya haya estado o esté en marcha o que la decisión nacional haya sido adoptada con el propósito de sustraer a la persona de que se trate de su responsabilidad penal.

b) Que haya habido una demora injustificada en el juicio que, dadas las circunstancias, sea incompatible con la intención de hacer comparecer a la persona de que se trate ante la justicia.

c) Que el proceso no haya sido o no esté siendo sustanciado de manera independiente o imparcial y haya sido o esté siendo sustanciado de forma en que, dadas las circunstancias, sea incompatible con la intención de hacer comparecer a la persona de que se trate ante la justicia.

A fin de determinar la incapacidad para investigar o enjuiciar en un asunto determinado, se examinará si el Estado, debido al colapso total o sustancial de su administración nacional de justicia o al hecho de que carece de ella, no puede hacer comparecer al acusado, no dispone de las pruebas y los testimonios necesarios o no está por otras razones en condiciones de llevar a cabo el juicio.

6. Los delitos a los que se refieren los apartados 3 y 4 solamente serán perseguibles en España previa interposición de querella por el agraviado o por el Ministerio Fiscal.

La mera lectura del nuevo artículo 23.4 y de sus normas complementarias, los números 5 y 6, permite concluir que, en efecto, es una norma farragosa y reiterativa. Y no se trata sólo de una falta de estilo, sino de una auténtica falta de técnica legislativa que se transforma en fuente de inseguridad jurídica, puesto que posibilita múltiples interpretaciones de la ley.

Ejemplo palmario de ello es que nuestra Audiencia Nacional haya podido interpretar (Auto n.º 21/2014, de 6 de mayo) que los tribunales españoles no son competentes para juzgar los delitos de tráfico de drogas cuando los delincuentes, no españoles, son detenidos en aguas internacionales, y no constan actos de ejecución ni de organización del delito con vista a su ejecución en España —por considerar aplicable el art. 26.4.*i*)—; mientras que el Tribunal Supremo (Sentencia n.º 592/2014, de 24 de julio) considera que es aplicable el artículo 24.4.*d*), y que es la Convención de Viena de 1988 —contra el tráfico ilícito de estupefacientes y sustancias psicotrópicas— la que otorga jurisdicción a los tribunales españoles.

III. LA EXTRADICIÓN

En realidad la materia de la extradición es de Derecho internacional público lo que se acusa especialmente en sus fuentes. Sin embargo, suele incluirse en nuestra disciplina por las conexiones que guarda con la misma, especialmente con el ámbito espacial del Derecho Penal.

Como en la mayoría de los países la última decisión sobre la extradición está reservada al Ejecutivo, no es de admirar el hecho de que la concesión o denegación de una extradición dependa en gran medida del estado de las relaciones existente entre el país que la pide y el que la concede, aparte de otras cuestiones de orden político, incluso interno. Baste recordar, por no poner más que un ejemplo cercano, las distintas conductas observadas por Francia en la cuestión de la extradición de los etarras a España.

Aquí se tratará sucesivamente del concepto, fundamento y naturaleza de la extradición, de las clases de la misma, de sus fuentes en el Derecho español y de los principios informadores de esta materia.

1. Concepto, fundamento y naturaleza

Suele definirse la extradición como el acto por el cual un gobierno entrega a un individuo refugiado en su territorio al gobierno de otro país que lo reclama por razón de delito, para que sea juzgado y, si ya fue condenado, para que se ejecute la condena que le ha sido impuesta.

Su fundamento está en la necesidad de superar las limitaciones impuestas por el principio de territorialidad; ya que éste impide aplicar la ley penal a hechos ocurridos fuera del país, en el que ha buscado refugio el delincuente, exceptuados los escasos supuestos de los principios complementarios. Se trata, por tanto, de un caso de auxilio jurisdiccional y, en definitiva, de un acto de solidaridad entre los Estados, para la lucha contra la delincuencia.

Respecto a su naturaleza, es la de un acto jurídico bilateral, de relación entre dos Estados: el requirente y el requerido. No se puede hablar de un contrato, porque no siempre se efectúa en cumplimiento de un tratado; en ocasiones se debe a una ley interna.

Hay que distinguir la extradición de la expulsión de un ciudadano de su territorio por parte de un Estado, aunque a veces tenga los mismos efectos para el individuo en cuestión. Por ejemplo, cuando se le expulsa por la frontera del país que solicita la extradición.

2. Clases de extradición

Por razón de los Estados que intervienen suele dividirse la extradición en activa, que es la que ejercita el Estado requirente; pasiva, que ejercita el Estado requerido; y de tránsito, cuando el ciudadano reclamado ha de pasar por un tercer Estado.

Atendiendo a los órganos que intervienen suele hablarse de extradición judicial, gubernativa y mixta, según sea concedida por el poder judicial, por la Administración o por un procedimiento en el que intervienen ambas instancias. En España la extradición es mixta.

Además, según consienta o no el sujeto reclamado, se habla de extradición obligatoria o voluntaria. No debe confundirse, sin embargo, la extradición voluntaria con la entrega voluntaria del individuo. En la primera, el individuo renuncia a los trámites que deberían seguirse para la extradición, mientras que en la segunda se entrega él mismo.

Finalmente se habla de reextradición, cuando el Estado que ha conseguido la extradición de un individuo lo entrega a otro Estado, que se lo solicita. En tal caso, según la legislación española, se exige que el Estado, que concedió la extradición, autorice la reextradición.

3. Fuentes de la extradición

En esta materia hay que distinguir entre la extradición activa y la pasiva.

A) *Fuentes de la extradición activa*

La Ley de Enjuiciamiento Criminal (LECrim), en su artículo 827, señala como fuentes de la extradición activa las siguientes:

> Procederá la petición de extradición:
>
> 1.º En los casos que se determinen en los tratados vigentes con la potencia en cuyo territorio se hallare el individuo reclamado.
>
> 2.º En defecto de tratado, en los casos en que la extradición proceda según el derecho escrito o consuetudinario vigente en el territorio a cuya nación se pida la extradición.
>
> 3.º En defecto de los dos casos anteriores, cuando la extradición sea procedente según el principio de reciprocidad.

Por tanto, la LECrim señala tres fuentes sucesivas para la extradición activa: los tratados, el Derecho escrito o consuetudinario y la reciprocidad.

Los Tratados son los acuerdos internacionales suscritos por España, que a veces son bilaterales y en otras ocasiones multilaterales. En los últimos años el Ministerio de Justicia ha hecho un muy notable esfuerzo para suscribir convenios de extradición con multitud de países. Además, fue ratificado el 21 de abril de 1982 el Convenio Europeo de Extradición de 13 de diciembre de 1957 y sus posteriores Protocolos y Convenios complementarios. Igualmente es de gran interés en esta materia el Convenio Europeo para la represión del terrorismo de 27 de enero de 1977, ratificado por España el 9 de mayo de 1980.

El Derecho escrito o consuetudinario hace referencia a la posibilidad (como sucede en España y cada vez es más frecuente en otras naciones) de que el país en cuestión haya regulado por ley interna la extradición pasiva; en su defecto, se cita la costumbre que en este caso es fuente de Derecho, porque no se trata de Derecho Penal sino de Derecho internacional.

Finalmente la reciprocidad alude a un principio de Derecho internacional, que se aplica en ausencia de normas reguladoras de una situación jurídica: se trata de que el otro Estado se comprometa a conceder (o haya concedido en el pasado) la extradición solicitada por España, cuando se den circunstancias semejantes.

Pero el artículo 826 de la LECrim restringe notablemente el ámbito del artículo citado, ya que pone un notable obstáculo procesal, al prescribir que:

> Sólo podrá pedirse o proponerse la extradición:
>
> 1.º De los españoles que habiendo delinquido en España se hayan refugiado en país extranjero;
>
> 2.º De los españoles que habiendo atentado en el extranjero contra la seguridad exterior del Estado, se hubiesen refugiado en país distinto del que delinquieron.
>
> 3.º De los extranjeros que debiendo ser juzgados en España se hubiesen refugiado en un país que no sea el suyo.

B) *Fuentes de la extradición pasiva*

La Constitución, en su artículo 13.3, señala las condiciones para la extradición pasiva con las siguientes palabras:

> La extradición sólo se concederá en cumplimiento de un tratado o de la ley, atendiendo al principio de reciprocidad. Quedan excluidos de la extradición los delitos políticos, no considerándose como tales los actos de terrorismo.

La Ley de 21 de marzo de 1985 de Extradición Pasiva (en adelante se citará como LEP) en su artículo 1 puntualiza a este respecto:

> Las condiciones, los procedimientos y los efectos de la extradición pasiva se regirán por la presente ley, excepto en lo expresamente previsto en los Tratados en los que España sea parte.
>
> En todo caso, la extradición sólo se concederá atendiendo al principio de reciprocidad.
>
> El Gobierno podrá exigir una garantía de reciprocidad al Estado requirente.

Luego las fuentes de la extradición pasiva son los Tratados, la Ley de 21 de marzo de 1985 y la reciprocidad. De ellas se ha hablado más arriba, al tratar de las fuentes de la extradición activa.

Además hay que tener en cuenta que la reciente STC 147/2020, de 19 de octubre, ha declarado que para conceder la extradición se requiere control judicial en el país que la solicita, al objeto de garantizar la tutela judicial efectiva.

4. La orden de detención europea (euro-orden) y los procedimientos de entrega

Tras el Consejo Europeo extraordinario de Tampere de 1999, en el que se propuso la supresión de la extradición en caso de sentencia condenatoria, la Comisión presentó un texto articulado en 2001 que quedó prácticamente terminado al iniciarse la tercera Presidencia española en enero de 2002.

El cauce jurídico elegido para materializar la idea ha sido una Decisión marco, fuente de carácter obligatorio, pero que no produce efectos directos en los Estados miembros. La filosofía de la Decisión Marco 2002/4584 se resume en este apartado de su Preámbulo: «El objetivo atribuido a la Unión, de llegar a ser un espacio de libertad, seguridad y justicia, da lugar a la supresión de la extradición entre los Estados miembros, debiéndose sustituir por un sistema de entrega entre autoridades judiciales. Por otro lado, la creación de un nuevo sistema simplificado de entrega de personas condenadas o sospechosas, con fines de ejecución de las sentencias o de diligencias en materia penal, permite eliminar la complejidad y los riesgos de retraso inherentes a los actuales procedimientos de extradición. Es preciso sustituir las relaciones clásicas de cooperación que prevalecen entre los Estados miembros, por un sistema de libre circulación de decisiones judiciales en materia penal, tanto previas a la sentencia como definitivas, en el espacio de libertad, seguridad o justicia.»

Ley 3/2003, de 14 de marzo, de la Orden Europea de Detención y Entrega, complementada por la LO 3/2003, también de 14 de marzo, que modifica la Ley Orgánica del Poder Judicial para adaptarla a la Ley 3/2003, dio cumplimiento en nuestro país a la Decisión marco.

El reconocimiento mutuo de resoluciones judiciales en el ámbito de la Unión Europea se ha ido ampliando con los años, dando lugar a sucesivas Decisiones Marco cuyo contenido se ha ido incorporando paulatinamente a la legislación española, hasta que el legislador español, con buen tino, ha decidido modificar la técnica legislativa de incorporación individual de cada decisión marco o directiva europea, y elaborar un texto conjunto en el que se reúnen todas las decisiones marco y las directivas aprobadas hasta hoy en materia de reconocimiento mutuo de resoluciones penales. Se trata de la Ley 23/2014, de 20 de noviembre, de reconocimiento mutuo de resoluciones penales en la Unión Europea. Esta Ley ha derogado la Ley 3/ 2003, de 14 de marzo, sobre la orden europea de detención y entrega.

No es éste el lugar oportuno para hacer una exégesis del Título II de la Ley 23/2014, que es el que regula ahora esta materia, por lo que se dejará tan sólo constancia de que la Orden Europea de Detención y Entrega (euro-orden) supone en el fondo una extradición simplificada, por lo que le será aplicable la doctrina constitucional existente en materia de extradición.

5. Principios informadores en materia de extradición

En materia de extradición se han ido asentando algunos principios, que informan normalmente tanto los tratados como las leyes y que incluso son los que se suelen poner de base en las ocasiones, en que se acude a la reciprocidad, aunque ésta quede condicionada a que el otro Estado se comprometa a observar la misma conducta. No quiere decir esto que se observen siempre, pues cada Estado sigue siendo soberano en su legislación y en los convenios que suscriba con otros Estados.

Tales principios se pueden agrupar en tres categorías: por razón del delito, por razón del delincuente y por razones humanitarias. Esta última causa lleva a poner cortapisas a la extradición en caso de que se espere la pena de muerte o por motivos procesales.

A) *Por razón del delito*

Por razón del delito se admiten ocho principios en la materia de extradición:

a) Principio de legalidad

Este principio no tiene la misma vigencia ni el mismo significado que en el Derecho Penal, como se ha visto al tratar de las fuentes de la extradición; pues, como entonces se dijo, la extradición forma parte del Derecho internacional. Aquí hay que entender la palabra «ley» en sentido amplio, equivalente a «norma jurídica», que comprende tanto los Tratados, como la leyes internas del país en cuestión e incluso el principio de reciprocidad.

Según este principio, el hecho por el que se solicita la extradición debe ser constitutivo de delito con arreglo al Tratado vigente entre el Estado que requiere y el Estado requerido. El sistema decimonónico de incorporar al Tratado una lista cerrada que contenía los delitos por los cuales se concedía la extradición ha sido sustituido por un sistema de *numerus apertus* que se vincula a otros principios como el de doble incriminación o de insignificancia. En otros casos lo que se hace es enumerar los delitos por los que no se concede la extradición.

b) Principio de identidad o doble incriminación

El presente principio exige que el hecho que motiva la extradición constituya delito tanto en el país que la pide como en el que la concede. También se le llama, por eso, principio de la doble incriminación.

La razón de este principio es obvia: si el hecho no es delito en el país requirente, no se le podría juzgar; si no lo es en el país requerido, no obstaculiza la convivencia social del mismo.

Queda, sin embargo, la posibilidad de que el hecho sea delito en el país donde lo ejecutó el reo y en el país que lo reclama, aunque no sea delito en el tercer Estado, en el que se ha refugiado el delincuente. Entonces parece que, a pesar del principio enunciado, se podría conceder la extradición, porque el individuo se ha puesto contra la ley vigente en el país que lo reclama y en aquel en el que puso el hecho delictivo. Pero, por otro lado, el individuo no perturba la convivencia ciudadana en el tercer Estado, en que se encuentra, ya que su conducta allí no es delito. Por eso, cabría inclinarse en este caso por la benignidad hacia el reo.

c) Principio de especialidad

Este principio significa que el extraditado puede ser juzgado tan sólo por el delito que motivó la extradición. Caso de que, en el curso del proceso, surgiese un delito distinto, habría que solicitar una autorización ampliatoria del país que concedió la extradición. Así se prevé en el artículo 21.1 de la LEP; aunque no hay que olvidar que se trata de una ley española interna y que, por tanto, otros países pueden proceder de modo distinto.

d) No entrega por delitos políticos

El principio de no entrega por delitos políticos es de los que más oscilaciones ha sufrido en el correr de los siglos XIX y XX, lo que en gran parte se ha debido al cambio de mentalidad sobre el llamado delincuente político durante ambos siglos. Aquí se tratará tan sólo del delito político y se dejará para el siguiente apartado lo relativo al derecho de asilo, aunque el tema esté íntimamente ligado con la presente materia.

Por la complejidad de la materia se va a hablar sucesivamente de la evolución de la valoración sobre el delincuente político y de su consecuencia, la evolución de su protección legal, de los criterios de distinción entre el delincuente político y el común y finalmente de una conclusión sobre todo este tema.

a') Valoración del delincuente político

En el siglo XIX, en parte por influjo de las teorías lombrosianas se consideraba al delincuente común como un ser atávico, regresivo; mientras que el delincuente político gozaba un trato de favor: era progresivo, intentaba hacer avanzar a su nación. Además, fuera de su patria no parecía peligroso, puesto que solía refugiarse en un país políticamente de acuerdo con sus convicciones. Por otro lado, en los finales del Antiguo Régimen, se les consideró benignamente, porque intentaban poner fin a los regímenes absolutistas.

Pero desde que la delincuencia política comenzó a utilizar medios constitutivos de un delito común (atentados, muertes, lesiones, voladuras de edificios o puentes, etc.), es decir, desde que comenzó el terrorismo, lo que se inició ya a finales del siglo pasado con los anarquistas, la valoración del delincuente político comenzó a cambiar. Por otro lado se empezó a constatar que la idea de progreso es relativa y que está en función del fin que se pretende alcanzar: lo que para un grupo es avance, para el otro es retroceso. Por no poner más que un ejemplo y sin entrar en valoraciones políticas, baste citar el caso del IRA: lo que para ellos es progreso (conseguir la liberación de Irlanda del Norte), para la Gran Bretaña es una pretensión injusta, un retroceso.

b') Protección legal

Ya desde el tratado de extradición, suscrito por Francia y Bélgica en 1856, se viene consignando en todos los convenios sobre la materia la llamada «cláusula belga» (cuya ocasión fue un atentado contra la vida de Napoleón III, cuyo autor se refugió en Bélgica), según la cual no se considera delito político y se concede la extradición en los casos de regicidio; denominación que luego se cambió con la de magnicidio, para incluir a los presidentes de la república.

Pero con el correr del siglo XX se vio la necesidad de excluir de la protección a los terroristas en general, a la vez que se han ido suscribiendo muchos tratados o convenios multilaterales para la Represión del Terrorismo. El fundamental para España es el Convenio Europeo para la represión del terrorismo de 27 de enero de 1977, ratificado por España el 9 de mayo de 1980.

Como se ha indicado más arriba la Constitución Española en su artículo 13.3 señala que:

> Quedan excluidos de la extradición los delitos políticos, no considerándose como tales los actos de terrorismo.

Y la LEP, en su artículo 4.1, puntualiza que no se concederá la extradición:

> Cuando se trate de delitos de carácter político, no considerándose como tales los actos de terrorismo; los crímenes contra la humanidad previstos por el Convenio para la prevención y penalización del crimen de genocidio adoptado por la Asamblea General de las Naciones Unidas, ni el atentado contra la vida de un Jefe de Estado o de un miembro de su familia.

c') Criterios de distinción

Hay que recordar que en el Código Penal español (y así sucede en la mayoría de los CCPP) no existe el término de delito o delincuente político, ni tampoco se define el delito de terrorismo, por lo que estos conceptos se han ido elaborando en gran parte por vía doctrinal y jurisprudencial. Para distinguirlos del delito común se han propuesto tres criterios.

El criterio objetivo distingue por razón del bien jurídico atacado y por ello considera como delito político todo el que se dirige contra el Estado y, concretamente, todo el que vaya contra la Constitución y contra el orden público. Hay que notar, sin embargo, que por la citada Cláusula belga, se excluía de los delitos políticos el atentado contra el Jefe del Estado. Pero, además, se objetó que con ello se beneficiaba a los partícipes que, sin intención política ninguna, realizasen dichos actos por precio.

Por lo anterior, entre otras causas, se pasó al criterio subjetivo, que considera delincuentes políticos a los que actúan por móviles políticos. Pero este criterio impide toda distinción entre el delito político y el común realizado por móviles políticos, que es el que causa actualmente mayores problemas a través del terrorismo.

Todo esto ha llevado a formular un criterio mixto, según el cual hay que exigir, por un lado, la parte objetiva (delitos contra la seguridad del Estado) y, por el otro, la subjetiva (móvil político). Pero suelen excluirse aun en este caso los delitos perpetrados por medios que en su esencia constituyan un delito común, tales como los que supongan muertes, lesiones, daños materiales considerables, etc.

Actualmente se ha optado por enumerar los delitos que quedan excluidos de la consideración de políticos. Así lo ha hecho, por ejemplo, el Convenio Europeo de Extradición en su artículo 3, que es complementado por el artículo 1 de su Protocolo Adicional.

Quizás la lista más completa es la que aparece en el Convenio Europeo para la Represión del Terrorismo, que en su artículo 1 enumera los delitos que no se consideran como políticos a efectos de extradición, tales como la captura ilícita de aeronaves; los actos ilícitos dirigidos contra la seguridad de la aviación civil; los delitos graves constituidos por ataques a la vida, integridad corporal o libertad de las personas que tengan derecho a una protección internacional, incluidos los agentes diplomáticos; los delitos que impliquen rapto, toma de rehenes o secuestro arbitrario; los que impliquen utilización de bombas, granadas, cohetes, armas de fuego automáticas o cartas o paquetes con explosivos ocultos, cuando representen un peligro para las personas; y la tentativa de comisión de alguno de los delitos anteriormente mencionados o la participación como coautor o cómplice de una persona que cometa o intente cometer dichos delitos. El mismo Convenio, en su artículo 2, añade que cualquier Estado contratante podrá no considerar como delito político cualquier acto grave de violencia, no comprendido en el artículo 1, dirigido contra la vida, integridad corporal o libertad de las personas; así como cualquier acto grave contra los bienes, cuando dicho acto haya creado un peligro colectivo contra las personas; además preceptúa que se aplicará el mismo criterio a la tentativa y a la participación en dichos actos como coautor o cómplice.

d') Conclusión

En definitiva, los delitos políticos que vetan la extradición se van reduciendo casi exclusivamente a los delitos de opinión, realizados por medios no violentos. Así parece también reconocerlo la LEP, que en su artículo 4.2 prohíbe la extradición por los delitos «cometidos a través de los medios de comunicación social en el ejercicio de la libertad de expresión».

e) No entrega por delitos militares

En realidad los delitos esencialmente militares vienen a asimilarse a los delitos políticos; por lo que de nuevo surge la misma dificultad que en ellos: delimitar qué se entiende por delitos esencialmente militares. Suele decirse que son los que podrían llamarse profesionales del militar, esto es, los que no serían delitos si el sujeto activo no fuera militar.

Conforme al artículo 1 del CPM:

> Sólo serán castigadas como delitos militares las acciones y omisiones previstas en este Código.

Y la LEP, en su artículo 4.2, prohíbe conceder la extradición:

> Cuando se trate de delitos militares tipificados por la legislación española y sin perjuicio de lo establecido al respecto en los Convenios internacionales suscritos y ratificados por España.

La razón de este principio es que se piensa que el autor de los delitos militares no tiene porqué perturbar el orden interno de otro país, ya que suele tratarse de indisciplina militar o de deserción para no cumplir el servicio militar. Aparte de ello, influye sin duda el hecho de que algunos CCPP han llevado en distintas épocas a la esfera del Derecho Penal militar gran parte de los delitos políticos.

Pero se dice por algunos tratadistas que tal comportamiento no es congruente con la política de pactos militares aun en tiempo de paz, que caracteriza el mundo actual; ya que parece absurda la no entrega por delitos militares entre aliados.

Es de observar que el delito más típico de este grupo —la deserción— ha sido objeto en varias ocasiones de inclusión en los tratados o convenios de extradición (y, por tanto, da lugar a la extradición), especialmente en lo que se refiere a la deserción de marineros, tanto de la marina de guerra como de la mercante. En ocasiones se ha intentado con ello evitar la emigración clandestina a un país de la marinería, so capa de deserción.

f) *Minima non curat praetor*

Este principio significa que no se concede la extradición por infracciones de poca gravedad, por razones de economía procesal. Los convenios de esta materia han utilizado el expediente de enumerar la pena mínima por debajo de la cual no se concede la extradición.

Se incluye también en este principio la no extradición por las llamadas formas de resolución manifestada, aunque se concede por la complicidad y por el encubrimiento (véase *infra*, Tema 25, II).

g) Delitos perseguibles a instancia de parte

Tampoco son objeto de extradición los llamados delitos semi-públicos o privados [véanse *infra*, los Temas 23, II, 3, C) y 33, I, 4] aunque lo solicite la parte perjudicada, con excepción de los delitos de violación, estupro, rapto y abusos deshonestos. Así lo dispone el artículo 4.2 de la LEP.

h) Delitos cometidos por medios audiovisuales

En los delitos presentes se exceptúan tan sólo, a tenor del artículo 4.2 de la LEP:

> Los cometidos a través de los medios de comunicación social en el ejercicio de la libertad de expresión.

La fórmula queda poco definida, por lo que habrá de interpretarse en cada caso de acuerdo con lo que las leyes y la jurisprudencia determinen al respecto en el difícil campo de los límites entre la libertad de expresión y el derecho al propio honor y a la intimidad; ya que la mayoría de los posibles delitos cometidos por medios audiovisuales suelen ser de injurias o de calumnias.

La razón de esta excepción parece que hay que situarla en la proximidad de dichos delitos con los políticos.

B) *Por razón del delincuente*

En este campo suele regir el principio de la no entrega del nacional. La razón de este principio es que se piensa que todo ciudadano de una nación tiene el derecho a ser juzgado por sus leyes, por sus propios tribunales y en su lengua materna.

Respecto a los delincuentes con nacionalidad española, este principio se halla recogido en el artículo 3 de la Ley de Extradición Pasiva (LEP) de 21 de marzo de 1985:

> 1. No se concederá la extradición de españoles, ni de extranjeros por delitos de que corresponda conocer a los tribunales españoles, según el ordenamiento nacional. La cualidad de nacional será apreciada por el Tribunal competente para concederle la extradición en el momento de la decisión sobre la misma, con arreglo a los preceptos correspondientes del ordenamiento jurídico español, y siempre que no fuera adquirida con el fraudulento propósito de hacer imposible la extradición.
> 2. Cuando proceda denegar la extradición por el motivo previsto en el apartado anterior, si el Estado en que se hayan ejecutado los hechos así lo pidiere el gobierno español dará cuenta del hecho que motivó la demanda al Ministerio Fiscal a fin de que se proceda judicialmente, en su caso, contra el reclamado. Si así se acordare, solicitará del Estado requirente que remita las actuaciones practicadas o copia de las mismas para continuar el procedimiento penal en España.

Debe señalarse, sin embargo, que en el ámbito del espacio común europeo la extradición de los nacionales está evolucionando y que, de ser una facultad del Estado requerido, está pasando a concebirse como una obligación. Así el Convenio Europeo de Extradición permite [art. 6.1.*a*)] la entrega de los nacionales y la Orden europea de detención y entrega obliga a entregar a los nacionales a otros países de la Unión Europea cosignatarios (al no resultar excluidos por el art. 11.2 ni el 12). El fundamento de la entrega del nacional para que sea juzgado por el Estado en el que cometió el delito se justifica porque no se considera un abandono de los propios ciudadanos entregarlos a un sistema penal que respeta las garantías fundamentales y, por el contrario, la víctima del delito se beneficia cuando se juzga al delincuente en el país en el que ha cometido el delito (que suele coincidir con el lugar de residencia de la víctima). A este respecto resulta interesante la STC 102/2000, que denegó el amparo que se solicitaba, entre otros motivos, por la entrega de un nacional español a Italia para ser juzgado por un delito de tráfico de drogas.

Respecto a los delincuentes no españoles la extradición es facultativa, ya que el artículo 6 de la LEP dice:

> Si la resolución firme del Tribunal denegare la extradición, dicha resolución será definitiva y no podrá concederse aquélla.
>
> La resolución del Tribunal declarando procedente la extradición no será vinculante para el Gobierno, que podrá denegarla en el ejercicio de la soberanía nacional, atendiendo al principio de reciprocidad o a razones de seguridad, orden público o demás intereses esenciales para España.
>
> Contra lo acordado por el Gobierno no cabrá recurso alguno.

Sin embargo, no se concederá la extradición de las personas reclamadas a las que se hubiere reconocido la condición de asilado, según establece el artículo 4.8 de la LEP.

Finalmente el artículo 5.2 de la LEP permite denegar la extradición de los delincuentes menores de dieciocho años en el momento de la demanda, y que tengan residencia habitual en España, por razones de reinserción social y en aquellos casos en los que se tuvieren razones fundadas para creer que la solicitud de extradición, motivada por un delito de naturaleza común, se ha presentado con el fin de perseguir o castigar a una persona por consideraciones de raza, religión, nacionalidad u opiniones políticas, o cuando la situación de dichas personas corra el riesgo de verse agravada por dichas consideraciones.

C) *Por razones humanitarias*

En primer término no se concede la extradición, si el Estado requirente no se compromete a no aplicar la pena de muerte ni otras que atenten a la integridad corporal ni a someter al extraditado a tratos inhumanos y degradantes. Así lo preceptúa la LEP en su artículo 4.6.

Este principio no es consecuencia de la abolición de la pena de muerte en España, pues existía con anterioridad a la prohibición constitucional; sino que se trata de una razón humanitaria hacia el reo, que suele existir en la mayoría de los ordenamientos jurídicos.

Tampoco se concede la extradición cuando la persona reclamada deba ser juzgada por un Tribunal de excepción, prohibición que se encuentra recogida en el artículo 3 de la LEP. De nuevo, se trata de una medida de benignidad hacia el reo.

No consta si se puede conceder la extradición, caso de que el país requirente se comprometiese a llevar al extraditado a la jurisdicción ordinaria; aunque parece lógica la respuesta afirmativa. Pero para ello podría haber obstáculos insalvables en la legislación interna del país requirente.

IV. EL DERECHO DE ASILO Y LA PROTECCIÓN SUBSIDIARIA

El derecho de asilo trata de ofrecer una solución jurídica al refugio en otro país de las personas perseguidas en sus países por motivos ideológicos o políticos.

> El derecho de asilo es concedido por Inglaterra por primera vez en 1815. Si en un principio beneficiaba sólo a los delincuentes comunes y nunca a los políticos, desde finales del siglo XVIII la tendencia se invierte, de modo que en la actualidad sólo protege a los perseguidos políticos, entendida esta expresión en sentido amplio (raza, religión, nacionalidad, etc.) y excluyendo, naturalmente, el terrorismo.
>
> No hay que confundir el derecho de asilo político, que es del que se va a tratar ahora, con el que se atribuye a las embajadas en países extranjeros y que suele denominarse derecho de asilo diplomático. En realidad este último derecho no está reconocido jurídicamente en casi ninguna legislación, si se exceptúan algunas iberoamericanas. Pero de hecho se suele utilizar y suele ser respetado.

La Constitución en su artículo 13.4 determina que «la ley establecerá los términos en que los ciudadanos de otros países y los apátridas podrán gozar del derecho de asilo en España».

En virtud de este precepto constitucional se promulgó la Ley Reguladora del Derecho de Asilo y de la Condición de Refugiado de 26 de marzo de 1984, que ha sido sustituida por la Ley 12/2009, de 30 de octubre, reguladora del derecho de asilo y de la protección subsidiaria, que incorpora al derecho nacional el amplio elenco de normas comunitarias que desarrollan la política europea de asilo que arranca con el Tratado de Ámsterdam de 1997.

El objeto de la Ley 12/2009 es establecer los términos en que las personas nacionales de países no comunitarios, y las apátridas, podrán gozar en España de la protección internacional, constituida por el derecho de asilo y la protección subsidiaria, así como el contenido de dicha protección internacional (art. 1).

El derecho de asilo se define como la protección dispensada a los nacionales no comunitarios o a los apátridas a quienes se reconozca la condición de refugiado (art. 2).

La condición de refugiado se reconoce a toda persona que se encuentra fuera del país de su nacionalidad y no quiera, o no pueda, volver al mismo porque tenga fundados temores de ser perseguida por motivos de raza, religión, nacionalidad, opiniones políticas, pertenencia a determinado grupo social, de género u orientación sexual, y al apátrida que, careciendo de nacionalidad y hallándose fuera del país donde antes tuviera su residencia habitual, no pueda o no quiera regresar a él por los mismos motivos (art. 3).

El derecho a la protección subsidiaria es el dispensado a las personas de otros países y a los apátridas que, sin reunir los requisitos para obtener el asilo o ser reconocidas como refugiadas, tengan motivos fundados para creer que si regresasen a su país de origen, en el caso de los nacionales, o al de su anterior residencia habitual, en el caso de los apátridas, se enfrentarían a un riesgo real de sufrir algún daño grave (art. 4). Estos daños quedan recogidos en el artículo 10 y son: *a*) la condena a pena de muerte o el riesgo de su ejecución material; *b*) la tortura y los tratos inhumanos o degradantes en el país de origen del solicitante; y *c*) las amenazas graves contra la vida o la integridad de los civiles motivadas por una violencia indiscriminada en situaciones de conflicto internacional o interno.

Los efectos derivados de la concesión de la condición de refugiado, o de la protección subsidiaria, son fundamentalmente: la protección contra la devolución en los términos establecidos en los tratados internacionales firmados por España; la autorización de residencia y trabajo permanente; la expedición de documentos de identidad y viaje; la libertad de circulación y el acceso a los servicios públicos.

SEGUNDA PARTE

LA TEORÍA DEL DELITO

Esta segunda parte se va a dividir en cuatro secciones. La primera se ocupará del concepto de delito; en la segunda se estudiarán sus elementos esenciales; la tercera se dedicará a los elementos accidentales del delito (circunstancias modificativas) y la cuarta versará sobre las formas de aparición del mismo (grado de ejecución, codelincuencia y concurso de delitos). No se van a abordar, sin embargo, las cuestiones referidas a la responsabilidad penal de la persona jurídica, que serán tratadas en el Tema 35.

SECCIÓN PRIMERA

CONCEPTO DEL DELITO

Esta Sección, que ocupa sólo el Tema 11, va a dedicarse al concepto jurídico de delito (formal y material), tanto en el Derecho Penal español como en el extranjero.

TEMA 11

EL CONCEPTO JURÍDICO DEL DELITO

El Tema presente se va a ocupar en primer término del concepto formal del delito, en segundo lugar del concepto material, para hablar luego del concepto de delito en el Derecho Penal español y terminar con la división de las infracciones penales por razón de su gravedad.

La diferencia entre el concepto formal y el material del delito estriba en que el primero no dice nada de su contenido: se reduce a enunciar el mínimo necesario para que en el sistema jurídico español (y en el continental) pueda hablarse de «delito»; mientras que el concepto material trata de desentrañar las notas que componen el concepto formal.

I. EL CONCEPTO FORMAL DEL DELITO

El sistema jurídico-penal español ha optado, como todo el sistema continental o romanista, por el principio de legalidad. Esto tiene como consecuencia ineludible que no quepa otra definición formal de delito que la de acción penada por la ley. Por lo tanto, el delito es el conjunto de presupuestos de la pena. Los presupuestos en concreto son los que se estudiarán en la definición material del delito, que nunca podrá sobrepasar los límites señalados por el concepto formal.

Para que se comprenda mejor el significado de esta definición formal, única posible en los sistemas continentales, se va a intentar oponerla al concepto formal del delito en los países anglosajones. Allí sería la conducta penada por la jurisprudencia, puesto que es ésta la que en última instancia crea la ley penal.

Por tanto, en el sistema jurídico continental no cabe otra definición formal de delito que la de acción penada por la ley. Hay que renunciar a todo concepto de delito natural, lo que no es lo mismo que renunciar al Derecho Natural. Porque éste es el que da el criterio para juzgar si el legislador ha atinado al tipificar una conducta como delito o si debería tipificar otra. Pero la crítica no impide seguir afirmando que la conducta tipificada por una ley penal es la única que constituye delito formal, por muy reprobable o loable que sea el proceder del legislador. Por ello se podrá e incluso deberá en ocasiones ejercer la crítica hacia el legislador; es más, a veces puede ser obligada la objeción de conciencia por parte del ciudadano e incluso la negativa a prestar obediencia a una ley. Pero hay que seguir afirmando que la crítica no anula el hecho de que la conducta tipificada por el legislador sea la única que constituye delito en el sistema continental. Esta es la consecuencia ineludible de haber optado por el principio de legalidad en aras de la seguridad jurídica; lo que, como toda opción humana, tiene ventajas e inconvenientes.

Por lo mismo, el Derecho Penal es el más necesitado de crítica a la luz de principios superiores (los del Derecho Natural), porque en otro caso podría convertirse en mera imposición de fuerza por la mayoría (aun absoluta) o por el tirano de turno que hubiere monopolizado el poder.

A la misma conclusión hay que llegar respecto al llamado delito filosófico o al delito sociológico. Tales construcciones pueden ser útiles para servir de pauta al legislador o al crítico, para señalar el deber ser. Pero mientras el legislador no las recoja en una ley penal, en nuestro sistema continental no pueden tener el rango de delito en el sentido estricto de la palabra. Esto último hay que tenerlo en cuenta al hablar del concepto material del delito, que es una construcción filosófica de la dogmática: es útil mientras no sobrepase los estrechos límites del concepto formal.

II. EL CONCEPTO MATERIAL DEL DELITO

Hoy en día suele definirse materialmente el delito como una acción típica, antijurídica, culpable y punible. Tal definición material es fruto de una larga evolución dogmática de más de un siglo de duración, que partió de la definición formal del delito, a la que pretendió aclarar y complementar.

Brevemente se va a explicar ahora la estructura del concepto del delito, esto es, el significado de los cinco elementos esenciales de la definición material del delito. En el apartado siguiente se expondrá su evolución histórica.

El delito es ante todo una acción o conducta humana. Si no la hubiera, no se daría delito: faltaría su base esencial. Porque el legislador penal no puede mandar o prohibir más que a los seres humanos que pongan u omitan una conducta.

Sobre esta base se asienta la tipicidad. El legislador manda o prohíbe poner ciertas conductas y para ello las recoge (en lenguaje técnico: las tipifica) en una ley penal. Si no se da este requisito, la conducta no podrá constituir delito en el sentido jurídico-penal de la palabra.

Pero además la conducta ha de ser antijurídica, esto es, no basta que se oponga a un artículo concreto de una ley penal (lo que ya sucede cuando es típica), sino que ha de oponerse a todo el ordenamiento jurídico en su conjunto. Por ejemplo, el que mata a un hombre en legítima defensa se opone al artículo 138.1 del CP, que señala una pena al homicida, realiza una acción típica; pero su conducta está permitida por una causa de justificación, la legítima defensa, recogida en el artículo 20.4.º del mismo CP. Luego su acción es típica pero no es antijurídica: o lo que es lo mismo, es justificada, puesto que está permitida por el Derecho.

Además, el que ha realizado la conducta ha de ser culpable. La afirmación de que una conducta es injusta dice tan sólo que la conducta en sí se opone al Derecho Penal, pero todavía no se pronuncia sobre si el sujeto que la puso es responsable de la misma: si en él dicha conducta es reprochable. Porque puede suceder que un sujeto (por ejemplo, un loco) mate a un semejante sin causa de justificación ninguna (con lo que su conducta es típica y antijurídica), pero que dicha conducta no se le pueda imputar o reprochar a él, por estar enajenado.

Finalmente la conducta ha de ser punible para que llegue a ser delito. No es lo mismo la punibilidad que la pena concreta. La punibilidad dice tan sólo que esa conducta típica, antijurídica y culpable tiene señalada una pena en el artículo correspondiente de una ley penal; pero hay ocasiones en las que, por razones de política criminal, se decide no aplicar la pena a un sujeto concreto. Por ejemplo, en el caso de un parlamentario en el ejercicio de sus funciones, se decide que sus posibles excesos verbales (que en otro ciudadano constituirían delito de injurias) no sean punibles, para no coartar su libertad de expresión en la Cámara.

Todos estos caracteres están ligados entre sí y va sucediendo cada uno al anterior de modo que el nuevo concepto reduce el número de casos que se incluyen en él respecto al que le precede, pues son como cribas sucesivas. Así, por ejemplo, no toda acción humana es típica, sino sólo las que se señalan en una ley penal, que son un número insignificante al lado de todas las acciones humanas que pone un ciudadano normal. Pero entre todas las acciones típicas sólo una parte son antijurídicas, ya que para las otras existe una causa de justificación. Del mismo modo, algunas acciones típicas y antijurídicas no son culpables, porque al sujeto no se le puede hacer responsable de ellas. Y finalmente hay acciones típicas, antijurídicas y culpables, en las que el legislador decide no castigar a su autor, por razones de política criminal: no son punibles.

Suele señalarse que el concepto de acción es neutro desde el punto de vista valorativo-penal: el decir que un comportamiento es acción, aún no indica nada sobre su posible inclusión en el Derecho Penal. La primera valoración se da cuando se dice que la acción es típica y antijurídica: con ello se indica que la acción en sí está contra el Derecho. Se añade la segunda valoración al decir que la acción es culpable; entonces es cuando se afirma que el autor es responsable de la misma: que él ha obrado contra el Derecho. En tal caso sólo queda comprobar si el legislador ha decidido no imponerle de hecho una pena por razones de política criminal (si no es punible), para afirmar en caso contrario que hay un delito.

Por la ligazón de estos caracteres entre sí y porque cada uno monta sobre el anterior, cuando en un caso concreto se niega uno de ellos (por existir un elemento negativo del mismo, lo que se llama una eximente) no hay que seguir el análisis: no hay delito. Y por lo mismo, el Juez tendrá que absolver al presunto culpable.

III. EVOLUCIÓN HISTÓRICO-DOGMÁTICA DE LA TEORÍA DEL DELITO

Como se ha venido indicando, la teoría del delito es un desarrollo doctrinal del concepto formal del delito, que se debe en su mayor parte a la dogmática jurídico-penal alemana y por el que se ha ido construyendo el actual concepto material del delito.

Aunque en esta materia se multiplican las divisiones de escuelas, se va a optar aquí por la más generalmente admitida y más clara desde el punto de vista pedagógico. Por eso se hablará sucesivamente del causalismo (con sus dos escuelas: la clásica y la neoclásica), se hará un paréntesis en el que se tocará brevemente la escuela de Kiel, para terminar con el finalismo en sus diversas manifestaciones (la escuela finalista, la doctrina social de la acción y los defensores de la prevención general).

Las tres escuelas fundamentales (clásica, neoclásica y finalista) tienen de común haber sido defendidas y propagadas por tres figuras excepcionales (VON LISZT, MEZGER y WELZEL) con caracteres externos semejantes: ser catedráticos de Derecho Penal y haber dirigido durante años un seminario de esta disciplina, del que salieron en su época la mayoría de los catedráticos alemanes de la materia y gran parte de los españoles, por dejar de lado los de otras naciones. Además los tres coinciden en haber sido formidables polemistas, lo que sin duda contribuyó a la propagación de sus doctrinas.

En líneas generales puede decirse que la escuela clásica dura hasta antes de la Primera Guerra Mundial, la neoclásica triunfa entre las dos guerras mundiales; mientras que la finalista tiene su apogeo después de la Segunda Guerra Mundial.

1. El causalismo

El causalismo es la base del sistema de las escuelas clásica y neoclásica, aunque luego varíen cada una de ellas (e incluso cada uno de sus seguidores) en cuestiones diversas. El punto común consiste en concebir la acción humana sólo en su parte objetiva: Se trata de una manifestación de la voluntad, de la que se sigue un resultado, a través de una relación de causalidad.

A) *La escuela clásica en Italia*

Aunque suele hablarse de la escuela clásica tan sólo en Alemania, no hay que olvidar que ésta comienza en Italia fundamentalmente por obra de Francesco Carrara (1805-1888), aunque no hay que menospreciar el influjo de Pessina, de Carmignani y, especialmente, el de Rossi (véase *supra*, Tema 4, III, 1).

Se va a exponer sucesivamente la postura filosófica de la escuela clásica italiana, su vertiente penal y el influjo de dicha escuela en Europa.

a) Postura filosófica

La postura filosófica de estos autores es la iusnaturalista: son más bien filósofos del Derecho Penal que prácticos del mismo. Por eso sus contribuciones no son tanto sistemas de derecho positivo, cuanto ideales jurídicos aplicables a todos los tiempos y lugares. Para ellos la base del sistema es el concepto del delito, que se expondrá a continuación. La responsabilidad reposa sobre el libre albedrío y el Derecho Penal queda fuertemente ligado a la ética. Sobre el fundamento de la pena, las posiciones varían desde una postura retribucionista a otra utilitaria. Pero Rossi y Carrara mantienen una postura ecléctica, aunque con diversa orientación: en Rossi predomina el elemento retribucionista y en Carrara el utilitarista, aunque siempre dentro de la justicia, entendida como retribución.

b) Teorías penales

Francesco Carrara divide el delito en dos partes (la llamada división bipartita): acción y culpabilidad. En la primera nota coloca todo lo objetivo (material, externo), mientras que reserva todo lo subjetivo (moral, interno) para la segunda. El resultado de ambas notas es el delito, palabra que para Carrara es lo mismo que la antijuridicidad: delito y antijurídico significan para él una misma cosa; en contra de lo que sucederá a partir de VON LISZT, para el que la antijuridicidad es una de las notas de la definición material del delito no el delito completo.

A estas dos notas positivas opone CARRARA dos negativas (dos eximentes): la *vis physica*, que niega la acción, y la *vis moralis*, que exime de culpabilidad: eran las dos eximentes clásicas del Derecho común.

Pero mientras que la *vis physica* está claramente delimitada en su contenido y equivale a lo que la legislación española llama la fuerza irresistible, no sucede lo mismo con la *vis moralis*. En ésta se engloban dos grupos de eximentes de distinta naturaleza y, por eso, de diversos efectos jurídicos: las que hoy se llaman causas de justificación y las denominadas ahora causas de exculpación. Por poner un ejemplo de cada una, la legítima defensa y el miedo insuperable. La primera exime de toda responsabilidad: criminal y civil; mientras que la segunda exime tan sólo de responsabilidad criminal, pero deja subsistente la responsabilidad civil. Otra diferencia radica en el hecho de que, si un individuo en un acceso de miedo insuperable ataca a otro y quiere matarlo, éste tiene derecho a la legítima defensa; mientras que si un sujeto en legítima defensa amenaza a otro, éste no puede alegar miedo insuperable para repeler la fuerza del primero.

c) Influjo de la escuela clásica italiana

El influjo de la escuela clásica italiana fue grande. La división bipartita tiene la ventaja de su claridad y sencillez. Quizás por eso sigue aún vigente en Francia, Bélgica y en el sistema jurídico anglosajón; es más, la sigue utilizando parte de la doctrina italiana.

Pero, además, a la escuela clásica italiana se debe el Derecho Penal humanitario y liberal encarnado en los Códigos del siglo XIX. Sin embargo, por su método racionalista y abstracto, tuvo considerables fallos. Entre otros extremos, no se ocuparon los autores clásicos ni de la legislación penal inspirada en ellos ni de la prevención especial.

B) *La escuela clásica en Alemania*

La que actualmente suele denominarse escuela clásica y la que da lugar al causalismo surge en Alemania con Franz VON LISZT y con Ernst BELING. Se van a exponer aquí por separado la filosofía que inspira la escuela clásica alemana, su sistema penal, su valoración y su influjo en España.

a) Postura filosófica

La filosofía que inspira la escuela clásica alemana es la dominante en los ámbitos jurídicos de la Alemania de entonces. Por una parte el positivismo jurídico, que limitaba la labor del jurista al Derecho positivo y a su interpretación, por lo que pretendía abordar todos los problemas del Derecho con la sola ayuda de los conceptos jurídicos, excluyendo las valoraciones filosóficas, propias del iusnaturalismo. Además tenía un tinte naturalista, por lo que sólo se fijaba en el mundo físico (en la relación de causalidad) y excluía los conocimientos psicológicos y la realidad sociológica. Pero por otro lado se observa el influjo de KANT en la neta separación entre el mundo externo (la acción será para ellos puramente objetiva, lo mismo que la antijuridicidad, que pertenece al campo del Derecho y, por tanto, al de la coacción) y el mundo interno (el de la moral y, por ello, el de la culpabilidad, en la que se concentran todos los elementos subjetivos).

b) Teorías penales

Como queda indicado, los máximos exponentes de la escuela clásica alemana son Von Liszt y Beling. Aunque coinciden en muchos aspectos, ofrecen puntos diferenciales, por lo que conviene exponer sus doctrinas penales por separado.

a') Franz von Liszt

Desde 1881, fecha en que publica su *Tratado de Derecho Penal*, llevado por la crítica hecha a la definición de delito de Carrara, Franz Von Liszt introduce en la misma un tercer elemento: la antijuridicidad. Lo que para Carrara constituía la esencia del delito, para Von Liszt es tan sólo una nota. Con ello el delito es una acción antijurídica y culpable. La definición de delito pasa de bipartita a tripartita.

Los elementos negativos se ordenan ahora de modo congruente: a la acción se sigue oponiendo la *vis physica*; pero a la antijuridicidad se oponen las causas de justificación, y a la culpabilidad, las causas de exculpación.

La acción para Von Liszt es un mero proceso causal, que consta de una manifestación de la voluntad, un resultado y un nexo de causalidad física que une a ambos. Pero en la manifestación de la voluntad no hay que atender al contenido de la misma (a lo que el hombre pretende), sino tan sólo a que el movimiento parta de una voluntad humana, sea lo que sea lo que pretendiese el hombre con ello, pues el contenido (la intención del sujeto) queda para la culpabilidad.

La antijuridicidad es para Von Liszt un juicio lógico, porque para este autor toda ciencia (y, por tanto, también el Derecho) para ser tenida por tal ha de considerar tan sólo el ser, no el deber ser. La idea de un juicio de valor va más allá de la constatación empírica de un hecho, porque compara lo que es con lo que debería ser. La antijuridicidad es un juicio de realidad.

La culpabilidad añade a la antijuridicidad la relación psicológica entre el sujeto y el resultado, mientras que esta última se limita a la mera constatación de que el acto es contrario a Derecho. Por ello, tanto la acción como la antijuridicidad son puramente objetivas, mientras que la culpabilidad es subjetiva.

Añade Von Liszt a la definición indicada la nota de «amenazada con una pena», la que da lugar a la actual nota de punibilidad [véase *infra*, en el Tema 23, II, 1, A)], a la discusión existente en la doctrina respecto a esta nota del delito]. Pero, como se ha indicado más arriba, la punibilidad no es nota postulada por el Derecho Penal, sino añadida a la definición del delito por razones de política criminal. Por eso, y a pesar de esta nueva nota, la definición de Von Liszt y todas las siguientes se llaman tripartitas.

b') Ernst Beling

Ernst Beling publica en 1906 una monografía sobre *La teoría del delito* (*Die Lehre vom Verbrechen*) en la que añade a los elementos señalados por Von Liszt la tipicidad.

Cree necesaria esta nota para introducir en la definición del delito el principio de legalidad, ya que no basta que una acción sea antijurídica, sino que es menester que sea penalmente antijurídica. Dicho de otro modo, no basta un injusto civil o mercantil para que haya un delito, hace falta un injusto penal. Con ello define el delito como una acción típica, antijurídica, culpable y sometida a una adecuada sanción penal, con lo que incluye en la definición la nota de punibilidad. Definición que, a pesar de las diferencias entre las diversas concepciones de los penalistas posteriores, se mantiene sustancialmente hasta hoy.

Para BELING cada elemento del delito es independiente de los demás. Sigue a VON LISZT en señalar que el único elemento subjetivo es la culpabilidad, mientras que todos los otros son meramente objetivos.

La acción es neutra y la tipicidad es también neutra, pues se limita a describir de modo puramente externo la acción que se quiere castigar. Con la antijuridicidad y la culpabilidad comienzan las constataciones (no valoraciones, de las que no se habla hasta la escuela neoclásica por el concepto de ciencia de VON LISZT y de BELING) de que el acto está contra el Derecho y de que el autor se ha puesto contra el Derecho.

En la culpabilidad se incluye la totalidad de los procesos espirituales y psíquicos que se desarrollan en el interior del autor. La culpabilidad se divide en un presupuesto (la imputabilidad), dos formas de culpabilidad (dolo y culpa) y finalmente las causas que excluyen la culpabilidad. Por tanto BELING se limita a la que hoy se denomina la teoría psicológica de la culpabilidad.

c) Valoración de la escuela clásica alemana

La valoración de la escuela clásica la ofrece JESCHECK en su *Tratado de Derecho Penal* con las siguientes palabras:

> El concepto clásico de delito fue un producto del pensamiento jurídico característico del positivismo científico. Se entiende por tal una concepción estrictamente limitada al Derecho positivo y a su interpretación, que pretendió abordar todos los problemas del Derecho con la sola ayuda de los conceptos jurídicos, excluyendo en lo posible de la dogmática jurídica las valoraciones filosóficas, los conocimientos psicológicos y la realidad sociológica. Por esta vía se obtuvo una imagen extremadamente formal de las características del comportamiento humano que debían contemplarse en la estructura del concepto de delito. Se distinguió entre la acción entendida de forma naturalística, el tipo concebido objetivo-descriptivamente [sin dar entrada en él a los elementos valorativos ni subjetivos], la esfera de la antijuridicidad delimitada objetivo-normativamente y la culpabilidad entendida subjetivo-descriptivamente [como teoría psicológica de la culpabilidad].

d) Influjo en España

El eco en España de la escuela clásica alemana se produjo a través de una monografía de BALLVE sobre *La teoría del delito según Beling* (1913) y especialmente con la traducción y anotaciones al *Tratado de Derecho Penal* de VON LISZT, hechas por SALDAÑA y JIMÉNEZ DE ASÚA (1914-1917). Este último popularizó además dicha escuela y preconizó la necesidad de volver a una dogmática jurídico-penal (que se había abandonado con la lucha de la escuela positiva y la correccionalista) en su Discurso Inaugural del Curso

Académico 1931-1932, pronunciado en la entonces Universidad Central de Madrid. Sin embargo, JIMÉNEZ DE ASÚA pertenece más plenamente a la escuela neoclásica.

C) *La escuela neoclásica*

Especialmente después de la Primera Guerra Mundial se desarrolla la crítica de la escuela clásica alemana por autores que, aunque mantienen los postulados fundamentales del causalismo (sobre todo al querer relegar a la culpabilidad el estudio del dolo y de la culpa), tienen que ir haciendo revisión paulatina de muchos de sus contenidos. El principal representante del neocausalismo fue Edmund MEZGER, aunque le siguieron por entonces la mayoría de los penalistas alemanes y extranjeros.

Para exponer la escuela neoclásica se va a seguir el mismo esquema anterior: su filosofía, sus teorías penales, su valoración y, finalmente, su influjo en España.

a) Postura filosófica

La escuela neoclásica se inspira en la filosofía de los valores de la escuela sudoccidental alemana (Baden), también llamada filosofía de la cultura, fundada en el campo de la filosofía general por WINDELBAND y RICKERT y aplicada al Derecho Penal por M. E. MAYER, MEZGER, RADBRUCH y WOLF. Según esta escuela, entre el mundo de la naturaleza y el de los valores puros hay un campo intermedio formado por la cultura, que estima los hechos conforme a criterios de valor. Dentro de este campo está comprendido el Derecho.

Pero como la escuela sudoccidental alemana era neokantiana, para ella estos valores no tenían un contenido material fijo (como lo tienen por ejemplo en el iusnaturalismo), dada la tendencia de la moral kantiana a mantenerse dentro de los límites puramente formales del imperativo categórico. Es decir que, por poner un ejemplo, en vez de decir: «en ningún caso es lícito matar a un inocente», se limitaba a afirmar: «Obra de tal modo que te ajustes al ideal de la justicia», sin descender a casos concretos. Pero, como además para ellos era el Estado quien señalaba con sus leyes lo que se acomodaba al ideal de la justicia, en realidad la escuela neoclásica tampoco superó el positivismo jurídico de la escuela clásica.

b) Teorías penales

La escuela neoclásica se ve obligada a retocar todas las notas de la definición material del delito de la escuela clásica. Tiene que admitir un nuevo concepto de acción, para que en él quepan las cuatro modalidades de la misma; en la tipicidad incluye los elementos normativos, los subjetivos y los negativos; presenta un concepto de antijuridicidad valorativo y, finalmente, en la culpabilidad desarrolla la llamada teoría normativa.

En el concepto de acción los neoclásicos señalaron la insuficiencia del propugnado por VON LISZT y BELING, ya que servía para los delitos de resultado o a lo más para los de actividad, pero se mostraba inepto para englobar los delitos de omisión. Por ello se desarrolló el concepto de comportamiento que pretendió incluir tanto la actividad como la pasividad del autor.

También la tipicidad, concebida por los clásicos como descripción objetiva y libre de valoraciones de una conducta, sufrió cambios importantes por el estudio de los distintos elementos del tipo. Los elementos normativos son los que han de ser valorados por el Juez para poder ser aplicados y constituyen la mayoría de las palabras con las que se describe un tipo penal (véase Tema 16, I, 1); esta valoración se oponía al postulado de BELING de que el tipo era la descripción puramente externa y, por tanto, libre de valoraciones de una conducta. Pero, además, el descubrimiento de los elementos subjetivos del injusto hizo inaceptable la concepción puramente objetiva del tipo y de la antijuridicidad, ya que había que admitir en ambos (al menos por excepción, como se limitaron a admitir los neoclásicos) la presencia de elementos subjetivos. Finalmente, a través del descubrimiento de los elementos negativos del tipo, se defendió (especialmente por MEZGER) la unión de tipicidad y antijuridicidad en una sola nota del delito, con lo que según los neoclásicos el delito era una acción típicamente antijurídica y culpable.

Finalmente la culpabilidad sufrió también una profunda transformación, especialmente por obra de FRANK, que definió la culpabilidad como el reproche que puede dirigirse al autor de un delito por haber puesto un comportamiento contrario a lo que le manda la ley. Con ello se dio principio a la teoría normativa de la culpabilidad.

Sobre las oscilaciones que sufrió la nota de punibilidad, se hablará en el Tema 23, I, 1.

c) Valoración de la escuela neoclásica

La valoración de la escuela neoclásica hay que hacerla desde el aspecto positivo y el negativo.

Tuvo de positivo superar los límites meramente formales, y por ello encerrados en lo puramente jurídico respecto a la interpretación de las leyes, de la escuela clásica, al abrir de nuevo el Derecho Penal a la filosofía. Especialmente fue una aportación grandemente positiva señalar que los juicios de antijuridicidad y de culpabilidad son juicios de valor. Además enriqueció con muchos contenidos nuevos las notas de la definición material del delito.

Pero fue negativo el hecho de que, como su modo de pensar filosófico estaba basado en el neokantismo de la escuela sudoccidental alemana, aunque la escuela neoclásica se orientó a los valores, éstos no tenían un contenido material, como quedó señalado más arriba. Lo que quiere decir en definitiva que la escuela neoclásica no superó el positivismo jurídico de la clásica. Por ello el período nazi abusó de esta dirección filosófico-penal, en la que se apoyó para defender que, como los valores son *a priori*, deben ser puestos por el legislador, lo que llevó a un crudo positivismo jurídico. La postura neokantiana de la escuela neoclásica perjudicó, con ello, de modo decisivo la que hubiera podido ser confrontación de la ciencia jurídica alemana con el pensamiento nazi y así entregó ideológicamente inerme en manos del dictador a aquella generación de juristas (jueces, magistrados, fiscales, etc.) de los que éste abusó.

d) Influjo en España

La escuela neoclásica entró en la ciencia penal española a través de la traducción y anotaciones al *Tratado de Derecho Penal* de MEZGER, hecha por Arturo RODRÍGUEZ

MUÑOZ (1935). Discípulos directos o indirectos de MEZGER han sido los penalistas fundamentales de la pasada generación, tales como ANTÓN ONECA, CASTEJÓN, CUELLO CALÓN, FERRER SAMA, JIMÉNEZ DE ASÚA, PUIG PEÑA, QUINTANO RIPOLLÉS, RODRÍGUEZ DEVESA y DEL ROSAL.

En la nueva generación de catedráticos de Derecho Penal hay que enumerar (entre los que se han pronunciado claramente en sus publicaciones de parte general) como neoclásicos, aunque cada uno con sus matices diferenciales a BAJO, BOIX REIG, CARBONELL, CASADO, COBO DEL ROSAL, ORTS BERENGUER, POLAINO NAVARRETE, RODRÍGUEZ RAMOS, RUIZ DE ANTÓN, SAINZ CANTERO, TORIO y VIVES ANTÓN.

2. LA ESCUELA DE KIEL

Constituye un breve paréntesis en la evolución de la teoría general del delito, debido sólo muy parcialmente a razones jurídicas y fundamentalmente impulsado por motivos políticos: la implantación en Alemania del régimen dictatorial nacionalsocialista y con él del llamado Derecho autoritario. Sus principales representantes fueron DAHM y SCHAFFSTEIN.

Las dos anteriores escuelas habían utilizado como método de trabajo el análisis y con ello habían ido construyendo un concepto de delito abstracto. En este sentido la escuela de Kiel les acusa de haber desvirtuado la unidad del concepto de delito al dividirlo en elementos, mientras que, según esta escuela, el delito constituye un todo monolítico, que sólo se puede conocer por la intuición. Por esta razón se le denomina también a la escuela de Kiel escuela sintética. Para ello se apoyaban en la fenomenología de HUSSERL y en la necesidad de volver al método intuitivo, único capaz de captar las realidades humanas.

Por lo mismo habría que conceder mayor importancia al autor del delito y no basar el Derecho Penal en el hecho delictivo, en el delito. Esto es, propugnaban un Derecho Penal de autor y no de hecho. El tipo de autor, defendido por esta nueva escuela, era (por poner un ejemplo) la idea del ladrón que tenía el legislador cuando plasmó el tipo penal del hurto. Porque el legislador no pretendió castigar a todo el que hubiese cometido un hurto, sino sólo al ladrón, aunque en la ley describiera el hurto. Por tanto el Juez no puede limitarse a constatar que el presunto reo ha hurtado un objeto, sino que tiene que dilucidar si detrás de ese hecho se oculta el tipo de autor del ladrón. Por lo que puede suceder que el que ha hurtado un objeto quede absuelto (si no realiza el tipo de autor del ladrón), mientras que sea condenado el que quizás no ha realizado todas las notas del tipo del delito de hurto, pero es un ladrón. En este sentido se escribieron muchas monografías por los penalistas de la época, para aclarar lo que era el tipo de autor legal, porque según sus defensores, tampoco coincidía con el tipo criminológico de autor, sino que había que identificarlo más bien según «el sano sentir del pueblo».

Hasta aquí la nueva teoría no hubiera pasado del campo del Derecho Penal y quizás hubiera constituido un contrapeso conveniente a los excesos analíticos de las escuelas clásicas. Pero el momento, en que llegó, era el más desgraciado para dichas ideas, porque rápidamente se politizaron sus conclusiones jurídicas. Es fácil comprender que tales concepciones en manos de un Estado totalitario y con una magistratura politizada, llevaran a los mayores excesos y que el tipo de autor fuera un pretexto para castigar a los que no pertenecían al partido o no aceptaban la ideología dominante.

Se añadió a lo anterior, la crítica de la visión liberal del delito, basada en la lesión del bien jurídico (esto es, que se penaliza una conducta, porque lesiona o pone en peligro un bien jurídico: por ejemplo, la vida) y se la sustituyó con la idea del deber de fidelidad al Estado. También se acusó a la anterior noción del delito (y en general, al Derecho) de excesivamente individualista y se defendió un derecho decisionista por parte del Estado, fundado en el pensamiento de un orden concreto. Lo que, añadido a lo dicho anteriormente y al positivismo jurídico dominante entre los penalistas (imbuidos por la filosofía del Derecho totalmente positivista de RADBRUCH y de la escuela neoclásica), dejó ideológicamente inermes a la magistratura, y en general a los juristas, en manos del dictador.

La anterior tragedia llevó a comprobar las ventajas del principio de legalidad en orden a garantizar la seguridad jurídica y la necesidad ineludible de un Derecho Natural que diese criterios válidos para enjuiciar las decisiones del legislador. Lo que hizo que la escuela de Kiel pasara con el régimen nazi y que la dogmática jurídico-penal enlazara en su desarrollo siguiente con el concepto material del delito de las escuelas clásicas; a la vez que provocó en Alemania un renacimiento del Derecho Natural, el primero de cuyos defensores fue el mismo RADBRUCH, totalmente convertido de su positivismo jurídico tras la amarga experiencia nazi.

3. EL FINALISMO

En un modo o en otro participan de la sistemática finalista tanto el finalismo propugnado por WELZEL, como (al menos en parte) la doctrina social de la acción y los partidarios de la prevención general. Todos ellos admiten la necesidad de colocar el dolo y la culpa (el elemento subjetivo) en el tipo y en la antijuridicidad; esto es, de admitir un injusto personal.

Va a exponerse aquí por separado la doctrina finalista de WELZEL y la de los autores que admiten la sistemática finalista a partir de la prevención general.

A) *La doctrina finalista de Welzel*

El fundador del finalismo es Hans WELZEL, que ya desde 1931 comenzó su labor de investigación. Para comprender mejor sus teorías, conviene recordar que fue simultáneamente profesor de Derecho Penal y de Filosofía del Derecho.

Para la exposición de la doctrina de WELZEL se va a seguir el mismo esquema utilizado hasta ahora: Postura filosófica, teorías penales, valoración e influjo en España.

a) Postura filosófica

WELZEL comienza su labor desde un punto de vista filosófico con la crítica del positivismo jurídico y naturalista de la escuela clásica y del subjetivismo metodológico y relativismo valorativo de la escuela neoclásica (en el fondo tan positivista como la primera). La importancia de la metodología en la dogmática jurídico-penal fue destacada por WELZEL ya en 1930 en un trabajo que dedicó a la trascendencia de la Filosofía para el Derecho Penal, lo que lleva a MIR PUIG a destacar que el finalismo es un reflejo en la dogmática jurídico-penal de una actitud metodológica. En efecto, frente a la premisa neokantiana de la Escuela Neoclásica de que es el método y no el objeto el que determina el conocimiento, WELZEL invierte el planteamiento considerando que es el objeto el que determina el método. La tesis contraria es, a juicio de WELZEL, inexacta incluso desde la correcta interpretación de Kant, porque cuando éste dice que el entendimiento prescribe a las cosas sus leyes, no se refiere a nuestro entendimiento humano, es decir, las categorías a priori no son subjetivas, en el sentido de que puedan variar para cada hombre, sino objetivas para toda mente inteligente. Desde esta perspectiva «conocer» sólo puede ser comprensión del objeto *tal y como es*, lo que tiene como consecuencia que el objeto de conocimiento no varía para cada ciencia sino que cada ciencia considera aspectos particulares de un mismo objeto. La autonomía de las ciencias del espíritu respecto de las naturales no se basa pues en su distinto método sino en el aspecto del objeto que estudia. Por ello puede afirmarse que las ciencias de la naturaleza contemplan la realidad en su aspecto causal y que la ciencia del Derecho, como la ciencia de la psicología, se refiere a acciones humanas, en cuanto que caracterizadas por la finalidad. Se postula así que la ciencia del Derecho Penal debe distinguir dos órdenes de lo real: el orden del suceder y el orden del pensar. De la asignación al Derecho Penal del orden del pensar se deduce que a la ciencia jurídico-penal le interesa la conducta humana en su especificidad espiritual, es decir, como finalidad con arreglo a sentido. De ahí se deducen las dos estructuras lógico-ontológicas que WELZEL considera: la acción como acción final y la autodeterminación conforme a sentido, que sustenta el juicio de la culpabilidad. Las estructuras lógico-ontológicas, en la medida en que radican en la naturaleza de las cosas, vinculan no sólo a la dogmática sino también al legislador, lo que permite a WELZEL sin abandonar el terreno del Derecho positivo remitirse a exigencias anteriores a él.

b) Teorías penales

WELZEL va aplicando las anteriores teorías a las notas del concepto material del delito y a base de las mismas las modifica profundamente en sus contenidos. En la acción introduce el elemento subjetivo (la finalidad del sujeto activo) que, por tanto, también se incluye en la tipicidad y en la antijuridicidad, por lo que habla de un injusto personal. Finalmente divide la culpabilidad en tres partes: la imputabilidad, la conciencia de la antijuridicidad y la exigibilidad de la conducta.

En el plano de la acción defiende que el actuar humano es categoría distinta del proceso causal: es el ejercicio de la actividad final del hombre. Por ello al estudiar la acción humana se ha de investigar el contenido (la finalidad) de la voluntad del autor. Un modo de proceder distinto equivaldría a «decapitar» la acción, al no figurar en ella más que los elementos externos, objetivos. O, en otra frase de WELZEL, la finalidad es «vidente», la causalidad es «ciega».

Esta finalidad es lo que las escuelas anteriores denominaban dolo y estudiaban en la culpabilidad; mientras que WELZEL introduce en la acción el dolo y la culpa como los componentes subjetivos que distinguen la actividad del hombre de los movimientos de las cosas o de los animales.

Suelen objetarse al finalismo dos problemas que, según algunos, deja sin resolver: la determinación de la finalidad de la acción en los delitos culposos y los delitos de omisión. De ambas cuestiones se tratará en el tema siguiente, que es donde tienen su encaje sistemático.

La tipicidad incluye en la teoría finalista, como es lógico, tanto los elementos objetivos como los subjetivos, puesto que la tipicidad recoge todos los elementos de la acción.

Por eso los elementos subjetivos del tipo no son una excepción de ciertos tipos penales (como defendía la escuela neoclásica) sino parte del dolo o de la finalidad.

La personalización de la antijuridicidad, consecuencia de haber introducido la finalidad en la acción y por ello en la tipicidad y en la antijuridicidad, trae también la consecuencia de defender un injusto (injusto = suma de tipicidad y antijuridicidad) personal, no meramente objetivo, como pretendió la escuela clásica, ni tampoco predominantemente objetivo, como propugnaba la escuela neoclásica. Pero al admitir que el injusto es personal, hay que admitir también que la antijuridicidad de una conducta no sólo se debe al disvalor del resultado (la lesión o puesta en peligro de un bien jurídico), sino también al disvalor de la acción (la conducta reprobable del autor). Con ello WELZEL deja claro que el injusto no se agota en el daño social del hecho (el resultado), sino que se extiende también a la ejecución voluntaria del mismo (la conducta), concepción del delito, en la que se mezclan la voluntad criminal del sujeto y el resultado.

Para la culpabilidad reserva WELZEL la imputabilidad del autor (cuyo fundamento es la responsabilidad de éste por haber puesto libremente una acción típica y antijurídica) y la conciencia de la antijuridicidad (el darse cuenta que, lo que hace, está prohibido). También se incluye en la culpabilidad la exigibilidad de la conducta, puesto que el Derecho Penal no puede pedir comportamientos heroicos a todos los ciudadanos, ya que su fin no es penalizar todo lo malo, sino sólo lo peor: las conductas más perjudiciales para la convivencia social.

c) Valoración del finalismo

Para hacer la valoración de la doctrina finalista de WELZEL se va a partir de un texto del *Tratado de Derecho Penal* de JESCHECK:

> Welzel quiso erigir de nuevo el ser real de la acción humana en concepto central de la teoría del delito (punto de vista ontológico). Como consecuencia, llegó a conclusiones que permitieron una corrección global de las oscuridades y contradicciones surgidas en el sistema dominante y, poco a poco, a la superación de las lagunas aparecidas. En la práctica, ello llevó a extraer consecuencias que se hallaban ya en germen en el concepto tradicional de delito, pero que no habían sido advertidas en su tiempo por la dogmática anterior. Por ello es posible obtener resultados coincidentes sin tomar como base la teoría final de la acción, partiendo de la teoría del injusto y, como hoy hace la doctrina dominante, concibiéndola en sentido «personal».

Como JESCHECK reconoce, consiguió WELZEL «una corrección global de las oscuridades y contradicciones surgidas en el sistema dominante y, poco a poco, a la superación de las lagunas aparecidas». Hasta tal punto fue así que la construcción dogmática de la teoría general del delito no puede entenderse sin la contribución de WELZEL y que, como el mismo JESCHECK admite, la jurisprudencia alemana ha hecho suyas las conclusiones del finalismo.

No es tan claro que las consecuencias que extrajo WELZEL se hallasen ya en germen en el concepto tradicional de delito, pero al menos admite JESCHECK que «no habían sido advertidas en su tiempo por la dogmática anterior», lo que es alabanza más que suficiente para un investigador.

d) Influjo en España

El influjo del finalismo en la dogmática penal es innegable. Cierto que tan sólo un sector admite todos los planteamientos de WELZEL tanto en Alemania como en España, especialmente su fundamentación filosófica (ontológica) del concepto de acción y la base iusnaturalista que presupone. Pero no es menos cierto que la mayoría de los penalistas admiten hoy en día (tanto en España como en Alemania) la naturaleza personal del injusto y todas las consecuencias jurídico-penales (sistemáticas) que de ello se derivan, como se verá en los apartados siguientes. Por tanto puede decirse que se ha impuesto la concepción finalista en la teoría general del delito, aunque se sigue discutiendo la eterna cuestión de iusnaturalismo-positivismo jurídico.

B) *De la prevención general a la sistemática finalista*

Hoy en día son muchos los autores que han hecho suyos los postulados fundamentales del finalismo en la construcción dogmática de los elementos del delito, pero partiendo desde un punto diverso. Conciben el injusto en sentido personal (esto es, incluyen el dolo y la culpa en la tipicidad y en la antijuridicidad) y las consecuencias que se derivan de ello, aunque no admiten los presupuestos ontológicos de la acción, propuestos por WELZEL, ni su punto de partida iusnaturalista, ni el fin retributivo de la pena.

Se va a exponer sucesivamente la postura doctrinal de estos autores, su reflejo en la teoría del delito, la valoración que merecen estas teorías y el influjo de sus doctrinas.

a) Postura doctrinal

El punto de partida de estos autores es la profundización en los fines de la pena, así como el estudio de la función de la norma penal como norma de determinación. Como se indicó en el Tema 4, VI, 4, desde los años ochenta y aun en la década anterior ha ido decayendo el interés de los penalistas por los problemas de la parte general, mientras que se ha acrecentado el estudio de la política criminal, así como el de los fines de la pena en un Estado de Derecho.

Muchos autores han abandonado el fin retributivo de la pena (o lo mantienen tan sólo como límite, para evitar degradar al ciudadano a mero objeto de escarmiento en provecho de la comunidad), mientras que se ocupan fundamentalmente de los fines preventivos del Derecho Penal: de la prevención general y de la especial.

En este sentido el Derecho Penal es concebido por HASSEMER como el último y más drástico medio de la intervención social para la modelación de conductas de los ciudadanos, como instrumento de control social altamente formalizado. La justificación del Derecho Penal viene determinada para este grupo de autores por su idoneidad para motivar a la sociedad contra la realización de hechos gravemente dañosos para la comunidad. Incluso, según la perspectiva funcionalista extrema de JAKOBS, el Derecho Penal se justifica en cuanto sirve para mantener la confianza del ciudadano en el Derecho y en el sistema social.

b) Teorías penales

El influjo del finalismo en la teoría general del delito se ha dejado sentir en la mayoría de los penalistas actuales. Dejadas de lado las posiciones extremas y yendo a las mayoritarias sobre la prevención general intimidatoria o motivadora, los criterios político-criminales sobre la finalidad de la pena han penetrado en el entendimiento de los elementos del delito y han llevado a muchos a asumir la llamada «sistemática finalista» en la definición material del delito.

Según estos autores, el juicio de valor (desvalor) contenido en la tipicidad y antijuridicidad (en el injusto) presupone una conducta que se desvía de la prohibición o del mandato legal. El contenido de la prohibición o del mandato sólo puede versar sobre conductas que el ciudadano puede controlar, sobre aspectos en los que puede ser motivado, para que así se realice la finalidad preventiva de la norma penal. No se puede prohibir que, como consecuencia de un disparo, la víctima muera, ni que, como consecuencia de una colisión automovilística se produzcan lesiones. Pero se puede y se debe prohibir la ejecución intencionada de hechos que puedan causar la muerte o la inobservancia de las normas de prudencia en el tráfico. El juicio de desaprobación, incluido en el injusto, sólo puede recaer sobre la conducta del individuo, nunca sobre meros procesos causales.

Se acepta, pues, la concepción del injusto personal de WELZEL y las consecuencias del mismo, si bien la fundamentación de estos autores es distinta, pues se basa en la función preventiva de la pena, mientras que WELZEL era retribucionista.

c) Valoración

Las teorías presentes tienen de positivo admitir el injusto personal como base del Derecho Penal, lo que hacen con el conocido argumento de que el Estado no puede prohibir la causación de resultados, sino la ejecución intencionada de los mismos o la inobservancia de las reglas de tráfico.

Pero es de criticar en ellos el abandono de WELZEL, en su claro enfoque iusnaturalista. Esto trae la consecuencia de que en un modo u otro vuelven al positivismo jurídico, ya que no pueden dar razón alguna para frenar los excesos de un Estado democrático que pueden ser cometidos al amparo de la mitad más uno. Por ejemplo, la creciente xenofobia, la permisividad respecto al aborto o a la eutanasia, etc.

Igualmente se equivocan al abandonar el libre albedrío como fundamentación únicamente válida de la culpabilidad. Baste adelantar aquí que las teorías que exponen o se limitan a suponer probado lo que quieren y deben probar o no salen de un mero utilitarismo pragmático (véase *infra*, Tema 19, II).

En los fines de la pena es sin duda un mérito de las presentes teorías haber subrayado la importancia de la prevención general (especialmente de la positiva), pero no se puede abandonar impunemente el fin retributivo de la pena como límite, sin correr el peligro de convertir al delincuente en mero objeto de escarmiento para sus conciudadanos.

d) Influjo de estas teorías

En España se han propagado ampliamente estas doctrinas que proceden fundamentalmente de ROXIN, de HASSEMER y, actualmente, de JAKOBS, cuyas obras han sido traducidas. También se ha extendido en Alemania el llamado sistema teleológico de WESSELS, cuya fundamental diferencia con el finalismo es la de considerar el elemento subjetivo (dolo y culpa) no sólo en la acción, sino también de nuevo en la culpabilidad como fundamento de la reprochabilidad.

C) *Influjo actual del finalismo en España*

Aunque los partidarios estrictos de WELZEL en España son pocos, unidos a los que profesan la «sistemática finalista» a partir de los fines de la pena, representan hoy en día la mayor parte de los penalistas de la actual generación.

Los actuales catedráticos que se han pronunciado claramente en sus escritos como partidarios de la «sistemática finalista» son: BACIGALUPO, BARBERO SANTOS, BERISTÁIN, BOLDOVA PASAMAR, BUSTOS, CEREZO, CÓRDOBA, CUELLO CONTRERAS, DÍEZ RIPOLLÉS, GARCÍA ARÁN, GIL GIL, GIMBERNAT, GÓMEZ BENÍTEZ, GRACIA MARTÍN, HUERTA TOCILDO, LUZÓN PEÑA, MUÑOZ CONDE, MIR PUIG, OCTAVIO DE TOLEDO, QUINTERO OLIVARES, ROMEO CASABONA, SILVA SÁNCHEZ, SUÁREZ MONTES y ZUGALDÍA ESPINAR.

IV. EL CONCEPTO DEL DELITO EN EL DERECHO PENAL ESPAÑOL

El Código Penal español se abre con una definición del delito, lo que no es de alabar; pues ya desde el derecho romano se viene repitiendo que la ley no debe definir. Porque la definición, más que ayudar, entorpece la labor del intérprete e impide la interpretación progresiva del Derecho. Pero la definición del delito ha estado presente en toda la historia de la codificación penal española.

1. DEFINICIÓN DEL DELITO

El CP de 1822 daba las siguientes definiciones: «Artículo 1. Comete delito el que libre y voluntariamente y con malicia hace u omite lo que la ley prohíbe o manda bajo alguna pena.» «Artículo 2. Comete culpa el que libremente, pero sin malicia, infringe la ley por alguna causa que puede y debe evitar.» La comparación de ambos artículos parece poner de manifiesto que para el legislador de 1822 el verdadero delito era el doloso, mientras que la culpa era algo necesitado de represión, pero no delito propiamente dicho.

La definición que da el CP de 1848 en su artículo 1 parece querer fundir ambos artículos del CP anterior al decir: «Es delito o falta de toda acción u omisión voluntaria penada por la ley.» El texto sigue en la reforma de 1850, mientras que la de 1870, también en su artículo 1, pone la definición en plural: «Son delitos o faltas las acciones y las omisiones voluntarias penadas por la ley.»

El CP de 1928 lleva la definición del delito al artículo 26, como consecuencia de haber comenzado por un Título Preliminar. Aunque habla de «infracciones criminales» en vez de hacerlo de «delitos y faltas» por lo demás, mantiene la definición invariable. Dice así: «Son infracciones criminales las acciones u omisiones voluntarias, penadas por la ley.»

La reforma del CP de 1932 es la que en su artículo 1 incluye la definición del delito que ha durado hasta la Reforma de 1983: «Son delitos o faltas las acciones y omisiones voluntarias penadas por la ley.»

La reforma de 1983 sustituye la palabra «voluntarias» por «dolosas o culposas».

Finalmente el CP de 1995, en su artículo 10, cambia la palabra «culposas» por «imprudentes», según dicho artículo, eran delitos o faltas las acciones y omisiones dolosas o imprudentes penadas por la Ley. Desde la reforma operada por LO 1/2015 establece el artículo 10 que «son delitos las acciones u omisiones dolosas o imprudentes penadas por la Ley».

2. Significado y función de la definición legal

Si se compara el concepto utilizado por el legislador de 1848 con el de Carrara se comprueba el grado de desarrollo de la definición del delito que acusa nuestro CP de 1848. Donde Carrara dice que el delito es una «acción culpable», el CP de 1848 escribe que es «toda acción u omisión voluntaria». Lo que indica una vez más el influjo de Carrara y especialmente de Pellegrino Rossi en nuestro legislador de 1848; aparte de que dicha definición procedía de los prácticos y del Derecho común. Por lo que cabe afirmar que nuestra legislación ha contado con una definición material de delito desde sus albores.

El artículo 10 del CP de 1995 reproduce los dos términos de la definición tradicional que han mantenido nuestros códigos; acción y voluntariedad de la misma. La exigencia de que los comportamientos sean dolosos o imprudentes y estén penados por la ley insiste en el principio de legalidad y la exclusión de la responsabilidad objetiva.

Desde un punto de vista práctico la definición del delito contenida en el CP ha servido tradicionalmente para complementar o ampliar algunas eximentes. Así sucedía con los casos asimilados a la fuerza irresistible. Actualmente la supresión de la mención expresa dentro del catálogo de eximentes de la fuerza irresistible y el caso fortuito hace absolutamente necesario recurrir a la definición del delito del artículo 10 para excluir ambos supuestos de la represión penal.

V. CLASIFICACIÓN DE LAS INFRACCIONES PENALES POR SU GRAVEDAD

El Derecho común utilizaba la tripartición, que dependía de la calidad de las penas. Los *delicta atrocissima* tenían pena de muerte cualificada; los *delicta gravia* se castigaban con la pena de muerte natural o civil; mientras que los demás (*delicta levia*) tenían pena más suave.

La Ilustración intentó dar a la división tripartita una fundamentación filosófica: los crímenes eran los que atacaban a los derechos naturales, los delitos a los derechos derivados del contrato social y las contravenciones al orden policial y de buenas costumbres. Pero simultáneamente sirvió la tripartición para repartir las competencias de los tribunales. Los crímenes eran de la competencia de las *Cours d'assises*, los delitos de los *Tribunaux correctionels*, y las contravenciones de los *Tribunaux de police.*

Pronto se vio que la fundamentación filosófica no era consistente, entre otras cosas por la dificultad en distinguir, en ocasiones, cuándo un derecho era natural y cuándo derivaba del contrato social. Pero la división se siguió manteniendo por razones procesales.

Las infracciones penales tenían en el CP de 1973, desde la reforma de 1932, una división bipartita, distinguiéndose tan sólo los delitos de las faltas. El CP de 1995 volvió a la tripartición de los delitos, distinguiendo los delitos graves, los delitos menos graves y las faltas. Tras la reforma operada por la LO 1/2015 el CP mantiene la tripartición, aunque hace desaparecer las faltas, clasificando los delitos en graves, menos graves y leves.

Tras la reforma operada por la LO 1/2015 establece el nuevo artículo 13 del CP que:

> 1. Son delitos graves las infracciones que la ley castiga con pena grave.
> 2. Son delitos menos graves las infracciones que la ley castiga con pena menos grave.
> 3. Son delitos leves las infracciones que la ley castiga con pena leve.
> 4. Cuando la pena, por su extensión, pueda incluirse a la vez entre las mencionadas en los dos primeros números de este artículo, el delito se considerará, en todo caso, como grave. Cuando la pena, por su extensión, pueda considerarse como leve y como menos grave, el delito se considerará, en todo caso, como leve.

Dos son las razones fundamentales que entiende el legislador concurren para que se supriman las faltas: por un lado, la necesidad de reducir la elevada litigiosidad que existe en nuestros tribunales para dar una respuesta más ágil y eficaz a los justiciables; por otro, que se reserve el Derecho Penal para la solución de los conflictos de especial gravedad, o lo que es lo mismo, que se aplique más ampliamente el principio de «intervención mínima» del Derecho Penal.

Las razones serían atendibles si el legislador no hubiera suprimido las faltas para crear la nueva categoría de los delitos leves, que, al menos de momento, se van a enjuiciar con el procedimiento previsto para las faltas. Entre otras tres cuestiones son altamente criticables:

a) En primer lugar, la selección de las conductas que el legislador ha decidido despenalizar y las que ha decidido elevar a la categoría de delitos leves. Quedan despenalizadas, entre otras, las siguientes conductas: el homicidio por imprudencia leve; las lesiones graves causadas por imprudencia leve y las lesiones leves causadas por imprudencia grave; no prestar asistencia o auxilio a un menor de edad o a un incapaz; no prestar asistencia o auxilio a una persona de edad avanzada o discapacitada que se encuentre desvalida; incumplir obligaciones familiares establecidas en resolución o convenio judicial, cuando dicha conducta no constituya delito; abandono de jeringuillas u otros instrumentos peligrosos de modo que pueda causar daño a las personas o contagiar enfermedades; y, dejar sueltos animales feroces o dañinos en condiciones de causar mal. Sin embargo, se elevan a la categoría de delitos leves, entre otras, las siguientes conductas: el golpear a otra persona, amenazarle o coaccionarle levemente; mantenerse contra la voluntad del titular, fuera de horas de apertura, del domicilio o local de una persona jurídica; todas las faltas contra el patrimonio, incluido el top-manta; el maltrato y abandono de animales; y, expender moneda falsa adquirida de buena fe.

b) En segundo lugar, como manifiesta la doctrina y la Fiscalía General del Estado, la nueva regulación exige al intérprete el esfuerzo de dilucidar de entre los tipos penales del Libro II cuáles constituyen genuinos delitos leves, puesto que a diferencia de las faltas cuyo catálogo cerrado se contenía en el Libro III del CP, los delitos leves se hayan dispersos en el articulado del Libro II, constituyendo en ocasiones subtipos atenuados de delitos menos graves, lo que exige a la postre un esfuerzo suplementario de deslinde entre unos y otros.

c) En tercer lugar, como pone de relieve MUERZA ESPARZA, el principio de imparcialidad exige un proceso penal en dos fases (instrucción o sumario y enjuiciamiento), atribuyendo cada una de ellas a un órgano jurisdiccional distinto, «principio que no se ha aplicado nunca al juicio de faltas, sobre la base de que constituyen conductas que no alcanzan el grado de delito. A partir de ahora un conjunto de delitos, los "leves", van a seguir el régimen procesal previsto para las faltas. Podría sostenerse que la aplicación de tal régimen no se ha modificado puesto que aunque hayan desaparecido las faltas siguen siendo las conductas más "leves" los sujetos del mismo. Sin embargo, en mi opinión, tal postura no se puede mantener si partimos de que nos encontramos ante conductas que la sociedad entiende lo suficientemente graves como para calificarlas de delito. Además, si a tenor de lo dispuesto en el artículo 13.4 el ámbito del concepto delito "leve" se ha ampliado, podemos concluir afirmando que, una vez más nos encontramos con que el legislador trata de introducir "mecanismos" que agilicen los procesos, aunque con ello dejen de respetarse principios básicos del proceso penal, justificándolo eso sí, con razones ajenas al mismo proceso.»

SECCIÓN SEGUNDA

ELEMENTOS ESENCIALES DEL DELITO

En esta Sección se van a analizar sucesivamente los cinco elementos esenciales de la definición material del delito (acción, tipicidad, antijuridicidad, culpabilidad y punibilidad), tanto en su contenido positivo como en el negativo (eximentes) que en cada caso los excluyen. Para ello se va a seguir el sistema finalista.

TEMA 12

LA ACCIÓN COMO ELEMENTO BÁSICO DEL DELITO

Hoy en día se plantean algunos penalistas la cuestión de si la acción sigue siendo un elemento del delito o si más bien habría que prescindir de ella y comenzar el estudio directamente por la tipicidad. Algunos de estos autores creen que no es posible una definición general de acción, anterior a las categorías jurídicas de tipicidad, antijuridicidad y culpabilidad; otros que, aun siendo posible, sería inútil, ya que tendría que comprender modalidades de acción tan distintas como la actividad y la pasividad, el dolo y la culpa, con lo que sería excesivamente general.

Sin embargo, parece necesario exponer y analizar el concepto de acción (y en ello coincide la mayoría de la doctrina española) porque todo tipo (y lo mismo se puede decir de lo antijurídico o de lo culpable) presupone una acción humana como sustrato sobre el que se asienta. Luego es menester analizar las características de estas acciones humanas que luego se han de recoger en el tipo y, como consecuencia, en la antijuridicidad y en la culpabilidad. Si no, se edificarían estas valoraciones sin base fáctica. También coincide la mayoría de la doctrina española en señalar que el concepto de acción es prejurídico; esto es, que es anterior a toda valoración jurídica, ya que éstas comienzan con la tipicidad.

El consenso casi unánime de la doctrina española en este punto nace quizás del hecho de que así parece exigirlo nuestra legislación penal y procesal, como se indicará más abajo al hablar de las funciones del concepto de acción y del de tipicidad.

Este Tema se va a ocupar en primer término de la polémica doctrinal acerca del concepto de acción; enseguida se fijarán los límites de la acción y de la acción típica, para pasar después a analizar el concepto de conducta humana que se propone y sus dos elementos: objetivo y subjetivo.

I. EVOLUCIÓN DOCTRINAL DEL CONCEPTO DE ACCIÓN

En primer lugar se van a determinar los diversos significados de la palabra «acción» en Derecho Penal, para pasar enseguida a exponer la polémica doctrinal sobre el concepto de acción. Finalmente se fijarán los límites del concepto de acción y del de acción típica.

1. Diversos significados de la palabra «acción»

Como sucede con tantas palabras en Derecho, el vocablo «acción» se utiliza en sentidos diversos. Pueden distinguirse en Derecho Penal (dejando de lado el uso procesal) tres acepciones distintas. En sentido amplio se usa como equivalente a conducta y entonces se comprende en ella tanto la actividad como la pasividad humanas. En un sentido algo más estricto se habla de «acción» como equivalente a actividad (y, por tanto, se contrapone a la pasividad); y entonces se incluyen en ella tanto la actividad con resultado como la pura actividad sin resultado. Y finalmente en sentido estricto la palabra «acción» equivale a actividad y entonces se trata de la mera actividad externa (del mero movimiento corporal) sin resultado.

En este epígrafe se va a tomar la palabra «acción» en sentido amplio, como equivalente a conducta humana, mientras que en el siguiente se analizarán las distintas clases de acción y, por tanto, se hablará de la acción en sentido menos amplio.

2. La polémica doctrinal acerca del concepto de acción

Como se ha visto en el tema anterior, durante el pasado siglo y especialmente en el siglo actual se ha desarrollado una larga polémica en torno al concepto material del delito, que en gran parte ha girado alrededor de los distintos conceptos de acción. Aquí se va a exponer tan sólo lo que se refiere a este concepto, dejando para temas sucesivos lo relativo a los conceptos restantes.

Las diversas teorías sobre el concepto de acción se pueden reconducir a dos: el concepto causal de la acción (que es defendido por la escuela clásica y la neoclásica) y el concepto final (que es defendido por los finalistas propiamente dichos). Se terminará con un breve resumen de otros conceptos de la acción, que en un modo u otro inciden en las dos teorías fundamentales. Pero a la exposición indicada se va a anteponer el estudio de Maihofer sobre las funciones que debe cumplir el concepto de acción, para tener una sólida base en la valoración de las diversas teorías sobre el mismo.

Claro está que en cada una de las concepciones indicadas existen diferencias y matices entre los diversos autores; pero aquí no se pueden dar más que las líneas generales de cada uno de los enfoques indicados.

A) *Funciones del concepto de acción*

Desde la tesis doctoral de Maihofer sobre *El concepto de acción en el sistema del delito* (1953) se vienen señalando cuatro funciones que debe cumplir todo concepto de acción:

1.ª Función de clasificación. Esta función pide que el concepto de acción contenga las cuatro clases de conductas humanas que pueden darse y que pueden ser relevantes para el Derecho Penal: actividad con o sin resultado y pasividad con o sin resultado, acciones dolosas y acciones culposas. Por tanto no satisfaría esta función una definición en la que sólo se incluyesen las conductas activas, o sólo las dolosas, etc.

2.ª Función de límite. Se quiere significar con esta expresión que el concepto de acción debe dejar fuera todo aquello que evidentemente no pueda interesar al Derecho Penal. Por poner un ejemplo, no cumpliría esta función un concepto de acción que incluyese en sí mismo los resultados causados por las fuerzas de la naturaleza, sin intervención humana ninguna, como sería el que un hombre muriese fulminado por un rayo.

3.ª Función de base. Quiere decir que el concepto de acción debe incluir todo lo que pueda ser relevante para el Derecho Penal, especialmente, para montar sobre él los juicios de valor de la tipicidad, la antijuridicidad y la culpabilidad. Por ello no sería aceptable un concepto de acción, que sólo incluyera las de los europeos; pero tampoco sería suficiente un concepto que no recogiese algunos de los elementos de hecho que se incluyen en el tipo.

4.ª Función de enlace. Se significa con ello, que el concepto de acción no puede adelantar valoraciones, que ha de ser neutro desde el punto de vista de las valoraciones jurídicas; ya que éstas comienzan con la tipicidad y continúan con la antijuridicidad y la culpabilidad. Por lo mismo no cumpliría la función de enlace un concepto de acción que la definiese como «toda conducta humana contra el derecho» u otras de este estilo.

El análisis de MAIHOFER sobre las cuatro funciones que debe cumplir el concepto de acción ha tenido acogida general entre los penalistas. Hay que indicar, sin embargo, que no todos recogen la primera función (la de clasificación) por ser la menos importante, ya que no pasa de un cometido meramente clasificatorio y, como tal, muy secundario. Mientras que las otras tres funciones son las que fijan lo que debe exigirse a la acción, para que cumpla su papel en la definición del delito. Por ello son de todo punto necesarias.

B) *Concepto causal de la acción*

Se va a comenzar por exponer en primer lugar el concepto causal de la acción tal y como lo propugnan sus principales defensores, para proceder en segundo término a su valoración, de acuerdo con las cuatro funciones que le señaló MAIHOFER.

a) Exposición del concepto causal

Existen diferencias entre el concepto causal de la acción en la escuela clásica (que se limita a una descripción puramente naturalista) y en la neoclásica (que intenta introducir un elemento valorativo al mero naturalismo de la anterior), aunque ambas tienen un elemento común: poner como centro de la acción lo puramente objetivo y dejar la intención del sujeto activo para la culpabilidad.

a') Escuela clásica

Los partidarios de la escuela clásica, defienden un concepto puramente objetivo y naturalístico de la acción. En tal sentido VON LISZT define la acción como una modificación del mundo exterior causada por la voluntad. Entiende este autor la voluntad como el acto psíquico que, mediante la inervación de los músculos, determina la realización del movimiento corporal; el contenido de la voluntad, lo que el sujeto quería, queda relegado a la culpabilidad. En frase de BELING (que en esto sigue a VON LISZT): «Para afirmar que existe una acción basta la certidumbre de que el sujeto ha actuado voluntariamente. Lo que ha querido (es decir, el contenido de su voluntad) tiene sólo importancia en el problema de la culpabilidad».

La primera objeción que se hizo a la anterior teoría es que comprendía tan sólo la actividad con resultado, puesto que en los casos de actividad sin resultado no existía modificación del mundo exterior. A ello contestó Von Liszt que entendía por «modificación del mundo exterior» algo más amplio de lo que en penal se suele denominar «resultado». Por ejemplo en las injurias, la inervación de los músculos de la garganta y las ondas sonoras.

También se objetó a la definición indicada, que en ella no se incluía la omisión, por lo que Von Liszt la complementó valiéndose del concepto de acción esperada: en la omisión se da el acto voluntario de no actuar (no poner la acción esperada), el resultado y una relación de causalidad análoga a la que existe en los delitos de actividad. En sentido semejante Beling sostuvo que la acción supone una voluntad en la vertiente interna (pero en la que tampoco incluía el contenido de la voluntad, la intención del autor) y en la vertiente externa la realización o no-realización del movimiento corporal.

Ambos autores prefirieron, por eso, hablar de comportamiento, vocablo en el que incluían tanto la actividad como la pasividad del autor.

Radbruch criticó estos intentos y llevó al extremo la visión puramente naturalística de la acción por lo que negó que pueda incluirse la omisión en el concepto de acción; pues en la omisión falta una relación de causalidad entre la no realización de un movimiento corporal y el resultado. Además la actuación de la voluntad puede no darse en la omisión: en los llamados delitos de olvido (mejor sería llamarlos por el momento «conductas por olvido» para no prejuzgar ninguna valoración jurídica en el concepto de acción), en los que el sujeto no pone ningún acto positivo de voluntad.

Para obviar todas las dificultades indicadas, la escuela clásica terminó por definir la acción como un comportamiento humano dependiente de la voluntad que produce una consecuencia en el mundo exterior.

b') La escuela neoclásica

La escuela neoclásica, influida por el neokantismo de la escuela sudoccidental alemana, considera que el concepto causal de la acción no es meramente natural, sino que incluye un elemento valorativo: que el actuar o dejar de actuar procedan de la voluntad humana. Tal valoración no es jurídica (entonces iría contra la función básica de Maihofer, pues adelantaría valoraciones), sino meramente psicológica. Por ello la escuela neoclásica define la acción como la conducta humana voluntaria, pero, igual que la escuela clásica, afirma que basta que la modificación del mundo exterior proceda de la voluntad, sin meterse a examinar el contenido de ese acto volitivo, la intención del sujeto; porque lo que el sujeto pretendía, queda reservado para la culpabilidad.

c') Puntos de coincidencia de ambas

Por lo anterior se ve que ambas escuelas coinciden sustancialmente en lo que caracteriza al causalismo: en defender un concepto de acción puramente objetivo y dejar todo lo subjetivo para la culpabilidad.

También coinciden en montar su definición de acción fundamentalmente sobre la causalidad física, categoría que complementan luego con algunos aditamentos, para incluir en la acción la actividad sin resultado y la omisión.

b) Valoración del concepto causal

Para valorar el concepto causal de la acción, se va a analizar hasta qué grado cumple las cuatro funciones señaladas por MAIHOFER.

No cumple suficientemente la función de clasificación, ya que, a pesar de las varias modificaciones hechas al primitivo concepto propuesto por VON LISZT, sigue siendo difícil encajar en su definición la actividad sin resultado. La dificultad, puesta de relieve por RADBRUCH respecto a la omisión, es común a los otros conceptos de acción y más adelante se expondrán los modos, con los que se ha ido tratando de solucionarla.

Pero donde muestra su total insuficiencia el concepto causal de acción es a la hora de cumplir su función de límite, esto es, la de excluir todo lo que es irrelevante desde el punto de vista del Derecho Penal. Porque sólo con el criterio de la causalidad no se puede determinar dónde comienza y dónde termina una acción humana. Es más, el mero encadenamiento de causas por la sola causalidad física llevaría en cualquier acción hasta los primeros progenitores del género humano.

Los causalistas responden a esta objeción que no cabe el proceso *in infinitum* y que hay que limitarse a las causas próximas del hecho. Pero ¿dónde comienzan y dónde terminan éstas? En la práctica y fijándose tan sólo en la causalidad física (en la cara objetiva de la acción) es imposible de determinar.

Supóngase que Juan suministra a Luis una pistola, con la que éste mata a Pedro. Existe sin duda una manifestación de voluntad en Juan (la entrega de la pistola), una modificación del mundo exterior (la muerte de Pedro) y un nexo causal entre el suministro de la pistola y la muerte de Pedro. Pero ¿dónde comienza la acción de matar? Sin conocer la intención con la que Juan suministró la pistola a Luis es imposible ir más allá de simples hipótesis.

Otro obstáculo insalvable lo halla el concepto causal de la acción en la función de base, que exige que en la acción se encuentren todo lo que pueda ser relevante para el Derecho Penal, a fin de que sobre dicho concepto se puedan montar la tipicidad, la antijuridicidad y la culpabilidad. Porque al no incluir el concepto causal la intención del sujeto (que, según los causalistas, no se puede considerar hasta la culpabilidad), es de todo punto imposible tipificar en los casos de un delito en grado de tentativa.

Un ejemplo confirmará la insuficiencia del concepto causal de la acción en estos casos. José pasa rozando a Pedro con su coche y a gran velocidad. Sin saber la intención de José es imposible averiguar, si se trata de una acción occisiva, de una acción lesiva (ambas en grado de tentativa) o meramente de una acción peligrosa; luego va a ser imposible tipificar, pues cabe subsumir la actuación de José en un delito de homicidio o en un delito de lesiones en grado de tentativa o en un delito de conducción temeraria del artículo 380.1.

Finalmente, el concepto causal de la acción cumple sin dificultad la función de enlace, ya que no adelanta valoración ninguna, sino que queda para las notas posteriores de la definición del delito.

En resumen, el concepto causal de la acción cumple plenamente la función de enlace, satisface con algunas dificultades la de clasificación (aunque, como se ha señalado más arriba, esta función carece prácticamente de trascendencia penal) y deja sin cumplir en absoluto las funciones de límite y de base. Luego, no es una definición válida de la acción, ya que de las tres funciones importantes, sólo cumple plenamente una.

C) *Concepto final de la acción*

Como se acaba de hacer respecto al concepto causal, se va a comenzar por exponer el concepto final de la acción tal y como lo defienden sus principales propugnadores, para hacer a continuación la valoración del mismo, de acuerdo con las funciones que desde Maihofer se vienen señalando al concepto de acción.

a) Exposición del concepto finalista

Como se ha ido viendo en el tema anterior (véase *supra*, Tema 11, III) el principal propugnador del concepto final de la acción es Hans Welzel que formula su teoría como crítica al influjo naturalista de la escuela clásica en el Derecho Penal, así como del neokantismo de la escuela neoclásica que, al no fundamentar el deber ser (los valores) en el ser (la realidad), había dejado ideológicamente indefensos a los juristas ante la ideología totalizadora del sistema nazi. Por ello su empeño iusnaturalista en fundamentar el concepto de acción en la realidad psicológica de la misma, de hacer de ella un concepto prejurídico, fuera de las manos del legislador penal, para que éste no pudiera abusar del poder punitivo, sino que tuviera que respetar al menos la naturaleza de las cosas.

a') Exposición de Welzel

Welzel parte para construir su concepto final de la acción de lo que dice la psicología sobre la acción humana. Para comprender ésta no basta la categoría de la causalidad, sino que es menester utilizar la de la finalidad, la intención; porque la acción humana no es un mero devenir causal, sino que supone una dirección del hombre de esas causas y efectos, dentro de los límites de que es capaz. En frase de dicho autor, la finalidad es «vidente», la causalidad es «ciega». Por ello en la acción existe un sustrato objetivo (los procesos causales que el hombre pone en marcha o inhibe) y además un elemento subjetivo, que es el fundamental (la finalidad que el ser humano persigue, en virtud de la cual pone en marcha o inhibe esos procesos causales). Welzel escribe, entre otros textos que podrían citarse:

> La finalidad o carácter finalista de la acción se basa en que el ser humano, gracias a su saber causal, puede prever, dentro de ciertos límites, las consecuencias posibles de su conducta, asignarse, por tanto, fines diversos y dirigir su actividad conforme a un plan, a la realización de estos fines.
>
> Dado que la finalidad se basa en la capacidad de la voluntad de prever, dentro de ciertos límites, las consecuencias de su intervención en el curso causal y de dirigir, por consiguiente,

éste conforme a un plan a la consecución del fin, la espina dorsal de la acción finalista es la voluntad consciente del fin, rectora del acontecer causal.

La voluntad finalista, puesto que y en la medida en que configura objetivamente el acontecer externo, pertenece a la acción como factor integrante.

b') Inclusión de las acciones imprudentes

La primera dificultad que se presentó al finalismo fue la inclusión de las conductas culposas en su esquema de acción. Como se verá en el epígrafe siguiente, en tales conductas existe una imprudencia (por ejemplo, el exceso de velocidad) y un resultado (por ejemplo, la muerte de un viandante), que se previó o al menos se pudo prever (culpa consciente o inconsciente), pero que se esperó que no se diese. El resultado no entra en la finalidad del autor, puesto que esperaba que no se produjera; luego parece que no entra en la acción final, ni de modo directo ni siquiera de modo indirecto.

El mismo Welzel fue evolucionando en este punto y comenzó por defender para las conductas culposas la finalidad potencial, esto es, una causación (la del resultado) que hubiera sido evitable mediante una actividad finalista. Pero Rodríguez Muñoz, entre otros, le objetó que así no se podía llegar a un concepto unitario de acción (se faltaría a la función de clasificación), porque la acción imprudente era evitable mediante otra actividad final distinta de la que puso el sujeto, pero no era una actividad final real sino potencial.

Como consecuencia de estas críticas, Welzel dejó su anterior concepción y dirigió sus esfuerzos a demostrar que en los delitos culposos existe una finalidad real (en el conductor, la de llegar pronto a su casa, por ejemplo) que generalmente es irrelevante para el Derecho Penal, pero no lo es el medio utilizado (por ejemplo, la conducción a excesiva velocidad). Posteriormente se han expuesto otras teorías por los autores finalistas para solucionar este problema, que no parece insoluble. La que se mantiene por los autores se expondrá en el epígrafe siguiente.

c') Inclusión de las conductas omisivas

Otra dificultad objetada al finalismo es la de incluir las conductas de actividad y las de omisión en un mismo concepto de acción. Ante todo, conviene recordar que la dificultad presente no es propia del finalismo, sino que la comparte con el causalismo, como ha quedado claro de lo anteriormente expuesto.

Armin Kaufmann ha puesto de relieve que en las conductas de omisión faltan la causalidad y la finalidad. Pero esto es cierto sólo con algunas matizaciones. Respecto a la causalidad física, es evidente su falta en todos los casos de omisión, ya que ésta consiste en una inactividad; por lo que en los supuestos de comisión por omisión se habla de la causalidad hipotética. Pero no sucede lo mismo respecto a la finalidad, ya que ésta se da claramente en los casos de omisión dolosa (se inhibe voluntariamente el proceso causal que el sujeto debía poner en marcha para conseguir la finalidad perseguida). Los casos de omisión por olvido son más discutibles, pero de ellos se hablará en el epígrafe siguiente, aunque su solución (a juicio del que suscribe estas líneas) es fundamentalmente semejante a la que ofrecen las conductas culposas.

d') Otras objeciones

Algunas otras objeciones hechas al finalismo, reposan en malentendidos del mismo.

Así, por ejemplo, la de que en la actividad sin resultado no puede existir finalidad al no darse causalidad no se percata de que la finalidad se dirige a veces a conseguir lo que en lenguaje vulgar suele llamarse un resultado. Porque, aunque para el Derecho Penal el resultado supone una modificación del mundo exterior, para el lenguaje normal se dan «resultados» en muchas «acciones sin resultado» en sentido penal; por ejemplo, pasar un buen rato charlando con los amigos. Además, con la actividad sin resultado penal puede buscarse (y con frecuencia se busca y por tanto hay una finalidad) un resultado irrelevante para el Derecho Penal pero enormemente importante para el que pone la actividad. Por ejemplo, unas injurias pueden buscar que el injuriado sea despedido de la fábrica (lo que es sin duda un resultado), aunque el tipo de injurias esté construido como delito formal. Por tanto la anterior dificultad reposa fundamentalmente en la confusión entre el estadio de la acción y el de la tipicidad, como quedará claro cuando se hable más abajo sobre los límites entre el concepto de acción y el de acción típica.

En otras ocasiones el malentendido es aún más evidente. Así, por ejemplo, RODRÍGUEZ DEVESA, después de transcribir algunas de las frases de WELZEL reproducidas más arriba, concluye: «Pese a la estimación de los "finalistas" como adversarios de la concepción causal, ésta rezuma en los párrafos que acabo de transcribir». No se percata el ilustre autor de que lo que sostiene WELZEL (y con él todos los finalistas) no es que a la acción humana le falte un sustrato causal, sino que esta causalidad está dirigida o inhibida por la finalidad, que ésta (en la frase de WELZEL transcrita más arriba) es «la espina dorsal» de la acción humana, «rectora del acontecer causal». Pero, ¿cómo puede pensar nadie que el finalista defienda que el homicida mate sin desencadenar ningún proceso causal? ¿Sólo con el deseo, como en la ciencia-ficción?

b) Valoración del concepto finalista

Para hacer la valoración del concepto final de la acción se le van a aplicar los cuatro criterios preconizados por MAIHOFER, que se han utilizado también para la valoración del causalismo.

En la función de clasificación encuentra el finalismo la misma dificultad que se señaló para el causalismo: la inherente a querer encuadrar en un mismo concepto las acciones humanas activas y pasivas, dolosas e imprudentes.

Ante la dificultad recurren varios autores al expediente de renunciar al concepto unitario de acción. Algunos prescinden totalmente del concepto de acción y hablan tan sólo de «acción típica», que a su vez escinden luego en delitos dolosos y culposos, delitos de actividad y de omisión; con lo que, aparte de renunciar al concepto de acción, con todas sus ventajas jurídico-penales que se subrayaron al principio de este Tema, inciden en la misma dificultad en el tipo que la que pretenden evadir en la acción. Otros renuncian a un concepto unitario de acción y lo escinden en cuatro ya en el estadio de la acción.

Parece, sin embargo, que ambas dificultades son superables y que cabe un concepto unitario de acción, como se intentará demostrar en el Tema siguiente. El que opine lo contrario, habrá de confesar que el finalismo tropieza en la función de clasificación, señalada por MAIHOFER.

La función de límite queda perfectamente salvaguardada por el finalismo, ya que la finalidad del autor del hecho determina dónde comienza y dónde termina la acción. Baste, para cerciorarse, aplicar el ejemplo aducido al hablar del causalismo.

Igualmente cumple el finalismo la función de base, porque incluye en el concepto de acción todos los elementos necesarios para la tipicidad, la antijuridicidad y la culpabilidad. De nuevo, se puede acudir al ejemplo puesto más arriba, para comprobar la verdad de esta aserción.

Donde tradicionalmente se han puesto mayores dificultades al finalismo ha sido respecto a la función de enlace, ya que se le ha venido acusando de adelantar juicios de valor, especialmente el de la culpabilidad. Según los contradictores del finalismo, si se afirma que el autor mató dolosamente a su víctima, ya se está diciendo que es culpable del homicidio.

Esta objeción proviene en parte del doble uso que se hace de las palabras dolo y culpa en la dogmática penal. Cuando se afirma en el estadio de la acción que un hombre mata dolosa o culposamente sólo se dice que lo hizo intencionadamente o por imprudencia; pero aún no se resuelve la cuestión de si dicho sujeto es responsable o no de la acción, de si el sujeto es imputable, de si la acción le es reprochable. Porque con la misma intención o imprudencia mata el sano que el loco, el joven de catorce que el de diecinueve años.

Por eso en la dogmática penal se suele hablar de dolo o culpa naturales (que son los que se incluyen en el estadio de la acción) y de dolo o culpa malos (que se reservan para la culpabilidad y que son los que suponen la reprochabilidad). Pero esta nomenclatura ha contribuido no poco a enturbiar y oscurecer la polémica entre causalistas y finalistas. Aunque hay que reconocer que en el campo causalista ha dejado de ponerse esta objeción o se ha disminuido mucho la intensidad con que se utiliza, pues parece que se ha ido entendiendo la doctrina finalista a este respecto.

En resumen, el concepto final de la acción cumple perfectamente las tres funciones fundamentales señaladas por MAIHOFER al concepto de acción: la de servir de límite, que excluya todo lo que no interesa al Derecho Penal, la de ser base para todas las notas posteriores de la definición material del delito y la de reducirse a mero enlace o soporte de las notas posteriores, sin adelantar las valoraciones de las mismas. Según algunos autores no cumple la función de clasificación, porque no daría un concepto unitario de acción, sino que sería menester fraccionarlo en cuatro. Pero, aparte de que esta dificultad se da también en la teoría causalista respecto a las conductas activas y pasivas, como se ha dicho en varias ocasiones, esta función no tiene gran trascendencia, porque se limita a efectos clasificatorios, sin repercusión profunda en el entramado de las restantes notas de la definición del delito. Además, como se va a intentar mostrar en el epígrafe siguiente, el concepto final de la acción, debidamente expuesto, cumple también la función de clasificación.

De todo lo anterior se deduce que el concepto final de la acción es el más apto para fundamentar la dogmática jurídico-penal, ya que es el único que satisface plenamente las exigencias del concepto material del delito y que cumple todas las funciones, que debe llenar el concepto de acción, señaladas por MAIHOFER y aceptadas por la mayoría de los penalistas.

D) *La doctrina social de la acción*

La doctrina social de la acción no es una teoría sobre todos los elementos esenciales del concepto material de delito, sino sólo sobre la acción: un intento de superar las posturas encontradas de causalistas y de finalistas. Para el causalismo la acción es un mero acontecer causal, sin que se vea un criterio claro para delimitar dónde empieza y dónde termina. A los finalistas se les achaca por los causalistas meter un elemento subjetivo (la finalidad) en el concepto de acción, con lo que (según ellos) se quita la neutralidad valorativa de la acción y se anticipa el juicio de culpabilidad. Los partidarios del concepto social de la acción tratan de introducir un criterio de delimitación del mero curso causal (lo que faltaba en el causalismo) que, a su vez, sea objetivo (para no caer en el reproche de subjetivizar la acción hecho al finalismo). Por eso lo fijan en lo que piensa la sociedad.

Se van a tratar sucesivamente los precursores, la actual formulación de la doctrina social de la acción por Jescheck y su valoración.

a) Precursores

Los primeros intentos por formular una doctrina intermedia entre el causalismo y el finalismo son antiguos. Ya E. Schmidt hace una primera tentativa, dirigida a depurar el causalismo de la excesiva influencia del naturalismo (por el que no consideraban más que la causalidad física) y afirma que al Derecho le interesa únicamente el sentido de la acción desde el punto de vista social. Piensa este autor que los finalistas lo determinan desde una óptica excesivamente individual y subjetiva al tomar en cuenta sólo la voluntad del sujeto, mientras que para E. Schmidt hay que hacerlo de un modo objetivo y más amplio: desde el punto de vista de la sociedad. A esto contestó Welzel que el concepto finalista de la acción no dice que el sentido social de la acción dependa de la voluntad del sujeto, sino que no se puede determinar el sentido social de una acción sin conocer el contenido de la voluntad del sujeto.

Más tarde también intentan llegar a un concepto social de la acción Engisch y Maihofer, para los que la acción humana comprende todas las consecuencias objetivamente previsibles. Con esta formulación por un lado tratan de evitar el escollo del causalismo, al no delimitar la acción más que por el mero curso causal (lo que la deja prácticamente sin límites); y por otro no introducen ningún elemento subjetivo en el concepto de acción, que es lo que se reprochaba al finalismo. A estos autores contesta Welzel que lo que desarrollan no es un concepto de acción, sino la doctrina de la imputación objetiva (causal) aunque con otro nombre; o, lo que es lo mismo, la teoría de la causalidad adecuada [véase *infra*, Tema 16, IV, 2, A), *b*)]. Pero con ello no se sale del plano de la causalidad física; mientras que lo que interesa penalmente no es si una acción puede ser reconducida a un sujeto sólo desde un punto de vista objetivo (el de la pura causalidad física) sino cuál ha sido la intención del sujeto, el punto de vista subjetivo (si tuvo dolo o culpa en el hecho).

b) Formulación de Jescheck

La exposición más amplia y cuidada del concepto social de la acción es la realizada por Hans Heinrich Jescheck, al que en España sigue Rodríguez Mourullo. Su intento fundamental es el de llegar a un concepto unitario de acción, que comprenda la actividad y la pasividad, el dolo y la culpa.

JESCHECK trata de unificar el concepto de acción y a la vez propone una nueva definición del mismo.

Para unificar el concepto de acción recurre JESCHECK al siguiente procedimiento. El comportamiento humano activo está dominado por la categoría ontológica de la finalidad, punto en el que JESCHECK admite totalmente el finalismo. Pero existe otra segunda categoría que es la omisión.

A continuación se plantea JESCHECK la cuestión de si cabe englobar la actividad y la pasividad en un mismo concepto de acción. Según este autor, para ello hay que encontrar un punto de vista superior valorativo (no meramente ontológico) que aúne los dos elementos incompatibles en el plano ontológico: actuar y no actuar. JESCHECK lo pone en la relación del comportamiento humano con el mundo circundante. Para la sociedad (de aquí el nombre de concepto social de la acción) equivalen en tales casos el actuar y el dejar de hacerlo, luego ambas formas de acción tienen unidad en la conciencia social. Con ello intenta superar la falta de límites de la acción que se da en el causalismo, pues la delimita por su sentido social. También quiere superar así la acusación hecha al finalismo de adelantar el juicio de culpabilidad al plano de la acción, al introducir en ella el dolo (un elemento subjetivo); pues el criterio que señala JESCHECK es objetivo, ya que no se incluye en él la finalidad del autor, sino el juicio de la sociedad.

Pero esta expectativa social de acción, de la que habla JESCHECK, no tiene porqué fundamentarse en el Derecho, con lo que evita la dificultad de que le objeten que su concepto de acción no cumple la función de enlace (porque adelantaría valoraciones, si fundase la expectativa de acción en el tipo penal), ya que puede encontrar su fundamento en la ética, en la costumbre o en la experiencia. Así, los criterios valorativos de la omisión, no son penales. Con lo anterior cree JESCHECK haber encontrado un concepto de acción que cumpla la función de clasificación, señalada por MAIHOFER.

JESCHECK define la acción como un comportamiento humano socialmente relevante. La exposición de su teoría tiene que quedar necesariamente reducida a la acción, ya que no pretende desarrollar un concepto material del delito con todas sus notas.

Entiende por «comportamiento humano» toda respuesta del hombre a una situación determinada. Este comportamiento puede consistir en el ejercicio de su actividad final (dolo) o limitarse a la causación de consecuencias evitables (imprudencia, culpa); con ello engloba JESCHECK en un mismo concepto de acción las acciones dolosas (en las que sigue el esquema finalista) y las culposas (para las que se atiene al causalismo).

JESCHECK postula además que el comportamiento sea humano con lo que su definición cumple la función de límite, ya que deja fuera no sólo los acontecimientos de la naturaleza, sino también los actos de personas jurídicas.

Con la fórmula «socialmente relevante» señala JESCHECK que la acción sólo será un comportamiento, cuando afecte a la relación del individuo con el mundo circundante y sus consecuencias alcancen a este último. Cree necesario «que el comportamiento llegue a trascender al exterior, para lo que es suficiente en la omisión la ausencia de los efectos que hubiese entrañado el hacer esperado y conducible (por ejemplo, la ausencia de prestación de un auxilio posible en caso de accidente)». Con ello parece querer subrayar que su definición cumple la función de límite, ya que deja fuera los actos internos del sujeto, que son penalmente irrelevantes; y a la vez quiere fundamentar más fuertemente la unidad clasificatoria de la actividad y de la pasividad.

c) Valoración

Para valorar el concepto social de la acción se van a utilizar una vez más las cuatro funciones señaladas al mismo por MAIHOFER.

La función de clasificación, que era uno de los intentos fundamentales de Jescheck, queda suficientemente cumplida por el concepto social de la acción. Pero se le achaca falta de unidad interna en el criterio clasificatorio y por eso una cierta artificialidad o abstracción, lejana a la realidad.

También cumple la función de límite, ya que deja fuera del concepto de acción todo lo irrelevante para el Derecho Penal: los acaecimientos de la naturaleza, las actuaciones de las personas jurídicas e incluso los meros actos internos del sujeto.

Donde se presentan dificultades insalvables es respecto a la función de base. Para los finalistas no existe dificultad alguna en admitir que la cumple respecto a los delitos dolosos, ya que en ellos asume la postura finalista; pero éste es el reproche que le ponen los causalistas. Mientras que respecto a los delitos culposos, al asumir la postura causalista, no encuentra objeciones en éstos, pero aquí las objeciones le vienen de parte de los finalistas. Por esto se ha llegado a decir que la doctrina social de la acción es el campo en el que confluyen los heterodoxos de ambas teorías.

Finalmente en la función de enlace de nuevo sucede lo mismo que en la anterior función. Los causalistas piensan que la doctrina social de la acción la infringe, porque mete en la acción parte de lo que pertenece a la culpabilidad (el dolo), mientras que para los finalistas no hay objeción ninguna a este respecto.

Como toda solución de compromiso, la doctrina social de la acción no ha tenido apenas seguidores en la dogmática jurídico-penal.

3. Límites del concepto de acción y del de tipicidad

En la polémica sobre el concepto de acción se han mezclado algunas veces los problemas, por no delimitar claramente la función que desempeña la acción en el concepto material del delito y la que desempeña el tipo.

A) *Funciones del concepto de acción*

La acción es en sí un elemento prejurídico, cuya función es la de servir de base a todos los otros elementos que constituyen la definición material del delito. Por tanto, la función de la acción es la de ofrecer un sustrato válido sobre el que se asienten todas las otras notas que constituyen el concepto material del delito, para lo que ha de cumplir los cometidos que desde Maihofer le vienen señalando la mayoría de los penalistas. Luego su concepto ha de ser válido tanto para las acciones típicas como para las atípicas, puesto que tiene que ser neutral desde el punto de vista de las valoraciones jurídicas.

B) *Función de la tipicidad*

Lo anterior quiere decir que la acción constituye el sustrato básico sobre el que el legislador ha de montar sus valoraciones jurídicas (tipicidad, antijuridicidad y culpabilidad). Por tanto, el legislador no puede salirse del concepto de acción, aunque pueda luego declarar algunas acciones en su totalidad o en parte penalmente relevantes o también sancionarlas por otros procedimientos jurídicos (por ejemplo, declararlas ilícitos administrativos, civiles, etc.).

La actividad valorativa jurídico-penal comienza con la tipicidad. En este campo es en el que el legislador se mueve con autonomía, dentro de las directrices de una recta política criminal y de la técnica jurídico-penal. Por eso es el legislador quien decide si una conducta merece sanción penal o debe quedar atípica. Incluso está en manos del legislador decidir si una conducta socialmente reprobable necesita de sanción, debe tipificarse como delito, o bien dejarse al campo de las sanciones administrativas o al de la mera responsabilidad civil.

Así, por ejemplo, se observa en la división de delitos en materiales y formales: en el campo de la acción hay sin duda muchas acciones con resultado que el legislador cree no se deben castigar más que como delito formal. Por poner un caso, quién puede dudar que en determinadas ocasiones el no auxiliar a una persona que se halla en peligro grave desemboca en su muerte, resultado que se podría haber evitado de intervenir el auxilio, y sin embargo el legislador prescinde de si se ha producido o no el resultado cuando castiga la omisión de socorro en el artículo 195.

Pero dicha actividad valorativa continúa con las restantes notas del delito. Así por ejemplo, la acción dirá meramente que un sujeto actuó en legítima defensa de sus bienes o de su honor, pero será la antijuridicidad la que dictamine, si el legislador cree que se puede admitir legalmente la legítima defensa de tales bienes jurídicos o si no cree que deba considerarse jurídico defenderlos. También en el campo de la culpabilidad es el legislador quien decide, si cree que una conducta es exigible a todo ciudadano o si se puede conceder una causa de exculpación.

Lo que no puede el legislador en ningún caso es salirse del concepto de acción, para declarar punibles hechos que, según dicho concepto, no constituyan acciones humanas. Cuando a pesar de todo lo hace, el crítico sólo puede apoyarse en el concepto de acción para reprobar la conducta del legislador. Así sucedió, por ejemplo, en la responsabilidad objetiva, implícita en el principio del *versari in re illicita*, por la que el legislador sancionaba como delito doloso lo que a lo más era culposo o a veces caso fortuito. En frase de WELZEL, tomada del parlamentarismo inglés, la Cámara de los Comunes puede hacer todo, menos decidir que un hombre es mujer o viceversa. Dicho de otro modo, el legislador no puede ir contra la naturaleza de las cosas.

C) *Valoración de la distinción entre acción y tipicidad*

La distinción entre la acción y las valoraciones jurídico-penales (la primera de las cuales es la tipicidad) parece de suma importancia para el Derecho Penal. Por eso se van a exponer en primer lugar las razones que abonan la distinción, para subrayar enseguida la importancia de la misma.

a) Razones a favor de la distinción

Las razones que abonan la neta separación entre la acción y las valoraciones jurídico-penales son de dos órdenes: las procedentes de nuestra legislación y las que parten de la visión iusnaturalista del Derecho.

a') Procedentes de la legislación

La legislación penal y procesal presuponen la neta distinción entre la acción y las valoraciones jurídico-penales. En efecto, nuestra legislación penal supone la separación entre la acción (a la que el CP denomina con frecuencia «hecho») y la tipicidad. El Código Penal parece exigirlo así, ya que define los delitos como «acciones y omisiones dolosas o imprudentes penadas por la ley»; luego asienta todo el edificio legal del delito sobre las acciones y omisiones, así como sobre el elemento subjetivo de las mismas, el dolo o la culpa. Es más, varios artículos del Código Penal parecen diferenciar claramente el concepto de acción del concepto de delito. Así, por ejemplo, el artículo 77 del CP se refiere al caso «de que un solo hecho constituya dos o más infracciones». Los ejemplos podrían multiplicarse.

Y el mismo es el sentido de nuestra práctica procesal, que en sus sentencias distingue netamente entre los antecedentes de hecho (los antiguos «resultandos») y los fundamentos de derecho (los llamados «considerandos» en las antiguas sentencias), hasta tal punto que el introducir una palabra jurídica (esto es, una valoración jurídico-penal) en los primeros es motivo de casación, como queda patente del artículo 851.1.º de la LECrim (véase la interpretación jurisprudencial del mismo, entre otras, en las SSTS de 11 de marzo de 1974; 14 de enero, 26 de marzo y 21 de junio de 1977; etc.).

b') Procedentes del Derecho Natural

Desde el punto de vista de la filosofía del Derecho conviene no olvidar a este respecto que, precisamente por ser el Derecho Penal la parcela del Derecho más sujeta al principio de legalidad, es la más necesitada de una crítica leal y fundamentada en criterios extrapenales, si no se quiere incidir en el más craso positivismo jurídico y con ello posibilitar al Estado el abuso del poder más peligroso que pone en sus manos la sociedad. La experiencia del tiempo nazi en Alemania y en otros Estados dictatoriales es aleccionadora en extremo y a ella se debió el cambio radical de filósofos del derecho como RADBRUCH e incluso el punto de partida de WELZEL.

b) Importancia de la distinción

Lo anterior indica la importancia que tiene para el Derecho Penal la neta distinción entre la acción y la tipicidad: en muchas ocasiones da al crítico argumentos valiosos para poder combatir desde el punto de vista teórico las decisiones del legislador en materia penal.

No es que la acción sea el único criterio que pueda y deba manejar el penalista para ejercitar una tal crítica, pero es sin duda uno de ellos, y de los más importantes; lo que es razón más que suficiente para mantener su neutralidad valorativa desde el punto de vista jurídico-penal.

Es más, no sólo es menester la neta distinción entre acción y tipicidad, sino también entre aquélla y las restantes notas del delito; esto es, entre la acción y todas las valoraciones jurídico-penales. Porque la acción es el punto de partida válido para examinar y, en su caso, hacer la crítica de las decisiones legislativas sobre la tipicidad, la antijuridicidad y la culpabilidad, sobre por qué concede el legislador, por poner un ejemplo, a ciertas acciones típicas el no ser antijurídicas o culpables. Y en el plano de la dogmática jurídico-penal en ciertas ocasiones es la base más sólida para determinar la naturaleza jurídica de una eximente.

II. LA ACCIÓN COMO CONDUCTA HUMANA

Primero se va a exponer el concepto de conducta humana y a continuación se hará una valoración del concepto de acción que aquí se propone.

1. Concepto de conducta humana

A) *El actuar humano*

En el actuar humano se da ante todo un estadio de planeamiento, en el que la persona, gracias a su capacidad de previsión, se señala un fin y se decide a utilizar unos medios para realizarlo. A la vez prevé consecuencias del fin y de los medios que se propone emplear, de las que algunas están indisolublemente unidas con el fin que pretende y otras son sólo probables. Entre las últimas hay algunas que acepta (aunque no las quiera directamente) para el caso en que se produzcan, mientras que espera evitar otras (aunque sólo sea confiado en su buena suerte).

A continuación pasa la persona al estadio de realización de su plan, lo que ejecuta a veces por actividad y a veces por pasividad; esto es, a veces poniendo en marcha o inhibiendo ciertos procesos causales y en otras ocasiones absteniéndose de intervenir. Hay que tener en cuenta que ambos modos de conducta pueden proceder de una misma decisión interna y que el emplear uno u otro puede deberse tan sólo a circunstancias externas. Así, por ejemplo (y por hablar primero de una acción atípica), si deseo aire fresco, debo abrir la ventana (actividad) o no actuar (pasividad), según ésta se encuentre abierta o cerrada. Y lo mismo sucede en el caso de acciones típicas: la madre que desea desembarazarse de su hijo pequeño y para ello decide dejar la ventana abierta en una cruda noche de invierno a fin de que coja una pulmonía y muera, tendrá que actuar o dejar de hacerlo, según se encuentre la ventana.

Con ambos modos de proceder (actividad y pasividad) puede conseguir la persona un resultado, o puede que la mera actividad o pasividad, sin otro resultado ulterior, se configuren como el fin pretendido. Por ejemplo, puede pretender con su actividad enviar una carta (actividad con resultado) o meramente pasear sin dirección especial y sólo por pasar un rato (actividad sin resultado). También con su pasividad puede pretender un resultado ulterior, como sería que tenga que trabajar más su compañero de oficina (pasividad con resultado) o meramente descansar del trabajo (pasividad sin resultado). Los ejemplos aducidos son de acciones atípicas, pero no es difícil imaginar otros similares para las típicas.

Una vez ejecutado el plan querido por la persona, además de las consecuencias previstas, pueden surgir otras que, o no fueron previstas por la falta de atención del sujeto, o que o no eran en absoluto previsibles o no eran evitables.

B) *Cuadro sinóptico de la conducta humana*

El anterior esquema se puede representar gráficamente en el siguiente cuadro sinóptico, que ayudará también a comprender las diversas clases de acción:

En el anterior cuadro sinóptico el fin y los medios (Fin, M1, M2, M3, M4) son directamente queridos por el autor: es lo que en lenguaje jurídico se denomina dolo directo de primer grado (lo querido por sí como fin o como medio). Hay cosas que están necesariamente unidas (Nu) con el fin que se busca y que por eso se quieren también, o al menos se aceptan como inevitables, porque se sabe que se darán ciertamente y no se quiere renunciar al plan previsto. A éstas se les denomina queridas con dolo directo de segundo grado (lo que está necesariamente unido con el fin que se pretende).

Además, de los medios empleados se siguen consecuencias que se prevén como posibles. Si éstas se aceptan para el caso en que se produzcan, se dice que respecto a ellas hay dolo eventual (De). Si por el contrario se espera que no se produzcan (por tanto, el sujeto no las acepta, aunque sea fiado en su buena suerte) se afirma que hay culpa con previsión (C+P) respecto a las mismas. Existen también consecuencias que, aunque no se prevén de hecho, se pudieron y debieron prever; respecto a las mismas se da culpa sin previsión (C-P). Finalmente hay consecuencias que no eran en absoluto evitables, sea porque eran totalmente imprevisibles, sea porque, a pesar de ser previsibles, eran del todo inevitables: es lo que se denomina caso fortuito (CF).

Dos ejemplos aclararán este punto tan importante para dilucidar el contenido de la acción. El primero se refiere a una acción atípica:

Juan se decide a ir a El Escorial (Fin). Para ello pide el coche a su padre (M1), aunque Juan sabe perfectamente que a veces lo necesita también su hermana, pero no le importa que se quede sin él, porque está enemistado con ella (De). Tampoco ignora que tendrá que pagar la gasolina, lo que no le hace nada feliz (Nu). Aunque sabe que el coche gasta mucho lubricante y que en los últimos días perdía aceite, se olvida de comprobar cómo está el nivel (M2), por lo que el motor sufre un fuerte recalentamiento, del que resulta una avería importante (C-P). Durante el viaje, que hace a velocidad moderada (M3), observa que el coche se le va hacia la derecha, por lo que piensa que probablemente lleva la rueda derecha de atrás falta de presión, por lo que prevé que pueda llantearse, aunque espera que no suceda nada y sigue conduciendo; pero el neumático se llantea notablemente, por lo que hay que cambiarlo al día siguiente (C+P). En una recta y siguiendo a velocidad moderada (M4) se le mete debajo de las ruedas de modo inesperado un gato, al que atropella y mata (CF).

A continuación se expone un caso de acción que en muchos de sus aspectos es típica, aunque en el plano de la acción sigue en todo el esquema que ha quedado explicado más arriba:

Andrés quiere matar a Luis (fin). Para ello prepara una carga explosiva de gran potencia (M1) y unos cables eléctricos (M2) que conecta con el arranque del coche de Luis (M4), para lo que tiene que forzar la portezuela de la derecha del coche de éste (M3) a fin de que el coche explosione, cuando Luis lo ponga en marcha a la mañana siguiente. Sabe Andrés que algunas veces acompaña a Luis su mujer y que, si lo hace esa mañana, morirá también víctima de la explosión, pero lo acepta, porque si le avisase, no se produciría el atentado (De); así como tampoco ignora que el coche quedará destrozado por la explosión (Nu). Todo lo anterior sucede de hecho. También se le había ocurrido a Andrés que a esa hora de la mañana solían pasar por la acera personas madrugadoras y que era posible que alguno muriese como consecuencia de la explosión; pero, para evitarlo, se sitúa en una esquina y avisa a los viandantes que vayan por la acera de enfrente por razón de obras; pero, a pesar de ello, muere por la explosión Ruperto que por ser sordo, no oye los avisos de Andrés (C+P). Lo que no sospechó Andrés (aunque era previsible) es que se incendiaran unas bombonas de butano, que estaba en la acera y que el incendio se corriese a una tienda próxima (C-P), así como tampoco se le ocurrió imaginar que, al oír la explosión, un borracho se pusiera a bailar de gozo, con lo que se escurrió en el hielo y se fracturó una pierna (CF).

En los dos ejemplos anteriores, que servirán también para esclarecer diversos puntos de lo que se va a tratar más abajo, se dan todos los posibles casos de acción, independientemente de que el legislador haya decidido dejarlas atípicas, tipificarlas en todo o en parte y de que lo haya hecho como uno o varios delitos.

Por tanto, en el estadio de la acción nos movemos en un plano psicológico o, si se prefiere llamarlo, natural, independiente de toda valoración jurídico-penal, pues éstas quedan para los siguientes elementos del concepto del delito. Con ello se demuestran también las diferentes funciones que corresponden a la acción y a la tipicidad, como quedó indicado más arriba (Tema 12, I, 3), al hablar de dicho asunto.

C) *Definición de conducta humana*

A partir de los presupuestos que se acaban de exponer se puede definir la conducta humana como todo acaecimiento del mundo circundante en el que el sujeto activo influye voluntariamente, ya sea por actividad o por pasividad, sea con intención o por imprudencia.

En la anterior definición se habla de conducta para incluir tanto la actividad como la pasividad; esto es, se utiliza el sentido amplio de la palabra acción. Se añade el adjetivo humana, en sí superfluo (porque toda conducta propiamente hablando es humana), para distinguirla claramente de las que a veces se denominan también «conductas» de otros seres vivientes.

Al hablar de todo acaecimiento del mundo circundante se quiere significar que la actuación del hombre en realidad sólo merece el nombre, de conducta, cuando influye en el mundo que le rodea. Una mera decisión de la voluntad sin proyección externa alguna, no sería conducta humana.

Con las palabras el sujeto activo influye se indica que el hombre puede influir en el mundo circundante tanto por la actividad como por la pasividad. El que lo haga de un modo o de otro depende a veces tan sólo de las circunstancias que encuentra. Por ejemplo, el guardagujas que quiere hacer descarrilar un tren, tendrá que poner una conducta activa o pasiva, según encuentre colocado el disco de cambio de vías.

La palabra voluntariamente quiere significar que el influjo del sujeto en los acaecimientos del mundo circundante no sólo es porque éste procede de su voluntad (como defienden los causalistas), sino porque dicho influjo está contenido en su voluntad: lo que él quiso conseguir con su conducta (la finalidad, el dolo) o al menos lo que pudo evitar y no evitó (la culpa), lo que también es un modo de voluntariedad en el sujeto. Con ello se recupera la vieja distinción (tan cara a todo el Derecho común) entre el voluntario *in se* y el voluntario *in causa*, que engloba los dos modos de conducta humana, como se verá enseguida. Esto no prejuzga la cuestión de la culpabilidad (como viene repitiendo el finalismo a propósito del dolo natural), porque para ella se reserva el tema de la libertad humana (que es el centro de la imputabilidad), el del error de prohibición (que en el fondo es un caso particular de vicio de la libertad por error en el elemento intelectivo ante una decisión concreta) y los casos de no exigibilidad penal de otra conducta.

No se incluye explícitamente en la definición la cuestión de la imputación, aunque ésta sea elemento constitutivo de la conducta humana, porque se deja su tratamiento para más adelante (al hablar de la unidad del concepto de dolo y culpa a través del concepto de voluntariedad y también al exponer la relación de causalidad).

Por lo mismo debe quedar claro desde ahora que (de nuevo, a consecuencia del plano prejurídico, en el que se sitúa aquí el concepto de acción, que ha de ser válido tanto para las acciones típicas como para las atípicas), la imputación no equivale siempre a reprochabilidad; ésta es sólo una especie (la negativa) del género imputación. Porque la persona se imputa a sí misma su conducta, y los demás se la imputamos, a veces de modo positivo (se gloría de ella) y en otras ocasiones de modo negativo (se la reprocha); pero en ambos casos se la atribuye, lo que es la esencia de la imputación.

D) *Concepto del voluntario in se y del voluntario in causa*

Los grandes teólogos-juristas del siglo XVI utilizaban la distinción del voluntario *in se* y del voluntario *in causa* (tomada de la tradición escolástica) que, a través de los prácticos del Derecho, entra en el Derecho común. Dicha distinción es la que resuelve el problema sobre el concepto unitario de la conducta humana, al entroncar en un solo concepto las dos formas de la misma de las que se viene tratando: el dolo y la culpa.

Los teólogos juristas definían el acto voluntario como el que procede efectivamente de la voluntad con conocimiento del fin. Pero el último inciso («con conocimiento del fin») no significaba que sólo fuera voluntario el acto que tendía a dicho fin, sino todo el que en algún modo se producía porque el sujeto tendía a dicho fin. La especificación servía para diferenciarlo del acto del hombre (no humano), que procedía del ser humano, pero cuando éste no podía utilizar su razón para señalarse un fin y que, por tanto, no era voluntario.

A continuación dividían el acto voluntario en dos especies distintas: *in se et in causa.*

El acto voluntario *in se* o directo abarca lo que el sujeto quiere por sí mismo, sea como fin, sea como medio para el fin. Por lo tanto equivale este concepto a lo que hoy en día se denomina dolo directo de primer grado.

El acto voluntario *in causa* o indirecto es lo que el sujeto permite, porque quiere directamente otra cosa, con la que lo ve ligado (con seguridad o sólo con probabilidad) como efecto con su causa. Todo lo anterior era incluido por los prácticos del Derecho en el acto voluntario y de todo ello se hacía responsable al sujeto, no sólo desde el punto de vista jurídico, sino desde la perspectiva de la responsabilidad personal, de su responsabilidad ética.

Por tanto, el voluntario *in causa* incluía el dolo directo de segundo grado, el dolo eventual y la culpa con y sin previsión. La inserción del dolo directo de segundo grado y del dolo eventual en el voluntario *in causa* parece clara; no tanto la de la culpa con y sin previsión, que requiere una explicación ulterior.

El examen de las condiciones que dichos autores exigían al acto voluntario *in causa* muestra que también la culpa con y sin previsión quedaba recogida en esta categoría. Dichas condiciones eran las siguientes:

1.ª Previsión, al menos confusa, de que el efecto podía seguirse. En la expresión «al menos confusa» incluían lo que actualmente se denomina culpa sin previsión, ya que no se trataba siempre de un conocimiento actual confuso, sino que cabía también un conocimiento anterior totalmente olvidado o al menos parcialmente.

2.ª Libertad externa en el sujeto para no poner la causa o para omitirla (para no poner la actividad o para suspenderla).

3.ª Obligación en el sujeto de evitar el efecto o de impedir que se siguiera de tal causa. Esta obligación se podía extender hasta tener que dejar de poner la causa, si se preveía como probable que se siguiese el efecto (aunque se esperase que no habría de seguirse). Esto es, exigían una ponderación de bienes, en la que se había de comparar la necesidad de poner el medio y el peligro de que se siguiese el efecto.

Además, el acto voluntario *in causa* no incluye el caso fortuito puesto que al ser imprevisible o inevitable no cumple con los requisitos exigidos.

Por tanto es voluntario todo aquello que el sujeto podía y debía haber evitado, si lo previó porque debió evitar la causa, y si no lo previó porque pudo evitarlo estando más atento. No son voluntarias aquellas consecuencias que se derivan de su actuar pero que el sujeto no pudo prever y por tanto no pudo evitar, ni tampoco aquellas que no pudo evitar por no ser libre externamente para poner la actividad o suspenderla.

Luego el concepto de la voluntariedad de un acto incluye todos los campos de lo que hoy se denominan intención e imprudencia, dejando al margen el caso fortuito y la fuerza irresistible. Por tanto dicho concepto da una base unitaria para incluir en él las distintas modalidades de la conducta humana.

2. Valoración del anterior concepto de acción

Como se ha indicado en el epígrafe anterior, los finalistas tropezaban con dificultades al querer reducir el concepto de acción a un molde unitario; esto es, no terminaban de ver cómo el concepto final de la acción pueda cumplir la función de clasificación que se le viene señalando desde Maihofer. Por lo mismo renuncian muchos de ellos a un concepto de acción unitario y establecen cuatro conceptos distintos de la misma, aunque dejen la división para el momento de la tipicidad: tipo doloso y culposo de acción y tipos de omisión, a que a su vez hay que dividir en dolosos y culposos.

Con la definición que acaba de proponerse, basada en el concepto de lo voluntario *in se et in causa*, de tanto uso en el Derecho común se puede llegar a un concepto unitario de acción, que satisfaga todas las funciones señaladas desde Maihofer y todo ello sin abandonar el sistema finalista.

Welzel tuvo el mérito indiscutible de hacer caer en la cuenta que todo concepto de acción fundado meramente en el elemento objetivo de la misma (en la causalidad), no respondía a la realidad (a la naturaleza de las cosas) y que por ello era distorsionante para el sistema penal; porque la conducta humana tiene necesariamente que incluir el elemento subjetivo. Pero al tratar de determinar dicho elemento subjetivo enfocó tan sólo una parte de él: la intención o finalidad del sujeto (el dolo), que sin duda es la principal (no sólo porque el delito doloso siga constituyendo el centro del Derecho punitivo, sino, sobre todo, porque la parte principal de la conducta humana es lo que el individuo intenta), pero no la única, ya que la conducta voluntaria influye en el entorno no sólo a través de lo que se llama dolo o intención, sino también de lo que se denomina culpa o imprudencia. Por eso fallaron todos los intentos de WELZEL de reducir al dolo (a la finalidad) la otra forma de conducta humana, la culpa; ya que son dos formas de proceder distintas e irreductibles entre sí, como venía subrayando todo el Derecho común.

Pero ambas formas de conducta son contenido de la voluntad del ser humano, voluntarias, no sólo en el sentido en que toman el término «voluntarias» los causalistas, que se limitan a exigir que la acción proceda de la voluntad, sino en el sentido expuesto anteriormente. También la conducta culposa está contenida en la voluntad humana, es voluntaria. Por tanto a la persona se le atribuyen ambas formas de conducta: dolosa y culposa.

Como de las tres últimas funciones señaladas por MAIHOFER (límite, base y enlace) se habló en el epígrafe anterior y quedó patente que el finalismo las satisface, se va a tratar ahora tan sólo de la función de clasificación. Para ello se van a tocar por separado las dificultades provenientes para un concepto unitario de la acción, de la actividad y de la pasividad, del dolo y de la culpa.

A) *Actividad y pasividad*

El concepto de acción, que aquí se propone, incluye ambas formas de conducta humana, puesto que una persona puede conseguir su fin tanto activa como pasivamente. Es más, esto depende muchas veces tan sólo de las circunstancias en que se encuentren los elementos del mundo externo sobre los que el sujeto pretende influir, como queda señalado más arriba.

La objeción, que se viene repitiendo desde RADBRUCH, de que la acción y la omisión no pueden caber en un mismo concepto, porque son contradictorias (como A y no A), tiene sólo sentido en el sistema causalista (al que pertenecía dicho autor), que identifica la acción con la actividad. En tal caso es claro que actividad (acción) y pasividad (no actividad y por tanto no acción) son contradictorias. Pero no vale para un finalista, que considera además la voluntariedad, que es la que da unidad a la acción.

En el campo finalista ha sido Armin KAUFMANN quien más ha profundizado en el estudio de la omisión. Dicho autor busca la unidad de los conceptos de actividad y pasividad (al igual que su maestro WELZEL) en la finalidad perseguida por el sujeto (en el dolo). Por eso define la conducta humana como «la actividad o pasividad corporal comprendidas en la capacidad de dirección finalista de la voluntad». Con ello reconduce a un solo concepto la actividad y la pasividad dolosa, pero incurre en el mismo error que su maestro: el de no considerar que la finalidad no es el único modo de proceder del ser humano, sino tan sólo uno de los modos de la conducta humana. De aquí que no consiga reconducir a un solo concepto la actividad y la pasividad dolosas y las culposas.

El concepto de acción propuesto engloba actividad y pasividad con y sin resultado (y como, veremos en el apartado siguiente, tanto las dolosas como las culposas) porque el sujeto se atribuye igualmente el resultado conseguido por su actividad o que por su por pasividad; y lo mismo se puede decir de los casos en los que la actividad o la pasividad carecen de resultado, como puede verse en los siguientes ejemplos. En ellos se habla de responsabilidad en un sentido prejurídico por lo que no siempre implica una conducta reprochable, sino que puede ser loable, sobre todo en el caso de las conductas atípicas.

Casos de conducta típica con resultado. ¿Se siente menos responsable de la muerte de su hijo la madre que lo mata, dejándolo morir de hambre que la que lo mata estrangulándolo?

Caso de conducta atípica con resultado. ¿Se cree menos responsable del éxito profesional el médico que salva la vida de un paciente, al recetarle una nueva medicación con la que lo cura que al negarse a recetarle un fármaco en contra de la opinión de todos sus colegas que, a pesar de todo, le hubiera producido el fallecimiento, como se demuestra más tarde?

Casos de conducta típica sin resultado. La esposa echa veneno en el café del marido, pero como éste tiene prisa no se lo toma: La esposa que ve que su marido sufre un ataque al corazón en lugar de llamar a una ambulancia se pone el abrigo y se va de paseo, el ataque remite y el marido no muere. En un caso se trata de actividad y en el otro de pasividad, ¿cambia sustancialmente el comportamiento de la mujer?

Casos de conducta atípica sin resultado. Un individuo guarda silencio persistente ante las preguntas de sus amigos, mientras que otro les contesta con evasivas; ambos para no decirles a dónde van el fin de semana. El que en un caso se trate de pasividad y en el otro de actividad, ¿cambia sustancialmente el comportamiento de los dos amigos?

Con este concepto de conducta humana se consigue satisfacer la función de clasificación de la acción en su aspecto externo.

B) *Intención e imprudencia*

El problema de la falta de un concepto unitario de la acción se les presenta a los finalistas fundamentalmente al hablar de las acciones culposas, puesto que identificada la acción con la finalidad, dolo y culpa no pueden quedar comprendidas en el mismo concepto porque son contradictorias (como A y no A). Dada esta definición de conducta humana es claro que dolo (querer, acción) y culpa (no querer, y por tanto no acción) son contradictorias. Ahora bien, si no se intenta reducir la culpa al esquema finalista del dolo (que es lo que pretendió WELZEL), sino que ambos (dolo y culpa) se incluyen en el concepto superior de voluntariedad haciendo de este concepto el centro del elemento subjetivo de la acción, se habrá conseguido superar la contradicción.

El concepto de voluntariedad propuesto no vale solamente a efectos clasificatorios (para conseguir un concepto de acción que englobe todas las modalidades), sino que se deriva de la misma naturaleza de las cosas; ya que el dolo y la culpa son las dos subespecies de la voluntariedad, los dos modos por los que el sujeto responde voluntariamente de su influjo en el mundo circundante.

WELZEL, y con él sus principales seguidores, no se atreven a introducir en la acción el juicio de previsibilidad que el propio autor realizó al poner la acción, porque temen que con ello se adelanten las valoraciones de la culpabilidad. Pero no se ve por qué dicho juicio de previsibilidad adelante más elementos de la culpabilidad que la finalidad (el dolo) del autor. Porque en ambos casos (dolo y culpa) quedan para la culpabilidad la cuestión de la imputabilidad, la del error de prohibición y los casos de no exigibilidad de otra conducta.

Ahora bien, una vez más sin salir del finalismo, parece que se puede admitir sin inconveniente ninguno ese juicio de previsibilidad como fundamento de la imprudencia del sujeto, por supuesto, independientemente al que le pueda hacer el Derecho Penal con sus normas jurídico-penales. Algunos ejemplos ilustrarán este punto.

Caso de conducta atípica. Juan no avisa a su mujer que van a ir esa misma mañana a cobrar la factura del rifle que se compró la víspera y que a la vez le entregarán el arma (la que necesita sin falta pues esa misma tarde sale para una cacería), porque supone que se le ocurrirá pagarla, ya que sabe que la ha comprado y que la necesita urgentemente y además conoce que su mujer no sale casi nunca de casa. Cuando llega a casa del trabajo, se encuentra con que su mujer había salido de compras (sin saber nada de que iban a venir a cobrar y entregar el arma) y que el arma no va a estar a su disposición esa tarde. Sin duda que Juan se arrepiente de no haber dado aviso a su mujer, porque pudo y debió prever la salida de ella de la casa.

Caso de conducta típica. Roberto conduce muy por encima de la velocidad permitida y, aunque se le ocurre que puede producir un accidente y matar a alguien, lo desecha pensando que él es perito en el volante y que nunca le ha sucedido una cosa así. Pero, a pesar de todo, atropella a un hombre y lo mata. Sin duda que Roberto se imputa la muerte del viandante, aun cuando en el juicio saliera absuelto por una serie de fórmulas sofisticadas de su abogado.

También ha luchado el finalismo con los actos imprudentes por olvido, esto es, lo que también se llama culpa sin previsión. En ellos no ven los finalistas el modo de encontrar un elemento subjetivo, un acto de voluntad actual, precisamente porque el sujeto se olvidó de poner la diligencia debida, no cometió conscientemente la imprudencia. Pero cualquier sujeto normal en tales circunstancias se imputa el olvido (lo que significa que lo considera voluntario), tanto en acciones típicas como atípicas, como puede verse en los siguientes ejemplos.

Caso de conducta atípica. El que llega al garaje y tiene que volver a subir a su piso porque se dejó las llaves, se acusa de haberse olvidado de cogerlas, cuando debería haber puesto más atención. Luego ve en su proceder por olvido parte de su conducta voluntaria y se imputa el no haber sido más diligente.

Caso de conducta típica. El conductor que, yendo a 120 km/hora (permitido en ese tramo de la autopista), por ir hablando distraído con su acompañante, no observa la señal de reducción a 60 km/hora por obras y como consecuencia sufre un accidente, en el que muere su amigo, se lo imputa y ve en su proceder negligente parte de su conducta voluntaria.

De todo lo anterior se sigue que, de nuevo, es el concepto de voluntariedad el que da la unidad a las dos formas fundamentales del comportamiento humano: la dolosa y la culposa, como ha quedado constancia más arriba, al hablar de las dos formas del acto voluntario. Porque o el sujeto quiere el fin y los medios (voluntario *in se*), o no omite la acción culposa que al menos pudo prever que produjese el resultado, aunque no quisiera éste e incluso esperase que no se fuera a producir (voluntario *in causa*). Por esta razón se imputa personalmente (independientemente de la responsabilidad jurídico-penal en que pueda incurrir) el resultado que ha producido, porque lo considera voluntario, sea de modo doloso o culposo, como queda patente en los ejemplos aducidos.

Por tanto se puede afirmar que el concepto de conducta humana, fundado en la voluntariedad es también unitario desde el punto de vista de la intención y de la imprudencia (dolo y culpa). Y que, por ello, también bajo este punto de vista, satisface las exigencias derivadas de la función de clasificación del concepto de acción, señaladas por MAIHOFER.

III. ELEMENTO OBJETIVO DE LA CONDUCTA HUMANA. LA RELACIÓN DE CAUSALIDAD

Desde un punto de vista objetivo cabe distinguir, como ya se ha señalado, la actividad y la pasividad, que pueden dar lugar o no a un resultado. Sin duda que de estos cuatro tipos de acciones las que tienen más trascendencia son las actividades con resultado, por ello se les suele prestar una especial atención.

En toda conducta humana hay una manifestación de la voluntad, es decir, una exteriorización de la voluntad, porque una mera decisión interna que no trascienda de alguna forma al mundo circundante no puede ser considerada conducta, será un mero deseo o pensamiento. La voluntad puede exteriorizarse de una manera activa y también de una manera pasiva como se vio antes, y en ambos casos nos encontramos con conductas humanas. La manifestación de voluntad es, por tanto, para los finalistas cualquier medio externo (no necesariamente activo) de los que pone el sujeto activo, dirigido a conseguir su fin. La expresión «manifestación de la voluntad» se debe al empeño de los causalistas por subrayar que la acción procede de la voluntad (si no, no sería humana); pero los causalistas en modo alguno consideran en este estadio de la definición del delito lo que la voluntad del sujeto pretende (el contenido de la voluntad), sino sólo que la acción procede de una voluntad humana (su origen físico).

Por resultado se entiende una modificación del mundo exterior perceptible por los sentidos. Así, por ejemplo, la muerte en la acción de matar, etc.

Para que pueda hablarse de actividad con resultado, o de pasividad con resultado, es menester que medie un nexo entre ambos, que se pueda atribuir el resultado a la actividad o pasividad. Para los causalistas ese nexo viene dado por la relación de causalidad, de ahí el nombre que reciben. Pero, si bien es cierto que las actividades pueden considerarse causa física de determinados efectos, lo cierto es que en la pasividad no se da una actividad externa, sino un no hacer que, obviamente, no causa físicamente ningún resultado. La falta de nexo causal entre el no hacer y el resultado ha sido tradicionalmente suplido por los causalistas mediante la llamada causalidad hipotética, aspecto que se tocará más adelante.

En una concepción finalista, la causalidad no es el único elemento de la acción pero también es menester considerarla, ya que la voluntad que busca un fin (en las conductas con resultado) ha de poner en marcha o inhibir procesos causales, para conseguirlo: los medios, de que se ha hablado más arriba.

La relación de causalidad ha dado lugar a una larga polémica desde la mitad del siglo XIX y durante todo el XX, por lo que es menester examinarla a fondo. Además, tiene importancia en sí, porque si en una conducta falta la relación física de causalidad entre la actividad del sujeto activo y el resultado o la causalidad hipotética entre la pasividad y el resultado, ciertamente éste no se puede atribuir a dicho individuo.

A mediados del siglo XIX comienza la polémica en el Derecho Penal sobre la relación de causalidad. Los autores van exponiendo sus diversas opiniones, que se pueden sintetizar en dos grupos: las teorías individualizadoras y las generalizadoras. Las primeras pretenden distinguir entre la condición y la causa, mientras que las segundas renuncian al intento y sostienen que ambos conceptos (causa y condición) son equivalentes a efectos penales.

1. Teorías individualizadoras

Son las que más pronto se formularon y fundamentalmente se deben a Binding, Birkmeyer y Kohler. Sus defensores pretendieron distinguir entre la condición y la causa en el conjunto de antecedentes del resultado.

Dichas teorías fueron abandonadas relativamente pronto por los penalistas. Porque es cierto que en el mundo físico puede distinguirse lo que es causa de lo que es condición; así, por ejemplo, en un cuarto iluminado en pleno día la causa de la luz es el sol y el que esté la ventana abierta es mera condición. Pero en el mundo del Derecho el problema no es tan fácil de solucionar. Además, la tarea del jurista no consiste en averiguar todas las causas físicas complejas de un resultado (eso es tarea de las ciencias físico-naturales), sino señalar el papel que desempeñan los actos del sujeto activo dentro de dicho complejo de causas.

2. Teorías generalizadoras

Por esta razón los penalistas se decidieron a admitir que para el Derecho Penal había que hacer equivalentes el concepto de causa y el de condición. Lo que interesaba era buscar qué causas (o condiciones) entre las puestas en marcha o inhibidas por el sujeto activo eran relevantes en la producción de un resultado.

La primera teoría que se enunció en este sentido es la teoría de la equivalencia de condiciones, que fue defendida por Von Buri desde 1860 y tuvo gran éxito entre los prácticos y teóricos del Derecho, quizás por su sencillez y facilidad de manejo. Se le denomina también teoría de la *conditio sine qua non* y suele enunciarse con la siguiente fórmula: es causa toda condición que, omitida mentalmente, haría que no se produjera el resultado.

La dificultad fundamental de esta teoría estriba en su gran amplitud; ya que provoca una multiplicación excesiva de los posibles sujetos activos que, según su tenor literal, habría que incluir como causas. Porque estrictamente hablando, serían causa de un fenómeno cualquiera los progenitores del sujeto activo, todos los que influyeron en la fabricación del arma, con la que un sujeto mató a otro, etc. A esta objeción respondieron los defensores de la presente teoría con la prohibición del retroceso; pero, aun admitida dicha prohibición, ¿hasta dónde se debe retroceder y hasta dónde no es lícito? No se puede determinar un criterio válido para ello pues sólo con el devenir causal no se pueden fijar los límites de una conducta humana, como se ha señalado más arriba.

Por otro lado, el que da un ligero golpe a un amigo, a consecuencia del cual éste comienza a sangrar levemente por la nariz y, al ser llevado al hospital en un taxi, muere porque el coche colisiona con otro, tendría que ser considerado causa de su muerte. A esto responden los defensores de la presente teoría que para tales casos queda el correctivo de la culpabilidad; esto es, que el sujeto sería causa física de la muerte, pero no culpable de ella. Aparte de las aberraciones a que llevó al legislador penal y a la jurisprudencia esta teoría, unida al principio del *versari in re illicita* durante siglo y medio, se dan casos en los que no se puede aplicar dicho correctivo. El asunto quedará patente con un nuevo ejemplo: si un sujeto hiere levemente a otro con ánimo homicida y al ser trasladado el herido en una ambulancia, ésta choca y el herido muere como consecuencia de ello, habría relación de causalidad (porque, según la teoría de la equivalencia, si suprimimos mentalmente la herida, no habría sido trasladado en la ambulancia y por tanto no hubiera muerto) y de culpabilidad (puesto que en el sujeto activo había ánimo homicida) con lo que tendría que afirmarse que el sujeto es culpable de un homicidio consumado y doloso, lo que es contrario al sano sentir jurídico.

Como vemos, la teoría de la equivalencia de condiciones no está exenta de críticas, fundamentalmente derivadas de su incapacidad para delimitar la acción que interesa al Derecho Penal. Por ello, ya desde finales del siglo XIX se intentó restringir sus resultados. Fruto de este intento son la teoría de la adecuación y la de la relevancia jurídica, que últimamente se ha visto sustituida en la doctrina mayoritaria por la teoría de la imputación objetiva. Todas estas teorías, como reconocen sus propios defensores, no son teorías de la acción, sino teorías de la acción típica, porque todas ellas incorporan valoraciones jurídicas. Éste es el motivo por el que se estudiarán al hilo de la tipicidad [véase *infra*, Tema 16, IV, 2, B)].

3. La imputación personal

A nuestro juicio, desde una perspectiva puramente objetiva, el nexo que une la actividad con el resultado viene configurado por la existencia de una relación de causalidad física, pero dado que la conducta humana es algo más que un mero proceso causal, al elemento objetivo debe unirse el contenido de voluntad del sujeto. Será ese contenido de voluntad el que delimite claramente la acción, porque la capacidad de evitación del resultado es la única que puede delimitar la desmesurada extensión del concepto de causa que se deriva de la teoría de la equivalencia de condiciones, sin adelantar valoraciones jurídicas y ateniéndose a la naturaleza de la conducta humana. Por ello, se puede afirmar que hay actividad con resultado cuando la modificación del mundo externo se debe a la causalidad física puesta en marcha y dominada por el autor para conseguir el resultado que perseguía (dolo), o que al menos pudo evitar (culpa).

Por lo que respecta a la pasividad debe tenerse en cuenta que, desde el punto de vista naturalístico, un «no hacer» nunca «causa» nada, por lo que resulta imposible construir una relación de causalidad entre una pasividad y un resultado. Por otra parte, no siempre que se da una pasividad seguida de un resultado, cabe hablar de pasividad con resultado, es menester que se pueda atribuir el resultado a la pasividad. Para que dicha imputación pueda ser hecha es preciso que el sujeto hubiese podido evitar el resultado con su intervención. Sólo en este caso se puede afirmar que el resultado es voluntario, en el sentido del voluntario *in causa*.

Este requisito suele considerarse cumplido cuando se da la llamada «causalidad hipotética», es decir, cuando la realización de la actividad omitida hubiera impedido el resultado. El problema es que no cabe decir con absoluta certeza si la actividad no realizada hubiera impedido o no el resultado. La causalidad hipotética, como todo juicio hipotético, se haya sometida a un margen de error. Frente a esta problemática la doctrina dominante se inclina por considerar que se puede imputar el resultado a la pasividad en aquellos casos en los que la realización de la conducta debida habría evitado el resultado con una probabilidad rayana en la certeza. Sin embargo, otros autores se conforman, para considerar cumplido este requisito, con que la intervención del sujeto hubiera supuesto un aumento de las posibilidades de evitación del resultado, o una disminución del riesgo de que se produjera el resultado.

Como conclusión cabe afirmar que puede atribuirse un resultado a la actividad o pasividad de una persona cuando dicho resultado sea consecuencia del proceso causal, del que era previsible que se siguiera dicho resultado, desencadenado y dominado (o no inhibido) dolosa o culposamente por el mismo.

IV. ELEMENTO SUBJETIVO DE LA ACCIÓN

Como se ha venido diciendo en lo anterior, el elemento subjetivo de la conducta humana está constituido por el dolo y la culpa o, si se prefiere llamarlos así, la intención y la imprudencia con las que se conduce el sujeto activo. Es cierto, sin embargo, que entre ambas categorías no existe una separación absoluta, sino que la frontera es tenue, como se verá en lo que sigue. Pero no es menos cierto que no sólo en la legislación penal, sino también en la vida ordinaria, el ciudadano normal distingue entre lo que se ha hecho intencionadamente y lo que se debe a una imprudencia.

En el actual plano de la acción se va a tratar del dolo y de la culpa sólo bajo su aspecto psicológico, pues se deja para la tipicidad el estudio de la legislación española sobre ambos. Dicho de otro modo, aquí se van a estudiar sólo bajo el aspecto prejurídico, mientras que en el Tema 17 se expondrá el modo con el que el legislador ha decidido castigar ambas formas de conducta en el Derecho Penal español: la valoración jurídico-penal del dolo y de la culpa.

1. El dolo

En este trabajo se viene denominando indistintamente a esta primera forma del elemento subjetivo de la acción intención o dolo. Porque aunque desde un punto de vista netamente prejurídico sería mejor hablar en el estadio de la acción de intención o finalidad, por una parte, y de imprudencia o negligencia por otra, desde el principio de la larga pugna entre el causalismo y el finalismo se ha incorporado al lenguaje penal la palabra dolo también en el sentido neutro, esto es, carente de valoraciones jurídico-penales; aunque a veces, para distinguirlo más claramente, se habla del *dolus naturalis*, como contrapuesto al *dolus malus*, que se reserva para la culpabilidad.

El CP de 1848 utilizaba las expresiones imprudencia, negligencia, falta de diligencia y otros similares para designar la falta de intención. Después de muchas vacilaciones el legislador, en el CP de 1995, se inclina por el uso del término «imprudencia» por lo que debería reservarse la expresión «culpa» para la acción. Ahora bien, dado que la doctrina española utiliza ambos términos en las valoraciones jurídicas como equivalentes, quizá con un cierto predominio de la palabra «culpa», se opta por utilizar indistintamente culpa o imprudencia en la acción.

Respecto al dolo se van a exponer aquí sucesivamente tres cuestiones: su concepto, los elementos que lo integran y sus clases.

A) *Concepto de dolo*

Suele definirse el dolo diciendo que actúa dolosamente el que sabe lo que hace y quiere hacerlo. En esta definición se incluyen los dos elementos del dolo: el intelectual y el volitivo. Pero ambas partes del concepto necesitan explicación para entenderlas en toda su plenitud.

B) *Elementos del dolo*

Como acaba de indicarse, el dolo comprende un elemento intelectual y otro volitivo, que se pasan a exponer.

a) Elemento intelectual

Para que exista dolo, el sujeto activo ha de saber los hechos que realiza. En la actividad con resultado, ha de conocer el proceso causal que desencadena y sus consecuencias normales; y lo mismo vale para la pasividad con resultado aunque en ésta lo que ha de saber es que inhibe los procesos causales que darán como fruto el resultado. Mientras que en la actividad sin resultado es suficiente que conozca que está realizando dicha actuación; en la pasividad sin resultado basta con que sepa que está dejando de actuar.

En el plano de la acción no es menester que el sujeto conozca el significado jurídico (o antijurídico) de su conducta. Basta que sepa lo que está haciendo y que lo valore conforme a su saber: que se lo impute; tanto en el sentido positivo de la palabra (está satisfecho de hacerlo), como en el negativo (se lo reprocha), ya que este concepto prejurídico de dolo sirve tanto para las acciones típicas como para las atípicas.

Por el contrario, si desconoce algunos de los elementos fácticos de su conducta no puede haber dolo porque no se puede querer lo que se desconoce. En este caso existirá un error que a su vez podrá ser vencible o invencible. Por ejemplo, si un ciudadano cree que se está llevando su abrigo y es el del vecino, no sabe (con error vencible o invencible según los casos) que se está llevando lo ajeno. Pero la problemática del error se estudiará en otra parte, por unidad de materia y a pesar de que el error de tipo es causa de atipicidad, se estudiará en el Tema 21.

b) Elemento volitivo

Además de que el sujeto sepa lo que hace y las consecuencias previsibles de su actividad o pasividad, para que exista dolo se exige que quiera hacerlo. Dicho de otro modo, ha de haber una decisión en su voluntad de ejecutar lo que conoce por el entendimiento.

No es suficiente, por tanto, un mero deseo, sino una decisión operante que (sea por actividad o por pasividad) ponga en marcha la realización de lo querido. Esta decisión ha de operar en el mundo circundante, para realizar lo que se quiere; pues si no, no sería conducta humana. Así, por ejemplo, el que desea que el conductor del coche de delante se estrelle, no tiene dolo, aunque de hecho suceda así, si él no ha intervenido para nada en la producción del accidente.

Tampoco es suficiente para que haya dolo el mero alegrarse posteriormente de que se haya producido lo deseado. En el ejemplo anterior, no basta que el conductor del coche de detrás se regocije del accidente del coche de delante, después de que haya ocurrido.

En ambos casos es menester un querer operante en el mundo externo, sea por actividad o por pasividad.

C) *Clases de dolo*

Aquí se van a exponer tan sólo las clases del dolo natural, dejando para el Tema 17, II, las divisiones históricas del dolo, así como todas las demás que tienen relación con la valoración jurídico-penal del mismo. Para mayor claridad, será útil consultar el cuadro sinóptico de la conducta humana que se insertó más arriba, pues en él se exponen gráficamente las diversas clases de dolo.

Una primera división, que procede de CARRARA, distingue el dolo por su intensidad en dolo premeditado, caracterizado por la persistencia en la decisión, dolo de ímpetu, cuya nota diferencial es el escaso intervalo entre la decisión y la ejecución de la misma y el dolo ciego, en el que no media espacio de tiempo entre la resolución y su realización.

La división más utilizada es la de dolo directo o incondicionado y dolo eventual o condicionado. La diferencia entre ambos suele ponerse en el elemento intelectual: en el primero el autor ve el resultado como cierto, mientras que en el segundo lo ve sólo como probable. Pero se da también una diversidad entre ambos en la intensidad del elemento volitivo, que sirve para diferenciar ciertos casos extremos de ambas formas de dolo; porque mientras en el dolo directo el autor quiere el resultado, en el eventual se limita a aceptarlo, para el caso de que se produzca, lo que es un modo menos intenso de querer.

Por eso, si un sujeto ve a su enemigo a tal distancia que duda si podrá acertar al disparar contra él con el rifle para matarlo y, sin embargo, se decide a ello, hay que pronunciarse por la existencia del dolo directo y no del eventual, a pesar de que el sujeto ve el resultado sólo como probable, porque lo quiere. Sin embargo, éste es un caso extremo; mientras que en los demás casos la diferencia entre ambas formas de dolo debe situarse en el elemento intelectual.

Dentro del dolo directo se suele distinguir el dolo directo de primer grado (que algunos llaman inmediato) y es lo que el sujeto quiere por sí mismo como fin de su conducta o como medio para realizarla; y el dolo directo de segundo grado (al que también suelen llamar mediato), que es lo que el autor ve como necesariamente unido al fin o a los medios que utiliza y que por eso acepta, ya que no quiere renunciar a su fin.

El que, para volar un coche, rompe la puerta del garaje, tiene dolo directo de primer grado respecto a ambos resultados (fin y medio). Pero si al ir a volar el coche, ve que hay un gato dentro y, sin embargo, acepta la muerte del gato, porque no ve otro modo de conseguir su fin que el que muera también el animalito, tiene dolo directo de segundo grado respecto a la muerte del felino.

En el dolo eventual el sujeto ve el resultado sólo como probable, pero lo acepta para el caso de que se produzca. La diferencia con la culpa con previsión hay que ponerla en el elemento volitivo pues en ésta el sujeto ve también el resultado como probable, pero no lo acepta; espera que no se produzca, aunque sea tan sólo fiado en su buena suerte.

A Juan le asaltan unos chicos, empeñados en que les compre participaciones para la lotería con destino al viaje fin de carrera. Si Juan se decide a hacerlo, para que le dejen en paz, aunque ve como harto improbable que le toque la lotería, pero no le disgusta la perspectiva de que a lo mejor le tocan un par de millones, tiene dolo eventual respecto al resultado. Por el contrario, si no quiere que le toque la lotería en ningún caso, porque sería un pretexto para que su mujer le obligase a comprarle un abrigo de visón, lo que él aborrece, y a pesar de todo compra la lotería, fiado en que nunca toca, se estaría ante un caso de culpa con previsión.

Por tanto, la diferencia entre el dolo directo y el eventual se suele poner (salvo en casos excepcionales) en el elemento intelectual: en el primero el sujeto ve el resultado como cierto y en el segundo sólo como probable. Pero el que diferencia el dolo eventual y la culpa con previsión es el elemento volitivo: en el primer supuesto el sujeto acepta el resultado, para el caso de que se produzca; mientras que en el segundo, el sujeto no lo acepta.

Otro modo de diferenciar el dolo eventual y la culpa con previsión, es preguntarse si el sujeto hubiera dejado de actuar, caso de que hubiese visto como cierto el resultado. Si la respuesta es afirmativa, se trata culpa con previsión, si es negativa, de dolo eventual.

2. La culpa

Como se ha dicho más arriba y por las razones allí indicadas, se van a utilizar aquí como equivalentes las palabras culpa e imprudencia. También este epígrafe tratará primero del concepto de culpa, enseguida de los elementos de la misma y finalmente de las clases de imprudencia.

A) *Concepto de culpa*

Se suele definir la culpa diciendo que actúa culposamente el que al menos pudo prever el influjo de su conducta en el mundo circundante y, aunque esperaba que no se produjese, omitió el cuidado que lo hubiese impedido.

La culpa constituye el límite inferior de lo que es voluntario en un sujeto. Por debajo de ese límite se encuentra el caso fortuito que, por tanto, no pertenece ya a la conducta humana.

Para incluir en la definición todas las posibilidades de la imprudencia, se han utilizado las palabras el influjo de su conducta en el mundo circundante, puesto que la imprudencia, la falta de diligencia o atención, pueden producir un resultado o no como se ve en los siguientes ejemplos:

Caso de acción atípica por imprudencia y sin resultado. El socorrista está jugando al mus en la piscina y no se da cuenta de que un niño pequeño cae al agua, cuando está a punto de ahogarse lo salva un bañista.

Caso de acción típica por imprudencia y con resultado. El mismo caso que el anterior pero nadie se da cuenta de que el niño ha caído y se ahoga.

Más clara es la cuestión de que se puede cometer una imprudencia por actividad o por pasividad, tanto en las acciones atípicas como en las típicas, lo que con frecuencia está solamente en función de cómo se encuentran los elementos externos al actuar el sujeto. Valgan algunos ejemplos para aclarar lo dicho.

Caso de imprudencia por actividad. Pepita conduce un coche a velocidad excesiva y por ello no puede frenar a tiempo y mata a un hombre (acción típica). Pero la misma había pagado poco antes en un establecimiento más de lo debido, por no reparar en el billete que entregaba (acción atípica).

Caso de imprudencia por pasividad. Juani olvida cerrar la llave del gas al salir de su casa, por lo que provoca un incendio en el que muere su hija (acción típica). También había olvidado llevar consigo el bolso, por lo que no pudo efectuar las compras que proyectaba y tuvo que volver a su casa para coger dinero (acción atípica).

B) *Elementos de la culpa*

En la definición que acaba de darse se pueden distinguir también un elemento intelectivo y otro volitivo, que se van a examinar a continuación.

a) Elemento intelectual

Se expresa en la anterior definición con las palabras al menos pudo prever, en las que se implican dos modos de imprudencia: la llamada culpa con previsión y la denominada culpa sin previsión. En la primera el sujeto previó de hecho; mientras que en la segunda pudo prever, pero de hecho no previó.

En el caso de la culpa con previsión existe claramente el elemento intelectual, ya que el sujeto previó de hecho las consecuencias de sus actos. Pero en la culpa sin previsión falta el elemento intelectual en el momento de incurrir en ella; aunque existió en un tiempo anterior. De lo contrario el sujeto activo no hubiera podido prever y por tanto no habría culpa ninguna, se estaría ante un caso fortuito.

b) Elemento volitivo

Queda expresado en la definición con la frase aunque esperaba que no se produjese, omitió la diligencia que lo hubiese impedido. De nuevo hay que distinguir aquí la culpa con previsión y sin previsión.

a') Culpa con previsión

En la culpa con previsión el elemento volitivo consta de dos partes: la omisión de la diligencia, que es lo que en sí constituye la esencia de la culpa, y la esperanza de que no se produzca el influjo imprudente de su conducta en el mundo circundante.

La primera parte de la culpa con previsión está constituida por la omisión de la diligencia. La diligencia es un término semejante a lo que suponía en el Derecho romano el *bonus paterfamilias*: un término valorativo. Suele expresarse también diciendo que es el cuidado que observa en el tráfico un ciudadano normal; expresión en la que la palabra tráfico no se limita al tráfico rodado, sino que incluye el modo de comportarse un ciudadano consciente en su vida comunitaria.

Pero por el plano en que se mueve aún este estudio (el plano de la acción), se trata de una valoración prejurídica y, por tanto, independiente de las que puedan hacer el derecho. Esto significa que el Juez ha de procurar fijarla, habida cuenta de las circunstancias subjetivas del autor: de su pericia en conducir (en el caso de un accidente de automóvil), de su desarrollo intelectual y cultural, etc. Porque sólo así estará el Juez en condiciones de aplicar las valoraciones jurídico-penales pertinentes.

Finalmente es necesario tener en cuenta la estructura interna de la culpa con previsión. En realidad se trata de una imprudencia querida, de una falta de diligencia intencional. Lo que no se deseaba ni esperaba era el resultado, pero se quiso la imprudencia. Ésta es otra nota que la distingue claramente de la culpa sin previsión.

La segunda parte del elemento volitivo de la culpa con previsión se cifra en la esperanza de que no se produjera el resultado, que albergaba el sujeto activo. Esta nota es la que distingue la imprudencia del dolo eventual, como se ha señalado más arriba. Para que exista culpa con previsión y no dolo eventual es suficiente que el sujeto espere (aunque no sea más que de su buena suerte, o de su pericia en la materia) que no llegue a producirse el influjo en el mundo circundante, que era de temer.

Los medios que el sujeto haya puesto para evitarlo en cada caso, son pauta para aumentar o disminuir el tamaño de la imprudencia, la falta de diligencia.

b') Culpa sin previsión

En la culpa sin previsión niegan algunos autores el elemento volitivo, puesto que se trata de una conducta por olvido. Luego, ¿cómo puede darse en ella una voluntad de infringir la diligencia, si el sujeto activo no se percató de ello? Y al faltar la voluntad de infringir la diligencia, falta también la segunda parte del elemento volitivo de la culpa sin previsión: la no admisión del resultado, ya que ni siquiera se planteó el sujeto la posibilidad de que se diese.

Conviene recordar lo que acaba de decirse respecto a la culpa con previsión. La estructura interna de la culpa con previsión es la de una imprudencia dolosa: se quiso intencionadamente la imprudencia, aunque no se quisiera el resultado. Por el contrario, la culpa sin previsión es una imprudencia culposa: no se quiso la imprudencia, porque ni se le pasó por las mientes al autor que la estaba cometiendo, pero se omitió la diligencia que hubiera llevado al autor a atender debidamente y, como consecuencia, a percatarse de la imprudencia que estaba cometiendo.

Por ello el reproche en este caso es precisamente el de no haber atendido debidamente a su tiempo, el de no haber puesto la atención que se pudo poner. Pero no por eso el sujeto está exonerado de responsabilidad. Porque el olvido fue voluntario en el sentido del voluntario *in causa*, de que se ha hablado más arriba. Dicho de otro modo, no hay un acto de voluntad actual, pero no por eso la conducta deja de ser voluntaria: lo es *in causa*.

Una vez más, todo lo anterior es aún prejurídico. Pero esto no quiere significar que le sea indiferente al Juez; sino que, por el contrario, debe llegar de su parte a averiguarlo, dentro de lo posible. Porque le será un criterio insustituible para encajar en los moldes jurídico-penales la responsabilidad del presunto reo.

C) *Clases de culpa*

En lo anterior ha quedado suficientemente expuesta la división de la culpa con y sin previsión. A esta clasificación se le denomina también culpa consciente e inconsciente. Pero conviene anotar que lo dicho anteriormente no significa que la culpa con previsión sea siempre más grave que la falta de previsión. Bastará un ejemplo para comprobarlo:

Juan conduce su coche y de pronto llega a una señal de reducción de velocidad a 60 km/hora. A pesar de ello sigue a 100 km/hora, pero pone los cinco sentidos en la conducción, porque sabe que se está arriesgando. Detrás de él viene Luis, que va tan distraído en el volante, charlando y gastando bromas a sus compañeros de viaje, que ni se da cuenta del disco de reducción y continúa también a 100 km/hora. Juan es responsable de una culpa con previsión, mientras que la de Luis es sin previsión. Sin embargo la de Luis es más grave que la de Juan.

Suele también dividirse la culpa por razón de la previsibilidad del resultado, esto es, por su elemento intelectual. Algunos autores han defendido que cuanto más previsible es el resultado, mayor es la culpa; pero tal criterio no es acertado. Porque si a un conductor que conduce con toda prudencia se le tira un suicida delante de las ruedas, es altamente previsible el atropello y hasta puede ser prácticamente seguro; mientras que la culpa es mínima e incluso en la mayoría de las ocasiones será caso fortuito.

El criterio para medir la gravedad de la culpa, de la omisión de diligencia, hay que buscarlo en la evitabilidad del resultado; por tanto en el elemento volitivo, no en el intelectual. Es claro, sin embargo, que el elemento intelectual de la culpa (la previsibilidad) juega como presupuesto en ciertos casos. Porque si un suceso es absolutamente imprevisible, por lo mismo es totalmente inevitable. Y generalmente, cuanto más previsible sea un resultado adverso, mayor será la imprudencia si no se hace nada o muy poco por evitarlo.

TEMA 13

CAUSAS DE EXCLUSIÓN DE LA ACCIÓN

En el Tema presente se van a tratar varias causas que excluyen la acción y que, por tanto, impiden que dichos hechos se puedan valorar penalmente. El Código Penal de 1995 ha reconocido que tanto la fuerza irresistible como el caso fortuito no son eximentes en sentido estricto, sino casos en que se excluye la acción. Por ello se han suprimido de nuestro texto punitivo las «eximentes» que se referían a ellas, ya que es suficiente la definición del delito del artículo 10 del CP (en la que se exige que los delitos sean «acciones u omisiones») para dejar impunes los casos en que falta la acción, ya que, al no ser acciones, nunca pueden ser delitos.

A continuación se van a exponer sucesivamente la llamada fuerza irresistible, otras posibles causas de falta de acción y finalmente el caso fortuito.

I. LA FUERZA IRRESISTIBLE

En este apartado se va a tratar sucesivamente del concepto, de la naturaleza jurídica y de la extensión de la fuerza irresistible.

1. Concepto

La fuerza irresistible es la llamada en el Derecho romano y en el Derecho común *vis physica* absoluta o ablativa. Se trata de la que imposibilita de todo punto al sujeto para moverse o dejarse de mover. En esto se diferencia de la llamada *vis moralis* (en nuestro Derecho actual denominada miedo insuperable), bajo cuyo influjo el sujeto puede moverse físicamente y por tanto posee una voluntad libre, aunque coartada en el ejercicio de su libertad; mientras que la fuerza irresistible imposibilita al sujeto de todo movimiento físico.

2. Naturaleza jurídica

Como la fuerza irresistible imposibilita al sujeto de todo punto para que pueda moverse o dejarse de mover según su voluntad, es evidente que excluye la acción, ya que quita toda voluntariedad a su conducta; mejor dicho, no existe en él conducta humana.

En la terminología de los prácticos del Derecho (tomada de los teólogos-juristas) se venía distinguiendo entre los llamados *actus hominis*, que son los que proceden del hombre, pero no tienen el carácter de conducta humana y por tanto en modo alguno son acción del sujeto (como sería el caer al ser empujado, etc.); y los *actus humani*, que son los que realiza el hombre como ser racional y con capacidad de autodeterminación. Sólo éstos constituyen la acción en el sentido auténtico de la palabra, pues son los que le diferencian de los demás seres vivientes.

La ausencia de una eximente dedicada a la fuerza irresistible confirma que se trata de un caso de falta de acción; como no hay acción, presupuesto básico del delito, tampoco puede existir éste, es suficiente con acudir a la definición del delito del artículo 10 del CP para fundamentar la falta de responsabilidad criminal del que actúa violentado por una fuerza irresistible.

3. Extensión

A) *Casos tradicionalmente considerados*

El CP de 1973 consideraba en su artículo 8.9.º exento de responsabilidad criminal a quien obraba «violentado por una fuerza irresistible». Al amparo de esta disposición legal la jurisprudencia venía exigiendo generalmente que la fuerza fuera irresistible físicamente; aunque una parte de ella se había conformado en ocasiones con que se suprimiese la libertad de determinación (así, entre otras, en las SSTS del 10 y del 15 de diciembre de 1970). Pero esto no es suficiente, porque la fuerza irresistible no sólo supone un vicio de la voluntad, sino la falta de la misma, la falta de acción.

También venía exigiendo nuestra jurisprudencia que la fuerza irresistible fuera personal, esto es, causada por una persona y no por un suceso de la naturaleza, ya que en el texto legal se decía que el sujeto ha de actuar violentado por una fuerza irresistible. Así, la STS del 9 de mayo de 1958 se negó a aplicar esta eximente al caso de un conductor de tranvía, al que fallaron los frenos en una calle de pendiente pronunciada, al producirse un corte en la energía eléctrica y a consecuencia de ello atropelló a unos peatones. En tales supuestos aplicaba la jurisprudencia el artículo 1.1 del CP derogado, ya que éste exigía que se diesen «acciones y omisiones» para que hubiese delito.

Algún autor (Córdoba) admitía como eximente incompleta la fuerza resistible; pero en tal supuesto no habría ausencia de acción, sino aminoramiento o incluso supresión de la libertad y, por tanto, atenuación o exención de la culpabilidad. Por ello habría que acudir al miedo insuperable, en su caso, incompleto o alguna atenuante por analogía. La falta de disposición legal sobre la fuerza irresistible en el CP de 1995 imposibilita la consideración de este autor, puesto que al no ser eximente la fuerza irresistible tampoco puede concebirse como eximente incompleta.

B) *Movimientos reflejos*

Los movimientos reflejos propiamente dichos son actos que tienen lugar sin la participación de la voluntad. La inervación se transmite directamente por vía subcortical de los nervios sensores a los motores, sin intercalación de la conciencia: el acto sigue inmediatamente al estímulo, sin posibilidad de inhibición. Tal es el caso de los reflejos rotulianos; y también habría que incluir aquí el ataque epiléptico (*grand mal*) en virtud del cual se produjera, por ejemplo, la rotura de un jarrón.

De lo dicho se deduce que en tales supuestos no hay conducta humana, porque no hay conciencia de ellos ni, por lo mismo, voluntariedad. Lo único que en tales casos se debe analizar es la posible *actio libera in causa* (véase *infra*, Tema 20, III).

La jurisprudencia en la aplicación del CP derogado no admitía tales casos como supuestos de fuerza irresistible, porque no eran causados por un tercero. Pero es evidente que las corrientes eléctricas, que regulan el funcionamiento de nuestro sistema nervioso, son una fuerza que violenta el psiquismo del sujeto en cuestión y que produce una falta de acción. Por eso en sentencias más recientes se había ya admitido la fuerza irresistible en tales casos, como en la STS de 15 de octubre de 1989:

> Concurre esta circunstancia, cuando el sujeto obra en un estado de inconsciencia total, bajo los efectos de una fuerza física irresistible o cuando el movimiento corporal es producto de un acto reflejo como en los movimientos instintivos.

Dentro de estos casos habría que incluir los supuestos de paralización por intensa impresión física o psíquica. Tales son el deslumbramiento repentino por los faros o el «instante de terror» que se produce en el conductor por una situación de peligro inesperada; segundos o fracciones de segundo que aumentan peligrosamente la «longitud del frenado» (la distancia que recorre un vehículo desde que se le frena hasta que queda parado) y que pueden ocasionar un accidente. Pero en tales supuestos hay que deslindar lo que es del todo inesperado e inevitable, de lo que se pudo prever, que constituiría ya un caso de culpa.

No se incluyen claramente en los movimientos reflejos las reacciones nostálgicas, las llamadas reacciones explosivas, ni las denominadas reacciones primitivas. En todas ellas surge de improviso un mecanismo anímico profundo; pero participa en las mismas un querer, aunque sea débil y atenuado, lo que es suficiente para que se les considere conductas humanas. Lo que cabe en tales casos es atenuar e incluso eximir de culpabilidad tales actos.

II. LOS ESTADOS DE INCONSCIENCIA

Se agrupan en este epígrafe una serie de estados anímicos, cuyo factor común es la falta de conciencia del sujeto activo. Pueden dividirse en el sueño, la embriaguez letárgica y la hipnosis.

1. El sueño y el sonambulismo

El sueño sin duda es causa de exclusión de la acción, puesto que durante el mismo cesa la actividad de la voluntad. Lo que en ocasiones puede subsistir y subsiste es la responsabilidad por la *actio libera in causa* (véase *infra*, Tema 20, III); esto es, por la posible voluntariedad por haberse quedado dormido. Por ejemplo, en los supuestos de conductores de vehículos que se duermen al volante o, en general, en los casos de vigilantes de cualquier género.

Caso diverso es el del sonambulismo. Durante este estado el sujeto dirige su acción y en ocasiones con mayor perfección que un ser humano despierto porque carece de vértigo, etc. Por eso se puede dudar de si lo que falta es la conducta humana o la culpabilidad. Parece que hay que inclinarse por negar la acción del sujeto, puesto que, aunque la acción sea dirigida por el sujeto, éste no es consciente de lo que hace y por ello no puede evitarlo. Lo que en todo caso hay que plantearse es su posible responsabilidad *in causa* (véase *infra*, Tema 20, III), cuando el sujeto se sabe sonámbulo e incluso que durante dichos estados comete pequeños o grandes ataques contra las cosas o personas. Plantea la problemática del sonambulismo la Sentencia de la Audiencia Provincial de Zaragoza de 7 de julio de 1998, absolviendo al procesado por falta de voluntariedad de la conducta.

2. La embriaguez letárgica

Sin duda que durante el estado de embriaguez letárgica falta la acción, sea dicha embriaguez producida por el alcohol o por otras drogas estupefacientes. Pero estos casos hay que analizarlos conforme a las reglas de la *actiones liberae in causa* (véase *infra*, Tema 20, III), pues en muchos supuestos subsiste dicha responsabilidad.

3. La hipnosis

Durante la sugestión hipnótica puede faltar la acción del hipnotizado. Esta cuestión se planteó con frecuencia a finales del siglo XIX, aunque apenas se dan casos de hechos delictivos cometidos en ese estado.

Mientras la escuela de Nancy defendía que todas las personas son hipnotizables y que durante dicho estado siguen necesariamente las órdenes del hipnotizador, la escuela de París reducía el número de los sujetos hipnotizables y defendía que éstos no obedecen necesariamente la sugestión hipnótica, sino sólo cuando no repugna a sus inclinaciones o sentimientos naturales. Pero tal cuestión es irrelevante desde el punto de vista penal, porque nadie puede ser hecho responsable de sus instintos o inclinaciones naturales, si como consecuencia de una hipnosis no es capaz de controlarlos.

Mayor trascendencia práctica tiene la cuestión de si durante la hipnosis hay acción humana. Aunque todavía no existe claro conocimiento de cómo se produce el fenómeno hipnótico, la teoría más extendida es la siguiente: se trata de un fenómeno semejante al que se da en las emisiones de radio o de televisión. Nuestro cerebro funciona por ondas eléctricas, como es sabido. Pues bien, este campo eléctrico induce un campo magnético, que a su vez induce otro y así hasta que el último campo magnético induce un campo eléctrico en el cerebro del hipnotizado. Es la misma explicación que se viene dando para el fenómeno que se conoce con el nombre de «transmisión del pensamiento» que más propiamente habría que denominar «transmisión de imágenes».

En tal hipótesis habría que hablar de fuerza irresistible en el sentido estricto de la palabra, puesto que la electricidad es una fuerza natural como otra cualquiera, que actúa sobre el hipnotizado. Pero en cualquier hipótesis, en dicho sujeto no se da acción humana, puesto que no es él quien la dirige, sino que es teledirigido como un robot. Luego habría que excluir su acción a tenor del artículo 10 del CP.

Queda por plantearse la cuestión de la responsabilidad *in causa*, por el hecho de haberse dejado hipnotizar, especialmente si el hipnotizador no ofrece garantías suficientes de honorabilidad. Incluso hay muchos autores que defienden que la primera vez no puede ser hipnotizado un sujeto sin el propio consentimiento. Pero de este tipo de responsabilidad *in causa* se hablará en el Tema 20, III. En todo caso el hipnotizador sería responsable del hecho como autor mediato.

Por lo demás, los casos de cometer hechos delictivos bajo el influjo hipnótico son más bien de laboratorio.

III. EL CASO FORTUITO

Se van a exponer sucesivamente el concepto y la naturaleza jurídica.

1. Concepto

Se da caso fortuito, cuando el acaecimiento no es consecuencia dolosa ni culposa de la conducta humana del sujeto, sino que se debe a factores distintos de su influjo voluntario en el mundo circundante.

La presente definición prescinde de si la conducta produce un resultado o es de mera actividad o pasividad. Como en la mayoría de los supuestos en los que se aplica el caso fortuito se trata de actividad o pasividad con resultado, se puede afirmar que el caso fortuito se da cuando el resultado no depende de la conducta voluntaria del sujeto, sino que en ella faltan el dolo y la culpa, aunque el hecho sea resultado (al menos parcial) de la causalidad física puesta en marcha o inhibida por el agente. Dicho de otro modo, que el elemento objetivo de la acción va más allá que el subjetivo.

Una tal definición es consecuencia lógica de la postura finalista adoptada en el concepto de acción y de la definición de conducta humana expuesta en el Tema 12, II. Allí donde termina la voluntariedad del sujeto, se acaba también su conducta humana.

2. Naturaleza jurídica

Se va a examinar por separado lo que piensa la doctrina sobre la naturaleza jurídica del caso fortuito y su tratamiento legislativo, del que se intentará deducir lo que piensa el legislador penal en esta materia.

A) *Opiniones doctrinales*

Los causalistas comenzaron por situar el caso fortuito entre las causas de exclusión de la culpabilidad, consecuentes con su postura de estudiar el dolo y la culpa (esto es, todas las características subjetivas del delito) en la culpabilidad.

Pero se les presentaba la siguiente dificultad: el CP no incluye entre las causas que dan lugar a responsabilidad civil el caso fortuito; mientras que era opinión común que las llamadas causas de exclusión de la culpabilidad dejan subsistente dicha responsabilidad. Por ello la única respuesta era la de que se trataba de una excepción querida por el legislador. Pero tal contestación era poco consistente desde el punto de vista dogmático; porque es evidente que un caso fortuito no puede en ningún supuesto dar lugar a responsabilidad civil por la misma naturaleza de las cosas. Dicho de otro modo, que no se trata de un capricho o arbitrariedad del legislador, sino de un proceder recto del mismo.

Desde Rodríguez Muñoz se viene defendiendo por los causalistas que el caso fortuito es causa de justificación, para lo que se fundan en la teoría del riesgo permitido (véase *infra*, Tema 17, IV, 2). Con ello se obvia la dificultad de que el caso fortuito no genere responsabilidad civil, ya que es regla general que las causas de justificación no dan lugar a dicha responsabilidad.

El finalismo, consecuente a su distinción entre el elemento objetivo y subjetivo en el plano de la acción, coloca el caso fortuito entre las causas que excluyen la conducta humana, puesto que se trata de un supuesto en el que el elemento subjetivo queda más corto que el objetivo: la conducta no es voluntaria, ni a título de dolo ni al de imprudencia.

Algunos partidarios de la sistemática finalista, como, por ejemplo, Mir Puig, no han terminado de sacar esta consecuencia y por ello buscan un emplazamiento al caso fortuito entre las eximentes. Así, dicho autor lo coloca entre la falta de tipicidad y la de antijuridicidad, aunque los casos que aduce para ponerla como causa de justificación son más bien de estado de necesidad, como él mismo confiesa.

B) *Tratamiento legislativo*

Cuestión distinta a las opiniones doctrinales es la de señalar, si el legislador penal coloca el caso fortuito entre las eximentes; esto es, si incluye el caso fortuito entre las valoraciones jurídico-penales. Dicho de otro modo, hasta qué punto admite el legislador el caso fortuito como eximente propiamente dicha (y por tanto la coloca como ausencia de una valoración jurídico-penal) o hasta qué grado reconoce que no se trata de una eximente, sino de falta de acción.

Hasta la reforma del CP de 1983 el CP de 1973 incluía el caso fortuito entre las eximentes: concretamente en el artículo 8.8.ª y exigía que tuviera un arranque lícito («el que en ocasión de ejecutar un acto lícito», como decía el abrogado precepto penal), lo que era una consecuencia del *versari in re illicita* que dominaba la concepción de dicho texto punitivo. Los penalistas de entonces se esforzaban en incluir entre las eximentes el caso fortuito con arranque ilícito y para ello recurrían a la definición de delito del artículo 1.1 del CP. Por tanto, estaban suponiendo al menos implícitamente que el caso fortuito era un caso de exclusión de la acción, aunque hablaban normalmente de falta de voluntariedad, que también era exigida por el citado artículo 1.1 del CP. La postura de los penalistas era consecuente con los postulados del causalismo que por entonces profesaba la mayoría de ellos.

Pero la citada reforma del CP de 1983 no se limitó a incluir en el caso fortuito el arranque ilícito, sino que dio un paso de mayor trascendencia. Sacó su tratamiento legal del artículo 8 (dedicado a las eximentes) y lo colocó en el Capítulo I del Título I, en el que se habla «De los delitos y faltas». Tal proceder no pasó inadvertido a la jurisprudencia, que en su STS de 28 de abril de 1987 deducía rectamente del mismo que en el caso fortuito no existe una mera eximente de responsabilidad criminal, sino que se trata de falta de acción:

> La configuración del caso fortuito por la reforma introducida por la Ley Orgánica 8/1983, de 25 de junio, derogando el antiguo número 8.º del artículo 8 del Código Penal y emplazando sistemáticamente la figura fuera del área normativa de las llamadas circunstancias eximentes tiene un alcance que va más allá de la simple supresión normativa de la exigencia del arranque lícito del hecho. El actual encuadramiento sistemático quiere indicar, como en fechas muy recientes se ha señalado doctrinalmente, que se trata de una «cuestión anterior» a las causas de exención de la responsabilidad criminal, y por ello si bien resulta acción en el sentido naturalístico del término, constituye desde la técnica jurídico-penal un supuesto de falta de acción.

El proceso iniciado con la reforma de 1983 culmina en el CP de 1995 que no menciona expresamente la falta de responsabilidad criminal del caso fortuito. La misma debe deducirse o bien de la definición del delito del artículo 10 «acciones u omisiones dolosas o imprudentes» o bien de la declaración del artículo 5 «no hay pena sin dolo o imprudencia». Lo que confirma la postura que se mantiene: el caso fortuito es un supuesto de falta de acción por faltar la voluntariedad de la misma.

TEMA 14

TEORÍA GENERAL DEL INJUSTO

Con el Tema presente se comienzan a estudiar las valoraciones jurídico-penales de la conducta humana. Éstas son dos: por la primera se declara que la conducta en sí misma se opone al ordenamiento jurídico-penal; por la segunda se manifiesta que dicha conducta le es reprochable jurídico-penalmente al sujeto activo, es decir, que dicho sujeto es considerado culpable de ella.

La primera de las valoraciones supone afirmar que la acción es típica y antijurídica: injusta. La relación entre tipicidad y antijuridicidad dista, sin embargo, de ser pacífica. Para un sector mayoritario de la doctrina el juicio de oposición de la conducta al ordenamiento jurídico-penal se desdobla en dos valoraciones distintas: la acción debe ser típica, es decir, oponerse a una ley penal concreta, y además debe ser antijurídica, es decir, oponerse a todo el ordenamiento jurídico. Para otros autores resulta contradictorio que la ley penal pueda prohibir lo que el resto del ordenamiento jurídico permite, por lo que afirman que la tipicidad presupone la antijuridicidad y, por eso, que, aunque no todas las conductas antijurídicas sean típicas, la acción que es típica lo es porque es antijurídica. Desde esta perspectiva tipicidad y antijuridicidad no son sólo una única valoración jurídica, sino que además constituyen una sola nota del delito.

En este Tema se va abordar, en primer lugar, la evolución histórico-dogmática que ha llevado a la anterior disyuntiva y, en segundo lugar se va a plantear nuestra postura sobre la materia. Sin embargo, antes de comenzar el estudio conviene adelantar que existe una confusión terminológica que a menudo enturbia su compresión, y que se refiere al término «antijuridicidad». En efecto, la palabra antijuridicidad se emplea en un doble sentido: amplio, como equivalente a oposición al ordenamiento jurídico-penal, y estricto, como mera ausencia de causas de justificación.

En su sentido amplio el término antijuridicidad incluye la tipicidad y la ausencia de causas de justificación, mientras que en su sentido estricto se refiere sólo a la ausencia de causas de justificación, es decir, excluye la tipicidad. Además, debe tenerse en cuenta que parte de la doctrina utiliza las expresiones «antijuridicidad penal» o «tipo del injusto» como equivalentes a antijuridicidad en sentido amplio. Para tratar de clarificar la materia en este texto hemos optado por utilizar el término «injusto» para referirnos a la oposición al ordenamiento jurídico-penal (antijuridicidad en sentido amplio); reservando la expresión «tipo» para designar la oposición a una ley penal concreta, y antijuridicidad para referirnos a la ausencia de causas de justificación. No obstante, en algunos epígrafes resulta necesario utilizar el término antijuridicidad en su sentido amplio: así ocurre cuando se desarrolla el problema de la antijuridicidad formal y material, ya que la distinción proviene de Von Liszt y, por tanto, de una etapa anterior al descubrimiento de la tipicidad.

I. EVOLUCIÓN HISTÓRICO-DOGMÁTICA DE LOS CONCEPTOS DE ANTIJURIDICIDAD Y TIPICIDAD Y DE SU RELACIÓN

1. Antijuridicidad formal y antijuridicidad material

Como se vio en el Tema 11, Von Liszt definía el delito como la acción antijurídica, culpable y amenazada con una pena. La antijuridicidad en esta época se concebía como la contrariedad a Derecho de la conducta, por lo que se consideraba que una acción era antijurídica si se oponía a las normas jurídicas. En el ordenamiento penal la contrariedad a Derecho devendría automáticamente de la mera ausencia de causas de justificación. Sin embargo, a juicio de Von Liszt, tal concepto de antijuridicidad no informa de las razones materiales por las que una conducta es declarada contraria a Derecho. Por este motivo denominó antijuridicidad formal a la ausencia de causas de justificación, distinguiendo de ella el concepto de antijuridicidad material, que consistiría en esa razón material que haría que la conducta se considerara contraria al Derecho Penal. La distinción hecha por Von Liszt halló rápidamente eco en la doctrina alemana como consecuencia de la escasez de causas de justificación contenidas en su texto punitivo. En efecto, si la antijuridicidad tiene un contenido material, sobre el mismo pueden fundamentarse causas de justificación no previstas por el legislador: causas de justificación extralegales, que vendrían a llenar la laguna del Código.

Von Liszt creyó encontrar el fundamento de la antijuridicidad, esto es, la razón por la que el legislador penal decidía prohibir una conducta, en que la acción era antisocial o asocial. Por ello, para que una conducta contraria a una norma penal fuera antijurídica no bastaba con que no estuviera amparada por una causa de justificación de las recogidas en el CP, sino que, además, debía ser antisocial o asocial, es decir, la conducta social contraria a una ley penal debía considerarse amparada por una causa de justificación extralegal. La fórmula era muy vaga y por ello el mismo Von Liszt terminó por reconocer que, en los casos dudosos (que son precisamente los discutidos), había que remitirse a la ley. Luego su fórmula no resolvía casi nada.

En los años siguientes se enciende la polémica entre los autores. M. E. Mayer sostiene que el contenido material de la antijuridicidad son las normas de cultura reconocidas por el Estado (véase *infra*, Tema 7, I, 2); por eso, cuando se procede conforme a ellas, la acción será jurídica. Pero el problema es el mismo que el que se presentaba a Von Liszt: el reconocimiento por parte del Estado supone prácticamente remitirse a una ley. El conde Von Dohna sostiene que es jurídica una conducta cuando sea el medio justo para conseguir un fin justo; mientras que Sauer piensa que es antijurídica la conducta que en su tendencia general más bien daña que aprovecha al Estado y a los ciudadanos. Pero todas estas fórmulas se mueven en la indeterminación, por lo que no terminaron de prosperar.

Algunas corrientes de pensamiento intentaron poner el contenido material de la antijuridicidad en el deber de obediencia al Estado: el ciudadano está obligado a obedecer las leyes estatales y, por eso, la razón de la antijuridicidad consiste en la infracción de un deber impuesto por la ley. Pero, aparte de la clara orientación de tal postura hacia un derecho autoritario, incompatible con un Estado de Derecho, surge inmediatamente una segunda cuestión: ¿por qué el Estado ha decidido proteger ciertos valores y no otros? A lo que no se puede responder más que admitiendo que pretende dar protección penal a ciertos bienes jurídicos, que considera esenciales para mantener en su vigor la convivencia ciudadana.

Hoy en día, la doctrina mayoritaria sostiene que la protección de los bienes jurídicos es el contenido positivo de la antijuridicidad o antijuridicidad material; esto es, consideran antijurídica la conducta que lesiona o pone en peligro un bien jurídico protegido. Compartimos la opinión mayoritaria: la razón de ser de las normas penales no puede ser otra que la protección de los bienes jurídicos, pero queremos destacar que, a nuestro juicio, esa labor no constituye el contenido positivo de la antijuridicidad en sentido estricto, sino que la selección de los bienes que el ordenamiento penal quiere proteger la realiza el legislador en el tipo y, por tanto, el bien jurídico protegido aparece como fundamento material de la tipicidad. De lo que se deduce que la conducta que lesiona o pone en peligro un bien jurídico protegido penalmente es ya típica; en la antijuridicidad sólo se va a estudiar si esa conducta, que se opone a la ley penal, se opone además a todo el ordenamiento jurídico. En efecto, en algunas ocasiones una cierta conducta, aunque esté comprendida en un tipo penal, y por eso lesione o ponga en peligro el bien jurídico que trata de tutelar dicho tipo, no lo hace de modo que se oponga a todo el ordenamiento jurídico; en tales supuestos nos encontramos con que la conducta típica está justificada.

Dicho de otro modo, el tipo supone una norma valorativa (desvalorativa) de una conducta humana. Pero cuando en un caso concreto, a pesar de darse el desvalor típico no se da el desvalor total (esto es, no se pone la conducta contra todo el ordenamiento jurídico), se da una causa de justificación que neutraliza el desvalor indicado: hace que la conducta sea jurídica, sea conforme a Derecho. Por lo mismo, el que la pone actúa de acuerdo con el ordenamiento jurídico vigente. La congruencia del ordenamiento jurídico aparece entonces como fundamento material de la antijuridicidad, porque el legislador no puede sancionar penalmente lo que en otra rama del ordenamiento permite.

2. Evolución de la teoría del tipo y de su relación con la antijuridicidad

A) *La escuela clásica*

El término tipo fue acuñado por Beling y expuesto por primera vez en 1906 en su monografía sobre *La Teoría del Delito* (*Die Lehre vom Verbrechen*). Con ello pretendía incluir el principio de legalidad en la definición material del delito. La tipicidad era para él la mera descripción de la conducta prohibida, descargada de toda valoración y de todo elemento subjetivo: era neutral desde el punto de vista valorativo. En esta su primera versión Beling no distinguió aún entre el tipo legal y el tipo del delito, por lo que empleó ambos términos con idéntica significación.

En 1930 Beling tuvo que revisar su teoría, al profundizar en el estudio del dolo. Como éste tiene un elemento intelectual, había que separar entre las notas del tipo las que tenía que conocer el delincuente para que su acción fuera dolosa. Esas notas son las que llamó Beling tipo legal (*Leitbild*, esto es, «imagen rectora» o «tipo rector»), porque era la imagen que tenía que regir al delincuente (ser conocida por el mismo) para que éste actuase dolosamente; las notas que no debían ser abarcadas por el dolo (condiciones objetivas de punibilidad) las consideró parte del tipo del delito. Pero para Beling el tipo legal seguía siendo la imagen o reproducción conceptual de un acontecimiento externo, puramente objetiva y descriptiva, sin tener para nada en cuenta los factores subjetivos ni los valorativos.

La teoría del tipo ha sido admitida en toda la dogmática jurídico-penal moderna, aunque su contenido y su relación con la antijuridicidad ha ido sufriendo diversas interpretaciones.

B) *La escuela neoclásica*

Max Ernst Mayer y Edmund Mezger rompen decididamente con la concepción de Beling de que el tipo es puramente objetivo y descriptivo.

Por una parte, admitido que el tipo debe abarcar todos los elementos de los que se desprende frente a qué delito nos encontramos, resulta que al menos en algunos casos es necesario conocer el contenido de voluntad del sujeto activo para afirmar que la conducta es típica. Así sucede, por ejemplo, en el hurto: para saber si la conducta «llevarse la gabardina del perchero» encaja en el tipo de hurto, es preciso que conozcamos si el sujeto activo de la misma quiere lucrarse o no, esto es, debemos saber el contenido de su voluntad. Esto supone reconocer que existen elementos subjetivos al menos en algunos tipos. Dado que otro tanto sucede en las causas de justificación, la escuela neoclásica tuvo que admitir la excepcional presencia de elementos subjetivos en el injusto, aunque siguiera manteniendo que el mismo era predominantemente objetivo.

Por otra parte, se replantea que el tipo sea meramente descriptivo, no valorativo, y esto por dos motivos. En primer lugar, por el descubrimiento de los elementos normativos, elementos que el Juez debe valorar (por ejemplo, la ajenidad en el hurto) en el propio tipo. Y, en segundo, porque la relación entre la tipicidad y la antijuridicidad (juicio de valor que recae sobre el hecho) hace dudar del carácter puramente descriptivo de la primera. En efecto, el tipo se convierte en esta etapa en juicio provisional de injusto, y lo hace en dos pasos sucesivos. Para M. E. Mayer la tipicidad es la *ratio cognoscendi* de la antijuridicidad: un signo de la misma, como el humo es signo del fuego. Por tanto, indica que, como regla general, toda conducta típica es antijurídica, aunque por excepción pueda no serlo, porque concurra una causa de justificación. Pero Mezger va más allá: la tipicidad es la *ratio essendi* de la antijuridicidad, su misma esencia. La tipicidad deja de ser mero indicio de antijuridicidad para convertirse en condición necesaria de la antijuridicidad penal. Por eso define el delito como una acción típicamente antijurídica, definición en la que se aprecia con claridad que la tipicidad es el modo en que ha de manifestarse el juicio de la antijuridicidad para que tenga relevancia jurídico-penal.

C) *La escuela finalista*

Los finalistas, conforme a sus presupuestos sistemáticos, incluyen en el tipo y en la antijuridicidad los elementos subjetivos, ya que ambas notas no hacen más que valorar la acción, que tiene un elemento objetivo y otro subjetivo. Por eso, para ellos los llamados elementos subjetivos de lo injusto no constituyen una excepción a la regla general de que la tipicidad y la antijuridicidad sean objetivas, sino que forman parte del dolo del sujeto activo. En efecto, cuando un sujeto toma la cosa mueble ajena sin la voluntad de su dueño y con ánimo de lucro, no se puede dividir su intención (su dolo) en dos partes: tomar la cosa mueble ajena sin la voluntad de su dueño y el ánimo de lucro. Su intención cubre todos los elementos del tipo, sin que quepa escindir unos de otros.

Por otro lado, el finalismo regresa a un concepto de tipo próximo al ideado por MAYER puesto que considera que la tipicidad y la antijuridicidad son dos notas distintas de la definición material del delito. Sin embargo, se reconoce que el tipo tiene un significado valorativo propio e independiente de la antijuridicidad, que consiste en la selección de los hechos relevantes para el Derecho Penal. El tipo se concibe así como la materia prohibida por el legislador penal, aunque en algún caso concreto, cuando concurra una causa de justificación, se permita la infracción de la norma prohibitiva.

D) *La teoría sobre los elementos negativos del tipo*

La teoría de los elementos negativos del tipo lleva a sus últimas consecuencias el planteamiento de la escuela neoclásica sobre la relación entre tipicidad y antijuridicidad. Si el tipo supone ya una valoración provisional del injusto que se hace definitiva por la mera constatación de la ausencia de causas de justificación, ¿por qué no reunir en un solo juicio valorativo el injusto? La única manera de hacerlo sería considerar que la tipicidad implica siempre antijuridicidad y que la presencia de causas de justificación hace la conducta atípica.

La posibilidad de efectuar esa construcción la proporcionó la teoría de los elementos negativos del tipo, formulada por MERKEL, según la cual las causas de justificación han de entenderse como elementos negativos del tipo, que se incluyen en la Parte General por ahorro legislativo, pero que en sí están implícitas en el tipo legal. Según esta teoría, el tipo de homicidio, por ejemplo, se formularía: «El que matare a otro sin actuar en legítima defensa, etc.». Esta postura, que todavía puede considerarse minoritaria, ha sido aceptada, entre otros, por Arthur KAUFMANN, ENGISCH y SCHÜNEMANN, y en España por GIMBERNAT y LUZÓN PEÑA, entre otros.

Por tanto, según estos autores, la tipicidad y la antijuridicidad constituyen una misma nota, integrada por el tipo positivo, es decir, los elementos o requisitos definidos positivamente para cada figura del delito en los preceptos legales de la Parte Especial, y el tipo negativo, constituida por la ausencia de causas de justificación, recogidas por una cuestión de ahorro legislativo en la Parte General, aunque en ocasiones aparecen en el propio precepto de la Parte Especial: así, en el artículo 156 del CP. Desde esta perspectiva, tipo y antijuridicidad se funden en un tipo global o total de injusto, que incluye la totalidad de los elementos para afirmar que la conducta se opone al ordenamiento jurídico-penal. Según esta concepción, el tipo del injusto describe, para conocimiento general, todos los elementos, positivos y negativos, que fundamentan la prohibición penal de un hecho concreto.

II. EL CONTENIDO DEL INJUSTO

1. ELEMENTOS DEL INJUSTO: LA TIPICIDAD Y LA ANTIJURIDICIDAD

Si desde BELING se había mantenido una estructura tripartita del delito que atribuía a la acción tres atributos esenciales (tipicidad, antijuridicidad y culpabilidad), la teoría de los elementos negativos del tipo conduce a un sistema bipartito del delito en el que, caso de concurrir la acción, sólo se distingue además entre el injusto típico y la culpabilidad.

La construcción tripartita del delito sigue siendo hoy en día mayoritaria porque, desde un punto de vista dogmático, la teoría de los elementos negativos del tipo no parece admisible por varios motivos.

En primer lugar, desde el prisma preventivo general parece más adecuado mantener que entre la negación del tipo y la negación de la antijuridicidad existen diferencias. En efecto, desde un planteamiento tripartito del delito los tipos describen las conductas penadas de modo general, es decir, las prohibiciones abstractas formuladas por el legislador para conocimiento de todos los ciudadanos, mientras que las causas de justificación contienen siempre una valoración de la conducta del autor en el caso individual, sin referirse a la clase de delito, sino a la concreta valoración jurídica del suceso único. Mediante el tipo el legislador decide proteger penalmente ciertos valores y por ello prohíbe con carácter general la lesión del bien jurídico; mediante las causas de justificación se reconoce que existe supuestos concretos en los cuales la lesión del bien jurídico debe permitirse porque la conducta típica ha sido necesaria en ese caso para salvaguardar un interés superior al que el tipo protegía. En este último supuesto, el legislador sigue afirmando que el valor defendido por el tipo penal es digno de protección, aunque por las circunstancias especiales del caso individual, en el que se da un conflicto de intereses entre el bien jurídico protegido por el tipo y otro interés que se considera superior, el ordenamiento jurídico se incline por el valor más digno de protección, y conceda por ello una causa de justificación. Dicho de otro modo, mientras que el legislador no considera digna de protección la vida de una mosca (y por eso declara atípica la acción de matarla), sigue pensando que la vida humana (incluso la del agresor injusto) es digna de protección, aunque permita quitarla cuando concurra una legítima defensa, porque prevalezca el derecho a la propia vida del inocente. Sin embargo, admitida la teoría de los elementos negativos del tipo, la prohibición dirigida al ciudadano es de no lesionar el bien jurídico protegido en concreto, por lo que tan atípico sería matar a una mosca como matar a un hombre en legítima defensa: en ambos casos faltaría una nota del tipo penal. Parece claro que el hacer ambos supuestos equivalentes influye negativamente sobre la conciencia jurídica general de respeto al bien jurídico vida de la persona.

En segundo lugar, desde la perspectiva del principio de legalidad habría que considerar que la postura bipartita implica vincular a la legislación penal las causas de justificación. En efecto, como argumenta ROXIN, si las causas de justificación forman parte del tipo quedan vinculadas por el principio *nullum crimen sine lege*, por lo que no podrían crearse causas de justificación extralegales. Sin embargo, la postura tripartita, al considerar que tipo y antijuridicidad son valoraciones distintas y que las causas de justificación no describen fragmentos de la vida típica, sino que sientan principios de orden social, permite desligar del *nullum crimen* las causas de justificación e incorporar al Derecho causas de justificación no previstas en la Ley, pero que desarrollen esos principios de orden social. Aunque en nuestro ordenamiento jurídico no sean necesarias las causas de justificación extralegales este argumento no deja de tener peso.

En tercer lugar, en atención a las consecuencias jurídicas también parece preferible mantener una postura tripartita del delito. Así es, considerar que las causas de justificación son meros elementos negativos del tipo hace equivalente la atipicidad a la justificación, por lo que habría que admitir que sus consecuencias jurídicas son exactamente las mismas. Sin embargo, la doctrina mayoritaria afirma que no es lo mismo que concurra una causa de justificación que una causa de atipicidad porque la concurrencia de una causa de justificación obliga a tolerar la lesión del bien jurídico, por tratarse de una conducta acorde al ordenamiento jurídico, mientras que la acción atípica no está necesariamente permitida con carácter general, pudiendo tratarse incluso de una conducta antijurídica para el resto del ordenamiento jurídico, aunque no prohibida por la Ley penal. Esta crítica tiene tanto peso dogmático que los partidarios de la teoría de los elementos negativos del tipo se ven obligados a distinguir las causas de atipicidad estrictas de las causas de justificación [véase *infra*, Tema 17, V, 2, C)].

Por todo lo anterior la teoría sobre los elementos negativos del tipo debe ser rechazada, asumiendo una construcción tripartita del delito que distinga sistemáticamente tipo y antijuridicidad. No obstante, ambas notas esenciales del delito deben reunirse para conformar la unidad superior del «injusto», primera valoración jurídico-penal que se hace de la conducta humana. Mediante el juicio del injusto se afirma que la *conducta* se opone al ordenamiento jurídico-penal. Se trata de una valoración netamente distinta de la que se hará en la culpabilidad: este segundo juicio recae no ya sobre la conducta en sí, sino sobre la *persona* que realiza la conducta, para considerarla (o no) responsable frente al ordenamiento jurídico por la conducta realizada.

El injusto como valoración jurídica única consta, sin embargo, de dos partes: tipicidad y antijuridicidad; hasta que no se dan ambas, la valoración no está completa. Por la tipicidad se declara que la acción es contraria a un tipo penal, por lo que en general está prohibida. La antijuridicidad añade que dicha conducta no está justificada en el caso concreto, y que por tanto, además de ser contraria a la ley penal, es contraria a todo el ordenamiento jurídico. Ambas notas funcionan conforme al esquema: regla general-excepción. La regla general es que la conducta típica sea también antijurídica; la excepción se da cuando, por existir un conflicto de intereses en el caso concreto, el ordenamiento jurídico otorga una causa de justificación que permite esa conducta.

En la formulación precisa de Gallas cabe afirmar que el tipo es la «*ratio essendi* de la pertenencia del hecho al *typus* de injusto, pero en cambio sólo *ratio cognoscendi* de la antijuridicidad en el caso en concreto», es decir, la tipicidad (contrariedad a la ley penal) es la razón por la que una conducta humana debe ser considerada contraria al ordenamiento jurídico penal, pero la acción típica concreta, en su calidad de ataque individual al bien jurídico, no es más que un indicio de la oposición al resto del ordenamiento jurídico. En similares términos lo expresa Mir Puig cuando afirma que sin tipicidad no hay injusto, por eso la tipicidad es la *ratio essendi* de la antijuridicidad penal; pero cabe la acción típica justificada, por lo que a estos efectos la tipicidad sólo es *ratio cognoscendi* de la antijuridicidad o, lo que es lo mismo, «la tipicidad no es condición *suficiente*, pero sí *necesaria* de la antijuridicidad penal».

De la postura expuesta se sigue que el tipo reúne los elementos que fundamentan positivamente el injusto, por lo que habría que aceptar que la protección del bien jurídico aparece como fundamento positivo de la tipicidad (véase *supra* I) y que el tipo describe el comportamiento penalmente relevante, esto es, que el tipo encierra un significado valorativo propio. Este significado valorativo viene dado, como luego se verá, porque la acción típica lesiona o pone en peligro el bien jurídico que se trata de proteger (desvalor del resultado) infringiendo el mandato de respeto a ese bien (desvalor de la acción). La ausencia de tipicidad puede deberse a dos motivos: a que el legislador no ha tipificado la conducta y a que, pese a estar tipificada con carácter general, en el caso concreto falte algún requisito que permita subsumirla en el tipo (véase *infra* Tema 17, V). Por otra parte, habría que admitir que la antijuridicidad presupone la tipicidad y consiste en la mera ausencia de causas de justificación.

2. Contenido objetivo/subjetivo del injusto

Como ya se ha visto, la escuela clásica defendió que la tipicidad y la antijuridicidad eran meramente objetivas y que todo contenido subjetivo de la conducta quedaba reservado para la culpabilidad. Sin embargo, la escuela neoclásica, al descubrir los elementos subjetivos del injusto, se vio obligada a concluir que el injusto es predominantemente objetivo, aunque por excepción se dan en él algunos elementos subjetivos. Pero, como afirma Mir Puig, la concepción del injusto de la escuela neoclásica resulta contradictoria, no sólo por la presencia de elementos subjetivos en un juicio que se consideraba objetivo, sino fundamentalmente porque la propia naturaleza valorativa del injusto, afirmada por la escuela, no compagina bien con que se «desvalore» un mero proceso causal. En efecto, los procesos causales existen o no existen pero parece absurdo enjuiciarlos, considerarlos contrarios al ordenamiento jurídico-penal. Lo único que cabe valorar o desvalorar es la voluntad humana que ha puesto en marcha ese proceso causal.

El finalismo defiende que la acción consta de un elemento objetivo y de otro subjetivo. Consecuentemente el injusto, que es un juicio de valor sobre la acción, no puede ser un juicio meramente objetivo, porque estaría prescindiendo de uno de los elementos de la conducta humana: la voluntariedad. La expresión «injusto personal» es la utilizada por la doctrina para referirse al injusto que se construye sobre elementos objetivos y subjetivos, es decir, el injusto que incorpora ya el contenido de la voluntad del sujeto. El injusto queda pues constituido por el desvalor de la acción, esto es, la voluntariedad (dolo o culpa) de la conducta y el desvalor del resultado, es decir, la lesión o puesta en peligro del bien jurídico protegido.

Tienen razón los causalistas cuando afirman que la lesión o puesta en peligro del bien jurídico protegido (desvalor del resultado) es el fundamento del injusto penal. En efecto, si la función del Estado es procurar el bien común de todos los ciudadanos, es menester que oriente el Derecho Penal a la protección de aquellos valores fundamentales sobre los que se asienta la pacífica convivencia de las personas y los grupos sociales. De ahí que la legislación penal deba dirigirse a evitar las conductas externas peligrosas para los bienes jurídicos. Ahora bien, no tendría sentido que el legislador dirigiera sus mandatos a los procesos causales que ponen en peligro o lesionan bienes jurídicos; los mandatos y las prohibiciones deben dirigirse al ciudadano porque sólo se pueden motivar las conductas humanas y no las leyes de la naturaleza. Por lo mismo el juicio del injusto no puede prescindir del desvalor de la acción, porque tan sólo las conductas humanas voluntarias, y no los procesos causales, pueden considerarse contrarios al ordenamiento jurídico-penal. Por tanto, pese a que el fundamento de la norma penal sea la protección del bien jurídico, el mandato debe dirigirse a la conducta humana: el injusto queda pues constituido tanto por el desvalor de la acción como por el desvalor del resultado. Esta función político-criminal del Derecho Penal es lo que lleva a parte de la doctrina, que no admite los postulados del finalismo, a mantener el injusto personal. En nuestro país aceptan este planteamiento, entre otros, Gimbernat, Mir Puig y Luzón Peña.

El desvalor del resultado está presente en todos los tipos, puesto que el fundamento de la tipicidad es la lesión o puesta en peligro de un bien que se pretende proteger a través de las normas penales (véase *infra*, Tema 15, III). Sin embargo, no todos los tipos contienen delitos de resultado; en ocasiones el legislador describe en el tipo conductas de mera actividad (delitos formales) o de mera pasividad (delitos de simple omisión) (véase *infra*, Tema 16, IV). Que un tipo no contenga resultado alguno no quiere decir que en el mismo no exista desvalor del resultado, porque éste se cifra en la lesión o puesta en peligro del bien jurídico protegido, y todos los delitos, al menos en un Estado de Derecho, deben proteger un bien. Aunque habitualmente los delitos de lesión de un bien jurídico son también tipos de resultado (por ejemplo, el homicidio en el que se lesiona el bien jurídico vida y cuyo resultado es la muerte), ello no obsta a que existan delitos de lesión en los que no se dé resultado (por ejemplo, el allanamiento de morada en el que se lesiona el bien jurídico intimidad y que no requiere más que la mera actividad, entrar o permanecer en la morada sin consentimiento). Por otra parte, hay que señalar que en los llamados delitos de peligro el desvalor del resultado consiste en el propio peligro para el bien jurídico que se trata de proteger. Aunque con frecuencia los delitos de peligro sean delitos de mera actividad, nada obsta a que el legislador los construya como tipos de resultado: esto es, a juicio de un sector doctrinal, lo que sucede en los delitos de peligro concreto. Respecto de los delitos de lesión intentados, la doctrina suele mantener (así lo hace, por ejemplo, ROXIN) que se da desvalor de la acción sin darse desvalor del resultado; a nuestro juicio, resulta más correcto decir que en los delitos de lesión intentados el desvalor del resultado es el peligro *ex ante* (antes del hecho) de que se produzca la lesión del bien jurídico, puesto que no cabe asimilar el desvalor del resultado al resultado exigido por el tipo.

El desvalor de la acción nos remite al contenido de voluntad y, siendo diferente la voluntariedad de las conductas dolosas y de las culposas, el mandato único de respeto a los bienes jurídicos dirigido al ciudadano también debe ser diferente, por lo que la norma penal se desdobla en dos clases de tipos distintos: la prohibición de ataque directo al bien jurídico, y el mandato de cuidado en las acciones peligrosas que puedan dañar ese bien jurídico, esto es, tipos dolosos y tipos imprudentes. Los tipos dolosos contienen prohibiciones de ataque al bien jurídico, mientras que los tipos imprudentes contienen mandatos de cuidado en relación con las actividades peligrosas que puedan dañar, aun sin intención, el bien jurídico.

Por ejemplo, la norma única «respeta la vida» se desdobla en dos: «no mates» (tipo doloso de homicidio) y «ten cuidado con las actividades peligrosas para la vida» (tipo imprudente). El que mata a otro intencionadamente infringe la prohibición del tipo doloso, «no mates», pero no lo hace el que por conducir de manera alocada atropella a un viandante; sería absurdo pensar que el que no quiere matar infringe la prohibición de matar. Este último lo que infringe es el mandato de cuidado, el tipo imprudente.

La razón por la cual se consideran más graves los tipos dolosos que los imprudentes es que las conductas dolosas suponen un rechazo directo de las normas que rigen la pacífica convivencia, además de suponer una mayor peligrosidad para el bien jurídico. Mientras que las conductas culposas no significan un rechazo frontal de dichas normas, sino tan sólo la infracción de la norma de cuidado y, por ello, una menor peligrosidad para el bien jurídico.

Los tipos dolosos al suponer prohibiciones de ataque a bienes jurídicos pueden estar totalmente descritos en la ley penal. No ocurre lo mismo con los tipos imprudentes. Resulta difícil tipificar el mandato de ser cuidadoso en las actividades de la vida diaria que pueden resultar peligrosas para los bienes jurídicos, manteniendo un mínimo respeto al principio de legalidad. Precisamente por ello se exige el resultado lesivo para los bienes jurídicos, configurándose éste como garantía de que efectivamente se dio la infracción de la norma de cuidado.

La postura adoptada encuentra refrendo en el hecho de que, en aquellas actividades que se hayan totalmente reglamentadas y en las que todos los individuos que las realizan están informados de cuáles son las normas de cuidado (por ejemplo, en el tráfico rodado), el legislador llega a prohibir la mera omisión de la diligencia debida, sin exigir que se dé el resultado lesivo para el bien jurídico. Esto, sin embargo, no quiere decir que en dichos delitos no exista desvalor del resultado, porque dichos tipos protegen también bienes jurídicos. Así, los delitos contra la seguridad vial pueden ser considerados delitos de peligro para la vida e integridad y salud de los participantes en el tráfico, en cuyo caso el desvalor del resultado será ese peligro, o pueden considerarse delitos de lesión del bien seguridad vial, en cuyo caso el desvalor del resultado será la lesión de esa seguridad.

3. Naturaleza jurídica del injusto: norma de valoración/norma de determinación

La norma penal es norma de valoración (*primum*), selecciona los bienes jurídicos que el legislador quiere proteger, y es norma de determinación (*deinde*), contiene el mandato al ciudadano de respeto a los bienes jurídicos previamente seleccionados (véase *supra*, Tema 7, I, 3). La doctrina mayoritaria admite que la norma penal tiene estas dos vertientes; las discrepancias más importantes entre las distintas corrientes vienen dadas porque desde los planteamientos neoclásicos se escinde el aspecto valorativo de la norma, que se considera núcleo de la antijuridicidad, y el aspecto imperativo, que se considera contenido de culpabilidad, mientras que los finalistas y los funcionalistas, con algunas excepciones, suelen considerar que la norma penal es ya en el ámbito del injusto norma de valoración y norma de determinación.

La postura neoclásica puede considerarse fruto de una larga polémica que trataba de combatir la vieja teoría subjetiva del injusto, defendida entre otros por Merkel, según la cual los imperativos sólo se pueden dirigir al que los puede obedecer, es decir, al imputable, y que termina por confundir los límites entre el injusto y la culpabilidad. Que los límites entre antijuridicidad y culpabilidad deben ser nítidos es, hoy en día, una premisa aceptada por la doctrina mayoritaria; que para ello sea necesario relegar la norma de determinación a la culpabilidad no resulta necesario.

En efecto, como vimos antes no se pueden desvalorar procesos causales, motivo por el cual la doctrina actual mayoritariamente considera que la norma en la que se basa el injusto es, además de norma de valoración, norma de determinación, mandato que se dirige a la voluntad humana para indicarle lo que se puede hacer y lo que no puede hacer. Esta postura, sin embargo, niega la concepción subjetiva del injusto, puesto que parte de considerar que la norma de determinación se dirige a todos los ciudadanos, sean imputables o inimputables, y que tampoco tiene por qué ser conocida por el sujeto activo del injusto, sino que basta con que sea objetivamente reconocible. La justificación de esta concepción estriba en que también los inimputables pueden ser motivados por la norma (así, por ejemplo, a los niños desde muy pequeños se les dan órdenes, que normalmente obedecen). Pero, incluso aceptando que los inimputables no puedan dirigir su voluntad, habría que admitir que su conducta puede ser contraria al ordenamiento jurídico-penal en el sentido de que realizan lo prohibido para todos, aunque a continuación haya que afirmar que no pueden ser considerados responsables por no haber obedecido el mandato (problema de culpabilidad). Además, la infracción del imperativo, aunque no acarree una pena, sí conlleva otras consecuencias jurídicas, como la posibilidad de imponer una medida de seguridad, la obligación de indemnizar los daños causados o el derecho del agredido a defenderse frente al inimputable.

En conclusión, ya en el ámbito del propio injusto la norma penal debe ser considerada norma de valoración y norma de determinación, aunque la naturaleza jurídica del injusto sea objetiva en el sentido de que dirige sus mandatos a todos los ciudadanos para dejar claro cuál es la conducta prohibida de modo general.

TEMA 15

LA TIPICIDAD

Se va a abordar en este Tema la teoría del tipo, examinando las diversas acepciones del término «tipo», las funciones que cumple, el fundamento de la tipicidad, y las dificultades que puede presentar la formulación de los tipos desde el principio de legalidad.

En los dos Temas siguientes se estudiarán el tipo objetivo y el tipo subjetivo, además de los supuestos en los que se excluye la tipicidad.

I. DIVERSAS ACEPCIONES DEL TÉRMINO «TIPO»

En la teoría general del derecho se define el tipo como el conjunto de presupuestos que dan lugar a una consecuencia jurídica. Esta acepción está cada vez más extendida y, así, se habla del tipo de contrato de arrendamientos urbanos, etc. La consecuencia jurídica normal en los restantes campos del Derecho es la validez.

De la definición anterior se derivan las diversas acepciones con las que se utiliza el término «tipo» en Derecho Penal.

El tipo del delito será, por tanto, el conjunto de notas necesarias para que una conducta sea delito.

El tipo de la culpabilidad (aunque este término no sea tan usado en Derecho Penal) será el conjunto de presupuestos necesarios para que una conducta sea culpable.

El tipo de lo injusto (también llamado «tipo de la antijuridicidad») estará constituido por todas las notas necesarias para que una conducta sea contraria al ordenamiento jurídico-penal (sea injusta).

Finalmente el tipo legal (llamado también «tipo rector») es el conjunto de presupuestos para que una conducta sea típica.

De todas las acepciones anteriores las más usadas en Derecho Penal son las del tipo del delito, el tipo del injusto y el tipo legal. A este último se alude generalmente siempre que se habla de «tipo» sin más especificaciones.

II. FUNCIONES DEL TIPO

El tipo tiene dos funciones distintas: la de reflejar en la definición material del delito el principio de legalidad y la de servir de juicio provisional sobre el injusto. Aquí se van a exponer ambas por separado.

1. El tipo y el principio de legalidad

La primera función del tipo es la de dar exacto cumplimiento al principio de legalidad; por ello fue introducido en la definición material del delito por Beling, ya que no es suficiente que una acción sea antijurídica, sino que es menester que esté prohibida por una ley penal (que sea típica) para que pueda ser considerada contraria al ordenamiento jurídico penal. De ahí, como veíamos en el Tema anterior, que el fundamento del injusto penal sea la tipicidad.

Sobre el principio de legalidad, su origen y evolución, su significado, las garantías que implica y su vigencia en el ordenamiento jurídico español se ha hablado largamente en el Tema 6, I.

2. Función indiciaria del tipo

El tipo describe el comportamiento penalmente relevante; sin embargo la afirmación de que la conducta es típica no es suficiente, aunque sí necesaria para considerar que dicha conducta es injusta para el ordenamiento penal. Es preciso que a la tipicidad se añada la antijuridicidad para tener completo el juicio de contrariedad al Derecho Penal. De ahí que la tipicidad sea un juicio provisional sobre el injusto: por la tipicidad se declara que la acción es contraria a un tipo penal, por lo que en general está prohibida; la antijuridicidad añade que dicha conducta no está justificada en el caso concreto, y que, por tanto, además de ser contraria a la ley penal, es contraria a todo el ordenamiento jurídico. Ambas notas funcionan conforme al esquema: regla general-excepción. La regla general es que la conducta típica sea también antijurídica; la excepción se da cuando el ordenamiento jurídico otorga una causa de justificación, que permite en el caso concreto esa conducta que en general está prohibida. En ese supuesto nos encontraremos con una acción típica pero justificada.

III. FUNDAMENTO DE LA TIPICIDAD: EL BIEN JURÍDICO PROTEGIDO

Ante un tipo penal cualquiera surge la cuestión de por qué el legislador ha decidido castigar penalmente esa conducta, mientras que ha dejado sin tipificar otras muchas. Esto es una cuestión de política criminal; pero es lógico suponer que el legislador ha tenido sus motivos para ello y que no ha procedido de modo arbitrario. La investigación de dichos motivos es de la mayor importancia, porque permite al intérprete delimitar los contornos del tipo penal.

Dado que la función del Estado es procurar el bien común de todos los ciudadanos, es menester que oriente el Derecho Penal a la protección de aquellos valores fundamentales sobre los que se asienta la pacífica convivencia de las personas y los grupos sociales. De ahí que deba considerarse que el fundamento de la tipicidad es la protección de los bienes jurídicos más importantes en la sociedad, frente a los ataques más intolerables.

Se van a tratar aquí cuatro cuestiones distintas: el concepto de bien jurídico, su relación con el objeto material del delito, las funciones del bien jurídico en el Derecho Penal y la clasificación de los delitos dependiendo de su relación con el bien jurídico que protegen.

1. Concepto de bien jurídico protegido

Existen dos conceptos de bien jurídico: el político-criminal y el dogmático. El concepto político-criminal se refiere a lo que debe ser protegido por el Derecho Penal a juicio de una corriente político-criminal concreta (*de lege ferenda*); por tanto, será diverso según las distintas orientaciones de dicha disciplina. El concepto dogmático estudia los bienes jurídicamente protegidos por una legislación penal concreta (*de lege lata*). Los bienes jurídicos pueden ser materiales (la vida, el patrimonio, etc.) o inmateriales (el honor, la integridad moral, la intimidad, etc.).

Ambos conceptos pueden estar más o menos cercanos, según el grado en el que el Derecho Penal de un Estado haya realizado una corriente de política criminal determinada, la que sin duda estará influenciada por el modelo político y económico de dicho Estado. No es necesaria una reflexión muy profunda para comprender que el Derecho Penal de un Estado liberal protege en mucho mayor grado la propiedad privada que el de un Estado socialista y que la protección penal de este último modelo de Estado se vuelca preferentemente hacia los bienes socializados. Lo mismo sucede también en otros muchos campos jurídicos. Por eso también el Derecho Penal es la parcela del Derecho más sensible a los cambios constitucionales e incluso a los meramente sociales.

Nuestro Código Penal refleja en sus líneas maestras el estado actual de la doctrina en cuanto a los bienes jurídicos que deben ser protegidos penalmente. Junto a los bienes jurídicos de corte individual que han sido los tradicionalmente protegidos por los Códigos Penales, el CP de 1995 ha incorporado otros netamente sociales de vital importancia para la comunidad, tales como el derecho al trabajo y su reglamentación, los alimentos, el medio ambiente, la economía nacional (fraude fiscal, entre otros), la economía privada (los delitos económicos), etc.

Los bienes jurídicos pueden ser individuales o supraindividuales, caracterizándose estos últimos porque no son de naturaleza individual. Martínez-Buján denomina a los bienes supraindividuales «bienes colectivos», denominación que considera más adecuada porque este término se refiere a la cualidad de ser «perteneciente o relativo a cualquier agrupación de individuos». Los bienes colectivos pueden ser, a juicio de este autor, generales, cuando son intereses pertenecientes a la generalidad de personas que integran una comunidad, o difusos, que son intereses que afectan a un número importante de personas, que además son intercambiables, pero no a todas. Esta clasificación tiene importantes consecuencias en el Derecho Penal económico. Bienes individuales son la vida, el patrimonio, etc., bienes colectivos generales son el medio ambiente o la salud pública; bien difuso pueden ser considerados los intereses de los consumidores, en el delito de publicidad engañosa (art. 282 del CP).

2. Bien jurídico protegido y objeto material

Con esta cuestión se pretende resolver la polémica suscitada alrededor de una doble concepción del bien jurídico. Para la escuela clásica y especialmente para la neoclásica, el bien jurídico es un interés o valor distinto de la realidad concreta (material o inmaterial) en que se encarna; pero por esta vía llegan a separarlo de tal modo de la realidad concreta que el concepto de bien jurídico queda reducido a la finalidad de la ley (la *ratio legis*). Por el contrario, a partir de Welzel se viene contemplando el bien jurídico como estrechamente unido al sustrato que le sirve de base, aunque naturalmente no deben confundirse, puesto que el bien jurídico es algo más que esa realidad concreta.

En efecto, el objeto material de un delito es la realidad concreta sobre la que recae la acción, mientras que el objeto jurídico es el bien jurídico protegido en cada caso. Sin duda que existe una clara diferenciación entre ambos conceptos: por ejemplo, en el delito de hurto el objeto material es la cosa sustraída y el objeto jurídico el patrimonio. Pero ello no impide que exista una estrecha relación entre ambos conceptos. Porque, si bien en el delito de homicidio el bien jurídico es la vida y el objeto material es la persona a la que se priva de la misma, ambos están entrelazados, ya que la ley penal no protege el valor «vida» en abstracto, sino en concreto la vida del ciudadano y, además, con distintas penas según la modalidad y circunstancias del delito.

Por eso se viene sosteniendo por muchos que el bien jurídico es «la cosa más el valor que se le ha incorporado», en frase de FRONDISI. Escribe en este sentido MIR PUIG que

> el bien es una cosa valiosa, entendiendo aquí por cosa toda realidad existencial con independencia de su carácter material o inmaterial. Un Derecho Penal protector de bienes jurídicos no tutela puros valores en sí mismos, sino realidades concretas: ninguna protección jurídico-penal merecería el «valor vida» si no encarnase en la vida de una persona real; el Derecho Penal no ha de proteger el «valor vida» en cuanto tal, sino las vidas concretas de los ciudadanos. Pero por supuesto que estas vidas reales no constituyen bienes jurídicos en cuanto meros datos biológicos, sino por el valor funcional para sus titulares y para la sociedad.

Por otra parte, deben distinguirse los conceptos de bien jurídico mediato y bien jurídico inmediato. El bien jurídico mediato se vincula a la *ratio legis* o finalidad objetiva de la norma, es decir, expresa los motivos que han llevado al legislador penal a tipificar un determinado comportamiento. Sin embargo, el bien jurídico inmediato es el bien jurídico técnicamente tutelado por una determinada norma penal; por eso se incorpora al tipo del injusto de la infracción delictiva de la que se trate, constituyendo el desvalor del resultado. Por el contrario, la vulneración del bien jurídico mediato no aparece incorporada al tipo del injusto.

3. FUNCIONES DEL BIEN JURÍDICO PROTEGIDO

En primer término, se señala al bien jurídico una función clasificatoria: en la Parte Especial sirve para agrupar los delitos conforme al bien jurídico protegido. Esto sirve además para aplicar a todo el grupo ciertas reglas hermenéuticas o «disposiciones comunes» y facilita la interpretación sistemática de los mismos.

Pero hay que tener en cuenta que en los delitos pluriofensivos el Código Penal no siempre clasifica un delito en el grupo de los que contienen el bien jurídico fundamental, sino que a veces por razones puramente formales lo lleva a un emplazamiento diverso; así, los delitos contra la propiedad intelectual se encuentran regulados junto con los delitos contra la propiedad industrial, cuando los primeros protegen el patrimonio y los segundos el orden socioeconómico.

En segundo lugar, sirve el bien jurídico como criterio de interpretación, siendo útil para delimitar los casos en los que, a pesar de darse una conducta aparentemente típica, no lo es, por faltar en dicho supuesto totalmente el ataque al bien jurídico protegido por el tipo. Esta función está también estrechamente unida con la teoría de la adecuación social, la relevancia jurídica y la de la imputación objetiva de las que se tratará en el Tema 16 (*infra*, IV, 2).

Finalmente puede servir al Tribunal como criterio a la hora de determinar la pena concreta de un delito, según que la lesión o puesta en peligro del bien jurídico sea mayor o menor, dentro del margen de arbitrio que la ley señala al Juez.

4. Clases de delitos por su relación con el bien jurídico protegido

Como se ha indicado repetidas veces, el fundamento material de la tipicidad consiste en proteger los bienes jurídicos, lo que lleva a clasificar los delitos por su relación con el bien jurídico que pretenden proteger.

Sin duda la clasificación más importante divide los delitos en delitos de lesión y delitos de peligro. El delito de lesión se da cuando se incorpora al tipo la destrucción de un bien jurídico. Pero esta «destrucción» no hay que entenderla sólo en el sentido material de la palabra, como sería el caso de la destrucción de la vida en el delito de homicidio. También se habla de lesión cuando se vulnera la honra de un ciudadano (delitos de injurias o de calumnias) o incluso cuando un objeto deja de estar en poder de un sujeto para pasar al de otro (delito de hurto).

Los delitos de peligro se dan cuando se crea una situación en la que es probable que se produzca el resultado lesivo. Suelen dividirse estas infracciones en delitos de peligro concreto y de peligro abstracto. En los primeros, el tipo exige que se haya producido de hecho una situación peligrosa para el bien jurídico. Un ejemplo de ellos lo constituye el artículo 381.1 del CP, en el que se exige que la conducta temeraria haya puesto «en concreto peligro la vida o la integridad de las personas». Mientras que en los delitos de peligro abstracto se trata de una situación en la que estadísticamente se demuestra que se producen lesiones de bienes jurídicos, aunque en el tipo no se exige la creación de un peligro de hecho en el caso concreto; así sucede, por ejemplo, en el delito de conducción de un vehículo de motor bajo la influencia de bebidas alcohólicas o de drogas, recogido en el artículo 379.2 CP. Dentro de los delitos de peligro abstracto la doctrina distingue una tercera clase: los llamados «delitos de peligro hipotético, peligro potencial o de aptitud». Se trata de delitos en los que no se requiere probar que la conducta ha supuesto un peligro concreto para el bien, por eso no son de peligro concreto, pero sí que posee idoneidad lesiva, esto es, que podría poner en peligro concreto el bien jurídico. Un ejemplo de esta clase de delitos lo encontramos en el artículo 282 CP, que castiga a los fabricantes o comerciantes que en sus ofertas o publicidad hagan alegaciones falsas o manifiesten características inciertas de los productos «de modo que puedan causar un perjuicio grave y manifiesto a los consumidores».

En realidad los delitos de peligro constituyen casos en el que el legislador adelanta la barrera de protección penal: en vez de esperar a que se dé la lesión del bien jurídico, castiga ya como delito consumado el peligro de que se produzca dicha lesión.

El Derecho Penal no ha visto con buenos ojos la tipificación de delitos de peligro, porque entrañan un riesgo para la seguridad jurídica. Sin embargo, ante la evolución tecnológica de la sociedad y los innumerables riesgos que comporta la vida moderna (especialmente en las grandes ciudades) todos los Códigos Penales han ido recogiendo en su articulado numerosos tipos de delitos de peligro.

También hay que señalar que el delito de peligro está en relación de subsidiariedad con el de lesión del bien jurídico; por lo que, caso de producirse ésta, no se aplica el delito de peligro, ya que la ley principal deroga a la subsidiaria. Desde el punto de vista de la valoración, el delito de peligro tiene un menor reproche que el de lesión puesto que no se ha dado la destrucción del bien jurídico.

Por otra parte, los delitos se suelen dividir en uniofensivos y pluriofensivos, dependiendo de que ataquen a uno o a varios bienes jurídicos. En los delitos uniofensivos la conducta ataca a un solo bien jurídico, por ejemplo, la vida en el homicidio; en los pluriofensivos a varios, como sucede en el homicidio al Jefe del Estado, en el que se ataca la vida y la forma de Estado.

Por último, en virtud de la duración de la ofensa al bien jurídico los delitos se dividen en permanentes e instantáneos. En los delitos permanentes el ataque al bien jurídico se prolonga a voluntad del sujeto activo; así sucede, por ejemplo, en el allanamiento de morada del artículo 202 del CP. Suelen subdividirse a su vez los delitos permanentes en casos de permanencia absoluta, que se da cuando esta nota se encuentra incorporada expresamente al tipo (como en la detención ilegal del art. 163.3 del CP), o permanencia relativa, cuando esta característica no se ha incorporado expresamente, pero se deduce del tipo (como sucede en el delito de rebelión con alzamiento del art. 472 del CP). Por el contrario, en los delitos instantáneos la agresión al bien no puede prolongarse a voluntad del sujeto, sino que cesa al terminar el ataque; así, por ejemplo, en el homicidio. Esta división tiene importancia a varios efectos penales; así, en el problema de la participación y en el tiempo en el que se puede ejercitar la legítima defensa, entre otros.

IV. LA FORMULACIÓN DE LOS TIPOS Y EL PRINCIPIO DE LEGALIDAD

La presente problemática se abordó en el Tema 6 (*supra*, I, 5), al hablar de la vigencia incompleta del principio de legalidad. Este principio constituye un límite al que debe tender el legislador penal, pero que no es posible realizar en todos sus extremos, porque el legislador tiene que utilizar el lenguaje humano al formular los tipos penales y además ha de manejar con frecuencia un lenguaje menos tecnificado que el que se usa en las ciencias de la naturaleza, lo que sucede también a las restantes ciencias del hombre.

Además, como ha quedado indicado, el legislador tiene que incluir en el tipo penal elementos normativos, que están sometidos a una valoración por parte del Juez o del intérprete; ya que le es imposible incluir en la descripción de la conducta prohibida todas las hipótesis detalladas que constituyen la conducta que quiere penalizar.

En este contexto se suele hablar de tipos cerrados y de tipos abiertos. Los primeros son los que establecen de forma completa la materia de la prohibición en la conducta tipificada; mientras que los segundos sólo incluyen parcialmente la descripción del tipo y dejan que el Juez complemente en cada caso el resto de sus características.

La solución a este problema ha quedado ya indicada: el legislador debe procurar por todos los medios a su alcance cerrar los tipos penales; pero, en muchas ocasiones y a pesar de su mejor voluntad, esto no le será del todo posible.

TEMA 16

EL TIPO OBJETIVO

En este Tema se va a abordar la parte objetiva de los tipos penales, por lo que se hablará de los elementos que lo componen, de los sujetos y el objeto material del delito, del tiempo y lugar de la acción típica, y de la estructura, tanto interna como externa, de los tipos.

I. ELEMENTOS DE LOS TIPOS

Los tipos penales están redactados con palabras o frases del lenguaje, que son lo que se denominan «elementos del tipo». Éstos suelen dividirse en descriptivos o normativos y objetivos o subjetivos. Además se va a hablar en este apartado de las condiciones objetivas de penalidad, ya que son elementos del tipo del delito, aunque no lo sean del tipo legal.

1. Elementos descriptivos y normativos

Se llaman elementos descriptivos los que utilizan palabras del lenguaje común. Por tanto, pueden ser entendidos sin recurrir a su significado jurídico. Tales son: hombre, mujer, cabeza de ganado, etc.

En la concepción primera de la codificación, los códigos deberían utilizar exclusivamente elementos descriptivos, porque se pretendía que pudieran ser entendidos por el hombre de la calle. Pero el Derecho necesita (como cualquier técnica) un lenguaje especializado, lo que paulatinamente ha llevado a que la mayoría de los elementos que componen una ley sean normativos.

Se entiende por elementos normativos (que también se llaman «valorativos» o «conceptos jurídicos indeterminados») los que necesitan una valoración por parte del Juez o del intérprete para conocer su significado jurídico exacto. En la actualidad son la mayoría de los que utilizan las leyes penales.

Para hacer esta valoración el Juez recurre en ocasiones a una norma jurídica. Por poner un ejemplo, sólo así puede determinar el significado de lo que significa la palabra «mueble» o el término «ajena» en el delito de hurto (art. 234 del CP). Pero a veces ha de acudir a lo que se denomina una «norma de experiencia». Así sucede con la frase «pusiere en concreto peligro» del artículo 381.1 del CP. Sólo la experiencia puede decir al Juez si, cuando un vehículo pasa a una distancia determinada de un peatón o de un ciclista, pone en concreto peligro su vida o su integridad corporal.

Tales términos contribuyen sin duda a una menor seguridad jurídica, porque lo que a un Juez le parece peligro concreto, a otro le puede parecer un peligro aún remoto; y esto aunque ambos procedan con la mejor buena voluntad. Porque en dicho juicio de valor intervienen factores personales y difíciles de eliminar; no sólo por el diverso modo de ser de ambos jueces, sino que el mero hecho de que uno de ellos conduzca un vehículo de motor y el otro sea peatón puede llevar a distintas apreciaciones de una misma conducta.

Pero tales elementos normativos son del todo inexcusables, porque sería imposible redactar un precepto penal (por ejemplo, el citado artículo) sólo con elementos descriptivos. Habría que hacer una lista interminable de distancias y de velocidades y, aun así, no se llegaría a mayor seguridad jurídica que la actual.

2. Elementos objetivos y subjetivos

Los elementos objetivos son los externos al sujeto; los diversos, a sus intenciones. Por el contrario, se habla de elementos subjetivos cuando se refieren a las intenciones, al mundo interior del sujeto en cuestión.

Es claro que lo que para un individuo es subjetivo (sus intenciones), es objetivo para los que le rodean y viceversa. Por eso en Derecho Penal se ha llegado a la convención de poner como punto de referencia para fijar lo objetivo y lo subjetivo al sujeto activo del delito. Por tanto, cuando el penalista habla de «elemento subjetivo» se refiere a las intenciones del sujeto activo y, cuando menciona el «elemento objetivo», trata de lo externo a dicho individuo.

Por eso, en la definición de hurto la expresión «sin la voluntad de su dueño» se toma como objetiva, aunque es claro que, si se tomase como punto de referencia al dueño, sería un elemento subjetivo. Por el contrario, «con ánimo de lucro» es un elemento subjetivo, porque se refiere a la intención del delincuente.

La doctrina clasifica los delitos atendiendo a ciertos elementos objetivos consistentes en los medios que se utilizan para cometer la acción, o los relativos al tiempo o el lugar en que se debe realizar la acción típica. Así, el artículo 148.1 del CP es un tipo con medios legalmente determinados, puesto que se exige para su aplicación que el sujeto activo utilice «armas, instrumentos, objetos, medios, métodos o formas concretamente peligrosas para la vida o salud». Por su parte, el artículo 596 del CP ofrece un ejemplo de delito que sólo se puede cometer en un tiempo determinado, en tiempo de guerra; mientras que el artículo 494 tipifica un delito que sólo se puede cometer en un lugar e incluso en un tiempo determinado: «ante las sedes del Congreso de los Diputados, del Senado o de una Asamblea Legislativa de Comunidad Autónoma, cuando estén reunidos».

3. Las condiciones objetivas de punibilidad

Las condiciones objetivas de punibilidad, también llamadas condiciones objetivas de penalidad, son elementos unidos a la acción tipificada en la ley, pero que no dependen causalmente del sujeto activo. No pertenecen al tipo del injusto ni al de la culpabilidad, sino al tipo del delito; porque en ocasiones son puestas por una tercera persona, distinta del sujeto de la acción.

Así, por ejemplo, la pena que se imponga al que matare al Jefe de un Estado extranjero que se halle en España (art. 605) depende de que el ordenamiento jurídico del país al que pertenezca el Jefe del Estado contemple, o no, una penalidad recíproca (art. 606.2); si en dicho ordenamiento jurídico se castiga más el homicidio del Jefe del Estado extranjero cometido en el territorio nacional que el homicidio común, al que en España atente contra el Jefe de ese Estado se le castigará con la pena del artículo 605, pero si las leyes de ese país consideran como homicidio común el hecho se le castigará por el delito de homicidio del artículo 138 (o, en su caso, del art. 139 o 140). Resulta obvio que no depende del sujeto activo del delito que las leyes del país al que pertenezca el Jefe del Estado al que se ataca contengan una penalidad recíproca, por lo que este elemento del tipo constituye una condición objetiva de punibilidad.

No deben confundirse las condiciones objetivas de punibilidad con las condiciones objetivas de procedibilidad o de perseguibilidad. En ellas se trata de requisitos previos a la apertura del procedimiento criminal y, por tanto, de materia procesal penal. Entre éstas están la denuncia y la querella, de las que se hablará más abajo [Temas 23, II, 3, C), y 33, I, 4, C) y D)]. En tales supuestos se habla de delitos privados o semipúblicos, porque (en contra de lo que sucede en todos los restantes delitos) el Juez no puede proceder de oficio. Se trata de casos, en los que el legislador piensa que es mejor que el ofendido (o sus representantes legales o el Ministerio Fiscal) decida si prefiere que se abra un proceso sobre el asunto; porque en ocasiones puede traerle mayores perjuicios a la víctima que el mismo delito. Por poner un solo ejemplo, la denuncia por unos abusos sexuales de poca entidad puede traumatizar con todas las incidencias de un juicio penal más que los propios abusos (este fenómeno se conoce como victimización secundaria).

Constituyen también condiciones objetivas de procedibilidad otros requisitos recogidos en algunos tipos de la Parte Especial como la necesidad de que se haya dictado sentencia firme, o auto también firme de sobreseimiento o archivo, por el Juez o Tribunal que conozca de la denuncia o acusación falsa (art. 456.2).

II. LOS SUJETOS Y EL OBJETO MATERIAL DE LA ACCIÓN TÍPICA

En toda acción típica existe un sujeto activo, que es el que la realiza, y un sujeto pasivo, que es el titular del bien jurídico protegido. No se va a abordar aquí lo relativo a la persona jurídica, puesto que ésta no puede ser sujeto activo de la acción (véase *infra* Tema 35). El apartado se concluye con el estudio del objeto material del delito.

1. El sujeto activo

El sujeto activo es el que realiza la acción en sentido amplio: el comportamiento humano, la conducta.

El sujeto activo ha de ser siempre una persona física. Por tanto, no cabe considerar acción ni a los sucesos de la naturaleza ni tampoco a los acaecimientos producidos por los animales; a no ser que los unos o de los otros sean provocados por una persona; como, por ejemplo, cuando un individuo empuja una roca sobre un camino por el que transitan viandantes o un perro es azuzado por su dueño.

Suelen dividirse los delitos por razón del sujeto activo en varios grupos, según puedan ser cometidos por uno o más delincuentes, por una clase de delincuentes concretos o por cualquier individuo, y finalmente los delitos que sólo pueden cometerse personalmente.

Por el número de personas que tienen que participar en el hecho se dividen los delitos en unisubjetivos y plurisubjetivos. Los delitos unisubjetivos pueden ser cometidos por un solo sujeto, aunque eso no impide que pueda participar más de uno; mientras que los plurisubjetivos exigen la participación de más de un delincuente. Estos últimos se dividen a su vez en delitos de convergencia, en los que las voluntades de los partícipes confluyen en un fin común (por ejemplo, la rebelión del art. 472 del CP), y delitos de encuentro, cuando las voluntades se comportan como en un negocio jurídico: salen al encuentro la una de la otra (como sucede en el cohecho del art. 419 del CP). Suele hablarse de delitos plurisubjetivos impropios cuando uno de los partícipes no es castigado, porque el tipo penal se construye para protegerlo (así sucede en los abusos sexuales del art. 181.3 del CP). En algunos otros casos (por ejemplo, en la bigamia del art. 217 del CP) se castiga sólo al partícipe que realiza propiamente el tipo, al otro se le deja impune, mientras no exceda el papel de dar el mero consentimiento; pero en ocasiones se le ha castigado por inductor al delito de bigamia, cuando excede dicho papel y ha sido el que ha convencido al bígamo para que cometa el delito.

Por la clase de sujetos que pueden cometer el hecho se dividen los delitos en comunes y especiales. Los comunes pueden ser cometidos por cualquier ciudadano, mientras que los especiales (a los que también se llama *delicta propria*) han de tener por sujeto activo a un grupo concreto: por ejemplo, funcionarios, médicos, etc. Por eso los primeros suelen comenzar con la fórmula: «El que…», u otra semejante, mientras que los segundos especifican el sujeto activo («El funcionario…», etc.). En este último caso, hay ocasiones en las que se castiga también al partícipe que carece de dicha cualidad por otro artículo; así, en el delito de cohecho se castiga al funcionario a tenor de los artículos 419 a 422 y al no funcionario por el artículo 424 del CP. Finalmente se habla de delitos especiales impropios cuando pueden ser cometidos en sí por cualquier persona, pero una determinada clase de sujetos recibe una agravación de la pena. Así sucede, por ejemplo, en el delito de allanamiento de morada cuando es cometido por un autoridad o funcionario (art. 204 del CP). (Sobre la problemática de la participación en los delitos especiales —propios e impropios—, véase *infra*, Tema 26, III, 4.C).

También se incluyen en esta clasificación los delitos llamados «de *manu propria*» (también denominados «delitos de propia mano») que no pueden ser cometidos más que personalmente por el sujeto; no cabe ejecutarlos por otro o, dicho de otro modo, no cabe en ellos autoría mediata. Así, el falso testimonio del artículo 458 del CP.

2. El sujeto pasivo

El sujeto pasivo de un delito es el titular del bien jurídico protegido. No debe confundirse con el objeto material (del que se hablará a continuación), que es la persona o cosa sobre la cual recae la acción del delito.

Aunque en ocasiones coincidan en la realidad (por ejemplo, en un delito de homicidio), en sí son dos conceptos distintos, como se ve, por ejemplo, en el caso del mensajero al que le sustraen el paquete que va a entregar: en este caso, el sujeto pasivo es el propietario del paquete, mientras que el mensajero es el objeto material.

Puede ser sujeto pasivo de un delito una persona física, un grupo, una persona jurídica o el mismo Estado. Éste es a veces sujeto pasivo inmediato, cuando el delito va directamente contra su existencia (por ejemplo, en los delitos contra la seguridad del Estado), pero se le considera como sujeto pasivo mediato de todos los restantes delitos en cuanto encarna el interés de la sociedad en que sean respetados todos los bienes jurídicos.

No se consideran sujetos pasivos los cadáveres, sino que se castiga su profanación por el ultraje al sentimiento social de piedad hacia los muertos. Tampoco lo son los animales, por lo que, en las legislaciones donde se castiga maltratarlos, el bien jurídico protegido son los sentimientos de los que lo presencian o de los que llegan a enterarse.

3. El objeto material

El objeto material de la acción es la persona o cosa sobre la cual recae la acción típica. Por ello, no todos los delitos tienen objeto material, sino tan sólo los de resultado. No tiene objeto material ni la simple omisión ni la acción sin resultado.

Pueden ser objeto material las personas, los animales y las cosas, en contra de lo que sucede con el sujeto pasivo.

No hay que confundir el objeto material con el objeto jurídico, que es el bien jurídico protegido, por ejemplo el patrimonio. Tampoco se puede identificar el sujeto pasivo con el objeto material, como queda dicho más arriba.

Algunos ejemplos explicarán las diferencias entre estos conceptos. Pedro hurta a Luis el coche de su padre. El sujeto activo es Pedro; el sujeto pasivo, el padre de Luis; el objeto material, el coche; y el objeto jurídico, el patrimonio. En algunos casos el sujeto pasivo y el objeto material son el mismo, como sucede en el homicidio.

III. TIEMPO Y LUGAR DE LA ACCIÓN TÍPICA

Esta materia tiene importancia para señalar el ámbito temporal y espacial de la ley penal, así como para otros temas, como el del comienzo del plazo de prescripción del delito y el de la competencia de los tribunales. Se van a exponer, en primer término, las teorías arbitradas por la doctrina y, en segundo lugar, las soluciones que se suelen aplicar.

1. Teorías doctrinales

Son cinco las teorías que se han ido exponiendo por la doctrina al correr de los tiempos (el asunto se trató ya por los posglosadores) a fin de solucionar estos problemas. Para ayudar a entenderlas, se expondrá un ejemplo:

Ramiro adquiere en Colombia un alijo de cocaína con destino final en Reino Unido, donde será distribuida para su venta al por menor. La droga es transportada por tierra desde Colombia a Venezuela, y de ahí parte por mar a Galicia, donde es almacenada provisionalmente durante unos días hasta que finalmente se transporta al Reino Unido.

La teoría de la actividad toma como punto para determinar el momento y el lugar de la acción aquel en el que se pone la actividad. En nuestro ejemplo sería Colombia.

La teoría del efecto intermedio, el lugar en el que se produce el primer efecto. En el ejemplo aducido, Venezuela.

La teoría del instrumento toma como lugar y tiempo de la acción aquel en el que actúa la persona que se utiliza como instrumento. En el ejemplo anterior, Galicia.

La teoría del resultado toma como punto de referencia el sitio y el tiempo en el que se produce el resultado final del delito. En el ejemplo citado, Reino Unido.

Finalmente, la teoría de la ubicuidad supone puesta la acción en cualquier lugar o tiempo en los que se puso alguno de los elementos del delito. En el ejemplo aducido, Colombia, Venezuela, España y Reino Unido.

2. Soluciones más aceptadas

Aunque alguna parte de la doctrina se inclina por una solución unitaria, la mayoría piensa que hay que dar diversas respuestas a los problemas del tiempo y del lugar de la acción típica.

Respecto al tiempo de la acción se suelen distinguir dos aspectos. Para el tiempo de la comisión del delito se suele utilizar la teoría de la actividad; puesto que es necesario saber (por poner un ejemplo) el estado mental del sujeto activo en el momento de poner la actividad, no antes ni después; y lo mismo sucede con la apreciación de las eximentes (lo que interesa para saber si el sujeto repelió una agresión actual, es el momento en el que puso su actividad). También se sigue la misma teoría en la cuestión del ámbito temporal de la ley penal. Respecto al comienzo de los plazos de prescripción del delito muchos autores optan también por la misma solución, aunque otros se deciden por el momento en el que se puso el último acto, para retardar al máximo el comienzo de la prescripción. Esta última solución no parece equitativa, porque, contra todo lo que se hace en el resto del Derecho Penal, se quiere usar aquí lo menos favorable al reo. Luego se puede utilizar la teoría de la actividad en todos los casos relativos al tiempo de la acción.

En relación con el lugar de la acción típica se da una mayor conformidad entre los penalistas, pues prácticamente todos optan por la teoría de la ubicuidad, a fin de facilitar la persecución y enjuiciamiento del delito. Es más, suelen extenderla al llamado «delito de tránsito», que sería el territorio a través del cual pasa la acción. En el ejemplo citado anteriormente, sería Suiza.

3. Solución legal

El CP no trata más que del ámbito temporal de la ley penal, del que dice en su artículo 7:

> A los efectos de determinar la ley penal aplicable en el tiempo, los delitos se consideran cometidos en el momento en el que el sujeto ejecuta la acción u omite el acto que estaba obligado a realizar.

Por lo que respecta a la prescripción de los delitos, establece el artículo 132.1:

> Los términos previstos en el artículo precedente [en el que señala los plazos de prescripción del delito] se computarán desde el día en que se hubiera cometido la infracción punible. En los

> casos de delito continuado y delito permanente, así como en las infracciones que exijan habitualidad, tales términos se computarán respectivamente, desde el día en que se realizó la última infracción, desde que se eliminó la situación ilícita o desde que cesó la conducta.
>
> En la tentativa de homicidio y en los delitos de aborto no consentido, lesiones, trata de seres humanos, contra la libertad, de torturas y contra la integridad moral, la libertad e indemnidad sexuales, la intimidad, el derecho a la propia imagen y la inviolabilidad del domicilio, cuando la víctima fuere menor de edad, los términos se computarán desde el día en que ésta haya alcanzado la mayoría de edad, y si falleciere antes de alcanzarla, a partir de la fecha del fallecimiento.

Y en el artículo 134.1 fija la misma regla para la prescripción de la pena, que comienza a correr «desde la fecha de la sentencia firme, o desde el quebrantamiento de la condena, si ésta hubiere comenzado a cumplirse». Finalmente, respecto a las medidas de seguridad señala en su artículo 135.2 que la prescripción comienza a correr «desde el día en que hubiese quedado firme la resolución en la que se impuso la medida o, en caso de cumplimiento sucesivo, desde que debió empezar a cumplirse».

Luego en el legislador español se ha inclinado, respecto al tiempo de la acción, por la llamada «teoría de la actividad».

IV. ESTRUCTURA DE LOS TIPOS PENALES

En el presente apartado se va a tratar de la estructura interna de los tipos penales, mientras que en el apartado siguiente se estudiará la conexión de los tipos entre sí, la que podría llamarse su estructura externa.

Por su estructura interna los tipos penales se suelen dividir en: delitos con o sin resultado y delitos de acción o de omisión.

Los delitos sin resultado son aquellos en los que el tipo no requiere que la acción vaya seguida de la producción de un resultado separable espacio-temporalmente de la acción, mientras que los delitos de resultado son aquellos en los que sí se requiere la producción del resultado. Conviene apuntar que la mera exteriorización de la conducta no es resultado, como tampoco lo es la lesión del bien jurídico. De ahí que el homicidio sea un delito de resultado y, sin embargo, el allanamiento de morada sea un delito sin resultado, aunque ambos sean delitos de lesión de un bien jurídico.

Los delitos de acción son aquellos en los cuales el tipo recoge la realización de una conducta activa: son delitos en los cuales se prohíbe la realización de una actividad. Por tanto, el tipo contiene una norma prohibitiva. Los delitos omisivos son aquellos en los cuales se sanciona la no realización de una actividad: son delitos en los que se ordena la realización de una actividad. Por ello, el tipo contiene una norma preceptiva.

La combinación de ambas clasificaciones da lugar a cuatro tipos de delitos: delitos materiales, delitos formales, delitos de simple omisión, también denominados de «omisión propia», y delitos de comisión por omisión, también denominados de «omisión impropia». Son delitos materiales aquellos que recogen una actividad con resultado; son delitos formales aquellos que recogen una actividad sin resultado; son delitos de simple omisión aquellos que recogen una pasividad sin resultado; y son delitos de comisión por omisión aquellos que recogen una pasividad con resultado.

No hay que confundir esta clasificación con la que se daba en el Tema 12 [*supra*, II, 2, A)], donde se estudiaban las diversas clases de conductas humanas. En efecto, puede darse que en el plano de la acción una conducta tenga resultado y que, sin embargo, el legislador la haya tipificado como delito formal. Esto sucede, por ejemplo, en las calumnias, que en el plano de la acción pueden tener un resultado, pero el legislador ha decidido construir el tipo como delito formal, por lo que no exige ningún resultado. Igualmente puede estar tipificada en el Código Penal una conducta como activa (por ejemplo, el homicidio) y cometerse luego por omisión (el caso de un padre que deja morir de frío a su hijo recién nacido) y, por el contrario, una conducta puede estar tipificada como delito de simple omisión en el CP (la omisión del deber de socorro del art. 195.1 del CP) y producirse como resultado la muerte del accidentado. Lo anterior indica una vez más la diferencia sustancial entre el plano de la acción y el de la tipicidad, de lo que se ha hablado repetidas veces en temas anteriores, especialmente en el Tema 12 (*supra*, I, 3).

Aunque en ediciones anteriores se abordaba el estudio de los tipos dando preferencia al criterio de la actividad-pasividad, en ésta hemos considerado más adecuado, por la problemática de la imputación del resultado a la acción, separar el estudio de los tipos en función de que requieran o no resultado.

1. Delitos sin resultado

Se aborda ahora el estudio de los tipos que no requieren la producción de un resultado separable espacio-temporalmente de la acción, es decir, de los delitos formales y los de simple omisión.

A) *Delitos formales*

El delito formal es aquel en el que se castiga la mera actividad. A nivel de acción es posible que se haya producido algún resultado en el mundo externo como consecuencia de la actividad, pero el legislador ha decidido sancionar la mera actividad, prescindiendo de la causación o no de dichos resultados. Por ejemplo, las calumnias del artículo 205 del CP pueden producir una serie de resultados, incluso muy gravosos para el ofendido, pero éstos no aumentan la pena. A lo más darán lugar a una mayor indemnización de daños y perjuicios.

B) *Delitos de simple omisión o de omisión propia*

Los delitos de pura omisión, o de omisión propia, son aquellos en los cuales el tipo describe una pasividad que no conlleva resultado alguno. Suelen definirse como aquellos en los que se deja de hacer lo que la ley penal manda. Los delitos de simple omisión se encuentran siempre tipificados en la ley, por lo que no ofrecen dificultad ninguna desde el punto de vista del principio de legalidad. Ejemplos de delitos de simple omisión son los contenidos en los artículos 195.1 (omisión del deber de socorro) y 450 (omisión del deber de impedir determinados delitos) del Código Penal.

C) *Diferenciación de los delitos por actividad y por pasividad*

Lo normal es que no exista dificultad para distinguir si un delito está tipificado como de actividad o de pasividad; pero a veces la conducta descrita en el tipo contiene una parte activa y otra pasiva y entonces no es tan fácil señalar de qué tipo de delito se trata. En tales supuestos hay que atender sobre cuál de ambos elementos recae el acento punitivo. Por ejemplo, en el caso de la omisión de socorro de un automovilista que no para en carretera ante un herido grave (art. 195.1), sin duda que lo que el legislador quiere castigar no es la actividad de conducir, sino el no haberse detenido.

Sucede a veces también que un delito de resultado se comete en parte por actividad y parcialmente por pasividad. Así, por ejemplo, un cirujano que, después de haber efectuado una operación quirúrgica, no sutura debidamente al operado, para que éste muera. La solución en este supuesto será la misma: ver dónde recae el acento punitivo; sin duda no se quiere prohibir la acción del cirujano, sino su pasividad.

Finalmente habrá que aplicar la misma regla a los delitos imprudentes. El que, al aparcar, no deja suficientemente inmovilizado su vehículo comete el delito por omisión; mientras que el que conduce con exceso de velocidad y como consecuencia atropella a un individuo, pone una actividad con resultado.

2. Delitos con resultado

Se aborda ahora el estudio de los tipos que requieren la producción de un resultado separable espacio-temporalmente de la acción: los delitos materiales y los de comisión por omisión. En estas dos clases de delitos es fundamental determinar si el resultado puede imputarse a la actividad o a la pasividad, problema que ha preocupado a la doctrina desde antiguo y del que nos ocuparemos también.

A) *Delitos materiales*

Como acaba de indicarse, el delito material es el que se encuentra tipificado en una ley penal como delito de actividad con resultado. Por tanto, en el delito material se distinguen tres elementos: una actividad, un resultado y un nexo entre la acción y el resultado. Un ejemplo es el homicidio del artículo 138 del CP. Conviene recordar que el resultado, de que se habla aquí, no es cualquier resultado de los que produce la acción, sino tan sólo el tipificado por el legislador; ya que éste es dueño de recoger en el tipo tan sólo uno (o algunos) de los resultados de la conducta por razones de política criminal. Así sucede, por poner un solo ejemplo, en los delitos de resultado cortado, de los que se hablará en el Tema siguiente.

Cuando una acción no produce el resultado tipificado por la ley penal, aunque el sujeto activo dirigía su actividad a conseguirlo, se habla de un delito intentado; pero el tipo sigue siendo delito material.

B) *La imputación del resultado*

Ya vimos, al estudiar el elemento objetivo de la acción, cómo resulta necesario establecer un nexo entre la acción y el resultado para poder atribuir dicho resultado a la conducta humana (véase *supra* Tema 12, III). Dicho nexo es exigido también por el tipo, a veces expresamente como sucede en el artículo 142 (el que por imprudencia grave causare la muerte de otro), y en otras ocasiones de forma implícita, así en el artículo 138 (el que matare a otro).

También vimos entonces cómo el positivismo naturalístico vinculó dicho nexo a la existencia de una relación de causalidad física entre la acción y el resultado, que se comprobaba a través de la teoría de la equivalencia de condiciones. En esa primera época, con la afirmación de la existencia de relación de causalidad a nivel de acción, se deducía automáticamente el nexo que el tipo exige para poder imputar el resultado a la acción. Lo cierto es que en la mayor parte de los casos esta concepción resulta suficiente, pero en general se reconoce que existen algunos supuestos en los cuales se da causalidad en el sentido naturalístico, y sin embargo no es razonable, desde una perspectiva jurídica, considerar que el resultado deba atribuirse a la conducta realizada. Por otra parte, en los delitos de comisión por omisión no existe una relación causal, pero tradicionalmente se han castigado. Por ello, ya desde finales del siglo XIX se intentó encontrar una teoría que superara los inconvenientes de la teoría de la equivalencia de condiciones.

Fruto de este intento son la teoría de la adecuación y la de la relevancia jurídica, que últimamente se ha visto sustituida en la doctrina mayoritaria por la teoría de la imputación objetiva. Tanto la teoría de la adecuación como la teoría de la relevancia jurídica se concibieron en principio como teorías de la causalidad, es decir, se intentó que sustituyeran en el plano de la acción a la equivalencia de condiciones. Sin embargo, hoy en día se considera que todas estas teorías no son teorías de la acción, sino de la acción típica, como reconocen sus propios defensores, porque en definitiva todas ellas vienen a considerar la imputación del resultado a la actividad o pasividad del sujeto activo, como un elemento autónomo del tipo y, por tanto, independiente de las valoraciones prejurídicas que se puedan hacer en la acción.

A continuación vamos a estudiar la teoría de la adecuación, la de la relevancia jurídica y la más moderna de la imputación objetiva, para acabar exponiendo una serie de conclusiones.

a) Teoría de la adecuación

Para poner un correctivo a la exasperación del concepto de causa, como denomina BETTIOL a la teoría de la equivalencia de condiciones, los causalistas han ido buscando otros conceptos. Entre ellos destaca la teoría de la adecuación, llamada también «de la causa adecuada». La primera incorporación a la doctrina penal la realizó VON BAR en 1871, aunque la formulación se debió al médico VON KRIES.

En los principios se enunció esta teoría diciendo que es causa únicamente aquella condición que, conforme a la experiencia, es apropiada para producir el resultado. Pero paulatinamente se han ido aumentando los requisitos que se exigen para afirmar que el resultado no es adecuado a la causa, pues en los hundimientos de edificios o pantanos mal construidos se exige no sólo que normalmente la condición no produzca el resultado, sino que se trate de un evento totalmente extraordinario para afirmar que la condición no ha sido causa del resultado. Por ello, hoy en día suele enunciarse la teoría de la adecuación con la frase: es causa toda condición que no es absolutamente extraordinario que produzca el resultado.

La expresión «absolutamente extraordinario» constituye un factor valorativo, que resulta muy ambiguo y difícil de concretar en muchas ocasiones. Prueba de ello son las variaciones que ha sufrido el mencionado criterio en los defensores de la presente teoría.

En un principio optaron Von Bar y Von Kries por un enfoque subjetivo: había que tomar como criterio el juicio del sujeto activo (su experiencia personal) para determinar si el resultado, que se seguía de la condición puesta en marcha por el autor, era absolutamente extraordinario. Hoy en día suelen utilizar el llamado «pronóstico posterior objetivo». Según este criterio, la adecuación debe ser determinada por un observador imparcial (normalmente el Juez) que tiene que situarse en el momento anterior al hecho (*ex ante*), para determinar si la condición era adecuada para producir el resultado; para ello ha de utilizar la experiencia general y los conocimientos personales del sujeto activo.

La teoría de la adecuación no es, contra lo que pensaban sus defensores originarios, una teoría causal sino una teoría de la imputación, porque en definitiva no dice cuándo una condición es causal respecto a un resultado, sino que trata de dar respuesta a qué causas debe darse relevancia jurídica y deben, por tanto, imputarse al sujeto activo.

b) Teoría de la relevancia jurídica

El representante más caracterizado de esta teoría, que se enunció para solucionar las dificultades que objetaban los causalistas a la teoría de la adecuación, fue Mezger.

La premisa fundamental de esta teoría es que la equivalencia causal de las condiciones no se traduce en equivalencia jurídica de las mismas. Desde este punto de vista hay condiciones físicamente relevantes que pueden ser irrelevantes para el Derecho Penal. Los dos presupuestos tradicionales del causalismo (que el individuo haya causado objetivamente el resultado y que lo haya producido de modo culpable) se traducen para los defensores de esta teoría en tres: nexo causal entre la acción y el resultado, relevancia jurídica del nexo causal y culpabilidad.

Esta teoría conduce a la distinción entre la causalidad y la imputación. Quien ha puesto una *conditio sine qua non* del resultado, ha causado físicamente el resultado; pero para que éste le pueda ser objetivamente imputado es menester que, además, la condición que ha puesto sea jurídicamente relevante. Por tanto, la imputación depende de dos presupuestos: la efectiva existencia de un nexo causal y la relevancia jurídico-penal de ese nexo.

Para la determinación de la existencia del nexo causal sigue la presente teoría la misma fórmula que la de la equivalencia de condiciones, porque piensa que el único concepto válido de causalidad física es el científico. Pero la relevancia jurídico-penal del nexo causal habrá de determinarse desde el plano de la tipicidad: habrá que dilucidar si el curso causal que intercede entre la actividad del sujeto y el resultado es relevante conforme al sentido del correspondiente tipo penal. Mezger no llegó a elaborar una teoría general de la imputación, por lo que la teoría de la relevancia jurídica debe considerarse como mera precursora de la teoría de la imputación objetiva, que a continuación se expone.

c) Teoría de la imputación objetiva

a') Introducción

El concepto de «imputación objetiva» nace en 1927 por obra de un civilista, LARENZ, y ya en 1930 fue propuesta por HONIG para el Derecho Penal. Pero hay que esperar hasta la década de 1970 para que ROXIN, partiendo de los planteamientos de HONIG, la desarrollara y difundiera en la doctrina penal. En España han acogido esta teoría, entre otros, GIMBERNAT, OCTAVIO DE TOLEDO, MIR PUIG, LUZÓN PEÑA, CANCIO MELIÁ y MARTÍNEZ ESCAMILLA, siendo en la actualidad mayoritariamente aceptada.

Los autores que defienden esta teoría suelen partir del presupuesto de que todos los penalistas están conformes en la actualidad en señalar que la teoría de la equivalencia de condiciones necesita un correctivo, un límite, a la extensión desmesurada del concepto de causa que se deriva de ella. Igualmente creen que no se puede esperar a la culpabilidad para ponerle un correctivo a la causalidad física (como defendían los causalistas), sino que es menester hacerlo antes. También afirman que en el orden de la causalidad física la única teoría coherente es la de la equivalencia de condiciones. Pero defienden que no tiene por qué coincidir la causalidad física con la causalidad jurídica. La causalidad física se dará siempre que exista un nexo causal; pero nadie le impide al Derecho interpretar como «nexo causal» la relación entre una omisión y la producción de un resultado en los delitos de comisión por omisión. Últimamente, los defensores de esta teoría no la postulan sólo como correctivo de la causalidad sino que pretenden convertir la imputación objetiva en una exigencia general de la realización típica: en un elemento típico en sí mismo.

b') Requisitos para poder imputar el resultado

Aunque existen discrepancias a la hora de configurar los diversos criterios que deciden la imputación objetiva de un resultado, puede apreciarse en la doctrina un consenso en lo que se refiere a la definición general. Las fórmulas más empleadas son del tenor siguiente: para que pueda imputarse el resultado a la conducta es necesario que la conducta haya creado un riesgo jurídicamente relevante que se haya realizado en el resultado típico.

En esta fórmula pueden diferenciarse dos elementos: 1.º Que la conducta cree un riesgo jurídico-penalmente relevante. 2.º Que el riesgo se transforme en el resultado concreto. Algunos autores añaden a los dos elementos reseñados un tercero: que el resultado sea el que la norma trataba de evitar.

1) La comprobación del primero de los requisitos suele realizarse mediante el juicio de la adecuación: se considera que la conducta crea un riesgo jurídico-penalmente relevante cuando es «adecuada» para causar ese resultado. La utilización del juicio de la adecuación hace que a este nivel la teoría de la imputación objetiva tenga las mismas dificultades que dicho juicio, lo que se comprueba al observar la diversidad de posturas en la doctrina en cuanto al mismo. Quizá el criterio que goce de más partidarios sea aquel que considera que el riesgo será penalmente relevante cuando *ex ante* sea previsible, a los ojos de un hombre medio con los conocimientos especiales del sujeto activo,

que el comportamiento pueda crear una seria posibilidad de producción del resultado. *A sensu contrario*, cuando se considere poco posible o imposible que se dé el resultado, habrá que negar la existencia del riesgo penalmente relevante.

Los casos que suelen resolverse al hilo de este requisito son aquellos en los cuales si no se imputa el resultado es porque falta el desvalor de la acción; de aquí que el sujeto activo no responda siquiera por el delito en grado de tentativa. Así, por ejemplo, se admite que éste es el requisito que falta en el caso de que el sujeto activo, al comenzar una tormenta, envíe a alguien al bosque con la esperanza de que le caiga un rayo y le mate, lo que efectivamente sucede. Puede apreciarse que estos casos suelen ser supuestos en los que no existe auténtico dolo, porque, aunque el sujeto pone en marcha el proceso causal, no lo domina, luego no hay auténtico dolo sino mero deseo, y habría que considerar que ni siquiera ha existido acción.

Para un sector de la doctrina este requisito implica además que el riesgo se encuentre jurídicamente desaprobado, es decir, se niega la imputación objetiva cuando el comportamiento que causa el resultado crea un riesgo, pero ese riesgo está permitido por el ordenamiento jurídico. En este punto concreto existe una enorme confusión en la doctrina, confusión que obliga a matizar mucho para decantarse a favor o en contra de esta exigencia.

Si por riesgo permitido se entiende, como lo hace ROXIN, el derivado de conductas que el legislador permite con carácter general si se realizan con sujeción a las reglas establecidas, aunque de antemano se sabe con certeza que se trata de actividades que crean un riesgo de dañar bienes jurídicos, el requisito resulta acertado aunque innecesario, porque se trataría de supuestos en los que no hay dolo ni culpa. El ejemplo manejado por este autor ilustra claramente el requisito, y además prueba que es innecesario: si un automovilista, que conduce observando todas las normas del tráfico, atropella a alguien y le mata, la conducta (conducir) ha creado un riesgo penalmente relevante, pero, como se trata de un supuesto de riesgo permitido, habrá que negar la imputación objetiva. Con mayor claridad se aprecia que se trata de un supuesto de ausencia de culpa, ya que el sujeto activo actúa de forma diligente.

Si en el riesgo permitido se incluyen todos los casos que con carácter *ex post* y examinados individualmente puedan considerarse permitidos, se confunde la imputación objetiva con la justificación, por lo que habría que negar esta exigencia. En efecto, en todos los supuestos justificados, *ex post* y en el caso concreto, existe un riesgo que se permite, por lo que habría que negar la imputación objetiva, resultando entonces innecesarias las causas de justificación.

2) El segundo requisito se refiere a la adecuación entre la acción y el curso causal que produce el resultado concreto, y constituye un juicio *ex post*. En los delitos materiales este requisito exige la relación de causalidad entre la acción y el resultado y que el resultado concreto sea la materialización de la peligrosidad de la acción; o, lo que es lo mismo, relación de causalidad y adecuación del resultado concreto al curso causal iniciado por la acción. Esto es, habrá que negar la imputación objetiva cuando el comportamiento suponga un riesgo penalmente relevante y exista relación de causalidad con el resultado, pero resulte anómalo que éste en concreto se haya derivado de la acción. Por ejemplo, si el sujeto activo dispara sobre una persona para matarla pero sólo consigue herirla, y posteriormente muere al estrellarse la ambulancia que le lleva al hospital, habrá que admitir que la acción (disparar sobre otro para matarle) crea un riesgo penalmente relevante de que se produzca el resultado muerte; además existe relación de causalidad

(no habría muerto de no haber sido herido), y, sin embargo, resulta anómalo que el resultado concreto (muerte en accidente de tráfico) se derive del curso causal iniciado por la acción (disparar a otro para matar). La falta de imputación objetiva derivada de la ausencia de este requisito obliga a considerar el delito doloso en grado de tentativa aunque se haya causado el resultado.

3) El tercer requisito, que el resultado concreto sea el que la norma trataba de evitar, no resulta pacífico. Los autores que lo exigen lo consideran un criterio de interpretación teleológica del tipo (así, ROXIN), mientras que para otros (como GIMBERNAT ORDEIG y CUELLO CONTRERAS) el fin de protección no es un requisito de la imputación objetiva sino el primer principio de imputación objetiva, del que los demás serían concreciones específicas.

Por otra parte, suele exigirse este requisito sólo en el ámbito de los delitos imprudentes, porque en los delitos dolosos, afirmada la creación del riesgo típicamente relevante y su concreción en el resultado, normalmente el resultado pertenece al ámbito de protección de la norma.

El ejemplo más manejado de ausencia de este requisito es el de los «dos ciclistas que conducen a oscuras sin luces en los faros, el primero es atropellado por un vehículo y muere, siendo así que de haber llevado luz el segundo ciclista, se podría haber evitado el atropello y la muerte del primero». En este caso, en la conducta del segundo ciclista (no llevar luces en su bicicleta) concurren los dos primeros requisitos, pero el resultado (atropello del primer ciclista) no puede considerarse dentro del ámbito de protección de la norma, ya que el precepto que impone la iluminación de las bicicletas está pensado para evitar accidentes que procedan de la propia bicicleta, no para iluminar a terceros. Nótese cómo el mismo supuesto se soluciona de manera contraria si añadimos otra nota: que el segundo ciclista es el padre del primero. Con esta variante, habría que admitir que el resultado (muerte del primer ciclista) sí entra en el ámbito de protección de la norma, porque ésta ha cambiado: ya no es la norma administrativa que se refiere a la iluminación de las bicicletas, sino la norma civil que impone a los padres la obligación de velar por lo que sus hijos hagan.

A través del fin de protección de la norma algunos autores están tratando de dar solución a algunos supuestos complicados:

a) Las conductas alternativas conforme a derecho, es decir, en aquellos casos en los cuales el resultado se habría producido aunque el autor hubiese sido diligente. Suele utilizarse como ejemplo de este grupo de casos el siguiente: «A, fabricante de pinceles, adquirió pelos de cabra para la confección de sus productos y los suministró a sus trabajadoras sin haberlos desinfectado previamente. Varias trabajadoras murieron al ser infectadas con el bacilo de carbunco. Dentro del proceso se demostró que los desinfectantes que para esa época hubieran podido ser utilizados, no garantizaban la eliminación de esa clase de bacilo». Se considera que en este tipo de casos falta este último requisito y por ello no puede imputarse objetivamente el resultado.

b) Los supuestos de contribución imprudente a una autopuesta en peligro imprudente. Por ejemplo; «A vende a B heroína, cuya peligrosidad tienen ambos clara, y B se inyecta la sustancia y muere por ello»; «un motorista reta a otro a una carrera en el casco urbano y éste muere a consecuencia de su propia acción imprudente»; «el camarero sigue sirviendo copas al conductor a pesar de ver su estado de embriaguez y éste sufre un accidente mortal más tarde» [...] Tampoco en los ejemplos anteriores puede imputarse el resultado a la acción. Otra solución debe darse, sin embargo, a aquellos casos en los cuales la autopuesta en peligro no es consentida, sino forzada por el partícipe. Así, por ejemplo, «si A, alarmada por las proposiciones sexuales de B, le pide que detenga el vehículo en el que van para bajarse, B no la hace caso, y A por miedo se tira del vehículo en marcha y se lesiona». En este supuesto B debe responder (normalmente por imprudencia, aunque podría llegar a darse dolo eventual), del resultado causado por la autopuesta en peligro porque el resultado no ha sido ni deseado ni aceptado válidamente por la víctima.

c) Los casos de heteropuesta en peligro consentida. Así, por ejemplo, «si A consiente en subirse al vehículo de B, consciente de la embriaguez de éste, y muere en el accidente de tráfico causado por la conducción en tal estado de B»; o cuando «A, consciente de que B está enfermo de sida, consiente en mantener relaciones sexuales con él y se contagia» [...] La solución de este tipo de supuestos no está falta, sin embargo, de polémica. Para algunos autores (ROXIN) que se impute o no el resultado depende de quién tenga mayor *rango de responsabilidad* (así en el caso del conductor bebido si es él quien insiste en llevar al otro ocupante del vehículo responderá de su muerte porque ésta le será imputada, mientras que si es a la inversa no responderá), mientras que para otros (LUZÓN PEÑA) la solución dependerá de quién tenga *el control objetivo del riesgo* (desde esta perspectiva el conductor borracho responderá en todo caso).

c') Valoración de la teoría de la imputación objetiva

En primer lugar debe señalarse que la teoría de la imputación objetiva ha demostrado tener una enorme fuerza expansiva, de tal forma que en la actualidad algunos autores consideran que la imputación objetiva es una exigencia general interna al sistema que se ramifica y disemina a través de todo el delito, y que, por ello, encontraría aplicación no sólo en el ámbito de los delitos de resultado, sino también en los delitos de simple actividad, en las teorías de la tentativa y de la participación criminal.

Esta postura no puede compartirse, no cabe duda de que las modernas teorías de la imputación están aportando rigor científico a supuestos dudosos, pero la utilización de criterios que no son absolutamente seguros convierte esta teoría en un juicio valorativo como lo demuestra el que partiendo de presupuestos muy semejantes lleve a conclusiones distintas. Además, en ocasiones complican en exceso la cuestión.

Ya vimos, al estudiar el concepto de acción, cómo a este nivel puede atribuirse un resultado a la actividad o pasividad de una persona, cuando dicho resultado sea consecuencia del proceso causal del que era previsible se siguiera dicho resultado, desencadenado y dominado (o no inhibido) dolosa o culposamente por el mismo (véase *supra*, Tema 12, III). La comprobación de la relación de causalidad en este estadio debe realizarse mediante la teoría de la equivalencia de condiciones, puesto que ésta es la que maneja la persona en su actuar diario.

En la mayor parte de los supuestos, partiendo de este concepto de acción, no tendremos problemas para realizar la subsunción de ésta en el tipo concreto. Aplicar la teoría de la imputación objetiva a un supuesto en el que «A dispara al corazón a B con la intención de matarle, siendo así que B muere efectivamente porque la bala le atraviesa el corazón» carece de sentido.

Sin embargo, en aquellos casos en los cuales los resultados de aplicar a nivel de acción la teoría de la equivalencia de condiciones produzca, desde la perspectiva jurídica, una cierta insatisfacción en el intérprete, habrá que aplicar la teoría de la imputación objetiva, aunque dicha operación debe realizarse después de haber clarificado la imputación subjetiva, es decir, si concurre dolo o culpa respecto de los resultados que se están considerando. En parecidos términos se expresa GRACIA MARTÍN que considera que la cuestión de la creación de un peligro penalmente relevante no puede resolverse de modo independiente en el tipo objetivo, porque es absolutamente dependiente de la voluntad de realización del autor y, por lo tanto, del dolo. El siguiente texto expresa muy claramente la postura de GRACIA MARTÍN, a la que nos adherimos.

> Si una acción es peligrosa y en qué medida lo es no puede determinarse si la valoración se proyecta exclusivamente al lado objetivo o externo del acto, pues para fundar un juicio correcto de peligrosidad es preciso tener en cuenta no sólo los conocimientos del autor sobre las circunstancias del hecho, sino también la dirección de la voluntad de la acción. Así lo reconocen los mismos defensores de la imputación objetiva cuando afirmar que sin duda la acción dolosa es más peligrosa que la imprudente, precisamente porque en la primera la voluntad se dirige a la producción del resultado. Y si esto es así entonces es preciso reconocer que el dolo tiene que ser ya un fundamento de la llamada imputación objetiva y no un nivel independiente de imputación de un hecho previamente valorado mediante criterios normativos.

d) Doctrina jurisprudencial sobre la imputación del resultado a la acción

En el Código Penal no existe precepto alguno en el que se hable de la imputación del resultado a la acción; por eso, cuando los tribunales quieren fundamentar sus sentencias sobre la falta de la misma, acuden a la definición de delitos y faltas del artículo 10 del CP.

La interpretación jurisprudencial sobre la imputación ha seguido en la mayoría de los casos la teoría de la equivalencia de condiciones; aunque en épocas más recientes utiliza la teoría de la adecuación, la de la relevancia jurídica e incluso últimamente la de la imputación objetiva, a veces sin nombrarlas, a veces citándolas en el texto. Como suele suceder también en otras materias, esta variedad de posturas se debe no sólo al avance de la ciencia penal, sino también al cambio de magistrados dentro de la Sala de lo Penal en el siglo largo de existencia que lleva el TS, y no menos a los diversos magistrados-ponentes de cada sentencia.

La doctrina de la equivalencia de condiciones fue la dominante durante casi un siglo. Cuando se trata de dos condiciones sucesivas (por ejemplo, el herido leve que, llevado al hospital, muere por tratamiento inadecuado o por otras causas sobrevenidas) utilizaba el adagio «el que es causa de la causa, es causa del mal causado». Lo anterior, unido al principio del *versari in re illicita*, que impedía acudir al correctivo de la culpabilidad, llevó al TS hasta la reforma del CP de 1983 a sentencias verdaderamente poco congruentes (por no decir injustas, al menos desde el punto de vista material), que fueron muy criticadas. La misma problemática se dio en los casos de delitos cualificados por el resultado.

La doctrina de la condición adecuada se utilizó por primera vez en la STS de 8 de junio de 1933, a la que siguieron algunas otras en los años inmediatamente sucesivos.

Ya a partir de los años sesenta se hizo más frecuente la utilización de esta teoría mezclada con la de la relevancia jurídica.

Actualmente el TS emplea la teoría de la imputación objetiva reproduciendo en gran medida los planteamientos doctrinales: así, en las SSTS de 4 de julio de 2003, 26 de septiembre de 2005, y más recientemente en las de 18 de febrero de 2010, 27 de junio de 2013, 5 de diciembre de 2013 y 26 de marzo de 2014, entre otras.

Del uso jurisprudencial de la teoría de la imputación objetiva merece destacar dos cuestiones:

a) En primer lugar, cómo el TS llega, utilizando esta teoría, a las mismas soluciones que se habían dado con la teoría del «accidente extraño». Así es: tradicionalmente entendía el Alto Tribunal que eran imputables al sujeto activo los resultados que fueran consecuencia «natural, lógica o racional» de su acción, mientras que no lo eran aquellos en los que intervenía un «accidente extraño». En los casos de factores extraordinarios anteriores a la acción (como son las lesiones orgánicas antecedentes, la predisposición del paciente o incluso la constitución física del mismo), el TS no consideraba roto el nexo causal. Por el contrario, cuando se trataba de factores posteriores al hecho, fueran puestos por la propia víctima o por un tercero y de modo doloso, lo consideraba interrumpido; en algunas ocasiones también lo consideró roto por acciones imprudentes de la víctima o incluso por hechos no voluntarios, como una infección. Pues bien, en la actualidad el TS argumenta desde la teoría de la imputación objetiva las mismas soluciones. Expresiva en este sentido es la Sentencia de 7 de marzo de 2006, que se remite a las de 17 de enero de 2001 y 18 de septiembre de 2003:

«En los delitos de resultado, para solucionar los problemas de la llamada relación de causalidad, la doctrina actual acude al concepto de imputación objetiva, entendiendo que hay tal relación de causalidad siempre que la conducta activa u omisiva del acusado se pueda considerar como condición sin la cual el resultado no se habría producido conforme a la tradicional doctrina de la equivalencia de condiciones o *condicio sine qua non*», relación que se establece conforme a criterios naturales que proporcionan las reglas de la ciencia o de la experiencia, estableciéndose después, mediante un juicio de valor, las necesarias restricciones acudiendo a la llamada imputación objetiva, que existe cuando el sujeto, cuya responsabilidad se examina, con su comportamiento origina un riesgo no permitido, o aumenta ilícitamente un riesgo permitido, y es precisamente en el ámbito de ese riesgo donde el resultado se produce, entendiéndose que no se ha rebasado ese ámbito cuando dicho resultado se estima como una consecuencia normal o adecuada conforme a un juicio de previsibilidad o probabilidad, porque debe estimarse que normalmente ese concreto resultado se corresponde con esa determinada acción u omisión sin que pueda achacarse a otra causa diferente, imprevisible o ajena al comportamiento del acusado (sentencias de esta Sala de 20 de mayo de 1981, 5 de abril de 1983, 1 de julio de 1991, y más recientemente la de 19 de octubre de 2000).

Cuando se producen cursos causales complejos, esto es, cuando contribuyen a un resultado típico la conducta del acusado y además otra u otras causas atribuibles a persona distinta o a un suceso fortuito, suele estimarse que, si esta última concausa existía con anterioridad a la conducta del acusado, como pudiera ser una determinada enfermedad de la víctima, ello no interfiere la posibilidad de la imputación objetiva, y, si es posterior, puede impedir tal imputación cuando esta causa sobrevenida sea algo totalmente anómalo, imprevisible y extraño al comportamiento del inculpado, como sucedería en caso de accidente de tráfico ocurrido al trasladar en ambulancia a la víctima de un evento anterior, pero no en aquellos supuestos en que el suceso posterior se encuentra dentro de la misma esfera del riesgo creado o aumentado por el propio acusado con su comportamiento.»

b) En segundo lugar merece ser destacado cómo últimamente se está recurriendo a la teoría de la imputación objetiva para solucionar los supuestos de autopuesta en peligro por parte de la víctima, supuestos que antes erróneamente se trataban de solucionar como de concurrencia de culpas [véase *infra*, Tema 17, 2, III, D)]. En este sentido es significativa la STS de 19 de octubre de 2000, que plantea la cuestión en los siguientes términos:

«El segundo requisito al que antes hacíamos referencia exige que el riesgo (no permitido) creado por la acción sea el que se realiza en el resultado. Es en este segundo condicionante de la imputación objetiva en el que se plantea la presencia de riesgos concurrentes para la producción del resultado, cuestión en la que habrá que estar al riesgo que decididamente lo realiza, como aquellos otros casos en los que no podrá sostenerse la realización del riesgo en el resultado cuando la víctima se expone a un peligro que proviene directamente de su propia acción, en cuyo caso el resultado producido se imputará según el principio de la "autopuesta en peligro" o "principio de la propia responsabilidad". Se trata de establecer los casos en los que la realización del resultado es concreción de la peligrosa conducta de la propia víctima que ha tenido una intervención decisiva.

En la jurisprudencia esta problemática ha sido considerada en parte a través de la figura de la "compensación de culpas" en los delitos imprudentes. En este sentido la STS de 5 de noviembre de 1990 establece que "para calibrar la respectiva relevancia de las conductas intervinientes [...] habrá de tenerse en cuenta que, si uno de los factores o condiciones se muestra como causa decisiva y eficiente del resultado, habrá de reputarse la actuación de los demás intervinientes como accidental y fortuita [...]". Como resulta evidente que en los casos de autopuesta en peligro y, por consiguiente, de autorresponsabilidad del lesionado, la participación de un tercero no debe ser punible.»

C) *Delitos de comisión por omisión o de omisión impropia*

Suelen definirse como la producción de un resultado por la omisión de una actividad debida. Son, por tanto, delitos en los que se sigue el resultado por omitir una actividad a la que estaba obligado el sujeto. Estos delitos ofrecen una problemática peculiar a la que el legislador ha dado respuesta en el artículo 11 del CP.

Establece el artículo 11 del CP:

> Los delitos que consistan en la producción de un resultado sólo se entenderán cometidos por omisión cuando la no evitación del mismo, al infringir un especial deber jurídico del autor, equivalga, según el sentido del texto de la ley, a su causación. A tal efecto se equiparará la omisión a la acción:
>
> *a*) Cuando exista una específica obligación legal o contractual de actuar.
>
> *b*) Cuando el omitente haya creado una ocasión de riesgo para el bien jurídicamente protegido mediante una acción u omisión precedente.

Este artículo contiene una cláusula general de equiparación de la omisión a la actividad en los delitos que consistan en la producción de un resultado, siempre y cuando se cumplan ciertos requisitos. El artículo 11 permite así salvar la problemática, respecto al principio de legalidad, que plantea nuestro texto punitivo, que suele tipificar los delitos de resultado como delitos de actividad. Por otra parte, de la redacción del precepto («sólo se entenderán cometidos...») parece derivarse que el legislador pretende que la norma general sea la no equiparación de los delitos activos a los pasivos, y la excepción, el castigo de las conductas pasivas como si fueran activas.

Un sujeto ha cometido un delito en comisión por omisión, cuando concurren dos requisitos:

1.º Que la no evitación del resultado equivalga, según el texto de la ley, a su causación. Con esta expresión pretende el legislador suplir la problemática que, respecto a la relación de causalidad, presentan los delitos cometidos por pasividad. Es evidente que al tratarse de pasividad no se da una relación de causalidad física, por lo que han resultado fallidos los intentos de construirla a través de la actividad que en su lugar realiza el sujeto (LUDEN), o en la acción precedente a la omisión (MERKEL), o en la interferencia del sujeto al no detener la causalidad puesta en marcha (BINDING), etc.

Tradicionalmente el criterio que se ha venido utilizando para suplir la ausencia de relación de causalidad es el expediente de la llamada «causalidad hipotética», que maneja el negativo de la fórmula de VON BURI: es causa toda condición que, si se hubiera puesto, no se habría producido el resultado.

El legislador no pretende que todas las pasividades den lugar a un delito en comisión por omisión, por eso exige algo más: que la no evitación sea equivalente a la causación. A continuación añade, para restringir más los casos, que es el texto de la ley (del tipo en concreto) el que debe delimitar si la no evitación y la causación son equivalentes. Pero lo cierto es que los tipos que castigan la causación de un resultado lo único que exigen es la misma causación y, como no hay equivalencia posible entre causación y no causación, serán los tribunales quienes delimiten esa circunstancia.

Para establecer la equivalencia entre la «causación» del resultado y su «no evitación» puede también utilizarse la teoría de la imputación objetiva. En este sentido debe tenerse en cuenta, en primer lugar, que dada la imposibilidad de afirmar una verdadera relación de causalidad la imputación objetiva debe partir de un juicio hipotético —«causalidad hipotética»— sometido inevitablemente a un margen de error. Asumiendo este planteamiento, la aplicación de la teoría de la imputación objetiva se hará en los siguientes términos:

a) El primer requisito de la imputación objetiva —que la conducta cree un riesgo jurídico-penalmente relevante— concurrirá en aquellos supuestos en los cuales la acción omitida haya incrementado el riesgo de que se produzca el resultado típico. Cuando la hipotética intervención del autor no suponga siquiera *ex ante* la disminución del riesgo faltará este requisito y no podrá imputarse el resultado a la omisión. En estos casos será necesario comprobar si la omisión pudiera ser constitutiva de un delito puro de omisión, que también deberá ser negado cuando la intervención no se haya realizado por existir un riesgo propio para el omitente.

b) El segundo requisito —que el riesgo se transforme en el resultado concreto— exige, por su parte, que exista una conexión entre el riesgo que se incrementó y el resultado concreto existente. En este sentido debe excluirse la imputación objetiva cuando se constate *ex post* que la intervención del autor no habría evitado el resultado concreto. Naturalmente en estos supuestos habrá que comprobar si cabe castigar el hecho por un delito doloso intentado —cuando la acción omitida se haya dirigido a la consecución del resultado que no se pueda imputar— o por un delito de omisión pura.

2.º El texto legal no se conforma con que la no evitación equivalga a la causación del resultado, sino que delimita el círculo de los posibles responsables del delito en comisión por omisión a los que tengan un especial deber jurídico de evitar la producción de ese resultado. El legislador introduce el segundo inciso del artículo 11 para precisar el alcance de esta expresión, distinguiendo:

a) Garantes por ley: los que de acuerdo con una ley cualquiera están obligados a actuar para evitar el resultado. Exige el CP la existencia de una específica obligación legal de actuar. Así, los padres están obligados a alimentar a los hijos no emancipados, a tenor del artículo 154.1.º del CC.

b) Garante por contrato: los que contractualmente han asumido el deber de actuar para evitar el resultado. No es menester la existencia de un contrato escrito ni oneroso, sino el hecho de haber asumido ese deber de vigilancia; así, la amiga que a petición de la madre se compromete a vigilar a sus hijos.

c) Garante por injerencia: el que crea una situación de peligro, mediante una acción u omisión precedente, y, por lo mismo, está obligado a evitar que se produzca el resultado. Así, el que enciende fuego en el monte ha de tomar las precauciones para que no se propague; o el automovilista que se detiene por la noche en una carretera oscura ha de señalizar convenientemente su vehículo, etc.

Conviene precisar que el hecho de que se recojan las fuentes del deber de garante no obliga a considerarlo de manera taxativa y cerrada, sino que han de entenderse como intentos de concreción del «especial deber jurídico de evitar el resultado». Por tanto, cabría admitir otras fuentes de ese deber jurídico, por ejemplo, el supuesto del que se encuentra perdido a un niño pequeño y, no entregándolo a las autoridades, con su actuación asume voluntariamente el deber de velar por él.

Por otra parte, debe señalarse que no basta con cualquier deber jurídico específico de actuar para que pueda considerarse que existe «el deber jurídico de evitar la producción del resultado». Por ejemplo, los miembros de las fuerzas de seguridad tienen obligación de actuar frente a cualquier delito y, sin embargo, sería absurdo condenarles por la comisión del delito no impedido. Partiendo de esta consideración, la doctrina mayoritaria ha sustituido la «teoría formal del deber jurídico», que es la que parece expresar este apartado segundo, por la «teoría de las funciones», procedente de A. Kaufmann, que fundamenta la posición de garante en la relación funcional materialmente existente entre el sujeto y el bien jurídico.

Desde esta concepción Jescheck distingue dos supuestos de posición de garante:

a) Función de protección de un bien jurídico. Quedarían comprendidos en este caso las situaciones de estrecha vinculación familiar que impliquen una absoluta dependencia existencial entre sujeto activo y pasivo; por ejemplo, la que une a los padres respecto de los hijos pequeños. También estaría aquí incluida la participación en actividades peligrosas en las que existe un acuerdo tácito de socorrerse entre sí, como una expedición alpina. Y, por último, los supuestos de asunción voluntaria de la función de protección; así, el recoger a un niño pequeño y no entregarlo a las autoridades.

b) Función de control de una fuente de peligro. Quedarían comprendidos aquí los supuestos de injerencia, de los que se ha hablado; el deber de control de fuentes de peligro que operan en el propio ámbito de dominio, como la titularidad de instalaciones peligrosas, o de animales, etc.; y los supuestos de responsabilidad por la conducta de otras personas, como los hijos pequeños.

Por último, es claro que no todos los delitos de resultado se pueden cometer por omisión: en general hay que exceptuar a los llamados «*delitos de manu propria*».

En su conjunto el artículo 11 supone una de las novedades más gratas del CP de 1995.

D) *La omisión de garante*

Asimilada por la doctrina la necesidad de fundamentar materialmente la posición de garante se abre, hoy en día, una doble corriente de pensamiento: la de aquellos autores que continúan haciendo recaer el peso específico del tipo del injusto de los delitos de comisión por omisión en la figura del garante, y que tratan de aquilatar sus contornos; y la de aquellos otros que consideran que la equiparación entre la comisión y la comisión por omisión no puede realizarse acudiendo sólo al deber específico de actuar, sino que se precisa una identidad estructural entre una y otra.

La restricción del campo de aplicación de los delitos de comisión por omisión operada por esta todavía minoritaria corriente de pensamiento conduce a la creación de una nueva categoría dogmática; los llamados «delitos de omisión de garante». Esta categoría, intermedia entre la comisión por omisión y la simple omisión, empieza a gozar de predicamento en nuestra doctrina, y cada vez son más frecuentes las referencias doctrinales a la misma. Sin embargo, una atenta lectura pone de manifiesto que no existe un acuerdo básico sobre el alcance que a la omisión de garante deba darse.

En efecto, para algunos autores la omisión de garante acoge aquellos supuestos en los cuales el que tiene un especial deber jurídico de evitar el resultado omite la acción debida, sin que de dicha omisión se derive un resultado, bien porque dicho resultado no se haya producido, bien porque no pueda imputarse objetivamente a la omisión. Podría afirmarse, para clarificar esta postura, que la omisión de garante constituiría el tipo que sancionara la tentativa del delito de comisión por omisión, o el delito de «comisión por omisión sin resultado»; siendo precisa su existencia por la imposibilidad de referir el dolo de la omisión a un resultado que no se ha producido, o por la imposibilidad de imputar objetivamente el resultado a la omisión.

Para otros la omisión de garante recoge los casos en los cuales, aun pudiéndose imputar objetivamente al omitente el resultado y concurriendo en él un especial deber jurídico de actuar, no quepa equiparar la omisión a la causación del resultado. Ésta es la postura mantenida por Silva Sánchez, introductor en nuestra doctrina de esta categoría dogmática, para quien la omisión de garante recogería las omisiones de gravedad intermedia. Configura este autor la omisión de garante como una cualificación de las omisiones puras generales, y en este sentido cabe decir que la omisión de garante constituye la infracción de la misma norma preceptiva que el delito de simple omisión, cualificada por el deber específico de actuar del autor, de ahí que sea indiferente la ausencia o efectiva producción del resultado.

En el fondo del desacuerdo late la diferente concepción que de la comisión por omisión mantiene la doctrina. Así, desde la primera de las posturas señaladas, si el sujeto activo es garante y se da el resultado, automáticamente debe afirmarse la comisión por omisión. De aquí que el único espacio que le quede a la omisión de garante sea el de la omisión del garante no seguida de resultado; en cualquier caso, desde esta perspectiva, la omisión de garante se concibe como una omisión referida a un resultado. Sin embargo, desde la segunda óptica sólo hay comisión por omisión cuando afirmada la posición de garante, y naturalmente el resultado, además se da la identidad estructural entre la actividad y la omisión; la ausencia de identidad estructural conduce, desde este punto de vista, a la consideración de la omisión de garante, que se concibe como referida al puro actuar.

Lo cierto es que ambas posturas son sostenibles porque, de la misma forma que no cabe hacer en todo caso equivalente la omisión del que tiene un deber jurídico especial de evitar el resultado, y no lo hace, a la comisión por omisión, tampoco cabe hacerle de la misma condición que al que tan sólo tiene un deber jurídico especial de actuar, pero no de evitar el resultado. Esto es a fin de cuentas lo que postula Gracia Martín cuando propone una cuatripartición de las omisiones, distinguiendo la comisión por omisión, la omisión de garante referida al resultado, la omisión pura de garante y la simple omisión; donde la omisión pura de garante debería sancionarse como una cualificación de la omisión simple de socorro, y la omisión de garante referida al resultado debería recogerse en tipos expresos en la Parte Especial, en relación con los bienes jurídicos más importantes.

Pese a lo ya expuesto, la lectura del CP de 1995 nos permite concluir que el legislador ha optado por una tripartición de los delitos de omisión puesto que ha recogido la comisión por omisión (art. 11 del CP); un delito de simple omisión para el que no socorre al que se haya en peligro (art. 195.1) y, además, un tipo en el que se sanciona la no-realización de la acción esperada, «socorrer», y un especial deber jurídico, «si la víctima lo fuere por accidente» (art. 195.3), y que distingue a la hora de la sanción, en este último, si el accidente se ha causado fortuitamente o si ha habido imprudencia.

V. CONEXIÓN DE LOS TIPOS

Los tipos penales en ocasiones recogen una sola acción y se denominan «tipos simples»; pero a veces incluyen dos o más acciones y entonces se llaman «tipos compuestos».

1. Tipos simples

Los tipos simples son los que sólo recogen una conducta humana, sea ésta activa o pasiva. Los tipos simples suelen dividirse en otros varios grupos, como se va a exponer a continuación. Pero hay que tener en cuenta que estas divisiones ulteriores se aplican también a cada una de las conductas que constituyen un tipo compuesto.

Por razón del parentesco de los delitos entre sí (por poseer todos un grupo de características comunes), suelen dividirse los delitos en básicos, privilegiados y cualificados.

De esta división se habló al tratar de la relación de especialidad [véase *supra*, Tema 8, II, 2, A)]. Los tipos básicos son los que contienen las notas comunes, mientras que los cualificados y los privilegiados añaden notas específicas; pero a los tipos cualificados se les impone una pena más grave que al delito básico y a los privilegiados les corresponde una pena menor. Así sucede, por ejemplo, con las lesiones del artículo 147.1 (tipo básico), las del 148 (tipo cualificado) y las del 147.2 (tipo privilegiado).

2. Tipos compuestos

Los tipos compuestos están integrados por varias conductas del sujeto activo; aunque más bien habría que hablar de «acciones» porque la conducta engloba frecuentemente todas las acciones de un tipo compuesto. Estos tipos compuestos suelen dividirse en delitos de varios actos, delitos complejos y tipos mixtos.

Los delitos de varios actos son aquellos en los que el sujeto activo ha de realizar varias acciones para completar el tipo. Frecuentemente suponen un primer tipo con su pena correspondiente, al que se agrega un segundo tipo que presupone el primero y que agrava la pena para el caso de que se ponga la segunda acción. Por ejemplo, el artículo 403.1, castiga al que ejerciere actos propios de una profesión sin poseer el correspondiente título, mientras que el artículo 403.2.*a*) castiga al que realiza la misma conducta pero además se atribuye públicamente la cualidad de profesional amparada por el título.

Se da un delito complejo cuando el legislador une en un solo tipo otros dos o más delitos, ya penados en el Código. Se trata, por tanto, de un caso en el que el legislador hace el concurso de delitos. Un ejemplo es el delito de secuestro del artículo 164, si no existiera este tipo la conducta se castigaría como delito de detenciones ilegales en concurso con el delito de amenazas.

Finalmente se habla de tipos mixtos cuando se da una unidad externa a varios modos de comisión de un delito por señalarse para todas las hipótesis una misma pena. Pero existen dos casos diversos en esta clase de delitos. Los que se denominan «tipos mixtos alternativos» suponen la imposición de una sola pena para el supuesto de que se realicen una o varias de las alternativas recogidas en el tipo; así, en el caso del tipo cualificado de tráfico de drogas del artículo 369 CP. Por el contrario, en los tipos mixtos acumulativos se imponen tantas penas como supuestos se realicen; así, en el caso del homicidio al Rey, la Reina, el Príncipe o la Princesa de Asturias del artículo 485.1.

TEMA 17

EL TIPO SUBJETIVO Y AUSENCIA DE TIPICIDAD

En el presente Tema se aborda el estudio del elemento subjetivo de la tipicidad, también en su aspecto legal; esto es, en su valoración jurídico-penal, ya que el aspecto prejurídico del mismo quedó expuesto en el Tema 12. Se comenzará por exponer lo que dice la legislación española sobre el dolo y la imprudencia, a lo que se añadirá un apartado sobre las formas mixtas de dolo e imprudencia, para terminar exponiendo los casos de ausencia de tipicidad.

I. EL ELEMENTO SUBJETIVO EN LA LEGISLACIÓN ESPAÑOLA

Establece el artículo 10 del CP que «son delitos las acciones u omisiones dolosas o imprudentes penadas por la Ley». De esta forma nuestro legislador excluye de la legislación penal la responsabilidad objetiva, requiriendo la concurrencia de dolo o imprudencia para que se pueda exigir responsabilidad criminal, lo que resulta coherente con el concepto de acción que se vio en el Tema 12. Se reconoce, al mismo tiempo, que existen dos formas de voluntariedad distintas, el dolo y la imprudencia, que van a dar lugar a dos clases de tipos: los tipos dolosos y los tipos imprudentes.

A continuación el artículo 12 preceptúa que «las acciones u omisiones imprudentes sólo se castigarán cuando expresamente lo disponga la ley». Luego la regla general en nuestra legislación es el castigo de las acciones y omisiones dolosas, y la excepción la sanción de las conductas imprudentes, que, además, deben estar expresamente recogidas por la ley. De lo que se deduce, de una parte, que los tipos en los que el legislador no incluye el elemento subjetivo de la acción deben ser considerados dolosos y, de otra, que las conducta culposas para las que no esté previsto un tipo imprudente específico deben ser consideradas atípicas.

El sistema de sanción de los delitos imprudentes, denominado de *numerus clausus* o de incriminación cerrada y limitada, rompe con la tradición legislativa española que desde el CP de 1848 había sancionado la culpa a través de cláusulas genéricas, sistema denominado de *numerus apertus*. El cambio de sistema obedece al principio de mínima intervención penal y pretende dotar de una mayor seguridad jurídica a nuestro ordenamiento jurídico-penal, pero plantea problemas cuando de la conducta imprudente derivan varios resultados lesivos, como se verá más adelante.

II. EL DOLO

Las nociones sobre el dolo quedaron expuestas en el Tema 12, por lo que aquí se va a hablar tan sólo de su plasmación jurídica. Se estudiarán primero las clases históricas de dolo, especialmente por la resonancia que ha tenido una de ellas (el *versari in re illicita*) en nuestra legislación penal hasta época muy reciente, su tratamiento actual y lo que dice concretamente la legislación española en materia de dolo.

1. Clases históricas de dolo

Se van a exponer aquí algunas clases de dolo que tuvieron vigencia en el Derecho común y por tanto en la legislación española del Antiguo Régimen. Pero que, sobre todo alguna de ellas, ha gravitado sobre el Derecho Penal hasta épocas muy recientes.

A) *El* versari in re illicita

En su formulación latina se enunciaba el presente principio del modo siguiente: *versanti in re illicita imputantur omnia quae sequuntur ex delicto.* (Al que realiza una cosa ilícita, se le imputa todo lo que se sigue del delito.) En tales consecuencias se incluían en un principio hasta las que se seguían por caso fortuito. Además, se le imputaban al autor todas las consecuencias a título de dolo. También se ha venido enunciando este principio de modo breve con la fórmula *versari in re illicita* (estar realizando una cosa ilícita).

Su origen viene del Derecho canónico medieval, en el que no constituía una causa de responsabilidad penal propiamente dicha, sino una irregularidad para el desempeño de ciertos oficios eclesiásticos. Actuaba *sine culpa, non tamen sine causa*; esto es, no suponía culpabilidad en el sujeto, sino meramente un impedimento para el ejercicio de ciertos cargos eclesiásticos.

Los juristas italianos trasladan este principio al Derecho Penal estatal y ello les lleva a sostener que el que actúa de modo ilícito responde de todas las consecuencias de su acto, incluso las no conocidas ni queridas por el sujeto, a título de dolo.

Nuestro Código Penal hasta la Reforma de 1983 había aceptado ampliamente el susodicho principio, que recogía (entre otros lugares) en el antiguo artículo 1, párrafo 3, con las siguientes palabras:

> El que cometiere voluntariamente un delito o falta incurrirá en responsabilidad criminal, aunque el mal causado fuere distinto del que se había propuesto ejecutar.

Por dicha razón se exigía en el caso fortuito el llamado arranque lícito; esto es, que el acto que realizaba el sujeto fuera lícito. En una primera época se condenaban por delito doloso incluso las consecuencias fortuitas de un acto ilícito; y, aunque más tarde se fue admitiendo por la jurisprudencia el caso fortuito en tales ocasiones al amparo del artículo 1, párrafo 1, se siguió condenando hasta la citada reforma en muchos casos por el llamado homicidio preterintencional, o también homicidio de la bofetada.

El caso era el siguiente: un sujeto hería levemente (por ejemplo, daba una bofetada) a un amigo; éste era trasladado al hospital, en el que por tratamiento absolutamente inadecuado, moría. Al autor se le condenaba por homicidio doloso, aunque luego se le rebajaba la pena por la atenuante 4.ª del artículo 9 del CP (la preterintencionalidad) que se apreciaba muy calificada, lo que permitía bajar la pena uno o dos grados.

La construcción dogmática era la siguiente: en el plano de la acción, se daba relación de causalidad según la teoría de Von Buri, ya que si el autor no hubiera dado la bofetada, su amigo no hubiera muerto. El Supremo solía aplicar en estos casos el principio: «El que es causa de la causa, es causa del mal causado.» El tipo era el de homicidio y existía antijuridicidad, por no darse ninguna causa de justificación. En la culpabilidad se afirmaba el dolo inicial (quiso darle la bofetada) y se extendía el dolo al resultado de muerte a tenor del artículo 1, párrafo 3, del CP. La única posibilidad para no condenar al autor a una pena desmesurada era la de aplicar una atenuante muy calificada (la preterintencionalidad) que permitiese bajar la pena uno o dos grados.

La tesis doctoral del P. PEREDA (1948) fue la que llamó la atención sobre tan injusto modo de proceder; opinión que lentamente se fue extendiendo entre los juristas. Se criticaba ante todo el mismo principio, que había sido sacado de su contexto por los juristas italianos y que llevaba a consecuencias tan inadmisibles, como la de condenar por homicidio doloso lo que, a lo más, constituía un homicidio culposo o incluso un caso fortuito.

Pero, además, fue puesta en cuestión la aplicación de la atenuante de preterintencionalidad que, en frase del P. PEREDA, utilizaban los tribunales como «tranquilizante de la conciencia», para no imponer una pena tan desmesurada. La razón teórica para la no aplicabilidad de dicha atenuante era la de que el texto legal habla de «no haber tenido el delincuente intención de causar un mal de tanta gravedad como el que produjo», lo que en el lenguaje del CP equivale a no haber querido producir el mismo delito en un grado tan grave; mientras que los tribunales lo aplicaban al caso en que se producía un mal distinto, como son las lesiones y la muerte. Además, cuando en el hecho concurría alguna agravante (aunque fuera de carácter tan diverso al delito cometido como la reiteración), ya no cabía rebajar la pena y el autor de unas lesiones, incluso leves, tenía que ser condenado a una pena no inferior a doce años y un día.

Por fin la reforma del CP de 1983 atendió al clamor unánime de los juristas (incluido al TS, que en los tiempos poco anteriores a la reforma había dado varias sentencias, en las que deploraba no tener otro remedio que condenar por homicidio doloso lo que no lo era a todas luces) y suprimió el anteriormente citado párrafo 3 del artículo 1 del CP, para pasar a afirmar claramente en el párrafo 2 del mismo artículo que: «No hay pena sin dolo o culpa».

B) *Otras formas históricas de dolo*

Para temperar los efectos del *versari in re illicita* se introdujo la construcción del llamado *dolus indirectus*. Según ella, se respondía de los efectos que se siguieran *per se* de un acto ilícito, pero no de los que se siguieran tan sólo *per accidens*. La distinción se debió a COVARRUBIAS, pero fue popularizada por CARPZOW. Con ello se trataba de no tener que imputar al sujeto el caso fortuito, aunque se utilizaban para ello criterios objetivos (la tendencia de los actos en si considerados) en vez de los subjetivos (lo que el sujeto sabía y quería al actuar). Esta tendencia de no imputar los supuestos de caso fortuito, aunque fueran consecuencia de un acto ilícito, se fue imponiendo en nuestra jurisprudencia, aunque sin mencionar la teoría del *dolus indirectus*. Para ello se apoyaba en el artículo 1, párrafo 1, del CP, esto es, en la necesidad de que el delito fuera una acción voluntaria.

Otra forma de dolo, relativamente reciente y debida a v. WEBER es el llamado *dolus generalis* que se propuso por dicho autor para resolver los casos en los que el sujeto, cuando quiere matar, no mata y mata de hecho cuando no cree que lo hace. Por ejemplo, un individuo estrangula a otro y lo cree muerto por asfixia; entonces lo entierra para ocultar el delito. Pero la autopsia revela que la víctima no murió por el estrangulamiento, sino como consecuencia de haber sido enterrado vivo. En tal supuesto, el sujeto no tenía dolo de muerte, cuando realmente mató, porque creía muerto a su enemigo. Para solucionar el caso v. WEBER acude al expediente de suponer que el sujeto tenía un dolo general de matar. Hoy en día tales casos se solventan con la teoría del error *in cursu causali*, que se supone irrelevante desde el punto de vista penal, ya que la ejecución de cualquier delito es raro que se ajuste plenamente al plan del delincuente.

Ya CARRARA dividió el dolo por razón de su intensidad en dolo de propósito y dolo de ímpetu. En el primero incluía el dolo premeditado con sus dos componentes de frialdad de ánimo y espacio de tiempo y el dolo deliberado en el que hay simple perseverancia en la resolución criminal, pero falta el ánimo frío. A ellos contraponía el dolo de ímpetu que viene a equivaler al actual dolo con la atenuante de arrebato.

2. EL DOLO EN EL CÓDIGO PENAL VIGENTE

Se van a distinguir en este epígrafe dos cuestiones: la inclusión legislativa del dolo y los elementos que abarca.

A) *Inclusión legislativa del dolo*

En el Código Penal de 1995 se utiliza la palabra «dolo» para denominar la conducta intencionada en los artículos 5 y 10. Sin embargo, en la Parte Especial la palabra dolo no se emplea en ninguna ocasión, aunque existen cinco referencias al actuar «de forma dolosa o imprudente». Lo habitual en los tipos de la Parte Especial es que el legislador no haga referencia al elemento subjetivo: estos tipos, como ya se dijo, deben ser considerados tipos dolosos. Sin embargo, con cierta frecuencia los tipos incluyen términos herederos del viejo CP que se consideran equivalentes al dolo. Así, por ejemplo, el término «propósito» se emplea en 13 ocasiones, «fin» en 10 y la expresión «a sabiendas» en 32.

No cabe duda de que el dolo directo (de primero y de segundo grado) se incluye en todos los tipos no imprudentes de nuestro texto punitivo. Sin embargo, en aquellos tipos en los que se recogen las expresiones «con el propósito», «con el fin», y singularmente la locución «a sabiendas» cabe discutir si el dolo eventual queda comprendido en el mismo, o, si la utilización de este término implica la voluntad de sancionar sólo las conductas realizadas con dolo directo, dejando impunes las realizadas con dolo eventual.

La doctrina española mayoritaria defendía respecto al CP de 1973, que la inclusión de estas expresiones en un tipo implicaba la voluntad legislativa de sancionar sólo el dolo directo. Naturalmente si se mantiene que el legislador no quiere castigar una conducta realizada con dolo eventual lo coherente sería mantener que tampoco se sancionara la conducta culposa, puesto que si no se castiga lo más, el dolo eventual, tampoco debe castigarse lo menos, la culpa.

Sin embargo, en el CP de 1995 al menos en tres ocasiones (el blanqueo de capitales, los delitos contra los recursos naturales y el medio ambiente realizados por funcionarios y el delito de prevaricación judicial), la utilización en el tipo doloso de la expresión «a sabiendas» (arts. 301.2, 329 y 446, respectivamente) va acompañada de la sanción de la misma conducta imprudentemente realizada (arts. 301.3, 331 y 447, respectivamente), lo que obliga a plantearse si los correspondientes tipos «dolosos» incluyen efectivamente el dolo eventual.

Respecto del delito de prevaricación judicial la jurisprudencia de nuestro TS, aunque no lo admite expresamente, parece inclinarse por la inclusión de los supuestos de dolo eventual en el tipo imprudente. Las palabras del TS en Sentencia de 26 de febrero de 2002 son significativas:

> «[...] el legislador ha decidido que cuando se trata de una prevaricación judicial por imprudencia grave no basta con que la resolución sea injusta, como sucede en la modalidad dolosa, sino que sea injusta con carácter manifiesto, lo que incide, más que en el elemento objetivo de la prevaricación, en el tipo subjetivo y particularmente en la necesidad de que el autor, con el conocimiento del contenido de la resolución, se haya representado —culpa con representación— la posibilidad de la realización del tipo, habiendo confiado injustificadamente, al mismo tiempo, en la adecuación a derecho de dicha resolución. La injusticia de la resolución no debe ofrecer ninguna duda y son, pues, los casos extremos de desatención de los deberes judiciales lo que ha querido resolver el legislador a través del artículo 447 del Código Penal, en los que el Juez no ha puesto el mínimo de diligencia en comprender algo que a los ojos de una persona con su formación no podía ofrecerle ninguna duda.

Aunque el TS manifieste lo contrario parece evidente que cuando «la injusticia de la resolución no ofrece ninguna duda» y pese a ello se dicta la resolución injusta nos encontramos con un supuesto de dolo eventual y no de culpa consciente. Por su parte, la STS de 28 de junio de 2004, a la que se remiten las posteriores se refiere al problema discutido en los siguientes términos:

> «Un elemento subjetivo, exigido con la expresión "a sabiendas", que asimismo se repite en los diversos delitos de prevaricación dolosa, que no es otra cosa que la inclusión expresa en los correspondientes tipos penales del dolo como requisito necesario en toda clase de delitos dolosos y que aquí se incluye en las respectivas definiciones legales para poner de manifiesto la necesidad de que la autoridad o funcionario autor de estas infracciones ha de actuar con plena conciencia del carácter injusto de la resolución que dicta.»

Sin embargo, en la aplicación del delito de blanqueo de bienes nuestro TS en doctrina consolidada equipara al dolo directo el dolo eventual, distinguiéndolo claramente de los supuestos de imprudencia, sin dar mayor trascendencia a la utilización de la expresión «a sabiendas» en el artículo 301.2 (véase por todas la STS de 14 de septiembre de 2005).

B) *Elementos que abarca el dolo*

Mantiene nuestra doctrina de manera unánime que el que actúa dolosamente ha de conocer todos los elementos de que se compone el tipo que realiza, salvo las condiciones objetivas de punibilidad (véase *supra*, Tema 16, I, 3). Es claro que el autor no sólo ha de conocer el núcleo del verbo que constituye el tipo (por ejemplo, que mata en el art. 138), sino también todos los elementos de los que consta el tipo; aunque no es necesario que sepa su calificación jurídica, sino el equivalente a la misma al nivel del profano en Derecho (así, en el asesinato alevoso, que mata por la espalda, etc.).

3. La actual clasificación del dolo

La división del dolo en directo y eventual; y, dentro del primero, en directo de primero y de segundo grado, queda ampliamente expuesta más arriba [véase *supra*, Tema 12, III, I, C)].

El principal problema se presenta al intentar distinguir el dolo eventual de la culpa con previsión, como queda allí mismo señalado. Esta distinción tiene gran trascendencia práctica; porque, según nuestra legislación penal, si hay dolo eventual se castiga al autor por el delito doloso, mientras que si se trata de culpa con previsión, por el delito imprudente. Y en más de una ocasión, la diferencia no es tan sólo difícil de trazar en la teoría, sino aún más en la práctica judicial.

Los autores se han dividido a este respecto entre los que defienden la teoría de la probabilidad (también llamada de la representación) y los que sostienen la teoría del consentimiento (denominada también teoría de la aprobación).

A) *Teoría de la probabilidad*

La teoría de la probabilidad (también llamada de la representación) distingue entre el dolo eventual y la culpa con previsión por el grado de probabilidad que existe, de que se produzca el resultado: si es muy grande, defiende esta teoría que hay dolo eventual; si éste es muy pequeño, culpa con previsión; esto es, usa como criterio de distinción el elemento intelectual del dolo. Es claro, que cuando un sujeto se lanza a ejecutar una acción muy peligrosa, hay que suponer que normalmente acepta el resultado. Pero esto no siempre es así, porque en ocasiones el sujeto puede confiar (aunque sea alocadamente), en su buena suerte. Por el contrario, es de sospechar que un individuo que realiza una acción con poco riesgo normalmente no acepta el resultado (espera que no se produzca).

A lo anterior hay que objetar que, en primer término, no es fácil cuantificar dicha probabilidad; pero, en segundo lugar, quedarían sin resolver los casos intermedios (una probabilidad mediana) que son los que mayores dificultades producen en la teoría y en la práctica.

Además, se confunde en el anterior planteamiento la cuestión de la prueba con el problema teórico. Porque es cierto que el Juez en muchas ocasiones tendrá que proceder tan sólo por presunciones y en tales casos, una de ellas se la puede brindar la teoría de la probabilidad; pero no es menos cierto que el teórico del Derecho Penal debe procurar dar al Juez criterios adecuados para su trabajo.

B) *Teoría del consentimiento*

La teoría del consentimiento usa como criterio de distinción entre el dolo eventual y la culpa con previsión el elemento volitivo y es la más seguida por la doctrina penal española. Según esta teoría habrá dolo eventual cuando el sujeto acepte el resultado, para el caso en que se produzca; y por el contrario se tratará de culpa con previsión, cuando el autor espere que el resultado no se produzca y por tanto no lo acepte en su fuero interno.

Suele objetarse por algunos autores (entre otros, MIR PUIG) que tal aceptación supone una aprobación, la que no es estrictamente necesaria para que se dé el dolo eventual. Porque, para que éste exista, basta una mera aceptación del resultado, para el caso de que llegue a producirse. Y es claro que se puede aceptar un resultado sin aprobarlo.

Parecen confundir dichos autores dos cosas distintas: el consentimiento y la aprobación, equívoco en el que sin duda incurren algunos partidarios de la teoría del consentimiento a la que por eso denominan también «de la aprobación». Porque la aprobación no es necesaria para que se dé el consentimiento. La aprobación supone un acto de voluntad sin duda más intenso que no es menester que exista en el sujeto que tan sólo consiente. Para el mero consentimiento basta aceptar, incluso el mero «conformarse con» o, si se prefiere, en fórmula de WELZEL «contar con» que el resultado se produzca. Este elemento es, sin duda, volitivo, ya que el sujeto acepta el resultado, para el caso en que se produzca, aunque supone el mínimo de aceptación de un hecho y por ello el dolo eventual es el límite inferior del dolo. Sin embargo, con esta fórmula se distingue suficientemente la voluntad del que «cuenta con» que se produzca el resultado y a pesar de todo no deja de poner el medio peligroso, del que (incluso alocadamente) «espera que no» se produzca el resultado y, fiado en ello, se arriesga al peligro. Y sin duda hay que castigar penalmente más la voluntad (manifestada en la conducta externa) del uno que del otro.

Porque, además (y éste parece ser el argumento definitivo para colocar en la voluntad el elemento diferencial entre el dolo y la culpa), lo que el Derecho Penal pretende castigar (o, en la fórmula de los partidarios de la prevención general, lo que el legislador penal pretende prevenir por la intimidación) es la voluntad de realizar actos que puedan lesionar bienes jurídicos, no el mero factor intelectual. Por lo cual, aunque la mayor o menor probabilidad del resultado pueda ser indicio de la mayor o menor aceptación por parte del sujeto (y por tanto, tenga su validez a la hora de la prueba), la diferencia ha de colocarse en la voluntad.

Por eso, las nuevas teorías mixtas entre la probabilidad y el consentimiento (muy en boga hoy en día en Alemania) terminan por señalar que, en último extremo, el factor decisivo es el del consentimiento. Así lo confiesa, entre otros, MIR PUIG, en su *Anotaciones* a JESCHECK, donde escribe:

> Todo lo anterior podría resumirse como sigue: es «querer» y, por tanto, constituye dolo decidir actuar pese a considerar seguro (dolo directo de segundo grado) o concretamente probable (dolo eventual) que ello determine la producción del delito. Éste es el sentido en que empecé por afirmar que de la conciencia de la probabilidad deriva necesariamente (si se decide a actuar, claro está) el «querer».

C) *Valoración de ambas teorías*

Luego la diferencia entre el dolo eventual y la culpa con previsión hay que situarla en el elemento volitivo. En el dolo eventual el autor acepta («cuenta con», «se conforma con») el resultado para el caso en que se produzca; mientras que en la culpa con previsión espera que no se produzca el resultado, aunque sea de modo alocado y por su buena suerte habitual. Esto supone dos actos de la voluntad distintos. Lo que no impide que cuanto más alocada e infundada sea la esperanza del autor, mayor será su imprudencia, más temeraria. Pero esto no es suficiente para negar que siga siendo culpa, sino para calificar la clase de imprudencia cometida.

Lo que quizás está implícito en esta cuestión y en las pugnas de la doctrina es el problema de la excesiva penalización del dolo eventual, si se le compara con la culpa con previsión. Porque si bien es cierto que valorativamente es más grave aceptar el resultado lesivo del bien jurídico (dolo eventual) que el no poner los medios adecuados para evitar su lesión que se espera no suceda de hecho (culpa con previsión), precisamente por el elemento volitivo de ambos, lo que no parece equitativo es equiparar a efectos de la penalización el dolo directo y el eventual.

4. Los elementos subjetivos del tipo

El centro del elemento intencional del tipo es el dolo, por lo que algunos autores lo denominan elemento subjetivo general del tipo. Pero junto a él se añaden en ocasiones elementos subjetivos especiales que, sin duda, son parte del dolo, pero que suelen separarse por razones didácticas e históricas del mismo.

A) *Origen histórico*

El descubrimiento de estos elementos subjetivos del tipo procede del Derecho Civil y más concretamente de Fischer, que ya en 1911 los estudió a propósito del abuso de derecho. Porque, como escribía dicho autor, se dan casos en los que el fin reprobable del que actúa convierte en antijurídica una acción en si jurídicamente lícita.

En Derecho Penal los elementos subjetivos del tipo fueron reconocidos como parte integrante del mismo por la escuela neoclásica que, entre otras causas por ellos, refutó la concepción de Beling sobre la naturaleza totalmente objetiva de la antijuridicidad. Porque (aunque para los neoclásicos eran la excepción) hay tipos penales que no se componen tan sólo de elementos objetivos, sino también de subjetivos. Así, por ejemplo, en el hurto, no basta tomar la cosa mueble ajena sin la voluntad de su dueño, sino que es menester hacerlo con ánimo de lucro. Si se hiciese con otra intención (por ejemplo, la de darle una broma al dueño), la conducta no sólo no sería culpable, sino que no sería antijurídica. Lo que, entre otras consecuencias, traería aparejado que no se podría ejercitar legítima defensa.

B) *Clasificación de Mezger*

Fue Mezger el que estudió más a fondo los elementos subjetivos del tipo y del que procede la clasificación que a continuación se expone. Dicho autor divide los delitos con elementos subjetivos en los grupos siguientes:

Delitos mutilados de dos actos. Son aquellos en los que la consumación se produce al poner el autor un primer acto, con ánimo de poner el segundo. Por eso se llaman también de consumación anticipada, ya que el primer acto puesto por el autor sería tentativa del segundo, si no existiese este tipo que castiga ya el primer acto como delito consumado. El elemento subjetivo de esta clase de delitos está en el ánimo de poner el segundo acto. Por ejemplo, dice el artículo 386.2, párrafo 2, del CP:

> La tenencia, recepción u obtención de moneda falsa para su expedición o distribución o puesta en circulación será castigada con la pena inferior en uno o dos grados, atendiendo al valor de aquélla y al grado de connivencia con el falsificador, alterador, introductor o exportador.

Delitos de tendencia. Suelen subdividirse a su vez en tres grupos: los delitos de resultado cortado, los delitos propios de tendencia y los delitos de hábito.

Los delitos de resultado cortado se dan cuando el sujeto realiza la acción con el fin de conseguir un resultado ulterior; pero el tipo castiga como delito consumado la consecución del primer resultado y prescinde del segundo. El elemento subjetivo consiste en el ánimo de conseguir el segundo resultado. Por ejemplo, el artículo 281 del CP castiga al que detrajere del mercado materias primas o productos de primera necesidad con la intención de desabastecer un sector del mismo, de forzar una alteración de precios, o de perjudicar gravemente a los consumidores.

En los delitos propios de tendencia (también denominados de tendencia interna intensificada) la acción expresa una tendencia interna que no se puede reconocer por el mero examen objetivo de los hechos. Tal es el caso del delito de hurto, en el que no es suficiente con tomar la cosa mueble ajena, sino que es preciso que se haga con ánimo de lucro que, por tanto, es el elemento subjetivo (art. 234 del CP).

También se incluyen aquí los denominados delitos de hábito, que denotan una tendencia arraigada en el agente. Hoy en día la doctrina mayoritaria considera que la inclusión de un tipo penal con un elemento subjetivo referido a la «habitualidad» sería contrario a un «derecho penal de hecho». De aquí que las referencias a la habitualidad en los tipos penales sean interpretadas, tanto por la doctrina como por la jurisprudencia, como referidas a la reiteración de actos. Un ejemplo de tales tipos es el delito de violencia doméstica habitual del artículo 173.2.

Finalmente los delitos de expresión suponen una contradicción entre lo que sabe el sujeto y lo que manifiesta. Así sucede en el delito de falso testimonio (art. 458), si se sigue la teoría subjetiva, según la cual lo que se castiga es la discordancia entre lo que el testigo manifiesta y lo que él sabe. En tal caso, el elemento subjetivo estaría en el ánimo de engañar.

C) *Elementos diferenciales*

Con lo expuesto, quedan claras las diferencias existentes entre los distintos tipos con elementos subjetivos. Conviene, sin embargo, aclarar dos tipos que son los que ofrecen mayores semejanzas y, por lo mismo, mayor facilidad de confusiones entre sí: los delitos mutilados de dos actos y los de resultado cortado.

La semejanza hay que ponerla en que en ambos el legislador decide castigar cuando se da el primer acto, sin esperar al segundo.

Pero las diferencias son claras: en primer lugar, en los delitos mutilados de dos actos el autor ha de realizar una segunda actividad para conseguir el resultado que intenta; en el ejemplo de la tenencia de moneda falsa poner en circulación la moneda. Mientras que en los delitos de resultado cortado, el segundo resultado se da sin intervención del autor; así, en la detracción de materias primas o productos de primera necesidad, el desabastecimiento del mercado —o la alteración de precios o perjuicio al consumidor— se da por la mera detracción de productos, sin necesidad de realizar una conducta posterior.

Una segunda diferencia hay que ponerla en lo que el legislador persigue con cada uno de ellos. En los delitos mutilados de dos actos el legislador intenta evitar el segundo de los resultados y adelanta la consumación para dar mayor protección al bien jurídico. Mientras que en los delitos de resultado cortado lo que intenta el legislador es que no se produzca el primer resultado y por eso considera el delito consumado cuando el sujeto lo ha conseguido.

La clasificación de los delitos por el elemento subjetivo que contienen ha perdido trascendencia desde que se admite mayoritariamente el injusto personal.

III. LA IMPRUDENCIA

Como ya se estudiaron más arriba las nociones sobre la culpa (*supra*, Tema 12), se va a exponer ahora tan sólo su valoración jurídico-penal, igual que se acaba de hacer con el dolo. Se va a hablar en primer término sobre la fundamentación del injusto del hecho imprudente y a continuación de la regulación de la punición en el Código Penal español.

1. Fundamentación de la punición de la imprudencia

La punición de la comisión imprudente de un delito no es cuestión tan pacífica como la de la comisión dolosa. Por ello vaciló el legislador del CP de 1822 que no se atrevió a llamarla «delito». También en el seno de la Comisión Legislativa que elaboró el Código Penal de 1848 se mantuvieron vivas discusiones respecto a sobre si se debía castigar penalmente la comisión imprudente. El legislador de 1995 no ha dudado en calificar como delitos las acciones u omisiones imprudentes, pero ha reducido notablemente la sanción de las conductas imprudentes cambiando el tradicional sistema de incriminación de las mismas.

En esta materia conviene distinguir dos cuestiones: la fundamentación del injusto del hecho imprudente y en qué elemento de la definición de la imprudencia se asienta dicha razón.

A) *Fundamentación del injusto en el hecho imprudente*

Como se vio (*supra*, Tema 14, II, 2 y 3), la doctrina antigua y en general los penalistas de orientación causalista piensan que el injusto se fundamenta en el desvalor del resultado, integrándose el desvalor de la acción en la culpabilidad para dar lugar a las dos especies de la misma: el dolo y la culpa. Uno de los argumentos utilizados tradicionalmente para defender esta postura es precisamente que en los delitos imprudentes se exige un resultado lesivo. Por su parte, los penalistas que sostienen un injusto personal consideran que carece de sentido que los mandatos y las prohibiciones jurídicas se dirijan a los procesos causales que ponen en peligro o lesionan bienes jurídicos, dichos mandatos o prohibiciones deben dirigirse a los ciudadanos, porque sólo se pueden motivar las conductas humanas y no las leyes de la naturaleza. De ello se sigue que el juicio del injusto no pueda construirse de espaldas al desvalor de la acción.

Sin embargo, este planteamiento no responde a la pregunta lanzada por los causalistas: si el injusto tiene en cuenta el desvalor de la acción, ¿por qué el legislador exige en los delitos imprudentes que se dé un resultado mientras que no lo exige en los delitos dolosos?

La respuesta a esta pregunta parte de la diferencia entre el mandato de respeto a los bienes jurídicos contenido en los tipos dolosos y los tipos culposos (*supra*, Tema 14, II, 2). Ya vimos cómo el desvalor de la acción nos remite al contenido de voluntad y, siendo diferente la voluntariedad de las conductas dolosas y de las culposas, la norma penal se desdobla en dos clases de tipos distintos: la prohibición de ataque directo al bien jurídico (tipos dolosos) y el mandato de cuidado en las acciones peligrosas que puedan dañar, aun sin intención, ese bien jurídico (tipos imprudentes). Pues bien, los tipos dolosos, al suponer prohibiciones de ataque a bienes jurídicos, pueden estar totalmente descritos en la ley penal. No ocurre lo mismo con los tipos imprudentes. Resulta difícil tipificar el mandato de ser cuidadoso en las actividades de la vida diaria que pueden resultar peligrosas para los bienes jurídicos, manteniendo un mínimo respeto al principio de legalidad. Precisamente por ello se suele exigir en los delitos imprudentes el resultado lesivo para los bienes jurídicos, configurándose éste como garantía de que efectivamente se dio la infracción de la norma de cuidado.

La postura adoptada encuentra refrendo en el hecho de que, en aquellas actividades que se hallan totalmente reglamentadas y en las que todos los individuos que las realizan están informados de cuáles son las normas de cuidado, el legislador llega a prohibir la mera infracción de la norma de cuidado sin exigir que se dé el resultado lesivo para el bien jurídico, aunque naturalmente en dichos delitos existe desvalor del resultado, que consiste, normalmente, en el peligro para el bien jurídico que el tipo trata de proteger. Buena parte de los delitos que se consideran de peligro obedecen a esta consideración. A este respecto han de hacerse dos consideraciones importantes:

a) En primer lugar debe señalarse que la infracción de la norma de cuidado —elevada a la categoría de conducta tipificada— puede realizarse tanto dolosa como culposamente. Así es: considérese, por ejemplo, la conducta sancionada en el artículo 379.2 del Código Penal —conducir bajo la influencia de drogas tóxicas, estupefacientes, sustancias psicotrópicas o de bebidas alcohólicas—, conducta que se ha tipificado por el elevado peligro que para la vida e integridad física de los que participan en el tráfico rodado supone. Esta conducta se puede realizar con plena conciencia de que se halla uno bajo los efectos de esas sustancias —con lo que se vulnera la norma de cuidado de manera dolosa— o sin haberse dado cuenta de que se encuentra uno en esa situación —con lo que la norma de cuidado se está obviando de manera culposa—, lo que puede suceder cuando, por ejemplo, toma uno una pequeña cantidad de alcohol que, mezclada con los medicamentos que está consumiendo para la gripe, le produce un efecto superior al del consumo normal de esa cantidad de alcohol. Pues bien, dado el actual sistema de incriminación de los delitos imprudentes —*numerus clausus*—, en caso de que se llegase a probar que la infracción de la norma de cuidado se ha realizado imprudentemente habría que concluir que dicha conducta es atípica, porque el legislador no ha tipificado la conducta de conducción imprudente bajo la influencia de bebidas alcohólicas.

El legislador español no ha sido completamente ajeno a esta consideración como lo demuestra que se haya creado una especie de cláusula general de imprudencia en el artículo 367 del Código Penal. En efecto, este artículo tipifica la comisión por imprudencia grave de los hechos previstos en los artículos anteriores (arts. 359 a 364, todos ellos dedicados a la elaboración y tráfico de sustancias peligrosas o adulteración, alteración y tráfico indebido de sustancias destinadas al consumo humano). En el fondo lo que se está planteando en estos tipos es que la infracción de las normas de cuidado, en la realización de una serie de actividades que son de por sí peligrosas para la vida de las personas, se puede realizar tanto dolosa como imprudentemente.

b) En segundo lugar, y conectado con lo anterior, hay que resaltar que en el CP de 1995 existen delitos imprudentes en los que no se exige resultado lesivo. Así es, el examen de los tipos comprendidos en los artículos 359 a 364 —a los que se refiere la cláusula general contenida en el artículo 367— demuestra cómo algunos de los «hechos» que se pueden cometer por imprudencia grave no exigen resultado alguno. Por ejemplo, el artículo 367, en relación con el 364.1, castiga al que por imprudencia grave adultere con aditivos no autorizados susceptibles de causar daño a la salud de las personas alimentos destinados al comercio alimentario. Este tipo no exige resultado ninguno, salvo que se quiera considerar que la adulteración de los alimentos es el resultado, lo que, a nuestro juicio, no es admisible dado que no se puede separar espacio-temporalmente la acción —adulterar— de su resultado —la adulteración—. Naturalmente admitir que estos tipos no exigen resultado no significa que se niegue el desvalor del resultado, que consiste en el peligro para los bienes jurídicos que la infracción de la norma de cuidado supone.

B) *Elemento fundamentador del injusto del hecho imprudente*

También las opiniones de los penalistas se han dividido en esta cuestión que resulta trascendente a la hora de determinar la gravedad de la imprudencia y, por tanto, del castigo de la misma.

Un grupo pone el fundamento en la previsibilidad, esto es, en el elemento intelectual de la culpa. Según ellos, cuanto más previsible sea el resultado, más grave será la culpa. Pero hay veces que el resultado es muy previsible y, sin embargo, la culpa puede ser mínima o no existir: en una operación quirúrgica a vida o muerte el cirujano sabe que puede causar la muerte con su intervención, luego el resultado caso de darse era muy previsible y, sin embargo, si se han observado las normas de cuidado en las intervenciones no puede decirse que haya imprudencia. Por el contrario, si el conductor sobrepasa muy notablemente el límite de velocidad permitido o se pone a hacer «acrobacias» con el coche en una carretera apenas transitada y como consecuencia de ello mata a un peatón, se le acusará de imprudencia muy grave, a pesar de que el evento fuera poco previsible.

La mayoría de los autores se inclina por poner el fundamento de la punición de la imprudencia en la evitabilidad, esto es, en el elemento volitivo de la culpa: cuanto más evitable fuera el resultado, mayor será la culpa del que lo causa.

Aparte de las razones indicadas al hablar de la previsibilidad, existe otra que ya se ha tocado; la voluntad es la verdaderamente responsable de la conducta humana y por lo mismo es en ella en donde hay que situar la exigencia del cuidado.

Quizás lo que se oculta bajo el pensamiento de los partidarios de la teoría de la previsibilidad es lo siguiente: es cierto que en igualdad de circunstancias cuanto más previsible sea un evento, es más evitable y, por tanto, más responsable el que, pudiendo hacerlo, no lo evita. Pero el acento de la responsabilidad de dicho sujeto sigue estando en que pudiendo hacerlo, no lo evita. Luego el último fundamento de la punición se sitúa en el elemento volitivo: en la evitabilidad.

2. La imprudencia en el Código Penal español

Se van a tratar sucesivamente la denominación, la política criminal seguida por el legislador, las clases de imprudencia en nuestro texto punitivo, la problemática del delito imprudente con varios resultados y la llamada «concurrencia de culpas».

A) *Denominación*

El CP de 1995 ha optado por la tradicional denominación de imprudencia abandonando definitivamente el término «culpa», que sin embargo era el más usado por la doctrina, y las expresiones «negligencia» e «impericia», que se utilizaban como equivalentes a «imprudencia» en el CP de 1973.

B) *Política criminal*

Se van a trazar ahora los principios de política criminal que inspiran la legislación penal española y se dará una relación de los delitos imprudentes en nuestro sistema punitivo.

a) Principios de política criminal

En la redacción original del CP de 1995, la estrategia utilizada por nuestro legislador para luchar contra los delitos imprudentes venía marcada por el principio de mínima intervención penal y el intento de dotar de una mayor seguridad jurídica a nuestro ordenamiento. Cuatro eran los principios que regían los delitos imprudentes en dicho momento:

1.º No todo delito admite comisión imprudente. Esto es, se sigue el sistema denominado *numerus clausus.*

2.º Se sigue el sistema de *crimina culposa*, es decir, se tipifican los delitos que se quieren castigar en su forma imprudente. Como consecuencia, la acción imprudente con varios resultados da lugar a un concurso de delitos.

3.º Se hace depender la tipificación del delito imprudente de la gravedad de la imprudencia y del resultado producido. La pena por la comisión imprudente del resultado es siempre menos grave que la de la comisión dolosa. A lo que llevan razones de equidad, pues no sería justo castigar igual o más la lesión de un bien jurídico realizada con imprudencia que la misma realizada intencionalmente, ya que la primera, por muy reprobable que pueda ser, no intenta lesionar el bien jurídico directamente y por tanto supone un menor peligro para el mismo.

4.º La imprudencia se clasificaba en grave y leve. Como regla general la imprudencia grave era constitutiva de delito y la leve de falta.

La LO 1/2015, de 30 de marzo, modificó el sistema de incriminación de la imprudencia en los siguientes extremos:

1.º Clasificó la imprudencia en tres tipos: imprudencia grave, imprudencia menos grave e imprudencia leve.

2.º La imprudencia leve quedó despenalizada, cualquiera que fuera su resultado, al suprimir el Libro de las Faltas,

3.º La imprudencia grave quedó configurada como delito menos grave y la imprudencia menos grave como leve.

4.º Tan solo se tipificaron dos imprudencias menos graves, el homicidio por imprudencia menos grave, en el art. 142.2, y las lesiones del 149 y 150 cometidas por imprudencia menos grave, en el art. 152.2.

5.º La imprudencia menos grave quedó configurada como un delito perseguible previa denuncia de la persona agraviada o de su representante legal.

La reforma operada por LO 1/2015 en el Código Penal debe valorarse muy negativamente.

Por una parte, la despenalización de las faltas imprudentes resulta especialmente criticable por varias razones: *a*) la despenalización del homicidio por imprudencia leve puede tener un efecto preventivo general negativo; *b*) la despenalización del homicidio por imprudencia leve, unido a la ausencia de un tipo de lesiones del artículo 147 por imprudencia menos grave, a la despenalización de la imprudencia grave con resultado de lesiones del artículo 147.2 y a la despenalización de todas las lesiones, incluso las del artículo 149 y 150, por imprudencia leve va a suponer la privatización de la justicia en muchos de los accidentes de tráfico, obligando al ciudadano a enfrentarse en los Tribunales civiles a las compañías aseguradoras; *c*) también es cuestionable la reforma en materia de daños culposos: en primer lugar, porque el límite señalado parece excesivamente alto: 80.000 euros (art. 267); en segundo lugar, porque la imprudencia menos grave y la leve con resultado de daños es atípica, sea cualquiera la cuantía de los daños producidos. ¿Se ha pensado en la posibilidad de daños de cuantía muy elevada (corrimientos de tierras, rotura de un pantano) por imprudencia menos grave o leve?

Por otra, resulta altamente criticable la tripartición de la imprudencia creada por LO 1/2015, porque si ya resultaba contrario al principio de legalidad y seguridad jurídica que fueran los Tribunales los que decidieran en cada caso concreto si la infracción del deber de cuidado era grave o leve, obligarles a distinguir los casos de infracción grave, menos grave y leve resulta intolerable.

La última modificación del CP en materia de imprudencia se ha realizado mediante LO 2/2019, de 1 de marzo, que, según su Preámbulo, responde a una importante demanda social ante el incremento de accidentes en los que resultan afectados peatones y ciclistas. Las modificaciones en el sistema de imprudencia operadas por esta reforma son:

1.º Se intenta dar una interpretación auténtica de la imprudencia grave y menos grave cometida con vehículo de motor.

2.º Se vuelven a tipificar las lesiones del 147.1 cometidas por imprudencia menos grave.

3.º Se añaden dos nuevos artículos (el 142 bis y el 152 bis) que, a nuestro juicio, contienen normas concursales para resolver algunos de los casos de imprudencia grave con varios resultados, aunque parte de la doctrina los considera tipos cualificados del homicidio por imprudencia grave y de las lesiones por imprudencia grave.

Además, la reforma modifica el art. 382, retocando los efectos de la regla concursal en él contenida, e introduce un nuevo 382 bis que sanciona el abandono del lugar del accidente por el conductor que lo ha causado cuando se producen determinados resultados lesivos.

La reforma operada por LO 1/2019 no puede valorarse positivamente por tres motivos:

1.º Por la ausencia de *vacatio legis*, así es, la entrada en vigor se produjo al día siguiente de su publicación en el *BOE*, lo que no resulta de recibo por más que en la actualidad los medios de comunicación permitan un conocimiento más rápido de las reformas a los ciudadanos.

2.º Aunque el Preámbulo justifica la reforma en el incremento de accidentes de tráfico en los que resultan dañados peatones y ciclistas, lo cierto es que los Informes de la Fiscalía General del Estado de 2018, los datos estadísticos de la Dirección General de Tráfico, y el aumento del número de vehículos y bicicletas, hacen cuando menos discutible que efectivamente se haya dado ese incremento de siniestralidad. Ello hace pensar que el legislador tan solo está reaccionando al clamor popular levantado por el archivo de las diligencias por el atropello y muerte de un ciclista por un camionero, que su viuda llevó a las redes sociales. Es decir, una vez más es el punitivismo populista lo que ha movido al legislador.

3.º El incremento de penas introducido en los arts. 142 bis y 152 bis debe ser cuestionado en la medida en que el número concreto de muertes o lesiones derivadas de una imprudencia grave va a depender en muchas ocasiones del puro azar. También debe señalarse que una vez más el legislador muestra su mal hacer legislativo porque, aunque el Preámbulo de la ley hace pensar que el incremento de la sanción por la causación de varios resultados se aplica solo a las imprudencias al volante, lo cierto es que tanto el art. 142 bis como el 152 bis tienen un alcance superior, afectando a cualquier tipo de imprudencia. No obstante, a nuestro juicio, el error es en este caso bienvenido porque habría sido manifiestamente injusto que la regla se aplicara tan solo a los accidentes de tráfico cuando algunas otras imprudencias graves pueden ocasionar resultados incluso más graves.

b) Delitos que admiten la comisión imprudente

Tras la reforma operada por LO 1/2015 el Código Penal debe distinguirse la imprudencia grave, la imprudencia menos grave y la imprudencia leve.

1.º Se castigan las siguientes conductas cometidas por imprudencia grave:

Homicidio (art. 142.1), aborto (art. 146), lesiones (art. 152.1), lesiones al feto (art. 158), alteración del genotipo (art. 159.2), sustitución de niños en centros sanitarios (art. 220.5), daños por encima de ochenta mil euros, previa denuncia del perjudicado (art. 267), blanqueo de dinero (art. 301.3), omisión de las medidas de seguridad e higiene en el trabajo (art. 317), daños superiores a cuatrocientos euros en archivos, registros, etc. (art. 324), delitos contra los recursos naturales y el medio ambiente (art. 331), delitos relativos a la protección de la flora (art. 332.3), delitos relativos a la protección de la fauna (art. 334.3), delitos relativos a la energía nuclear (art. 344) y a los materiales nucleares o radioactivos (art. 335.3), estragos (art. 347) incendios (art. 358), delitos contra la salud pública (art. 367), falsificación de documentos (art. 391), prevaricación judicial (art. 447) y prevaricación de abogados y procuradores (art. 467.2, p. 3), delitos contra la libertad individual en procedimiento penal (art. 532), obstaculización del descubrimiento de la financiación terrorista (art. 566.4), delitos de terrorismo y colaboración con el terrorismo (art. 555.3), y revelación de secretos oficiales (art. 601).

2.º Tan sólo se castigan dos conductas cometidas por imprudencia menos grave:

El homicidio (art. 142.2) y las lesiones de los artículos 147.1, 149 y 150 (art. 152.2). Todos ellos son delitos semi-públicos, es decir, requieren denuncia de la persona agraviada o de su representante legal (art. 142.2, p. 4 y art. 152.2, p. 4). Además, por su penalidad, todos deben ser considerados delitos leves (art. 13.4 en relación con el art. 33.3.º y 4.º).

3.º Como se ha dicho, quedan despenalizados el homicidio por imprudencia leve, las lesiones por imprudencia grave del artículo 147.2, y todas las lesiones por imprudencia leve.

C) *La imprudencia en el Código Penal*

Se abordarán en este apartado la estructura del tipo imprudente, las especies básicas de la imprudencia, la profesionalidad y la cualificación para vehículos de motor y armas.

a) La estructura del tipo imprudente

Suele admitir la doctrina que los tipos imprudentes tienen la siguiente estructura:

1) La parte objetiva del tipo supone la infracción del deber de cuidado (desvalor de la acción) y la lesión o puesta en peligro de un bien jurídico protegido (desvalor del resultado).

2) La parte subjetiva incluye un elemento positivo, haber querido la conducta descuidada, ya sea con conocimiento del peligro que entraña —culpa con previsión— o sin haberse hecho cargo de dicho peligro (aunque pudiendo haberlo hecho) —culpa sin previsión—, y un elemento negativo —la ausencia de dolo—.

El contenido subjetivo de los delitos imprudentes ya se examinó (véase *supra*, Tema 12, IV), por lo que nos centraremos ahora en la parte objetiva.

a') La infracción del deber de cuidado

En la infracción del deber de cuidado, omisión de la diligencia debida en la terminología tradicional, hay que distinguir dos cuestiones distintas: qué deberes se incluyen en el deber de cuidado y cuál es el baremo por el que medir la infracción de los mismos.

1.º Respecto de la primera cuestión la doctrina mayoritaria admite que el *deber de cuidado* incluye dos aspectos distintos: el deber de cuidado interno y el deber de externo.

El *deber de cuidado interno*, que tradicionalmente se ha llamado deber de examen previo, obliga a advertir la presencia de peligro. La culpa sin previsión supone la infracción del deber de cuidado interno, puesto que la culpa sin previsión se da cuando el sujeto no advierte, pudiendo hacerlo, el peligro y por eso realiza el hecho.

El *deber de cuidado externo* implica la obligación de comportarse externamente conforme a la norma de cuidado previamente advertida. El deber de cuidado externo es el que se infringe en los supuestos de culpa con previsión, en los cuales el sujeto activo ha advertido el peligro que comporta su acción y pese a ello la realiza. Este deber incluye, a su vez, el deber de preparación e información previa, el deber de omitir acciones peligrosas y el deber de actuar prudentemente en situaciones peligrosas.

El deber de preparación e información previa obliga a tomar las medidas externas necesarias antes de emprender acciones que pueden ser peligrosas. Por ejemplo, antes de prescribir un medicamento el médico debe informarse de las posibles alergias que sufra el paciente.

El deber de omitir acciones peligrosas obliga al sujeto a no emprender aquellas actividades que no pueda controlar. Por ejemplo, un conductor novato no debe conducir a velocidades elevadas, aunque inferiores a las permitidas, un día de lluvia porque no tiene la suficiente experiencia como para controlar el vehículo en condiciones adversas.

El deber de actuar prudentemente en situaciones peligrosas obliga a llevar a cabo con la máxima precaución actividades que se sabe son peligrosas de por sí, pero que están permitidas por ser más útiles que perjudiciales a la sociedad. Por ejemplo, la costumbre, tan extendida en nuestro país, de celebrar las fiestas con encierros de toros o vaquillas es una actividad sumamente peligrosa pero que se admite socialmente; pues bien, en la preparación de dichos encierros —colocación de vallas, etc.— debe actuarse con la máxima diligencia para evitar que la actividad, peligrosa en sí misma, pueda desencadenar la lesión de múltiples bienes jurídicos.

2.º Respecto de la segunda cuestión —cuál es el baremo que debe ser utilizado para decidir si se ha infringido o no la norma de cuidado—, la doctrina dominante considera que debe seguirse el criterio de lo que es exigible para el ciudadano medio (consciente y prudente) en la situación concreta del autor. Es decir, se considera que se ha infringido el deber de cuidado cuando, en la misma situación que el autor, un ciudadano medio habría advertido el peligro —en la culpa sin previsión— o habría recabado la información necesaria antes de realizar la acción, o habría omitido realizar la acción peligrosa o habría actuado más diligentemente en la situación peligrosa.

Optar por el baremo del ciudadano medio obliga a plantear cómo considerar los casos en los cuales el *poder individual* del autor —su poder subjetivo de ajustarse a la norma— difiere del hombre normal, ya sea porque sus capacidades sean inferiores a la media, ya sea porque sus capacidades sean superiores ella.

Por lo que respecta a esta cuestión debe advertirse, en primer lugar, que la doctrina mayoritaria alemana, y también la española, considera que el tipo del injusto debe construirse sobre el deber de cuidado exigible al ciudadano medio, reservando para la culpabilidad la problemática del poder individual del autor de cumplir con ese deber. Por ello, se considera típica la conducta imprudente de toda persona que actúa con una falta de cuidado inferior a la media exigible al ciudadano, y posteriormente, en el juicio de la culpabilidad, se tiene en cuenta, para hacer el reproche jurídico-penal, las condiciones personales del autor, de tal manera que si esas capacidades personales son inferiores a la media se disminuye la culpabilidad, o en casos extremos se excluye.

Esta solución obliga a concluir que, en aquellos supuestos en los cuales las capacidades personales del autor sean superiores a la media, la conducta deba ser considerada atípica, lo que no satisface a algunos autores, que consideran que quien podía haber actuado con mayor prudencia que el hombre medio y con ello evitar el resultado, debió hacerlo, y si no lo hizo actuó típicamente.

El ejemplo utilizado por Mir Puig ilustra este problema: un cirujano mejor dotado que la media y que utiliza una técnica operatoria que sólo él domina, emplea en la operación la técnica comúnmente utilizada por ser más breve, aunque sabe que en ocasiones deja secuelas en el paciente que su técnica exclusiva evita con certeza. La operación resulta un éxito dentro de la media, pero el paciente queda con esas secuelas que el cirujano esperaba evitar. En este caso, si ajustamos el tipo a lo exigible a los cirujanos medios, habrá que afirmar que no hay tipo imprudente, mientras que, si ajustamos la exigencia del tipo al nivel normal de este cirujano, tendremos que afirmar que ha actuado imprudentemente.

El concepto de acción que se ha mantenido en el Tema 12, fundamentado sobre la voluntariedad de la conducta, permite afirmar que en el caso de capacidades superiores a la media, el sujeto está actuando con voluntariedad *in causa*, que él personalmente podía haber evitado el resultado por esas capacidades superiores a la media. Si a esto unimos que la exigencia de la norma de cuidado es un imperativo que se dirige a la voluntad, puede llegar hasta la capacidad de evitación del sujeto concreto. De aquí que se pueda afirmar que, cuando el sujeto activo no utilice voluntariamente sus capacidades superiores a la media, la conducta imprudente sea típica.

En el supuesto de capacidades inferiores a la media el sujeto activo también actúa con voluntariedad *in causa*, porque debió evitar la puesta en marcha de procesos causales que sus capacidades limitadas no le iban a permitir dominar. La norma de cuidado infringida en este caso es la que prohíbe poner en marcha o inhibir procesos causales que no se puedan manejar por las capacidades limitadas del autor. Los siguientes ejemplos aclararán esta cuestión.

Un jovencito que vive en una ciudad y frecuentemente acompaña a sus padres en el coche, por primera vez intenta, él solo, conducir el vehículo de sus padres y lo hace en una calle poco transitada. Frente a un paso de cebra, cuando intenta frenar confunde el pedal y acelera atropellando a un niño que muere. En este supuesto el joven tiene unas capacidades de conducción inferiores a la media de los ciudadanos, pero la conducta es culposa porque podría haber evitado el resultado no realizando una actividad que sabe peligrosa. Desde el punto de vista de la tipicidad también estaría infringiendo la norma de cuidado (aunque en este caso la infracción se derivaría de la realización de una actividad para la que el sujeto no está capacitado); por tanto, la conducta también sería típica. Posteriormente, en el juicio de la culpabilidad se podrá tener en cuenta esa capacitación inferior a la media en el sujeto.

b') El desvalor del resultado

La infracción del deber de cuidado debe conllevar un desvalor del resultado para que se dé la parte objetiva del tipo imprudente. La mayor parte de los tipos imprudentes tipificados en la legislación actual constituyen delitos de resultado en sentido estricto, es decir, incluyen como elemento del tipo, la modificación del mundo externo separable espacio-temporalmente de la propia actividad. Sin embargo, existe también una pequeña proporción de tipos imprudentes que aunque exijan desvalor del resultado —en el sentido de peligro para el bien jurídico protegido— no exigen resultado (véase *supra*, en este mismo Tema, el apartado III, 1).

Pues bien, en los tipos imprudentes de resultado es necesario que se pueda imputar objetivamente el resultado a la infracción del deber de cuidado para que pueda considerarse que concurre el tipo objetivo del delito imprudente. La imputación objetiva del resultado exige, por una parte, que exista relación de causalidad entre la acción y el resultado —o cuando se trate de una pasividad que se pueda afirmar la causalidad hipotética entre la omisión y el resultado— y que la causación del resultado no sea ajena a la finalidad de protección de la norma.

Según la doctrina dominante, no podrá imputarse el resultado a la infracción de la norma de cuidado en los casos de comportamiento alternativo ajustado a Derecho, es decir, cuando el resultado se habría producido incluso en el caso de que el autor hubiera actuado prudentemente. El ejemplo que suele utilizarse para ilustrar este supuesto es el caso del «pelo de cabra»: en una fábrica se utilizaron, sin desinfectar, pelos de cabra para la elaboración de pinceles, pese a que legalmente estaba establecida la obligación de desinfectar el material; como consecuencia de la manipulación de dichos pelos, cuatro operarias murieron; posteriormente se comprobó que los gérmenes que habían causado la muerte no podían ser eliminados por la desinfección. En este supuesto se considera que no cabe imputar objetivamente el resultado a la conducta imprudente —que además es una conducta pasiva— porque aunque se hubiera actuado diligentemente —desinfectando el material— se habría producido el resultado lesivo.

b) Especies básicas: la imprudencia grave, la imprudencia menos grave y la imprudencia leve

El CP de 1995, antes de la reforma operada por la LO1/2015 distinguía dos clases de imprudencia, la grave y la leve, que tanto la doctrina como la jurisprudencia habían considerado equivalentes a la imprudencia temeraria y la imprudencia simple del CP de 1973.

La división fundamental de la imprudencia en grave y leve estaba construida sobre un elemento normativo: la infracción del deber objetivo de cuidado. Como todo elemento normativo, el deber objetivo de cuidado entraña un peligro para la seguridad jurídica, pero lo cierto es que no es posible determinar en sede legislativa con mayor precisión este concepto.

Desde Silvela se mantuvo que la imprudencia era temeraria —grave— cuando suponía la omisión de la diligencia que puede exigirse al hombre menos cuidadoso, atento y diligente. La imprudencia se consideraba simple —leve— cuando se trataba de la omisión del cuidado exigible al hombre diligente. Este criterio, con ser tan antiguo, seguía orientando correctamente la diferencia entre la imprudencia grave —la omisión de cuidado que ni el menos prudente habría realizado— y la leve —la omisión del cuidado que no habría realizado un hombre cuidadoso—.

Las sentencias más antiguas del TS consideraban que la imprudencia era temeraria cuando comportaba la vulneración de las más elementales reglas de cautela o diligencia exigible en una determinada actividad, es decir, la ausencia absoluta de la cautela que pueda impedir o contener el desencadenamiento de resultados dañosos previsibles.

La jurisprudencia más moderna ha considerado que «el criterio fundamental para distinguir entre ambas clases de imprudencia ha de estar en la mayor o menor intensidad o importancia del deber de cuidado infringido, ya que la infracción de tal deber constituye el núcleo central acerca del cual gira todo el concepto de imprudencia punible» (STS de 4 de julio de 2003).

Hay que tener presente que la gravedad de la imprudencia no depende de que el sujeto activo se haya representado mentalmente el resultado (culpa consciente), porque la gravedad de la imprudencia depende de la infracción del deber objetivo de cuidado, y «hay casos en los que la no previsión revela una conducta de desidia o abandono de sus deberes por parte del sujeto que hace especialmente reprochable su conducta y obliga a calificarla como imprudencia grave» (STS de 4 de julio de 2003). Además, como el deber objetivo de cuidado no se corresponde *per se* con las previsiones reglamentarias, la valoración de la gravedad de la imprudencia no puede quedar vinculada a criterios reglamentarios ni a exigencias más o menos formales (en este sentido la STS de 4 de julio de 2003 antes citada).

La conclusión más frecuente a la que llegan los Tribunales españoles es que «la diferencia entre la imprudencia grave y la leve se encuentra en la importancia del deber omitido en función de las circunstancias del caso, debiendo tener en cuenta a estos efectos el valor de los bienes afectados y las posibilidades mayores o menores de que se produzca el resultado, por un lado, y por otro la valoración social del riesgo, pues el ámbito concreto de actuación puede autorizar algunos particulares niveles de riesgo» (STS de 4 de marzo de 2005).

Como se puede apreciar quizá una de las cuestiones más complicadas en la aplicación del Derecho Penal sea precisamente la distinción entre la imprudencia grave y leve, por ello no puede dejar de valorarse negativamente que el legislador en 2015 haya venido a complicar aún más el problema creando una tripartición en la imprudencia. Habrá que esperar algún tiempo para que se aquilate el contenido de estos conceptos jurídicos indeterminados.

Tres son las posibilidades interpretativas que se abren para abordar la nueva tripartición de la imprudencia:

1.º Considerar que la imprudencia menos grave coincide con la anterior imprudencia leve, es decir, estaríamos frente a un mero cambio de etiquetas. Esta interpretación choca frontalmente con el contenido de la Exposición de Motivos de la LO 1/2015 que muestra claramente la intención del legislador de limitar la persecución de las conductas imprudentes, que se justificaba en la necesidad de descongestionar el sistema judicial.

2.º La imprudencia menos grave comprendería los supuestos más graves de la imprudencia leve y los menos graves de la imprudencia grave. Abonaría esta interpretación la tendencia que ha existido, tanto por los operadores jurídicos como por las mismas víctimas, de degradar en algunos casos supuestos de imprudencia grave y considerarlos leves para aliviar tanto la carga probatoria como la de motivación de sentencia. Sin embargo, no puede considerarse que esta interpretación sea correcta dado que la redefinición de la gravedad de la imprudencia no afectaría solo al homicidio o las lesiones, sino que se verían contaminados el resto de los delitos imprudentes del CP que, recordemos, solo se sancionan cuando se dan por imprudencia grave. Además, la admisión de esta interpretación estaría justificando lo que no ha sido sino una mala praxis judicial.

3.º La imprudencia menos grave quedaría configurada con los supuestos más graves de la imprudencia leve. Esta es la posición mayoritaria entre la doctrina, mantenida entre otros por Muñoz Conde, García Arán, Diez Ripollés, Suárez-Mira, González Cussac y Faraldo Cabana. Además es la postura que mejor casa con el devenir legislativo de la reforma, que en un primer momento pretendió la despenalización de toda la imprudencia leve y que, tras la crítica de la doctrina, los operadores jurídicos y las asociaciones de víctimas de delitos de tráfico, optó por la inclusión, como delito leve, del homicidio y las lesiones más graves cuando se hubieran cometido por imprudencia menos grave. Desde esta perspectiva, la nueva categoría de la imprudencia menos grave supone la criminalización del homicidio y las lesiones más graves cuando tienen su origen en la omisión de una diligencia mayor que el mero descuido o despiste.

A nuestro juicio esta es la interpretación correcta. De ella se sigue que la imprudencia grave es la ausencia total de cautela o prudencia, la que se puede exigir incluso al menos diligente; imprudencia menos grave es la falta de diligencia media, la que se puede exigir al ciudadano medio; y la imprudencia leve, la falta de diligencia leve, los simples despistes, aquellas negligencias que no cometerían los más diligentes. Este último tipo de imprudencia sería la que ha quedado despenalizada y relegada, por tanto, al ámbito civil, con todas sus consecuencias.

Mantiene esta interpretación también la STS de 11 de diciembre de 2017 (caso Madrid Arena) que señala literalmente que:

> «La imprudencia menos grave ha de situarse en el límite superior de aquellas conductas que antes eran consideradas como leves y que el legislador ha querido expresamente despenalizar, encontrándose supuestos que por la menor importancia y relevancia del deber de cuidado infringido, de conformidad con los requisitos objetivos y subjetivos exigidos por la jurisprudencia para ello, y a los que con anterioridad se ha hecho referencia, pueden ser considerados como menos graves.
>
> La imprudencia menos grave puede ser definida como la constitución de un riesgo de inferior naturaleza a la grave, asimilable en este caso, la menos grave, como la infracción del deber medio de previsión ante la actividad que despliega el agente en el actuar correspondiente a la conducta que es objeto de atención y que es la causalmente determinante, única o plural, con el resultado producido, de tal manera que puede afirmarse que la creación del riesgo le es imputable al agente, bien por su conducta profesional o por su actuación u omisión en una actividad permitida social y jurídicamente que pueda causar un resultado dañoso. Así, mientras la imprudencia grave es la dejación más intolerable de las conductas fácticas que debe controlar el autor, originando un riesgo físico que produce el resultado dañoso, en la imprudencia menos grave, el acento se debe poner en tal consecuencia, pero operada por el despliegue de la omisión de la diligencia que debe exigirse a una persona en la infracción del deber de cuidado en su actuar (u omitir)».

c) La profesionalidad

Se va a tratar en este apartado la problemática de la imprudencia de los profesionales. En primer lugar se va a hablar de la profesionalidad en el CP de 1973 para pasar a continuación a exponer lo relativo a la misma cuestión en el CP vigente.

a') La profesionalidad en el CP de 1973

La profesionalidad suponía en el CP de 1973 una cualificación sobre el delito de imprudencia. Dicha cualificación fue introducida en la reforma del CP de 1944 y se aplicaba sólo a los conductores de vehículos de motor, aunque desde la reforma de 1963 se extendió a todas las profesiones. El TS fue restringiendo la aplicación de la cualificación por profesionalidad desde los principios por diversos métodos. En parte se debió esta tendencia a que en un principio la cualificación se aplicaba sólo a los conductores profesionales, pero sin duda también influyó el hecho de que la pena de la cualificación, tanto la privativa de libertad como la privación del permiso de conducir, se considerara excesiva, como reconoce la STS de 8 de mayo de 1997.

Uno de los métodos empleados por el TS para la restricción de la aplicación de la cualificación fue sostener que no toda culpa cometida por un profesional suponía la aplicación de la cualificación. A partir de un artículo publicado por el magistrado Díaz Palos se comenzó a distinguir entre la culpa del profesional, que es la imprudencia común (que puede cometer cualquiera), pero cometida por un profesional, y a la que por tanto no hay que aplicar la cualificación; y la culpa profesional que supone la aplicación de la misma, pues la comete el profesional en su calidad de profesional.

Quien más contribuyó a distinguir los requisitos de la culpa profesional fue el magistrado Calvillo: *a*) un elemento objetivo; que el profesional hubiere incumplido los deberes que le eran exclusivamente, o especialmente exigibles, por su condición de profesional; *b*) un elemento subjetivo consistente en que estuviera en posesión de un título habilitante para el ejercicio de la profesión y que se ganara la vida con dicho ejercicio.

Hasta la entrada en vigor del CP de 1995 el TS aplicaba la cualificación de profesionalidad a todos los profesionales, pero evitaba hacerlo indiscriminadamente. Para ello manejaba la distinción entre la culpa profesional y la culpa del profesional y declarando que no toda culpa de un profesional, aunque sea cometida en el ejercicio de su profesión, era merecedora de la cualificación (ni por tanto la pena agravada) de profesional. Además, en ocasiones acudía a no declarar imprudencia temeraria los hechos, con lo que tampoco se vía obligado a aplicar la cualificación aludida, que a partir de la reforma de 1989 existe sólo para la imprudencia temeraria.

b') La profesionalidad en el CP de 1995

En primer lugar, conviene advertir que en el CP vigente existen determinados delitos imprudentes que sólo pueden ser cometidos por profesionales, como la alteración del genotipo (art. 159.2), la prevaricación judicial o la de abogados y procuradores (arts. 447 y 467.3).

Pero, además, existen determinados delitos imprudentes para los que se prevé una cualificación en caso de imprudencia profesional. En concreto se trata de los delitos de homicidio por imprudencia grave (art. 142.1 p. 4), aborto por imprudencia grave (art. 146), lesiones por imprudencia grave (art. 152.1 p. 4) y lesiones al feto por imprudencia grave (art. 158). En principio cabe decir que quedan comprendidas todas las profesiones dentro de la cualificación. En el apartado siguiente se matizará esta observación.

La labor del legislador en el tratamiento de la imprudencia profesional es en general acertada, aunque algún defecto de técnica legislativa pueda plantear problemas en la aplicación de la misma. Es un acierto el que la cualificación por profesionalidad suponga tan sólo añadir a la pena del tipo una pena de inhabilitación para el ejercicio de la profesión, puesto que lleva a concluir que es «imprudencia profesional» la cometida por el profesional en el ejercicio de su profesión. Lo que, a su vez, podría permitir abandonar la difícil clasificación de la culpa en «culpa del profesional» y «culpa profesional».

Sin embargo, hasta el momento la jurisprudencia del TS sigue manteniendo que la profesionalidad es una especie de subtipo agravado y no una cualificación por la condición profesional del sujeto (véanse las SSTS de 8 de mayo de 1997, 18 de noviembre de 1998 y 22 de enero y 25 de mayo de 1999, la de 29 de noviembre de 2002, y últimamente la de 13 de marzo de 2006). La imprudencia profesional, según el TS, engloba la impericia profesional y la negligencia profesional. Por *impericia profesional* se entiende la inaptitud manifiesta para el ejercicio de la profesión para la que está habilitado, bien porque en su origen no adquiriese los conocimientos precisos o bien porque no haya actualizado sus conocimientos. Por *negligencia profesional* se entiende la dejación inexcusable de los presupuestos de la *lex artis* de su profesión o la transgresión de deberes técnicos que sólo al profesional competen y que convierten la acción u omisión del profesional en extremadamente peligrosa e incompatible con el ejercicio de aquella profesión.

La STS de 11 de diciembre de 2017 (caso Madrid Arena) resume la doctrina jurisprudencial sobre la imprudencia profesional en los siguientes términos:

> «La imprudencia profesional supone, según la jurisprudencia, un "plus" de antijuridicidad consecutivo a la infracción de la *lex artis* y de las precauciones y cautelas más elementales, imperdonables e indisculpables a personas que deben tener unos conocimientos propios de una actividad profesional. De manera que su diferencia con la imprudencia que podríamos llamar común es puramente cuantitativa y no cualitativa, por lo que para que pueda ser apreciada deben concurrir los mismos requisitos que en ésta exige la jurisprudencia, que se concretan en la existencia de la infracción de un deber de cuidado tanto subjetivo como objetivo, y una relación de causalidad entre la acción del autor o autores y el resultado producido».

Por último, debe señalarse que el legislador, en la reforma operada por LO 1/2015, no ha recogido una cualificación por profesionalidad en los delitos de homicidio y lesiones por imprudencia menos grave, lo que resulta criticable, puesto que la misma quizá evitaría la tendencia que tienen los tribunales a considerar como imprudencias graves determinadas imprudencias que en sí no lo son, por el hecho de que las haya cometido un profesional, aunque naturalmente a continuación y para evitar un *bis in idem,* no aprecian la imprudencia como profesional (este es el argumento de la STS de 13 de marzo de 2006).

d) La imprudencia utilizando vehículos a motor o ciclomotores

La LO 2/2019 ha supuesto una modificación en profundidad de las imprudencias cometidas usando un vehículo a motor o ciclomotor. Antes de esta reforma el legislador se limitaba a prever la imposición (obligatoria en algunos casos y facultativa en otros) de la pena de privación del derecho a conducir vehículos a motor y ciclomotores cuando el delito de homicidio o lesiones imprudentes se había causado conduciendo. Sin embargo, la reforma ha añadido a la pena de privación de dicho derecho una definición legal de lo que se considera imprudencia grave e imprudencia menos grave en la conducción.

Así es, el CP establece ahora que se reputará *imprudencia grave en la conducción* aquella en la que la concurrencia de alguna de las circunstancias previstas en el art. 379 haya determinado la producción de la muerte (art. 142.1 p. 2) o de las lesiones del art. 147.1, 149 o 150 (art. 152.1 p. 2.)

Lo primero que hay que señalar respecto de esta norma es que no agota todos los supuestos de imprudencia grave en la conducción, es decir que los supuestos del art. 379 en todo caso serán constitutivos de imprudencia grave, aunque también otras conductas gravemente imprudentes podrán considerarse incluidas en esta categoría (por ejemplo, participar en una carrera, o conducir en el sentido contrario).

Los supuestos contenidos en el art. 379 son los relativos a la conducción con exceso de velocidad, la conducción bajo los efectos del alcohol u otras drogas, y la conducción con elevadas tasas de alcohol (*vid.* el art. 379).

Lo cierto es que la inclusión de esta definición era innecesaria puesto que la doctrina y la jurisprudencia ya venían considerando estos supuestos como de imprudencia grave. Hay que tener en cuenta, además, que no es suficiente con que se conduzca de esa forma, sino que es necesario también que el resultado de muerte o lesiones pueda imputarse a esa forma de conducir.

La *imprudencia menos grave en la conducción* sería aquella que, no siendo calificada de grave, cause la muerte o las lesiones del art. 147.1, 149, o 150, como consecuencia de una infracción grave de las normas sobre tráfico, circulación de vehículos a motor y seguridad vial, apreciada la entidad de ésta por el Juez o el Tribunal (art. 142.2 p. 2 y 152.2 p. 2).

La mera lectura del contenido de la supuesta definición nos hace caer en la cuenta de que lo que realmente se hace es señalar dos pautas de valoración que deben tenerse en cuenta para la afirmación de que la conducta supone una imprudencia menos grave: 1) En primer lugar hay que descartar que se trate de una imprudencia grave; lo inmediato sería entonces comprobar que no ha concurrido alguna de las conductas del art. 379, ni ninguna otra dejación intolerable de las normas de prudencia; y 2) hay que constatar que se ha dado una *infracción grave* de las normas de tráfico, circulación de vehículos a motor y seguridad vial, a la que pueda imputarse el resultado de muerte o lesiones. Esta segunda consideración recuerda a la antigua imprudencia simple con infracción de reglamentos del CP de 1973, pero no debe identificarse con la misma. Así es, en la norma no se contiene una remisión sin más a la normativa administrativa de tráfico que nos haría equiparar la imprudencia menos grave a las infracciones muy graves o graves de tráfico, entre otras cosas porque la propia norma exige que sea el Juez o Tribunal quien valore la gravedad de la infracción. En este sentido se manifiesta también la STS de 22 de julio de 2020, que afirma, además, que: «La presencia de una infracción grave [de tráfico] supone una presunción de imprudencia menos grave. Emplaza, en principio, a incoar diligencias para esclarecer los hechos y delimitar la magnitud de la negligencia».

Por otra parte, debemos recordar que el legislador despenalizó en 2015 el homicidio y todas las lesiones por *imprudencia leve*, y que dicha despenalización afecta también a las imprudencias leves cometidas en la conducción de vehículos a motor y ciclomotores, de donde será necesario distinguir en el accidente de tráfico qué tipo de imprudencia ha concurrido.

En este sentido se pronuncia la mencionada STS de 22 de julio de 2020, en los siguientes términos:

> «Recopilemos: la presencia de una infracción grave de tráfico —que es la pauta orientadora introducida en 2019— puede determinar:
>
> *a*) Una imprudencia grave si el Juez o Tribunal lo estima así a la vista de las circunstancias que implican esa mayor magnitud de la infracción del deber de cuidado.
>
> *b*) Una imprudencia menos grave, que, según esa pauta, debiera ser lo ordinario, aunque aquí se imponen matices.
>
> *c*) Una imprudencia leve si el Juez o Tribunal no aprecia entidad suficiente en la infracción como para categorizarla penalmente de menos grave, en supuestos que tampoco serán insólitos o excepcionales».

Por último, hay que señalar que tanto en el homicidio, como en las lesiones de los arts. 147.1, 149 o 150, cometidas por imprudencia grave utilizando vehículo a motor o ciclomotor, la pena del tipo básico se agrava con la imposición obligatoria de la pena de privación del derecho a conducir vehículos a motor o ciclomotores, de 1 a 6 años para el homicidio (art. 142.1 p. 2), y de 1 a 4 años para las lesiones (art. 152.1 p. 2). En el caso de que lo que concurra sea una imprudencia menos grave, la imposición de la pena de privación del derecho a conducir es facultativa en ambos casos, aunque su duración difiere si el Juez decide imponerla, de 3 a 18 meses para el homicidio (art. 142.2 p. 2) y de 3 meses a 1 año en el caso de las lesiones (art. 152.2 p. 2).

e) Cualificación por utilización de armas

El CP de 1995 prevé cualificaciones específicas para algunos de los delitos imprudentes cometidos con armas. La pena se agrava con la imposición, como pena principal, de una pena de privación del derecho al porte y la tenencia armas.

En concreto se prevé esta cualificación en el homicidio imprudente grave artículo 142, y en las lesiones por imprudencia grave del artículo 152. En los delitos de homicidio y lesiones por imprudencia menos grave (arts. 142.2. y 152.2 respectivamente) se recoge también esta cualificación, aunque es de facultativa imposición.

D) *La acción imprudente con varios resultados*

Las acciones imprudentes pueden producir un solo resultado o producir varios. Cuando se produce un solo resultado, no hay problema en afirmar que se trata de un delito imprudente en el que se da una infracción de la norma de cuidado (desvalor de la acción) y un resultado que no era querido por el sujeto (desvalor del resultado). Sin embargo, cuando de la actividad o pasividad derivan varios resultados nos encontramos con una sola infracción de la norma de cuidado y con varios resultados que pueden haberse producido de manera totalmente aleatoria.

Por ejemplo, en un adelantamiento indebido que causa un choque con otro vehículo el número en concreto de muertos puede depender del número de ocupantes del otro vehículo, lo que es totalmente imprevisible —y, por tanto, inevitable—, para el conductor que adelanta de manera indebida. Lo que sí puede prever —y, por tanto, evitar— es el adelantamiento, no el número de víctimas. Es la infracción de la norma de cuidado lo que depende de su voluntad, no el número de resultados.

Desde un punto de vista de técnica legislativa, la acción imprudente con varios resultados puede tener dos enfoques diversos: partir del desvalor del resultado y considerar cada uno de ellos como imprudente, es el sistema que se denomina de *crimina culposa* (delitos culposos) en el que se da un concurso ideal de tantos delitos imprudentes como resultados haya habido; o partir del disvalor de la acción, que es único, con independencia de los resultados que se hayan dado y que pueden depender del azar, en este caso se habla de *crimen culpae* o del «delito de imprudencia» con el número de resultados que haya habido.

Puesto que es la infracción de la norma de cuidado lo que depende de la voluntariedad del sujeto y no el número concreto de resultados, el sistema del *crimen culpae* se adapta mejor a la naturaleza de las cosas en una acción imprudente con varios resultados, mientras que el sistema de *crimina culposa* es más adecuado a las acciones imprudentes con un solo resultado.

En la legislación española hasta el CP de 1995 se ha seguido el sistema del *crimen culpae*, pero el CP de 1995 se decantó por el sistema de tipificación de delitos imprudentes.

Desde un punto de vista dogmático, lo más adecuado habría sido optar por el sistema de *crimina culposa* pero considerando de manera específica las acciones imprudentes con varios resultados, tan frecuentes hoy en día debido a los accidentes de tráfico, y estableciendo para ellas una cláusula que incorporara el *crimen culpae*, por ejemplo, en la regulación del concurso de delitos.

La reforma operada por la LO 2/2019 ha introducido en el CP dos nuevos artículos, el 142 bis y el 152 bis, que a nuestro juicio contienen reglas penológicas específicas para la resolución de ciertos concursos de delitos imprudentes, aunque otros autores consideran que constituyen tipos cualificados del homicidio por imprudencia grave y de las lesiones por imprudencia grave respectivamente.

Establece el nuevo art. 142 bis que:

> En los casos previstos en el número 1 del artículo anterior, el Juez o Tribunal podrá imponer motivadamente la pena superior en un grado, en la extensión que estime conveniente, si el hecho revistiere notoria gravedad, en atención a la singular entidad y relevancia del riesgo creado y del deber normativo de cuidado infringido, y hubiere provocado la muerte de dos o más personas o la muerte de una y lesiones constitutivas de delito del artículo 152.1.2.º o 3.º en las demás, y en dos grados si el número de fallecidos fuere muy elevado.

Por su parte, el nuevo art. 152 bis señala que:

> En los casos previstos en el número 1 del artículo anterior, el Juez o Tribunal podrá imponer motivadamente la pena superior en un grado, en la extensión que estime conveniente, si el hecho revistiere notoria gravedad, en atención a la singular entidad y relevancia del riesgo creado y del deber normativo de cuidado infringido, y hubiere provocado lesiones constitutivas de delito del artículo 152.1.2.º o 3.º a una pluralidad de personas, y en dos grados si el número de lesionados fuere muy elevado.

Los dos nuevos preceptos tienen algunos elementos comunes:

1) En ambos casos se trata de reglas previstas exclusivamente para la imprudencia grave, es decir, no podrían aplicarse ni a los homicidios por imprudencia menos grave ni a las lesiones por imprudencia menos grave, aunque operan sobre todos los supuestos de imprudencia, y no solo sobre las imprudencias graves en la conducción, aunque el Preámbulo de la LO 2/2019 así lo afirme.

2) En ambos casos la aplicación de la nueva regla penológica es facultativa, lo cual quiere decir que si el Juez decide no aplicarlos tendrá que seguir resolviendo el concurso como hasta ahora, ateniéndose a las reglas del art. 77.1 y 2.

3) En ambos casos se condiciona la aplicación de la norma penológica a que el hecho revista notoria gravedad, y se dan pautas para interpretar cuando concurre dicho requisito; que el riesgo creado y el deber normativo infringido sean de singular entidad y relevancia. Ciertamente se trata de dos conceptos jurídicos indeterminados que tan solo podrán colmarse en el caso concreto.

4) En ambos casos la aplicación de la regla se condiciona a que, además de la notoria gravedad, concurran algunos resultados concretos que se especifican. Aunque el legislador no lo haya explicitado, es obvio que es necesario poder imputar objetivamente dichos resultados al deber normativo que se ha infringido.

5) La pena puede elevarse en uno o dos grados, en la extensión que se estime pertinente (aunque la norma solo lo explicite para la subida en un grado) dependiendo de cuáles sean los resultados causados. Además, hay que señalar que la subida de grado se refiere a todas las penas que pudieran imponerse, privativa de libertad, inhabilitación especial, y privación del derecho a conducir o al porte y tenencia de armas.

Las diferencias entre las normas contenidas en el art. 142 bis y el 152 bis se refieren a los resultados exigidos para su concurrencia.

El art. 142 bis exige, para subir la pena en un grado, que se haya causado alternativamente la muerte de dos o más personas o la muerte de una y lesiones constitutivas de delito del artículo 152.1.2.º o 3.º en las demás (quedan excluidas por tanto las lesiones del art. 152.1.1.º, es decir las lesiones del art. 147.1 causadas por imprudencia grave). La pena superior en grado quedará constituida, según los casos, por una prisión de 4 años y 1 día a 6 años, e inhabilitación especial de profesión u oficio, privación del derecho a conducir, y privación del derecho a la tenencia y porte de armas de 6 años y 1 día a 9 años, respectivamente.

Para subir en dos grados la pena es necesario que se haya producido un número de fallecidos muy elevado; cuántos fallecimientos constituyen un número muy elevado tendrá que determinarlo la jurisprudencia. La pena superior en grado quedará constituida por una prisión de 6 años y 1 día a 9 años, e inhabilitación especial de profesión u oficio, privación del derecho a conducir y privación del derecho a la tenencia y porte de armas de 9 años y 1 día a 13 años y 6 meses respectivamente.

El art. 152 bis, por su parte, exige para subir la pena en un grado que la imprudencia hubiere provocado lesiones constitutivas de delito del artículo 152.1.2.º o 3.º a una pluralidad de personas (también en este caso quedan excluidas las lesiones del art. 152.1.1.º). La pena podrá subirse en dos grados cuando el número de lesionados fuere muy elevado. La norma es en este caso harto imperfecta porque las penas de las lesiones de art. 152.1.2.º y 3.º son distintas por lo que la interpretación literal del art. 152 bis nos obligaría a distinguir varios casos; *a*) que se hayan causado una pluralidad de lesiones todas del art. 152.1 2.º; la pena en este caso superior a un grado sería de prisión de 3 años y 1 día a 4 años y 6 meses, y la superior en dos grados una prisión de 4 años 6 meses y 1 día a 6 años y 9 meses; *b*) que se hayan causado una pluralidad de lesiones del art. 152.1.3.º; en este caso la pena superior en un grado sería una pena de prisión de 2 años y 1 día a 3 años, y la superior en dos de 3 años y 1 día a 4 años y 6 meses; *c*) que se hayan causado lesiones de ambas clases, a nuestro juicio este caso debería sancionarse igual que el primero. Por lo demás, las penas superiores en grado al resto de las recogidas en el art. 152.1 serían iguales para todos los casos, inhabilitación especial de profesión u oficio, privación de permiso de conducir y privación del derecho a la tenencia y porte de armas de 4 años y 1 día a 6 años, si se trata de la superior en dos grados serían de 6 años y 1 día a 9 años.

Por último, conviene hacer una valoración crítica de los nuevos arts. 142 bis y 152 bis. Hemos afirmado antes que dada la frecuencia en la que los delitos imprudentes causan múltiples resultados habría sido conveniente que existiera una previsión específica para estos casos en el CP, y de ahí que pudiera concluirse que alabamos la introducción de estas dos nuevas normas, pero no es así.

Por una parte, consideramos que de existir una regla específica para la imprudencia que causa varios resultados debería ser una norma que recogiese la solución sistemática del *crimen culpae*, dicha norma debería ubicarse entre las reglas del concurso ideal de delitos, que es lo que en el fondo constituye una imprudencia que ha causado varios resultados en un sistema de *crimina culposa*. Pero, además, tan solo se podría imponer una pena más grave que la resultante del concurso ideal fundamentándola en la singular relevancia de la norma de cuidado infringida, porque el que se dé uno o varios resultados como consecuencia de la imprudencia no depende en la mayor parte de los casos de la voluntad del sujeto activo.

El sistema seguido por el legislador ubica la norma penológica junto con el delito imprudente concreto que quiere agravar cuando se siguen varios resultados de la conducta imprudente, de ahí que se pueda plantear que constituyen tipos cualificados de los mismos, como hace parte de la doctrina.

A nuestro juicio esta manera de legislar no lleva sino a crear graves incongruencias en el sistema. Por ejemplo, ¿cómo se va a sancionar la imprudencia grave de notoria gravedad que cause la muerte de tres personas, lesiones del art. 147.1 a otras cinco y daños por valor de 100.000 euros? ¿Habrá que aplicar el 142 bis y considerar, además, que entra en concurso de delitos con cinco delitos de lesiones imprudentes del art. 152.1.1.º, y otro de daños imprudentes del 267? La literalidad del art. 142 bis y del art. 77.1 y 2 del CP exigiría que efectivamente sea así, y sin embargo no parece que dicha solución tenga mucho sentido.

Por otra parte, creemos que la penalidad con la que amenazan estos supuestos resulta absolutamente desproporcionada, imponer penas de prisión de 4 a 6 años o de 6 a 9 en casos en los que no se ha buscado deliberadamente causar dichos resultados, sino que estos devienen de un actuar negligente, parece poco compatible con el principio de proporcionalidad y de culpabilidad.

E) *Concurrencia de culpas*

Hay ocasiones en las que la «víctima» contribuye con su conducta a la causación del daño que sufre por la imprudencia de otro; es más, se dan casos en los que su imprudencia es mayor que la del mismo procesado o incluso en las que ella es casi la única causante del resultado lesivo. Baste recordar los casos en los que una persona anciana y poco ágil se lanza temerariamente a cruzar la calzada, por la que circulan los coches a velocidad permitida o incluso a mayor velocidad de la que se permite. Es más, sucede en ocasiones que el conductor, por evitar el atropello inminente y casi inevitable, sufre él mismo las graves consecuencias de la imprudencia de la «víctima».

En una primera etapa el TS se negaba a considerar en el ámbito penal la que entonces llamaba «compensación de culpas» y castigaba al procesado sin dar ninguna relevancia a la imprudencia de la víctima, aunque paulatinamente fue moderando la cuantía de la responsabilidad civil. A partir de los años 80 del siglo pasado el término «compensación de culpas» se sustituye por el de «concurrencia de culpas» y comienza a dársele trascendencia también en la calificación jurídica de los hechos, considerando que puede llegar a degradar la índole de la culpa en que, per se, incurre el agente, haciéndola descender al compás que se incrementa la culpa del ofendido, e incluso llegando a eclipsarla, en cuyo caso la responsabilidad penal y civil recaerá totalmente sobre esa supuesta «víctima» (STS de 25 de octubre de 1988).

Esta postura no puede considerarse correcta, la imprudencia del autor no puede degradarse por la concurrencia de la imprudencia de la víctima, una imprudencia grave no puede convertirse en leve porque haya influido otra culpa en la causación del resultado. Lo que puede ocurrir frecuentemente es que la imprudencia no fuera grave, porque el conductor no esperaba ni podía esperar (por poner un ejemplo) que en la autopista se metiera un peatón. Pero si la imprudencia era realmente grave, lo que procede es castigarla como tal. Afortunadamente el TS comienza a reconsiderar la postura expresada en la Sentencia de 25 de octubre de 1988 para plantear la cuestión de la concurrencia de culpas en su auténtica dimensión: autopuesta en peligro por parte de la víctima que incide en la imputación objetiva del resultado [véase *supra*, Tema 16, I, 2, B) y las SSTS 19 de octubre de 2000 y 23 de febrero de 2009]. Además, hay que recordar que el CP de 1995 ha recogido en el art. 114, la posibilidad de moderar la responsabilidad civil cuando la víctima haya contribuido con su conducta a la producción del daño o perjuicio sufrido.

IV. FORMAS MIXTAS DE DOLO E IMPRUDENCIA

Para terminar el estudio del elemento subjetivo del tipo conviene dedicar algunas líneas a las que suelen llamarse (en terminología causalista) formas mixtas de culpabilidad, pero que desde la perspectiva finalista constituyen formas mixtas de dolo e imprudencia; esto es, del elemento subjetivo del tipo. Éstas son dos: la llamada preterintencionalidad y los delitos cualificados por el resultado.

1. La preterintencionalidad

El nombre de preterintencionalidad viene de las palabras latinas *praeter intentionem* (lo que va más allá de la intención), y se da cuando el autor quiere ejecutar un hecho de distinto significado penal que el que realiza. Esto es, el resultado va más allá de su intención. Breve y certeramente recoge los requisitos de la preterintencionalidad la STS de 30 de septiembre de 1988 (ponente Ruiz Vadillo) con las siguientes palabras:

> El Derecho Penal exige un equilibrio o correlato entre la actividad psíquica del agente y el resultado, de manera que cuando aquél se rompe, se está en presencia del llamado «delito preterintencional» que surge cuando en la dinámica delictiva se origina un resultado más grave que el querido o aceptado por el sujeto activo de la infracción.

Existe la preterintencionalidad como tercera forma de elemento subjetivo (junto al dolo y la culpa) en el Código Penal italiano. Algunos sistemas jurídicos incluyen también en su Código Penal el delito de lesiones con resultado de muerte, que es una forma de preterintencionalidad, aunque no la admitan como forma independiente del dolo y la culpa.

En España el delito preterintencional estuvo vigente hasta la reforma del CP de 1983, como queda expuesto más arriba al hablar del *versari in re illicita*. Dicha reforma intentó borrar de nuestro texto punitivo toda reliquia del *versari*, para lo que suprimió el artículo 1, párrafo 3, así como el artículo 50 mientras que introdujo el artículo 1, párrafo 2, en el que se proclama: «No hay pena sin dolo o culpa». Desde entonces la jurisprudencia distinguió la preterintencionalidad homogénea, es decir, cuando el sujeto quiso cometer el mismo delito, pero de forma menos grave que la que resultó, a la que aplicaba la atenuante de preterintencionalidad del artículo 9.4.ª, y la preterintencionalidad heterogénea, cuando el autor quiere causar un delito más leve y produce un delito más grave, que solucionaba por la vía del concurso de delitos entre el doloso intentado o consumado y el culposo consumado.

El CP de 1995 ha suprimido toda referencia a la preterintencionalidad, incluso la atenuante del CP de 1973, por lo que los supuestos en los cuales el sujeto pretenda realizar un delito y cause otro distinto habrá que solucionarlos por la vía del concurso ideal de delitos entre el delito doloso que el sujeto quiso realizar y el delito imprudente que realmente causó.

2. Los delitos cualificados por el resultado

Los delitos cualificados por el resultado son tipos cualificados por la causación de un resultado ulterior al pretendido por el sujeto, que es el que constituye el tipo básico. Por ejemplo, el tipo básico puede tipificar la conducta de causar el aborto a una mujer, un tipo cualificado por el resultado sería aquel que sancionara con mayor pena que el tipo básico cuando de la causación del aborto se siguiera la muerte de la madre.

En el CP de 1973 existían diversos delitos cualificados por el resultado, que estaban presentes desde la promulgación del CP de 1848. Hasta la reforma del CP de 1983, como consecuencia del principio del *versari in re illicita*, no se exigía para la aplicación del tipo cualificado más que relación de causalidad entre la conducta sancionada en el tipo básico y el resultado ulterior. Era por tanto un caso patente de responsabilidad objetiva. Pero desde la reforma del CP de 1983, que excluyó la responsabilidad objetiva de nuestro ordenamiento penal, la doctrina y la jurisprudencia venían exigiendo para la aplicación del tipo cualificado que, además de la relación de causalidad, el resultado ulterior fuera previsible y evitable, es decir culposo. Cuando el resultado ulterior era el pretendido por el autor no se aplicaba el tipo cualificado sino un concurso de delitos dolosos, en el ejemplo propuesto el aborto doloso en concurso de delitos con el homicidio doloso por la muerte de la madre.

En el CP de 1995 no existen delitos cualificados por el resultado, por lo que se trata de un caso más de preterintencionalidad que habrá que resolver de acuerdo con la norma expuesta en el apartado anterior.

V. AUSENCIA DE TIPICIDAD

Tradicionalmente se ha considerado que la conducta atípica era la que no encajaba en ningún tipo penal y en este sentido se usaba el término «atipicidad». Sin embargo, desde que Welzel propuso la teoría de la adecuación social, la doctrina comenzó a hablar de causas de atipicidad. En un primer momento, la utilización de esta expresión venía a significar que debía hacerse una interpretación teleológica que restringiera el alcance literal de los tipos de la Parte Especial, para excluir de los mismos aquellos comportamientos que resultaran socialmente adecuados. En este sentido, por ejemplo, utiliza la expresión Mir Puig. Desde esta perspectiva, la «atipicidad» seguía significando sólo que la conducta no encajaba en ningún tipo penal. No obstante, últimamente un sector doctrinal empieza a distinguir dentro de la «atipicidad» los supuestos de ausencia de la misma de las causas de atipicidad, dotando de efectos jurídicos distintos la concurrencia de unas y otras. En nuestro país mantiene esta postura Luzón Peña. Para estos autores la «atipicidad» ha dejado de designar sólo que la conducta no encaja en un tipo penal.

Por este motivo vamos a dividir esta materia en dos epígrafes: los supuestos de ausencia de tipicidad y las causas de atipicidad.

1. Ausencia de tipicidad

La ausencia de tipicidad puede deberse a dos motivos distintos: 1) A la ausencia de tipo, es decir, a que con carácter general la conducta no está prohibida. 2) A la ausencia de tipicidad de la conducta, esto es, a que la conducta concreta que se enjuicia no puede subsumirse en un tipo penal, aunque existe un tipo que con carácter general prohíbe la conducta.

1) La ausencia de tipo puede estar motivada por dos causas distintas: *a*) la conducta es lícita en general, motivo por el que no se tipifica (por ejemplo, beber coca-cola); *b*) la conducta es ilícita, pero el legislador no considera adecuado el recurso al Derecho Penal, o porque la conducta no sea lo suficientemente grave (por ejemplo, aparcar el coche en un lugar prohibido), o porque no quiera utilizar la máxima amenaza, la pena, para proteger el bien jurídico (los daños por imprudencia grave inferiores a 80.000 euros, art. 267). La ausencia de tipo hace que no se plantee siquiera la posibilidad de enjuiciar en sede penal la conducta.

2) De la ausencia de tipo hay que distinguir los casos en los que sí existe un tipo penal, pero la conducta que se enjuicia no se puede subsumir en el tipo. En este segundo grupo deben considerarse: *a*) los supuestos en los que a la conducta le falta algún elemento del tipo; *b*) los supuestos en los que concurre un error de tipo invencible; *c*) los casos en los que, a pesar de encajar la conducta en la literalidad del tipo, el conjunto de ésta y de las circunstancias que lo rodean llevan al jurista a negar que se haya realizado el tipo en su pleno sentido.

a) Entre los supuestos en los que a la conducta le falta algún elemento se pueden considerar, sin ánimo de exhaustividad, los siguientes: la conducta no reúne todos los elementos típicos de carácter objetivo (STS del Pleno de 10 de febrero de 2022, en relación a la conducción sin permiso o licencia los vehículos de movilidad personal —art. 384.2—); la ausencia en la conducta del elemento subjetivo del tipo (dolo o culpa); la falta de imputación objetiva por no haber creado la conducta un riesgo jurídicamente desaprobado [véase *supra*, Tema 16, IV, 2, B)]; y la anuencia del interesado cuando el consentimiento forma parte del tipo (véase *infra*, Tema 18, VI, 2). Hay que advertir, sin embargo, que en los delitos dolosos la falta de resultado no da lugar a la ausencia de tipo, sino al delito intentado.

b) El error de tipo invencible es un supuesto de ausencia de tipicidad pero, por no dividir la materia del error en dos partes, se va a estudiar junto con el error de prohibición en el Tema 21.

c) También pueden considerarse atípicas aquellas conductas que, por una interpretación teleológica del tipo, no puedan subsumirse en el mismo. Se comprenderían aquí los casos de insignificancia en la lesión del bien jurídico —como la venta de una cantidad tan insignificante de droga que resulta incapaz de producir efecto nocivo alguno a la salud o el consumo compartido (STS 19 de noviembre de 2012), o la caza de jilgueros con «liga» (STS de 30 de octubre de 2020)— y algunos supuestos de adecuación social, como las operaciones de cirugía estética consentidas y realizadas con éxito.

Para terminar este epígrafe debe señalarse que la ausencia de tipicidad tiene la única consecuencia de declarar que la conducta no tiene relevancia jurídico-penal, pero no predica nada respecto a la ilicitud de la conducta en otra rama del ordenamiento jurídico. Por ejemplo, es atípico el homicidio por imprudencia leve y sin embargo constituye un ilícito civil, por lo que los daños civiles causados por el mismo deben ser indemnizados.

2. Causas de exclusión de la tipicidad

Se va a tratar en primer lugar de la adecuación social, porque ha sido al hilo de esta teoría como ha ido surgiendo la idea de la existencia de auténticas causas de atipicidad. Además, se incluye aquí la teoría del riesgo permitido por su conexión con la adecuación social.

A) *La adecuación social*

La teoría de la adecuación social fue inicialmente expuesta por Welzel, para excluir del injusto penal ciertas actividades peligrosas o incluso lesivas para los bienes jurídicos que, por su utilidad social, se consideran perfectamente lícitas: por ejemplo, que el conductor de un autobús se niegue a detener el vehículo fuera de las paradas establecidas puede considerarse una conducta de coacciones o detenciones ilegales y, sin embargo, es perfectamente adecuada. La teoría de la adecuación social encontró una rápida acogida en la doctrina alemana, pero ya desde su inicio no estuvo claro si los supuestos en ella recogidos debían considerarse atípicos o justificados, incluso el mismo Welzel sostuvo alternativamente ambas posiciones. La consideración de los supuestos de adecuación social como casos de atipicidad, por la vía de la interpretación teleológica de los tipos de la Parte Especial, puede considerarse postura dominante en Alemania hoy en día. En esta línea, por ejemplo, afirma Jescheck:

> La teoría de la adecuación social entiende que aquellas acciones que entran por completo dentro del marco del orden colectivo que ha llegado a ser normal en un momento histórico determinado, no pueden constituir ningún tipo de delito, aunque impliquen peligro para los bienes jurídicos protegidos penalmente (por ejemplo, tener en funcionamiento un reactor atómico, practicar el fútbol, participar en el tráfico automovilístico o explotar una empresa ferroviaria, aérea o naval). Los tipos penales describen en su materia de prohibición sólo acciones «que se apartan gravemente de los órdenes históricos de la vida social». Lo hacen porque el legislador no puede ni, por tanto, quiere prohibir comportamientos adecuados socialmente. La frontera del comportamiento socialmente adecuado que se inserta en el orden jurídico general, coincide con los límites del deber de cuidado que corresponde a cualquiera ante el peligro general que implica el trato de personas y cosas.

La doctrina española ha sido en general reacia a admitir la teoría de la adecuación social fundamentalmente por considerar que resulta innecesaria, al quedar la mayor parte de los supuestos amparados por el artículo 20.7.º del CP, que exime de responsabilidad criminal el ejercicio legítimo de un derecho, oficio o cargo y el cumplimiento de un deber. Sin embargo, otros autores, como Mir Puig, consideran que existen casos de adecuación social en los cuales la conducta no puede ampararse en el artículo 20.7.º: las actuaciones meramente «no prohibidas» no pueden considerarse justificadas por el ejercicio legítimo de un derecho, porque no existe tal derecho; de igual manera, la conducta a la que le falte algún requisito de licitud concomitante que no aumente su normal peligrosidad, no puede constituir un ejercicio *legítimo* del derecho o cumplimiento de un deber. En estos casos, afirma Mir Puig, la conducta debe considerarse atípica porque «la voluntad de la ley deja tácitamente fuera del tipo legal las conductas perfectamente adecuadas a la vida social». Estamos de acuerdo con este autor en que la teoría de la adecuación social debe ubicarse en la ausencia de tipicidad mediante la interpretación teleológica de los tipos; aunque no compartimos los supuestos que él considera como adecuados socialmente. En efecto, si a la conducta le falta algún requisito de licitud que no aumente su peligrosidad, debe considerarse una conducta prudente y, por tanto, no es un caso de adecuación social sino de atipicidad por falta del elemento subjetivo del tipo. Así es: no puede considerarse imprudente la conducta que no habría evitado el resultado aun utilizando toda la diligencia debida, es decir, que en la conducta concurrieran todos los requisitos de licitud.

B) *El riesgo permitido*

La teoría del riesgo permitido se formuló en la doctrina alemana para explicar la impunidad de los casos, cada vez más frecuentes e inevitables en la vida moderna, de acciones que, por su propia naturaleza, implican peligro para las personas y conducen, en número estadísticamente constatable de supuestos, a la lesión de bienes jurídicos protegidos por el Derecho Penal. Por ejemplo, los transportes terrestres, marítimos y aéreos, el tráfico automovilístico, los reactores nucleares, etc. En todos estos casos la conducta es adecuada socialmente siempre y cuando se realice dentro de los márgenes del riesgo permitido. Es decir, quien respeta el riesgo permitido no ha de incurrir en responsabilidad penal aunque cause un resultado lesivo, si bien, tratándose de otra actividad no adecuada socialmente, el resultado sería imputable como imprudencia.

Esta primera aproximación al riesgo permitido fue utilizada en nuestra doctrina por Rodríguez Muñoz para explicar la naturaleza jurídica del caso fortuito, porque permitía negar la responsabilidad civil del caso fortuito sin aceptar la teoría del injusto personal [véase *supra*, Tema 13, III, 2, A)].

La teoría del riesgo permitido ha sufrido los mismos vaivenes que la de la adecuación social, a veces considerada supuesto de atipicidad y en otras ocasiones causa de justificación; es más, los casos que algunos autores consideran de riesgo permitido son utilizados por otros como ejemplos de adecuación social, como se constata de la lectura del párrafo de Jescheck antes citado.

Hoy en día un sector de la doctrina (entre otros, Roxin y Jescheck) tiende a considerar que en algunos casos de riesgo permitido falta la imputación objetiva [véase *supra* Tema 16, IV, 2, B)], mientras que en otros concurre una causa de justificación. En efecto, para estos autores el riesgo permitido constituye un principio estructural que fundamenta algunas causas de justificación, como el consentimiento presunto y la salvaguarda de intereses legítimos. A juicio de Roxin, un supuesto justificado por consentimiento presunto sería la intervención quirúrgica a una persona que está inconsciente; mientras que un caso de salvaguarda de intereses legítimos sería la declaración ante la policía de las sospechas de que una persona sea la autora de un delito, sin que después se pueda comprobar que lo sea. A nuestro juicio, ambos supuestos quedarían amparados en nuestro ordenamiento jurídico por causas de justificación, el primero por un estado de necesidad y el segundo por el cumplimiento de un deber.

C) *Otras causas de exclusión de la tipicidad*

Actualmente un sector minoritario de la doctrina, que asume la teoría de los elementos negativos del tipo, considera que debe diferenciarse dentro de las causas de exclusión del injusto penal dos categorías distintas: aquellas que reducen su eficacia al ámbito penal y aquellas que hacen que la conducta sea lícita para todo el ordenamiento jurídico. Con esta concepción se puede superar la crítica mayoritaria con la que siempre ha tropezado la teoría de los elementos negativos del tipo: la equiparación entre ausencia de tipicidad y justificación a la que conduce (véase *supra*, Tema 14, II, 1).

Partiendo de esta corriente de pensamiento, GÜNTHER llega a diferenciar las causas impropias de exclusión del injusto de las causas propias de exclusión del injusto penal. Su planteamiento es el siguiente. De la antijuridicidad general el legislador selecciona las conductas típicas, interviniendo después la antijuridicidad penal como correctora de los resultados obtenidos en el tipo. El juicio de la antijuridicidad penal, desde esta peculiar perspectiva, no pretende ser un criterio de distinción entre lo justo y lo injusto, sino que pretende señalar el paso de lo injusto a lo injusto merecedor de pena. La antijuridicidad, así entendida, exige diferenciar entre dos clases de exclusión de lo injusto penal: las causas impropias de exclusión de lo injusto, las tradicionalmente denominadas causas de justificación, que excluyen la antijuridicidad general además de la penal; y las causas propias de exclusión de lo injusto penal, que excluyen el merecimiento de pena, pero no la antijuridicidad general. La concurrencia de las primeras haría lícita la conducta para todo el ordenamiento jurídico, mientras que las segundas no prejuzgan la existencia de ilicitud en otros campos, constitucional, administrativo, civil, tributario, etc.

En nuestra doctrina LUZÓN PEÑA admite una diferenciación muy semejante a la de GÜNTHER, pero utiliza una terminología distinta, distinguiendo las causas de atipicidad en sentido estricto de las causas de atipicidad en sentido amplio, a las que posteriormente denomina causas de justificación. Por otra parte, considera este autor que dentro de la atipicidad hay que distinguir la ausencia de tipicidad de las auténticas causas de atipicidad. La ausencia de tipicidad se da cuando la conducta no está tipificada o cuando falta en la conducta concreta algún elemento del tipo, aunque según este autor, en este caso habrá que comprobar posteriormente si concurre una causa de justificación (así, dice, en el caso fortuito falta el elemento subjetivo del tipo, pero se trata de una causa de justificación). Sin embargo, las causas de atipicidad son elementos del tipo del injusto que hacen que la conducta no sea típica aunque encaje en la descripción típica positiva.

Son causas de atipicidad según este autor: el principio de insignificancia (los casos de injusto bagatela); los supuestos de tolerancia social (por ejemplo, las lesiones antirreglamentarias en el fútbol); algunos supuestos de adecuación social (operaciones de cirugía estética realizadas con éxito); los de consentimiento no justificante pero penalmente relevante (el consentimiento de un niño respecto a dar algo que tenga en su poder), y algunos casos de inexigibilidad penal general (la omisión de socorro con riesgo propio: art. 195.1 del CP). Son causas de justificación para este autor las tradicionalmente consideradas (legítima defensa, estado de necesidad justificante, ejercicio de un derecho, oficio o cargo, y cumplimiento del deber) y además, el caso fortuito, el error invencible del tipo, el estado de necesidad de bienes iguales, la obediencia debida a mandatos antijurídicos y algunos casos de inexigibilidad jurídica general (como las indicaciones en el aborto).

La diferencia que encuentra LUZÓN PEÑA entre la ausencia de tipicidad, la concurrencia de una causa de atipicidad y la concurrencia de una causa de justificación se cifra fundamentalmente en que la ausencia de tipicidad y las causas de justificación hacen que la conducta sea lícita para todo el ordenamiento jurídico, mientras que las causas de atipicidad sólo significan que la conducta no es penalmente relevante. Esta postura sólo podría considerarse correcta partiendo del carácter subsidiario del Derecho Penal. En efecto, si la ausencia de tipicidad y la justificación implican licitud general y las causas de atipicidad sólo implican que no hay amenaza de pena, eso quiere decir que el Derecho Penal se limita a sancionar las conductas que el resto del ordenamiento jurídico considera ilícitas. De hecho, como hemos reseñado antes, la teoría de GÜNTHER parte precisamente de esa premisa: de la antijuridicidad general el legislador selecciona las conductas típicas, interviniendo después la antijuridicidad penal como correctora de los resultados obtenidos en el tipo. A nuestro juicio, el Derecho Penal tiene naturaleza autónoma por lo que rechazamos las posturas de GÜNTHER y LUZÓN PEÑA.

Por otra parte, la clasificación que hace LUZÓN PEÑA no está exenta de críticas.

En primer lugar, algunas de las causas que este autor considera de atipicidad son meros supuestos de ausencia de tipicidad. En efecto, el supuesto que menciona como de inexigibilidad general (la omisión de socorro con riesgo del art. 195.1) es un caso de ausencia de tipicidad por falta de uno de los elementos del tipo, ya que el artículo 195.1 castiga «al que no socorriere [...] cuando pudiere hacerlo sin riesgo propio ni de terceros». De la misma forma, los casos de consentimiento no justificante pero penalmente relevante son sólo casos de ausencia de tipicidad: así si el niño consiente falta el elemento del tipo del hurto «sin la voluntad». Hay que resaltar que en ambos supuestos la ausencia de tipicidad se debe a la concurrencia de un elemento negativo del tipo (sin riesgo..., sin la voluntad). Incluso admitiendo, como lo hace LUZÓN PEÑA, la teoría de los elementos negativos del tipo, habría que afirmar que se trata de casos de ausencia del tipo rector y no del tipo del injusto. Por otra parte, los supuestos de insignificancia en la lesión o puesta en peligro del bien jurídico protegido y los casos de adecuación social que considera como causas de atipicidad, pueden ser perfectamente incluidos en una interpretación teleológica que los deje al margen del tipo positivo, por lo que serían también supuestos de ausencia de tipicidad. Sin embargo, habría que admitir que quizá el supuesto de tolerancia social que menciona, las lesiones antirreglamentarias en los deportes, pudiera constituir una auténtica causa de atipicidad. Así es: por una parte, la conducta encaja en el tipo penal, puesto que de manera dolosa, o imprudente al menos, se lesiona el bien jurídico integridad física y salud; además, la conducta no puede estar justificada porque el que la lesión sea antirreglamentaria impide que se pueda considerar legítimo el ejercicio del derecho al deporte, por lo que habría que concluir que se trata de una conducta constitutiva de delito. Sin embargo, este tipo de lesiones se producen a diario y ni siquiera se persiguen penalmente.

En segundo lugar, entre las causas de justificación que considera este autor hay algunas que son auténticos casos de ausencia de tipicidad de la conducta. En efecto, en el caso fortuito falta ya el elemento subjetivo del tipo, por lo que debe considerarse la conducta atípica. En el error de tipo invencible la conducta no puede considerarse dolosa, porque el dolo no abarca el elemento sobre el que recae el error, ni tampoco imprudente porque, por definición, aun utilizando la diligencia debida se habría cometido el error, de aquí que falte también el elemento subjetivo del tipo. Y, por último, los casos de inexigibilidad general no necesitan justificación porque el tipo parte ya de que la conducta no está amenazada con pena. Si todos estos casos son de ausencia de tipicidad no es necesario comprobar si están justificados o no. La comprobación será precisa sólo si se admite la premisa mayor de que la tipicidad se construye sobre la antijuridicidad general, es decir, si se admite que el Derecho Penal tiene un carácter meramente sancionador.

TEMA 18

LA ANTIJURIDICIDAD: AUSENCIA DE JUSTIFICACIÓN

Como vimos *supra* (Tema 14, II) el tipo constituye un juicio provisional del injusto. De aquí que toda conducta que sea típica por norma general será también injusta; como excepción, la conducta típica en la que concurra una causa de justificación no será injusta, estará justificada.

Por ello, la antijuridicidad no tiene más que un contenido negativo: la ausencia de causas de justificación, porque, si no concurre causa de justificación, la conducta típica automáticamente debe considerarse antijurídica.

En España las causas de justificación están contenidas en la legislación penal, y más concretamente en el artículo 20 del CP vigente. Pero a veces algunas causas de justificación no se hallan contenidas íntegramente en el Derecho Penal. Así, por ejemplo, la circunstancia eximente del cumplimiento de un deber (art. 20.7 del CP) encuentra su complemento en otras leyes o reglamentaciones; y lo mismo sucede con la del ejercicio legítimo de un derecho, oficio o cargo (art. 20.7 del CP). Tampoco están todas las eximentes incluidas en el artículo 20 del CP: así, la *exceptio veritatis* se halla en el artículo 207 del CP. Es más, especialmente en otros sistemas legislativos, algunas causas de justificación se hallan en otras parcelas del ordenamiento jurídico e incluso han sido creadas por la doctrina y la jurisprudencia, por lo que en este último caso se les denomina «causas de justificación extralegales». En nuestro ordenamiento penal no resulta necesario acudir a las causas de justificación extralegales porque las recogidas en el propio Código Penal son muchas y de carácter amplio. Así, por ejemplo, el ejercicio legítimo de un derecho y el cumplimiento del deber (art. 20.7 del CP), unidas al estado de necesidad (art. 20.5 del CP) permiten cubrir todos los supuestos que la doctrina de otros países debe considerar amparados por causas de justificación extralegales.

Conviene mencionar también que nuestro Tribunal Supremo, si bien parte de considerar que las eximentes y atenuantes han de estar tan probadas como el hecho mismo, y que la carga de su prueba corresponde a quien opone su concurrencia (así las STS de 19 de abril de 2004 y 18 de abril de 2016, entre muchas otras), comienza a revisar la inflexibilidad de dicho planteamiento. Así, en la STS de 11 de marzo de 2020, afirma que debe apreciarse la operatividad del principio *in dubio pro reo* cuando existen indicios fundados de ausencia de antijuridicidad material de la conducta, y dicha alegación no ha sido sorpresiva, de tal forma que se haya dado oportunidad a la acusación de rebatirla en debate contradictorio. Afirma el TS que «si en tales circunstancias surge una duda creíble sobre la veracidad de la afirmación de un hecho del que depende la antijuridicidad material del comportamiento, y con ello la condena o absolución del acusado, si el Tribunal expresa directa o indirectamente su duda, es decir, no puede descartar con seguridad que los hechos hayan tenido lugar de una manera diferente y más favorable al acusado, y no obstante ello adoptara la versión más perjudicial al mismo, vulneraría el principio *in dubio pro reo*, elemento judicial de ponderación auxiliar, pero de singular valor como regla de enjuiciamiento por su proximidad a la regla constitucional de la presunción de inocencia».

En este Tema se va a tratar de la teoría general de las causas de justificación y se van a analizar en particular las cinco que recoge nuestro Código Penal en su artículo 20: el cumplimiento de un deber, el ejercicio legítimo de un derecho, oficio o cargo; la legítima defensa y el estado de necesidad justificante. A ellas se añadirá el estudio del consentimiento del ofendido como posible causa de justificación.

I. TEORÍA GENERAL DE LAS CAUSAS DE JUSTIFICACIÓN

En este apartado se expondrán sucesivamente el fundamento y la naturaleza de las causas de justificación, por lo que será necesario analizar la cuestión de los elementos subjetivos de dichas causas, para terminar con la exposición sucinta de los efectos de las causas de justificación.

1. Fundamento de las causas de justificación

Las causas de justificación suponen la concurrencia de ciertas razones que conducen al legislador a permitir el ataque a bienes jurídicos. Aunque esos bienes son valiosos para el Derecho Penal, como muestra el hecho de que esté tipificada la lesión de los mismos, en determinadas circunstancias el ordenamiento jurídico puede considerar que pese a darse el desvalor penal no se da el desvalor total de la conducta. Dos son los principios que suelen considerarse como fundamento de las causas de justificación: la ausencia de interés y el interés preponderante.

A) *Ausencia de interés*

Las normas penales se establecen para proteger bienes jurídicos. Pero en ocasiones, aunque el legislador haya considerado digno de protección penal un bien jurídico y por ello haya tipificado la lesión o puesta en peligro del mismo, puede que su titular no tenga interés en defenderlo. En tales supuestos es obvio que la conducta del que lo ataca no sea contraria a Derecho.

El consentimiento del titular del bien a veces se integra como elemento del tipo; se trata de los delitos construidos a base del disentimiento del titular. En estos delitos el disentimiento del titular es elemento integrante del mismo tipo penal, por lo que el consentimiento del titular hace la conducta atípica porque no lesiona el bien jurídico protegido.

Para que la ausencia de interés fundamente una causa de justificación es necesario que el consentimiento no forme parte del tipo. Es decir, que el legislador proteja ese bien con independencia de lo que piense el titular del mismo, aunque, si el titular renuncia a la protección que el ordenamiento jurídico ofrece al bien, el ordenamiento no se oponga. Lo que hace ver claramente la diferencia entre esta causa de justificación y el caso de atipicidad que acaba de citarse (el consentimiento del titular, en los delitos construidos a base del disentimiento de éste), en el que no se da lesión del bien jurídico.

Pero hay que tener en cuenta que un bien jurídico puede tener más de un titular (más de un sujeto pasivo). Esto puede suceder porque haya más de un titular inmediato (como en los casos de copropiedad) o también porque haya un titular mediato además del inmediato (por ejemplo, el Estado o la sociedad, aparte del titular individual). En tales casos no basta con la falta de interés en el titular o en alguno de los titulares inmediatos.

Finalmente hay supuestos de bienes jurídicos no disponibles por el titular. Así sucede con los generales y también con algunos individuales. En realidad tales supuestos pueden reducirse al anteriormente indicado, pues se trata de casos de más de un titular del bien jurídico.

Hasta hace poco se incluían entre los bienes jurídicos individuales indisponibles la vida y la integridad física, pero en la actualidad tan solo cabe incluir la integridad física ya que la Ley reguladora de la eutanasia, LO 3/2021, de 24 de marzo, ha despenalizado, en el nuevo art. 143.5, causar o cooperar activamente a la muerte de otra persona cuando se cumpla lo establecido en la ley, es decir, cuando una persona mayor de edad que sufra una enfermedad grave e incurable, o un padecimiento grave, crónico e imposibilitante que afecte a la autonomía y que genere un sufrimiento físico o psíquico constante e intolerable, solicite ayuda para morir. Lo cierto es que la ley va más allá de la despenalización, legalizando y regulando la eutanasia en nuestro país.

Respecto de la legalización de la eutanasia no pueden olvidarse los efectos perniciosos que puede desencadenar, entre los que se cuentan: *a*) traslada a la sociedad la idea de que hay vidas que valen menos, por eso puede prescindirse de ellas; *b*) favorece una «pendiente peligrosa» en contra del derecho a la vida en otros campos; *c*) puede crear una presión moral sobre los ancianos y enfermos, que sentirían una enorme inseguridad y podrían verse inducidos a pedir su desaparición para no ser molestos; *d*) desincentiva la inversión en cuidados paliativos y en tratamientos para el dolor; y, *e*) empeora la relación médico-paciente e incluso la relación paciente-familiares.

Estos argumentos nos parecen suficientes para valorar muy negativamente la legalización de la eutanasia, rechazada también por Comité de Bioética de España, en su informe de 6 de octubre de 2020, que propone como alternativa un sistema de prestación de cuidados paliativos universal y de calidad para abordar las situaciones de final de la vida que ocasionan sufrimiento. También las tres grandes religiones monoteístas se han manifestado en contra de la eutanasia y el suicidio asistido considerándolas moral e intrínsecamente erróneas.

B) *Interés preponderante*

En ocasiones se da un conflicto de intereses entre dos bienes jurídicos. Éste puede darse entre dos bienes jurídicos de rango distinto o de igual rango.

Cuando son de rango distinto, y se sacrificar uno de ellos para salvar al de rango superior, pese a que exista lesión del bien jurídico sacrificado dicha lesión no puede considerarse contraria al ordenamiento jurídico, puesto que se ha realizado en aras a salvaguardar otro bien jurídico al que el legislador da primacía. Así sucede, por ejemplo, en la eximente de cumplimiento de un deber, cuando el policía detiene al delincuente; o en el estado de necesidad de bienes desiguales, en el que se sacrifica, por ejemplo, el patrimonio ajeno, para salvar la propia vida.

A veces los bienes jurídicos son de igual rango, pero las especiales circunstancias en las que se desenvuelve la acción típica hace que el legislador considere preponderante uno sobre el otro, otorgándole una mayor protección que, si bien no hace desaparecer el desvalor de la conducta típica, sí la justifica. Así sucede en la legítima defensa, cuando el agredido tiene que matar al agresor injusto para salvar la propia vida; entonces el conflicto de intereses se resuelve en favor de la vida del inocente contra la vida del agresor injusto.

Más discutible es el caso de legítima defensa del propio patrimonio (cuando a la vez no existe riesgo ninguno para las personas) a costa de privar de la vida al agresor injusto, porque en este supuesto el bien jurídico sacrificado (la vida del agresor) es más valioso que el patrimonio. Por eso no se suele admitir como un caso de mero conflicto de bienes (vida y patrimonio), sino que, los que lo defienden, añaden algún otro bien jurídico al patrimonio: por ejemplo, la defensa del Ordenamiento jurídico, etc., que hace preponderante el bien jurídico que asépticamente considerado es de menor jerarquía convirtiéndolo en interés preponderante. En realidad en el fondo está la vieja (y discutible) postura de la doctrina alemana de que el derecho no debe ceder nunca ante la injusticia.

No es el mismo caso el del estado de necesidad de bienes iguales (por ejemplo, en un naufragio), donde ambos titulares de la vida son inocentes. Por eso tal supuesto no es causa de justificación, sino tan sólo de exculpación.

2. Naturaleza objetiva/subjetiva

La mayoría de la doctrina y la jurisprudencia vienen exigiendo que el que actúa con una causa de justificación tenga el ánimo de ejercitarla. Por ejemplo, en la legítima defensa no basta que el que priva de la vida a un injusto agresor lo realice sin saber que defiende a la víctima, es decir, que la defienda casualmente y de modo meramente objetivo, sino que es menester que *quiera* defenderla.

V. Liszt propuso un caso «de laboratorio» que, sin embargo, se realizó en términos semejantes poco después en el norte de Italia. Durante la cena, como era frecuente entre ellos, un hijo se pelea fuertemente con su padre y termina por retirarse a su cuarto, muy indignado. Pero al cabo de un rato decide matar a su padre y se dirige al cuarto del matrimonio, donde lo sorprende de espaldas y agachado hacia adelante. Entonces dispara y lo mata, pero con gran sorpresa comprueba que acaba de salvar la vida de su madre, a la que el padre en ese preciso instante estaba a punto de matar, porque le acusaba de fomentar la postura rebelde de su hijo.

En el supuesto anterior, el hijo ha ejercitado legítima defensa objetiva de su madre, aunque le faltaba totalmente el ánimo subjetivo de defenderla (el llamado *animus defendendi*) y en su lugar tenía un claro ánimo parricida.

Estos elementos subjetivos se vienen exigiendo por la doctrina y por la jurisprudencia respecto a todas las causas de justificación. Pero donde más se ha encendido la discusión entre los penalistas españoles ha sido a propósito de la legítima defensa, porque el artículo 20.4.º de nuestro CP tan sólo exige que el que la ejercita actúe «en» defensa de la persona o derechos. Algunos autores defienden que la partícula «en» no tiene significado final («para») en el *Diccionario de la Lengua* de la Real Academia, sino tan sólo locativo, temporal o modal; por lo que (según dichos autores) el texto legal español no exige en la legítima defensa el *animus defendendi* y, por tanto, en el Derecho Penal español cabría la legítima defensa objetiva.

Pero no observan dichos penalistas que, aunque dicha partícula por sí sola no tenga sentido final, no sucede lo mismo con la locución «en defensa», que en castellano tiene claro sentido final. Baste citar la frase «en defensa de mi honra», que no significa tan sólo que objetivamente he defendido mi honor, sino que actué para ello.

También se añade (y esto ya vale para todas las causas de justificación) que exigir un elemento subjetivo equivaldría a moralizar falsamente el Derecho Penal. En frase de RODRÍGUEZ DEVESA: «los tribunales dejarían de ser salas de justicia, para convertirse en confesionarios».

Pero no se termina de ver la diferencia en orden a la «moralización» del Derecho Penal entre el exigir elementos subjetivos en el tipo y en las causas de justificación. Porque también podría decirse que el tener que constatar, si el que se lleva la cosa ajena lo hace con ánimo de lucro o meramente para usarlo o por gastar una broma pesada (cosa que exige dicho autor y todos los neoclásicos para constatar si existe el delito de hurto), supone una inadmisible «moralización» del Derecho. Y, dando un paso más, ¿por qué no es también una falsa «moralización» del Derecho la que se impone al Juez al tener que averiguar si el sujeto activo quería matar o meramente pretendía dar un susto a la víctima? Porque el hecho de que se incluya dogmáticamente dicha constatación en la acción o en la culpabilidad no varía en absoluto la «moralización» del Derecho Penal.

Por otro lado, se confunden a veces posibles móviles más o menos inconfesables del autor con el *animus* de que se viene hablando. El que un cirujano ejerza su profesión con sadismo no impide el que la ejerza para sanar al enfermo, ya que la constelación de motivos en un mismo sujeto suele ser muy compleja. Y lo mismo se diga del policía que, además de detener a un presunto delincuente en cumplimiento de su deber, pueda tener resentimientos más o menos intensos hacia el mismo. Lo único que exige el *animus* de que se viene hablando es que el motivo exista, no que sea el único motivo de la acción. No es lo mismo hacer una cosa por un motivo que hacerla con motivos concomitantes, como enseña la psicología.

Por eso, como se ha dicho desde el principio, la mayoría de la doctrina y la jurisprudencia vienen exigiendo, para aplicar las causas de la justificación, que el autor tenga el *animus* que cada una de ellas postula.

Después de lo anterior, queda clara la naturaleza de las causas de justificación: si bien la escuela neoclásica defiende que las causas de justificación son de naturaleza predominantemente objetiva, aunque por excepción tengan elementos subjetivos, la doctrina mayoritaria admite que en las mismas se da una componente objetiva y otra subjetiva.

3. EFECTOS DE LAS CAUSAS DE JUSTIFICACIÓN

El efecto fundamental de las causas de justificación es que convierten la conducta del sujeto en conforme a Derecho: la justifica, a pesar de ser típica. De este efecto se deducen los demás.

La primera consecuencia, que se deriva de lo anterior, es que no cabe utilizar una causa de justificación contra otra, puesto que la conducta del que actúa con una causa de justificación es jurídica. Por ello, como el primer requisito de la legítima defensa es la «agresión ilegítima» (lo que equivale a «antijurídica»), no cabe «defenderse» contra el que actúa cubierto por una causa de justificación; como sería intentar defender la libertad contra el policía que pretende detener a un presunto delincuente, o «defenderse» contra el que ataca mi propiedad en un supuesto de estado de necesidad de bienes desiguales.

En el campo de la participación criminal es lícito tomar parte en la conducta del que actúa con una causa de justificación, puesto que se está participando en una acción jurídica. Pero es punible la autoría mediata a través de un autor inmediato cubierto por una causa de justificación.

No se pueden aplicar medidas de seguridad al que actúa amparado por una causa de justificación, ya que no se ha cometido un «hecho previsto como delito», lo que en el lenguaje de nuestras leyes penales equivale a una acción típica y antijurídica.

Finalmente, y en general, la causa de justificación no sólo exime de responsabilidad criminal, sino también de responsabilidad civil derivada del delito. La única excepción a este principio la constituye el estado de necesidad, para el que el artículo 118, regla tercera del CP preceptúa que son responsables civilmente «las personas en cuyo favor se haya precavido el mal, en proporción del beneficio que hubieren reportado». Pero tal norma no tiene un fundamento penal, sino civil: el de evitar un enriquecimiento injusto.

Los supuestos de una eximente incompleta se tratarán al hablar de las circunstancias atenuantes (véase *infra*, Tema, 24, II, 1) y los de una causa de justificación putativa, al tratar del error de tipo [véase *infra*, Tema 21, II, 2, D), *b*)].

II. EL CUMPLIMIENTO DE UN DEBER

Aunque la eximente actual está recogida en el mismo artículo y número del Código Penal que la que se tratará a continuación, se van a estudiar ambas por separado por la diferencia en su contenido y a pesar de su indudable parentesco. Aquí se expondrán sucesivamente el concepto, fundamento, naturaleza jurídica, extensión y requisitos de la actual circunstancia eximente.

1. Concepto

El CP en el primer inciso de su artículo 20.7.º prescribe que está exento de responsabilidad criminal: «El que obre en cumplimiento de un deber».

El tenor literal es claro y señala que actúa jurídicamente el que obra en cumplimiento de un deber, sea proveniente del derecho público o del privado.

Existe una clara diferencia entre esta eximente y la que se refiere al ejercicio legítimo de un derecho, de la que se hablará a continuación. Porque el que cumple un deber, está obligado a cumplirlo, mientras que en el ejercicio legítimo de un derecho el ciudadano puede (pero no está obligado) ejercitar su facultad.

Como observan algunos autores, esta eximente, unida a la que sigue (el ejercicio legítimo de un derecho, oficio o cargo), serían suficientes por sí solas; puesto que todas las eximentes restantes son derechos o deberes concedidos por la ley. Pero es lógico y útil desde el punto de vista de los estudiosos del Derecho que el legislador las especifique más detalladamente.

2. Fundamento

El fundamento de esta eximente hay que buscarlo en la unidad del ordenamiento jurídico, que lleva a que lo que es obligatorio o está permitido en cualquier otro campo del Derecho (administrativo, civil, mercantil, incluso el propio Derecho Penal, etc.) no pueda ser antijurídico penalmente, sino que deba estar permitido por el Derecho Penal.

3. Naturaleza jurídica

Por lo expuesto sobre el fundamento de la actual eximente, es claro que el cumplimiento de un deber constituye una causa de justificación, pues se trata de hacer jurídica la conducta del que obra obligado por una parcela del ordenamiento jurídico. Si su actuar fuese antijurídico, no se preservaría la unidad del dicho ordenamiento legal.

El principio que fundamenta esta causa de justificación es el del interés preponderante, sea el de la educación de los ciudadanos (deber de los padres de educar a sus hijos), sea el de evitar la comisión de delitos o el castigo de los culpables (deber de denunciar los delitos y de detener y juzgar a los presuntos delincuentes), sea finalmente el funcionamiento de la Administración del Estado (obediencia debida).

4. Extensión

Se trata evidentemente de deberes jurídicos, ya que no bastan para eximir de responsabilidad criminal otros deberes morales, sociales, de cortesía, etc. por muy obligatorios que puedan ser para un individuo concreto. A lo más, podrán dar lugar a una objeción de conciencia.

El deber puede provenir del Derecho público y del Derecho privado. Son deberes de Derecho público, entre otros, el de denunciar por parte del que presencie o tenga conocimiento de la comisión de un delito (art. 259 LECrim), sin olvidar el deber de impedir la comisión de determinados delitos, impuesto por el artículo 450 del CP.

Esta eximente es la que suele amparar el ejercicio de la violencia en los supuestos de intervención policial. Los requisitos exigidos por nuestro Tribunal Supremo para que el uso de la violencia esté amparado por la eximente son los siguientes:

1.º Que el sujeto activo sea una autoridad o un funcionario público autorizado por las disposiciones correspondientes a hacer uso de medios violentos en el ejercicio de los deberes de su cargo.

2.º Que el posible delito se haya producido en el ejercicio de las funciones del cargo correspondiente.

3.º Que para el cumplimiento del deber concreto en cuyo ámbito está desarrollando su actividad, le sea necesario hacer uso de la violencia (necesidad en abstracto), porque, sin tal violencia, no le fuera posible cumplir con la obligación que en ese momento le incumbe.

Si falta cualquiera de estos tres primeros requisitos que constituyen la esencia de esta eximente, no cabe su aplicación, ni siquiera como eximente incompleta.

4.° Que la violencia concreta utilizada sea la menor posible para la finalidad pretendida, esto es, por un lado, que se utilice el medio menos peligroso y, por otro lado, que ese medio se use del modo menos lesivo posible, todo ello medido con criterios de orden relativo, es decir, teniendo en cuenta las circunstancias concretas del caso, entre ellas las posibilidades de actuación de que dispusiera el agente de la autoridad (necesidad en concreto).

5.° Proporcionalidad de la violencia utilizada en relación con la situación que origina la intervención de la fuerza pública, pues la levedad del caso, si existiera, a veces justifica la no intervención.

Consideración particular merece el deber de obedecer las órdenes de los superiores jerárquicos que impone el propio CP en los artículos 410 y 411.

Hasta el CP de 1995 la obediencia debida constituía una eximente recogida expresamente en el CP. La supresión de la misma se debe, según la doctrina, a que los supuestos a los que le era aplicable cabe reconducirlos a la eximente de cumplimiento de un deber, ya que el que tiene la obligación jurídica de obedecer y obedece, lo único que hace es cumplir con su deber.

Siendo cierto el punto de partida, no hay que olvidar que prácticamente todas las causas de justificación pueden ser reconducidas o bien al cumplimiento del deber, o bien al ejercicio legítimo de un derecho, oficio y cargo, y sin embargo el legislador no se ha planteado la desaparición de la mención expresa a la legítima defensa, que no es sino un caso de ejercicio de un derecho, luego el argumento no es suficiente. Más bien parece que el legislador acoge la postura doctrinal que mantiene que el que obedece una orden aparentemente legítima no queda amparado por una causa de justificación sino por un error y, por ello, suprime la eximente. Si esto es lo que pretendía el legislador no lo ha conseguido. En efecto, puede argumentarse que el que recibe de un superior jerárquico un mandato que reúne todos los requisitos formales, y que no infringe de manera clara, terminante y manifiesta la ley tiene el deber de cumplirlo, y si lo hace está cumplimiento con su deber, luego quedaría amparado por la eximente de cumplimiento de un deber.

Otros deberes proceden del Derecho privado, tales como el de velar por los hijos no emancipados, alimentarlos, tenerlos en su compañía, educarlos, etc. (CC, art. 154, p. ú.).

Finalmente los deberes profesionales pueden proceder del Derecho público o del privado; pero en todo caso han sido asumidos por vía contractual por los interesados, aunque estén especificados por una ley, reglamento o estatutos del cuerpo o colegio a que pertenezcan. Tal es el caso del deber específico de denunciar ciertos delitos de que tuvieren noticia por razón de su cargo, impuesto por el artículo 262 de la LECrim a ciertos profesionales (aun a pesar del secreto profesional que les obliga en ocasiones y sobre el que no se debería pasar tan fácilmente como lo hace dicha ley); los deberes impuestos a los órganos jurisdiccionales; los de exacción de impuestos a los agentes recaudadores y funcionarios de aduanas; así como el deber de adoptar medidas disciplinarias en los campos administrativo, laboral y militar, etc. Finalmente, el deber del secreto profesional, impuesto a los abogados y procuradores por el artículo 199 del CP.

5. Requisitos

Suelen estar señalados en cada caso por la correspondiente ley, reglamento o estatutos del cuerpo respectivo, para evitar la lesión injusta de bienes jurídicos. Por ejemplo, el uso de armas en los Cuerpos de Seguridad del Estado, etc.

En el caso del cumplimiento del deber es el artículo 410 el que contiene los requisitos. En este artículo se pueden distinguir los requisitos formales exigidos por el número primero que son los siguientes:

1.º Las órdenes deben proceder de la autoridad superior. Luego debe existir una relación de subordinación entre el que da la orden y el que la recibe.

2.º Deben darse dentro de los límites de la respectiva competencia. Lo que supone que el superior mande dentro de su competencia y que el súbdito sea competente para ejecutar la orden.

3.º Han de estar revestidas de las formalidades legales. Estas formalidades suelen estar recogidas en las leyes y reglamentos administrativos correspondientes y lógicamente son mayores cuanto más importante es la orden.

Pero, además, existe un requisito material en el artículo 410.2 del CP para que la orden sea obligatoria, que no «constituya una infracción manifiesta, clara y terminante de un precepto de Ley». Es lo que exigían los prácticos del Derecho al decir que la orden no podía tener *atrocitas facinorum* (la atrocidad de los delitos), aunque reducían el requisito material sólo a los casos en los que se ordenase por el superior al subordinado cometer un delito. Sólo en tales supuestos el subordinado no estaba obligado a obedecer y, si lo hacía, incurría en responsabilidad criminal.

Luego en síntesis el funcionario está obligado a obedecer, cuando le mande su superior legítimo con las formalidades legales correspondientes y salvo que la orden constituya una violación manifiesta, clara y terminante de una ley.

El exceso no queda amparado por la eximente, aunque en su caso puede dar lugar a una eximente incompleta (véase *infra*, Tema 24, II, 1).

III. EL EJERCICIO LEGÍTIMO DE UN DERECHO, OFICIO O CARGO

La actual eximente engloba el ejercicio legítimo de un derecho cualquiera y el de los derechos dimanantes de un oficio o cargo. Aunque en realidad se recogen dos supuestos diversos, ambos tienen como factor común el que se trate del ejercicio legítimo de un derecho. Por ello se van a estudiar conjuntamente. Para su exposición se seguirá el mismo esquema utilizado en el análisis de la anterior eximente: Concepto, fundamento, naturaleza jurídica, extensión y requisitos.

1. Concepto

El segundo inciso del artículo 20.7.º prescribe que queda exento de responsabilidad criminal «el que obre [...] en el ejercicio legítimo de un derecho, oficio o cargo».

El texto reproducido señala que obra jurídicamente el que ejercita un derecho cualquiera, sea que provenga de cualquier campo del Ordenamiento jurídico, sea que le corresponda por su oficio o cargo.

Como ha quedado indicado más arriba, la diferencia con el cumplimiento de un deber estriba en que el sujeto que cumple un deber está obligado por la ley a poner el acto; mientras que el que ejercita un derecho puede hacerlo, pero no está obligado a ello.

El texto legal exige que el ejercicio del derecho sea legítimo, lo que supone que esté de acuerdo con las leyes y reglamentaciones pertinentes. Pero en muchas ocasiones no existen leyes ni reglamentos que delimiten perfectamente el campo de lo «legítimo», por lo que se hace menester acudir a la costumbre o incluso a los usos sociales. Piénsese, por ejemplo, en el derecho de corrección de los padres respecto a sus hijos, del que se hablará enseguida.

En el texto legal la palabra «oficio» significa cualquier profesión privada, aunque no se exija para su ejercicio un título facultativo, sea manual o liberal, sea retribuida o gratuita. Mientras que el vocablo «cargo» suele entenderse en el sentido de ejercicio de funciones públicas, sean permanentes o transitorias. Es dudoso, si el ejercicio de las facultades inherentes a un cargo privado (por ejemplo, a las del director general de una empresa privada) quedarían incluidas en la palabra «oficio» o en el vocablo «cargo»; pero en todo caso es claro que quedarían cubiertas por esta eximente.

2. Fundamento y naturaleza jurídica

El fundamento y la naturaleza jurídica de esta eximente son los mismos que los señalados en la anterior: la unidad de ordenamiento jurídico no permite que un ciudadano sea castigado penalmente por el ejercicio de una facultad concedida por otra parcela del derecho. Luego su conducta es jurídica, también penalmente.

En lo que sigue se va a especificar en cada caso el principio en que se fundamenta la eximente que, según los distintos supuestos, será el de la ausencia de interés o el del interés preponderante.

3. Extensión

Van a tratarse a continuación algunos de los casos más frecuentes en los que es de aplicación esta eximente y a señalar los principios aplicables. Estos principios pueden utilizarse también en otros supuestos semejantes.

A) *El derecho a la corrección*

El derecho a la corrección de los menores se fundamenta en el interés de éstos, y subsidiariamente de la sociedad, por la educación de los ciudadanos del futuro, esto es, en el interés preponderante. En este supuesto se da una mezcla de las dos partes de la eximente del artículo 20.7.º; ya que existe el deber de educar a los menores, pero el modo de ejercitar dicho deber quedar en manos de quien lo ejercita, y por ello constituye un derecho.

El artículo 154 del CC contiene los deberes y facultades que supone la patria potestad que se ejerce sobre los hijos menores de edad no emancipados. Antes de la reforma operada por en el mismo por L 13/2005 se contenía, en el párrafo último, el derecho de corrección que se expresaba en los siguientes términos «Los padres podrán en el ejercicio de su potestad [...] corregir razonable y moderadamente a los hijos». La supresión de la explicitación del derecho a la corrección de los hijos no puede suponer, sin embargo, que no exista dicho derecho, puesto que éste se deriva del deber de educarles y procurarles una formación integral (art. 154, p. 3.1.° CC). Otra consideración sería absurda desde el punto de vista lógico-ontológico; ¿cómo se va a educar a un hijo sin ponerle límites?, ¿hay que dejar que los hijos hagan todo lo que quieran? ¿deben los padres de un adolescente rebelde que no se atiene a razones recabar «el auxilio de la autoridad» para tratar de impedir que se vaya de viaje con sus amigos? Otra cosa distinta es que el derecho de corrección sea un derecho ilimitado. El derecho a la corrección presupone el *animus corrigendi*, lo que es además la pauta para medir la dirección, el modo y los medios empleados, que se han de proporcionar a la edad y demás condiciones del *corrigendo*.

El Tribunal Supremo, en reciente Sentencia de 8 de enero de 2019, considera que «tras la reforma del art. 154.2 CC, el derecho de corrección es una facultad inherente a la patria potestad y no depende su existencia del reconocimiento legal expreso, sino de su carácter de derecho autónomo, por lo que sigue teniendo plena vigencia. Cosa distinta es la determinación de su contenido y de sus límites tras la supresión formal del mismo». Respecto de dicho contenido, la misma sentencia explicita que los comportamientos violentos que ocasionen lesiones que requieran una primera asistencia facultativa, no pueden encontrar amparo en el derecho de corrección. En cuanto al resto de las conductas, cachetes, castigos sin salir, etc., deberán ser analizadas según las circunstancias de cada caso y si resulta que no exceden los límites del derecho de corrección, la actuación no tendrá consecuencias penales ni civiles.

B) *Las lesiones en los deportes*

Los deportes, especialmente algunos, constituyen un peligro para la integridad corporal e incluso para la vida de los que participan en ellos; baste pensar en el boxeo, en el montañismo, etc. Pero a la vez se trata de una actividad no sólo permitida, sino incluso fomentada por el Estado, por los bienes que reporta a la salud física y al equilibrio psicológico. Por tanto, parece que hay que encuadrar esta causa de justificación en el principio del interés preponderante.

La primera manera de determinar, si el ejercicio concreto de un deporte es «legítimo» es acudir a los reglamentos respectivos, cuando existen; pues en muchos deportes (por ejemplo, en el esquí, en el remo, etc., ejercitados fuera de una competición deportiva) no se puede hablar estrictamente de reglamentaciones. Entonces se hace necesario acudir a la «costumbre», que tampoco existe siempre suficientemente desarrollada, especialmente en deportes nuevos. Lo que indica que en muchas ocasiones la palabra «legítimo» es un elemento normativo de experiencia, cuya interpretación queda en manos del Juez.

Aun en los casos en los que existen reglamentos, se da un cierto margen consuetudinario de «tolerancia», en muchas ocasiones no justificada. Baste recordar lo que sucede con frecuencia en los campos de fútbol, no sólo en el terreno de juego, sino también en el graderío. Por otro lado, en algunos casos puede existir un claro dolo de lesionar (piénsese en el boxeo). Cuando éste se pruebe, evidentemente que el sujeto activo no quedará amparado por la eximente, si ha actuado fuera de la reglamentación correspondiente.

C) *El tratamiento médico*

Quizás es el tratamiento médico una de las cuestiones que plantea mayor problemática, dentro de la eximente 7.ª del artículo 20 del CP. En la mayoría de los supuestos que van a exponerse, se encuadra esta causa de justificación entre las que suponen ausencia de interés por parte del sujeto pasivo, aunque en algunos supuestos se trata de interés preponderante. Para solucionar los distintos casos que pueden presentarse se van a tratar algunos de los más frecuentes que son de muy distinta índole.

Con carácter previo debe señalarse que para que el ejercicio de la profesión médica pueda considerarse legítimo es necesario el consentimiento. En efecto, la nueva Ley básica reguladora de la autonomía del paciente y de derechos y obligaciones en materia de información y documentación clínica, Ley 41/2002, de 14 de noviembre (*BOE* de 15 de noviembre de 2002), establece en su artículo 8 que toda actuación en el ámbito de la salud necesita el consentimiento libre y voluntario del afectado, una vez recibida la información sobre, al menos, la finalidad y naturaleza de la intervención que se le va a practicar, sus riesgos y sus consecuencias (art. 4). Una vez establecida esta obligación general de obtener el consentimiento informado, la Ley se encarga de matizarla, en su artículo 9, en que regula los límites del consentimiento informado y el consentimiento por representación. Según esta Ley, es posible prescindir del consentimiento cuando existe riesgo para la salud pública, y cuando existe riesgo inmediato y grave para la integridad física o psíquica del enfermo y no es posible conseguir su autorización, consultando, cuando las circunstancias lo permitan, a sus familiares y a las personas vinculadas de hecho a él.

a) Tratamientos médicos coactivos

Se pueden dar en el caso del médico militar, respecto a los integrantes de las Fuerzas Armadas e incluso en el supuesto de tratamientos prescritos por el Estado para evitar epidemias, etc. Por ejemplo, en el caso de tener que aislar a los enfermos contagiosos o cuando se ordena una vacunación colectiva. En estos supuestos no se trata del ejercicio de un derecho, sino del cumplimiento de un deber por parte del médico, siempre que el facultativo esté obligado por su calidad de funcionario o por otras causas. Sin embargo, no parece que pueda obligarse por medios violentos al paciente a someterse al tratamiento, sino que habría que limitarse a medidas disciplinarias, mientras no peligre su vida o sea un claro peligro de contagio para la sociedad en que vive y dicho peligro no pueda evitarse por otros cauces, como sería el del internamiento coactivo.

Un caso peculiar lo constituyen los testigos de Jehová con su negativa a admitir las transfusiones de sangre, aun a riesgo próximo e inmediato para su vida. Tradicionalmente cuando se trataba de los padres respecto a un menor de edad, se acudía al expediente de recurrir al Juez, que suspendía parcialmente la patria potestad y ordenaba la transfusión. Cuando eran los mayores de edad los que se negaban a la transfusión, se acudía a la consideración de que el individuo concreto no es el único titular del bien jurídico «vida», sino que sólo es el sujeto pasivo inmediato, pero que existían otros sujetos pasivos mediatos, tales como la sociedad, etc. El planteamiento de este problema ha cambiado radicalmente en los últimos tiempos. Respecto de los adultos tanto la doctrina como la jurisprudencia reconoce en la actualidad que la libertad religiosa o de conciencia es un valor superior incluso a la vida, por lo que se niega la licitud de la intervención médica coactivamente impuesta para salvar la vida del que se niega, en el ejercicio de su libertad religiosa o de conciencia, a someterse a la intervención. Con los menores de edad el tema es más complejo. Establece el artículo 9.3 de la Ley de autonomía del paciente que:

> «Se otorgará el consentimiento por representación en los siguientes supuestos: [...] *c*) Cuando el paciente menor de edad no sea capaz intelectual ni emocionalmente de comprender el alcance de la intervención. En este caso, el consentimiento lo dará el representante legal del menor después de haber escuchado su opinión conforme a lo dispuesto en el artículo 9 de la Ley Orgánica 1/1996, de 15 de enero, de Protección Jurídica del Menor.»

Por su parte el art. 9.4 dice:

> «Cuando se trate de menores emancipados o mayores de 16 años que no se encuentren en los supuestos *b*) y *c*) del apartado anterior, no cabe prestar el consentimiento por representación. No obstante lo dispuesto en el párrafo anterior, cuando se trate de una actuación de grave riesgo para la vida o salud del menor, según el criterio del facultativo, el consentimiento lo prestará el representante legal del menor, una vez oída y tenida en cuenta la opinión del mismo.»

Es decir, que se distinguen dos situaciones: *a*) respecto de los menores de dieciséis años, serán sus representantes legales quienes tengan que otorgar el consentimiento, aunque si éstos lo niegan puede intervenir el Ministerio Fiscal en interés del menor y solicitar del Juez que lo supla, en todo caso debe oírse al menor de edad; y *b*) respecto de los mayores de dieciséis años serán ellos mismos quienes presten, o no, el consentimiento, aunque en aquellos casos en los cuales su vida o salud pueda correr peligro será el representante legal quien preste el consentimiento, una vez oída y tenida en cuenta su opinión. A nuestro juicio también en este caso podría intervenir el Ministerio Fiscal en interés del menor y solicitar del Juez que decida.

Problemática semejante se ha dado en los casos de huelga de hambre hasta la muerte de los «grapos» que se resolvieron admitiendo la licitud de la alimentación coactiva de los presos sobre la base de la relación de especial sujeción de los mismos con la Administración Penitenciaria, por la cual esta última tenía la obligación de velar por su vida (STC 120/1990). En esa misma sentencia se plantea, sin embargo, la ilicitud de la intervención médica obligatoria cuando una persona, fuera de ese supuesto de especial sujeción con la Administración, asume el riesgo de una decisión que a ella sola le afecta.

b) Tratamientos voluntarios

Es el caso más frecuente y se da cuando un médico ejerce su profesión por cuenta propia o incluso como contratado por un centro o una sociedad sanitarios. Suelen distinguirse varios casos que es menester analizar por separado.

a') Tratamientos curativos

En el supuesto de tratamientos curativos no existe dolo de muerte, aunque puede existir dolo de lesionar. Por tanto la conducta es típica, pero no es antijurídica por la actual causa de justificación. Luego a lo más el problema se plantea en el terreno de la imprudencia, sobre todo si se trata de una intervención quirúrgica o un tratamiento medicamentoso de alto riesgo y no se han tomado las debidas precauciones. Por ello que hay que resolver dichos casos de acuerdo con los principios de la imprudencia, expuestos más arriba (Tema 17) que se centran alrededor del deber de cuidado que incluye la realización de la intervención de acuerdo con la *lex artis*.

La decisión sobre si se debe operar o no en casos de alto riesgo se debe juzgar de acuerdo con el principio del doble efecto, de tanta raigambre jurídica entre los prácticos del Derecho. Según dicho principio es lícito poner una acción que no sea en sí mala (porque, si lo fuera, nunca sería lícito ponerla, ya que el fin no justifica los medios), de la que se sigan dos posibles efectos (uno bueno y otro malo), con tal que se pretenda sólo el bueno y se tolere el malo (caso de que se produzca), cuando el efecto bueno no se pueda conseguir por otro medio y su valor supere al del efecto malo. Por ello, es menester que la intervención peligrosa sea el único medio previsible de salvar la vida (o en su caso, la salud, etc.) del paciente y que se pretenda este fin, mientras que tan sólo se tolere la posible muerte, que en sí no se desea y que se procura evitar, tomando todas las precauciones sanitarias. Cuando no se han tomado o no se ha observado en todos sus términos el principio del doble efecto, es cuando entraría en juego el reproche por imprudencia.

b') Tratamientos cosméticos

Otro caso es el de los tratamientos cosméticos que en sí no buscan la salud física del paciente y que a veces presentan riesgo e incluso muy alto; tales pueden ser no sólo las operaciones quirúrgicas cosméticas, sino las curas de adelgazamiento, etc. Suele defenderse por algunos que se trata, a pesar de todo, de un tratamiento curativo, no de la salud física, pero sí de la psicológica del paciente, ya que las deformaciones suelen producir *shocks* y complejos de efectos muy perniciosos. Por tanto habría que aplicar las mismas reglas que a las intervenciones curativas.

En todo supuesto y especialmente cuando no sea el caso de tratamientos curativos, habría que aplicar las reglas de la imprudencia, complementadas con las del principio del doble efecto y medir bien los riesgos y el fruto que se espera de la intervención; pero en ninguno de estos supuestos se da dolo de muerte, por lo que hay que excluir el delito doloso.

c') Donación de órganos

Finalmente se presenta la problemática de la donación de órganos para un trasplante, una de cuyas especies es la trasfusión de sangre. El artículo 156 exime estos supuestos (así como el de la esterilización y el de la cirugía transexual; pero estos dos últimos supuestos no se pueden incluir aquí, por no responder a la problemática de la donación de órganos) de responsabilidad penal bajo ciertas condiciones.

Como es habitual en estos casos, el legislador no entra en la cuestión de qué clase de eximente constituye dicha exención. Piensan algunos que se trata de un caso de atipicidad, ya que el legislador deja estos supuestos fuera del tipo penal de lesiones. Pero la solución no es adecuada, porque se da una lesión o puesta en peligro del bien jurídico y, por tanto, se realiza el tipo penal. Por esta razón los tratadistas y los tribunales suelen admitir en dichos casos la responsabilidad penal imprudente, cuando no se han tomado las precauciones necesarias (no se ha ejecutado conforme a la *lex artis*), lo que hay que extender también a todos los demás casos tratados anteriormente. Luego hay que afirmar que se trata de una causa de justificación, a la que hay que aplicar los mismos principios sobre la imprudencia, que se acaban de reseñar a propósito de las intervenciones curativas.

Pero la dificultad viene del hecho de que, en el que cede el órgano no hay razón ninguna curativa, luego parece a primera vista que se trata de un delito de lesiones doloso. Sin embargo, en tales delitos se exige el ánimo de dañar, mientras que en el supuesto de donación de un órgano se excluye (de nuevo, de acuerdo con la *lex artis*) todo perjuicio (al menos próximo) para la salud del donante; recuérdense, por poner un ejemplo, las precauciones que se toman en el caso de donación de sangre. Por ello hay que excluir el delito doloso y quedará subsistente (en su caso) la responsabilidad culposa, que habrá que juzgar de acuerdo con lo dicho al hablar de las lesiones curativas.

Algunos autores en todos los casos anteriores acuden a la adecuación social o a la imputación objetiva y por ello declaran atípicas dichas conductas. Pero parece más acertado resolverlos (al menos desde el punto de vista del finalismo) como se ha hecho en las líneas anteriores.

D) *El ejercicio de la abogacía*

El abogado en el ejercicio de su profesión pone frecuentemente una serie de acciones típicas. Tales son, por ejemplo, calificar de falsa una acusación, manifestar los malos antecedentes de un testigo para debilitar su testimonio, recurrir sentencias de los tribunales por no ser ajustadas a Derecho, decir que el abogado de la parte contraria desconoce la ley o su aplicación correcta, etc.

Tales manifestaciones sólo quedan justificadas por la defensa de los intereses que le han sido confiados y por el interés de la sociedad de que se esclarezcan los hechos, especialmente cuando se trata de causas criminales. Luego en tales supuestos se trata de un conflicto de intereses, en los que la ley penal se inclina por el interés preponderante.

4. Requisitos

Los requisitos, a que ha de someterse el uso recto de esta eximente, han ido quedando expuestos en los casos anteriormente tratados. En conjunto están determinados en la minoría de los casos por la ley, por las reglamentaciones, por la *lex artis* y por la «costumbre» cuando ésta existe. En la mayoría de los casos se trata de elementos normativos, cuya aplicación hay que confiar al Juez, debidamente asesorado por peritos en la materia.

También en esta eximente cabe el exceso, que habrá de ser tratado, en su caso, como supuesto de una eximente incompleta, de la que se hablará en el Tema 24, II, 1.

IV. LA LEGÍTIMA DEFENSA

La eximente de legítima defensa ha sido reconocida universalmente desde los albores de la Humanidad. Pero también desde el principio se han sucedido las discusiones en torno a su fundamento y naturaleza jurídica, a los bienes que pueden ser defendidos y al alcance de la reacción por parte del que se defiende.

Su diferencia con el estado de necesidad consiste en que en la legítima defensa la fuerza para repeler el ataque se dirige contra el injusto agresor, mientras que en el estado de necesidad la fuerza empleada va dirigida contra una cosa o contra una persona inocente.

Se van a tratar aquí sucesivamente el concepto, fundamento, naturaleza jurídica, extensión y requisitos legales de la legítima defensa.

1. Concepto

La reforma del CP de 1983 convirtió las tres clases de legítima defensa, que recogía nuestro Código Penal desde 1848, en una sola. Ahora se dice en el artículo 20.4.º del CP que queda exento de responsabilidad criminal:

> El que obre en defensa de la persona o derechos, propios o ajenos, siempre que concurran los requisitos siguientes:
>
> 1.º Agresión ilegítima. En caso de defensa de los bienes, se reputará agresión ilegítima el ataque a los mismos que constituya delito y los ponga en grave peligro de deterioro o pérdida inminentes. En caso de defensa de la morada o sus dependencias, se reputará agresión ilegítima la entrada indebida en aquélla o éstas.
>
> 2.º Necesidad racional del medio empleado para impedirla o repelerla.
>
> 3.º Falta de provocación suficiente por parte del defensor.

Suele definirse la legítima defensa como el empleo de la fuerza necesaria para repeler una agresión injusta, dirigida contra el que se defiende o contra un tercero. Desde antiguo (la fórmula se introduce por los canonistas y teólogos medievales) se viene exigiendo también que se observe por el que se defiende el *moderamen inculpatae tutelae* (la moderación de una tutela libre de culpabilidad), lo que viene a equivaler al segundo de los requisitos exigido por nuestro código punitivo. Sin embargo, el tercer requisito no era exigido por el Derecho común ni suele tener su paralelo en el Derecho comparado.

2. Fundamento

Ya desde los comienzos del Derecho surgen dos fundamentaciones diversas de la legítima defensa. El Derecho romano apoyaba la legítima defensa en un derecho individual originario; por eso la limitaba a la defensa de la vida y de la integridad. Por el contrario el Derecho germánico fundamentaba la legítima defensa en la protección del orden jurídico: al defenderse, el ciudadano defendía al Estado. Por ello, cualquiera, aunque no fuese la víctima, podía dar muerte al ladrón e incluso para salvaguardar cualquier derecho.

En épocas más recientes se han ido sustentando otros puntos de vista, en los que, sin embargo, se siguen mezclando los anteriores.

Apoya la concepción más individual la tesis de KANT, que fundamentaba la legítima defensa en ser una situación de necesidad, que debe quedar impune porque la necesidad no tiene ley; pero consideraba la actuación como injusta. FEUERBACH la veía como una vuelta al estadio anterior al contrato social, en la que el individuo recobraba su derecho a defenderse porque el Estado no podía hacerlo en esa ocasión. PUFENDORF la fundamentaba en la perturbación de ánimo. Todos estos autores apuntan, por tanto, más a una causa de exculpación que de justificación.

Dentro aún de la concepción más individual el primero que defiende la legítima defensa como causa de justificación es VON BURI, que pone su fundamento en la colisión de derechos entre el injusto agresor y el inocente, por lo que el Estado se inclina por el derecho más valioso.

Por el contrario, HEGEL defiende la concepción más colectiva, propia del Derecho germánico. De acuerdo con su método tricotómico (tesis, antítesis y síntesis) cree que la tesis es el derecho, la antítesis el delito (que es el no derecho, la negación del derecho) y la síntesis la legítima defensa que al negar el «no derecho» (el delito) restablece el derecho. A través de BERNER se introduce esta teoría en el Derecho Penal y queda plasmada en la frase (de frecuente uso en la doctrina y jurisprudencia alemanas): «El derecho no debe ceder ante el no derecho», ante la injusticia. Por ello sostiene la doctrina alemana que ante un ataque injusto se puede defender el derecho por cualquier medio, incluso matando al agresor injusto por salvar un objeto de poco valor, si es el único medio para defender el propio patrimonio. Luego en la teoría de HEGEL (que suele denominarse de la justicia intrínseca) la legítima defensa es una causa de justificación.

Se ha defendido también recientemente en la dirección de la concepción colectiva la teoría de que se trata de una especie de subrogación en el poder del Estado: al ser éste incapaz de ejercitar la defensa del inocente, delega en el mismo. Pero entonces la legítima defensa sería un deber (así lo propugna entre otros H. MAYER), mientras que la tesis más defendida es la de que se trata de un derecho del agredido.

En la actualidad se defiende una mezcla de las teorías individual y colectiva. Como la legítima defensa sólo puede ejercitarse para defender bienes individuales (o colectivos, como el patrimonio de una sociedad anónima, pero nunca estatales), se parte del punto de vista de la teoría individual: el Estado, al admitir la legítima defensa, resuelve un conflicto de derechos, en el que se inclina por el interés preponderante, que es el del inocente. Pero para justificar la defensa de valores de menor trascendencia que el daño que se causa (por ejemplo, la defensa del patrimonio hasta matar al agresor injusto) se mezcla la teoría individual con la colectiva: la legítima defensa tiene también por fin el mantenimiento del orden jurídico establecido.

Sin embargo, en estos casos extremos de defensa de un bien de escaso valor hasta la muerte del agresor injusto cada vez se va propendiendo más a admitir una cierta proporcionalidad entre el mal que se trata de evitar y el causado (al menos, se pide que no haya total desproporción entre ambos); lo mismo sucede, cuando el injusto agresor es un inimputable. En tales casos se postula que el agredido se limite a rehuir en lo posible la agresión. Todo ello se fundamenta en la moderna concepción del Estado social y la consiguiente superación del modelo de Estado liberal e individualista. Es más, CEREZO opina que bastaría aplicar en tales casos el artículo 7.2.º del CC sobre el abuso de derecho, para excluir dichos supuestos del ámbito de la legítima defensa.

3. Naturaleza jurídica

Actualmente los penalistas admiten que la legítima defensa es una causa de justificación, lo que además se deduce de las fundamentaciones aducidas. Porque el conflicto de intereses, en el que el Estado se inclina por el interés preponderante (que es el del inocente), es un principio que claramente fundamenta las causas de justificación. La mezcla del factor colectivo (temperado por la consideración social) es también un motivo que habla de causa de justificación, puesto que se trata de defender el ordenamiento jurídico.

También admiten hoy en día los penalistas que la legítima defensa es un derecho, pero no un deber del agredido; postura que se refuerza cada día más ante el pensamiento actual de algunos sectores de la población, a los que repugna (por diversas razones ideológicas e incluso religiosas) matar a un semejante, aunque sea a costa de sacrificar la propia vida.

4. Extensión

Dos cuestiones diversas se plantean a propósito de la extensión de la legítima defensa: qué bienes pueden defenderse y qué personas pueden defenderlos. Conviene tratar ambos problemas por separado.

A) *Bienes defendibles*

Hay que distinguir varias clases de bienes. La defensa de los bienes personales (vida e integridad corporal, e incluso libertad sexual) ha sido fácilmente admitida por los penalistas de todos los tiempos. Actualmente (y apoyados en el tenor del precepto del CP que habla de «defensa de la persona o derechos propios o ajenos») los penalistas siguen considerando que ha de tratarse de bienes individuales y que por ello quedan excluidos los bienes supraindividuales (los propiamente estatales, tales como la seguridad del Estado, el recto funcionamiento de la Administración pública, etc.), aunque se incluyan los bienes de sociedades o asociaciones privadas e incluso los del Estado cuando éste actúa como persona jurídica (el patrimonio, etc.).

Mayor polémica ha suscitado la defensa del patrimonio, cuando el ataque al mismo no iba unido al menos al peligro de ataque a una persona. La jurisprudencia durante mucho tiempo se negó a admitir en esos casos la legítima defensa, alegando que la palabra «agresión» que usa el CP supone el ataque a una persona. Pero el *Diccionario de la Lengua* no permite tal interpretación restrictiva, ya que en dicha palabra admite como segundo sentido el de «acto contrario a derecho». Para evitar dicha interpretación jurisprudencial la reforma del CP de 1944 añadió la declaración de qué se entiende por «agresión ilegítima» en caso de ataque a los bienes o a la morada; declaración que sigue existiendo en el CP vigente, aunque la fórmula ha sufrido alguna modificación.

La indicada declaración no tiene un tenor muy feliz. Porque para la defensa de los bienes se exige que el ataque a los mismos «los ponga en grave peligro de deterioro o pérdida inminentes». ¿Cómo puede saber la víctima las intenciones del agresor injusto? Además, el inciso sobre la morada o sus dependencias en su redacción actual es totalmente innecesario, porque, ¿qué otro modo hay de atacarlas que el de la entrada indebida? El único supuesto posible sería el de la permanencia en la morada contra la voluntad del dueño; pero entonces no se trataría de «agresión» puesto que se estaría ante una omisión.

La redacción actual proviene de la reforma de 1944, hecha en un intento de ampliar la aplicación de la legítima defensa en contra de la tendencia restrictiva del TS; pero el proceder correcto hubiera sido suprimir el inciso y no dejarlo en un tenor del todo inútil.

A partir de la reforma del CP de 1944 la jurisprudencia ha ido admitiendo la defensa de todos los bienes personales e individuales, lo que se afirma claramente en la STS de 19 de diciembre de 1979, entre otras. Pero suele exigir una cierta proporcionalidad entre la reacción del agredido (y, por tanto, el mal que causa al agresor) y el valor del bien jurídico atacado, especialmente cuando éste es de escasa entidad. Lo que va en la línea de lo indicado, al hablar de la fundamentación de la legítima defensa.

B) *Personas que pueden defenderlos*

A este respecto la fórmula utilizada por el artículo 20.4.º no deja lugar a dudas: puede defenderse el agredido o un tercero. Esto último es lo que se denomina legítima defensa de terceros.

Antes de la reforma del CP de 1983 se distinguían en el artículo 8 del CP tres casos de legítima defensa: la propia, la de ciertos parientes y la de extraños; es más, el tercer requisito era distinto en cada una de ellas. Afortunadamente la citada reforma terminó con esta complicada fórmula, sin muchos precedentes ni semejanzas en el Derecho Penal comparado.

5. Requisitos legales

El artículo 20.4.º del CP exige tres requisitos para admitir la legítima defensa:

1.º «Agresión ilegítima». Como queda indicado, desde la reforma de 1944 la palabra agresión ya no puede limitarse al acometimiento físico, sino que se extiende a todo género de ataque. Pero también es admitido por toda la doctrina que no cabe legítima defensa contra un animal (sería estado de necesidad), a no ser que detrás del mismo esté su dueño que lo utiliza como un instrumento de ataque.

El adjetivo «ilegítima» se entiende por la doctrina y la jurisprudencia como equivalente a «antijurídica», por lo que queda descartada la legítima defensa contra el «agresor» cubierto por una causa de justificación, pero puede ejercitarse ante un inimputable. No se exige, sin embargo, que se trate de un acto antijurídico penal, sino que puede ser civil, administrativo, etc. Aunque algunos autores (por ejemplo, Luzón) han intentado deducir la necesidad de que se trate de un injusto penal de la fórmula usada por el CP respecto a los bienes, donde se exige que el ataque constituya «delito», la mayoría de la doctrina opina que basta que sea un ilícito de cualquier parcela del Derecho.

Recuerda nuestro Tribunal Supremo en Sentencia de 6 de marzo de 2013 que constituye agresión ilegítima toda actitud de la que pueda racionalmente deducirse que pueda crear un riesgo inminente para los bienes jurídicos defendibles, y que haga precisa una reacción adecuada que mantenga la integridad de dichos bienes, sin que, por tanto, constituyan dicho elemento las expresiones insultantes o injuriosas por graves que fuesen, ni las actitudes meramente amenazadoras sino existen circunstancias que hagan adquirir al amenazado la convicción de un peligro real o inminente (STS 12 de julio de 1994), exigiéndose «un peligro real y objetivo y con potencia de dañar» (ST de 6 de octubre de 1993), de modo que no la constituye «el simple pedir explicaciones o implicar verbalmente a otra persona» (STS de 23 de marzo 1990), ni el «hecho de llevar las manos en los bolsillos, profiriendo insultos» (STS de 26 de mayo de 1989). Se añade además el requisito de que la agresión sea actual o inminente, por lo que una vez terminado el ataque, no se puede ejercitar la legítima defensa ni recuperar lo sustraído, sino que hay que acudir a los medios ordinarios (denuncia a la policía, etc.). En estos supuestos en los que no hay necesidad de defensa se produce un exceso extensivo o impropio que no da lugar ni a la eximente completa ni a la incompleta.

También rechaza el Tribunal Supremo la legítima defensa en supuestos de riña aceptada, aunque acepta que pueden existir supuestos en los que, en un momento determinado del desarrollo de la riña, el empleo de medios agresivos desproporcionados, valorables como un inesperado salto cualitativo, pudieran dar lugar a otras consideraciones sobre el particular (SSTS de 17 de marzo de 2004, 30 de diciembre de 2014 y 29 de noviembre de 2018).

Finalmente el ataque ha de ser real. Si se tratase de un agresión imaginada, se estaría ante un supuesto de legítima defensa putativa, que constituiría un error.

2.º «Necesidad racional del medio empleado para impedir o repeler la agresión.» La jurisprudencia durante mucho tiempo quiso equiparar la racionalidad del medio empleado a la proporcionalidad entre el daño causado y el que se trataba de evitar, lo que carece de toda base legal. En efecto, el CP habla de la racionalidad del medio empleado —y no de una ponderación de bienes, como sucede en el estado de necesidad—, lo que debe entenderse en el sentido de utilizar el medio menos dañino de los que se disponga para repeler la agresión. Además, no hay que olvidar que la racionalidad no se puede medir con precisión matemática, sino que para comprobarla hay que ponerse en la situación fáctica en la que se encontraba la víctima al producirse la agresión. En este sentido resulta muy expresiva la STS de 18 de diciembre de 2003, representativa de la nueva línea jurisprudencial, que señala que:

> [...] cuando la Ley habla de la necesidad de que el medio empleado ha de ser racional «ya está revelando una flexibilidad o graduación que no puede someterse a reglas predeterminadas, por lo que no se puede exigir a quien actúa bajo la presión de tener que defenderse la reflexión y ponderación que tendría en circunstancias normales de la vida para escoger los medios de defensa» (Sentencias de 24 de febrero y 16 de noviembre de 2000 y 17 de octubre de 2001). Dada la perturbación anímica suscitada por la agresión ilegítima, no puede exigirse al acometido la reflexión, serenidad y tranquilidad de espíritu para, tras una suerte de racionamientos y ponderaciones, elegir fríamente aquellos medios de defensa más proporcionados, con exacto cálculo y definida mensuración de hasta dónde llega lo estrictamente necesario para repeler la agresión (Sentencias de 29 de enero de 1998 y 22 de mayo de 2001).

3.º «Falta de provocación suficiente por parte del defensor». La provocación, de que se habla, es la que constituiría una incitación a la agresión ilegítima. Pero no es muy feliz la fórmula empleada por el legislador, porque en caso de legítima defensa de terceros, cabría ésta aunque el «agredido» hubiera exasperado al «agresor», incluso en presencia del tercero. También cabe que un sujeto provoque y exaspere a otro; si éste, indignado, reacciona contra la mujer del primero (presente en la escena) que, aunque haya tomado alguna parte en la provocación, no lo haya hecho «suficientemente», el marido se vería imposibilitado de defender a su mujer.

Parece que lo que pretende el legislador es evitar dejar sin legítima defensa a un ciudadano, porque el tercero que quiere defenderle dude de si la presunta víctima ha provocado (o si la provocación ha sido «suficiente») al agresor. Pero este requisito podría suprimirse y dejar a la doctrina y a la jurisprudencia la determinación de los casos en los que por este motivo no procediese aplicar la eximente de legítima defensa, como de hecho lo hacen otros sistemas legislativos. No faltan autores que ven en este requisito una pervivencia del *versari in re illicita*.

Cuando faltan parcialmente los requisitos segundo o tercero, puede acudirse a apreciar una eximente incompleta (véase *infra*, Tema 24, II, 1). Pero la jurisprudencia niega la aplicación de dicha atenuante, cuando falta la agresión ilegítima, por ser el requisito generador de la situación de legítima defensa.

V. EL ESTADO DE NECESIDAD

En contra de lo que ha sucedido con la legítima defensa, el estado de necesidad ha ido encontrando su puesto entre las eximentes paulatinamente y más bien de modo tardío; especialmente ha sucedido así con el estado de necesidad de bienes iguales y con el auxilio necesario.

Con el fin de facilitar el estudio de esta eximente, conviene tener presente desde el principio que nuestro Código Penal, en su artículo 20.5.º, exige tan sólo «que el mal causado no sea mayor que el que se trata de evitar». Por lo que suelen distinguirse dos clases de estados de necesidad: el que se suele denominar de bienes desiguales (al que otros autores prefieren llamar con más exactitud de «males» desiguales), en el que el mal causado ha de ser menor que el que se trata de evitar; y el que se llama de bienes iguales (más propiamente, de «males» iguales) en el que el mal producido es igual que el que se trata de precaver. También conviene saber desde el principio que nuestro CP admite no sólo el estado de necesidad propio, sino también el ajeno; esto es, que lo puede utilizar el sujeto que se encuentra en un grave peligro, así como un tercero en beneficio del necesitado. En este último caso se habla de «auxilio necesario».

Para su estudio se van a tratar sucesivamente el concepto, el fundamento y la naturaleza jurídica, la extensión y los requisitos del estado de necesidad.

1. Concepto

Conviene separar el estudio del concepto legal (en el que se apuntará a la evolución histórica del mismo), el del concepto doctrinal y las diferencias de esta eximente con las de legítima defensa y la del cumplimiento de un deber.

A) *Texto legal*

El artículo 20.5.º del CP dice que queda exento de responsabilidad criminal

> El que en estado de necesidad, para evitar un mal propio o ajeno, lesiona un bien jurídico de otra persona o infringe un deber, siempre que concurran los requisitos siguientes:
>
> Primero. Que el mal causado no sea mayor que el que se trata de evitar.
>
> Segundo. Que la situación de necesidad no haya sido provocada intencionadamente por el sujeto.
>
> Tercero. Que el necesitado no tenga, por su oficio o cargo, obligación de sacrificarse.

La evolución histórica del texto legal es la siguiente: el CP de 1848, en su artículo 8.7.º admitía sólo el estado de necesidad propio y lo limitaba a causar un daño en la propiedad ajena menor que el que se trataba de evitar; texto que reprodujo literalmente la reforma de 1870. En el artículo 60 del CP de 1928 se admite el auxilio necesario y se sigue limitando el estado de necesidad a la causación de un daño menor que el que se trata de evitar, pero se admite que sea en la propiedad o derechos ajenos; luego amplía la fórmula, incluyendo los derechos ajenos y el auxilio necesario. La reforma del CP de 1932, en su artículo 8.7.º, utiliza ya casi el mismo tenor que la fórmula actual; pero sigue reduciendo la eximente sólo al estado de necesidad propio y obliga a que el mal causado sea menor que el que se trata de evitar. Finalmente la reforma del CP de 1944 introduce el texto actual del estado de necesidad.

La amplitud con que recoge nuestro CP el estado de necesidad no tiene semejante en ningún otro Código Penal europeo. Sin embargo, deja sin determinar una serie de aspectos que conviene puntualizar. Por ello se va a intentar una definición doctrinal y a continuación se explicarán algunos aspectos dudosos.

B) *Definición doctrinal*

El estado de necesidad suele definirse como un estado de peligro actual para intereses legítimos que únicamente puede conjurarse mediante la lesión de intereses legítimos ajenos. Pero la situación descrita no ha de dar lugar a la legítima defensa ni al cumplimiento de un deber, pues estas dos eximentes prevalecerían sobre el estado de necesidad.

El mal que se cause ha de estar tipificado en el CP; ya que, en otro caso, no sería necesario hablar de eximente. Pero el mal que amenaza no siempre tiene que estar tipificado; ni tampoco puede ser producido por el ejercicio de la legítima defensa o el cumplimiento de un deber, pues no cabe utilizar una causa de justificación contra otra causa de justificación; aunque suele admitirse que es posible un estado de necesidad contra otro estado de necesidad. Por supuesto, cabe el estado de necesidad justificante ante un estado de necesidad sólo exculpante (esto es, de males iguales).

No es posible utilizar el estado de necesidad para precaverse de males de poca monta a los que obliga a soportar la normal convivencia ciudadana; sino que el mal que amenaza ha de tener una cierta entidad, pues sólo se puede hablar de un «mal» y de una «necesidad» en tales casos.

C) *Diferencias con otras causas de justificación*

Como queda dicho más arriba, la diferencia entre la presente eximente y la legítima defensa radica en que en esta última la fuerza para repeler la agresión se dirige contra el injusto agresor, mientras que en el estado de necesidad se actúa contra una cosa o contra una persona inocente. Por eso en el estado de necesidad se limitan los bienes o deberes que pueden lesionarse; lo que no sucede en la legítima defensa, salvo los casos indicados al hablar de ella, en los que se diese una extrema desproporción.

La diferencia entre el estado de necesidad y el cumplimiento de un deber estriba en que el que cumple un deber está obligado a ello, mientras que el que se ampara en el estado de necesidad tiene el derecho (no el deber) de actuar. Además, en el cumplimiento de un deber no existe de modo tan estricto la proporcionalidad de bienes que se da en el estado de necesidad.

2. Fundamento y naturaleza jurídica

Suele decirse que por la igualdad de legitimidad (ya que son inocentes tanto el que utiliza como el que soporta el estado de necesidad de otro, lo que no ocurre en la legítima defensa), deciden los intereses en juego. Luego se trataría de un conflicto de intereses, en los que la ley se inclina por el interés preponderante. Pero esto sólo es exacto en el caso de males desiguales, pues en el de iguales no deciden los intereses, que son también iguales. Por ello éste no constituye (como se verá más adelante) más que una causa de exculpación, cuya fundamentación es distinta: la no exigibilidad penal de otra conducta.

En los intentos de fundamentar el estado de necesidad se han propugnado tres teorías: la subjetiva, también llamada de la equidad o de la adecuidad; la objetiva, denominada también de la colisión de bienes; y la de la diferenciación, que propone dos fundamentaciones distintas para el estado de necesidad de males desiguales y para el de iguales.

La teoría subjetiva es la que apareció más pronto y funda esta eximente en el estado de perturbación anímica del necesitado. Grocio supone que se trata de una vuelta al estado de naturaleza, mientras otros varios autores tratan de fundamentarla en el instinto de conservación. Para Kant se trata de un actuar injusto del sujeto, pero que no es equitativo (de aquí el nombre de la teoría) castigar por la coacción psicológica que ejerce la necesidad sobre el sujeto.

Por el contrario la teoría objetiva, que proviene de Hegel, pone el fundamento del estado de necesidad en la colisión de bienes: el Estado se inclina en este caso por el bien de mayor valor objetivo que es el de los intereses salvados. El máximo exponente de esta teoría es Berner, pero de él nace también la teoría de la diferenciación, ya que propugna que cuando se trata de bienes sensiblemente iguales, no puede concederse al necesitado más que una excusa; pero cuando son desiguales es razonable sacrificar el bien menor para salvar al mayor.

Parece que hay que defender la teoría de la diferenciación. Esta distingue en el estado de necesidad dos eximentes de naturaleza distinta. Cuando se trata de males desiguales, se da una causa de justificación, fundamentada en el conflicto de bienes que el legislador resuelve a favor del bien más valioso. En el caso de males iguales, el principio fundamentador es la no exigibilidad penal de otra conducta distinta y por tanto se está ante una causa de exculpación.

En la actualidad Gimbernat propugna que el estado de necesidad es siempre causa de justificación, aunque sean pocos sus seguidores en esta postura (véase *infra*, Tema 22, II, 2).

Un grupo más numeroso, encabezado por Cerezo y Mir Puig (aunque ambos con distintos matices), defiende ciertas matizaciones dentro de la teoría de la diferenciación. Creen, por un lado, que no es suficiente que el mal causado sea menor que el que se trata de evitar para que se dé siempre una causa de justificación, pues eso llevaría a resultados intolerables. Por ejemplo, habría que admitir como causa de justificación (lo que, además, supondría dejar sin legítima defensa a dicho sujeto) que un cirujano extirpase a un ciudadano un riñón contra su voluntad, para salvar la vida de un paciente; pues la mera comparación de los males en juego (vida e integridad corporal) parecería llevar a esa conclusión. Pero a este argumento hay que contestar que en este caso, además de la integridad física, entraría en la valoración el grave atentado contra la dignidad de la persona humana (que algunos creen equiparable a la vida), por lo que a lo más habría que declarar en casos semejantes que se trataba de una causa de exculpación.

Por el otro lado no parece aceptable ni a Cerezo ni a Mir Puig que en el caso de males de igual valor se admita el auxilio necesario indiscriminadamente, sino que sería conveniente restringirlo a los supuestos en los que el auxiliador necesario fuese un pariente, amigo o persona muy allegada.

Finalmente propugnan que en algunos casos muy especiales se debería conceder en el estado de necesidad causa de exculpación, aunque el mal causado fuera algo mayor que el que se trata de evitar. La orientación de los citados autores procede de la doctrina y de la legislación alemanas, que en el estado de necesidad de males iguales mezclan un factor subjetivo, por lo que exigen una cierta conmoción anímica, ya que esta clase de estado de necesidad se regula en un artículo distinto del justificante y queda más cercano a las eximentes y atenuantes emocionales (el miedo insuperable, el arrebato, etc.) que lo que sucede en nuestro Código Penal.

Aunque tal vez fuesen deseables tales cambios *de lege ferenda*, no hay que olvidar que en el CP español (en contra de lo que sucede en el alemán) no se encuentra base para ellos. Cerezo cree hallarla en la palabra «impulsado» que utilizaba el CP de 1973, pero no parece lo mismo dicho elemento subjetivo (que por lo demás, se exigía para todos los supuestos del estado de necesidad y no sólo para el auxilio necesario) que la conmoción anímica que se postula por la doctrina alemana. Por tanto sería un recorte de la eximente en contra del reo. Semejante es lo que sucede con la ampliación propuesta por dichos autores para el estado de necesidad de males iguales a ciertos casos de lesión de un bien algo superior al que amenaza; pues en España el estado de necesidad *de lege lata* no incluye factor ninguno emocional, por lo que en tales supuestos habría que operar a lo más a través del miedo insuperable (como eximente incompleta) o de alguna atenuante analógica.

Parece necesario añadir el valor de la dignidad de la persona humana en la ponderación de los males causado y evitado y, además, confirma la tesis, que se defenderá más abajo, de que para determinar si se trata de males iguales o menores lo que hay que sopesar no son las penas que impone el CP a cada delito (criterio meramente cuantitativo), sino que se trata de una valoración netamente cualitativa.

3. Extensión

A propósito de la extensión del estado de necesidad se plantean tres cuestiones: qué bienes y derechos quedan incluidos en la eximente y la figura del auxiliador necesario.

A) *Bienes y derechos incluidos*

La fórmula que utiliza el artículo 20.5.º del CP es de gran amplitud: «lesiona un bien jurídico de otra persona o infringe un deber». Luego el texto legal no impone restricción ninguna por este concepto.

El bien jurídico lesionado ha de estar protegido por el Derecho Penal; porque si estuviera tan sólo amparado por otra parcela del ordenamiento jurídico, al no constituir delito no sería necesario utilizar una eximente penal.

La infracción de deberes fue incluida por primera vez por BINDING en el estado de necesidad como una subespecie del mismo. Se trata de deberes jurídicamente exigibles y cuya infracción constituya delito; porque, en caso contrario, no sería menester manejar una eximente penal. MIR PUIG señala que en la fórmula del CP cabe no sólo el deber de actuar, sino también el deber de omitir.

B) *El auxilio necesario*

El artículo 20.5.º del CP admite el estado de necesidad «para evitar un mal propio o ajeno», sin señalar restricción alguna a la actuación del auxiliador necesario.

Algunos autores suscitan la cuestión de cómo debe interpretarse la frase «mal ajeno». Si se toma en sentido de que ha de ser el mal de otra persona, no cabría el auxilio para salvar bienes impersonales (paz ciudadana, etc.), en los que tampoco cabe aplicar la legítima defensa. Pero si se interpreta la locución como equivalente a mal no propio, se podría utilizar el estado de necesidad para salvar bienes impersonales. Esta interpretación parece más congruente, ya que la primera dejaría sin posibilidad ninguna de atajar los males impersonales.

Conviene recordar por último lo indicado al hablar del fundamento del estado de necesidad. Algunos penalistas piensan que es excesiva la amplitud del auxilio necesario, cuando se trata del conflicto entre bienes iguales y postulan que se exija que sean parientes, amigos o allegados del que padece el estado de necesidad. Por loable que se pueda considerar esta propuesta *de lege ferenda*, no parece que se pueda exigir *de lege lata*; pues entre nosotros el estado de necesidad de males iguales no pide ningún factor emotivo para poderse aplicar.

4. REQUISITOS

Aparte de los tres requisitos exigidos explícitamente por el artículo 20.5.º del CP, existe un primer requisito fundamental que es el que el sujeto se halle en estado de necesidad. Por ello se van a examinar estos cuatro requisitos por separado.

A) *Estado de necesidad*

El requisito de que el sujeto se halle en estado de necesidad se desprende de la introducción que hace el legislador a esta eximente. Por otra parte, vienen exigiendo la doctrina y la jurisprudencia que sea necesario lesionar el bien jurídico o infringir el deber. Además es preciso que concurra un elemento subjetivo. Conviene examinar por separado lo que significa cada uno de estos elementos.

a) Situación de peligro

Este requisito supone que existe un peligro real e inminente; por lo que no basta que se dé una probabilidad más o menos lejana. En caso de que el sujeto crea por error que se da el peligro, se tratará de un estado de necesidad putativo, que ha de enjuiciarse conforme a las reglas del error [véase *infra*, Tema 21, 2, 4, *b*)]. Para juzgar la magnitud del peligro hay que situarse en la misma perspectiva del sujeto, al producirse la situación.

El mal de que se habla supone una valoración social, que puede coincidir o no con la del sujeto. No es menester que el mal que amenaza sea típico (mientras que en todo caso ha de ser típico el mal que se causa; pues si no, no sería necesario el uso de una eximente) porque cabe incluso que el mal que se trata de evitar sea producido por las fuerzas naturales o por los animales. Caso de que el mal que amenaza fuera típico, la dirección de la reacción por parte del sujeto es la que decidirá si es de aplicación la legítima defensa o el estado de necesidad. Cuando la reacción se dirija contra el agresor, se tratará de legítima defensa; mientras que si se ataca a una cosa o persona inocente, se estará ante un supuesto de estado de necesidad.

b) Necesidad de lesionar un bien jurídico

Significa este requisito que no debe haber un medio menos lesivo que el que se utiliza para evitar el mal que amenaza. Claro que para juzgar la existencia de este requisito es menester colocarse desde la perspectiva del sujeto, cuando se presentó la situación de peligro, y tener en cuenta todas las circunstancias que concurrieron en el hecho y que fueron o pudieron ser apreciadas por el agente.

La doctrina viene exigiendo desde Jiménez de Asúa que no se dé otro medio menos lesivo para evitar el mal que amenaza. Así, por ejemplo y en la actualidad, Bustos, Cerezo, Cobo del Rosal, Díaz Palos, Gimbernat, Gómez Benítez, Mir Puig, Muñoz Conde, Octavio de Toledo, Quintero Olivares y Rodríguez Devesa; esto es, la totalidad de los penalistas españoles que han tomado postura en sus manuales de Parte General sobre este punto. Córdoba Roda, que en principio parece decir lo contrario, defiende luego que debe mantenerse este requisito que «encuentra su fundamento en la finalidad de restringir la regulación del estado de necesidad a su propio y justo medio».

También la postura del TS de exigir para el estado de necesidad que el mal no sea evitable por otros medios menos lesivos del bien jurídico, ha sido constante y afirma dicho alto Tribunal que esta exigencia es de carácter absoluto. Hasta tal punto que niega la posibilidad de la eximente incompleta, cuando no se da dicha necesidad, ya que es un requisito «generador» de la eximente. Para confirmar lo dicho, baste citar aquí una sentencia reciente de nuestro TS «reiterados y numerosos precedentes de esta Sala Segunda han establecido que la esencia de la eximente de estado de necesidad, completa o incompleta, radica en la existencia de un conflicto entre distintos bienes o intereses jurídicos, de modo que sea necesario llevar a cabo la realización del mal que el delito supone —dañando el bien jurídico protegido por esa figura delictiva— con la finalidad de librarse del mal que amenaza al agente, siendo preciso, además, que no exista otro remedio razonable y asequible para evitar este último, que ha de ser grave, real y actual» (STS de 11 de junio de 2013). Respecto de la «necesidad» esta misma sentencia recuerda que «la apreciación de esta circunstancia exige que el mal que se pretende evitar sea real, grave y actual o inminente, y también la comprobación de que el agente haya agotado todos los medios alternativos lícitos para soslayar ese mal antes de acudir a la vía delictiva, de tal manera que, fracasados aquéllos, no quepa otra posibilidad humanamente razonable que el delito, pues a nadie se le puede exigir la heroicidad o el martirio en este ámbito».

La razón intrínseca de esta postura unánime de la doctrina y hasta ahora de la jurisprudencia hay que buscarla en el hecho de que sería totalmente improcedente permitir la lesión de un bien jurídico, o la infracción de un deber, cuando se pudiera conseguir evitar el mal que amenaza por otros medios lícitos o menos lesivos.

c) El elemento subjetivo

El artículo 20.5.º expresa la necesidad de un elemento subjetivo en la presente eximente al exigir que el sujeto actúe «para evitar un mal propio o ajeno».

Pero este motivo no tiene que ser necesariamente el único que impulsa al sujeto, ya que toda motivación humana es compleja. Pueden coexistir con él otras motivaciones, incluso ilícitas, tales como el deseo de venganza, el rencor, etc. Pero es necesario que se dé el elemento subjetivo. Esta problemática quedó expuesta al hablar de los elementos subjetivos de lo injusto (véase *supra*, Tema 14, II, 2).

Tampoco es menester que se dé un conflicto emocional en el sujeto, dado que el CP español configura esta eximente de modo aséptico. Cabe, por tanto, el uso de la misma con toda frialdad de ánimo. Por ello se ha rechazado más arriba, al hablar del fundamento de esta eximente, el intento de algunos autores de exigir (al menos en el estado de necesidad de males iguales) una cierta conmoción anímica, a semejanza de lo que sucede en la legislación alemana.

Finalmente hay que observar que la presencia de un elemento subjetivo no excluye la utilización de la eximente en delitos de imprudencia. Porque en el caso de la culpa consciente, la imprudencia es dolosa, aunque se espere que no se produzca el resultado y aquí es donde radica su diferencia con el dolo eventual [véase *supra*, Tema 12, IV, 2, B), *b*)]. Un supuesto típico de la infracción de deberes por imprudencia es el del conductor que conduce temerariamente su vehículo, para llevar a un herido muy grave al hospital, que en otro caso podría morir por falta de pronto socorro. El conductor está infringiendo el deber de cuidado, pero lo hace por salvar una vida. La doctrina del Tribunal Supremo suele negar en estos casos la aplicación del estado de necesidad (aunque parece que comienza a admitirlo en sentencias recientes, tales como las SSTS de 29 de octubre de 1978 y 14 de diciembre de 1983) y así lo defienden también algunos autores por tratarse de una conducta imprudente, mientras que el estado de necesidad supone una conducta intencional en el que actúa («impulsado por un estado de necesidad»). Pero la mayoría de la doctrina, a partir de Córdoba Roda, suele admitir el estado de necesidad en casos de imprudencia. La desaparición de la expresión «impulsado por» en el estado de necesidad podría hacer cambiar esta línea jurisprudencial.

B) *Ponderación de los males*

El artículo 20.5.º dice escuetamente: «Que el mal causado no sea mayor que el que se trate de evitar». Del tenor literal ha surgido la distinción entre males iguales y desiguales, de la que se viene hablando. Pero hay que tener en cuenta para la ponderación indicada, que el Código Penal en el tercer requisito no habla de lesión de bienes jurídicos, sino de mal causado; lo que supone que hay que complementar el mero valor material de los bienes jurídicos con otras consideraciones, tales como el sentido ético-social del bien jurídico en cuestión.

Algunos autores siguen en principio un criterio meramente cuantitativo a la hora de intentar ponderar la relación entre el mal que se trata de evitar y el mal causado, basado fundamentalmente en las penas que impone el CP a cada uno de los males. Pero la mayoría de ellos retroceden luego ante ciertos casos, como sería, por ejemplo, el de un cirujano que, para salvar la vida de un enfermo, extrajera un riñón a un ciudadano contra la voluntad del mismo y otros supuestos semejantes. Lo que indica elocuentemente que no es suficiente dicho criterio, sino que tiene que ser complementado por otros que reflejen el que Romeo Casabona denomina sentido ético-social del bien jurídico.

Por tanto el criterio de valoración ha de ser cualitativo, aunque en circunstancias sin mayor problemática pueda partirse del cuantitativo, que luego se tiene que complementar y rectificar con diversas consideraciones cualitativas.

Entre otras consideraciones cualitativas incluyen los autores las siguientes. En primer término no basta considerar la importancia del bien jurídico, sino también la forma y la gravedad del ataque al mismo; porque éste supone en la mayoría de las ocasiones una perturbación del orden jurídico que hay que tener también en cuenta. Lo que no suele suceder cuando se trata de infracción de deberes, pues éstos son todos de la misma categoría.

También ha de ser tenido en cuenta el grave ataque a la dignidad de la persona humana que suponen ciertos modos de proceder; por ejemplo, el caso de la extracción coactiva de un riñón, que se mencionaba arriba.

En ataques contra el patrimonio, además, ha de tenerse en cuenta la situación económica de la víctima, pues evidentemente no es igual el mismo ataque cuantitativo a la propiedad de un millonario que a la de un obrero.

En el caso de males incomparables entre sí (por tratarse de valores totalmente heterogéneos) ha prevalecido en la actualidad el criterio de Córdoba Roda que admite el estado de necesidad, ya que el artículo 20.5.º del CP dice tan sólo: «Que el mal causado no sea mayor que el que se trate de evitar»; y en tales casos no se puede llegar a saber si lo es o no.

Todo lo anterior, y otras muchas consideraciones semejantes, que pudieran añadirse, indican palmariamente que no es suficiente el mero criterio cuantitativo (y menos aún el fijado por la comparación de las penas que impone el CP), sino que hay que acudir a criterios cualitativos para establecer la relación entre el mal causado y el que se pretende evitar.

C) *Falta de intencionalidad*

El segundo requisito del artículo 20.5.º exige: «Que la situación de necesidad no haya sido provocada intencionadamente por el sujeto». Queda claro que en la nomenclatura de nuestro CP la palabra «intencionadamente» equivale al término jurídico-penal «dolosamente». Pero hay que desentrañar el significado de los otros dos términos.

¿Qué significa la «situación de necesidad»? Algunos autores la hacen equivalente a situación de peligro. Pero entonces quedaría excluido el estado de necesidad en gran parte de las ocasiones en que conviene utilizarlo. Porque el alpinista, el esquiador y cualquier otro que practica un deporte peligroso, según esta interpretación habría provocado la situación de necesidad; por lo que no podría ampararse en el estado de necesidad. Por eso parece más conforme al espíritu de la ley entenderlo en el sentido de que lo que no puede haber provocado el sujeto que actúa es el estado de necesidad mismo. Dicho de otro modo: que no puede provocar un fraude de la ley.

También surgen dudas sobre quién es el «sujeto» que no puede haber provocado la situación de necesidad. Algunos entienden que se trata del necesitado; esto es, del que se encuentra en el peligro. Pero en tal caso el auxiliador necesario, ignorante de si el que se halla en la necesidad ha provocado ésta, no podría actuar y podría hacerlo, sin embargo, cuando él mismo hubiera montado el fraude de la ley. Por eso parece más congruente admitir que quien no puede haber creado la situación de necesidad (y que, por tanto, eso es lo que quiere decir el legislador con la palabra «sujeto») es el que ha escenificado el fraude. En esta interpretación queda, sin embargo, un cabo por atar que solventa correctamente Mir Puig; subsiste, no obstante, la dificultad antes expuesta: si se castiga al provocador que auxilia, ¿no significa ello que se le prohíbe auxiliar a quien no tiene ninguna culpa de verse envuelto en la situación de necesidad? La única solución a este dilema que se me alcanza es la de entender que el castigo del provocador no tiene lugar porque auxilie, sino porque ha provocado dolosamente la situación de necesidad de la cual había de resultar necesariamente lesionado un bien. Siendo así, al provocador no se le prohíbe auxiliar, sino sólo que provocara la situación de conflicto. Es más, puede entenderse que al haber creado el peligro, el provocador queda situado en una posición de garante frente a los bienes en conflicto que le obligue a salvar el más importante. Quien pone a otra persona frente a un león ajeno tiene el deber de salvarlo. Y, sin embargo, parece justo castigarle por la muerte del león (bien jurídico propiedad de alguien). Habrá que castigarle, pero no por haber cumplido el deber de auxilio, sino porque la lesión es imputable a una provocación anterior.

D) *Obligación de sacrificarse*

El artículo 20.5.º exige como último requisito: «Que el necesitado no tenga, por su oficio o cargo, obligación de sacrificarse». También en este caso hay que aclarar algunas palabras del citado texto legal.

La obligación de sacrificarse puede venir o por ley o por contrato. La «obligación» hay que limitarla, por ello, a los términos expresados en tales ley o contrato. También queda claro que el contrato no tiene que ser siempre y sólo por escrito; porque hay ocasiones (como el de un socorrista temporal de una playa) en las que se cierra el contrato de modo oral. El término «sacrificarse» ha de entenderse también de acuerdo con los límites de la obligación, que nunca puede suponer una inmolación inútil. Por ejemplo, un bombero ha de exponerse al intentar apagar un fuego, pero no se le puede exigir que entre en la casa cuando exista la máxima probabilidad (o casi certeza) de que no va a conseguir salvar a los amenazados y que tan sólo perecerá él en el empeño. Lo mismo se diga de otras profesiones, como la de socorrista, etc.

La duda mayor se suscita respecto a quién es el «necesitado». Algunos autores suponen que es el que actúa movido por el estado de necesidad; pero en tal caso el bombero no podría aplicarlo a dos ciudadanos, para salvar a uno a costa del otro, ya que el bombero está obligado a sacrificarse. Por ello parece evidente que el «necesitado» es el que se encuentra en la situación de necesidad, no el auxiliador necesario. Por lo que, en el ejemplo citado, lo que no podría el que actúa es sacrificar a un ciudadano para salvar a un bombero, sino que estaría obligado a seguir el orden contrario.

VI. EL CONSENTIMIENTO DEL OFENDIDO

1. Concepto

Podría definirse el consentimiento como la aprobación dada por el titular del bien jurídico para que un tercero disponga del mismo. El consentimiento puede ser expreso o tácito; es más, puede darse el consentimiento presunto. No cabe, sin embargo, el consentimiento *a posteriori*, puesto que ya se habría consumado el delito; en este caso, a lo más, se tratará de un supuesto de perdón, que tendrá la relevancia que el ordenamiento jurídico le otorgue.

2. Fundamento y naturaleza jurídica

Hay que tener en cuenta ante todo la naturaleza jurídica de esta eximente. El consentimiento juega en ocasiones a nivel de la tipicidad y en otras como fundamento o complemento de ciertas eximentes.

El consentimiento juega a nivel de tipicidad en aquellos tipos construidos sobre el disenso del titular del bien jurídico, es decir, en aquellos casos en los cuales la falta de consentimiento se incorpora al propio tipo, lo que normalmente suele suceder mediante la incorporación de un elemento negativo. El titular del bien jurídico es a veces un particular (así, en el caso del hurto) o la Administración (por ejemplo, el art. 359 del CP: elaboración de sustancias nocivas «sin hallarse autorizado»). En tales casos el consentimiento hace la conducta atípica; ya que no se quiere prohibir simplemente tomar la cosa ajena o elaborar sustancias nocivas, sino que la conducta se realice sin que consienta el titular o sin que existan ciertas precauciones y controles. También existen tipos en los que el consentimiento es irrelevante, porque se construyen a base del consentimiento o disentimiento del no titular, al menos del que no es único titular del bien jurídico, por ejemplo, en la eutanasia o en ciertas lesiones.

Parte de la doctrina admite que el consentimiento constituye, en otros supuestos, una causa de justificación. En nuestro ordenamiento jurídico-penal habría que admitir que tiene tal naturaleza en algún supuesto concreto, como el del artículo 156 que exime de responsabilidad criminal por las lesiones consentidas en casos de trasplantes de órganos, esterilizaciones y cirugía transexual, pero no se recoge como causa de justificación en el artículo 20 del CP. Pese a ello, parte de la doctrina suele admitirlo como causa de justificación extralegal.

MEZGER puso el fundamento del consentimiento, como causa de justificación extralegal, en la ausencia de interés del ofendido. Pero es NOLL quien parece estar en lo cierto al poner el fundamento de esta eximente en la ponderación de los valores que entran en juego. Por ello no se podrá utilizar más que cuando el ordenamiento jurídico en el caso concreto dé la primacía a la libertad sobre el otro bien jurídico protegido. Lo que indica que se tratará en cada caso de una labor de interpretación.

Para saber cuándo se está ante una causa de exclusión de la tipicidad y en qué ocasiones haya que hablar de una causa de justificación, suelen dar los autores el siguiente criterio: en los casos en los que el bien jurídico sea disponible por su titular y, por ello, el consentimiento se halle incorporado al tipo, se trata de atipicidad, porque no hay lesión del bien jurídico; pero cuando se trate de un bien no disponible por su titular, y el legislador autorice en ciertos casos la lesión del bien jurídico, se estará ante una causa de justificación.

3. EXTENSIÓN

Dada la amplitud y el número de las causas de justificación en el ordenamiento jurídico-penal español, apenas queda espacio para el consentimiento del ofendido como causa de justificación.

Los autores suelen limitarlo al delito de calumnias o al de daños, en los que, a pesar del consentimiento del ofendido, se daría lesión del bien jurídico (y, por tanto, el tipo), pero no se podría hablar de antijuridicidad por esta causa de justificación. La problemática del consentimiento en las lesiones (aparte de lo dicho a propósito del ejercicio de la medicina) queda reservada para la parte especial.

4. REQUISITOS

El fundamental es el consentimiento. Para él suelen exigir los autores la capacidad natural (no es necesaria la jurídica), excepto en los casos en los que la ley exija una edad más alta, como puede ser el de los abusos sexuales.

Cuando el sujeto activo no tiene conocimiento de que el titular del bien jurídico ha dado su consentimiento, en sí existe la causa de justificación; pero, por el desconocimiento del sujeto, éste cometería una tentativa imposible.

TEMA 19

LA CULPABILIDAD

Se comienza ahora con el estudio de la culpabilidad, la segunda gran valoración jurídico-penal de la conducta humana. En el Tema presente se examinará su aspecto positivo: su fundamento; el Tema 20 se dedicará a la imputabilidad y a la ausencia de la misma por las causas de inimputabilidad; el Tema 21 examinará la conciencia de la antijuridicidad y la ausencia de la misma por el error y finalmente el Tema 22 se ocupará de la exigibilidad de otra conducta y de las causas de exculpación, debidas a la no exigibilidad de una conducta distinta.

Para evitar confusiones, conviene puntualizar desde el principio una cuestión terminológica. Se habla de causas de exclusión de la culpabilidad, cuando se trata de las que la excluyen por cualquier razón; luego se incluyen en ellas las causas de inimputabilidad, el error de prohibición y las causas de exculpación estrictamente dichas. Mientras que se denominan causas de exculpación, las que excluyen la culpabilidad por no ser exigible penalmente dicha conducta. Luego las causas de exclusión de la culpabilidad son el género; mientras que las causas de exculpación estrictamente dichas son tan sólo una de sus especies.

La diferencia entre antijuridicidad y culpabilidad radica en que la antijuridicidad es un juicio sobre la acción, se afirma tan sólo que dicha acción está contra el Derecho; mientras que la culpabilidad afirma que la acción típica y antijurídica es atribuible al sujeto activo: que éste se ha puesto contra el Derecho, que al sujeto se le puede reprochar desde el punto de vista jurídico-penal lo que ha hecho, que es responsable de la conducta típica y antijurídica.

Este tema se va a ocupar sucesivamente del concepto, del fundamento, de la naturaleza jurídica y de la estructura de la culpabilidad. Hay que tener en cuenta que mientras que el principio de culpabilidad es admitido unánimemente en la actualidad por los penalistas, el fundamento y la naturaleza de la misma son objeto de vivas polémicas.

I. CONCEPTO JURÍDICO-PENAL DE LA CULPABILIDAD

Se va a exponer aquí el concepto de culpabilidad y la evolución histórica del mismo; ya que, aunque actualmente no es discutido dicho principio en el Derecho Penal, no ha sucedido lo mismo en siglos anteriores, durante los cuales el concepto de culpabilidad ha sufrido un lento proceso de depuración.

1. Concepto de culpabilidad

Suele decirse que actúa culpablemente el que, según el ordenamiento jurídico, pudo abstenerse de realizarla acción típica y antijurídica.

Algunos incluyen en el concepto la exigencia de que el sujeto pudiera realizar otra acción distinta de la que puso; pero esto no es necesario. Basta con que pudiera abstenerse de realizar la conducta que de hecho llevó a cabo.

Suele hablarse también de «atribuibilidad», aunque este término no explicita directamente la disvaloración jurídico-penal que incluye el término «culpabilidad». También se utiliza la palabra «responsabilidad», que indica la obligación de cargar con las consecuencias de los propios actos. Finalmente se usa el término «reprochabilidad», que señala que la conducta disvalorada es atribuible al sujeto activo, que se le disvalora a él por haberla realizado.

En la definición antedicha se incluye el inciso «según el ordenamiento Jurídico» por razones que se expondrán más tarde, al hablar de las teorías psicológica y normativa de la culpabilidad. Porque a primera vista resulta chocante que se haga depender la culpabilidad de un sujeto de lo prescrito por el ordenamiento Jurídico. Pero esto indica a su vez que no se trata de un concepto moral de culpabilidad, sino jurídico. El sujeto puede estar disconforme con la ley y por ello creer que ha obrado rectamente (lo que se da especialmente en los llamados delincuentes por convicción), pero el reproche de la culpabilidad es el que se contiene en la ley penal; por lo que al sujeto no le quedan en estos casos de disconformidad más que los estrechos límites de la objeción de conciencia.

2. Evolución histórica del principio de culpabilidad

El principio de culpabilidad ha sufrido un largo proceso de espiritualización, que aún no está concluido del todo.

En los pueblos primitivos el castigo se fundaba casi exclusivamente en la llamada responsabilidad objetiva; se colocaba el Derecho en el punto de vista de la víctima del delito: se castigaba por el resultado. Además la responsabilidad penal pasaba a los familiares del delincuente; especialmente en el Derecho germánico, donde era una cuestión de la *Sippe* tanto el castigo como la responsabilidad por cualquier acto de un miembro de la misma.

La idea de la responsabilidad penal personal surge en el Derecho romano que, por influjo del Canónico y por la labor de los glosadores y postglosadores, va elaborando el concepto de culpabilidad como base de la imputación jurídico-penal de un hecho. Los teólogos-juristas y los prácticos siguen con este trabajo de depuración durante toda la época del Derecho común, a pesar de lo cual continúan los restos de la responsabilidad objetiva en las leyes penales (especialmente anclados en el principio del *versari in re illicita*) que no han desaparecido prácticamente del todo en nuestra legislación hasta la reforma del CP de 1983.

Hoy en día se tiene como axioma en el Derecho Penal moderno el principio de culpabilidad, formulado en la frase latina: *nullum crimen sine culpa*. («*culpa*» en latín equivale en castellano a «culpabilidad», no a «culpa», como a veces suele traducirse.) Lo que significa que no se puede imponer una pena sin probar la culpabilidad del sujeto activo y, además, que la medida de la pena no ha de sobrepasar la medida de la culpabilidad.

II. FUNDAMENTO DE LA CULPABILIDAD

Son varias las teorías manejadas por la doctrina para explicar el fundamento de la culpabilidad. Se ha pasado de basarla en la libertad (que ha sido la fundamentación utilizada por la mayoría de los penalistas hasta tiempos recientes), a buscar actualmente por algunos autores la base de la culpabilidad en otras razones tales como la necesidad de la pena, la normalidad de la motivación, etc.; todas ellas independientes de la existencia de la libertad de decisión en el hombre. Estos autores no suelen negar la libertad, pero ante la imposibilidad que existe (a su juicio) de demostrar científicamente su existencia, prescinden de ella y tratan de encontrar otras fundamentaciones al principio de culpabilidad: a que sólo se castigue al culpable y en proporción con su culpabilidad.

Los autores que admiten el libre albedrío, hacen del mismo el fundamento de la culpabilidad.

Conviene recordar que la libertad tiene un elemento intelectual (el conocimiento de la cosa objeto de la decisión) y otro volitivo (la maduración suficiente para tomar una decisión sobre la cosa objeto de decisión). Por lo que la falta de libertad puede venir por impedimentos en cualquiera de los dos factores o incluso en ambos. El legislador en el CP de 1995 se refiere expresamente a las dos componentes de la libertad al hablar de las causas de inimputabilidad, admitiendo la eximente tanto cuando falta uno de los elementos como cuando falta el otro.

Para una más clara intelección de la materia se va a tratar en primer término del libre albedrío y a continuación de otras posibles fundamentaciones del principio de culpabilidad.

1. El libre albedrío

Como queda indicado, la fundamentación de la culpabilidad en el libre albedrío ha sido la constante en la ciencia del Derecho Penal durante siglos. Sólo con la aparición de la escuela positiva y de las corrientes deterministas en el siglo XIX se comienzan a intentar otras fundamentaciones.

A pesar de ello, sigue siendo doctrina dominante entre los penalistas actuales basar la culpabilidad en la libertad del ser humano. Podrían señalarse como los exponentes más destacados en Alemania a Welzel y en España a Cerezo.

Para comprender la presente cuestión conviene aclarar el modo del conocimiento científico en general, para pasar a analizar a continuación el concepto de libertad, las pruebas de su existencia en el hombre, los límites de la misma y terminar con el estudio de lo que significa hacer de la libertad el fundamento de la culpabilidad.

A) *El conocimiento científico*

Muchos de los autores que sostienen que no existe prueba científica de que el ser humano sea libre, lo hacen apoyados en un concepto restrictivo de «prueba científica»: para ellos equivale «prueba científica» a «prueba racional» e incluso matemática.

Se olvida por dichos autores que el entendimiento trabaja por dos caminos distintos: el de la razón y el de la intuición. Esto es, sin embargo, verdad firmemente asentada en las ciencias del conocimiento, especialmente desde la contribución a las mismas de DILTHEY (último tercio del siglo XIX) con su distinción entre las ciencias nomográficas (las que hoy se llaman de la naturaleza) y las idiográficas (las llamadas ciencias del hombre o del espíritu). Las primeras trabajan con el principio de causalidad y son útiles para conocer la naturaleza; las segundas con el principio de finalidad y son las únicas que sirven para conocer al hombre y su comportamiento, así como para entender las ciencias que estudian la conducta humana.

La causa de esta diferenciación entre las ciencias de la naturaleza y las del espíritu hay que situarla, entre otras cosas, en que, cuando se trabaja con el método racional, hay que hacerlo sobre objetos externos. Mientras que la intuición (sobre todo cuando se trata de intuición sobre uno mismo: de la introyección) no puede realizarse sobre un objeto separado del sujeto que intuye; no cabe utilizar para ella la razón. La libertad no puede objetivarse con el tipo de objetivaciones científicas de las ciencias de la naturaleza.

No se debe pensar que la intuición no sea vía intelectual, sino que no es vía racional, ya que la razón no es ni el único modo con el que trabaja el entendimiento, ni siquiera el más fiable. Aun en las ciencias de la naturaleza los grandes avances netamente científicos se deben a intuiciones geniales más que a raciocinios: cuando EINSTEIN formula su teoría de la relatividad lo hace llevado por una intuición; tan es así, que ya en la cúspide de su fama le reprocha un día un matemático que no había demostrado aún uno de los parámetros en los que fundamentaba su teoría, a lo que éste le contestó: «soy un físico, no un matemático», queriendo significar que era un intuitivo. La clara desviación racionalista de la epistemología occidental, que comienza con la filosofía griega y sigue con los desarrollos matemáticos anteriores y sobre todo posteriores al Renacimiento, lleva a la filosofía matematizante de DESCARTES, LEIBNIZ, KANT, HEGEL, etc., que, además, se traslada a las ciencias del hombre. Contra este estado de cosas se alzan lentamente a finales del siglo XIX los cultivadores de las ciencias del espíritu que, en parte por el mayor conocimiento del mundo oriental, reivindican la intuición como fuente de conocimiento, e incluso como la única fuente de conocimiento legítima para las ciencias del hombre.

Lo anterior indica que lo que falta a la demostración de la libertad del hombre no son pruebas sino argumentos matematizantes y racionales.

B) *Concepto de libertad*

Puede definirse la libertad como la capacidad de autodeterminación del ser humano que le constituye en persona y que le diferencia esencialmente de los restantes seres vivos.

La libertad no es independencia absoluta (enseguida se van a señalar sus límites), ni soledad, sino relación y toma de postura ante los seres circundantes. El hombre es libre de alguien o de algo y para algo: concretamente para darse o encerrarse en sí mismo. En el aspecto social y jurídico la libertad está relacionada con la de los otros, lo que puede expresarse en el refrán: «Mi libertad termina donde empieza la tuya», y viceversa. Por eso, cuando alguien rompe esa relación, obra contra el derecho de los otros, ofende a los demás y rechaza la justicia como igualdad intersubjetiva.

Ser libre es el modo propio de ser de la persona humana. Es autodeterminación, expansión responsable. Quien admite el sentido trascendente de esta realidad misteriosa que es la persona, comprende la libertad. Por eso las ciencias del hombre ponen la diferencia fundamental entre la persona humana y los restantes seres vivos en la capacidad de autodeterminación del hombre.

C) *Pruebas de la existencia de la libertad*

Se van a intentar tres pruebas de la existencia de la libertad, basadas en la intuición: la introyección de los propios actos, el consentimiento universal y la contemplación del mundo jurídico, basado todo él en la libertad. Las tres pruebas se complementan entre sí y forman un todo unitario que se va a intentar valorar conjuntamente.

a) La introyección de los propios actos

En primer término pueden aducirse argumentos de tipo psicológico que se apoyan en la introyección de los propios actos. Toda la realidad humana persuade de la existencia de un fondo original, decisional, creador y abierto, que es una forma constitutiva del sujeto y que no admite que se le convierta en objeto, porque se trata de un ser que se autodetermina y que responde en cada momento de sí mismo.

El hombre tiene conciencia del poder de su voluntad al decidirse por una cosa o por otra, al tomar una resolución. Antes de tomar una decisión, sobre todo cuando es comprometida, el hombre percibe durante la deliberación el peso de los motivos y las dificultades internas que experimenta para llegar decidirse. También percibe estas dificultades en la ejecución de la decisión que ha tomado, sobre todo cuando es difícil o incluso heroica. Tiene conciencia de poder haberlo hecho de otro modo; es decir, de la capacidad de decidirse al elegir. Tiene conciencia de ser un sujeto capaz de producir efectos que emanan originariamente de sí mismo: Algo realizado por él y a través de sí mismo. El hombre se experimenta capaz de autovaloraciones y de autodeterminarse por los valores más nobles, por el sentido de las cosas o personas, aunque tenga que renunciar a la causalidad de sus instintos o tendencias.

Por lo mismo, el hombre tiene el sentido de responsabilidad propia y ajena: se reprocha o reprocha a los demás no haberlo hecho, habiendo podido hacerlo. Y el fundamento de dicha responsabilidad ve que tiene que ponerlo en que el ser humano es libre, en que es capaz de autodeterminarse y por ello es responsable de sus actos.

Ésta es la razón de que el hombre sea capaz de sentir remordimientos de conciencia y de rectificar su conducta. Igualmente se ve capaz de atenuar la responsabilidad propia o ajena o de resaltarla, pues experimenta que hizo algo porque quiso o que estuvo más o menos coaccionado al ejecutarlo. Por la misma razón el hombre experimenta el arrepentimiento por los propios actos, lo que sería imposible si no se experimentara libre y responsable. Y por ello se juzga a sí mismo y a los otros dignos de premio o de castigo.

A todo lo anterior puede objetarse desde el punto de vista racional y matematizante que el sujeto tiene esa impresión, pero que se trata de un espejismo, de un mero sentimiento. Pero cualquier ser humano que se fíe de su intuición no puede por menos de reconocer que existen en él dichas experiencias: que él sabe que puede decidirse por sí mismo. Por eso la convicción sobre la libertad de las propias acciones está tan fuertemente anclada por vía intuitiva en la conciencia de los hombres de todas las razas y condiciones.

b) El consentimiento universal

De aquí que quepa un segundo argumento, a partir del consentimiento universal: el mundo funciona en la convicción extendida en todas las épocas y razas y pueblos de la historia de que el ser humano es libre; incluso después de que algunos científicos se decidiesen a defender el determinismo, éste nunca ha calado en la conciencia del pueblo.

Prueba de ello es el sentimiento extendido en toda la humanidad de la responsabilidad del hombre maduro por sus acciones y, consecuencia de ello, el castigo (en sentido amplio y no solamente penal) no sólo del delincuente, sino de cualquiera que falte a dicha responsabilidad personal, así como la reprobación social de tales sujetos. Lo mismo hay que afirmar de las alabanzas y reproches usuales en una sociedad que prueban hasta qué punto está ínsita en la conciencia popular la idea de la responsabilidad (fundada en la libertad) de los individuos.

Los estudios de Malinowski y demás científicos de su línea sobre la moral de los pueblos primitivos actuales confirman lo que se acaba de indicar, ya que también en dichos pueblos se da la convicción arraigada de la responsabilidad personal en base a la libertad del sujeto. Una convicción tan ampliamente extendida en todos los pueblos y épocas de la historia sobre un objeto de observación diaria como es el hombre circundante (aparte de la propia introyección), no puede reposar más que sobre la intuición certera del género humano. Ni puede bastar decir que también la humanidad creyó durante milenios que era el sol el que giraba alrededor de la Tierra; porque la experiencia de tal fenómeno no es intuitiva sino racional, por lo que no se puede comparar en inmediatez con la que el hombre posee de sus propios actos y de los actos de los demás hombres que viven en su entorno.

Sólo desde la libertad, como apertura y creatividad, se entiende la historia, la orientación de la existencia humana, la búsqueda del sentido. El desarrollo expansivo del hombre en la historia, su actividad creadora de formas de conducta, de vida y de cultura siempre nuevas, siempre variables, es una evidencia que nadie puede negar. La insatisfacción del espíritu humano, sus ansias de liberación en el arte, en la santidad, en el derecho con el intento de mejora continua de lo que es desde lo que debe ser (la justicia) evidencian un modo de ser de este ente misterioso, esencialmente distinto de los demás seres vivientes: su espiritualidad, su libertad.

c) La contemplación del mundo jurídico

Parecido argumento surge de la contemplación del mundo jurídico, no sólo del penal, sino de cualquier parcela del Derecho.

Los contratos y la mayoría de las instituciones jurídicas carecerían de base y de sentido, si no se presupusiera la libertad del ciudadano: testamentos, adopción, curatela, incapacitación, matrimonio, etc. Lo que también es válido para las instituciones de Derecho público, especialmente las que condicionan el funcionamiento de un Estado democrático, tales como el sufragio universal, la representación parlamentaria, los partidos políticos, etc. Sería del todo imposible el funcionamiento de un Estado moderno, si se prescindiese del principio de la libertad de sus ciudadanos. Luego esta impregnación de la idea de la libertad del hombre en todo el ordenamiento jurídico no puede proceder más que de la convicción universal de todos los pueblos y épocas sobre el libre albedrío.

La base del comportamiento jurídico del ser humano hay que situarla en que el hombre es capaz de mantener su buena fe hacia la persona ausente y de confiar en que ella la mantenga, porque la sabe libre y espera que podrá superar los riesgos de la infidelidad. Por lo mismo, el hombre es capaz de hacer promesas serias y de cumplirlas. Es capaz de amar y de compartir un amor limpio y sacrificado, superando todas las dificultades e instintos que se le oponen desde su interior. Es capaz y sabe que debe evitar toda arbitrariedad o injusticia, a pesar de que a veces sus instintos o egoísmo le empujen en sentido contrario.

d) Valoración de las pruebas anteriores

A pesar de que las pruebas anteriores no se mueven en el terreno «científico» restringido (esto es, en el de los razonamientos matematizantes) por las razones que quedan apuntadas más arriba, no se puede negar su inmenso peso probatorio para todo el que quiera reconocer el valor de la intuición. No conviene olvidar que, según HEISENBERG, «La libertad es el hecho experimental más seguro que existe», ya que la intuición, de que se viene hablando, se considera hoy en día como prueba totalmente válida y científica en el terreno experimental.

El creyente refuerza todo lo dicho desde su fe. Toda la Biblia reposa sobre el fundamento de la libertad del hombre. Sin ella no cabría el amor que es la entrega al otro y a los otros como decisión personal y libre, porque el ser eminentemente libre ha hecho libres a sus hijos para que puedan amar y amarse, ya que sin la libertad no cabe el amor, centro de la revelación neotestamentaria. Por lo mismo se insertan en la Biblia la realidad del pecado personal como decisión libre por el antiamor (el egoísmo), la posibilidad del arrepentimiento del mismo, de la enmienda o conversión, y del perdón de Dios; hechos todos que se basan en la libertad.

D) *Límites de la libertad*

Quizás uno de los motivos de la polémica suscitada en el siglo pasado entre indeterministas y deterministas fue la falta de precisión sobre los límites de la libertad humana. A veces se exageraban éstos y se defendía que el hombre era libre en cualquier circunstancia para decidir todo lo que quisiera; afirmación que, además, es más de admirar en la pluma de polemistas católicos, cuya moral durante siglos ha estado subrayando la importancia de las circunstancias y de las «ocasiones peligrosas».

En primer término es claro que se trata de la libertad interna, no de la externa; pues ninguna coacción externa puede anular la decisión de la voluntad libre, por mucho que pueda impedir su realización o incluso su exteriorización.

Además, se ha de tratar de una voluntad libre de coacciones internas que impidan su ejercicio, porque los factores internos pueden disminuir e incluso anular en ciertos casos la libertad interna. Luego no todo acto de la voluntad es libre internamente, lo que desde el punto de vista penal, ha de llevar a aplicar al sujeto una eximente. Incluso en ocasiones el acto puede ser libre sólo de modo limitado, lo que desde el punto de vista jurídico-penal, lleva a apreciar una eximente incompleta o una atenuante.

Por ello hoy en día suele defenderse que la voluntad es libre sólo dentro de cierto ángulo de decisión. Esto significa que para que la voluntad pueda poner un acto libre, los motivos en pro y en contra tienen que guardar un cierto equilibrio entre sí. Tal equilibrio no significa por supuesto que el resultado de la resta entre los motivos para actuar y para dejar de hacerlo haya de ser igual a cero, sino que guarden una cierta proporción, pero es difícil desde el punto de vista psicológico señalar dónde está el límite de la proporción dicha, aunque quede claro en casos extremos. Por ejemplo, una madre que vive en un matrimonio feliz y espera su primer hijo con ilusión, no es libre para matarlo, pues no tiene absolutamente ningún motivo para ello. Por la misma razón (por absoluta desproporción entre los motivos en pro y en contra) un drogadicto no es libre para dejar del todo y repentinamente la droga. En ambos casos queda, sin embargo, la posibilidad de ir ampliando o restringiendo el ángulo de libertad de la decisión, hasta que la elección indicada entre dentro del mismo.

Por eso suele decirse que la libertad es tarea; cada sujeto normal tiene un ángulo de libertad, pero puede ir ampliándolo o restringiéndolo, entre otras cosas, por los actos anteriores; ya que cada acto condiciona los siguientes hasta cierto grado. También puede ir creando en sí motivaciones en uno u otro sentido y fortificando o debilitando su fuerza de voluntad. Por ello se habla también de la responsabilidad por conducta de vida, de cuya vertiente penal se tratará más adelante.

En la toma de una decisión concreta los motivos juegan un papel de estímulo, pero nunca deciden, pues entonces el acto dejaría de ser libre. Porque si los motivos decidieran de modo matemático, no habría libertad: el hombre actuaría como un robot. Por eso, la última razón de todo acto libre es porque quiero. Dicho de otro modo, el ser humano procede con motivos, pero no es decidido por ellos, sino que decide él en última instancia: la decisión se toma ante una constelación de motivos, pero no es la mera resta de los positivos menos los negativos, sino una toma de postura personal ante dicha constelación.

Además, el hombre tiene la capacidad de potenciar o despotenciar los motivos de su constelación de modo misterioso; por eso cree a veces que decide por motivos, cuando con frecuencia la decisión existe ya (quizás de modo más o menos inconsciente) y ésa es la razón de que se potencien o despotencien los motivos. La impresión de que se decide por los motivos se debe, al menos en parte, a la fuerte carga racional del mundo occidental, que lleva al sujeto a tener que buscar motivos (preferentemente racionales) para creerse seguro en su decisión, que ya ha tomado antes de modo intuitivo. Baste recordar las elucubraciones «racionales» de una chica antes de tomar, por ejemplo, la decisión de casarse o de salir con un chico. Y también es ilustrativo considerar que a veces un mismo sujeto toma una decisión con una constelación de motivos y a la semana siguiente toma la decisión contraria con la misma constelación, aunque (a veces de modo poco consciente) ha potenciado o despotenciado los motivos de la misma.

En todo lo anterior se habla de motivos en el sentido psicológico de la palabra. Por tanto, no sólo de los racionales, sino de toda clase de atracciones o repulsiones ante un objeto de decisión, especialmente de las emocionales de todo género: instintos, simpatías o antipatías, motivos de orden estético, etc. Lo que en psicología se suelen llamar «pulsiones».

También conviene tener en cuenta que la voluntad es solamente la instancia decisoria: la que potencia o inhibe las pulsiones de todo tipo a que se ve sometido el ser humano. Por ello, si no existiesen dichas pulsiones, la voluntad no podría decidirse en un sentido determinado. Puesto en una comparación: la voluntad es la torre de mando de una estación que da salida o hace esperar a los diversos trenes. Pero si no existiesen trenes, no podría actuar. El único expediente que le quedaría sería el de ir creando dichas pulsiones, en cuanto esté en su mano hacerlo.

E) *La influencia de las Neurociencias en el Derecho Penal*

Las Neurociencias, en gran medida gracias a las enormes posibilidades que ofrecen los nuevos métodos de experimentación y neuroimagen —tomografía por emisión de positrones (PET), resonancia magnética funcional o nuclear (RM o fMRI), magnetoencefalografía, etc.—, han sufrido un avance espectacular en los últimos años, haciendo progresar el conocimiento del cerebro y de sus complejas relaciones neuronales, y, con ello, revitalizando el debate sobre el determinismo.

Los experimentos de Libet, en los años ochenta, evidenciaron que en el proceso de decisión y ejecución de un movimiento, en apariencia voluntariamente decidido y ejecutado, existe actividad cerebral no-consciente con carácter previo a la actividad cerebral consciente. Esta relación temporal entre la actividad de las áreas cerebrales implicadas consciente y no-consciente se presenta por los científicos como una prueba empírica contra la existencia de libertad de voluntad y contra la imagen del ser humano como sujeto que domina con su propia decisión consciente las acciones que realiza.

Sobre dicha base, que socava los cimientos del Derecho Penal tradicional, los neurocientíficos proponen sustituir concepciones retributivas por concepciones utilitaristas, defienden las virtudes de la prevención especial, y sobre todo del «tratamiento neurológico», como forma de lucha contra el delito.

La doctrina penal, admita o no que el Derecho Penal deba estar abierto a las evidencias proporcionadas por otras ciencias, se resiste enconadamente a admitir que las conclusiones de las Neurociencias puedan suponer el fin del Derecho Penal. En palabras de Feijoo «no estamos más que ante un nuevo capítulo de un folletín que empezó hace mucho tiempo. Las neurociencias ofrecen una nueva base científica para el debate, pero las cuestiones de fondo siguen siendo las mismas. Si se comparte este punto de partida, una perspectiva a largo plazo lleva a la conclusión de que este tipo de debates o «irritaciones» externas nunca han conseguido modificar sustancialmente los procesos sociales de imputación de penas».

Y es que los neurocientíficos no han tenido suficientemente en cuenta que la *responsabilidad* no es, para gran parte de la doctrina penal, un hecho natural, sino un fenómeno normativo (así Roxin, Günter y Jakobs en Alemania y, en nuestro país entre otros, Diez Ripollés, Feijoo, Gimbernat, Martín Lorenzo, Mir Puig, Pérez Manzano). Los ciudadanos son «seres libres» desde la perspectiva del sistema jurídico, con independencia de que la ciencia nos pudiera llegar explicar causalmente sus procesos cerebrales. Si una persona hace algo porque quiere, normativamente es indiferente si la ciencia puede explicar, o no, los diversos factores que causaron su conducta. Desde una perspectiva intersubjetiva ha actuado «libremente», salvo que concurra alguno de los factores que excluyen su responsabilidad, como podría ser, por ejemplo, una enfermedad mental.

Por otra parte hay que recordar, con Pérez Manzano, que la Neurociencia cognitiva ha aportado datos sobre la existencia de dos clases diferentes de sistemas cognitivos y correlativos procesos neuronales, que nos permiten reconocer y categorizar diferenciadamente objetos y procesos físicos, de una parte, y conductas intencionales de agentes, que evaluamos conforme a criterios morales censurándolas o alabándolas, de otra. Esta capacidad del ser humano de diferenciación de objetos y agentes, de correlativa atribución de mérito o demérito sólo a las conductas humanas y no a los objetos o efectos naturales, y de generación de actitudes sociales, ha cumplido una función esencial en el proceso evolutivo de la especie humana de cara a su supervivencia. De un lado, esta capacidad permite al ser humano anticipar mentalmente conductas dañinas para uno mismo y defenderse de ellas, y, de otro, tiene un papel fundamental en la propia ordenación de la vida humana en sociedad.

A nuestro juicio esa divergencia de procesos neuronales resulta significativa, la capacidad de valorar conforme a criterios morales las conductas de otros, para alabarlas o reprocharlas, unidas a la capacidad mental de anticipación permiten seguir sustentando la idea de la capacidad de autodeterminación, limitada eso sí, del hombre, es decir su libertad de decisión que se convierte así en el fundamento más claro de la culpabilidad. Como admite FEIJOO «la libertad pertenece exclusivamente al mundo social y no al mundo de la naturaleza», pero es que el hombre, como decíamos antes, es un ser social y la libertad solo se puede concebir como relación y toma de postura ante los seres circundantes.

2. Otras fundamentaciones

Aunque la doctrina española mayoritaria sigue poniendo el fundamento de la culpabilidad en el libre albedrío, van surgiendo autores que buscan otras fundamentaciones a la misma. Muchos de dichos autores no niegan la libertad, ni tampoco se adhieren al determinismo (al que consideran al menos tan indemostrable científicamente como el indeterminismo); pero al creer que no se puede demostrar científicamente la existencia del libre albedrío, tratan de fundamentar la culpabilidad en otros principios. En la imposibilidad de estudiar cada una de estas nuevas corrientes en particular, se va a tratar de dos de ellas a las que en uno u otro modo se reducen las demás: las que fundamentan la culpabilidad en la necesidad de la pena y los que buscan su base en la normalidad de la motivación.

A) *Necesidad de la pena*

Una parte de la doctrina (en España los principales defensores de esta teoría son GIMBERNAT, LUZÓN PEÑA y MUÑOZ CONDE) fundamenta la culpabilidad en la necesidad de la pena para prevenir la delincuencia.

Defienden estos autores que existe la necesidad de la pena respecto a los sujetos normales, pero suponen que deja de concurrir dicha necesidad en los que actúan en los casos que se incluyen tradicionalmente en las causas de exclusión de la culpabilidad, porque creen que la sociedad no exige el castigo de los inculpables (esto es, de los cubiertos por una causa de exclusión de la culpabilidad). En tal hipótesis no sería necesario castigar a los inculpables a efectos de prevención general (esto es, de intimidar a la sociedad con la pena para que el ciudadano normal no cometa delitos), porque la sociedad no considera, a pesar de que no se castigue a los inimputables, que los sujetos normales estén autorizados a cometerlos. Pero tampoco es necesaria la amenaza de la pena a efectos de prevención especial de los inculpables (la prevención especial trata de evitar los delitos actuando sobre los autores de los mismos), puesto que en ellos no influye la amenaza de la pena y en todo caso los inculpables están sujetos a medidas de seguridad o de resocialización, que son las únicas que sirven para su cambio.

Conviene apuntar que los presentes autores no aducen pruebas convincentes de sus afirmaciones, ni en el sentido «científico» (que esgrimen contra el libre albedrío) ni tampoco en el intuitivo, de que se ha hablado más arriba. Porque ¿cómo se prueba, por ejemplo, que la pena no influye en la motivación del inimputable? Más bien parece que la pena influye sobre la motivación del menor de edad penal, como lo demuestran los «castigos» con los que se ha educado a los niños de todos los tiempos; además el hecho de que la mayoría de los menores de edad penal no delinca, parece abonar la tesis de que han interiorizado las normas jurídicas. Incluso hay que afirmar que la pena influye sobre el enajenado, como parece deducirse de la experiencia de siglos pasados, y del cuento con que CERVANTES comienza su Segunda Parte de *El Quijote* sobre el loco y el podenco. Mucho más claro parece que la pena influye sobre el sujeto amparado en una razón de no exigibilidad penal de otra conducta (como el que se encuentra en estado de necesidad exculpante o el que encubre a un pariente), aunque sea en grado menor que su influjo sobre el sujeto normal; y también parece claro que estos sujetos son capaces de interiorizar la norma penal, como lo prueban las conductas heroicas de algunos ciudadanos en las mismas circunstancias y el hecho de que en ciertas profesiones (socorristas, policías, etc.) la misma ley imponga mayores exigencias. Las razones de no castigar a los inculpables son otras: la falta de justicia al hacerlo, en el caso de que no sean libres; los motivos pedagógicos de los menores de edad penal; o la no exigibilidad penal de otra conducta, por razones de política criminal.

Finalmente no se debe olvidar que el fundamentar la culpabilidad meramente en la necesidad de la pena, sin límite ninguno objetivo llevaría a utilizar un criterio de medición puramente utilitario que tendría el peligro de derivar, hasta convertir al ciudadano en un mero objeto para escarmiento de la colectividad, lo que en modo alguno sería compatible con un Estado de Derecho.

B) *Normalidad de la motivación*

Las anteriores razones han llevado a algunos autores (el principal entre ellos es MIR PUIG) a intentar buscar una fundamentación de la culpabilidad más profunda que la mera necesidad de la pena; ya que ésta tiene el peligro de derivar a un puro utilitarismo pragmático que en modo alguno garantizaría sólidamente las bases de un Estado de Derecho.

Por ello hablan dichos autores de la normalidad de la motivación. Admiten que la pena motiva también a los inimputables, pero que éstos no participan de un proceso de motivación normal. En este sentido escribe MIR PUIG:

> En el inculpable concurren condiciones personales o situaciones que disminuyen, por debajo del límite normal, las posibilidades de que dispone el sujeto *a priori* para atender a la llamada normativa.

Más claro se expone en el siguiente párrafo del citado autor:

> El límite máximo de lo punible en un Derecho democrático, que intenta responder a las expectativas del hombre normal, esto es, de la colectividad a la que se dirige, es lo exigible a dicho hombre normal. Por eso no se castiga a quienes actúan en una situación en la que el hombre normal hubiera cedido a la motivación delictiva (causas de no exigibilidad), y no se castiga a los inimputables porque extender a ellos la conminación penal en su situación de incapacidad de resistencia normal frente a los impulsos criminales, supondría elevar el nivel de lo exigible penalmente cara a los inimputables por encima del que se impone a un hombre normal. Admitido el baremo democrático de la capacidad del hombre normal en las causas de inexigibilidad, vulneraría el principio de igualdad real ante la ley al tratar a los inimputables desconociendo que carecen de dicha capacidad normal.

Como se ve por lo anterior, en realidad Mir Puig reduce el fundamento de la culpabilidad a la exigibilidad de la conducta (primero lo afirma respecto a las causas de exculpación, pero luego lo extiende a los inimputables) que a su vez basa en la normalidad de la motivación. Cuando un ciudadano tiene una motivación normal, se le puede exigir penalmente que no ponga acciones típicas y antijurídicas.

Pero esta teoría deja sin explicar la inimputabilidad de los menores de edad penal y del que tiene un error de prohibición. Ambos casos no se deben a la inexigibilidad de otra conducta, sino en el supuesto del menor a razones educativas (aparte de que no se le cree maduro para tomar una decisión libre) y en el del error de prohibición a que no pudo tomar la decisión con perfecto conocimiento de causa; esto es, a que no era libre en dicha decisión.

Además, enseguida surge la pregunta ulterior: ¿Por qué la comunidad no reclama el castigo del inculpable, mientras que exige el del hombre que tiene normalidad de motivación? Mir Puig no duda en contestar que «Preciso es reconocer que la ausencia del escándalo social ante la exculpación [del inculpable] se debe precisamente a que la sociedad comparte el criterio político-criminal según el cual no es lícito castigar a quien no actúa en condiciones de una motivación normal».

A la aseveración de Mir Puig de que la sociedad comparte el criterio político-criminal de la normalidad de la motivación, habría que responder en primer término que lo que la mayoría de la sociedad comparte es el criterio de la libertad del ser humano y es por lo que no se escandaliza al ver que al enfermo mental no se le castiga penalmente. Aparte de ello, no está tan clara la falta de «escándalo» de la sociedad respecto a otros casos de inimputables como podrían ser las pandillas de gamberros y maleantes menores de edad penal que pululan libremente por muchas de nuestras ciudades y a la falta de castigo (en el sentido estricto de pena) de los mismos, por lo que se viene reclamando por amplios sectores de la sociedad la reducción de la minoría de edad penal, y la introducción simultánea de un sistema de menores semejante al alemán, con un auténtico Derecho Penal juvenil.

Pero en segundo lugar, el hecho de que la colectividad admita la pena en los «normales» y no la admita en los «inculpables» no fundamenta suficientemente la cuestión. Porque si la sociedad llegare en su evolución cultural a pedir el castigo (en el sentido estricto de pena) para los enajenados (o cualquier otra aberración semejante), a partir de la teoría presente no se podría encontrar una fundamentación filosófica con qué refutarlo. La democracia no se funda en el mero dominio de la mayoría absoluta, sino en el respeto a la persona y a sus derechos, y fundamentalmente en la justicia como valor supremo de la convivencia ciudadana, si se quiere construir un Estado de Derecho. Hace falta que el Derecho (y consecuentemente el Estado) observen este valor. Como ya escribía San Agustín, si se prescinde de la justicia y se fundamenta el Estado sólo en el poder (aunque sea el de la mitad más uno), ¿en qué se diferencian los estados de las cuadrillas de ladrones? Baste recordar al respecto que Hitler comenzó su dictadura elegido por la mayoría absoluta del *Reichstag* y que siempre apeló para sus tropelías a la voluntad del pueblo. Por algo los filósofos del Derecho alemanes (al igual que los penalistas) se hicieron decididos defensores del Derecho Natural pasada la dictadura nazi.

Lo anterior demuestra una vez más la necesidad de fundamentar el Derecho (y en este caso, del derecho a castigar que es el más peligroso en manos del poder público) en principios de Derecho natural (especialmente en el de la justicia) que puedan poner coto en caso necesario al poder omnímodo del Estado.

Por otro lado hay que observar que en el fondo la presente teoría sobre la normalidad de la motivación no llega a superar la anterior sobre la necesidad de la pena, como pretende. Porque al dar como razón el hecho de la ausencia de escándalo social, vuelve a suponer que su fundamentación debe ser suficiente para fines de prevención general.

Además MIR PUIG prescinde de la cuestión del libre albedrío, porque lo considera imposible de probar «científicamente». Pero es curioso observar que todo lo que él afirma sobre la normalidad de la motivación queda sin pruebas «científicas» suficientes y por supuesto se afirma o niega con pruebas mucho menores de las que se pueden aducir a propósito del libre albedrío. En su deseo de prescindir de la cuestión del libre albedrío escribe dicho autor:

> Fundar la responsabilidad en un distinto poder de resistencia del autor frente al delito no se opone al postulado determinista según el cual nadie, ni el culpable ni el inculpable, pudo actuar de otro modo al que lo hizo. Supone sólo que *a priori* el sujeto que actúa normalmente cuenta con unas condiciones motivacionales mucho más favorables que el inculpable para resistir al delito y atender a la llamada de la norma, lo que permite a la sociedad imponer unas expectativas distintas en ambos casos.

Pero la solución anterior queda incompleta por lo siguiente: si según el determinismo «ni el culpable ni el inculpable pudo actuar de otro modo al que lo hizo», ¿por qué se castiga al «normal», si, a pesar de su «normalidad de motivaciones», tuvo que actuar como lo hizo? ¿En qué sentido «cuenta con unas condiciones motivacionales mucho más favorables que el inculpable para resistir al delito y atender a la llamada de la norma», si se supone que no es libre? Porque, según el determinismo, tan determinado está el «normal» como el «inculpable» en su conducta. Luego o se admite que el «normal» pudo decidirse libremente a seguir los imperativos de la norma o no hay razón ninguna de justicia para castigarlo y dejar impune al «inculpable». Lo anterior vale también para los que prescinden de la cuestión del libre albedrío, por pensar que no puede probarse, como parece ser el caso de MIR PUIG. Porque, si se prescinde de dicha cuestión, no hay razón ninguna que justifique el castigo en el sentido estricto de la palabra (esto es, la pena), ya que tales autores tienen que situarse (desde el punto de vista de la argumentación) en la misma postura que los deterministas.

C) *Teoría comunicativa de la culpabilidad*

En los últimos años algunos penalistas han propugnado una nueva fundamentación a la culpabilidad, de la mano de las aportaciones de la filosofía social o de las ciencias sociales, siendo especialmente significativas las influencias de la teoría de los sistemas de LUHMANN, y de la teoría discursiva e intersubjetiva de HABERMAS.

Desde esta perspectiva el juicio de culpabilidad no depende de las características naturalísticas de la acción (conocimientos, motivaciones, etc.), sino de la relevancia comunicativa que una determinada sociedad otorgue a esas características de la acción. Fundamentan la culpabilidad desde esta perspectiva GÜNTHER, KINDHÄUSER, NEUMANN y, en nuestro país, FEIJOO y DIEZ RIPOLLÉS, entre otros.

Según esta concepción las personas son unidades de imputación en la medida en la que tienen adscrita por el sistema jurídico un haz de libertades. La culpabilidad no tiene que ver con la libertad en sentido metafísico, trascendente o naturalístico sino con el proceso histórico de reconocimiento social y normativo de la libertad de actuación, que conlleva necesariamente la correspondiente responsabilidad por las consecuencias de dicha libertad. La autonomía de la persona que sirve de base a un Derecho Penal basado en la culpabilidad por el hecho no es una capacidad pre-social o pre-jurídica de todo sujeto racional, sino un principio organizativo de un sistema de libertades configurado como Estado de Derecho.

En resumen, según esta postura la percepción subjetiva de la libertad forma parte del sistema de creencias compartido por los integrantes de la propia sociedad, y sobre la misma se han edificado las modernas sociedades democráticas. Sobre dicha percepción se asienta también el principio de que todo ciudadano debe asumir las consecuencias de su actuar, configurándose dicho principio como una exigencia normativa irrenunciable.

Es decir, que pese a negarse la libertad del hombre, y que por tanto la culpabilidad pueda fundamentarse en la misma, se admite que la creencia de los miembros de la sociedad en la capacidad de autodeterminación de la persona es suficiente para fundamentar la culpabilidad sobre esa capacidad de autodeterminación que no existe. A nuestro juicio resulta más evidente que el hombre posee esa capacidad de autodeterminación, dentro de unos límites, como se afirmaba antes, y que sobre ella se fundamenta la culpabilidad.

3. Valoración

De todo lo expuesto parecen desprenderse algunas conclusiones respecto al fundamento del principio de culpabilidad en el Derecho Penal, que van a agruparse expositoriamente en dos series: examen crítico de las fundamentaciones aducidas y la labor de Juez penal que tiene que determinar la culpabilidad de un reo concreto.

A) *Examen crítico de las fundamentaciones*

El libre albedrío parece la única fundamentación sólida del principio de culpabilidad, en el que se asientan todos los Derechos Penales modernos. Sólo mediante su empleo se puede dar una razón consistente de porqué la pena y la medida de la misma se fundan en la culpabilidad: porque al ser libre, el sujeto es responsable de sus actos y se le reprocha haberse situado en contra de la norma jurídica, cuando pudo no hacerlo; por lo que a mayor culpabilidad del sujeto, le corresponde mayor pena. Por eso, alguno de los fundadores de la escuela positiva (en sí, Ferri; porque ni Lombroso ni Garofalo compartieron plenamente el determinismo del primero) consecuentemente propugnaron la abolición de las penas y su sustitución por las medidas; y así lo han seguido haciendo todos los deterministas consecuentes con sus doctrinas. Postura que tendrían que compartir (desde un punto de vista de pura lógica) los que mantienen que el indeterminismo no puede probarse científicamente y buscan otro fundamento para la culpabilidad.

Por el contrario, las restantes fundamentaciones de la culpabilidad, al prescindir de la libertad o incluso negarla, no ofrecen un fundamento sólido al hecho de que la pena se imponga sólo en razón y en la medida de la culpabilidad.

Los que se limitan a fundar la culpabilidad en la necesidad de la pena para la prevención general, hacen depender la imposición de una pena y la medida de la misma de la necesidad que tenga la sociedad de ser intimidada. Con ello convierten o corren el peligro de convertir al ciudadano (el que por muy delincuente que fuere, sigue siendo persona y por tanto digno de todo respeto) en un mero objeto de escarmiento para sus conciudadanos. Además dejan al Estado con un arbitrio de interpretación sobre cuál es la pena necesaria para la prevención general que puede ser muy peligroso para la seguridad jurídica del ciudadano.

Pero tampoco es más convincente la fundamentación que brinda la teoría sobre la normalidad de la motivación, basada en el hecho de que la sociedad comparte este criterio de política criminal. En primer término, porque no prueba MIR PUIG que la colectividad lo comparta, sino que se limita a afirmarlo; lo que es más de admirar en un autor que rechaza el libre albedrío por carecer de prueba suficientes. Pero, en segundo lugar, porque la opinión de la sociedad (aunque fuera la mayoría) no es criterio de verdad ni de justicia, como lo demuestran palpablemente recientes experiencias históricas profundamente dolorosas como la de la dictadura nazi en Alemania o la dictadura comunista en la URSS. Si se quiere asentar un Estado sobre sólidos pilares que le permitan ser realmente un Estado de Derecho no cabe otro expediente que edificarlo sobre el Derecho Natural. Y por lo mismo, si se pretende castigar con un criterio de justicia, el límite de la pena (al que puede no llegar el Estado por razones de política criminal, pero que nunca puede sobrepasar) es el de la culpabilidad del ciudadano.

Aunque en la actualidad se han propuesto otras varias teorías sobre el fundamento de la culpabilidad, hay que afirmar que en un modo o en otro inciden en las dos que se acaban de exponer y, por eso, no ofrecen tampoco base sólida sobre la que edificar el principio de culpabilidad ni dan razón suficiente de por qué la pena y su medida han de depender de dicho principio.

B) *Labor del Juez penal*

Al Juez de lo penal se le exige una tarea humanamente casi imposible: la de averiguar si el reo era libre en el momento de poner la acción típica y antijurídica, momento que como mínimo dista meses y aun años del tiempo en el que se celebra la vista. Pero, aparte de esta dificultad temporal, el Juez carece frecuentemente de medios precisos para dictaminar sobre la culpabilidad de un sujeto, ya que la libertad es algo interno al mismo. En su ayuda viene la ley que establece una serie de presunciones *iuris et de iure* sobre el grado de libertad del autor del delito: es lo que se llama la teoría normativa de la culpabilidad, de la que se hablará enseguida.

III. NATURALEZA DE LA CULPABILIDAD

Tres son las teorías sobre la naturaleza de la culpabilidad que se han sucedido en el último siglo y que se corresponden con las tres escuelas penales de que se ha venido hablando repetidas veces: La concepción psicológica (escuela clásica), la normativa mixta (escuela neoclásica) y la estrictamente normativa (escuela finalista).

1. TEORÍA PSICOLÓGICA

Corresponde a los presupuestos metodológicos (causal-naturalísticos) de VON LISZT y de BELING, esto es, a los de la escuela clásica. Según ellos, la acción, la tipicidad y la antijuridicidad son elementos puramente externos, objetivos; mientras que todo lo interno, lo subjetivo, queda para la culpabilidad. Concebían ésta como una relación psicológica entre el autor y el resultado, semejante a la relación de causalidad entre ambos que constituía, según ellos, el núcleo de la acción. El dolo y la culpa eran las dos posibles formas de conexión entre el sujeto y el resultado; no es que perteneciesen a la culpabilidad, sino que constituían sus dos especies. El dolo era para ellos la especie más perfecta de la culpabilidad, mientras que la culpa era una conexión psíquica imperfecta entre el sujeto y el resultado. La imputabilidad era tan sólo el presupuesto de la culpabilidad.

Pero a tal concepción se le objetaron varias dificultades. Ante todo, en la culpa inconsciente no podía concebirse relación ninguna psicológica entre el autor y el resultado, ya que el sujeto en cuestión no había imaginado siquiera que éste fuera a darse. Mientras que en las causas de exculpación no se daba falta de relación psicológica; porque el que mata en estado de necesidad o por miedo insuperable, lo hace con dolo.

No puede olvidarse, sin embargo, que en el estadio de la acción (y por eso en un momento libre de valoraciones jurídico-penales) la teoría psicológica es la que debe aplicarse, pues es la única que pretende averiguar las intenciones del reo. Donde falla la escuela clásica es en el concepto de ciencia: quiere restringirlo sólo al científico-naturalista en el sentido de las ciencias de la naturaleza y por eso comprende en la acción solamente la relación de causalidad. Mientras que tan legitimadas están en el catálogo de las ciencias, las del hombre, que son las que estudian en qué consiste la conducta humana y que mantienen unánimemente que en este estadio hay que incluir también el elemento subjetivo (el dolo o la culpa), como lo hace el finalismo.

2. Teoría normativa mixta

Las dificultades indicadas llevaron a algunos autores de la escuela neoclásica (concretamente a Frank, Goldschmidt y Freudenthal) a la formulación de la teoría normativa, a la que aquí se califica de «mixta» porque aún mantiene en la culpabilidad el dolo y la culpa.

De acuerdo con los presupuestos neokantianos de la escuela neoclásica (que no se limita a estudiar realidades externas o internas, sino que busca el significado, el valor de las mismas) ven la culpabilidad como un juicio de valor (desvalor): como un reproche que se hace al autor por la acción típica y antijurídica que ha puesto, cuando le era exigible haber actuado conforme a Derecho. Como se acaba de indicar, el dolo y la culpa siguen perteneciendo al contenido de la culpabilidad; pero dejan de ser especies de la misma para pasar a ser meros elementos. Mientras que el centro de la culpabilidad se sitúa en el reproche que se hace al autor porque le era exigible otra conducta.

Así solucionan las dos dificultades que se objetaban a la teoría psicológica. Porque en el caso de la culpa, ya no es necesario que concurra la relación psicológica entre el autor y el resultado, sino que basta que el hecho sea reprochable al sujeto, por haber faltado a la diligencia debida. Y en las causas de exculpación no es fundamental la ausencia del dolo, sino que, de nuevo, al autor no le sea reprochable la conducta seguida por el mismo. Así defienden que la culpabilidad tiene la estructura siguiente: La imputabilidad como presupuesto, como capacidad de actuar culpablemente. El dolo o la culpa como formas de voluntad defectuosas, pues incluyen en ellos tanto el conocimiento de los hechos (dolo natural) como el de su significación antijurídica (dolo malo). Y finalmente la ausencia de causas de exculpación, cuya esencia consiste en la no exigibilidad de otra conducta. Por todo lo anterior se ha denominado a esta teoría normativa «mixta», ya que más que un cambio en la estructura de la culpabilidad (cuyo centro siguen siendo el dolo y la culpa) se ha producido una valoración de la misma.

3. Teoría estrictamente normativa

También esta teoría corresponde a los presupuestos científicos de su escuela (del finalismo). Al trasladar el dolo y la culpa a la acción (el dolo o la culpa naturales), no queda para la culpabilidad más que la reprochabilidad (el dolo o la culpa malos): la atribución al sujeto de la acción típica y antijurídica.

Por tanto, para el finalismo el contenido de la culpabilidad es triple:

1. La imputabilidad, cuyo núcleo central es la capacidad de libertad del autor del hecho. Luego ya no es mero presupuesto de la culpabilidad (como defendía la escuela neoclásica), sino condición esencial de la misma, porque sin la imputabilidad no se podría reprochar al sujeto su acción típica y antijurídica. En frase de Welzel el centro de la culpabilidad hay que ponerlo en que el autor podía haber actuado de otro modo. Hay que recordar, sin embargo, que no todos los inimputables ni en todos los casos carecen absolutamente de libertad; pero la ley, por las razones que allí se indican, ha establecido la *praesumptio iuris et de iure* de que son inimputables, esto es, de que carecen de libertad y por eso se sustituye la pena por una medida.
2. La conciencia de la antijuridicidad del hecho. Pero por la teoría normativa, se limita este requisito a la posibilidad de dicho conocimiento: a lo que determinen las normas al respecto. La falta de dicha posibilidad, si es invencible, excluye totalmente la culpabilidad: mientras que si es vencible, subsiste una reprochabilidad disminuida.
3. La ausencia de causas de exculpación. Tales causas no excluyen la posibilidad de actuar de otro modo y, por tanto, no excluyen la libertad; sino que por el sentido del Derecho Penal como *ultima ratio* (o lo que es lo mismo, por el principio de mínima intervención del Derecho Penal) deja de castigarse la conducta porque se piensa que no es exigible penalmente; ya que la misión del Derecho Penal no es la de castigar todo lo antijurídico, sino tan sólo los puntos de la convivencia ciudadana más necesitados de su protección.

Ahora que se ha analizado la teoría normativa se puede comprender porqué al principio del presente tema se decía que «actúa culpablemente el que, según el ordenamiento jurídico pudo abstenerse de poner la acción típica y antijurídica». Porque ni siquiera todo inimputable carece siempre de la libertad (piénsese, por ejemplo, en el menor de edad penal que está cerca del límite de los catorce años) y los que se amparan en una causa de exculpación actúan en realidad libremente (aunque su libertad esté disminuida), porque en caso de que les faltara totalmente la libertad, habría que incluir el supuesto en la alteración psíquica. Lo que sucede es que el ordenamiento Jurídico ha decidido normativamente no hacerlos culpables, a veces por motivos educacionales (como sucede en el caso de ciertos menores de edad penal) y en otras ocasiones por razones de política criminal (como es el caso de los supuestos de no exigibilidad penal de otra conducta).

IV. ESTRUCTURA DE LA CULPABILIDAD

Desde la perspectiva finalista, en que se mueven las presentes consideraciones, y por lo mismo desde una teoría estrictamente normativa, la estructura de la culpabilidad es la que acaba de ser esbozada.

Por ello se va a considerar en el Tema 20 la imputabilidad, tanto en su aspecto positivo (contenido de la imputabilidad) como en el negativo (casos de inimputabilidad). En el Tema 21 se hablará de la conciencia de la antijuridicidad y del error de prohibición, que es la causa, que la excluye. Finalmente, en el Tema 22 se expondrá el concepto de exigibilidad penal de una conducta (aspecto positivo), para analizar a continuación los casos de inexigibilidad penal de otra conducta (las llamadas causas de exculpación).

V. EFECTOS DE LAS CAUSAS DE EXCLUSIÓN DE LA CULPABILIDAD

Los efectos de todas las causas de exclusión de la culpabilidad (esto es, de las causas de inimputabilidad, del error de prohibición y de las causas de exculpación estrictamente dichas) son diversos de los que se señalaron más arriba (véase *supra*, Tema 18, I, 3), al hablar de las causas de justificación.

Todos ellos se derivan del hecho de que la conducta no es justificada, sino meramente declarada no culpable por el ordenamiento jurídico. JESCHECK prefiere decir en el mismo sentido que meramente es «perdonada».

Por ello se puede ejercitar una causa de justificación (por ejemplo, la legítima defensa) contra un autor que meramente se encuentra amparado por una causa de exclusión de la culpabilidad.

La participación criminal de otros sujetos con un autor amparado meramente por una causa de exclusión de la culpabilidad en principio es punible; aunque en algunos supuestos podrá también quedar amparado el partícipe por la misma. La razón es que la conducta del autor es antijurídica.

Por la misma causa se pueden aplicar medidas al que se halla amparado por una causa de exclusión de la culpabilidad; aunque no suele realizarse respecto al error de prohibición ni a las causas de exculpación, por no hablarse de ello en el CP. Sin embargo, están prescritas en la mayoría de los casos de inimputabilidad.

Finalmente, las causas de exclusión de la culpabilidad dan lugar a responsabilidad civil; porque, aunque la conducta no sea culpable, es antijurídica. Esto quiere decir que la conducta no tiene consecuencias penales, pero las tiene civiles; pues en sí la conducta está contra el ordenamiento jurídico.

El estado de necesidad constituye la excepción a esta regla, pues a tenor del artículo 20, regla segunda, son responsables civilmente «las personas en cuyo favor se haya precavido el mal, en proporción del beneficio reportado», pero, como queda indicado más arriba (véase *supra*, Tema 18, V), esta responsabilidad civil no se deriva del delito, sino de otras causas.

TEMA 20

LA IMPUTABILIDAD

Se va a estudiar en este Tema la imputabilidad, que para el finalismo no es presupuesto, sino elemento esencial de la culpabilidad. En primer término se analizará su contenido positivo y negativo, así como el momento de la imputabilidad. A continuación se irán examinando las distintas causas de inimputabilidad; pero se harán preceder a la exposición de las mismas unas nociones sobre psicopatología, necesarias para comprender el alcance de la normativa legal en esta materia.

I. CONCEPTO DE IMPUTABILIDAD

Se van a exponer por separado la definición de imputabilidad, sus efectos y su naturaleza jurídica.

1. Definición

La imputabilidad es la condición de un sujeto por la cual se le pueden atribuir sus actos, es responsable de los mismos. En el Derecho Penal la imputabilidad es la condición del sujeto por la que se le pueden atribuir las acciones típicas y antijurídicas que ha realizado.

Dada la teoría normativa, en que se sitúa el Derecho Penal moderno, se pueden dar dos definiciones de imputabilidad: la psicológica y la legal. En sentido psicológico la imputabilidad es la capacidad de actuar culpablemente. Esta capacidad se le reconoce en principio a toda persona, por el hecho de ser inteligente y libre. Por ser inteligente el sujeto puede conocer el alcance de los actos que realiza y valorarlos. Porque hay que distinguir entre juicios de realidad (esto es una mesa, una silla; estoy matando a un hombre, etc.) y juicios de valor (esta mesa es mala, bonita, cara; matar en estas circunstancias me es permitido o prohibido, etc.). Por ser libre el autor puede poner o dejar de poner la acción que ha conocido y valorado.

En sentido normativo es imputable el que a tenor de la legislación penal vigente puede ser culpable de sus actos. Dicho de otro modo, al que la legislación penal declara responsable de la acción típica y antijurídica, porque considera que pudo dejar de ponerla y por eso se la reprocha.

Como la imputabilidad es la regla general, la legislación penal tiene que hablar sólo de los casos en los que el legislador ha creído que no debe castigar al autor, a pesar de haber cometido éste una acción típica y antijurídica, en los que considera al autor inimputable. En primer lugar se trata de los supuestos, en los que el sujeto no actúa libremente, en los que le falta la misma capacidad de poner el acto libre. Pero por razones históricas y de política criminal, hay casos en los que, a pesar de que no se puede considerar al sujeto como totalmente carente de libertad, se decide normativamente no considerarlo aún imputable. Tal es por ejemplo la causa de inimputabilidad de la minoría de edad penal; ya que, aunque a ciertas edades el niño no ha adquirido todavía la madurez suficiente para poner un acto libre, en otras tiene madurez suficiente y, sin embargo, se decide legislativamente considerarlo inimputable por otras razones (pedagógicas, etc.). ¿Qué duda puede caber de que el chico no adquiere de golpe la madurez (y consiguientemente la libertad) por cumplir los catorce años? Lo mismo se debe afirmar respecto a los enajenados; porque, aunque es claro que durante largos períodos de su enfermedad pierden la libertad, no puede afirmarse tan taxativamente que en todos ellos carezcan totalmente de libre albedrío. Ésta es la causa primordial de la teoría normativa de la culpabilidad.

2. Efectos de la imputabilidad

El sujeto imputable es culpable penalmente y, por tanto, también civilmente y puede ser sujeto a medidas. Por el contrario el inimputable no tiene responsabilidad criminal. Pero, como su acción es típica y antijurídica, cabe la responsabilidad civil y la imposición de medidas al inimputable, ya que no ha obrado conforme a Derecho.

3. Naturaleza jurídica de la imputabilidad

De lo dicho se desprende que la naturaleza jurídica de la imputabilidad es la de hacer al sujeto penalmente culpable. Por tanto, en la imputabilidad, dada su naturaleza normativa, hay una parte subjetiva y otra objetiva. La subjetiva existe cuando el sujeto es libre; pero el legislador ha objetivado la cuestión y por eso ha declarado libre a efectos penales al individuo que no tiene una causa de inimputabilidad.

II. LA INIMPUTABILIDAD

Dos puntos deben abordarse en este apartado: las posibles formulaciones de las causas de inimputabilidad y las medidas aplicables a los inimputables.

1. Formulación de las causas de inimputabilidad

Para comprender mejor el alcance de las fórmulas que utiliza nuestro Código punitivo conviene distinguir previamente los posibles modos de formulación de estas eximentes que puede usar el legislador.

Suelen distinguirse tres posibilidades de recoger legalmente las eximentes que afectan a la imputabilidad: la biológica, en la que se habla tan sólo de la raíz orgánica que da lugar a la anulación de la imputabilidad; la psicológica, que describe el síndrome externo, es decir, la imposibilidad por parte del sujeto de comprender la ilicitud del hecho o de actuar conforme a dicho conocimiento; y la mixta que conjuga ambas fórmulas y exige para eximir que se dé la raíz orgánica y el síndrome psicológico.

El legislador en el CP de 1995 ha optado por la utilización de fórmulas mixtas, lo que se deduce de la inclusión en los tres preceptos dedicados a la inimputabilidad de la referencia expresa a la «falta de comprensión de la ilicitud del hecho o de la capacidad de actuar conforme a dicha comprensión», a continuación del factor biológico (anomalía o alteración psíquica, intoxicación o síndrome de abstinencia, y, alteraciones de la percepción desde el nacimiento o la infancia). Luego en primer lugar habrá que comprobar si concurre la base biológica y después constatar si se ha producido la anulación de la libertad, ya sea en su aspecto intelectivo (capacidad de comprensión de la ilicitud) o en su aspecto volitivo (capacidad de obrar de acuerdo con dicha comprensión).

2. Medidas aplicables

El legislador ha establecido y regulado la imposición de medidas de seguridad para los sujetos que habiendo sido declarados exentos de responsabilidad criminal conforme a los números 1.º, 2.º y 3.º del artículo 20 del CP sean peligrosos criminales. También cabe la posibilidad de imposición de medidas para los llamados semimputables, es decir aquellos penados en los que se haya apreciado la concurrencia de una eximente incompleta en relación a la imputabilidad (art. 21.1 en relación con el art. 20, números 1.º, 2.º o 3.º). De todo ello se hablará en el Tema 32.

III. EL MOMENTO DE LA IMPUTABILIDAD

A efectos penales es del todo necesario saber en qué momento hay que juzgar la imputabilidad del reo que pone la acción típica y antijurídica. Por eso se va a exponer en primer lugar la regla general, seguida de una importante excepción: las llamadas *actiones liberae in causa.*

1. Regla general

En la mayoría de los casos hay que juzgar la imputabilidad del sujeto activo en el momento de poner la acción típica y antijurídica, porque es cuando interesa saber si está cubierto por una causa de inimputabilidad. Por ejemplo, lo interesante es conocer si un adolescente había cumplido los catorce años cuando cometió el homicidio, no si los cumplió después, aunque fuera al día siguiente. Lo mismo sucede por regla general respecto de las demás causas de inimputabilidad.

Pero a veces la acción, o algunos elementos de la misma, se extienden durante un espacio de tiempo más o menos prolongado. A estos efectos debe recordarse que se considera cometido el delito en el momento en el que se pone la actividad o se omite el acto (art. 7 del CP), cuando se trata de actividades u omisiones sucesivas, en el momento en el que el sujeto activo pone las que le corresponden a él. Lo que a su vez quiere significar que cuando actúa más de un sujeto y la actividad o la pasividad se prolongan durante un espacio de tiempo, puede haber distintos tiempos de comisión para los diversos partícipes y, por tanto, en tales supuestos habrá que juzgar por separado el tiempo de la imputabilidad de cada uno de ellos.

2. Las *actiones liberae in causa*

Se va a exponer en este apartado la teoría general de las *actiones liberae in causa*, la regulación en la legislación anterior, la actual normativa y, por último, una valoración crítica de la misma.

A) *Teoría general de las* actiones liberae in causa

Se denomina *actiones liberae in causa* a los supuestos en los que el sujeto, al realizar la acción, típica y antijurídica, se encuentra en una situación de inimputabilidad en la que entró libremente (de ahí la denominación de acciones libres en su causa). En tales casos hay que decidir si se considera sin más al sujeto inimputable, puesto que en el momento que realiza la acción lo es, o si, por el contrario, se le considera imputable, puesto que entró de una forma voluntaria en la situación de inimputabilidad. Naturalmente, si el sujeto entró en la situación de inimputabilidad por causas que no le son imputables (de una manera fortuita), habrá que considerar, sin más, que es inimputable y eximirle de responsabilidad criminal.

Un ejemplo sería el de la canguro, contratada para cuidar a un niño pequeño por la noche, que se queda inconsciente tras tomar una copa, y por eso no ve al niño que se asoma a la ventana y se cae por ella, muriendo a consecuencia de la caída. Sería necesario investigar las causas por las que quedó inconsciente por el consumo de la copa.

También pueden considerarse casos de acciones libres en su causa varios de los supuestos que se trataron alrededor de las causas de exclusión de la acción, como el sueño.

La construcción de las *actiones liberae in causa* procede de los canonistas y los postglosadores que la utilizaron para justificar la exigencia de responsabilidad a sujetos inimputables en el momento de la realización del hecho, y consiste en considerar imputable al sujeto que *libremente* se colocó en la situación de inimputabilidad.

Actualmente existen numerosas doctrinas de las *actiones liberae in causa* que suelen agruparse en torno a dos modelos: el modelo del injusto típico y el de la excepción.

Según el modelo del injusto típico, el acto por el cual el sujeto se sitúa en el estado de inimputabilidad constituye ya un inicio de la acción típica (es decir, el sujeto está ya dando comienzo a la ejecución del homicidio cuando bebe para matar, por ejemplo), por ello se puede exigir responsabilidad penal al sujeto por el delito cometido, sin que ello suponga una excepción a la regla general de que la imputabilidad debe ser apreciada en el momento de la realización del hecho punible. La crítica fundamental a este modelo viene dada por las dificultades que entraña considerar que la acción típica comienza cuando el sujeto pone los actos necesarios para caer en la situación de inimputabilidad.

Según el modelo de la excepción, es en el mismo momento de la ejecución típica, es decir cuando el sujeto se encuentra ya en la situación de inimputabilidad, cuando debe realizarse la imputación, adelantándose —en las *actiones liberae in causa*— la valoración de la imputabilidad al momento en que el sujeto era todavía imputable, para juzgar si se le debe eximir de responsabilidad criminal o no. El modelo de la excepción parte de considerar que, aunque como regla general la imputabilidad debe considerarse en el momento de la ejecución del hecho punible, razones de justicia material y de política criminal aconsejan excepcionar dicho principio en las *actiones liberae in causa*. La crítica que se suele realizar al modelo de la excepción suele venir de la mano de la falta de cobertura legal, crítica que desaparece, naturalmente, cuando existe dicha cobertura legal. Como se verá después, el CP de 1995 dota de cobertura legal en nuestro ordenamiento jurídico al modelo de la excepción.

Por otra parte, debe señalarse que habitualmente se distinguen dos supuestos de *actiones liberae in causa*: aquellos en los que el sujeto busca la situación de inimputabilidad para cometer el delito (supuestos de preordenación al delito, también denominados de *actio libera in causa* dolosa), y aquellos otros en los que se entra voluntariamente en la situación de inimputabilidad pero sin intención de cometer el delito (suelen denominarse de *actio libera in causa* imprudente). En el caso de la *actio libera in causa* preordenada al delito éste suele considerarse doloso, mientras que en el supuesto de la *actio libera in causa* imprudente suele considerarse que hay que exigir responsabilidad criminal por un delito imprudente.

Sin embargo, hay que tener en cuenta que la *actio libera in causa* resulta bastante más compleja que esto, porque no sólo importa determinar de qué manera ingresa el sujeto en el estado de inimputabilidad (con la intención de cometer el delito, o voluntariamente pero sin intención de cometerlo), sino también la forma en que durante el estado de incapacidad se ejecuta la acción. Así, por ejemplo, cuando el sujeto se intoxique con ánimo de hacerlo, y prevea y acepte la comisión del delito en la situación de intoxicación, habría que considerar que existe un dolo eventual respecto del delito cometido, aunque la solución tradicional a este caso sea de sanción por un delito imprudente.

B) *Las actiones* liberae in causa *en la legislación anterior al Código Penal de 1995*

En los Códigos anteriores a 1932 no existía mención alguna al problema de las *actiones liberae in causa*. Fue en la reforma operada en dicho año que se introdujo, en el número 1.º del artículo 8 del CP, la eximente de trastorno mental transitorio que exigía la concurrencia de un elemento negativo: «que [el trastorno] no hubiese sido buscado de propósito». La misma reforma introdujo un párrafo segundo en el número 1.º del artículo 8, según el cual «para que la embriaguez exima de responsabilidad ha de ser plena y fortuita». A esta exención se sumaba en el Código una atenuante que recogía los casos de «embriaguez no habitual, siempre que no se haya producido con propósito de delinquir». En la reforma de 1944 se amplió el tenor de la eximente de trastorno mental transitorio añadiendo al requisito negativo —«no hubiese sido buscado de propósito»— la expresión «para delinquir». Al mismo tiempo se suprimió la referencia a la posible exención de responsabilidad criminal por embriaguez, aunque subsistió la atenuante.

En atención a dicha legislación, la línea jurisprudencial tradicional y mayoritaria entendió que el trastorno mental transitorio eximía de responsabilidad criminal salvo que hubiese sido buscado de propósito para delinquir (el preordenado al delito) y que, no obstante, la embriaguez sólo eximía de responsabilidad criminal cuando hubiese sido plena y fortuita, es decir, que todos los supuestos de trastorno mental transitorio, salvo el preordenado al delito, eximían de responsabilidad y, sin embargo, la embriaguez plena pero voluntaria (dolosa o culposa) no eximía de responsabilidad criminal. La solución jurisprudencial no convencía a la doctrina mayoritaria, que solicitaba una mayor ampliación de la exención por embriaguez plena.

C) *Las* actiones liberae in causa *en el Código Penal de 1995*

La problemática de las *actiones liberae in causa* se aborda en el CP de 1995 estableciendo un elemento negativo a las eximentes de trastorno mental transitorio (art. 20.1.º, párrafo 2) e intoxicación plena (art. 20.2.º): que el trastorno —o la intoxicación, en su caso— no haya sido provocado por el sujeto con el propósito de cometer el delito, o que el sujeto no haya previsto o debido prever su comisión.

En primer lugar, hay que destacar la sustitución del genérico «para delinquir» que utilizaba el CP de 1973, por «el delito» o «la infracción», que son los términos utilizados por el legislador en el CP de 1995. Dicha sustitución obliga a interpretar que en el CP de 1995 *la actio libera in causa* debe referirse al hecho punible concreto cometido y no a una genérica infracción penal (véase sobre esta cuestión la STS de 30 de junio de 2003). Por ello, hay que aplicar la eximente cuando el sujeto haya buscado de propósito o previsto o debido prever la posibilidad de cometer una infracción penal, pero ésta no coincida con el delito efectivamente cometido.

En segundo lugar, debe tenerse en cuenta que no procede aplicar la eximente cuando la situación de inimputabilidad sea preordenada al delito, o el sujeto haya previsto de hecho la comisión del mismo o haya *debido prever* su comisión. La literalidad del precepto obliga a aplicar la exención cuando el sujeto *pueda prever* la comisión del hecho punible pero no tenga una especial obligación jurídica de hacerlo. Cuándo existe esa especial obligación jurídica es una cuestión que el legislador deja indeterminada, y serán los tribunales los que aquilaten la cuestión. Naturalmente, también cabría interpretar que obligación de impedir la comisión de delitos la tienen todos los ciudadanos, con lo que se haría prácticamente equivalente «el deber de prever» con «el poder prever». Aunque todavía es pronto para que exista una línea jurisprudencial asentada debe constatarse la existencia de una serie de sentencias que limitan extraordinariamente el tenor literal de la eximente (así las SSTS de 14 y 28 de julio y 7 de octubre de 1998, la de 17 de julio de 2002, que llega a afirmar que «la *actio libera in causa* sólo puede ser aplicada cuando los autores no hayan "podido prever" las consecuencias de la plena ebriedad» y más recientemente la de 4 de diciembre de 2009, que considera que «la eximente y la atenuante se excluyen cuando el autor [...] podía prever el desarrollo de los hechos»).

Por otra parte debe señalarse que, como acertadamente pone de relieve Obregón García, lo que no hace el Código Penal es fijar todas las condiciones necesarias para afirmar si el delito cometido debe imputarse a título de dolo o culpa. Los efectos de la regulación legal de la *actio libera in causa* son más modestos; se limitan a señalar en qué casos debe aplicarse la eximente y en cuáles no. Para saber si en el delito cometido en la situación de inimputabilidad hay dolo o culpa, será necesario el examen del caso concreto.

Por último, es preciso abordar si el requisito negativo derivado de la *actio libera in causa* es un elemento esencial de la eximente o no. Caso de considerarse elemento esencial, la concurrencia de la *actio libera in causa* en el trastorno mental transitorio y en la intoxicación plena impediría apreciar la eximente completa y, también, la incompleta. Sin embargo, de no considerarse elemento esencial sería preciso apreciar la concurrencia de una eximente incompleta. A nuestro juicio, el elemento negativo debe considerarse esencial dado que el tenor de la eximente ya es lo suficientemente amplio. Por ello, cuando el sujeto activo esté plenamente intoxicado pero dicha intoxicación esté preordenada a la comisión del hecho concreto realizado, o éste se haya previsto o debido prever, no será de aplicación ni la eximente completa ni la incompleta; a lo más se podrá atenuar la pena por la intoxicación plena (arts. 21.7.º/21.1.º/20.2.º, inciso 1.º).

D) *Valoración crítica*

La solución que el legislador da al problema de las *actiones liberae in causa* es correcta y aceptable para todos los supuestos salvo el de intoxicación, al que, sin embargo, se hace extensible.

Téngase en cuenta que la regulación en el CP vigente de las *actiones liberae in causa* en relación con la intoxicación lleva a soluciones absolutamente absurdas desde un punto de vista de política criminal, sobre todo en una época en que el consumo del alcohol y de otras sustancias tóxicas entre los jóvenes se manifiesta como uno de los problemas más graves que debe enfrentar la sociedad.

Algunos ejemplos pueden ilustrar la postura que se mantiene: si el procesado decide matar a su esposa pero antes de llegar a casa entra en un local en el que comienza a consumir bebidas alcohólicas para darse valor y, una vez plenamente embriagado, golpea violentamente a la camarera en la cabeza causándole la muerte porque se niega a servirle una última copa, habrá que aplicarle la eximente de intoxicación plena porque no tenía el propósito de matar a la camarera, ni previó ni debió prever la muerte en concreto de la misma; sólo si mata a su esposa será considerado responsable criminal. En otro caso, si un sujeto acude con un grupo de amigos a las fiestas del pueblo vecino consumiendo allí bebidas alcohólicas que le llevan a una situación de plena intoxicación, y mata a una persona absolutamente desconocida de un golpe de kárate, porque tropieza con él al pasar, estará exento de responsabilidad criminal porque no entró en la situación de embriaguez para matar a esa persona, ni previó ni tenía especial obligación jurídica de prever la muerte de un desconocido. Sin embargo, habrá que condenarle por el delito de conducción bajo la influencia de bebidas alcohólicas del artículo 379 del CP si en lugar de matar decide volver a su casa conduciendo, porque sabido es que cuando se conduce bajo la influencia del alcohol existe una alta probabilidad de lesionar bienes jurídicos ajenos, motivo éste que ha llevado al legislador a crear el tipo.

Habría sido mucho más conveniente adoptar para el problema de los hechos punibles cometidos bajo estados de intoxicación una solución menos benevolente. A nuestro juicio, sería aconsejable que la excesiva amplitud con la que se concibe la eximente de intoxicación plena se modulara con el establecimiento de una norma similar al § 323.*a*) del CP alemán que castiga la producción voluntaria de la embriaguez plena si el autor comete en ese estado un injusto que quede exento de pena por hallarse en situación de inimputabilidad. Es decir, considerando típica la comisión de un hecho punible bajo los efectos de la intoxicación si dicha situación ha sido voluntariamente causada y no puede castigarse el hecho cometido por aplicación de la eximente de intoxicación. Naturalmente, la pena de dicho delito debería modularse en función del delito cometido.

IV. NOCIONES DE PSICOPATOLOGÍA

Antes de comenzar el estudio de los diversos supuestos de inimputabilidad conviene exponer algunas nociones sobre la psicología anormal del hombre, que ayuden a entender al jurista este campo tan apartado de su materia habitual y que, sin embargo, le ha de ser necesario especialmente para la práctica forense.

Se toma aquí la palabra «anormal» en un sentido a la vez estadístico y valorativo. Estadístico, porque se van a estudiar los casos que se salen de la media; valorativo, ya que no se va a tratar de los supuestos en que los individuos superan la media, sino de los que no llegan a ella. Por ejemplo, respecto a la inteligencia se analizará tan sólo los casos de retraso.

La palabra «psicopatología» significa patología de la psique y se engloban en ella las enfermedades mentales propiamente dichas, a las que se suele llamar psicosis, la neurosis las psicopatías y finalmente el retraso mental.

El término «enfermedad» se va a utilizar en el sentido médico de la palabra, en la que se define como alteración somática o funcional del organismo. Por ello en las enfermedades mentales propiamente dichas no se incluirán más que las psicosis que suponen un proceso orgánico.

Mayoritariamente se va a seguir en las siguientes páginas el esquema de la psiquiatría centroeuropea (diseñado especialmente por KRAEPELIN), modificado en ocasiones por las consideraciones de la Organización Mundial de la Salud y su Clasificación Internacional de Enfermedades (CIE). En concreto el esquema de KRAEPELIN se va a modificar con el CIE-9, porque aunque existe uno más moderno, CIE-10 del año 1992, resulta excesivamente complicado a efectos pedagógicos, especialmente entre juristas, que han de manejar las sentencias de nuestros tribunales, en las que se utiliza el presente esquema en la mayoría de los casos. Por la misma razón de mera vulgarización pedagógica se utilizan frecuentemente expresiones del lenguaje normal, más accesibles a los alumnos que la estricta nomenclatura médica.

Se van a tratar sucesivamente las psicosis, las neurosis, las psicopatías y finalmente el retraso mental. Sólo en el aspecto de las depresiones se procuran sistematizar de modo claro los avances actuales, por ser el campo en el que reina mayor confusión y en el que, sin embargo, las anomalías se multiplican más y más en nuestros días, a la vez que son de las que tienen mayor incidencia forense.

1. LAS PSICOSIS

A) *Concepto y clasificación*

Las psicosis son las enfermedades mentales en sentido estricto de la palabra; esto es, los síndromes psicológicos que surgen como consecuencia de enfermedades somáticas.

En lenguaje médico suele denominarse síntoma una manifestación externa y cuantificable de una anomalía orgánica o funcional; por ejemplo, la fiebre. Se llama síndrome a un conjunto de síntomas que suelen presentarse unidos (a los que se denomina también «cuadros»); por ejemplo, el síndrome de Down respecto a los mongólicos. Son de gran utilidad para el diagnóstico diferencial de las enfermedades, aunque no siempre un síndrome corresponde a una sola enfermedad ni una enfermedad presenta tan sólo un síndrome. Ya se ha definido más arriba el concepto médico de enfermedad como alteración somática o funcional del organismo, que tiene un comienzo y un ascenso, después del cual o queda crónica o desaparece.

Las psicosis suelen tener los siguientes rasgos comunes:

1. Tienen una raíz orgánica (una enfermedad en sentido estricto) y en ocasiones son hereditarias.
2. No son consecuencia de vivencias o impactos emocionales, sino que tienen su aparición y curso independiente de los mismos ya que son hereditarias. Tales impactos emocionales pueden, a lo más, provocar o acelerar el brote.
3. Son muy resistentes al tratamiento psicoterapéutico, mientras que responden rápidamente al farmacológico (medicación) o físico (por ejemplo, al *electroshock*).
4. Parte de los síntomas no tienen semejanza con las vivencias de los hombres normales.
5. El paciente no suele tener conciencia de enfermedad (no se cree enfermo).

Las psicosis suelen clasificarse en orgánicas y funcionales, según se conozca la enfermedad orgánica que las ocasiona o no se conozca aún, pero se postule su existencia.

B) *Psicosis orgánicas*

Son aquellas de las que hoy en día se conoce la enfermedad orgánica que produce el síndrome o los síndromes psicológicos correspondientes.

Suelen dividirse en psicosis tóxicas, traumáticas y seniles, a las que se añadirá una breve alusión a otras psicosis orgánicas. Pero ante todo se va a tratar de las epilepsias.

a) Las epilepsias

Los psiquiatras suelen hablar de epilepsias (en plural) por existir muy diversos síndromes de la misma enfermedad. Cada vez es más fuerte en psiquiatría la tendencia a negar a las epilepsias el carácter de psicosis y clasificarlas entre las puras reacciones orgánicas; ya que se conoce perfectamente su etiología orgánica y el síndrome se da en ellas como en otras enfermedades orgánicas que no se consideran psicosis.

El ataque epiléptico es un fenómeno clínico de sintomatología diversa que se presenta bruscamente y que está motivado por la descarga paroxística de un grupo de células corticales. Para comprenderlo hay que tener en cuenta que en la corteza cerebral están localizadas muchísimas células nerviosas, llamadas neuronas. Éstas emiten corrientes eléctricas en descargas intermitentes y defasadas entre sí (para que no descarguen todas de golpe), que son las que forman los ritmos (alfa, beta, gamma, etc.) que pueden registrarse mediante el llamado electroencefalograma

(EEG). Hay veces, sin embargo, en que se producen alteraciones de estos ritmos: de pronto un grupo de células descarga de golpe, lo que es el origen del ataque epiléptico al transmitirse al cuerpo por los nervios.

Las formas de manifestarse el ataque epiléptico son variadas. El llamado *grand mal* comienza frecuentemente por una sensación intensa (luz, olor, etc.) a la que suelen llamar «aura»; a continuación viene la fase tónica en la que el individuo cae al suelo y queda rígido, lo que dura muy corto espacio de tiempo (como un minuto); enseguida comienza la fase clónica, durante la que se van produciendo sacudidas: primero finas y frecuentes, luego van aumentando en amplitud y disminuyendo en frecuencia durante unos dos minutos, fase en la que el paciente fácilmente se muerde la lengua, echa espuma por la boca, etc. Todo termina con una fase de relajación paulatina, hasta que el enfermo vuelve al estado normal.

Otra serie de manifestaciones epilépticas suelen comprenderse bajo el nombre de *petit mal*. Entre ellos se distingue el que llaman típico, caracterizado por ausencias breves, sin pérdida aparente del conocimiento y el atípico que presenta más bien pequeñas sacudidas, las que llegan al máximo en el llamado mioclónico.

Hay otra serie de síndromes que tiene origen epiléptico, entre los que sobresalen las distimias o estados de ánimo desafinados, que suelen producir agresividad, pero que alternan con las fases contrarias de apatía, inseguridad, etc., y sobre todo con una notable lentitud de ideación.

Finalmente se dan estados crepusculares en los que baja notablemente el nivel de conciencia. El enfermo puede en tales estados incluso emprender y realizar viajes sin llamar la atención de los restantes viajeros, hasta que de pronto se encuentra en un lugar totalmente desconocido para él, sin saber cómo ni porqué fue hasta allá.

La vertiente criminógena de las epilepsias no es muy grande, comparada con la de algunas otras enfermedades mentales. Se reduce prácticamente a roturas de objetos en las caídas, peligro para el volante, mal genio con familiares y amigos o a desapariciones del domicilio familiar sin otra trascendencia que la alarma de los parientes.

b) Psicosis tóxicas. Trastornos mentales debidos al consumo de sustancias psicotrópicas

Se deben a la ingestión de sustancias químicas capaces de producir un estado de intoxicación aguda con síndromes psicológicos semejantes a los de las psicosis. Pero en el cerebro producen la destrucción de multitud de neuronas que son las únicas células del organismo que no se reproducen y cuya pérdida es, por tanto, irreparable. Por eso, van rebajando paulatinamente el nivel intelectual del sujeto y en la última fase llegan a ocasionar la muerte. Basta enumerar entre ellas el alcohol (que es una droga dura) y las restantes drogas.

La toxicomanía se caracteriza por el deseo casi irresistible de seguir consumiendo droga con tendencia a subir la dosis (aumento cuantitativo) y la clase de droga (aumento cualitativo). Por eso la división de drogas duras y blandas va siendo abandonada, porque las unas llevan a las otras. Una vez llegado a tal estado el enfermo necesita una cura de deshabituación.

La vertiente criminógena es importantísima. Porque con frecuencia el enfermo comete delitos contra el patrimonio para hacerse con el dinero necesario; pero además porque le lleva fácilmente a otros delitos, especialmente contra las personas o contra la libertad sexual. No es exagerado decir que la toxicomanía es con gran diferencia la que produce en la actualidad mayor número de delitos.

c) Psicosis traumáticas. Síndrome posconmocional o cerebral postraumático

Son producidas por golpes en la cabeza que, al lesionar el cerebro, ocasionan diversos trastornos. A ellas podemos asimilar las debidas a tumores cerebrales.

d) Psicosis seniles. Demencias seniles

Se deben al envejecimiento del cerebro. Entre ellas merecen especial mención la arterioesclerosis cerebral y la demencia senil que llevan a rápidos procesos de desintegración de la personalidad.

e) Otras psicosis orgánicas. Trastornos mentales debidos a enfermedad somática

Hay que mencionar, aunque sea de pasada, las producidas por procesos infecciosos, especialmente la encefalitis epidémica que puede dar lugar a trastornos inesperados de conducta.

C) *Psicosis funcionales*

Se denominan psicosis funcionales ciertas enfermedades mentales en las que aún no se ha localizado la raíz orgánica; pero respecto a las cuales los psiquiatras postulan su existencia y la creen causa de la misma. Por ello en ocasiones se van desgajando del grupo de las psicosis funcionales algunos casos, en los que se descubre una etiología diversa de la enfermedad orgánica.

En primer lugar se va a hablar de la esquizofrenia, para pasar luego a la paranoia y terminar con la psicosis cíclica o maniaco-depresiva.

a) La esquizofrenia

Algunos psiquiatras la califican de «cajón de sastre» porque, sobre todo en ciertas épocas, se han acumulado bajo esta etiqueta todos los síndromes que no encontraban fácil encaje en otras partes de la clasificación.

Se caracteriza por la escisión de la personalidad (de donde le viene el nombre) que lleva al autismo (retraimiento afectivo y refugio en el mundo interior propio), lo que en ocasiones hace incomprensible el comportamiento del paciente. Donde más se acusa la escisión es entre la afectividad y la percepción. El paciente suele sentirse como lejano al mundo, con el que no puede tomar contacto, y por ello se retrae en sí mismo y mantiene un cierto distanciamiento con el entorno. Es cortés, formalista, minucioso, pero lejano y frío. Suele sentirse como vacío de afectividad y por eso a veces se queja de que se la han robado.

Los síntomas primarios son la sonoridad del pensamiento (cree que los demás se enteran de lo que él piensa y se lo roban); las explicaciones son diversas: sus pensamientos suenan y por eso se enteran los demás, son interferidos por aparatos, etc. En el fondo está la escisión de la personalidad: se sienten despojados de algo propio. Otro síntoma muy común son las ilusiones (percepciones reales, pero deformadas) y las alucinaciones (percepciones falsas: no existe nada objetivo). Oyen voces, mensajes, a veces escuchan a dos personas discutir, ven rostros y, especialmente durante la noche, contemplan un gato o una maceta que se pasean por la habitación.

Las principales formas son la hebefrénica, la catatónica y la paranoica. De ésta última se va a desgajar la paranoia por su especial vertiente criminológica.

La esquizofrenia hebefrénica supone un empobrecimiento y una alteración cualitativa de los afectos y de la actividad: el enfermo pierde el control de su vida psíquica y queda pasivo, arrinconado, entregado a su propia fantasía patológica. El pensamiento se escinde y desorganiza hasta llegar a la disgregación e incoherencia. De todo ello se sigue que el enfermo pierde la capacidad normal de relación con el entorno. La esquizofrenia catatónica está dominada por las alteraciones de la psicomotricidad. Es especialmente característico el caso en el que el enfermo pierde la capacidad de movimientos espontáneos, aunque mantiene la de los reflejos; por ello permanece inmóvil durante horas en la postura en la que se le pone, por muy incómoda que sea, pero si se le empuja o se le retira la silla en que está sentado, hace sólo los movimientos necesarios para recobrar el equilibrio.

Además de esta forma hipocinética se da también la hipercinética, en la que el enfermo muestra una intensa agitación, pero no suele salir de un espacio determinado. Finalmente la esquizofrenia paranoica se caracteriza porque el enfermo tiene delirios sistematizados que suelen resistir tenazmente a cualquier argumentación. Pero por presentar estrechas relaciones con la paranoia se va a estudiar conjuntamente con ella.

b) La paranoia

Su característica consiste en un delirio crónico sistematizado, irrebatible a toda argumentación lógica. Se trata de un delirio, porque no responde a la realidad; crónico, porque no es pasajero como el de un enfermo con fiebre alta; y sistematizado, porque todas las ilusiones o alucinaciones se reúnen alrededor de un centro que les hace constituir un sistema perfectamente trabado. Tal delirio suele proceder de interpretaciones deformadas: esto es, se trata de cosas reales en sí, pero a las que el enfermo da un cierto giro de interpretación, por el cual dejan de ser verdad: si su mujer pasea por la habitación taconeando, el esquizofrénico cree que trata de dar un mensaje en morse a un enemigo oculto en el piso de abajo, etc.

El paranoico conserva íntegras su memoria, su afectividad e incluso su inteligencia. Suelen ser gente inteligente y que discurre bien en todos los campos que no se relacionan con el tema de su delirio, pero, cuando se le toca éste, entra en el delirio sin que se le pueda convencer de su error. Es más, el espectador que no conoce la realidad de que habla el paranoico, podría tener por juicioso el sistema delirante, pues está trabado con lógica férrea, aunque no responde a la genuina realidad de los hechos. Un caso típico de paranoico en la literatura universal es Don Quijote.

Los temas de la paranoia suelen ser de lo más variado: cualquier idea dislocada puede ser el centro de un delirio paranoico. Se pueden clasificar como delirios de persecución, manía de grandezas, delirios eróticos, el tema de la injusticia o el del fanatismo. Pero todos estos temas no son más que una clasificación sin gran trascendencia y, además, en ocasiones se mezclan entre sí.

Desde el punto de vista criminógeno, especialmente en tiempos agitados los paranoicos pueden ser sujetos extremadamente peligrosos, porque tienen una capacidad especial para convencer y acaudillar masas. Pero aun en tiempos normales son muy peligrosos, sobre todo cuando se trata de ciertos delirios como el de persecución, el de injusticia o el fanatismo; porque, por ejemplo en el delirio de persecución, al creerse perseguidos a muerte, matan en defensa putativa de su vida.

c) La psicosis maniaco-depresiva o trastorno bipolar

Se le denomina también psicosis cíclica o ciclofrenia, porque en su forma más típica se presenta como en un ciclo que pasa de la excitación (fase maniaca) a la depresión (fase depresiva). Sin embargo hay enfermos que sólo presentan una de las fases. Mientras que las psicosis anteriores se localizan más bien en la inteligencia, esta se sitúa preferentemente en la afectividad y en la actividad.

La fase maniaca se caracteriza por una alegría radiante y expansiva, aunque inmotivada. Por lo mismo no es raro verla unida a una generosidad despilfarradora. Además en esta fase el maniaco se caracteriza por una actividad desbordante, pero improductiva; pues aunque el sujeto comienza muchas cosas, las deja sin terminar. Suele necesitar poco sueño.

En la fase depresiva el enfermo presenta el reverso de la medalla de la anterior. Se caracteriza por una tristeza sin motivo, que lleva a llorar o a estar profundamente triste, sin saber dar ni darse a sí mismo razón de ello. Simultáneamente se notan muy cansados, sin gana ni interés por el trabajo: cualquier intento de trabajar le supone un esfuerzo casi heroico.

En la fase maniaca la vertiente criminógena no es muy elevada, pues se reduce a pequeñas camorras y al peligro de ser pródigo y derrochador con sus bienes y a veces también con los del prójimo, especialmente con los de sus familiares. Pero en la fase depresiva la vertiente criminógena puede ser elevada.

2. Las neurosis

En cualquier acercamiento a la psicopatología de hoy da la impresión de que las neurosis son cosa de ayer. El término no suele encontrarse ya en los libros de texto actuales de psiquiatría que siguen los criterios de los modernos DSM (Diagnostic and Statistical Manual of Mental Disorders,) de la Asociación Estadounidense de Psiquiatría. Sin embargo, utilizando las palabras de Lázaro:

> «El hecho de que este diagnóstico haya desaparecido prácticamente de la bibliografía psiquiátrica actual ¿quiere decir que aquel conjunto de signos y de síntomas, de palabras y de conductas, ha desaparecido del mundo real? ¿Ya no hay pacientes a los que les ocurra lo que les ocurría a aquellos pacientes que hace cincuenta años eran considerados neuróticos?
>
> Parece que esta última pregunta ha de responderse con una clara negación: a juzgar por lo que dicen la mayoría de los clínicos actuales y a juzgar por frecuentes situaciones que todos padecemos en la vida cotidiana, parece claro que los neuróticos no han desaparecido de la superficie de la Tierra. ¿Será entonces que siguen existiendo y lo que ocurre es que les hemos cambiado el nombre? ¿Cambian a lo largo de los años las características de esos trastornos que los pacientes padecen en su intimidad y narran en las consultas? ¿O quizá lo que cambió fue nuestra forma de conceptualizarlos, el logos con el que los entendemos? ¿O tal vez cambia la terminología con la cual los líderes de opinión psiquiátrica prefieren designarlos?»

Previa a la publicación en 1980 del DSM-III se dio un debate entre los partidarios de la psiquiatría dinámica y los defensores de un aséptico sistema descriptivo de carácter empírico, que se saldó con la relegación del término neurosis y la disgregación del concepto en una serie de trastornos, por la convicción de que no existe ningún grupo de condiciones que sustituyan en conjunto a las neurosis. Estas variadas rúbricas eran las siguientes:

— Distimia (o neurosis depresiva).
— Trastornos por ansiedad (o neurosis de ansiedad y neurosis fóbica).
— Trastorno obsesivo-compulsivo (o neurosis obsesivo-compulsiva).
— Trastorno de conversión (o neurosis histérica, tipo conversión).
— Hipocondría (o neurosis hipocondriaca).
— Trastornos disociativos (o neurosis histérica, tipo disociativo).
— Trastorno por despersonalización (neurosis de despersonalización).

Sin embargo, como advierte LÁZARO, los psicopatólogos siguen divididos en dos bandos, *a*) la de aquellos que consideran que el concepto de neurosis es un fantasma confuso y desorientador que solo logrará legitimarse si logra ser reducido empíricamente al modelo médico, y *b*) la de los que consideran que el concepto de neurosis es de gran utilidad para la comprensión y el manejo clínico de la angustia y el sufrimiento humano, que no se pueden reducir a una entidad nosológica más delimitada.

Por ello, vamos a mantener el concepto de neurosis, que a efectos pedagógicos, resulta más útil que entrar en el análisis de los múltiples trastornos que recoge el DSM-5 o el CIE-100.

A) *Concepto y clasificación*

Suelen definirse como modos anómalos de reaccionar ante los estímulos del medio (especialmente los emocionales) que se manifiestan en trastornos funcionales o del comportamiento y que tienden a hacerse crónicos.

Las neurosis suelen tener los siguientes rasgos comunes, que son los opuestos a los de las psicosis:

1. Son adquiridas, no hereditarias, aunque se pueden heredar ciertas tendencias (la emocionalidad excesiva, etc.).
2. Su origen es una educación equivocada, especialmente la de la afectividad, unida a veces a un *shock* emocional, que se manifiesta en trastornos funcionales o comportamentales. Por tanto, tiene su origen en lo psíquico y se manifiesta en lo orgánico o comportamental, al revés de lo que sucede en las psicosis.
3. El modo de tratarlas es la psicoterapia; mientras que los fármacos no las solucionan, sino que a lo más pueden emplearse para conseguir disminuir temporalmente los síntomas de angustia, insomnio, etc.
4. Tienen cierta semejanza con las vivencias de los hombres normales, aunque la excesiva reacción ante los estímulos muestra su carácter anómalo. Por ejemplo, un estímulo que a un hombre normal le produce una reacción como cinco, al neurótico le lleva a reaccionar como cinco mil.
5. Suele haber conciencia de enfermedad. El neurótico se cree con frecuencia «enfermo»; aunque a veces no quiere confesarlo ni confesárselo, por lo que le suele costar ir al médico.

Las neurosis suelen clasificarse en actuales y funcionales (también llamadas psiconeurosis). El criterio diferencial es la parte que juega la psique en las mismas: en las neurosis actuales la psique se limita a poner en marcha el fenómeno, pero no interviene luego en su conformación, no le da su fisionomía. Mientras que las neurosis funcionales no sólo son puestas en marcha por la psique, sino que ésta les da su fisionomía peculiar, por lo que el síndrome suele reproducir hasta cierto punto (aunque no es fácilmente reconocible) el conflicto que la ocasiona. También puede señalarse como elemento diferencial el que en las neurosis actuales el trastorno es más bien funcional, mientras que en las psiconeurosis (o neurosis funcionales) va acompañado de trastornos comportamentales.

B) *Neurosis actuales*

Suelen definirse como trastornos funcionales del sistema neurovegetativo, puestas en marcha por la psique, pero en cuya conformación posterior no influye ésta.

Esta clase de neurosis suele afectar más al sistema neurovegativo que al central y los trastornos suelen ser más funcionales que comportamentales, aunque no es raro que se manifiesten también conductas anómalas como consecuencia de los mismos.

Pueden agruparse en neurosis de terror, de angustia y neurastenias; aunque no es raro que se den entrecruzamientos entre ellas.

a) Neurosis de terror

Es frecuente en casos de guerra, incendios u otras catástrofes repentinas y generales. Se manifiesta en dos fases, que a veces se dan sucesivamente, mientras que en otras ocasiones predomina tan sólo una de ellas. Una de las manifestaciones es la de alteración general y agitación que puede llevar a gritos, carreras o a un torbellino de movimientos desordenados; mientras que en la otra fase predominan los síntomas neurovegetativos: pulso agitado, sudor frío, etc.

La vertiente criminógena de esta neurosis es escasa, como se desprende de lo dicho.

b) Neurosis de angustia

Su diferencia con la neurosis de terror es que en ésta la reacción viene determinada por algo presente y bien concreto (un incendio, etc.), mientras que la sensación de angustia no está referida a un objeto determinado, sino que es vaga e imprecisa. Con frecuencia se está angustiado sin saber concretamente porqué o al menos se intuye que la causa a que se atribuye la angustia no es suficiente para explicar la reacción desmesurada.

No es raro que se presente durante la noche en manifestaciones de duración diversa (entre diez minutos y una hora). Tales episodios suelen producir una postura de expectación en el paciente: la angustia de que venga la angustia.

Tampoco es grande en este caso la vertiente criminógena, como es claro por lo que queda expuesto.

c) Neurastenia

Se caracteriza por una debilidad irritable y general, que suele fijarse en dolores de cabeza, vértigos, insomnios, fatiga mental rápida, depresión reactiva, etc. Por lo tanto consiste en una sensación de flojera que lleva en ocasiones a la irritabilidad y que concentra la atención en la salud, a la que se hace culpable de la falta de rendimiento.

Una de sus especies, hoy en día muy extendida entre estudiantes y profesionales liberales, es la neurastenia del intelectual, fruto a veces de un excesivo sentido de la responsabilidad, que les frena el rendimiento del trabajo, por ejemplo, ante los exámenes.

Como se comprende, la vertiente criminógena de esta neurosis tampoco es elevada.

C) *Neurosis funcionales*

Se llaman también psiconeurosis y consisten en trastornos funcionales y comportamentales del sistema central, que son puestos en marcha y conformados por la psique, pues son manifestación de un conflicto interno.

Al contrario de lo que sucede en las neurosis actuales, aquí aparecen con frecuencia en primer término los trastornos comportamentales que se manifiestan de modo claro; cuando son los trastornos funcionales el primer síntoma (parálisis, ceguera, etc.), basta ahondar un poco para comprender que se trata de una manifestación del trastorno comportamental.

En la imposibilidad de hacer un estudio completo de las diversas neurosis, se van a estudiar aquí las dos formas fundamentales de las psiconeurosis: la histeria y la obsesión.

a) La histeria

Fundamentalmente consiste en un trastorno de la afectividad que no ha conseguido madurar plenamente y por eso no ha dado el paso de entregarse a los demás (que es la meta de la maduración plena), sino que revierte hacia el paciente (de aquí el nombre que también se le da de neurosis de conversión), al que produce trastornos funcionales de todo género.

Su sintomática es de lo más variada. Con frecuencia copia una enfermedad, aunque según el concepto de la misma que tiene el hombre de la calle; porque el trastorno no procede del organismo sino de la psique (de aquí el nombre de «psicógenos» que se da a dichos trastornos). Puede dar lugar a vómitos, fiebres, estigmas, parálisis, cegueras, ataques pseudo-epilépticos, estados crepusculares, etc. No hay que olvidar que el paciente no lo hace intencionadamente, sino que es la primera víctima de su inconsciente, que muchas veces querría evitar a toda costa; por lo que no es culpable del mismo.

En su aspecto psicológico los histéricos son fácilmente sugestionables y están ansiosos de atraer la atención, aunque no consciente sino inconscientemente. No es raro que presenten una cierta pobreza afectiva y hasta frialdad o indiferencia externas, porque como su afectividad se halla concentrada en el síntoma, no se vierte hacia el contacto social. Además, en ocasiones tienen miedo inconsciente de que, al sentir que reciben el cariño y la atención de los demás, se abran y se entreguen, lo que el inconsciente quiere evitar a toda costa. Por eso ya CHARCOT hablaba de la *belle indiférence des hystériques*.

Hay que tener en cuenta, sin embargo, que, aunque en los principios se atribuyó esta neurosis sólo a las mujeres [el mismo nombre viene del griego *hysteros* (*útero*), pues se la creyó relacionada con el sistema sexual femenino], la estadística demuestra que está repartida por igual entre ambos sexos. En esta versión de «bella indiferencia» son prototipos el galán o la chica «vedette» que están siempre en «pose» y atrayendo la atención de todo el sexo contrario; pero cuya conducta es elegante y despegada. El modo de solucionarlo es únicamente una terapia que complemente la maduración de la personalidad, enseñando al histérico a darse a los demás.

Su vertiente criminógena puede ser mayor que la de las anteriores neurosis, especialmente para llamar la atención del entorno. En todo caso producen notables distorsiones en el ambiente familiar o social que los rodea con sus «enfermedades» continuas o con su prurito de llamar la atención que no es culpable, como se ha repetido varias veces. Aunque intentan el suicidio, también se trata de un modo de llamar la atención; por lo que el único peligro serio es que calculen mal el tiempo y que se llegue demasiado tarde a su socorro.

b) La obsesión

Consiste fundamentalmente en una idea o representación imaginativa, de la que el paciente no consigue liberarse (escrúpulos, miedos excesivos al contagio de enfermedades, etc.). A veces se trata de un impulso apremiante a realizar algún acto contrario a los deseos del sujeto y en tal caso se habla de compulsión o de actos compulsivos.

El síntoma suele consistir en un rito que se repite formalmente y con el que el paciente quiere librarse de la obsesión: lavarse las manos, cerrar intensamente los ojos, sacudir la cabeza, hacer ciertos signos (a veces con apariencia religiosa), comprobar repetidas veces la misma cosa (por ejemplo, si están cerradas las llaves del gas), etc. En ocasiones se trata de miedo a que suceda algo al paciente o a sus parientes. Muchas veces estos miedos y ritos se tiñen de formas pseudoreligiosas que tienen muy poco de verdadera religiosidad y que más se parecen a los hechizos o conjuros mágicos de los pueblos salvajes. En conjunto, la obsesión religiosa es un abuso de la religión: pretende el obsesivo poner al servicio de su tranquilidad personal a Dios, en vez de ponerse él al servicio de Dios y del prójimo y confiar en Dios como Padre.

En el aspecto psicológico los obsesivos suelen ser tercos y cerrados en sus ideas, por lo que es difícil convencerlos de sus errores y de la inutilidad de sus ritos. Además, la obsesión se convierte en algo que difícilmente puede evitar el obsesivo y que, por tener una raíz afectiva (con frecuencia se debe a un complejo de inferioridad que pasa a complejo de culpabilidad y del que el obsesivo se autocastiga o pretende liberarse con el rito), no se puede combatir con razones, sino con una terapia que asegure al obsesivo en su personalidad.

La vertiente criminógena del obsesivo es escasa, porque suele estar demasiado preocupado con su problema. A veces se da el caso curioso del que hurta (o comete algún otro pequeño delito), para sentirse culpable o explicarse por qué lo es. Como el complejo de culpabilidad se compara a una música sin letra (el paciente se siente culpable, pero no sabe por qué), el obsesivo «se busca la letra» en un pequeño delito que es el rito de su obsesión. Pero, cuando se siente perdonado, vuelve la «música» y el paciente vuelve a cometer el mismo u otro delito. Luego la dinámica de estos delitos es la contraria a la de los restantes autores: el sujeto no se siente culpable porque ha cometido un delito, sino que comete el delito para explicarse por qué es culpable. La misma dinámica está en el fondo de hábitos de masturbación que se prolongan mucho más allá de la pubertad; por lo que insistir al paciente en dicho tema es anclarle más fuertemente en el rito que en este caso es la masturbación.

3. Las depresiones

Señala Tellenbach que en el caso de la depresión más que de un síntoma hay que hablar de fenómenos depresivos. La depresión es la aliada de todos los fenómenos psicopatológicos y por sus características se les ha ido independizando tanto de las psicosis como de las neurosis, porque en muchos casos participa de las dos.

Actualmente la psiquiatría está avanzando en el conocimiento y clasificación del que se ha llamado «mal del siglo», gracias especialmente a los estudios de H. F. Lehmann, de M. Lorr, de H. Collomb y de la obra conjunta de H. Hey, P. Bernard y Ch. Grisset.

No se puede dar un concepto unitario de las depresiones porque éstas abarcan en psiquiatría tanto una sintomatología como un síndrome depresivo o incluso una entidad nosológica (enfermedad) autónoma, lo que señalaba ya en 1959 H. F. Lehmann.

Por eso hay que limitarse a sus características principales. Estas son la tristeza psicológica (más propia de las exógenas) o vital (más peculiar de las endógenas), la ansiedad (que lleva a la paralización o disminución de la actividad del paciente), y la pérdida del sentido de la realidad.

4. Las psicopatías

La moderna psiquiatría no admite la existencia de las psicopatías, pues las reduce o a psicosis en miniatura o a neurosis muy arraigadas. Sin embargo, dado el uso que de ellas han hecho los tribunales (especialmente desde la traducción de Alberca de *Las personalidades psicopáticas*, de Kurt Schneider) conviene decir algo sobre las mismas, a fin de orientar al jurista en el manejo de la jurisprudencia.

Por ello se va a hablar sucesivamente del concepto, de sus diferencias con las psicosis y las neurosis y de los diversos tipos de psicopatías que se señalaban en la psiquiatría clásica.

A) *Concepto de psicopatía*

Las psicopatías solían definirse como malformaciones congénitas de la personalidad o del carácter bajo las cuales sufre el individuo o hace sufrir a la sociedad. Se entendía que no se trataba de un proceso como sucede con la enfermedad en las psicosis, sino que el hombre nacía con ella. Tampoco se trataba de una inmadurez de la personalidad consecuencia de una educación deficiente o de un *shock*, sino que la personalidad o el carácter del individuo eran deficientes. Por eso Kurt Schneider repetía que no había que hablar de «psicopatías» como si se tratara de algo sobrevenido a la personalidad, sino de «personalidades psicopáticas» de algo constitutivo de la misma personalidad.

Las psicopatías tienen tras sí una larga historia. Comienza ésta en 1809 cuando Pinel llama la atención sobre casos de conducta inexplicables a los que llamó *manie sans délire.* En 1835 Prichard la denominó *moral insanity* y la definió como: «Los principios morales y de actuación del alma están fuertemente depravados o pervertidos, el poder de autodominio está perdido y el sujeto no es incapaz de hablar o razonar bien, sino de conducirse a sí mismo.»

El nombre de locura moral fue popularizado por Maudsley y dominó durante todo el siglo xix. Morel lo puso en relación con la degeneración bajo el nombre de manía instintiva.

Pero el concepto era impreciso y no terminaba de satisfacer. En 1888 propone Koch llamar al síndrome *psychopatische minderwertigkeiten* (lo que podría traducirse por «deficiencias psicopáticas»); nombre que se impone en el área germana y en la anglosajona, mientras que los franceses prefieren aplicar, siguiendo a Dupré, la denominación de perverso instintivo.

En realidad se trataba de un concepto impreciso y con nombres cambiantes. Cason llega a citar 202 términos equivalentes. Kurt Schneider, parodiando el conocido grito medieval: «El Rey ha muerto. Viva el Rey», escribía: «La psicopatía ha muerto. Viva la psicopatía.»

Las modernas clasificaciones internacionales consideran las psicopatías como trastornos de la personalidad y las definen como alteraciones de la forma de vivir, de la forma de ser y relacionarse con el entorno, que presentan desviaciones extremas o significativas del modo en que el individuo normal de una cultura determinada percibe, piensa, siente y particularmente se relaciona con los demás. Los trastornos de la personalidad son muy variados (trastorno paranoide, esquizoide, de inestabilidad, histriónico...), debiendo destacarse, por su relación con nuestra materia, el trastorno disocial de la personalidad (también llamado antisocial), que coincide con lo que tradicionalmente se ha denominado «psicopatía».

B) *Diferencias con las psicosis y con las neurosis*

Se situaba la diferencia entre las psicopatías y las psicosis en que en las psicopatías no se trataba de un proceso, sino de algo congénito. No es que el individuo naciese con cinco dedos y luego perdiese uno por una enfermedad, sino que nacía con cuatro dedos. Para Kurt Schneider por eso no podía existir tránsito entre la psicosis y la psicopatía: según él, se nace psicótico o psicópata o normal.

Se pensaba que la psicopatía tenía de común con las neurosis el ser trastornos comportamentales o funcionales del individuo, por los que en ambos casos el individuo sufre o hace sufrir a los demás. La diferencia se ponía en que el neurótico ha llegado a tal estado o por un defecto educacional o por un *shock* traumático; mientras que el psicópata es así desde su nacimiento, independientemente del ambiente.

Como ya se ha indicado, la psiquiatría moderna no admite la psicopatía como síndrome distinto de las neurosis o de las psicosis. Normalmente se trata de neurosis tan arraigadas que resisten al tratamiento psicoteraupéutico.

C) *Diversos tipos de psicopatías*

Fundamentalmente se han desarrollado dos conceptos de psicópata: el americano y el alemán. Como se verá, a pesar de sus aparentes divergencias, ambas escuelas coinciden al describir un tipo concreto de psicópata: el que tiene mayor incidencia criminógena.

a) La escuela americana

La psiquiatría anglosajona dedicó gran atención durante muchos años al estudio de las psicopatías; entre sus mejores tratadistas en los Estados Unidos hay que destacar a CLECKEY y a KARPMAN (1941), pero fueron CASON y ALLPORT los que más contribuyeron a que el concepto fuera olvidado.

Para los americanos no existía más que un tipo de psicópata, que era un sujeto cuya mala conducta le llevaba a fracasar en la vida. Esto era a primera vista inexplicable, porque el psicópata era normalmente un hombre dotado de buena inteligencia y de grandes cualidades; pero el déficit había que colocarlo en la afectividad: carecía de mecanismos de inhibición, porque no tenía ligazón afectiva con el entorno ni había introyectado los valores vigentes en la sociedad circundante. No es que no conociese teóricamente los valores, sino que en la práctica no se sentía ligado a ellos. Por todo lo anterior, el psicópata estaba a merced de sus impulsos más primitivos.

La mejor definición de este tipo es la dada por MCCORD: «El psicópata es un asocial, llevado por instintos primitivos, altamente impulsivo, agresivo, sin sentimientos de culpabilidad y falto de capacidad de amar a sus semejantes.»

b) La escuela alemana

En el área germana se impuso el concepto y la tipificación de «personalidades psicopáticas», de Kurt SCHNEIDER. El concepto es el que se ha expuesto más arriba como concepto del psicópata y es mucho más amplio que el de la psiquiatría anglosajona, entre otras cosas porque SCHNEIDER distingue hasta diez tipos de personalidades psicopáticas. La mayoría de ellos son casos de neurosis o, en algunas ocasiones, de pequeños rasgos psicóticos más acentuados que en el hombre normal.

Pero el tipo central y el que tiene mayor vertiente criminógena es el que suele traducirse al español con el nombre de psicópata desalmado, aunque sería más exacto llamarlo desentrañado (en alemán es el *gemütslos*), pues lo que destaca en él no es la carencia de todas las cualidades psíquicas, sino de las que en español se llaman entrañas, de la empatía con los demás. Se trata de un ser con gran embotamiento afectivo, que carece de compasión, de vergüenza, de honor y de la más mínima preocupación por los sentimientos o por el dolor de los demás. Está falto de conciencia moral, por lo que no suele sentir remordimientos por su conducta. Suele ser hosco, frío y déspota. Lo que falla en él es la capacidad de sentir ligazón afectiva con sus semejantes, por lo que prescinde de ellos y se deja llevar por su egoísmo y por los instintos más primitivos.

c) Clasificación Internacional de las Enfermedades (CIE-10) de la Organización Mundial de la Salud

El CIE-10 denomina trastorno disocial de la personalidad (también llamado trastorno antisocial) al trastorno caracterizado por el desprecio hacia las obligaciones sociales, con cruel despreocupación por los sentimientos de los demás. En el diagnóstico de este trastorno se tienen en cuenta los siguientes factores: marcada y persistente actitud de irresponsabilidad y despreocupación por las normas, reglas y obligaciones sociales; baja tolerancia a la frustración y un bajo umbral para descargas de agresividad que incluyen reacciones violentas; incapacidad para sentir culpa y para aprender de la experiencia, en especial del castigo; incapacidad para mantener relaciones personales permanentes aunque no para establecerlas; marcada predisposición a culpar a los demás o a presentar racionalizaciones verosímiles del comportamiento conflictivo. La irritabilidad persistente y la presencia de alteraciones de conducta durante la infancia y la adolescencia completan el cuadro clínico, aunque no se requieren para el diagnóstico.

d) Valoración

Como puede observarse por lo expuesto, los rasgos del psicópata de la Escuela Americana coinciden con los del denominado «psicópata desalmado» de la psiquiatría germana y con el denominado «trastorno disocial de la personalidad». Sea cual sea el nombre que le demos, es innegable que tal tipo delincuencial existe en la realidad y que constituye uno de los delincuentes más peligrosos porque carecen de la inhibición que posee el resto de los hombres al ver sufrir o hacer sufrir al prójimo. Como dicen los alemanes en frase gráfica, son hombres que «andan sobre los cadáveres» sin conmoverse.

5. El retraso mental

El retraso mental, denominado oligofrenia por Kraepelin, término que siguen utilizando nuestros Tribunales, no es una enfermedad ni tampoco un modo anómalo de reaccionar ante los estímulos emocionales por dificultades en la maduración de la personalidad. Se trata de una detención en el desarrollo de las facultades intelectuales que suele tener raíz orgánica. Por ello el individuo no llega a adquirir el nivel normal de inteligencia. El demente es como un rico arruinado; el retrasado nace pobre. Existe una gran dificultad para saber con certeza la causa exacta del retraso mental ya que puede deberse a una gran cantidad de factores.

Para medir el grado de inteligencia de un individuo se han seguido desde el siglo pasado varios procedimientos. En principio se hicieron tests de inteligencia (el más popular fue el de Binet-Terman) y con ello se llegó a determinar la inteligencia que tenían por término medio los individuos de una cierta edad fisiológica; por ejemplo, los chicos y chicas de diez años. Es la que se llamó edad mental (EM).

Pero pronto se vio que el procedimiento no era perfecto: el desarrollo de la inteligencia es mucho más rápido al principio que al final. Por ello se pensó en combinar al EM con la edad real (ER) del individuo en un índice que se llamó cociente intelectual: el llamado CI (con frecuencia se usan las iniciales de las palabras inglesas: IQ=intelligence Quotient), que se obtiene dividiendo la EM por la ER y multiplicando por 100 para evitar decimales.

Hoy en día son las pruebas estandarizadas, con los baremos correspondientes y con todas las garantías psicométricas, las que establecen el valor del CI. En especial las pruebas Weschler (WISC) en sus diferentes formatos, son idóneas para efectuar la evaluación de la inteligencia. En base a estos resultados, los sistemas clasificatorios (DSM-IV y CIE-10) han establecido los diferentes puntos de corte para clasificar la presencia y/o magnitud del retraso mental, quedando establecidos los siguientes puntos de corte: Leve (CI 69-50); Moderado (CI 49-35); Grave (CI 34-20) y Profundo (CI menor de 20).

V. LAS CAUSAS DE INIMPUTABILIDAD EN EL CÓDIGO PENAL DE 1995

El CP de 1995 recoge las eximentes de alteración y anomalía psíquica en el artículo 20.1.º, la intoxicación plena y la actuación bajo la influencia del síndrome de abstinencia en el artículo 20.2.º y las alteraciones en la percepción en el artículo 20.3.º Se hablará también de lo dispuesto en la Ley reguladora de la responsabilidad penal de los menores sobre la imputabilidad de los menores de dieciocho años.

Además, hay que señalar que según establece la Disposición Adicional 1.ª del CP de 1995, modificada por Ley 8/2021, «cuando una persona sea declarada exenta de responsabilidad criminal por concurrir alguna de las causas previstas en los números 1.º y 3.º del artículo 20, el Ministerio Fiscal evaluará, atendiendo a las circunstancias del caso, la procedencia de promover un proceso para la adopción judicial de medidas de apoyo a la persona con discapacidad o, en el supuesto de que tales medidas hubieran sido ya anteriormente acordadas, para su revisión».

1. Anomalías y alteraciones psíquicas

Antes de abordar el CP vigente conviene hacer unas precisiones en cuanto a la regulación histórico-legal española en esta materia.

A) *Historia*

La historia de la codificación española ha conocido diversas fórmulas y sistemas de tratamiento del enfermo mental.

El CP de 1822, en su artículo 26, prescribía que: «Tampoco se puede tener por delincuente ni culpable el que comete la acción hallándose dormido o en estado de demencia o delirio, o privado del uso de razón de cualquier otra manera independiente de su voluntad.»

Desde el CP de 1848 la fórmula legal cambia e introduce el requisito de que el autor no haya obrado en un intervalo lúcido. Dice en su artículo 8.1.º que está exento de responsabilidad criminal «el loco o demente, a no ser que haya obrado en un intervalo de razón».

La misma fórmula mantiene la reforma de 1850; mientras que la reforma de 1870 incluye en la exención al oligofrénico profundo y medio y declara que está exento de responsabilidad criminal «el imbécil y el loco, a no ser que éste haya obrado en un intervalo de razón».

Un giro significativo supone el CP de 1928 que incluye una fórmula semejante a la del Código penal alemán, pues dice en su artículo 55: «Es irresponsable el que, en el momento de ejecutar la acción u omisión punible, se hallare en estado de perturbación o debilidad mental, de origen patológico, que prive necesariamente y por completo a su conciencia de la aptitud para comprender la injusticia de sus actos, o a su voluntad para obrar de acuerdo con ella, siempre que no se hubiere colocado en ese estado voluntariamente.»

La comisión codificadora que elaboró la reforma del CP de 1932 consultó al psiquiatra Sanchís Banús, que aconsejó no usar una fórmula técnica (como podría ser «psicosis», etc.) sino una palabra del lenguaje vulgar, para que en cada época su interpretación se fuera acompasando con el avance de la psiquiatría. Por ello se utilizó la denominación de «enajenado», que es la que persistía en el CP derogado. La misma fórmula se mantuvo en los tres primeros Proyectos de Código Penal, siendo sustituida en el proyecto de 1994 por la actual.

B) *La fórmula legal vigente*

Está exento de responsabilidad criminal, según el artículo 20.1.º:

> El que al tiempo de cometer la infracción penal, a causa de cualquier anomalía o alteración psíquica, no pueda comprender la ilicitud del hecho o actuar conforme a esa comprensión.
> El trastorno mental transitorio no eximirá de pena cuando hubiese sido provocado por el sujeto con el propósito de cometer el delito o hubiera previsto o debido prever su comisión.

La presente causa de inimputabilidad sustituye a la enajenación y al transtorno mental transitorio del CP de 1973. Con el abandono del término enajenación se pretenden recoger dentro de la causa de inimputabilidad conceptos como el retraso mental o los casos extremos de neurosis, que malamente podía encuadrarse dentro de las enfermedades mentales. Lo que no acaba de comprenderse es la sustitución del término «transtorno mental» por el de alteración psíquica, sobre todo si se tiene en cuenta que en el párrafo segundo se hace alusión expresa al mismo.

La fórmula legal se compone de un elemento biológico, la anomalía o alteración psíquica, y otro psicológico, la anulación de la capacidad intelectiva o volitiva de la libertad; hace falta la concurrencia de ambos para poder aplicar la eximente.

a) Elemento biológico

En primer lugar, hay que tener en cuenta que la anomalía o alteración psíquica debe concurrir «al tiempo de cometer la infracción penal» sólo en ese caso puede afectar a la exención de responsabilidad criminal, si se presenta con posterioridad a la comisión del hecho no afecta al mismo, aunque sí puede afectar a la ejecución de la pena (art. 60).

Por anomalía psíquica hay que entender cualquier irregularidad de la psique ya sea por una malformación congénita o adquirida, pero en cualquier caso con un cierto carácter de permanencia. Mientras que por alteración se entiende la perturbación psíquica, debida a cualquier causa, pero de carácter transitorio.

De aquí que se considere que la anomalía psíquica incluye las psicosis, las neurosis, el retraso mental y las psicopatías (en este sentido, la STS de 18 de octubre de 1999). Téngase en cuenta, además, que la perturbación permanente de las facultades psíquicas causada por el consumo habitual de drogas tóxicas, constituye la llamada psicosis tóxica, por lo que tiene aquí su acomodo (son ya numerosas las sentencias en las que efectivamente se reconoce que la psicosis tóxica debe ser tratada como anomalía psíquica; véase, entre otras, la STS de 27 de abril de 2000). Por su parte, en la alteración debe recogerse cualquier perturbación anímica de análoga intensidad a la anomalía, tenga o no base patológica. El ejemplo paradigmático de alteración psíquica sin base patológica sería la intoxicación plena por consumo de alcohol u otras sustancias tóxicas, pero no cabe considerarla incluida en el artículo 20.1.º por la decisión legislativa de darle un tratamiento separado (art. 20.2.º, inciso primero). De la misma forma quedan excluidas de las alteraciones, también por expresa decisión legislativa (art. 20.2.º, inciso segundo), las perturbaciones psíquicas que se presentan en los drogodependientes como consecuencia de la falta de consumo de las drogas de las que son dependientes (se trata en este caso de una alteración psíquica con base patológica: la adicción).

b) Elemento psicológico

El elemento psicológico viene constituido por la falta de capacidad para comprender la ilicitud del hecho o actuar de acuerdo con esa comprensión. Por lo que no es suficiente con que se dé la anomalía o alteración psíquica, sino que se exige que la misma haya causado la incapacidad para comprender la ilicitud o actuar de acuerdo con ese conocimiento. Cuando la perturbación de las facultades no sea completa habrá que aplicar la correspondiente eximente incompleta (arts. 21.1.º/20.1.º), pudiendo aplicarse para las perturbaciones leves la atenuante analógica (arts. 21.7.º/21.1.º/20.1.º). En este sentido, últimamente la STS 19 de diciembre de 2019 con cita de numerosa jurisprudencia anterior.

c) Aplicación de la eximente

Respecto de la psicosis (esquizofrenias y paranoias), si el sujeto ha actuado en el momento del brote se eximirá de responsabilidad; si no ha actuado en el momento del brote pero las concretas circunstancias del hecho revelan un comportamiento anómalo que puede atribuirse a dicha enfermedad, habrá de aplicar la eximente incompleta y, por último, si no hubo brote y tampoco comportamiento anómalo podrá aplicarse la atenuante analógica (SSTS de 10 de junio de 1999 y, más recientemente, 27 de enero de 2004). El TS distingue, no obstante, las auténticas psicosis de los trastornos esquizoides y paranoides de personalidad a los que suele conceder a lo más una atenuante analógica (SSTS de 26 de octubre de 1989, 12 de marzo de 1995, 18 de octubre de 1999, 4 de julio de 2005, 17 de julio de 2008).

La anomalía psíquica causada por las psicosis tóxicas ha sido reconocida por el TS, que considera que la toxifrenia que origine una profunda perturbación en las facultades psíquicas, con deterioro de la personalidad y disminución notoria de la capacidad de autorregulación, o que aparezca asociada con otras deficiencias o trastornos psíquicos —oligofrenias leves, psicopatías—, puede dar lugar a la aplicación de la eximente incompleta de anomalía psíquica (SSTS de 27 de abril de 2000 y 30 de junio de 2003, entre otras).

Respecto a los trastornos de personalidad (psicopatías), hay que tener en cuenta que son anomalías psíquicas según la OMS, por lo que lo podrían eximir de responsabilidad criminal si, además, impidieron la comprensión de la ilicitud del hecho o la capacidad de actuar de acuerdo con dicha comprensión, que es lo que precisamente resulta dudoso en este tipo de trastornos (así recientemente STS de 5 de mayo de 2020). El TS suele aplicar la atenuante analógica a los trastornos de personalidad graves, la eximente incompleta cuando el trastorno ha anulado parcialmente la capacidad de comprender la ilicitud o de actuar conforme a esa comprensión (STS de 1 de octubre de 1999), o el trastorno de personalidad va acompañado de situaciones de drogodependencia o consumo de sustancias tóxicas u otras anomalías psíquicas como retraso mental (SSTS de 19 de enero y 4 de mayo de 2000, 4 de septiembre de 2002, 27 de mayo de 2004, 4 de julio del 2005, 17 de abril de 2013 y, últimamente, 18 de marzo de 2017). No se aprecia, sin embargo, la eximente completa por este tipo de anomalías psíquicas.

En cuanto a la pedofilia, o búsqueda del placer sexual con los niños, es considerada por la psiquiatría como un trastorno o perversión sexual, estimándose, en líneas generales, que los sujetos afectados por estos trastornos son libres de actuar al tener una capacidad de querer, de entender y obrar plenas. Por ello, el TS ha estimado ordinariamente que una pedofilia moderada no impide ni limita la capacidad de actuar del acusado conforme a su conocimiento de la ilicitud de su acción, y solo ocasionalmente ha estimado una disminución de imputabilidad en supuestos graves en que se constataba dicha afectación asociada a otros trastornos psíquicos relevantes, por ejemplo, toxicomanía, el alcoholismo o neurosis depresiva; es decir la pedofilia no afecta a la capacidad de voluntad y entendimiento con trascendencia en la imputabilidad del sujeto activo si no aparece asociada a otra anomalía o trastorno psíquico (STS de 30 de septiembre de 2010 y, últimamente, STS de 14 de octubre de 2019).

Las neurosis son las anomalías psíquicas más leves y tienen menos trascendencia sobre la imputabilidad, por lo que el TS suele apreciar en las mismas la eximente incompleta o la atenuante analógica (STS de 18 de noviembre de 2003) aunque en algún caso (STS de 13 de septiembre de 2002) ha llegado a apreciar la eximente completa.

Como se vio, el retraso mental presenta distintas intensidades lo que se tiene en cuenta a la hora de aplicar la eximente: se viene considerando como inimputables a las personas cuyo cociente intelectual no supera la cifra de 40, es decir, que padecen un retraso mental profundo o grave, se aplica la eximente incompleta, cuando el retraso mental puede calificarse como de mediana intensidad, y cuando se trata de retraso mental leve debe ser acreedor de una atenuante analógica, siendo por lo general plenamente imputables los afectados por una mera torpeza mental (véase la STS de 22 de septiembre de 2003).

Últimamente la STS de 22 de abril de 2022 recuerda que en casos de patologías duales, cuando aparecen simultáneamente una patología psiquiátrica y otra adictiva, ambas interactúan modificando el curso de cada una de ellas, por lo que si individualmente consideradas darían lugar solo a una atenuante analógica, al aparecer conjuntamente pueden considerarse como casos de exención incompleta.

Por último, respecto a las alteraciones psíquicas (trastorno mental transitorio, dice el legislador volviendo a la vieja denominación), habrá que tener presente la regulación legal de la *actio libera in causa*, expresamente recogida en el párrafo segundo del artículo 20.1.º: si el sujeto se sitúa voluntariamente para cometer el delito en la situación de alteración psíquica no se le exime de responsabilidad criminal; tampoco se puede aplicar la eximente cuando el sujeto, en el momento de entrar en la situación de alteración, haya previsto o tuviera obligación de prever la comisión del delito que realiza. En todos los supuestos la *actio libera* se refiere a la infracción concreta cometida.

2. La intoxicación plena

Está exento de responsabilidad criminal, según el artículo 20.2.º, inciso primero:

> El que al tiempo de cometer la infracción penal se halle en estado de intoxicación plena por el consumo de bebidas alcohólicas, drogas tóxicas, estupefacientes, sustancias psicotrópicas u otras que produzcan efectos análogos, siempre que no haya sido buscado con el propósito de cometerla o no se hubiese previsto o debido prever su comisión [...].

Como ya se ha dicho, la intoxicación plena no es sino un supuesto concreto de alteración psíquica sin base patológica, al que el legislador ha decidido dotar de una regulación específica.

Para que la intoxicación pueda eximir de responsabilidad criminal es preciso que concurra en el momento en que se realiza la infracción.

La fórmula empleada por el CP vigente es también mixta puesto que exige un elemento biológico, la intoxicación producida por el consumo de bebidas alcohólicas, drogas tóxicas, estupefacientes, sustancias psicotrópicas u otras que produzcan efectos análogos, y, además, que sea plena, es decir que anule totalmente la capacidad volitiva del sujeto. La llamada intoxicación semiplena (disminución de los frenos inhibitorios) podrá apreciarse como eximente incompleta (art. 21.1.º/ 20.2.º, inciso primero); si la intoxicación es leve, podrá aplicarse la atenuante analógica (STS de 17 de mayo de 2002).

Como ya se vio *supra*, debe tenerse en cuenta en la aplicación de la eximente la regulación legal de las *actiones liberae in causa*: si el sujeto se sitúa voluntariamente para cometer el delito en la situación de intoxicación plena no se le exime de responsabilidad criminal; tampoco se puede aplicar la eximente cuando el sujeto, en el momento de entrar en la situación de intoxicación, haya previsto o tuviera obligación de prever la comisión del delito que realiza. En todos los supuestos la *actio libera* se refiere a la infracción concreta cometida.

3. El síndrome de abstinencia

Está exento de responsabilidad criminal, según el artículo 20.2.º, inciso segundo:

> El que [...] se halle bajo la influencia de un síndrome de abstinencia, a causa de su dependencia de tales sustancias, que le impida comprender la ilicitud del hecho o actuar conforme a esa comprensión.

También en este caso se trata de un supuesto de alteración psíquica, aunque con base patológica, a la que el legislador decide dar una regulación expresa.

Como en las anteriores causas de inimputabilidad la base biológica debe concurrir en el momento en que se comete la infracción.

Se trata también de una fórmula mixta, en la que la componente biológica viene dada por la situación de síndrome de abstinencia, mientras que la psicológica se expresa en la falta de capacidad para «comprender la ilicitud del hecho o actuar conforme a esa comprensión».

A) *Elemento biológico*

La dependencia puede darse respecto de las mismas sustancias a las que se refiere la intoxicación, es decir, bebidas alcohólicas, drogas tóxicas, estupefacientes, sustancias psicotrópicas u otras que produzcan efectos análogos. El efecto análogo es la dependencia psíquica o física por el consumo continuado.

El síndrome de abstinencia consiste en el conjunto de síntomas físicos y psíquicos que se producen por la falta de consumo de la sustancia tóxica a la que el sujeto se ha habituado. El síndrome de abstinencia supone una disminución de las facultades intelectivas y volitivas de carácter transitorio del que lo sufre, puesto que desaparecen tras el consumo de la sustancia en cuestión. Por eso es necesario distinguir la anulación o disminución de la imputabilidad consecuencia del síndrome de abstinencia, de la disminución de carácter permanente de las capacidades intelectivas y volitivas que la dependencia prolongada puede haber causado en el adicto, es decir de la psicosis tóxica. Téngase en cuenta que la dependencia, aun reciente, causa la aparición del síndrome de abstinencia, mientras que es preciso un prolongado tiempo de dependencia para que se llegue a una psicosis tóxica. Por ello, cuando la imputabilidad se vea afectada exclusivamente por la aparición del síndrome de abstinencia, debe reconducirse sólo a la eximente del artículo 20.2.º, inciso segundo, pero si además existe una disminución permanente de las capacidades intelectivas y volitivas será preciso tener en cuenta la eximente del artículo 20.1.º En los casos de exención, naturalmente podrá aplicarse sólo una de las dos, pero cabe también la posibilidad de apreciar dos exenciones incompletas, una sobre el artículo 20.1.º y otra sobre el artículo 20.2.º, inciso segundo.

B) *Elemento psicológico*

El síndrome de abstinencia debe haber anulado la capacidad intelectiva o volitiva del sujeto para que se pueda aplicar la exención completa. Naturalmente la disminución de dichas facultades debe llevar a la aplicación de una eximente incompleta (art. 21.1.º/20.2.º, inciso segundo).

Lo cierto es que son escasísimas las sentencias en las que se ha considerado exento de responsabilidad criminal a un drogodependiente, aunque abundan aquellas en las que concediéndose una eximente incompleta o una atenuante analógica se rebaja la pena, y ello porque aplicar por la mera dependencia un efecto atenuante generalizado «sería abrir una muy peligrosa puerta justificativa a los delitos cometidos por cualquier aficionado a la droga» (STS de 23 de noviembre de 1991). La eximente completa de síndrome de abstinencia es de difícil apreciación porque resulta complicado cometer un delito bajo los efectos del síndrome; sin embargo, sí cabe la posibilidad de que la infracción se cometa en los primeros estadios del mismo, en cuyo caso habrá que aplicar la eximente incompleta o la atenuante de grave adicción del artículo 21.2.ª, que puede apreciarse también como muy cualificada (STS de 30 de junio de 2003, entre otras).

C) *La* actio libera in causa

Aunque en los primeros años de la década de los ochenta el TS utilizó la teoría de las *actiones liberae in causa* respecto a la drogadicción, esta tendencia se abandonó a partir de 1986, línea que se ha mantenido en los años noventa. Coherentemente con ello el legislador no refiere a la eximente de actuación bajo el síndrome de abstinencia la *actio libera in causa*, por lo que el sujeto que al momento de cometer la infracción criminal se encuentre bajo la influencia del síndrome, cualquiera que sea la forma en la que ha llegado al mismo, estará exento de responsabilidad criminal.

4. Las alteraciones en la percepción

El actual artículo 20.3.º del CP preceptúa que está exento de responsabilidad criminal:

> El que, por sufrir alteraciones en la percepción desde el nacimiento o desde la infancia, tenga alterada gravemente la conciencia de la realidad.

El texto actual procede de la reforma de 1983 al CP de 1973, y se ha mantenido inalterado en el CP de 1995. En el texto vigente hasta la reforma citada se hablaba de: «El sordomudo de nacimiento o desde la infancia que carezca en absoluto de instrucción.» Lo que no se explica fácilmente es la razón de la reforma de 1983. Porque ni se aclara en la exposición de motivos, ni tiene precedentes en nuestra legislación anterior, ni en el Derecho comparado. Además, según la doctrina unánime, es difícil suponer otro caso en el que se dé una tal alteración en la percepción que lleve a tener gravemente alterada la conciencia de la realidad y que, por lo mismo, haya de dar lugar a un supuesto de inimputabilidad, aparte del que se recogía con anterioridad: el sordomudo de nacimiento o desde la infancia. Basta recorrer los sentidos para apercibirse de ello.

El método seguido por la ley es mixto puesto que requiere una base biológica (alteración en la percepción desde el nacimiento o desde la infancia) con una consecuencia psicológica (tener alterada gravemente la conciencia de la realidad).

El texto actual no es plenamente afortunado, porque lo fundamental no es que el sujeto tenga alterada la conciencia de la realidad, sino las valoraciones: no el juicio de realidad, sino los juicios de valor. Porque, debido a su desconocimiento de los valores, es por lo que el sujeto no ha podido tomar su decisión rectamente, ni se ha puesto realmente en contra de la ley. Se trata de un caso con la misma fundamentación que la del error de prohibición invencible, del que se hablará en el Tema 21, I, 3.

5. La menor edad

La minoría de edad penal se ha visto modificada por la promulgación de la LO 5/2000, de 12 de enero, reguladora de la responsabilidad penal de los menores, que entró en vigor en enero de 2001.

Se va a exponer por separado el tratamiento legislativo dado a la materia por los CCPP de los siglos XIX y XX y la solución actual.

A) *Los códigos penales del siglo XIX*

Los primeros códigos penales en el tratamiento del menor mezclaban un período de plena exención con otro en el que se le exigía la prueba del discernimiento para eximirlo totalmente. En el CP de 1822 se declaraba exento en todo caso al menor de siete años, pero el mayor de dicha edad y menor de dieciséis años había de ser sometido a la prueba del discernimiento. El CP de 1848 elevaba la época de exención total hasta los nueve años y exigía la prueba del discernimiento entre dicha edad y los quince años; sistema que siguieron las reformas del CP de 1850 y de 1870.

La prueba del discernimiento consistía en verificar si el adolescente era capaz de discernir entre lo que era bueno y lo que era malo; lo que solía suponer un examen por un maestro nacional.

Pero con este requisito se confundían dos aspectos de la imputabilidad: el elemento intelectual y el volitivo. Normalmente el niño es capaz de discernir entre lo bueno y lo malo desde que tiene uso de razón, esto es, desde los siete años; pero eso no constituye más que el elemento intelectual de la imputabilidad. Mientras que el elemento volitivo supone la madurez de la personalidad para ser capaz de actuar conforme a dicho conocimiento; esto es, el uso de la libertad, lo que de ningún modo se adquiere a los siete años. Es difícil, sin embargo, precisar un límite de edad en que se haya dado la maduración de la personalidad, por lo que las innovaciones posteriores mezclan el criterio de la libertad con el educacional. Consecuencia del error que suponía la prueba del discernimiento fue el confinar en prisión (en la llamada «galería de los micos») a muchos adolescentes que, lejos de beneficiarse de la pena, aprendían allí todo lo que aún desconocían respecto al mundo delincuencial: eran «condenados» a ser delincuentes de por vida.

B) *Los códigos penales del siglo XX*

El primer cambio en el tratamiento moderno de los menores es obra de la llamada «Ley MONTERO VILLEGAS» (por el nombre del senador que la propuso al Parlamento) del 28 de noviembre de 1918, que elevó la mayoría penal a los quince años y que, por tanto, suprimió la prueba del discernimiento e instauró la medida de entregar al menor al Tribunal Tutelar de menores; pero se condicionaba su aplicación a que en la respectiva provincia existiese un reformatorio de menores. La única provincia que lo tenía por entonces era la de Vizcaya (en Amurrio), donde existía uno de fundación privada de la familia Ybarra.

El CP de 1928 elevó la mayoría penal a los dieciséis años, pero siguió condicionando la aplicación de la medida (la entrega al Tribunal Tutelar de Menores) a la existencia de un reformatorio en la provincia; caso de que no existiese, se entregaba al adolescente a la autoridad gubernativa. El requisito se mantuvo en el CP hasta la reforma de 1963, en la que se suprime, porque por esas fechas ya existían reformatorios en todas las provincias.

La innovación legislativa no significa creer que el adolescente no es libre hasta los quince o dieciséis años, sino que mezcla el criterio de la libertad con el educacional. Por eso quizás se condicionaba la aplicación de la ley a la existencia de reformatorios.

Los Proyectos de Código Penal han oscilado notablemente a este respecto. El PLOCP, en su artículo 26.3.º, rebaja la mayoría penal a los quince años, pero en el artículo 148 autoriza al Tribunal para sustituir la pena a los adolescentes comprendidos entre los quince y los veintiún años de edad por «el internamiento en un centro de rehabilitación social para jóvenes delincuentes por período indeterminado hasta conseguir su corrección», a lo que añade otras medidas. Lo anterior indica la oscilación en la doctrina respecto al límite de la mayoría de edad penal.

C) *La solución actual*

El artículo 19 del CP de 1995 establece que:

> [...] los menores de dieciocho años no serán responsables criminalmente con arreglo a este Código.
>
> Cuando un menor de dicha edad cometa un hecho delictivo podrá ser responsable con arreglo a lo dispuesto en la ley que regule la responsabilidad penal del menor.

Por tanto, el CP de 1995 no establece el límite de mayoría de edad penal sino que se remite a la Ley reguladora de la responsabilidad penal de los menores, que es la que establece la minoría de edad penal y todas las cuestiones referidas a la exigencia de responsabilidad criminal de los mayores de edad penal pero menores de dieciocho años. Es decir, el legislador se decanta por la creación de un específico Derecho Penal Juvenil al estilo del que existe en el Derecho alemán.

En efecto, en Alemania existe ya desde antiguo para los adolescentes comprendidos entre los catorce y los dieciocho años un Derecho Penal Juvenil que cuenta con tribunales propios, con una ley penal especial y con establecimientos penitenciarios, también especializados. Este sistema permite por un lado rebajar la mayoría penal (con lo que se evita la «delincuencia» juvenil que preocupa seriamente a la población) y por otro no exponer al adolescente al contagio carcelario de adultos. Además tiene la ventaja educacional de someter al adolescente desde edad más temprana a lo que suelen llamar los alemanes el *Leidensdruck* (la presión del sufrimiento), lo que en muchos sistemas penitenciarios se preconiza como necesario para la resocialización del delincuente.

Como se verá más adelante (*infra*, Tema 32, III), la Ley de Responsabilidad penal del menor (LRPM) ha fijado la minoría de edad penal en los catorce años, estableciendo un sistema *sui generis* de exigencia de responsabilidad penal para los menores comprendidos entre los catorce y los dieciocho años.

También establece la LRPM en su artículo 3 que cuando un menor de 14 años cometa una infracción penal «no se le exigirá responsabilidad con arreglo a la presente ley, sino que se le aplicará lo dispuesto en las normas sobre protección de menores previstas en el Código Civil y demás disposiciones vigentes. A estos efectos, el Ministerio Fiscal deberá remitir a la entidad pública de protección de menores testimonio de los particulares que considere precisos respecto al menor, a fin de valorar su situación, y dicha entidad habrá de promover las medidas de protección adecuadas a las circunstancias de aquél conforme a lo dispuesto en la Ley de Protección Jurídica del Menor.

Por último, no debe olvidarse que el artículo 69 del CP de 1995 establece la posibilidad de aplicar las disposiciones de la LRPM al mayor de dieciocho años y menor de veintiuno (véase *infra*, Tema 32, III). Sin embargo, debe tenerse en cuenta que la Disposición Transitoria única de la LO 9/2000, de 22 de diciembre, estableció la suspensión de la Ley del Menor, en lo referente a los infractores de edades comprendidas entre dieciocho y veintiún años, por un plazo de dos años desde su entrada en vigor y que, posteriormente, la Disposición Transitoria única de la LO 9/2002, de 10 de diciembre, extendió dicha suspensión hasta el 1 de enero de 2007. Finalmente la LO 8/2006 suprimió definitivamente la posibilidad de aplicación de la LRPM a los mayores de dieciocho años, aunque no derogó el artículo 69 del Código Penal.

TEMA 21

CONCIENCIA DE LA ANTIJURIDICIDAD

En el Tema presente se va a abordar el estudio del segundo elemento de la culpabilidad: la conciencia de la antijuridicidad. A continuación se hablará del error.

A tenor de los postulados finalistas, aquí no habría que tratar más que del error de prohibición que es el que excluye la conciencia de la antijuridicidad. Pero como quedó indicado en el Tema 17, V, 1, se va a estudiar ahora también el error de tipo por una razón pedagógica: la de no separar el análisis del error de tipo (que en sí es causa de exclusión de la tipicidad) del estudio del error de prohibición. Esto parece, además, indicado por otro motivo: no todos los penalistas incluyen los mismos elementos en el error de tipo y en el de prohibición, como se verá enseguida al hablar de la naturaleza jurídica del error; por lo que no es conveniente separar el tratamiento de las dos clases de error, hasta delimitar los contornos de ambas.

I. LA CONCIENCIA DE LA ANTIJURIDICIDAD

Se va a exponer sucesivamente el concepto, el contenido y la importancia de la conciencia de la antijuridicidad para la comprensión del moderno concepto de culpabilidad.

1. Concepto

La conciencia de la antijuridicidad de la acción (que más propiamente habría que denominar conciencia de lo injusto o de la antijuridicidad en sentido amplio, pues se extiende al conocimiento de la tipicidad y de la antijuridicidad de la acción) puede definirse como el conocimiento que debe tener el autor de que su conducta contradice las exigencias del Derecho. No basta, por tanto, con que el sujeto sepa que su acción contraviene las buenas costumbres o incluso la moral; sino que con ella se pone en contra del ordenamiento jurídico: que es antijurídica y, por tanto que le es jurídicamente atribuible y reprochable.

2. Contenido

No es menester que el conocimiento que tenga el ciudadano sea el de un jurista, sino que basta que sepa (como lo suele saber un profano al derecho) que su conducta está contra las leyes, en este sentido se expresan también las SSTS de 10 de octubre de 2003,

18 de abril de 2006, la de 27 de octubre de 2017, y más recientemente las de 23 de enero de 2019 y 17 de marzo de 2021. Es más, no es estrictamente necesario que sepa que está contra las leyes penales: para ello sería necesario en ocasiones que se tratase de un experto penalista; piénsese, por poner un solo ejemplo, en la difícil delimitación entre el Derecho sancionador de la Administración y el Derecho Penal (de que se habló en el Tema 2, II, 3), sino que basta que sepa que la conducta no está jurídicamente permitida.

Así, por ejemplo, para tener conciencia de la antijuridicidad de su conducta, de acuerdo con el artículo 195 del CP, no es suficiente el conocimiento que tiene un ciudadano normal de que debe auxiliar por solidaridad social al prójimo en grave necesidad, en el caso de que no auxilie a un herido grave en carretera; sino que es menester que en algún modo, aunque sea vago, sepa que está mandado por la ley que lo haga. Pero es suficiente el conocimiento que tiene un peatón de que no se puede atravesar la calle, cuando el semáforo está en rojo (por ejemplo, porque le puede suponer una multa) para poderle acusar de un delito de imprudencia, si con ello ocasiona un accidente al conductor que trata de evitar su atropello. Pero aun en los mismos ejemplos que acaban de aducirse se ve la tenue frontera que separa en ocasiones la conciencia de la antijuridicidad del error sobre la misma; esto es, del error de prohibición.

No supone lo anterior que el sujeto comparta las valoraciones legales, sino tan sólo que sepa que se pone en contradicción con las mismas. Por ello se puede castigar al delincuente por convicción, fuera de los estrechos límites de la objeción de conciencia, aunque el sujeto en cuestión crea que debe en conciencia actuar como lo hizo, pues sabe que se pone en contra de la ley.

Es también suficiente que la conciencia de la antijuridicidad esté latente en el sujeto, aunque no se actualice conscientemente en el momento de poner la conducta. Así, por ejemplo, basta que el ciudadano sepa que no se puede cruzar en rojo, aunque (por hacerlo habitualmente) no repare conscientemente en ello al cometer la infracción que origina el accidente.

Finalmente ha de darse cuenta de que el contenido concreto de su conducta está contra la ley, por lo que no le basta saber que la ha contravenido en general o anteriormente. Por eso no cabe en el principio de culpabilidad el *versari in re illicita*.

Todo lo anterior se puede presuponer si el sujeto es adulto y si el hecho es evidentemente contra la ley, como el matar, hurtar, injuriar, etc. Por lo que en un juicio penal no habrá porqué entrar en esta cuestión más que cuando se alegue por la parte o se dude racionalmente de ello por el Tribunal. Y, caso de que se alegase por el acusado, sería tarea suya probarlo, porque se está ante una *praesumptio iuris tantum*. Este parece ser el sentido, al menos actual, del artículo 6.1 del CC.

3. Importancia para la culpabilidad

Jescheck no duda en afirmar que el reconocimiento de la conciencia de la antijuridicidad como elemento de la culpabilidad «constituye un hito que señala el inicio de una etapa en la historia moderna de la ciencia del Derecho Penal alemán».

Esto vale no sólo para el Derecho Penal alemán, sino para toda la ciencia del Derecho Penal. Por eso añade dicho autor que «con la admisión del requisito de la conciencia de lo injusto para el reproche de la culpabilidad se ha emprendido el camino para la plena realización del principio de culpabilidad».

La razón de la importancia que tiene la conciencia de la antijuridicidad de la conducta para el principio de culpabilidad es que dicha conciencia constituye el núcleo del reproche que se hace al sujeto activo al considerarlo culpable de su conducta: se le reprocha que se ha puesto conscientemente contra el Derecho (porque ha lesionado un bien jurídico fundamental), habiendo podido no hacerlo. Como apunta el mismo JESCHECK: «La decisión de cometer el hecho en pleno conocimiento de la norma jurídica que lo prohíbe, caracteriza de la forma más inequívoca la falta de actitud jurídica que grava al autor. La llamada al deber que emana de la norma jurídica hubiera debido repercutir de forma inmediata en la formación de la voluntad. Si, en lugar de ello, aquél se levanta conscientemente contra el derecho, manifiesta una actitud hacia el derecho contrapuesta a la del ciudadano consciente.»

La consecuencia más inmediata de lo anterior es la de que cuando falta la conciencia de la antijuridicidad de modo totalmente inculpable (error invencible de prohibición), el sujeto no se pone contra el derecho y por tanto no se le puede reprochar la acción típica y antijurídica. En este punto está conforme actualmente toda la doctrina y la jurisprudencia. La razón es que el individuo no se puso libremente contra la ley, ya que ignoraba invenciblemente que estaba actuando contra ella. Luego en lo que se refiere a la prohibición, no era libre. Por tanto no se le puede reprochar dicha violación de la ley, ni se le puede castigar por ello. Observa la STS de 14 de noviembre de 1997 que constituye uno de los avances fundamentales del Derecho Penal contemporáneo el reconocimiento, en el Derecho positivo de los diferentes países, de la conciencia de la antijuridicidad como elemento de la culpabilidad, necesario pues para que una determinada conducta pueda considerarse merecedora de reproche penal.

Problema distinto es el del autor que pudo vencer su error de prohibición (error vencible), si hubiera empleado la diligencia debida (la que se viene llamando *imprudentia iuris*). Este aspecto es discutido actualmente en la doctrina, como se verá más adelante.

II. LA PROBLEMÁTICA DEL ERROR

Como se ha indicado más arriba, se va a abordar ahora toda la problemática del error, aunque el tratamiento del error de tipo encuentra su puesto sistemático al hablar de las causas que excluyen la tipicidad.

Para mayor claridad se tratarán por separado el concepto, las clases, la naturaleza jurídica y la regulación del error en el Código Penal español.

1. CONCEPTO DE ERROR

Aunque gramaticalmente se distingan el error (concepto equivocado o juicio falso sobre alguna cosa) y la ignorancia (no saber o no tener noticia de alguna cosa), como anota RODRÍGUEZ DEVESA:

> En cierto modo, todo error contiene un ingrediente de ignorancia, de no saber. Y toda ignorancia participa de la naturaleza del error, porque el no saber conduce necesariamente a la formación de conceptos equivocados o juicios falsos sobre aquello que se ignora.

En Derecho Penal se toman como equivalentes la ignorancia y el error, por lo que en ambos casos se habla de «error». Aunque es difícil llegar a una definición unitaria del error de tipo y del error de prohibición, podría formularse diciendo que el error consiste en el desconocimiento de alguna o de todas las circunstancias de la acción típica y antijurídica que tienen relevancia penal.

2. Clases de error

Actualmente se divide el error en esencial y accidental, invencible y vencible, propio e impropio y finalmente en error de tipo y error de prohibición. Conviene exponer por separado estas distintas clasificaciones.

A) *Error esencial y accidental*

A efectos penales suele definirse el error esencial como el que recae sobre un elemento esencial de la infracción penal, mientras que el error accidental es el que versa sobre una circunstancia accidental al delito o falta.

Es error esencial el del que se lleva el maletín ajeno, creyendo que es el propio. Mientras que no pasa de error accidental el del que se lleva una maleta a sabiendas de que es ajena, pero pensando que es de Pedro cuando en realidad es de Juan; porque lo que prohíbe el artículo 234 del CP es llevarse la cosa mueble ajena, no la de Pedro o la de Juan en concreto. Aunque para el sujeto pueda tener trascendencia precisamente que sea de Pedro, si se trata de una venganza personal.

La consecuencia penal es que el error esencial es relevante para el Derecho Penal y el error accidental es irrelevante desde el punto de vista jurídico-penal.

B) *Error invencible y vencible*

En Derecho Penal se habla de error invencible cuando no puede ser vencido por el sujeto, aunque éste emplee la diligencia debida; mientras que se da error vencible, cuando hubiera podido ser vencido por el sujeto, si hubiese empleado dicha diligencia. Finalmente se habla por algunos de error craso (al que otros denominan burdo), cuando no sería necesaria prácticamente ninguna diligencia para salir de él. El concepto de «diligencia debida» es normativo y corresponde al que se expuso al hablar de la imprudencia [véase *supra*, Tema 17, III, 2, C)].

Para apreciar la vencibilidad/invencibilidad del error será preciso tener en cuenta las características personales del autor, sus condiciones psicológicas y de cultura, incluso las posibilidades de recibir instrucción y asesoramiento o de acudir a medios que le permitan conocer la trascendencia jurídica de sus actos (así entre otras lo recuerda la STS 3 de octubre de 2018 —tarjetas black—).

Si un piloto tripula por vez primera un nuevo tipo de avión y, por no conocer bien sus mandos, da uno por otro y causa un accidente, se trata de un error vencible, porque estaría obligado a haberse documentado debidamente. Por el contrario, si el tipo de avión es sobradamente conocido al piloto, pero un delincuente altera los mandos sin que sea posible reconocer los cambios por el piloto y por ello se produce el accidente, el error sería invencible. Pero si el piloto, que conoce bien el avión y lleva varios años de servicio, intenta despegar con él en una pista que a todas luces es insuficiente (por ejemplo, por no llegar la pista ni a la mitad de la longitud necesaria para el despegue), se estaría ante un error craso.

La consecuencia penal del error invencible es que exime de toda responsabilidad penal, tanto el de tipo como el de prohibición; y esto según la doctrina y la jurisprudencia. En el caso del error vencible las consecuencias son diversas según sea de tipo o de prohibición, como se verá más adelante, al hablar de la regulación del error en el Código Penal. Finalmente también están de acuerdo la doctrina y la jurisprudencia en que el error craso no exime de responsabilidad penal alguna.

C) *Error propio e impropio*

Suele definirse el error propio como el que afecta al proceso de formación de la voluntad; mientras que el error impropio es el que incide en la ejecución del hecho. Luego en el error impropio no se trata de un caso de error que lleve al sujeto a formarse un juicio equivocado sobre lo que está haciendo o sobre la antijuridicidad de su acción (lo que sería error propio), sino que la ejecución del hecho no responde exactamente a lo que el sujeto había planeado.

Si Juan hace la autopsia de Luis, al que cree muerto, pero por una equivocación del médico que certificó su defunción aún vive, Juan sufre un error propio porque no sabe que está matando; pero si Andrés quiere matar a Roberto y para ello le tira de una ventana, pensando que va a morir al estrellarse contra el suelo de la calle y, sin embargo, éste muere al golpearse con el alero de otra ventana, Andrés ha sufrido un error impropio.

Las consecuencias penales del error propio y del impropio se expondrán más abajo, al hablar de la regulación del error en el Código Penal.

D) *Error de tipo y de prohibición*

La presente clasificación es la de mayor trascendencia práctica a efectos penales, por lo que se van a estudiar por separado el concepto de error de tipo y de prohibición, la historia y el contenido actual de la clasificación.

a) Concepto

El error de tipo supone el desconocimiento de alguno o de todos los elementos del tipo legal. Mientras que el error de prohibición se refiere al desconocimiento de que la conducta esté prohibida por la ley. Ambas clases de error son subespecies del error propio.

Si Antolín dispara sobre lo que cree un venado y es un ojeador, incurre en un error de tipo respecto al delito de homicidio (art. 138) porque no sabe que está disparando sobre una persona; pero si, además, lo hace utilizando un arma para la que carece de licencia por ignorar que ésta es preceptiva, sucumbe a un error de prohibición respecto al artículo 564 del CP.

b) Historia de la clasificación

Durante siglos se ha venido utilizando en el Derecho Penal la antigua clasificación de origen romanista que dividía la materia en error de hecho y error de derecho. Por error de hecho se entendía el error sobre los presupuestos fácticos del delito; mientras que el error de derecho versaba sobre los elementos valorativos del mismo. A ellos se aplicaban dos máximas fundamentales: *error facti non nocet* (el error de hecho no daña; esto es, excusa) y *error iuris nocet* (el error de derecho daña; esto es, no excusa).

Recogiendo esta tradición el artículo 2 de nuestro Código Civil, en su versión anterior a la reforma del título preliminar del 31 de mayo de 1974 decía: «La ignorancia de las leyes no excusa de su cumplimiento».

En virtud de ello la jurisprudencia penal venía denegando toda fuerza exculpatoria al error de derecho, aunque paulatinamente fue atemperando el rigor del precepto. Por ello, comenzó por distinguir el error de Derecho Penal del error de derecho extrapenal. Bajo esta última denominación entendía las normas extrapenales que condicionaban la aplicación de la ley penal; esto es, preferentemente las leyes penales en blanco y a otras semejantes; por ejemplo, el CP anterior a la reforma de 1983 consideraba en su artículo 514.2.º reos de hurto a «los que encontrándose una cosa perdida se la apropiaren con intención de lucro». Era cierto, sin embargo, que gran parte de la población no conocía este precepto y menos aún las disposiciones civiles y administrativas sobre el modo de «devolver» a su legítimo propietario una cosa perdida; por lo que el TS absolvió en algunos casos del delito de hurto a albañiles que, al derribar una casa vieja, encontraban en ella un «tesoro» y se lo apropiaban. Pero el TS no llegó a justificar nunca el porqué de esta distinción y menos aún la razón de admitir el error de prohibición extrapenal y la de no admitir en ningún caso el error de prohibición penal que en muchas de sus prescripciones (especialmente en las de las leyes penales especiales) resultaba tan desconocido al ciudadano normal como el Código Civil.

La doctrina española fue intentando por varias vías abrir la posibilidad de admitir el error de derecho, pues la postura de la jurisprudencia se hacía a todas luces insostenible y llevaba a injusticias patentes.

Pero además existía una razón de fondo que obligó a la doctrina (especialmente a la alemana por obra de WELZEL) a modificar la nomenclatura romanista sobre el error. En dicha división no quedaba claro dónde incluir una serie de casos, como los elementos normativos del tipo (que por una parte son elementos del tipo y por lo mismo parecen quedar incluidos en el error de hecho; pero por otro lado suponen una valoración y por tanto el error sobre los mismos sería un error de derecho); o como los hechos que fundamentan unas causas de justificación (que, de nuevo, son hechos y por ello parecen incluidos en el error de hecho; pero pueden dar lugar a la creencia errónea en el ciudadano de estar protegido por una de dichas eximentes y por lo mismo, de estar actuando jurídicamente, lo que supondría un error de derecho). Desde entonces se viene hablando en la doctrina del error de tipo y del error de prohibición.

Esta postura doctrinal recibió nuevo vigor con la recepción de la misma por parte de la legislación y de la jurisprudencia alemanas, que admitieron no sólo la nomenclatura sino también la conciencia de la antijuridicidad como elemento esencial de la culpabilidad y, como consecuencia, el error de prohibición. Tal postura fue encontrando eco también en nuestra doctrina y paulatinamente en la jurisprudencia. Finalmente llevó al legislador a modificar en la reforma del Título Preliminar del CC de 1974 el artículo 2, que pasó a ser el 6.1, y en el que se añade al texto anterior la frase: «El error de derecho producirá únicamente aquellos efectos que las leyes determinen»; lo que abrió la puerta al legislador penal para regular el error en el nuevo artículo 6 bis.*a*), introducido en el CP de 1973 por la reforma de 1983.

c) Contenido

El error de tipo supone que el sujeto desconoce alguno o todos los elementos del tipo legal, sean éstos descriptivos o normativos. Por ejemplo, sería un error de tipo el desconocimiento sobre la ajenidad de la cosa mueble en el delito de hurto. Como se verá más adelante, este error se divide en vencible e invencible.

El error sobre las condiciones objetivas de penalidad (véase *supra*, Tema 16, I, 3) y las causas personales de exclusión de la punibilidad (véase *infra*, Tema 23, II, 3), no tiene relevancia ya que ni unas ni otras precisan ser abarcadas por el dolo.

El error de prohibición supone que el sujeto no sabía ni pudo haber sabido que su conducta estaba prohibida jurídicamente. También en este caso el error puede ser vencible o invencible.

Este error incluye en primer término los casos en los que el sujeto desconoce totalmente la existencia de la prohibición (por ejemplo, si cree que los objetos de valor encontrados en la vía pública son del primero que los descubra); en segundo lugar, cuando se cree amparado por una causa de justificación o desconoce exactamente los límites de la misma (por ejemplo, si cree que está permitido tomar lo que le ha sido hurtado, yendo a recuperarlo por la fuerza al día siguiente del hecho al domicilio del ladrón); y finalmente cuando yerra sobre los presupuestos fácticos de una causa de justificación (así, si se cree agredido por un transeúnte que mete la mano en el bolsillo de la chaqueta, porque piensa que intenta sacar la pistola, por lo que él a su vez se «defiende» de la supuesta agresión).

Nuestro Tribunal Supremo, en Sentencia de 15 de enero de 2003 citada por todas las posteriores, recalca que en el error sobre la significación antijurídica de la conducta puede identificarse una distinción dogmática entre aquellos supuestos en los que el autor ignora el desvalor que el derecho atribuye a su comportamiento (error directo), y el que acontece cuando se conoce la desvaloración del derecho, pero cree indebidamente que el reproche está desvirtuado por la concurrencia de una causa de justificación (error indirecto).

El llamado delito imaginario (error de prohibición al revés), consiste en el que un sujeto cree prohibido lo que está permitido; este error no es punible porque la conducta es atípica. De éste se hablará al final del Tema presente.

3. Naturaleza jurídica

Actualmente la doctrina y la jurisprudencia españolas están de acuerdo en admitir las denominaciones de error de tipo para el caso de que el autor desconozca lo que hace y de error de prohibición para cuando ignora que está prohibido. También están de acuerdo respecto a las consecuencias jurídicas. Finalmente existe conformidad en admitir que el error (tanto de tipo como de prohibición) invencible excluye toda responsabilidad criminal; mientras que el vencible de tipo lleva a responsabilidad por el tipo imprudente, y el de prohibición vencible debe atenuar la pena.

Pero existen fuertes discrepancias doctrinales en relación con la naturaleza jurídica de ambas clases de error, así como respecto al contenido del error de prohibición. Para exponer esta materia se van a analizar por separado las llamadas teoría del dolo, teoría estricta de la culpabilidad y la denominada teoría restringida de la culpabilidad, que se corresponden en algún modo con las teorías sobre la culpabilidad enunciadas en el Tema 19, III.

A) *Teoría del dolo*

La teoría del dolo corresponde a la teoría normativa mixta de la culpabilidad, defendida por la escuela neoclásica. Como estos autores seguían manteniendo el dolo en la culpabilidad, consecuentemente con su doctrina veían en las dos clases de error una causa de exclusión de la misma, ya que faltaba el elemento intelectual del dolo. Por ello defendían que en ambos casos, si el error era invencible, excluía toda responsabilidad criminal; mientras que, si era vencible, subsistía la responsabilidad a título de culpa.

El problema sobre dónde había que incluir el error sobre los presupuestos de una causa de justificación (de que se hablará enseguida) no tenía gran importancia para esta teoría, ya que en ambos supuestos se trataba de una causa de exclusión de la culpabilidad.

B) *Teoría estricta de la culpabilidad*

La llamada teoría estricta de la culpabilidad corresponde al finalismo de Welzel y, por tanto, a la teoría estrictamente normativa de la culpabilidad.

Al pasar el dolo natural a la acción y, por ende, a la tipicidad, el error de tipo se convierte en causa de exclusión de la tipicidad. Por ello la consecuencia del error invencible de tipo es la negación de toda responsabilidad criminal; mientras que el error vencible de tipo convierte la conducta en culposa, excepto si se trata de un error craso.

La conciencia de la antijuridicidad comienza a ser un elemento de la culpabilidad. Como la reprochabilidad (centro de la culpabilidad) consiste en que el autor pudo no haber actuado en contra de la ley, el error de prohibición invencible la excluye totalmente; porque el sujeto no se pudo poner en contra de dicha ley, al desconocer su existencia. El error de prohibición vencible no quita el reproche de la culpabilidad pero tampoco puede convertir en imprudente una conducta que se puso con dolo natural. Ahora bien, en el error disminuye la culpabilidad en la medida en que no pudo ser vencido, por lo que permite atenuar la pena. En el error craso no cabe atenuación alguna: es irrelevante.

El error de prohibición incluye para los finalistas tres posibles casos: la convicción de la ausencia de prohibición legal; la creencia de que existe una causa de justificación o el error sobre los límites de la misma; y, finalmente, el error sobre los presupuestos de las causas de justificación. En este último caso se incluyen los supuestos de las causas de justificación putativas.

Así, por ejemplo, Juan, gravemente amenazado por Pedro en reiteradas ocasiones, entra en un bar en el que éste se encuentra apoyado en el mostrador. Pedro, al verlo, se mete la mano en el bolsillo de la chaqueta y, simulando que empuña una pistola, para lo que hace sobresalir el dedo índice, le dice a Juan: «Al fin te cogí; prepárate a morir.» Entonces Juan saca rápidamente una pistola y dispara sobre Pedro, al que mata.

En el ejemplo citado, Juan, se encontraría en el supuesto de una legítima defensa putativa; que, según los finalistas, constituye un error de prohibición y, por tanto, una causa de exclusión de la culpabilidad.

C) *Teoría restringida de la culpabilidad*

Los partidarios de las teorías de la prevención general como fundamento de la culpabilidad coinciden con los finalistas en señalar la naturaleza jurídica de las dos clases de error: causa de exclusión de la tipicidad, el de tipo; y de exclusión de la culpabilidad, el de prohibición. Pero difieren en que sitúan los presupuestos fácticos de las causas de justificación en el error de tipo y no en el de prohibición; por lo que también propugnan que a estos casos habría que aplicarles el régimen del error de tipo: si el error es invencible, excluye toda responsabilidad criminal; pero cuando es vencible, deja subsistente la responsabilidad por imprudencia. Mientras que los finalistas defienden que en caso de error vencible sobre dichos presupuestos, sólo cabe una atenuación de la pena, ya que ha existido dolo.

Las razones aducidas por la teoría restringida de la culpabilidad son de dos órdenes: a partir de la teoría de los elementos negativos del tipo y a partir de su postura sobre el fundamento de la culpabilidad.

Los que admiten la teoría de los elementos negativos del tipo consecuentemente no ven diferencias entre los presupuestos fácticos de las causas de justificación que fundamentan el tipo negativo y los restantes presupuestos fácticos que fundamentan el tipo positivo; por lo que creen que, cuando se dé un error sobre alguno de ellos, hay que incluirlos todos por igual en el error de tipo. Como ya quedó refutada más arriba esta postura sobre los elementos negativos del tipo [véase *supra*, Tema 14, I, 2, *d*)] no hay por qué detenerse de nuevo en ella.

Suelen aducir los partidarios de esta teoría otro argumento fundado en la necesidad de la motivación de la norma, que expone entre otros Mir Puig al señalar que el Derecho Penal «sólo puede prohibir aquellos comportamientos que puedan evitarse mediante la motivación. Sólo ellos podrán ser antijurídicos. Ahora bien, para que el sujeto pueda ser motivado por una norma penal que protege un bien jurídico determinado, es preciso que dicho sujeto pueda saber que se encuentra frente a un tal bien protegido por el derecho. Si el sujeto no puede saber que su acción va a lesionar un bien amparado por el derecho, ¿cómo podrá sentirse motivado a evitar dicha acción por la norma penal, si no puede ser motivado por ella? Y si la norma no puede motivarle no tiene sentido que lo intente prohibiéndole el hecho.»

Si el argumento de Mir Puig fuera totalmente convincente, tendría el mismo peso para todos los casos de error de prohibición, y no sólo para los presupuestos de las causas de justificación. Luego habría que concluir de él que el error de prohibición es causa de exclusión del tipo; extremo al que no quieren llegar la mayoría de los partidarios de la teoría de la normalidad de la motivación, aunque el citado autor defiende esta postura.

Aparte de ello, en el ejemplo citado más arriba, es claro que Juan no sufre error ninguno sobre lo que está haciendo (sabe que mata a Pedro, luego le mata dolosamente), sino que su error consiste en que asume falsamente que en ese caso le está permitido; luego se trata de un error de prohibición.

Además, hay que recordar que uno de los efectos de las causas de justificación es el de convertir en jurídico el comportamiento del que se ampara en alguna de ellas. Lo que supondría que, en el ejemplo anteriormente aducido, Pedro no podría ejercitar legítima defensa ante la putativa de Juan, porque no cabe dicha eximente ante una conducta jurídica. Luego, si fuera cierto que la legítima defensa putativa es causa de justificación (como pretenden los autores citados al hacer de este error una causa de justificación) Pedro tendría que dejarse matar impunemente o a lo más ampararse tan sólo en un estado de necesidad de males iguales.

D) *Conclusión*

De lo dicho hasta ahora se deduce que la naturaleza jurídica del error de tipo es la de ser una causa de la exclusión de la tipicidad; mientras que la del error de prohibición es la de constituir tan sólo una causa de exclusión de la culpabilidad. Esto último vale para todas las modalidades del dicho error: el desconocimiento de la prohibición legal, la asunción errónea de una causa de justificación (o el error sobre sus límites) y el error sobre los presupuestos de una causa de justificación.

4. Regulación jurídica del error propio

El Código Penal de 1995 regula el error en el artículo 14, pero el error impropio sigue sin regulación legal, por lo que se hace necesario acudir a la doctrina y a la jurisprudencia para solucionar los diversos supuestos.

Por esta razón se va a tratar por separado la regulación de ambas clases de error en el Derecho Penal español.

A) *Regulación del error propio*

Se van a exponer por separado el texto legal del CP, así como los requisitos que señala para el error de tipo y el de prohibición.

a) Texto legal

El precedente legal inmediato del artículo 14 del CP vigente es el artículo 6 bis.*a*) del CP de 1973, que fue introducido en la reforma de 1983. La doctrina de manera unánime consideraba incluidos en los párrafos 1 y 2 el error de tipo, y en el 3 el error de prohibición. Aunque existía una cierta polémica acerca de la consideración del error sobre los presupuestos fácticos de las causas de justificación como error de tipo o de prohibición, nadie discutió la mejora técnica que suponía la clasificación recogida sobre la tradicional de error de hecho y error de derecho.

El actual artículo 14 del CP establece:

> 1. El error invencible sobre un hecho constitutivo de la infracción penal excluye la responsabilidad criminal. Si el error, atendidas las circunstancias del hecho y las personales del autor, fuera vencible, la infracción será castigada, en su caso, como imprudente.
>
> 2. El error sobre un hecho que cualifique la infracción o sobre una circunstancia agravante, impedirá su apreciación.

3. El error invencible sobre la ilicitud del hecho constitutivo de la infracción penal excluye la responsabilidad criminal. Si el error fuera vencible, se aplicará la pena inferior en uno o dos grados.

El artículo 14 utiliza las expresiones «hecho integrante de la infracción penal», e «ilicitud del hecho», en lugar de «elemento esencial integrante de la infracción penal» y «creencia errónea de estar obrando lícitamente» que eran las empleadas por el artículo 6 bis.*a*) del CP de 1973, lo que podría hacer pensar que el legislador ha querido volver a la tradicional clasificación del error en error de hecho y error de derecho. No es ésta, sin embargo, la *voluntas legislatoris* como se deduce de la defensa por el Grupo Socialista del texto aprobado en el Parlamento, defensa en la que se alegaba «que es habitual hablar del hecho y de la ilicitud para referirse al tipo y la prohibición». Lo cierto es que el término «hecho» hace referencia a los presupuestos fácticos, y no todos los elementos del tipo lo son. De aquí que quepa concluir que, respecto a este problema concreto, la redacción del artículo 6 bis.*a*) del CP del 1973 era de superior calidad técnica al artículo 14 del CP de 1995.

b) Regulación del error de tipo

El artículo 14 en su párrafo primero prescribe respecto a los elementos del tipo (hechos) que, si el error es invencible, excluye toda responsabilidad criminal y si es vencible, atendidas las circunstancias del hecho y las personales del autor, será castigada la infracción, en su caso, como imprudente.

La frase «en su caso» significa que sólo cuando exista el tipo imprudente será punible, lo que es un recorte notable dado que no todos los tipos admiten comisión imprudente. Finalmente (aunque no se dice nada en el texto legal) habrá que excluir los casos de error accidental y craso, como lo vienen sosteniendo mayoritariamente la doctrina y la jurisprudencia. En este sentido el Tribunal Supremo recuerda que el desconocimiento interesado, la ignorancia deliberada, no tiene ninguna trascendencia (STS de 14 de octubre de 2019).

El error sobre un elemento que cualifique el tipo penal o sobre una circunstancia agravante impedirá su apreciación (art. 14.2). En este caso resulta indiferente que el error sea vencible o invencible, en cualquiera de los dos supuestos no podrá apreciarse el tipo cualificado o la agravante.

Deja el artículo 14 sin resolver la problemática del error sobre una circunstancia del tipo que lo privilegie o sobre una circunstancia atenuante. La doctrina piensa que cuando se trate de elementos objetivos de un tipo privilegiado (por ejemplo, la disminución de la pena, que se prescribe en el artículo 163.2 del CP, respecto a las detenciones ilegales) habrá que aplicar el tipo privilegiado, a pesar de que el sujeto ignore dicha circunstancia. Pero cuando sean elementos subjetivos, en los que el sujeto ha de actuar impulsado por un determinado motivo, no se podrá aplicar el tipo privilegiado si el autor no conoce el elemento subjetivo, pues querría decir que no actúa movido por él; así, por ejemplo, sería inaplicable el artículo 163.4 a una persona que no conociese que detiene a otro para presentarlo inmediatamente a las autoridades, porque entonces no actuaría por dicho motivo.

c) Regulación del error de prohibición

El artículo 14, número 3, prescribe que el error de prohibición invencible excluye toda responsabilidad criminal; mientras que el vencible obliga a rebajar la pena en uno o dos grados.

A primera vista parece que el legislador se ha inclinado por la teoría estricta de la culpabilidad dado que en los supuestos de concurrencia de error de prohibición vencible no se sanciona el hecho como imprudente sino que se atenúa la pena. Lo cierto es que la doctrina justifica el tratamiento dado a esta clase de error sobre la base de que en la mayoría de las ocasiones el error de prohibición se da respecto a una causa de justificación, y, por ello, se ha querido asimilar su punición a la de las eximentes incompletas.

La sustitución de la expresión «creencia errónea de estar obrando lícitamente» del texto anterior, por «la ilicitud del hecho constitutivo de la infracción penal» parece dirigida a excluir del error de prohibición el error que recae sobre los presupuestos fácticos de las causas de justificación, lo que sin embargo no se consigue, puesto que el que mata a otro porque piensa que le va a privar de su propia vida no se equivoca sobre el «hecho» de que está matando, lo que le queda claro, sino sobre si es lícito matar en ese caso concreto.

B) *Regulación del error impropio*

No existe en la legislación española regulación alguna sobre el error impropio, por lo que hay que acudir a la doctrina y a la jurisprudencia. Pero se dan varios casos en los que no hay conformidad en las soluciones, por lo que se van a ir exponiendo por separado.

En primer lugar se va a tratar la problemática del error impropio que no da lugar a un error *in delicto* y después de abordará la problemática del error impropio que da lugar al error *in delicto.*

a) Error impropio sin error *in delicto*

Se van a tratar sucesivamente el error *in persona* o *in obiecto*, la llamada *aberratius ictus* y el error en el curso causal.

a') Error *in persona* o *in obiecto*

Se habla de un error sobre la persona (al que también se denomina error *in obiecto,* cuando la acción recae sobre un objeto) cuando el autor no se confunde en la dirección del ataque (da a la persona o al objeto que pretendía dar), pero confunde una persona (o, en su caso, un objeto) con otro.

Por ejemplo, Juan quiere hurtar el coche de Pedro, pero se equivoca y se lleva el de Luis, que externamente es igual que el de Pedro (error *in obiecto*). A continuación ve cruzar la calle a Roberto, al que confunde con Pedro y decide matarlo, para lo que lo atropella, creyendo que es Pedro (error *in persona*).

El error en la persona (o, en su caso, en el objeto) es un error propio (de tipo); pues el autor ataca a la persona u objeto que deseaba (luego no hay error en la ejecución), aunque se haya equivocado sobre la identidad de la persona o del objeto (es, por tanto, error en el proceso de formación de la voluntad). Tanto uno como otro son irrelevantes desde el punto de vista penal, ya que versan sobre una circunstancia accidental del tipo de delito como es el objeto material concreto, porque lo que prohíbe la ley penal (por seguir con el ejemplo indicado) es matar a un ser humano, siendo indiferente que se trate de Juan o de Pepe. Luego el hecho se castiga como un delito doloso consumado. En este sentido se expresa también el TS entre otras en la Sentencia de 10 de abril de 2003, y más recientemente en la de 18 de febrero de 2010.

b') Aberratio ictus

Se denomina desviación del golpe el caso en el que el ataque dirigido contra una persona alcanza a otra, porque el golpe se desvía. La diferencia con el error en la persona es patente. En éste, el autor no yerra en la dirección del ataque: da al hombre sobre el que disparó, pero el error consiste en tomarlo por un ciudadano distinto; se trata, por tanto, de un error propio de tipo. Mientras que en la *aberratio ictus* el golpe cae sobre un individuo distinto del que pretendía el sujeto. Por eso en la *aberratio ictus* se trata de un error impropio, porque incide en la ejecución del hecho.

Así, por ejemplo, Juan dispara contra Antonio y la bala le pasa rozando a éste; pero por la mala puntería de Juan da a Rodrigo, que se encontraba detrás, y lo mata (*aberratio ictus*). Mientras que si Juan ve venir a Pedro y, por confundirlo con Luis (al que quería matar), dispara sobre él, la bala alcanza al hombre sobre el que Juan disparó (error *in persona*).

Si el delito cometido es el mismo que el que el autor quería cometer (esto es, se da tan sólo *aberratio ictus,* sin que haya simultáneamente error *in delicto*), la doctrina discrepa sobre la solución del caso. Según la doctrina alemana dominante y la moderna doctrina española hay que juzgar este supuesto conforme a las reglas del concurso de delitos (véase Tema 27, II, 4): se daría un delito doloso intentado (el que quería cometer el sujeto) en concurso con un delito imprudente consumado (el que de hecho cometió); aunque este último puede ser en raras ocasiones caso fortuito.

Sin embargo, la doctrina española más antigua y la jurisprudencia se han venido inclinando por decir que en este supuesto el error es irrelevante a efectos penales y que, por tanto, se trata de un delito doloso consumado; ya que lo que prohíbe el artículo 138 es matar (no sólo matar a un sujeto concreto) y el autor realiza lo prohibido por la ley. En este sentido, la STS de 8 de mayo de 1995 considera que la ley determina de modo no individualizado el objeto de protección, por lo que la *aberratio ictus* que no suponga un error en el delito no tendrá trascendencia jurídica.

A esto contestan los partidarios de aplicar la solución de la doctrina alemana (entre otros MIR PUIG), que todo depende del concepto que se defienda de bien jurídico (véase Tema 15, III, 2). Si se piensa en un bien jurídico abstracto, la consecuencia es que se trata de un delito doloso consumado. Pero si hay que considerar el bien jurídico concreto (en más estrecha relación con el objeto material), la solución sería la del concurso de delitos; porque el autor quiso matar a un ciudadano concreto y sólo por el hecho de que se le fuera el disparo, mató a otro. Por ello opina este sector de la doctrina española que en el presente supuesto habría que castigar por un delito doloso intentado en concurso ideal con un delito imprudente consumado.

Pero no se termina de ver la diferencia entre el presente supuesto y el caso discutido más arriba del error *in persona*. En este supuesto los mismos autores que acaban de ser citados defienden que se trata de un error irrelevante desde el punto de vista jurídico-penal, por lo que concluyen que hay que condenar por delito doloso consumado. Pero parece que el argumento, en que se fundan aquí para defender el concurso de delitos, vale lo mismo para el supuesto del error *in persona*: el autor quiso matar a un ciudadano concreto y sólo el hecho de que lo confundiese con otro hizo que matase a este último. Luego habría que dar una solución unitaria a ambos casos.

c') Error *in cursu causali*

Se habla de un error sobre el curso causal (que algunos denominan también *aberratio causae*), cuando el autor consigue el mismo resultado que pretendía, pero éste se produce de modo distinto al que él había planeado.

Es claro que se trata de un error impropio, ya que el autor no yerra en el proceso de formación de su voluntad, sino que meramente la ejecución del hecho sale distinta de lo que él había pensado.

Por ejemplo, Juan quiere ahogar en un río a Andrés y por eso lo arroja al agua desde el pretil del puente. Pero Andrés, al caer, se da contra uno de los pilares del puente y muere a consecuencia de ello.

La consecuencia jurídica del error *in cursu causali* es que se trata de un error irrelevante desde el punto de vista penal; porque el autor consiguió lo que pretendía y, además la muerte se produjo por la relación de causalidad que él puso en marcha. Luego se dan el elemento objetivo y el subjetivo del delito doloso y por tanto se trata de un delito doloso consumado. Esta es la solución por la que opta nuestro Tribunal Supremo argumentando que se trata de casos de *dolus generalis* (véase en este sentido la STS de 18 de noviembre de 2008).

b) Error *in delicto*

Se da un error sobre el delito, al que también se denomina *aberratio delicti* o cambio del título de imputación, cuando el delito cometido es distinto del que el autor quería ejecutar. El error en el delito puede provenir de una *aberratio ictus* y de un error en el curso causal. No se admite, por lo ya expuesto, que el error en la persona dé lugar a un error *in delicto*.

Un ejemplo de error *in delicto* con *aberratio ictus* sería el siguiente: el autor quiere herir a Pedro, para lo que dispara contra él, pero se le va la bala y mata a Juan.

Un error *in delicto* con error en el curso causal concurriría en el siguiente supuesto: Juan empuja a Aurora sin ánimo de matarla, pero como el golpe le causa la inconsciencia, creyéndola muerta y para disimular el homicidio que cree haber cometido, la arroja dentro de su automóvil por un barranco para que parezca un accidente de tráfico.

El error *in delicto* no tiene regulación legal debiendo solucionarse, ya sea *aberratio ictus* ya sea error en el curso causal, recurriendo a un concurso de delitos entre el delito que el sujeto pretendía realizar y el delito que efectivamente ha cometido. Así lo consideran también las SSTS de 7 de febrero de 2002 y 1 de diciembre de 2006.

Así, el primer ejemplo de los propuestos constituye un caso de concurso ideal del delito de lesiones intentado con el delito de homicidio imprudente consumado (art. 142), mientras que en el segundo se da un concurso real entre el delito de lesiones consumado y el homicidio imprudente (art. 142).

c) Conclusión

Luego cabe concluir que el error impropio es irrelevante desde el punto de vista jurídico-penal si no va unido a un error *in delicto*. Por su parte el error en el delito debe solucionarse por la vía del concurso de delitos.

C) *El delito imaginario*

Suele denominarse delito imaginario el caso de un ciudadano que cree cometer un delito, al poner una conducta que no está tipificada en ninguna ley penal. También se le denomina error de prohibición al revés, porque el sujeto cree que está prohibido lo que está permitido.

El delito imaginario es impune, porque la conducta no está tipificada. Por tanto no puede ser castigado, sino que el Tribunal debe atenerse a lo prescrito en el artículo 1.1 del CP. Cuestión distinta es la que suscitan algunos autores sobre la peligrosidad criminal del sujeto que pese a pensar que una conducta es delictiva se decide a realizarla; pero, al menos *de lege lata* tampoco se podría someter al autor a una medida, porque no hay base ninguna para ello en el CP.

Por ejemplo, cree que comete un delito cuando mantiene relaciones sexuales con una mujer casada. Puesto que hace mucho tiempo que se despenalizó en nuestro país el adulterio, aunque el sujeto piense que está cometiendo un delito no se le podrá castigar por ser la conducta atípica.

5. Resumen sobre el error

Como final de este Tema, se va a intentar un cuadro sinóptico sobre el error. Para su plena intelección, habrá que acudir a los puntos en los que se expone extensamente la materia. Las fuentes del error propio se encuentran en el artículo 14 del CP; las del error impropio en la jurisprudencia y en la doctrina. Aquí se incluyen los efectos que se defienden en las páginas anteriores.

Clase de error	*Contenido*	*Efectos*
PROPIO:	Sobre la formación de la voluntad (Incluye el *error in persona*)	
• ACCIDENTAL	Sobre los elementos accidentales	Irrelevante
• ESENCIAL — Tipo	Sobre los elementos esenciales: *a*) Sobre los elementos del tipo: — Invencible — Vencible	Relevante Excluye R. Crim. En su caso, imprudente
— Prohibición	*b*) Sobre la prohibición — Invencible — Vencible	Excluye R. Crim. (-1/-2 grados)
IMPROPIO: • Sin error *in delicto*	Comete el mismo delito	Irrelevante
• Con error *in delicto*	Comete distinto delito	Concurso de delitos

TEMA 22

LA EXIGIBILIDAD DE OTRA CONDUCTA

Se va a abordar en este Tema el último elemento de la culpabilidad: la exigibilidad de una conducta distinta a la que tuvo el autor. En primer término se expondrá el contenido positivo de la exigibilidad. En segundo lugar se hablará de las causas de exculpación que son aquellos supuestos en los que el legislador cree que en ese caso concreto no debe exigir la conducta típica y antijurídica; esto es, el estado de necesidad exculpante, el miedo insuperable y el encubrimiento entre ciertos parientes.

I. LA EXIGIBILIDAD DE LA CONDUCTA

Después de exponer el concepto diferencial de este elemento de la culpabilidad, se va a tratar enseguida de su naturaleza jurídica.

1. Concepto diferencial

El concepto de la exigibilidad de una conducta está ligado con la función del Derecho Penal en un Estado de Derecho. Se trata de averiguar lo que un Estado de Derecho puede exigir penalmente del ciudadano, sin sobrepasar sus funciones.

El legislador no tiene obligación de recurrir al Derecho Penal para reprimir toda conducta antijurídica; antes bien, debe reservar el Derecho punitivo para los casos más patentes de insolidaridad en la conducta ciudadana y más peligrosos para la paz y la armonía en la convivencia social, como se viene insistiendo a lo largo de estos temas. Es lo que se denomina el principio de la mínima intervención penal por parte del Estado; o lo que también se enuncia diciendo que el Derecho Penal es la *ultima ratio* a la que debe acudir el Estado para mantener vigentes los valores de la sociedad, ya que el Derecho Penal es la potestad más dura que la sociedad pone en sus manos.

Traducido a la cuestión de la culpabilidad lo anterior significa que, aunque una conducta como norma general sea gravemente intolerable para la convivencia ciudadana y por ello haya sido declarada típica y antijurídica por una ley penal; en ciertos casos concretos y extremos el legislador puede pensar que no debe exigirla penalmente. Entonces concede una disculpa (*Entschuldigung* en el lenguaje penal alemán), lo que en nuestro Derecho Penal se denomina causa de exculpación.

Por lo tanto no son lo mismo las causas de exculpación que las causas de exclusión de la culpabilidad. En sentido amplio se habla de causas de exclusión de la culpabilidad cuando se mencionan todas las eximentes de la culpabilidad: la inimputabilidad, el error de prohibición y las causas de exculpación propiamente dichas; mientras que de éstas hay que hablar (en sentido estricto) tan sólo cuando se trata de ciertos casos extremos, en los que el legislador considera que no debe penar al sujeto que en tales circunstancias pone una conducta típica y antijurídica. Son disculpas en la terminología penal alemana (*Entschuldigungsgründe*), nombre que en si refleja su naturaleza mejor que la terminología española; aunque en España se las denomina desde RODRÍGUEZ MUÑOZ causas de exculpación.

De aquí sus diferencias con las restantes causas de exclusión de la culpabilidad. La inimputabilidad se funda en la falta de libertad en el sujeto, al menos desde el punto de vista normativo; lo mismo que el error de prohibición invencible, ya que en este último el autor ignoraba que estaba prohibido por la ley (por lo que no se situó libremente contra ella). Mientras que en las causas de exculpación el sujeto pone libremente una conducta que sabe que está contra la ley; aunque el legislador decide no penarla, porque cree que se trata de un caso extremo. El error influye en el elemento intelectual del acto libre; mientras que las causas de exculpación se deben a influjos en el elemento volitivo del mismo: el acto sigue siendo libre, pero la libertad está disminuida. Como anota algún autor, no se trata de una anormalidad en el sujeto (como sucede en la inimputabilidad o en el error), sino de una anormalidad en la situación. Aunque no se puede olvidar que tal anormalidad de la situación lleva a una restricción en la libertad del sujeto; por eso el legislador decide no penar tales conductas.

Las diferencias entre las causas de justificación y las causas de exculpación son las mismas que entre aquéllas y las causas de exclusión de la culpabilidad en sentido amplio. Las causas de justificación hacen la conducta jurídica; mientras que las causas de exculpación (lo mismo que las de exclusión de la culpabilidad) tan sólo quitan el reproche de la culpabilidad: la conducta sigue siendo típica y antijurídica (constituye un injusto penal), pero no es reprochable al individuo concreto. En frase de JESCHECK:

> Al examinar la antijuridicidad se pregunta si la actuación de la voluntad concuerda con el orden jurídico, mientras que cuando se examina la culpabilidad se plantea la cuestión de si la actitud interna manifestada en el hecho puede contemplarse como expresión de una disposición censurable del autor frente al Derecho.

2. NATURALEZA JURÍDICA

Como acaba de indicarse, la exigibilidad de una conducta es elemento integrante de la culpabilidad. Se trata de ciertos casos extremos, en los que a pesar de que la conducta es típica y antijurídica, el legislador decide dejarla impune.

La teoría psicológica de la escuela clásica [véanse *supra*, Temas 11, III, 1, B), y 19, III, 1] no pudo dar con la naturaleza jurídica de estas causas de exculpación. Porque como la culpabilidad consistía para ellos en el nexo psicológico entre la voluntad del autor y el hecho, no podían explicar el porqué de estas excepciones; ya que en los supuestos de causas de exculpación se daba el nexo psicológico. Por ejemplo, el miedo insuperable supone el nexo apuntado, ya que el hecho se realiza con dolo o culpa.

Por el contrario, la teoría normativa mixta (la de la escuela neoclásica; véanse *supra*, Temas 11, III, 1, 3, y 19, III, 2) no tuvo dificultad en dar con la naturaleza jurídica de las causas de exculpación; ya que para ella el centro de la culpabilidad es la reprochabilidad. Por tanto, las causas de exculpación constituían casos extremos, en los que el legislador consideraba que, a pesar de que la conducta estaba contra la ley penal (esto es, era típica y antijurídica), en los supuestos indicados no era reprochable al sujeto.

Como la teoría normativa mixta seguía manteniendo que el dolo y la culpa pertenecían a la culpabilidad (ya que se basaba en el causalismo), ponía la razón de la falta de reprochabilidad, que hacía el centro de las causas de exculpación, en otros factores. FRANK (uno de los creadores de la teoría normativa) los llamó «circunstancias concomitantes». Para GOLDSCHMIDT existía una diferencia entre las que denominaba «normas de derecho», que eran las que prohibían la acción externa y cuya violación hacía la conducta antijurídica; y las que llamaba «normas de deber», dirigidas a motivar el comportamiento interno del ciudadano y que serían las que fundamentaban la reprochabilidad de una conducta típica y antijurídica. Cuando la conducta no era exigible, daba lugar a una «disculpa», a una causa de exculpación. Finalmente FREUDENTHAL hizo de la no exigibilidad el fundamento de la reprochabilidad. El criterio para señalar la exigibilidad de una conducta en este autor era subjetivo (esto es, dependía de lo que se pudiera pedir a cada autor concreto). Por otro lado intentó convertir la no exigibilidad de otra conducta en una causa de exculpación supralegal.

La doctrina neoclásica acogió la teoría normativa mixta, aunque con algunas variantes. Ante todo, defendió que la exigibilidad debía ponderarse de modo objetivo: lo que podía pedirse a un ciudadano medio. Además, se ha ido negando a hacer de la no exigibilidad una causa de exculpación supralegal, por miedo a que pudiese contribuir a la inseguridad jurídica; por lo que la ha mantenido tan sólo como fundamento de las causas de exculpación y, a lo más, como principio regulador general para la fijación de los límites de ciertos tipos penales, tales como la imprudencia o la omisión.

La escuela estrictamente normativa (el finalismo; véanse *supra*, Temas 11, III, 3, y 19, III, 3) tuvo aún menos dificultades en admitir la no exigibilidad de otra conducta como fundamento de las causas de exculpación. Consecuente con sus postulados (el dolo y la culpa forman parte de la acción y, por tanto, de lo injusto; la libertad es el fundamento de la culpabilidad; véanse *supra*, Temas 11, III, 3, y 19, II, 1), supone que en los casos de no exigibilidad el individuo actúa libremente (su conducta es dolosa o culposa y, por tanto, antijurídica), pero su libertad está disminuida (hay un defecto en el elemento volitivo del dolo). WELZEL afirma, por eso, que la no exigibilidad no sólo afecta a la culpabilidad, sino también disminuye en algún modo la antijuridicidad de la conducta. En esta postura le sigue también JESCHECK y gran parte de la doctrina moderna.

Algunos autores españoles en la actualidad (entre otros, MIR PUIG) piensan que no es satisfactorio tener que incluir en la culpabilidad una categoría híbrida de injusto y de culpabilidad, como lo hace WELZEL respecto a la no exigibilidad; pues en este caso (si se tratase de una causa que disminuye lo injusto y la culpabilidad, sin terminar de excluirlos del todo), ¿por qué no se castiga de forma atenuada, sino que se considera que la no exigibilidad es eximente? En esta dificultad se implican dos cuestiones a las que hay que responder por separado: por qué no se castiga de forma atenuada este caso y si en realidad en la no exigibilidad penal de otra conducta se trata de un híbrido entre la antijuridicidad y la culpabilidad.

La razón de que se considere como una eximente y no como una mera atenuante es que se trata de una decisión de política criminal, como tantas otras que toma el legislador y, por tanto, discutible. Sin duda que la ley penal podía haberse decidido por crear una atenuante en los casos de no exigibilidad, como lo hace, por ejemplo, respecto a los estados emocionales; pero en su lugar ha creído más adecuado conceder una causa de exculpación (no se olvide que se trata tan sólo de una «disculpa») en los casos de no exigibilidad, por pensar que son de mayor entidad que una atenuante; ya que el legislador no está obligado a reprimir penalmente todo lo malo, sino sólo lo peor (recuérdense los principios de la mínima intervención penal del Estado y de que el Derecho Penal se ha de mantener como la *ultima ratio*).

Pero lo que no termina de verse es la objeción fundada en que se crea un híbrido entre antijuridicidad y culpabilidad en el caso de la no exigibilidad penal de otra conducta. Porque en tales casos se da plenamente la antijuridicidad de la conducta, con la misma plenitud que en el caso de un inimputable. Así, por ejemplo, el que mata a un ciudadano en estado de necesidad de males iguales comete una acción tan antijurídica como la de un loco que mata a un individuo; lo que sucede es que el legislador ha creído que en tales circunstancias no le es exigible al sujeto una conducta distinta. Lo que se disminuye no es la antijuridicidad sino la culpabilidad.

Últimamente un sector doctrinal minoritario propone que las causas de exculpación son una categoría intermedia entre la antijuridicidad y la culpabilidad, una nueva nota del delito. Esta postura se conoce como teoría de la responsabilidad por el hecho. Que las causas de exculpación son una subcategoría dentro de la culpabilidad había sido ya propuesto en Alemania por MAURACH, de cuyos planteamientos parte en nuestra doctrina BACIGALUPO para concluir que en los supuestos de las causas de exculpación la conducta es contraria al ordenamiento jurídico, por lo que es antijurídica, pero por tratarse de casos en los que el legislador concede una eximente sin preocuparse de la motivación del sujeto activo, y por tanto de su culpabilidad, no pueden ser consideradas causas de exclusión de la culpabilidad, sino que se trata de una categoría intermedia entre la antijuridicidad y la culpabilidad, cuya función sería recoger los supuestos de renuncia de pena basados en la disminución de injusto. Las consecuencias que se derivan de esta teoría son que no se podría castigar al partícipe, ni se podría aplicar una medida de seguridad. Esta teoría no ha tenido buena acogida entre la doctrina, que considera que en estos casos la pena se suprime no por la disminución de injusto, sino porque la excepcionalidad de las situaciones hace innecesaria desde el punto de vista preventivo la pena (ROXIN). Asimismo no convencen las consecuencias que se derivan de ella: se considera inadecuado que la participación sea impune ya que el partícipe puede no encontrarse en la situación de excepcionalidad, que es lo que da lugar a la exención; y, por otra parte, en algún caso concreto en el que haya peligrosidad en el sujeto activo puede ser necesaria la medida.

En consecuencia la no exigibilidad penal de una conducta distinta es causa de exculpación, cuya última razón hay que ponerla en una decisión de política criminal del legislador, basada en el principio de mínima intervención penal. El fundamento de esta decisión legislativa hay que buscarlo en que el individuo en tales casos es ciertamente libre, pero su libertad se encuentra disminuida por las circunstancias que le rodean. Por ello opina el legislador que, aunque debe mantener la antijuridicidad de la conducta como norma general, en ese supuesto particular y extremo debe conceder una disculpa a la conducta (en esto consisten las causas de exculpación). Porque, aunque la conducta sigue siendo reprochable al ciudadano (y por eso, podría incluso castigarse o tan solo atenuarse la pena), no es tan grave el reproche como en las circunstancias ordinarias y no tiene entidad suficiente como para obligar a su represión penal.

II. LAS CAUSAS DE EXCULPACIÓN

Como queda dicho, se entiende aquí el término «causas de exculpación» como aquel grupo de eximentes que tienen su fundamento en la no exigibilidad penal de otra conducta. Por tanto, forman parte de las causas de exclusión de la culpabilidad en sentido amplio, ya que estas últimas comprenden tres grupos de eximentes: las causas de inimputabilidad, el error de prohibición y finalmente las causas de exculpación.

Se comprenden en el grupo presente tres eximentes: el miedo insuperable, el estado de necesidad de males iguales y el encubrimiento entre ciertos parientes, de las que se va a tratar ahora sucesivamente.

1. El miedo insuperable

Se van a exponer sucesivamente el concepto diferencial, el texto legal, la naturaleza jurídica y los requisitos del miedo insuperable.

A) *Concepto diferencial*

El miedo podría definirse tal vez como un estado anímico perturbado (o una perturbación angustiosa del ánimo) por la amenaza de un mal inminente. Suelen distinguirse varias gradaciones en el mismo, tales como el temor, el terror, el horror, el pavor, el pánico. Aunque cada uno de estos términos presenta matices diferentes, todos ellos podrían incluirse en el concepto jurídico de miedo.

Para su recta aplicación hay que diferenciar esta eximente de otras semejantes, también comprendidas en el artículo 20 del vigente Código Penal. Las diferencias que van a señalarse a continuación suponen la naturaleza jurídica y los contornos que se van a defender aquí respecto al miedo insuperable y que se irán probando en el transcurso de la exposición.

La fuerza irresistible supone una *vis physica*, que impide moverse externamente u obliga a movimientos externos; mientras que el miedo insuperable es la *vis compulsiva* del Derecho Romano. En la legítima defensa se da una agresión injusta, la reacción se dirige contra el injusto agresor y, además, no tiene por qué perturbar el uso de las facultades del que se defiende (y menos aún en el caso del que defiende a un tercero); mientras que en el miedo insuperable la reacción puede dirigirse contra persona distinta de la que causa el estado anímico y existe siempre una conmoción emocional. Del estado de necesidad se diferencia porque éste no supone una conmoción anímica; prueba de ello es que cabe el auxilio necesario.

El miedo insuperable constituye en cierto modo un intermedio entre el trastorno mental transitorio y la atenuante de estados emocionales. Porque en el trastorno mental transitorio se da un estado de inimputabilidad de la misma entidad que el que produce una enfermedad mental y, por tanto, queda excluida la libertad; mientras que en el miedo insuperable la libertad sólo queda disminuida. Finalmente, en la atenuante de estados emocionales [art. 21.3.*a*)] tampoco queda excluida la libertad; pero se diferencia del miedo insuperable en su menor entidad y en que el efecto anímico es el de arrebato, obcecación u otro estado pasional de semejante entidad; además, en la atenuante de estados emocionales se reacciona contra el causante del estado anímico, mientras que en el miedo insuperable la reacción puede dirigirse contra otra persona inocente.

Cabe señalar también algunas otras diferencias que se irán exponiendo a lo largo del estudio de esta eximente.

B) *Texto legal*

El artículo 20.6.ª del vigente CP dice que está exento de responsabilidad criminal:

> El que obre impulsado por miedo insuperable.

La eximente de miedo insuperable ha ido aumentando sus límites; el CP de 1870 dejó de exigir que el miedo fuera causado por un mal mayor que el que el autor producía, y últimamente el CP de 1995 ha suprimido el requisito de la ponderación de males, exigiendo tan sólo que el miedo sea insuperable.

La supresión del requisito de la ponderación de males no se ve suficientemente justificada ya que tal cambio no era postulado ni por la doctrina ni por la jurisprudencia y, además, no parece en absoluto necesario, dado que se pueden obviar las dificultades de los casos límite en los cuales el sujeto da más importancia a mal propio de menor entidad objetiva que el que causa, por otras vías. Es más, caso de que la perturbación anímica adquiriese una proporción inusitada, podría acudirse al trastorno mental transitorio, para el que no se exige ponderación de males.

C) *Naturaleza jurídica*

La doctrina y la jurisprudencia discrepan al señalar la naturaleza jurídica de esta eximente; de acuerdo con las diversas posiciones que toman al hablar de la naturaleza y contenido de la culpabilidad. Como dichas discrepancias han sido analizadas ya repetidas veces, baste recordar ahora la postura congruente con el enfoque sobre dichas cuestiones que se ha tomado anteriormente.

El miedo insuperable, como las restantes causas de exculpación, es un caso de no exigibilidad penal de una conducta distinta, cuya última razón hay que ponerla en una decisión de política criminal del legislador, basada en el principio de mínima intervención penal. El fundamento de esta decisión legislativa hay que buscarlo en que el individuo en tales casos es ciertamente libre, pero su libertad se encuentra disminuida por las circunstancias que le rodean. Se trata de un elemento que disminuye la voluntariedad de la conducta (el elemento volitivo del dolo), sin que llegue a quitar del todo la libertad. Por ello el legislador sigue pensando que la conducta es en sí reprochable, pero que en las circunstancias, en las que se encontraba el autor, no debe ser exigida penalmente: concede una disculpa, basada en el principio de mínima intervención penal. Esto es, que el Derecho Penal debe castigar lo que se exige al ciudadano medio, no puede exigir heroicidades de todos los ciudadanos.

Lo anterior pone de manifiesto que esta eximente está sujeta a principios de política criminal. Porque (por poner un ejemplo), aunque el legislador no puede ignorar la diferencia existente entre un homicidio cometido en circunstancias normales y otro bajo el influjo del miedo insuperable; el hacer de éste una eximente o haberlo convertido tan sólo en un supuesto de una muy fuerte atenuación de la pena, es cuestión que el legislador decide según sus principios de política criminal. Esto explica también el distinto tratamiento que tiene la eximente de miedo insuperable en la legislación comparada y que ha tenido a lo largo de la historia del Derecho Penal.

D) *Requisitos*

Los requisitos del miedo insuperable que se vienen exigiendo por la doctrina y por la jurisprudencia se desprenden tanto del tenor del texto legal como del deseo de limitar esta eximente, para que no dé lugar a manifiestos abusos. Pueden resumirse en los dos siguientes: la insuperabilidad del miedo y que el peligro sea real e inminente (SSTS de 6 de octubre de 2011 y 15 de noviembre de 2011, y últimamente 16 de marzo de 2022).

También viene influyendo en la interpretación de esta eximente una doble consideración. Por un lado, se trata de eximir por el estado anímico del sujeto en cuestión, lo que lleva aparejada una interpretación subjetiva de la misma. Pero, por otra parte, como se trata de la no exigibilidad penal de otra conducta, una parte de la doctrina postula como criterio de interpretación lo que se puede exigir al hombre medio, lo que lleva a una consideración objetiva de la eximente (STS de 13 de diciembre de 2002).

La solución parece encontrarse en la intersección de ambas consideraciones. Es cierto que el miedo insuperable tiene por fundamento la no exigibilidad penal de otra conducta; pero no es menos evidente que dicha no exigibilidad se fundamenta en las circunstancias en las que se encuentra el ciudadano. Luego parece que el criterio de interpretación ha de ser mixto: parte objetivo y parte subjetivo.

a) Miedo insuperable

El tenor del texto legal exige en primer término que el miedo sea insuperable. Con ello se plantea la cuestión de determinar para quién ha de ser insuperable: ¿para el autor concreto o para el hombre medio? La teoría objetiva se inclina por defender que el criterio se ha de tomar de lo que se puede exigir al ciudadano medio; ya que ésta es la medida para definir lo que es exigible penalmente. Por el contrario, la teoría subjetiva propugna que el criterio ha de ser el de la insuperabilidad para el autor en cuestión, porque sólo así se puede determinar si le es exigible concretamente a él otra conducta. En realidad ambas teorías no se encuentran tan lejos en las aplicaciones a los casos concretos.

Se suele descartar en primer término el caso de un miedo patológico, ya que éste apuntaría hacia la anomalía o alteración psíquica. Aunque la doctrina y la jurisprudencia suelen inclinarse hacia la teoría objetiva, casi todos los autores hacen una concesión a la subjetiva, afirmando que hay que tener en cuenta al hombre medio en las circunstancias concretas del autor. Luego parece que lo que se pretende evitar con este recurso a la teoría objetiva es el uso abusivo de esta eximente.

La jurisprudencia viene exigiendo que el estado anímico, en el que se encuentre el sujeto, sea semejante al de una causa de inimputabilidad. Pero con ello no aprecia debidamente el diferente fundamento de ambas eximentes. Porque en la inimputabilidad se trata de tal perturbación de las facultades mentales que excluyan la libertad (y, por ende, la culpabilidad) del sujeto; mientras que en el miedo insuperable ha de existir sin duda una conmoción anímica, pero tan sólo suficiente para que al autor se le disculpe su conducta: éste no pierde su libertad, aunque esté disminuida.

b) Realidad del mal

La jurisprudencia viene exigiendo con diversas fórmulas que el mal sea real; a veces añade, además, que sea inminente, serio, cierto, etc. (STS de 13 de diciembre de 2002). Con ello quiere excluir los casos de un mal imaginario o lejano; pero quizás lo que pretende es evitar con ello el uso abusivo de la eximente.

Sin embargo, en tales casos (especialmente cuando el mal es imaginario), el hecho da lugar a los mismos trastornos emocionales que cuando es real; pues, especialmente en sujetos pocos estables, para el autor en cuestión el peligro es tan real como si existiese de hecho; por lo que produce los mismo efectos anímicos del miedo insuperable. Dado que el tenor de esta eximente es subjetivo (no se niega la antijuridicidad del hecho, sino que tan sólo se disculpa al autor por su estado de ánimo), no se ve la razón de esta restricción de la eximente. Arguyen algunos que en tales casos se podría acudir a la eximente de trastorno mental transitorio; pero esto no sucede en todos los supuestos, puesto que el miedo puede ser producido por un objeto imaginario, pero no ser de tal entidad que perturbe totalmente el uso de las facultades mentales.

Por eso, parece que de nuevo se puede aplicar aquí un criterio mixto: lo que se puede exigir a un hombre medio y de equilibrio normal (pues si fuera un desequilibrado, habría recurso al trastorno mental transitorio, al menos incompleto), pero en las mismas circunstancias en las que se encuentra el autor. Como mínimo, en tales casos habría que acudir al error (que en ocasiones puede ser invencible para el sujeto en cuestión) o a una eximente incompleta de miedo insuperable, que el TS suele apreciar cuando se da el requisito generador, la existencia de un temor inspirado en un hecho efectivo, real y acreditado y que alcance un grado bastante para disminuir notablemente la capacidad electiva de la víctima (SSTS de 29 de junio 2006 y de 4 de marzo de 2011) y faltan los requisitos de la insuperabilidad del miedo o el carácter inminente de la amenaza (STS de 16 de marzo de 2022).

2. El estado de necesidad exculpante

Del estado de necesidad se ha hablado ya en el Tema 18 (*supra*, V) y en él se han incluido por unidad de materia tanto el que produce un mal menor del que se trata de evitar como el que causa un mal igual. También se ha indicado allí que el primero es considerado por la doctrina y por la jurisprudencia como causa de justificación; mientras que respecto al segundo en general la doctrina y la jurisprudencia lo tratan como causa de exculpación, aunque hay una parte pequeña de la doctrina que lo considera también causa de justificación.

La teoría de la unidad considera que el estado de necesidad de bienes iguales es, al igual que el de bienes desiguales, una causa de justificación, por lo que la lesión del bien jurídico protegido estaría justificada cuando se trate de salvaguardar un bien igual o imponderable. Esta teoría es defendida en nuestra doctrina por Gimbernat, Cuerda Riezu, Gómez Benítez y Luzón Peña, aunque con distintas argumentaciones. De la admisión de la teoría de la unidad se deriva que la lesión del bien jurídico causada para salvar otro de igual valor está aprobada por el ordenamiento jurídico, es decir, que es lícita y frente a ella no cabe la legítima defensa. Varios son los argumentos que se pueden esgrimir contra esta postura:

En primer lugar, cabe decir que admitir la teoría de la unidad supone aceptar que es lícito, que está aprobado por el ordenamiento jurídico, que el más fuerte imponga al más débil sus intereses, porque no hay otra diferencia entre los dos bienes en juego que el que uno de los sujetos pueda imponerse al otro. Por ello, a nuestro juicio esta postura repugna las valoraciones jurídicas que un Estado social de Derecho debe respetar. Esta crítica lleva a parte de la doctrina a negar la licitud del estado de necesidad de bienes desiguales, aun cuando partan de la teoría de la unidad.

En segundo lugar, se ha argumentado que la inclusión dentro de la categoría de la antijuridicidad de supuestos de exclusión de la pena que no presuponen la licitud de la conducta, implica un oscurecimiento de la distinción entre lo prohibido y lo permitido, oscurecimiento que echa a perder la función orientadora de conductas sociales que posee la antijuridicidad (LAURENZO COPELLO).

En tercer lugar, se postula que la exclusión de la antijuridicidad en los casos de estado de necesidad por colisión de bienes iguales alienta a los ciudadanos a resolver sus conflictos de intereses mediante la injerencia en los bienes ajenos, poniendo en peligro la paz social (ROXIN).

En cuarto lugar, un sector doctrinal no admite que la antijuridicidad sea graduable (OBREGÓN GARCÍA). A juicio de estos autores la conducta puede ser conforme o contraria a derecho, pero no puede serlo más o menos, y esto porque la cantidad de injusto viene definida por los elementos del tipo, de donde una vez perfeccionado el tipo, la cantidad de injusto es inamovible. En el estado de necesidad, sólo si el interés justo amenazado es mayor que el mal que se causa, la conducta está justificada, en caso contrario no está justificada en absoluto, porque no caben justificaciones parciales. Sin embargo, el sujeto en este caso, al fin y al cabo, se mueve por un interés justo, si bien no mayor que el injusto que crea, y esto debe tener su reflejo en el marco de la responsabilidad criminal por el criterio de no exigibilidad de otra conducta, que tradicionalmente se ha situado en el ámbito de la culpabilidad.

Por estos motivos, la casi totalidad de la doctrina y de la jurisprudencia considera que el estado de necesidad de bienes iguales o imponderables no puede considerarse justificado. Se trataría entonces de una disculpa que el legislador concede porque no considera necesario recurrir a la pena para sancionar supuestos excepcionales, es decir, de una causa de exculpación.

3. EL ENCUBRIMIENTO ENTRE CIERTOS PARIENTES

El artículo 451 del CP vigente considera autores del delito de encubrimiento a los que con conocimiento del hecho punible y sin haber participado en él como autores ni cómplices, intervengan en él con posterioridad a su ejecución en alguno de los tres modos siguientes: 1) Auxiliando a los autores o cómplices para que se beneficien del provecho, producto o precio del delito, sin ánimo de lucro propio. 2) Ocultando, alterando o inutilizando el cuerpo, los efectos o los instrumentos del delito. 3) Ayudando a los presuntos responsables de un delito a eludir la investigación de la autoridad o de sus agentes, o a sustraerse a su busca o captura; aunque en este último supuesto la conducta sólo es punible, cuando se dan ciertas circunstancias.

Pero el artículo 454 del CP declara exentos de las penas impuestas a los autores del delito de encubrimiento a ciertos parientes. Como desde RODRÍGUEZ MUÑOZ se viene afirmando por la doctrina que esta eximente se fundamenta en la no exigibilidad penal de otra conducta, se va a tratar ahora de su problemática. En primer lugar, se expondrá el texto legal, a continuación se estudiarán la naturaleza jurídica de esta eximente y los requisitos de la misma.

A) *Texto legal*

El texto actualmente vigente del artículo 454 dice:

> Están exentos de las penas impuestas a los encubridores los que lo sean de su cónyuge o de persona a quien se hallen ligados de forma estable por análoga relación de afectividad, de sus ascendientes, descendientes, hermanos, por naturaleza, por adopción, o afines en los mismos grados, con la sola excepción de los encubridores que se hallen comprendidos en el supuesto del número 1.º del artículo 451.

B) *Naturaleza jurídica*

La doctrina venía tratando del encubrimiento entre ciertos parientes como excusa absolutoria (esto es, como eximente de la punibilidad), basada en el tenor literal del precepto. Fue Rodríguez Muñoz el que hizo notar que se trataba de un supuesto de no exigibilidad penal de otra conducta y, por tanto, de una causa de exculpación. Porque, en efecto, la razón de eximir de responsabilidad criminal en tales casos se debe a que no es exigible penalmente que los parientes incluidos en el artículo 454 se nieguen a dar refugio o a ocultar a sus parientes próximos; por ello precisamente se limita la eximente a los números dos y tres del artículo 451; ya que el auxilio para que el delincuente se aproveche de los efectos del delito o falta no se puede excusar en el mismo grado. Con ello queda patente la naturaleza de la no exigibilidad penal de otra conducta: es una cuestión de política criminal; porque el legislador podía también haber tomado la resolución de eximir a los encubridores del número uno del artículo 451 o, por el contrario, no eximir a todos los del número tres (por ejemplo, cuando abusen de funciones públicas).

La jurisprudencia también ha venido admitiendo que el encubrimiento de ciertos parientes es debido a la no exigibilidad penal de otra conducta desde la STS de 24 de febrero de 1976, lo que se sigue reiterando (así STS de 4 de junio de 2014).

C) *Requisitos*

La jurisprudencia trata esta eximente como una *praesumptio iuris et de iure* (contra la que, por tanto, no cabe prueba en contrario): basta el hecho del parentesco para que la eximente surta su efecto, si se exceptúa quizás la «análoga relación de afectividad», de la que se hablará enseguida. Pero conviene separar los requisitos legales para su estudio individualizado.

a) Parientes comprendidos

Son los que habitualmente inserta el Código Penal en estas relaciones de parientes: cónyuge o persona a quien se hallen ligados de forma estable por análoga relación de afectividad, ascendientes, descendientes, hermanos por naturaleza o adoptivos y afines en los mismos grados. También puede suscitar dudas la cláusula sobre la persona ligada de forma estable por análoga relación de afectividad.

La jurisprudencia pide también, basada en el texto legal, que se dé de hecho la relación de afectividad; lo que no exige respecto al cónyuge. Por ello se trata de un elemento valorativo que ha de interpretar el Juez en cada caso. Es más, según lo interpreta la jurisprudencia, la relación de cónyuges no implica que vivan juntos o separados, por lo que aplica la exención aun entre cónyuges en pésimas condiciones de convivencia o con la convivencia totalmente rota, porque ha convertido este grado de parentesco en una *praesumptio iuris et de iure*. Mientras que, siempre según la jurisprudencia, esta *praesumptio* no alcanza a las personas ligadas por análoga relación de afectividad. También viene interpretando la jurisprudencia las restantes relaciones de parentesco como una *praesumptio iuris et de iure*. Esta interpretación parece excesiva, como se indicará al final del estudio de la presente causa de exculpación.

Finalmente hay que aludir a otra tendencia jurisprudencial respecto al círculo de encubiertos comprendido en el artículo 454 del CP, en el caso de que sea más amplio que el de parientes, pero cuando un pariente se encuentra entre ellos. Se trata del caso en el que un pariente encubra a otro pariente de los comprendidos en el artículo 454, pero también a los que forman grupo delincuencial con el pariente encubierto. En diversas sentencias (STS de 4 de junio de 2014) se viene afirmando por el TS que hay que atender fundamentalmente a la intención del encubridor: si éste buscaba encubrir a su pariente y como consecuencia se benefician otros del encubrimiento, debe aplicarse el artículo 454; mientras que si, por el contrario, la intención del sujeto era la de encubrir al grupo, entre los que se encontraba su pariente, no cabe aplicarle la eximente.

b) Formas de encubrimiento exentas

El texto legal excluye el favorecimiento del número uno del artículo 451. Parece que la razón que ha movido al legislador a excluirlo es que se trata de la forma menos altruista del encubrimiento; especialmente porque no raras veces los parientes indicados vivirán de los efectos del delito.

El punto más espinoso es la delimitación entre los números uno y dos del citado artículo 454; porque el auxilio puede consistir en la ocultación del botín que más tarde se vende. Agudamente señala Manzanares que esta dificultad habrá que solucionarla ateniéndose al propósito del encubridor, para lo que se apoya en la STS de 22 de junio de 1957: si es para que el delincuente se aproveche del botín, la conducta estará incluida en el número uno y, por tanto, no quedará exenta de pena. En sentencias más antiguas (20 de mayo de 1905 y 22 de abril de 1910), pero concordes con la que acaba de citarse, se señala para la esposa que su comportamiento no queda incluido en el número uno, mientras no exceda el que corresponde al cumplimiento de sus obligaciones como mujer casada. Lo que habrá que aplicar hoy al esposo, en su caso.

c) Responsabilidad civil

El CP de 1928 en su artículo 51 (equivalente al actual art. 454) regulaba claramente la cuestión al decir que «están exentos de responsabilidad criminal, y sujetos únicamente a la responsabilidad civil».

Pero ni los códigos ni las reformas anteriores o posteriores al mismo se han ocupado de la cuestión. Es cierto que en el artículo 118 del CP no se incluye ninguna disposición al respecto; pero de aquí no se puede deducir que se exima a los parientes indicados de toda responsabilidad civil, sino sólo de la derivada del delito (esto es, de la comprendida en el art. 1.092 del CC).

Los autores suelen defender que, en el caso de los parientes enumerados, subsiste la responsabilidad civil a tenor de los preceptos civiles pertinentes, especialmente a tenor del artículo 1.902 del CC.

4. La condición de víctima de trata de seres humanos

La LO 5/2010 introdujo el delito de trata de seres humanos, en el Título VII bis del Libro II del Código Penal. El n.º 11 del artículo 177 bis da cumplimiento a las exigencias del artículo 8 de la Directiva 11/36 relativa a la prevención y lucha contra la trata de seres humanos y a la protección de las víctimas, según el cual «Los Estados miembros adoptarán, de conformidad con los principios básicos de sus respectivos ordenamientos jurídicos, las medidas necesarias para garantizar que las autoridades nacionales competentes puedan optar por no enjuiciar ni imponer penas a las víctimas de la trata de seres humanos por su participación en actividades ilícitas que se hayan visto obligadas a cometer como consecuencia directa de haber sido objeto de cualquiera de los actos contemplados en el artículo 2».

Establece el artículo 177 bis.11 que:

> «Sin perjuicio de la aplicación de las reglas generales de este Código, la víctima de trata de seres humanos quedará exenta de pena por las infracciones penales que haya cometido en la situación de explotación sufrida, siempre que su participación en ellas haya sido consecuencia directa de la situación de violencia, intimidación, engaño o abuso a que haya sido sometida y que exista una adecuada proporcionalidad entre dicha situación y el hecho criminal realizado.»

Dos son los requisitos que se exigen para la concurrencia de la eximente: *a*) que las infracciones penales sean consecuencia directa de la situación de violencia, intimidación, engaño o abuso a la que se tiene sometida a la víctima de trata, y *b*) que exista una *adecuada* proporcionalidad entre la infracción penal cometida y dicha situación.

Aunque la doctrina mayoritaria parece inclinarse por considerar que el artículo 177 bis.11 contiene una excusa absolutoria, a nuestro juicio se trata de una causa de exculpación por dos motivos: porque la situación de la víctima de trata de seres humanos merma sin duda su libertad de una manera equivalente a lo que sucede en el estado de necesidad exculpante o el miedo insuperable, y porque los requisitos que exige el legislador, sobre todo el de la proporcionalidad, la aproximan también a estas dos eximentes.

TEMA 23

LA PUNIBILIDAD

Se va a estudiar ahora el último elemento de la definición material del delito: la punibilidad. En primer término se expondrá su contenido positivo, para analizar enseguida las causas de exclusión de la punibilidad.

I. LA PUNIBILIDAD COMO ELEMENTO DEL DELITO

Después de exponer la historia de este elemento del delito, se analizará su concepto diferencial, para estudiar a continuación su naturaleza jurídica y los efectos de las causas de exclusión de la punibilidad.

1. Historia

Como queda expuesto en el Tema 11 [*supra*, III, 1, B), *b*)], para Von Liszt ya desde 1881 el delito es una acción antijurídica y culpable, amenazada con una pena. Luego incluía ya en la actual definición material del delito la actual nota de punibilidad.

Beling definió en 1906 el delito como «la acción típica, antijurídica, culpable, sometida a una adecuada sanción penal y que llena las condiciones objetivas de penalidad». En este concepto de delito incluía también la punibilidad como uno de los elementos de la definición material del delito.

Pero ya M. E. Mayer en 1915 excluyó dicha nota de su concepto material del delito por entender que suponía una redundancia. A éste le siguió Mezger en una primera época (en su *Tratado*), teoría que entra en España a través de Rodríguez Muñoz en su traducción y notas a Mezger. Es más, el mismo Beling prescindió de la punibilidad en su edición de 1930. Por el contrario, Mezger la incluyó más tarde (en su *Compendio*) como nota del delito al que definió como «acción típicamente antijurídica, culpable y amenazada con una pena».

La doctrina española de entonces se decantó mayoritariamente por incluir la punibilidad en el concepto material del delito. Jiménez de Asúa señala que sólo es delito el hecho humano que al describirse en la ley recibe una pena. En el mismo sentido, Cuello Calón, Rosal y Sainz Cantero. Destaca, además, Quintano Ripollés que el artículo 1, párrafo 1, del CP incluye en la definición del delito el que sea «penado por la Ley».

Actualmente se dividen los autores en dos grupos: los que a partir de una definición más fenomenológica del delito excluyen de su concepto la punibilidad (como Antolisei) y los que a base de una definición más normativa del mismo la incluyen y la creen necesaria.

La argumentación decisiva es la que aporta Cobo del Rosal al señalar que en este tema hay que distinguir un momento normativo y un momento aplicativo o de concreción. El momento normativo se refiere al delito como esquema abstracto descrito por la ley; el aplicativo alude a un momento posterior: al hecho ya verificado. Por ello la pena podrá faltar por diversas causas en el segundo momento, pero nunca en el primero; podrá faltar como consecuencia efectiva, pero jamás como consecuencia legalmente prevista, porque la punibilidad no puede faltar para que exista el delito. BATTAGLINI (uno de los autores que más ha analizado la presente cuestión) afirma que es imaginable un delito sin pena, pero no sin punibilidad en cuanto posibilidad de aplicar la pena; porque el delito es un hecho punible, no un hecho ya castigado, de modo que, si en el momento normativo, la pena no está prevista o está excluida, no puede hablarse de delito.

2. Concepto diferencial

La punibilidad puede definirse como la potestad que tiene el legislador de señalar una pena a una acción típica, antijurídica y culpable. Por lo tanto, hay que afirmar que el legislador penal tiene la potestad de dejar sin señalar pena a ciertas acciones típicas, antijurídicas, y culpables, sin lesionar el principio de igualdad ante la ley de todos los ciudadanos, por razones de política criminal, pero en tal caso no podrá hablarse de delito.

La punibilidad se diferencia de la pena en varios aspectos. Ante todo, la punibilidad señala el hecho de que una conducta típica, antijurídica y culpable debe ser castigada (lo que los teólogos-juristas llamaban el *an*); mientras que la pena concretiza el *quantum*: la clase de pena y la magnitud de la misma. Por ello, la pena puede faltar por diversas circunstancias aun existiendo el delito (por ejemplo, por las causas de extinción de la responsabilidad criminal, recogidas en el art. 130 del CP, de las que se hablará *infra*, Tema 33, I); mientras que la punibilidad es totalmente necesaria para que exista el delito: si falta, la conducta, a pesar de ser típica, antijurídica y culpable, no será delito. Esta inexistencia del delito desde el momento de poner la conducta es lo que diferencia las causas de exclusión de la punibilidad de las causas de extinción de la misma (art. 130 del CP), pues en éstas últimas, el delito ha existido durante un período de tiempo más o menos prolongado, para extinguirse después.

3. Naturaleza jurídica

De lo anterior se deduce que la punibilidad es una potestad que se deja en manos del legislador, para que éste, por justas razones de política criminal, ajenas al Derecho Penal propiamente dicho, decida dejar impunes ciertas conductas en determinados individuos, a pesar de que en los restantes sean punibles; sin violar con ello el principio de igualdad ante la ley de todos los ciudadanos.

Se trata de algo semejante a la exigibilidad de una conducta determinada, en cuanto que es una potestad en manos del legislador que éste debe manejar por razones de política criminal. Pero ambas cuestiones se diferencian en que la exigibilidad se fundamenta en el principio de mínima intervención penal del legislador (por tanto, en razones penales), mientras que la punibilidad se debe a razones extrapenales.

Estas razones pueden ser de Derecho Público o de Derecho Privado. Por ejemplo, es de Derecho Público la conveniencia de eximir de responsabilidad penal a los diplomáticos o a los representantes de la nación en las cámaras legislativas; mientras que pertenece al ámbito del Derecho de familia la impunidad de ciertos parientes por determinados delitos contra el patrimonio, de que se ocupa el artículo 268 del CP.

4. Efectos de la exclusión de la punibilidad

Para señalar los efectos de las causas de exclusión de la punibilidad hay que tener presente que la conducta es típica, antijurídica y culpable: sólo por razones extrapenales decide el legislador dejarla impune en un caso concreto.

Por tanto cabe utilizar contra ellas no sólo una causa de justificación, sino también una causa de exclusión de la culpabilidad. Esto es, que es posible un caso de legítima defensa contra un sujeto cubierto por una causa de exclusión de la punibilidad (por ejemplo, contra un embajador de una potencia extranjera que intenta matar a un ciudadano) e incluso cabe que un sujeto cubierto por una causa de exclusión de la culpabilidad (por ejemplo, un individuo en un supuesto de estado de necesidad de males iguales) lo ejerza contra un diputado a Cortes o un diplomático.

La participación criminal con un individuo amparado en una causa de exclusión de la punibilidad es punible. Así lo declara expresamente el artículo 268.2 para los casos incluidos en el mismo; pero tal doctrina vale igualmente para cualquier individuo que participe en un delito en el que el autor esté cubierto por una de estas causas.

En el terreno de la responsabilidad civil el autor es responsable civilmente de las consecuencias de su hecho. De nuevo el artículo 268 lo declara para los casos incluidos en su ámbito; pero el principio es válido para todos los demás casos de sujetos amparados por una causa de exclusión de la punibilidad.

II. CAUSAS DE EXCLUSIÓN DE LA PUNIBILIDAD

Se van a exponer ahora dos grupos de causas de exclusión de la punibilidad: las causas personales que se deben al cargo que desempeña el sujeto y por eso se conceden por razones de Derecho Público; y las llamadas excusas absolutorias que se deben a razones de Derecho Privado, en las que el legislador opina que es más útil dejar impune la conducta que perseguirla por vía penal.

A estos grupos se añadirá el estudio de las condiciones objetivas de procedibilidad, en las que no se trata de causas de exclusión de la punibilidad, pues existe el delito, sino de meros obstáculos procesales para su persecución. La razón de incluirlas aquí es la de tratar en su conjunto todas la causas que impiden u obstaculizan la imposición de la pena; aunque su lugar sistemático es el Derecho procesal.

1. Causas personales

Las causas personales de exclusión de la punibilidad tienen su fundamento en el Derecho Público: son supuestos en los que se deja impune a un individuo concreto por razón del cargo que desempeña.

Por lo mismo no se oponen al principio de igualdad ante la ley; ya que cualquier ciudadano que ocupe dicho cargo, gozará del mismo privilegio. Son causas que se conceden por razón de la función, no de la persona concreta.

Para la mejor intelección de la materia, se van a exponer en primer término unas nociones y a continuación se estudiarán las diversas causas personales de exclusión de la punibilidad.

A) *Nociones*

Estrictamente hablando, hay que distinguir entre las exenciones, las inviolabilidades y las inmunidades.

Existe una exención, cuando el Derecho Penal de un país retrocede, sustituido por el de otro Estado. En el Derecho Español se concede la exención a los jefes de estado extranjeros, los príncipes de familias reinantes y los diplomáticos.

Se habla de una inviolabilidad en los supuestos en los que las acciones de determinadas categorías de personas quedan impunes por completo. Suele dividirse en absoluta que es la que continúa operando después que el sujeto ha cesado en su función o cargo para las acciones puestas durante el desempeño del mismo; y relativa, en virtud de la cual el individuo no puede ser perseguido durante el desempeño de su función, pero lo puede ser terminado el mismo, aun por acciones puestas durante el ejercicio del cargo. Estas últimas en realidad no pasan de obstáculos procesales. Entre nosotros goza de inviolabilidad absoluta el Rey. También el Defensor del Pueblo y los parlamentarios gozan de inviolabilidad absoluta, pero sólo respecto a las opiniones manifestadas en el ejercicio de sus funciones.

Finalmente las inmunidades son un mero obstáculo procesal a la perseguibilidad de los delitos cometidos por ciertas personas. Por tanto, estrictamente hablando no deberían incluirse aquí, sino entre las condiciones objetivas de procedibilidad. Pero se van a estudiar ahora por unidad de materia; ya que entre nosotros gozan de ella el defensor del pueblo y los parlamentarios para los restantes delitos; esto es, para los que no están cubiertos por la inviolabilidad.

B) *Exenciones*

Como acaba de indicarse, en nuestro Derecho gozan de exención los jefes de Estado extranjeros, así como los príncipes de familias reinantes y los diplomáticos. Conviene tratar por separado estos grupos.

a) Jefes de Estado extranjeros

La abolida LOPJ en su artículo 334 establecía que los jefes de Estado extranjeros y los príncipes de familias reinantes que delinquieren en España, serían puestos a disposición de sus Gobiernos respectivos. La nueva Ley no hace mención de ello, pero en su lugar en el artículo 21 sustrae al conocimiento de los juzgados y tribunales españoles «los supuestos de inmunidad de jurisdicción y de ejecución establecidos por las normas de Derecho Internacional Público» y en el artículo 23 exceptúa «lo previsto en los tratados internacionales en los que España sea parte».

El soberano pontífice goza de la misma exención que el Derecho español señala para los jefes de Estado extranjeros; ya que nuestro país reconoce el Vaticano como Estado soberano.

La razón de la exención que gozan los jefes de Estado extranjeros es la función que desempeñan: representan a su nación, por lo que no sería lógico someterlos a las leyes penales del país que visitan.

b) Diplomáticos

La actual LOPJ, en su artículo 21.2 exceptúa respecto al principio de territorialidad «los supuestos de inmunidad de jurisdicción y de ejecución establecidos por las normas de Derecho Internacional Público» y en su artículo 23.1 «lo previsto en los tratados internacionales en los que España sea parte».

Estas disposiciones están contenidas en las Convenciones de Viena sobre Relaciones Diplomáticas de 18 de abril de 1961 y de Relaciones Consulares de 14 de abril de 1963. Además existen diversos Acuerdos suscritos por España que habrá que tener en cuenta en cada caso.

En resumen, los agentes diplomáticos gozan de exención de la jurisdicción penal española, aunque no quedan exentos de la de su propio Estado. Esta exención alcanza a los miembros de su familia y al personal al servicio de la misión diplomática que no sean nacionales del Estado receptor ni tengan en él residencia permanente en cuanto a los actos realizados en el desempeño de sus funciones. Respecto a los agentes consulares la exención es algo menor, pues sólo se extiende a los actos ejecutados en el ejercicio de sus funciones consulares.

En la práctica esta exención se extiende desmesuradamente, debido a que los Estados tratan de evitar en lo posible roces y conflictos entre ellos. Por otra parte, toda esta materia depende en gran medida del estado de las relaciones diplomáticas entre ambas naciones.

Aquí pueden incluirse también las exenciones que gozan las tropas extranjeras estacionadas en territorio español, para cuyo estudio concreto hay que estar a los Tratados suscritos por España al respecto.

C) *Inviolabilidades*

Según el Derecho español goza de inviolabilidad absoluta el Rey. El Defensor del Pueblo y los parlamentarios gozan de la misma, pero limitada a las opiniones manifestadas en el ejercicio de sus funciones.

a) El Rey

En el Derecho español la persona del Rey goza de inviolabilidad absoluta. El artículo 56.3 de la Constitución dice que:

> La persona del Rey es inviolable y no está sujeta a responsabilidad. Sus actos estarán siempre refrendados en la forma establecida en el artículo 64, careciendo de validez sin dicho refrendo, salvo lo dispuesto en el artículo 65.2.

Por su parte el artículo 64 establece quiénes son los que refrendan los actos del Rey y a la vez determina que dichas personas serán responsables de los mismos. Finalmente en el artículo 65.2 se dice que:

> El Rey nombra y releva libremente a los miembros civiles y militares de su Casa.

La razón de esta inviolabilidad es la función que ejercita el Rey como máxima jerarquía política del Estado y como única garantía de continuidad en caso de crisis del Ejecutivo.

En regímenes republicanos esta inviolabilidad es relativa: mientras el presidente permanece en el cargo; por lo que más que inviolabilidad constituye un óbice procesal, una inmunidad.

b) El Defensor del Pueblo

La normativa sobre la inviolabilidad del Defensor del Pueblo está contenida en la Ley Orgánica 3/1981, de 6 de abril, y es análoga a la que se expondrá enseguida respecto a los parlamentarios.

Gozará de inviolabilidad absoluta:

> en razón a las opiniones que formule o los actos que realice en el ejercicio de las competencias propias de su cargo. En los demás casos y mientras permanezca en el ejercicio de sus funciones, el Defensor del Pueblo no podrá ser detenido ni retenido sino en caso de flagrante delito, correspondiendo la decisión sobre su inculpación, procesamiento y juicio exclusivamente a la Sala Segunda del Tribunal Supremo.

Luego en este último caso se trata de una inmunidad que, como se viene diciendo, equivale tan sólo a un óbice procesal. No queda claro en este supuesto, si el Defensor del Pueblo puede ser juzgado después de terminado su mandato por delitos cometidos durante el mismo, distintos de los de opinión, sin necesidad de acudir a la Sala de lo Penal del Tribunal Supremo. Si se le pudiera juzgar, su inmunidad sería tan sólo relativa.

Los adjuntos al Defensor del Pueblo gozan de inviolabilidad, pero sólo en el ejercicio de sus funciones; esto es, en el primero de los casos.

La razón de estas inviolabilidades es sin duda la función que desempeñan.

c) Los parlamentarios

Los parlamentarios gozan de inviolabilidad absoluta a tenor del artículo 71.1 de la Constitución:

> por las opiniones manifestadas en el ejercicio de sus funciones.

Según el artículo 71.2 de la Constitución, durante el período de su mandato:

> sólo podrán ser detenidos en caso de flagrante delito. No podrán ser inculpados ni procesados sin la previa autorización de la Cámara respectiva.

Luego en este segundo caso se trata de una inmunidad que equivale tan sólo a un óbice procesal. Tampoco queda aquí claro (como en el caso del Defensor del Pueblo), si los parlamentarios pueden ser juzgados una vez terminado el cargo por delitos distintos de los de opinión, cometidos durante el mismo, sin necesidad de acudir al suplicatorio ante la Cámara respectiva; en tal supuesto, gozarían sólo de inmunidad relativa.

También en el orden procesal gozan del privilegio, a tenor del artículo 71.3 de la Constitución, de que:

> En las causas contra Diputados y Senadores será competente la sala de lo penal del Tribunal Supremo.

Respecto a los parlamentarios de las Comunidades Autónomas, el régimen está determinado en los respectivos estatutos y es similar al de los parlamentarios de la Cortes Generales.

Finalmente, los miembros del Parlamento europeo están amparados por el Protocolo sobre los privilegios y las inmunidades de las Comunidades Europeas del 8 de abril de 1965. A su tenor, no podrán ser buscados, detenidos ni procesados por las opiniones o los votos emitidos por ellos en el ejercicio de sus funciones. Mientras el Parlamento europeo esté en período de sesiones, gozarán en su propio territorio nacional de las inmunidades reconocidas a los miembros del Parlamento de su país; en el territorio de otro Estado, de inmunidad frente a toda medida de detención y a toda actuación judicial, así como al dirigirse al lugar de reunión. No podrá invocarse la inmunidad en caso de flagrante delito. El Parlamento puede suspender la inmunidad de uno de sus miembros. Por tanto, el sistema es semejante al de los parlamentarios españoles con ciertas matizaciones.

La razón de estas inviolabilidades e inmunidades es sin duda la función que desempeñan los parlamentarios en la Unión Europea.

D) *Inmunidades*

En realidad las únicas inmunidades que existen en nuestro Derecho son las que acaban de señalarse respecto al Defensor del Pueblo y a los parlamentarios. Esto es, los casos de delitos distintos de los de opinión.

Como se ha venido indicando, las inmunidades no son estrictamente hablando causas personales de exclusión de la punibilidad, sino meros óbices procesales.

2. Las excusas absolutorias

El nombre de excusas absolutorias lo introdujo Silvela en nuestro Derecho, tomándolo del Derecho Penal francés. El mismo autor dio como razón para ellas que se trata de casos en los que:

> considera el legislador, en efecto, más útil tolerar el delito que castigarlo, aun reconociendo que existe delito y que hay persona que de él pudiera responder.

Según el enfoque que se ha dado anteriormente a la punibilidad, habría que matizar la frase de Silvela: en realidad no existe delito, precisamente porque el legislador ha considerado conveniente eximir ese supuesto de punibilidad. En el fondo, Silvela no difiere de la postura aquí adoptada, sino (a lo más) de la terminología.

La mayoría de los supuestos en el CP de 1995 responden a razones de oportunidad en la persecución, puesto que se recogen situaciones en las que el legislador cree menos dañoso no penar la conducta con tal de que el sujeto al que se va eximir de responsabilidad realice determinadas acciones. La excepción a esta regla viene dada por la tradicional excusa de absolutoria del artículo 268 que se fundamenta en razones de Derecho privado.

A continuación se van a exponer por separado los supuestos que recoge nuestro Código Penal: el caso de ciertos delitos contra el patrimonio cometido por determinados parientes, la rebelión o sedición, etc.

A) *Las sustracciones entre ciertos parientes*

La excusa absolutoria de más abolengo en nuestro Derecho Penal es la que contiene el actual artículo 268 que declara exentos de responsabilidad criminal por la comisión de ciertos delitos contra el patrimonio realizados contra determinados parientes.

SILVELA atribuía esta exención a dos razones: «La especie de copropiedad que, por los hechos, se establece entre los parientes cercanos» y, además, «la conveniencia de no ahondar las disensiones dentro de la familia» metiendo en el seno de la misma la justicia penal.

Se trata, por tanto, de un supuesto de no punibilidad establecido por el legislador para evitar males mayores. Aunque esta decisión legislativa está sometida a críticas (como se irá viendo más adelante), no se puede dudar que la voluntad del legislador es, sin duda, la señalada por SILVELA: no ahondar las disensiones dentro de la familia.

Para su estudio se va a dividir la materia en cuatro partes: el texto legal, los parientes comprendidos, los delitos que se incluyen y una breve crítica sobre esta excusa absolutoria.

a) *Texto legal*

El artículo 268 del CP dice:

> 1. Están exentos de responsabilidad criminal y sujetos únicamente a la civil los cónyuges que no estuvieren separados legalmente o de hecho o en proceso judicial de separación, divorcio o nulidad de su matrimonio y los ascendientes, descendientes y hermanos por naturaleza o por adopción, así como los afines en primer grado si viviesen juntos, por los delitos patrimoniales que se causaren entre sí, siempre que no concurra violencia o intimidación, o abuso de la vulnerabilidad de la víctima, ya sea por razón de edad, o por tratarse de una persona con discapacidad.
> 2. Esta disposición no es aplicable a los extraños que participaren en el delito.

b) Parientes comprendidos

Son los habituales en este género de enumeraciones, aunque se exige para los afines en primer grado (suegros, yernos y nueras, y cuñados) que vivan juntos. El texto del artículo es ambiguo respecto de si los hermanos deben convivir para que les sea aplicable la eximente, lo que ha dado lugar a discrepancias doctrinales y en el seno del propio Tribunal Supremo que, finalmente, en Pleno no Jurisdiccional, de fecha 15 de diciembre de 2000, adoptó mayoritariamente la posición que no exige la convivencia para la aplicación entre hermanos.

No quedan comprendidos dentro de la eximente los cónyuges separados legalmente o de hecho, o en proceso judicial de separación, divorcio o nulidad de matrimonio.

No se incluye tampoco a la «persona ligada por análoga relación de afectividad», sin embargo, el TS, en Acuerdo no jurisdiccional del Pleno de fecha 1 de marzo de 2005, ha considerado aplicable la excusa absolutoria a las parejas de hecho, siempre que convivan juntas.

Tampoco admite la jurisprudencia la inclusión de hijastros o padrastros (STS de 10 de febrero de 1973), ni la de tíos o sobrinos (STS de 18 de junio de 1977 y AP Burgos de 29 de septiembre de 2010). Ni se ha admitido respecto de los padres políticos (STS de 18 de julio de 1983) aunque el tenor literal del artículo 268, «afines en primer grado», debería cambiar esta línea jurisprudencial.

c) Delitos incluidos

La jurisprudencia ha sentado el principio de que no se puede extender la presente excusa absolutoria a otros delitos distintos de los incluidos en el texto legal. Así, se niega a eximir en los casos de falsedad en documento mercantil (STS de 20 de febrero de 1976) o en el de falsedad para cometer estafa (STS de 30 de junio de 1981), etc. El vigente texto legal abarca los delitos patrimoniales, siempre que no concurra violencia e intimidación. Puesto que no existe una clara separación en el Título XIII entre los delitos patrimoniales y los socioeconómicos se pueden llegar a plantear problemas.

Para que sea aplicable la excusa es necesario que se trate de delitos cometidos sin violencia o intimidación, o que no se abuse de la vulnerabilidad de la víctima, ya devenga esta de razones de edad (menor o mayor edad puesto que no se distingue) o discapacidad.

d) Breve crítica

Es de alabar que la reforma operada por LO 1/2015 haya excluido de la excusa absolutoria los supuestos en los cuales el sujeto activo se aprovecha de la discapacidad o edad de la víctima para cometer el delito contra el patrimonio, pero lo cierto es que la doctrina reclama mucho más. En efecto, se objeta a esta excusa absolutoria que la realidad de la familia actual dista mucho de la del siglo XIX, época en la que se introdujo. Por eso ya RODRÍGUEZ DEVESA planteaba que sería necesario convertir estos casos en delitos que se persiguieran tan sólo a instancia de la parte, pues son los parientes los que deberían decidir la persecución de este tipo de delitos.

B) *Rebelión y sedición*

El artículo 480.1 del vigente CP señala que:

> Quedará exento de pena el que, implicado en un delito de rebelión, lo revelare a tiempo de poder evitar sus consecuencias.

De igual manera el artículo 549 establece:

> Lo dispuesto en los artículos 479 a 484 es también aplicable al delito de sedición.

El tenor de las presentes excusas absolutorias proviene de las reformas de 1984 y 1985, al CP de 1973. Antes de las mismas el contenido de la excusa absolutoria era más amplio.

Suele denominarse por algunos autores «la revelación útil de la rebelión o sedición». Su fundamento es el de evitar en lo posible la consumación de dichos delitos. Pero como del texto legal parece desprenderse que la revelación tiene que ser hecha antes de la consumación del delito, se estaría en un caso de desistimiento o arrepentimiento activo que, según las reglas generales —de las que se hablará *infra*, Tema 25, IV, 3, B) y V, 3, B)— hubiera quedado también impune. Luego no se termina de ver a qué viene esta excusa absolutoria. Quizás se debe a que el legislador al suprimir la antigua (mucho más amplia) y al intentar llenar el vacío con otra, no cayó en la cuenta de que no se trataba de nada nuevo. Ambas prescripciones deberían haberse suprimido en el nuevo CP por carecer de contenido.

C) *El resto de las excusas absolutorias*

Además de las ya indicadas, se contienen en el CP de 1995 las siguientes excusas absolutorias: la regularización tributaria en los términos previstos en el art. 305.4; el reintegro de las cantidades obtenidas indebidamente del sistema de prestaciones de la Seguridad Social (art. 307 ter.3); la evitación de la propagación del incendio cuando se ha prendido fuego a montes o masas forestales (art. 354.2); la denuncia de haber accedido de manera ocasional a la solicitud de una dádiva o presente realizada por autoridad o funcionario, en un plazo de dos meses desde la fecha de los hechos (art. 426); y el retracto en tiempo y forma del falso testimonio vertido en causa criminal (art. 462).

3. Las condiciones objetivas de procedibilidad

Como se ha dicho anteriormente, las condiciones objetivas de procedibilidad no son materia propiamente penal, sino procesal. Por tanto, no se trata de causas de exclusión de la punibilidad, sino de óbices procesales. La razón de tratarlas aquí es meramente la de tener agrupadas en un punto todas las causas que impiden o dificultan la apertura de un proceso.

Después de señalar el concepto diferencial de las condiciones objetivas de procedibilidad, se van a dividir éstas en dos grupos: las que exigen un acto jurídico anterior y las que condicionan la apertura del proceso a la voluntad del ofendido.

A) *Concepto diferencial*

Las condiciones objetivas de procedibilidad son las que han de darse para que se pueda iniciar un proceso penal. Se trata por tanto de presupuestos del proceso, de que haya una posibilidad de abrirlo.

Por eso la diferencia con las causas de exclusión de la punibilidad estriba en que cuando se dan éstas aún no hay delito; mientras que en las condiciones objetivas de procedibilidad el delito existe, aunque mientras no se remuevan, no puede ser juzgado.

Lo anterior lleva a la conclusión de que las condiciones objetivas de procedibilidad no tienen por qué ser conocidas por el autor, ya que no se trata de un elemento del dolo, sino meramente de una cuestión procesal.

B) *Acto jurídico anterior*

Algunas de la condiciones objetivas de procedibilidad consisten en un acto jurídico anterior; mientras éste no se ponga, no puede ser abierto el proceso penal.

Así, el artículo 456.2 del CP exige que para proceder contra el denunciador o acusador falso haya sentencia firme o auto, también firme, de sobreseimiento o archivo del Juez que haya conocido de la infracción imputada.

En los delitos de calumnias o de injurias vertidas en juicio prescribe el artículo 215.2 del CP que nadie podrá deducir la acción sin previa licencia del Juez o del Tribunal que de él conociese.

C) *Delitos perseguibles a instancia de parte*

En la casi totalidad de los delitos, los tribunales proceden de oficio, ya que el Derecho Penal y el Procesal penal son parte del Derecho Público. Sin embargo, se dan ciertos casos en los que, para que el Tribunal pueda actuar, ha de preceder la denuncia o la querella del ofendido. Son los llamados delitos semipúblicos o semiprivados.

El motivo de esta excepción hay que ponerlo en el hecho de que el legislador piensa que en tales casos ha de ser el ofendido quien decida si el proceso penal le va a reportar ventajas o inconvenientes mayores que los que ya le han sido irrogados.

Nuestra legislación procesal distingue entre la denuncia y la querella. La denuncia es el procedimiento menos formal y menos complicado. Puede hacerse oralmente o por escrito, sin formalidades ningunas prescritas por la ley. Además, una vez que se ha hecho la denuncia, el Tribunal procede en todo como si se tratase de un juicio penal ordinario. Por el contrario la querella implica un escrito formal, nombramiento de abogado y procurador, el acto previo de conciliación e impulso procesal de la parte ante cada nuevo acto del proceso.

En nuestra legislación necesitan denuncia el homicidio por imprudencia menos grave (art. 142.2), las lesiones menos graves y las leves (art. 147.4), algunas de las lesiones graves causadas por imprudencia menos grave (art. 152.2), los delitos de reproducción asistida sin consentimiento (art. 161.2), algunas amenazas leves (art. 171.7), algunas coacciones leves (art. 172.3), el delito de acoso (art. 172 ter.4), las injurias leves en el ámbito familiar (art. 173.4), las agresiones sexuales y el acoso sexual (art. 191 del CP), descubrimiento y revelación de secretos cuando el agraviado sea mayor de edad (art. 201.2 *a sensu contrario*), abandono de familia e impago de pensiones (art. 228), daños imprudentes (art. 268), delitos relativos al mercado y los consumidores (art. 287), y delitos societarios (art. 296).

Es menester la querella para proceder en los delitos de calumnias o de injurias (art. 215.1).

SECCIÓN TERCERA

EL DELITO CIRCUNSTANCIADO

Hasta ahora se ha estudiado la definición material del delito: sus cinco notas esenciales, constitutivas. Si falta alguna de ellas, no hay delito en el sistema jurídico-penal español.

Pero un mismo delito puede tener mayor o menor gravedad, lo que en nuestro sistema jurídico se valora a través de las llamadas circunstancias accidentales o modificativas de la responsabilidad criminal. Son las que se van a estudiar en esta Sección tercera.

TEMA 24

LAS CIRCUNSTANCIAS MODIFICATIVAS

En el Tema presente se van a abordar las llamadas circunstancias modificativas de la responsabilidad criminal. Tras exponer su teoría general, se hablará sucesivamente de las circunstancias atenuantes, de las agravantes y finalmente de la circunstancia mixta de parentesco.

I. TEORÍA GENERAL DE LAS CIRCUNSTANCIAS MODIFICATIVAS

En el presente apartado se va a exponer la teoría general de las circunstancias modificativas, para lo que se hablará de su naturaleza jurídica, de las diversas clasificaciones de las circunstancias, de su comunicabilidad a los codelincuentes, de su inherencia, del doble empleo que se hace en ocasiones de ellas (como elemento de un tipo penal o como mera circunstancia modificativa), y de sus incompatibilidades con otras circunstancias.

1. Naturaleza jurídica

Ante todo debe señalarse el carácter accidental de las circunstancias modificativas, que por eso reciben también el nombre de elementos accidentales del delito. En efecto, las circunstancias modificativas son elementos accidentales del delito puesto que de ellas no depende la concurrencia o no del delito, a diferencia de los elementos esenciales del delito —acción, tipicidad, antijuridicidad, culpabilidad y punibilidad—, de los que sí depende que exista, o no, delito. Nada obsta, por tanto, a que exista un delito en el que no concurran circunstancias modificativas.

Por otra parte, debe tenerse en cuenta que la realidad enseña que no hay dos delitos iguales en gravedad: el mismo delito puede ser más o menos grave dependiendo de cómo se haya realizado y quién lo haya realizado, es decir, de las circunstancias que concurran en el mismo. Por esto se impone, como deber de justicia, recoger en algún momento del Derecho punitivo esta realidad. Pues bien, en nuestro ordenamiento jurídico son las circunstancias modificativas las que cumplen el papel de modular la responsabilidad criminal que cabe exigir por la comisión de un delito concreto y lo hacen a través de la determinación de la pena que debe imponerse por la comisión del mismo.

La doctrina mayoritaria sostiene que las circunstancias modificativas recogen el mayor o menor grado de injusto y de culpabilidad que concurre en un delito concreto, es decir, que las circunstancias modifican la gravedad del delito porque su concurrencia supone un aumento o una disminución del injusto o porque incrementa o reduce el reproche penal que se dirige al autor. Dos cuestiones merecen siquiera mencionarse en este tema:

a) En primer lugar, hay un sector doctrinal que no admite una graduación en el injusto penal, por considerar que la antijuridicidad no admite grados intermedios entre la ausencia y la presencia absoluta. A nuestro juicio, la segunda parte de la afirmación resulta correcta —la conducta es antijurídica o está justificada, no cabe admitir un intermedio— pero ello no obsta a que el injusto pueda ser más grave o menos grave. Así es: el injusto será más grave cuando la forma de agresión denote un mayor peligro para el bien jurídico que se protege, por ejemplo cuando el sujeto activo actúe con abuso de superioridad, y será menos grave cuando el desvalor de la acción —o del resultado, según los casos— sea menor, como, por ejemplo, cuando se repele una injusta agresión que se ha provocado previamente, o se da un exceso intensivo en la legítima defensa; en ambos casos no cabe duda de que la conducta es antijurídica —porque falta un elemento de la causa de justificación— pero no puede obviarse que el que actúa lo hace para repeler una agresión ilegítima lo que supone un menor desvalor de acción.

b) En segundo lugar, existe otro sector doctrinal que no admite que se pueda ser *más culpable,* aunque no encuentra dificultad en considerar que se pueda ser *menos culpable.* Esta postura, mantenida fundamentalmente en nuestro país por Mir Puig, resulta, a nuestro juicio, correcta. En efecto, si mantenemos un injusto de carácter personal y fundamentamos la culpabilidad en la libertad de la persona, debemos también admitir que el sujeto actúa culpablemente cuando libremente decide cometer el delito, de lo que se sigue que no se puede ser *más culpable* —salvo que admitamos que es más culpable el más libre— aunque sí cabe admitir una *menor culpabilidad* —cuando la libertad exista pero se halle restringida—.

Se discute, por otra parte, si las circunstancias modificativas han de estudiarse en el seno de la teoría del delito o de la pena. A favor de la primera postura se alega que el fundamento de las circunstancias reside en incorporar el mayor o menor grado de injusto y de culpabilidad que concurre en un delito concreto y, a favor de la segunda, que la eficacia principal de las circunstancias estriba en modificar la pena que se impone por la comisión del delito. La legislación española, al recoger el catálogo de las circunstancias modificativas a continuación de las eximentes y posteriormente introducir en la determinación de la pena su eficacia, permite sustentar tanto una como otra postura. La cuestión carece, además, de trascendencia práctica.

Por último, debe señalarse que el legislador, en el CP de 1995, introdujo dos nuevas atenuantes —la confesión y la reparación del daño— que permiten graduar la pena en atención no a la mayor o menor gravedad de injusto, sino a conductas posteriores al mismo. Con posterioridad, la LO 5/2010 incorporó la atenuante de dilaciones indebidas, que la jurisprudencia había estado aplicando durante bastante tiempo como atenuante de análoga significación. También esta atenuante se fundamenta en un hecho ajeno completamente al condenado. De esa forma el juego de las circunstancias modificativas incorpora ahora, por una parte, la mayor o menor gravedad del delito y, por otra, consideraciones relacionadas con la finalidad preventiva de la pena.

2. Clasificaciones

Son múltiples las clasificaciones de las circunstancias modificativas que se utilizan en la actual dogmática penal. Se van a exponer ahora las principales.

Por razón de los efectos, suelen dividirse las circunstancias en atenuantes (art. 21), agravantes (art. 22) y la mixta de parentesco (art. 23).

Por causa de la extensión, se habla de circunstancias comunes y especiales. Las primeras son las contenidas en los artículos 21 a 23 del CP; mientras que las segundas son las que se encuentran diseminadas en la Parte Especial y se aplican tan sólo a un grupo de delitos (por ejemplo, el art. 565 recoge una circunstancia atenuante para los delitos de tenencia y depósito de armas o municiones). Estrictamente hablando, circunstancias modificativas lo son sólo las contenidas en los artículos 21 a 23, porque las que se suelen llamar circunstancias específicas son elementos típicos, es decir, conforman el propio tipo aplicable. Dichos elementos típicos pueden ser, como mantiene Alonso Álamo, de dos clases; algunos determinan un marco penal distinto, mientras que otros se limitan a graduar la pena dentro del mismo marco; en el primer caso habría que hablar de delitos cualificados o privilegiados mientras que en el segundo nos encontraríamos con circunstancias especiales.

Por el modo de su formulación, se clasifican las circunstancias en genéricas (tal es la circunstancia contenida en el artículo 21.6.ª [actualmente la contenida en el n.º 7]: «Cualquiera otra circunstancia de análoga significación») y específicas (tales como la alevosía, etc.). También por esta misma razón dividen algunos las circunstancias en nominadas e innominadas. Las primeras son las que se mencionan de un modo concreto en el Código Penal (por ejemplo, las contenidas en los arts. 21 a 23 del Código Penal) y las segundas se dan, cuando el Código indica al Tribunal que «teniendo en cuenta las circunstancias del hecho y del culpable» podrá rebajar la pena dentro de ciertos límites, como sucede en el artículo 565.

Por razón del sujeto, se dividen las circunstancias en generales, que se aplican a cualquier individuo (como, por ejemplo, la alevosía), y personales, que sólo cabe aplicarlas a ciertas clases de personas, en las que concurre la cualidad indicada (por ejemplo, al médico, etc.).

3. Comunicabilidad

El artículo 65 del CP prescribe, tras la reforma operada por la LO 15/2003, que:

> 1. Las circunstancias agravantes o atenuantes que consistan en cualquier causa de naturaleza personal agravarán o atenuarán la responsabilidad sólo de aquellos en quienes concurran.
> 2. Las que consistan en la ejecución material del hecho o en los medios empleados para realizarla, servirán únicamente para agravar o atenuar la responsabilidad de los que hayan tenido conocimiento de ellas en el momento de la acción o de su cooperación para el delito.
> 3. Cuando en el inductor o en el cooperador necesario no concurran las condiciones, cualidades o relaciones personales que fundamentan la culpabilidad del autor, los jueces o tribunales podrán imponer la pena inferior en grado a la señalada por la Ley para la infracción de que se trate.

Esta norma plantea dos cuestiones de alcance distinto: de una parte, el tradicional problema de la comunicabilidad de las circunstancias modificativas, abordado en las reglas primera y segunda y, de otra, una nueva regla penológica para el inductor y el auxiliador necesario de determinados delitos, contenida en la regla tercera. En este apartado se va a tratar tan solo la cuestión de la comunicabilidad de las circunstancias modificativas, el contenido de la regla tercera del artículo 65 se abordará al hilo de la participación en el delito (véase *infra* Tema 26, III, 4).

La cuestión que se conoce como comunicabilidad de las circunstancias modificativas aborda la problemática de a quién deben aplicarse las circunstancias modificativas que concurren en el delito. Dos son las reglas establecidas para solucionarla:

1) Según la regla primera del artículo 65 las circunstancias personales se aplicarán sólo a aquellos sujetos en los que concurran, es decir, si concurre una circunstancia personal en el autor pero no en el partícipe se le aplicará sólo al autor, y viceversa; si la circunstancia personal concurre en el partícipe pero no en el autor, sólo al partícipe le será aplicable.

Por ejemplo, si el auxiliador necesario es reincidente le aplicaremos la circunstancia agravante de reincidencia, que no consideraremos, sin embargo, en el autor, aunque la conozca.

Esta regla requiere de dos precisiones: *a*) para que pueda aplicarse la circunstancia personal es necesario que concurra en la persona, no basta con que ésta la conozca, y *b*) no se exige, para poder aplicar la circunstancia personal a aquel en quien concurre, que conozca efectivamente que en él concurre dicha circunstancia (Alonso Álamo). El conocimiento es en ocasiones requisito para la imputación de la circunstancia a aquel en el que concurre mientras que en otras ocasiones no, la cuestión debe estudiarse en cada circunstancia personal en concreto (Boldova Pasamar). Así, por ejemplo, no se aplicará la atenuante de drogadicción al que conozca que el otro partícipe es adicto, si él mismo no lo es; por otra parte, para poder apreciar la agravante de precio es necesario que el sujeto conozca que actúa por precio, sin embargo no es necesario para aplicar la atenuante de intoxicación semiplena (arts. 21.1.ª/20.2, inciso 1.º) que el sujeto sepa que está intoxicado.

Tradicionalmente se han considerado circunstancias personales las que consisten en la disposición moral del delincuente, en sus relaciones particulares con el ofendido o en otra causa personal. Por lo que respecta a las atenuantes deben considerarse personales la grave adicción a las drogas (art. 21.2.ª) y el arrebato, obcecación u otro estado pasional semejante (art. 21.3.ª), que se fundamentan en un menor grado de imputabilidad; las de confesión a la autoridad (art. 21.4.ª) y reparación del daño (art. 21. 5.ª), que por exigencias legales, requieren que sea el propio beneficiado quien confiese o quien repare el daño o disminuya sus efectos; las dilaciones indebidas (art. 21.6.ª); las eximentes incompletas en relación con la menor imputabilidad y el miedo; y, por último, la circunstancia mixta de parentesco (art. 23), que al estar fundamentada en las relaciones familiares o cuasi-familiares existentes entre autor y víctima, mantiene una clara naturaleza personal.

Entre las agravantes se consideran personales: la de actuar por precio, recompensa o promesa (art. 22.3.ª), por móviles racistas o discriminatorios (art. 22. 4ª), obrando con abuso de confianza (art. 22.6.ª), prevaliéndose del carácter público que tenga el reo (art. 22. 7.ª) o ser reincidente (art. 22.8.ª), en tanto que se fundamentan en torno a componentes del ánimo, disposiciones subjetivas y otros factores personales que determinan un fundamento estrictamente individual que impide su extensión a otros sujetos responsables que no participen de la misma.

Mención aparte requiere la circunstancia agravante de alevosía que en tanto circunstancia mixta, personal y material, en ocasiones es considerada no comunicable (véase la STS de 25 de octubre de 2005) y en otras sí (véase últimamente la STS de 23 de julio de 2019).

2) Por lo que respecta a la regla segunda, que se refiere a las circunstancias impersonales, establece el artículo 65 que éstas se aplicarán a aquellos que tengan conocimiento de ellas en el momento de la acción o de su cooperación al hecho.

Son circunstancias impersonales aquellas que consisten en la ejecución material del hecho o en los medios empleados para realizarla. Las circunstancias impersonales son comunicables, es decir, se aplican a todo el partícipe en el delito que las conozca, aunque no sea él en concreto el que haya realizado el acto de ejecución o haya empleado el medio en que consistan. La falta de conocimiento de la circunstancia hace, sin embargo, que ésta no pueda modificar la pena del que la desconoce.

Por ejemplo, podrá aplicarse la circunstancia de disfraz al que espera en el coche a que el autor, disfrazado, salga de la sucursal bancaria que ha atracado, aunque él mismo no esté disfrazado porque eso llamaría la atención de los peatones.

Dentro de esta segunda regla deben incluirse las agravantes de disfraz, abuso de superioridad y aprovechamiento de las circunstancias de lugar, tiempo y auxilio de otras personas (la cuasi-alevosía del art. 22.2.ª) y el ensañamiento (art. 22.5.ª), así como las eximentes incompletas relacionadas con la justificación.

Por lo que respecta al requisito del conocimiento exigido por la regla segunda del artículo 65, suele mantenerse que no es suficiente con el mero *saber* que la ejecución del hecho se realizará de determinada forma (elemento intelectual), sino que además es necesario, al menos, *contar con* que se realizará de esa forma (elemento volitivo).

A nuestro juicio, la regla segunda del artículo 65 cumple la misma función que la regla primera, es decir, clarificar qué requisitos son necesarios para aplicar las circunstancias impersonales a los codelincuentes. Es decir, de la misma se deduce que concurra en quien concurra la circunstancia impersonal —sea en el autor o en un partícipe— ésta se comunica a todo el que la conozca. Sin embargo, para Boldova Pasamar esta regla es sólo aplicable cuando sea en el autor en quien concurra la circunstancia impersonal —en cuyo caso se comunica a los partícipes que la conozcan— pero no lo es cuando sea en el partícipe en quien concurre la circunstancia impersonal, aunque el autor la conozca e incluso la comparta, en este supuesto la circunstancia no se podrá aplicar al autor.

Por otra parte, se plantea si las reglas primera y segunda del artículo 65 son aplicables sólo a las circunstancias genéricas o deben extenderse también a las específicas, es decir, a aquellas que han sido incorporadas por el legislador en los tipos del Libro II del CP y que dan lugar a los tipos agravados y atenuados, cualificados y privilegiados.

Tradicionalmente un importante sector doctrinal consideró que las reglas primera y segunda del artículo 65 eran también aplicables a las circunstancias que se habían incorporado a los tipos, y postulaba que habría que sancionar por el tipo cualificado/privilegiado solo a aquél en el que concurriera la circunstancia, mientras que se castigaría por el tipo básico a la persona en la que no concurriera. Sin embargo, hoy en día la doctrina mayoritaria (Bajo Fernández, Cobo del Rosal, Gimbernat Ordeig, González Cussac, Mir Puig, Rodríguez Devesa, Rodríguez Mourullo, Vives Antón) mantiene que el artículo 65 sólo es aplicable a las circunstancias modificativas genéricas, sin que pueda extenderse el régimen en él contenido a los elementos típicos, esenciales, constitutivos o fundamentadores de la infracción. Cierto es, sin embargo, que algunos de los partidarios de esta postura extienden la aplicación del artículo 65 a las circunstancias que se incorporan al tipo dando lugar a la aparición de subtipos agravados o atenuados, aunque la nieguen cuando las circunstancias que se incorporan al tipo dan lugar a tipos cualificados o privilegiados.

La corriente actualmente mayoritaria no significa, sin embargo, que se haya renunciado a conseguir los mismos efectos de justicia material que se consiguen a través de la aplicación del artículo 65 a los partícipes en los delitos especiales impropios. Para lograr ese fin pueden utilizarse al menos tres teorías distintas: *a*) el principio de unidad del título de imputación como unidad del hecho (Rodríguez Mourullo); *b*) el principio de accesoriedad, ya sea mínima (Boldova Pasamar), o limitada, unido a la consideración de que son delitos especiales impropios sólo aquellos en los que la particularidad del sujeto activo implique una mayor reprochabilidad pero no un mayor injusto (Cobo del Rosal-Vives Antón), y *c*) la aplicabilidad del error sobre los elementos accidentales del delito (art. 14.2). (Sobre la unidad del título de imputación y el principio de accesoriedad, véase *infra*, Tema 26, III, 4.).

Por lo que respecta a la doctrina del Tribunal Supremo, suele considerar que a los tipos agravados le son aplicables las reglas primera y segunda del artículo 65, singularmente mantiene esta postura respecto del delito de asesinato que considera un tipo agravado del homicidio (véase por todas últimamente la STS de 23 de julio de 2019). Resulta chocante, sin embargo, que a continuación de proclamar la aplicabilidad de las reglas del art. 65 utilice otras argumentaciones para acabar castigando al partícipe por el tipo agravado. Así, por ejemplo la citada STS de 23 de julio de 2019, copiando literalmente a la de 15 de diciembre de 2016 dice: «la responsabilidad de los partícipes se extiende hasta los límites de la actuación de los autores materiales, en aquellos supuestos en los que —por más que se haya producido un exceso en los medios empleados en la ejecución— pueda apreciarse en ellos la concurrencia de un dolo eventual respecto del empleo de tales instrumentos. Hemos destacado también que el concepto normativo de dolo eventual permite apreciar su concurrencia en todos aquellos supuestos en los que existe una representación de la alta probabilidad de que se materialice el resultado antijurídico previsto por la norma, cuando esta representación no impulse un desistimiento de la acción propiciadora del riesgo».

Según nuestro parecer, las normas sobre comunicabilidad contenidas en el artículo 65 son sólo predicables de las circunstancias genéricas contenidas en los artículos 21, 22 y 23, sin que puedan aplicarse a los elementos que hayan pasado a formar parte del tipo, puesto que dichos elementos, sean «accidentales» o «esenciales», una vez incorporados al tipo, configuran un nuevo tipo de delito —sea agravado, atenuado, cualificado o privilegiado—, formando parte, por tanto, de la propia infracción penal. El principal argumento a favor de esta tesis es la ubicación sistemática del artículo 65 entre las normas de determinación de la pena. En efecto, el legislador, después de haber establecido las normas dosimétricas en relación con el grado de participación y desarrollo, y antes de recoger las reglas que afectarán a las circunstancias modificativas, resuelve a quién deben ser aplicadas las reglas que posteriormente va a establecer. No es esto lo que sucede en los casos de concurrencia de una circunstancia específica en un tipo de delito, y a estos efectos es indiferente que se trate de un tipo agravado, atenuado, cualificado o privilegiado. En estos supuestos la incorporación al tipo de la circunstancia da lugar a un marco penal abstracto determinado por el propio legislador, al que no deben ser aplicadas las reglas dosimétricas referidas a las circunstancias, según establece el artículo 67. Los mismos efectos se habrían conseguido de haber ubicado las normas sobre comunicabilidad de circunstancias a continuación de las propias circunstancias genéricas.

4. Inherencia

El artículo 67 del CP señala que:

> Las reglas del artículo anterior no se aplicarán a las circunstancias agravantes o atenuantes que la Ley haya tenido en cuenta al describir o sancionar una infracción, ni a las que sean de tal manera inherentes al delito que sin la concurrencia de ellas no podría cometerse.

En ocasiones un mismo hecho puede constituir una circunstancia modificativa o un elemento de un tipo penal. Así sucede, por ejemplo, con las tres circunstancias que convierten el homicidio en asesinato. En tales casos no cabe aplicar el hecho en sus dos vertientes, ya que se iría contra el principio de *non bis in idem* (no se puede castigar dos veces por lo mismo). Éstas son las situaciones en las que debe utilizarse el contenido del artículo 67 del CP en el que el legislador claramente indica su voluntad de que sea aplicado el tipo concreto de que se trate, sin que quepa apreciar a continuación la circunstancia genérica.

Por ejemplo, la alevosía (art. 22.1.ª) se halla incorporada como elemento del tipo al asesinato del artículo 139.1.1.ª, por eso si de los hechos a enjuiciar se deduce que una persona ha matado a otra de una manera alevosa, habrá que tipificar el caso de asesinato del artículo 139.1.1.ª, y no de homicidio del artículo 138 con la agravante de alevosía (art. 22.1.ª). Naturalmente, la tipificación de los hechos como asesinato del artículo 139.1.1.ª excluye la aplicación de la agravante de alevosía porque, si así se hiciera, se estaría utilizando el mismo hecho, la alevosía, para fundamentar una doble agravación, la correspondiente al asesinato y a la agravante genérica.

Las circunstancias, de que habla el inciso primero del artículo citado, son las que presentan una inherencia explícita, y constituyen un caso de subsidiariedad expresa. Su determinación no ofrece mayor dificultad al intérprete, puesto que la inherencia queda clara en el texto legal. Tales son, por ejemplo, las que convierten el homicidio en asesinato. Pero las contenidas en el inciso segundo (inherencia implícita), que son casos de subsidiariedad tácita, suponen una labor de interpretación, tanto por parte de la jurisprudencia como por la de la doctrina.

Es claro, sin embargo, que cuando en el hecho se da más de una circunstancia de las que constituyen el tipo, se utiliza una para calificar y las restantes mantienen su papel de meras circunstancias modificativas. Así, en un asesinato con ensañamiento y precio se usa uno de los dos hechos para calificar y el otro juega como mera agravante.

5. Incompatibilidades

En ocasiones una circunstancia es incompatible con otra o con otras, lo que supone que no se puede aplicar más que una de ellas. También en este punto habrá que ir indicando en cada circunstancia lo que piensan la doctrina y la jurisprudencia al respecto.

II. LAS CIRCUNSTANCIAS ATENUANTES

Del catálogo de las circunstancias atenuantes que recoge el CP de 1995 en su artículo 21, las del número primero (eximentes incompletas) se refieren a las eximentes del artículo 20; las de los números segundo (adicción) y tercero (estados pasionales) suponen una menor imputabilidad del sujeto, pero las de los números cuarto (confesión) y quinto (reparación del daño) hacen referencia a comportamientos postdelictivos, por lo que en realidad no puede decirse que supongan una menor gravedad del delito. La doctrina suele considerar que el fundamento de estas circunstancias es de carácter político-criminal: facilitar el descubrimiento del delito o la reparación del daño.

Tradicionalmente se ha considerado que las circunstancias atenuantes son de naturaleza personal y que se aplican, por tanto, sólo a aquellos sujetos en los que concurren. Ahora bien, en la medida en que el legislador ha objetivizado la confesión y la reparación del daño desvinculándolas totalmente de la idea de arrepentimiento o de cualquier otro elemento subjetivo, podría plantearse respecto a estas dos atenuantes el problema de la comunicabilidad. En efecto, si el legislador no considera que la confesión o la reparación del daño sean expresión de una reconciliación del autor del delito con el ordenamiento jurídico sino que concede la atenuación con la única intención de facilitar el descubrimiento del delito o la reparación del daño, basta con que uno de los partícipes confiese o repare el daño para que se consiga esta finalidad, por lo que habría que aplicar la atenuante también a los demás, aunque no hubieran actuado de esta manera, siempre y cuando lo conocieran. En definitiva, se podría considerar estas dos atenuantes como impersonales. Debe añadirse, sin embargo, que el TS aplica la reparación y la confesión como si de circunstancias personales se tratase.

Por sus diversas características se van a dividir las atenuantes, que recoge el CP en su artículo 21, en tres grupos: las llamadas eximentes incompletas, las atenuantes ordinarias y la atenuante por analogía. Para ello no hay que alterar la enumeración del Código Penal, pues las incluye en este mismo orden.

Respecto a cada una de ellas se tocarán los puntos siguientes: texto legal, su interpretación, inherencia e incompatibilidades. En las ocasiones, en que se deje de exponer alguno de estos aspectos, será porque nada hay que decir al respecto.

1. Las eximentes incompletas

Se trata de la primera de las atenuantes que recoge el artículo 21 del CP y que recibe el nombre de «eximentes incompletas», porque hace referencia a las eximentes del artículo 20, cuando en alguna de ellas falta algún requisito, para eximir de responsabilidad criminal.

A) *Texto legal*

El artículo 21.1.ª del CP dice que son circunstancias atenuantes:

> Las causas expresadas en el Capítulo anterior, cuando no concurrieren todos los requisitos necesarios para eximir de responsabilidad en sus respectivos casos.

B) *Naturaleza jurídica*

Para un sector doctrinal mayoritario, las eximentes incompletas revisten una naturaleza *sui generis* debido a su proximidad con las eximentes; es más, a su juicio, las eximentes incompletas tienen siempre un valor superior al del resto de las atenuantes. Una posición doctrinal minoritaria, pero a nuestro entender correcta, entre los que se cuenta Obregón García, considera, sin embargo, que la única diferencia entre las eximentes incompletas y las atenuantes reside en la técnica legislativa empleada para designarlas: la remisión a las eximentes completas que se hace en el artículo 21.1. En efecto, nada impediría al legislador utilizar esta misma técnica en el resto de las atenuantes y establecer, por ejemplo, en lugar de la circunstancia de estados emocionales una eximente incompleta de alteración psíquica; o, al contrario, recoger directamente como atenuante la intoxicación semiplena. Por ello se puede concluir, con este autor, que «las eximentes incompletas son tan atenuantes como las demás; más aún, son las atenuantes más genuinas, las que mejor demuestran la naturaleza de éstas».

C) *Interpretación*

Conviene distinguir dos problemas en la interpretación de esta atenuante: a qué eximentes puede aplicarse y qué requisitos mínimos exige la jurisprudencia para su aplicación.

a) Eximentes comprendidas

El primer problema que se plantea es el de ver si cualquier eximente de las comprendidas en el actual artículo 20 puede convertirse en la atenuante del artículo 21.1.ª cuando le falta alguno de los requisitos necesarios para eximir.

Ya desde Silvela la doctrina ha venido distinguiendo tres grupos de eximentes: las que son indivisibles, las divisibles y las divididas en requisitos por el mismo Código Penal. En los principios la doctrina fue muy parca en admitir las eximentes incompletas, aunque luego ha ido ampliando el número de las mismas.

La jurisprudencia mantuvo en sus principios un criterio muy restringido: sólo admitía como atenuantes las eximentes en las que existían requisitos enumerados por el legislador, esto es, las del tercer grupo de Silvela. Para obligar a la jurisprudencia a ampliar este criterio, el legislador de la reforma del CP de 1932 añadió la palabra «todas» al principio del texto legal, pero no consiguió su intento; porque la jurisprudencia siguió afirmando que había que aplicarlo a todas las que tuvieran de hecho requisitos. Por ello se volvió a la fórmula antigua desde la Reforma de 1944.

La jurisprudencia que interpretó el artículo 9.1.ª del CP de 1973 admitió ya la atenuante respecto a todas las eximentes, salvo la fuerza irresistible y la menor edad. La desaparición de estas dos eximentes en el CP de 1995 ha conducido a que actualmente se admita que cualquiera de las eximentes comprendidas en el artículo 20 puede convertirse en una atenuante del artículo 21.1.ª

b) Requisitos mínimos

La jurisprudencia suele exigir que exista, al menos, el requisito básico y generador de la eximente para aplicarla como incompleta.

Así, respecto a las causas de justificación, en la legítima defensa, la agresión ilegítima; y en el estado de necesidad, la situación de necesidad, en el ejercicio legítimo de un derecho, oficio o cargo, que se esté ejerciendo el mismo y en el cumplimiento del deber que la actuación del sujeto se enmarque en el cumplimiento.

En el caso de la inimputabilidad, habría que seguir un método parecido: en lugar de una anulación total de la capacidad volitiva del sujeto, que es lo que da lugar a la aplicación de las eximentes, una disminución de la misma.

Finalmente, en las causas de inexigibilidad penal de otra conducta mide la jurisprudencia con un criterio algo más bajo lo que puede exigirse al ciudadano medio.

c) Medidas aplicables

El artículo 104 del CP faculta al Tribunal la imposición, junto con la pena, de medidas de seguridad cuando concurra en el procesado alguna de las eximentes incompletas en relación con la imputabilidad, es decir, cuando se trate de semimputables (véase *infra*, Tema 32).

D) *Inherencia*

En las eximentes incompletas no se presenta el problema de su posible inherencia, ya que su base no es la de una atenuante normal, sino de una eximente. Por tanto no es menester compararla con ninguno de los tipos de la Parte Especial.

E) *Incompatibilidades*

El problema de las incompatibilidades respecto a las eximentes incompletas es parecido al que puede presentarse en relación con las eximentes. Es claro que no pueden manejarse dos eximentes distintas sobre el mismo fundamento y que, en todo caso, sólo podrá aplicarse una para eximir de responsabilidad criminal. Por lo mismo no podrán aplicarse dos eximentes incompletas sobre el mismo fundamento, pero caso de concurrir hechos fundamentadores distintos sí podrían considerarse. Por ejemplo, si el procesado se encontraba en estado de intoxicación semiplena y se defendió de una agresión ilegítima por él provocada podría aplicarse la eximente incompleta de legítima defensa (arts. 21.1.ª/20.4.ª) y además la eximente incompleta de intoxicación (arts. 21.1.ª/20.2.ª, p. 1.º).

F) *Eficacia penológica*

La modificación operada por la LO 15/2003 en el artículo 68 ha supuesto una vuelta al tradicional sistema de atenuación privilegiada de las eximentes incompletas [véase *infra*, Tema 30, 1, B), *c*)].

2. Las atenuantes ordinarias

En el estudio de las atenuantes ordinarias se va a seguir el mismo orden de exposición que el de su enumeración en el Código Penal. Dentro de cada una de ellas se reproducirá el texto legal, para seguir con su interpretación, la inherencia y las incompatibilidades.

A) *La adicción*

Se van a exponer sucesivamente el texto legal, su interpretación y la problemática de la inherencia y de las incompatibilidades.

a) Texto legal

El texto legal se encuentra en el artículo 21.2.ª del CP que señala como circunstancia atenuante:

> La de actuar el culpable a causa de su grave adicción a las sustancias mencionadas en el número 2.º del artículo anterior.

b) Interpretación

El texto del CP habla de adicción a las sustancias mencionadas en el número 2.º del artículo anterior, por tanto puede tratarse de adicción a bebidas alcohólicas, drogas tóxicas, estupefacientes, sustancias psicotrópicas o cualesquiera otras que produzcan efectos análogos.

Sólo podrá aplicarse esta circunstancia a aquellas personas que sean adictas, es decir, a las personas que como consecuencia del consumo reiterado hayan adquirido una dependencia física y su secuela (el síndrome de abstinencia), o la dependencia psíquica ligada al hábito, puesto que por «dependencia» o «adicción» se entiende el impulso hacia la administración periódica o crónica de la sustancia en cuestión. Además el legislador impone que se trate de una «grave adicción». La interpretación que ha hecho el TS de esta atenuante ha ido evolucionando desde su introducción y, aunque en un principio se exigía para poder apreciarla que se acreditara el déficit psíquico del sujeto en el momento de la comisión del ilícito, ahora se considera suficiente con probar una grave, intensa y antigua adicción a sustancias particularmente nocivas, de la que se pueda deducir según los criterios de la razón, la experiencia y los conocimientos científicos, un severo deterioro de la salud psíquica del sujeto (así las SSTS de 9 de diciembre de 2003, 14 de diciembre de 2006 y, últimamente, 27 de enero de 2009).

La adicción a sustancias tóxicas supone de por sí una disminución de la imputabilidad, por lo que resulta coherente que se haya recogido una atenuante que contemple esta situación, pero resulta criticable que el legislador no haya establecido la posibilidad de aplicación de medidas de seguridad para los supuestos en los que haya de aplicarse esta atenuante. En efecto, si el fundamento de la atenuación es la disminución de la imputabilidad de los adictos a estas sustancias, también debería contemplarse la peligrosidad de los mismos. Aunque en principio el Tribunal Supremo aceptó esta postura, existen también sentencias contrarias a la misma (véase *infra*, Tema 32, II, 1).

Por último, tampoco es suficiente con una mera adicción, sino que se exige que el culpable haya actuado precisamente a causa de esa adicción, es decir, que el delito sea consecuencia de la adicción. Aunque en principio se dio una tendencia en los Tribunales a prescindir del requisito de la causalidad, para aplicar la atenuante de la grave adicción por la simple existencia de la dependencia, sin comprobar si efectivamente el delito se cometió a causa de la misma (véase, por ejemplo, la STS citada de 9 de diciembre de 2003, que no menciona siquiera este requisito para la apreciación de la atenuante) posteriormente los tribunales comenzaron a incidir en este requisito (véase por todas la STS de 27 de enero del 2009).

c) Límites

La atenuante de adicción del artículo 21.2.ª debe deslindarse de tres situaciones distintas que tienen específica regulación en el CP: 1) Actuar bajo la influencia del consumo; 2) actuar bajo el síndrome de abstinencia y, 3) que la adicción haya causado una anomalía psíquica.

1) No procede aplicar esta atenuante por la disminución de imputabilidad que sufre el sujeto por el consumo de bebidas alcohólicas u otras drogas. En el nuevo Código no se contempla ninguna causa de atenuación de la pena para estas situaciones, por lo que será preciso reconducirlas a la eximente incompleta en relación con la intoxicación cuando hayan afectado notablemente a la imputabilidad pero sin anularla (arts. 21.1.ª/20.2.ª), o a la atenuante de análoga significación a la eximente incompleta cuando el grado de afectación sea menor (arts. 21.7.ª/21.1.ª/20.2.ª). Sin embargo, cuando el sujeto por ser adicto tenga disminuida su imputabilidad y además actúe bajo los efectos del consumo, que también afecte a su imputabilidad, se podrá apreciar la grave adicción (art. 21.2.ª) y la intoxicación (arts. 21.7.ª/21.1.ª/20.2.ª).

2) También es preciso deslindar la atenuante de adicción de la eximente del número segundo, inciso segundo, del artículo 20; actuar el sujeto «bajo la influencia de un

síndrome de abstinencia, a causa de su dependencia de tales sustancias, que le impida comprender la ilicitud del hecho o actuar conforme a esa comprensión».

La eximente y la atenuante tienen en común que el sujeto debe ser dependiente, pero se diferencian en que para la aplicación de la eximente es necesario que el sujeto se encuentre ya bajo el síndrome de abstinencia, lo que no requiere la atenuante, y que tenga totalmente anulada la imputabilidad, lo que tampoco exige la atenuante. Por otra parte, aunque literalmente no se exige en la eximente que la comisión del hecho haya sido causada por el síndrome de abstinencia, lo que la diferenciaría de la atenuante, lo cierto es que la observación de la realidad demuestra que los delitos cometidos bajo el síndrome de abstinencia suelen estar vinculados a la necesidad de salir del mismo, y por ello normalmente se da esa relación. Por tanto, debe aplicarse la eximente cuando el autor actuando bajo el síndrome de abstinencia que le impide actuar conforme a derecho, cometa un hecho previsto como delito, mientras que se aplicará la atenuante cuando el adicto, no hallándose bajo la influencia del síndrome, cometa un delito para poder sufragar la compra de las sustancias tóxicas (véase, en este sentido, la STS de 29 de enero de 2009).

3) Además, deberá tenerse en cuenta que cuando la adicción haya desembocado en una psicosis tóxica, es decir, en una anulación total de la imputabilidad, lo adecuado será la aplicación como eximente completa del número primero del artículo 20, anomalía psíquica. Para la aplicación del artículo 20.1.ª no es precisa la relación causal entre la dependencia y el hecho cometido, ni tampoco que se haya actuado bajo el síndrome de abstinencia. También cabe apreciar esta eximente como incompleta en los casos en los que la imputabilidad se encuentre parcialmente disminuida. La interpretación que se propone ha sido plenamente admitida por el TS (véase la mencionada STS de 29 de enero de 2009, que cita numerosa jurisprudencia anterior).

d) Inherencia

Existe inherencia explícita de esta atenuante respecto al artículo 379.2.º, en el que se constituye delito el hecho de conducir vehículos de motor bajo el influjo de bebidas alcohólicas.

B) *Los estados emocionales*

En este número se van a tratar todos los puntos que se vienen estudiando respecto a las atenuantes.

a) Texto legal

Se suele entender bajo este nombre la atenuante que recoge el CP en su artículo 21.3.ª:

> La de obrar por causas o estímulos tan poderosos que hayan producido arrebato, obcecación u otro estado pasional de entidad semejante.

b) Interpretación

Para llegar a la plena intelección de esta atenuante es menester interpretar varios puntos de su texto.

a') Arrebato u obcecación

La jurisprudencia venía entendiendo el «arrebato» como una emoción súbita y de corta duración; mientras que en la «obcecación» veía un estado emocional de mayor duración y de menor vehemencia externa. Actualmente se incluyen en ella todos los estados emocionales, especialmente con la ampliación que se dio desde la reforma de 1983 al añadir: «u otro estado pasional de semejante entidad». Sobre la interpretación de esta atenuante incide extensamente la STS de 12 de diciembre de 2006.

b') Estímulos poderosos

Ha de tratarse de estímulos poderosos, con lo que el legislador quiere excluir los banales (STS de 9 de septiembre de 2002 y, últimamente, 23 de julio de 2019). Algunos autores intentan ver aquí una indicación a que deben ser socialmente aceptables; pero tal tendencia parece una moralización equivocada, ya que se trata de atenuar por una razón meramente psicológica: la disminución de la imputabilidad que se da como consecuencia de un estímulo muy poderoso. Y tal disminución, consecuencia del arrebato, puede darse (y de hecho se da) con la misma o incluso con mayor intensidad por motivos socialmente aceptables que por los totalmente abyectos. Por ejemplo, puede pensarse en la reacción de odio, etc. La valoración moral o social estaba incluida en la atenuante que recogía los motivos morales, altruistas o patrióticos y que desapareció en la apresurada reforma del CP de 1983. Sin embargo, el TS sigue sin admitir esta argumentación y exige que el estado emocional sea causado por circunstancias no rechazables por las normas socioculturales de convivencia. Así, la STS de 18 de septiembre de 2007 y, más recientemente, las de 27 de noviembre de 2017 y 23 de julio de 2019. Según esta última:

> Es preciso también que en el entorno social correspondiente no sean tales estímulos repudiados por la norma socio-cultural imperante, lo que significa que la actuación del agente se ha de producir dentro de un cierto sentido ético, ya que su conducta y sus estímulos no pueden ser amparados por el Derecho cuando se apoyan en una actitud antisocial reprobada por la conciencia social imperante, que en esta relación de causa o afecto entre el estímulo desencadenante y la conducta ha de darse una conexión temporal y que cualquier reacción colérica de las que, con frecuencia, acompañan a ciertas acciones delictivas, no basta para la estimación de la atenuante.

c') Reacción proporcionada

Debe existir una cierta proporción entre los estímulos y la reacción del sujeto, ya que el texto legal une ambos extremos al decir: «tan poderosos que hayan producido [...]». Así, la STS de 2 de marzo de 2004 rechaza la aplicación de la atenuante porque la misma exige que el estado emocional sea provocado por un estímulo de la suficiente entidad para justificar razonablemente la respuesta ilícita, con un cierto grado de proporcionalidad, y no cabe admitir que el llanto de un niño pequeño sea estímulo suficiente para intentar taparle la cara con una almohada durante uno o dos minutos. La jurisprudencia posterior sigue manteniendo el mismo criterio así la STS de 18 de septiembre de 2007.

Por lo mismo debe haber una proximidad temporal entre el estímulo y la reacción, cuyo espacio es difícil de estimar en minutos u horas. Especialmente hay que recordar a este respecto las reacciones temporalmente diversas del individuo que en psicología se denomina «primario» y la del «secundario». El primero es de *bote* pronto: reacciona casi instantáneamente y con la misma velocidad vuelve a su serenidad habitual; mientras que el segundo tarda a veces mucho tiempo en estallar, pero luego su cólera se mantiene durante horas o incluso una noche o un día entero. Sería beneficiar injustamente a los primeros no tener en cuenta este modo de ser puramente psicológico. Sin embargo, el TS suele ser estricto con el requisito temporal negando la atenuante cuando entre el estímulo y la agresión no hay inmediatez (SSTS de 14 de abril de 1992, la de 13 de febrero de 2002 y la 18 de septiembre de 2007).

d') Diferencias con otras eximentes

Finalmente, de lo dicho se desprende la diferencia entre esta atenuante y las dos eximentes que se le aproximan. La eximente de alteración psíquica supone un estado de inimputabilidad; esto es, que el sujeto pierde la libertad. Entre el miedo insuperable y la atenuante de arrebato se da una diferencia tan sólo de matiz: la mayor intensidad de la eximente.

c) Inherencia

Esta atenuante es inherente a tipos penales privilegiados, construidos sobre estados emocionales.

C) *La confesión*

También en el presente número se van a exponer todos los puntos que se vienen analizando respecto a las atenuantes.

a) Texto legal

El artículo 21.4.ª del CP señala como circunstancia atenuante:

> La de haber procedido el culpable, antes de conocer que el procedimiento judicial se dirige contra él, a confesar la infracción a las autoridades.

b) Interpretación

La razón del legislador para conceder esta atenuante es de política criminal: la de contribuir así al descubrimiento del autor del hecho. No subyace ningún motivo de carácter preventivo especial puesto que no se exige ningún requisito de tipo subjetivo, y, por tanto, habría de concederse la atenuante aún en el caso de que el sujeto confesase con la única intención de beneficiarse de la atenuante.

El artículo 21.4.ª señala dos requisitos objetivos: que se haya confesado la infracción y el tiempo en que puede aún ejercitarse.

Respecto a la confesión no es menester que se realice ante la autoridad judicial, sino de cualquier funcionario que tenga, por su puesto, obligación de ponerlo en conocimiento de la autoridad.

Además señala taxativamente el Código Penal el tiempo en que debe ejercitarse la confesión: «Antes de conocer que el procedimiento judicial se dirige contra él». Es evidente, por tanto, que se puede ejercitar aunque se hayan comenzado las pesquisas policiales e incluso una vez abierto el sumario, puesto que desde que se da la apertura del mismo hasta que se tienen indicios serios de que el autor es un sujeto determinado y, por tanto, se dirige el procedimiento contra él, pasa a veces un tiempo considerable. El TS no suele apreciar la atenuante cuando el culpable se entrega después de que se han iniciado las diligencias policiales y se le busca (STS de 17 de noviembre de 2003), aunque en ocasiones aplica la atenuante analógica cuando después de la detención se favorece el esclarecimiento del delito (STS de 18 de noviembre de 2008 y, últimamente, la de 5 de mayo de 2020).

Nada dice el CP respecto a la veracidad de la confesión, pero es de presumir que los tribunales la exijan puesto que la jurisprudencia ya venía haciéndolo respecto al arrepentimiento espontáneo, circunstancia atenuante en la que la confesión hunde sus raíces. Lo cierto es que debería exigirse la veracidad ya que una declaración mendaz poco contribuye al esclarecimiento de los hechos. El TS exige a este respecto que la confesión sea veraz en sus aspectos esenciales (véanse entre otras, las SSTS de 18 de febrero de 2003, 20 de diciembre de 2006 y 16 de enero de 2013), completa y mantenida a lo largo del procedimiento (STS de 16 de diciembre de 2002).

La nueva atenuante de confesión desconectada de todo elemento subjetivo, y especialmente del arrepentimiento del sujeto, es muy criticable, puesto que resulta contraria al derecho constitucional a «no confesarse culpable» (art. 24.2 de la Constitución).

c) Inherencia

La confesión es inherente a los artículos 376, 462, inciso último, y 579 bis.3.

D) *La reparación del daño*

También en el presente número se van a exponer todos los puntos que se vienen analizando respecto a las atenuantes.

a) *Texto legal*

El artículo 21.5.ª del CP señala como circunstancia atenuante:

> La de haber procedido el culpable a reparar el daño ocasionado a la víctima, o disminuir sus efectos, en cualquier momento del procedimiento y con anterioridad a la celebración del acto del juicio oral.

b) *Interpretación*

Esta atenuante se fundamenta en el intento de conseguir que la víctima del delito consiga ver reparado, total o parcialmente, el daño que el delito le causó, y podría dar entrada en nuestro ordenamiento jurídico a la «reparación del daño» como complemento o alternativa a la pena (véase *infra*, Tema 34).

El artículo 21.5.ª señala dos requisitos objetivos: que se haya procedido a reparar el daño causado a la víctima o a disminuir sus efectos y el tiempo en que puede aún ejercitarse.

Respecto al primer requisito es menester una conducta activa y lograda: no basta con buenos intentos del autor, sino que es necesario que se consiga al menos la disminución de los efectos del daño. En este sentido el TS, en los delitos contra el patrimonio, considera que no cabe aplicar la atenuante cuando se trate de una reparación simbólica o la entrega de una cantidad mínima o ridícula (SSTS de 30 de junio de 2003, 16 de enero de 2007 y 29 de abril de 2019). Cabe apreciar la atenuante cuando la reparación ha sido sólo parcial, aunque en estos casos el TS suele tener en cuenta la capacidad económica del reo, y si éste es solvente y sólo repara parcialmente no aprecia la atenuante (SSTS de 14 de enero de 2003 y 16 de enero de 2007). También se admite que existe esta atenuante cuando el agente realiza una conducta posterior a la consumación del delito que disminuye las consecuencias del mismo (STS 20 de abril de 2002) y en algunos supuestos en los que se deniega el desistimiento (así, la STS de 5 de diciembre de 2003 no admite que exista desistimiento cuando no desaparece el dolo del autor, aunque realice un acto que contribuye a la salvación de la vida, pero considera que dicha actuación sí es suficiente para apreciar la atenuante de reparación del daño). Incluso se ha llegado a aplicar la atenuante cuando se ha tratado de evitar el resultado de muerte sin conseguirlo, alegando que no es necesaria la efectividad de la reparación (STS de 21 de octubre de 2003), aunque en este caso lo normal sería aplicarla por analogía.

Además hay que señalar que el TS no aprecia la atenuante cuando es un tercero —compañía aseguradora, responsable civil subsidiario— quien repara (SSTS de 2 de diciembre de 2003 y 23 de marzo de 2004). La atenuante es personal por exigencia del propio art. 21.5.ª, aunque el Tribunal Supremo considera que es comunicable al partícipe cuando el que repara el daño ha sido el único beneficiado por el delito (STS de 14 de marzo de 2019).

Por otra parte, señala taxativamente el Código Penal el tiempo en que debe ejercitarse la reparación: en cualquier momento del procedimiento y con anterioridad a la celebración del acto del juicio oral. Sin embargo, el propio TS admite la posibilidad de aplicar la atenuación analógica cuando se repara durante el procedimiento (STS de 2 de diciembre de 2003).

La reparación del daño o la disminución de los efectos del mismo aparece en el CP de 1995 desconectada de todo elemento subjetivo, y en concreto del arrepentimiento del sujeto. Si a esto unimos una interpretación estricta de la reparación, esta atenuante podría resultar contraria al principio constitucional de igualdad, puesto que los procesados solventes que pudieran reparar el daño serían tratados de una manera más benigna por la ley penal que aquellos otros que, por su insolvencia, no pudieran hacerlo. Afortunadamente el TS considera la atenuante de reparación debe ser interpretada con la mayor flexibilidad, en el sentido de no poner cortapisas a la actitud reparadora del sujeto agente.

Por último, debe recordarse que el esfuerzo por reparar el daño causado es tenido en cuenta por el legislador para conceder la suspensión de la ejecución de la pena (art. 80).

c) Inherencia

La reparación del daño constituye una atenuante específica en los delitos del Título XVI del CP (delitos relativos a la ordenación del territorio, el urbanismo, la protección del patrimonio histórico y el medio ambiente), por expresa disposición del artículo 340 del CP.

E) *Las dilaciones indebidas*

La LO 5/2010 ha otorgado carta de naturaleza a las dilaciones indebidas como circunstancia modificativa.

a) Texto legal

El artículo 21.6.ª del CP señala como circunstancia atenuante:

> 6.ª La dilación extraordinaria e indebida en la tramitación del procedimiento, siempre que no sea atribuible al propio inculpado y que no guarde proporción con la complejidad de la causa.

b) Interpretación

La Sala Segunda del Tribunal Supremo, en Acuerdo del Pleno de 21 de mayo de 1999, consideró que cabía interpretar las dilaciones indebidas en el procedimiento como una circunstancia de análoga significación a las que el legislador incluía en el artículo 21 del CP. En la reforma operada mediante LO 5/2010 el legislador le ha otorgado carta de naturaleza, recogiendo los mismos requisitos que venía exigiendo el TS: que el retraso en la tramitación tenga carácter extraordinario, que no guarde proporción con la complejidad de la causa y que no sea atribuible a la conducta del propio imputado.

La atenuante puede aplicarse como simple y como muy cualificada, como recuerda la STS de 6 de marzo de 2013, y posteriormente la de 21 de diciembre de 2016, aunque «si para apreciar la atenuante genérica o simple se requiere una dilación indebida y extraordinaria en su extensión temporal, para la muy cualificada siempre se requerirá un tiempo superior al extraordinario, que ha de considerarse excepcional o superextraordinario». El Tribunal Supremo no suele considerar que siete años entre dentro de ese concepto de superextraordinario y la STS de 20 de julio de 2016, señala que «solo en supuestos muy extraordinarios [se] ha reducido en dos grados una pena en virtud de la aplicación de la atenuante de dilaciones indebidas, pues ello supone en la práctica desactivar de forma sustancial y determinante los fines de la pena con respecto a delitos que contienen un grado de ilicitud notable, sin que se den razones de una excepcionalidad extraordinaria que fundamenten una atemperación tan exorbitante y magnánima del *quantum* de la pena». En el mismo sentido últimamente la STS de 19 de enero de 2022, que no considera que deba rebajarse en dos grados la pena aunque desde el inicio de las actuaciones hasta su enjuiciamiento hayan trascurrido más de 11 años.

3. La atenuante por analogía

También para esta atenuante, la última que recoge el artículo 21 del CP, se va seguir el mismo esquema que para las anteriores: texto legal e interpretación del mismo. Pero se van a omitir los epígrafes relativos a la inherencia y a las incompatibilidades, porque por su misma naturaleza no se dan en ella.

A) *Texto legal*

El artículo 21.7.ª del CP considera como última de las circunstancias atenuantes:

> Cualquier otra circunstancia de análoga significación que las anteriores.

B) *Interpretación*

La interpretación del texto vigente no ofrece grandes dificultades al estudioso, porque todas las palabras y las frases son perfectamente inteligibles en su sentido literal.

Tradicionalmente nuestro TS ha interpretado de modo excesivamente parco esta atenuante. En vez de limitarse a exigir que las atenuantes aducidas al amparo de este artículo tuvieran la misma entidad (esto es, la misma fuerza para atenuar) que las anteriores, se exigía que fueran semejantes a ella en su contenido; incluso que se citara la atenuante a la cual se asemejaba, lo que para nada pide el texto legal. Por lo anterior el uso de esta atenuante se limitó en la anterior legislación a muy pocos supuestos: el declive de la edad senil por analogía a la menor edad (STS de 31 de marzo de 1966, en la que afirma la posibilidad, aunque no cree que en el caso aducido sea aplicable) y algunos casos de analogía con las eximentes incompletas, tales como la ceguera por analogía con la sordomudez (STS de 12 de mayo de 1983) y el paro por analogía con el estado de necesidad (STS de 14 de julio de 1988).

Sin embargo, en la actualidad los tribunales recurren con frecuencia a la atenuante de análoga significación cuando aprecian que concurre en el delito una circunstancia que no encontrándose especificada en el catálogo oficial del artículo 21 es lo suficientemente significativa como para atenuar la pena. Así, por ejemplo, se considera que son circunstancias atenuantes por analogía el retraso leve (STS de 7 de octubre de 2003), la neurosis de adicción crónica (STS de 18 de noviembre de 2003), la intoxicación leve (STS de 6 de marzo de 2002) y las limitaciones intelectivas y volitivas leves (STS de 21 de diciembre de 2001), entre otras. No se considera, sin embargo, digna de atenuación la pedofilia, salvo que vaya acompañada de otros trastornos psíquicos (STS de 28 de febrero de 2003 y más recientemente la de 30 de septiembre de 2010 y 27 de mayo de 2014).

III. LAS CIRCUNSTANCIAS AGRAVANTES

No existe unanimidad en la doctrina en cuanto a la naturaleza jurídica de las circunstancias agravantes y en cierta manera es lógico puesto que depende de la concepción dogmática que se mantenga y del concepto de culpabilidad que se utilice, el que se adopte una u otra postura.

Aquí se parte de que en la culpabilidad no se contiene la parte subjetiva del hecho, que ya está presente desde la acción, sino sólo la atribuibilidad del injusto a su autor, fundamentada principalmente en la libertad del sujeto. Así entendida, la culpabilidad puede faltar o puede verse disminuida, o el legislador puede pensar que en virtud de la condición de *ultima ratio* del Derecho Penal no debe atribuir el hecho a su autor, pero lo que no cabe es crear un nuevo desvalor que no provenga ya del injusto. De aquí que se concluya que en un delito la culpabilidad puede ser menor, pero no mayor, y que por tanto que las agravantes van siempre referidas al injusto y nunca a la culpabilidad. Lo anterior no obsta a que determinadas agravantes tengan su fundamento en elementos subjetivos y que por tanto, desde el punto de vista de la comunicabilidad, se configuren como personales, mientras que otras, fundamentadas en elementos referidos a la forma de comisión del delito, y, por tanto impersonales, puedan aplicarse a todo el que las conozca.

Se va a utilizar en el estudio de las agravantes la misma sistemática usada con las atenuantes: texto legal, interpretación, inherencia, naturaleza jurídica (de la que se sigue la comunicabilidad) e incompatibilidades de cada una de las circunstancias agravantes. Cuando nada se diga de uno de los puntos indicados, es porque poco o nada hay que decir al respecto.

1. La alevosía

La alevosía (como las restantes agravantes que pueden ser elemento constitutivo del delito de asesinato) adquiere gran importancia en la práctica, ya que puede hacer subir muy considerablemente la pena. Por eso conviene estudiarla detenidamente.

A) *Texto legal*

El texto legal está contenido en el artículo 22.1.ª del CP:

> Ejecutar el hecho con alevosía.
>
> Hay alevosía cuando el culpable comete cualquiera de los delitos contra las personas empleando en la ejecución medios, modos o formas que tiendan directa o especialmente a asegurarla, sin el riesgo que para su persona pudiera proceder de la defensa por parte del ofendido.

B) *Interpretación*

Para su recta interpretación conviene tener en cuenta dos aspectos: el concepto de alevosía y la limitación que señala el texto legal a los delitos contra las personas.

a) Concepto de alevosía

La circunstancia agravante de alevosía requiere para poder ser apreciada dos requisitos:

1) Un primer elemento objetivo: el aseguramiento del resultado sin riesgo para el agente, eliminando la defensa que pudiera existir por parte del ofendido.
2) Un elemento subjetivo: el ánimo tendencial dirigido hacia la indefensión del sujeto pasivo del delito, mediante el cual se pone de relieve cierta vileza o cobardía en el obrar.

De acuerdo con estos dos requisitos, la jurisprudencia admite tres modalidades de alevosía: la alevosía proditoria, que se manifiesta como trampa, emboscada o traición que sigilosamente busca, aguarda y acecha a la víctima para imposibilitar su defensa —posiblemente ésta es la forma de actuación más comúnmente identificada con lo que la alevosía representa—; la alevosía aleve, que consiste en actuación súbita o inopinada como equivalente a la acción que es imprevista, fulgurante o repentina, actuación sorpresiva a través de un lapso de tiempo mínimo entre el pensamiento concreto (no la idea previa de matar) y la ejecución; y la alevosía de prevalimiento, es decir, la actuación que se aprovecha o prevalece de situaciones especiales de desvalimiento. En ocasiones el TS habla también de alevosía doméstica considerando por tal la derivada de la relajación de los recursos defensivos como consecuencia de la imprevisibilidad de un ataque protagonizado por la persona con la que la víctima convive día a día (SSTS de 29 de junio de 2012, 31 de enero de 2017 y últimamente 19 de mayo de 2021).

La tercera modalidad, la alevosía de prevalimiento, es aplicada por nuestros Tribunales siempre que se dé un ataque a una persona especialmente desvalida —niños pequeños, enfermos terminales tetrapléjicos, etc.—, lo que resulta incorrecto porque prescinde del elemento subjetivo de la alevosía. Así es: el centro de la alevosía consiste en buscar la indefensión de la víctima, luego no se puede apreciar si la indefensión se da de hecho, sino solamente si la busca el autor. Pero el TS en numerosas sentencias ha venido entendiendo justamente lo contrario: basta que la indefensión se dé de hecho, aunque no sea buscada (véase la STS de 2 de marzo de 2004 y últimamente la de 18 de julio de 2019). Tal postura está claramente contra la letra de la ley que exige que los medios, etc., «tiendan directa y especialmente a asegurar» la ejecución. El legislador ha desaprovechado la oportunidad que el nuevo Código le brindaba de dirimir definitivamente la polémica, aunque la desaparición en los últimos Proyectos, y en el texto definitivo, de la postura jurisprudencial que el Proyecto de 1992 sí recogía, puede llevar a concluir que se ha inclinado por la interpretación doctrinal.

Más de acuerdo con la letra de la ley, la jurisprudencia aprecia la alevosía aunque la víctima tenga alrededor de sí personas que puedan defenderle (guardaespaldas, etc.), si de hecho el ataque disminuye sus posibilidades de defensa; ya que el artículo 22.1.ª del CP habla de «la defensa que pudiera hacer el ofendido».

La alevosía puede tener también un carácter sobrevenido cuando, habiéndose dado un enfrentamiento previo en el que no ha mediado alevosía, se produce en un momento posterior un cambio cualitativo en la situación, de modo que la víctima quede indefensa, bien por lo sorpresivo del nuevo ataque, bien por la alteración sustancial en la potencia agresiva respecto al instrumento utilizado, el lugar anatómico de la agresión y la fuerza empleada (véase la STS de 26 de diciembre de 2018, que contiene, además, la doctrina jurisprudencial sobre esta circunstancia, y últimamente, en el mismo sentido, la STS de 1 de julio de 2021).

b) Limitación a los delitos contra las personas

Sólo se puede apreciar la alevosía en los delitos contra las personas; esto es, en los delitos contra la vida o contra la integridad corporal. Para otros delitos hay que aplicar agravantes distintas.

C) *Comunicabilidad*

Como se ha visto antes, esta circunstancia tiene un carácter mixto por lo que habrá que estar al caso concreto para apreciar si debe ser comunicada o no. No obstante debe señalarse que nuestro Tribunal Supremo suele apreciarla también en los partícipes, así la STS de 12 de marzo de 2012, que considera aplicable la alevosía al inductor alegando la teoría de las desviaciones previsibles, según la cual «el partícipe no ejecutor material del acto homicida o lesivo que prevé y admite de modo más o menos implícito que en el "iter" del acto depredatorio pueda llegarse a ataques corporales, cuando menos se sitúa en el plano del dolo eventual, justificándose, tanto en el campo de la causalidad como en el de la culpabilidad, su responsabilidad en la acción omisiva o lesiva».

D) *Inherencia*

La alevosía es inherente al asesinato calificado por alevosía (art. 139.1.1.ª) y a las lesiones agravadas del artículo 148.2.º

E) *Incompatibilidades*

Esta circunstancia puede ser incompatible con el abuso de superioridad en determinados casos, como veremos a continuación.

Sin embargo, cabe apreciarla en supuestos en los que la imputabilidad del sujeto esté disminuida (así, la STS de 2 de junio de 2010 considera compatible la alevosía con la eximente incompleta de anomalía psíquica).

2. El abuso de superioridad

Abuso de superioridad es el nombre con el que la doctrina mayoritaria designa la circunstancia agravante recogida en el artículo 22.2 del CP, porque recoge situaciones en las que de hecho se da una ventaja del autor sobre la víctima.

Esta agravante, que incluye ocho de las contempladas por el CP de 1973 (la astucia, fraude o disfraz, el abuso de superioridad, la calamidad o desgracia, el auxilio de gente armada, la cuadrilla, la nocturnidad, el despoblado y la morada del ofendido), constituye uno de los mayores aciertos del nuevo CP puesto que consigue disminuir y sistematizar las derogadas agravantes.

A) *Texto legal*

El texto legal está contenido en el artículo 22.2.ª:

> Ejecutar el hecho mediante disfraz, con abuso de superioridad o aprovechando las circunstancias de lugar, tiempo o auxilio de otras personas que debiliten la defensa del ofendido o faciliten la impunidad del delincuente.

B) *Interpretación*

Bajo esta circunstancia se recogen aquellas formas de ejecución del delito que, o bien suponen un debilitamiento de la defensa de la víctima sin que se llegue a dar una total indefensión de la misma, o bien persiguen dificultar el descubrimiento del delito.

Se dará una debilidad de la víctima frente al autor cuando concurra una diferencia notable de fortaleza física o de edad (STS de 22 de diciembre de 2003), cuando el autor esté armado y la víctima no (STS de 20 de noviembre de 2004), cuando sean varios los que intervienen en el delito y por ello se dé una situación de descompensación de fuerzas que no llegue a anular la posibilidad de defensa por parte del sujeto pasivo (SSTS de 14 de noviembre de 2003, 10 de febrero de 2004 y 14 de diciembre de 2006), cuando se cometa en circunstancias de lugar o tiempo que imposibiliten a la víctima la petición de ayuda (STS de 25 de julio de 2003), cuando se cometa el delito aprovechando la alteración psíquica de la víctima producida por cualquier circunstancia (STS de 22 de abril de 2002), etc. Respecto a este primer grupo de casos la alevosía y el abuso de superioridad serán incompatibles: si se busca la indefensión de la víctima para conseguir la ejecución del delito sin peligro para el autor y se trata de un delito contra las personas habrá que apreciar sólo la alevosía (SSTS de 27 de julio de 2002 y 21 de octubre de 2003), si por el contrario se da una situación de debilitamiento de la posición de la víctima pero no se anula la defensa, o si se trata de otros delitos, habrá que considerar el abuso de superioridad.

También debe aplicarse esta agravante cuando el sujeto realice el delito en circunstancias de tiempo, lugar o empleando medios que dificulten el descubrimiento del hecho, de su autor o su persecución. De aquí que deba aplicarse cuando el delito se comete por la noche, en lugar despoblado u ocultando el delincuente sus rasgos (disfraz) (STS de 31 de marzo de 2003). Sin embargo, no se apreciará la circunstancia de disfraz en aquellos casos en los que no se consiga impedir la identificación (STS de 10 de mayo de

2001). Este segundo grupo de casos podría ser compatible con la alevosía, así lo reconoce también nuestro Tribunal Supremo en Sentencia de 14 de mayo de 2010, entre otras.

C) *Comunicabilidad*

Se trata de una circunstancia referida a la forma de ejecución del delito y por tanto impersonal, cabe aplicarla a todo el que la conoce (STS de 10 de mayo de 2001).

3. El precio, recompensa o promesa

Por poder ser el precio un elemento constitutivo del asesinato, su estudio merece una especial atención. Sin embargo, se va a omitir el punto relativo a las incompatibilidades, por no apreciarse ninguna.

A) *Texto legal*

El texto legal se recoge en el artículo 22.3.ª del CP:

> Ejecutar el hecho mediante precio, recompensa o promesa.

B) *Interpretación*

Por precio se entiende dinero o cosa que lo valga; por recompensa la retribución o remuneración por un servicio, pero siempre con valor económico; y por promesa el ofrecimiento diferido de un precio o una recompensa. Por tanto ha de haber en el que comete el delito un ánimo de lucro.

Esta agravante supone la intervención de al menos dos personas: una, la que ofrece el precio y, otra, la que lo recibe. La agravante se ciñe al que recibe el precio, pues habla de «ejecutar el hecho». Además, debe tenerse en cuenta que el hecho de pagar el precio convierte al sujeto en inductor; si además se apreciara la agravante de precio, podríamos incurrir en un *bis in idem* (STS de 10 de abril de 2003, en contra la STS de 11 de marzo de 2002, que considera que «es indudable que es apreciable un plus de reprochabilidad en la inducción delictiva que se basa y apoya en contraprestaciones económicas entregadas o prometidas al inducido»). Cuando se trata del asesinato por precio (art. 139.1.2.ª) cabe hacer una consideración similar puesto que el mismo hecho —pagar el precio— constituye la inducción y la agravación por precio del asesinato, por lo que en estos casos el TS sanciona al que paga el precio como inductor del delito de homicidio del art. 138.1, aunque al autor lo castigue como autor de asesinato del art. 139.1.2.ª. No obstante el Tribunal Supremo, en la Sentencia de 12 de marzo de 2012, recuerda que:

> La cuestión, de todos modos, no se ha decidido de forma definitiva en la jurisprudencia de esta Sala, y no faltan Sentencias en donde se compagina la actuación del inductor con la agravante de precio, pues la inducción permite vislumbrar situaciones en donde quien realiza el encargo de dar muerte a otra persona, lo haga, o no, ofreciendo precio, siendo el mayor desvalor de esta última acción la que le confiere un mayor rango de antijuridicidad.

C) *Comunicabilidad*

Es claramente personal, ya que el fundamento de la agravante es castigar la comisión del hecho sólo por razones pecuniarias. Así lo recuerda la STS de 12 de marzo de 2012.

D) *Inherencia*

Es inherente al asesinato por precio (art. 139.1.2.ª), a las calumnias por precio (art. 213), al cohecho (arts. 419 ss.) y a todos aquellos en cuya dinámica entra el precio.

4. Motivos discriminatorios

A propósito de esta agravante se van a exponer los puntos habituales.

A) *Texto legal*

El texto legal lo da el artículo 22.4.ª del CP:

> Cometer el delito por motivos racistas, antisemitas, antigitanos u otra clase de discriminación referente a la ideología, religión o creencias de la víctima, la etnia, raza o nación a la que pertenezca, su sexo, edad, orientación o identidad sexual o de género, razones de género, de aporofobia o de exclusión social, la enfermedad que padezca o su discapacidad, con independencia de que tales condiciones o circunstancias concurran efectivamente en la persona sobre la que recaiga la conducta.

B) *Interpretación*

Esta agravante se introdujo en el CP de 1973 por Ley 4/1995, de 11 de mayo, en cumplimiento de los Convenios Internacionales firmados por España tendentes a la eliminación de todas las formas de discriminación.

Tras su introducción en el CP de 1995 fue reformada por LO 1/2015 y lo ha sido de nuevo recientemente por LO 8/2021. Con anterioridad a estas últimas reformas el TS la había aplicado cuando la víctima era de otra religión (STS de 13 de marzo de 2003), cuando la víctima era homosexual (STS de 17 de julio de 2002) o el ataque se cometía por motivos ideológicos (STS de 24 de abril de 2002), aunque con buen criterio había negado la aplicación cuando no existían elementos externos que evidenciaran que el delito se cometía por esos motivos (STS de 12 de julio de 2001).

Las razones de «género», como concepto distinto e individualizado de las razones de «sexo», fueron introducidas en la agravante en la reforma llevada a cabo por la LO 1/2015, para dar cumplimiento al compromiso internacional asumido por España como signataria del Convenio del Consejo de Europa sobre prevención y lucha contra la violencia contra las mujeres y la violencia doméstica, hecho en Estambul el 11 de mayo de 2011.

Los términos sexo y género son definidos por la OMS: «El sexo se refiere a las características biológicas y fisiológicas que definen a los hombres y a las mujeres. El género se refiere a los papeles, comportamientos, actividades y atributos construidos socialmente, que la sociedad considera apropiados para los hombres y para las mujeres, y concluye que "el macho" y "la hembra" son categorías sexuales, mientras "masculino" y "femenino" son categorías de género».

La discriminación por razón de género del artículo 22.4.ª se aplica a aquellos delitos en los que la discriminación no ha sido tenida ya en cuenta para la configuración del correspondiente tipo penal (por ejemplo en los delitos contra la libertad sexual o las detenciones ilegales), y no será aplicable a aquellos delitos que fueron modificados ya por la Ley Orgánica 1/2004 que, adoptando lo que se conoce como perspectiva de género, ya tuvo en cuenta ese plus de antijuridicidad que supone ejecutar el hecho como manifestación de dominio, de relación de poder o de desigualdad, es decir, de discriminación de la mujer por razón de género.

Son varios los pronunciamientos del Tribunal Supremo acaecidos en los últimos tiempos en materia de género, incidiendo directamente en la interpretación de la agravante la Sentencia de 26 de febrero de 2019. A tenor de este pronunciamiento no es suficiente con que el autor sea hombre y la víctima mujer para que se pueda aplicar la agravación por razón de género, ese sería el ámbito de la discriminación por razón de sexo; ni tampoco es exigible un especial elemento subjetivo de dominación del varón sobre la mujer. Como reitera la STS de 27 de abril de 2022, la circunstancia modificativa es aplicable en todos aquellos supuestos en los que «se actúa con motivos o móviles de discriminación basados en la dominación del hombre sobre la mujer, por considerarla el autor un ser inferior, despreciando y vulnerando su derecho a la igualdad».

Por otra parte, la reciente LO 8/2021, de 5 de junio, de protección integral a la infancia y a la adolescencia frente a la violencia, ha incorporado dos motivos más de discriminación, la edad y la aporofobia y exclusión social, lo que debe ser valorado positivamente. Además, la reforma ha aclarado que la agravante se aplicará cuando el responsable actúe «por» alguno de los motivos, es decir que también es aplicable cuando la víctima haya sido elegida por su relación con el colectivo, aunque no pertenezca a él (discriminación por asociación), y cuando erróneamente se le haya identificado con ese colectivo y no pertenezca al mismo (discriminación por error).

Por último, queríamos señalar que habría sido conveniente que el legislador hubiera aprovechado esta última reforma para excluir de la lista el «antisemitismo» que resulta redundante cuando se incluyen también la raza, la etnia y la religión. Tampoco resulta acertado que se sigan manteniendo las «razones de género» cuando se ha incluido la «orientación o identidad sexual o de género» porque va a ser difícil diferenciar unos motivos de otros. Lejos de ello mediante la LO 6/2022, de 12 de julio, se han introducido los motivos antigitanos que también son redundantes.

C) *Comunicabilidad*

Puesto que se refiere a un elemento que forma parte del ánimo del sujeto debe considerarse personal.

D) *Inherencia*

Es inherente a los delitos de violencia de género de los artículos 153.1, 171.4, 172.2 y 148.4, de discriminación en el empleo del artículo 314, de provocación a la discriminación y al odio del 510 y ss., de asociaciones ilícitas del 515.4.º, de genocidio del 607 y de lesa humanidad del 607 bis.

5. El ensañamiento

Se trata de nuevo de una agravante que puede ser elemento del delito de asesinato. Por eso conviene estudiarla detenidamente.

A) *Texto legal*

El texto legal se encuentra en el artículo 22.5.º del CP:

> Aumentar deliberada e inhumanamente el sufrimiento de la víctima, causando a ésta padecimientos innecesarios para la ejecución del delito.

B) *Interpretación*

Hay que considerar en esta agravante dos elementos: el objetivo, constituido por lo que Pacheco denominó producir «males de lujo» y el subjetivo, que implica que se aumenten esos males deliberadamente (así lo señala también la STS de 2 de febrero de 2021).

El requisito objetivo, que es el que determina la razón de ser de esta circunstancia, aparece definido mediante los términos «aumentar el dolor del ofendido». Por ello, ha de existir una acción de agredir a otro y a ella ha de añadirse algo más: que por la forma en que se comete el delito se haya producido un aumento del sufrimiento de la víctima. Es decir, debe darse un mayor dolor del que fuera necesario para cometer el delito. En el caso del asesinato en vida aún del sujeto pasivo, ha de causarse en éste otros males además de los necesarios para causar la muerte.

El requisito de carácter subjetivo aparece recogido en las palabras deliberada e inhumanamente que se utilizan tanto al definir la agravante genérica como en el asesinato. Con la expresión «deliberadamente» la norma penal hace referencia a la necesidad de que el dolo acoja no sólo el hecho objetivo de la muerte, sino también la circunstancia concreta de ese aumento de males que ocasionan un mayor dolor al ofendido. El sujeto activo debe conocer y querer que mata y debe conocer y querer que lo hace con ese aumento del sufrimiento de la víctima. Con el término «inhumanamente» se añade a este primer elemento subjetivo otro consistente en una particular disposición del ánimo del autor del hecho: su crueldad o complacencia propia en el sufrimiento de la víctima, o carencia, de modo extremo, de todo sentimiento de humanidad o de respeto que el sujeto pasivo merece en su calidad de persona. Por eso no se suele apreciar esta agravante cuando los males son necesarios para la producción del delito en la dinámica planeada por los delincuentes.

La doctrina de nuestro Tribunal Supremo se sintetiza en la STS de 14 de mayo de 2010 con las siguientes palabras:

«De manera general, puede decirse que este Tribunal ha perfilado como elementos de la agravación los siguientes:

1.º La entidad del daño causado.

2.º Que el daño implique un dolor o sufrimiento, lo que requiere que el ofendido o la víctima se encuentre en condiciones de experimentar ese daño.

3.º Que el daño merezca ser calificado como inhumano. Lo que supone crueldad, calidad que, si bien referida al autor connotaría complacencia en el daño, en el contexto de la intensidad del padecimiento cabría tildarlo de insufrible para el común de los seres humanos.

4.º Que el sujeto activo perciba que causa, y se proponga precisamente obtener, ese incremento de dolor o sufrimiento.

5.º Que los padecimientos sean innecesarios para la ejecución del delito.»

C) *Comunicabilidad*

Se considera que es una circunstancia relativa a la forma de comisión del hecho, en la medida en la que lo nuclear es aumentar deliberadamente el dolor de la víctima, y por eso es comunicable al que la conoce. Así la STS de 16 octubre de 2012 la aplica al cooperador necesario que no interviene materialmente en el asesinato en el que se tortura a la víctima para obtener las claves de la caja.

D) *Inherencia*

Es inherente al asesinato con ensañamiento (art. 139.1.3.ª).

E) *Incompatibilidades*

No es incompatible con el arrebato, pues frecuentemente el ensañamiento es efecto del mismo. Así lo reconoce la STS de 9 de septiembre de 2002, aunque niega la atenuante por considerar que el estímulo era insuficiente para causar el arrebato. Por eso, no debe bastar para creer probado el ensañamiento el número elevado de heridas del cadáver, pues en ocasiones no revelan más que arrebato, pero en modo alguno intentos de aumentar deliberadamente el sufrimiento de la víctima.

Es más, parece que en tales casos no debería apreciarse el ensañamiento, pues en ocasiones el autor no ha pretendido aumentar deliberadamente el sufrimiento de la víctima, sino que ha procedido cegado por la ira. En el mismo sentido se pronuncia la STS de 29 de abril de 2019 que acaba concluyendo que «en definitiva, hemos reiterado que el término "deliberadamente" se identifica con el conocimiento reflexivo de lo que se está haciendo, y la expresión "inhumanamente" con un comportamiento impropio de un ser humano (SSTS 1760/2003 de 26 de diciembre y 1176/2003 de 12 de septiembre)».

6. El abuso de confianza

También aquí se va a hablar de los puntos que se vienen examinando en las agravantes.

A) *Texto legal*

El texto legal se encuentra en el artículo 22.6.ª del CP:

> Obrar con abuso de confianza.

B) *Interpretación*

Los requisitos para la apreciación de esta agravante son dos:

a) Un requisito subjetivo, integrado por la relación de confianza entre sujeto activo y perjudicado, caracterizada dicha relación por razones de convivencia social, laboral o profesional, de hospedaje o de amistad, a través de lo que surgen recíprocamente deberes —no necesariamente jurídicos— de lealtad. Por eso se incluye la contractual (STS de 28 de octubre de 2002), pero además las situaciones de hecho en las que se deposita la confianza en las personas de nuestro entorno por amistad (SSTS de 10 de diciembre de 2000 y 23 de octubre de 2002), ejercicio de una misma profesión o el hecho de habitar en un mismo edificio (STS de 23 de octubre de 2002) o incluso el de compartir un mismo departamento de ferrocarril, etc.

b) Un requisito objetivo, consistente en la mayor facilidad para cometer el delito, derivada de la situación creada a consecuencia de esos deberes recíprocos entre el agente y el sujeto pasivo, con aprovechamiento de las facilidades que proporciona la confianza ofrecida por el sujeto pasivo al autor del delito.

C) *Comunicabilidad*

Esta agravante se considera personal, ya que la confianza, de que se habla, reposa en las relaciones personales que median entre el condenado y la víctima del delito. Las SSTS de 3 diciembre de 2014 y 4 octubre de 2016 consideran que concurre la agravante en el cooperador necesario aunque no la aplican a los autores, y la de 13 de julio de 2009 no la aplica al coautor en el que no concurre.

D) *Inherencia*

Es inherente al delito de abusos sexuales (art. 181), a la estafa (art. 250), a la apropiación indebida (art. 252) a la deslealtad profesional (arts. 465 y 467) y al descubrimiento y revelación de secretos relativos a la defensa nacional (art. 599.1).

E) *Incompatibilidades*

No suele considerarse incompatible con la alevosía, porque ambas agravantes reposan sobre fundamentos distintos, aunque, si ha sido la confianza lo que ha determinado la indefensión de la víctima, sólo debe aplicarse la alevosía (SSTS de 20 de marzo de 2001 y 17 de diciembre de 2002). No se aprecia junto con el parentesco por el mismo motivo (STS de 16 de octubre de 2001).

7. El carácter público

También respecto al carácter público del culpable se van a exponer los puntos acostumbrados, aunque no se hablará de sus incompatibilidades por no existir ninguna manifiesta.

A) *Texto legal*

El texto legal se encuentra en el artículo 22.7.º del CP:

> Prevalerse del carácter público que tenga el culpable.

B) *Interpretación*

Se trata del desempeño de una función pública en la que se ampara el autor para que le facilite la comisión del hecho. Por tanto no es suficiente que el sujeto tenga carácter público, sino que cometa el hecho apoyado en dicho carácter: ha de poner el carácter público, que ostenta, al servicio de su actividad criminal (SSTS de 2 de abril, 13 de septiembre y 19 de octubre de 2002).

C) *Comunicabilidad*

Se considera personal, por el hecho de que es menester que el autor se ampare en su carácter público para cometer el delito.

D) *Inherencia*

Es inherente a todos los delitos para los que se requiere la condición de autoridad o de funcionario (delitos especiales propios de funcionario) y también a aquellos en los que dicha condición se eleva a causa personal de agravación de la pena (delitos especiales impropios de funcionario), como sucede en numerosos delitos en el nuevo CP.

8. La reincidencia

La reincidencia es la circunstancia agravante que ha sufrido más vaivenes en nuestro panorama legislativo reciente. En gran parte se debe a las oscilaciones del legislador, de la doctrina y de la jurisprudencia respecto a su fundamentación.

Se ha venido discutiendo (y la discusión sigue abierta en la actualidad) sobre si la reincidencia supone una mayor culpabilidad, un mayor grado de injusto o una mayor peligrosidad. En el primero de los casos el tratamiento adecuado sería constituirla como agravante de la pena; en el segundo, como estado peligroso con su consecuencia de sometimiento a una medida penal.

Desde la promulgación de la Constitución y durante toda la década de los años ochenta, el legislador aborda el fenómeno de la repetición del delito desde una política criminal garantista y orientada por el paradigma de la reinserción. En este sentido, en la elaboración de los Proyectos de nuevo Código Penal se cuestiona el mantenimiento de la reincidencia, hasta el punto de que esta circunstancia desaparece en la PANCP. La reforma del año 1983, aunque mantiene la circunstancia, restringe drásticamente su ámbito de aplicación: prescinde de la denominada reincidencia genérica (aquella que se produce entre delitos de distinta naturaleza) y elimina la multirreincidencia.

Esta situación se mantiene tras la promulgación del Código Penal de 1995, hasta la reforma operada por la LO 11/2003 que supone un giro radical en el tratamiento de este problema. Esta reforma reintroduce la multirreincidencia, aunque ocultándola en el artículo 66.1.5 (con la posibilidad de elevación en grado de la pena); y aborda el problema de la habitualidad criminal (en las lesiones, el hurto y el hurto de uso de vehículos), no desde la perspectiva de la peligrosidad, vieja reclamación de Cerezo Mir, sino con la dudosa técnica legislativa de elevar a la categoría de delito la comisión de tres faltas en el período de un año. La decisión se justificaba por *la necesidad de fortalecer la seguridad ciudadana, adoptando nuevas medidas adecuadas frente a la delincuencia que reiteradamente repite sus acciones.*

El legislador, con la finalidad de fortalecer la seguridad ciudadana, reincorpora «nuevas medidas» que en el año 1983 se habían eliminado del Código Penal, no sólo por su dudosa legitimidad, sino también por su escasa eficacia para garantizar un descenso en la tasa de criminalidad y evitar la reiteración delictiva.

Las reformas de 2010 y 2015 han continuado esa misma línea. El Proyecto de 2013 pretendía abordar el problema de la habitualidad criminal desde la perspectiva de la peligrosidad y las medidas, pero lo cierto es que en el fondo no se trataba sino de una prolongación de la privación de libertad, so capa de medida de seguridad, por lo que afortunadamente no prosperó.

La reforma operada por LO 1/2015, que derogó el Libro III del CP, no erradicó de nuestro ordenamiento jurídico las faltas contra el patrimonio, sino que éstas se elevaron a la categoría de delito leve. Esa misma reforma incluyó sendas previsiones de tipificación de delitos de hurto y estafa cualificados por la multirreincidencia. Así el art. 235.7 prevé una pena de prisión de 1 a 3 años para el delito de hurto cuando al delinquir el culpable haya sido ejecutoriamente condenado al menos por tres delitos comprendidos en este Título siempre que sean de la misma naturaleza. La STS de 28 de junio de 2017, interpretando el art. 235.7, llega a la conclusión de que a efectos de la aplicación de esta multirreincidencia no pueden ser tenidos en cuenta los delitos leves de hurto. La misma interpretación se da en STS de 3 de febrero de 2019 para el art. 250.1.8.º.

Se va a exponer aquí la legislación vigente sobre la reincidencia, la interpretación de esta agravante y finalmente la comunicabilidad.

A) *Texto legal*

El texto legal vigente está contenido en el artículo 22.8.º del CP:

> Ser reincidente.
>
> Hay reincidencia cuando, al delinquir, el culpable haya sido condenado ejecutoriamente por un delito comprendido en el mismo título de este Código, siempre que sea de la misma naturaleza.
>
> A los efectos de este número no se computarán los antecedentes penales cancelados o que debieran serlo, ni los que correspondan a delitos leves.
>
> Las condenas firmes de jueces o tribunales impuestas en otros Estados de la Unión Europea producirán los efectos de reincidencia salvo que el antecedente penal haya sido cancelado o pudiera serlo con arreglo al Derecho español.

B) *Interpretación*

Para que pueda apreciarse la reincidencia ha de haber condena ejecutoria antes de que el culpable delinca de nuevo; lo que equivale a que la sentencia sea firme. Esto indica que el legislador se inclina por fundamentar la agravante en la culpabilidad del sujeto; porque para la peligrosidad bastaría el hecho de haber cometido delitos anteriormente. No es necesario, sin embargo, el previo cumplimiento de la condena que da lugar a la consideración de la concurrencia de la reincidencia.

Pero no basta con una sentencia firme sino que es menester que la condena lo haya sido por un delito comprendido en el mismo Título de este Código, siempre que sea de la misma naturaleza. El primer criterio, que se trate de un delito del mismo Título, es determinado y por ello admisible, pero el segundo, «de la misma naturaleza», constituye un concepto jurídico indeterminado por lo que choca con el principio de legalidad. Habría sido más conveniente, desde el punto de vista de la seguridad jurídica, considerar la reincidencia cuando se hubiese cometido un delito del mismo Capítulo que el que fue ejecutoriamente condenado. Nuestro Tribunal Supremo ha ido dotando de contenido esta previsión legal y, así por ejemplo, considera que los delitos de robo con fuerza en las cosas y con violencia o intimidación tienen la misma naturaleza (véase el Acuerdo Plenario de 6 de octubre de 2000), y que los delitos de terrorismo y de enaltecimiento del terrorismo son de distinta naturaleza (STS de 21 de abril del 2013).

La LO 1/2015 ha dado cumplimiento a los compromisos europeos del Estado incluyendo, a efectos de reincidencia, las condenas firmes de otros Estados de la Unión Europea.

No se computarán a efectos de reincidencia los antecedentes penales cancelados o que hubieren podido serlo, ni tampoco los que correspondan a delitos leves.

C) *Comunicabilidad*

La naturaleza jurídica de la agravante de reincidencia es claramente personal.

IV. LA MAL LLAMADA CIRCUNSTANCIA MIXTA DE PARENTESCO

El artículo 23 del Código Penal recoge la circunstancia que el legislador sigue llamando de parentesco, aunque, tras la reforma sufrida por esta norma mediante LO 11/2003, sólo parcialmente responde a la idea de parentesco.

1. Texto legal

El texto legal del citado artículo es el siguiente:

> Es circunstancia que puede atenuar o agravar la responsabilidad según la naturaleza, los motivos y los efectos del delito, ser o haber sido el agraviado cónyuge o persona que esté o haya estado ligada de forma estable por análoga relación de afectividad, o ser ascendiente, descendiente o hermano por naturaleza o por adopción del ofensor o de su cónyuge o conviviente.

2. Interpretación

La interpretación de este artículo tras la última reforma ofrece algunas dificultades. Además resulta criticable que se haya apartado de la enumeración de parientes que hace en otros puntos el Código Penal.

Hasta la reforma del CP de 1983 se discutía si el Juez tenía que utilizar esta circunstancia en todo caso, porque el texto legal decía hasta entonces: «Es circunstancia que atenúa o agrava la responsabilidad». Ya la jurisprudencia venía entendiendo que no era necesario aplicarla en todo caso, lo que ha confirmado el cambio legislativo operado en 1995.

El parentesco se ha considerado tradicionalmente como agravante en los delitos contra las personas y contra la libertad sexual y como atenuante en los delitos contra la fe pública, el patrimonio y el honor. La desaparición del parricidio como tipo específico quizá replantee la aplicación indiscriminada de la circunstancia a los distintos grupos de casos, puesto que parece que en algunas ocasiones el parentesco debe atenuar la pena del homicidio, piénsese en situaciones de tensión familiar producidas por malos tratos que acaban desencadenando la muerte del pariente que los realiza, mientras que en otros debe agravar la pena.

La circunstancia mixta es aplicable cuando el delito se comete contra los siguientes parientes: el cónyuge, los ascendientes, los descendientes, los hermanos —ya lo sean por naturaleza o por adopción— y los afines, es decir, los ascendientes, descendientes o hermanos —también por naturaleza o por adopción— del cónyuge. Respecto de los afines, no es aceptable que la circunstancia sea extensiva a todos los grados y que no se exija convivencia —lo que sí hace el artículo 268— porque supone una ampliación excesiva, sobre todo cuando se trate de apreciar la agravante.

Además, la circunstancia mixta es aplicable a una serie de personas de las que difícilmente puede considerarse que sean parientes. Así es: por una parte, a partir de ahora es aplicable en los supuestos de disolución matrimonial, en los que desde una perspectiva civil resulta incorrecto hablar de parentesco. Como sucedía antes, también quedan dentro de la circunstancia, sin que resulte objetable, las relaciones de afectividad estables análogas al matrimonio, y se han introducido los supuestos de parejas estables ya disueltas, lo que puede catalogarse de craso error porque, si es complicado hablar de parentesco con matrimonios ya disueltos, más todavía lo es considerar a las personas que, habiendo estado unidas por una relación estable de afectividad, ya no lo están. Pero es que, además, se puede aplicar la circunstancia cuando el agraviado sea ascendiente, descendiente o hermano —por naturaleza o por adopción— del conviviente. Dos cuestiones dignas de resaltar en este punto: *a*) Por una parte, ¿quién es el conviviente?, ¿es la misma persona que se haya ligada por relación estable de afectividad o es alguien distinto?; si es la misma persona, como cabe presumir, no se entiende por qué no se utiliza sólo un término en lugar de utilizar dos. *b*) Por otra parte, que la circunstancia alcance también a los ascendientes —en cualquier grado— y hermanos del conviviente —sin que se requiera convivencia además— hace que esta circunstancia tenga unos límites amplísimos.

La reciente STS de 19 noviembre de 2018 aplica la circunstancia como agravante en un supuesto de convivencia de pareja, explicitando que no es necesaria una relación de afectividad, y la hace compatible con la de discriminación por razón de género del art. 22.4.ª.

Como conclusión cabe decir que el legislador ha creado, movido sin duda por la gravedad del problema de la violencia doméstica, una circunstancia con unos límites tan desmesurados que resulta complicado encontrar en ella fundamento.

3. Comunicabilidad

Su naturaleza jurídica es patentemente personal, pues se trata de las relaciones personales entre ofensor y ofendido.

4. Inherencia

Es inherente a los delitos de violencia de género (arts. 153, 171.4, 172.2) y violencia doméstica (art. 173.2), agresión sexual, así como en los delitos contra las relaciones familiares cometidos contra familiares, y siempre que se incorpore como elemento del tipo en la Parte Especial. También, en aquellos casos en los que sea inherente a la realización del tipo; por ejemplo, en los delitos de comisión por omisión, en los que sea la relación de parentesco la que permita afirmar la equivalencia entre la pasividad y la actividad (SSTS de 22 de enero de 2001, 10 de octubre de 2006, 27 de enero de 2012 y 18 de octubre de 2014), o en los delitos imprudentes en los cuales el deber de cuidado devenga del parentesco (STS de 19 de octubre de 2000).

SECCIÓN CUARTA

FORMAS DE APARICIÓN DEL DELITO

En esta Sección se van a exponer sucesivamente el grado de ejecución del delito, la codelincuencia y el concurso de delitos (también llamado por algunos unidad y pluralidad de delitos).

TEMA 25

EL GRADO DE EJECUCIÓN DEL DELITO

Se aborda en el presente Tema el estudio del llamado *iter criminis* o grado de ejecución del delito. Porque desde que un individuo concibe en su interior la idea de cometer un delito hasta que consigue lo que se proponía hay un largo camino, en el que se pueden distinguir esquemáticamente varias fases, aunque el sujeto no siempre las recorre por igual.

La fase interna comprende la ideación, la deliberación y la resolución delictiva. A ella sigue la fase externa en la que a veces se dan formas de resolución manifestada (conspiración, proposición, provocación y apología del delito) y en la que se incluyen los actos preparatorios y los actos de ejecución. A veces el delito no llega al fin deseado por el sujeto, sino que queda en tentativa; pero en otras ocasiones consigue el autor la consumación del delito. No siempre coincide ésta con lo que pretendía el sujeto, que buscaba un fin ulterior (el agotamiento).

Es una cuestión de política criminal la decisión sobre qué partes de este *iter criminis* se declaran punibles y cuáles se dejan impunes. Para ello se suelen manejar tres series de consideraciones: por un lado, la gravedad de los hechos en orden a la consumación del delito (el peligro para el bien jurídico); por otro, la cuestión de la prueba (la seguridad jurídica); y finalmente el deseo de dejar al sujeto la posibilidad de arrepentirse y así evitar el delito (desistimiento y arrepentimiento activo).

En el Derecho Penal español como regla general se considera punible desde que el autor pone un acto de ejecución hasta que se da la consumación del delito; mientras que quedan impunes la fase interna, los actos preparatorios y el agotamiento (art. 15.1). Pero por excepción se castigan también, en algunas ocasiones, las formas de resolución manifestada.

Se van a exponer ahora los distintos grados de ejecución del delito por el mismo orden con que se acaban de enumerar: fase interna, formas de resolución manifestada, actos preparatorios, tentativa y consumación.

I. LA FASE INTERNA

En el Derecho Penal moderno no se castiga la mera fase interna del delito. Ya el Derecho Romano lo expresaba diciendo que *cogitationis poenam nemo patitur* (nadie padece castigo por su pensamiento) y en el Derecho Germánico se expresaba lo mismo con el dicho: *Gedanken sind zollfrei* (los pensamientos no pagan tributos).

En tal sentido el Derecho ha de moverse entre dos extremos: el que corresponde a la concepción puramente objetiva de la Antigüedad, que se interesaba sólo por el resultado;

y el que podría representar un Derecho de mera voluntad criminal, que intentaría castigar desde un punto de vista subjetivo.

Las razones para ello son varias. En primer término, el Derecho Penal quiere garantizar la convivencia ciudadana, la que aún no es perturbada por el mero pensamiento criminal. Pero además existe una razón de seguridad jurídica, ya que la prueba se haría muy difícil o incluso imposible. Finalmente vale también aquí lo que se acaba de decir sobre el deseo de dejar al sujeto la posibilidad de arrepentirse.

No son casos de punición de la mera fase interna ni el delito de amenazas ni las formas de resolución manifestada. El primero supone una agresión a bienes jurídicos ajenos mediante la exteriorización de la voluntad criminal. Tampoco lo son las llamadas formas de resolución manifestada, de que se hablará a continuación; porque todas ellas suponen la exteriorización de la resolución criminal a través de unos hechos objetivamente constatables.

Por supuesto que la no punición de la fase interna supone una decisión de política criminal, que se basa en las razones apuntadas. Porque sin duda que el pensamiento criminal, especialmente el profundamente arraigado, constituye un peligro para la seguridad jurídica; por lo que podría haberse llegado a la decisión de penalizarlo, cuando se diera prueba suficiente. Sin embargo, una tal decisión no se correspondería con las premisas penales de un Estado de Derecho, ni con el principio de la mínima intervención penal. Las razones aducidas son tan válidas que ninguna legislación penal en la actualidad (ni tampoco en el pasado, fuera de algunos casos más bien extralegales en regímenes dictatoriales) ha venido en la idea de castigar la mera fase interna.

II. LAS FORMAS DE RESOLUCIÓN MANIFESTADA

Las formas de resolución manifestada constituyen el primer estadio punible del *iter criminis* en la legislación penal española. Se va a tratar aquí sucesivamente de su concepto, de su historia, de su naturaleza jurídica y de las formas punibles en el Derecho Penal español.

1. Concepto

Las formas de resolución manifestada pueden definirse como los supuestos en los que uno o varios sujetos comienzan los preparativos para la perpetración de un delito, aunque no llegan a poner ningún acto de ejecución del mismo. Suponen, por ello, actos previos a la ejecución del delito y son de naturaleza colectiva.

Por lo tanto constituyen un estadio intermedio entre la fase interna y los actos preparatorios propiamente dichos. De aquí que parte de la doctrina los denomine actos de resolución manifestada. Pero como se verá más adelante, lo que se prepara con ellos no son los objetos precisos para cometer el delito, sino los sujetos; por eso más que actos preparatorios son formas de participación anticipadas; extremo en el que no ha reparado suficientemente la doctrina, pero que es esencial para delimitar el alcance de cada uno de ellos.

Actualmente el CP se inclina por considerar las formas de resolución manifestadas como *numerus clausus*, es decir, sólo se castigan respecto a determinados tipos de delitos establecidos expresamente por la ley.

Establece el artículo 17.3:

> 3. La conspiración y la proposición para delinquir sólo se castigarán en los casos especialmente previstos en la Ley.

Mientras que el artículo 18.2 dice:

> 2. La provocación se castigará exclusivamente en los casos en que la Ley así lo prevea.

El legislador ha decidido castigar las formas de resolución manifestadas en los siguientes delitos: homicidio (art. 141), lesiones (art. 151), detenciones ilegales y secuestro (art. 168), robo, extorsión, estafa y apropiación indebida (art. 269), receptación (art. 304), delitos contra la salud pública (art. 373), rebelión (art. 477), delitos contra la Corona (art. 488), asociaciones ilícitas (art. 519), sedición (art. 548), atentados (art. 553), terrorismo (art. 578), traición (art. 585) y delitos contra la Comunidad Internacional (art. 615).

2. Historia

La conspiración y la proposición están prefiguradas en el CP de 1822, pero hacen su aparición en el CP de 1848, restringidas a los delitos que se indiquen en la Parte Especial (*numerus clausus*); sistema que siguen también la reforma del CP de 1870 (que, además, incluye la Provocación) y la de 1932. Por el contrario, la reforma de 1850, el CP de 1928 y la reforma de 1944 (y, por tanto, las de 1963, de 1973, de 1983 y de 1989) declaran punibles de modo general para todos los delitos estas formas de resolución manifestada (*numerus apertus*). El CP de 1995 se inclina por el sistema de los *numerus clausus*, añadiendo la apología a las formas de resolución manifestadas.

3. Naturaleza jurídica

La Doctrina se divide a la hora de señalar la naturaleza jurídica de este elemento del *iter criminis*. Algunos piensan que se trata de actos preparatorios punibles (así, por ejemplo, Rodríguez-Mourullo), mientras que otros hablan de formas de resolución manifestada, también punibles (entre otros, Jiménez de Asúa, Rodríguez Devesa, etc.).

El diverso enfoque se debe al menos parcialmente al concepto de acto. Si se piensa que el acto supone algo distinto de la mera manifestación externa de un propósito, habrá que hablar en este caso de formas de resolución manifestada. Pero, si por el contrario, se opina que dicha manifestación constituye un acto, una conducta humana, consecuentemente habrá que hablar de actos preparatorios.

En realidad la manifestación externa de un propósito, la decisión conjunta de realizar un hecho o la incitación a realizarlo son actos, conductas humanas. Por ello en sí es más exacta la palabra «actos» para designar la materia presente. Pero, por otro lado, los actos preparatorios son el estadio previo al de los actos de ejecución; mientras que en los casos presentes se trata de un estadio previo a la participación criminal, bien sea una coautoría anticipada (conspiración o proposición), bien consista en una inducción frustrada (provocación). Por tanto, la nomenclatura más adecuada sería la de «actos de participación anticipados». Como, sin embargo, ni la doctrina ni la jurisprudencia han adoptado esta terminología, se utiliza aquí la de formas de resolución manifestada, para dejar clara la frontera entre estos supuestos (que van por el camino de la participación criminal) y los llamados actos preparatorios que constituyen un estadio previo de los actos de ejecución (y que van por la senda del *iter criminis*).

En lo que hay total acuerdo doctrinal es en el hecho de que esta materia hay que colocarla entre la fase interna y los actos con que se comienza la realización del delito. Donde no se ha reparado quizás suficientemente es en que van por línea distinta del *iter criminis* habitual y que, por eso, no constituyen actos preparatorios propiamente dichos, sino actos de participación anticipados. También es pacífica la cuestión de que dichas formas son punibles en aquellos casos en los que la ley así lo establece, pues así lo prescriben los artículos 17.3 y 18.2 del CP vigente.

Respecto al sistema de su punición (*numerus apertus* o *numerus clausus*), la doctrina defiende el sistema del *numerus clausus*, que es el que sigue el Código Penal vigente. La razón última es el principio de mínima intervención penal (el Derecho Penal como *ultima ratio*). A lo más se podría pensar en la conveniencia de mantener la provocación como forma de inducción frustrada; pero parece mejor ir en todo al *numerus clausus*.

Finalmente, la cuestión de la apología del delito, que se incluye parcialmente en el actual Código Penal ha sido generalmente rechazada por la doctrina. En realidad todo lo que se ha pretendido incluir con la nueva figura de apología del delito queda comprendido en la provocación, como se verá más abajo.

4. Formas punibles

Son punibles, en los casos especialmente previstos por la ley, la conspiración, la proposición y la provocación, mientras que la apología constituye una forma específica de provocación para delinquir.

A) *La conspiración*

El artículo 17.1 del CP dice:

> La conspiración existe cuando dos o más personas se conciertan para la ejecución de un delito y resuelven ejecutarlo.

Los caracteres de la conspiración son los siguientes. Se ha de tratar de un delito concreto, no del concierto para cometer delitos en general y también han de ser al menos dos personas; luego se trata de una coautoría anticipada.

Los límites son, por un lado, el haber llegado a una resolución conjunta y, por el otro, el no haber puesto ningún acto de ejecución; porque, si lo pusieran, los conspiradores pasarían a partícipes.

La doctrina difiere en algunos puntos sobre la interpretación del artículo citado. Algunos autores (Cobo, Quintano, etc.) defienden que basta que, como fruto de la conspiración, uno de los conspiradores sea el que haya de ejecutar el delito. Pero no parece admisible tal interpretación, porque el texto legal dice que «resuelven ejecutarlo», lo que supone que todos han decidido ser los ejecutores.

Existen diferencias entre la conspiración y otras figuras afines, aunque no toda la doctrina está conforme en señalarlas. Ante todo, respecto a la asociación para delinquir del artículo 515.1.º se defiende que la asociación supone estabilidad y una cierta organización interna, puesto que el artículo 517 diferencia las penas de los fundadores, directores y presidentes de las que hay que imponer a los simples miembros, lo que no es el caso de la conspiración. En el CP de 1995 desaparece la «asociación para cometer el delito de robo», que el CP de 1973 recogía en el artículo 513, por lo que este tipo de asociación pasa sin más a considerarse una asociación ilícita del artículo 515.1, desapareciendo también la necesidad de diferenciarla de la conspiración.

Según la doctrina cabe el desistimiento voluntario en esta forma de resolución manifestada por la siguiente razón: El legislador deja impune el desistimiento voluntario en la tentativa y ha de entenderse que quien permite lo más, permite lo menos (en este sentido, últimamente, la STS de 16 de octubre de 2002). Además, en otro caso equivaldría a forzar a los conspiradores a poner un acto de ejecución para poder desistir y quedar impunes. La jurisprudencia también admite el desistimiento de las formas de resolución manifestada en numerosas sentencias y añade (por ejemplo en la STS de 21 de octubre de 1987) que es suficiente el desistimiento pasivo: esto es, que un conspirador se retire antes de comenzar la ejecución, aunque no denuncie, ni siquiera manifieste su abandono a los demás sujetos.

B) *La proposición*

Prescribe el artículo 17.2 del CP:

> La proposición existe cuando el que ha resuelto cometer un delito invita a otra u otras personas a participar en él.

Los caracteres de la proposición, por tanto, son la resolución delictiva por parte de un sujeto y la invitación a otro u otros para ejecutarlo.

Sus límites están por una parte en la invitación a otra u otras personas y por la otra en no haber puesto ningún acto de ejecución (véase, entre otras, la STS de 20 de octubre de 1972); pues si no, el que propone pasaría a partícipe.

Suelen destacar la doctrina y la jurisprudencia la necesidad de que los «invitados» no accedan a la petición; porque en caso contrario se estaría ante una conspiración (STS de 20 de octubre de 1972, entre otras).

Se discute en la doctrina, si el que invita ha de estar resuelto a cometer el delito o si basta con que se limite al papel de inducir a los otros. Mir Puig defiende esta última postura con el argumento, entre otros, de que así se puede introducir en el Derecho Penal español la figura de la inducción frustrada del Proyecto Alternativo alemán. El TS ha considerado que, efectivamente, la proposición permite incluir la figura de la inducción frustrada admitiendo el argumento de que el texto lo que exige es que el que propone esté resuelto a cometer el delito, pero no exige que esté dispuesto a ejecutarlo (STS de 10 de abril de 2003).

Cabe también el desistimiento voluntario de la proposición por las mismas razones expuestas al hablar de la conspiración. Algunos autores sostienen que en este caso el desistimiento debe ser activo, lo que no terminan de probar. Porque, si por su esencia la proposición no debe ser aceptada, ¿qué sentido tiene un desistimiento activo en ella? Además, en caso de que fuera aceptada, pasaría a conspiración, como queda dicho; y en la conspiración, incluso según estos mismos autores, basta el desistimiento pasivo.

C) *La provocación*

Señala el artículo 18.1 del CP:

> La provocación existe cuando directamente se incita por medio de la imprenta, la radiodifusión o cualquier otro medio de eficacia semejante, que facilite la publicidad, o ante una concurrencia de personas, a la perpetración de un delito.

Mientras que el artículo 18.2, párrafo 2.º, establece:

> Si a la provocación hubiese seguido la perpetración del delito, se castigará como inducción.

Los caracteres de la provocación son la incitación hecha por un sujeto a un delito concreto ante un público indeterminado, o a través de cualquier medio mecánico que facilite la publicidad; así como el propósito de dicho individuo de no realizar el delito personalmente.

Por tanto sus límites son por un lado la incitación a sujetos indiscriminados y por la otra parte el que ninguno de los provocados ponga un acto de ejecución; ya que en este último caso el provocador pasaría a inductor.

En el CP de 1973, así como en los anteriores desde la introducción de este precepto en el Código en la reforma de 1870, cabía considerar incluida en la provocación la figura que la doctrina alemana denomina inducción frustrada, puesto que la frase «u otro medio de posible eficacia» suponía que se podía provocar a un solo individuo en relación interpersonal, así lo mantuvo en algunas ocasiones el TS. El legislador en 1995 ha terminado con la discusión doctrinal y jurisprudencial al exigir que en todo caso el medio de posible eficacia «facilite la publicidad». Como se vio en el apartado anterior la jurisprudencia española ha resuelto el problema considerando que la inducción frustrada a un solo individuo es un supuesto de proposición.

La provocación a un público indiscriminado, constituye un estadio previo a la inducción. Por el contrario, la conspiración es una forma de coautoría anticipada, por lo que los conspiradores pasan a coautores, caso de que se ponga al menos un acto de ejecución. Con la interpretación asumida por el TS de la provocación hay que afirmar que, caso de realizarse un acto de ejecución, el provocador podrá ser coautor o inductor, según los casos.

Nada se suele decir respecto al desistimiento voluntario en la provocación, quizás porque es difícil de imaginar, excepto en el caso del agente provocador. Pero, si se diese algún supuesto, parece que habría que aplicarle lo dicho a este respecto al hablar de la conspiración y de la proposición: quedaría impune.

D) *La apología del delito*

Establece el artículo 18.2 del CP:

> Es apología, a los efectos de este Código, la exposición, ante una concurrencia de personas o por cualquier medio de difusión, de ideas o doctrinas que ensalcen el crimen o enaltezcan a su autor. La apología sólo será delictiva como forma de provocación y si por su naturaleza y circunstancias constituye una incitación directa a cometer un delito.

Define la Real Academia Española la apología como «el discurso de palabra o por escrito, en defensa o alabanza de personas o cosas», de donde la apología del delito sería el discurso de palabra o por escrito, en defensa o alabanza del delincuente o del delito. Los términos «defender», «alabar» e «incitar», que es el que el legislador utiliza al definir la provocación, no son equivalentes, por lo que se concluye que la apología sólo puede considerarse provocación en aquellos casos en los que la defensa o alabanza del delito o el delincuente supongan además una incitación a la comisión de delitos.

El legislador opta en el CP de 1995 por definir la apología como «la exposición de ideas o doctrinas que ensalcen el crimen o enaltezcan a su autor», por lo que recorta los casos de apología a «la alabanza del delito o del delincuente», no considerando como tal «la defensa del delito o del delincuente». Lo cierto es que la doctrina ya venía incluyendo «la defensa del delito o del delincuente» como un caso concreto de provocación al delito, por lo que el legislador se ha limitado a recoger como apología aquellos supuestos que más difícilmente podían considerarse como provocación, la alabanza del delito o el delincuente.

Ahora bien, por expreso deseo del legislador la apología del delito sólo será punible en aquellos supuestos en los que «por su naturaleza y circunstancias constituye una incitación directa a cometer un delito». Es decir, que tanto la defensa del delito o del delincuente, como la alabanza de los mismos sólo van a ser punibles cuando constituyan una incitación directa a la comisión de delitos; cuando sean provocación. De aquí que se concluya que el número segundo del artículo 18 del CP es totalmente prescindible, y que se podría suprimir sin alterar en nada la regulación de esta materia. Parece que la única motivación del legislador a la hora de introducir una pretendida regulación para la apología, es el deseo de que el término «apología» apareciera recogido de manera expresa en el Código.

Respecto de la apología debe tenerse en cuenta que existen previsiones concretas en la Parte Especial para el delito de terrorismo (art. 578) y que también algunas de las figuras típicas contenidas en el art. 510, que se dedica a los delitos de odio, suponen formas de apología, «apologías débiles» las denomina RAMÍREZ ORTIZ. La doctrina mayoritaria es muy crítica con estos delitos que suponen una peligrosa limitación de la libertad de expresión.

Según establece el artículo 18.2 la apología será castigada como forma de provocación, es decir, en aquellos delitos en los que el legislador haya previsto el castigo de la provocación, será punible también la apología con la misma pena que si de provocación se tratara.

E) *El agente provocador*

A partir de SALILLAS se viene definiendo al agente provocador como «el que instiga a otro al delito mediante el despliegue de una actividad provocadora, sea de naturaleza psíquica o material, no por el interés representado por el delito mismo, sino por el interés constante de conseguir el castigo del provocado». Su actividad puede consistir en actos de instigación o incluso de cooperación material con el sujeto. Por tanto, no se trata tan sólo de casos de provocación o de inducción, sino también de verdadera participación criminal. Las variedades son muchas, pues sólo queda descartado el caso de que un ciudadano trate de esclarecer la comisión de un delito de otro individuo.

La figura existía ya en el Derecho Romano y se institucionalizó en Francia en tiempos de Luis XIV con fines políticos. También se multiplica en la Rusia zarista. En la actualidad no es rara su utilización por la Policía de muchas naciones.

La regla aplicable a estos casos es la misma que a los restantes supuestos de participación criminal. El agente provocador puede quedar impune, cuando ejerza el desistimiento voluntario en la conspiración, proposición o en la tentativa. Pero en todos los demás supuestos es punible, como cualquier otro partícipe, ya que el fin no justifica los medios. Dicho de otro modo, lo que caracteriza el dolo de muerte (por poner un ejemplo), no es el posible motivo de desarticular una banda terrorista, sino la intención de matar a un hombre. La motivación dicha no pasa de ser un elemento accidental del delito y, por tanto, irrelevante; puesto que lo que prohíbe el artículo 138 es matar, sea cual fuere la motivación. No sería gran consuelo para la familia de un asesinado decirle: «Su marido murió por manos de un policía, a fin de desarticular una banda terrorista» o cosas semejantes.

Se alega por algunos que en el agente provocador se da un elemento subjetivo del tipo. La razón que aducen es que el agente provocador no tiene dolo respecto al hecho al que incita, pues espera evitar el resultado; en tal caso se le podría castigar a lo más por imprudencia. Pero no es tan claro que el agente provocador carezca siempre de dolo (al menos eventual) respecto al resultado, especialmente cuando no se trata de un delito de homicidio, sino de daños, etc.; y en tales casos habría que castigarlo como autor doloso del delito, si no logra evitar el resultado; cuando se dé tan sólo imprudencia, habría que enjuiciarlo conforme a las reglas del delito imprudente. Esto es, que tampoco por este concepto se debe beneficiar al agente provocador respecto a cualquier otro autor (o, en su caso, partícipe) de un delito o falta, sino aplicarle las reglas generales.

Nuestro Tribunal Supremo, en Sentencia de 20 de febrero de 1991, ya afirmaba que en un Estado social y democrático de derecho, como lo es el nuestro, del que son ingredientes esenciales del sistema el principio de legalidad y la interdicción de la posible arbitrariedad de los poderes públicos, así como el respeto a la dignidad de la persona y a su libre y espontánea determinación, se considera absolutamente ilegal la utilización del agente provocador. Esta proscripción se establece también en la jurisprudencia del TEDH, así en sentencias de 5 de febrero de 2008 y 1 marzo 2011.

No obstante, de la figura del agente provocador hay que distinguir la del agente encubierto, agente de las fuerzas del orden que se limita a investigar el delito preexistente, dicha investigación no puede ser considerada ilícita por no constituir una provocación al delito. Así lo reconoce la STS de 19 de noviembre de 2009 en los siguientes términos: «la provocación delictiva es una inducción engañosa, que supone generar en otro el propósito de delinquir; lo que no se da cuando este, es decir, el sujeto investigado, es el dueño de la iniciativa criminal, al haber tomado por su cuenta la decisión de llevar a cabo una acción penalmente antijurídica».

La figura del agente encubierto está regulada en el art. 282 bis LECrim, que considera lícita su utilización cuando se trate de investigaciones que afecten a actividades propias de la delincuencia organizada y exista autorización judicial. Los agentes encubiertos son muy utilizados en el ámbito del tráfico de drogas y en torno a su intervención en este delito nuestro Tribunal Supremo ha dictado una nutrida jurisprudencia (véase últimamente la STS de 28 de enero de 2019).

III. LOS ACTOS PREPARATORIOS

Se van a exponer sucesivamente el concepto, la historia y la delimitación entre los actos preparatorios y los actos de ejecución.

1. Concepto

Pueden definirse los actos preparatorios como aquellas conductas con las que el autor va proveyéndose de los medios necesarios para la comisión del delito, aunque todavía no constituyan actos de ejecución.

De aquí se deduce que el punto más delicado de la cuestión presente es el de señalar la frontera entre los actos preparatorios y los de ejecución, lo que se hará más adelante. El problema es tanto más importante desde el punto de vista de la práctica, cuanto que en nuestro Derecho Penal (y en los demás Ordenamientos penales actuales) los actos preparatorios son impunes, mientras que la punición comienza en cuanto el sujeto pone al menos un acto de ejecución.

2. Historia

La distinción entre actos preparatorios y actos de ejecución es obra de la ciencia penal medieval, especialmente de la italiana. Solían distinguir los autores entre el llamado *conatus proximus* y el que denominaban *conatus remotus*, por la mayor o menor proximidad del mismo al hecho delictivo.

Mientras que el Derecho común castiga ambos sin discriminación, a partir del *Code Napoléon* de 1810 se comienza el sistema moderno, según el cual los actos preparatorios son impunes y los de ejecución punibles.

3. Límites respecto a los actos de ejecución

Como se ha indicado, la presente cuestión es la más importante de este epígrafe, puesto que al traspasar la frontera de los actos preparatorios y entrar en los de ejecución, la conducta comienza a ser punible.

Se han señalado muchas teorías para establecer la delimitación entre ambas clases de actos, de las que se van a exponer la subjetiva, la objetiva, la objetivo-formal y la llamada objetivo-material. De todas ellas se postulan dos cosas: que dejen clara la frontera entre una y otra clase de actos y que reserven espacio suficiente para los actos preparatorios y para los de ejecución.

La teoría subjetiva procede de Von Buri. Actualmente no es mantenida en España por la doctrina. Defiende que para establecer el límite entre ambas clases de actos hay que atender a la opinión del sujeto respecto a los mismos. Si para éste son ya actos con los que comienza la ejecución del delito, serán actos de ejecución; si, por el contrario, para él aún no lo son, serán actos preparatorios. Aparte de la dificultad de la prueba, se objeta a esta teoría que deja poco espacio para la tentativa. Además no respeta suficientemente el principio de legalidad, ni la seguridad jurídica queda del todo garantizada.

La teoría objetiva de Carrara sigue gozando de prestigio en la doctrina y en la jurisprudencia españolas y puede afirmarse que las otras dos (que se expondrán enseguida) no pasan de meras puntualizaciones de la misma. Según dicho autor hay que distinguir entre actos equívocos e inequívocos. Los primeros son los que considerados en sí mismos (por tanto desde un punto de vista objetivo) pueden servir para fines distintos del de la comisión del delito; los segundos, los que no pueden servir (sensatamente considerados) para otra cosa que para la perpetración del hecho. Así, por ejemplo, la compra de un veneno o de un puñal es acto equívoco y, por ello, preparatorio; mientras que verter el veneno en el café de un «amigo» o apuntarle con la pistola es acto inequívoco, a no ser que conste por las circunstancias con toda claridad otra cosa, por ejemplo, que se trata tan sólo de darle una broma pesada.

La teoría objetivo-formal sigue siendo muy defendida en España, aunque se ha abandonado en Alemania. Según ella los actos de ejecución comienzan cuando el autor empieza a realizar lo descrito en el tipo penal. Por ejemplo y respecto al homicidio, cuando el sujeto comienza la acción de matar. Con ello se respeta al máximo el principio de legalidad. Pero se le suele objetar que esta teoría apenas aclara nada; porque la cuestión está en determinar cuándo el autor comienza a matar: cuando compra el veneno, cuando lo echa en la taza de café o sólo cuando sirve la taza al que quiere envenenar.

Por eso se defiende también por algunos la teoría objetivo-material que procede de Frank y que ha sido perfilada en la actualidad. Según el citado autor son de ejecución los actos que se hallen de tal forma unidos a la acción típica que, según la concepción natural, aparecen como parte suya. Como la formulación resulta aún algo vaga, hoy en día ha ido siendo perfilada con los siguientes criterios. Primero, hay que valorar el plan del autor con un criterio subjetivo para ver dónde pone él el principio de la ejecución. Si, por ejemplo, quiere matar a un sujeto y para ello le introduce en el sótano de su casa, para dejarlo allí encerrado y que muera de inanición, da comienzo a la ejecución al llevarlo al sótano; pero si su plan delictivo consiste en llevarlo al sótano y allí matarlo de un mazazo, sólo da principio a la ejecución cuando agarra la maza. Segundo, puntualizan estos autores que para determinar algo más desde un punto de vista objetivo dónde poner el principio de la ejecución hay que atender: *a*) a la puesta en peligro inmediata del bien jurídico y *b*) a la inmediatez temporal del acto respecto al ataque que sufre dicho bien jurídico. Esta fórmula según dichos autores es la que más se adapta a la formulación legal de nuestro CP, ya que en el artículo 16.1 habla de que «el sujeto da principio a la ejecución del delito directamente por hechos exteriores», aunque confiesan que no queda tan claro como en el CP alemán de 1975, cuyo § 22 introduce en la legislación la fórmula de Welzel, según el cual el acto de ejecución es aquel con el que el autor da «comienzo inmediato» a la ejecución del hecho; pero admiten estos mismos autores que en nuestro Código Penal no se recoge la palabra «inmediato» y que, por tanto, cabe interpretarlo conforme a otras fórmulas.

En realidad, cualquier fórmula ha de dejar un margen a la valoración del Juez o del intérprete, y en la práctica todas se aproximan en las conclusiones. Por ello parece que la mejor fórmula sigue siendo la de CARRARA, aunque cabe insertar en ella las puntualizaciones de la teoría objetivo-material; pues por una parte se salvaguarda suficientemente el principio de legalidad (la definición de nuestro CP) y la seguridad jurídica y por otro lado se deja suficiente espacio a los actos preparatorios y a los de ejecución.

IV. LA TENTATIVA

En los actuales sistemas jurídicos existen dos conceptos de tentativa: el amplio que engloba la tentativa en sentido estricto y la frustración, como sucede por ejemplo en el CP alemán y es el que se sigue en el CP español vigente y el estricto que opone la tentativa a la frustración y es el que tradicionalmente se había seguido en nuestra legislación.

El sistema amplio tiene la ventaja de dejar mayor arbitrio al Juez para la penalización de la tentativa, puesto que le permite bajar uno o dos grados la pena; mientras que en el sistema estricto este arbitrio se daba sólo en el caso de tentativa, rebajándose la pena en un solo grado para la frustración. Lo que llevaba a veces a consecuencias poco congruentes, ya que no siempre es fácil de determinar, si se han puesto todos los actos o sólo falta uno.

Se van a exponer el concepto, el texto legal y los elementos de la tentativa.

1. CONCEPTO

Existe tentativa cuando el autor da comienzo a la ejecución del delito directamente por hechos externos y practica todos o parte de los actos de ejecución que debieran consumar el delito, no produciéndose dicha consumación.

Luego existen en la definición tres elementos, los dos primeros objetivos; haber puesto todos o parte de los actos de ejecución y que no se haya consumado el delito y otro subjetivo (el ánimo de realizar el delito).

La falta de consumación del delito puede venir causada tanto por factores externos e independientes a la voluntad del sujeto como por factores voluntarios, este último supuesto es el que suele denominarse «desistimiento voluntario». Bajo la expresión «desistimiento voluntario» se comprenden los supuestos en que el sujeto deja de poner los actos de ejecución que habrían llevado a la consumación del delito (desistimiento en sentido estricto) y los casos en los que el sujeto, tras realizar todos los actos de ejecución, ejecuta nuevos actos que impiden la consumación del delito (desistimiento activo o arrepentimiento eficaz).

En todos los Ordenamientos jurídicos la conducta del sujeto que desiste de la comisión del delito se considera impune, pero existen dos formas distintas de configurar el desistimiento voluntario; como elemento negativo de la tentativa, en cuyo caso la propia existencia de la tentativa requiere que el sujeto no haya desistido de la comisión del delito: y como causa de exclusión de la punibilidad, en cuyo caso de haber desistido el autor sigue existiendo tentativa, pero ésta deja de ser punible.

Las dos formas de configuración legal responden a fundamentos distintos. La consideración del desistimiento como causa de exclusión de la punibilidad, mantenida en Alemania, responde a la llamada «teoría del premio», según la cual el desistimiento se presenta como un mérito del autor que debe premiarse con el perdón. Mientras que la consideración del desistimiento como elemento negativo de la tentativa, que ha sido la tradicional en España, se fundamenta en cuestiones de política criminal, puesto que mediante la impunidad del desistimiento se fomenta la disminución en lo posible el número de delitos. Se trataría en definitiva de aplicar el refrán español: «A enemigo que huye, puente de plata». Otros autores, en esta misma línea, mantienen que el desistimiento supone la desaparición de la necesidad de la pena en orden a la prevención.

2. Texto legal

La tentativa queda regulada en el CP en el artículo 16 del CP en los siguientes términos:

> 1. Hay tentativa cuando el sujeto da principio a la ejecución del delito directamente por hechos exteriores, practicando todos o parte de los actos que objetivamente deberían producir el resultado, y sin embargo éste no se produce por causas independientes de la voluntad del autor.
> 2. Quedará exento de responsabilidad penal por el delito intentado quien evite voluntariamente la consumación del delito, bien desistiendo de la ejecución ya iniciada, bien impidiendo la producción del resultado, sin perjuicio de la responsabilidad en que pudiera haber incurrido por los actos ejecutados, si éstos fueren ya constitutivos de otro delito.
> 3. Cuando en un hecho intervengan varios sujetos, quedarán exentos de responsabilidad penal aquel o aquellos que desistan de la ejecución ya iniciada, e impidan o intenten impedir, seria, firme y decididamente, la consumación, sin perjuicio de la responsabilidad en que pudieran haber incurrido por los actos ejecutados, si éstos fueren ya constitutivos de otro delito.

3. Elementos

Conviene analizar por separado los elementos positivos y el desistimiento en la definición de tentativa.

A) *Elementos positivos*

Como acaba de indicarse, el elemento objetivo de la tentativa es: «haber dado comienzo a la ejecución del delito directamente por hechos exteriores, practicando todos o partes de los actos que objetivamente deberían producir el resultado». La literalidad del artículo 16.1 puede hacer pensar que sólo cabe tentativa en los delitos de resultado y sin embargo gran parte de la doctrina y la jurisprudencia admite la tentativa también en los delitos de mera actividad como, por ejemplo, el allanamiento de morada. En los delitos de omisión impropia o de comisión por omisión, al ser delitos de resultado, también es concebible la tentativa, siempre y cuando la omisión del deber se haya realizado con el propósito de conseguir el resultado. Sin embargo, en los delitos de omisión propia o de simple pasividad resulta difícil concebir la tentativa.

Pero además la tentativa supone un elemento subjetivo: el ánimo de realizar el delito. Por tanto, no se da tentativa cuando el sujeto tiene tan sólo ánimo de disparar sobre otro, sino cuando tiene ánimo de matarlo o de herirlo.

Indirectamente de aquí se deduce un fuerte argumento para el finalismo, que WELZEL expresa así: Si la voluntad, esto es, el dolo de consumar el delito pertenece sin duda al tipo del injusto de la tentativa (lo que admiten también los causalistas), no podrá la voluntad de repente dejar de pertenecer al tipo por el hecho de que se alcance la consumación, pues ¿cómo explicar que el dolo pase o no del tipo a la culpabilidad por el hecho de que la bala acierte o no con el blanco?

B) *La evitación voluntaria de la consumación del delito*

El artículo 16.1 recoge entre los elementos de la definición de tentativa que el resultado se produzca «por causas independientes de la voluntad del autor», de aquí que a la vista de lo previsto por el legislador en este precepto pudiera afirmarse que el desistimiento voluntario se configura en nuestro Derecho como un elemento negativo de la tentativa, es decir que si el sujeto voluntariamente impide el resultado no existe tentativa.

Sin embargo, a continuación el legislador en el número segundo del artículo 16 expresamente establece la «exención de responsabilidad penal por el delito intentado para quien evite voluntariamente la consumación del delito», de donde parece seguirse que lo que pretende el legislador es considerar el desistimiento como causa de exclusión de la punibilidad.

Lo cierto es que se trata de una cuestión meramente teórica puesto que los efectos derivados de una y otra postura son exactamente los mismos, lo que resulta, sin embargo, criticable desde un punto de vista de técnica penal es que el legislador haya recogido ambas.

El artículo 16 dedica su número segundo a tratar la problemática del desistimiento cuando un solo sujeto interviene en el delito, el número tercero al supuesto del desistimiento cuando son varios los partícipes en el delito.

a) El desistimiento con un solo partícipe en el delito

Es impune la conducta del que evita «voluntariamente la consumación del delito, bien desistiendo de la ejecución ya iniciada, bien impidiendo la producción del resultado». El legislador sigue así distinguiendo el desistimiento (dejar de poner actos de ejecución) del arrepentimiento (impedir activamente el resultado), aunque lo cierto es que diferenciar uno y otro concepto carece de sentido, salvo gramaticalmente, puesto que los efectos son exactamente los mismos: la impunidad respecto del delito intentado. Sobre la diferenciación entre el desistimiento y el arrepentimiento, y la evolución de la doctrina jurisprudencial, véase la STS de 30 noviembre de 2017, que acaba concluyendo que «si aquel comportamiento es libre y voluntario y al mismo se le puede imputar el efecto de que el resultado o consumación no llegue a ocurrir, resulta indiferente que tal comportamiento adopte la modalidad meramente omisiva o la modalidad activa», en ambos casos no se sancionará por el delito intentado.

Hay que destacar que tratándose de un solo interviniente en el delito el legislador exige, para dejar de sancionar el delito intentado, que se consiga evitar el resultado (art. 16.2). Esta norma, congruente con la legislación anterior al CP de 1995 en materia de frustración, plantea dos problemas:

1.º La diferencia de tratamiento cuando son varios los que intervienen en el delito, puesto que en este supuesto el legislador sólo exige que se haya intentado impedir «seria, firme y decididamente, la consumación», pero no que se haya conseguido (art. 16.3). Cierto es que este precepto tiene sentido desde una perspectiva político-criminal porque en definitiva se trata de facilitar la voluntad contraria a la consumación en el partícipe en el delito. Pero no se acaba de comprender por qué no recoger una consideración equivalente cuando nos encontramos frente a un solo interviniente en el delito, ya que el mismo motivo político-criminal puede alegarse en este caso.

2.º En la legislación anterior cuando el autor intentaba de una forma seria, firme y decidida evitar la consumación pero no lo conseguía, se podía aplicar la circunstancia atenuante por analogía al arrepentimiento espontáneo, atenuando al menos de esta manera la pena. Dado que el CP de 1995 no recoge como circunstancia atenuante el arrepentimiento espontáneo, si los tribunales siguen exigiendo para la aplicación de la atenuante por analogía que se haga analogía con alguna de las expresamente recogidas en el CP, puede resultar difícil incluso atenuar la pena en estos casos, por lo que el agravio comparativo con el contenido del artículo 16.3 sería todavía mayor. A nuestro juicio no hay óbice para la aplicación en este supuesto de la atenuante por analogía a la reparación del daño porque aunque no se haya conseguido evitar el resultado parece preferible, desde la perspectiva político-criminal, premiar también el intento de evitarlo.

Suele decirse que la voluntariedad del desistimiento no implica motivos altruistas. Esto es, que cabe un desistimiento operante por el miedo de ser descubierto, por la amenaza de un pariente de que en otro caso lo denunciará él a la Policía, etc. Lo que se opone a la voluntariedad es el hecho de haber sido descubierto.

Por último, nos recuerda el legislador en el número segundo del artículo 16 que la impunidad se restringe al delito intentado, sin abarcar a los delitos en que haya incurrido el sujeto por los actos de ejecución ya realizados. Por ejemplo, si el autor intenta matar y cuando ve a la víctima herida se arrepiente y la lleva al hospital donde le salvan la vida no responderá por el homicidio intentado, pero sí de las lesiones consumadas que ha causado.

b) El desistimiento de uno de los partícipes

Establece el artículo 16.3 la regulación del desistimiento cuando son varios los que intervienen en el delito. Hay que destacar, en primer lugar, que el legislador no distingue si los «varios que intervienen en el delito» son coautores o existen autores y partícipes, por lo que lo establecido en este precepto tanto sirve si el que desiste es un coautor o un mero partícipe.

Por otra parte, la única diferencia en cuanto a la regulación del desistimiento cuando son varios sujetos los que intervienen viene dada por la ya comentada discrepancia de trato en materia de arrepentimiento: siendo varios es suficiente para considerar impune al que desiste con que haya tratado de impedir la consumación de una manera seria, firme y decidida, aunque no lo haya conseguido.

4. La tentativa inidónea

La tentativa inidónea es el nombre que da la doctrina alemana e italiana a la presente materia, a la que la doctrina francesa llama delito imposible y otros autores denominan también tentativa imposible.

El Código vigente no hace referencia directa a la problemática de la tentativa inidónea por lo que podría pensarse que el legislador ha decidido dejar impunes los supuestos que bajo esta denominación suele contemplar la doctrina. Sin embargo, su punición puede fundamentarse en el CP, como se verá a continuación.

A) *Concepto*

La tentativa inidónea se da cuando la acción se dirige a la realización de un tipo al que no puede conducir por razones fácticas o jurídicas. También se puede definir como los casos en los que la acción aparece como incapaz de lesionar un bien jurídico. Por ejemplo, existe tentativa inidónea cuando una persona apuñala a otra a la que cree dormida cuando en realidad estaba muerta.

La tentativa inidónea suele dividirse en tres grupos, según se trata de inidoneidad del sujeto, de los medios o del objeto. Como se verá más adelante, sólo es punible en España la tentativa inidónea por los medios o por el objeto; ya que cuando se da inidoneidad del sujeto, la acción se considera atípica.

B) *Naturaleza jurídica y punición*

La cuestión de la naturaleza jurídica de la tentativa inidónea o delito imposible no es pacífica en nuestra doctrina.

Los autores que defienden posiciones objetivas (Antón Oneca, Núñez Barbero, Rodríguez Devesa, etc.), consideran que las fases anteriores a la consumación del delito se castigan en virtud de la puesta en peligro del bien jurídico protegido, de aquí que para ellos el delito imposible, expresión que utilizan con mayor frecuencia, no sea un caso de tentativa, por lo que no quedaría comprendida dentro del artículo 16. Para estos autores la desaparición de la mención expresa a «la imposibilidad de la ejecución o producción del delito», que desde 1994 se contenía en la regla de determinación de la pena de la tentativa (art. 52 del CP de 1973), presumiblemente supondrá que el legislador ha dejado de castigar estos supuestos.

Los autores que defienden posturas subjetivistas (Cuello Calón, Cerezo, Suárez Montes, etc.), parten de la idea de que la punición de las formas de ejecución imperfectas se fundamenta en la manifestada voluntad contraria a Derecho del autor, mientras que los autores que mantienen posturas objetivo-subjetivas (Rodríguez Mourullo, Mir Puig, etc.) limitan la voluntad delictiva como fundamento del castigo con exigencias objetivas, como la de que el hecho produzca una conmoción en la sociedad. Desde estas perspectivas es perfectamente congruente mantener que la tentativa inidónea no es más que un caso concreto de tentativa, puesto que la conducta puesta por el autor tiende a la consumación del delito mediante la ejecución de actos externos, aunque dichos actos sean inidóneos para la consecución del delito. De aquí que la desaparición de la mención expresa en el Código a la imposibilidad de producción del resultado sea indiferente, puesto que en todo caso la tentativa inidónea queda recogida en el concepto del artículo 16.1 y por tanto es punible.

Esta última es la postura que debe considerarse correcta, porque desde una perspectiva político-criminal carece de sentido dejar impunes conductas que en el momento de realizarse aparecen como peligrosas para bienes jurídicos, aunque posteriormente se compruebe que no podrían haber desembocado en la lesión del bien jurídico.

Nuestro TS considera que el CP de 1995 no ha modificado la punibilidad de la tentativa inidónea. Aunque hay dos sentencias aisladas, dictadas inmediatamente después de la entrada en vigor del nuevo Código que consideraron no punible la tentativa inidónea, las decisiones posteriores han mantenido que la expresión «objetivamente» no implica idoneidad de los medios o del objeto, sino que la producción del resultado no debe depender de la imaginación o fantasía del autor, sino de un plan que tenga un fundamento racional (SSTS de 21 de junio de 1999, 13 de marzo de 2000, 13 de junio de 2001, y últimamente la de 17 marzo de 2016, que, además, considera que debe rebajarse la pena tan solo en un grado cuando el grado de ejecución sea avanzado y el peligro ocasionado sea especialmente relevante).

La inidoneidad del objeto y de los medios utilizados por el autor para conseguir la consumación del delito deberán tenerse en cuenta en la determinación de la pena a tenor de lo establecido en el artículo 62 del CP que obliga al Tribunal a tener en cuenta el grado de ejecución alcanzado y «el peligro inherente al intento».

C) *Límites*

Suelen excluirse de la tentativa inidónea punible los casos de inidoneidad del sujeto por falta de tipo, en este caso la conducta es atípica. Así, por ejemplo, si un no funcionario intenta cometer una malversación de fondos.

También se excluye de la punición la llamada tentativa irreal; esto es, los casos en los que la tentativa alcanza tal grado de imposibilidad para cualquier espectador situado *ex ante* que éste sabe con certeza que no va a producirse el delito (en este sentido, las SSTS antes citadas). Así, los supuestos de un intento de envenenamiento con azúcar o de homicidio por el procedimiento de clavar alfileres en una estatuilla de cera del sujeto. También se incluyen aquí los casos de exquisita necedad del sujeto, como el famoso de la cocinera de Praga, que quiso hacer volar a la otra sirvienta colocando debajo de su cama una cantidad insignificante de pólvora.

V. LA CONSUMACIÓN DEL DELITO

El último estadio del *iter criminis* está constituido por la consumación del delito. Se van a exponer ahora brevemente su concepto, el texto legal y la diferencia de la consumación con el agotamiento.

1. Concepto

Existe consumación cuando el autor realiza todos los elementos incluidos en el tipo delictivo. Esto es, la simple actividad o pasividad en dichos delitos y la producción del resultado en los delitos materiales o en los de comisión por omisión.

El concepto aducido es formal, pues se trata de la realización formal del tipo penal. No es necesario para que haya consumación que falten las causas de justificación, de exclusión de la culpabilidad o de impunibilidad; pues, aunque éstas existiesen, la acción no dejaría de ser típica.

2. Texto legal

El CP vigente no define la consumación, como lo hace con la tentativa o incluso con las formas de resolución manifestada. Se limita a decir en el artículo 15 que:

> Son punibles el delito consumado y la tentativa de delito.

3. Distinción con el agotamiento

El agotamiento se da cuando se produce la lesión material del bien jurídico pretendida por el autor. Cuando el autor consigue el fin que él pretendía con el delito.

Luego este estadio no se da en los delitos de peligro ni en los mutilados de dos actos. En los de resultado cortado puede darse o faltar; pero esto es irrelevante a la hora de poner la pena, que en ambos casos es la misma. En tales delitos el legislador ha adelantado la barrera de la protección penal y por eso los castiga, aunque no se haya producido la lesión del bien jurídico. Así, en el delito de hurto (y en todos los delitos contra el patrimonio, exceptuados los daños) la pena es la misma si el sujeto consigue vender los objetos sustraídos que si la Policía los encuentra en sus manos. La consumación en el hurto se da en cuanto el sujeto ha tenido la disponibilidad del objeto sustraído: esto es, lo ha tenido en su poder sin ser vigilado.

TEMA 26

LA CODELINCUENCIA

El hecho delictivo puede ser ejecutado por uno o por varios sujetos, por lo que en este último caso hay que abordar el problema de individualizar la responsabilidad criminal de cada uno de ellos.

El CP vigente en su artículo 27 declara que:

> Son responsables criminalmente de los delitos y faltas los autores y los cómplices.

En el Tema presente se van a tratar por separado la distinción entre la autoría y la participación, sobre la autoría propiamente dicha, sobre la participación criminal y sobre la autoría en los delitos cometidos por medios audiovisuales, a la que nuestro texto punitivo da un tratamiento especial en el artículo 30 del CP vigente.

I. LA DISTINCIÓN ENTRE AUTOR Y PARTÍCIPE

Después del planteamiento del problema (en el que se incluirá la actual regulación del Código Penal) se van a exponer las diversas teorías con las que se intenta diferenciar en el Derecho punitivo entre el autor y el partícipe.

1. Planteamiento del problema

Para buscar un criterio diferencial entre el autor y el cómplice cabe plantear la cuestión desde un punto de vista ontológico o desde el punto de vista legal.

A) *Enfoque ontológico*

Desde un punto de vista ontológico (y dejando de lado de momento la regulación legal) hay una diferencia clara entre el que quiere cometer el delito y el que coopera con él. La diferencia entre el enfoque ontológico y el legal es la misma que se ha venido señalando en temas anteriores entre la conducta (libre de valoraciones y, por tanto, desde el punto de vista ontológico) y las valoraciones jurídico-penales que comienzan con la tipicidad (y que, por tanto, valoran la conducta desde un punto de vista legal). Del mismo modo hay que diferenciar ahora las diversas conductas del que comete el hecho como propio, de las de los que participan en él como en un hecho delictivo ajeno; lo que puede hacerse desde el punto de vista ontológico y desde el legal.

WELZEL, con una frase que ha hecho fortuna, dice que es autor el anónimo «El que» de los tipos legales. Esto quiere decir que los tipos penales de la Parte Especial son tipos de autoría, pues es autor el que los realiza.

B) *Enfoque legal*

Otro es el punto de vista legal, en el que el legislador ha decidido considerar autores (lo que indica que no se quiere meter a dilucidar la cuestión teórica, sino que se limita a asimilarlos al autor a efectos de fijar su responsabilidad criminal) a una serie de sujetos que ciertamente no lo son desde el punto de vista ontológico, tales como el cooperador necesario e incluso el inductor. Por el contrario ha decidido considerar cómplice al cooperador no necesario y dejar para la Parte Especial el castigo del receptador (arts. 298 ss.) y del favorecedor (arts. 451 ss.).

Sin embargo y a efectos de encontrar el criterio de distinción entre el autor y el partícipe hay que basarse en el concepto ontológico, como hace la dogmática penal; aunque haya que seguir el concepto legal a la hora de imponer la pena.

2. TEORÍAS DOCTRINALES

En la historia de la dogmática penal se han propuesto dos conceptos de autor: el unitario (o extensivo) y el restrictivo.

A) *Concepto unitario*

También se le denomina concepto extensivo, así como se le llama igualmente concepto negativo; la primera denominación le viene de que extiende a todos los codelincuentes el calificativo de autores y la segunda de que usa para ello un sistema negativo, ya que es el concepto propugnado por los partidarios de la teoría de la equivalencia de condiciones (de la *conditio sine qua non*) en el campo de la relación de causalidad. Según este planteamiento que hace equivalentes a efectos penales la causa y la condición, no se puede distinguir entre autor y partícipe: todos los que han puesto una condición sin la que no se hubiera dado el resultado, son autores. Sólo que la ley restringe la responsabilidad criminal de algunos de ellos (cómplices) a efectos de moderar la pena.

Este concepto supone una decisión de política criminal de castigar por igual a todos los que intervienen en el hecho delictivo. Se basa en la peligrosidad del delincuente y fue seguido en lo teórico por la Escuela de Kiel (que partía de un Derecho Penal de voluntad; véase *supra*, Tema 11, III, 2). En el terreno legislativo es el que informa el actual Código Penal italiano, esto quizás por influjo de la Escuela Positiva.

Pero un tal concepto encuentra dificultades insalvables al tratar los delitos de simple actividad y los de omisión pura, pues está pensado para los delitos de resultado. Además no es aceptable desde un punto de vista de justicia material, porque no todos los que ponen una *conditio sine qua non* son igualmente responsables del delito. Finalmente, no cabe en el sistema legislativo español que distingue netamente entre autores y partícipes. No obstante, lo admite la doctrina alemana respecto a los delitos imprudentes.

B) *Concepto restrictivo*

Parte este concepto de que no todo el que es causa (en el sentido de la teoría de la equivalencia de condiciones) es autor del hecho, porque no todo el que pone una condición causal, realiza el hecho. Los tipos de participación son causas de extensión de la pena: si no existiesen, no podrían ser castigados legalmente los partícipes, porque en el tipo penal sólo se castiga al sujeto innominado («El que») que mata, hiere, etc. Luego esta teoría se sitúa en posición opuesta a la adoptada por la teoría unitaria.

Ésta es la teoría que sigue hoy la doctrina alemana (con excepción de los delitos imprudentes) y ha sido la tradicional en España. Pero dentro de ella se han seguido tres criterios distintos para puntualizar las diferencias entre autor y partícipe.

a) Teoría objetivo-formal

Según esta teoría es autor el que realiza los actos de ejecución previstos en el tipo legal; el que realiza actos externos a los incluidos en el tipo es partícipe. Así, por ejemplo, el que entra en el banco e intimida al cajero y el que se lleva el dinero son autores, pues están realizando los elementos descritos en el tipo del robo con intimidación (art. 242 del CP); el que espera a la puerta con el coche en marcha y el que espía por si viene la policía son partícipes, porque ponen actos no descritos en el tipo.

Esta teoría sigue siendo la dominante en la doctrina española, pero presenta varias dificultades en su aplicación, por lo que ha sido abandonada en Alemania.

En primer término no se puede aplicar a delitos cuyo tipo no requiere medios legalmente determinados. Por ejemplo, ¿cómo se decide si «mata» solamente el que dispara el tiro o también el que le presta la pistola para que otro mate?

En segundo lugar, no cabe aplicarla a los casos de autoría mediata, que se expondrán enseguida, pues el autor mediato no realiza ningún acto de los descritos en el tipo penal.

Pero en tercer término, aun en los casos de coautoría hay también supuestos en los que el coautor no realiza ningún acto de los descritos en el tipo penal. Por ejemplo, si Andrés se agacha para que Pedro, subido sobre él, pueda entrar por la ventana de una casa, Andrés no realiza ninguno de los actos descritos en el artículo 238 del CP.

b) Teoría objetivo-material

Esta teoría toma como criterio diferencial la importancia de la contribución material de cada partícipe en el hecho. Según ella, será autor el que aporta la contribución más importante, mientras que es cómplice el que contribuye con aportaciones de mínima trascendencia.

Pero a ella se le objetan varias cosas. Ante todo, desconoce la importancia de lo subjetivo en orden a caracterizar la trascendencia de cada una de las contribuciones al hecho.

Además, tampoco cabe aplicarla en los casos de autoría mediata ya que el autor mediato no pone ningún acto material, ni de poca ni de mucha importancia. Finalmente, poco sirve la fórmula que utilizan de la «mayor importancia objetiva» para distinguir la autoría de la participación, porque no se puede deducir desde el puro terreno objetivo la diferencia entre causa y condición.

En Alemania ha sido abandonada esta teoría. En España se utiliza esta doctrina para distinguir el cooperador necesario del artículo 28, párrafo 2.*b*), del cooperador no necesario (cómplice) del artículo 29, con la fórmula propuesta por Rodríguez-Mourullo, de la que se hablará más adelante.

c) Teoría del dominio del hecho

Tiene su origen en el finalismo. En los delitos dolosos (en los culposos aplica la doctrina alemana el concepto unitario) es autor el que domina finalmente la ejecución del hecho, independientemente de los actos que haya realizado. Supone subjetivamente un control final de la acción y objetivamente una posición que determine el efectivo dominio del hecho.

En la formulación de Jescheck: 1) Siempre es autor el que ejecuta por su propia mano todos los elementos del tipo. 2) Pero, además, es autor el mediato, pues utiliza a otro (al inmediato) como instrumento. 3) Finalmente es autor el coautor que realiza una parte necesaria en la ejecución del plan global (dominio funcional del hecho), aunque su aportación no sea un acto típico en sentido estricto, pero habiendo participado en todo caso en la resolución delictiva.

Mir Puig lo formula del modo siguiente: El hecho «pertenece a quien lo realiza por sí solo o a través de otro que actúa como instrumento [autor mediato] o lo comparte con otros [coautores]».

La teoría del dominio del hecho es la dominante hoy en día en Alemania y también entre la doctrina y la jurisprudencia española. Sin embargo, en los delitos culposos la doctrina alemana aplica el concepto unitario, mientras que en España la doctrina mantiene posiciones encontradas. De ello se hablará más adelante.

II. LA AUTORÍA

Se va a exponer en este apartado en primer término el concepto de autor en el Código Penal; para pasar a tratar enseguida las modalidades de la autoría según la doctrina; mientras que se dejan para el siguiente apartado los supuestos de participación según la misma doctrina. Por tanto, en ambos casos la división de participación y autoría no se corresponde con lo que el Código Penal considera autores o partícipes.

1. Concepto de autor en el Código Penal

En primer lugar se va a aducir el texto legal, para procurar entender enseguida el concepto de autor que maneja nuestro texto punitivo.

A) *Texto legal*

El artículo 28 del CP vigente señala que:

> Son autores quienes realizan el hecho por sí solos, conjuntamente o por medio de otro del que se sirven como instrumento.
>
> También serán considerados autores:
>
> *a*) Los que inducen directamente a otro u otros a ejecutarlo.
>
> *b*) Los que cooperan a su ejecución con un acto sin el cual no se habría efectuado.

B) *Interpretación del precepto*

El texto del artículo 28 del CP deja claro que se refiere a dos grupos distintos de partícipes en el delito: los que son autores, es decir, el autor principal, los coautores y el autor mediato; y aquellos a los que se asimila a los autores tan sólo a efectos de la pena, el inductor y el cooperador necesario.

2. Modalidades de la autoría

Por lo expuesto hasta ahora, se van a incluir en la autoría la principal o directa, la autoría mediata y la coautoría. También se van a decir unas palabras sobre la participación necesaria.

A) *La autoría directa*

El autor principal o directo es el que realiza por sí toda la conducta típica. Se trata, por tanto, de una autoría única. El autor principal es el autor por excelencia, y ha de ser castigado con la pena señalada en el tipo. Suele hablarse de autoría accesoria en aquellos casos en los que dos o más personas actuando sin común acuerdo, y sin conocimiento de lo que hacen los otros, causan el mismo resultado típico. Se trata de un supuesto de autoría individual y no de coautoría, puesto que ésta exige el mutuo acuerdo como se verá después.

B) *La autoría mediata*

Este modo de autoría ha sido creado por la doctrina, concretamente por Stübel en 1928, para colmar ciertas lagunas y evitar que el autor mediato quedase impune al no poner él la conducta punible. Porque el autor inmediato en todo caso queda impune al estar cubierto por una eximente.

Respecto a la autoría mediata se van a tratar sucesivamente las siguientes cuestiones: su concepto, la fundamentación de la misma y límites de la autoría mediata.

a) Concepto

Suele definirse al autor mediato como el que utiliza a otro (autor inmediato) como instrumento. En tales supuestos el autor mediato (en adelante, AM) responde del hecho como si lo hubiera realizado él solo; mientras que el autor inmediato (en adelante, AI) queda impune.

La autoría mediata se diferencia de la inducción en que el inductor no utiliza al autor como instrumento, sino que éste actúa dolosamente (STS de 25 de octubre de 2019). Hay que diferenciarlo también de la accesoriedad: en ésta se trata de partícipes respecto a un autor; mientras que en la autoría mediata el autor mediato no participa, sino que es el autor inmediato el que realiza la conducta principal.

b) Fundamento

La razón de imputar un hecho del AI al AM no ofrece grandes dificultades para los partidarios de la teoría objetivo-subjetiva, ya que el AM es quien tiene el dominio del hecho, mientras que el AI es un mero instrumento en sus manos. Por el contrario parece presentar dificultades para los partidarios de las demás teorías, dificultades que se han salvado, al menos desde el punto de vista del principio de legalidad, con la inclusión directa de este tipo de autor en el artículo 28, párrafo 1.º.

La AM puede darse en tres casos:

1.ª Cuando el AI actúe sin dolo;

2.ª Cuando el AI obre con error de tipo o con error de prohibición;

3.ª Cuando el AI no pueda realizar el tipo por no tener la cualidad requerida por el mismo. Así sucedería, por ejemplo, si la secretaria particular de un funcionario público (por tanto, no funcionaria) destruyese a petición de éste papeles que él mismo tiene confiados por razón de su cargo; ya que según el artículo 413 del CP dicho delito sólo lo puede cometer un funcionario público.

c) Límites de la autoría mediata

Suelen excluirse de la autoría mediata los delitos especiales; esto es, los que sólo pueden ser cometidos por cierto número de sujetos activos. Tales son, por ejemplo, los delitos de los funcionarios. Pero lo que queda excluido es que el AM sin la cualificación requerida (por ejemplo, la de funcionario) cometa el delito; por el contrario lo puede cometer el AM que tiene la cualificación, a través de un AI no cualificado, como queda indicado más arriba. Así, no cabe incluir al AM en las exacciones ilegales del artículo 437 del CP, si el que exige derechos en cuantía superior a la legalmente señalada no tiene esta cualidad. Pero cabe que un funcionario destruya por medio de un particular los documentos que le han sido confiados por razón de su cargo (art. 413 del CP).

Tampoco cabe cometer delitos de propia mano (tales como el falso testimonio) mediante AM.

C) *La coautoría*

Para exponer adecuadamente esta cuestión se va a hablar sucesivamente de su concepto, de las teorías sobre la coautoría y del exceso del coautor.

a) Concepto

Pueden definirse como coautores los que de mutuo acuerdo realizan conjuntamente un hecho. También puede definirse como una pluralidad de sujetos que se reparten funcionalmente la ejecución de un hecho. En estas definiciones se recoge un elemento objetivo: la realización conjunta del hecho como propio; y otro subjetivo: el mutuo acuerdo colectivo. Si éste no se diese, se estaría ante autorías independientes; como sería el caso de que dos sujetos vertiesen veneno en la taza de café de un tercero, sin saber nada ninguno de los dos sobre la actuación del otro.

En la coautoría no rige el principio de accesoriedad de la participación (del que se hablará más abajo, al tratar el tema de la participación), precisamente porque no se trata de participar en un hecho ajeno, sino por el contrario de ejecutar entre varios un hecho que todos ellos tienen como propio. Más bien habría que decir lo contrario, como subrayan varios autores: lo que rige es el principio de imputación recíproca de las distintas contribuciones de todos los coautores. Por la misma razón, no rige tampoco el principio de la unidad del título de imputación, en este sentido la STS de 14 de mayo de 2010.

b) Teorías sobre la coautoría

En la doctrina española predominan los defensores de la teoría objetivo-formal. Según esta teoría son coautores los que ponen actos de ejecución; esto es, los que realizan parte del tipo penal. Para defenderla se basaban en las palabras del artículo 14.1.º que los describía como «los que toman parte directa en la ejecución del hecho». Pero se les objetaban varias dificultades que han quedado recogidas más arriba, al hablar de las diversas teorías doctrinales sobre el concepto restrictivo de autor.

El nuevo CP se refiere a los que realizan el hecho «conjuntamente», por lo que parece inclinarse por la teoría objetivo-subjetiva que distingue en los coautores dos elementos: el objetivo que supone tomar parte en la ejecución del hecho y el subjetivo que exige el mutuo acuerdo. Para el elemento objetivo no se pide un acto de ejecución, sino que puede bastar una contribución al hecho que tenga conexión de sentido con los actos de ejecución propiamente dichos y que esté temporalmente unida a los mismos. Así, por ejemplo, el que sujeta por la espalda a la víctima, para que otro la pueda matar; o el que se agacha, para que otro pueda subir sobre él y así entrar por la ventana de la casa; etc. El elemento subjetivo (el mutuo acuerdo) supone que los sujetos estén de acuerdo sobre el plan, lo que es esencial para que se dé coautoría, aunque no baste, si no concurre además el elemento objetivo; en esto se diferencia la presente teoría de la mantenida por la jurisprudencia sobre el «acuerdo previo». Este acuerdo mutuo puede ser anterior o simultáneo (un sujeto acude en apoyo de otros y sobre la marcha se pone de acuerdo con ellos) e incluso cabe que sea tácito (lo que no es raro entre habituales que se conocen y ayudan mutuamente), pero en todo caso debe ser aceptado por los demás coautores (STS de 30 de marzo de 2022). Parece que esta teoría es la que mejor se adapta al concepto ontológico de autor que pone la nota diferencial entre éste y el partícipe en que el autor realiza el hecho como propio.

La jurisprudencia anterior al CP de 1995 se había conformado con el elemento subjetivo de la coautoría al hablar «*pactum scaeleris*», o «acuerdo previo» sobre el plan conjunto, según el cual se establecía entre las personas que lo concertasen un vínculo de solidaridad penal que les hace partícipes a todos ellos con igual grado de responsabilidad cualquiera que fuera la función o cometido que a cada uno de los concertados se les asignara, siempre que el convenio se desarrollara dentro de los presupuestos y fines del concierto (STS de 26 de abril de 1988).

Sin embargo en la actualidad nuestro Tribunal Supremo sostiene que «la coautoría aparece caracterizada desde el plano subjetivo por una decisión conjunta de los autores que permite engarzar las respectivas actuaciones enmarcadas en una división de funciones acordadas. Desde el plano objetivo, las acciones de los coautores deben ser en fase de ejecución del delito. Además, ambos coautores deben dominar, conjunta y funcionalmente, la acción, controlando el hecho típico sin que entre la acción de uno u otro aparezca una nota de subordinación que permitiría encuadrar una aportación en la complicidad» (STS de 14 de mayo de 2010, y más recientemente la de 25 de febrero de 2020 que expresivamente señala que «la coautoría no es la suma de autorías individuales sino responsabilidad por la totalidad»).

Por otra parte, debe reseñarse que el Tribunal Supremo aplica la teoría de las «desviaciones previsibles» para hacer responsable al coautor en los casos de desviaciones del plan inicial llevado a cabo por alguno de los codelincuentes, siempre que dichas desviaciones no sean imprevisibles de acuerdo con las circunstancias del caso concreto (véase la STS de 12 de marzo de 2012 con cita de sentencias anteriores).

c) El exceso del coautor

En principio, sólo responderá del exceso el coautor que se excede del plan conjunto, puesto que con ello se sale del plan trazado por todos (en este sentido la STS de 14 de junio de 2007 y más recientemente la de 24 de enero de 2019). No se puede aplicar a esta materia el artículo 65 del CP, ya que no se trata de circunstancias sino de elementos del delito.

En la presente materia no es necesario tener en cuenta el principio sobre la unidad del título de imputación, puesto que dicho principio está vigente tan sólo en el terreno de la participación, mientras que la coautoría es autoría y, por tanto, no es conducta accesoria sino principal. Luego puede darse que uno de los coautores cometa asesinato, mientras que los demás sean tan sólo reos de homicidio, si ese era el plan conjunto.

Respecto al desistimiento deben tenerse en cuenta las siguientes reglas: Si no se ha comenzado aún la fase de ejecución, bastará la manifestación seria y expresa al resto de los autores; sin que le sea exigible la denuncia a la policía. Pero si la fase de ejecución ha comenzado, el coautor podrá beneficiarse tan sólo del desistimiento en la tentativa si impide o intenta impedir de forma serie, firme y decidida, la consumación (véase *supra*, Tema 25, IV).

Pero el estudio de esta cuestión en concreto, especialmente en su aspecto jurisprudencial, no se puede abordar aquí y hay que dejarla para cada delito de la Parte Especial.

D) *La llamada participación necesaria*

En esta materia se van a exponer por separado el concepto, las clases y los sujetos punibles en los supuestos de la llamada participación necesaria.

a) Concepto

Suelen agruparse bajo este nombre una serie de casos que coinciden en que el hecho no puede cometerse sin la intervención de varias personas.

Aunque se les denomina «participación necesaria», la palabra «participación» se usa en sentido amplio, en el que incluye también la autoría. En realidad se trata de formas de coautoría. Es más, en ocasiones uno de los sujetos queda impune, porque el tipo penal se ha construido para protegerlo, por lo que en tales casos no hay más que un autor y una víctima.

La presente materia fue investigada ya por Stübel, al que siguieron Martin y Kries. Pero la actual división se debe a Freudenthal.

b) Clases

Los casos de participación necesaria suelen dividirse en dos grupos: delitos de encuentro y delitos de convergencia.

En los delitos de encuentro la conducta es fruto de la concurrencia de dos o más voluntades en la forma que sucede en un negocio jurídico. Por ejemplo, el delito de cohecho (arts. 419 y 424).

Por el contrario en los delitos de convergencia las voluntades se dirigen hacia una meta común. Tal es el caso de la rebelión (art. 472).

c) Sujetos punibles

La determinación de quiénes son los sujetos punibles en los casos de participación necesaria es un problema de interpretación de los distintos tipos penales.

Ante todo queda fuera de la autoría (y por tanto no es punible) aquel sujeto en cuyo favor se construye el tipo penal. Así, por ejemplo, la persona prostituida en el artículo 187.1, p. 2.º del CP.

En otros tipos el partícipe queda impune mientras no exceda su papel de mero partícipe. En el delito de bigamia (art. 217) suele considerarse que el soltero queda impune, si no ha instigado y convencido al casado; en este último caso se le castiga como inductor al delito de bigamia.

Finalmente no hay que confundir estos supuestos de impunidad con los casos en los que el legislador escinde el proceso fáctico en varios tipos penales distintos, pero todos los coautores quedan castigados. Así ocurre, por ejemplo, en el delito de cohecho, donde el funcionario es castigado a tenor del artículo 419 y el no funcionario por el artículo 424.

III. LA PARTICIPACIÓN CRIMINAL

El presente apartado va a analizar sucesivamente el concepto, el fundamento de su punibilidad, la naturaleza jurídica, los presupuestos y las distintas formas de participación criminal. En estas últimas sólo se van a englobar la inducción y la cooperación; dado que el encubrimiento se ha convertido en delito independiente. Finalmente se examinarán de modo breve (todavía en este apartado) dos problemas referentes a la participación criminal: la problemática del elemento subjetivo en la participación y los casos de exceso y de desistimiento.

1. Concepto

A veces se habla de «participación» en sentido amplio y se entiende por tal cualquier forma de intervención en el hecho, incluida la del autor o coautores del mismo. Esta es la acepción que se usa, por ejemplo, cuando se trata de la «participación necesaria».

Pero en sentido estricto se denomina «participación» la intervención de un sujeto en un hecho de otra persona. Por tanto el partícipe tiene una posición secundaria respecto al autor: no considera el hecho como propio.

Tal conducta puede consistir en convencer a otro para que realice el hecho y entonces se trataría de la inducción que recoge el artículo 28, párrafo 2.º*a*), del CP; o en cooperar con otro en la realización del hecho de éste, en cuyo caso se trataría del auxilio de los artículos 28, párrafo 2.º*b*), y 29 del CP. Por ejemplo, si uno convence a otro para que mate a un tercero, el que lo convence no mata, sino que meramente le instiga; y el que le facilita ayuda, tampoco mata, sino que se limita a prestar auxilio al homicida.

2. Fundamento de su punibilidad

Se han defendido en el correr del tiempo dos teorías para explicar la razón de que la participación sea punible: la de la corrupción y la de la causación.

La teoría de la corrupción (también llamada de la culpabilidad) parte del hecho de que el partícipe o convierte a otro en culpable (caso del inductor) o contribuye a que lo sea (caso del auxiliador). Pero desde que se defiende la teoría de la accesoriedad limitada, en virtud de la cual (como se expondrá enseguida) no es menester que el autor sea culpable, sino que basta con que ponga una acción típica y antijurídica, esta teoría ha sido abandonada.

La teoría de la causación (también denominada del favorecimiento) defiende que el partícipe causa (el inductor) o favorece (el auxiliador) la lesión no justificada de un bien jurídico por parte del autor. Por lo que, aunque en este último no sea culpable, se castiga en los partícipes la mera causación de la lesión o puesta en peligro de un bien jurídico. Esta teoría es la más racional, la que mejor se acomoda al tratamiento que da a la participación criminal nuestro Código Penal y la seguida en España por la doctrina y por la jurisprudencia.

3. Naturaleza jurídica

Por su misma esencia la participación tiene naturaleza accesoria respecto a la autoría, como se ha subrayado al exponer el concepto de la misma y como ha quedado claro al hablar de su naturaleza jurídica. Porque el partícipe no realiza su contribución al hecho como a un acto propio, sino como instigación o ayuda al acto que realiza un sujeto distinto.

4. Presupuestos

De lo anterior se deducen los dos presupuestos fundamentales en materia de la participación criminal: la accesoriedad y la unidad del título de imputación. Vinculado a estos dos principios aparece el problema de la participación en los delitos especiales, que por unidad de materia se abordará también ahora.

A) *La accesoriedad*

El Derecho Penal, en orden a la calificación de los hechos, toma como espina dorsal la conducta llevada a cabo por el autor en sentido estricto, o por el autor mediato o coautores en su caso. De ahí deriva la accesoriedad de la participación. Con tal término se designa, por tanto, la dependencia que la conducta del partícipe tiene respecto de la conducta del autor.

La doctrina mayoritaria está de acuerdo en el principio de accesoriedad de la participación, pero se defienden posturas diversas respecto a qué elementos del delito es necesario que concurran en la conducta del autor para que se pueda castigar al partícipe, aunque se declare exento de responsabilidad criminal al autor.

La teoría de accesoriedad mínima defendía que era suficiente que la acción del autor fuera típica para que el partícipe fuera punible. Pero tal teoría no tiene sustento ninguno en la legislación penal ni en la jurisprudencia ni en la doctrina, ya que cabe participar en una acción típica, si el autor está amparado por una causa de justificación. El mismo Código Penal admite la legítima defensa de terceros (art. 20.4.º), el auxilio necesario en el estado de necesidad (art. 20.5.º) y protege en su artículo 555 a «las personas que acudieren en auxilio de la Autoridad, de sus agentes o funcionarios». Además, los artículos 28 y 29 del CP no hablan de «delito» sino de «hecho».

Por ello se defiende hoy la teoría de la accesoriedad limitada que exige, para que se pueda castigar al partícipe, que la conducta realizada por el autor sea al menos típica y antijurídica. En el cambio doctrinal influyó sin duda la modificación del § 50 del CP alemán que aceptó la presente teoría.

Se han desechado por la doctrina y la jurisprudencia españolas las teorías de la accesoriedad extrema, que exige que la conducta del autor sea culpable y la de la accesoriedad máxima, que defiende que dicha conducta ha de ser punible. Porque ninguna de ellas se acomoda a las prescripciones de nuestro Código Penal, como lo demuestran, entre otros argumentos, la existencia de las excusas absolutorias y de modo peculiar el artículo 268, que considera responsable criminal al extraño que participa de la conducta del autor, aunque éste no lo sea.

Por último debe señalarse que hoy en día se alzan voces en la doctrina, minoritarias aunque muy autorizadas (así Mir Puig y Luzón Peña, entre otros) que rechazan el principio de accesoriedad, explicando la codelincuencia sin necesidad de recurrir a este principio. Nuestro Tribunal Supremo sigue manteniendo, no obstante, el principio de accesoriedad limitada, así en la Sentencia de 25 de enero de 2009 (caso Ayuntamiento Marbella).

B) *La unidad del título de imputación*

En íntima conexión con el carácter accesorio de la participación se encuentra el principio de la unidad del título de imputación. Con esta expresión se quiere significar que todos los partícipes cometen el mismo delito que el autor principal, puesto que su conducta es secundaria, accesoria, respecto a dicho autor.

El principio de unidad del título de imputación está siendo objeto de debate por parte de la doctrina puesto que existe una corriente doctrinal, cada vez más pujante, que considera que la teoría de la participación forma parte del tipo, es decir, que el autor en sentido estricto realiza la conducta descrita en el tipo de la parte especial, y por ello responde de ese delito, pero el partícipe no realiza dicha conducta y, por tanto, no responde por el mismo delito que el autor sino por el delito de participación, delito autónomo del realizado por el autor. Esta corriente reduce, por tanto, la unidad del título de imputación a unidad del hecho.

A nuestro juicio debe mantenerse la teoría de la unidad del título de imputación porque no existe óbice para sostener que el partícipe lo es del tipo del delito cometido por el autor principal siempre y cuando, naturalmente, no exista un error en el partícipe, en cuyo caso bastará con aplicar el contenido del artículo 14. En efecto, no existe dificultad en considerar que el que induce a un funcionario público a una malversación de fondos es inductor del delito de malversación de fondos, aunque en él no concurra la condición de funcionario público; del mismo modo el asesor fiscal que auxilia a alguien en la elaboración de su declaración fiscal puede ser considerado auxiliador necesario del delito de defraudación fiscal, aunque no sea el obligado tributario. Por otra parte, si un funcionario público presta un auxilio imprescindible a un particular para cometer un delito de detenciones ilegales, será auxiliador del delito de detenciones ilegales, además de apreciarle la circunstancia agravante de carácter público. Los casos en los cuales en el partícipe concurra un error sobre las condiciones, cualidades o relaciones personales que el tipo exija para ser autor deberán solucionarse acudiendo al artículo 14.2 y quizá sea preciso romper el tipo de imputación para solucionarlos, lo que también se hace, por otra parte, cuando existe un exceso en el autor.

Los principios de accesoriedad y de unidad del título de imputación conectan con el problema de la participación en los delitos especiales, que se aborda en el siguiente apartado.

C) *La participación en los delitos especiales*

Como se vio *supra* (Tema 16, III, 1) son delitos especiales aquellos en los que el tipo penal exige una determinada condición o cualidad al autor, limitando de esta forma el círculo de posibles autores. Al autor en el que concurre la condición o cualidad especial se le denomina *intraneus*, y al partícipe en el que no concurre *extraneus*. El principio de legalidad, proclamado en el artículo 25.1 de la Constitución, implica que solo se pueda considerar autor del delito a la persona en la que concurre la condición o cualidad que exige el tipo —al *intraneus*—. Nada obsta, sin embargo, a que se pueda castigar la participación del *extraneus* (véanse, últimamente, las SSTS de 31 de octubre de 2019, 18 de diciembre de 2019 y 31 de marzo de 2022).

Los delitos especiales pueden clasificarse en *impropios*, aquellos en los que existe un tipo básico que constituye un delito común que puede ser cometido por cualquiera, y *propios*, aquellos en los que no existe un tipo básico común. Por ejemplo, son delitos especiales propios el delito de publicidad engañosa del artículo 282 de CP, que solo puede ser cometido por los fabricantes o comerciantes, y el delito de prevaricación del artículo 404, que solo puede ser cometido por autoridad o funcionario público; son delitos especiales impropios las detenciones ilegales cometidas por funcionario público del artículo 167, y el allanamiento de morada cometido por funcionario público, del artículo 204.

Por otra parte, la doctrina desde Roxin viene diferenciando los *delitos comunes o de dominio*, aquellos en los que es autor quien domina el hecho delictivo y partícipe el que colabora sin tener el dominio del hecho, de los *delitos de infracción del deber*, aquellos en los que es autor quien realiza la conducta prohibida infringiendo un deber especial, y partícipe quien interviene sin infringir dicho deber, con independencia de quién detente el dominio del hecho. La moderna teoría de los delitos de infracción de un deber, sostenida en España destacadamente por Sánchez-Vera, considera superflua la distinción entre delitos especiales propios e impropios: siempre que se infringe un deber estamos ante un delito de infracción de un deber y, en caso contrario, frente a un delito común. Desde esta postura el *extraneus* debería gozar siempre de una atenuación obligatoria porque él no infringe ningún deber especial.

La teoría de la infracción del deber resulta atractiva por la simplicidad a la que reduce temas complejos como el del instrumento doloso no cualificado (cuando el *intraneus* se vale de un *extraneus* que actúa voluntaria y conscientemente). Sin embargo, una parte de la doctrina (Peñaranda, Silva Sánchez) no la considera admisible por motivos diversos. De una parte, se alega que también en los delitos especiales cabe distinguir delitos especiales de dominio, en los que el autor, además de infringir un deber especial, domina la acción material en que se plasma la conducta delictiva (así las detenciones ilegales del artículo 167), y delitos especiales de pura infracción de deber, en los que es suficiente para que concurra la autoría el infringir un deber específico que tiene el autor con respecto al bien jurídico, sin precisar que ejecute una conducta material mediante la que controle la ejecución del delito (por ejemplo el delito de prevaricación del artículo 404). De otra, se argumenta que los delitos especiales propios no siempre son delitos de infracción de deber porque en los códigos se recogen también delitos especiales de *posición*, es decir, delitos en los que la delimitación del círculo de sujetos activos deriva de que éstos se encuentran en la posición idónea para lesionar el bien jurídico y no de que concurra en ellos un especial deber; se clasificarían aquí el delito fiscal, el delito de publicidad engañosa y los delitos societarios (arts. 290 y ss.) entre otros. Para otros autores los delitos de posición no serían auténticos delitos especiales propios, precisamente porque no son delitos de infracción de deber.

La postura tradicional del Tribunal Supremo respecto de la participación en los delitos especiales pasaba por distinguir los supuestos de delitos especiales propios de los impropios. En los delitos especiales impropios consideraba que la condición o cualidad constituía una agravante y, por ello, aplicaba la regla de la comunicabilidad de las circunstancias modificativas (el actual art. 65.1), castigando al *intraneus* por el tipo cualificado y al *extraneus* por el tipo básico, es decir rompía el título de imputación. Sin embargo, en los delitos especiales propios consideraba aplicable el principio de unidad del título de imputación, y se castigaba tanto al *intraneus* como al *extraneus* por el delito cometido por el autor *intraneus* (así la STS de 4 de julio de 1986).

Por otra parte, desde la Sentencia de 18 de enero de 1993, el Tribunal Supremo venía manteniendo que a favor del partícipe *extraneus* debía tenerse en cuenta que él no infringe el deber específico del autor y que, por tal razón, podía ser condenado con una pena atenuada respecto del autor, lo que se instrumentaba a través de la atenuante por analogía, que incluso se llegó a aplicar como muy cualificada. También en la doctrina existía unanimidad en torno a la exigencia de la atenuación de la pena del partícipe *extraneus*, porque al sancionar de modo similar al *intraneus* y al *extraneus* no se tiene en cuenta el menor contenido de injusto que supone que no concurra en él la cualidad personal que el tipo exige.

En la reforma operada en el CP por LO 15/2003 el legislador incorporó al artículo 65, a semejanza del parágrafo 28.I del Código Penal alemán, una regla en la que se recoge una atenuación de la pena para el partícipe en el delito especial.

Establece el artículo 65 en su número tercero que:

> Cuando en el inductor o en el cooperador necesario no concurran las condiciones, cualidades o relaciones personales que fundamentan la culpabilidad del autor, los jueces o tribunales podrán imponer la pena inferior en grado a la señalada por la Ley para la infracción de que se trate.

Diversas cuestiones plantea esta norma:

En primer lugar, cómo debe interpretarse el término «culpabilidad». Efectivamente el término culpabilidad admite en la dogmática actual múltiples acepciones, desde la más estricta —categoría dogmática (junto con la acción, tipicidad, antijuridicidad y punibilidad)— hasta la más amplia —equivalente entonces a principio de culpabilidad como límite del *ius puniendi*—. De seguirse la interpretación estricta del término, habría que examinar los delitos especiales para separar aquellos en los que las condiciones, cualidades o relaciones personales del autor supongan un mayor grado de injusto de aquellos otros en los que dichas circunstancias supongan un mayor grado de culpabilidad; sólo al segundo grupo le sería aplicable el contenido del artículo 65.3.

No parece que esa fuera la intención del legislador, que sustituyó la expresión «que la correspondiente figura del delito exija para poder ser responsable del mismo», que utilizaba el Anteproyecto, por la actual «que fundamentan la culpabilidad del autor», a instancias del Informe del CGPJ, que consideraba que la primera era demasiado ambigua y no precisaba que las condiciones exigidas lo fueran para *fundamentar* la categoría de autor del tipo correspondiente de la parte especial, y no sólo *modificarlo*.

De ello cabe deducir que el legislador utiliza la expresión «culpabilidad» como equivalente a responsabilidad criminal y que lo que se pretende conseguir es la aplicación del artículo 65.3

a los delitos especiales propios y no a los impropios. Como vimos antes, la consideración de los delitos especiales, propios e impropios, como delitos de infracción del deber conduciría a la aplicación de la atenuación del art. 65.3 a unos y a otros. El Tribunal Supremo ha considerado que sí cabe aplicar el contenido del artículo 65.3 a los delitos especiales impropios, si bien es cierto que lo ha hecho en delitos que efectivamente son delitos de infracción de deber. Así en la STS de 17 de julio de 2012, que en un supuesto de participación de un particular en un delito de detenciones ilegales cometido por funcionario público del artículo 167, consideró que debía castigarse al particular como cooperador necesario del artículo 167 aplicándole la atenuación contenida en el artículo 65.3, opción menos gravosa que considerar la aplicación del art. 163. La postura adoptada no resulta ajustada al principio de proporcionalidad como reconoce parte de la doctrina (PEÑARANDA) puesto que conduce a sancionar menos al partícipe del delito especial impropio que al partícipe del delito común.

En segundo lugar, hay que remarcar que la rebaja de pena recogida en el artículo 65.3 es de carácter facultativo. El legislador ha tenido en cuenta sin duda que aunque el contenido de injusto del *extraneus* que interviene en un delito de esta naturaleza es, por definición, menor que el predicable de la acción del *intraneus*, no siempre estará justificada una rebaja de grado. Así lo considera también el Tribunal Supremo en Sentencia de 18 de junio de 2014 y últimamente en la de 31 de marzo de 2022. Que la atenuación sea facultativa y no obligatoria permite ajustar al caso en concreto la penalidad del partícipe y, singularmente, distinguir supuestos como la participación en delitos especiales de posición en los que no parece estar justificada la rebaja de grado.

En tercer lugar, debe señalarse que la facultativa rebaja de pena para el partícipe no alcanza al cómplice por expresa decisión legislativa. En efecto, en el Anteproyecto se mencionaba al cómplice a continuación del inductor y del auxiliador necesario, pero dicha mención se suprimió a instancias del CGPJ, que en su Informe consideró que la atenuación del artículo 65.3 sólo resultaba necesaria en los casos en los cuales el Código equipara el tratamiento punitivo del partícipe al del autor —inducción y auxilio necesario—. La supresión, sin embargo, resulta incorrecta porque puede conducir a la equiparación penológica de las tres formas de participación, cuando la regla general es que se considere menos grave, y por ello se castigue menos, la complicidad que la inducción o el auxilio necesario. Que dicha equiparación penológica carece de sentido es una idea admitida por el propio CGPJ, que en el mismo Informe sugiere otra modificación al artículo 65.3 del Anteproyecto para dejar claro que en el caso de la complicidad debe aplicarse una doble atenuación —por ser cómplice y por ser *extraneus*, afirma el Informe—. Lo que no resulta fácil de comprender es cómo pretende el CGPJ que se fundamente la atenuación que recoja la consideración de que el cómplice es *extraneus* una vez suprimida esa figura de la relación del artículo 65.3. Imposible desde luego no resulta: basta acudir de nuevo a la consideración de una atenuante por analogía, esta vez al artículo 65.3, pero habría sido más conveniente que se pudiera aplicar directamente el propio artículo 65.3. Nuestro Tribunal Supremo ha admitido sin problemas la aplicación analógica del art. 65.3 a los cómplices, así en la Sentencia de 18 de noviembre de 2013 (caso Ayuntamiento de Marbella) y, últimamente, aunque no lo considera aplicable, en la de 4 marzo de 2019 (caso Fórum Filatélico).

En cuarto lugar, habría que plantear la relación entre las reglas primera y tercera del artículo 65. Un sector doctrinal entiende que entre ambas se da una contradicción porque la regla primera establece que las circunstancias de carácter personal solo serán aplicables a la persona en la que concurra (véase *supra* Tema 24, I, 3), mientras que la tercera parece partir de la comunicabilidad de las condiciones, cualidades o relaciones personales al *extraneus*. Compartimos la consideración de la doctrina mayoritaria que afirma que la regla primera es aplicable sólo a las circunstancias modificativas genéricas, mientras que la tercera se refiere a auténticos elementos esenciales del tipo. Desde esta perspectiva, el art. 65.3 no establece una excepción al régimen de incomunicabilidad de las circunstancias personales previsto en el art. 65.1.

Por último, se puede plantear si desde un punto de vista de justicia material resulta necesario atenuar la pena del *extraneus* que participe en delitos especiales propios e impropios, ya sea dicha atenuación expresamente contenida en la ley, ya sea conseguida a través de la extensión de las normas de comunicabilidad. Es decir, ¿realmente exige la justicia material que al *extraneus* que conozca que en el autor concurre la circunstancia personal se le castigue menos cuando de hecho el dolo de su participación abarca la existencia de la circunstancia personal? Que el *extraneus* no infrinja el deber específico del autor no resulta argumento convincente, porque al partícipe no se le castiga por ser autor sino por ser partícipe, y, si la norma general es la equiparación de algunas formas de participación —inducción y auxilio necesario— a la autoría a efectos penológicos, no se aprecia en estos casos motivo adicional para excepcionarla. Quizá lo que en el fondo se esté poniendo en tela de juicio sea precisamente la equiparación penológica entre los que son auténticos autores y los que no dejan de ser sino meros partícipes en el delito.

5. Las formas de participación

Se va a hablar ahora de la inducción [art. 28, párrafo 2.º*a*)] y de la cooperación [arts. 28, párrafo 2.º*b*), y 29 del CP].

A) *La inducción*

Respecto a la inducción se van a exponer sucesivamente su concepto, el texto legal y los elementos de la misma.

a) Concepto

El artículo 28, párrafo 2.º*a*), del CP preceptúa que se consideran como autores:

> Los que inducen directamente a otro u otros a ejecutarlo [el hecho].

Se da la inducción cuando un sujeto determina a otro a realizar por sí mismo un delito concreto que no estaba decidido a ejecutar y el inducido como mínimo da comienzo a la ejecución del hecho (SSTS de 1 de julio de 2017 y de 8 de julio de 2020, entre otras).

Ha de tratarse de un influjo psíquico de cualquier clase: amenazas, autoridad moral, insistencia, así como también precio, recompensa o promesa. Aunque se habla de causalidad psíquica no se trata de la relación de causalidad física, sino de influjo psíquico determinante.

La diferencia con la provocación estriba en que ésta ha de dirigirse de modo indiscriminado a una masa de público indeterminada y que ninguno de ellos ha puesto un acto de ejecución. Por otra parte, ya se vio cómo el TS ha aceptado que la inducción frustrada puede sancionarse como proposición [véase *supra*, Tema 25, II, B)].

b) Elementos

Suelen distinguirse en la inducción un elemento objetivo y otro subjetivo.

a') Elemento objetivo

La inducción ha de ser directa, requisito que exige el mismo texto legal. Significa que se ha de inducir a un sujeto concreto para que cometa un delito también concreto en una relación interpersonal entre ambos; pero esto no impide que se le pueda mandar al inducido el dinero por otra persona. Se discute si cabe la inducción en cadena. Si por ésta se entiende inducir a un sujeto para que él a su vez induzca a otro, no suele admitirla la doctrina; por ejemplo, Cobo defiende que se trata de auxilio necesario. Caso diverso es el de las bandas delincuenciales, en las que el jefe da la orden de cometer un delito concreto a un subordinado, para que éste se la transmita a un tercero (pues la persona interpuesta no es más que mero correo); si el jefe no pone acto ninguno externo, será inductor. La STS de 10 de abril de 2003 admite que resulta intrascendente para apreciar la inducción que el inductor se sirva de un intermediario en su relación con los autores materiales.

La inducción ha de conseguir que el inducido se decida a cometer un delito concreto al que no estaba resuelto. Por eso se da, cuando se promete una suma a un sujeto (el *killer* de los americanos o el «matón» de nuestros barrios bajos) que está decidido a cometer delitos (en general), si alguien le paga, porque el que da el dinero le decide a cometer ese delito concreto.

Para que haya inducción no basta el apoyo a la decisión del ya resuelto a cometer el delito; ni tampoco es suficiente darle consejos sobre el modo de realizar mejor el hecho; la inducción ha de conseguir que el sujeto tome la resolución criminal.

Tampoco se admite la inducción por omisión, pues el inducido ha de tomar la decisión por el influjo positivo del inductor.

Además la inducción ha de ser eficaz. Quiere decir que el inducido ha de comenzar al menos la ejecución del delito: ha de poner como mínimo un acto de ejecución. En caso contrario se estaría ante la inducción frustrada, que queda impune. Pero, además, el inducido ha de tomar el puesto de autor (o coautor), pues no cabe tampoco inducción a la provocación.

b') Elemento subjetivo

El inductor ha de actuar con dolo respecto al hecho que quiere que cometa el inducido. Por eso algunos autores (y, en general, la doctrina alemana) niegan la posibilidad de inducción a un delito imprudente. Sin embargo, se olvida por dichos autores que en el delito imprudente la omisión de la diligencia debida es frecuentemente dolosa; luego cabe inducir a la imprudencia; por ejemplo, el ocupante del vehículo que induce al conductor a ser imprudente. No es admisible, sin embargo, la inducción por imprudencia, esto es, que un sujeto provoque la decisión criminal en otro por sus palabras imprudentes.

B) *La cooperación*

Nuestro CP conoce dos modalidades de cooperación: la que se suele llamar cooperación (o auxilio) necesaria y la que se denomina complicidad. Pero a la hora de penar, a la primera la considera el CP como autoría y la castiga con la misma pena que a los autores; y a la segunda como complicidad, por lo que la castiga con la pena inferior en un grado. Por eso es fundamental a efectos prácticos la distinción entre ambas formas de cooperación.

Con relación a las mismas se van a exponer por separado el concepto, el texto legal, los criterios diferenciales y los requisitos de ambas formas de cooperación.

a) Concepto

Puede definirse la cooperación como la contribución del que interviene en un hecho ajeno que hace posible o facilita con su aportación.

Por tanto se trata de formas de participación, puesto que el sujeto interviene en un hecho ajeno. Además la aportación del sujeto nunca puede ser un acto de ejecución, porque entonces habría que incluirla en el artículo 28, párrafo 1.º. Así lo recuerda la STS de 3 de noviembre de 2010 con las siguientes palabras: «diferenciándose la autoría material y directa, de la cooperación, en que el cooperador no ejecuta el hecho típico, desarrollando únicamente una actividad adyacente, colateral y distinta, pero íntimamente relacionada con la del autor material, pudiendo calificarse de necesaria cuando la actividad coadyuvante resulta imprescindible para la consumación de los comunes propósitos criminales asumidos por unos y otros».

b) Texto legal

El artículo 28, párrafo 2.º*b*), del CP prescribe que se consideran autores:

> Los que cooperan a su ejecución con un acto sin el cual no se hubiere efectuado.

Mientras que el artículo 29 declara que:

> Son cómplices los que, no hallándose comprendidos en el artículo anterior, cooperan a la ejecución del hecho con actos anteriores o simultáneos.

c) Criterios diferenciales

El texto del artículo 28, párrafo 2.º*b*), del Código Penal parece referirse claramente a las teorías individualizadoras que intentaron distinguir entre causa y condición [véase *supra*, Tema 13, II, 1, A)] y que eran las únicas formuladas expresamente al redactarse el Código Penal de 1848, lo que resulta sorprendente es que el legislador de 1995 haya decidido perpetuarlas. La nota fundamental del auxilio necesario es la de cooperar a la ejecución del hecho «con un acto sin el cual no se hubiera realizado el delito»; con lo que se deja para la complicidad (también llamada por eso «auxilio no necesario») los actos sin los cuales se hubiera realizado el delito. Pero este criterio supone distinguir la causa de la condición, lo que pronto se mostró como punto menos que imposible en las ciencias del hombre y por eso fue abandonado por los penalistas.

En la actualidad, la doctrina española ha ido formulando diversos criterios para distinguir el auxilio necesario de la complicidad. Ante todo se ha planteado la cuestión de si la necesidad, de que habla el artículo 28, párrafo 2.º*b*), hay que considerarla en abstracto o en concreto. Porque si se plantea en abstracto, ningún acto es necesario absolutamente para que se realice un delito: pero si por el contrario se va a un criterio totalmente concreto, todos los actos han sido necesarios para la realización del hecho. Por ello todos los autores han optado por una vía media entre lo absolutamente abstracto y lo totalmente concreto.

Para distinguir el auxilio necesario de la complicidad se proponen en la actualidad varios criterios.

Algunos autores (entre otros GIMBERNAT) han optado por el criterio de la escasez de la aportación hecha por el sujeto. Cuando ésta es muy difícil o imposible de conseguir al autor por otro medio, se trata de un auxilio necesario; en el caso contrario, de complicidad.

Semejante es el criterio expuesto, entre otros, por RODRÍGUEZ DEVESA que hace depender la cuestión de la fungibilidad de la aportación. Cuando el papel que desempeña un sujeto concreto podría ser realizado por otro de los presentes, se trata de complicidad; mientras que si sólo él puede desempeñarlo, se estaría ante auxilio necesario. Así, por ejemplo, si alguno de los asaltantes a un banco sabe también conducir, el que espera a la puerta con el coche en marcha es mero cómplice; pero si ninguno de ellos sabe hacerlo, el chófer será auxiliador necesario.

Este criterio (el de la fungibilidad de la aportación) es el que complementa y precisa RODRÍGUEZ-MOURULLO que distingue entre la concreción del resultado y la de los medios. Lo que importa para saber si el acto es necesario es constatar si de él depende que el autor pueda conseguir el resultado en el momento en el que lo intenta o si tendría que aplazar el hecho; no el que lo pueda conseguir por ciertos medios concretos (se trata, por tanto de la cuestión que en la terminología de los prácticos del Derecho se llamaría del *an*, no del *quomodo*). Para la constatación propone RODRÍGUEZ-MOURULLO la fórmula quizás más precisa de las que se utilizan en la doctrina actual: Si el autor hubiera tenido que renunciar a la ejecución del hecho o al menos aplazarlo en espera de conseguir una colaboración equivalente o de que un cambio de circunstancias no hiciera precisa la colaboración ajena, el auxilio es necesario.

d) Requisitos

Sobre el momento de la cooperación el CP habla en el artículo 29 de «actos anteriores o simultáneos», pero nada dice al respecto el artículo 28, párrafo 2.º*b*), por tanto se puede entender que también para el auxilio necesario vale la misma determinación temporal. Aunque, si se trata de actos simultáneos fácilmente serán subsumibles en el artículo 28, párrafo 1.º Los actos de encubrimiento prometidos antes de la realización del hecho se tienen por actos de cooperación.

Se discute sobre si los cooperadores pueden aportar medios morales, como serían consejos, etc. No se ve razón para excluirlos ni para reducir la cooperación tan sólo a los medios materiales, ya que los medios morales son «actos».

También cabe la cooperación por omisión, porque, de nuevo, se trata de una conducta humana. Si es admisible la comisión por omisión en el autor directo, no se ve razón para que no pueda darse en el cooperador. El Tribunal Supremo admite la participación omisiva sin problemas cuando existe un deber jurídico de actuar que se omite. Así últimamente la STS de 18 de octubre de 2017 recuerda que «el presupuesto subjetivo de la participación omisiva parte de la constatación de que el omitente conocía su especial posición de garante y conocía la posibilidad de actuar con arreglo a la posición ostentada y, sin embargo, omite el comportamiento que le era exigible cooperando así con el actuar del autor material».

Finalmente, el hecho ha de llegar al menos a tentativa. La doctrina lo exige por la palabra «hecho» que usa la fórmula legal, que es el mismo vocablo utilizado en el artículo 28, párrafo 1, al hablar de la autoría.

6. Problemas referentes a la participación criminal

En materia de participación criminal se presentan dos problemas que conviene examinar por separado: la problemática del elemento subjetivo en la participación y los casos de exceso y de desistimiento de los mismos.

A) *La problemática del elemento subjetivo en la participación*

La cuestión de los elementos accidentales del delito (las circunstancias modificativas de la responsabilidad criminal) queda suficientemente tratada en el artículo 65 del CP. Pero conviene detenerse en los casos en los que el elemento subjetivo del autor y de los partícipes no es el mismo respecto a los elementos esenciales del delito.

Se van a distinguir los casos de participación dolosa en delito doloso, de culposa en delito culposo y los de dolosa en delito culposo y viceversa.

a) Participación dolosa en delito doloso

Es la cuestión que ofrece menor problemática. Sólo presenta problema cuando el partícipe no conoce parte del tipo que realiza el autor principal. Por ejemplo, cree que éste está matando simplemente y lo está ejecutando con alevosía. A este supuesto hay que aplicarle las reglas sobre el exceso del autor principal, de las que se hablará enseguida.

b) Participación en delitos imprudentes

La doctrina alemana niega esta posibilidad, mientras que la admite la italiana. En la actualidad parte de la doctrina española sostiene un concepto unitario de autor en el delito imprudente y, por tanto, la imposibilidad de diferenciar entre autores y partícipes en este ámbito, y otra parte, aun admitiéndola aboga por la impunidad en atención a algunos de los siguientes argumentos: *a*) la imposibilidad de trasladar el criterio del dominio del hecho a los delitos imprudentes; *b*) la exigencia de dolo en la participación, que aunque no se plantea expresamente en los arts. 28 y 29 CP, surgiría como un requisito estructural de la propia participación; y, *c*) la denominada «prohibición de regreso», criterio de imputación objetiva que impediría castigar el favorecimiento imprudente de una conducta dolosa y culpable.

Desde nuestro planteamiento de la acción sí cabe en algunos casos la participación en el delito imprudente puesto que cuando se trata de culpa consciente el sujeto activo acepta la infracción del deber de cuidado. aunque no acepte el resultado, y sobre ella puede darse el acuerdo de voluntades [véase *supra*, Tema 16, 2, C), *b)*]. Así, por ejemplo, en el caso de la inducción por parte de los ocupantes de un vehículo que convencen al conductor de que lo haga bajo la influencia de bebidas alcohólicas o de manera temeraria y por ello causan el atropello y muerte de un peatón (estos son los hechos por los que condena la STS de 25 junio 2020).

Admiten la participación en delitos imprudentes, entre otros, Luzón Peña, Mir Puig, Silva Sánchez y Robles Planas. Sin embargo, para otros autores, como López Barja de Quiroga, estos casos serían de coautoría accesoria (cuando dos o más personas actuando de forma independiente y sin conocimiento de lo que hace el otro producen el resultado típico).

La doctrina se refiere también a la que denomina coautoría imprudente, aunque más bien debería hablarse de coautoría en delitos imprudentes. La figura precisa los siguientes requisitos: *a*) La concurrencia de al menos dos acciones en la producción del hecho delictivo; *b*) Que cada una de ellas, sea insuficiente para producir el hecho por sí sola, pues si una acción individual cumple con el criterio de la determinación objetiva y positiva del hecho se afirmará la autoría unipersonal y no cabría la coautoría; y, *c*) Que la conjunción de las acciones realizadas por distintas personas, y sólo esa conjunción, es la que (co)determina objetiva y positivamente el hecho.

c) Participación dolosa en delito imprudente y participación imprudente en delito doloso

Los supuestos de participación dolosa en delito imprudente y participación imprudente en delito doloso son imaginables, pero la doctrina tiene muchas dudas respecto de su aceptación.

Un ejemplo de participación dolosa en delito imprudente sería que el empleado de un taller de reparaciones descomponga dolosamente los frenos de un vehículo y el conductor, ignorante de ello y sin haber comprobado si funcionan, atropelle y mate a un viandante. Para la doctrina mayoritaria se trataría de un supuesto de autoría mediata, pero coincidimos con Robles Planas en que la aportación dolosa a un delito imprudente puede y debe calificarse como de participación si, materialmente, tiene un significado menor que lo realizado por el autor.

Una participación imprudente en delito doloso sería, por ejemplo, la del policía que deja por descuido la pistola al alcance de su hijo que la coge y mata a un vecino. A nuestro juicio en estos casos habrá que romper el título de imputación y castigar a cada uno de los implicados por el delito que ha cometido, imprudente el del padre y doloso el del hijo. Esta fue la solución que utilizó nuestro TS en el conocido caso «Vinader», en el que condenó al periodista F. J. Vinader como autor de un delito de homicidio imprudente por publicar un artículo con datos acerca de personas de ideología ultraderechista dedicadas a ejercer actividades violentas en contra de la organización terrorista ETA en el País Vasco. Al poco tiempo de aparecer el referido artículo dicha organización terrorista asesinó a dos de las personas que en él se relacionaban (STS de 29 de enero de 1983).

B) *Exceso y desistimiento del partícipe*

El partícipe no responde del exceso del autor principal, cuando éste sea relevante para el título de imputación. Así, el que induce a homicidio, no responde de asesinato si el ejecutor mata con alevosía.

Respecto al desistimiento valen para el partícipe las mismas reglas que para el autor. Si éste no ha comenzado aún la fase de ejecución, bastará la manifestación seria y expresa al mismo; sin que le sea exigible la denuncia a la policía. Pero si la fase de ejecución ha comenzado, el partícipe podrá beneficiarse tan sólo del desistimiento en la tentativa si impide o intenta impedir de forma seria, firme y decidida, la consumación (véase *supra*, Tema 25, IV).

IV. LA AUTORÍA EN DELITOS POR MEDIOS AUDIOVISUALES

Los que actualmente se denominan «medios audiovisuales» han producido siempre problemas respecto a la codelincuencia. Es evidente que no cabe aplicar a los mismos lo prescrito en los artículos 27, 28 y 29 del Código Penal, pues supondría procesar en ocasiones a todo o a gran parte del personal de un periódico o de cualquier otro medio audiovisual. Por ello, desde la reforma del CP de 1870 (que introdujo en el Código algunas de las prescripciones de la Ley de Imprenta de 1867) se ha previsto un régimen especial para los mismos.

1. Texto legal

El artículo 30 especifica la responsabilidad criminal en estos delitos:

> 1. En los delitos y faltas que se cometan utilizando medios o soportes de difusión mecánicos no responderán criminalmente ni los cómplices ni quienes los hubieren favorecido personal o realmente.
>
> 2. Los autores a los que se refiere el artículo 28 responderán de forma escalonada, excluyente y subsidiaria de acuerdo con el siguiente orden:

1.º Los que realmente hayan redactado el texto o producido el signo de que se trate, y quienes les hayan inducido a realizarlo.
2.º Los directores de la publicación o programa en que se difunda.
3.º Los directores de la empresa editora, emisora o difusora.
4.º Los directores de la empresa grabadora, reproductora o impresora.
3. Cuando por cualquier motivo distinto de la extinción de la responsabilidad penal, incluso la declaración de rebeldía o la residencia fuera de España, no pueda perseguirse a ninguna de las personas comprendidas en alguno de los números del apartado anterior, se dirigirá el procedimiento contra las mencionadas en el número inmediatamente posterior.

2. Extensión

La prescripción del artículo 30 se extiende a los delitos que se cometan utilizando medios o soportes de difusión mecánicos; tales son, por no enumerar más que algunos, la imprenta, la radio, el cine, la televisión, los vídeos y un largo etcétera, pues cada día se ven incrementados por nuevos inventos. No caben bajo esta denominación las «pintadas» y demás medios de reproducción no mecánicos.

3. Problemática del texto legal

El texto actualmente vigente establece la llamada responsabilidad en cascada y presenta una copiosa problemática.

Ante todo hay que destacar que se excluye expresamente de responsabilidad en estos delitos a los cómplices. Por otra parte, hay que destacar que la remisión que el artículo 30 hace a los autores del artículo 28 supone un error, puesto que la falta de especificación podría llevar a la conclusión de que también pretende castigarse a los auxiliadores necesarios, que también se hallan contenidos en el artículo 28, lo que a la vista del artículo 30.2.º no resulta cierto.

Hace responsable criminal esta disposición a los autores, considerando como tales a: los que realmente hayan redactado el texto o producido el signo de que se trate, y quienes les hayan inducido a realizarlo; los directores de la publicación o programa; los directores de la empresa editora, emisora o difusora y los directores de la empresa grabadora, reproductora e impresora. La responsabilidad es escalonada, excluyente y subsidiaria, lo que quiere decir que sólo se pasará al escalón siguiente si no responde el del escalón anterior, y que si éste responde no responderán los de los escalones siguientes.

Aunque algunos autores defendieron respecto a la legislación anterior que se trata de una responsabilidad objetiva, parece que ésta no puede caber ya en nuestro Código Penal a tenor de los artículos 5 y 10. Por lo que en cualquiera de los escalones de la «cascada» cabría prueba en contrario; sobre todo el desconocimiento del texto impugnado, lo que no ha de ser raro especialmente en los últimos saltos de la abundante «cascada», tales como los impresores, a los que no se puede exigir en serio que controlen y censuren todo lo que se publica en su imprenta.

4. Consideraciones críticas

El efecto que produce la regulación del artículo 30 es el de que el legislador ha querido que alguien pague penalmente en todo caso; pero la extensión de la *culpa in vigilando* al campo penal (que es la única posible fundamentación del castigo de algunos de los saltos de la «cascada») no puede sostenerse en un moderno Derecho Penal de culpabilidad.

Tampoco queda claro qué sucedería en el caso siguiente: por no haberse declarado en rebeldía los anteriores incluidos en la «cascada», se castiga a uno del escalón inferior. Si cuando éste está cumpliendo la condena, el del anterior peldaño se traslada a España, ¿podrá ser procesado? Y, en caso de que fuera condenado, ¿qué pena cumplirá y qué sucederá con el anterior condenado?

TEMA 27

CONCURSO DE DELITOS

La cuestión actual es diversa de la que se estudió más arriba (véase *supra*, Tema 8, II) bajo el nombre de concurso de normas penales. Allí se trataba del caso en el que un hecho concreto pudiera ser encuadrado en dos o más preceptos penales distintos; por lo que había que dar reglas para elegir el tipo correcto y excluir los restantes. Mientras que la cuestión presente se da cuando un delincuente al ser juzgado ha cometido dos o más delitos distintos, por todos los cuales ha de ser castigado; pero se han arbitrado ciertas reglas a fin de reducir en muchos casos la pena concreta que ha de cumplir el delincuente.

Algunos autores denominan a esta cuestión «unidad y pluralidad de delitos» e incluyen en la misma ambos problemas: el concurso de normas penales y el concurso de delitos. Pero parece más apropiado separar ambas cuestiones, ya que el concurso de normas penales entra en juego desde el principio del tratamiento de un caso práctico concreto (para determinar qué tipo penal es aplicable), mientras que el concurso de delitos juega tan sólo a la hora de determinar la pena concreta.

Se va a plantear ante todo la problemática existente en los supuestos en que al ser enjuiciado el delincuente hay que acusarle de más de un delito; para pasar luego a exponer el concurso de delitos y el caso específico del delito continuado.

I. PLANTEAMIENTO DEL PROBLEMA

Lo normal es que exista una sola acción que da lugar a un solo delito. Por ejemplo, un individuo dispara y mata a otro. A ello no se opone a que en ocasiones la acción se componga de varios actos; por ejemplo, un sujeto mata a otro con siete puñaladas. Pero la conducta sigue siendo una sola: la de matar.

Pero a veces al ser juzgado un sujeto, ha cometido más de un delito. Entonces se da el llamado concurso de delitos, del que se va a tratar en el tema presente y que tiene dos variantes: el concurso real y el concurso ideal.

No hay que confundir con el concurso de delitos algunos supuestos semejantes que se van a enumerar a continuación. El delito permanente se da cuando existe una sola acción, pero la antijuridicidad se prolonga a voluntad del sujeto, como sucede en el delito de detenciones ilegales (art. 163); en este caso no hay concurso de delitos. El delito de hábito no constituye en ningún supuesto concurso de delitos; pues en tal caso hace falta la repetición de actos para que exista un solo delito (por ejemplo, la violencia física ejercida de manera habitual sobre el cónyuge o los hijos del art. 173.2 del CP). Finalmente, tampoco hay concurso de delitos propiamente dicho en el caso del delito continuado (art. 74 del CP), pues el legislador ha decidido castigar como un solo delito lo que en realidad son varios.

II. EL CONCURSO DE DELITOS

Después de exponer el concepto y las clases del concurso de delitos, se van a estudiar sus dos divisiones fundamentales: el concurso real y el concurso ideal.

1. Concepto

Se suele dar el concurso de delitos en los casos en los que un sujeto en el momento de ser juzgado, ha cometido varios delitos por los que no ha sido condenado con anterioridad. Tal concepto presenta una excepción: el supuesto de los delitos conexos, de que se hablará enseguida.

Por tanto, se trata del caso opuesto al de la reincidencia, pues en ésta se castiga más al delincuente por el hecho de haber cometido delitos anteriores; mientras que en el supuesto de concurso, la pena suele ser más suave.

El límite entre la reincidencia y el concurso lo traza la sentencia ejecutoria: si ésta se ha dado, puede haber reincidencia; si aún no ha recaído, se está en el supuesto de un concurso de delitos. Pero, de nuevo, existe una excepción en el caso de los delitos conexos.

2. Clases

Las clases de concurso son dos: real e ideal. Se habla de concurso real cuando el sujeto activo ha realizado varios hechos que dan lugar a varios delitos, mientras que cuando el sujeto ha realizado un solo hecho que da lugar a varios delitos nos encontramos con un concurso ideal. Más adelante se hablará del delito medio, del que se discute si es un caso de concurso real o ideal. Se suelen dividir también los concursos en homogéneos o heterogéneos. Se habla de concurso homogéneo cuando todos los delitos son idénticos; por ejemplo, cinco hurtos. Y el concurso heterogéneo existe cuando los delitos son distintos; por ejemplo un hurto, una estafa y un robo con fuerza en las cosas. Tanto el concurso real como el ideal pueden ser homogéneos o heterogéneos.

Discute la doctrina sobre la llamada unidad de hecho, es decir, sobre cuándo concurre un hecho y cuándo varios. Diversos son los criterios que se han propuesto para determinar la unidad del hecho, aunque pueden agruparse en dos bloques: el de aquellos autores que identifican unidad de hecho con unidad de acción, en el sentido de la teoría del delito, y el de los que sostienen que el criterio para valorar la unidad del hecho debe ser jurídico y que, más en concreto, será el sentido del tipo correspondiente el que permita valorar la unidad del hecho. De entre los que identifican el hecho con la acción, un importante sector considera que será la concepción natural de la vida, es decir, la valoración social, la que determine cuándo nos encontramos con un solo hecho y cuándo con varios; dos elementos importantes se tienen en cuanta desde esta perspectiva: la unidad de propósito y la conexión espacio-temporal. Los autores que se decantan por el criterio del sentido del tipo deben, a continuación, decidir qué elementos del tipo son los que se tienen en cuenta para determinar la unidad del hecho. La posición mayoritaria atiende, a estos efectos, a la conducta típica, rechazando el número de resultados, lo que es contestado por el sector minoritario que considera que en los delitos materiales el resultado es un elemento esencial del tipo. Desde esta última perspectiva se negaría la existencia de concurso ideal de delitos homogéneo, estos casos serían siempre de concurso real de delitos.

El TS ya había aceptado que la unidad de hecho debe ser considerada desde el sentido del tipo, incluyendo además el resultado, en las sentencias de 19 de octubre de 2001 y 29 de mayo de 2003, aunque argumentaba que debían diferenciarse los supuestos en los que exista dolo eventual respecto de los resultados acaecidos —en cuyo caso aceptaba que hay un solo hecho y por tanto que hay concurso ideal— de aquellos otros en los que hay dolo directo respecto de todos los resultados —en los mismos había que considerar a juicio del TS tantos hechos como resultados y por tanto un concurso real—. Sin embargo en Acuerdo no jurisdiccional de 20 de enero de 2015 se ha resuelto considerar que «Los ataques contra la vida de varias personas, ejecutados con dolo directo o eventual, se haya o no producido el resultado, realizados a partir de una única acción, han de ser tratados a efectos de penalidad conforme a las reglas previstas para el concurso real [arts. 73 y 76 del CP, salvo la existencia de regla penológica especial (v. gr., art. 382 del CP)]».

No cabe duda de que la polémica la suscita la insatisfacción que causa considerar que existe un concurso ideal de delitos —con las consecuencias penológicas que ello conlleva— cuando un terrorista hace estallar una bomba y causa la muerte de varias personas —incluso cientos—. De identificar hecho con acción habría que considerar que en ese caso hay un concurso ideal de delitos; también aplicando el criterio del sentido del tipo desde la perspectiva de la conducta típica habría que llegar a la misma consecuencia. Sólo si se considera que el criterio es el sentido del tipo teniendo en cuenta el resultado se podría llegar a la conclusión de que no se trata de un concurso ideal sino real. Sin embargo, adviértase que dicha postura llevaría consecuentemente a considerar que, en un accidente de tráfico en el que se causa imprudentemente la muerte de varias personas, se da un concurso real de delitos, lo que causa también insatisfacción.

A nuestro juicio, deben identificarse unidad de hecho y unidad de acción. El inconveniente que esta consideración causa respecto de los supuestos en los cuales con una única acción se originan dolosamente varios resultados de muerte podría solventarse excepcionando de la aplicación de las reglas del concurso ideal dichos supuestos.

3. El concurso real

Tras exponer el concepto del mismo, se van a estudiar las reglas legales para la aplicación de la pena en el caso de concurso real.

A) *Concepto*

Como acaba de indicarse, el concurso real existe cuando un sujeto ha realizado tantos hechos como delitos: a cada hecho corresponde un delito. Por ejemplo, ha cometido en una mañana cinco hurtos de otras tantas carteras distintas. Este sería un caso de concurso real homogéneo; mientras que sería heterogéneo si hubiera cometido el hurto de una cartera y a continuación, para sustraer otra, hubiera utilizado la intimidación.

B) *Regulación legal*

Para imponer la pena en los casos de concurso real de delitos existen dos reglas en el código penal: la llamada acumulación aritmética y la denominada acumulación jurídica.

a) Acumulación aritmética

La acumulación aritmética supone que el delincuente cumple todas las penas que le han sido impuestas; las que se pueden cumplir simultáneamente, a la vez; y las que no pueden ser cumplidas simultáneamente, una tras otra. Ésta es la norma que consagra en primer término el Código Penal.

En este sentido el artículo 73 del CP preceptúa:

> Al responsable de dos o más delitos o faltas se le impondrán todas las penas correspondientes a las diversas infracciones para su cumplimiento simultáneo, si fuera posible, por la naturaleza y efectos de las mismas.

Son compatibles y, por tanto pueden cumplirse simultáneamente, una pena privativa de libertad y una pena privativa de derechos, mientras que no pueden cumplirse al mismo tiempo dos penas privativas de libertad.

El artículo 75 del CP soluciona el caso de las penas incompatibles:

> Cuando todas o algunas de las penas correspondientes a las diversas infracciones no puedan ser cumplidas simultáneamente por el condenado, se seguirá el orden de su receptiva gravedad para su cumplimiento sucesivo, en cuanto sea posible.

Este artículo, que prácticamente reproduce el contenido del artículo 70.1.ª del CP de 1973, ha olvidado que no se contiene en el nuevo CP ninguna escala de gravedad de las penas, o quizá sea que se considere que dicha escala es innecesaria, lo que no es cierto, puesto que pueden darse casos en los que se suscite la aplicación de penas de inhabilitación absoluta e inhabilitación especial para empleo o cargo público, o suspensión. En dichos supuestos el Tribunal, a falta de disposición legal sobre la materia, deberá resolver si dichas penas son incompatibles, y por tanto deben cumplirse sucesivamente, o si el silencio del legislador no implica el que puedan simultanearse.

A nuestro juicio, cuando de la aplicación de la Ley se siga la imposición de una pena de inhabilitación absoluta y otra de inhabilitación especial para cargo público, dichas penas no podrán cumplirse simultáneamente, porque estaríamos vaciando de contenido la segunda, que por algo se habrá impuesto, por lo que deberán cumplirse sucesivamente, y entonces hace falta una escala de gravedad. Puesto que no existe dicha escala podría considerarse que el orden seguido por el legislador a la hora de regular las penas en los artículos 35 y siguientes cumple con esa función. De admitirse esto, habría que estimar la siguiente escala de gravedad, que será la que se aplique en los supuestos de incompatibilidad de penas por su cumplimiento; por una parte, prisión, responsabilidad personal subsidiaria por impago de multa, localización permanente; por otra, inhabilitación absoluta, inhabilitaciones especiales y suspensión.

b) Acumulación jurídica

Hasta aquí el legislador hace cumplir al condenado todas las penas que le han sido impuestas. Sin embargo, cuando la privación de libertad se prolonga excesivamente produce un deterioro tal en la personalidad del penado que puede llegar incluso a imposibilitar su resocialización. Por ello, tradicionalmente la legislación penal española ha limitado el tiempo máximo de cumplimiento de penas privativas de libertad mediante la denominada acumulación jurídica.

El régimen actual de acumulación jurídica se haya establecido en el artículo 76 del CP, que, tras la reforma operada por la LO 7/2003, establece que:

> 1. No obstante lo dispuesto en el artículo anterior, el máximo de cumplimiento efectivo de la condena del culpable no podrá exceder del triple del tiempo por el que se le imponga la más grave de las penas en que haya incurrido, declarando extinguidas las que procedan desde que las ya impuestas cubran dicho máximo, que no podrá exceder de veinte años. Excepcionalmente, este límite máximo será:
>
> *a*) De veinticinco años, cuando el sujeto haya sido condenado por dos o más delitos y alguno de ellos esté castigado por la Ley con pena de prisión de hasta veinte años.
>
> *b*) De treinta años, cuando el sujeto haya sido condenado por dos o más delitos y alguno de ellos esté castigado por la Ley con pena de prisión superior a veinte años.
>
> *c*) De cuarenta años, cuando el sujeto haya sido condenado por dos o más delitos y, al menos, dos de ellos estén castigados por la Ley con pena de prisión superior a veinte años.
>
> *d*) De cuarenta años, cuando el sujeto haya sido condenado por dos o más delitos de terrorismo de la sección segunda del Capítulo V del Título XXII del Libro II de este Código y alguno de ellos esté castigado por la Ley con pena de prisión superior a veinte años.
>
> *e*) Cuando el sujeto haya sido condenado por dos o más delitos y, al menos, uno de ellos esté castigado por la ley con pena de prisión permanente revisable, se estará a lo dispuesto en los artículos 92 y 78 bis.
>
> 2. La limitación se aplicará aunque las penas se hayan impuesto en distintos procesos cuando lo hayan sido por hechos cometidos antes de la fecha en que fueron enjuiciados los que, siendo objeto de acumulación, lo hubieran sido en primer lugar.

Dos son, por tanto, los límites máximos de cumplimiento que se establecen en nuestra legislación: uno relativo —el triplo de la pena más grave de las impuestas— y otro absoluto —veinte, veinticinco, treinta o cuarenta años— que se plantea de manera alternativa según sea el caso. Resulta obvio que dichas cuantías sólo se aplicarán cuando sean menores que la suma de las penas impuestas, porque si son superiores no estaríamos limitando el cumplimiento de las penas, sino ampliándolo.

De la regulación del artículo 76 se deduce que, como regla general, deben compararse la suma de las penas impuestas con el triplo de la pena más grave y con veinte años, y que el condenado cumplirá la inferior de las tres. Dicha regla general se excepciona en los supuestos que el legislador considera más graves:

— Cuando el sujeto haya sido condenado por dos o más delitos y alguno de ellos esté castigado por la Ley con pena de prisión de hasta veinte años. En este caso hay que comparar la suma de las penas, el triplo de la más grave y veinticinco años.

— Cuando el sujeto haya sido condenado por dos o más delitos y alguno de ellos esté castigado por la Ley con pena de prisión superior a veinte años. En este caso hay que comparar la suma de las penas, el triplo de la más grave y treinta años.

— Cuando el sujeto haya sido condenado por dos o más delitos y, al menos, dos de ellos estén castigados por la Ley con pena de prisión superior a veinte años. En este caso hay que comparar la suma de las penas, el triplo de la más grave y cuarenta años.

— Cuando el condenado lo sea por delitos terroristas y alguno de ellos esté castigado por Ley con pena superior a veinte años. En este caso hay que comparar la suma de las penas, el triplo de la más grave y cuarenta años.

Ejemplos:

Supongamos que el condenado lo es por cuatro delitos de los cuales en el primero se le impone una pena de prisión de cuatro años, en el segundo otra de seis años, en el tercero otra de ocho años, y en el cuarto otra de siete años. La pena que tendrá que cumplir será una pena de prisión consistente en la menor de las siguientes cantidades: la suma de las penas (veinticinco años); el triplo de la más grave, es decir veinticuatro años; y veinte años. De las tres cantidades la menor es veinte años y, por tanto, la condena durará veinte años.

Si se trata de tres delitos de los cuales el primero es castigado con una pena de prisión de diecisiete años, el segundo con otra de veinte años, y el tercero con otra de diecinueve años. La pena que tendrá que cumplir será la menor de las siguientes: la suma de las penas (cincuenta y seis años); el triplo de la más grave, es decir sesenta años; y veinticinco años. De las tres cantidades la menor es veinticinco años, y será ésa la que cumpla el condenado.

Si el condenado lo es por tres delitos de los cuales el primero es castigado con una pena de prisión de diecisiete años, el segundo con otra de veinticuatro años, y el tercero con otra de diecinueve años. La pena que deberá cumplir el penado será la menor de las siguientes: la suma de las penas (sesenta años); el triplo de la más grave, es decir setenta y dos; y treinta años. De las tres penas la más corta es treinta años, luego ésa será la que se cumpla.

Si el sujeto ha sido condenado por tres delitos de los cuales el primero es castigado con pena de diez años, el segundo de veintidós y el tercero de veintiuno. La pena que deberá cumplir es la menor de las siguientes: la suma (cincuenta y tres años); el triplo de la más grave, es decir, sesenta y seis; y cuarenta años. De las tres penas la más corta es cuarenta años, luego será ésa la que cumpla.

Por último, si el sujeto ha sido condenado por tres delitos de terrorismo a sendas penas de veintidós años, diez años y ocho años la pena que deberá cumplir será la menor de las siguientes: la suma (cuarenta años); el triplo de la más grave, es decir sesenta y seis años, y cuarenta años. En este caso deberá cumplir cuarenta años, cifra en la que coinciden la suma de las penas y la limitación máxima.

El contenido de la letra *e*) del artículo 76.1, introducido en la reforma operada por LO 1/2015, no impone, sin embargo, ninguna limitación, sino que se limita a recoger un «recordatorio» al Tribunal de la existencia de los artículos 92 y 78 bis, relativos a la progresión al tercer grado de cumplimiento de la pena (art. 78 bis) y la libertad condicional (art. 92) cuando se haya condenado al reo por dos o más delitos y al menos uno de ellos esté castigado por ley con pena de prisión permanente revisable. Una vez más el legislador de 2015 demuestra una absoluta falta de técnica legislativa al introducir una norma carente de sentido, los tribunales no necesitan que se les recuerde la existencia de otros artículos del Código Penal.

El régimen de acumulación jurídica presenta dos cuestiones polémicas: por una parte, provoca disfunciones en algunos supuestos y, por otra, deja una cuestión abierta a la interpretación.

Respecto de las disfunciones baste señalar cómo al condenado por la comisión de varios homicidios del artículo 138.1 (castigados con pena de prisión de hasta quince años) le será aplicable la limitación de veinte años, mientras que el condenado por un solo delito de asesinato del artículo 139.1 y 2 cumplirá entre veinte y veinticinco años.

Por otra parte, debe señalarse que los apartados *a*), *b*), *c*) y *d*) del artículo 76.1 dicen literalmente «y alguno de ellos esté castigado por la Ley». Dicha expresión puede interpretarse tanto como la pena abstracta con que se castiga el delito como la pena del delito una vez apreciados el grado de desarrollo y la participación, interpretación que a nuestro juicio resulta más acorde con el espíritu de la institución. El Tribunal Supremo, en Sentencias de 20 de mayo de 2022 y 15 de diciembre de 2021, ha considerado que debe tenerse en cuenta el grado de desarrollo del delito.

Por último, debe consignarse aquí que el régimen del concurso real de delitos se complementa con las normas de carácter penitenciario, recogidas en los artículos 78, 78 bis y 92, que se abordarán cuando se trate la ejecución de la pena de prisión [Tema 31, I, 1, E)].

c) Supuestos comprendidos

El régimen de acumulación jurídica está inicialmente previsto para limitar el cumplimiento de penas impuestas en una única sentencia que culmina un proceso en el que se han enjuiciado diversas infracciones penales. Sin embargo, no resulta infrecuente que las penas que deba cumplir el condenado hayan sido impuestas en sentencias diversas, lo que plantea si las limitaciones derivadas del sistema de acumulación jurídica se extienden también a esos supuestos.

Tras unos momentos iniciales en los que se consideró que cabía aplicar la acumulación jurídica a penas impuestas en procesos distintos, la doctrina y jurisprudencia dominantes entendieron que dichas limitaciones afectaban sólo a las penas impuestas en la misma sentencia. Para erradicar esa tendencia la Ley 3/1967, de 8 de abril, introdujo en el CP una previsión específica que obligaba a aplicar las reglas del concurso también a los supuestos en los que las penas se hubieran impuesto en procesos distintos «si los hechos, por su conexión, pudieran haberse enjuiciado en uno solo». En la misma Ley se dio nueva redacción al artículo 17 de la LECrim, modificando los criterios para establecer la conexión procesal, y se creó un procedimiento especial para la aplicación en vía ejecutiva de la regla de acumulación jurídica.

De ahí que a partir de 1967 el régimen sustantivo del concurso real de delitos quedara vinculado a las normas procesales que permiten el enjuiciamiento conjunto de varios delitos en un solo proceso, delitos que se denominan conexos. Es el artículo 17 de la LECrim el que establece qué delitos son conexos, apelando a criterios como la simultaneidad en la comisión, la codelincuencia, la relación instrumental entre los delitos y la relación o analogía entre ellos. La solución dada por la Ley 3/1967 fue objeto de múltiples críticas, de las cuales la fundamental recaía en que fueran las reglas procesales determinantes del enjuiciamiento conjunto —normas adjetivas— las que condicionaran la aplicación de una institución netamente penal —el concurso real de delitos—.

La crítica fue recogida por nuestro TS que ha venido interpretando en los últimos años el criterio de la conexión de una manera flexible, buscando compatibilizar el fin de reinserción social que limita el cumplimiento de penas, y que está en la base de las reglas del concurso real, con los fines de retribución y prevención especial y general, que se verían conculcados si se aplicaran de manera indiscriminada dichas reglas.

Esto último quizá requiera una explicación: imaginemos que el condenado por la comisión de diversos delitos —ninguno de ellos amenazado con pena de hasta veinte años— es condenado a treinta y cinco años de prisión, siendo el triplo de la pena más grave de las impuestas de cuarenta y cinco años; por aplicación de las reglas del artículo 76 cumplirá como máximo veinte años. Si las reglas del artículo 76 se aplicaran sin limitación alguna los delitos cometidos a partir de ese momento —que estuvieran amenazados con pena de prisión inferior a veinte años— quedarían impunes, porque el condenado ya estaría cumpliendo el máximo de la pena que se le puede imponer —veinte años—.

Siguiendo ese criterio, la doctrina establecida por el TS ha considerado que los límites máximos de cumplimiento señalados en el artículo 76 del Código Penal son aplicables cuando, por su conexión temporal, los hechos pudieran haberse enjuiciado en un solo proceso, y que únicamente se deben excluir de la refundición aquellas condenas cuyos hechos ocurrieron con posterioridad a la firmeza de las sentencias anteriores, ya que ello impide que pudiera seguirse en una misma causa (SSTS de 5 de febrero y 7 y 28 de marzo de 1998 y, últimamente, 16 de mayo de 2003 y 21 y 30 de enero de 2004).

El legislador, con buen criterio, aprovechó la reforma operada por la LO 7/2003 para superar la vieja confusión entre delitos conexos y concurso real de delitos, incorporando el criterio que el TS ha venido utilizando en los últimos años.

El artículo 76.2, fruto de la reforma operada por la LO 7/2003, establecía que «las limitaciones de pena derivadas del sistema de acumulación jurídica se aplicarán cuando todos los delitos se hayan juzgado en el mismo proceso o, cuando por su conexión o por el momento de su comisión, pudieran haber sido juzgados en el mismo proceso». De ahí que el único límite para aplicar las reglas de la acumulación jurídica se refiriera al momento de la comisión del hecho, de tal forma que procedía acumular las penas impuestas a todos los hechos ocurridos antes de la primera sentencia; correlativamente los hechos cometidos con posterioridad a dicha fecha serían tratados con el mismo criterio, pero sin acumulación con los anteriores. En un primer momento se consideró que la referencia temporal debía hacerse a la fecha de firmeza de la primera sentencia, pero posteriormente, en Acuerdo no jurisdiccional de 29 de noviembre de 2005, el Tribunal Supremo consideró que dicha referencia debía hacerse a la fecha de la primera sentencia, no de su firmeza.

La LO 1/2015 ha modificado el contenido del artículo 76.2, que ahora establece que «la limitación se aplicará aunque las penas se hayan impuesto en distintos procesos cuando lo hayan sido por hechos cometidos antes de la fecha en que fueron enjuiciados los que, siendo objeto de acumulación, lo hubieran sido en primer lugar». Se abandona así completamente la exigencia de conexión entre los hechos delictivos para ceñirse a la temporalidad de los mismos. Aunque de una manera un tanto oscura el legislador acepta el criterio que nuestro Tribunal Supremo había impuesto en los últimos tiempos: «la fecha que determina el límite para la refundición es la de la celebración del juicio que da lugar a la primera condena («la fecha en que fueron enjuiciados»), no la fecha de la sentencia, ni la de su firmeza», así lo consideró la STS de 11 de junio de 2015.

El artículo 76.2 establece que la acumulación se realice sobre la primera sentencia, lo que no siempre beneficiará al reo, pero el Tribunal Supremo, en la misma Sentencia ya citada, nos recuerda la posibilidad de repetir la operación con otros hechos y sentencias posteriores, formando un segundo, o ulterior, bloque de condenas acumulables entre sí y aplicando de nuevo los límites legales. Así, las SSTS de 2 de octubre de 2019 y 17 de diciembre de 2021, recuerdan que si los hechos ya juzgados pudieran haberse incorporado a la continuidad delictiva el principio de proporcionalidad exige hacer una corrección penológica para evitar el exceso de pena.

Para hacer operativa la aplicación del nuevo artículo 76.2 el Tribunal Supremo en Acuerdo no jurisdiccional de 11 de junio de 2015 estableció que «a partir de la entrada en vigor de la Ley, los Autos de Refundición de Condenas tendrán que incluir las fechas de enjuiciamiento de los hechos, además de las fechas de comisión y las fechas de las sentencias».

A este Acuerdo le ha seguido el adoptado en Pleno de 3 de febrero de 2016 (STS de 21 de abril de 2016) que se replantea el problema, llegando a la conclusión de que interpretar como de «fecha de enjuiciamiento» la «fecha del juicio», conduce a una situación manifiestamente disfuncional, que debe ser evitada en una materia tan delicada en la que está en juego, el tiempo de privación de libertad de los penados, por lo que debe adoptarse la interpretación de «fecha en la que los hechos fueron sentenciados». El mismo Acuerdo interpreta que la literalidad del artículo 76.2 no obliga a realizar la acumulación sobre la primera sentencia, a juicio del Alto Tribunal la LO 1/2015 «no ha querido fijar prioritariamente un método de cálculo para componer la acumulación obligando a comenzar por las acumulaciones posibles a la más antigua de las sentencias condenatorias sufridas por el penado. Lo que pretende es imponer un límite al resultado de todas y cada una de las combinaciones que efectivamente se puedan llevar a cabo». Es decir, que de las posibles combinaciones deberá buscarse aquella que sea más favorable al penado con independencia de que la acumulación se realice sobre sentencia distinta a la primera.

Eso sí, deberán mantenerse siempre los requisitos cronológicos (los hechos de las sentencias que se acumulan han de ser anteriores a la fecha de la sentencia que sirve de base a la acumulación) y de continuidad (no se puede excluir, en el bloque ninguna pena que cumpla el requisito cronológico).

Con fecha 27 de junio de 2018 el Tribunal Supremo reunido en Pleno ha llegado a un nuevo Acuerdo sobre fijación de criterios en casos de acumulación de condenas, según el mismo:

1. Las resoluciones sobre acumulación de condena solo serán revisables en caso de una nueva condena (o anterior no tenida en cuenta).

2. La nulidad como solución al recurso casacional debe evitarse cuando sea dable conocer la solución adecuada, sin generar indefensión.

3. Cuando la sentencia inicial es absolutoria y la condena se produce *ex novo* en apelación o casación entonces, solo entonces, esta segunda fecha será la relevante a efectos de acumulación.

4. En la conciliación de la interpretación favorable del art. 76.2 con el art. 76.1 CP, cabe elegir la sentencia inicial, base de la acumulación, también la última, siempre que todo el bloque cumpla el requisito cronológico exigido; pero no es dable excluir una condena intermedia del bloque que cumpla el requisito cronológico elegido.

5. Las condenas con la suspensión de la ejecución reconocida deben incluirse en la acumulación si ello favoreciere al condenado y se considerarán las menos graves, para el sucesivo cumplimiento, de modo que resultarán extinguidas cuando se alcance el período máximo de cumplimiento.

Favorece al condenado, cuando la conclusión es que se extinguen, sin necesidad de estar sometidas al período de prueba.

6. No cabe incluir en la acumulación, el período de prisión sustituido por expulsión; salvo si la expulsión se frustra y se inicia o continúa a la ejecución de la pena de prisión inicial, que dará lugar a una nueva liquidación.

7. La pena de multa solo se acumula una vez que ha sido transformada en responsabilidad personal subsidiaria. Ello no obsta a la acumulación condicionada cuando sea evidente el impago de la multa.

8. La pena de localización permanente, como pena privativa de libertad que es, es susceptible de acumulación con cualquier otra pena de esta naturaleza.

9. A efectos de acumulación los meses son de 30 días y los años de 365 días.

10. La competencia para el incidente de acumulación, la otorga la norma al Juez o Tribunal que hubiera dictado la última sentencia; sin excepción alguna, por tanto, aunque fuere Juez

de Instrucción (salvo en el caso del art. 801 LECrim), aunque la pena que se imponga no sea susceptible de acumulación e incluso cuando no fuere privativa de libertad.

11. Contra los autos que resuelven los incidentes de acumulación, solo cabe recurso de casación.

Con posterioridad, y para unificación de doctrina, el TS en Sentencia de 11 de diciembre de 2020, ha considerado que:

> El licenciamiento [la libertad condicional] acordado en una ejecutoria no debe impedir, *per se*, su inclusión en un proyecto de refundición de condenas del art. 193.2 del Reglamento Penitenciario (RP) para su ejecución unificada con otras responsabilidades. Aunque lo procedente es que la anulación del licenciamiento se haga por el sentenciador que lo acordó, ello no sería obstáculo para que el juez de vigilancia, a los solos efectos de ejecución unificada, acordase su inclusión en el proyecto de refundición.
>
> Así, podrán incluirse en la refundición:
>
> *a*) La sentencia firme ya existente cuando se produjo el licenciamiento indebido por otra responsabilidad, se haya acordado o no la revocación de dicho licenciamiento.
>
> *b*) La sentencia dictada después del licenciamiento correctamente acordado, si el penado ha continuado en prisión como preventivo basta la firmeza de la nueva resolución, siempre que aquélla se refiera a hechos anteriores al ingreso en prisión.
>
> En los supuestos en que el licenciamiento supone la salida de prisión, estando pendiente el juicio o el recurso contra la sentencia por otra causa por la que se produce luego el reingreso, además de ser improcedente la revocación del licenciamiento, también lo es la refundición de condena conforme al art. 193.2 RP, por no haber en ese momento condenas a enlazar ni concurrir el presupuesto excepcional de mantenimiento de la relación de sujeción especial que justifica la interpretación extensiva del precepto realizada en el párrafo anterior.

4. El concurso ideal y delito medio

También en este caso se expondrá en primer lugar el concepto de concurso ideal, para estudiar enseguida la regulación legal sobre la materia.

A) *Concepto*

El concurso ideal se da cuando un solo hecho constituye dos o más infracciones penales. Será homogéneo si todos los delitos son del mismo tipo penal: por ejemplo, un accidente de tráfico con varias víctimas mortales; mientras que será heterogéneo si los delitos son de distintos tipos penales: por ejemplo, un individuo hiere gravemente a un agente de la autoridad, con lo que comete a la vez y con la misma acción un delito de lesiones (art. 147) y otro de atentado (art. 550 del CP).

El texto del artículo 77, que regula la materia, habla también del delito medio; esto es, cuando se comete un delito como medio para cometer otro; por ejemplo, se falsifican documentos para cometer una estafa.

Discuten los autores si el delito medio es un caso de concurso ideal o si se trata de un concurso real, al que el legislador ha querido dar el mismo tratamiento que al concurso ideal. La respuesta depende de la postura que se sustente respecto a la conducta humana. El causalista no tiene razón ninguna válida con la que sostener que el delito medio es un caso del concurso ideal, porque en esa postura sistemática se trata de dos acciones distintas. Por el contrario, el finalista ve en el delito medio un supuesto de una sola conducta humana compuesta de dos actos; ya que la finalidad del autor es la de cometer un delito y para proveerse de instrumentos, comete el primer delito que es mero medio para el segundo.

Pero sea la que fuere la postura dogmática que se mantenga a este respecto, lo que está fuera de duda es que el legislador español, con la única excepción del CP de 1822, han partido de la unidad de tratamiento punitivo de uno y otro. La reforma operada por la LO 1/2015 ha roto esa tradición legislativa, como otras muchas, estableciendo reglas penológicas distintas, aunque conservándolas en el mismo artículo 77.

B) *Regulación legal*

El nuevo artículo 77 establece que:

> 1. Lo dispuesto en los dos artículos anteriores no es aplicable en el caso de que un solo hecho constituya dos o más delitos, o cuando uno de ellos sea medio necesario para cometer el otro.
> 2. En el primer caso, se aplicará en su mitad superior la pena prevista para la infracción más grave, sin que pueda exceder de la que represente la suma de las que correspondería aplicar si se penaran separadamente las infracciones. Cuando la pena así computada exceda de este límite, se sancionarán las infracciones por separado.
> 3. En el segundo, se impondrá una pena superior a la que habría correspondido, en el caso concreto, por la infracción más grave, y que no podrá exceder de la suma de las penas concretas que hubieran sido impuestas separadamente por cada uno de los delitos. Dentro de estos límites, el Juez o Tribunal individualizará la pena conforme a los criterios expresados en el artículo 66. En todo caso, la pena impuesta no podrá exceder del límite de duración previsto en el artículo anterior.

a) Reglas penológicas del concurso ideal

El sistema seguido por el CP en el caso del concurso ideal de delitos, y hasta julio de 2015 para el del delito medio, es el que suelen denominar los autores «pena única agravada» o también «asperación», porque la pena conjunta del delito es más grave, se hace más áspera.

El régimen implica una regla y una excepción. Como regla general, la pena será la del delito más grave en su mitad superior. Pero la excepción preceptúa que si dicha mitad superior fuera a suponer una pena más grave que la de la suma de los delitos cometidos, se sancionarán dichos delitos por separado. La razón de la excepción es clara: la regla pretende establecer un régimen especial en favor del reo; por lo que si en algún caso el «beneficio» le fuera desfavorable, se dejaría de aplicar.

Esta norma plantea un problema de interpretación, que se da también en el delito continuado. Cuando el legislador se refiere a la pena prevista para la infracción más grave, ¿a qué se refiere en concreto?, ¿a la pena del tipo más grave, o a la pena del tipo una vez considerados el grado de desarrollo y participación, o a la pena del tipo una vez aplicadas todas las posibles degradaciones, incluidas las circunstancias extraordinarias?

La doctrina y jurisprudencia han considerado que para determinar «la infracción más grave», habrá de tenerse en cuenta el grado de ejecución y la participación, así como las eximentes incompletas, y el error de prohibición vencible, en cuanto constituyen institutos con eficacia limitadora del marco penal aplicable al delito.

Ejemplo: El reo ha sido condenado por dos delitos, que entran en concurso ideal, amenazados con pena de Prisión de uno a cuatro años. Ambos delitos están consumados y el reo es autor de los mismos, concurriendo una circunstancia atenuante. El primer paso para aplicar la regla penológica del artículo 77.2 sería determinar individualmente la pena para cada uno de los delitos. Siguiendo el proceso habitual (véase *infra*, Tema 30, II) habría que concluir que el tribunal debe aplicar una pena de Prisión de uno a dos años y seis meses por cada uno de los delitos. La pena resultante de dicha suma debe compararse con la de la infracción más grave en su mitad superior, considerando además que concurre una circunstancia atenuante. Dado que los dos delitos están amenazados con la misma pena cualquiera de ellos puede considerarse el más grave. De ahí que la pena a comparar con la suma sea una pena de Prisión de dos años y seis meses a tres años y tres meses. Los límites entre los que el tribunal puede fijar la pena serán, por tanto, Prisión de dos años (la suma de las penas individualmente consideradas si el tribunal las aplicara en su límite inferior) a tres años y tres meses (máximo que se podría aplicar por la infracción más gravemente penada en su mitad superior y considerando la atenuante).

b) Reglas penológicas del delito medio

De manera previa debe señalarse que, dado que el delito medio se sigue tratando en el artículo 76.1, consideramos que siguen siendo aplicables los criterios doctrinales y jurisprudenciales que se aplicaban con anterioridad para determinar cuándo nos encontramos ante un concurso medial. En concreto: *a*) en el concurso medial no hay un solo hecho sino dos perfectamente diferenciados, pero interconectados en una relación teleológica de medio a fin, y *b*) la relación de medio a fin debe ser entendida en concreto, es decir, no es suficiente con que el sujeto activo considere subjetivamente que el delito medio es necesario para conseguir su fin, sino que en preciso que objetivamente lo sea. Sobre la evolución jurisprudencial de la consideración del delito medio véase la STS de 14 de enero de 2019.

Nada dice la Exposición de Motivos de la LO 1/2015 sobre el cambio penológico del delito medio, pero la filosofía que parece subyacer —la que subyacía y así se expresaba en el Anteproyecto de 2012— es la de dar al concurso medial un tratamiento más severo que el establecido para el concurso ideal, pero no tan riguroso como el del concurso real. Si esta era la intención del legislador su falta de técnica legislativa le ha llevado a un resultado distinto al que pretendía, y lo más grave de todo es que ya había sido advertido de ello, tanto por el CGPJ como por el Consejo de Estado, en los respectivos informes al Anteproyecto de 2012.

La nueva regla penológica del delito medio parte de la previa determinación de la pena concreta que habría de imponerse de considerar separadamente los delitos. La suma de estas penas va a constituir el *límite máximo* de la pena que pueda imponerse por la comisión de ambos delitos.

En cuanto al *límite mínimo* habrá que considerar el límite superior de la infracción más gravemente penada, considerando todas las posibles degradaciones, y, también, las reglas penológicas del artículo 66.1, puesto que el artículo 77.3 se refiere a la infracción más gravemente penada «en el caso concreto». El Tribunal Supremo se ha mostrado conforme con esta interpretación (así, SSTS de 30 de diciembre de 2015, 20 de octubre de 2016, 20 de abril de 2016 y 25 de noviembre de 2016) llevándola incluso a su extremo, puesto que considera que ha de estarse a la pena que concretamente se hubiera impuesto a la infracción más grave.

Una vez determinados el límite mínimo y el máximo debe procederse a aplicar, para individualizar la pena, los *criterios* del artículo 66. A juicio de la Fiscalía General del Estado (Circular 4/2015) la alusión a los criterios del artículo 66, en lugar de a las reglas del artículo 66, implica que «se ponderarán de modo conjunto las circunstancias concurrentes en ambos delitos para delimitar la pena que habrá de abarcar el desvalor de ambas conductas». A nuestro juicio cabe también considerar aplicables las propias las reglas del artículo 66, eso sí, considerando todas las circunstancias que concurran en uno y en otro delito, aunque el Tribunal Supremo se muestra conforme con el criterio de la Fiscalía.

Dentro del intervalo final de pena habrá que decidir la pena concreta a aplicar que, además por expresa decisión legislativa, no puede superar tampoco los límites máximos establecidos en el artículo 76, el triplo de la más grave y las limitaciones temporales de veinte, veinticinco, treinta y cuarenta años (lo habitual será que el límite sea el de veinte años).

Salta a la vista, en cuanto se comparan las reglas del concurso ideal y del delito medio, que la diferencia en cuanto a la penalidad entre ambos no es excesiva. Si el legislador realmente quería una diferenciación considerable debería haber hecho caso al CGPJ, y al Consejo de Estado, y haber establecido que se impondrá una pena «*superior en grado*».

Ejemplo: Consideremos el mismo caso del ejemplo anterior, con la salvedad de que ahora uno de los delitos ha sido el medio para cometer el otro. Las penas individualmente consideradas serían entonces dos penas de Prisión de uno a dos años y seis meses (eso si la atenuante es aplicable a los dos delitos). La pena superior a la infracción más grave, en el caso en concreto, tiene que ser una pena superior a la de Prisión de dos años a seis meses (límite superior de la infracción más grave aplicadas las reglas del art. 66.1), esta cifra constituye el límite inferior de la nueva pena, mientras que el límite superior estaría formado por la suma de los límites máximos de las dos penas, es decir, cinco años. Establecidos los límites mínimo y máximo habría que aplicar las reglas del artículo 66.1, y como concurre un atenuante habría que aplicar la pena en su mitad inferior. Es decir, el tribunal deberá aplicar una pena de Prisión de dos años y seis meses y un día a tres años y nueve meses, teniendo en cuenta, además, que no se puede superar el triplo de la más grave, ni el resto de las limitaciones, veinte, veinticinco, treinta y cuarenta años. Como se puede apreciar la diferencia penológica con el concurso ideal no es demasiado amplia.

III. EL DELITO CONTINUADO

Respecto al delito continuado se van a exponer en primer término su concepto y naturaleza jurídica y a continuación la regulación legal.

1. Concepto y naturaleza jurídica

El delito continuado se da cuando existen varios actos cada uno de los cuales, estimado aisladamente, reúne todas las características de un delito consumado o intentado, pero que se califican globalmente como si constituyeran un solo delito.

Tres teorías diferentes dan respuesta a la cuestión de la naturaleza jurídica del delito continuado: *a*) la teoría de la ficción, la más antigua y ampliamente mantenida en Italia, sostiene que el delito continuado supone una pluralidad de hechos que daría lugar a un concurso real de delitos si no fuera porque se admite la ficción jurídica de que existe un solo delito, con objeto de evitar la acumulación de penas; *b*) la teoría realista supone que en el delito continuado realmente existe un solo delito puesto que se da un único designio criminal y se produce una sola lesión jurídica; y *c*) la teoría de la realidad jurídica, defendida en Alemania, admite que el delito continuado es una creación jurídica debida a razones de utilidad práctica e independiente de que beneficie al reo.

2. Regulación legal

Salvando la prescripción contenida en el CP de 1928, fue la LO 8/1983 la que introdujo en la legislación española, en el artículo 69 bis del CP, la regulación jurídica del delito continuado. Sin embargo, ya antes de 1983 la jurisprudencia había comenzado a utilizar esta construcción con efectos desiguales porque, aunque en general beneficiaba al reo, en determinados supuestos contra el patrimonio —singularmente cuando la acumulación de cuantías transformaba un concurso real de faltas contra el patrimonio en un delito contra el patrimonio— le perjudicaba. También en esa época comenzó la jurisprudencia a manejar el llamado delito masa, para castigar con mayor dureza los frecuentes casos de fraudes de falsas inmobiliarias, etc., que por el sistema del concurso real recibían una pena totalmente insignificante, dada la importancia de lo defraudado. Contra esta práctica jurisprudencial venía reclamando la doctrina, aunque sin ser atendida, porque tal proceder del Tribunal Supremo no tenía base legal absolutamente ninguna, era en contra del reo y, por ello, atentaba claramente contra el principio de legalidad.

Establece el artículo 74 del CP, tras la reforma operada en el mismo por la LO 15/2003, que:

> 1. No obstante lo dispuesto en el artículo anterior, el que, en ejecución de un plan preconcebido o aprovechando idéntica ocasión, realice una pluralidad de acciones u omisiones que ofendan a uno o varios sujetos e infrinjan el mismo precepto penal o preceptos de igual o semejante naturaleza, será castigado, como autor de un delito o falta continuados, con la pena señalada para la infracción más grave, que se impondrá en su mitad superior, pudiendo llegar hasta la mitad inferior de la pena superior en grado.
>
> 2. Si se tratara de infracciones contra el patrimonio, se impondrá la pena teniendo en cuenta el perjuicio total causado. En estas infracciones el Juez o Tribunal impondrá, motivadamente, la pena superior en uno o dos grados, en la extensión que estime conveniente, si el hecho reviste notoria gravedad y hubiere perjudicado a una generalidad de personas.
>
> 3. Quedan exceptuadas de lo establecido en los apartados anteriores las ofensas a bienes eminentemente personales, salvo las constitutivas de infracciones contra el honor y la libertad e indemnidad sexuales que afecten a un mismo sujeto pasivo. En tales casos, se atenderá a la naturaleza del hecho y del precepto infringido para aplicar o no la continuidad delictiva.

A) *Requisitos del delito continuado*

El artículo 74 exige la concurrencia de un requisito objetivo —realizar una pluralidad de acciones u omisiones— y un requisito subjetivo —ejecución de un plan preconcebido o aprovechamiento de idéntica ocasión—.

El requisito objetivo exige que se aplique el delito continuado cuando exista una pluralidad de acciones u omisiones, por lo no será aplicable cuando exista una sola acción u omisión. Esto, que resulta obvio en el papel, plantea en la realidad frecuentes problemas, como lo demuestra la vacilante jurisprudencia que aplica el delito de violación. Además es preciso que esa pluralidad de acciones u omisiones infrinjan el mismo precepto o preceptos de igual o semejante naturaleza. La determinación de esa «identidad de naturaleza» puede plantear problemas prácticos porque, si las distintas acciones se corresponden con tipos distintos habrá que decidir cuál de ellos constituye el delito continuado (por ejemplo, si se trata de dos hurtos y un robo, ¿habrá delito continuado de hurto o de robo?). Estas dificultades pueden conducir a que finalmente solo se aplique el delito continuado a hechos que sean reconducibles a la misma infracción penal. Por otra parte, hay que tener en cuenta que no es necesario para aplicar la continuidad delictiva que las acciones u omisiones ofendan al mismo sujeto pasivo.

Respecto del requisito subjetivo resulta indiferente que exista un plan preconcebido —dolo unitario o único en terminología jurisprudencial— o que se aproveche idéntica ocasión —se podría hablar en este caso del dolo continuado—. Los supuestos del denominado dolo renovado, es decir aquellos en los que, se encadenan tantas infracciones de la misma o análoga naturaleza como se pueda diseñando en cada oportunidad la planificación correspondiente para hacerlo, o creando cada vez la situación que le resulta más propicia para este fin, no dan lugar a la consideración de delito continuado, por más que la ejecución de cada delito —o grupo de delitos— mantenga una estructura semejante y la infracción resulte de la misma o análoga naturaleza que las anteriores o que las posteriores (STS de 17 de noviembre de 2021).

B) *Reglas aplicables*

Las reglas que enuncia el artículo 74 respecto al delito continuado pueden sintetizarse del modo siguiente:

1. Para calcular la penalidad del delito continuado debe partirse de la infracción más gravemente penada de las que constituyan el delito continuado que se impondrá, en todo caso, en su mitad superior, pudiendo llegar a imponerse la mitad inferior de la pena superior en grado. Esta norma plantea un grave problema de interpretación; cuando el legislador se refiere a la pena señalada para la infracción más grave, ¿a qué se refiere en concreto?, ¿a la pena del tipo más grave, o a la pena del tipo una vez considerados el grado de desarrollo y participación, o a la pena del tipo una vez aplicadas todas las posibles degradaciones incluidas las circunstancias extraordinarias? El TS considera que el delito continuado debe castigarse con la pena de la infracción más grave, pero, una vez tenido en cuenta el grado de desarrollo y participación, sobre dicha pena se aplica la mitad superior, que ahora puede llegar a la mitad inferior de la pena superior

en grado, y posteriormente tiene en cuenta las reglas penológicas relativas a las circunstancias modificativas (véase las SSTS de 9 de mayo de 2000 y 11 de marzo de 2002).

2. Cuando se trate de infracciones contra el patrimonio, se impondrá la pena teniendo en cuenta el perjuicio total causado. Cuando el hecho revista notoria gravedad y haya perjudicado a una generalidad de personas —delito masa— el Tribunal ha de subir la pena en uno o dos grados, imponiéndola en la extensión que estime conveniente.

Según la reiterada doctrina del Tribunal Supremo la naturaleza de las conductas, plurales pero unificadas, posibilita que en las infracciones contra el patrimonio el resultado producido sea tenido como un conjunto distinto de las individualizadas acciones que lo integran. El Acuerdo no jurisdiccional de 30 de octubre de 2007 establece que «el delito continuado siempre se sanciona con la mitad superior de la pena; cuando se trata de delitos patrimoniales la pena básica no se determina en atención a la infracción más grave, sino al perjuicio total causado; la regla primera, artículo 74.1 CP queda sin efecto cuando su aplicación fuera contraria a la prohibición de doble valoración».

Asumida esta perspectiva cuatro son las consecuencias que se siguen:

1.ª La consideración conjunta del perjuicio causado permite declarar constitutivo de delito del artículo 249.1.º infracciones que aisladamente consideradas serían constitutivas de delito leve del artículo 249.2.º. Por ejemplo, cinco acciones de estafa que no superen los 150 euros deberán ser consideradas delito continuado de estafa leve, y sin embargo, considerando el perjuicio total causado debe sancionarse como un delito de estafa del artículo 249.1.º, aunque naturalmente no hay que aplicar la agravación del artículo 74.1 porque daríamos lugar a un *bis in idem*.

2.ª La consideración conjunta del perjuicio causado permite aplicar la cualificación de especial gravedad a acciones que individualmente examinadas no se calificarían por tal circunstancia. Por ejemplo, ocho estafas de 10.000 euros calificadas por separado no darían lugar a la aplicación del tipo agravado del artículo 250.1.5.º, pero la consideración conjunta de ellas como delito continuado sí permite aplicar dicho tipo agravado (en este sentido, la STS de 2 de marzo de 2001). De la misma forma diez estafas de 30.000 euros calificadas por separado no darían lugar a la aplicación de la estafa del artículo 250.2, pero la suma total de las cuantías sí permite esa consideración. En ninguno de estos dos casos se podría aplicar la agravación del artículo 74.1 porque se daría lugar a un *bis in idem* (SSTS de 2 diciembre de 2020 y 17 de diciembre de 2021).

3.ª Cuando las acciones que integran el delito continuado por sí mismas supongan ya la aplicación del tipo cualificado del artículo 250.1.5.ª o del 250.2 será de aplicación la regla primera del artículo 74 y se impondrá la pena en su mitad superior. Por ejemplo, cuatro estafas de 80.000 euros cada una se considerarían individualmente constitutivas del tipo agravado del artículo 250.1.5.º, por lo que de ser constitutivas de un delito continuado se sancionarán por el artículo 74.1.º con la pena del artículo 250.1.5.º en su mitad superior (SSTS de 15 de septiembre de 2000, 2 de diciembre de 2003, y últimamente la de 2 de abril de 2018).

4.ª El inciso segundo del artículo 74.2 se reserva para los delitos singularmente graves porque revisten notoria gravedad y afectan a una generalidad de personas. Respecto del requisito de la generalidad el TS ha considerado que lo característico del delito masa es que los perjudicados pueden estar inicialmente no identificados integrándose por una multitud (la STS de 11 de abril de 1981 hablaba de colectividad amorfa de personas), y que si se da dicha nota, aunque luego los perjudicados se concreten en veinte, cabe hablar de generalidad (STS de 27 de marzo de 2003).

3. Se exceptúan del delito continuado los bienes jurídicos eminentemente personales. Pero en caso de infracciones contra el honor o contra la libertad o indemnidad sexuales sobre el mismo sujeto pasivo, se atenderá a la naturaleza del hecho y del precepto infringido para aplicar o no la continuidad delictiva.

C) *Notas críticas*

La regulación legal del concurso de delitos no es muy afortunada en su redacción, que resulta farragosa y complicada. No sería difícil simplificar el tenor literal, sin cambiar nada de su contenido.

El fondo de la regulación deja también que desear. Hubiera sido preferible separar netamente el delito masa de la regulación del delito continuado para castigarlo, en su caso, con mayor dureza.

Por otra parte, el delito continuado ha dejado prácticamente de poderse aplicar en favor del reo, razón a la que debió su origen en el derecho medieval. Porque, tal y como lo regula el artículo 74, en la mayoría de los supuestos operará en contra del reo.

TERCERA PARTE

LAS CONSECUENCIAS JURÍDICAS DEL DELITO

En esta Tercera Parte se va a exponer en primer término y en Temas distintos todo lo referente a la pena: su teoría general (Tema 28), el estudio concreto de cada pena (Tema 29), la determinación (Tema 30) y ejecución de la misma (Tema 31). Enseguida se abordarán las medidas de seguridad (Tema 32), para terminar con el estudio de la extinción de la responsabilidad penal (Tema 33) y el análisis de la responsabilidad civil y costas procesales (Tema 34).

TEMA 28

TEORÍA GENERAL DE LA PENA

En este Tema se van a exponer sucesivamente el concepto de la pena jurídicamente considerada, su función y fines y, finalmente, la clasificación de las penas.

I. CONCEPTO DE PENA

En el presente apartado se va a hablar sucesivamente de la definición, de la historia, de los principios y de la diferencia del concepto de pena con otros conceptos similares.

1. Definición

El principio de legalidad impone la relativización del concepto de la pena, como sucede también con el concepto de delito. Es el precio que hay que pagar por la seguridad jurídica. Pero esto no quiere decir que la ley penal, y más concretamente la pena, no puedan criticarse desde el punto de vista ético, psicológico, sociológico, etc.

Así, la pena desde un punto de vista jurídico puede definirse como la privación o restricción de bienes jurídicos, establecida por la ley e impuesta por un órgano jurisdiccional competente, al que ha cometido un delito.

Cuatro son las notas características de esta definición, que a la vez la diferencian de otras instituciones semejantes:

1.ª La pena es la reacción del Ordenamiento jurídico frente al delito. Sólo se puede imponer una pena al que ha cometido un delito. Esta nota es la que distingue la pena de la medida penal, porque esta última se impone no en función del delito sino de la peligrosidad. Sin embargo, hoy en día suele admitir la doctrina que, para que pueda aplicarse una medida penal, es preciso que el sujeto haya realizado al menos un hecho punible (una ATA en nuestro lenguaje). Esto es, que no se admite la peligrosidad predelictual, sino tan sólo la postdelictual.

2.ª La pena es una privación o restricción de bienes jurídicos. Puede consistir en una privación de libertad, una restricción de libertad, restricción de derechos, etc.

3.ª La pena debe estar establecida por la ley, en sentido estricto. Pero la garantía penal, como expresión del principio de legalidad [véase *supra*, Tema 6, I, 3, B)], entra en colisión con la necesidad de adaptar la pena al caso concreto. Esta colisión se resuelve (como se verá en el Tema 30), mediante el establecimiento de un sistema de marco legal;

esto es, un marco señalado por la ley, dentro del cual se mueve el Juez a su arbitrio, para adaptar la pena al sujeto en concreto.

4.ª La pena, por último, debe ser impuesta por el órgano jurisdiccional independiente. Esta nota es consecuencia de la garantía judicial, incluida en el principio de legalidad [véase *supra*, Tema 6, I, 3, C)].

2. Historia

La pena existe porque es una institución necesaria. Todo grupo de hombres requiere un conjunto de normas que regule el comportamiento de los miembros para facilitar su convivencia en sociedad y también una sanción, cuando estas normas sean contravenidas.

Por ello, si se define la pena como el mal que se impone al delincuente por la comisión de un delito, como hacía Antón Oneca, se puede afirmar que desde los tiempos más remotos las sociedades han poseído un sistema de penas.

En épocas primitivas el sistema de penas venía conformado por la influencia de dos consideraciones:

1. De un lado, las normas que regulan la convivencia en pueblos primitivos son tanto normas jurídicas como religiosas y, de ahí, que las infracciones graves de estas normas ofendan a la instancia sobrenatural protectora, y que deban ser lavadas en beneficio de la colectividad. La pena tiene así un contenido sacral y mágico.
2. De otro, las ofensas menos graves se ventilaban entre particulares mediante la venganza.

La evolución de la pena hasta llegar a nuestros días pasa por la superación de estas dos consideraciones. Paulatinamente se va abandonando el fin sacral de la pena, a la vez que se va dotando a ésta de un sentido jurídico y, por otra parte, se va evolucionando de la justicia privada al monopolio estatal de las penas.

3. Principios

La evolución del pensamiento en torno a la pena ha convertido en axiomas varios principios que en otras épocas distaron mucho de ser admitidos. Todos ellos dependen de la valoración de la dignidad de la persona que constituye uno de los centros del Estado social y democrático de Derecho.

El principio de la personalidad de las penas significa que la pena no trasciende al autor de los hechos, ni a los familiares, ni a los herederos del sujeto activo, ni a ninguna otra persona. La responsabilidad criminal es una cuestión personal.

El principio de igualdad ante la ley quiere decir que la pena no puede ser diferente según la condición social del sujeto.

El principio de proporcionalidad entre la culpabilidad y las penas pone de manifiesto que la pena tiene que estar en función de la culpabilidad de sujeto. Lo que a su vez lleva a dos consecuencias distintas. La primera, que no se puede imponer una pena más que al culpable de un delito o falta; al que no lo es, se le podrá someter a lo más a una medida penal en función de su peligrosidad, pero nunca a una pena propiamente dicha. La segunda consecuencia es que la pena no puede sobrepasar en ningún caso la culpabilidad del sujeto, aunque no es menester que llegue a ser igual a la misma.

El principio de humanidad de las penas indica que éstas no pueden ser nunca inhumanas ni degradantes para la dignidad del delincuente que, a pesar de su situación, sigue siendo un conciudadano digno de toda consideración como persona y cuyos derechos fundamentales hay que respetar en todo caso.

Finalmente, el principio de la resocialización del delincuente parte del postulado de que todos los ciudadanos tienen el derecho a participar en la vida social por el mero hecho de ser conciudadanos de un Estado. Por tanto éste ha de ofrecerles una seria posibilidad de reincorporarse a la vida ciudadana, de darles una oferta de alternativa al comportamiento criminal. Como mínimo, el Estado ha de utilizar las penas de tal modo que no contribuya a la marginación y desocialización de los ciudadanos que han llegado al delito.

Los principios antes señalados presidían el CP de 1995, aunque lamentablemente las últimas reformas del mismo, singularmente la LO 7/2003, que introdujo la prisión efectiva de cuarenta años de prisión; la LO 15/2003, que reintrodujo la prisión de tres a seis meses y suprimió el arresto fin de semana; la LO 1/2004, que introdujo, penas distintas por la comisión de los mismos hechos en función del género del autor; y, últimamente, la LO 5/2010, que introduce la responsabilidad penal de la persona jurídica, y la LO 1/2015, que ha introducido la prisión permanente revisable, parecen alejarnos de ellos.

4. Diferencia con otros conceptos

No debe confundirse el concepto jurídico de la pena con la pena en sentido natural, moral o social.

Para la ley, el concepto de pena es independiente de que efectivamente cause o no un sufrimiento a quien la padece y por ello no debe confundirse con la pena natural. Se entiende por ésta la que lleva aparejada la comisión de ciertos actos y se utiliza mucho en pedagogía. Por ejemplo, si el niño no quiere cenar, hay que dejar que sienta hambre y se vea obligado a comer.

Tampoco puede equipararse la pena legal con la pena moral. El Derecho regula los comportamientos externos del individuo en cuanto interfieren en la vida social; por lo que debe detenerse ante la intimidad del mismo, donde anida la moral.

No puede tampoco identificarse la pena legal con la reacción social. En ocasiones la sociedad reacciona, aunque el hecho no constituya delito, incluso con gran dureza e injusticia; por poner un ejemplo, piénsese en los linchamientos. Por el contrario, en otras ocasiones aprueba o no ve con malos ojos conductas que el ordenamiento jurídico sanciona; recuérdese, por poner sólo un ejemplo, la defraudación de impuestos, al menos en cuantías no muy elevadas.

Por último, no debe confundirse la pena con otras reacciones estatales semejantes a ella. En este sentido se expresa el artículo 34 del CP al establecer que:

> No se reputarán penas:
>
> 1. La detención y prisión preventiva y las demás medidas cautelares de naturaleza penal.
> 2. Las multas y demás correcciones que, en uso de atribuciones gubernativas o disciplinarias, se impongan a los subordinados o administrados.
> 3. Las privaciones de derechos y las sanciones reparadoras que establezcan las leyes civiles o administrativas.

II. FUNCIÓN Y FINES DE LA PENA

Se va a tratar en este apartado de la función y de los fines de la pena. En primer lugar se hará un repaso de las distintas teorías penales que se han mantenido hasta la fecha, para intentar a continuación fundamentar los fines de la pena y la función de la misma. Se terminará indicando lo que dice la legislación española sobre la función y los fines de la pena.

1. Teorías penales

Durante siglos se han venido defendiendo en esta materia dos teorías opuestas (absoluta y relativa) que en la actualidad van convergiendo hacia teorías mixtas que son las que encuentran amplio consenso en la doctrina penal, aunque con distintas matizaciones. Se terminará este epígrafe con una breve consideración sobre la función y fines de las medidas penales.

A) *Teorías absolutas*

Las teorías absolutas mantuvieron un carácter retributivo para la pena. El aforismo *punitur quia peccatum est* recoge el postulado fundamental de las mismas: se castiga porque se ha delinquido, la pena persigue retribuir el desorden causado por el delito. De paso hay que observar que en el aforismo latino aún se confunde el fin religioso con el fin jurídico de la pena, puesto que se habla de *peccatum est* en vez de usarse la expresión *delictum est* u otra semejante.

Desde esta perspectiva, el fin esencial de la pena se agota en el castigo del hecho cometido; la pena se justifica por sí misma. Esta fue la posición defendida, desde perspectivas distintas, por Kant y Hegel. Para Kant la pena es un «imperativo categórico», una exigencia incondicionada de la justicia, libre de toda consideración utilitaria. Hegel, de acuerdo con su habitual proceso tricotómico, considera la pena como superadora del delito. La pena restablece el derecho (tesis), conculcado por el delito (antítesis), por lo que es la síntesis de ambos extremos.

Que la pena se agote en el castigo del hecho cometido no significa que no cumpla una función. Las teorías absolutas asignan a la pena la función de la realización de la justicia, sobre la base ideal del hombre libre. En la actualidad a la retribución se le reconoce como principal aportación la de garantizar la proporcionalidad entre el delito y la pena.

B) *Teorías relativas*

Las teorías relativas fundamentan la pena en su necesidad para la subsistencia de la sociedad, por lo que también se les denomina teorías utilitarias. En este sentido, la pena no tiende a la retribución del delito cometido, sino a la prevención de futuros delitos. Mientras que la retribución mira al pasado, la prevención mira al futuro. El postulado de las teorías relativas se recoge en el aforismo *punitur ne peccetur*: se castiga para que no se delinca.

A estas teorías se les reconoce como principal aportación la de haber hecho reflexionar sobre la realidad de que la función de la pena en una sociedad no es el mero restablecimiento de la justicia, sino mantener la convivencia pacífica entre los ciudadanos al evitar el delito.

Este punto de partida común se concreta de manera diferente en las dos corrientes en que se dividen las teorías relativas: la prevención general y la prevención especial.

a) La prevención general

La prevención general supone la prevención frente a la colectividad. Se atribuye a la pena la finalidad de motivar a los miembros de la sociedad para que no caigan en el delito. Así para FEUERBACH la pena sirve como amenaza dirigida a los ciudadanos por la ley para evitar que delincan.

La teoría de la prevención general sin límites presenta serias objeciones. En primer lugar, cabe aducir que convierte al individuo en mero objeto de escarmiento para el resto de los ciudadanos. En segundo término, los delitos menos graves, en los que no se da un rechazo social natural, deberían ser castigados con penas más graves para contrarrestar la falta de convicciones sociales; mientras que los delitos muy graves deberían ser objeto de penas mínimas porque ya existe un freno social que hace menos necesario el recurso a la pena estatal. Por último, para aquellos delitos en los que no se ha podido demostrar la eficacia intimidatoria de la pena, la aplicación estricta de la prevención general debería llevar a declararlos atípicos, puesto que la pena se muestra inoperante.

b) La prevención especial

La prevención especial tiende, por su parte, a prevenir los delitos que puedan proceder de un delincuente concreto. La finalidad de la pena es así evitar que quien la sufra, vuelva a delinquir. La pena debe servir de escarmiento o como vía para la resocialización del sujeto. La prevención general operaba en el momento de la conminación penal, la prevención especial lo hace en la ejecución de la pena.

Contra esta corriente se suele argumentar que por sí sola llevaría a intolerables resultados. En primer término, la impunidad para los culpables de delitos graves que no precisen de intimidación o resocialización porque no existe peligro de que reincidan; así se viene afirmando respecto a los autores de homicidio, que en la estadística mundial son los menos reincidentes. Por otra parte, en los supuestos en los que no fuese posible la resocialización del individuo, la prevención especial llevaría a la inocuización perpetua, incluso en los casos de delincuentes por delitos de escasa entidad.

C) *Teorías mixtas*

La lucha de Escuelas, que tuvo lugar en Alemania durante el siglo XIX, dio como resultado una dirección ecléctica o mixta, iniciada por MERKEL, que en la actualidad constituye la opinión dominante en aquel país y en el nuestro.

Se admite la retribución pero al servicio de la protección de la sociedad, función ésta que justifica la retribución. Para estas corrientes mixtas la retribución es el límite máximo de la prevención, en cuanto que es garantía de proporcionalidad entre la culpabilidad y el delito.

A partir de este punto común las opiniones se dividen, por lo que para su estudio se van a exponer en primer término las posturas que surgieron en Alemania con motivo de la discusión sobre el Proyecto de Código Penal, para analizar enseguida las llamadas prevención general positiva y la teoría de la diferenciación.

a) Los Proyectos alemanes de Código Penal

La posición conservadora ha estado representada en Alemania por el Proyecto Oficial de CP de 1960. Considera éste que la retribución es el fundamento de la pena, y que la prevención tiene un mero papel complementario, aparte del que le corresponde como justificación de la necesidad de la retribución.

La corriente progresista ha estado representada por el Proyecto Alternativo de Código Penal Alemán, llamado *Alternativ Entwurf* (AE) y que fue un proyecto confeccionado por catedráticos y profesionales del Derecho en contra del Proyecto oficial. Este invierte la relación: el fundamento de la pena es la defensa de la sociedad; a la retribución le corresponde únicamente el papel de limitar las exigencias de la prevención.

b) *La prevención general positiva*

Últimamente, y sin abandonar el marco de las teorías mixtas, la crisis de la posibilidad de resocialización del delincuente (pues se duda en la actualidad por muchos sobre la posibilidad de llegar a resocializarlo) y la imposibilidad de retorno a la teoría de la retribución pura, han potenciado la prevención general como fin de la pena, pero dotada de un nuevo contenido.

Estas teorías, que suelen denominarse de la prevención general positiva o de la prevención de integración, aluden al aspecto preventivo general de la pena, pero explican su consecución poniendo de relieve efectos distintos del tradicional intimidatorio; resaltan, en primer lugar, que la pena afirma la vigencia del derecho como mecanismo regulador de conductas y que lo restablece en su calidad de tal ante los ciudadanos en general; y, en segundo término, que la pena actúa como instrumento de conformación de la conciencia jurídica colectiva, y que su aplicación restablece la confianza y fidelidad del ciudadano a la norma jurídica.

Sin embargo, las corrientes agrupadas aquí bajo la denominación común de prevención general positiva, no forman una postura unitaria que dote de contenidos homogéneos a la misma y tampoco existe una terminología acuñada que corresponda a estos contenidos; por lo que se podrían caracterizar estas posiciones de una manera negativa diciendo que todas ellas defienden aspectos preventivos generales distintos de la intimidación. Forman parte, entre otros y cada uno con matices diversos, HASSEMER, JAKOBS y ROXIN.

c) La teoría de la diferenciación

Cabe también señalar que, últimamente, se ha dado un importante giro en el planteamiento tradicional de los fines de la pena. Tanto las teorías absolutas como las relativas y las mixtas partían de una consideración unitaria, independiente de los distintos momentos de operatividad de la pena.

Frente a ellas surge la que puede llamarse teoría de la diferenciación, iniciada por SCHMIDHÄUSER y ROXIN, que combina de una forma peculiar los puntos de vista de las distintas teorías sobre la pena, asignándole fines diversos en los distintos momentos en que opera.

El fin de la pena en el momento legislativo, que tiende a la protección de bienes jurídicos y de prestaciones públicas imprescindibles (que son, según ROXIN, las dos únicas razones por las que se pueden imponer penas), no puede ser sino la prevención general. Porque la amenaza por parte del legislador al ciudadano con el tipo penal es anterior al delito. Por eso, en este momento, no sirven ni la prevención especial ni la retribución. Es la previa delimitación del ámbito de lo punible por el legislador (dicho de otro modo, de lo que el legislador puede castigar penalmente) la que impedirá los excesos a los que la prevención general puede llevar; esto es, a convertir al ciudadano en un mero objeto de escarmiento.

En el momento de la imposición y medición de la pena, ésta tiene dos fines: servir de complemento a la función de prevención general, puesto que la imposición de la pena por el Juez es la confirmación de la seriedad de la amenaza abstracta por parte de la ley; y la realización de la justicia, en el sentido de que la pena impuesta no puede sobrepasar la culpabilidad del autor, con lo que la retribución cumple así un fin límite: la de salvaguardar la proporcionalidad entre el delito y la pena.

La última fase en la vida de la pena, la de su ejecución, sirve a la confirmación de los fines anteriores bajo el punto de vista de la prevención especial. Ello supone que la pena dictada por el Juez por exigencias de prevención general y dentro del límite de la culpabilidad (retribución), deberá ejecutarse de forma que tienda a la resocialización del delincuente.

D) *Función y fines de las medidas penales*

Las medidas penales surgen en el siglo XIX por obra de la Escuela Positiva, y tras encarnizada polémica entran en toda la legislación penal mundial hacia los años veinte del siglo XX, por el camino del sistema dualista o binario (véase *supra*, Tema 4, IV).

La función de las medidas penales es la prevención del delito por la resocialización de un sujeto concreto peligroso; porque si se consigue que dicho sujeto abandone su carrera delincuencial, se disminuirá el número de delitos de un país. Para ello se le debe tratar de modo que su conducta se adapte al salir de la prisión a los moldes sociales adecuados.

Las medidas penales pueden ser de resocialización o de deshabituación; sólo si éstas fallan, habrá que acudir a las medidas de seguridad, que son, por tanto, el último extremo. Pero de todo esto se hablará más abajo (véase *infra*, Tema 32).

Actualmente reina bastante conformidad en la doctrina respecto a una serie de puntos relacionados con las medidas penales. Así, se va admitiendo en todos los países la inconstitucionalidad de las medidas predelictuales, que sólo cabe aplicar en el plano voluntario. Igualmente se postula que las medidas postdelictuales se apliquen voluntariamente, incluso a los condenados, entre otras razones porque a nadie se le puede obligar (estrictamente hablando) a cambiar de conducta contra su voluntad. También se admite la necesidad de dejar en manos del equipo criminológico de tratamiento el orden de la aplicación de la pena y la medida, cuando se imponen ambas por el Juez; entre otras razones para que pueda así influir sobre el delincuente, a fin de que se decida a resocializarse.

Pero después de muchas experiencias de resocialización fallidas y de haberse reconocido mundialmente el influjo criminógeno de la pena de prisión, se viene postulando por la doctrina y por muchas instancias, incluso oficiales (tales como el Consejo de Europa, etc.), que al menos se trate por todos los medios de evitar el efecto desocializador de la prisión.

2. Fundamentación de la pena

Después de haber expuesto las teorías antiguas y las actuales sobre la función y los fines de la pena, se va a intentar ahora dar una fundamentación más profunda a los mismos a partir de lo que suele admitirse hoy en día por la mayoría de la doctrina sobre la función y fines del Estado, del Derecho y del Derecho Penal.

Por tratarse de una fundamentación que se basa en otras disciplinas (especialmente en la Filosofía política del derecho y en el Derecho Político), no se va a intentar probar cada uno de los extremos que se afirmen que, por lo demás, gozan de amplio consenso entre muchos estudiosos de dichas materias.

A) *Función del Estado*

Como se ha señalado anteriormente (véase *supra*, Tema 1, II, 4), la función esencial del Estado es procurar el bien común temporal de todos sus ciudadanos. En el cumplimiento de esta tarea reside la justificación del Estado, tanto como ente abstracto (cualquier comunidad humana política) como en su aspecto concreto (un gobierno determinado).

De esta afirmación se siguen varias consecuencias que se analizaron por extenso más arriba (*supra*, Tema 1, II, 4). Baste aquí recordar que el Derecho necesita una fundamentación valorativa, especialmente en una sociedad pluralista. Y tal fundamentación existe de modo más o menos explícito, aunque a veces no se quiera confesar, en todo Estado y en todo legislador.

Frente a la argumentación de que tales valoraciones deben fundamentarse en las de la mayoría absoluta que gobierna el país, hay que afirmar:

1.º La mayoría absoluta no es por sí misma criterio de la verdad, sino un modo de gobernar que necesita criterios valorativos externos a la misma que permitan enjuiciar su conducta, ya que el ejercicio de toda autoridad política debe realizarse siempre dentro de los límites del orden ético.

2.º Cuando no se expone la fundamentación de las valoraciones que subyacen a un modo de legislar o de gobernar, éstas no pueden ser discutidas ni refutadas ni, en ocasiones, advertidas; con lo que en no raras ocasiones se convierten en métodos de manipular la opinión pública.

Por ello, como ya afirmamos (*supra*, Tema 1, II, 4) no queda más que el recurso al Derecho Natural como norma objetiva de fundamentación. Cualesquiera otros criterios que se invoquen o se reducen al Derecho Natural o inciden en el criterio de la mayoría absoluta. Sólo si se mantiene el Derecho Natural puede existir un fundamento sólido, en especial para las situaciones de graves conflictos sociales.

B) *Función del Derecho*

La función del Derecho es la de posibilitar el bien común y la pacífica convivencia de los ciudadanos por medio de leyes (en el sentido amplio de la palabra), fundadas en la justicia.

Pero la justicia es diversa según los campos a los que se aplica, por lo que hay que diferenciar sus distintas acepciones a fin de determinar cuál es la que compete al Derecho Penal.

1.ª La justicia conmutativa supone dar lo mismo que se ha recibido del otro. Es la más conocida y la que responde a la imagen de la balanza, con la que se suele simbolizar la justicia. Pero su campo de aplicación son las relaciones mercantiles y, en general, las contractuales. En penal representa el estadio de la ley del talión, la que en realidad fue una mitigación de la justicia penal, especialmente en tiempos de la venganza privada; pues venía a significar que nunca se podía castigar al culpable por encima del mal que él mismo había causado. Hasta cierto punto en la actualidad es el sentido de la retribución como límite máximo de la pena por el principio de proporcionalidad.

2.ª La justicia distributiva regula las relaciones de los ciudadanos con el Estado en el reparto de las cargas comunes. Luego tampoco es su campo el del Derecho Penal, ni sirve incondicionalmente para conmensurar la pena. Aunque es la que fundamenta las teorías de la prevención general, pues hace atento al legislador a la mayor o menor necesidad de castigar en función de las necesidades de la sociedad.

3.ª Finalmente la justicia social recuerda al Estado y a los ciudadanos sus obligaciones respecto a los demás ciudadanos por el mero hecho de formar parte de la comunidad. Aunque se puso en incandescencia durante el siglo XIX en el campo de las relaciones laborales, hoy en día se ha sensibilizado la población a ella bajo nombres distintos (solidaridad, etc.). Esta clase de justicia extiende su validez a todos los campos del Derecho y concretamente al Derecho Penal. En ella habrá que fundamentar la prevención especial como deber de justicia hacia ese conciudadano que suele apodarse (y no raras veces estigmatizarse) como delincuente y al que hay que ayudar en lo que sea posible a salir de su triste situación.

Además de lo dicho y para cumplir su deber de procurar el bien común y la pacífica convivencia de todos, el Derecho debe procurar la seguridad jurídica de los ciudadanos; en donde se funda el deber del Estado respecto al principio de legalidad (del que se ha hablado largamente *supra*, Tema 6, I) y también el de hacer cumplir las leyes, como subrayan hoy con razón los partidarios de la prevención general positiva, porque al hacerlas cumplir (incluso mediante la amenaza y la ejecución de la pena) contribuye a robustecer en el ánimo de los ciudadanos la confianza en el Estado.

C) *Función del Derecho Penal*

El Derecho Penal es el arma más dura que pone el ciudadano en manos del Estado para que éste pueda asegurar el bien común y la convivencia pacífica. De aquí se derivan las precauciones de todo género de las que hay que revestir su empleo, si no se quiere dejar al ciudadano desarmado ante un Estado todopoderoso. De todo esto se ha hablado extensamente más arriba [Tema 1, II, 4, C)].

Brevemente conviene repetir aquí que la función del Derecho Penal consiste en la protección de los bienes jurídicos y de los valores fundamentales del orden social.

Pero tal planteamiento suscita la cuestión de qué criterios debe manejar el Estado para decidir los valores que protege penalmente. A esto se ha contestado ya al tratar de la función del Estado que el legislador ha de tener como base las valoraciones ético-sociales del Derecho Natural. A lo que hay que agregar que también ha de atender al fin retributivo y a los utilitarios de la prevención general y especial.

Además, conviene destacar que, por ser el Derecho Penal el arma más dura que pone el ciudadano en manos del Estado, éste no debe utilizarla sino cuando no tenga otro medio de asegurar la pacífica convivencia, conforme al llamado principio de mínima intervención penal, lo que también se indica bajo la fórmula de que el Derecho Penal debe ser la *ultima ratio* [véase *supra*, Tema 1, II, 4, C), *c*)].

Finalmente el Estado ha de ejercitar todo esto siempre de acuerdo con la dignidad de la persona lo que a su vez lleva a afirmar los principios de personalidad de las penas, de igualdad ante la ley, de proporcionalidad entre la culpabilidad y la pena y de la humanidad de las penas, de que se ha hablado más arriba.

D) *Función de la pena*

Para no dar lugar a confusiones terminológicas conviene advertir que aquí se habla de función (o finalidad) de una institución jurídica (por ejemplo, de la pena), cuando se trata de señalar su fin último. Mientras que se denominan fines, los subalternos. Por eso se van a exponer los tres fines de la pena que se vienen indicando desde antiguo (retribución, prevención general y prevención especial) y que, según la opinión aquí sustentada, constituyen un solo fin.

De lo dicho hasta ahora se deriva la función (o fin último) de la pena en un Estado social y democrático de Derecho no puede ser distinta de la función del Derecho Penal y por ello consiste en la protección de los bienes jurídicos y de los valores ético-sociales más importantes, de los ataques más intolerables.

En este sentido Mir Puig opina que «preguntar por la función del Derecho Penal sigue siendo, pues, preguntar por la función de sus consecuencias jurídicas específicas: la pena y las medidas».

Se va a resumir brevemente aquí lo dicho anteriormente, sistematizándolo en las tres vertientes de la justicia, de que se ha hablado más arriba, y poniéndolo en relación con los tres fines (subalternos) de la pena.

a) La justicia conmutativa

La pena tiene que cumplir un fin de justicia conmutativa que es lo que postulan las teorías retributivas y el principio de proporcionalidad entre el delito y la pena.

Por tanto, en ninguna hipótesis podrá sobrepasar la pena el límite de lo merecido por el delito.

Sin embargo, la pena no puede tener meramente una función retribucionista, porque el fin del Estado no es ni puede ser realizar la justicia en abstracto (ni menos la justicia religiosa), sino servir al bien común de los ciudadanos por la realización de la justicia en todas las vertientes de la misma; teniendo siempre en cuenta que es el individuo el portador de derechos y, por ello, que el Estado es una instancia al servicio del hombre y no a la inversa.

b) La justicia distributiva

Pero dentro de este límite, la pena ha de cumplir funciones de prevención general por imperativo de la justicia distributiva. Porque el ciudadano pone en manos del Estado el poder que le confiere el Derecho punitivo para que mantenga la paz en la convivencia social.

Sin embargo, tampoco la pena puede tener una función exclusivamente preventiva, ni siquiera en el sentido de prevención general positiva, porque no puede convertirse al individuo en objeto de escarmiento de los demás (lo prohibiría la dignidad de la persona), ni tampoco puede el Estado erigirse en motor de moralización de la sociedad, lo que equivaldría a invadir el campo religioso. Lo que no quiere decir que la pena no haya de tener una función ética (se niega tan sólo la función religiosa), como queda dicho más arriba, ya que el Derecho Penal tiene un cometido pedagógico respecto a la población en general que ejerce precisamente a través de la prevención general.

Para que el Estado no abuse de su poder ni pueda convertir al ciudadano en mero objeto de escarmiento, la retribución sigue siendo el límite máximo de la pena. Luego debe concluirse que ni las teorías absolutas ni las teorías relativas son suficientes para explicar la función de la pena.

c) La justicia social

Finalmente hay que destacar el fin de justicia social que compete a la pena a través de la prevención especial. Pero la prevención especial no debe limitarse a la resocialización del delincuente (o, como mínimo, a no desocializarlo), sino que tiene una extensión mucho mayor. Entre otros aspectos hay que incluir aquí el principio de la humanidad de las penas, el cuidado en evitar la estigmatización del delincuente y todas las tendencias modernas a suprimir en lo posible las penas privativas de libertad, especialmente en su vertiente desocializadora.

Pero tampoco se puede ejercitar mera prevención especial, sin tener en cuenta los imperativos de la prevención general, para no rebajar el nivel de prevención general de la población, al observar el trato excesivamente benigno dado a los delincuentes o el que se viene a considerar a todos ellos como a enfermos. Ni tampoco se puede olvidar el límite máximo que traza la retribución por el principio de proporcionalidad entre el delito y la pena.

d) Fin último de la pena

Dicho de otro modo, ninguno de los fines (subalternos) de la pena puede absolutizarse, sino que todos ellos deben estar en mutua relación.

Incluso, aunque haya que subrayar en cada una de las tres fases de la pena (momento legislativo, imposición de la pena y ejecución de la misma) uno de los fines más que los restantes, de acuerdo con los postulados de la teoría de la diferenciación, de la que se ha hablado más arriba, en ninguna de las fases se puede prescindir totalmente de alguno de ellos, si se quiere llegar a practicar una auténtica justicia penal.

Lo que significa que la función de la pena debe alcanzarse mediante la integración de los tres fines que se venían señalando a la misma desde antiguo: la retribución, la prevención general y la especial.

3. Conclusiones

Se van a distinguir en estas conclusiones la consideración estática y dinámica de la pena, la interdependencia de los fines (subalternos) de la misma y un resumen final.

A) *Consideración estática y dinámica*

Una consideración estática de la norma penal obliga a afirmar que la pena en el Derecho positivo —no sólo en el español— es la consecuencia jurídica del delito, y en tal sentido la pena es un mal que se impone como respuesta a la comisión de un delito. Por tanto, desde este punto de vista, la pena es la retribución por el delito. Luego conceptualmente la pena es retribución.

Ahora bien, igual que la ley penal no adquiere verdadero sentido si no es considerada desde un punto de vista dinámico, también la pena carecería de él, si se mantuviese en el plano de los conceptos.

B) *Interdependencia de los fines subalternos de la pena*

La función última de la pena se consigue bien a través de la retribución, bien a través de la prevención (tanto general como especial), por lo que hay que preguntarse ahora cuál de estos fines subalternos (retribución, prevención) cumple mejor la función de tutela de bienes jurídicos de la pena. La respuesta a esta cuestión puede hacerse vinculándola a la formulación de Roxin, algo matizada; porque los fines subalternos de la pena nunca puede separarse totalmente entre sí.

En el momento de la conminación típica (esto es, en el momento legislativo) la pena posee primordialmente un fin de prevención general (amenaza psicológica y efecto pedagógico) limitada por la protección de bienes jurídicos. Pero siempre han de mantenerse como límites máximos de la pena los imperativos de la retribución conforme al principio de proporcionalidad entre el delito y la pena y tampoco puede olvidar en este estadio el legislador los fines de la prevención especial, tanto al determinar la clase de pena como la medida de la misma.

La imposición judicial de la pena es, por una parte, confirmación de la seriedad de la amenaza típica, y por ello, contribuye a la confianza del ciudadano en las normas, por lo que fundamentalmente atiende al fin de la prevención general. Pero, por otro lado, debe respetar siempre el límite máximo de la culpabilidad (retribución) y tampoco puede olvidar el Juez la función de prevención especial de la pena.

La ejecución de la pena sirve en última instancia a la prevención especial, aunque respetando las exigencias de la prevención general y el límite de la culpabilidad (retribución).

C) *Resumen final*

Resumiendo lo dicho, la función de la pena es la protección de los bienes jurídicos más importantes de los ataques más intolerables, siendo sus fines la prevención general y la prevención especial dentro de los límites exigidos por la proporcionalidad entre el delito y la pena, propios de la retribución.

La retribución constituye así el límite máximo de la pena que puede imponerse a una conducta delictiva. Dentro de este límite, el legislador puede optar por una u otra pena y por una u otra cantidad de la misma, atendiendo a criterios de prevención general o especial.

4. Legislación española

Las ideas que acaban de exponerse encuentran su refrendo en la legislación española.

En primer lugar, por lo que se refiere a la función primordial de la pena, no debe olvidarse que la Constitución en su artículo 1.1 dispone que:

> España se constituye en un Estado social y democrático de Derecho, que propugna como valores superiores de su ordenamiento jurídico la libertad, la justicia, la igualdad y el pluralismo político.

Esta fórmula integrada por la conjunción del Estado liberal de Derecho (caracterizado por la no injerencia del Estado en la esfera de los derechos y libertades fundamentales del individuo) y del Estado social (que implica el intervencionismo estatal para garantizar los derechos sociales), impide dotar de una función puramente preventiva o retribucionista a la pena. La caracterización del Estado como Estado de «Derecho» implica el que no pueda instrumentarse al individuo en aras de la prevención, y su calificación «social» amplía los objetivos de la pena más allá de la pura retribución. De aquí que sean las teorías mixtas de la pena las que mejor se adecuen al marco político del Estado social y democrático de Derecho.

Respecto a los fines concretos de las penas hay que tener en cuenta otros dos preceptos constitucionales: el artículo 15 y el artículo 25.2. El primero de ellos establece la prohibición de las penas inhumanas o degradantes y la abolición de la pena de muerte, y por ello erradica de nuestro Derecho las penas que atentan contra la dignidad de la persona humana por muy necesarias que fueran desde el punto de vista de la prevención. El segundo, al declarar que «las penas privativas de libertad y las medidas de seguridad estarán orientadas hacia la reeducación y reinserción social y no podrán consistir en trabajos forzados», obliga a admitir, o bien una teoría mixta que tenga en cuenta las necesidades de resocialización, o bien una teoría preventiva especial pura. Puesto que esta segunda alternativa se ha considerado desterrada por la crisis del pensamiento resocializador, parece que una teoría mixta, que conjugue las necesidades preventivo generales y especiales con la consideración de la culpabilidad (pensamiento retribucionista) resulta la más convincente en nuestro marco constitucional.

TEMA 29

ESTUDIO CONCRETO DE LAS PENAS

En el tema presente se va a tratar, en primer término, la polémica en torno a la pena de muerte para exponer enseguida la clasificación de las penas en el vigente Código Penal y, a continuación, lo relativo a las penas privativas de libertad, a las penas restrictivas de derechos, a la pena de multa, y, finalmente, a las penas accesorias. Las penas para las personas jurídicas se tratarán *infra* en el Tema 35.

I. LA POLÉMICA EN TORNO A LA PENA DE MUERTE

Respecto a la pena de muerte se va a exponer en primer lugar su regulación legal en el actual Derecho español; para pasar a examinar a continuación los principales argumentos que se suelen aducir a favor y en contra de la misma, tanto desde el punto de vista filosófico-teológico, como desde el criminológico. La actualización de este apartado ha sido llevada a cabo por María GARZÓN MOLINA, a quien agradecemos la colaboración.

1. REGULACIÓN LEGAL

En el marco internacional, distintos instrumentos legislativos firmados y ratificados por España prohíben la pena de muerte. Así, podemos citar, entre otros, el Segundo Protocolo Facultativo del Pacto Internacional de los Derechos Civiles y Políticos, el Protocolo número 6 del Convenio Europeo de Derechos Humanos y, con carácter más reciente, el Protocolo número 13 del Convenio Europeo de Protección de los Derechos Humanos y las Libertades Fundamentales, relativo a la abolición de la pena de muerte en todas las circunstancias, firmado y ratificado por España el 3 de mayo de 2002.

La Constitución española de 1978, en su artículo 15, proscribe la pena de muerte del ámbito del Derecho Penal, excepto en tiempos de guerra.

Dice el citado artículo:

> Queda abolida la pena de muerte, salvo lo que puedan disponer las leyes penales militares para tiempos de guerra.

La pena de muerte en tiempo de guerra ha sido abolida, sin modificar la Constitución, por LO 11/1995, de 27 de noviembre.

2. Argumentos filosófico-teológicos

Aunque en los presentes apuntes se ha evitado hasta ahora mezclar los puntos de vista del creyente con los netamente científicos, parece conveniente hacer aquí una excepción por dos razones: la primera, porque con alguna frecuencia se ha pretendido fundamentar el retencionismo (esto es, el mantenimiento de la pena de muerte) en puntos de vista religiosos; la segunda, porque los comienzos de la argumentación jurídica en pro de la pena de muerte se deben en gran parte a los teólogos-juristas del siglo XVI que por la misma índole de su pensamiento mezclaban ambas visiones del problema.

A) *Doctrina de la Iglesia*

Aunque ha oscilado con el correr de los tiempos, la doctrina de la Iglesia católica ha venido afirmando: que un Estado puede utilizar la pena de muerte, si la cree necesaria para salvaguardar la paz interna de la sociedad; pero que no le es obligatorio su uso. Todo dependerá en última instancia de lo que exija el bien común en la coyuntura histórico-social de cada momento.

B) *Argumentos filosóficos*

Los filósofos escolásticos solían argumentar diciendo que el Estado debe tener todos los medios necesarios para mantener la concordia de la sociedad; luego, si no tiene otro medio para conseguirlo que la pena de muerte, le es lícito utilizarla. Para ello se vinieron apoyando en la comparación de santo Tomás de Aquino: «Así como el cirujano puede cortar el miembro gangrenado para salvar al paciente, de modo semejante puede el Estado ejecutar al delincuente para salvar a la sociedad».

Pero ante todo hay que observar que el argumento de santo Tomás no pasa de una comparación; porque si se le tomase como un total paralelo entre el individuo y la Sociedad, se estaría ante una concepción totalitaria que supondría que el individuo no es más que un miembro del cuerpo social. Pero esto es totalmente ajeno al pensamiento de dicho autor y de toda la Escolástica, que siempre defendió que no es el individuo para la sociedad, sino la sociedad para el individuo.

Además, se puede contestar a lo anterior que así como el progreso de la medicina ha hecho en muchas ocasiones innecesaria la amputación de un miembro para salvar al individuo; si el estado de la sociedad actual (o del de una cierta comunidad en un cierto tiempo y espacio) hiciere innecesario el uso de la pena de muerte, según el raciocinio de santo Tomás sería ilícita su aplicación. Porque tampoco permitiría nadie que un cirujano amputase un brazo, si dispusiera de una medicación adecuada para salvar al individuo sin la tal amputación.

Por eso los argumentos filosóficos conducen a investigar desde el punto de vista criminológico, si en el contexto sociocultural que hoy se vive la pena de muerte es necesaria para mantener el orden y la paz social.

3. Argumentos criminológicos

La literatura sobre la pena de muerte se puede multiplicar hasta casi el infinito; pero hasta hace unas décadas se carecía de investigaciones criminológicas fiables. Sólo a partir de los años cincuenta del siglo XX se comienza a estudiar el problema de modo realmente científico, fundamentalmente en el área anglosajona. En Inglaterra, por encargo del Gobierno (aunque habían existido dos Comisiones —1884 y 1929— para el estudio del problema), es en 1949 cuando el *Premier* ATTLEE crea la *Royal Comission on Capital Punishment* (que termina sus trabajos en 1953), y en los Estados Unidos, debido a investigaciones privadas. Fundamentalmente se deben tales estudios privados a las universidades. La figura más destacada en el grupo americano de investigadores es la de Thorsten SELLIN, a cuyas obras se hará frecuente recurso en el presente trabajo.

En las últimas décadas se han elaborado numerosos estudios científicos sobre la pena de muerte que han dado lugar a una abundante literatura sobre la materia. Podemos destacar, entre ellos, las obras aparecidos con ocasión del Coloquio Internacional sobre la Pena de Muerte, celebrado en Portugal en 1967; el estudio de la ONU sobre la relación de la pena de muerte y el número de homicidios, realizado en 1988, y actualizado en 1996 y en 2002; y los Informes de Amnistía Internacional.

Lo anterior indica que actualmente se pueden presentar conclusiones realmente científicas desde el punto de vista criminológico sobre los resultados obtenidos al aplicar la pena de muerte. Aquí van a reunirse en dos grupos: efectos positivos y contraindicaciones de la aplicación de la pena de muerte.

A) *Efectos positivos de la pena de muerte*

Defienden los retencionistas que de la aplicación de la pena de muerte se sigue una mayor intimidación del delincuente contra la vida, así como una mayor protección de su posible víctima. Aunque ambos efectos ofrecen íntimas conexiones, pueden separarse para su estudio.

a) Efecto intimidatorio

Conviene solventar, ante todo, una cuestión que en ocasiones ha implicado el estudio del presente problema. No se trata ahora de examinar si la pena de muerte tiene valor intimidatorio, lo que parece evidente en sí mismo, al menos en el caso de personas normales. Lo que se pretende averiguar es si el valor intimidatorio de dicha pena es sustancialmente mayor que el de las restantes; por ejemplo, el de las penas privativas de libertad.

A tal efecto se ha procurado investigar el influjo que ejerce la pena de muerte sobre el delincuente y sobre la población no delincuencial.

a') Intimidación sobre el mismo delincuente

Suele pensarse con frecuencia que el delincuente se abstiene de delitos de sangre por miedo a la pena de muerte. Sin embargo, sorprende el hecho de que, según estudios estadísticos ingleses, de 250 ahorcados en la Gran Bretaña nada menos que 170 habían contemplado voluntariamente la ejecución de uno o más delincuentes cuando se encontraban en libertad; y de que de los 167 condenados a muerte que en 1868 se encontraban en la prisión de Bristol, 164 habían asistido también voluntariamente a una o más ejecuciones. También es sorprendente la frecuencia con que los reos de asesinato cometen suicidio. En Inglaterra demuestra la estadística que, de 7.454 sospechosos de asesinato entre 1900 y 1949, nada menos que 1.674 se suicidaron. Conviene indicar que un estudio científico de Sievers y Buerger-Prinz sobre 57 asesinos alemanes les lleva a la conclusión de que ninguno de ellos se hubiera apartado de dicho delito por miedo a la pena de muerte. Finalmente, según los datos de Amnistía Internacional, al menos una de cada diez personas ejecutadas en Estados Unidos desde 1977 sufrían trastornos mentales graves, por lo que no era posible que la pena de muerte surgiera un efecto intimidatorio sobre ellos.

Los datos aducidos parecen indicar que la pena de muerte no ejerce un gran efecto intimidatorio sobre el delincuente contra la vida por diversos motivos:

Los delincuentes contra la vida ajena son tipos humanos poco intimidables por pena alguna. Conviene recordar que según estadísticas inglesas (1900-1949) nada menos que el 55 por 100 de los asesinos presentaban fuertes anormalidades psicopatológicas en su personalidad. Tampoco suelen ser más intimidables los delincuentes pasionales o por crisis, a los que el conflicto interno o externo en que se encuentran les cierra el camino a la reflexión serena, ni los que delinquen bajo la influencia del alcohol o las drogas. Igualmente, el grupo de delincuentes políticos contra la vida suele afrontar cualquier riesgo en su exaltación idealista. Finalmente hay que tener en cuenta que una de las notas más destacadas por los criminólogos respecto al delincuente habitual es la imprevisión, defecto que impide a la pena ejercer su efecto intimidatorio sobre el mismo. La falta de fuerza intimidatoria de la pena de muerte sobre el delincuente deriva de la incertidumbre de su aplicación real. Es cosa conocida de cualquier pedagogo que la eficacia intimidatoria de una sanción no depende tanto de la magnitud de la misma, cuanto de la certeza de su aplicación, caso de que se cometa la falta prevista; regla que conserva todo su vigor en el caso del delincuente, como lo demuestran investigaciones modernas. Por ello no es de extrañar que la pena de muerte intimide muy poco, ya que apenas existe sanción alguna en la actualidad (en los países que aún la utilizan) cuya aplicación sea más incierta que la pena de muerte.

Por último debe mencionarse el caso, cada vez más común, de la delincuencia terrorista en su vertiente *yihadista* o terrorismo político-religioso. En este caso, el efecto disuasorio parece incluso más débil, puesto que es sumamente improbable que la pena de muerte disuada a personas que están dispuestas a sacrificarse a sí mismas para cometer actos terroristas. Además, no se puede descartar que la aplicación de la pena de muerte a estos delincuentes pueda elevarles a la altura de mártires por la causa, lo que incentivaría el movimiento, produciéndose, por tanto, un efecto contrario al buscado con la aplicación de esta pena.

b’) Intimidación sobre la población en general

Suelen indicar los retencionistas que si bien lo anterior prueba la falta de valor intimidatorio de la pena de muerte sobre el delincuente contra la vida, nada dice de lo que sucede respecto a los restantes delincuentes o a la población no delincuencial. En otras palabras, que tal vez estos dos últimos grupos no cometen delitos contra la vida porque temen la pena de muerte. La objeción quedaba sin respuesta, hasta que en los últimos decenios se han realizado estudios fidedignos al respecto.

Los estudios fidedignos suelen basarse en la comparación estadística entre la delincuencia contra la vida y la existencia de la condena a muerte o de la aplicación de dicha pena. Parten, por tanto, del presupuesto de que si la pena de muerte ejerce un valor intimidatorio sobre la población general, debe existir una correlación entre la condena (o ejecución) a la misma y la curva de la criminalidad contra la vida, mientras que la falta de correlación llevaría a concluir contra el efecto intimidatorio de dicha pena.

Un estudio semejante supone poder mantener constantes las restantes variables que puedan ejercer un influjo en el descenso de la criminalidad contra la vida. Por esta razón no son fiables las investigaciones que se basan en un mismo país que ha pasado del régimen retencionista al abolicionista, o viceversa, ya que en el transcurso de los años han variado otra serie de factores (culturales, económicos, etc.) que, sin duda, influyen en la criminalidad de sangre. Por lo mismo tampoco valen los casos, que suelen citarse, en los que un «escarmiento» ejemplar (piénsese en el tan citado caso del Correo de Andalucía al principio de la Dictadura de Primo de Rivera), hace disminuir la criminalidad contra la vida de modo repentino, si también variaron simultáneamente otros factores, como sucedió entonces al proclamarse una Dictadura. Las comparaciones pueden establecerse, por tanto, solamente entre países con condiciones socio-culturales muy semejantes y durante un mismo lapso de tiempo.

En primer término, se ha recurrido a la comparación entre estados federados, de los que unos habían mantenido la pena de muerte y otros no. Esto sucedió, por ejemplo, en Suiza, donde durante unos cincuenta años subsistió la pena de muerte sólo en parte de los cantones (la diferencia entre los cantones abolicionistas y retencionistas en los delitos contra la vida fue mínima, 9/8,5 por 100.000 habitantes adultos cometen dichos delitos), y ocurre actualmente en los Estados Unidos. Los resultados en todos estos casos son totalmente idénticos: la curva de la criminalidad castigada con pena de muerte fluctúa paralelamente en los estados abolicionistas y retencionistas comparados (esto es, en los homogéneos respecto a las restantes variables), sin que en dicha fluctuación influya para nada el hecho de existir o no la pena de muerte. Lo mismo sucede respecto al número de policías o personal de prisiones muertos o heridos por delincuentes en dichos Estados.

Todo lo anterior hace comprender que la *Royal Commission* inglesa concluyera su estudio afirmando que no se puede probar que la abolición de la pena de muerte lleve a un aumento de asesinatos y su restitución a una disminución de los mismos, y que el presidente de la misma, Gowers, explicase su cambio de retencionista a abolicionista, obligado por los estudios realizados.

Más recientemente, en Canadá, se ha comprobado que la tasa de homicidios por 100.000 habitantes era del 3,09 en 1975, el año anterior a la abolición de la pena de muerte en 1976, y que dicha tasa descendió al 2,41 en 1980 y desde entonces ha seguido disminuyendo. En 2003, veintisiete años después de la abolición, la tasa de homicidios era de 1,73 por 100.000 habitantes, un 44 por 100 menor que en 1975 y la más baja en tres decenios. Aunque en 2005 dicha tasa aumentó hasta alcanzar el 2,0, continuaba siendo más de un tercio menor que cuando se abolió la pena de muerte.

b) Protección de la sociedad

Piensan algunos que aunque la pena de muerte no produzca un mayor efecto intimidatorio ni sobre el delincuente ni sobre la población general, debe retenerse, porque asegura a la sociedad frente al delincuente contra la vida, que se evada o que reincida en su delito.

Es cierto, sin duda, que no cabe mayor seguridad contra un delincuente, que el eliminarlo de la faz de la tierra. Pero también sucedería lo mismo si se eliminase a todo delincuente, o al menos a todo delincuente habitual, como se hacía en tiempos pasados; lo cual no cabe hoy en nuestra mentalidad, y además no parece que esto contribuyese a disminuir la delincuencia en dichos tiempos. Por otra parte, es claro que la regla de eliminar todo posible peligro (tráfico automovilístico, ascensores, fábricas de explosivos, etc.) llevaría a paralizar la vida moderna. Por tanto, lo que se impone es estudiar, si las posibilidades de evasión o de reincidencia del delincuente contra la vida son tan notables como suele suponerse.

Respecto a la evasión de la cárcel se han realizado dos series diversas de investigaciones: una consiste en examinar el número real de evadidos de la población penal, y otra, la de ver si hay más evasiones en los países abolicionistas que en los retencionistas. Es claro a cualquier observador, que el número de evasiones de la cárcel es insignificante respecto al total de la población penal, como aparece comprobado en las estadísticas.

Más sorprendente resulta el estudio de las investigaciones relativas a la reincidencia del delincuente contra la vida en el mismo género de delito. Éstas muestran elocuentemente que no sólo la reincidencia de los delincuentes contra la vida es inmensamente menor que en cualquier otro tipo de delincuentes respecto a su delito, sino que en números absolutos es prácticamente despreciable. Téngase en cuenta que las estadísticas citadas tratan de delincuentes psicológicamente normales; no de anormales ni de terroristas, de los que se hablará más abajo.

Lo dicho hasta ahora demuestra, a base de investigaciones científicas, que la pena de muerte no tiene mayor efecto intimidatorio sobre el delincuente que la de privación de libertad; y que el peligro que representa para la sociedad la evasión o reincidencia de un delincuente contra la vida es prácticamente despreciable.

B) *Contraindicaciones de la pena de muerte*

El hecho de que estudios criminológicos de garantía no muestren mayor ventaja de la aplicación de la pena de muerte que del uso de otras sanciones, parece que ya bastaría para proscribir su empleo. ¿Qué médico se decidiría por amputar un brazo amenazado de gangrena, si las conclusiones científicas le prometiesen iguales resultados del uso de la estreptomicina? Pero además parece que los estudios criminológicos muestran fuertes contraindicaciones en la aplicación de la pena de muerte.

a) Resocialización del delincuente

Todo sistema penal contemporáneo se propone seriamente el problema de la resocialización del delincuente, aun en los casos más difíciles. Ello se debe en gran parte a un deseo de defensa social; puesto que el mejor modo de terminar con la criminalidad es conseguir que el delincuente se incorpore a un modo de vida socialmente adecuado. Pero no menos es consecuencia de la justicia social hacia esos miembros desheredados de la comunidad. Este nuevo punto de vista va avanzando en la criminología por dos hechos. En primer término, porque la fácil alegación de que el delincuente es «culpable», no parece tan clara al que se adentra en la personalidad del mismo. Pero, en segundo lugar, el avance de la concepción social del Estado lleva a éste a procurar ayudar a sus miembros más necesitados, hayan incurrido en tal situación por su culpa o sin ella. ¿Quién negaría la ayuda a un indigente por el mero hecho de que se hubiera arruinado por su propia «culpa»?

El que la pena de muerte quita toda posibilidad de resocialización del delincuente mismo no necesita comentario. Pero quizá parezca menos clara la posibilidad de resocializar a un delincuente contra la vida. Puede sorprender al lector ajeno a la criminología el hecho de que el delincuente contra la vida (se habla aquí, como más arriba se dijo, del delincuente «normal» contra la vida; no del que tiene un trastorno psiquiátrico ni del terrorista) suele ser el que menos problemas da en la prisión y al que con frecuencia se encarga de misiones de mayor confianza y responsabilidad; pero el hecho es de experiencia vulgar para los funcionarios de prisiones que suelen encargar a tales delincuentes las misiones de mayor confianza.

b) Abuso estatal

En la actualidad, la mayor parte de los países en los que se dicta sentencia de pena de muerte o se llevan a cabo ejecuciones no cumplen las normas internacionales sobre juicios justos y procesos judiciales suficientemente garantizados. Asimismo, en muchas ocasiones, se impone la pena de muerte tras sentencias condenatorias basadas en «confesiones» obtenidas, en buena parte de los casos, mediante tortura y malos tratos. En algunos países, estas confesiones se emitieron en la televisión antes de la celebración del juicio, con lo que la presunción de inocencia del acusado no se respetaba en absoluto.

Pero la posibilidad de tal abuso no se presenta sólo en Estados que carecen de sistemas jurídicos plenamente desarrollados. Así, en los Estados Unidos de América, la discriminación racial ha sido y sigue siendo un factor determinante (e injusto) a la hora de imponer y ejecutar la pena capital. En este sentido encontramos, por ejemplo, que según la investigación de Wolfgang, en Pensilvania, entre 1914 y 1958 se indultaba un asesino negro por cada cinco blancos indultados. De manera más reciente, según un estudio llevado a cabo en 2011 en el estado de Lousiana, las probabilidades de una condena a muerte eran 97 por 100 más altas para aquellos cuya víctima era blanca, que para aquellos cuya víctima era negra. Y de la totalidad de ejecuciones llevadas a cabo en el país, en el caso de crímenes interraciales, hubo 31 ejecuciones en las que el acusado era blanco y la víctima era afroamericana frente a las 296 ejecuciones en los casos en los que los acusados eran afroamericanos y la víctima era blanca.

c) Error judicial

El error judicial al aplicar una pena cualquiera es un hecho con el que tiene que contar la justicia humana más inteligente y mejor organizada. Por eso en todos los Estados modernos se previenen medios para reparar sus consecuencias dentro de lo posible.

Cierto que ningún error judicial es plenamente reparable, especialmente en el campo Penal; porque incluso una alta compensación económica por la privación de libertad sufrida injustamente, no resarce plenamente al interesado. Pero no es menos cierto, que el error judicial más irreparable es la ejecución de una sentencia de muerte contra un inocente. Por eso repiten los autores que ésta es una de las objeciones más fuertes contra la pena de muerte.

Es tarea imposible la de averiguar todos los errores judiciales que se han cometido al aplicar la pena de muerte a inocentes; porque han podido quedar ocultos. El único camino es el de investigar los que ciertamente han quedado patentes. Parece lógico imaginar que éstos son menos que los no descubiertos, pero aun así alcanzan un número mayor del que pudiera pensarse a primera vista.

En los Estados Unidos ha realizado Bedau una cuidadosa investigación, que se extiende a los años 1893-1962; en ellos se demuestra la existencia de alrededor de diez casos de error judicial por año en sentencias condenatorias a muerte; de las que ocho fueron ejecutadas. El Director de la Prisión de Sing-Sing, Lawes, narra que durante el tiempo de su mandato, más del 12 por 100 (53 sobre 415) de los ya sentenciados a muerte e internados en el departamento especial a ellos destinado, vieron su sentencia revocada por el Tribunal de Apelación de Nueva York; sentencia que en treinta de los casos (7,2 por 100 del total de los sentenciados a muerte) se convirtió en absolutoria. Aunque en el caso presente quedaba aún una instancia judicial encargada de detectar errores, concluye Lawes, de lo anterior hay que admitir que jurados y jueces erraron en más del 12 por 100 de los casos en que condenaron a muerte.

C) *Conclusiones*

El análisis de las investigaciones realizadas por criminólogos de excepción lleva a la conclusión de que la aplicación de la pena de muerte no tiene argumentos positivos a su favor: ni su intimidación es mayor que la de otras penas ni contribuye a un menor peligro de las víctimas. Como con frase lapidaria escribe Bockelmann: «El principal argumento racional contra la pena de muerte es que ésta no tiene ningún argumento racional a su favor». Por otro lado, muestran las mismas investigaciones que la pena de muerte presenta fuertes contraindicaciones que desaconsejan su uso, ya que impide la resocialización del delincuente, está expuesta al abuso por parte del Estado y al error judicial por el que se ejecute a un inocente.

Basados en dichos presupuestos, parece que en doctrina filosófico-teológica se llega a la conclusión de la ilicitud del uso de la misma, al menos en las circunstancias socioculturales del mundo civilizado actual. Porque como quedó constatado al principio del presente estudio, aun la doctrina maximalista no defiende la licitud de la pena de muerte más que cuando es necesaria para la subsistencia pacífica de la sociedad.

En la actualidad y ante la continua y trágica aparición del terrorismo se detecta en algunos la convicción de que la pena de muerte sería necesaria para terminar con dicha lacra social. Pero se olvida que, precisamente el terrorista, por ser lo que en criminología se denomina un delincuente por convicción, es de los delincuentes menos influenciables por la pena de muerte. Precisamente el éxito de los golpes de mano terroristas se asienta en gran medida en la audacia de los mismos y en el desprecio que suelen mostrar los que lo ejecutan por la propia vida. ¿Cómo se puede pensar entonces que la amenaza de una pena de muerte lejana e incierta iba a intimidar a los que se juegan la vida en el mismo momento de ejecutar el acto terrorista o a los que se niegan a entregarse a la policía, sabiendo que con eso van a terminar por morir ante el asedio de ésta?

Esta aseveración, que es de aplicación a lo que se puede denominar terrorista «tradicional» en el ámbito occidental (como podríamos denominar o haber denominado a los integrantes de bandas terroristas actualmente no operativas como puede ser, en España, ETA o GRAPO o, en el plano internacional, IRA entre otros) y que se caracterizaban, como norma general, por utilizar dispositivos explosivos o asesinatos de estilo ejecución pero en los que, en cualquier caso, existía la posibilidad de que los operativos no fueran capturados y/o abatidos por la policía; es incluso más cierta ante la aparición de nuevas formas de terrorismo o, más concretamente, del incremento del terrorismo yihadista. En estos casos, la propia operativa del atentado terrorista supone que, o bien el terrorista sacrifica su vida para cometer el atentado (como en el uso de bombas adheridas al cuerpo) o bien utiliza un arma de cualquier índole (desde armas militares hasta coches o camiones, pasando por simples cuchillos) intentando matar el mayor número de personas hasta que es abatido por la policía. Por tanto, la idea de la utilidad de la pena de muerte con el fin de intimidar a este tipo de delincuentes es, cuanto menos, risible.

II. CLASIFICACIÓN DE LAS PENAS EN EL CÓDIGO PENAL DE 1995

Las penas pueden clasificarse en el ordenamiento penal vigente conforme a tres criterios distintos: dependiendo de si son impuestas directamente por la ley o si acompañan a otras; de acuerdo al bien jurídico que limitan o restringen; y por su gravedad.

1. Penas principales y accesorias

Las penas principales son aquellas que la ley impone como consecuencia de la realización del delito, es decir, las que son impuestas directamente para el tipo en concreto. Son penas accesorias aquellas que acompañan a otras principales o a determinados delitos.

2. Por el bien jurídico limitado

Las penas que pueden imponerse son privativas de libertad, privativas de otros derechos y multa (art. 32).

La LO 1/2015 ha introducido dentro del catálogo de penas del Código la prisión permanente revisable y la inhabilitación especial para el ejercicio de profesión, oficio o comercio que tenga relación con los animales y para la tenencia de animales.

Las penas privativas de libertad pueden consistir en prisión permanente revisable, prisión, localización permanente y responsabilidad personal subsidiaria por impago de multa (art. 35).

Las penas privativas de otros derechos se relacionan en el artículo 39. Establece este artículo que son penas privativas de derechos:

a) La inhabilitación absoluta.

b) Las de inhabilitación especial para empleo o cargo público, profesión, oficio, industria o comercio, u otras actividades, sean o no retribuidas, determinadas en este Código, o de los derechos de patria potestad, tutela, guarda o curatela, tenencia de animales, derecho de sufragio pasivo o de cualquier otro derecho.

c) La suspensión de empleo o cargo público.

d) La privación del derecho a conducir vehículos a motor y ciclomotores.

e) La privación del derecho a la tenencia y porte de armas.

f) La privación del derecho a residir en determinados lugares o acudir a ellos.

g) La prohibición de aproximarse a la víctima o a aquellos de sus familiares u otras personas que determine el Juez o el Tribunal.

h) La prohibición de comunicarse con la víctima o con aquellos de sus familiares u otras personas que determine el Juez o Tribunal.

i) Los trabajos en beneficio de la comunidad.

j) La privación de la patria potestad.

La multa, sanción de contenido pecuniario, admite en el nuevo CP dos modalidades: el día multa y la multa proporcional.

Las penas que pueden imponerse a las personas jurídicas (véase *infra*, Tema 35) son: multa, tanto proporcional como por cuotas; disolución de la persona jurídica; suspensión de sus actividades; clausura de sus locales y establecimientos; prohibición de realizar en el futuro las actividades en cuyo ejercicio se haya cometido, favorecido o encubierto el delito; inhabilitación para obtener subvenciones y ayudas públicas, para contratar con el sector público y para gozar de beneficios e incentivos fiscales o de la Seguridad Social; y, por último, intervención judicial (art. 33.7).

3. Por su gravedad

Las *infra*cciones penales se dividen según el artículo 13 en delitos graves, si están castigadas con penas graves, delitos menos graves, si están castigadas con penas menos graves, y delitos leves si están castigadas con penas leves. A su vez el artículo 33 nos señala qué penas son graves, qué penas se consideran menos graves y cuáles son las leves.

Establece el artículo 33.2 que son penas graves:

a) La prisión permanente revisable.

b) La prisión superior a cinco años.

c) La inhabilitación absoluta.

d) Las inhabilitaciones especiales por tiempo superior a cinco años.

e) La suspensión de empleo o cargo público por tiempo superior a cinco años.

f) La privación del derecho a conducir vehículos a motor y ciclomotores por tiempo superior a ocho años.

g) La privación del derecho a la tenencia y porte de armas por tiempo superior a ocho años.

h) La privación del derecho a residir en determinados lugares o acudir a ellos, por tiempo superior a cinco años.

i) La prohibición de aproximarse a la víctima o a aquellos de sus familiares u otras personas que determine el Juez o Tribunal, por tiempo superior a cinco años.

j) La prohibición de comunicarse con la víctima o con aquellos de sus familiares u otras personas que determine el Juez o Tribunal, por tiempo superior a cinco años.

k) La privación de la patria potestad.

También son penas graves todas las aplicables a las personas jurídicas (art. 33.7).

Establece el artículo 33.3 que son penas menos graves:

a) La prisión de tres meses hasta cinco años.
b) Las inhabilitaciones especiales hasta cinco años.
c) La suspensión de empleo o cargo público hasta cinco años.
d) La privación del derecho a conducir vehículos a motor y ciclomotores de un año y un día a ocho años.
e) La privación del derecho a la tenencia y porte de armas de un año y un día a ocho años.
f) Inhabilitación especial para el ejercicio de profesión, oficio o comercio que tenga relación con los animales y para la tenencia de animales de un año y un día a cinco años.
g) La privación del derecho a residir en determinados lugares o acudir a ellos, por tiempo de seis meses a cinco años.
h) La prohibición de aproximarse a la víctima o a aquellos de sus familiares u otras personas que determine el Juez o Tribunal, por tiempo de seis meses a cinco años.
i) La prohibición de comunicarse con la víctima o con aquellos de sus familiares u otras personas que determine el Juez o Tribunal, por tiempo de seis meses a cinco años.
j) La multa de más de tres meses.
k) La multa proporcional, cualquiera que fuese su cuantía, salvo lo dispuesto en el apartado 7 de este artículo.
l) Los trabajos en beneficio de la comunidad de treinta y un días a un año.

Establece el artículo 33.4 que son penas leves:

a) La privación del derecho a conducir vehículos a motor y ciclomotores de tres meses a un año.
b) La privación del derecho a la tenencia y porte de armas de tres meses a un año.
c) Inhabilitación especial para el ejercicio de profesión, oficio o comercio que tenga relación con los animales y para la tenencia de animales de tres meses a un año.
d) La privación del derecho a residir en determinados lugares o acudir a ellos, por tiempo inferior a seis meses.
e) La prohibición de aproximarse a la víctima o a aquellos de sus familiares u otras personas que determine el Juez o Tribunal, por tiempo de un mes a menos de seis meses.
f) La prohibición de comunicarse con la víctima o con aquellos de sus familiares u otras personas que determine el Juez o Tribunal, por tiempo de un mes a menos de seis meses.
g) La multa de hasta tres meses.
h) La localización permanente de un día a tres meses.
i) Los trabajos en beneficio de la comunidad de uno a treinta días.

La responsabilidad personal subsidiaria por impago de multa tendrá carácter menos grave o leve dependiendo del carácter de la multa a la que sustituya (art. 33.5). Por ello, la responsabilidad personal subsidiaria por impago de una multa proporcional tendrá siempre el carácter de menos grave, también tendrá ese carácter la responsabilidad personal subsidiaria a una multa superior a tres meses, mientras que la responsabilidad personal subsidiaria a una multa de hasta tres meses, tendrá el carácter de leve.

Las penas accesorias tendrán la duración que respectivamente tenga la pena principal (art. 33.6), salvo lo dispuesto en el artículo 57 respecto de las penas accesorias a determinados delitos.

Por otra parte, no puede olvidarse que el artículo 13.4, tras la reforma de 2015, establece que cuando la pena, por su extensión, pueda ser considerada como grave y menos grave el delito se considerará, en todo caso, como grave; sin embargo, cuando la pena, por su extensión, pueda considerarse como leve y como menos grave, el delito se considerará, en todo caso, como leve.

El legislador de 2015 no ha caído en la cuenta de que el cambio de límites entre la pena leve y menos grave de multa, unida a la consideración del nuevo artículo 13.4, ha provocado que algunos de los delitos que antes tenían la consideración de menos graves, pasen a constituir delitos leves. La cuestión no tendría mayor importancia si no fuera porque según establece la Disposición adicional segunda los delitos leves se juzgarán por el reformado juicio de faltas.

La consideración de la pena ya impuesta por el Tribunal (pena concreta o exacta) como grave, menos grave, o leve tiene trascendencia en materia de prescripción de la pena y de cancelación de antecedentes penales. La pena abstractamente considerada, es decir, la pena con la que la ley castiga ese delito, nos es útil para fijar el procedimiento a seguir en el enjuiciamiento del mismo.

III. LAS PENAS PRIVATIVAS DE LIBERTAD

En el apartado presente se va a tratar sucesivamente de la historia de las penas privativas de libertad, de la problemática de las penas cortas privativas de libertad y de la regulación de las penas privativas de libertad en la legislación vigente.

1. La pena de prisión

Para estudiar la historia de las penas privativas de libertad se van a exponer sucesivamente sus orígenes remotos, los primeros intentos de corrección del delincuente, el sistema de las galeras, las modernas tendencias reformadoras, sus orígenes en España y el Sistema Progresivo.

A) *Orígenes remotos*

La prisión como verdadera pena fue casi desconocida en el antiguo Derecho. En Roma se empleó principalmente como medio de mantener seguros a los procesados durante la instrucción del proceso (conforme a la conocida frase de Ulpiano «Carcer enim ad continendos homines, non ad puniendos haberi debet»), mientras que en el Derecho germánico, donde predominaba la pena capital y las corporales, se menciona rara vez.

Con carácter de pena aparece en la Edad Media en el Derecho Canónico y consiste en la reclusión en un monasterio. Entrado el siglo xi se utiliza la prisión como medida de detención preventiva y más raramente como ejecución de la pena, utilizando para esto toda clase de lugares que poseyeran condiciones de seguridad.

B) *Intentos de corrección*

Es ya en la Edad Moderna cuando se inicia la creación y construcción de prisiones organizadas para la corrección de los penados. Contribuye a su generalización el aumento de la criminalidad que se produjo a fines del siglo XVII y comienzos del XVIII. En efecto, como consecuencia de las devastaciones producidas en el campo por las guerras, la emigración a núcleos urbanos y la crisis de las formas de vidas feudales, legiones de pequeños criminales vagaban, durante esta época, de una ciudad a otra; «eran demasiados para ahorcarlos a todos» y su miseria era mayor que su mala voluntad, por lo que se recurrió al sistema de encerrarlos, fomentando así la aparición de las prisiones.

Por ello, las prisiones, en un primer momento, se destinaron a la reclusión y reforma de vagabundos y gente de vida ociosa y disoluta, mendigos y prostitutas. Suele considerarse la más antigua de estas casas la *House of Correction* de Londres, creada en 1552. Al finalizar el siglo fueron fundados establecimientos en Ámsterdam que marcan una etapa en la creación de regímenes reformadores: tales son la *Tuchhuis* (casa de corrección para hombres) y la *Spinnhuis* (hilandería destinada a mujeres).

El fin educativo de estos centros se procuraba alcanzar mediante el trabajo, el castigo corporal, la instrucción y la asistencia religiosa. Establecimientos de esta índole empezaron a surgir por toda Europa, pero más bien constituyendo no un lugar para ejecutar la pena, sino para guardar a los procesados. También se inicia el intento de evitar que los menores lleguen a la delincuencia; centros modélicos en este sentido son el Hospicio de San Felipe Neri en Florencia (siglo XVII) y el de San Michelle en Roma (siglo XVIII).

C) *Las galeras*

A partir del siglo XVI comienza a aplicarse una dura modalidad de la pena: las galeras, donde, encadenados a un banco, los delincuentes estaban obligados a remar bajo la amenaza del látigo. La invención de la máquina de vapor hace que decaiga la necesidad de remeros, con lo cual la pena de galeras desaparece. A partir de ese momento comienzan a recluir a los delincuentes en presidios (campamentos militares) y a dedicarlos a trabajos forzados.

D) *Tendencias reformadoras*

Pero, poco a poco y ya en el siglo XVIII, van imponiéndose las tendencias reformadoras iniciadas en siglos anteriores, tendencias que alcanzan su mayor difusión por influjo de la campaña humanitaria llevada a cabo por JOHN HOWARD; nombrado *sheriff* del condado de Bedford, este cargo le proporciona abundantes ocasiones para conocer el estado de las prisiones inglesas, información que posteriormente complementa en sus viajes de observación y estudio por las cárceles europeas. Fruto de esta labor es su obra *The State of Prisions*, que causó una impresión profunda en las incipientes investigaciones penitenciarias; hasta tal punto que suele afirmarse que la importancia de HOWARD en esta rama es equivalente a la de BECCARIA para la dogmática jurídico-penal y a la de LOMBROSO para la criminología.

La reforma penitenciaria inspirada en las ideas de reforma y mejora de los delincuentes, sobre la base del aislamiento, viene de Norteamérica y concretamente de la acción de los cuáqueros. El conocido como sistema de Pensilvania pretende la reforma del delincuente por el contacto con Dios. Este sistema se basa en la incomunicación del delincuente día y noche, al que se aísla en una celda, permitiéndole solamente leer la Biblia. Sólo las visitas del director y del ministro religioso cuáquero rompían el aislamiento. El sistema no dio resultados satisfactorios, pues el total aislamiento de los delincuentes llevó a éstos a fuerte problemas psicológicos, pero dos de sus ideas fueron aprovechadas: que es el delincuente quien debe querer cambiar, el cambio debe ser interno; y que para los delincuentes primarios es más conveniente el aislamiento del resto de los presos, pues, si no, se convierte la prisión en escuela de delincuencia.

También tiene su origen en Norteamérica el llamado «sistema *Auburn*». La base de este sistema es el aislamiento nocturno y la vida en común durante el día bajo la regla del silencio, cuya infracción se castigaba con pena corporal. Los reclusos estaban divididos en tres clases: la primera comprendía a los criminales más endurecidos que se hallaban constantemente recluidos en aislamiento celular; a los de la segunda se les confinaba aislados tres días por semana; y la tercera, formada por los delincuentes jóvenes, trabajaba en los talleres durante toda la semana. Las dos grandes aportaciones de este sistema son los beneficios de la convivencia en sociedad para el recluso y la importancia del trabajo para la resocialización del delincuente.

En España se encuentran instituciones muy antiguas para la reforma de menores, ya desde el siglo XIV. Los hombres son llevados a las galeras desde la *Pragmática* de Carlos I de 1530, siendo sustituida esta pena por el envío a presidios militares, de Ceuta desde el siglo XVI y al de Cádiz desde el siglo XIX, para trabajos forzados. En el siglo XVII se crean las «Casas Galeras» para mujeres.

Pero, en orden a la resocialización del delincuente, destaca la figura del coronel MONTESINOS, que fue prisionero durante la guerra de la Independencia y posteriormente nombrado director de la Prisión de Valencia en dos períodos distintos. MONTESINOS, cuyo sistema aspira de modo único a la corrección del penado mediante una intensa preparación profesional, divide el tiempo de duración de la pena en cuatro etapas: la de los duros hierros, la de los trabajos, la de las duras pruebas y la de libertad condicional. Cada una de estas etapas supone un régimen de mayor libertad que el anterior para el recluso, y es el mismo preso el que decide pasar de un grado al siguiente, previa entrevista con el director de la prisión. La etapa de los duros hierros pretendía hacer experimentar al preso toda la dureza de la pena consecuencia del delito que había cometido; para ello se le llevaba a la herrería, en donde se le colocaba (según la costumbre de la época) una argolla alrededor del tobillo. En la etapa de los trabajos el recluso aprendía un oficio en un taller de artes y oficios, en el que se fabricaban incluso pistolas, cuchillos, etc., contra todo lo que suele suceder en las prisiones. En el período de las duras pruebas (que significaba el momento más duro del tratamiento, el del contraste del delincuente con la libertad) se permitían al delincuente pequeñas salidas que contrastaba luego con el sistema que había dentro de la cárcel y en diálogo con el director. En la última etapa se les daba la libertad condicional. Mientras que en el resto del mundo el número de los reincidentes se cifra alrededor del 35 por 100 en las cárceles, MONTESINOS consiguió que en pocos años pasara en la Prisión de Valencia al 1 por 100.

E) *El sistema progresivo*

Por entonces pasa por Valencia MACONOCHIE, que se inspira en el sistema de MONTESINOS para su sistema penitenciario, dando lugar al sistema progresivo. La idea central del sistema progresivo radica en la disminución que la intensidad de la pena va experimentando como consecuencia de la conducta y comportamiento del recluso. En este sistema el condenado tiene en su mano la posibilidad, con su trabajo y buena conducta, de ganar más o menos lentamente las etapas sucesivas hasta su liberación definitiva. El sistema progresivo suele dividir en tres grados o períodos la pena; el primero constituye un período de prueba que transcurre en el establecimiento penitenciario más rígido (por ejemplo, aislamiento diurno y nocturno); en el segundo el condenado es recluido en un centro específico bajo régimen de trabajo común por el día; mientras que, en el tercer período y dependiendo de su buen comportamiento y del trabajo realizado, puede obtener su libertad condicional.

El sistema progresivo fue visto como la panacea de los sistemas penitenciarios, pero pronto se observó que sus resultados no lo eran puesto que el número de reincidentes no disminuía. El sistema resultó no ser resocializante, puesto que no entraba en el ánimo del recluso la intención de cambiar de vida, sino que se limitaba a comportarse bien en la cárcel para obtener rápidamente la libertad condicional; es más, los habituales eran los que mejor se adaptaban, puesto que ya conocían el proceso. El sistema progresivo consigue un buen comportamiento en la cárcel, constituyendo un remedio ideal contra los motines en las prisiones pero no consigue la resocialización del delincuente. El hecho de que MONTESINOS lo consiguiese se debió, en buena parte, a su gran personalidad y dedicación a los reclusos a los que recibía, con los que hablaba, etc.

Actualmente el sistema de reclusión celular absoluta puede considerarse en franca decadencia como régimen común de ejecución de la pena privativa de libertad. Es el sistema progresivo el que ha triunfado sobre los demás y ha adquirido extraordinaria difusión. El sistema que actualmente se sigue en nuestro ordenamiento jurídico se basa también en el sistema progresivo y de él se hablará en el Tema 31.

Por último, debe reseñarse que la pena privativa de libertad ha pasado de ser la «pena reina» a experimentar una profunda crisis. En efecto, hace muchos años que se viene insistiendo en los efectos nocivos de la pena de prisión, que separa al recluso de la sociedad, de sus amigos y compañeros de trabajo, lo que puede agravar sus tendencias antisociales y le crea un espíritu hostil y agresivo contra la sociedad. Por otra parte, la vida carcelaria produce graves deterioros a la salud física y psíquica del penado. De aquí que la pena de prisión atraviese hoy en día un período de descrédito. Pese a ello ningún país ha renunciado a la pena de prisión porque no existe ningún sustitutivo adecuado a ella. Lo que no impide que se esté haciendo toda clase de esfuerzos por sustituirla por otras, especialmente en el caso de las penas cortas privativas de libertad.

2. LAS PENAS CORTAS PRIVATIVAS DE LIBERTAD

La noción de pena corta privativa de libertad es completamente relativa. De aquí que la Comisión Internacional Penal y Penitenciaria, en su sesión de agosto de 1946, adoptara la resolución de considerar penas cortas privativas de libertad aquellas cuya duración no exceda de tres meses.

La problemática de las penas cortas privativas de libertad no es reciente; ya fue ardorosamente discutida en la segunda mitad del siglo XIX. Los reproches que se hacen a estas penas son muy numerosos: son demasiado cortas para ejercer un influjo educativo en el sujeto y, sin embargo, consiguen desarraigar del trabajo, de los amigos y de la familia al penado; carecen de eficacia intimidatoria para el delincuente endurecido; son un agente de corrupción por el contacto con criminales habituales; constituyen un obstáculo para la resocialización del penado por el estigma de prisión que dejan en el sujeto, y además son muy caras.

Todas estas consecuencias dañosas dieron lugar a dos corrientes: una, abolicionista, que propugnaba la desaparición de este tipo de penas y su sustitución por otras; y otra, más moderada, que consideraba que la postura netamente abolicionista no estaba justificada. Partía esta segunda corriente de considerar que no es la pena corta privativa de libertad la que tiene tan perniciosos efectos, sino la ejecución de la misma. Se apoyaban estos autores en los estudios llevados a cabo en Noruega y Suecia y que demostraban que los delincuentes primarios, a los que se sometió a penas cortas privativas de libertad, no habían reincidido. Por otra parte, consideraban que este tipo de penas no está desprovisto de eficacia intimidatoria, en especial frente a ciertos delincuentes que sin el freno de la pena caerían en el delito (autores de delitos de imprudencia, de infracciones relativas al tráfico, delincuencia económica, etc.).

Hoy en día la problemática de estas penas se ha agudizado a causa de la incorporación a las legislaciones penales occidentales de delitos de riesgo (tráfico rodado, medio ambiente, etc.), que dan lugar, fundamentalmente, a que sean condenados a ellas reclusos que difícilmente pueden ser considerados antisociales desde los parámetros tradicionales. De aquí que la tendencia sea reducir las penas cortas privativas de libertad y sustituirlas por otras que consigan lograr los fines de prevención general y especial inherentes a la pena sin producir los efectos nocivos de aquéllas. Los sustitutivos enunciados en el «Informe general» preparado por la Secretaría de la ONU para el II Congreso de la ONU sobre la Prevención del Delito y el Tratamiento del Delincuente fueron: suspensión condicional de la pena, aplicación de la libertad vigilada en régimen de prueba, multa, arresto domiciliario, prestación de trabajos o servicios al Estado o instituciones oficiales o semioficiales, reparación de los daños causados, asistencia obligatoria a centros de educación y otras similares.

Especialmente desde 1970 se vienen haciendo frecuentes experiencias para encontrar sustitutivos a las penas cortas privativas de libertad y ya se va disponiendo de un amplio elenco de sustitutivos. Tales son, por no citar más que algunos, los arrestos fin de semana, el servicio a la comunidad y el tratamiento voluntario tanto resocializante como deshabituador. Todo ello en la línea de las reiteradas recomendaciones del Consejo de Europa que insiste en que, ya que no se consigue que las penas sean resocializadoras, no tengan al menos efecto desocializador.

El CP de 1995 trató de suprimir las penas cortas privativas de libertad y, por ello, estableció una duración mínima de seis meses para la pena de prisión, utilizando como sustitutivos los arrestos fin de semana y la multa. Sin embargo, no consiguió erradicar completamente la privación de libertad inferior a seis meses, puesto que ésta seguía existiendo cuando debía aplicarse la responsabilidad personal subsidiaria por impago de multa.

La LO 15/2003 ha reincorporado a nuestro ordenamiento jurídico la pena de prisión de tres a seis meses suprimiendo, además, la pena de arresto fin de semana. Respecto de la primera decisión no existe acuerdo doctrinal puesto que hay quien defiende la bondad de estas penas desde la perspectiva preventivo general; sin embargo, constituyen un obstáculo para la resocialización del delincuente. La segunda decisión, la supresión de la pena de arresto fin de semana, resulta criticable.

El arresto fin de semana, regulado en el artículo 37 del CP antes de la reforma operada en el sistema de penas por la LO 15/2003, era una pena privativa de libertad discontinua puesto que suponía que durante la semana el condenado estaba en su propio domicilio, desarrollando sus ocupaciones habituales, y que cuando llegaba el fin de semana acudía a cumplir la pena que se le había impuesto.

El arresto fin de semana tenía una duración de treinta y seis horas y se cumplía, en principio, los viernes, sábados o domingos aunque se preveía que el Tribunal, oído el reo y el Ministerio Fiscal, pudiera acordar que la pena se cumpliera en otros días. La pena debía cumplirse en el establecimiento penitenciario más próximo al domicilio del arrestado, aunque caso de no existir dichos establecimientos en el partido judicial de residencia del penado, el Tribunal podía autorizar, oído el reo y el Ministerio Fiscal, el cumplimiento en los depósitos municipales. Dos ausencias no justificadas suponían que el arresto se cumpliera ininterrumpidamente, decisión que debía tomar el Juez de Vigilancia, sin perjuicio de deducir testimonio por el quebrantamiento de condena.

Se ha argumentado que la pena de arresto fin de semana ha fracasado, y que por ello ha sido suprimida del catálogo de penas, cuando más bien parece que gran parte de las dificultades que se alegaban contra ella derivaban de la falta de medios para hacerla efectiva. Así, por ejemplo, se argüía la gravosidad de la pena por las largas distancias que tenía que recorrer el penado hasta el centro penitenciario más cercano, olvidando que el artículo 37 preveía que se pudieran cumplir en los depósitos municipales; cierto es que el estado de tales dependencias deja mucho que desear, pero esa dificultad podría haberse solventado renovando dichos establecimientos. Otra crítica frecuente a esta pena era el sinsentido de imponerla a los penados que además tenían que cumplir penas de prisión. Esta dificultad, siendo real, tenía una fácil solución: modificar la regulación de la pena para permitir el cumplimiento continuado en estos casos. En cuanto a la forma de cumplimiento —en régimen de aislamiento—, se criticaba la inutilidad de la pena desde la perspectiva de la prevención especial, lo que podría haber sido resuelto estableciendo una forma de cumplimiento distinta. Además, se criticaba la utilización de los arrestos fin de semana como sustitutivos de penas de prisión de hasta dos años por la dureza que podría suponer estar privado de libertad hasta cuatro años todos los fines de semana; esta dificultad podría haberse resuelto estableciendo módulos de conversión distintos al que utilizaba el artículo 88 (dos arrestos fin de semana por cada semana de privación de libertad). Por último, no está de más poner de relieve que en muchos de los casos en los que antes se utilizaba la pena de arresto fin de semana el legislador ha previsto ahora penas de prisión de tres a seis meses o, alternativamente, penas de multa y trabajos en beneficio de la comunidad. Pues bien, si el trabajo en beneficio de la comunidad fuera una pena fácil de ejecutar se habría encontrado un sustitutivo adecuado a la pena corta privativa de libertad, pero lo cierto es que esta pena tampoco está dando buen resultado, fundamentalmente porque también requiere un esfuerzo inversor.

La LO 5/2010 ha reintroducido, en cierta manera, la pena de arresto de fin de semana al establecer que, en los casos en los que así esté previsto expresamente, la localización permanente prevista como pena principal e impuesta en los casos de reiteración en la comisión de la infracción, pueda cumplirse en el centro penitenciario más próximo al domicilio del penado los sábados, domingos y días festivos (art. 37.1). Esta previsión no resulta acertada desde la perspectiva del principio de seguridad jurídica en tanto que el CP no define qué debe entenderse por reiteración en la comisión de la infracción, limitándose el legislador a señalar en el derogado artículo 623.1 (único en el que se establecía esta previsión) que para apreciar la reiteración se atendería al número de infracciones cometidas, hubieran sido o no enjuiciadas, y a la proximidad temporal de las mismas. La reforma operada por LO 1/2015, que suprimió el Libro III y con ello derogó el artículo 623.1, no ha introducido ninguna previsión específica de cumplimiento continuado de la pena de localización permanente en centro penitenciario, aunque ha mantenido inalterado el contenido del artículo 37.1.

3. Regulación en la legislación española de las penas privativas de libertad

A) *Prisión permanente revisable*

La Exposición de Motivos de la LO 1/2015 justifica la introducción de la prisión permanente revisable en nuestro ordenamiento jurídico con las siguientes palabras:

«La necesidad de fortalecer la confianza en la Administración de Justicia hace preciso poner a su disposición un sistema legal que garantice resoluciones judiciales previsibles que, además, sean percibidas en la sociedad como justas. Con esta finalidad, siguiendo el modelo de otros países de nuestro entorno europeo, se introduce la prisión permanente revisable para aquellos delitos de extrema gravedad, en los que los ciudadanos demandaban una pena proporcional al hecho cometido.»

Si examinamos con atención estas palabras nos daremos cuenta que el único argumento que sostiene la re-introducción de la «cadena perpetua» —llamemos a las cosas por su nombre—, en nuestro ordenamiento jurídico —que fue suprimida en la Dictadura de Primo de Rivera— es la «presión social» que demanda penas que sean percibidas como justas.

Estamos de acuerdo con VIVES ANTÓN en que cuando hay que elegir «entre la eficacia y las garantías constitucionales, entre las exigencias materiales de la democracia y la opinión, a menudo irreflexiva y visceral de la mayoría» el legislador racional no debe decantarse por la opinión pública, sino por cambiar ésta. Como argumenta nuestro compañero en la Universidad Ríos MARTÍN «Los políticos —y particularmente aquellos que tienen la responsabilidad de gobernar— han de asumir la responsabilidad de trasladar a la ciudadanía la información necesaria para que ésta pueda reflexionar sobre el fenómeno delictivo de forma serena y razonable. Además, en la adopción de normas y decisiones de política criminal frente a los crímenes más graves, deben tomar en consideración la opinión de expertos de ámbitos jurídicos, desde luego, pero también educativos, sanitarios y sociales. Lo contrario es un ejercicio de irresponsabilidad que se puede volver en contra de los propios ciudadanos».

Por otra parte, la Exposición de Motivos hace hincapié en que la nueva pena «podrá ser impuesta únicamente en supuestos de excepcional gravedad —asesinatos especialmente graves, homicidio del Jefe del Estado o de su heredero, de Jefes de Estado extranjeros y en los supuestos más graves de genocidio o de crímenes de lesa humanidad— en los que está justificada una respuesta extraordinaria mediante la imposición de una pena de prisión de duración indeterminada (prisión permanente)». La crítica es inmediata: en un país como el nuestro en el que la cifra de criminalidad es tan baja y a la vista de la lista de delitos a los que se aplica (son esos que prácticamente nunca se cometen) ¿realmente es necesaria la cadena perpetua? Ríos MARTÍN en un exhaustivo análisis demuestra que no.

Frente a la avalancha de críticas doctrinales que consideran inconstitucional la «cadena perpetua» el legislador se siente compelido a justificar, en la Exposición de Motivos, que la prisión permanente revisable no es contraria a los principios constitucionales, porque es «revisable».

a) Principio de legalidad y seguridad jurídica (art. 9.3 de la CE). «La pena de prisión permanente revisable no constituye, por ello, una suerte de "pena definitiva" en la que el Estado se desentiende del penado». El principio de legalidad exige que las penas estén perfectamente determinadas en cuanto a su forma de cumplimiento y extensión en el Código Penal. A este respecto, no cabe duda que una pena indeterminada en cuanto a su duración afrenta directamente contra este principio. El que el legislador la haya apellidado de "revisable" no obsta a la *incertidumbre* de su contenido temporal. El estudio de la realidad penitenciaria española muestra el elevado grado de imprevisibilidad, en todas las penas de prisión, respecto de posibles permisos de salidas, tercer grado y libertad condicional, que en gran medida quedan confiados a la discrecionalidad de las autoridades penitenciarias, dado que dependen en gran medida del «buen comportamiento del preso». La imprevisibilidad, la incertidumbre, cuando la pena está limitada en el tiempo puede convivir con el principio de legalidad, pero no cabe decir lo mismo de una pena que es «permanente» en el tiempo.

b) Tratos inhumanos (art. 15 CE). La inhumanidad de la «cadena perpetua» radica de una parte, en la falta de expectativas de libertad para el penado, y de otra, en que una estancia muy prolongada en prisión puede resultar inhumana.

Según la Exposición de Motivos «La previsión de esta revisión judicial periódica [...] aleja toda duda de inhumanidad de esta pena, al garantizar un horizonte de libertad para el condenado».

Ríos Martín, gran conocedor de la realidad penitenciaria española, tras un concienzudo repaso de las normas penitenciarias sobre el régimen de permisos de salida, el acceso al tercer grado y la libertad condicional, y tras contrastar la normativa con la realidad de todas esas instituciones en el día a día de las prisiones españolas actuales, acaba concluyendo respecto de ese horizonte de libertad, que la revisión a la que alude el legislador será inaplicable.

Por su parte, Lascurain nos hace caer en la cuenta de que «que la prisión sea revisable comporta la posibilidad de que la revisión sea negativa y que la cárcel sea perpetua. Si puede ya pensarse que la incertidumbre respecto al final de la prisión no sólo quiebra el principio de seguridad jurídica, sino que conduce a una desesperanza del penado que convierte la pena en inhumana, no cabrá dudar de tal inhumanidad si al final la cárcel se prolongó durante años innumerables o si a la postre no cupo ya la libertad porque la precedió la muerte».

c) Reeducación y reinserción social (art. 25 de la CE). El principio de reinserción social implica que cumplida la condena el reo pueda reintegrarse en la sociedad, respetar el ordenamiento jurídico y convivir pacíficamente con el resto de la población. Por su parte, el principio de reeducación exige que la forma de cumplimiento de la pena de prisión evite generar consecuencias en la mente del ser humano condenado que le impidan integrarse nuevamente en la sociedad para desarrollar su proyecto vital. ¿Puede una pena que no deja ni un ápice de esperanza cumplir alguno de esos dos principios?

Dice la Exposición de Motivos a este respecto: «La prisión permanente revisable [...] de ningún modo renuncia a la reinserción del penado: una vez cumplida una parte mínima de la condena, un Tribunal colegiado deberá valorar nuevamente las circunstancias del penado y del delito cometido y podrá revisar su situación personal».

¿Cuánto es una parte «mínima» de una condena que no está determinada? La regulación de la prisión permanente nos lo aclara: veinticinco años, que son los que como mínimo debe haber cumplido el condenado para poder acceder a la libertad condicional (art. 91 del CP); o quince años, que son los que, como mínimo, deben haber transcurrido para acceder al tercer grado (art. 36.1 del CP); u ocho, que son los que, como mínimo, deben haber pasado para que el penado pueda gozar de un permiso de salida.

¿Puede «reintegrarse en la sociedad» una persona que durante quince años, no sólo ha vivido al margen de la misma, sino que además ha vivido en una «sociedad alternativa» cuyas reglas difieren sustancialmente de las que rigen la convivencia en libertad?

Los estudios sobre los efectos de la pena de prisión en quien la sufre, realizados en nuestra Universidad por Ríos Martín, Cabrera Cabrera y Gallego Díaz, ponen de manifiesto los efectos, físicos, psíquicos y psicosociales de estar privado de libertad.

Los efectos psico-sociales pueden resumirse con las siguientes palabras: «al estar en la cárcel, se vive con una sensación de que se está en peligro constantemente, lo que genera ansiedad y dificulta la reeducación. De la misma manera, se crea una gran desconfianza como sistema de supervivencia y un arraigado sentimiento de indefensión y de odio, dejando a los presos "prisionizados", es decir, creando un grupo de individuos diferenciados, marcados por tanta violencia y desconfianza». ¿Hay alguna posibilidad de reinserción social para la persona que ha pasado quince años continuados viviendo en este estado?

El argumento concluyente para rechazar la prisión permanente revisable lo expone nuestro compañero Ríos Martín con las siguientes palabras:

> «En términos kantianos, el ser humano, toda persona, es un fin en sí mismo y bajo ninguna circunstancia puede ser reducido a medio. Consiguientemente, no es legítimo el asesinato, ni el secuestro, ni la tortura, ni los tratos inhumanos o degradantes, ni las penas que condenan al sufrimiento y aislamiento perpetuo. No se pueden practicar contra nadie, por ninguna razón. Ceder en este punto sería deslizarse por una peligrosa pendiente que culmina relativizando el absoluto intangible de cada ser humano: su dignidad. Es lo que proclama el artículo 1 de la Declaración Universal de los Derechos Humanos y el artículo 10 de la Constitución española y repiten la mayoría de las Cartas Magnas de todo el mundo. Así pues, una persona presa aunque haya cometido delitos terribles conserva su dignidad humana y tiene derecho a vivir y morir en ella, y los demás estamos comprometidos en esta causa, pues la dignidad no está sometida a criterios de merecimiento.»

En julio de 2015, el Tribunal Constitucional admitió a trámite el recurso contra la prisión permanente revisable, presentado por todos los grupos de la oposición en el Congreso de los Diputados, que estimaban que la prisión permanente revisable es una «cadena perpetua encubierta» que vulnera cuatro artículos de la Carta Magna. Los recurrentes alegaban que la prisión permanente revisable vulnera los siguientes artículos: el 15.1, que prohíbe penas inhumanas; el 17, que regula el principio de proporcionalidad; el 25.1, ya que no es una pena determinada sino que se prolonga en el tiempo incluso hasta la muerte del reo, y el 25.2, al restringir la posibilidad de reinserción.

El Tribunal Constitucional ha declarado, en STC 169/2021, de 6 de octubre, la constitucionalidad de la prisión permanente revisable, aunque introduce la obligación de hacer una concreta interpretación de la revocación de la libertad condicional. No es una decisión unánime, sino que cuenta con tres votos particulares.

Tal y como señala Varona Gómez es una «sentencia decepcionante», que se «dedica al "corta-pega" de resoluciones anteriores» y en la que «la argumentación se limita a una exégesis, y además sesgada, de la jurisprudencia del TEDH sobre la cadena perpetua. Tienen sin duda aquí razón los firmantes del voto particular cuando reprochan a la mayoría del TC que «lo que se planteó en el recurso de inconstitucionalidad no fue la adecuación de la prisión permanente revisable con el Convenio Europeo de Derechos Humanos (CEDH), sino con el marco constitucional español. Evidentemente, que esta nueva pena no vulnere el CEDH es un prius necesario, pero ello no agota, como considera el TC equivocadamente, el juicio sobre la constitucionalidad de la prisión permanente revisable».

De mucho mayor rigor jurídico es la argumentación expuesta en los votos particulares, que van destacando los distintos aspectos por los que debe concluirse la inconstitucionalidad de la pena de prisión permanente revisable: «esta pena es inconstitucional por resultar contraria a un conjunto de derechos fundamentales, principios y valores constitucionales que afectan con carácter general a su naturaleza, por un lado, de pena indeterminada en su extensión y, por otro, de pena que sea potencialmente a perpetuidad: el principio de la dignidad humana como fundamento del orden político (art. 10.1 CE), la prohibición de penas o tratos inhumanos o degradantes (art. 15 CE), el mandato de que las penas privativas de libertad estarán orientadas hacia la reeducación y reinserción social (art. 25.2) y los derechos a la libertad personal (art. 17.1 CE) y a la legalidad sancionadora (art. 25.1 CE), en relación con el principio de seguridad jurídica (art. 9.3)».

De los argumentos de los votos particulares queremos destacar ahora solo uno: La regulación de la pena de prisión permanente revisable en España supone un retroceso objetivo en el devenir del diseño legislativo de la progresiva humanización de las penas en el ordenamiento jurídico penal español. La pena de prisión perpetua fue eliminada en el CP de 1928 y durante casi cien años, con diferentes regímenes políticos democráticos —monárquicos o republicanos— y dictatoriales, España se constituyó como un país abolicionista de las penas privativas de libertad a perpetuidad o indeterminadas. La reincorporación de la prisión permanente revisable, sin motivos que la justifiquen, supone un retroceso en el progreso de la humanización del sistema de penas español. En definitiva que este país va hacia atrás en el respeto de la dignidad humana en lugar de progresar.

B) *Prisión*

La pena de prisión es una pena privativa de libertad continuada. Según el artículo 36.2 su duración podrá abarcar de tres meses a veinte años, salvo excepciones. Dado que las excepciones son numerosas y que no suponen ningún freno para el legislador, debería adecuarse el artículo 36.2 a la realidad y señalar que la pena de prisión dura de tres meses a treinta años. Tras las reformas de los últimos años resulta un ejercicio de hipocresía legislativa mantener la ficción de que la pena de prisión tiene una duración máxima de veinte años.

El CP no utiliza en el Libro II como pena principal la pena de prisión inferior a tres meses habiéndola sustituido por multas o/y trabajos en beneficio de la comunidad o/y localización permanente.

Por otra parte, en los casos en los que por el juego de las reglas de determinación de la pena debiera imponerse una pena de prisión inferior a tres meses establece el artículo 71.2 que esta pena será en todo caso sustituida por multa, trabajos en beneficio de la comunidad, o localización permanente, aunque la ley no prevea estas penas para el delito de que se trate, sustituyéndose cada día de prisión por dos cuotas de multa o por una jornada de trabajo o por un día de localización permanente.

También debe señalarse que, cuando tengamos que subir la pena de prisión de grado y la pena superior exceda del límite de veinte años, la duración máxima de la pena será de treinta años (art. 70.3.1.º).

Todo lo referido al cumplimiento de la pena de prisión se abordará *infra* (Tema 31, I, 1).

C) *La localización permanente*

La pena de localización permanente, que recuerda al arresto domiciliario del viejo CP, se introdujo en el CP de 1995 por la LO 15/2003, fue modificada por la LO 5/2010, que la dotó de un mayor protagonismo al convertirla en sustitutivo de las penas de prisión de hasta seis meses. Tras la reforma operada en el CP por LO 1/2015 la pena ha perdido completamente este protagonismo: por una parte porque se ha suprimido la institución de la sustitución de penas, y por otra, porque sólo se utiliza como pena principal en los delitos de amenazas leves, coacciones leves e injurias y vejaciones injustas leves, cometidos contra los sujetos protegidos en el artículo 173.2 (véanse los arts. 171.7.2.º, 172.3.2.º y 173.4).

La pena de localización permanente obliga al penado a permanecer en su domicilio, o en lugar determinado fijado por el Juez en la sentencia o en auto posterior motivado (art. 37.1). El Juez o Tribunal puede acordar la utilización de medios mecánicos o electrónicos que permitan la localización del reo (art. 37.4).

Puesto que la pena se mide en días y que «el lugar determinado» debe guardar una cierta analogía con el domicilio del penado habría que entender que debe tratarse de un lugar delimitado físicamente y en el que al menos pueda permanecerse veinticuatro horas. En este sentido el domicilio sería el domicilio civil y el lugar determinado podría serlo, por ejemplo, el colegio mayor en el que reside por tratarse de un estudiante que se ha desplazado de su domicilio para estudiar.

Respecto de la forma de cumplimiento de la localización permanente el artículo 37.2 especificaba que la pena puede cumplirse los fines de semana y festivos o de forma no continuada, a petición del penado oído el Ministerio Fiscal. El establecimiento de esta prescripción es lo único que permite afirmar que la localización permanente no reinstaura en nuestra legislación las penas cortísimas privativas de libertad.

Por otra parte debe señalarse que la pena de localización permanente también podrá cumplirse en el centro penitenciario más próximo al domicilio del penado, en sábados, domingos y días festivos, en aquellos casos en los que la pena esté prevista como principal y así esté dispuesto expresamente (art. 37.1.2.º). La prescripción, introducida por LO 5/2010, ha quedado vacía de contenido tras la reforma operada por LO 1/2015 puesto que ninguno de los tipos del Libro II la utiliza.

El número tercero del artículo 37 recuerda al Juez o Tribunal que debe deducirse testimonio por el delito de quebrantamiento de condena en caso de incumplimiento de la pena (art. 468).

Por último, hay que señalar que la pena de localización permanente se configura sólo como pena leve, con una duración máxima de tres meses (art. 33.4). Afortunadamente el legislador ha recordado en los tipos que la prevén como pena principal (arts. 171.7.2.º, 172.3.2.º y 173.4) coordinar la duración de la pena con la previsión del artículo 33, aunque no haya recordado modificar el contenido del artículo 37.1, que sigue recogiendo una duración máxima de seis meses.

D) *La responsabilidad personal subsidiaria por impago de multa*

La responsabilidad personal subsidiaria por impago de multa tiene carácter de pena privativa de libertad; de ahí que puedan aplicársele todos los beneficios penitenciarios, incluida la libertad condicional. Además, no debemos olvidar que la responsabilidad personal subsidiaria por impago de multa también puede ser suspendida cuando se den los requisitos establecidos en el artículo 80 del CP.

El estudio de esta pena se abordará en el Tema 31, II, 2.

IV. LAS PENAS RESTRICTIVAS DE DERECHOS

Las penas privativas de derechos, cuyo listado se contiene en el artículo 39, pueden sistematizarse en cuatro grupos: las que se refieren al empleo o cargo público; el resto de las inhabilitaciones; las penas privativas de otros derechos; y, por último, los trabajos en beneficio de la comunidad. La duración de cada una de las penas privativas de derechos se encuentra recogida en el artículo 40 del CP.

1. Penas que afectan al empleo o cargo público

El CP contiene una pena de inhabilitación absoluta de empleo o cargo público (art. 41), una pena de inhabilitación especial de empleo o cargo público (art. 42) y una pena de suspensión de empleo o cargo público (art. 43).

A) *Inhabilitación absoluta*

La inhabilitación absoluta produce la privación definitiva de todos los honores, empleos y cargos públicos, aunque sean electivos, que tenga el penado y la incapacidad para obtener ningún otro honor, empleo o cargo público mientras dure la condena. La privación definitiva de los honores, empleos o cargos supone que cuando acaba la condena no se recuperan los mismos. La incapacidad para obtener honores, empleos o cargos afecta a todo tipo de empleo o cargo público, y, por tanto, también supone la privación del derecho de sufragio pasivo mientras dura la condena.

La pena de inhabilitación absoluta tendrá una duración entre seis y veinte años, según establece el artículo 40.1, aunque la duración máxima puede excepcionarse según lo previsto en el artículo 40.5. La excepción es útil puesto que según lo dispuesto en el artículo 579 bis para los delitos de terrorismo la pena puede superar mucho dicho límite máximo.

Cuando en aplicación de la regla primera del artículo 70.1, tengamos que subir la pena de grado, la duración máxima de la pena será de treinta años (art. 70.3.2.º).

B) *Inhabilitación especial*

La inhabilitación especial produce la privación definitiva del cargo sobre el que recayese, aunque sea electivo, y de los honores a él anejos, así como la incapacidad para obtener el mismo u otros similares durante el tiempo que dure la condena. La sentencia deberá especificar el empleo o cargo sobre el que recae la pena.

La diferencia entre la inhabilitación absoluta y la especial es clara, aunque ambos producen la privación definitiva de algún empleo o cargo público, la absoluta incapacita para obtener cualquier empleo o cargo público durante el tiempo que dura la condena, mientras que la especial sólo incapacita para ese empleo sobre el que recae y similares.

La pena de inhabilitación especial tendrá una duración entre tres meses y veinte años, según establece el artículo 40.1, aunque la duración máxima puede excepcionarse según lo previsto en el artículo 40.5. La excepción es útil puesto que según lo dispuesto en el artículo 579 bis para los delitos de terrorismo la pena puede superar mucho dicho límite máximo.

Cuando en aplicación de la regla primera del artículo 70.1, tengamos que subir la pena de grado, la duración máxima de la pena será de treinta años (art. 70.3.2.º).

C) *Suspensión*

La suspensión de empleo o cargo público priva al penado de su ejercicio durante el tiempo de la condena, es decir, que una vez cumplida se recupera el empleo o cargo de que se ostentaba. Tampoco tiene sentido condenar a una pena de suspensión de empleo o cargo público al particular que no tiene ningún empleo o cargo público.

La pena de suspensión tendrá una duración entre tres meses y seis años (art. 40.1), salvo que, en aplicación de la regla primera del artículo 70.1, tengamos que subir la pena de grado, en cuyo caso la duración máxima de la pena será de ocho años (art. 70.3.3.º).

2. El resto de las inhabilitaciones

Contiene el Código tres tipos de inhabilitación especial además de la inhabilitación para empleo o cargo público: la inhabilitación especial para el derecho de sufragio pasivo (art. 44), la inhabilitación especial de profesión, oficio, industria, comercio u otras actividades, sean o no retribuidas, o cualquier otro derecho (art. 45) y la inhabilitación especial de la patria potestad, tutela, curatela, guarda o acogimiento y la privación de la patria potestad (art. 46). La inhabilitación especial del art. 45 y la del 46 han sido modificadas mediante LO 8/2021 de protección integral a la infancia y adolescencia frente a la violencia.

Todas las penas de inhabilitación especial tendrán una duración entre tres meses y veinte años, salvo que, en aplicación de la regla primera del artículo 70.1, tengamos que subir la pena de grado, en cuyo caso la duración máxima será de treinta años (art. 70.3.2.º).

La inhabilitación especial para el derecho de sufragio pasivo priva al penado, durante el tiempo de la condena, del derecho a ser elegido para cargos públicos. Es de elogiar la decisión del legislador de excluir de los efectos de las penas de inhabilitación la privación del derecho al sufragio activo, que sí recogían las penas del CP de 1973 y sus antecesores, puesto que no parece coherente con la idea de un Estado social y democrático de Derecho el excluir a ningún ciudadano, aun el delincuente, de su derecho a votar.

La inhabilitación especial para profesión, oficio, industria, comercio u otras actividades, sean o no retribuidas, o cualquier otro derecho priva al penado de la facultad de ejercerlos durante el tiempo que dura la condena. Ha sido la LO 8/2021 la que ha incluido que la inhabilitación abarque también a las actividades que se puedan desarrollar de manera gratuita, lo que es un acierto. El contenido de esta pena ha de concretarse y motivarse expresamente en la sentencia. Una rápida lectura de este artículo podría llevarnos a criticarlo desde el punto de vista de principio de legalidad por la referencia a «cualquier otro derecho»; ¿puede el Tribunal inhabilitar el ejercicio de cualquier derecho? Interpretando este artículo a la luz de las penas contenidas en los Libros II y III del CP, llegaremos a la conclusión de que la alusión a «cualquier derecho» que se hace en este artículo tiene la única finalidad de comprender la inhabilitación especial para el ejercicio de ciertos derechos, como por ejemplo el derecho a cazar o pescar, que se contienen en la parte especial del CP, sin necesidad de mencionarlos uno a uno. Luego el Tribunal no puede condenar a la inhabilitación especial del ejercicio de cualquier derecho, sino sólo de aquellos que se hallen comprendidos en el articulado del CP.

Además, a partir de la reforma operada por la LO 8/2021 la inhabilitación puede tener un carácter parcial, es decir, restringirse a aquellas funciones o actividades de la profesión, oficio, industria o comercio que han tenido relación con el delito cometido, pudiendo el penado seguir despeñando el resto. El nuevo contenido de la inhabilitación especial debe ser muy positivamente valorado desde la perspectiva de la prevención especial dado que, de una parte, evita que el condenado pueda seguir aprovechando su profesión para delinquir, pero, de otra, evita la «condena al hambre» que supone privarle de su medio de vida.

Por otra parte, debe señalarse que el legislador en 2015 ha introducido expresamente, en la clasificación de las penas por su gravedad en el artículo 33, la pena de inhabilitación especial para el ejercicio de profesión, oficio o comercio que tenga relación con los animales y para la tenencia de animales, aunque en el artículo 39 sólo se ha referido a la tenencia de animales y no ha modificado el 45. Una vez más se trata de un ejercicio de derecho penal simbólico, puesto que la pena ya existía en la Parte Especial y en la Parte General encajaba perfectamente en la consideración de la pena de inhabilitación especial genérica del artículo 45.

En el art. 46 del CP, modificado también por la LO 8/2021, se prevén dos penas que afectan directamente a los menores: la inhabilitación especial para el ejercicio de la patria potestad, tutela, curatela, guarda o acogimiento y la privación de la patria potestad. La primera de estas penas figuraba en la versión original del CP de 1995, mientras que la segunda se introdujo mediante LO 5/2010. La diferencia esencial entre la inhabilitación y la privación de la patria potestad es que la inhabilitación tiene un carácter temporal, es decir, el condenado una vez trascurrido el período de tiempo al que se condena recupera los derechos inherentes a la patria potestad de los que se le privó, mientras que la segunda tiene un carácter definitivo en tanto que supone la pérdida de la titularidad de la misma. Ambas penas tienen en común que pueden recaer sobre todos o solo algunos de los menores, o personas con discapacidad necesitadas de especial protección, lo que deberá determinarse motivadamente en la sentencia, y que la referencia a la patria potestad comprende tanto la regulada en el CC, como las instituciones análogas a la misma previstas en la legislación civil de las CCAA.

La LO 8/2021 ha modificado la pena de privación de la patria potestad, dando una nueva redacción, muy farragosa por cierto, al art. 46 para especificar que no subsisten todos los derechos de los que es titular el hijo —como se establecía en la redacción anterior— sino tan solo aquellos que, valorando el interés superior del menor, determine la autoridad judicial en atención al caso concreto. La reforma de la norma ha de ser bienvenida tanto por la referencia al interés superior del menor como por la posibilidad de que la pena quede restringida a algunos derechos. No obstante, hay que destacar la desidia del legislador al referirse a la patria potestad prorrogada y la rehabilitada, instituciones que desaparecen en la Ley por la que se reforma la legislación civil y procesal para el apoyo a las personas con discapacidad en el ejercicio de su capacidad jurídica, que ha sido aprobada en el Congreso al día siguiente que la LO 8/2021 y se ha publicado en el *BOE* incluso antes que ésta como Ley 8/2021.

3. Penas restrictivas de otros derechos

La pena de privación del derecho a conducir vehículos de motor y ciclomotores inhabilita al condenado para el ejercicio de ambos derechos mientras dure la condena, cuando la pena impuesta lo fuere por un tiempo superior a dos años comportará la pérdida de vigencia del permiso que habilite para la conducción (art. 47). Esta pena puede tener una duración entre tres meses y diez años, salvo que, en aplicación de la regla primera del artículo 70.1, tengamos que subir la pena de grado, en cuyo caso la duración máxima de la pena será de quince años (art. 70.3.4.º).

La pena de privación del derecho a la tenencia y porte de armas inhabilitará al penado para el ejercicio de este derecho por el tiempo fijado en la sentencia (art. 47). Esta pena puede tener una duración entre tres meses y diez años, salvo que, en aplicación de la regla primera del artículo 70.1, tengamos que subir la pena de grado, en cuyo caso la duración máxima de la pena será de veinte años (art. 70.3.5.º).

Según establece el núm. 3.º del artículo 47 las penas de privación del derecho a conducir vehículos de motor y ciclomotores, y de privación del derecho a la tenencia y porte de armas, impuestas por tiempo superior a dos años comportarán la pérdida de vigencia del permiso o licencia que habilite para los mismos.

La pena de privación del derecho a residir en determinados lugares o a acudir a ellos impide al penado residir o acudir al lugar en que se haya cometido el delito o la falta, o a aquel en que resida la víctima o su familia, si fueren distintos (art. 48.1). La LO 1/2015 ha previsto que para los reos con una discapacidad intelectual, o una discapacidad que tenga su origen en un trastorno mental, declarada, el Tribunal resuelva sobre la forma de cumplimiento de la pena, teniendo en cuenta los bienes jurídicos a proteger y el interés superior de la persona con discapacidad, que si fuera necesario deberá contar con los medios de acompañamiento y apoyo precisos para el cumplimiento de la misma. Los tribunales en sus sentencias, a la hora de imponer la pena, deben determinar completamente, para facilitar la apreciación del quebrantamiento de condena, los lugares a los que afecta la pena. La pena de privación del derecho a residir o a acudir a determinados lugares tendrá una duración de hasta diez años, salvo que, en aplicación de la regla primera del artículo 70.1, tengamos que subir la pena de grado, en cuyo caso la duración máxima de la pena será de veinte años (art. 70.3.6.º).

Según el artículo 48.2, la prohibición de aproximarse a la víctima, o a aquellos de sus familiares u otras personas que el Juez o Tribunal determine, impide al condenado acercarse a ellos en cualquier lugar donde se encuentren, así como acercarse al domicilio de dichas personas, a sus lugares de trabajo y a cualquier otro que sea frecuentado por ellas, quedando en suspenso, respecto de los hijos, el régimen de visitas, comunicación y estancia que, en su caso, se hubiere reconocido en sentencia civil hasta el total cumplimiento de esta pena. De la lectura de los debates parlamentarios se deduce que la intención del legislador es que la previsión de suspensión del régimen de visitas a los hijos se aplique sólo cuando sean ellos mismos las víctimas del delito y no cuando la víctima lo sea el otro progenitor, aunque de la literalidad del artículo 48.2 se pueda deducir otra cosa.

Sin embargo, hay que tener en cuenta que la Ley 8/2021 ha dado una nueva redacción al art. 94 del CC que ahora establece, en sus párrafos cuarto y quinto, tres supuestos en los que no procede el establecimiento de un régimen de visita o estancia para los hijos, y si existiera se suspenderá: *a*) cuando el progenitor esté incurso en un proceso penal iniciado por atentar contra la vida, la integridad física, la libertad, la integridad moral o la libertad sexual del otro cónyuge o sus hijos; *b*) cuando la autoridad judicial advierta, de las alegaciones de las partes y las pruebas practicadas, la existencia de indicios fundados de violencia doméstica o de género; y, *c*) cuando el progenitor se halle en situación de prisión, provisional o por sentencia firme, acordada en procedimiento penal por los mismos delitos.

A la vista de esta norma cobra sentido interpretar que, establecida la prohibición de aproximación al progenitor del artículo 48.2, queda en suspenso el régimen de visitas a los hijos. Según el artículo 48.3, la prohibición de comunicarse con la víctima, o a aquellos de sus familiares u otras personas que el Juez o Tribunal determine, impide al penado establecer con ellas por cualquier medio de comunicación, informático o telemático, contacto escrito, verbal o visual.

Las penas contenidas en el artículo 48 pueden cumplirse a través de aquellos medios electrónicos que permitan su ejecución, según establece el número 4 de dicho artículo.

Las penas de prohibición de aproximarse a la víctima o sus familiares o de comunicar con ellos tendrán una duración de un mes a diez años, según establece el artículo 40.3. Por otra parte, el artículo 33 establece cuándo son penas leves, menos graves o graves, y el artículo 70.3.7.º que la duración máxima de la misma será de veinte años cuando por la aplicación de la regla primera del 70.1.1.º deba subirse la pena de grado y se supere el límite máximo establecido en el Código para estas penas. Lo cierto es que ambas previsiones son innecesarias, al menos de momento, porque el legislador no ha utilizado estas penas como principales ni siquiera en los delitos relativos a la violencia doméstica que son por los que se introdujeron en el Código Penal.

Aunque ninguna de las penas del artículo 48 ha sido utilizada como pena principal por el legislador, todas ellas pueden imponerse como penas accesorias en los delitos de homicidio, lesiones, aborto, contra la libertad, torturas y contra la integridad moral, trata de seres humanos, la libertad sexual, la intimidad, el honor, el patrimonio y el orden socioeconómico y las relaciones familiares (art. 57).

La pena de privación del derecho a residir en determinados lugares o a acudir a ellos impide al penado residir o acudir al lugar en que se haya cometido el delito o la falta, o a aquel en que resida la víctima o su familia, si fueren distintos (art. 48.1). La LO 1/2015 ha previsto que para los reos con una discapacidad intelectual, o una discapacidad que tenga su origen en un trastorno mental, declarada, el Tribunal resuelva sobre la forma de cumplimiento de la pena, teniendo en cuenta los bienes jurídicos a proteger y el interés superior de la persona con discapacidad, que si fuera necesario deberá contar con los medios de acompañamiento y apoyo precisos para el cumplimiento de la misma. Los tribunales en sus sentencias, a la hora de imponer la pena, deben determinar completamente, para facilitar la apreciación del quebrantamiento de condena, los lugares a los que afecta la pena. La pena de privación del derecho a residir o a acudir a determinados lugares tendrá una duración de hasta diez años, salvo que, en aplicación de la regla primera del artículo 70.1, tengamos que subir la pena de grado, en cuyo caso la duración máxima de la pena será de veinte años (art. 70.3.6.º).

4. El trabajo en beneficio de la comunidad

La última de las penas privativas de derechos recogida en el Código es el trabajo en beneficio de la comunidad, pena que como su propio nombre indica afecta al trabajo del condenado. El legislador ha querido dejar claro que esta pena no es contradictoria con el artículo 25.2 de la Constitución que prohíbe los trabajos forzados y, por eso, establece que no podrá imponerse sin el consentimiento del penado (art. 49.1.º). Esta pena fue modificada por LO 15/2003 y recientemente por la LO 8/2021, su desarrollo reglamentario se encuentra actualmente en el RD 840/2011, de 17 de junio.

La pena de trabajo en beneficio de la comunidad, tras la reforma de 2003, se utiliza como pena principal, aunque siempre como pena alternativa, para amenazar algunos de los delitos en los que antes se empleaba la pena de arresto fin de semana. También se utiliza como forma de cumplimiento de la nueva suspensión de la ejecución de la pena (art. 84.1.3.ª).

La pena consiste en cooperar de forma no retribuida en determinadas actividades de utilidad pública, aunque la ausencia de remuneración no implica que no se goce de los beneficios de la Seguridad Social. El artículo 49 precisa que las actividades podrán consistir en labores de reparación de los daños causados o de apoyo o asistencia a las víctimas en relación con delitos de similar naturaleza al cometido por el penado. La LO 5/2010 añadió, sin duda por las dificultades de ejecución, que la pena puede también consistir en la participación en talleres o programas formativos o de reeducación, laborales, culturales, de educación vial, sexual o similares; distorsionando de esta forma el auténtico sentido del trabajo en beneficio de la comunidad, la LO 8/2021 ha añadido al elenco la participación en programas de resolución de conflictos y de parentalidad positiva.

Según el artículo 40.4, la pena tendrá una duración de un día a un año y la jornada laboral no podrá exceder de ocho horas (art. 49, párrafo primero). Es de alabar que la LO 15/2003 haya terminado con las incongruencias en cuanto a la forma de expresar esta pena (antes se utilizaban en ocasiones las jornadas y en otras las horas). Establece el artículo 33.4.*i*) que el trabajo en beneficio de la comunidad se considerará pena leve cuando tenga una duración de uno a treinta días, y el artículo 33.3.*l*) que será pena menos grave cuando dure de treinta y un días a un año.

Las condiciones de la pena de trabajo en beneficio de la comunidad son, según el artículo 49, las siguientes: *a*) No atentará a la dignidad del penado y no se supeditará al logro de intereses económicos. *b*) Será facilitado por la Administración, la cual podrá establecer los convenios oportunos a tal fin. *c*) Gozará de la protección dispensada a los penados por la legislación penitenciaria en materia de Seguridad Social.

Por otra parte, el nuevo artículo 49 incorpora al Código Penal una serie de disposiciones relativas al control del cumplimiento de la pena de trabajos en beneficio de la comunidad. Así es: según dicho artículo, los servicios sociales penitenciarios tienen la obligación de comunicar al Juez de Vigilancia Penitenciaria las incidencias relevantes de la ejecución de la pena y, en todo caso, si el penado: *a*) Se ausenta del trabajo durante al menos dos jornadas laborales, siempre que ello suponga un rechazo voluntario por su parte al cumplimiento de la pena. En aquellos casos en los que el penado faltara del trabajo por causa justificada no se entenderá como abandono de la actividad. No obstante, el trabajo perdido no se le computará en la liquidación de la condena, en la que se deberán hacer constar los días o jornadas que efectivamente hubiese trabajado del total que se le hubiera impuesto. *b*) A pesar de los requerimientos del responsable del centro de trabajo, su rendimiento fuera sensiblemente inferior al mínimo exigible. *c*) Se opusiera o incumpliera de forma reiterada y manifiesta las instrucciones que se le dieren por el responsable de la ocupación referidas al desarrollo de la misma. *d*) Por cualquier otra razón, su conducta fuere tal que el responsable del trabajo se negase a seguir manteniéndolo en el centro.

En estos supuestos de incumplimiento parcial de la pena el Juez de Vigilancia Penitenciaria podrá acordar que la pena se siga ejecutando en el mismo centro o bien enviar al penado para que finalice la ejecución de la misma en otro centro o entender que el penado ha incumplido la pena, en cuyo caso deducirá testimonio para proceder de conformidad con el artículo 468.

V. LA PENA DE MULTA

1. Problemática de la pena de multa

La importancia de la pena de multa es sobresaliente en el Derecho Penal actual. Ha contribuido a su expansión el que se haya utilizado como sustitutivo de las penas cortas privativas de libertad.

Entre otras ventajas de esta pena pueden citarse las siguientes: En primer lugar son penas aflictivas siempre, adaptándose como ninguna otra a la situación del condenado. En segundo término no degradan ni deshonran a la familia. Pero, además, no constituyen ningún obstáculo a la rehabilitación social, puesto que el penado ni abandona su ambiente social ni pierde su empleo. Finalmente, son penas más económicas que las de prisión, por cuanto no conllevan gastos y además constituyen una fuente de ingresos para el Estado.

Sin embargo, tampoco esta pena está exenta de problemas. El más agudo de ellos es su desigualdad en función de la capacidad económica del autor del delito, de tal modo que multas iguales suponen un grado muy diferente de aflicción según las circunstancias económicas del penado.

La distinta aflicción de las penas pecuniarias es un problema común a todas las legislaciones penales, que se trata de solucionar en algunos países con el llamado «modelo escandinavo» de los días-multa. La idea que subyace en este sistema es determinar la cuantía de la multa, no globalmente, sino en función de la culpabilidad y de los ingresos diarios del sujeto, para conseguir de esta manera proporcionar la gravedad de la pena a las condiciones económicas del mismo.

En Alemania el Proyecto Alternativo de CP intentó introducir el sistema que se ha denominado de «multa temporal», que pretendía, mediante el pago fraccionado y aplazado de la pena de multa, que dicha pena se transformara de pena pecuniaria en pena de privación parcial de libertad.

Otro problema inevitable de las penas pecuniarias es su transformación, en caso de impago de la multa, en aquellas penas cortas privativas de libertad de las que pretendían ser sustituto, a través de la llamada responsabilidad personal y subsidiaria. Pero, este punto se tratará más abajo (véase *infra*, Tema 31, II, 3).

2. Regulación legal

La pena de multa consiste en la imposición de una sanción pecuniaria al condenado. En el nuevo Código la pena de multa adquiere dos modalidades; el día multa, sistema general adoptado por el CP según nos indica el artículo 50.2, y la multa proporcional, que tiene un carácter excepcional.

A) *El sistema de los días-multa*

El sistema de los días-multa empleado por el legislador español (arts. 50 y 51) es una variante del modelo escandinavo de los días-multa, que persigue conseguir que la pena de multa, aflictiva en todo caso, no devenga en una distinta aflicción dependiendo de cuál sea la situación económica del reo.

La LO 5/2010 modificó los artículos relativos al sistema de días-multa para incluir normas específicas relativas a este sistema de multa, a la que por cierto el artículo 33.7 denomina multa por cuotas, cuando se imponga a una persona jurídica.

La extensión mínima de la multa impuesta a una persona física será de diez días y la máxima de dos años, salvo que en aplicación de la regla primera del artículo 70.1 tengamos que subir la pena de grado, en cuyo caso la duración máxima será de treinta meses (art. 70.3.9.º). Tampoco este límite es vinculante cuando se trate de sustituir una pena de prisión por otra de multa, en cuyo caso la duración de la multa será la que resulte de la aplicación de las reglas contenidas en el artículo 71.2.

La extensión de la multa por cuotas impuesta a la persona jurídica irá de diez días a cinco años, siendo esta la duración máxima de la pena puesto que el legislador no ha modificado el artículo 70.3.9.º para incluir una previsión distinta.

Para imponer una pena de día-multa el Tribunal tendrá que realizar tres operaciones:

1.ª Fijar los días-multa a imponer partiendo de la pena del tipo y teniendo en cuenta el grado de desarrollo, participación y circunstancias modificativas que concurran en el caso concreto, con estricta sujeción a las reglas contenidas en los artículos 61 a 79 (art. 50.5). El legislador exige que el Tribunal motive la extensión de la multa a imponer.

2.ª Determinar los días-multa a imponer cuando la pena se halle expresada en meses-multa o en años-multa. A este efecto establece el artículo 50.4 que cuando se fije la duración por meses o por años se entenderá que los meses tienen treinta días y los años trescientos sesenta. Una vez que conocemos los días-multa a imponer nos queda determinar cuál será la cuota que corresponde pagar al condenado.

A estos efectos establece el artículo 50.5 que en las multas impuestas a las personas físicas el Tribunal fijará el importe de las cuotas teniendo en cuenta, exclusivamente, la situación económica del reo, deducida de su patrimonio, ingresos, obligaciones y cargas familiares y demás circunstancias personales del mismo. El único límite que impone el legislador en cuanto a las cuotas a imponer es un mínimo de dos euros diarios y un máximo de cuatrocientos (art. 50.4).

La STS de 17 de mayo de 2018 recuerda que aunque algunas de sus resoluciones se mostraron radicalmente exigentes en esta materia y, en ausencia de investigación o argumentación sobre la capacidad económica del acusado, aplicaron la cuantía mínima legal de la cuota diaria, la tendencia ha ido variando y las más recientes, han admitido que, dada la amplitud de los límites cuantitativos previstos en la ley, la imposición de una cuota diaria en la «zona baja» de esa previsión, no requiere de expreso fundamento ni mayor justificación para considerarla conforme a derecho. La zona baja suele considerarse por debajo de los 6/10 euros.

Respecto de las multas a imponer a las personas jurídicas, el legislador ha establecido que la cuota diaria tendrá un mínimo de treinta euros y un máximo de cinco mil (art. 50.4). Sin embargo, no se han recogido expresamente los criterios que el Tribunal sentenciador debe utilizar para fijar la cuota y aunque la situación económica, deducida de los ingresos y obligaciones, pueda ser utilizada como criterio rector, no habría estado de más una previsión concreta.

Una vez conocidos los días-multa a imponer y el importe de las cuotas, basta multiplicar unos por otra para conocer el importe global de la pena de multa que procede imponer. Este importe, naturalmente, debe aparecer como condena concreta en la sentencia.

3.ª Conocido el importe de la multa a pagar todavía le resta al Juez determinar la forma de pago de la multa. En este sentido establece el nuevo artículo 50.6 que el Tribunal podrá autorizar el pago de la multa dentro de un plazo que no exceda de dos años desde la firmeza de la sentencia, bien de una vez o bien en plazos (véase *infra*, Tema 31, II, 1).

Una de las complicaciones de las multas que siguen el modelo escandinavo, es solucionar los problemas que surgen con los cambios de fortuna una vez la sentencia es firme. Establece el artículo 51 que, si después de la sentencia variase la situación económica del penado, el Juez o Tribunal, excepcionalmente y tras la debida indagación de dicha situación, podrá modificar tanto el importe de las cuotas periódicas como los plazos para su pago (véase *infra*, Tema 31, II, 1).

B) *La multa proporcional*

Según el número primero del artículo 52 en los casos en los que el Código así lo determine se podrán imponer multas en proporción al daño causado, el valor del objeto del delito o el beneficio reportado por el mismo. A este respecto debe señalarse que son numerosas las Sentencias del Tribunal Supremo que declaran que la determinación del valor de referencia de la multa proporcional en los hechos probados, es un requisito imprescindible para que ésta pueda imponerse como pena.

El sistema de multa proporcional presenta objeciones parecidas al sistema de multa global, de las cuales la principal es la desigual aflicción de la multa dependiendo de la situación económica del culpable. El legislador, consciente de este problema, establece en el número segundo del artículo 52 que el Juez o Tribunal impondrá la multa dentro de los límites fijados para cada delito, considerando, para determinar en cada caso su cuantía, no sólo las circunstancias atenuantes y agravantes del hecho, sino principalmente la situación económica del culpable.

El contenido del artículo 52.2, cuyo tenor literal ha sido modificado por la LO 15/2003, sigue planteando los mismos problemas interpretativos que antes: en primer lugar, cuando el legislador habla de «los límites fijados para cada delito», ¿se refiere a la pena del tipo o a la pena una vez considerado el grado de desarrollo y la participación?; en segundo lugar, ¿cabe aplicar la atenuación extraordinaria de los artículos 66.1.2.ª y 68, o no?, y, en último lugar, ¿cabe aplicar las agravaciones facultativas previstas en las reglas cuarta y quinta del artículo 66.1?

En primer lugar debe señalarse que, por Acuerdo de la Sala Segunda del TS, de fecha 22 de julio de 2008, en los casos de multa proporcional, la inexistencia de una regla específica para determinar la pena superior en grado impide su imposición, sin perjuicio de las reglas especiales establecidas para algunos tipos delictivos. Sin embargo, a juicio del alto Tribunal, el grado inferior de la pena de multa proporcional puede determinarse mediante una aplicación analógica de la regla prevista en el artículo 70; la cifra mínima que se tendrá en cuenta en cada caso será la que resulte una vez aplicados los criterios legales de reducción de pena. Así, por ejemplo, la pena inferior en grado a una multa de 20.000 a 40.000 euros será una multa de 10.000 a 19.999 euros.

Por otra parte, a nuestro juicio, la correcta intelección de este precepto conduce a aplicar las posibles degradaciones de la pena del tipo en virtud del grado de desarrollo del delito y la participación. Esta interpretación de la expresión «los límites fijados para cada delito» es la más coherente con el régimen establecido en el artículo 50.5 para los días-multa, y es la que han seguido los tribunales.

Por lo que respecta a las degradaciones contenidas en el artículo 68, y en la regla segunda del artículo 66.1, no parece haber óbice legal a que se puedan aplicar, la STS de 4 marzo de 2015 así lo considera respecto de la contenida en el art. 66.1.2.ª. En cuanto a la aplicación del resto de las reglas del artículo 66.1, dado que en todos los casos se trata de circunstancias atenuantes o agravantes, la dicción literal del nuevo artículo 52.2 implica que se considere principalmente la «situación económica del culpable», de lo que puede deducirse que el Juez o Tribunal podrá tener en cuenta dichas normas, pero que será fundamentalmente la capacidad económica del condenado el criterio que deba manejarse para determinar exactamente la cuantía de la multa.

Es decir, a las multas proporcionales se les aplican las degradaciones derivadas del grado de desarrollo y participación en el delito, concurrencia de eximentes incompletas o de varias atenuantes o una muy cualificada, pero el resto del régimen de las circunstancias modificativas es orientativo, siendo la situación económica del condenado lo que deba fundamentalmente tenerse en cuenta.

Por último, hay que recordar que la LO 5/2010 ha introducido un nuevo número 4 en el artículo 52 para evitar que, en aquellos casos en los que no pueda determinarse la cuantía de la multa proporcional, la persona jurídica quede sin sancionar.

A estos efectos se establece la sustitución de la multa proporcional por la pena de multa por cuotas de acuerdo con las siguientes reglas:

a) Multa de dos a cinco años, si el delito cometido por la persona física tiene prevista una pena de prisión de más de cinco años;

b) Multa de uno a tres años, si el delito cometido por la persona física tiene prevista una pena de prisión de más de dos años no incluida en el inciso anterior;

c) Multa de seis meses a dos años, en el resto de los casos.

VI. LAS PENAS ACCESORIAS

El CP dedica la Sección 5.ª del Capítulo I del Título III del Libro I a las penas accesorias.

Abre la Sección el artículo 54 estableciendo que son penas accesorias las penas de inhabilitación en los casos en los que, no imponiéndolas especialmente, la ley declare que otras penas las llevan consigo. Este artículo contiene dos errores, que no siendo esenciales, podrían fácilmente haberse evitado. En primer lugar, según expresa decisión del legislador las penas accesorias no siempre consisten en inhabilitaciones; así el artículo 56 establece la posibilidad de imponer una pena de suspensión, y el artículo 57 faculta la imposición de una pena de prohibición de acudir a determinados lugares y la prohibición de aproximarse a la víctima o sus familiares u otras personas, o de comunicar con ellos. Y, en segundo lugar, la definición de penas accesorias como «aquellas que acompañan a otras principales» era válida para el CP de 1973, pero no lo es para el

CP de 1995 desde el momento en que el artículo 57 prevé penas accesorias por la comisión de ciertos delitos. El artículo 54 debería decir que «son penas accesorias aquellas que no siendo impuestas directamente por el legislador, la ley declare que acompañan a otras principales o algunos delitos».

El artículo 79 recuerda al Tribunal la necesidad de condenar expresamente en la sentencia a las penas accesorias, necesidad que en el nuevo CP es más acuciante dado que en determinados casos se concede arbitrio al Tribunal en cuanto a la pena accesoria a imponer. Por lo que respecta a la duración de las penas accesorias establece el artículo 33.6 que será la misma que la de las penas principales, salvo lo que dispongan otros preceptos de este Código. La salvedad es oportuna dado que las penas accesorias que acompañan a ciertos delitos no tienen la misma duración que las penas principales que por la comisión de los mismos se imponen.

Qué penas llevan consigo otras accesorias y cuáles son éstas nos lo dicen los artículos 55 y 56; por su parte el artículo 57 establece la posibilidad de imponer como pena accesoria, a ciertos delitos, la prohibición del derecho a acudir a determinados lugares y la prohibición de aproximarse a la víctima o sus familiares u otras personas, o de comunicar con ellos.

La LO 15/2003 modificó los artículos 56 y 57 del CP y la posterior LO 5/2010 modificó el artículo 56.

1. Penas que llevan consigo otras accesorias

De la lectura conjunta de los artículos 55 y 56 se deduce que sólo llevan consigo penas accesorias las penas de prisión, el resto de las penas principales no llevan consigo ninguna accesoria.

Según el artículo 55, las penas de prisión iguales o superiores a diez años llevan consigo la inhabilitación absoluta durante el tiempo de la condena, salvo que ésta ya estuviere prevista como pena principal para el supuesto de que se trate. La LO 5/2010 añadió, a la previsión inicial del artículo, que además de la inhabilitación absoluta el Juez pueda imponer la pena de privación de la patria potestad o de inhabilitación especial de la patria potestad, la tutela, la curatela, guarda o acogimiento, cuando estos derechos hayan tenido relación directa con el delito cometido, vinculación que debe fijarse expresamente en la sentencia.

Según el artículo 56, cuando se imponga una pena de prisión inferior a diez años, los Tribunales impondrán, atendiendo a la gravedad del delito, como penas accesorias alguna o algunas de las siguientes: «1.º Suspensión de empleo o cargo público. 2.º Inhabilitación especial para el derecho de sufragio pasivo durante el tiempo de la condena. 3.º Inhabilitación especial para empleo o cargo público, profesión, oficio, industria o comercio, la privación de la patria potestad o el ejercicio de la patria potestad, tutela, curatela, guarda o acogimiento o cualquier otro derecho, si éstos hubieran tenido relación directa con el delito cometido, debiendo determinarse expresamente en la sentencia esta vinculación, sin perjuicio de la aplicación de lo previsto en el artículo 579 de este Código». El legislador debiera haber suprimido la referencia al artículo 579, que introdujo mediante LO 5/2010, no solo porque el contenido de dicha norma se localiza ahora en el artículo 579 bis, sino porque la pena de inhabilitación especial para profesión u oficio educativos, en los ámbitos docente, deportivo y de tiempo libre a la que se refiere es una pena principal, que, además, ha sido introducida en otros preceptos del CP.

La reforma del artículo 56 de 2010 pretendió solucionar algunos problemas interpretativos que existían respecto a la redacción anterior —así, si era posible o no imponer varias penas accesorias— y, efectivamente lo consiguió. Sin embargo, al no haberse abordado también la reforma del artículo 55 el régimen actual de las penas accesorias presenta graves deficiencias.

En primer lugar, cuando la pena accesoria que se haya de imponer esté ya prevista como pena principal el régimen de imposición de penas accesorias es distinto en los casos del artículo 55 y del artículo 56. En efecto, cuando se haya impuesto como principal una pena de prisión igual o superior a diez años y también se haya impuesto como principal una pena de inhabilitación absoluta, no se impondrá pena accesoria alguna a la pena de prisión (art. 55, inciso final). Sin embargo, cuando se imponga como principal una prisión inferior a diez años y se imponga también como principal la pena de suspensión o alguna de las inhabilitaciones especiales, habrá que imponer también pena accesoria, puesto que la locución «sin perjuicio de», que es la utilizada en el artículo 56.2, quiere decir «dejando a salvo», por lo que el número segundo del artículo 56 obliga a imponer la pena accesoria aunque ésta esté ya prevista como principal.

En segundo lugar, cuando por aplicación del contenido del artículo 579 bis del Código Penal se imponga como pena principal la pena de inhabilitación absoluta por la comisión de delitos terroristas, se castigará más la comisión de infracciones menos graves que la comisión de los más graves. En efecto, si se castiga el delito terrorista con pena de prisión igual o superior a diez años y la inhabilitación absoluta correspondiente, no se podrá imponer como accesoria la pena de inhabilitación absoluta (art. 55, inciso final). Sin embargo, cuando se castigue el delito terrorista con pena de prisión inferior a diez años y la pena de inhabilitación absoluta como principal, habrá de imponerse pena accesoria a la prisión inferior a diez años (art. 56.1.3.º).

Ambas incongruencias podrían ser fácilmente salvadas; bastaría con suprimir del artículo 55 el inciso que impide la imposición como accesoria de la inhabilitación absoluta cuando ya esté prevista como principal, o bien modificar la redacción del artículo 56 para establecer la misma excepción que contempla el artículo 55, es decir, que se impondrán penas accesorias a la pena de prisión inferiores a diez años salvo que éstas estén ya previstas como principales o sea de aplicación el artículo 579 bis del CP.

2. Delitos que pueden llevar consigo pena accesoria

Establece el artículo 57 que, atendiendo a la gravedad de los hechos o al peligro que el delincuente represente, en los delitos de homicidio, aborto, lesiones, contra la libertad, de torturas y contra la integridad moral, la trata de seres humanos, la libertad e indemnidad sexuales, la intimidad, el derecho a la propia imagen y la inviolabilidad del domicilio, el honor, el patrimonio y el orden socioeconómico y las relaciones familiares, podrán imponerse como accesorias las prohibiciones contenidas en el artículo 48 del CP.

El art. 57 del CP fue modificado por LO 15/2003, y recientemente lo ha vuelto a ser por LO 8/2021, que se ha limitado a introducir, entre los delitos que pueden llegar consigo pena accesoria, los delitos contra las relaciones familiares. La modificación había sido reclamada por la doctrina que mostraba su sorpresa de que no se pudieran imponer las penas del art. 48, que aparecen como especialmente propicias para sancionar la comisión de alguno de los delitos contra las relaciones familiares y, sobre todo, para proteger al menor víctima de alguno de estos delitos (así, por ejemplo, sustracción de menores, inducción del menor al abandono del hogar o utilización de menores para la mendicidad, etc.).

El régimen que contiene el art. 57 es bastante complicado. Vamos a analizarlo.

En primer lugar, se podrán imponer como accesorias una o varias de las prohibiciones del artículo 48 cuando se condene por alguno de los delitos antes referidos a penas que no sean de prisión. En este caso, si el delito por el que se condena es grave la pena accesoria, se impondrá por un tiempo de hasta diez años y, si es un delito menos grave, por tiempo de hasta cinco años (art. 57.1, párrafo primero).

En segundo lugar, si el Juez o Tribunal decide imponer como accesoria una o varias de las prohibiciones del artículo 48 y se ha condenado como principal a pena de prisión, la pena accesoria tendrá una duración superior entre uno y diez años a la de la duración de la pena de prisión impuesta en la sentencia, si el delito fuera grave, y entre uno y cinco años, si fuera menos grave. Además, la pena de prisión y las prohibiciones antes citadas se cumplirán necesariamente por el condenado de forma simultánea (art. 57.1, párrafo segundo).

En tercer lugar, se podrán imponer las prohibiciones establecidas en el artículo 48, por un período de tiempo que no excederá de seis meses, por la comisión de los delitos contenidos en la lista del artículo 57.1 cuando tengan la consideración de delitos leves (art. 57.3).

En cuarto lugar, existen previsiones específicas para los casos en los que la víctima del delito sea o haya sido el cónyuge, o persona que esté o haya estado ligada al condenado por una análoga relación de afectividad aun sin convivencia, o descendientes, ascendientes o hermanos por naturaleza, adopción o afinidad, propios o del cónyuge o conviviente, o se trate de menores o incapaces que con él convivan o que se hallen sujetos a la potestad, tutela, curatela, acogimiento o guarda de hecho del cónyuge o conviviente, o sea persona amparada en cualquier otra relación por la que se encuentre integrada en el núcleo de su convivencia familiar, o sean personas que por su especial vulnerabilidad se encuentren sometidas a su custodia o guarda en centros públicos o privados (art. 57.2).

En estos supuestos el régimen de las penas accesorias es el siguiente:

a) Se impondrá como accesoria la pena del artículo 48.2, es decir, prohibición de aproximarse a la víctima del delito, cuando se condene a penas que no sean de prisión. En este caso, si el delito por el que se condena es grave, la pena accesoria se impondrá por un tiempo de hasta diez años y, si es un delito menos grave, por tiempo hasta cinco años (art. 57.2, inciso primero).

b) Se impondrán como accesorias una o varias de las prohibiciones del artículo 48 cuando se condene por alguno de los delitos antes referidos a penas que sean de prisión. En este caso la pena accesoria tendrá una duración superior entre uno y diez años a la de la duración de la pena de prisión impuesta en la sentencia, si el delito fuera grave, y entre uno y cinco años, si fuera menos grave. Además, la pena de prisión y las prohibiciones antes citadas se cumplirán necesariamente por el condenado de forma simultánea (el art. 57.2, inciso segundo, se remite al art. 57.1, párrafo segundo).

Por último debe señalarse que el Tribunal Supremo ha interpretado que a los efectos de aplicación del artículo 57 la consideración del delito como grave, menos grave o leve debe hacerse considerando la pena abstracta imponible y no la concreta impuesta (véanse las SSTS de 23 de mayo de 2016 y 31 de mayo de 2017).

TEMA 30

LA DETERMINACIÓN DE LA PENA

Se expondrán en este Tema el planteamiento actual del problema de la determinación de la pena y las diversas reglas que han de seguirse para determinar la pena concreta a imponer por un delito, según el Código Penal vigente.

I. PLANTEAMIENTO ACTUAL DEL PROBLEMA

En el ámbito de aplicación de la pena rigen dos principios contradictorios: por una parte, el principio de legalidad exige que la pena por el delito esté determinada con certeza en la ley y, por otro lado, imperativos de justicia y de utilidad social imponen que la pena se adapte al delincuente particular. De la aplicación de uno u otro principio o de la conjugación de los dos surgen los tres sistemas posibles:

El primer sistema postula una pena absolutamente determinada en la ley. Este sistema fue objeto de un fugaz ensayo histórico en el Código Penal francés de 1791 y hubo de ser abandonado por su manifiesta injusticia al imponer la misma pena a delincuentes muy distintos, por hechos que aun siendo abstractamente iguales resultaban en la realidad muy diversos. No hay dos personas iguales, ni dos homicidios iguales, por lo que resulta injusto imponerles la misma pena.

El segundo sistema es el de la pena absolutamente indeterminada. Este sistema, postulado por el positivismo criminológico, ha tenido muy poca aceptación porque resulta incompatible con las mínimas exigencias de seguridad jurídica.

El tercer sistema se mueve entre ambos extremos. Las legislaciones de nuestro ámbito cultural han optado por el sistema de fijación legal de un marco punitivo y concretización por el Juez dentro de ese marco. El legislador establece la clase de pena y el *quantum* de ésta, pero no de una manera fija y absoluta, sino señalando un máximo y un mínimo y dando los criterios necesarios para que el Juez concrete la pena. Se trata de un sistema de individualización progresiva que tiene tres pasos: El primero es el de la individualización o determinación legal; en el segundo se realiza la individualización o determinación judicial y en el tercero tiene lugar la individualización ejecutiva o penitenciaria.

La individualización legal debe estar limitada por la retribución como límite máximo; no se puede imponer más pena que la proporcional a la culpabilidad del autor al daño causado, aunque dentro de este límite pueden funcionar criterios de prevención general y especial. La individualización judicial debe regirse por la prevención general, dentro del marco de la retribución. Por último, la individualización penitenciaria debe tender a la reforma y reinserción social del sujeto; esto es, a la prevención especial, pero sin sobrepasar el límite de la retribución y sin olvidar la prevención general.

II. EL PROCESO DE DETERMINACIÓN DE LA PENA

La determinación de la pena tiene dos fases fundamentales: la legal y la judicial. De ambas se va a tratar por separado.

1. La determinación legal de la pena

Para el estudio de la determinación legal de la pena se van a exponer sucesivamente las bases del sistema español y las reglas de aplicación de la misma.

A) *Bases del sistema español*

Se va a exponer por separado lo referente a la pena del tipo y a la pena superior e inferior en grado.

a) Pena del tipo

El punto de partida del sistema español de determinación de la pena es la pena del tipo, es decir, la que señala la ley para un tipo. Puede consistir en:

1. Pena simple. Una sola pena de las contenidas en el Capítulo I del Título III. Por ejemplo, el artículo 138.1 castiga al reo de homicidio con la pena de prisión de diez a quince años.
2. Pena compuesta cumulativa. Dos o más penas de las contenidas en el Capítulo I del Título III. Por ejemplo, el artículo 142.1 castiga el homicidio por imprudencia grave cometido por profesional con las penas de prisión de uno a cuatro años e inhabilitación especial para profesión, oficio o cargo de tres a seis años.
3. Pena alternativa. Dos o más penas alternativas. Por ejemplo, el artículo 384, que castiga conducir sin el preceptivo permiso con penas de prisión de tres a seis meses o con la de multa de doce a veinticuatro meses o con la de trabajos en beneficio de la comunidad de treinta y uno a noventa días.
4. También cabe combinar la pena alternativa con la acumulativa, como sucede en el artículo 379.1 que sanciona a quien condujere un vehículo de motor o un ciclomotor a velocidad superior en sesenta kilómetros por hora en vía urbana o en ochenta kilómetros por hora en vía interurbana a la permitida reglamentariamente, con pena de prisión de tres a seis meses o con la de multa de seis a doce meses o con la de trabajos en beneficio de la comunidad de treinta y uno a noventa días, y, en cualquier caso, con la de privación del derecho a conducir vehículos a motor y ciclomotores por tiempo superior a uno y hasta cuatro años.

La pena abstracta debe guardar proporción con la gravedad del delito de que se trata, por varias razones: de justicia material, no se puede castigar conductas poco graves con penas muy altas; de sensibilidad social; y, por último, consideraciones utilitarias:

las penas desproporcionadamente severas tienen un efecto criminógeno. El legislador español ha olvidado en los últimos años estos principios.

b) Pena superior e inferior en grado

Las reglas para subir y bajar las penas de grado se encuentran recogidas en el número primero del artículo 70. La regla primera de este artículo 70.1 nos dice cómo se suben las penas de grado; esta regla se complementa con lo dispuesto en el número tercero del mismo artículo 70 que establece cuál es la pena superior en grado en aquellos casos en que ésta exceda de los límites máximos fijados a cada pena en el Código. La regla segunda del artículo 70.1 nos dice cómo debe bajarse la pena de grado, complementándose con lo dispuesto en el artículo 71.

El artículo 70 ha sido modificado por LO 15/2003 para conseguir que, tras la subida o rebaja de grado, no coincidan los límites de las penas.

a') Pena superior en grado

Establece el artículo 70.1, en su regla primera, que la pena superior en grado a otra se formará partiendo de la cifra máxima señalada por la ley para el delito y aumentando a ésta la mitad de su cuantía, constituyendo la resultante el límite superior. El límite mínimo de la pena superior en grado será el máximo de la pena señalada por la ley para el delito de que se trate, incrementado en un día o en un día multa según la naturaleza de la pena a imponer.

Ejemplos: la pena superior en grado a una pena de prisión de tres a seis años, será una pena de prisión de seis años y un día a nueve años; la pena superior en grado a una multa de seis a diez meses será una multa de diez meses y un día a quince meses.

El artículo 70.3 complementa la regla 1.ª del artículo 70.1 estableciendo que cuando la pena superior en grado exceda de los límites marcados por el CP a cada una de las penas se considerarán como inmediatamente superiores:

1.ª Si la pena determinada fuera la de prisión la misma pena, con la cláusula de que su duración máxima será de treinta años. Ejemplo: si subimos de grado una pena de prisión de quince a veinticinco años, la pena superior en grado será una pena de prisión de veinticinco años y un día a treinta años.

2.ª Si la pena es de inhabilitación absoluta o especial, la misma pena con la cláusula de que su duración máxima será de treinta años. Ejemplo: si subimos de grado una pena de inhabilitación absoluta de quince a veinticinco años, la pena superior en grado será una pena de inhabilitación absoluta de vienticinco años y un día a treinta años.

3.ª Si se trata de una pena de suspensión, la misma pena con la cláusula de que su duración máxima será de ocho años. Ejemplo: si subimos una pena de suspensión de tres meses a seis años, la pena superior en grado será una suspensión de seis años y un día a ocho años.

4.ª Si se trata de una pena de privación del derecho a conducir vehículos a motor o ciclomotores, la misma pena con la cláusula de que su duración máxima será de quince años. Ejemplo: si subimos de grado una pena de privación del derecho a conducir de cinco a doce años, la pena superior en grado será una pena de privación del derecho a conducir de doce años y un día a quince años.

5.ª Si se trata de una pena de privación del derecho a la tenencia y porte de armas, la misma pena con la cláusula de que su duración máxima será de veinte años. Ejemplo: si subimos una pena de privación del derecho a la tenencia y porte de armas de cinco a quince años, la pena superior en grado será la misma pena con una duración de quince años y un día a veinte años.

6.ª Si se trata de una pena de privación del derecho a residir en determinados lugares o acudir a ellos, la misma pena, con la cláusula de que su duración máxima será de veinte años.

7.ª Si se trata de una pena de prohibición de aproximarse a la víctima o a aquellos de sus familiares u otras personas que determine el Juez o Tribunal, la misma pena, con la cláusula de que su duración máxima será de veinte años.

8.ª Si se trata de una pena de prohibición de comunicarse con la víctima o con aquellos de sus familiares u otras personas que determine el Juez o Tribunal, la misma pena, con la cláusula de que su duración máxima será de veinte años.

9.ª Si fuera una pena de multa, la misma pena con la cláusula de que su duración máxima será de treinta meses. Ejemplo: si subimos una pena de multa de dieciocho a veinticuatro meses, la pena superior en grado será una pena de multa de veinticuatro meses y un día a treinta meses.

El legislador ha olvidado en este artículo contemplar la pena de trabajos en beneficio de la comunidad, pena para la que no existe previsión legislativa en cuanto a la subida de grado.

Por último, hay que recordar que por Acuerdo de la Sala Segunda del TS, de fecha 22 de julio de 2008, en los casos de multa proporcional, la inexistencia de una regla específica para determinar la pena superior en grado impide su imposición, sin perjuicio de las reglas especiales establecidas para algunos tipos delictivos.

b') Pena inferior en grado

Establece el artículo 70.1, en su regla segunda, que la pena inferior en grado se formará partiendo de la cifra mínima de la pena que estemos rebajando y deduciendo de ésta la mitad de su cuantía, constituyendo el resultado de tal deducción su límite mínimo. El límite máximo de la pena inferior en grado será el mínimo de la pena señalada por la ley para el delito de que se trate, reducido en un día o en un día multa según la naturaleza de la pena a imponer.

Ejemplos: la pena inferior en grado a la pena de prisión de dos a cuatro años será una pena de prisión de un año a dos años menos un día; la pena inferior a una multa de catorce a veinte meses, será una multa de siete meses a catorce meses menos un día; la pena inferior en grado a una suspensión de tres a seis años, será una suspensión de un año y seis meses a tres años menos un día.

El artículo 71 completa la regla de la rebaja de grado estableciendo en su número primero que los Tribunales no quedarán sujetos en la aplicación de la regla 2.ª del artículo 70.1 por las cuantías mínimas establecidas en la ley. Es decir, que se podrán aplicar cuantas reducciones de pena faculte hacer la ley, sin quedar vinculados por los mínimos establecidos para cada una de las penas. De este artículo se deduce también que un delito que el legislador ha considerado como grave, porque le ha impuesto una pena del tipo grave, podría llegar a castigarse, en aplicación de las reglas contenidas en los artículos 61 a 69, con una pena menos grave, e incluso con una pena leve.

El artículo 71.2 contiene una excepción a esta regla: cuando por aplicación de las reglas anteriores proceda imponer una pena de prisión inferior a tres meses, ésta será en todo caso sustituida por multa, trabajos en beneficio de la comunidad, o localización permanente, aunque la ley no prevea estas penas para el delito de que se trate, sustituyéndose cada día de prisión por dos cuotas de multa o por una jornada de trabajo o por un día de localización permanente. Naturalmente, habrá que tener en cuenta que la pena de trabajo en beneficio de la comunidad tiene que ser voluntariamente aceptada por el reo (art. 49).

Ejemplo: Si por aplicación de las reglas contenidas en el artículo 70.1.2.ª procediera aplicar una pena de prisión de un mes, ésta, en virtud del artículo 71.2, se sustituirá por dos meses multa, por un mes de trabajo en beneficio de la comunidad o por un mes de localización permanente.

El nuevo número 4 del artículo 70 establece que la pena inferior en grado a la de prisión permanente es la pena de prisión de veinte a treinta años.

Por último hay que recordar que el grado inferior de la pena de multa proporcional puede determinarse mediante una aplicación analógica de la regla prevista en el artículo 70; la cifra mínima que se tendrá en cuenta en cada caso, será la que resulte una vez aplicados los criterios legales.

B) *Reglas de aplicación de la pena*

La pena base establecida para los tipos se entiende impuesta a los autores de los delitos consumados (art. 61).

a) Grado de ejecución

Al autor del delito intentado se le impondrá la pena inferior en uno o dos grados, según arbitrio del Tribunal atendiendo al peligro inherente al intento y al grado de ejecución alcanzado, a la señalada en la ley para el delito consumado (art. 62).

b) Grado de participación

Al cómplice se le impondrá la pena inmediatamente inferior en grado a la señalada para el autor del delito (art. 63).

Las reglas anteriores no serán de aplicación en los casos en que la tentativa y la complicidad se hallen especialmente penadas por la ley (art. 64). Es decir, cuando el legislador haya decidido elevar una forma imperfecta de ejecución o una forma de participación, a delito independiente. Por ejemplo, el artículo 485.3 castiga en su número 3.º al que intentare matar al Rey con la pena inferior en un grado a la de los números 1 y 2.

Las reglas de determinación de la pena por el grado de ejecución y por el grado de participación pueden conjugarse en el siguiente cuadro:

	Consumado	*Tentativa*
Autor	PT	–1 o –2
Cómplice	–1	–2 o –3

c) Circunstancias modificativas

Sobre el marco determinado por las reglas descritas operan las circunstancias modificativas de la responsabilidad criminal. Naturalmente, las circunstancias modificativas a las que se refiere este apartado son las genéricas recogidas en los artículos 21, 22 y 23 del CP porque las llamadas circunstancias específicas, que aparecen descritas en la parte especial, son propiamente elementos del tipo, por lo que deberán ser tenidas en cuenta para determinar el marco penal abstracto.

El juego de las circunstancias modificativas de la responsabilidad criminal ha sido modificado por algunas de las últimas reformas; en concreto al artículo 66 le ha dado una nueva redacción la LO 11/2003, al artículo 68 la LO 15/2003, y la LO 5/2010 ha introducido un artículo 66 bis aplicable a la determinación de la pena a imponer a las personas jurídicas. Por su contenido la regulación fruto de las leyes orgánicas de 2003 supone, en gran medida, una vuelta al sistema contenido en el CP de 1973, con lo que ello conlleva de pérdida de arbitrio judicial.

Antes de proceder al estudio concreto de las reglas contenidas en los artículos 66 y 68 conviene precisar que las reglas de concreción del marco penal contenidas en el artículo 66.1 no son aplicables ni a los delitos imprudentes ni a los leves en los jueces aplicarán las penas a su prudente arbitrio sin sujetarse a las reglas establecidas en el artículo 66.1 (art. 66.2). Sin embargo, dicha previsión no se ha reproducido en el artículo 68, por lo que la regla contenida en el mismo sí es de preceptiva aplicación en los delitos imprudentes y en los leves.

Por otra parte, debe señalarse que las reglas generales para la apreciación de las circunstancias modificativas de la responsabilidad criminal tienen algunas excepciones: así, el artículo 52.2 establece que en la imposición de las multas proporcionales el Tribunal debe considerar principalmente la condición económica del reo [véase *supra*, Tema 29, IV, 2, B)].

Podemos distinguir, por sus efectos en cuanto a la pena previamente determinada por las reglas relativas a la ejecución y participación, cuatro grupos de casos distintos: *a*) juego de las circunstancias dentro del mismo grado; *b*) supuestos de agravación facultativa; *c*) supuestos de atenuación extraordinaria; y *d*) supuestos de concurrencia de atenuantes y agravantes.

a') Juego de las circunstancias dentro del mismo grado

Agrupamos bajo este epígrafe aquellos supuestos en los que en los que el Tribunal debe moverse dentro del marco penal obtenido después de tener en cuenta las reglas relativas a la ejecución y participación en el delito:

1.ª Cuando en el hecho no concurran circunstancias atenuantes ni agravantes se aplicará la pena establecida por la ley para el delito cometido, en la extensión que se estime adecuada en atención a las circunstancias personales del delincuente y a la mayor o menor gravedad del hecho (art. 66.1.6.ª).

2.ª Cuando concurra sólo alguna circunstancia atenuante se aplicará la pena en la mitad inferior de la que fije la ley para el delito (art. 66.1.1.ª).

3.ª Cuando concurra sólo una o dos circunstancias agravantes se impondrá la pena en la mitad superior (art. 66.1.3.ª).

La aplicación de las reglas primera y tercera del artículo 66.1 obliga al Tribunal a dividir la pena en dos mitades. Lo que se realizará de la siguiente manera: restando del límite máximo, el límite mínimo de duración de la pena; para, a continuación, dividir ese resto por dos y así hallar la mitad; cifra ésta que sumaremos al mínimo de la duración de la pena, obteniendo así la mitad inferior. La mitad superior comenzará a partir de esa cifra hasta el máximo de duración de la pena.

Ejemplo: Dividir en dos mitades la pena de prisión de un año a tres años.
Si restamos de tres años un año obtenemos dos años, que es la duración total de la pena. Dividiendo a continuación entre dos, obtenemos un año que es la duración de cada una de las mitades.
De donde las dos mitades de la pena de prisión de un año a tres años serán:
Mitad superior: prisión de dos años a tres años.
Mitad inferior: prisión de un año a dos años.

No está claro, tras la reforma operada en el sistema de determinación de la pena por la LO 15/2003, si las mitades de la pena pueden coincidir o, por el contrario, y siguiendo el criterio establecido para el incremento y la rebaja de grado, no pueden hacerlo. Así es: por una parte, el legislador no ha recogido ningún precepto que aborde expresamente esta cuestión, pero el artículo 70, tras haberse referido a las operaciones necesarias para la subida y bajada de grado, establece en su número segundo que «a los efectos de determinar la mitad superior o inferior de la pena o de concretar la pena inferior o superior en grado, el día o el día multa se considerarán indivisibles y actuaran como unidades penológicas de más o menos, según los casos».

Dado que esta norma, que complementa las reglas establecidas para la subida y bajada de grado, se refiere a las mitades de la pena, se podría interpretar que obliga también a no solapar las mitades. Siguiendo esta interpretación, habría que matizar el ejemplo que antes se puso y puntualizar que la cifra de dos años no puede formar parte de la mitad inferior y también de la mitad superior de la pena. De ser esto cierto, sería necesario establecer un criterio para determinar a qué mitad de la pena pertenece la cifra de dos años exactos. La solución a la cuestión pasa por precisar, en primer lugar, que aplicando esta regla es imposible hacer dos mitades porque, ya se considere que la cifra de dos años pertenece a la mitad inferior o a la superior, va a existir un día de diferencia entre ambas. Partiendo de este presupuesto, debe a continuación señalarse que considerar que la mitad superior es más larga que la inferior beneficia al reo. En efecto, si interpretamos que la mitad inferior de la pena tiene por límite superior dos años menos un día en lugar de dos años, beneficiamos al condenado al que deba imponerse la mitad inferior porque la pena que le podemos imponer va a ser inferior en un día. Por otra parte, si consideramos que el límite inferior de la mitad superior es de dos años, en lugar de dos años y un día, también beneficiamos al condenado a la mitad superior porque le podemos sancionar con una pena inferior en un día. En definitiva, siendo imposible hacer dos mitades iguales de la pena, cuando consideramos que dichas mitades no pueden coincidir en sus límites resulta más beneficioso al condenado interpretar que la mitad superior es más larga —en un día— que la mitad inferior.

El problema no resulta baladí porque, precisamente en este supuesto, considerar que dos años pertenece a la mitad superior de la pena permitiría al Tribunal que deba sancionar con la mitad superior de la pena suspender la ejecución de la pena de prisión o sustituirla, mientras que interpretar que dos años pertenece a la mitad inferior imposibilitaría dicha decisión.

b') Supuestos de agravación facultativa

La posibilidad de subir la pena de grado por el juego de las circunstancias modificativas de la responsabilidad criminal desapareció en nuestra legislación penal con la LO de Reforma Urgente y Parcial del CP, de 25 de junio de 1983, que derogó la regla sexta del artículo 61 del CP. Dicha regla permitía aplicar la pena superior en grado por la concurrencia de la circunstancia agravante de multirreincidencia, limitando al grado máximo de la pena los supuestos de concurrencia de varias agravantes. Resulta desafortunado que el legislador haya dado un paso atrás en esta materia recuperando reglas que son, como poco, discutibles desde la perspectiva del derecho penal de hecho.

En el nuevo artículo 66.1 hay dos supuestos de agravación facultativa de la pena:

1.ª Cuando en el hecho concurran más de dos circunstancias agravantes y no concurra atenuante alguna, los Tribunales podrán aplicar la pena superior en grado a la establecida en la ley para el delito en su mitad inferior (art. 66.1.4.ª).

2.ª Cuando en el hecho concurra la circunstancia agravante de reincidencia con la cualificación de que el culpable al delinquir hubiera sido condenado ejecutoriamente, al menos por tres delitos comprendidos en el mismo Título del Código, y siempre que sean de la misma naturaleza, los Tribunales podrán aplicar la pena superior en grado a la establecida en la ley para el delito de que se trate (art. 66.1.5.ª). Los criterios que deben tenerse en cuenta para proceder a la elevación de la pena de grado son, según el artículo 66.1.5.ª, dos: las condenas precedentes y la gravedad del nuevo delito. Naturalmente, a los efectos de considerar la agravante de multirreincidencia no se tendrán en cuenta los antecedentes penales cancelados o que debieran serlo. Sobre este supuesto de agravación la STS de 17 de junio de 2021, señala que:

> Por las graves consecuencias que pueden derivarse de la apreciación de la circunstancia de multirreincidencia —la imposición de una pena que supere la prevista para el hecho típico— se hace obligado una interpretación muy rigurosa de los presupuestos de aplicación. Y muy en particular del elemento objetivo —las condenas previas— que permita identificar, como expondremos más adelante, un fundamento material basado en la culpabilidad por el hecho y no por

la «conducta de vida», propia de un sistema penal de autor incompatible con nuestro modelo constitucional de responsabilidad.

El artículo 66.1.5.ª no específica si la regla es aplicable cuando concurra sólo la agravante de multirreincidencia o, por el contrario, también puede ser utilizada cuando dicha agravante concurra con alguna o algunas atenuantes. A nuestro juicio, el supuesto de concurrencia de la agravante de multirreincidencia junto con atenuantes debe ser reconducido a la regla séptima, que es la que expresamente aborda la concurrencia de atenuantes y agravantes [véase *infra*, apartado *d'*)].

c') Supuestos de atenuación extraordinaria

Las eximentes incompletas (art. 68) y de varias circunstancias atenuantes o una o varias muy cualificada sin que concurran agravantes (art. 66.1.2.ª) constituyen casos de atenuación extraordinaria de la pena, es decir, el Juez debe rebajar el marco legal determinado por el grado de desarrollo y la participación en el delito.

Antes de las reformas operadas por las Leyes Orgánicas 11/2003 y 15/2003, la dicción de los artículos 66.4 y 68 facultaba a rebajar la pena de grado. Pese a ello, el TS asumió, en el Pleno de la Sala Segunda de fecha 23 de marzo de 1998, que resultaba obligatorio rebajar la pena al menos en un grado, siendo facultativa la rebaja en dos. A partir de esa fecha todas las Sentencias del TS siguieron dicha interpretación, que ha sido asumida por el legislador en las últimas reformas. También en esta materia el legislador, en este caso a instancias del propio TS, ha dado un paso atrás porque, como sólidamente argumenta Obregón García, son múltiples las razones y ventajas a favor de la tesis de hacer facultativa la rebaja de grado.

1. Aplicación del artículo 68.

Según el artículo 68, la concurrencia de una eximente incompleta (art. 21.1) obliga al Tribunal a aplicar la pena inferior en uno o dos grados a la señalada por la ley, atendidos el número y la entidad de los requisitos que falten o concurran, y las circunstancias personales de su autor, sin perjuicio de la aplicación del artículo 66.

La LO 15/2003, además de volver a hacer preceptiva la rebaja de grado por la concurrencia de una eximente incompleta, recupera la interpretación que del artículo 66 del CP de 1973 hacía el TS: que una vez rebajada la pena de grado debía observarse toda la normativa del artículo 61 (el equivalente al actual art. 66). En este sentido recuerda el propio Tribunal Supremo, en Sentencia de 28 de octubre de 2015, que las reglas de los artículos 66 y 68 son cumulativas y que en caso de rebajarse la pena sólo en un grado deberá imponerse en su mitad inferior cuando además concurra una circunstancia atenuante y en su mitad superior cuando concurra una agravante.

Ahora bien, conviene precisar, en primer lugar, que la regla octava del artículo 66.1 permite al Tribunal aplicar la pena en la extensión que estimen pertinente cuando se haya procedido a la rebaja de la pena en dos grados, por lo que sólo será preciso aplicar las reglas previstas para la concurrencia del resto de las circunstancias modificativas cuando se haya rebajado la pena en un grado.

Es decir, cuando el Tribunal decida rebajar la pena en un grado y no concurran circunstancias modificativas podrá imponerla en toda su extensión (art. 66.1.6.ª), si concurre una circunstancia atenuante, deberá aplicar la pena en la mitad inferior (art. 66.1.1.ª); si concurren dos circunstancias agravantes deberá aplicar la pena en su mitad superior (art. 66.1.3.ª); si concurren más de dos agravantes, podrá volver a subir la pena de grado aplicándola en la mitad inferior (art. 66.1.4.ª); si concurre la agravante de multirreincidencia, podrá volver a subir la pena de grado aplicándola en toda su extensión; si concurren dos o más atenuantes, o una o varias muy cualificadas, deberá rebajar la pena al menos en un grado más y, por último, si concurren atenuantes y agravantes, las valorarán y compensarán racionalmente para la individualización de la pena (art. 66.1.7.ª; véase el apartado siguiente respecto de esta regla). Sin embargo, como antes se decía, cuando el Tribunal decida rebajar la pena en dos grados no deberá sujetarse a la aplicación de las reglas anteriores.

Excepcionalmente puede plantearse el problema de la posible acumulación de dos eximentes incompletas, debiendo solucionarse en el sentido de apreciar ambas, y por tanto bajar dos, tres o cuatro grados la pena.

Por otra parte, cabe señalar que, la apreciación de los supuestos de eximentes incompletas en relación a los números primero (anomalías psíquicas), segundo (intoxicación plena o síndrome de abstinencia) y tercero (alteraciones en la percepción), pueden conllevar la imposición, además de la pena, de una medida penal (art. 104). Sin embargo, la literalidad del artículo 104 impide aplicar una medida a los condenados en los que se haya apreciado la concurrencia de la atenuante 21.2 (grave adicción). Esto supone una falta de previsión legislativa, porque en el supuesto de grave adicción se justifica plenamente la aplicación de una medida de desintoxicación, se ha evidenciado con la STS de 11 de abril de 2000 que suple la laguna legal, aplicando en este supuesto el internamiento en centro de desintoxicación (véase *infra*, Tema 32, II, 1). El legislador debía haber aprovechado alguna de las reformas para subsanar este error.

2. Aplicación del artículo 66.1.2.ª

El otro supuesto de atenuación extraordinaria se halla recogido en el artículo 66.1.2.ª: cuando sean dos o más las circunstancias atenuantes o una o varias muy cualificadas, sin que concurran circunstancias agravantes, los tribunales deberán imponer la pena inferior en uno o dos grados a la señalada por la ley para el delito que se trate, aplicándola en el grado que estimen pertinente, según la entidad y número de dichas circunstancias.

Se considera que una atenuante es muy cualificada cuando tiene una intensidad superior a la normal. Por otra parte, sólo podrán ser consideradas como muy cualificadas las atenuantes ordinarias y no las eximentes incompletas, que ya reciben un trato de favor por parte del legislador.

El artículo 66 recupera la tradición legislativa española en esta materia excluyendo la atenuación extraordinaria de pena por la concurrencia de una circunstancia agravante junto con las atenuantes ordinarias o muy cualificadas, lo que resulta criticable por la disminución del margen de discrecionalidad conferido a los Tribunales —razón que motivó que se incorporara esta regla a la legislación decimonónica—. Afortunadamente, el legislador ha mantenido un margen de atenuación, aunque reducido, en este supuesto, como se verá en el apartado posterior, puesto que estos casos son reconducibles a la regla séptima del artículo 66.1.

Por último, debe señalarse que, contradiciendo la tradición legislativa anterior y sin que haya mediado petición doctrinal o jurisprudencial en este sentido, el legislador ha imposibilitado la acumulación de atenuaciones extraordinarias por la concurrencia de varias atenuantes muy cualificadas al recoger en la regla segunda del artículo 66.1 la expresión «o varias muy cualificadas».

d') Supuestos de concurrencia de atenuantes y agravantes

Establece el artículo 66.1.7.ª que, cuando concurran atenuantes y agravantes, los Tribunales las valorarán y compensarán racionalmente para la individualización de la pena, aplicando la pena inferior en grado cuando persista un fundamento cualificado de atenuación y la mitad superior cuando se mantenga un fundamento cualificado de agravación.

La compensación racional entre circunstancias agravantes y atenuantes no es una novedad en nuestra legislación que contiene esta regla desde antiguo. Baste por ello recordar que la compensación racional, como ha expresado nuestro TS, debe atender a la calidad de las circunstancias, su intensidad y la incidencia que hayan tenido en el hecho punible, es decir, la compensación debe atender a criterios cualitativos y no meramente cuantitativos.

Por lo que respecta a la pervivencia después de la compensación del fundamento cualificado de atenuación o agravación, la nueva norma recuerda la propuesta de interpretación que del artículo 61, reglas 3.ª y 5.ª del CP de 1973, hizo en su día Ruiz Vadillo para posibilitar la atenuación extraordinaria de pena en los supuestos de concurrencia de dos o más circunstancias atenuantes o una muy cualificada con alguna agravante. Dicha propuesta consistía en compensar atenuantes y agravantes y en aplicar la atenuación extraordinaria caso de que en la compensación se «destruyeran» las agravantes y «sobrevivieran» dos o más atenuantes o una muy cualificada.

La solución que adopta el legislador en este tema no está, sin embargo, exenta de críticas. En efecto, por una parte, si tras la compensación racional persiste un fundamento cualificado de atenuación resulta difícil comprender por qué se limita el arbitrio judicial a la rebaja en un grado, cuando en la regla segunda el fundamento cualificado de atenuación permite la rebaja en dos grados. Y, por otra parte, establecer que la pena debe imponerse en su mitad superior cuando persista un fundamento cualificado de agravación implica que los casos en los que persista un fundamento normal de atenuación o de agravación, junto con aquellos en los que no persista ni uno ni otro, deban reconducirse a la mitad inferior, lo que implica un margen bien reducido para hacer todas esas consideraciones.

Sobre la interpretación de la regla del art. 66.1.7.ª puede consultarse últimamente la STS de 7 de abril de 2022 que, con cita de jurisprudencia anterior, remarca que la compensación no puede ser entendida como una mera operación aritmética, sino que exigirá atender principalmente a la calidad de las distintas circunstancias, su intensidad, valor e importancia de cada una de ellas y su incidencia en el hecho concreto, sin que ello suponga obviar el número de las de uno u otro signo.

d) Reglas especiales

Se excepciona del régimen general de determinación de la pena el llamado delito continuado y el delito masa (véase *supra*, Tema 27).

Por otra parte, hay que señalar que en el supuesto de concurso de delitos el legislador establece como regla general la acumulación aritmética de penas, y como excepciones a dicha regla general, la llamada acumulación jurídica para el concurso real de delitos, y la pena única agravada para el concurso ideal y el delito medio, con reglas distintas para estos dos últimos casos desde la reforma operada por LO 1/2015. Las excepciones tienen su fundamento en razones de prevención especial; el cumplimiento de penas privativas de libertad de muy larga duración frustraría totalmente las posibilidades de resocialización que se convertiría, en la mayor parte de los casos, en pura quimera (véase *supra*, Tema 27). Además, habrá que tener en cuenta que el Tribunal Supremo ha declarado que solo a los efectos de la pena de multa el año tiene 360 días (art. 50.4) para el resto de los supuestos son 365 días (STS de 22 de marzo de 2018).

2. La determinación judicial de la pena

Modificado el marco penal abstracto por la concurrencia de circunstancias atenuantes y agravantes legalmente previstas, quedan aún unos límites residuales, dentro de los cuales el Tribunal debe determinar la pena.

Los criterios a utilizar en esta fase están también legalmente determinados. Así, la regla sexta del artículo 66.1 se refiere a las circunstancias personales del delincuente y a la mayor o menor gravedad del hecho, la regla segunda se refiere a la entidad y número de las circunstancias, la quinta a las condenas precedentes y a la gravedad del nuevo delito, la séptima al fundamento cualificado de atenuación o agravación y el artículo 68 al número y la entidad de los requisitos que falten o concurran y a las circunstancias personales del autor. Las reglas primera, tercera, quinta y tercera del artículo 66, así como los artículos 74, 76 y 77, no contienen, sin embargo, criterios para la individualización de la pena dentro del marco concreto que establecen. Habría sido conveniente que el legislador hubiera incluido una norma específica, aplicable tanto al régimen general como al especial de determinación del marco penal concreto, que recogiera los criterios para la individualización de la pena.

Además conviene recordar que, como establece el artículo 79 del CP, los Tribunales deben condenar también expresamente a las penas accesorias (véase *supra*, Tema 29, V).

Baste por último señalar que arbitrio no es arbitrariedad y que, por tanto, es conveniente que el ejercicio del libre arbitrio judicial sea razonado en la sentencia, cuestión ésta que, por otra parte, hunde sus raíces en el artículo 24.1 de la Constitución, según reconoce nuestro TC, al incluir, en el derecho a la tutela jurisdiccional, el derecho a una resolución motivada. El legislador, en el CP de 1995, hizo un esfuerzo para cumplir con este postulado sembrando toda la materia de la determinación de la pena de referencias a la motivación y razonamiento de las decisiones judiciales. El proceso ha culminado en la reforma operada por la LO 15/2003, que ha dado nueva redacción al artículo 72, que ahora establece que:

Los jueces o tribunales, en la aplicación de la pena, con arreglo a las normas contenidas en este capítulo, razonarán en la sentencia el grado y extensión concreta de la impuesta.

TEMA 31

LA EJECUCIÓN DE LA PENA

En este Tema se tratará sucesivamente de la ejecución de la pena privativa de libertad, de la ejecución de la pena de multa y de las restantes penas, y, en último lugar, del cómputo de las penas. Las cuestiones referidas a la persona jurídica se tratarán *infra* en el Tema 35.

De manera previa debe recordarse el problema de la legalidad de la ejecución. Como correlato del principio de legalidad, el artículo 3 del CP recuerda que no podrá ejecutarse pena ni medida de seguridad sino en virtud de sentencia firme dictada por el Juez o Tribunal competente, de acuerdo con las leyes procesales, que tampoco podrá ejecutarse pena ni medida de seguridad en otra forma que la prescrita por la ley y reglamentos que la desarrollan, ni con otras circunstancias o accidentes que los expresados en su texto y que la ejecución de la pena o de la medida de seguridad se realizará bajo el control de los Jueces y Tribunales competentes. La legalidad a que se hace referencia se haya constituida por el mismo Código Penal, la LECrim, la Ley Orgánica General Penitenciaria y el Reglamento Penitenciario.

Reproducimos a continuación las palabras de VIVES ANTÓN respecto de la reforma del CP operada por LO 1/2015, que expresan también nuestro sentir:

> «El principio de seguridad jurídica o, dicho con lenguaje más específico, el principio de legalidad, afecta también, en nuestra tradición constitucional, a las penas. En este ámbito, el nuevo Código Penal exaspera la tendencia a introducir la peligrosidad como criterio básico de la suspensión, sustitución, concesión de la libertad condicional, etc. Con ello, la predicción del futuro (el pronóstico de peligrosidad) pasa a ser un elemento esencial de la penalidad efectivamente sufrida, con todas las inseguridades que comporta y que han sido señaladas hasta la saciedad en los estudios académicos relativos al tema. Esas inseguridades ponen a los jueces ante la tarea, que no les compete, de juzgar el futuro y, por lo tanto, los deja solos entre la incertidumbre y las demandas punitivas de una parte de la opinión pública. El resultado lo suele pagar el reo, aunque en ocasiones lo paga también el Juez: se trata de una situación verdaderamente indeseable, que sería muy conveniente corregir.»

I. LA EJECUCIÓN DE LAS PENAS PRIVATIVAS DE LIBERTAD

En esta nueva edición hemos decidido alterar el orden de los epígrafes que se contenían en ediciones anteriores. Vamos a tratar en primer lugar de las formas sustitutivas de la ejecución de las penas privativas de libertad y posteriormente de la ejecución de la pena de prisión, tratando tanto el régimen general como el régimen especial para los supuestos de acumulación. Por último será hará referencia a la labor del Juez de Vigilancia Penitenciaria.

1. Las formas sustitutivas de la ejecución de las penas privativas de libertad

En 1995 el legislador recogió, en el Capítulo III del Título III del Libro I, las formas sustitutivas de la ejecución de las penas privativas de libertad, estableciendo dos instituciones, la suspensión de la ejecución de la pena y la sustitución de la misma. Se trataba de incorporar al Código Penal mecanismos para evitar el ingreso en prisión de las personas condenadas a penas cortas privativas de libertad. Como se irá viendo las sucesivas reformas han distorsionado el régimen que se estableció en 1995. La evaluación de las alternativas a la pena de prisión en nuestro ordenamiento jurídico arroja un resultado negativo. A este respecto nos adherimos a la valoración que hacen Nieto Martín, Muñoz de Morales y Rodríguez Yagüe:

> [...] el sistema español necesita urgentemente desarrollar y perfeccionar su sistema de alternativas con el fin de adecuarlo al principio normativo básico del derecho penal europeo: el principio de ultima ratio del derecho penal y la pena privativa de libertad como *ultima ratio* de la *ultima ratio*. Contar con un buen sistema de alternativas no es sólo cuestión de eficacia, de números o de ratios, sino también de valores. La lección del sistema español es que no existe un problema de sobrepoblación pese a que existe una política criminal punitiva y no se ha desarrollado un sistema eficaz de alternativas. El camino de la construcción masiva de prisiones ha sido la forma de solucionar el problema. No tenemos pues un problema de números sino de valores.

A) *La suspensión de la ejecución de las penas privativas de libertad*

a) Introducción

En el mundo occidental se utilizan dos sistemas distintos a este respecto: el anglosajón (denominado *de probation*) y el continental (llamado *de sursis*).

En el sistema anglosajón no se llega a la condena, sino que una vez pronunciado el veredicto de culpabilidad por el jurado, el Juez concede al culpable la posibilidad de no ser condenado ni ir a prisión, si observa durante un tiempo determinado ciertas condiciones que se le imponen, entre las que se cuenta como principal estar en contacto frecuente con el *probation-officer* y someterse en todo a sus indicaciones; por lo mismo a este sistema se le denomina también condena condicional.

El sistema de *sursis*, por el contrario, comienza por imponer una pena al reo y después le concede la remisión de la pena, con la condición de que se comporte honradamente durante un período de prueba; por eso su nombre es el de remisión condicional de la pena.

La diferencia entre uno y otro sistema es notable, porque la remisión condicional de la pena da lugar a antecedentes penales, mientras que la condena condicional no, ya que no se llega a condenar.

Actualmente en España nuestro CP contempla como sustitutivo de las penas cortas privativas de libertad la suspensión de la ejecución de la pena. Esta institución, que fue introducida en nuestro Derecho con el nombre de «condena condicional» por Ley de 17 de marzo de 1908 y posteriormente se incorporó en su parte sustantiva al CP en la reforma de 1932, queda regulada en el CP de 1995 en los artículos 80 a 87. El sistema diseñado por el CP de 1995 pretendía incorporar las ventajas del sistema de *probation* a una institución que permanecía enmarcada dentro del sistema de *sursis*, y para conseguirlo creó una Sección Especial en el Registro Central de Penados y Rebeldes en el que inscribir las penas suspendidas, Sección a la que sólo tenían acceso los Jueces y Tribunales. Caso de que se revocase la suspensión, el Tribunal debía ordenar la inscripción de la pena en la Sección general del Registro de Penados y Rebeldes, mientras que, si se remitía la pena, se cancelaba la inscripción en la Sección Especial y este antecedente penal no se tenía en cuenta a ningún efecto. De esta manera se conseguía el mismo efecto que con la suspensión de la condena. La LO 15/2003 suprimió, sin embargo, dicha Sección del Registro, dando de esta forma un paso atrás en esta materia. La institución ha sido objeto de una nueva reforma por LO 1/2015.

Puede definirse la suspensión de la ejecución de la pena como un sustitutivo de las penas cortas privativas de libertad basado en la ausencia de peligrosidad criminal del delincuente, que deja en suspenso la ejecución de la pena durante un período de tiempo que fijan los Tribunales, y que puede ser revocada de no cumplirse determinadas condiciones. Esa es la definición que acoge el nuevo artículo 80.1 del CP que literalmente dice:

> Los jueces o tribunales, mediante resolución motivada, podrán dejar en suspenso la ejecución de las penas privativas de libertad no superiores a dos años cuando sea razonable esperar que la ejecución de la pena no sea necesaria para evitar la comisión futura por el penado de nuevos delitos.

La facultad de otorgar la suspensión de la ejecución de la pena se configura como discrecional para los tribunales en todos los supuestos, aunque deben motivarla, para adoptar la decisión los jueces y tribunales valorarán las circunstancias del delito cometido, las circunstancias personales del penado, sus antecedentes, su conducta posterior al hecho, en particular su esfuerzo para reparar el daño causado, sus circunstancias familiares y sociales, y los efectos que quepa esperar de la propia suspensión de la ejecución y del cumplimiento de las medidas que fueren impuestas (art. 80.1).

La suspensión de la ejecución de la pena abarca a todas las penas privativas de libertad, es decir, no sólo a la pena de prisión, sino también a la localización permanente y a la responsabilidad personal subsidiaria por impago de multa, haya sido ésta impuesta como subsidiaria de días-multa o multas proporcionales, siempre y cuando se cumplan los requisitos.

El CP establece un régimen general para la concesión de la suspensión de la ejecución de la pena privativa de libertad y tres supuestos especiales en los que se establecen unos requisitos menos restrictivos.

Además, existe desde 2015 una norma específica para la suspensión de la ejecución de la pena en los delitos contra la Hacienda Pública, la Seguridad Social y el fraude de subvenciones en el artículo 308 bis. También debe mencionarse que la Ley 41/2015, de 5 de octubre, de modificación de la LECrim para la agilización de la justicia penal y el fortalecimiento de las garantías procesales, ha introducido el denominado procedimiento por aceptación de decreto [arts. 803 bis.*a*) a 803 bis.*j*) de la LECrim], en el que se prevé un supuesto más de suspensión-sustitución, en este caso de la pena de prisión no superior a un año de duración.

b) Régimen general

a') Requisitos

Los requisitos para que pueda concederse la suspensión de la ejecución están recogidos en el artículo 80.2 del CP y son los siguientes:

1. Haber delinquido por primera vez o haber sido rehabilitado, o estar en condiciones de serlo de acuerdo con lo dispuesto en el del artículo 136 del CP. A este principio general le corresponde una excepción y es que las condenas anteriores por delitos imprudentes, o delitos leves, no se tendrán en cuenta a estos efectos. Tampoco se tendrán en cuenta los antecedentes penales correspondientes a delitos que, por su naturaleza o circunstancias, carezcan de relevancia para valorar la probabilidad de comisión de delitos futuros.

Respecto de la excepción referida a los delitos imprudentes debe señalarse que habría sido más coherente reducirla a una primera sentencia imprudente, como hacía el de CP de 1973, puesto que la suspensión de la ejecución tiene su fundamento en la ausencia de peligrosidad criminal, es decir la improbabilidad de reincidencia de un sujeto concreto, y si el penado ha sido condenado más de una vez por delitos imprudentes, en él se da peligrosidad criminal, quizá no respecto a delitos dolosos, pero sí respecto a delitos culposos.

Ha sido la LO 1/2015 la que ha introducido la referencia a los «otros antecedentes...», dado que en este caso se introduce explícitamente que dichos antecedentes no deben ser relevantes para valorar la probabilidad de comisión de futura de delitos, la inclusión no resulta contradictoria con la institución.

2. Como regla general la pena impuesta, o la suma de las impuestas en una misma sentencia, no debe ser superior a los dos años de privación de libertad. En dicho cómputo no debe incluirse la responsabilidad personal subsidiaria por impago de multa cuando ésta acompañe a penas de prisión.

3. Que se hayan satisfecho las responsabilidades civiles que se hubieren originado, salvo que el Tribunal, después de oír a los interesados y al Ministerio Fiscal, declare la imposibilidad total o parcial de que el condenado haga frente a las mismas. Este requisito se entenderá cumplido cuando el penado asuma el compromiso de satisfacer las responsabilidades civiles de acuerdo a su capacidad económica y de facilitar el decomiso acordado, y sea razonable esperar que el mismo será cumplido en el plazo prudencial que el Juez o Tribunal determine. El Juez o Tribunal, en atención al alcance de la responsabilidad civil y al impacto social del delito, podrá solicitar las garantías que considere convenientes para asegurar su cumplimiento. Hay que señalar que la STC 32/2022, de 9 de marzo, veta la posibilidad de revocar la suspensión por no haberse satisfecho la responsabilidad civil cuando es imposible hacer frente al compromiso de pago asumido, lo que debe comprobarse dando audiencia al condenado.

4. Para los delitos perseguibles previa denuncia o querella existe un cuarto requisito establecido en el artículo 80.6, que obliga al Tribunal a oír a la persona ofendida,

o a quien la represente, antes de pronunciarse sobre la suspensión de la ejecución. Este requisito no implica, sin embargo, que el Tribunal quede vinculado por lo manifestado por el agraviado.

b') Extensión

El artículo 80, en su versión anterior a la LO 1/2015, establecía que la suspensión afectaba sólo a la pena privativa de libertad y no a las penas accesorias, ni a las responsabilidades civiles. El nuevo artículo 80 no hace referencia a este tema. Si bien resulta obvio que la suspensión no afecta a la responsabilidad civil, puesto que su cumplimento, o el compromiso de hacerlo, es un requisito para concederla, no sucede lo mismo con las penas accesorias, por lo que el legislador debería haber mantenido el tenor del precepto en lo que a ellas se refiere.

c') Plazo y condiciones

Respecto al plazo de suspensión el artículo 81 señala que será de dos a cinco años para las penas inferiores a dos años y de tres meses a un año para las penas leves. El plazo lo fijará el Tribunal, previa audiencia de las partes, atendiendo a los mismos criterios que se establecen para su concesión en el artículo 80.1.

La suspensión de la ejecución quedará siempre condicionada a que el reo no delinca en el plazo fijado por el Tribunal y al cumplimiento de las condiciones impuestas para ello.

En la nueva regulación de la institución el legislador ha recogido dos tipos de condiciones distintas; la primera de ellas no supone sino una remodelación y ampliación de las que ya existían previamente a la reforma, y se halla contenida en el artículo 83; la segunda es nueva como condición de la suspensión de la pena, aunque en el fondo su contenido equivale a la sustitución de penas del artículo 88, que ha sido derogada.

Condiciones establecidas en el artículo 83.

Lo primero que hay que señalar es que el establecimiento de condiciones es facultativo para el Juez o Tribunal, salvo que se trate de supuestos de violencia de género, y que se pueden imponer sea cual sea la naturaleza de la pena privativa de libertad que se suspenda (en la versión anterior las condiciones sólo se podían establecer por la suspensión de la pena de prisión). Además, el legislador recuerda al Juez o Tribunal que no debe imponer deberes y obligaciones que resulten desproporcionados. La LO 8/2021 ha modificado el art. 83.6 para introducir la participación en programas de resolución pacífica de conflictos y parentalidad positiva y el Proyecto de Ley de garantía integral de la libertad sexual introduce un nuevo párrafo 2.º en el art. 83.2 para ampliar los supuestos en los que es obligatoria la imposición de ciertas condiciones para que se pueda suspender la ejecución de la pena.

Las condiciones pueden ser las siguientes:

1.ª Prohibición de aproximarse a la víctima o a aquéllos de sus familiares u otras personas que se determine por el Juez o Tribunal, a sus domicilios, a sus lugares de trabajo o a otros lugares habitualmente frecuentados por ellos, o de comunicar con los mismos por cualquier medio. La imposición de esta prohibición será siempre comunicada a las personas con relación a las cuales sea acordada.

2.ª Prohibición de establecer contacto con personas determinadas o con miembros de un grupo determinado, cuando existan indicios que permitan suponer fundadamente que tales sujetos pueden facilitarle la ocasión para cometer nuevos delitos o incitarle a hacerlo.

3.ª Mantener su lugar de residencia en un lugar determinado con prohibición de abandonarlo o ausentarse temporalmente sin autorización del Juez o Tribunal.

4.ª Prohibición de residir en un lugar determinado o de acudir al mismo, cuando en ellos pueda encontrar la ocasión o motivo para cometer nuevos delitos.

5.ª Comparecer personalmente con la periodicidad que se determine ante el Juez o Tribunal, dependencias policiales o servicio de la Administración que se determine, para informar de sus actividades y justificarlas.

6.ª Participar en programas formativos, laborales, culturales, de educación vial, sexual, de defensa del medio ambiente, de protección de los animales, de igualdad de trato y no discriminación, resolución pacífica de conflictos y parentalidad positiva, y otros similares.

7.ª Participar en programas de deshabituación al consumo de alcohol, drogas tóxicas o sustancias estupefacientes, o de tratamiento de otros comportamientos adictivos.

8.ª Prohibición de conducir vehículos de motor que no dispongan de dispositivos tecnológicos que condicionen su encendido o funcionamiento a la comprobación previa de las condiciones físicas del conductor, cuando el sujeto haya sido condenado por un delito contra la seguridad vial y la medida resulte necesaria para prevenir la posible comisión de nuevos delitos.

9.ª Cumplir los demás deberes que el Juez o Tribunal estime convenientes para la rehabilitación social del penado, previa conformidad de éste, siempre que no atenten contra su dignidad como persona.

Según establece el artículo 83.2, en los supuestos de violencia de género, el Juez o Tribunal debe condicionar, en todo caso, la suspensión de la ejecución de la pena al cumplimiento de las obligaciones o deberes previstos en las reglas 1.ª, 4.ª y 6.ª Los mismos deberes deben imponerse, según el Proyecto de Ley de garantía de libertad sexual, cuando la condena lo sea por un delito contra la libertad sexual, matrimonio forzado, mutilación genital femenina y trata de seres humanos (art. 83.2.º párrafo 2.º).

Con el establecimiento de la facultad de imponer estas condiciones en caso de suspensión de condenas de prisión, el legislador español también pretende aproximar el sistema español al de *probation*, sujetando al condenado a una serie de actividades que buscan su control o rehabilitación social.

El control del cumplimiento de los deberes a que se refieren las reglas 6.ª, 7.ª y 8.ª se encomienda a los servicios de gestión de penas y medidas alternativas de la Administración Penitenciaria, que deben informar al Juez o Tribunal de ejecución sobre su cumplimiento con una periodicidad al menos trimestral, en el caso de las reglas 6.ª y 8.ª, y semestral, en el caso de la 7.ª y, en todo caso, a la conclusión del plazo de suspensión. Se establece, además, que la imposición de las condiciones 1.º a 4.º sea comunicada a las fuerzas y cuerpos de seguridad que velarán por su cumplimiento.

Las condiciones del artículo 84: la sustitución de la pena

Según indica la propia Exposición de Motivos de la LO 1/2015 el artículo 84 recoge la anterior institución de la sustitución de penas, aunque modificando su naturaleza jurídica, modificación que se justifica sobre la idea de incrementar la eficacia de la justicia penal. Es en este ámbito donde se recoge una de las novedades más interesantes de la reforma operada por LO 1/2015, la introducción de la mediación en el ordenamiento penal de adultos.

Las condiciones a las que supedita la suspensión de la ejecución de la pena en el artículo 84 son las siguientes:

1.ª El cumplimiento del acuerdo alcanzado por las partes en virtud de mediación (art. 84.1.1.ª).

2.ª El pago de una multa, cuya extensión determinarán el Juez o Tribunal en atención a las circunstancias del caso; la multa no podrá ser superior a la que resultase de aplicar dos cuotas de multa por cada día de prisión sobre un límite máximo de dos tercios de su duración (art. 84.1.2.ª). La aplicación de la regla implica que el Juez o Tribunal tendrá que calcular la pena de multa con la equivalencia normal (dos cuotas por día de privación de libertad) y, después calcular los dos tercios de la multa; esa cuantía constituirá el límite máximo que pueda imponer, sin que exista ninguna regla respecto del mínimo de la multa a imponer.

Por ejemplo: si se quiere suspender una pena de prisión de un año la multa por la que debería sustituirse tiene que ser inferior a 480 cuotas de multa. Hagamos los cálculos: un año de prisión equivale a dos años multa, es decir 720 cuotas diarias (360 × 2), y los dos tercios de 720 son 480 (720 ÷ 3 = 240; 240 × 2 = 480).

El legislador ha tenido en cuenta que en ocasiones las víctimas del delito dependen económicamente del autor, y que sustituir en estos casos la privación de libertad por multa puede volver a perjudicar a la víctima del delito. Por ello, en estos supuestos de dependencia económica la sustitución por multa sólo se podrá imponer cuando conste acreditado en el sumario que entre el autor y la víctima no existen relaciones económicas derivadas de una relación conyugal, de convivencia o filiación, o de la existencia de una descendencia común (art. 84.2).

3.ª La realización de trabajos en beneficio de la comunidad, especialmente cuando resulte adecuado como forma de reparación simbólica a la vista de las circunstancias del hecho y del autor. La limitación máxima de la duración del trabajo en beneficio de la comunidad es la misma que la de la multa, dos tercios de la duración de la pena privativa de libertad, y la regla de conversión también es la normalmente utilizada en el código, día por día (art. 84.1.3.ª).

El incumplimiento de las condiciones impuestas.

Establece el artículo 86.2 que, en caso de incumplimiento *no grave* o reiterado de las obligaciones o deberes impuestos el Tribunal podrá, previa audiencia del Ministerio fiscal y de las partes, según los casos: *a*) imponer al penado nuevas prohibiciones, deberes o condiciones, o modificar las ya impuestas; *b*) prorrogar el plazo de suspensión, sin que en ningún caso pueda exceder de la mitad de la duración del que hubiera sido inicialmente fijado.

Si el incumplimiento fuera *grave* o reiterado, o cuando el penado se sustraiga al control de los servicios de gestión de penas, se revocará la suspensión (art. 86.1).

d') Revocación

La revocación de la suspensión de la ejecución de la pena se regula en el artículo 86.1. Las causas por las que se debe revocar la suspensión son las siguientes:

a) Que se condene al reo por un delito cometido durante el período de suspensión, y con ello se ponga de manifiesto que la expectativa en la que se fundaba la decisión de suspensión adoptada ya no puede ser mantenida [art. 86.1.*a*)]. La dicción literal implica que la revocación es facultativa, puesto que el Juez o Tribunal puede apreciar que la comisión del delito no defrauda la expectativa.

b) Que se incumplan de forma grave o reiterada las prohibiciones y deberes del artículo 83 que se hubieran impuesto, o que el condenado se sustraiga al control de los servicios de gestión de penas y medidas alternativas de la Administración Penitenciaria.

c) Que se incumpla de forma grave o reiterada las condiciones que, para la suspensión, hubieran sido impuestas conforme al artículo 84.

d) Que se facilite información inexacta o insuficiente sobre el paradero de bienes u objetos cuyo decomiso hubiera sido acordado; o se facilite información inexacta o insuficiente sobre su patrimonio, incumpliendo la obligación impuesta en el artículo 589 LEC; o no dé cumplimiento al compromiso de pago de las responsabilidades civiles a que hubiera sido condenado, salvo que careciera de capacidad económica para ello.

En los supuestos de revocación, y también de modificación de medidas, el Juez o Tribunal resolverá después de haber oído al Fiscal y a las demás partes. Sin embargo, podrá revocar la suspensión de la ejecución de la pena y ordenar el ingreso inmediato del penado en prisión cuando resulte imprescindible para evitar el riesgo de reiteración delictiva, el riesgo de huida del penado o asegurar la protección de la víctima (art. 86.4). El Juez o Tribunal podrá acordar la realización de las diligencias de comprobación que fueran necesarias y acordar la celebración de una vista oral cuando lo considere necesario para resolver.

En el caso de revocación de la suspensión no se restituirán los gastos que haya realizado el penado para dar cumplimiento al acuerdo alcanzado con la víctima en la mediación. Sin embargo, sí se abonarán a la pena sustituida los pagos y la prestación de trabajos que hubieran sido realizados o cumplidos (art. 86.3).

e') Remisión definitiva

La remisión definitiva de la pena está establecida en el artículo 87, que en su número primero establece que procederá al finalizar el plazo de suspensión «sin haber cometido el sujeto un delito que ponga de manifiesto que la expectativa en la que se fundaba la decisión de suspensión adoptada ya no puede ser mantenida, y cumplidas de forma suficiente las reglas de conducta fijadas por el Juez o Tribunal». El precepto atenta directamente contra el principio de seguridad jurídica puesto que deja completamente al arbitrio del Juez o Tribunal la revocación, que se podrá conceder aunque el condenado haya cometido un delito, o no conceder si se considera que no ha cumplido de forma *suficiente* las reglas de conducta, aunque no se haya cometido un delito.

c) Régimen especial para enfermos terminales

Establece el número cuarto del artículo 80.4 que los tribunales sentenciadores podrán acordar la suspensión de la ejecución de las penas privativas de libertad aun cuando no concurran los requisitos del artículo 80.2 en caso de que el penado esté aquejado de una enfermedad muy grave con padecimientos incurables, salvo que en el momento de la comisión del delito tuviera ya otra pena suspendida por el mismo motivo.

Esta suspensión puede concederse a delincuentes no primarios, con condenas superiores a los dos años, sin límite ninguno, siempre y cuando sufran enfermedades graves con padecimientos incurables. En cualquier caso la enfermedad, por grave que sea, no puede convertirse en carta blanca para delinquir, por ello el legislador niega la posibilidad de conceder la suspensión al delincuente que estaba gozando ya de una suspensión cuando cometió el delito. En este supuesto, se revocará la suspensión acordada con anterioridad, y el enfermo tendrá que cumplir la primera pena que se le suspendió y, además, la condena por el nuevo delito cometido, que no podrá ser suspendida.

d) Régimen especial por reparación del daño causado por el delito

Otra de las novedades incorporadas a la institución de la suspensión de la ejecución de la pena es la posibilidad de otorgarla, cuando se haya reparado efectivamente el daño causado por el delito.

Esta suspensión se puede otorgar a los reos no habituales —aunque no sean delincuentes primarios— por penas que individualmente consideradas no sean superiores a dos años, sin que exista ningún límite al respecto del número de penas que se puedan suspender.

Los criterios establecidos para conceder esta suspensión son: las circunstancias personales del reo, la naturaleza del hecho, su conducta y, en particular, el esfuerzo para reparar el daño causado. Que este último es el criterio fundamental lo deja claro el legislador que, en el párrafo segundo del artículo 80.3, establece las condiciones para esta suspensión.

El legislador, de una forma un tanto confusa, establece una condición común, con dos modalidades alternativas, y otras dos condiciones alternativas entre sí.

a) La condición común es que se sustituya la pena de privación de libertad por multa o trabajo en beneficio de la comunidad, ya que el artículo 80.3.2.º, inciso final contiene una remisión expresa al artículo 84.2.ª y 3.ª Los criterios de conversión son los generales, un día de privación de libertad se sustituye por dos cuotas de multa o un día de trabajo en beneficio de la comunidad, aunque en este supuesto la sustitución se hará considerando un límite mínimo de un quinto de la pena de prisión que se esté sustituyendo y una máximo de dos tercios.

b) Las condiciones alternativas son: 1) la reparación efectiva del daño o la indemnización del perjuicio causado conforme a sus posibilidades físicas y económicas; y 2) el cumplimiento del acuerdo alcanzado por las partes en virtud de mediación.

e) Régimen especial para drogodependientes

El régimen especial de suspensión de la ejecución de la pena para los drogodependientes está contenida en el artículo 87, que tiene su origen en el artículo 93 bis del CP de 1973, introducido en la Reforma de 1988, con el deseo de incorporar un tratamiento jurídico específico para los delincuentes drogodependientes que delinquen para subvenir su necesidad de droga. Este artículo ha sido modificado por LO 15/2003 y por LO 1/2015.

a') Requisitos

Los requisitos que exige el artículo 80.5 para que pueda acordarse la suspensión son los siguientes:

1. Que el hecho delictivo se haya cometido a causa de la dependencia de bebidas alcohólicas, drogas tóxicas, estupefacientes, sustancias psicotrópicas u otras que produzcan efectos análogos.
2. Que se certifique suficientemente, por centro o servicio público o privado debidamente acreditado u homologado, que el reo se encuentra deshabituado o sometido a tratamiento para tal fin en el momento de decidir la suspensión. El Juez o Tribunal podrá ordenar la realización de las comprobaciones necesarias para verificar el cumplimiento de los anteriores requisitos.
3. Que se trate de penas privativas de libertad no superiores a cinco años. Dado que el legislador excepciona para los supuestos de drogodependencias la condición 2.ª del artículo 80.1 —que la pena impuesta o la suma de las impuestas no sea superior a dos años—, es posible suspender varias penas de prisión inferiores a cinco años, aunque no se podría suspender una pena de prisión de cinco años y un día.

La suspensión se puede conceder aunque el condenado sea un reo habitual. Podríamos preguntarnos si el legislador no ha sido demasiado benevolente con los drogodependientes al suprimir este requisito. Parece que no. Téngase en cuenta que el fundamento de la ampliación para drogodependientes no es la ausencia de peligrosidad criminal, que de hecho no se menciona en todo el artículo, sino que se trata de una institución con un marcadísimo acento preventivo especial que busca fundamentalmente motivar a la desintoxicación, pues de esa manera se evitará la comisión de futuros delitos.

b') Plazo y condiciones

El plazo de suspensión que se establece es de tres a cinco años (art. 81.2.º). Nada se dice en la norma pero es de presumir que la duración concreta del plazo dependa también de las circunstancias personales del delincuente, las características del hecho y la duración de la pena. El plazo de suspensión se computará desde la fecha de la resolución que la acuerda. Si la suspensión hubiera sido acordada en sentencia, el plazo de la suspensión se computará desde la fecha en que aquélla hubiere devenido firme (art. 82.2).

La suspensión de la ejecución quedará siempre condicionada a que el reo no delinca en el plazo fijado por el Tribunal, condición que se configura como única para el caso de condenados deshabituados, sin que haya el legislador previsto la imposición de ninguna de las reglas de conducta.

Si se trata de condenados sometidos a tratamiento para deshabituación se impone, además, como condición que no abandone el tratamiento hasta su finalización. El propio artículo 81.3 establece, con buen criterio, que no se entenderán abandono las recaídas en el tratamiento si estas no evidencian un abandono definitivo del tratamiento de deshabituación.

c') Remisión definitiva

Establece el párrafo segundo del artículo 87:

> No obstante, para acordar la remisión de la pena que hubiera sido suspendida conforme al apartado 5 del artículo 80, deberá acreditarse la deshabituación del sujeto o la continuidad del tratamiento. De lo contrario, el Juez o Tribunal ordenará su cumplimiento, salvo que, oídos los informes correspondientes, estime necesaria la continuación del tratamiento; en tal caso podrá conceder razonadamente una prórroga del plazo de suspensión por tiempo no superior a dos años.

Esta norma resulta absurda, puesto que primero afirma que se remitirá definitivamente la pena cuando el condenado no deshabituado al que se haya suspendido la ejecución continúe en tratamiento, lo que resulta una posibilidad legítima de todo punto, pero después añade «de lo contrario» se concederá una prórroga. ¿A qué casos se aplica la prórroga, si hemos dicho que de continuar el tratamiento se concede la remisión definitiva? La única respuesta posible es que se prorrogará el plazo cuando el sujeto que no esté deshabituado el día que se acaba el primer plazo decida no continuar con el tratamiento, entonces el Tribunal prorrogará el plazo para obligarle a escoger entre cumplir la pena si abandona el tratamiento o seguir con el mismo. Este planteamiento no tiene lógica ninguna puesto que bastaría con que el sujeto continuara con el tratamiento hasta el momento en que se remitiera definitivamente la pena y luego lo abandonara, para evitar que se le ampliara el plazo. Es una lástima que el legislador no haya aprovechado ni la LO 15/2003, ni la LO 1/2015, para dar una nueva redacción a esta norma.

B) *La sustitución de la ejecución de las penas privativas de libertad: la expulsión de extranjeros*

En 1995 el legislador introdujo en el Código Penal dos modalidades de sustitución de la ejecución de las penas privativas de libertad: *a*) en el artículo 88 la sustitución de las penas de prisión de hasta dos años por multa o arresto fin de semana, y la sustitución de arrestos fin de semana por multa o trabajos en beneficio de la comunidad. El artículo 88 fue modificado por LO 15/2003, LO 1/2004, LO 5/2010 y, finalmente, ha sido suprimido como institución independiente por LO 1/2015 (véase *supra* las condiciones para la suspensión de la pena establecidas en el art. 84); y *b*) en el artículo 89 la sustitución de penas de prisión, por expulsión del territorio nacional, para extranjeros. El artículo 89 ha sido modificado por LO 8/2000, LO 11/2003, LO 5/2010 y LO 1/2015.

Desde su origen el artículo 89 del CP de 1995 facultaba a los Tribunales, oído el penado, a sustituir las penas de prisión, impuestas a extranjeros no residentes legalmente en España, por la expulsión del territorio nacional.

El régimen recogido en el nuevo artículo 89 es profuso, complicado y plagado de conceptos jurídicos indeterminados, por lo que nos limitaremos a señalar las cuestiones más relevantes. Los criterios interpretativos de este nuevo régimen pueden consultarse en la STS de 14 de diciembre de 2016. Con posterioridad la STS de 31 de mayo de 2018, ha considerado que el art. 89 se refiere a las penas impuestas en sentencia y no a las penas abstractas por el delito cometido, y la STS de 26 de mayo de 2020, ha interpretado que las penas de prisión inferiores a un año no pueden ser sustituidas por la expulsión.

Según establece el artículo 89.1, la sustitución por expulsión es obligatoria cuando la condena sea a una pena de prisión superior a un año, aunque el Juez o Tribunal puede acordar la ejecución de una parte de la pena, que no podrá ser superior a dos tercios de su extensión.

Por su parte el artículo 89.2 preceptúa que cuando se trate de condenas superiores a cinco años de prisión el Juez acordará el cumplimiento de toda o parte de la condena en España; una vez cumplida la parte de la pena que el Juez haya decidido, o cuando se acceda al tercer grado o a la libertad condicional, el extranjero será expulsado.

En ambos casos, la regla general puede ser excepcionada por el Juez «para asegurar la defensa del orden jurídico y restablecer la confianza en la vigencia de la norma infringida» según establece literalmente el artículo 89. En este caso el legislador ha recogido no «conceptos jurídicos indeterminados», sino expresiones que son las utilizadas por un sector minoritario de la doctrina para fundamentar las penas y que, cualquier lector aprecia, están vacías de contenido real, por lo que pueden convertir el arbitrio en arbitrariedad.

La expulsión no procederá cuando a la vista de las circunstancias del hecho y las personales del condenado, sobre todo su arraigo, la medida resulte desproporcionada.

Por otra parte, debe señalarse que el artículo 89 contiene previsiones específicas para la expulsión de los ciudadanos de la Unión Europea que hacen que la sustitución de la pena en este caso sea mucho más complicada (art. 89.4, párrafos segundo a cuarto).

La sustitución de la pena de prisión por la expulsión será acordada, cuando sea posible, en la propia sentencia condenatoria, o posteriormente con la mayor urgencia, previa audiencia del Ministerio Fiscal y las demás partes.

Las penas impuestas por la comisión de los delitos de los artículos 177 bis, 312, 313 y 318 bis no serán sustituidas.

Para asegurar la expulsión del extranjero que no esté efectivamente privado de libertad, cuando ésta se acuerde, el Juez o Tribunal podrá ordenar su ingreso en un centro de internamiento de extranjeros, en los términos y con los límites y garantías previstos en la Ley para la expulsión gubernativa.

En los casos en los que aun habiéndose acordado la expulsión ésta no pudiera llevarse a efecto, se procederá a la ejecución de la pena originariamente impuesta o del período de condena pendiente, o a la aplicación, en su caso, de la suspensión de la ejecución de la misma.

La expulsión llevará consigo el archivo de cualquier procedimiento administrativo que tuviera por objeto la autorización para residir o trabajar en España.

Acordada la expulsión el extranjero no podrá regresar a España en un plazo de cinco a diez años, contados desde la fecha de su expulsión, atendidas la duración de la pena sustituida y las circunstancias personales del penado. Si el extranjero expulsado regresara a España antes de transcurrir el período de tiempo establecido judicialmente, cumplirá las penas que fueron sustituidas. No obstante, si fuera sorprendido en la frontera, será expulsado directamente por la autoridad gubernativa, empezando a computarse de nuevo el plazo de prohibición de entrada en su integridad.

2. El cumplimiento de las penas privativas de libertad

El cumplimiento de la pena de prisión se halla regulado por la Ley Orgánica General Penitenciaria (LOGP), de 26 de septiembre de 1979, y su Reglamento (RP), aprobado por RD 190/1996, de 9 de febrero. Según lo exigido por el artículo 25 de la CE, la ejecución de la pena de prisión debe orientarse a la reeducación y la reinserción social y no podrá consistir en trabajos forzados, gozando el penado de los derechos fundamentales del Capítulo II del Título I, salvo los expresamente limitados por el contenido de la pena y la ley penitenciaria.

La legislación penitenciaria actual parte de la idea, plasmada en la Exposición de Motivos de la LOGP, de que el internamiento es, hoy por hoy, «un mal necesario». En efecto, pese a todas las críticas que recibe la pena de prisión, no se ha encontrado aún con carácter general un sustitutivo adecuado a ella; por lo que acertadamente la ley parte de su necesidad, pero al mismo tiempo es receptiva a los principios de progresiva humanización y liberalización interna que son la vía de su permanente reforma.

Por otra parte, la legislación penitenciaria española recoge el mandato constitucional de dotar de una finalidad resocializadora a la pena, pero también tiene en cuenta las críticas lanzadas contra la resocialización, por lo que opta por una noción mínima de la misma. Así, según el artículo 59 de la LOGP, el conjunto de actividades dirigidas a la consecución de la reeducación y reinserción social del penado lo único que pretenden es hacer del interno una persona con la intención y la capacidad de vivir respetando la ley penal, así como de subvenir a sus necesidades.

Las últimas reformas del Código Penal han olvidado la existencia de la LOGP recogiendo en el CP no sólo las cuestiones esenciales en cuanto a la ejecución de la pena de prisión, como debería ser, sino cuestiones que siendo importantes tendrían mejor ubicación en la legislación penitenciaria. Claro que dichas cuestiones suelen ser, como se verá, tan contrarias al espíritu de la LOGP que habrían requerido el cambio completo de dicha Ley.

A) *Régimen y tratamiento penitenciario*

Uno de los mayores logros de la LOGP, a la par que una de sus novedades más trascendentes, es la diferenciación entre régimen penitenciario y tratamiento. Por régimen penitenciario se entiende el conjunto de normas que regulan la convivencia y el orden dentro de los establecimientos penitenciarios, determinando los derechos y las prestaciones que corresponden al recluso por su condición general de ciudadano del Estado. El tratamiento, sin embargo, se define como el conjunto de actividades directamente encaminadas a la consecución de la reeducación y reinserción social del penado (art. 59.1 de la LOGP). De la contraposición de conceptos se deduce la diferencia esencial entre uno y otro. El régimen penitenciario persigue posibilitar la convivencia en la prisión, mientras que el tratamiento procura la reinserción del sujeto una vez haya salido de su confinamiento. El artículo 71 de la LOGP establece la prelación entre ambos al determinar que el fin primordial del régimen de los establecimientos penitenciarios es lograr en los mismos el ambiente adecuado para el éxito del tratamiento y que, por ello, las funciones regimentales deben ser consideradas como medios y no como finalidades en sí mismas.

Al tratamiento penitenciario dedica la LOGP el Título III del Capítulo X, integrado por los artículos 59 a 72. Ya se ha dicho que el objetivo del tratamiento es hacer del interno una persona con la intención y la capacidad de vivir respetando la ley penal. Los servicios encargados del tratamiento se han de esforzar por conocer y tratar todas las peculiaridades de personalidad y ambiente del penado que puedan ser un obstáculo para su reinserción. Con este fin deben utilizarse todos los métodos y medios (médico-biológicos, psiquiátricos, psicológicos, pedagógicos y sociales) precisos con el único límite del obligado respeto a los derechos constitucionales no afectados por la condena. De aquí que queden absolutamente vetadas las experiencias médicas o científicas sobre los reclusos y los métodos psicoquirúrgicos.

La voluntariedad es el principio que rige en la moderna concepción del tratamiento y de aquí que el artículo 61 de la LOGP establezca que se fomentará que el interno participe en la planificación y ejecución de su tratamiento, añadiendo que serán estimulados, en cuanto sea posible, el interés y la colaboración de los internos en su propio tratamiento, y que la satisfacción de sus intereses personales será tenida en cuenta en la medida en que sea compatible con las finalidades del mismo.

Los principios científicos en que ha de inspirarse el tratamiento se contienen en los seis apartados del artículo 62 de la LOGP: estará basado en el estudio científico de la personalidad del sujeto a tratar, guardará relación directa con un diagnóstico de personalidad criminal y con un juicio pronóstico inicial, será individualizado y complejo, programado, de carácter continuo y dinámico.

B) *Sistema progresivo e individualización científica*

La legislación penitenciaria española actual es heredera del llamado sistema progresivo puesto que se vertebra sobre la separación en grados. El sistema adoptado se denomina en el artículo 72 de la LOGP «individualización científica». Según el mismo la duración de la pena privativa de libertad se divide en cuatro grados, de los cuales el primero se cumple en un establecimiento cerrado, el segundo en establecimientos de régimen ordinario, el tercero en establecimientos de régimen abierto, y el cuarto se halla constituido por la libertad condicional (arts. 72 de la LOGP y 250 del RP). El legislador no en la reforma operada por LO 1/2015 no ha modificado el contenido de este artículo.

Los establecimientos de régimen cerrado se caracterizan por un mayor control de las actividades de los internos, estando la vida informada en estos centros por los principios de seguridad, orden y disciplina. Los establecimientos de régimen ordinario ocupan un lugar intermedio entre los abiertos y cerrados: la vida en estos centros debe estar presidida por el grado de confianza que ha de otorgarse a la actitud del interno favorable al tratamiento. Por último, los establecimientos de régimen abierto se caracterizan por una ausencia de controles rígidos, ya que el acatamiento voluntario de las normas y la confianza deben ser sus principales inspiradores.

La gran innovación que supuso la LOGP en el sistema progresivo español fue que la asignación del grado (la clasificación del interno) no se hacía depender del transcurso del tiempo, sino de las condiciones del interno y evolución del tratamiento, y por ello el reo podía ser clasificado incluso inicialmente en los grados superiores, salvo el de libertad condicional (art. 72, n.os 3 y 4). Como se verá inmediatamente, la LO 7/2003 ha modificado el sistema de acceso al tercer grado de tratamiento.

Debe notarse que el artículo 72 de la LOGP (que trata de la clasificación de los internos), queda incluido en el Título que esta Ley dedica al tratamiento de los internos, y que, por otra parte, el artículo 65.1 de la LOGP establece que «la evolución del tratamiento determinará una nueva clasificación del interno, con la consiguiente propuesta de traslado al establecimiento del régimen que corresponda».

Estos y otros argumentos han conducido a un amplio sector de la doctrina penitenciaria a entender que la comunidad reclusa no tratada (formada por los preventivos, los condenados a penas excesivamente cortas y los que renuncian al tratamiento), no podría beneficiarse del sistema progresivo. En contra de esta opinión se alza la de aquellos otros autores que consideran que actualmente se dan dos sistemas progresivos en nuestra legislación penitenciaria; el sistema de individualización científica, aplicable a los internos tratados, y el sistema progresivo-objetivo, que no guarda relación con el tratamiento del interno sino tan sólo con el mero cómputo temporal. Para Mapelli Caffarena entender que «la renuncia al tratamiento conduce a un sistema no progresivo equivaldría a retroceder en la evolución del Derecho penitenciario». Por otra parte, esta solución ayuda también a comprender el significado de los beneficios penitenciarios como un estímulo al interno para que colabore de forma general en la buena marcha del establecimiento.

C) *El sistema progresivo en la legislación española actual*

El CP elaborado en 1995 era congruente con la legislación penitenciaria, sin embargo, las sucesivas reformas que ha sufrido, le han ido alejando de los postulados establecidos en la misma. El cumplimiento de lo dispuesto en la LOGP, fundamentalmente de los principios que la informan en cuanto a la resocialización y reinserción social, es hoy en día un *desideratum* inalcanzable, no solo por la ausencia de los fondos presupuestarios para conseguirlo, sino fundamentalmente porque al legislador español le importan tan poco esos principios que ni siquiera se molesta en modificar la legislación penitenciaria, aunque haya modificado las normas que afectan a la ejecución de la pena en el Código Penal.

La LO 7/2003, de medidas de reforma para el cumplimiento íntegro y efectivo de las penas, modificó el sistema progresivo que se establecía en la legislación penitenciaria española, imponiendo una serie de requisitos para que el penado pudiera acceder al tercer grado de tratamiento penitenciario. Por una parte, se estableció lo que la doctrina suele denominar «período de prueba» (art. 36.2 del CP) y, por otra, se exigió que el penado realizara un esfuerzo serio en orden a la satisfacción de la responsabilidad civil derivada del delito, y en cuanto a los terroristas, que demostraran signos inequívocos de haber abandonado la actividad terrorista, o el crimen organizado, colaborando activamente con las autoridades en la lucha contra el delito (art. 72.5 y 6 de la LOGP).

La LO 5/2010 reformó el apartado segundo del artículo 36 del CP eliminando el automatismo en la aplicación del «período de prueba» introducido por la LO 7/2003. La modificación es de alabar puesto que la inflexibilidad introducida por la LO 7/2003 resultaba incompatible con el fin de resocialización. La reforma no afectó, sin embargo, al artículo 72 de la LOGP.

La LO 1/2015 ha modificado el período de prueba, en relación a la nueva pena de prisión permanente revisable, el acceso el tercer grado penitenciario en determinados casos, y el régimen de libertad condicional, cuya nueva naturaleza jurídica se aparta completamente de la tradición penal y penitenciaria española.

Tras estas reformas se puede decir que la legislación penal española en la actualidad es poco compatible con el principio de reinserción y rehabilitación social, que según nuestra Constitución debe inspirar el cumplimiento de las penas privativas de libertad. La ejecución de la pena de prisión cada vez se inspira más, no ya en la retribución, sino en una prevención general que ni siquiera es positiva o negativa, sino puramente simbólica. Función ésta que se impone en aras a supuestas necesidades de seguridad ciudadana a costa de los derechos del preso, al que, en teoría, la pena sólo le priva de libertad. No olvidemos que el delincuente es ante todo una persona, y que «delincuente» es el que «comete delitos», ¿quién puede asegurar que no cometerá un delito, amenazado incluso con pena de prisión, en esta sociedad del riesgo en la que cada vez se penalizan más conductas?

3. El régimen general de cumplimiento de la pena de prisión: acceso al tercer grado y la «suspensión y libertad condicional»

Se va a tratar en este apartado el régimen general de acceso al tercer grado penitenciario y a la libertad condicional para los condenados que estén cumpliendo penas de prisión, aunque ésta sea la prisión permanente revisable. En el apartado siguiente se tratará el régimen especial que prevé nuestra legislación para los supuestos de acumulación de penas.

A) *El acceso al tercer grado penitenciario*

a) El período de prueba

El llamado «período de prueba» supone el necesario cumplimiento de una parte de la pena en los grados inferiores de tratamiento antes de que se pueda acceder al tercer grado del sistema progresivo.

Actualmente en la pena de prisión la regla general es que se pueda acceder al tercer grado de tratamiento penitenciario desde el comienzo de la pena (art. 36.2.2.º *a sensu contrario*).

Sin embargo se establecen dos excepciones para el caso de que la duración de la pena de prisión sea superior a cinco años:

1.ª Que el Juez o Tribunal acuerde facultativamente el cumplimiento de la mitad de la pena antes de acceder al tercer grado. El legislador no ha establecido cuáles son los criterios que se deben valorar para que se pueda imponer el período de seguridad, lo que habría sido deseable, pero los mismos pueden deducirse, *a sensu contrario*, del párrafo cuarto del artículo 36.2; pronóstico individualizado y favorable de reinserción social y las circunstancias personales del reo.

En este caso el período de prueba es reversible. Así es, el Juez de Vigilancia, previo pronóstico individualizado y favorable de reinserción social y valorando, en su caso, las circunstancias personales del reo y la evolución del tratamiento reeducador, podrá acordar razonadamente, oídos el Ministerio Fiscal, Instituciones Penitenciarias y las demás partes, la aplicación del régimen general de cumplimiento (art. 36.2.4.º).

2.ª Que se trate de reos que lo sean por la comisión de algunos delitos concretos. En este caso el período de prueba no es facultativo sino obligatorio (art. 36.2.3.º), y no se puede revisar (art. 36.2.4.º). Los delitos que dan lugar al periodo de seguridad, son los siguientes:

a) Delitos referentes a organizaciones y grupos terroristas y delitos de terrorismo (contenidos en el Capítulo VII del Título XXII del Libro II).

b) Delitos cometidos en el seno de una organización o grupo criminal.

c) Delitos del art. 183.

d) Delitos relativos a la prostitución y explotación sexual, cuando la víctima sea menor de trece años (estos delitos están contenidos en el Capítulo V del Título VIII del Libro II).

Cuando se trate de los supuestos contenidos en las letras *c*), *d*) y *e*) la clasificación del condenado en tercer grado requerirá una valoración e informe específico del aprovechamiento por el reo del programa de tratamiento para condenados por agresión sexual.

El Proyecto de Ley de garantía integral de la libertad sexual añade a esta lista los delitos de trata de seres humanos cuando la víctima es menor de edad o persona con discapacidad necesitada de especial protección y, además, introduce un nuevo núm. 4, que debe ser bienvenido, dado que establece la posibilidad, para todos los casos en los que haya de cumplirse el periodo de seguridad, de que la autoridad judicial acuerde, previo informe del Ministerio Fiscal, Instituciones Penitenciarias y las demás partes, la progresión al tercer grado de los condenados que sufran enfermedades muy graves con padecimientos incurables y de los septuagenarios.

Respecto de las dos excepciones debe señalarse que, dado que el artículo 36.2 se refiere a que «la pena de prisión impuesta sea superior a cinco años», en los casos en los que se superen los cinco años como consecuencia de la refundición de varias penas de prisión, inferiores todas ellas a cinco años, será de aplicación el régimen general, por lo que se podrá acceder al tercer grado antes de que se haya cumplido la mitad de la condena. En este sentido se pronuncian BELTRÁN NÚÑEZ, GARCÍA ALBERO y RÍOS MARTÍN, aunque la Dirección General de Instituciones Penitenciarias sostiene la interpretación contraria.

Existe otro supuesto excepcional, introducido por LO 1/2015, para los condenados a la pena de prisión permanente revisable (art. 36.1).

Así es, establece el artículo 36.1 que la clasificación en el tercer grado del condenado a la pena de prisión permanente revisable deberá ser autorizada por el Tribunal previo pronóstico individualizado y favorable de reinserción social, oídos el Ministerio Fiscal e Instituciones Penitenciarias, y que no podrá efectuarse:

a) Hasta el cumplimiento de veinte años de prisión efectiva, en el caso de que el penado lo hubiera sido por un delito referente a organizaciones y grupos terroristas y delitos de terrorismo (Capítulo VII del Título XXII).

b) Hasta el cumplimiento de quince años de prisión efectiva, en el resto de los casos.

Además, establece este mismo artículo en su inciso final, que en estos supuestos, el penado no podrá disfrutar de permisos de salida hasta que haya cumplido un mínimo de doce años de prisión, en el caso previsto en la letra *a*), y ocho años de prisión, en el previsto en la letra *b*).

Que el reo no pueda ni siquiera gozar de un permiso fin de semana hasta que hayan trascurrido periodos de tiempo tan largos es incompatible, a la vista de todos los estudios científicos sobre los efectos de la pena de prisión en el que la sufre, con la reinserción y rehabilitación social, y por ello contrario al artículo 25 de la Constitución.

b) La satisfacción de la responsabilidad civil

El artículo 72 de la LOGP condiciona, en su número quinto, la clasificación o progresión al tercer grado de tratamiento al comportamiento del penado en orden a la satisfacción de la responsabilidad civil derivada del delito. La satisfacción de la responsabilidad civil en aquellos casos en los que sea posible, o el esfuerzo serio dirigido a la misma cuando la insolvencia del penado le impida hacer frente al pago, pueden considerarse signos de reinserción social, por lo que exigirlos como condición para acceder al tercer grado de tratamiento, o a la libertad condicional, resulta adecuado a la naturaleza del sistema progresivo.

Establece el número quinto del artículo 72 de la LOGP que:

> La clasificación o progresión al tercer grado de tratamiento requerirá, además, de los requisitos previstos en el Código Penal, que el penado haya satisfecho la responsabilidad civil derivada del delito, considerando a tales efectos la conducta efectivamente observada en orden a restituir lo sustraído, reparar el daño e indemnizar los perjuicios materiales y morales; las condiciones personales y patrimoniales del culpable, a efectos de valorar su capacidad real, presente y futura para satisfacer la responsabilidad que le correspondiera; las garantías que permitan asegurar la satisfacción futura; la estimación del enriquecimiento que el culpable hubiera obtenido por la comisión del delito y, en su caso, el daño o entorpecimiento producido al servicio público, así como la naturaleza de los daños y perjuicios causados por el delito, el número de perjudicados y su condición.
>
> Singularmente, se aplicará esta norma cuando el interno hubiera sido condenado por la comisión de alguno de los siguientes delitos:

a) Delitos contra el patrimonio y contra el orden socioeconómico que hubieran revestido notoria gravedad y hubieran perjudicado a una generalidad de personas.

b) Delitos contra los derechos de los trabajadores.

c) Delitos contra la Hacienda Pública y contra la Seguridad Social.

d) Delitos contra la Administración Pública comprendidos en los Capítulos V al IX del Título XIX del Libro II del Código Penal.

La norma contenida en el nuevo artículo 72.5 es, desde un punto de vista técnico, bastante deficiente, lo que ya puso de manifiesto el Informe del CGPJ, haciendo el legislador caso omiso de las sugerencias que dicho informe aportaba. En efecto, en primer lugar la redacción del número quinto no acaba de dejar claro si lo que resulta exigible es que se haya satisfecho la responsabilidad civil o basta con que el penado que no pueda hacer frente al pago se haya esforzado por reparar el daño causado por el delito. Por otra parte, los criterios relativos a las consecuencias derivadas del delito que se contienen en el precepto —«la estimación del enriquecimiento que el culpable hubiera obtenido por la comisión del delito», «el daño o entorpecimiento producido al servicio público», «la naturaleza de los daños y perjuicios causados por el delito» y «el número de perjudicados y su condición»— constituyen circunstancias relativas al hecho que nada pueden añadir al juicio favorable de comportamiento futuro, que es lo que se exige para la progresión de grado, por lo que deberían haberse suprimido.

Además debe señalarse que tampoco ha estado muy atinado el legislador en el párrafo segundo del artículo 72.5 porque no acaba de entenderse cómo puede aplicarse «singularmente» la norma en los delitos que se relacionan. Si el legislador quería que el régimen de acceso al tercer grado fuera más riguroso en estos casos, debería haber introducido algún otro requisito porque, tal y como está redactado el precepto no quiere decir nada.

Por último, baste apuntar que el legislador no señala criterio alguno que oriente la decisión del Juez de Vigilancia Penitenciaria sobre la concesión del tercer grado cuando el penado sea insolvente, puesto que «la conducta efectivamente observada en orden a la reparación del daño», «la capacidad real presente y futura para satisfacer la responsabilidad» y «las garantías que permitan asegurar la satisfacción futura» son conceptos tan indeterminados que pueden conducir a una aplicación desigual, y todo ello cuando lo que pretendía el legislador con la LO 7/2003 era, según su Exposición de Motivos, reducir el ámbito de discrecionalidad en el cumplimiento de la pena.

Por tanto, para poder ser clasificado o progresar al tercer grado de tratamiento es necesario que aquellos penados que sean solventes hayan satisfecho la responsabilidad civil derivada del delito, pudiendo exigirse incluso que lo hayan hecho de una manera voluntaria y no tras una investigación patrimonial tendente a conseguir el pago. En caso de insolvencia total o parcial del penado bastará con el esfuerzo serio en orden a la reparación del daño causado por el delito y con dar alguna garantía que permita asegurar la satisfacción futura.

B) *La libertad condicional*

La libertad condicional se concibe en todos los sistemas penitenciarios como el último grado del sistema progresivo, y consiste en que el condenado cumple el último período de la pena de prisión en libertad.

El régimen de libertad condicional estaba regulado en el CP de 1973 en los artículos 98 y 99, aunque dichos artículos debían completarse con lo establecido en los artículos 60 y 256 del Reglamento Penitenciario. En el CP de 1995 el legislador unificó todas las normas de libertad condicional existentes en la legislación anterior recogiéndolas en su articulado.

A la libertad condicional dedica el CP la Sección Tercera, del Capítulo III, del Título III, del Libro I, artículos del 90 al 93. La libertad condicional ha sido objeto de reformas por la LO 7/2003, que modificó los artículos 90, 91 y 93; por la LO 15/2003, que cambió la intitulación del Capítulo III y el artículo 92, y por la LO 1/2015 que modifica la naturaleza jurídica de la institución que pasa, de ser el último grado del sistema progresivo, a constituir una modalidad de suspensión de la ejecución de la pena. La modificación debe ser rechazada, por ser contraria a la tradición penal y penitenciaria española, por la deficiencia técnica que presenta y por introducir preceptos que estarían mejor ubicados en la Ley General Penitenciaria, que por cierto no se ha modificado.

Se van a tratar en primer lugar la naturaleza jurídica y las normas aplicables a todos los supuestos de libertad condicional, y después los supuestos concretos.

a) Naturaleza jurídica

El cambio de naturaleza jurídica de la libertad condicional se expresa con claridad en el artículo 90.1, párrafo primero: «El Juez de vigilancia penitenciaria acordará la suspensión de la ejecución del resto de la pena de prisión y concederá la libertad condicional».

La libertad condicional como último grado de cumplimiento de la pena privativa de libertad suponía que el penado seguía cumpliendo la pena fuera de prisión. Ahora al penado se le suspende la parte de la pena que le queda por cumplir y se le pone en libertad; sólo si durante el plazo que se señale cumple las condiciones que se le han impuesto se le remite la condena que le quedaba por cumplir. La diferencia fundamental viene dada pues porque ahora el penado va a estar durante más tiempo que el que le quede por cumplir de pena sujeto a las condiciones que se le impongan. De hecho así lo establece el legislador en el artículo 90.5.8.º con las siguientes palabras: «el plazo de suspensión de la ejecución y de libertad condicional no podrá ser inferior a la duración de la parte de pena pendiente de cumplimiento. El plazo de suspensión y libertad condicional se computará desde la fecha de puesta en libertad del penado».

Por otra parte, debe señalarse que el nuevo artículo 90 se refiere a las penas de prisión, y no a las privativas de libertad como hacía su predecesor. Nada dice la Exposición de Motivos de este tema, que resulta importante porque el concepto pena privativa de libertad es más amplio que el concepto prisión: el primero recoge la responsabilidad personal subsidiaria por impago de multa, que podría cumplirse de manera continuada, y por tanto dar lugar a la libertad condicional en cualquiera de sus modalidades.

El cambio de naturaleza jurídica, y que el nuevo régimen perjudica al condenado, ha sido reconocido por nuestro Tribunal Supremo que, en Sentencia de 5 de mayo de 2021, reiterada posteriormente en Sentencia de 29 de abril de 2022, considera que no se puede aplicar retroactivamente, porque afecta a la duración de la condena.

b) La libertad condicional en la pena de prisión

A partir de la LO 1/2015 hay que distinguir una regulación ordinaria de concesión de libertad condicional, que se establece para la pena de prisión, y dos supuestos extraordinarios: el previsto para la pena de prisión permanente revisable, y el previsto para el caso de acumulación jurídica de penas privativas de libertad.

En este primer apartado se va a abordar la regulación ordinaria de concesión de libertad condicional para la pena de prisión, es decir, los requisitos comunes, las condiciones que se pueden imponer, y el procedimiento para la concesión y revocación de la libertad condicional para la pena de prisión. En el siguiente los cinco regímenes de concesión de libertad condicional que el legislador ha previsto para la pena de prisión y, en el tercero, la regulación de la concesión de libertad condicional en el primero de los supuestos extraordinarios, el previsto para la prisión permanente revisable. La regulación del régimen de concesión de libertad condicional para los casos de acumulación jurídica se dejará, por unidad de materia, para el siguiente.

1.º) Requisitos que debe cumplir el condenado a pena de prisión para que se le pueda conceder la libertad condicional:

1.º Encontrarse en el tercer grado de tratamiento penitenciario [art. 90.1.*a*)].

2.º Haber observado buena conducta [art. 90.1.*c*)].

3.º Además es necesario que haya satisfecho la responsabilidad civil, en los términos previstos en el artículo 72.5 LOGP, para los delincuentes comunes, y 72.6 LOGP para los terroristas. Este requisito que se expresa de manera negativa en el artículo 90.1.3.º, no hace sino reiterar uno de los requisitos que se establecen para el acceso al tercer grado y, por lo mismo, resulta innecesario, ya que no cabe acceder a la libertad condicional sino desde el tercer grado de tratamiento.

El nuevo artículo 90 sustituye el tradicional requisito del «pronóstico individualizado y favorable de reinserción social», emitido en el informe final de Instituciones penitenciarias, por la valoración que haga el Juez de Vigilancia de «la personalidad del penado, sus antecedentes, las circunstancias del delito cometido, la relevancia de los bienes jurídicos que podrían verse afectados por una reiteración en el delito, su conducta durante el cumplimiento de la pena, sus circunstancias familiares y sociales y los efectos que quepa esperar de la propia suspensión de la ejecución y del cumplimiento de las medidas que fueren impuestas». El precepto es aplicable en todos los supuestos salvo el de los condenados de setenta años o de los enfermos con padecimientos incurables, en estos dos casos los criterios de concesión antes expresados se sustituyen por el requisito de la edad y la enfermedad respectivamente.

2.º) Condiciones y plazo

El Juez de Vigilancia puede imponer, motivadamente, la observancia de una o varias de las prohibiciones y obligaciones del artículo 83 (art. 90.5). Este precepto permite el seguimiento en libertad condicional del sentenciado, por lo que resulta acertado. Durante el tiempo de suspensión el Juez de Vigilancia podrá modificar, y alzar, las prohibiciones y obligaciones que hubiere impuesto (art. 90.5.2.º).

El plazo de suspensión de la ejecución de la pena será de entre dos y cinco años, aunque no puede ser inferior a la duración de la pena que le restara por cumplir al penado. El plazo se computará desde la puesta en libertad (art. 90.5.8.º). Dada la remisión que el artículo 90.5.3.º hace al artículo 86 podría pensarse que es aplicable la posibilidad, que se establece en el artículo 86.2.*b*), de prorrogar el plazo de suspensión en caso de incumplimiento, no grave o reiterado, de las prohibiciones y obligaciones impuestas al condenado, hasta un máximo de tiempo que no puede exceder de la mitad del que ya se hubiere impuesto. Dado que la remisión no es explícita y ni siquiera se encuentra contenida en el mismo precepto que aborda el plazo de suspensión (art. 90.5.8.º) creemos que esta interpretación es contraria al principio de legalidad.

3.º) Procedimiento

El Juez de vigilancia penitenciaria a petición del penado resolverá sobre la suspensión de la ejecución del resto de la pena y concesión de la libertad condicional. En el caso de que la petición no fuera estimada, el Juez o Tribunal podrá fijar un plazo de seis meses, que motivadamente podrá ser prolongado a un año, hasta que la pretensión pueda ser nuevamente planteada (art. 90.7).

Se establecen tres supuestos en los que el Juez de Vigilancia puede denegar la suspensión y la consiguiente libertad, aunque se cumplan el resto de los requisitos (art. 90.4): 1) cuando el penado hubiera dado información inexacta o insuficiente sobre el paradero de bienes u objetos cuyo decomiso hubiera sido acordado; 2) cuando el penado no dé cumplimiento, conforme a su capacidad, al compromiso de pago de las responsabilidades civiles a que hubiera sido condenado; 3) cuando el condenado facilite información inexacta o insuficiente sobre su patrimonio, incumpliendo la obligación impuesta en el artículo 589 de la LEC.

4.º) Revocación

En cuanto a la revocación de la suspensión hay que tener en cuenta dos aspectos.

Por una parte, que la revocación supone que el penado debe cumplir toda la parte de la pena que se le suspendió (art. 90.6).

Por otra, que procederá la revocación en tres supuestos, los dos primeros por expresa remisión del artículo 90.5.1.º, y el tercero por lo establecido en el artículo 90.5.3.º Los supuestos de revocación son los siguientes: 1) cuando el reo haya cometido un delito y sea condenado por su comisión (supuesto de la letra a del art. 86.1); 2) cuando incumpla de forma grave y reiterada las obligaciones y deberes del artículo 83 que se le hubieren impuesto, y 3) cuando se ponga de manifiesto un cambio de las circunstancias que hubieran dado lugar a la suspensión que no permita mantener ya el pronóstico de falta de peligrosidad en que se fundaba la decisión adoptada. Sobre el significado de este tercer caso incide la STS de 29 de abril de 2022.

Del resto de la regulación de la institución se puede decir que resulta caótica, confusa y reiterativa, pero el intérprete puede convivir con ello, y quizá hasta conseguir aclarar y sistematizar el batiburrillo que el legislador ha establecido. Pero para los términos en los que se ha regulado la revocación la crítica va mucho más allá de eso: aquí lo que existe es una vulneración flagrante del principio de legalidad y de seguridad jurídica: Primero porque no se explicita que la remisión al artículo 86 constituye un supuesto de revocación; Segundo porque la remisión completa al artículo 86 crea serias dudas sobre qué es lo aplicable de su contenido a la libertad condicional, por ejemplo, es evidente que no cabe aplicar la letra *c*) del artículo 86.1, que está pensada para la sustitución de penas, pero ¿qué otros contenidos son aplicables y cuáles no?; Y, tercero, el más grave, porque tanto los términos que contiene el artículo 86.1.*a*) como los expresados en el artículo 90.5.3.º son absolutamente evanescentes y, por ello, trasforman el arbitrio en arbitrariedad.

A los efectos de controlar que subsisten las condiciones que permitieron conceder la libertad condicional el Juez de Vigilancia Penitenciaria podrá solicitar los informes que considere pertinentes (art. 93.2).

5.º) Remisión definitiva de la pena

Respecto de la remisión definitiva de la pena que se ha suspendido el legislador se limita a remitirse a lo establecido en el artículo 87, aunque sólo sea aplicable el contenido del artículo 87.1. Establece el artículo 87.1, como se vio *supra*, que procederá la remisión definitiva al finalizar el plazo de suspensión «sin haber cometido el sujeto un delito que ponga de manifiesto que la expectativa en la que se fundaba la decisión de suspensión adoptada ya no puede ser mantenida, y cumplidas de forma suficiente las reglas de conducta fijadas por el Juez o Tribunal». También este precepto atenta directamente contra el principio de seguridad jurídica, puesto que deja completamente al arbitrio del Juez o Tribunal la revocación, que se podrá conceder aunque el condenado haya cometido un delito, o no conceder si se considera que no ha cumplido de forma *suficiente* las reglas de conducta, aunque no haya delinquido de nuevo.

c) Regímenes de libertad condicional en la pena de prisión

Tras la LO 1/2015 existe para la pena de prisión un *régimen general* de libertad condicional y cuatro especiales:

1. El régimen general está establecido en el artículo 90.1.*b*); se podrá conceder la libertad condicional cuando que se hayan extinguido las tres cuartas partes de la condena.
2. El artículo 90.2.1.º prevé que se pueda conceder la libertad condicional, extinguidas las dos terceras partes de la condena, a los sentenciados que hayan desarrollado actividades laborales, culturales u ocupacionales, bien de manera continuada, bien con «un aprovechamiento del que se haya derivado una modificación relevante y favorable de aquéllas de sus circunstancias personales relacionadas con su actividad delictiva previa». El tenor literal de la norma no podía atentar más directamente contra el principio de seguridad jurídica.

De este régimen especial no pueden beneficiarse los condenados por delitos terroristas o cometidos en el seno de organizaciones criminales (art. 90.8).

3. El artículo 90.2.2.º prevé que, una vez cumplida la mitad de la condena, a propuesta de Instituciones Penitenciarias y previo informe del Ministerio Fiscal y las demás partes, el Juez de Vigilancia Penitenciaria pueda adelantar la concesión de la libertad condicional, en relación con las dos terceras partes de la condena, hasta un máximo de noventa días

por año efectivo de cumplimiento de la condena cuando el reo, además de haber desempeñado actividades laborales, culturales u ocupacionales de manera continuada, acredite haber participado efectiva y favorablemente en programas de reparación a las víctimas o programas de tratamiento o desintoxicación.

De este régimen especial tampoco pueden beneficiarse los condenados por delitos terroristas o cometidos en el seno de organizaciones criminales (art. 90.8).

Nótese que existe una notable diferencia entre el régimen previsto en el párrafo primero y en el segundo del artículo 90.2: según el artículo 90.2.1.º, el Juez de Vigilancia concede la libertad condicional sin que se haga mención de quién insta dicha libertad, mientras que, el artículo 90.2.2.º, la libertad condicional será concedida por el Juez de Vigilancia Penitenciaria previa propuesta de Instituciones Penitenciarias. Es decir, la literalidad del precepto implica que el adelantamiento de la libertad condicional previsto en el artículo 90.2.2.º no pueda ser solicitado por el condenado. Sin embargo, como argumenta Ríos Martín, podría utilizarse la doctrina constitucional contenida en la STC 163/2002, de 21 de noviembre, para afirmar que el Juez de Vigilancia, en vía de recurso del penado al que la Administración Penitenciaria haya negado el adelantamiento de la libertad condicional, puede conceder dicho adelantamiento.

4. En el artículo 90.3 se contiene un régimen especial que ha sido introducido por la LO 1/2015. El Juez de Vigilancia penitenciaria podrá acordar la suspensión de la ejecución del resto de la pena y conceder la libertad condicional a los penados en que concurran los siguientes requisitos: *a*) que se encuentren cumpliendo *su primera condena de prisión y que ésta no supere los tres años de duración*; *b*) que hayan extinguido la mitad de su condena y, *c*) que durante el cumplimiento de su pena hayan desarrollado actividades laborales, culturales u ocupacionales, bien de forma continuada, bien con un aprovechamiento del que se haya derivado una modificación relevante y favorable de aquéllas de sus circunstancias personales relacionadas con su actividad delictiva previa.

Este régimen no será aplicable a los penados que lo hayan sido por la comisión de un delito contra la libertad e indemnidad sexuales.

5. El artículo 91.1.1.º prevé la concesión de la libertad condicional a *los reos que hubiesen cumplido setenta años,* o los cumplan durante la extinción de la condena, siempre y cuando cumplan los requisitos del artículo 90, salvo los temporales que se refieren a la pena. En el artículo 91.1.2.º se establece que el mismo criterio se aplicará para los *enfermos muy graves con padecimientos incurables*, siempre que dicha condición quede acreditada en los informes médicos que el Juez de Vigilancia estime necesarios. En el artículo 91.2 y 3 se recogen una serie de reglas tendentes a agilizar la tramitación de estas modalidades especiales de suspensión y libertad condicional, reglas habrían estado mejor ubicadas en la LOGP. Establece el 92.2 que será la propia administración penitenciaria la que elevará al Juez de Vigilancia, con la urgencia que el caso requiera, el expediente de libertad condicional cuando le conste que el interno se halle en los casos previstos en el artículo 91.1 y que el Juez valorará para resolverlo las circunstancias personales, la dificultad para delinquir y la escasa peligrosidad del sujeto. Por su parte, el artículo 90.3 establece que para los casos, debidamente acreditados, de peligro patente para la vida del condenadō, por la edad o por enfermedad, se puede conceder la suspensión y libertad condicional, aunque no se cumpla más que el requisito de la falta de peligrosidad, lo que parece bastante obvio que se dé. Se añade además una norma que obliga al penado, con amenaza de revocación de la suspensión y libertad condicional si es incumplida, a presentar los informes médicos para que se pueda valorar la necesidad de mantener, o no, la libertad condicional concedida.

d) La libertad condicional en la prisión permanente revisable: el artículo 92 del CP

Establece el artículo 92.1 que el Tribunal acordará la suspensión de la ejecución de la pena de prisión permanente revisable cuando se cumplan los siguientes requisitos:

a) Que el penado haya cumplido veinticinco años de su condena, salvo que se trate de un supuesto de acumulación jurídica en el que una de las penas sea la prisión permanente revisable, en ese caso se aplicará lo preceptuado en el artículo 78 bis (véase *infra* el apartado siguiente).

b) Que se encuentre clasificado en tercer grado.

c) Que exista un pronóstico favorable de reinserción social. El pronóstico lo realizará el Tribunal a la vista de la personalidad del penado, sus antecedentes, las circunstancias del delito cometido, la relevancia de los bienes jurídicos que podrían verse afectados por una reiteración en el delito, su conducta durante el cumplimiento de la pena, sus circunstancias familiares y sociales, y los efectos que quepa esperar de la propia suspensión de la ejecución y del cumplimiento de las medidas que fueren impuestas, pueda fundar, previa valoración de los informes de evolución remitidos por el centro penitenciario y por aquellos especialistas que el propio Tribunal determine, la existencia de un pronóstico favorable de reinserción social. En el caso de que el penado lo hubiera sido por varios delitos, el examen de estos requisitos se realizará valorando en su conjunto todos los delitos cometidos.

El legislador no debe haber leído ninguna de las obras científicas que abordan las consecuencias físicas, psíquicas y psico-sociales que sufren los que han estado ingresados en prisión por más de quince años, si lo hubieran hecho no afirmarían con tanta alegría que después de veinticinco años en prisión puede existir un pronóstico favorable de reinserción social.

Como requisito adicional a los anteriores el artículo 92.2 el legislador vuelve a reiterar, en los larguísimos términos habituales, que para poder acceder a la suspensión y libertad condicional los terroristas deben haberse arrepentido. Recordemos que ése es uno de los requisitos para poder acceder al tercer grado, que a su vez es requisito para acceder a la suspensión y libertad condicional, luego la reiteración carece de sentido.

Establece el artículo 92.3 que el plazo de suspensión es, en estos supuestos, de cinco a diez años (el general es de dos a cinco años). Todo el resto del precepto, bastante largo por cierto, sobra, porque se limita a recoger las mismas reglas que se establecen para los supuestos normales de suspensión y libertad condicional, aunque eso sí de manera completamente asistemática. La verborrea legislativa parece no tener límite ¡pobres opositores!

En artículo 91.4 se recoge la obligación del Tribunal, una vez cumplidos los plazos temporales, de verificar al menos cada dos años, el cumplimiento del resto de requisitos de la libertad condicional. También es en el artículo 90.4 donde se establece que el Tribunal resolverá las peticiones de concesión de la libertad condicional del penado, pero podrá fijar un plazo de hasta un año dentro del cual, tras haber sido rechazada una petición, no dará curso a sus nuevas solicitudes.

Antes de finalizar este apartado queremos señalar una cuestión que no es baladí y que, sin duda, tiene su origen en el pernicioso «corta y pega» que los actuales medios de producción de textos posibilitan. El artículo 92.1 se refiere al Tribunal, el artículo 92.3.2.º al Juez o Tribunal, el artículo 92.3.2.º al Juez de Vigilancia, el artículo 92.3.3.º al Tribunal y, por último, el artículo 92.4 de nuevo al Tribunal. En ningún momento se establece qué Tribunal es al que se refiere el legislador, y, tampoco se puede decir que haya un reparto de tareas coherente entre el Tribunal, el Juez o Tribunal y el Juez de Vigilancia ¿cómo ha de resolverse esta cuestión?

4. El régimen especial de cumplimiento de las penas en los casos de acumulación jurídica

Como ya se vio (*infra*, Tema 27), en los supuestos de concurso real de delitos la legislación española parte de considerar que el penado debe cumplir de manera sucesiva todas las penas que se le hayan impuesto (sistema de acumulación aritmética previsto en el art. 73). Sin embargo, con el fin de hacer compatible el fin retributivo de la pena con la posibilidad de resocialización del delincuente, tradicionalmente se han establecido unos límites máximos de cumplimiento efectivo de la condena (sistema de acumulación jurídica), que actualmente se contienen en el artículo 76 del CP.

Estos límites máximos eran considerados a todos los efectos como la condena que debía cumplir el penado, y de ahí que se utilizaran para computar, por ejemplo, el momento temporal en el que se podía gozar de un permiso fin de semana (según el art. 154.2 del Reglamento Penitenciario, se debe haber extinguido una cuarta parte de la condena para la concesión de un permiso ordinario) o el transcurso del plazo para la concesión de la libertad condicional.

En 1995 el legislador introdujo, en el artículo 78, la posibilidad de que el Tribunal acordara motivadamente, cumplidos determinados requisitos, que los beneficios penitenciarios y el cómputo del tiempo para la libertad condicional se refirieran a la totalidad de las penas impuestas y no a las limitaciones del artículo 76. Acordado dicho régimen especial de cumplimiento el Juez de Vigilancia penitenciaria, valorando la evolución del tratamiento reeducador y el pronóstico de reinserción social, podía acordar la aplicación del régimen general.

El artículo 78 fue modificado por LO 7/2003, para dar cumplimiento a los compromisos electorales sobre el cumplimiento íntegro de las penas: por LO 5/2010, que actualizó la referencia a los delitos de terrorismo, y, finalmente, por la LO 1/2015 que ha vuelto a modificar el régimen, aproximándolo al inicialmente previsto en 1995, salvo lo dispuesto para los delitos de terrorismo.

Por otra parte, la LO 1/2005 introduce una regulación específica, contenida en el artículo 78 bis, para el cumplimiento de las penas acumuladas cuando una de ellas sea la de prisión permanente revisable.

Por último, debe recordarse que en estos supuestos no será raro que la condena lo sea por más de cinco años, por lo que habrá que aplicar lo previsto en el artículo 36.2 respecto del periodo de seguridad [véase *supra* el apartado 4, A), *a*)].

A) *Régimen general para la acumulación y régimen especial para terroristas: el artículo 78 del CP*

Establece el artículo 78 del CP que:

1. Si a consecuencia de las limitaciones establecidas en el apartado 1 del artículo 76 la pena a cumplir resultase inferior a la mitad de la suma total de las impuestas, el Juez o Tribunal sentenciador podrá acordar que los beneficios penitenciarios, los permisos de salida, la clasificación en tercer grado y el cómputo de tiempo para la libertad condicional se refieran a la totalidad de las penas impuestas en las sentencias.

2. En estos casos, el Juez de vigilancia, previo pronóstico individualizado y favorable de reinserción social y valorando, en su caso, las circunstancias personales del reo y la evolución del tratamiento reeducador, podrá acordar razonadamente, oídos el Ministerio Fiscal, Instituciones Penitenciarias y las demás partes, la aplicación del régimen general de cumplimiento.

Si se tratase de delitos referentes a organizaciones y grupos terroristas y delitos de terrorismo del Capítulo VII del Título XXII del Libro II de este Código, o cometidos en el seno de organizaciones criminales, y atendiendo a la suma total de las penas impuestas, la anterior posibilidad sólo será aplicable:

a) Al tercer grado penitenciario, cuando quede por cumplir una quinta parte del límite máximo de cumplimiento de la condena.

b) A la libertad condicional, cuando quede por cumplir una octava parte del límite máximo de cumplimiento de la condena.

En cuanto al alcance del artículo 78 hay que hacer una serie de precisiones:

a) El régimen especial establecido en el artículo 78 es de facultativa aplicación por los jueces y tribunales sentenciador.

b) El contenido del artículo 78 es aplicable a los supuestos de limitación de cumplimiento de penas por aplicación de las normas del concurso real (art. 76), pero no a los casos de concurso ideal, delito medio y delito continuado.

c) La norma contenida en el artículo 78.1 sólo es aplicable a aquellos concursos reales en los que el condenado, por las limitaciones de pena del artículo 76, deba cumplir menos de la mitad de la suma total de las penas impuestas.

d) La aplicación del contenido del artículo 78 no supone una excepción al régimen de acumulación jurídica: el cumplimiento máximo de condena es el que resulta de la aplicación de las limitaciones del artículo 76. A lo que afecta el artículo 78 es al cómputo de los plazos relacionados con los beneficios penitenciarios, los permisos de salida, el acceso al tercer grado y la libertad condicional. Respecto de los beneficios penitenciarios debe señalarse que el artículo 202.2 del Reglamento Penitenciario considera que son dos: el adelantamiento de la libertad condicional y el indulto particular.

Es decir, si el penado ha sido condenado a ciento veinte años de prisión por la comisión de seis delitos y de ellos dos están castigados por la Ley con pena de prisión superior a veinte años, tendrá que cumplir una condena de cuarenta años en virtud del artículo 76.1.*c*), y en virtud del artículo 78.1, porque la condena que tiene que cumplir (cuarenta años) es inferior a la mitad de la suma total de las impuestas (la suma es ciento veinte, luego su mitad sería sesenta), el Juez o Tribunal sentenciador podrá acordar que el cómputo de los plazos para los beneficios penitenciarios, los permisos de salida, el tercer grado y la libertad condicional se realice sobre la totalidad de la condena (ciento veinte años).

Para los reos no terroristas, la decisión de aplicar el régimen especial del artículo 78.1, caso de haberse impuesto por el Tribunal sentenciador, puede ser revisada en cualquier momento por el Juez de Vigilancia, después de oír al Ministerio Fiscal, Instituciones Penitenciarias y las demás partes, es decir, a la víctima o sus familiares (art. 78.2.1.º).

Sin embargo, para los condenados por delitos de terrorismo el Juez de Vigilancia *no puede* decidir el cumplimiento en régimen general porque existen dos limitaciones a éste (art. 78.2.2.º):

a) Para acceder al tercer grado de cumplimiento es necesario que se hayan cumplido cuatro quintas partes de la condena; y,

b) Para acceder a la libertad condicional es necesario que se hayan cumplido siete octavos de la condena.

Por su parte, el artículo 72.6 de la LOGP, exige para que los condenados por terrorismo puedan ser clasificados en tercer grado, unos requisitos adicionales a los ya estudiados para el resto de los reos.

Establece el artículo 72.6 que:

> Del mismo modo, la clasificación o progresión al tercer grado de tratamiento penitenciario de personas condenadas por delitos de terrorismo de la sección segunda del Capítulo V del Título XXII del Libro II del Código Penal o cometidos en el seno de organizaciones criminales, requerirá, además de los requisitos previstos por el Código Penal y la satisfacción de la responsabilidad civil con sus rentas y patrimonio presentes y futuros en los términos del apartado anterior, que muestren signos inequívocos de haber abandonado los fines y los medios terroristas, y además hayan colaborado activamente con las autoridades, bien para impedir la producción de otros delitos por parte de la banda armada, organización o grupo terrorista, bien para atenuar los efectos de su delito, bien para la identificación, captura y procesamiento de responsables de delitos terroristas, para obtener pruebas o para impedir la actuación o el desarrollo de las organizaciones o asociaciones a las que haya pertenecido o con las que haya colaborado, lo que podrá acreditarse mediante una declaración expresa de repudio de sus actividades delictivas y de abandono de la violencia y una petición expresa de perdón a las víctimas de su delito, así como por los informes técnicos que acrediten que el preso está realmente desvinculado de la organización terrorista y del entorno y actividades de asociaciones y colectivos ilegales que la rodean y su colaboración con las autoridades.

Es decir, dos son los requisitos adicionales que se exigen en estos casos:

a) Que el penado muestre signos inequívocos de haber abandonado los fines y los medios terroristas. Nótese que este requisito sólo es exigible a los penados por delitos terroristas pero no a los penados por delitos cometidos en el seno de organizaciones criminales.

b) Que el penado haya colaborado activamente con las autoridades para impedir la producción de nuevos delitos, para atenuar los efectos del delito que cometió o para impedir la actuación o desarrollo de las organizaciones a la que perteneciera. Es la propia Ley la que expresa la manera en la que puede acreditarse la colaboración que se exige: 1) mediante una declaración expresa de repudio de sus actividades delictivas y de abandono de la violencia, junto con la petición expresa de perdón a las víctimas, y

2) mediante los informes técnicos que acrediten que el condenado está efectivamente desvinculado de la organización a la que pertenecía.

B) *Régimen especial para la acumulación con pena de prisión permanente revisable: el artículo 78 bis*

Cuando el condenado lo haya sido por dos o más delitos y uno de ellos esté castigado con pena de prisión permanente revisable, el artículo 78 bis.1 establece varios *períodos de prueba* distintos de los generales, aunque no recoge ningún requisito adicional a los contenidos en la LOGP para los supuestos normales. Los períodos de prueba son los siguientes, según establece el artículo 78 bis.1:

a) Que se haya cumplido de un mínimo de dieciocho años de prisión, cuando el penado lo haya sido por varios delitos, uno de ellos esté castigado con pena de prisión permanente revisable y el resto de las penas impuestas sumen un total que exceda de cinco años.

b) De un mínimo de veinte años de prisión, cuando el penado lo haya sido por varios delitos, uno de ellos esté castigado con una pena de prisión permanente revisable y el resto de las penas impuestas sumen un total que exceda de quince años.

c) De un mínimo de veintidós años de prisión, cuando el penado lo haya sido por varios delitos y dos o más de ellos estén castigados con una pena de prisión permanente revisable, o bien uno de ellos esté castigado con una pena de prisión permanente revisable y el resto de penas impuestas sumen un total de veinticinco años o más.

El acceso a la suspensión de la ejecución de la pena y la libertad condicional también tienen requisitos temporales distintos de los normales. Según establece el artículo 78 bis.2 se deben haber cumplido las siguientes partes de la condena:

a) Un mínimo de veinticinco años de prisión, en los supuestos a los que se refieren las letras *a*) y *b*) del apartado anterior.

b) Un mínimo de treinta años de prisión en el de la letra *c*) del apartado anterior.

Cuando se trate de delitos de terrorismo, o de delitos cometidos en el seno de organizaciones criminales, los límites mínimos de cumplimiento para el acceso al tercer grado de clasificación serán:

a) De veinticuatro años de prisión, en los supuestos a que se refieren las letras *a*) y *b*) del apartado primero, y

b) De treinta y dos años de prisión en el de la letra *c*) del apartado primero.

En estos mismos casos, la suspensión de la ejecución del resto de la pena y la libertad condicional requerirá que el penado haya extinguido:

a) Un mínimo de veintiocho años de prisión, en los supuestos a que se refieren las letras *a*) y *b*) del apartado primero, y

b) Un mínimo de treinta y cinco años de prisión en el de la letra *c*) del apartado primero.

5. La intervención judicial en la ejecución: el Juez de Vigilancia Penitenciaria

Hasta la introducción en nuestro país de la figura del Juez de Vigilancia Penitenciaria se podía afirmar que en las penas privativas de libertad la intervención de la justicia acababa con la sentencia condenatoria, quedando la ejecución de las penas en manos de la Administración penitenciaria, de quien dependía no sólo la intensidad de la pena, determinada por el régimen penitenciario, sino también su concreta duración a través del otorgamiento de beneficios que la redujeran. Esta situación pugnaba con el mandato constitucional que atribuye al Poder Judicial el juzgar y «hacer ejecutar lo juzgado» (art. 117.3 de la CE).

Es la LOGP la que crea la figura del Juez de Vigilancia Penitenciaria reforzando con ello la garantía en la ejecución propia del principio de legalidad [véase *supra*, Tema 6, I, 3, D)]. La LOGP encomienda al Juez de Vigilancia Penitenciaria dos clases de funciones: la ejecución de la pena privativa de libertad y el control jurisdiccional de la llamada relación penitenciaria.

Respecto de la ejecución de la pena, el artículo 76 de la LOGP declara de manera expresa que al Juez de Vigilancia le corresponden todas las decisiones necesarias en orden a la ejecución de la misma. Así, se le atribuye la aprobación de las propuestas que formulen los establecimientos sobre beneficios penitenciarios que puedan suponer acortamiento de la condena, la resolución de los recursos referentes a la clasificación inicial y a progresiones y regresiones de grado y, en definitiva, todas las decisiones necesarias para que los pronunciamientos de las resoluciones en orden a las penas privativas de libertad se lleven a cabo. Sin embargo, la falta de desarrollo legislativo de la intervención del Juez de Vigilancia Penitenciaria en la ejecución de la pena ha provocado que los Jueces y Tribunales sentenciadores sigan llevando a cabo una serie de actuaciones en cuanto a la ejecución de la pena privativa de libertad, como señalar el límite de cumplimiento de las penas impuestas, practicar la oportuna liquidación de condenas, aprobar el licenciamiento definitivo de la pena o informar en el expediente de indulto.

Además, la LOGP confía a los Jueces de Vigilancia Penitenciaria el control jurisdiccional de la relación jurídica penitenciaria. Se denomina «relación jurídica penitenciaria» a la situación jurídica en que se encuentran los componentes básicos del binomio en esta materia; reclusos-Administración. Los artículos 3, 4 y 6 de la LOGP plasman el estatuto jurídico del recluso y, en virtud de los mismos, la Administración asume una serie de responsabilidades que afectan a la personalidad de los recluidos y a sus derechos e intereses jurídicos no afectados por la condena. Pues bien, la LOGP también concede atribuciones al Juez de Vigilancia para salvaguardar los derechos de los internos y corregir los abusos y desviaciones que en el cumplimiento de los preceptos del régimen penitenciario puedan producirse; por ejemplo, la resolución por vía de recurso de las reclamaciones formuladas contra sanciones disciplinarias, o las decisiones sobre peticiones o quejas formuladas en relación con derechos fundamentales.

En cuanto a la organización de los Juzgados de Vigilancia Penitenciaria el artículo 78 de la LOGP remite a lo que se disponga en la Ley correspondiente (que, como se ha dicho, no existe), señalando únicamente que los Jueces de Vigilancia Penitenciaria tendrán su residencia en el territorio en que radiquen los establecimientos penitenciarios sometidos a su jurisdicción. Por su parte, el artículo 94 de la LOPJ determina que, en cada provincia y dentro del orden jurisdiccional penal, habrá uno o varios Juzgados de

Vigilancia, que tendrán las funciones jurisdiccionales que la LOGP les encomienda en materia de ejecución de penas privativas de libertad. En virtud de dichas disposiciones los Juzgados de Vigilancia Penitenciaria son competentes de la ejecución de las penas privativas de libertad que afecten a determinados centros penitenciarios que le son legalmente adjudicados. Este principio de unidad en el control jurisdiccional de la actividad desarrollada en el Centro penitenciario se ha roto, sin embargo, con la LO 5/2003, que instaura los Juzgados Centrales de Vigilancia Penitenciaria competentes para ejercer las funciones que habría de desarrollar el Juez de Vigilancia Penitenciaria, cuando se trate de delitos de competencia de la Audiencia Nacional y con jurisdicción, por tanto, sobre todo el territorio nacional.

Por otra parte, debe siquiera mencionarse que la antinomia existente entre el artículo 82 LOPJ —que considera competente para conocer de los recursos contra las resoluciones de los Juzgados de Vigilancia en materia de ejecución de penas y de régimen de su cumplimiento a las Audiencias Provinciales— y la Disposición Adicional 5.ª de la misma —que establecía que de los recursos en materia de ejecución de penas conocería el Tribunal sentenciador— se había venido solucionando otorgando a las Audiencias Provinciales el conocimiento de todos los recursos. También la LO 5/2003 ha incidido en esta materia determinando que el Tribunal sentenciador será el que conozca de los recursos en materia de ejecución de penas quedando encomendada a la Audiencia Provincial el conocimiento de los recursos en materia de régimen de cumplimiento. La solución comporta diversos problemas de los que cabe resaltar los siguientes: en primer lugar, se complica en gran medida el derecho a la defensa y la tutela judicial efectiva puesto que el Tribunal sentenciador puede distar cientos de kilómetros del centro penitenciario, lo que dificulta la inmediación entre el letrado y el preso; en segundo lugar, el riesgo que supone sobre el tratamiento del interno, que ha de ser único e individualizado, que incidan en apelación órganos jurisdiccionales distintos que pueden mantener criterios distintos —en materia de clasificación y de permisos, por ejemplo—; y, por último, las dificultades que puede generar para la convivencia en el centro la existencia de orientaciones jurisprudenciales distintas que pueden dar lugar a agravios comparativos.

Finalmente, debe recordarse que el CP de 1995 amplía notablemente las funciones encomendadas al Juez de Vigilancia Penitenciaria, sobre todo en lo que a medidas de seguridad se refiere (véase *infra*, Tema 32, II).

II. LA EJECUCIÓN DE LA PENA DE MULTA

La ejecución de la pena de multa queda condicionada a la solvencia o insolvencia del condenado a la misma, de ahí que sea necesario distinguir dos supuestos diversos.

1. Ejecución de la pena de multa cuando el condenado es solvente

El CP de 1973 establecía en su artículo 90 que el cumplimiento de la pena de multa debía hacerse, en el tiempo que el Tribunal determinara, bien inmediatamente o dentro de los quince días de impuesta la condena. Además, se concedía la facultad discrecional al Juez, de autorizar el pago fraccionado de la pena de multa, si el multado carecía de recursos.

El CP de 1995 estableció en su artículo 50, al hilo de la regulación de la pena impuesta por el sistema de los días multa, que «el Tribunal determinará en la sentencia el tiempo y forma de pago de las cuotas», no existiendo en el CP norma correlativa a ésta para las multas proporcionales. La interpretación literal de este artículo apuntaba a la obligatoriedad del pago fraccionado de la multa, sistema radicalmente opuesto al establecido en el CP de 1973, en el que el fraccionamiento era facultativo y previsto exclusivamente para los casos de solvencia parcial del condenado.

Sin embargo, debe tenerse en cuenta que la ejecución de la pena de multa queda condicionada a la naturaleza jurídica que se le atribuya. En este orden de cosas no cabe duda de que la multa global, la multa proporcional y la multa escandinava son penas de carácter exclusivamente pecuniario, porque se dirigen contra el patrimonio del condenado de lo que se sigue que los pagos aplazados constituyan un medio de facilitar el cumplimiento de la pena. No obstante, la multa de carácter temporal persigue una continuada reducción del consumo y, en consecuencia, del nivel de vida del penado, que transforma la pena pecuniaria en pena de privación parcial de libertad; de ahí que no se pueda en ningún caso pagar el importe global de la multa en un solo pago, aunque el penado pudiera afrontar el pago, sino que necesariamente deba fraccionarse el pago de la multa en plazos. Los Proyectos de CP desde el año 1980 hasta 1992 dotaban a la pena de multa de un sentido claramente temporal que se perdió a partir del Anteproyecto de 1993.

El CP de 1995, en su artículo 50.1, establece que «la pena de multa consistirá en la imposición al condenado de una sanción pecuniaria», de lo que se sigue que el legislador español ha optado por el sistema de la multa escandinava, pero no de la multa temporal. Si a ello unimos que el legislador ha establecido junto a la multa impuesta por el sistema de los días-multa la multa proporcional, cabe concluir que la multa sigue siendo una sanción de contenido exclusivamente pecuniario. Tras la modificación operada por la LO 15/2003 en el artículo 50.6, se confirma esta idea. En efecto, según esta norma el pago aplazado de la multa sólo podrá acordarse por causa justificada, de lo que se deduce que el legislador considera que el régimen normal será el pago total del importe de la multa cuando la sentencia sea firme.

A) *Tiempo y forma de pago*

Como norma general la multa se pagará cuando la sentencia sea firme, fijando el Tribunal el momento en que debe ser pagada. El pago puede ser posterior a los quince días de la firmeza, lo que permite una mayor discrecionalidad al Tribunal.

Excepcionalmente, y por motivos justificados, el Juez puede permitir el pago aplazado de la multa, bien en un solo plazo bien en varios, en el tiempo y forma que considere adecuado, con el único límite de que el pago debe haberse completado antes de los dos años de la firmeza de la sentencia (art. 50.6).

En los casos en los que se haya aplazado el pago de las multas el impago de dos de los plazos determinará el vencimiento de los restantes y la obligación, por tanto, de hacer frente al pago total o, en su caso, a la responsabilidad personal subsidiaria por impago de multa (art. 50.6).

El artículo 52, tras la LO 15/2003, sigue sin establecer ninguna norma específica sobre el tiempo y la forma de pago de las multas proporcionales, aunque su número tercero establece que cuando el condenado empeore de fortuna el Juez o Tribunal podrá autorizar el pago de la multa en plazos. La ausencia de previsión sobre la posibilidad del pago aplazado de la multa proporcional, y la previsión específica de pago aplazado en caso de empeoramiento de fortuna, podrían llevarnos a interpretar que el régimen general de las multas proporcionales es el pago total del importe de la misma a la firmeza de la sentencia. Sin embargo, carece de sentido negar la posibilidad del pago aplazado de las multas proporcionales por lo que, a nuestro juicio, debería aplicarse a las multas proporcionales, por analogía lo prescrito en el artículo 50.6.

En las multas impuestas a las personas jurídicas el legislador ha establecido que, sea cual sea la naturaleza de la misma, el pago pueda ser fraccionado durante un período de hasta cinco años, cuando la cuantía de la misma ponga probadamente en peligro su supervivencia, el mantenimiento de los puestos de trabajo, o cuando así lo aconseje el interés general (art. 53.5 introducido por LO 5/2010).

Aunque el contenido del artículo 53.5 resulte loable, su ubicación debe considerarse errónea ya que en este artículo 53 lo que se aborda es la obligatoriedad del pago de la multa y las formas coercitivas de hacerlo efectivo, y, por ello, no tiene sentido incluir aquí la posibilidad de fraccionamiento. Sin duda lo que el legislador ha tratado de evitar es duplicar el contenido de la regla y ubicarlo dos veces, una en las multas por cuotas y otra en las multas proporcionales. Este mismo fin se habría conseguido trasladando el contenido del actual artículo 51 al final del artículo 50, el contenido del actual artículo 52 al artículo 51, y ubicando en el artículo 52 la norma relativa al fraccionamiento del pago de las multas aplicables a las personas jurídicas. De esta forma habría quedado mucho mejor sistematizado todo el contenido de las multas.

B) *Momento procesal*

En otros ordenamientos jurídicos la extensión de la multa por cuotas de acuerdo con el grado de injusto y de culpabilidad es fijado por el Tribunal sentenciador, tramitándose posteriormente y de manera incidental la cuantificación de las cuotas y la forma de pago de la multa. Sin embargo, el artículo 50, en sus números 5 y 6, preceptúa que sea en la propia sentencia condenatoria donde el Tribunal determine el importe de las cuotas, así como el tiempo y la forma de pago.

Por lo que respecta a las multas proporcionales, el importe concreto de éstas debe ser fijado también en la sentencia, sin que quepa una posterior determinación de las mismas dada su naturaleza. La ausencia de regulación en cuanto al tiempo y forma de pago implica que el Tribunal pueda establecer, mediante auto posterior a la sentencia, estos extremos.

Los sistemas penales que hacen depender el importe de las multas de la condición económica del condenado y permiten aplazar su pago suelen prever la posibilidad de que con posterioridad a la firmeza de la sentencia cambie dicha condición. El CP de 1995 contenía, en el artículo 51, la posibilidad de revisar el importe de las cuotas de multa impuestas por el sistema de los días-multa cuando el condenado empeorase de fortuna. La LO 15/2003 ha modificado el contenido de dicho artículo incluyendo, además, una previsión específica que antes no existía, para el supuesto en el que impuesta una multa proporcional el condenado empeore de fortuna.

Establece el artículo 51 que «si, después de la sentencia, variase la situación económica del penado, el Juez o Tribunal, excepcionalmente y tras la debida indagación de dicha situación, podrá modificar tanto el importe de las cuotas periódicas como los plazos para su pago». Por su parte, el nuevo artículo 52.3 preceptúa que «si, después de la sentencia, empeorase la situación económica del penado, el Juez o Tribunal, excepcionalmente y tras la debida indagación de dicha situación, podrá reducir el importe de la multa dentro de los límites señalados por la ley para el delito de que se trate, o autorizar su pago en los plazos que se determinen».

La comparación de ambos preceptos deja claro que el legislador quiere establecer dos regímenes distintos. Esta idea se consolida tras la lectura de los debates parlamentarios. Así es: en diversas ocasiones el Grupo Socialista puso de manifiesto que la nueva redacción del artículo 51 permite aumentar la cuantía de las multas impuestas por el sistema de los días-multa, una vez firme la sentencia, cuando el condenado mejore de fortuna. La respuesta que sistemáticamente se dio fue que el artículo 51 permite modificar el importe de las cuotas aplazadas y el número de plazos, pero no reducir la multa y, por ende, tampoco incrementarla. De ahí que quepa concluir que la *voluntas legislatoris* pretende dos sistemas distintos:

a) En las multas impuestas por el sistema de los días-multa el importe global de la multa no podrá modificarse, empeore o mejore el reo de fortuna, aunque podrán modificarse las cuotas periódicas y el número de plazos. Es de suponer que se pretende que una mejora de fortuna implique que se reduzcan los plazos y/o se incremente la cuantía de las cuotas, mientras que un empeoramiento de fortuna implique lo contrario.

b) En las multas proporcionales, cuando el penado empeore de fortuna se podrá reducir el importe de la multa dentro de los límites señalados por la ley para el delito que se trate, es decir, que no podrá reducirse el importe de la multa por debajo del límite mínimo que venga marcado por el delito concreto cometido. Además el Tribunal podrá autorizar el pago aplazado. Dado que no se señala límite temporal alguno a este aplazamiento, a diferencia de lo establecido en el artículo 50.6, podría interpretarse que el límite de los dos años no es vinculante en este caso.

La duplicidad de sistemas carece de sentido porque la única diferencia entre las multas impuestas por el sistema de los días-multa y las multas proporcionales radica en la manera de determinar la cuantía concreta de la multa, y porque no se aprecia justificación alguna para que el importe de una multa proporcional pueda reducirse y, sin embargo, no pueda procederse de la misma manera con las multas impuestas por el sistema de los días-multa. Como, por otra parte, puede argüirse que el artículo 51 se refiere a las «cuotas periódicas» y las cuotas periódicas son las cuotas que corresponden a los días-multa impuestos, el artículo 51 —*literalmente* y al margen de lo que pretendiera el legislador— permite modificar el importe de las cuotas y, por ello, permite modificar el importe global de la multa. Cierto que este argumento conduciría también a admitir que cabe incrementar el importe de las cuotas cuando el reo mejore de fortuna, pero, dado que esto sería contrario al principio de legalidad, habría que negar dicha posibilidad.

Cabría interpretar que, tanto en las multas impuestas por el sistema de los días-multa como en las multas proporcionales, el empeoramiento de fortuna del reo cuando se haya aplazado el pago de la multa puede dar lugar a que el Tribunal, tras la debida indagación, reduzca el importe de las cuotas periódicas o modifique los plazos para su pago.

Por último, debe señalarse que carece de sentido que el legislador no haya introducido una norma específica para modificar el régimen de cumplimiento de la pena de multa impuesta a la persona jurídica, puesto que la situación económica de la misma también puede cambiar tras la sentencia en la que se impuso la pena.

C) *Obligatoriedad del pago*

Establece el artículo 53, tras la reforma operada en el mismo por la LO 5/2005, que:

> 1. Si el condenado no satisficiere, voluntariamente o por vía de apremio, la multa impuesta, quedará sujeto a una responsabilidad personal subsidiaria de un día de privación de libertad por cada dos cuotas diarias no satisfechas, que, tratándose de faltas, podrá cumplirse mediante localización permanente. En este caso, no regirá la limitación que en su duración establece el artículo 37.1 de este Código.
>
> También podrá el Juez o Tribunal, previa conformidad del penado, acordar que la responsabilidad subsidiaria se cumpla mediante trabajos en beneficio de la comunidad. En este caso, cada día de privación de libertad equivaldrá a una jornada de trabajo.
>
> 2. En los supuestos de multa proporcional los Jueces y Tribunales establecerán, según su prudente arbitrio, la responsabilidad personal subsidiaria que proceda, que no podrá exceder, en ningún caso, de un año de duración. También podrá el Juez o Tribunal acordar, previa conformidad del penado, que se cumpla mediante trabajos en beneficio de la comunidad.
>
> 3. Esta responsabilidad subsidiaria no se impondrá a los condenados a pena privativa de libertad superior a cinco años.
>
> 4. El cumplimiento de la responsabilidad subsidiaria extingue la obligación de pago de la multa, aunque mejore la situación económica del penado.
>
> 5. Podrá ser fraccionado el pago de la multa impuesta a una persona jurídica, durante un período de hasta cinco años, cuando su cuantía ponga probadamente en peligro la supervivencia de aquélla o el mantenimiento de los puestos de trabajo existentes en la misma, o cuando lo aconseje el interés general. Si la persona jurídica condenada no satisficiere, voluntariamente o por vía de apremio, la multa impuesta en el plazo que se hubiere señalado, el Tribunal podrá acordar su intervención hasta el pago total de la misma.

El artículo 53 del CP de 1995 establece la obligatoriedad del pago de la multa, que, de no satisfacerse voluntariamente, se cobrará en vía de apremio. Aunque la obligatoriedad del pago esté recogida en el número primero de este artículo, que se refiere únicamente a la responsabilidad personal subsidiaria por impago de días-multa, debe extenderse también a las multas proporcionales, porque lo contrario sería incongruente.

En el inciso segundo del artículo 53.5, introducido por LO 5/2010, el legislador ha recogido la obligatoriedad del pago de la multa impuesta a la persona jurídica. Dado que en este supuesto, lógicamente, el impago no puede amenazarse con una responsabilidad de carácter personal, el legislador ha establecido, para el caso de impago, la pena de intervención de la persona jurídica hasta el pago total de la multa.

2. Ejecución de la pena de multa para el condenado insolvente: la responsabilidad personal subsidiaria por impago de multa

En los supuestos de insolvencia del condenado al pago de una multa, esta pena se trasforma en otra pena privativa de libertad: la denominada «responsabilidad personal subsidiaria por impago de multa». El fundamento de este precepto es meridianamente claro: se trata de dotar de coactividad a la pena de multa. La alternativa a la responsabilidad personal subsidiaria por impago de multa sería dejar impune el delito perpetrado; por ello, la solución no se presenta dudosa.

En aquellos casos en los cuales la multa acompañe a una pena de prisión superior a cinco años, no se impondrá la responsabilidad subsidiaria por impago de multa, sin duda porque dejar impune en este caso el impago no resta coactividad a la pena de multa. A este respecto debe recordarse que el Acuerdo del Pleno no Jurisdiccional de la Sala Segunda de 1 de marzo de 2003 consideró que, impuestas penas de prisión independientes, la duración de las mismas no debe sumarse a efectos del cómputo del límite máximo de cinco años. Por otra parte, el Acuerdo de 1 de marzo de 2005 determinó que la propia duración de la responsabilidad personal subsidiaria debe sumarse a la duración de la pena de prisión, a efectos de la limitación máxima de cinco años.

A) *Naturaleza jurídica*

La constitucionalidad de la responsabilidad personal por impago de multa no puede ponerse en tela de juicio tras la STC 19/1988, de 26 de febrero. Sin embargo, no cabe duda de que sus fundamentos jurídicos pesaron en el Informe del CGPJ al Anteproyecto de 1992, que finalmente condujeron a la declaración del carácter de pena privativa de libertad de la responsabilidad personal subsidiaria por impago de multa (art. 35).

Por ello, no existe óbice legal para no suspender la ejecución de la responsabilidad personal por impago de multa, dado que el artículo 80.1 del CP se refiere a la suspensión de «las penas privativas de libertad». Refuerza esta idea el que el artículo 83.1 faculte al Juez para imponer las obligaciones o deberes recogidos en el mismo sólo cuando la pena sustituida sea de «prisión». Sin embargo, la responsabilidad personal subsidiaria por impago de multa no podrá ser objeto de sustitución puesto que, por una parte, ya es una pena sustitutiva, y, por otra, el artículo 88 se refiere expresamente a la sustitución de la pena de prisión.

Por último, hay que señalar que el cumplimiento de la responsabilidad personal subsidiaria extingue la obligación del pago de la multa (art. 53.4).

B) *Especies*

Dado que en el CP existen dos tipos de multas muy distintas el legislador ha establecido también dos regímenes de responsabilidad personal subsidiaria por impago de multa.

a) Responsabilidad personal subsidiaria por impago de días-multa

Cuando el condenado a una pena de días-multa no satisficiere el importe de la multa, quedará sujeto a una responsabilidad personal de un día de privación de libertad por cada dos cuotas diarias insatisfechas.

La responsabilidad personal subsidiaria podrá cumplirse: *a*) de manera continuada; *b*) en régimen de trabajos en beneficio de la comunidad, previa conformidad del reo, en cuyo caso cada día de privación de libertad equivaldrá a una jornada de trabajo (art. 53.1.2.º).

Cuando se trate de multas impuestas por la comisión de delitos leves, la responsabilidad personal subsidiaria podrá cumplirse, además, mediante localización permanente.

b) Responsabilidad personal subsidiaria por impago de multas proporcionales

En caso de multas proporcionales será el Tribunal, según su prudente arbitrio, el que determine la responsabilidad personal subsidiaria por impago de multa que no podrá exceder, en ningún caso, de un año. Por ello la duración de la privación de libertad subsidiaria a la multa debe contenerse en la propia sentencia, sin que quepa esperar al período de ejecución para determinarla. La pena podrá cumplirse también, previa conformidad del reo, en régimen de trabajos en beneficio de la comunidad, en cuyo caso cada día de privación de libertad equivaldrá a una jornada de trabajo (art. 53.2).

El artículo 53.2 no hace mención a que el cumplimiento pueda realizarse mediante localización permanente, lo que tenía sentido antes de la reforma operada por la LO 5/2010, ya que entonces la localización permanente era una pena leve y las multas proporcionales no se utilizaban en las faltas, pero carece de él con la nueva regulación legal. También en este caso podría intentar salvarse la incongruencia por vía de analogía.

III. EL CUMPLIMIENTO DE LAS RESTANTES CLASES DE PENAS

No existen normas específicas sobre la ejecución de las restantes penas en el Código Penal.

El artículo 73 dispone que:

> Al responsable de dos o más delitos o faltas se le impondrán todas las penas correspondientes a las diversas infracciones para su cumplimiento simultáneo, si fuera posible, por la naturaleza y efectos de las mismas.

Así, de manera mediata este artículo establece la posibilidad de cumplimiento simultáneo de las penas privativas de libertad y de las restrictivas de derechos, así como de la multa.

Por su parte el artículo 785 de la LECrim, regla 2.ª, establece que en los casos en los cuales se haya acordado la privación del permiso de conducir vehículos, se procederá a su inmediata retirada, si tal medida no estuviera ya acordada, dejando el documento unido a los autos y dirigiendo mandamiento por duplicado a la Jefatura Central de Tráfico para que lo deje sin efecto y no expida otro nuevo hasta la extinción de la condena.

Hechas estas salvedades, debe afirmarse que la ejecución del resto de las penas compete al propio Tribunal, que deberá adoptar las medidas necesarias para que se cumplan los efectos previstos en el Código Penal.

IV. EL CÓMPUTO DE LAS PENAS

El cómputo de las penas está regulado en nuestro Código Penal en los artículos 38, 58 y 59.

Según el artículo 38 la duración de las penas privativas de libertad comenzará a contarse desde el día en que la sentencia condenatoria sea firme, si el reo se encuentra ya en prisión. En caso contrario, comenzará el cómputo desde que el condenado ingrese en el establecimiento adecuado para su cumplimiento. Por lo que respecta al resto de las penas nada dice el legislador.

Por lo que respecta al cómputo de la pena de prisión, hay que tener en cuenta que el condenado puede haber sufrido una medida cautelar de prisión provisional y que ésta de alguna forma debe ser descontada de la condena final que sufra, si no queremos infringir el principio de legalidad y de proporcionalidad. El tema es abordado por el artículo 58 del CP. La regulación contenida en el mismo es la siguiente: como regla general el tiempo de privación de libertad sufrido preventivamente se abonará en su totalidad para el cumplimiento de la pena o penas impuestas en la causa en que dicha privación haya sido acordada; ahora bien, cabe también abonar ese tiempo sufrido en prisión provisional en causa distinta a la que la acordó, sin que en ningún caso el mismo período de tiempo pasado en prisión provisional pueda ser abonado en más de una causa (sobre este tema se ha pronunciado últimamente la STS de 8 de septiembre de 2021). A estos efectos será el Juez de Vigilancia el que, de oficio o a instancia del penado y previa audiencia del Ministerio Fiscal, acuerde el abono. El artículo 58.4 establece que las mismas reglas serán aplicables respecto de las privaciones de derechos acordadas cautelarmente.

Por su parte, el artículo 59 trata de solucionar los problemas que surgen cuando la pena a la que se condena y la medida cautelar impuesta son de distinta naturaleza, estableciendo que el Juez ordenará que se tenga por ejecutada la pena impuesta en aquella parte que estime compensada.

TEMA 32

LAS MEDIDAS DE SEGURIDAD

En el presente Tema se va a exponer en primer término la teoría general de las medidas de seguridad, para pasar enseguida a estudiar dichas medidas para adultos, recogidas en el propio Código Penal, y las medidas para menores, recogidas en la LO 5/2000, de 12 de enero, reguladora de la responsabilidad penal de los menores.

I. TEORÍA GENERAL DE LAS MEDIDAS DE SEGURIDAD

Para analizar la teoría general de las medidas de seguridad se va a exponer su concepto, el fundamento y la constitucionalidad de las mismas.

1. Concepto de medidas de seguridad

Para mayor claridad, conviene tratar por separado el origen, la definición y la necesidad de estas medidas.

A) *Origen*

Las medidas de seguridad y corrección provienen del dualismo suscitado por la lucha entre la Escuela Clásica y la Positiva en el siglo XIX (véase *supra*, Tema 4, III). Como allí se indicó, después de una larga lucha entre las Escuelas, todos los ordenamientos penales actuales han optado por el llamado sistema dualista o binario: la simultaneidad de las penas y de las medidas como medios de combatir el delito y de reincorporar al delincuente a una vida socialmente adecuada.

B) *Necesidad*

Actualmente todos los ordenamientos jurídicos han visto la necesidad de complementar las penas con las medidas, por las siguientes razones:

1. Las medidas son necesarias para los sujetos que no son capaces de culpabilidad (los inimputables), pero que constituyen un peligro para los restantes ciudadanos.

2. La seguridad de la sociedad pide, a veces, para el delincuente una privación de libertad más larga que la que correspondería a su mera culpabilidad.

3. En ocasiones se hacen necesarias medidas no privativas de libertad tanto para los inimputables como para los delincuentes; porque hoy en día se prefiere el tratamiento ambulatorio al internamiento, cuando lo aconsejan las condiciones del individuo.

4. El intento de resocializar al delincuente hace preciso arbitrar un método de cumplimiento de la pena o de la medida diverso de los que se utilizan normalmente en los establecimientos penitenciarios.

C) *Definición*

Por todo lo anterior, pueden definirse las medidas de seguridad como los métodos que se utilizan respecto a sujetos que han cometido al menos un hecho punible, para obtener su resocialización o, en último extremo, para mantenerlos aislados, a fin de que no causen perjuicios a la convivencia ciudadana.

2. Fundamento de las medidas

La Escuela Clásica manejaba un parámetro claro para determinar la clase y la cuantía de la pena: la culpabilidad. Pero la Escuela Positiva no podía manejar el mismo parámetro, ya que las medidas no se fundamentan en la culpabilidad del autor del hecho punible, sino en la posibilidad de que vuelva a delinquir: en su reincidencia. La reincidencia del delincuente fue una de las razones que lanzó a Lombroso a fundar su nueva Escuela: la inutilidad de la pena para frenar el incremento del delito en Italia, título éste de una de sus primeras obras.

Por ello, una de las primeras labores de la Escuela Positiva fue el de descubrir ese nuevo parámetro, lo que consiguió (como la mayoría de los logros que pasaron de la Escuela Positiva al Derecho Penal contemporáneo) el genio de Garofalo: la peligrosidad. En este sentido se van a exponer brevemente el concepto de peligrosidad y las clases de la peligrosidad criminal.

A) *Concepto de peligrosidad*

Ya en 1878 (esto es, dos años después de la primera edición del *Uomo Delinquente* de Lombroso y el mismo año en que se fundó la Escuela Positiva) publica Garofalo un famoso artículo (*Di un Criterio Positivo della Penalità*) en el que traslada a la criminología el concepto de estado peligroso del que venían hablando los psiquiatras respecto a los anormales. Los psiquiatras incluían bajo este nombre a los sujetos que o ya habían caído en la anormalidad o estaban gravemente amenazados de llegar a ella.

Garofalo traslada este concepto a la criminología. Divide el concepto en dos aspectos: la capacidad criminal (a la que él llama «*temibilità*») y la adaptabilidad social. Entiende bajo el nombre de capacidad criminal, la perversidad activa y constante de un delincuente, la cantidad de mal que puede temerse del mismo. Dicho de otro modo, la posibilidad de reincidencia de un sujeto concreto; lo que hoy en día se llama peligrosidad. Por adaptabilidad social entiende Garofalo las cualidades del sujeto para encajar en una vida socialmente adecuada.

Es claro que lo que constituye el núcleo central del estado peligroso es la capacidad criminal (la peligrosidad). Porque la adaptabilidad social da meramente al sujeto una cualidad que puede utilizar para la vida socialmente adecuada o para el delito. Ya que, así como la adaptabilidad social contribuye a la resocialización del delincuente cuando éste lo desea, por el contrario aumenta su potencia criminal (su peligrosidad) cuando quiere vivir del y para el delito, porque le permite cometer delitos mejor planeados y más difíciles de descubrir.

Es menester dejar bien claro que culpabilidad y peligrosidad son magnitudes que varían independientemente. Por poner dos ejemplos extremos, el pequeño delincuente contra el patrimonio (carterista, estafador callejero, etc.) tiene un grado de culpabilidad jurídica muy bajo, ya que ordinariamente sólo comete faltas; e incluso desde el punto de vista ético su culpabilidad no es muy grande, ya que ha sido educado normalmente en un área delincuencial para el delito y apenas encuentra posibilidades serias de resocializarse. Mientras que su peligrosidad (esto es, su posibilidad de reincidencia) es muy alta, ya que apenas tiene otro medio de subsistir al salir del establecimiento penitenciario. Por el contrario, el delincuente contra la vida psíquicamente normal (esto es, el no terrorista ni enajenado) comete el delito más grave del Código Penal, mientras que su índice de reincidencia en la estadística criminal de todas las naciones es mínimo y prácticamente igual a cero.

B) *Clases de peligrosidad*

La peligrosidad suele dividirse en *predelictual* y *postdelictual*, según se presente antes o después de que el sujeto haya sido condenado por un delito. Pero, además, se viene dividiendo en peligrosidad criminal y peligrosidad social, distinción que tiene gran trascendencia práctica y en la que no se había reparado hasta hace unos cincuenta años.

a) Peligrosidad predelictual y postdelictual

Se habla de peligrosidad *predelictual* cuando el sujeto aún no ha sido condenado por ningún delito; o más exactamente, cuando aún no ha realizado ningún hecho punible, porque puede tratarse de un inimputable. Eso no quiere decir que no haya cometido incluso más de un delito (o hecho punible), sino tan sólo que aún no se le ha podido demostrar. Porque frecuentemente los delincuentes habituales comienzan su carrera criminal en edades tempranas, pero por no haber sido fichados aún por la policía o por su buena suerte, tarda en producirse la primera detención y el primer proceso.

Por el contrario, se denomina peligrosidad *postdelictual* la que acusa un individuo que ya ha sido condenado por un delito o que al menos ha puesto un hecho punible.

Esta distinción tiene gran importancia en orden a lo que puede hacer un Estado de derecho respecto al individuo en cuestión. Porque la presunción de inocencia y el principio de mínima intervención penal no le capacita a imponer ni siquiera medidas de seguridad hasta que no se pueda demostrar que el sujeto ha realizado al menos un hecho punible; esto es, una conducta típica y antijurídica, aun cuando en él no fuera culpable o faltase la punibilidad. En esta conclusión está de acuerdo la doctrina por razones constitucionales, como se verá más abajo.

b) *Peligrosidad criminal y social*

Durante muchos años e incluso siglos se han confundido estas dos clases de peligrosidad que, sin embargo, son radicalmente distintas tanto en su etiología como en sus efectos criminógenos y, por tanto, en su tratamiento. Es más, con frecuencia la reacción popular ha sido más dura contra el peligroso social que contra el criminal.

Se entiende por peligrosidad criminal la que presenta el auténtico delincuente: la capacidad criminal del mismo. Es el tipo del antisocial, del que se ha venido hablando hasta ahora, y el individuo que constituye una auténtica amenaza a la sociedad, porque se coloca contra la ley.

Pero la peligrosidad social es propia del individuo asocial, del inadaptado parcial o totalmente a la vida social, del marginado. Éste no se coloca contra la ley, sino que vive al margen de la misma. No suele cometer delitos, al menos graves, sino a lo más pequeños delitos o faltas contra el patrimonio; pero no es capaz de adaptarse a una vida de trabajo regular, de llevar una vida conforme con los patrones de la sociedad, al margen de la que convive. Es el vago, el mendigo, el parásito, pero nunca es un delincuente peligroso.

La distinción entre ambas clases de peligrosidad surgió en los medios criminológicos alrededor del final de la Segunda Guerra Mundial por varias razones. Por un lado los estudios teóricos de DICIE-CLARK, de HEINTZ y de NEWCOMB sobre el *Marginal Man*, a los que siguieron otros muchos y también contribuyeron los estudios de MERTON, etc., sobre la anomia. Se añadieron a estas razones teóricas varias otras de tipo cultural como el impacto en la opinión mundial de las matanzas de gitanos durante la Segunda Guerra Mundial y la moda literaria de ensalzar a los asociales (*hippies*, gitanos, etc.) y sus subculturas. Finalmente desde el punto de vista político-social se presentaron las dudas de si se tenía derecho, desde un ángulo democrático, a obligar a participar de la cultura media de una población a las subculturas que convivían con ella, sin ponerse contra la ley, sino tan sólo viviendo al margen de la misma; a lo que ayudaron los estudios de CAVAN y de la escuela sociológica de Chicago.

Nuestra LVM (Ley de Vagos y Maleantes) desconocía totalmente esta distinción, lo que es explicable, ya que cuando se promulgó (1934) no era aún manejada en el campo científico. Pero también la desconocía la LPRS (Ley de Peligrosidad y Rehabilitación Social) que confundía ya desde su mismo título ambos conceptos y prevé entre sus peligrosos varios tipos que no presentan más que peligrosidad social; lo que es difícilmente disculpable en esta ley, pues cuando se promulgó (1970) ya era conocida y ampliamente manejada por la criminología la distinción entre la peligrosidad criminal y la social. Afortunadamente el nuevo CP maneja ambos conceptos con acierto.

Finalmente, hay que anotar que algunos autores actuales parecen confundir la peligrosidad social con la predelictual e identificarlas, cuando son conceptos totalmente distintos, como queda indicado.

3. Constitucionalidad de las medidas

La constitucionalidad de las medidas fue una cuestión ampliamente debatida en Alemania, especialmente por el ilustre penalista H. Mayer y de modo particular respecto a las medidas privativas de libertad. Pero actualmente se admite por la doctrina alemana, fundada (entre otros argumentos) en que se han dado en los tres sistemas políticos tan divergentes que han existido en Alemania durante las últimas décadas: la República de Weimar, la tiranía del nacionalsocialismo y la actual democracia; y de que, además, no se ve razón constitucional que las prohíba.

En España no se ha discutido tanto la cuestión de la inconstitucionalidad en general, sino en concreto la de las medidas predelictuales. La doctrina está de acuerdo en tachar de anticonstitucionales las medidas contra la peligrosidad predelictual. Las razones que se aducen parecen del todo convincentes, ya que tales medidas vulneran el principio constitucional de la presunción de inocencia; puesto que las tablas de pronóstico de la peligrosidad (de las que las mejores son las de los esposos Glueck) no dan más de un 70 por 100 de fiabilidad.

II. LAS MEDIDAS DE SEGURIDAD EN EL CÓDIGO PENAL

Después de haber expuesto la teoría general de las medidas de seguridad, se va a proceder ahora al estudio de las medidas que contiene la legislación española, abordando las medidas incluidas en el CP.

1. Presupuestos para su imposición

La legislación penal española asume que el presupuesto de la imposición de las medidas de seguridad es la peligrosidad criminal del sujeto al que se le imponen y así lo explicita en el artículo 6.1 del CP, según el cual «las medidas de seguridad se fundamentan en la peligrosidad criminal del sujeto al que se impongan». Qué es lo que debe entenderse por peligrosidad criminal queda señalado en el artículo 95.1, regla segunda: «que del hecho y de las circunstancias personales del sujeto pueda deducirse un pronóstico de comportamiento futuro que revele la probabilidad de comisión de nuevos delitos».

Por otra parte, se opta por erradicar las medidas de seguridad *predelictuales*, y en virtud de ello exige que el sujeto al que se le vaya a imponer una medida haya cometido un hecho previsto como delito (art. 95.1.1.ª). Esta opción implica que la peligrosidad *predelictual* deba ser prevenida mediante las medidas que puedan adoptar otras parcelas del Ordenamiento jurídico, tales como administrativas, civiles, etc. Estas medidas, por ser anteriores a la comisión de un hecho punible, no pueden tener el carácter coactivo de las medidas de seguridad contenidas en el CP.

A) *Supuestos en los que pueden imponer medidas*

Dado el contenido de los artículos 6.1 y 95.1.1.ª puede afirmarse que el fundamento de la imposición de las medidas en el Código Penal es la comisión de un hecho punible y la peligrosidad criminal del sujeto. Sin embargo, no a todo sujeto que haya cometido un hecho punible y que sea peligroso se le puede imponer una medida, es además necesario que la aplicación de la medida esté prevista legalmente.

Tras la reforma operada por LO 5/2010, nuestro CP establece que las medidas de seguridad se podrán imponer en los siguientes casos:

1) A los declarados exentos de responsabilidad criminal en virtud de lo establecido en los números 1.º, 2.º y 3.º del artículo 20 —los inimputables— (art. 95.1 en relación con los arts. 101, 102 y 103).

Además, hay que señalar que según establece la Disposición Adicional 1.ª del CP de 1995, modificada por Ley 8/2021, «cuando una persona sea declarada exenta de responsabilidad criminal por concurrir alguna de las causas previstas en los números 1.º y 3.º del artículo 20, el Ministerio Fiscal evaluará, atendiendo a las circunstancias del caso, la procedencia de promover un proceso para la adopción judicial de medidas de apoyo a la persona con discapacidad o, en el supuesto de que tales medidas hubieran sido ya anteriormente acordadas, para su revisión».

2) A aquellos a los que se les haya apreciado la concurrencia de una eximente incompleta en relación con los mismos números del artículo 20 —los semi-imputables— (art. 95.1 en relación con el art. 104) y sean peligrosos criminales.

3) La medida de libertad vigilada se puede imponer en aquellos casos que expresamente lo prevea la ley (arts. 95.1 y 106.2). En los casos incluidos en 2010 —los condenados a pena de prisión por la comisión de algún delito contra la libertad sexual (art. 192.1) y los condenados por delitos de terrorismo (579 bis.2)— la imposición de la medida es preceptiva, salvo que se trate de un delincuente primario. Sin embargo en el resto de los supuestos, introducidos por la LO 1/2015, la imposición de la libertad vigilada es facultativa, esos casos son los siguientes: los condenados por uno o más delitos contra la vida (art. 140 bis); los condenados por algún delito de lesiones cuando la víctima sea alguna de las personas del artículo 173.2 (art. 156 ter); los condenados por la comisión de algún delito del artículo 173.2 (art. 173.2, párrafo último).

B) *Supuestos controvertidos*

La legislación actual no contempla, sin embargo, la posibilidad de imponer medidas de seguridad en dos supuestos controvertidos:

a) Grave adicción a las drogas

Ya la Sentencia de 11 de abril de 2000 del TS consideró una laguna legal que el artículo 104 no permitiera la imposición de medidas de seguridad a los condenados en los que se hubiera apreciado la atenuante del artículo 21.2.ª Así es, la grave adicción afecta a las facultades psíquicas del sujeto, que ve compelida su voluntad a la producción de determinados hechos delictivos con los que financiar su adicción; es decir, la imputabilidad del adicto está disminuida en términos semejantes a los del semi-imputable, por lo que no se existe razón material alguna para excluirle de la aplicación de las medidas de seguridad.

La Sentencia de 11 de abril de 2000 recuerda que, en la aplicación del CP de 1973, la doctrina jurisprudencial había consolidado la aplicación de las medidas previstas para las eximentes completas e incompletas, a las atenuantes que tuvieran una análoga significación a las mismas. Siguiendo esta línea, y dada la analogía evidente entre la eximente incompleta del actual artículo 21.1/20.2.º, inciso 2.º, y la atenuante de grave adicción del artículo 21.2.ª, el TS busca la manera de suplir la laguna existente en el artículo 104 del CP de 1995. A juicio del Alto Tribunal, el artículo 25 de la Constitución, que proclama que el fin de la pena es la reinserción social del penado, obliga a posibilitar la aplicación de medidas de seguridad a un supuesto ontológicamente semejante a los previstos en el artículo 104.

A nuestro juicio la postura del TS es materialmente ajustada a Derecho, porque, como explica Obregón García:

> [...] las eximentes no son más que atenuantes llevadas a sus últimas consecuencias, acentuadas en sus rasgos atenuantes al máximo posible; y, análogamente, las atenuantes no son más que causas de exención que no alcanzan el nivel de intensidad propio de éstas, razón por la cual se les puede denominar (en atención a su naturaleza más que a su eficacia) cuasieximentes [...]. Y debe insistirse en que la vinculación natural de las atenuantes con las eximentes no es exclusiva de los elementos conocidos en nuestro ordenamiento como eximentes incompletas (que, por lo expuesto, casi podría decirse que son las atenuantes más genuinas), sino de todas las atenuantes que afectan a la culpabilidad, porque su modo de operar es idéntico en todas ellas.

La doctrina sentada en la STS de 11 de abril de 2000 ha sido reiterada en STS de 18 de septiembre de 2000, 21 de octubre de 2001 y 23 de septiembre de 2002 y, sin embargo, el propio TS se ha mostrado contrario a esta postura en las STS de 15 de julio de 2002 y 10 de diciembre de 2002, no existiendo pronunciamientos del alto Tribunal a partir de esa fecha.

b) Habitualidad

El legislador español ha optado también por prescindir de uno de los supuestos tradicionales de imposición de medidas: la habitualidad. En efecto, sabido es que el delincuente habitual es peligroso criminal y que respecto del mismo la protección de la sociedad exige una privación de libertad más larga que la que correspondería a su culpabilidad. Mediante LO 11/2003 el legislador español ha introducido algunos tipos delictivos en los que la repetición de una acción constitutiva de falta es elevada a la categoría de delito (por ejemplo, haber realizado cuatro faltas de lesiones en el plazo de un año es constitutivo del delito de lesiones del art. 147.1, párrafo segundo). Otros ordenamientos jurídicos abordan el problema de la habitualidad complementando la pena con una medida de seguridad impuesta en virtud de la peligrosidad criminal del delincuente habitual.

En la LO 11/2003 el legislador pretendió abordar esta problemática introduciendo algunos tipos delictivos en los que la repetición de una acción constitutiva de falta era elevada a la categoría de delito (por ejemplo, haber realizado cuatro faltas de lesiones en el plazo de un año era constitutivo del delito de lesiones del art. 147.1, párrafo segundo).

El Anteproyecto de CP de 2013 contenía la denominada «medida de custodia de seguridad» para abordar la problemática del delincuente habitual. Finalmente la LO 1/2015, en la que han desparecido las faltas con lo cual desparece también las previsiones del legislador de 2003, no ha introducido la medida de custodia de seguridad. Aunque consideramos que el problema de la delincuencia habitual debe ser abordado desde la perspectiva de las medidas, nos congratulamos de que finalmente no se haya introducido la custodia de seguridad en el Código Penal, porque realmente lo que pretendía el legislador era prologar las penas para ciertos delitos utilizando supuestas medidas, cuyo contenido realmente no tendía a la resocialización, sino a la inocuización del delincuente habitual.

La LO 1/2015, que derogó el Libro de las Faltas, elevó a delitos leves las infracciones de menor gravedad que se cometen contra el patrimonio. En ese contexto además el legislador introdujo normas específicas para la multirreincidencia en los delitos contra el patrimonio. La técnica es en los tres delitos en que se introduce, hurto (arts. 234.2 y 235.1.7.º), robo con fuerza en las cosas (art. 240.2) y estafa (art. 250.8.º), la misma: crear un tipo cualificado «cuando al delinquir el culpable hubiera sido condenado ejecutoriamente al menos por tres delitos comprendidos en el mismo capítulo», sin que se deban tener en cuenta los antecedentes cancelados o que debieran haberlo sido. El Alto Tribunal consciente de las reminiscencias al derecho penal de autor de la norma, a la posible vulneración del principio de *non bis in idem* y al principio de proporcionalidad de las penas hace una interpretación muy restrictiva del precepto (STSS 28 de junio de 2017, 5 de febrero de 2018 y 26 de marzo de 2019, entre otras).

C) *Conclusión*

Resumiendo todo lo anterior cabe concluir que los presupuestos para la imposición de una medida en la legislación penal española actual son los siguientes:

1.º Que se haya cometido, al menos, un hecho previsto como delito.
2.º Que se trate de un inimputable, de un semi-imputable o de un condenado por delito contra la libertad sexual o por delito de terrorismo.
3.º Que sea peligroso criminal.

No obstante, la medida de libertad vigilada se podrá imponer en aquellos casos en que expresamente lo prevea la ley (arts. 95.1 y 106.2), aunque no se trate de un inimputable o de un semi-imputable, para su cumplimiento posterior a la pena de prisión. En el caso de los delincuentes sexuales (art. 192.1) y los terroristas (art. 579 bis.2) la medida de libertad vigilada se impondrá obligatoriamente, salvo que se trate de un delincuente primario en cuyo caso la imposición es facultativa, sin necesidad de examen individualizado de peligrosidad, por lo que prácticamente se trata de una presunción de peligrosidad *iuris et de iure*; en el resto de los supuestos la imposición de la medida es facultativa por lo que el Tribunal deberá tener en cuenta la peligrosidad.

2. Clases de medidas

Establece el artículo 96 que las medidas de seguridad que se pueden imponer con arreglo al Código son privativas y no privativas de libertad. La clase de medida a imponer y la duración de las que sean no privativas de libertad, serán fijadas por el Tribunal dependiendo de la peligrosidad criminal del sujeto manifestada en los informes solicitados a estos efectos (art. 95.1).

A) *Medidas privativas de libertad*

Son medidas privativas de libertad:

1. El internamiento en centro psiquiátrico para tratamiento médico o de educación especial (art. 101.1); el sometido a esta medida no podrá abandonar el establecimiento sin la previa autorización del Juez o Tribunal (art. 101.2). Esta medida sólo se podrá imponer a los declarados exentos de responsabilidad penal conforme al número 1.º del artículo 20 (art. 101.1), o a los condenados a los que se haya apreciado una eximente incompleta en relación con el número 1.º del artículo 20 (art. 104).
2. El internamiento en centro de deshabituación público o privado debidamente acreditado (art. 102.1); el sometido a esta medida no podrá abandonar el establecimiento sin la previa autorización del Juez o Tribunal (art. 102.2). Esta medida sólo se podrá imponer a los declarados exentos de responsabilidad penal conforme al número 2.º del artículo 20 (art. 102.1), o a los condenados a los que se haya apreciado una eximente incompleta en relación con el número 2.º del artículo 20 (art. 104). Esta medida será también aplicable, según doctrina del TS, a los imputables a los que se haya apreciado la atenuante de grave adicción.
3. El internamiento en centro educativo especial (art. 103.1); el sometido a esta medida no podrá abandonar el establecimiento sin la previa autorización del Juez o Tribunal (art. 103.2). Esta medida sólo se podrá imponer a los declarados exentos de responsabilidad penal conforme al número 3.º del artículo 20 (art. 103.1), o a los condenados a los que se haya apreciado una eximente incompleta en relación con el número 3.º del artículo 20 (art. 104).

En todos los supuestos de aplicación de una medida de internamiento el Juez o Tribunal sentenciador debe comunicar al Ministerio Fiscal, con la suficiente antelación, la proximidad del vencimiento de la medida (art. 104.2) para que éste pueda instar, si la peligrosidad persiste, la declaración de incapacidad ante la jurisdicción civil y el internamiento conforme a las normas de la legislación civil (Disp. Adic. 1.ª del CP).

Las medidas privativas de libertad sólo podrán ser impuestas cuando la pena que se hubiese podido imponer por la comisión del delito, o la pena impuesta al semi-imputable, sea privativa de libertad (arts. 95.2, *a sensu contrario*, y 104, directamente para el semi-imputable). Estos artículos no obligan, sin embargo, a la imposición de una medida privativa de libertad sino que tan sólo facultan al Tribunal a imponerla, es decir, se podría imponer una medida no privativa de libertad, cuando así sea aconsejable, aun cuando el hecho previsto como delito, o el delito cometido, esté castigado con pena de prisión.

En cuanto a la duración de la medida privativa de libertad debemos distinguir si se trata de una medida impuesta a un inimputable o de una medida impuesta a un semi-imputable.

Respecto al primer supuesto, medidas para inimputables, establecen los artículos 101, 102 y 103 que «el internamiento no podrá exceder del tiempo que habría durado la pena privativa de libertad, si hubiera sido declarado responsable el sujeto, y a tal efecto, el Juez o Tribunal fijará en la sentencia ese límite máximo».

Resulta coherente con el principio de seguridad jurídica y con el principio de legalidad el que las medidas se encuentren limitadas en cuanto a su duración. Sin embargo, desde la óptica de la peligrosidad es absurdo limitar la duración de una medida puesto que *a priori* es absolutamente imposible determinar cuándo va a cesar la peligrosidad de un sujeto. El legislador ha dado prioridad al principio de legalidad y, por ello, ha establecido que las medidas también tendrán un límite máximo de cumplimiento. Ahora bien, no ha dejado claro cuál debe ser ese límite máximo, puesto que la expresión «habría durado la pena privativa de libertad si hubiera sido declarado responsable el sujeto», tanto puede entenderse como pena abstracta del delito cometido (este límite máximo aparece expresamente recogido en el art. 6.2), como pena ya individualizada del delito cometido. Dado que el fundamento de las medidas es la peligrosidad del sujeto, y, dado también, que la medida puede ser cesada o sustituida o dejada en suspenso en cualquier momento (art. 97), y que a estos efectos el CP obliga al Juez de Vigilancia a elevar al menos anualmente una propuesta de mantenimiento, cese, sustitución o suspensión (art. 98.1), debería entenderse que el límite máximo de cumplimiento de la medida es la pena del tipo una vez tenidos en cuenta el grado de desarrollo y de participación. Sin embargo, el Tribunal Supremo, en Acuerdo del Pleno de la Sala Segunda de fecha 31 de marzo de 2009, ha considerado que la duración máxima de la medida de internamiento se determinará en relación a la pena señalada por la ley en abstracto para el delito del que se trate.

Respecto al segundo caso, medidas para semi-imputables, el artículo 104 establece que la duración de la medida de internamiento «no podrá exceder de la pena prevista por el Código para el delito». Esta norma resulta mucho más clara: el legislador no puede referirse a la pena individualizada porque, de ser así, se habría referido a la «pena impuesta por el Tribunal». Con todo, quedaría por dilucidar si la «pena impuesta por el Código al delito» es la pena del tipo del delito o bien la pena del delito una vez tenido en cuenta el grado de desarrollo y la participación en el mismo. Dado que el delito cometido será uno en concreto debe considerarse que el límite máximo de cumplimiento será la pena del delito una vez tenido en cuenta el grado de desarrollo y la participación en el mismo. También respecto de este supuesto el TS considera que la duración máxima de la medida viene determinada por el límite máximo de la pena en abstracto.

B) *Medidas no privativas de libertad*

El nuevo artículo 96.3, modificado por LO 5/2010, recoge las medidas no privativas de libertad que existen en nuestro ordenamiento jurídico actual.

Son medidas no privativas de libertad (art. 96.3):

1.ª La inhabilitación profesional.

2.ª La expulsión del territorio nacional de extranjeros no residentes legalmente en España.

3.ª La libertad vigilada.

4.ª La custodia familiar. El sometido a esta medida quedará sujeto al cuidado y vigilancia del familiar que se designe y que acepte la custodia, quien la ejercerá en relación con el Juez de Vigilancia Penitenciaria y sin menoscabo de las actividades escolares o laborales del custodiado.

5.ª La privación del derecho a conducir vehículos a motor y ciclomotores.

6.ª La privación del derecho a la tenencia y porte de armas.

Las medidas no privativas de libertad pueden imponerse en los siguientes casos:

1) Cuando el delito cometido no esté amenazado con pena privativa de libertad, las únicas medidas que pueden imponerse son las no privativas de libertad (art. 95.2).

2) Cuando se imponga una medida privativa de libertad en virtud de lo previsto en los artículos 101 a 104; el Juez o Tribunal podrá imponer en la sentencia, razonadamente, una o varias medidas no privativas de libertad (art. 105.1).

3) Cuando en ejecución de una medida privativa de libertad el Juez decida sustituirla por una o varias medidas no privativas de libertad [arts. 105.1, en relación con el art. 97.*c*)].

4) Cuando se dicte condena por un delito contra la libertad sexual o por un delito de terrorismo se impondrá la medida de libertad vigilada (arts. 192.1 y 579.3, respectivamente, en relación con el art. 106.2). En ambos casos el legislador especifica que la medida se cumplirá después de la pena de prisión y los límites de su duración según la gravedad del delito cometido, pudiendo llegar hasta los diez años (art. 192.1 y 579.3).

5) Se podrá imponer la medida de libertad vigilada al condenado por uno o varios delitos contra la vida (art. 140 bis), al condenado por uno o varios delitos de lesiones siempre que la víctima sea alguna de las contenidas en el artículo 173.2 (art. 156 ter); y al condenado por un delito de violencia habitual del artículo 173.2. En estos casos el legislador se ha limitado a indicar al Juez o Tribunal que puede imponer la medida, pero no ha establecido la duración de la misma, por lo que como máximo será de cinco años.

Dado que la medida no privativa de libertad tiene como fin la resocialización del penado, el CP obliga a que el Juez o Tribunal sentenciador valore los informes emitidos por los facultativos y profesionales encargados de asistir al sometido a la misma; en las medidas facultativas para decretar su imposición, y en las que deben obligatoriamente imponerse para concretar las obligaciones que supondrá (art. 105.2).

La duración máxima de las medidas no privativas de libertad se establece en el nuevo artículo 105, que se complementa con el contenido del artículo 107 por lo que respecta a la inhabilitación profesional:

a) Tendrán una duración máxima de cinco años: la custodia familiar, la libertad vigilada y la inhabilitación profesional.

b) Tendrán una duración máxima de diez años: la libertad vigilada, cuando así lo disponga la ley (así ocurre en los delitos contra la libertad sexual y en los de terrorismo graves (art. 192.1 y 579.3), y la privación del derecho a la tenencia y porte de armas y del derecho a conducir vehículos a motor y ciclomotores.

El cumplimiento de las medidas no privativas de libertad requiere de un seguimiento, porque en otro caso se convertirían en letra muerta; de ahí que el párrafo tercero del artículo 105 prevea que el Juez de Vigilancia, o los servicios correspondientes del Ministerio de Justicia o de la Administración correspondiente, informen al Juez sentenciador sobre el cumplimiento de las mismas, y el párrafo cuarto del mismo artículo establezca que los Jueces o Tribunales sentenciadores dispondrán que los servicios de asistencia social competentes presten la ayuda o atención que se precise, y legalmente corresponda, a los sometidos a estas medidas de seguridad.

C) *La libertad vigilada*

La libertad vigilada es una medida no privativa de libertad introducida en la reforma operada por LO 5/2010.

Aunque la intención del legislador es, fundamentalmente, dar respuesta a la alarma social que produce la excarcelación sin posterior control judicial de los condenados por delitos contra la libertad sexual y terrorismo, no puede olvidarse que esta medida ha pasado a formar parte del elenco general de medidas no privativas de libertad y que, por ello, puede, y debe en ocasiones, utilizarse también en otros casos, sobre todo habida cuenta de que ha absorbido otras medidas importantes como el sometimiento a tratamiento ambulatorio.

La libertad vigilada consistirá en el sometimiento del condenado a control judicial a través del cumplimiento de alguna, o algunas, de las siguientes medidas (art. 106):

a) La obligación de estar siempre localizable mediante aparatos electrónicos que permitan su seguimiento permanente.

b) La obligación de presentarse periódicamente en el lugar que el Juez o Tribunal establezca.

c) La obligación de comunicar inmediatamente cada cambio del lugar de residencia o del lugar o puesto de trabajo en el plazo máximo y por el medio que el Juez o Tribunal señale a tal efecto.

d) La prohibición de ausentarse del lugar donde resida o de un determinado territorio sin autorización del Juez o Tribunal.

e) La prohibición de aproximarse a la víctima, o a aquellos de sus familiares u otras personas que determine el Juez o Tribunal.

f) La prohibición de comunicarse con la víctima, o con aquellos de sus familiares u otras personas que determine el Juez o Tribunal.

g) La prohibición de acudir a determinados territorios, lugares o establecimientos.

h) La prohibición de residir en determinados lugares.

i) La prohibición de desempeñar determinadas actividades que puedan ofrecerle o facilitarle la ocasión para cometer hechos delictivos de similar naturaleza.

j) La obligación de participar en programas formativos, laborales, culturales, de educación sexual u otros similares.

k) La obligación de seguir tratamiento médico externo, o de someterse a un control médico periódico.

La libertad vigilada podrá imponerse en los mismos casos en los que se impongan el resto de las medidas no privativas de libertad (véase *supra* el apartado anterior) y en aquellos casos en los que se prevea en el Libro II del CP para su cumplimiento posterior a la pena (art. 106.2). A este respecto hay que distinguir dos tipos de supuestos: a) los incluidos en la reforma del 2010 (art. 192.1 y 579 bis.2), en este caso la imposición de la libertad vigilada es preceptiva y el legislador señala los límites entre los que el Juez debe fijar la medida dependiendo de la gravedad del delito cometido; si el delincuente ha delinquido por primera vez la imposición es, sin embargo, facultativa; y b) los incluidos en la reforma del 2015 (art. 140 bis, art. 156 ter y art. 173.2, párrafo último) en los que el legislador se ha limitado a señalar la posibilidad de imponer la medida de libertad vigilada.

La libertad vigilada se regirá por el régimen general de las medidas, salvo que se haya impuesto como consecuencia de la comisión de los delitos especificados en el Libro II del CP, en cuyo caso quedará sometida al régimen específico regulado en el artículo 106.2 y 3 (véase *infra* el apartado dedicado a la concurrencia de penas y medidas).

D) *La inhabilitación profesional*

Esta medida sólo se podrá imponer a los exentos de responsabilidad criminal por los números 1.º, 2.º y 3.º del artículo 20, siempre y cuando el sujeto haya cometido el hecho previsto como delito con abuso del ejercicio del derecho, profesión, industria o comercio, cargo o empleo para el que se inhabilita, y cuando de la valoración de las circunstancias concurrentes pueda deducirse el peligro de que vuelva a cometer el mismo delito u otros semejantes (art. 107). La LO 8/2021 ha modificado el art. 107 para puntualizar que las actividades sobre las que recae la inhabilitación pueden ser tanto remuneradas como gratuitas.

Dado que se trata de una medida y no de una pena, y que además se le impone a una persona exenta de responsabilidad criminal, el término inhabilitación no debe entenderse en sentido estricto, y por ello esta medida no privará definitivamente del cargo o empleo a la persona sujeta a la misma. En cualquier caso, habría evitado la duda el que el legislador hubiera empleado respecto al cargo y el empleo público el término suspensión, en lugar del de inhabilitación.

Su duración varía, según establece el artículo 107, de uno a cinco años.

E) *La expulsión de extranjeros*

La medida de expulsión de extranjeros ha sido reformada, en consonancia con las nuevas directrices de Política Criminal para los extranjeros no residentes legalmente en nuestro país que cometen delitos, por la LO 11/2003, que da una nueva redacción al artículo 108 del CP, y por la LO 15/2003, que la considera medida no privativa de libertad (art. 96.3).

Según la nueva regulación, la expulsión del territorio nacional es una medida no privativa de libertad (art. 96.3) y, como tal, podrá imponerse directamente por la comisión de hechos punibles no amenazados con pena privativa de libertad (art. 95.2) pero, además, se configura como sustitutiva de todas las medidas de seguridad —privativas y no privativas de libertad— que se impongan al extranjero no residente legalmente en España. La diferencia fundamental entre el régimen de esta medida en el CP de 1995 y la nueva regulación es que, mientras que en aquél la expulsión se configuraba con un carácter plenamente facultativo, en ésta se dificulta enormemente la posibilidad de no acordar la expulsión.

En efecto, según el nuevo artículo 108 el Juez o Tribunal acordará en la Sentencia, previa audiencia del extranjero, la expulsión del territorio nacional como sustitutiva de las medidas que le fueran aplicables, salvo que excepcionalmente y de forma motivada, previa audiencia del Ministerio Fiscal, aprecie que la naturaleza del delito justifica el cumplimiento en España. Sólo cuando la medida de expulsión no pudiera llevarse a efecto por cualquier motivo se procederá al cumplimiento de la medida de seguridad originariamente impuesta.

Se establece, además, que la expulsión llevará consigo el archivo de cualquier procedimiento administrativo que tuviera por objeto la autorización para residir o trabajar en España.

Por último, debe señalarse que el extranjero no podrá regresar a España en un plazo de diez años y, si intentara quebrantar la medida, será devuelto por la autoridad gubernativa, empezando a computarse de nuevo, y en su integridad, el plazo de prohibición de entrada.

3. Concurrencia de penas y medidas

En la actualidad existen en nuestra legislación tres supuestos de concurrencia de penas y medidas de seguridad:

1) En los supuestos de eximentes incompletas en relación con el artículo 20.1.º, 2.º y 3.º del CP, si el Tribunal sentenciador decide imponer una medida se dará una concurrencia de penas y medidas.

El artículo 99 establece que en caso de concurrencia de penas y medidas privativas de libertad el Tribunal ordenará el cumplimiento de la medida, que se abonará como tiempo de cumplimiento de la pena. Una vez alzada la medida de seguridad el Tribunal podrá, si el cumplimiento del resto de la pena pusiera en peligro los efectos conseguidos con la medida, o sustituir ésta por otra no privativa de libertad, o suspender el cumplimiento del resto de la pena, por tiempo no superior a la duración de la misma. La suspensión de la pena a la que se refiere el artículo 99 es una suspensión del artículo 80 y, por tanto, el Tribunal puede imponer el cumplimiento de alguna de las reglas de conducta del artículo 83.

2) Establece el artículo 60 la posibilidad de que el Juez de Vigilancia Penitenciaria decrete la imposición de una medida de seguridad cuando al penado, después de la firmeza de la sentencia, se le aprecie una situación duradera de trastorno mental grave que le impida conocer el sentido de la pena.

Cuando el penado esté cumpliendo pena privativa de libertad, el Juez de Vigilancia podrá suspender la ejecución de la pena impuesta garantizando que el condenado reciba asistencia médica, para lo que podrá decretar la imposición de una medida privativa de libertad que no podrá ser más gravosa que la pena sustituida. Por congruencia con lo establecido en el artículo 99, el artículo 60 debería haber establecido el abono del cumplimiento de la medida a la pena, pero no ha sido así. En efecto, el número segundo del artículo 60 establece que, restablecida la salud mental del penado, éste cumplirá la sentencia si la pena no hubiera prescrito, sin perjuicio de que el Juez o Tribunal por razones de equidad, pueda dar por extinguida la condena o reducir su duración, en la medida en que el cumplimiento de la pena resulte innecesario o contraproducente.

En los casos en los que el penado no esté cumpliendo pena privativa de libertad, el Juez de Vigilancia suspenderá la ejecución imponiendo las medidas de seguridad que estime necesarias. Con esta afirmación el artículo 60 deja abierta la posibilidad de imponer incluso medidas privativas de libertad lo que resultaría, a nuestro juicio, extemporáneo puesto que contradice lo dispuesto en el artículo 95.2 —que impide imponer medidas privativas de libertad cuando el delito cometido esté amenazado con pena no privativa de libertad— e incluso lo dispuesto en el propio artículo 60 —que limita la duración de la medida privativa de libertad a la de la pena sustituida—. El número segundo del artículo 60 es también aplicable a estos casos, por lo que, restablecida la salud mental del penado, éste deberá cumplir la pena impuesta salvo que esta haya prescrito o el Juez de Vigilancia decida, por razones de equidad, darla por extinguida o reducir su duración.

3) La LO 5/2010 creó un tercer supuesto de concurrencia de penas y medidas al establecer la obligatoriedad de imponer en la sentencia condenatoria la libertad vigilada cuando se condenara al reo por la comisión de ciertos delitos.

En estos casos, al menos dos meses antes de la extinción de la pena privativa de libertad, el Juez de Vigilancia Penitenciaria elevará una propuesta sobre la medida de libertad vigilada al Juez o Tribunal sentenciador, que será quien concrete su contenido (art. 106.2.2.º). El procedimiento a seguir será, según señala el propio artículo 106.2, párrafo segundo, el establecido en el artículo 98 (el procedimiento general de seguimiento de las medidas) y el contenido de la medida se determinará «sin perjuicio de lo establecido en el artículo 97». Dado que el artículo 97 en su letra *b*) establece la posibilidad de «decretar el cese de cualquier medida de seguridad impuesta en cuanto desaparezca la peligrosidad criminal del sujeto», la propuesta del Juez de Vigilancia podría consistir en que se decretase el cese de la medida de libertad vigilada, si hubiera desaparecido la peligrosidad criminal del condenado.

En aquellos casos en los cuales el reo haya sido condenado a varias penas privativas de libertad que deba cumplir sucesivamente, se pospone al cumplimiento total de las penas el cumplimiento de la libertad vigilada, por lo que será con dos meses de antelación a ese momento cuando el Juez de Vigilancia deba elevar al Juez o Tribunal sentenciador su propuesta (art. 106.2.3.º).

Por otra parte, cuando al penado se le hayan impuesto varias medidas de libertad vigilada por la comisión de sendos delitos, las cumplirá de manera sucesiva aunque, naturalmente, dichas medidas se podrán reducir, modificar o dejar sin efecto (art. 106.2.4.º).

El legislador no ha obviado completamente que, pese a todo, la libertad vigilada es una medida y que, por ello, debe responder a la peligrosidad criminal del sujeto y no al delito cometido. De ahí que, en el número tercero del artículo 106, establezca que también en estos casos la medida pueda modificarse, reducirse, o incluso dejarse sin efecto, cuando varíe el pronóstico de peligrosidad. El procedimiento aplicable para ello será el establecido en el artículo 98.

4. Alzamiento y sustitución

Las medidas de seguridad, ya sean privativas o no privativas de libertad, se imponen en función de la peligrosidad del sometido a las mismas, de ahí la necesidad de que puedan ser cesadas, suspendidas o sustituidas por otras si desaparece la peligrosidad del sujeto o disminuye durante la ejecución de la sentencia. Esta problemática es abordada por el legislador en los artículos 97 y 98 del CP.

Según el artículo 97 del CP durante la ejecución de la sentencia el Juez o Tribunal podrá, mediante el procedimiento establecido en el artículo 98, adoptar alguna de las siguientes decisiones:

a) Mantener la ejecución de la medida de seguridad impuesta. [La introducción de la nueva letra *a*) se debe a la nueva redacción del art. 97 por LO 15/2003.]

b) Decretar el cese de cualquier medida de seguridad impuesta en cuanto desaparezca la peligrosidad criminal del sujeto.

c) Sustituir una medida por otra que estime más adecuada, entre las previstas para el supuesto de que se trate. Si se acuerda la sustitución y el sujeto evoluciona desfavorablemente podrá dejarse sin efecto la sustitución.

d) Dejar en suspenso la ejecución de la medida en atención al resultado ya obtenido con su aplicación, por un plazo no superior al que reste hasta el máximo señalado en la sentencia que la impuso. Esta suspensión, como la suspensión de la pena, queda condicionada a que no se vuelva a delinquir, y podrá dejarse sin efecto si nuevamente resultara acreditada la peligrosidad criminal del condenado.

La diferencia entre el primer supuesto, que se decrete el cese de la medida, y el tercero, que se suspenda la ejecución, radica en que la medida cesada se tiene por cumplida, mientras que la suspensa no. De aquí que cesada la medida, si se vuelve a apreciar peligrosidad criminal en el sujeto, no se le pueda someter a ninguna otra hasta tanto no cometa un nuevo hecho previsto como delito, mientras que en el caso de mera suspensión si podría imponérsele de nuevo.

El artículo 98.1 obliga al Juez de Vigilancia a elevar al menos anualmente una propuesta de mantenimiento, cese, sustitución o suspensión de las medidas privativas de libertad, y de la libertad vigilada que deba ejecutarse después del cumplimiento de la pena, para hacer efectiva la adecuación de las medidas a la peligrosidad del sujeto. Naturalmente que esta propuesta debe fundamentarse sobre los informes emitidos por los facultativos y profesionales que asistan al sometido a la medida, o por las Administraciones públicas competentes o, en su caso, por el resultado de las actuaciones que a este fin ordene. Cuando se trate de una medida de internamiento en centro de educación especial la propuesta del Juez de Vigilancia se elevará al terminar cada curso o grado de enseñanza (art. 103.3).

Cuando se trate de otras medidas no privativas de libertad, el Juez o Tribunal sentenciador recabará directamente de las Administraciones, facultativos y profesionales a que se refiere el apartado anterior, los oportunos informes acerca de la situación y la evolución del condenado, su grado de rehabilitación y el pronóstico de peligrosidad (art. 98.2).

En todos los supuestos, el Juez o Tribunal sentenciador resolverá motivadamente a la vista de la propuesta o los informes, oída la propia persona sometida a la medida, el Ministerio Fiscal y las demás partes. También se oirá a las víctimas del delito que no estuvieren personadas, cuando así lo hubieran solicitado al inicio o en cualquier momento de la ejecución de la sentencia, y permanezcan localizables a tal efecto (art. 98.3).

5. Quebrantamiento

Aborda el legislador el quebrantamiento de las medidas de seguridad en el artículo 100, modificado por LO 15/2003 y LO 5/2010.

Tratándose del quebrantamiento de una medida de internamiento, establece el número primero de este artículo que se procederá al reingreso en el mismo centro o en otro que corresponda a su estado (art. 100.1). Si se quebranta una medida no privativa de libertad, el Tribunal podrá acordar la sustitución de ésta por una privativa de libertad, siempre y cuando ésta esté prevista para el supuesto de que se trate, y el quebrantamiento demuestre la necesidad de imponerla (art. 100.2).

Según establece el artículo 100.3 el quebrantamiento de cualquier medida de seguridad obliga a deducir testimonio por la comisión del delito del artículo 468 del CP, aunque no se considerará quebrantamiento la negativa del sujeto a someterse o continuar un tratamiento médico, en cuyo caso el Juez o Tribunal podrá acordar la sustitución del tratamiento por otra medida entre las aplicables.

La redacción del artículo 100.3 podría llevar a pensar que todo quebrantamiento de la medida de seguridad va a dar lugar al delito del artículo 468 del CP. Sin embargo, debe señalarse que en aquellos casos en los cuales el quebrantamiento lo realice un inimputable será preciso valorar la concurrencia de la eximente en relación al delito de quebrantamiento de condena.

III. LAS MEDIDAS RELATIVAS A MENORES

Se van a abordar ahora las medidas establecidas para los menores de edad en la nueva Ley reguladora de la responsabilidad penal de los menores, LO 5/2000, de 12 de enero, desarrollada reglamentariamente por RD 1.794/2004, de 30 de julio.

1. Naturaleza jurídica de la Ley

La Ley reguladora de la responsabilidad penal de los menores (en adelante, LRPM) es una Ley de naturaleza *sui generis*. Por una parte, es una Ley *formalmente sancionadora*, puesto que pretende exigir en todo momento responsabilidad penal al menor por la comisión de sus hechos punibles. Esta naturaleza está presente en todo el procedimiento (así, por ejemplo, claramente en los arts. 23.1 y 27.4). Pero, por otra parte, se trata de exigir una responsabilidad diferente, basada en criterios educativos y de desarrollo de la personalidad del menor, por lo que las sanciones se tienen que determinar flexiblemente, en razón principalmente de las necesidades y el propio interés del menor, y no en razón de la proporcionalidad entre la gravedad del hecho y la sanción a imponer. Por ese motivo, a nuestro juicio, es una Ley de medidas y no de estricta exigencia de responsabilidad penal, pese a lo dicho en su Exposición de Motivos.

La LRPM contiene el derecho sustantivo (sistema de medidas, reglas de determinación y ejecución de las mismas, y régimen de responsabilidad civil), el derecho adjetivo (normas de procedimiento), y, por último, el régimen de aplicación de la medida privativa de libertad.

2. Ámbito de aplicación

La LRPM se aplicará a los menores entre catorce y dieciocho años que cometan hechos tipificados como delito o falta (art. 1.1).

A su entrada en vigor se establecía en los artículos 1.2 y 4 que la Ley también podría aplicarse, de manera excepcional, a los mayores de dieciocho y menores de veintiuno que hubieran cometido delitos menos graves o faltas no violentas y sin peligro para la vida o la integridad física de las personas, y que no hubieran sido condenados en sentencia firme por hechos cometidos después de los dieciocho, cuando sus circunstancias personales y grado de madurez así lo aconsejaran. Sin embargo, ya la Disposición Transitoria única de la LO 9/2000 estableció la suspensión de la LRPM en lo referente a los infractores de edades comprendidas entre dieciocho y veintiuno años, suspensión que fue prolongada posteriormente LO 9/2002. Finalmente, la LO 8/2006 suprimió definitivamente la posibilidad de aplicación de la LRPM a los mayores de dieciocho años.

En el supuesto de que sean menores de catorce los que cometan los hechos tipificados como delitos, el artículo 3 de la LRPM establece expresamente que no se le exigirá responsabilidad penal, sino que se le aplicará lo dispuesto en las normas sobre protección de menores previstas en el Código Civil y demás disposiciones vigentes. A esos efectos el Ministerio Fiscal deberá remitir a la entidad pública de protección de menores testimonio de los particulares que considere precisos respecto al menor, a fin de valorar su situación, y dicha entidad habrá de promover las medidas de protección adecuadas a las circunstancias de aquél conforme a lo dispuesto en la Ley de Protección Jurídica del Menor. Completa la regulación el RD 1.774/2004, de 30 de julio, por el que se aprueba el Reglamento de la LRPM, al aclarar en su artículo 8.7 que cuando se remite un menor desde las instancias jurisdiccionales a las instancias de protección «será dicha entidad la competente para valorar la situación y decidir si se ha de adoptar alguna medida conforme a las normas del Código Civil y la legislación de protección de menores».

La LO 8/2021 ha introducido en la Ley de Protección Jurídica del Menor una nueva norma, en el art. 17 bis, para estos casos. Según dicho artículo los menores de 14 años que cometan un hecho constitutivo de delito serán incluidos en un plan de seguimiento que valore su situación socio-familiar diseñado y realizado por los servicios sociales competentes de cada comunidad autónoma. Si el acto violento pudiera ser constitutivo de un delito contra la libertad sexual o de violencia de género, el plan de seguimiento deberá incluir un módulo formativo en igualdad de género.

El contenido del art. 17 bis de la Ley de Protección Jurídica del Menor debe valorarse positivamente en cuanto que diseña una norma de mínimos respecto de qué hacer con los menores de 14 años que cometen hechos delictivos. Debe recordarse que la carencia de orientación estatal sobre cómo afrontar la delegación en el sistema de protección de la infancia que la LRPM hacía de los menores de 14 años provocó una dispersión enorme en las políticas, herramientas y actividades puestas en marcha por las CCAA existiendo diferencias incluso dentro de las provincias de la misma comunidad. Algunas comunidades optaron por crear equipos específicos en el seno de las instituciones de protección (así la Comunidad aragonesa creó el EMCA), otras por centrar la intervención desde las instituciones de reforma encargadas de materializar las medidas impuestas a los menores responsables penales (así, la Comunidad de Castilla-La Mancha), incluso las hubo que no arbitraron ningún tipo de protocolo de actuación (así la Comunidad andaluza).

3. Las medidas para menores

El sistema previsto de medidas para los menores difiere, naturalmente, del establecido en el Código Penal para los adultos, pero quizá no tanto como fuera de desear. Las mayores diferencias se dan en cuanto a las reglas para la imposición de las medidas aunque se siguen los principios básicos establecidos en el Título Preliminar del Código: que las medidas no pueden ser más onerosas que las penas, ni exceder de lo estrictamente necesario para prevenir la peligrosidad del autor. Sin embargo, existe una notable coincidencia en cuanto al contenido de las medidas.

A) *Clases de medidas*

Las medidas que pueden imponerse están enumeradas en el artículo 7 de la Ley. Son las siguientes: internamiento en régimen cerrado; internamiento en régimen semiabierto; internamiento en régimen abierto; internamiento terapéutico en régimen cerrado, semiabierto o abierto; tratamiento ambulatorio; asistencia a centro de día; permanencia de fin de semana; libertad vigilada; prohibición de aproximarse o comunicarse con la víctima o con aquellos de sus familiares u otras personas que determine el Juez; convivencia con otra persona, familia o grupo educativo; prestaciones en beneficio de la comunidad; realización de tareas socioeducativas; amonestación y privación del permiso de conducir o la licencia de armas e inhabilitación absoluta.

El internamiento en régimen cerrado supone que el menor residirá en el centro, desarrollando en el mismo las actividades formativas, educativas, laborales y de ocio; en el internamiento en régimen semiabierto, el menor residirá en el centro, pero realizará fuera del mismo actividades formativas, educativas, laborales y de ocio; mientras que en el internamiento en régimen abierto, el menor, residiendo en el centro como domicilio habitual, con sujeción al programa y régimen interno del mismo, llevará a cabo todas las actividades del proyecto educativo en los servicios normalizados del entorno. El internamiento también puede constituir una medida cautelar durante la instrucción del procedimiento, atendiendo a las circunstancias del menor, la gravedad de los hechos, que exista un cierto peligro de fuga y, especialmente, que el menor haya cometido con anterioridad otros hechos graves de la misma naturaleza, hasta un máximo de seis meses prorrogables por otros seis (art. 28.2 y 3).

La duración total de las medidas de internamiento se dividirá en dos períodos: el primero se llevará a cabo en el centro correspondiente, y el segundo se llevará a cabo en régimen de libertad vigilada, en la modalidad elegida por el Juez. El equipo técnico deberá informar respecto del contenido de ambos períodos, y el Juez expresará la duración de cada uno en la sentencia (art. 7.2).

Cuando se trate de un internamiento terapéutico, el menor residirá en un centro de esa naturaleza, donde se le dará una atención educativa especializada, o tratamiento específico dirigido a la anomalía, alteraciones psíquicas, adicción o alteraciones en la percepción que padezca. Esta medida podrá aplicarse sola o como complemento de otra medida de las previstas en el artículo 7. Cuando el menor rechace el tratamiento de deshabituación, el Juez habrá de aplicarle otra medida adecuada a sus circunstancias.

El menor sometido a tratamiento ambulatorio habrá de asistir al centro designado con la periodicidad requerida por los facultativos que le atienda, y seguir las pautas fijadas para el adecuado tratamiento de la anomalía o alteración psíquica, adicción, o alteraciones en la percepción que padezca. Esta medida podrá aplicarse sola o como complemento de otra medida prevista en el artículo 7. Cuando el menor rechace un tratamiento de deshabituación, el Juez habrá de aplicarle otra medida adecuada a sus circunstancias.

La asistencia a un centro de día obliga al menor, que residirá en su domicilio habitual, a acudir a un centro, plenamente integrado en la comunidad, a realizar actividades de apoyo, educativas, normativas, laborales o de ocio.

La permanencia de fin de semana obliga al menor a permanecer en su domicilio o en un centro, hasta un máximo de treinta y seis horas, entre la tarde o noche del viernes y la noche del domingo, a excepción del tiempo que deban dedicar a las tareas socioeducativas asignadas por el Juez.

Por la libertad vigilada se somete al menor a un seguimiento de su actividad, asistencia a la escuela, al centro de formación profesional o al lugar de trabajo, según los casos, para ayudarle a superar los factores que determinaron la infracción cometida. Esta medida obliga, en su caso, a seguir las pautas socioeducativas que señale la entidad pública o el profesional encargado de su seguimiento, de acuerdo con el programa de intervención elaborado al efecto y aprobado por el Juez de Menores. El menor está también obligado a mantener con dicho profesional las entrevistas establecidas en el programa, y a cumplir, en su caso, las reglas de conducta impuestas por el Juez, que pueden consistir en alguna, o algunas de las siguientes obligaciones: 1) Obligación de asistir con regularidad al centro docente correspondiente. 2) Obligación de someterse a programas de tipo formativo, cultural, educativo, profesional, laboral, de educación sexual, de educación vial u otros similares. 3) Prohibición de acudir a determinados lugares, establecimientos o espectáculos. 4) Prohibición de ausentarse del lugar de residencia sin autorización judicial previa. 5) Obligación de residir en un lugar determinado. 6) Obligación de comparecer personalmente ante el Juzgado de Menores, o profesional que se designe, para informar de las actividades realizadas y justificarlas. 7) Cualesquiera otras obligaciones que el Juez, de oficio o a instancia del Ministerio Fiscal, estime convenientes para la reinserción social del sentenciado, siempre que no atenten contra su dignidad como persona.

La convivencia con otra persona, familia o grupo educativo obliga al menor a convivir, durante el período de tiempo establecido por el Juez, con otra persona, con una familia distinta a la suya o con un grupo educativo, adecuadamente seleccionados para orientar a aquélla en su proceso de socialización.

La prohibición de aproximar o comunicar con la víctima, o con aquellos de sus familiares u otras personas que determine el Juez, impedirá al menor acercarse a ellos, en cualquier lugar donde se encuentren, así como a su domicilio, a su centro docente, a sus lugares de trabajo y a cualquier otro que sea frecuentado por ellos. La prohibición de comunicarse con la víctima, o con aquellos de sus familiares u otras personas que determine el Juez o Tribunal, impedirá al menor establecer con ellas, por cualquier medio de comunicación o medio informático o telemático, contacto escrito, verbal o visual. Si esta medida implicase la imposibilidad del menor de continuar viviendo con sus padres, tutores o guardadores, el Ministerio Fiscal deberá remitir testimonio de los particulares a la entidad pública de protección del menor, y dicha entidad deberá promover las medidas de protección adecuadas a las circunstancias de aquél.

Las prestaciones en beneficio de la comunidad, voluntarias al igual que los trabajos en beneficio de la comunidad, obligan a realizar las actividades no retribuidas que se indiquen, de interés social o en beneficio de personas en situación de precariedad. El fin de esta medida es relacionar la naturaleza de dichas actividades con la naturaleza del bien jurídico lesionado por los hechos cometidos por el menor.

En la realización de tareas socioeducativas el menor está obligado a llevar a cabo las actividades específicas de contenido educativo encaminadas a facilitarle el desarrollo de su competencia social, sin que se halle internado ni en libertad vigilada.

La amonestación, llevada a cabo por el Juez de Menores, está dirigida a hacer comprender al menor la gravedad de los hechos cometidos, y las consecuencias que los mismos han tenido o podrían haber tenido, instándole a no volver a cometer tales hechos en el futuro.

Por último, la privación del permiso de conducir ciclomotores o vehículos a motor, o la del derecho a obtenerlo, o la de las licencias administrativas para caza o para uso de cualquier tipo de armas, tienen naturaleza de medidas accesorias, y se impondrán cuando el delito o falta se hubiere cometido utilizando un ciclomotor o un vehículo a motor, o un arma, respectivamente.

B) *Reglas de aplicación*

1) *Determinación de la medida aplicable*

En cuanto a la determinación de la medida aplicable a cada caso concreto, la LRPM obliga a distinguir dos supuestos distintos:

1.º *Régimen ordinario*

Las reglas para la aplicación de las medidas que se pueden imponer a los menores por la comisión de hechos punibles están contenidas en el artículo 9 de la LRPM.

En principio la medida se impone no por el hecho cometido, sino por las características personales y familiares del menor y en interés suyo (art. 7.3), y no podrá exceder de dos años, cien horas de prestaciones en beneficio de la comunidad u ocho fines de semana (art. 9.3.ª).

Reglas:

1) Si los hechos son constitutivos de un delito leve, se sancionarán sólo con las medidas de amonestación, libertad vigilada hasta un máximo de seis meses, permanencia como máximo de cuatro fines de semana, prestaciones en beneficio comunidad con una duración máxima de cincuenta horas, o privación del permiso de conducir u otras licencias hasta un año, prohibición de aproximarse o comunicar con la víctima u otras personas hasta seis meses y realización de tareas socio-educativas hasta seis meses (art. 9.1.ª).

2) La medida de internamiento en régimen cerrado sólo podrá imponerse en los siguientes casos (art. 9.2.ª):

a) Si los hechos están tipificados como delito grave.

b) Si en los hechos tipificados como delitos menos graves se ha empleado violencia o intimidación o se ha generado un grave riesgo para la vida o integridad de las personas.

c) Si los hechos tipificados como delito se han cometido en grupo, o el menor perteneciere o actuare al servicio de una banda, grupo o asociación, que se dedicare a la realización de tales actividades.

3) La imprudencia no se sancionará con internamiento en régimen cerrado (art. 9.4.ª).

4) Si concurren las eximentes del artículo 20.1.º, 2.º o 3.º del CP, sólo cabe imponer medidas terapéuticas (art. 9.5.ª).

2.º *Régimen extraordinario*

El artículo 10 de la LRPM contiene una serie de supuestos que, a juicio del legislador, requieren prolongar la duración de las medidas o, incluso, imponer preceptivamente la medida de internamiento. Son los siguientes:

1) Cuando el menor haya cometido un delito grave, o un delito menos grave en el que se haya empleado violencia o intimidación, se haya generado un grave riesgo para la vida o integridad de las personas, o si los hechos tipificados se han cometido en grupo, o el menor perteneciere o actuare al servicio de una banda, grupo o asociación, que se dedicare a la realización de tales actividades.

Si es un menor de catorce o quince años la medida puede alcanzar los tres años de duración; si se trata de permanencia fin de semana, doce fines de semana; y si son prestaciones en beneficio de la comunidad, ciento cincuenta horas [art. 10.1.*a*)].

Si es un menor de dieciséis o diecisiete años, la medida puede alcanzar los seis años de duración; si se trata de permanencia fin de semana, dieciséis fines de semana; y si son prestaciones en beneficio de la comunidad, doscientas horas [art. 10.1.*b*)].

En este último caso, si además el hecho reviste extrema gravedad, y siempre que el menor sea reincidente, se considerará que hay extrema gravedad, es perceptiva la imposición de la medida de internamiento en régimen cerrado de uno a seis años, complementada con la medida de libertad vigilada de hasta cinco años (art. 10.1, párrafos segundo y tercero).

2) Cuando el menor haya cometido un delito de homicidio (art. 138 del CP), de asesinato (art. 139 del CP), de violación (arts. 179 y 180 del CP), de terrorismo (arts. 571 a 580 del CP) o cualquier otro sancionado por el Código Penal con pena de prisión igual o superior a quince años.

Si es un menor de catorce o quince años, se le impondrá una medida de internamiento en régimen cerrado de uno a seis años, complementada, en su caso, por otra medida de libertad vigilada hasta un máximo de tres años [art. 10.2.*a*)]. Excepcionalmente, la medida de internamiento podrá tener una duración de hasta seis años cuando el menor fuera responsable de más de un delito (art. 11.2).

Si se trata de un mayor de dieciséis y menor de dieciocho años, se le impondrá una medida de internamiento en régimen cerrado de uno a ocho años, complementada, en su caso, por otra medida de libertad vigilada con asistencia educativa de hasta un máximo de cinco años [art. 10.2.*b*)]. Excepcionalmente, la medida de internamiento podrá tener una duración de hasta diez años cuando el joven fuera responsable de más de un delito (art. 11.2). En estos supuestos sólo se podrá hacer uso de las facultades de modificación de las medidas una vez transcurrido al menos la mitad de la duración de la medida de internamiento impuesta [art. 10.2.*b*)].

Por último, debe señalarse que el artículo 10.3 incluye una norma que obliga al Juez o Tribunal, sin perjuicio de que pudiera imponer otras medidas, a imponer una medida de inhabilitación absoluta a los menores que cometan alguno de los delitos previstos en los artículos 571 a 580 del CP (delitos de terrorismo). Según este artículo la medida se impondrá «por un tiempo superior entre cuatro y quince años al de la duración de la medida de internamiento en régimen cerrado impuesta, atendiendo a la gravedad del delito, el número de los cometidos y las circunstancias que concurren en el menor». La literalidad del precepto implica que, si la medida de internamiento impuesta es de cinco años, la medida de inhabilitación tendrá una duración de entre nueve y veinte años.

2) Modificación de la medida impuesta

En el artículo 13 de la LRPM se establece la posibilidad de que el Juez competente para la ejecución de las medidas impuestas al menor, de oficio, a instancia del Ministerio Fiscal o del letrado del menor (previa audiencia de estos e informe del equipo técnico), pueda en cualquier momento dejar sin efecto la medida impuesta, reducir su duración, o sustituir una por otra, siempre que la modificación redunde en interés del menor.

C) *Pluralidad de infracciones*

Los supuestos de concurrencia de pluralidad de infracciones están regulados en los artículos 11 y 12 de la LRPM.

Como regla general, rige el criterio de que los límites máximos previstos en los artículos 9 y 10 de la ley serán también aplicables aunque el menor fuera responsable de la comisión de dos o más infracciones penales, siempre y cuando éstas sean conexas, o se trate de una infracción continuada, o cuando se dé un concurso ideal de las mismas, aunque a la hora de determinar la medida a imponer el Juez deberá tener en cuenta, además del interés del menor, la naturaleza y el número de las infracciones, tomando como referencia la más grave de todas ellas (art. 11.1).

Excepcionalmente, se establece que en los supuestos más graves —comisión de los delitos de homicidio (art. 138 del CP), de asesinato (art. 139 del CP), de violación (arts. 179 y 180 del CP), de terrorismo (arts. 571 a 580 del CP) o cualquier otro sancionado por el Código Penal con pena de prisión igual o superior a quince años— la medida de internamiento en régimen cerrado pueda alcanzar una duración de diez años cuando el infractor tenga más de dieciséis años, o seis cuando tenga menos (art. 11.2.)

D) *Mayoría de edad del menor sujeto a medida*

Cuando el menor al que se haya impuesto una medida en virtud de la LRPM alcance la mayoría de edad, continuará el cumplimiento de la misma hasta alcanzar los objetivos propuestos en la sentencia en la que se le impuso (art. 14.1). Si la medida es de internamiento en centro cerrado se podrá ordenar en auto motivado, oídos el Ministerio Fiscal, el letrado del menor y el equipo del centro donde esté cumpliendo la medida, que su cumplimiento se lleve a cabo en centro penitenciario, con sujeción al régimen general de la Ley General Penitenciaria (art. 14.2).

Cuando a un mayor de veintiún años haya de imponérsele una medida de internamiento en centro cerrado, en virtud de la LRPM, o cuando el menor al que se le haya impuesto alcance dicha edad, se ordenará su cumplimiento en centro penitenciario, salvo que excepcionalmente se considere que debe cumplir en el centro de menores la misma, o pueda procederse a la modificación de la medida en virtud del artículo 13 (art. 14.3).

También se cumplirá en centro penitenciario la medida de internamiento en centro cerrado cuando el responsable haya cumplido ya con anterioridad una pena de prisión impuesta conforme al CP (art. 14.5).

E) *Ejecución de las medidas*

La ejecución de las medidas está prevista en el Título VII de la LRPM, y en el RD 1.774/2004 que la desarrolla, existiendo una fuerte similitud con el régimen de ejecución de medias previstas en el Código Penal.

En el Capítulo Primero, del Título VII, se contienen las disposiciones generales referidas a la ejecución de medidas; en el artículo 43 se recoge el principio de legalidad, en el artículo 44 se otorga la competencia para el control de la ejecución a los Jueces de Menores, y en el artículo 45 se establece que la competencia para la ejecución recae en la Comunidad Autónoma donde se ubique el Juzgado de Menores que haya dictado la sentencia.

La liquidación de la medida está prevista en el artículo 46 de la LRPM, que establece que, una vez que sea firme la medida, el Secretario del Juzgado que la hubiere dictado, procederá a practicar la liquidación de la misma, dando traslado del expediente de ejecución a la entidad pública de protección o reforma de menores de la Comunidad Autónoma donde se ubique el Juzgado que haya dictado sentencia, que será la encargada de la ejecución de las medidas acordadas (art. 45).

El artículo 47 aborda la ejecución de las medidas cuando sean varias las que deban imponerse, estableciendo que en este supuesto el Juez que hubiere dictado la última sentencia firme, ordenará el cumplimiento de las medidas de manera simultánea. Si esto no fuera posible, las medidas se cumplirán sucesivamente, de conformidad con las reglas siguientes, salvo que el Juez disponga un orden distinto atendiendo al interés del menor (art. 47.5):

a) La medida de internamiento terapéutico se ejecutará con preferencia a cualquier otra.

b) La medida de internamiento en régimen cerrado se ejecutará con preferencia al resto de las medidas de internamiento.

c) La medida de internamiento se cumplirá antes que las no privativas de libertad, y en su caso interrumpirá la ejecución de éstas.

d) Las medidas de libertad vigilada contempladas en el artículo 10 se ejecutarán una vez finalizado el internamiento en régimen cerrado que se prevé en el mismo artículo.

e) En atención al interés del menor, el Juez podrá, previo informe del Ministerio Fiscal, de las demás partes y de la entidad pública de reforma o protección de menores, acordar motivadamente la alteración en el orden de cumplimiento previsto en las reglas anteriores.

La sustitución de las medidas está prevista en el artículo 51, que permite al Juez, de oficio o a instancia del Ministerio Fiscal, del letrado del menor o de la Administración competente, y oídas las partes, el equipo técnico y la representación de la entidad pública de protección o reforma de menores, dejar sin efecto las medidas, o sustituirlas por otras, por tiempo igual o inferior al que resta para su cumplimiento, siempre que la nueva medida pudiera haber sido impuesta inicialmente.

Por otra parte, el número tercero de este mismo artículo establece que la conciliación del menor con la víctima, en cualquier momento en que se produzca el acuerdo entre ambos, podrá dejar sin efecto la medida impuesta cuando el Juez, a propuesta del Ministerio Fiscal o del letrado del menor y oídos el equipo técnico y la representación de la entidad pública de protección, juzgue que dicho acto y el tiempo de duración de la medida ya cumplida constituyen un reproche suficiente para los hechos cometidos por el menor.

Por lo que respecta al quebrantamiento de las medidas, el régimen establecido en el artículo 50 contiene una regulación muy parecida a la del quebrantamiento de medidas de adultos.

F) *Régimen de aplicación de la medida privativa de libertad*

Las normas contenidas en los artículos 54 a 60 establecen el régimen de aplicación de la medida privativa de libertad, por lo que, haciendo una comparación, equivaldrían a la Ley Penitenciaria. El régimen se desarrolla además, en los artículos 23 a 58 del RD 1.774/2004.

La Ley impone que los centros donde se ejecuten las medidas de internamiento sean centros específicos para menores infractores, diferentes de los existentes para los mayores de edad (art. 54.1) y que estén divididos en módulos adecuados a la edad, madurez, necesidades y habilidades de los menores (art. 54.3).

La actividad de los centros debe estar presidida por el principio de resocialización, por lo que el centro debe tomar como referente la vida en libertad, reduciendo al máximo los efectos negativos del internamiento (art. 55).

Recoge, además, la LRPM los derechos de los menores internados (vida, integridad física, salud, educación, dignidad e intimidad, etc.: art. 56); los deberes de los mismos (permanecer en el centro, recibir la enseñanza básica obligatoria, respetar y cumplir la normas de funcionamiento, etc.: art. 57); las medidas de vigilancia y seguridad (art. 59); y el régimen disciplinario (art. 60).

4. El Derecho adjetivo

Se van a tratar aquí muy brevemente por no ser una materia estrictamente penal algunas de las cuestiones procesales más relevantes.

A) *Jurisdicción y competencia*

El enjuiciamiento corresponde a los Jueces de Menores, que también son competentes para hacer ejecutar y controlar las sentencias. La competencia para conocer, en general, de los delitos que se imputen a los menores se atribuye, en primera instancia, al Juez del lugar donde se haya cometido el hecho (art. 2); la competencia funcional para conocer de los recursos contra los autos o sentencias dictadas por los Juzgados de Menores se encomienda a la Audiencia Provincial competente. La competencia para conocer, en particular, de los delitos de terrorismo (arts. 571 a 580 del CP) cometidos por menores corresponde al Juzgado Central de Menores de la Audiencia Nacional, cuyos autos y sentencias pueden ser objeto de recurso de apelación ante la Sala correspondiente de la propia Audiencia Nacional. Se establece también el recurso de casación para unificación de doctrina ante la Sala Segunda del Tribunal Supremo (art. 42).

Sin embargo, la ejecución de las medidas contenidas en la sentencia es competencia de las Comunidades Autónomas (art. 45), que también se encargan de la organización y mantenimiento de los centros de internamiento.

B) *Partes procesales*

En el proceso para el enjuiciamiento del menor intervienen las siguientes partes:

1. Jueces de menores. Deberán ser Jueces de carrera especializados.
2. Fiscales de menores (también especializados). El Fiscal se encarga de la instrucción del procedimiento, además de ejercer la acusación y los recursos de casación y especiales posteriores a la sentencia (art. 42).
3. El acusador particular, las personas directamente ofendidas por el delito, sus padres, herederos o sus representantes legales si fueren menores, podrán personarse en el procedimiento como acusadores particulares (art. 25).
4. El defensor del menor puede intervenir en todo el procedimiento, desde la detención (art. 17.2) hasta la posterior ejecución de las medidas (arts. 44, 46, 49, 51 y 53).

C) *Procedimiento*

El procedimiento sigue los siguientes pasos:

1. Fase de instrucción (arts. 16 a 30). Instruye e investiga el Ministerio Fiscal (art. 23), aunque no puede practicar diligencias restrictivas de derechos (art. 23.3). Tanto el fiscal como el acusador particular y el defensor pueden solicitar las diligencias que consideren oportunas (arts. 25 y 26, respectivamente). Cabe la imposición de medidas cautelares (art. 28).
2. Fase de audiencia (arts. 31 a 36). El Juez decide previamente la práctica de la prueba (art. 34). Puede darse la conformidad del acusado (art. 32). Rige el principio acusatorio (art. 8). El Juez podrá acordar que las sesiones no sean públicas, y en ningún caso se permitirá que los medios de comunicación obtengan o difundan imágenes o datos del menor que permitan identificarle (art. 35).

3. Sentencia (arts. 38 a 40). Quizá lo más novedoso sea la posibilidad de dejar en suspenso la ejecución del fallo (art. 40).

5. Las soluciones extrajudiciales

El artículo 18 permite que el Fiscal desista de la incoación del expediente atendiendo a la gravedad y circunstancias de los hechos y del menor, y particularmente a la falta de violencia o intimidación graves en la comisión de los hechos, cuando se trate de delitos menos graves o faltas y siempre que el menor no haya cometido con anterioridad otros hechos. En este caso se dará traslado a la entidad pública de protección del menor competente.

El artículo 19 contiene el sobreseimiento del expediente por conciliación o reparación entre el menor y la víctima, aunque estas soluciones extrajudiciales sólo serán posibles cuando se trate de delitos menos graves o faltas (art. 19.1, párrafo 2.º). Ésta es una de las grandes novedades de la Ley.

La conciliación se produce cuando el menor reconozca el daño causado, se disculpe con la víctima y ésta acepte sus disculpas. Por reparación se entenderá el compromiso asumido por el menor con la víctima de realizar determinadas acciones en beneficio de ésta o de la comunidad, siendo seguida por la efectiva realización (art. 19.2). Ambas instituciones son independientes del acuerdo al que hayan llegado las partes con relación al ejercicio de la acción por responsabilidad civil derivada del delito o de la falta.

Cuando el menor no cumpliera la reparación o la actividad educativa acordada por causas dependientes de su propia voluntad, el Ministerio Fiscal continuará la tramitación del expediente (art. 19.5).

6. Valoración de la ley

La LRPM resulta infinitamente mejor que la precaria regulación anterior, por lo que fue bien recibida en cuanto a su contenido, aunque desde el inicio se mostraron reticencias sobre las posibilidades reales de aplicación, pese al año de *vacatio legis* con el que contaba, plazo que se concedió también a las CCAA para que adaptaran su normativa para dar cumplimiento a las funciones que la LORPM les otorgaba. Aunque el plazo era más que razonable, las CCAA, confiadas en un aumento de las transferencias económicas para atender el incremento de las competencias en materia de reforma de menores, transferencias que no se llevaron a cabo, hicieron poco para preparar al personal y la gestión del elevado número de medidas previsto en la Ley. Por otra parte, algunas de las modificaciones necesarias para poner en marcha la Ley se hicieron a última hora y de manera precipitada, lo que restó posibilidades reales de éxito a los fines pretendidos en la LORPM.

A nuestro juicio es una ley de medidas y no de estricta exigencia de responsabilidad penal, lo que resulta un acierto. En efecto, la LORPM rompe los cimientos del Derecho Penal clásico al evitar el principio de proporcionalidad entre el hecho y la sanción, al alejarse de criterios de prevención general, excluidos expresamente de la ley, y al orientar a la educación del menor infractor las sanciones que impone. Es decir, la LORPM pese a ser una ley de exigencia de responsabilidad penal está claramente orientada a la prevención especial, se trata de un «modelo de corresponsabilidad individuo/sociedad» que considera que el menor debe asumir que el conflicto, al menos en parte, también es suyo, pero que por tratarse de un sujeto en formación tiene como objetivo primordial posibilitar una «intervención educativa» dirigida a reintegrarle en la sociedad.

Sin embargo, las modificaciones sufridas por la Ley, antes incluso de su entrada en vigor, no merecen un juicio tan positivo como la misma. La tendencia a sancionar «con mayor firmeza y eficacia los hechos delictivos cometidos por personas que, aun siendo menores, revisten especial gravedad», términos literales de la Disposición Final 2.ª de la LO 15/2003, que son los mismos que han presidido la LO 8/2006, se realizan en detrimento del interés del menor. Tampoco se ha conseguido dotar de los medios necesarios a los Juzgados y Fiscalías de Menores y existe una importante carencia de centros de medidas, singularmente de centros terapéuticos, que está dificultando enormemente la correcta aplicación de la LRPM.

TEMA 33

EXTINCIÓN DE LA RESPONSABILIDAD CRIMINAL Y SUS EFECTOS

Se expondrán en este Tema las causas de extinción de la responsabilidad criminal que prevé el CP, la inscripción de las sentencias y la rehabilitación del condenado.

I. CAUSAS DE EXTINCIÓN DE LA RESPONSABILIDAD CRIMINAL

El Título VII del Libro I del CP se refiere a la «Extinción de la responsabilidad criminal y sus efectos». En su Capítulo I se contienen las «causas que extinguen la responsabilidad criminal», enumerándose en el artículo 130.

Como anota Mir Puig, el CP habla de la «extinción de la responsabilidad criminal» de la misma forma que en el CC se habla de la extinción de las obligaciones; en ambos casos se entiende que «deja de existir una obligación previamente contraída». Ya se vio (véase *supra*, Tema 23, I, 1), cómo la punibilidad es una nota totalmente necesaria para la existencia del delito, de tal forma que si falta, pese a existir una conducta típica, antijurídica y culpable, ésta queda impune. Pues bien, que el legislador hable de «causas de extinción de la responsabilidad criminal» denota claramente que considera que existió un delito, y por ello responsabilidad criminal, pero que esa obligación contraída por los responsables del mismo no puede ser ya exigida. Aquí radica la diferencia entre la extinción de la responsabilidad criminal y la ausencia de punibilidad de una conducta: en el primer supuesto hubo delito, mientras que en el segundo no llegó a darse.

Esto no significa que la naturaleza de las causas de extinción de la responsabilidad sea procesal, como se ha pretendido por algunos autores. El hecho de que la extinción de la responsabilidad tenga amplias repercusiones en el proceso no invalida el que se trate de preceptos de Derecho Penal material. Lo decisivo para determinar su naturaleza es que se produce una renuncia por parte del Estado a la imposición de la pena, cuando, a juicio del legislador, la no aplicación de la misma produce más ventajas que inconvenientes, por razones de política criminal o de justicia material que se irán viendo en cada caso.

Las causas de extinción de la responsabilidad penal están recogidas en el artículo 130, modificado recientemente por LO 8/2021, que dispone que:

> 1. La responsabilidad criminal se extingue:
> 1.º Por la muerte del reo.
> 2.º Por el cumplimiento de la condena.

3.º Por remisión definitiva de la pena, conforme a lo dispuesto en los apartados 1 y 2 del artículo 87.

4.º Por el indulto.

5.º Por el perdón de la persona ofendida, cuando se trate de delitos leves perseguibles a instancias de la persona agraviada o la ley así lo prevea. El perdón habrá de ser otorgado de forma expresa antes de que se haya dictado sentencia, a cuyo efecto la autoridad judicial sentenciadora deberá oír a la persona ofendida por el delito antes de dictarla.

En los delitos cometidos contra personas menores de edad o personas con discapacidad necesitadas de especial protección que afecten a bienes jurídicos eminentemente personales, el perdón de la persona ofendida no extingue la responsabilidad criminal.

6.º Por la prescripción del delito.

7.º Por la prescripción de la pena o de la medida de seguridad.

2. La transformación, fusión, absorción o escisión de una persona jurídica no extingue su responsabilidad penal, que se trasladará a la entidad o entidades en que se transforme, quede fusionada o absorbida y se extenderá a la entidad o entidades que resulten de la escisión. El Juez o Tribunal podrá moderar el traslado de la pena a la persona jurídica en función de la proporción que la persona jurídica originariamente responsable del delito guarde con ella.

No extingue la responsabilidad penal la disolución encubierta o meramente aparente de la persona jurídica. Se considerará en todo caso que existe disolución encubierta o meramente aparente de la persona jurídica cuando se continúe su actividad económica y se mantenga la identidad sustancial de clientes, proveedores y empleados, o de la parte más relevante de todos ellos.

1. Muerte del reo

La muerte del reo excluye totalmente la posibilidad de imposición y aplicación de la pena. Se trata de un corolario del principio de personalidad de las penas, tan firmemente arraigado en el mundo moderno que, como afirma Rodríguez Devesa, «resulta superflua su mención».

La muerte del responsable del delito puede acaecer durante el proceso o después de recaída sentencia. Al segundo supuesto es al que en puridad corresponde la aplicación de lo dispuesto en el artículo 130.1.º, mientras que si el fallecimiento es anterior a la sentencia, el juicio termina con un auto de archivo definitivo a tenor del artículo 115 de la LECrim.

Con la muerte del reo no se extingue, sin más, la responsabilidad civil derivada del delito que es trasmisible a los herederos. De aquí que la muerte del procesado no sentenciado extinga la acción penal, pero no la acción civil derivada del delito que podrá hacerse efectiva en la vía civil (art. 115 de la LECrim).

2. Cumplimiento de la condena

El cumplimiento de la condena extingue la responsabilidad penal según el artículo 130.2.º del CP. Su mención resulta innecesaria, por obvia.

Debe señalarse que la libertad condicional, por constituir el último grado de la pena privativa de libertad, no supone el cumplimiento de la condena y, por ello, hasta que no haya transcurrido este período no podrá considerarse extinguida la responsabilidad penal.

Un supuesto especial de extinción de la responsabilidad criminal, no explicitado en el artículo 130, es el contenido en el nuevo artículo 60 del CP. En efecto, según dicho precepto el Juez de Vigilancia Penitenciaria puede dar por extinguida la condena, por razones de equidad, cuando el penado al que se haya sustituido la pena por una medida de seguridad —por haberse apreciado en el mismo un trastorno mental duradero después de la firmeza de la condena— recupera la salud mental y la pena que se le impuso no haya prescrito (véase *supra*, Tema 32, II, 3).

Por último, debe señalarse que para considerar extinguida la responsabilidad criminal no es preciso que se hayan satisfecho las responsabilidades civiles y las costas procesales (art. 116 de la LECrim).

3. Remisión definitiva de la pena

El legislador ha introducido, mediante LO 15/2003, un nuevo número en el artículo 130 del CP para recoger expresamente que la remisión definitiva de la pena extingue la responsabilidad criminal del condenado. Este supuesto se consideraba antes incluido en el anterior puesto que la remisión definitiva de la pena supone ya su cumplimiento por la propia naturaleza de la institución.

4. El derecho de gracia: amnistía e indulto

El derecho de gracia es el derecho del Estado, como único titular del *ius puniendi*, de renunciar en todo o en parte a la imposición de la pena, o, si ésta ya ha sido impuesta por los Tribunales, de renunciar a exigir su cumplimiento. La amnistía y el indulto no son sino manifestaciones de este derecho.

A) *Razones del derecho de gracia*

La amnistía y el indulto, como manifestaciones del derecho de gracia en cuanto posibilidad de intervención del poder ejecutivo en la esfera del *ius puniendi*, constituyen un vestigio de otro tiempo, en el que el Derecho Penal y su aplicación judicial correspondían al Soberano.

La amnistía es el perdón u olvido total del delito, que se tiene por no cometido. La amnistía es un instituto de Derecho Político y no de Derecho Penal. Se trata de un método para borrar u olvidar (como significa etimológicamente su nombre) toda huella de una época que conviene hacer desaparecer para la pacífica convivencia de los ciudadanos. Por eso su concesión debe reservarse al Parlamento.

El indulto supone la remisión total o parcial de la pena y presupone, por tanto, que haya recaído una sentencia firme. Esta es una de sus diferencias con la amnistía. Los indultos pueden ser generales, si se aplican indiscriminadamente a todos los que hayan cometido un delito, o particulares, si se hacen en beneficio de una sola persona. El indulto es total, si extingue toda la pena, o parcial, si extingue tan sólo parte de ella.

En nuestro país no ha habido amnistía ninguna tras la promulgación de la Constitución. Las últimas respondieron al Real Decreto Ley 10/1976, de 30 de julio, al Real Decreto-Ley de 14 de marzo de 1977 y a la Ley de 15 de octubre del mismo año.

Las dos manifestaciones del derecho de gracia, tienen naturaleza distinta. Porque ciertamente que el indulto está destinado a servir de correctivo a la pena y por lo mismo es un instituto netamente penal, cuya concesión debe estar en manos del poder judicial. Pero la amnistía tiene carácter claramente político, por lo que la conveniencia de su concesión y la tramitación de la misma debe estar en manos del Parlamento. Sin embargo, no es éste el criterio vigente en nuestro Derecho.

Aparte del citado artículo 130.4.º del Código Penal que se limita a señalar que el indulto tiene efectos extintivos de la responsabilidad criminal, la Constitución de 1978 en su artículo 62.*i*) atribuye al Rey:

> Ejercer el derecho de gracia con arreglo a la Ley, que no podrá autorizar indultos generales.

En la legislación anterior nada se dice respecto a la amnistía, sino que tan sólo quedan prohibidos los indultos generales. Por el artículo 102.3 de la Constitución se prohíbe, además, al Rey ejercer la prerrogativa de gracia respecto al Presidente y a los demás miembros del Gobierno.

La supresión de toda mención a la amnistía, tanto en la Constitución como en el CP, puede responder a la idea de no propiciar la petición de nuevas amnistías. Si ésta es la causa, el proceder del legislador peca de ingenuo; pues a pesar de todo las amnistías se han seguido y se seguirán pidiendo. Además, no es método adecuado omitir una mención obligada en el Código Penal para evitar efectos políticos no deseables. Por tanto, hay que afirmar que los efectos de la amnistía deberían incluirse en el actual artículo 130 y en su equivalente de cualquier Código Penal.

B) *El indulto*

Dada la prohibición constitucional de los indultos generales, tan sólo puede hablarse de indultos particulares, totales o parciales. Cabe conceder el indulto de las penas accesorias con exclusión de las principales y viceversa, a no ser que aquéllas sean inseparables por su naturaleza o efectos. El indulto de la pena principal se extiende, no obstante, a las accesorias, excepto la inhabilitación para cargo público y derechos políticos, si no se expresare otra cosa. Por último, cabe añadir que debe rechazarse el indulto para las medidas como se desprende de su propia naturaleza.

La concesión de indultos se halla regulada por el Decreto de 22 de abril de 1938, por la Ley de 18 de junio de 1870, modificada por Ley 1/1988, de 14 de enero, por el artículo 666 de la LECrim y por el artículo 902 del mismo cuerpo legal. La iniciativa de pedir el indulto pueden tomarla: los penados, sus parientes o cualquier otra persona en su nombre sin necesidad de poder escrito que acredite su representación, el Tribunal sentenciador, el Tribunal Supremo, o los fiscales correspondientes (art. 2.2 del CP); el Juez de Vigilancia penitenciaria (art. 257 del RP); y, por último, el Gobierno aunque no medie petición de los particulares o de los tribunales; esto es, el indulto puede ser pedido por cualquier ciudadano, aun sin autorización ni siquiera conocimiento del interesado. La concesión del indulto compete exclusivamente al Rey y su otorgamiento ha de revestir la forma de Decreto motivado, previa deliberación del Consejo de Ministros, insertándose en el *BOE*.

La LO 1/2015 ha introducido en la Ley de Indulto una disposición final del siguiente tenor: «El Gobierno remitirá semestralmente al Congreso de los Diputados un informe sobre la concesión y denegación de indultos. Para la presentación de los datos contenidos en el citado informe, y previa revisión del mismo, un alto cargo del Ministerio de Justicia solicitará su comparecencia ante la Comisión de Justicia del Congreso de los Diputados.»

5. El perdón del ofendido

El perdón del ofendido, calificado por Dorado Montero de «indulto impropio», extingue la responsabilidad penal cuando la ley así lo prevea. El sistema seguido por el legislador en el CP de 1995 es contrario al mantenido por nuestra legislación hasta este momento: anteriormente la regla general era el efecto extintivo del perdón en todos los delitos perseguibles a instancia de parte y la excepción que el perdón no surtiera efectos, en la nueva legislación la regla general es la falta de efectos extintivos en todos los delitos, y la excepción el efecto extintivo, que debe estar expresamente autorizado por el legislador.

A) *Personas legitimadas*

Hasta la LO 8/2021 el régimen que se establecía cuando el agraviado era menor, o persona con discapacidad necesitada de especial protección, era que los representantes legales pudieran otorgar el perdón, perdón que podía ser rechazado por la autoridad judicial, ordenando la continuación del procedimiento o el cumplimiento de la pena, tras oír al Ministerio Fiscal y de nuevo al representante del menor.

La modificación operada por la LO 8/2021 en este precepto es radical en tanto que establece que el perdón carece de efectos extintivos en los «delitos personales» cometidos contra los menores y personas con discapacidad necesitadas de especial protección (nuevo art. 130.1.5.º párrafo 2.º).

B) *Delitos en los que el perdón tiene efectos extintivos*

A partir de la LO 8/2021 hay que distinguir los supuestos en los que el perjudicado por el delito es adulto, de aquellos otros en los que es menor de edad o persona con discapacidad necesitada de especial protección:

A) Cuando el agraviado es mayor de edad el perdón tiene efectos extintivos en los siguientes delitos: descubrimiento y revelación de secretos (art. 201.3), delitos contra el honor (art. 215.3) y delitos de daños imprudentes (art. 267).

Sin embargo, el perdón no tendrá efectos extintivos en los siguientes delitos perseguibles mediante denuncia: homicidio por imprudencia menos grave (art. 142.2), lesiones del art. 147.2. y 3 (art. 147.4), lesiones por imprudencia menos grave (art. 152.2), reproducción asistida (art. 161.2), amenazas leves, salvo que la víctima sea alguna de las personas a las que se refiere el art. 173.2 (art. 171.7), coacciones leves, salvo que la víctima sea alguna de las personas a las que se refiere el art. 173.2 (art. 172.2), acoso, salvo que la víctima sea alguna de las personas a las que se refiere el art. 173.2 (art. 172 ter), las injurias leves del 173.4, agresiones, acoso o abusos sexuales (art. 191.2), abandono de familia (art. 226), impago de las prestaciones económicas establecidas en convenio de separación, divorcio, nulidad de matrimonio, procesos de filiación o de alimentos en favor de los hijos (art. 228), delitos relativos al mercado y a los consumidores salvo que afecten a intereses generales o a una pluralidad de personas (art. 287), la corrupción en los negocios (art. 296) y delitos societarios (art. 296).

B) Cuando el agraviado sea menor de edad o persona con discapacidad necesitada de especial protección, el perdón solo tendrá efectos extintivos en el delito de daños imprudentes del art. 267 CP dado que es el único que no tiene carácter «personal» entre aquellos a los que se otorga efectos extintivos.

Sin duda el legislador no ha caído en la cuenta de que el contenido del nuevo art. 267 queda sujeto a tres interpretaciones radicalmente distintas cuando el agraviado es menor de edad o persona con discapacidad necesitada de especial protección: *a*) no cabe el perdón, esta interpretación es contraria a lo previsto en el art. 130.5.º párrafo 2.º puesto que el bien jurídico del delito de daños imprudentes no es personal; *b*) debe otorgarse efectos extintivos al perdón del menor agraviado por el delito, sea cual sea su edad, y no al de sus representantes legales, sin que exista además posibilidad de que la autoridad judicial rechace dicho perdón; *c*) se debe seguir considerando que el perdón lo deben otorgar los representantes legales.

C) *Requisitos del perdón*

El perdón habrá de ser otorgado, antes de que se dicte sentencia, de forma expresa, siendo indiferente que se haga constar por escrito o que se otorgue de palabra.

Antes de la LO 8/2021 se exigía que el perdón otorgado por los representantes del menor o persona con discapacidad necesitada de especial protección fuera aprobado por el Tribunal competente, oído el Ministerio Fiscal (art. 130.5.º, párrafos 2.º y 3.º). De interpretarse que en el delito de daños imprudentes debe ser el representante legal el que otorgue el perdón sería bueno mantener estos requisitos.

6. Prescripción del delito y de la pena

La prescripción del delito y de la pena son las últimas causas de extinción de la responsabilidad penal previstas en el artículo 130 (n.ºs 6.º y 7.º). La prescripción consiste en la extinción por el transcurso del tiempo del derecho del Estado a imponer la pena o a hacer ejecutar la pena ya impuesta; en el primer caso se habla de prescripción del delito, porque prescribe la acción penal para perseguirlo; y en el segundo de prescripción de la pena, porque prescribe el derecho a hacerla cumplir.

El fundamento de la prescripción es múltiple. Por un lado se halla vinculado a que la pretensión punitiva se debilita por el transcurso del tiempo y termina por considerarse inconveniente, tanto desde el punto de vista de la retribución como del de la prevención (fundamento material). Por otra parte el paso del tiempo hace que se destruyan o se hagan más dificultosas las pruebas perjudicando así la instrucción del delito (fundamento procesal).

Ya se vio al comienzo de este apartado [y *supra*, Tema 9, II, 4, C)] que, pese a las consideraciones procesales, la prescripción debe considerarse como un instituto de derecho material. De aquí se desprenden dos consideraciones:

1.º Puesto que se considera extinguida la responsabilidad penal, ha de absolverse al reo si procede la prescripción aunque ésta no se hubiera alegado como artículo de previo pronunciamiento (art. 666, p. 3, LECrim).
2.º Las condiciones y plazos de la prescripción deben considerarse como irretroactivas si perjudican al reo.

A) *Prescripción del delito*

En esta materia hay que distinguir los plazos de prescripción y el cómputo de los plazos.

a) Plazos de prescripción

Los plazos para la prescripción del delito están contenidos en el artículo 131 del CP que dispone, tras la LO 1/2015, que:

> 1. Los delitos prescriben:
> A los veinte años, cuando la pena máxima señalada al delito sea prisión de quince o más años.
> A los quince, cuando la pena máxima señalada por la Ley sea prisión o inhabilitación por más de diez años, o prisión por más de diez y menos de quince años.
> A los diez, cuando la pena máxima señalada por la Ley sea inhabilitación por más de cinco años y que no exceda de diez.
> A los cinco los demás delitos, excepto los delitos leves y los delitos de injurias y calumnias, que prescriben al año.
> 2. Cuando la pena señalada por la Ley fuere compuesta, se estará, para la aplicación de las reglas comprendidas en este artículo, a la que exija mayor tiempo para la prescripción.
> 3. Los delitos de lesa humanidad y de genocidio y los delitos contra las personas y bienes protegidos en caso de conflicto armado, salvo los castigados en el artículo 614, no prescribirán en ningún caso.
> Tampoco prescribirán los delitos de terrorismo, si hubieren causado la muerte de una persona.
> 4. En los supuestos de concurso de infracciones o de infracciones conexas, el plazo de prescripción será el que corresponda al delito más grave.

El primer problema que plantea este artículo es si las penas de referencia han de entenderse en abstracto, es decir las del tipo del delito, o si, por el contrario, deben interpretarse en concreto, es decir, una vez atendidos los grados de ejecución y de participación. Hay que inclinarse por esta solución que, además de parecer más justa, resulta también más lógica y sistemática, puesto que las penas no se determinan sólo en los tipos, sino que también debe atenderse al grado de participación y al de ejecución. Sin embargo, nuestro Tribunal Supremo se muestra partidario de considerar que la pena de referencia es la pena que el legislador establece en abstracto para el delito, así lo ha expresado en el Acuerdo de fecha 29 de abril de 1997, reiterándolo en el de 16 de diciembre de 2008, que se sigue manteniendo (véase la STS de 27 de noviembre de 2017). Por su parte el Acuerdo no jurisdiccional de 26 de octubre de 2010 sostiene que el plazo que se debe tener en cuenta es el que corresponde al delito cometido, entendido éste como el declarado como tal en la resolución judicial que así se pronuncie.

b) Cómputo de los plazos

Las normas relativas al cómputo de los plazos de prescripción se contienen en el artículo 132, reformado por LO 5/2010 para zanjar la polémica abierta entre el Tribunal Supremo y el Tribunal Constitucional respecto a la paralización del cómputo de los plazos por la presentación de la denuncia o querella, por LO 8/2021 que modifica la regulación cuando la víctima del delito es un menor de edad, y por LO 9/2021, de 1 de julio, que ha añadido un apartado cuarto que aborda la prescripción de los procedimientos asumidos por la Fiscalía Europea.

Establece el artículo 132:

> 1. Los términos previstos en el artículo precedente se computarán desde el día en que se haya cometido la infracción punible. En los casos de delito continuado y delito permanente, así como en las infracciones que exijan habitualidad, tales términos se computarán respectivamente, desde el día en que se realizó la última infracción y desde que se eliminó la situación ilícita o desde que cesó la conducta.
>
> En los delitos de aborto no consentido, lesiones, contra la libertad, de torturas y contra la integridad moral, contra la intimidad, el derecho a la propia imagen y la inviolabilidad del domicilio, y contra las relaciones familiares, excluidos los delitos contemplados en el párrafo siguiente, cuando la víctima fuere una persona menor de dieciocho años, los términos se computarán desde el día en que ésta haya alcanzado la mayoría de edad, y si falleciere antes de alcanzarla, a partir de la fecha del fallecimiento.
>
> En los delitos de tentativa de homicidio, de lesiones de los artículos 149 y 150, en el delito de maltrato habitual previsto en el artículo 173.2, en los delitos contra la libertad, en los delitos contra la libertad sexual y en los delitos de trata de seres humanos, cuando la víctima fuere una persona menor de dieciocho años, los términos se computarán desde que la víctima cumpla los treinta y cinco años de edad, y si falleciere antes de alcanzar esa edad, a partir de la fecha del fallecimiento.
>
> En la tentativa de homicidio y en los delitos de aborto no consentido, lesiones, trata de seres humanos, contra la libertad, de torturas y contra la integridad moral, la libertad o indemnidad sexuales, la intimidad, el derecho a la propia imagen y la inviolabilidad del domicilio, cuando la víctima fuere menor de edad, los términos se computarán desde el día en que ésta haya alcanzado la mayoría de edad, y si falleciere antes de alcanzarla, a partir de la fecha de fallecimiento.
>
> 2. La prescripción se interrumpirá, quedando sin efecto el tiempo transcurrido, cuando el procedimiento se dirija contra la persona indiciariamente responsable del delito, comenzando a correr de nuevo desde que se paralice el procedimiento o termine sin condena de acuerdo con las reglas siguientes:
>
> 1.ª Se entenderá dirigido el procedimiento contra una persona determinada desde el momento en que, al incoar la causa o con posterioridad, se dicte resolución judicial motivada en la que se le atribuya su presunta participación en un hecho que pueda ser constitutivo de delito.
>
> 2.ª No obstante lo anterior, la presentación de querella o la denuncia formulada ante un órgano judicial, en la que se atribuya a una persona determinada su presunta participación en un hecho que pueda ser constitutivo de delito, suspenderá el cómputo de la prescripción por un

plazo máximo de seis meses, a contar desde la misma fecha de presentación de la querella o de formulación de la denuncia.

Si dentro de dicho plazo se dicta contra el querellado o denunciado, o contra cualquier otra persona implicada en los hechos, alguna de las resoluciones judiciales mencionadas en la regla 1.ª, la interrupción de la prescripción se entenderá retroactivamente producida, a todos los efectos, en la fecha de presentación de la querella o denuncia.

Por el contrario, el cómputo del término de prescripción continuará desde la fecha de presentación de la querella o denuncia si, dentro del plazo de seis meses, recae resolución judicial firme de inadmisión a trámite de la querella o denuncia o por la que se acuerde no dirigir el procedimiento contra la persona querellada o denunciada. La continuación del cómputo se producirá también si, dentro de dicho plazo, el Juez de Instrucción no adoptara ninguna de las resoluciones previstas en este artículo.

3.ª A los efectos de este artículo, la persona contra la que se dirige el procedimiento deberá quedar suficientemente determinada en la resolución judicial, ya sea mediante su identificación directa o mediante datos que permitan concretar posteriormente dicha identificación en el seno de la organización o grupo de personas a quienes se atribuya el hecho.

4.ª En los procedimientos cuya investigación haya sido asumida por la Fiscalía Europea, la prescripción se interrumpirá:

a) Cuando se dirija la investigación contra una persona determinada, suficientemente identificada, en los términos del apartado anterior, y así quede reflejado en un Decreto motivado.

b) Cuando se interponga querella o denuncia ante la Fiscalía Europea en la que se atribuya a una persona determinada su presunta participación en un hecho que pueda ser constitutivo de delito, resultando de aplicación la regla 2.ª del apartado 2 de este artículo.

El cómputo de los plazos de prescripción se verifica «desde el día en que se hubiere cometido la infracción punible». Cuando el delito es instantáneo el cómputo no ofrece ninguna dificultad; si se trata de un delito permanente deberá comenzar a contarse desde que cesó la lesión del bien jurídico protegido. De concurrir tentativa se tendrá en cuenta el momento en que se puso el último acto de ejecución. En los delitos de comisión por omisión o de simple omisión se tendrá en cuenta el momento en que debió ponerse la actividad. En los delitos continuados se estará al tiempo en que se produjo la última de las infracciones. Y, por último, en los delitos en los que la habitualidad se haya incorporado como elemento típico, los plazos comienzan a contar desde el momento en que cesa la conducta.

Sin embargo, existe una regulación especial para la prescripción de los delitos personalísimos cuando la víctima es menor de edad. Antes de la reforma operada por LO 8/2021 el plazo comenzaba a contar desde que se cumplían 18 años o el menor fallecía. Desde hace ya algunos años se venía cuestionando la efectividad de esta regulación para evitar la prescripción antes de que la víctima estuviera en condiciones de denunciar. Los estudios criminológicos y victimológicos muestran que «el abuso sexual infantil se caracteriza por el secretismo que envuelve la relación entre víctima y victimario, y el silencio que la acompaña» y que «son múltiples las barreras personales y sociales que llevan a la víctima de abusos sexuales a guardar silencio durante años y a no valorar la revelación de los hechos como una opción de ayuda». Además, la proporción de casos que se denuncian sigue siendo baja y con una valoración del proceso por parte de las víctimas más bien negativa, considerándose con carácter general que los plazos de prescripción son insuficientes si lo que se trata de conseguir es potenciar la denuncia y ofrecer una respuesta justa a las víctimas de estos delitos.

Esta evidencia ha sido escuchada por la mayoría de los ordenamientos occidentales que han arbitrado tres tipos de soluciones para paliar el problema: *a*) incrementar las penas previstas para estos delitos, lo que provoca consecuentemente que los plazos de prescripción sean más largos (es la solución del Codice penale italiano); *b*) que los plazos de prescripción comiencen a contar a partir de determinada edad (es la solución que se establece en el CP español y en el StGB alemán); y, *c*) declarar imprescriptibles los delitos cometidos contra menores.

El nuevo artículo 132.1 contiene dos normas respecto de la edad a partir de la que comienzan a contar los plazos de prescripción cuando la víctima del delito es un menor de edad. En el párrafo 2.º se opta por la edad de 18 años cuando el menor sea víctima de los delitos de «aborto no consentido, lesiones, contra la libertad, de torturas y contra la integridad moral, contra la intimidad, el derecho a la propia imagen y la inviolabilidad del domicilio, y contra las relaciones familiares»; mientras que en el párrafo 3.º se establece la de 35 años para la «tentativa de homicidio, de lesiones de los artículos 149 y 150, en el delito de maltrato habitual previsto en el artículo 173.2, en los delitos contra la libertad, en los delitos contra la libertad sexual y en los delitos de trata de seres humanos».

Aunque en principio deba valorarse positivamente la labor del legislador en cuanto a la prescripción en estos casos lo cierto es que hay algunas cuestiones que no han sido adecuadamente resueltas.

En primer lugar, hay que señalar que los delitos contra la libertad aparecen tanto en la lista del párrafo 2.º como en la del 3.º. Lo cierto es que la cuestión no resulta muy trascendente, aunque denota una mala técnica legislativa, porque en virtud de lo dispuesto en el párrafo 2.º habrá que considerar que en todos estos delitos (algunos de carácter leve) el plazo a partir del cual contar la prescripción es el del párrafo 3.º, es decir, 35 años.

En segundo lugar, no está nada claro el criterio que el legislador ha utilizado para seleccionar los delitos de uno y otro grupo. Así es, la mención en el párrafo 3.º de la tentativa de homicidio y las lesiones de los arts. 149 y 150, las más graves de las que hay, nos llevaría a pensar que es el criterio de la gravedad del delito el que se ha utilizado para discriminar unos casos y otros, sin embargo, eso no casa bien con la naturaleza del resto de los delitos contenidos, alguno de los cuales pueden llegar a tener escasa gravedad. Más coherente habría sido utilizar el criterio de la dependencia económica de la víctima respecto del autor, o los psicológicos que confirman la existencia en muchos casos de barreras mentales que permiten el bloqueo o el olvido del hecho traumático como estrategia para desarrollar una vida mínimamente normal. De haberse utilizado estos criterios se habría concluido, como en el derecho alemán, que suspender el comienzo de la prescripción hasta los 30/35 años tan solo está justificado para los delitos de abusos y agresiones sexuales (arts. 178 a 183 quárter), de violencia habitual en el ámbito doméstico (art. 173.2), de mutilación genital (art. 149.2) y matrimonio forzoso (art. 172 bis).

c) Interrupción de la prescripción

Establecía el artículo 132, antes de la reforma operada en el mismo por la LO 5/2010, que el plazo de prescripción se interrumpía «cuando el procedimiento se dirigía contra el culpable». El empleo de los términos «procedimiento» y «culpable» había dado lugar a una larga polémica sobre los actos que debían considerarse hábiles para interrumpir la prescripción. En el contexto de esa polémica la Sala Segunda del Tribunal Supremo había establecido, en una jurisprudencia consolidada, que la denuncia y la querella formaban parte del procedimiento y que, por tanto, su presentación interrumpía la prescripción. Sin embargo, el Tribunal Constitucional se posicionó en contra de esta postura dando lugar a un conflicto de difícil solución. El nuevo artículo 132 viene a dar respuesta al problema sustituyendo el término «culpable» por la expresión «persona indiciariamente responsable» y estableciendo un régimen concreto para la presentación de la denuncia y la querella (art. 132.2).

La prescripción de la infracción penal se interrumpe, quedando sin efecto el tiempo transcurrido, cuando el procedimiento se dirija contra la persona indiciariamente responsable del delito.

La presentación de denuncia o querella contra persona determinada en un procedimiento abierto *suspenderá*, desde el día de la presentación de la misma, el cómputo de la prescripción, por un período máximo de seis. En estos casos, si recae resolución judicial firme de inadmisión a trámite de la denuncia o querella, o por la que se acuerde no dirigir el procedimiento contra la persona querellada o denunciada, el cómputo del término de prescripción *continuará* desde la fecha de presentación de la querella o denuncia. La misma regla rige en los casos en los cuales el Juez instructor, en el plazo de seis, no haya adoptado ninguna resolución. Sin embargo, si se admite a trámite la denuncia o querella, o si el procedimiento se dirige contra el denunciado, el querellado o cualquier otra persona implicada en los hechos, comenzarán de *nuevo a contar los plazos de prescripción* desde la fecha de la presentación de la denuncia o querella. Por LO 9/2021, se ha añadido una norma específica para la prescripción en los procedimientos cuya investigación haya sido asumida por la Fiscalía Europea. En estos casos la prescripción se interrumpirá: *a*) cuando se dirija la investigación contra una persona determinada, suficientemente identificada, o *b*) cuando se interponga querella o denuncia ante la Fiscalía Europea en la que se atribuya a una persona determinada su presunta participación en un hecho que pueda ser constitutivo de delito.

B) *Prescripción de la pena*

También en este caso se van a distinguir los plazos de prescripción y el cómputo de los mismos.

a) Plazos de prescripción

Los plazos de prescripción de la pena están establecidos en el artículo 133 del CP que dispone:

> 1. Las penas impuestas por sentencia firme prescriben:
> A los treinta años, las de prisión de más de veinte años.
> A los veinticinco años, las de prisión de quince o más años sin que excedan de veinte.
> A los veinte, las de inhabilitación por más de diez y menos de quince.
> A los quince, las de inhabilitación por más de seis y que no excedan de diez y las de prisión por más de cinco y que no excedan de diez.

A los diez, las restantes penas graves.

A los cinco, las penas menos graves.

Al año, las penas leves.

2. Las penas impuestas por delitos de lesa humanidad y de genocidio y por los delitos contra las personas y bienes protegidos en caso de conflicto armado, salvo los castigados en el artículo 614, no prescribirán en ningún caso.

Tampoco prescribirán las penas impuestas por delitos de terrorismo, si estos hubieren causado la muerte de una persona.

b) Cómputo de los plazos

Establece el artículo 134:

El tiempo de la prescripción de la pena se computará desde la fecha de la sentencia firme, o desde el quebrantamiento de la condena, si ésta hubiese comenzado a cumplirse.

2. El plazo de prescripción de la pena quedará en suspenso:

a) Durante el periodo de suspensión de la ejecución de la pena.

b) Durante el cumplimiento de otras penas, cuando resulte aplicable lo dispuesto en el artículo 75.

El cómputo de los plazos se verifica a partir de la fecha de la sentencia firme o desde el quebrantamiento de la condena, si esta hubiese comenzado a cumplirse.

Dado que el legislador ha suprimido toda referencia a la interrupción de los plazos de prescripción por la comisión de nuevos delitos es de presumir que pretende que éstos no se interrumpan, lo que carece de sentido desde una perspectiva penal, puesto que la prescripción de la pena se fundamenta en la falta de necesidad de la imposición de la misma, fundamentada en la probada falta de peligrosidad criminal del condenado que no ha vuelto a delinquir pese a no haber cumplido la pena.

El número segundo del artículo 134 ha sido introducido por LO 1/2015 y contiene un precepto coherente. Los plazos de prescripción de la pena quedan interrumpidos mientas se cumplen otras penas, este es el caso de la acumulación aritmética del artículo 75, o mientras están en suspenso.

c) Prescripción de las medidas

Entre las novedades del CP destaca la previsión expresa de la prescripción de las medidas, que se realiza en términos muy similares a la de la pena. Establece en este sentido el artículo 135:

1. Las medidas de seguridad prescribirán a los diez años, si fueran privativas de libertad superiores a tres años, y a los cinco años si fueran privativas de libertad iguales o inferiores a tres años o tuvieran otro contenido.

2. El tiempo de la prescripción se computará desde el día en que haya quedado firme la resolución en la que se impuso la medida o, en caso de cumplimiento sucesivo, desde que debió empezar a cumplirse.

3. Si el cumplimiento de una medida de seguridad fuere posterior al de una pena, el plazo se computará desde la extinción de ésta.

II. LA INSCRIPCIÓN DE LAS SENTENCIAS Y LA REHABILITACIÓN DEL CONDENADO

En el presente apartado se va a tratar por separado de la inscripción de los antecedentes penales y de la rehabilitación.

1. Inscripción de los antecedentes penales

Las condenas impuestas y el cumplimiento de las mismas se recogen en el Registro Central de Penados y Rebeldes, que radica en el Ministerio de Justicia, porque el cumplimiento y la extinción de la responsabilidad penal (salvo en el caso de la amnistía) sigue estando sometido a un efecto: los antecedentes penales.

La función de los antecedentes penales es doble: por un lado, han de ser tenidos en cuenta a efectos de la aplicación de la reincidencia y de la concesión de la suspensión de la ejecución de la pena, condicionando, además, la apreciación de la habitualidad a la que se refiere el artículo 94 del CP. Por otro, pueden impedir el acceso a un cargo público, la concesión del pasaporte, permisos de armas, etc.

Los sistemas de identificación utilizados en dicho Registro incluyen la descripción personal, las reseñas antropométricas y sobre todo la dactiloscopia.

El sistema de registros administrativos de apoyo a la Administración de Justicia está regulado en el RD 95/2009 de 6 de febrero.

Siguiendo los pasos de otros países se ha creado en España el Registro de Delincuentes Sexuales con la finalidad de prevenir y proteger a los menores frente a la delincuencia sexual. El nuevo Registro tiene su origen en el artículo 13.5 de la Ley de Protección Jurídica del Menor y ha sido regulado por el Real Decreto 1.110/2015, que no se limita a regular el propio registro, sino que establece el propio contenido de la inhabilitación «para el acceso y ejercicio a las profesiones, oficios y actividades que impliquen contacto habitual con menores, el no haber sido condenado por sentencia firme por algún delito contra la libertad sexual, que incluye la agresión sexual, acoso sexual, exhibicionismo y provocación sexual, prostitución y explotación sexual y corrupción de menores, así como por trata de seres humanos», establecido en la Ley de Protección del Menor. Dicho contenido debe ser reputado inconstitucional porque se ha regulado mediante Decreto Ley siendo así que afecta a derechos subjetivos, porque aplica la inhabilitación de manera retroactiva y porque prevé un plazo desproporcionado para la cancelación, que además no puede adelantarse por ningún motivo.

2. La rehabilitación

La rehabilitación supone la extinción de todos los efectos de la pena y por tanto la cancelación de los antecedentes penales. Para su estudio se va a tratar por separado su regulación legal, los tipos de rehabilitación y los requisitos.

A) *Regulación legal*

La rehabilitación se halla regulada en los artículos 136 y 137 del CP, que disponen:

Artículo 136. 1. Los condenados que hayan extinguido su responsabilidad penal tienen derecho a obtener del Ministerio de Justicia e Interior, de oficio o a instancia de parte, la cancelación de sus antecedentes penales, cuando hayan transcurrido sin haber vuelto a delinquir los siguientes plazos:

a) Seis meses para las penas leves.

b) Dos años para las penas que no excedan de doce meses y las impuestas por delitos imprudentes.

c) Tres años para las restantes penas menos graves inferiores a tres años.

d) Cinco años para las restantes penas menos graves iguales o superiores a tres años.

e) Diez años para las penas graves.

2. Los plazos a que se refiere el apartado anterior se contarán desde el día siguiente a aquel en que quedara extinguida la pena, pero si ello ocurriese mediante la remisión condicional, el plazo, una vez obtenida la remisión definitiva, se computará retrotrayéndolo al día siguiente a aquel en que hubiere quedado cumplida la pena si no se hubiere disfrutado de este beneficio. En este caso, se tomará como fecha inicial para el cómputo de la duración de la pena el día siguiente al del otorgamiento de la suspensión.

3. Las penas impuestas a las personas jurídicas y las consecuencias accesorias del artículo 129 se cancelarán en el plazo que corresponda, de acuerdo con la regla prevista en el apartado 1 de este artículo, salvo que se hubiese acordado la disolución o la prohibición definitiva de actividades. En estos casos, se cancelarán las anotaciones transcurridos cincuenta años computados desde el día siguiente a la firmeza de la sentencia.

4. Las inscripciones de antecedentes penales en las distintas Secciones del Registro Central de Penados y Rebeldes no serán públicas. Durante su vigencia sólo se emitirán certificaciones con las limitaciones y garantías previstas en sus normas específicas y en los casos establecidos por la Ley. En todo caso, se librarán las que soliciten los jueces o tribunales, se refieran o no a inscripciones canceladas, haciendo constar expresamente esta última circunstancia.

5. En los casos en que, a pesar de cumplirse los requisitos establecidos en este artículo para la cancelación, el Juez o Tribunal, acreditadas tales circunstancias, ordenará la cancelación y no tendrá en cuenta dichos antecedentes.

Artículo 137. Las anotaciones de las medidas de seguridad impuestas conforme a lo dispuesto en este Código o en otras leyes penales serán canceladas una vez cumplida o prescrita la respectiva medida; mientras tanto, sólo figurarán en las certificaciones que el Registro expida con destino a jueces o tribunales o autoridades administrativas, en los casos establecidos por la Ley.

B) *Tipos de rehabilitación*

Tras la reforma operada por LO 1/2015 existen dos tipos de rehabilitaciones en nuestro ordenamiento: la solicitada por el interesado, que según el artículo 136 se configura como un derecho y la cancelación de oficio realizada por el propio Ministerio. Antes de dicha reforma existía un tercer tipo, la cancelación judicial, ordenada por el Juez o Tribunal que habiendo solicitado del Registro los antecedentes penales del procesado, constatare la existencia de los mismos cuando debieron haberse cancelado.

C) *Requisitos*

Los requisitos para poder obtener la rehabilitación son:

1.º Que hayan transcurrido los plazos señalados en el artículo 136.1.

Desaparece en el nuevo CP el incremento de los plazos para el caso de reincidencia que se recogía en la legislación anterior. Los plazos se contarán desde el día siguiente a aquel en que quedara extinguida la pena. En los supuestos de remisión definitiva de la pena el plazo para la cancelación de antecedentes debe contarse desde el día siguiente a aquel en que se hubiera terminado de cumplir la pena si no se hubiese disfrutado de la suspensión, considerando como día de comienzo de la ejecución de la pena el día en que se concedió la remisión. Debe señalarse que esta norma es aplicable ahora también a la suspensión de la ejecución de la pena y consiguiente libertad condicional.

2.º Que no se haya cometido un nuevo delito en los plazos anteriores. El legislador español nunca ha señalado qué ocurre con los plazos cuando se comete un delito. Lo lógico es pensar que comiencen de nuevo a contar desde la misma fecha en que se cometió ese nuevo delito.

Por lo que respecta a las medidas de seguridad, que también deben ser inscritas en la sección del Registro correspondiente, se cancelarán una vez cumplidas o prescritas, sin que la ley establezca ningún requisito para la rehabilitación en este supuesto.

Lo relativo a la cancelación de antecedentes de la persona jurídica se abordará en el Tema 35.

TEMA 34

RESPONSABILIDAD CIVIL, CONSECUENCIAS ACCESORIAS Y COSTAS PROCESALES

Se expondrán en este Tema el planteamiento actual de la responsabilidad civil *ex delicto*, de las consecuencias accesorias al delito y de las costas procesales, así como la prelación entre las distintas responsabilidades pecuniarias derivadas del delito.

I. LA RESPONSABILIDAD CIVIL

El presente apartado tratará sucesivamente de la naturaleza, del contenido, de las personas responsables civilmente, de la responsabilidad civil específica de determinados delitos, de la extinción de dicha responsabilidad y de algunas consideraciones críticas al respecto.

1. Naturaleza

Los efectos del delito no se circunscriben a la lesión o puesta en peligro del bien jurídico protegido, sino que en ocasiones a este daño, que podemos denominar penal, acompaña un daño civil consistente en las pérdidas patrimoniales y en los sufrimientos de toda índole padecidos por la víctima del delito. Esta circunstancia no es desconocida por el Código Civil que en su artículo 1.089 incluye entre las fuentes de las que puede nacer la obligación civil «los actos y omisiones ilícitos». Esta disposición parece abonar sin género de duda la naturaleza civil de los daños derivados del delito.

Así pues el acto ilícito penal, que origine daños resarcibles, dará lugar a la correspondiente obligación civil, obligación que será exigible conforme a las normas civiles incluidas en el CP por expresa remisión del artículo 1.092 del CC. Dichas normas se encuentran contenidas en el Título V del Libro I, artículos 109 a 122.

De aquí que actualmente en España el derecho a la responsabilidad civil extracontractual se halle dividido en dos cuerpos legales diferentes: en el Código Penal que trata la responsabilidad civil derivada del delito y en el Código Civil que regula la responsabilidad civil procedente del ilícito puramente civil. La dualidad de regímenes tiene una explicación histórica: el legislador penal de 1822 creyó conveniente introducir en el articulado del CP algunas normas que regularan la responsabilidad civil derivada del delito, puesto que de no hacerlo así, y ante la carencia de un CC, esta responsabilidad continuaría teniendo como régimen las «vetustas acciones romanas». Promulgado el CC de 1889 lo lógico habría sido derogar dichas normas, pero no se hizo así, por lo que aún ahora, y pese a la crítica de la doctrina civilista, sigue existiendo una regulación civil para una obligación en el CP. Aunque el PLOCP y la PANCP no se hiciesen eco de esta crítica, lo hizo el BAPG que en su artículo 105 remitía la regulación de las obligaciones civiles derivadas del delito al CC. Pero el CP vuelve a incluirlas y les dedica el Título V del Libro I (arts. 109 a 122).

Ahora bien, no debemos olvidar que los últimos avances en la doctrina penal y en criminología consideran que el castigo del delincuente vuelve a perjudicar a la víctima en cuanto que reduce drásticamente la voluntad a favor de la reparación, cuando no la dificulta o impide totalmente, y que, sin embargo, el resarcimiento del daño contribuye de manera notable a los fines penales de prevención general y especial, y de ahí que se postule un acercamiento del Derecho Civil y del Derecho Penal por la vía de considerar la reparación como sanción autónoma, como tercera respuesta posible al delito, junto a la pena y a la medida, a las que puede moderar, pero también en su caso sustituir. Desde esta perspectiva sería conveniente mantener la naturaleza penal de la responsabilidad civil derivada del delito y, por tanto, su ubicación en el Código.

El legislador en el CP de 1995 parece haber tenido en cuenta esta tendencia, puesto que incluye como circunstancia atenuante el hecho de «haber procedido el culpable a reparar el daño ocasionado a la víctima, o disminuir sus efectos, en cualquier momento del procedimiento y con anterioridad a la celebración del acto del juicio oral» (art. 21.5.ª). Las últimas reformas del Código Penal han ido dando más trascendencia a la reparación del daño en instituciones puramente penales, como la suspensión de la ejecución de la pena y el acceso al tercer grado [véase *supra*, Temas 31, I, 1 y 3)].

La resolución de esta polémica en cuanto a la naturaleza jurídica de la responsabilidad *ex delicto* debería haber sido abordada por el legislador en la Exposición de Motivos, por ser una cuestión de política criminal que condiciona el entendimiento de las normas contenidas en los artículos 109 a 126. Desgraciadamente se ha guardado silencio sobre esta cuestión lo que llevará a una desigual resolución de casos idénticos dependiendo de cuál sea la interpretación que se dé a estos preceptos.

En contra de la naturaleza penal se manifiesta reiteradamente nuestro Tribunal Supremo, así últimamente en la Sentencia de 12 de febrero de 2020 sostiene que:

> En definitiva, no nos movemos en este ámbito en puro derecho penal, sino precisamente en derecho civil resarcitorio de la infracción penal cometida, como acción distinta, aunque acumulada al proceso penal por razones de utilidad y economía procesal, con finalidad de satisfacer los legítimos derechos (civiles) de las víctimas. De modo que las acciones civiles no pierden su naturaleza propia por el hecho de ejercitarse ante la jurisdicción penal. Ello da entrada a la analogía como criterio de interpretación, que si bien está vedado cuando de normas penales se trata, no ocurre lo mismo en relación a las de naturaleza civil.

Se considere o no diversa la naturaleza jurídica de las acciones penales y civiles, puesto que ambas se han originado en un mismo acto, el delito, resulta congruente el ejercicio simultáneo de las mismas. En este sentido el artículo 112 de la LECrim establece que, ejercida la acción penal:

> Se entenderá utilizada también la civil, a no ser que el dañado o perjudicado la renunciase o la reservase expresamente para ejercitarla después de terminado el juicio criminal, si a ello hubiere lugar.

Además, debe considerarse que el ejercicio de la acción civil en la esfera penal tiene un carácter privilegiado no sólo porque su interposición, amparo y defensa corresponden al Ministerio Fiscal, con lo que se consigue una mayor economía para el perjudicado, sino también por la solidaridad establecida para los partícipes de la infracción penal (art. 107), y la posibilidad de extenderse automática o subsidiariamente sobre personas ajenas a la responsabilidad criminal (arts. 120, 121 y 122).

La reserva de la acción civil derivada del delito sólo supone que el perjudicado expresa su deseo en orden a la jurisdicción competente, pero nada dice de la normativa aplicable, que no es otra que la contenida en las normas de Derecho Civil contenidas en el Código Penal. De donde, reservada la acción civil, para la jurisdicción civil, los Tribunales deben aplicar los artículos 109 a 126 del CP.

2. Contenido de la responsabilidad civil

La responsabilidad civil comprende, según el artículo 110, la restitución, la reparación del daño causado, y la indemnización de perjuicios materiales y morales.

La doctrina se ha planteado el problema de la distinción entre daños y perjuicios, habiéndose propuesto varias interpretaciones. La histórica asimila los daños a los causados en la propiedad, mientras que considera perjuicios los que reciben las personas; otros autores identifican los daños con la lesión propia del delito, considerando perjuicios los males ocasionados eventualmente; y, por último, también hay quien circunscribe los daños al daño emergente y los perjuicios al lucro cesante. De la lectura conjunta de los artículos 109 a 113 del CP parece deducirse que el legislador se inclina por considerar daños los causados en las cosas y perjuicios los que recaen sobre las personas; esto es, por la doctrina tradicional.

A) *La restitución*

La restitución se halla regulada en el artículo 111, que establece:

> 1. Deberá restituirse, siempre que sea posible, el mismo bien, con abono de los deterioros y menoscabos que el Juez o Tribunal determina. La restitución tendrá lugar aunque el bien se halle en poder de tercero y éste lo haya adquirido legalmente y de buena fe, dejando a salvo su derecho de repetición contra quien corresponda y, en su caso, el de ser indemnizado por el responsable civil del delito o falta.
> 2. Esta disposición no es aplicable cuando el tercero haya adquirido el bien en la forma y con los requisitos establecidos por las Leyes para hacerlo irreivindicable.

La restitución supone el reintegro de la cosa a quien ha sido ilegítimamente desposeído de ella. Por ello sólo podrán dar lugar a la restitución las infracciones que llevan consigo una privación de la cosa y una correlativa apropiación por parte del sujeto activo.

Puede suceder, sin embargo, que se dé la imposibilidad de restitución de la cosa, ya sea por motivos físicos o jurídicos. En estos supuestos deberá procederse a la reparación. La restitución será imposible por motivos jurídicos cuando el tercero haya adquirido la cosa en la forma y con los requisitos establecidos por las leyes para hacerla irreivindicable. Son irreivindicables las cosas adquiridas en los Montes de Piedad y las cosas adquiridas en las ventas públicas (art. 464.3.º y 4.º, del CC); las cosas adquiridas por prescripción mediante posesión ininterrumpida (arts. 1.940, 1.955 y 1.957 del CC); y, por último, las adquiridas en Bolsa, feria, mercado o de comerciante establecido (arts. 464.4.º, y 1.955 del CC y art. 85 del C de C).

El artículo 111 reproduce, aunque de manera no del todo literal, el contenido del artículo 102 del CP de 1973, con la sola novedad de que el tercero que ha adquirido legalmente la cosa, pero no de manera irreivindicable, no sólo tendrá derecho de repetición contra quien corresponda, sino que además, en su caso, tendrá derecho a ser indemnizado por el responsable civil del delito o falta.

B) *La reparación del daño*

El artículo 112 regula la reparación del daño, en los siguientes términos:

> La reparación del daño podrá consistir en obligaciones de dar, hacer o de no hacer que el Juez o Tribunal establecerá atendiendo a la naturaleza de aquél y a las condiciones personales y patrimoniales del culpable, determinando si han de ser cumplidas por él mismo o pueden ser ejecutadas a su costa.

Este artículo, que recoge el llamado resarcimiento por equivalente o indemnización, la obligación de dar, y el resarcimiento del daño en forma específica, bien por obra del propio responsable, bien a su costa, supone una aproximación a la legislación civil en la medida en que en ésta, pese a que lo normal sea la exigencia de indemnizaciones, considera que el resarcimiento del daño puede ser también específico.

La naturaleza del daño, las condiciones personales y patrimoniales del «culpable» serán el criterio que deba manejar el Tribunal para decidir si la reparación va a ser específica o por equivalente. Nótese que el 112 se refiere al «culpable» lo que podría interpretarse en el sentido de que sólo el responsable criminal está obligado a reparar y no los responsables civiles subsidiarios, por lo que sería conveniente cambiar el término culpable por el de responsable.

C) *La indemnización de los perjuicios*

La indemnización de los perjuicios procede, como se señaló más arriba, ante cualquier mal derivado del delito que no constituya un daño. Según el artículo 113:

> La indemnización de perjuicios materiales y morales comprenderá no sólo los que se hubieren causado al agraviado, sino también los que se hubieren irrogado, por razón del delito, a su familia o a un tercero.

Los perjuicios pueden consistir tanto en daño emergente como en lucro cesante, y por imperativo del propio texto legal pueden ser tanto perjuicios materiales como morales. Respecto a los perjuicios materiales, al ser directamente valorables, deben aplicarse los mismos criterios que a los daños en las cosas. En el caso de los perjuicios morales éstos son de más difícil valoración, aunque en todo caso deben resarcirse.

La indemnización de los perjuicios derivados de la comisión de delitos ha sufrido una transformación radical desde que el legislador aprobó la Ley 30/1995, de Ordenación y Supervisión de los Seguros Privados, que introduce una serie de modificaciones en la Ley sobre Responsabilidad Civil y Seguro de Circulación de Vehículos a Motor. Esta Ley introdujo un sistema legal de delimitación cuantitativa del importe de las indemnizaciones exigibles como consecuencia de la responsabilidad civil en que se incurre con motivo de la circulación de vehículos de motor.

El nuevo sistema fue mal aceptado por los Tribunales lo que dio lugar a que el Tribunal Constitucional, en Sentencia 181/2000, de 29 de junio, tuviese que resolver una serie de cuestiones de inconstitucionalidad. A esta primera etapa de rechazo del sistema de baremación ha seguido una de signo bien contrario. En efecto, los Tribunales, con la aquiescencia del Tribunal Supremo, están utilizando las Tablas contenidas en la Ley para *orientar* (STS de 23 de enero de 2002) sus decisiones respecto de la indemnización de los daños personales derivados de la comisión de delitos imprudentes en ámbitos distintos al de la circulación de vehículos de motor (STS de 22 de diciembre de 2001), e incluso por los derivados de delitos dolosos (SSTS de 19 y 20 de febrero de 2002). Esta tendencia puede considerarse positiva respecto de los principios constitucionales de seguridad jurídica e igualdad, siempre y cuando no se automatice la aplicación de las cuantías contenidas en las Tablas para supuestos en los que no es vinculante su aplicación, lo que ciertamente no está sucediendo (véase la STS de 2 de julio de 2015).

En la actualidad, las normas que rigen esta materia son La Ley sobre responsabilidad civil y seguro de vehículos de motor (RDL 8/2004) y el Reglamento del seguro obligatorio (RD 1.507/2008). Los baremos referidos son actualizados periódicamente, siendo la última actualización de 2021.

Además debe señalarse que el *quantum* es potestad del Tribunal de instancia por lo que no es revisable en casación, aunque lo son las bases sobre las que se asienta. En cualquier caso será preciso que la sentencia contenga la determinación del daño causado por el delito, de la misma manera que si la acción civil hubiera sido ejercida de manera independiente de la penal, siendo necesaria una estimación razonada de la cuantía alcanzada por dichos daños. No obstante, el daño moral no necesita estar especificado en los hechos probados cuando fluye de manera directa y natural del relato histórico o hecho probado (en este sentido, la STS de 5 de mayo de 2020 para un delito de abuso sexual a menor de edad).

El contenido del artículo 114 supone una novedad respecto a la regulación legal de la responsabilidad civil en el CP de 1973, pero no respecto a la práctica de los Tribunales. En efecto, este artículo ordena a los jueces y tribunales que moderen el importe de la reparación o en su caso de la indemnización cuando la víctima haya contribuido con su conducta a la producción del daño o el perjuicio sufrido, lo que ya hacen los Tribunales españoles de una manera habitual.

El último de los artículos del Capítulo I del Título V supone también una novedad. Se establece en este artículo la necesidad de motivar las indemnizaciones al exigir que en la sentencia se establezcan razonadamente las bases en que fundamentan la cuantía de las mismas. Por cierto, que dicha cuantía podrá fijarse en la misma resolución o en el momento de la ejecución de la misma.

3. Personas responsables civilmente

El CP dedica el Capítulo II artículos 116 a 122 a establecer qué personas son responsables civilmente. Los artículos 116, 117 y 122 contienen la responsabilidad civil directa; los artículos 118 y 119 se refieren a la responsabilidad civil del no responsable criminal y, por último, los artículos 120 y 121 regulan casos de responsabilidad civil subsidiaria.

A) *Responsabilidad civil directa*

La responsabilidad civil directa recae en primer término sobre el responsable criminal; pero también puede recaer sobre el no responsable criminal.

a) La responsabilidad civil del responsable criminal

Según el número 1 del artículo 116 «toda persona criminalmente responsable de un delito lo es también civilmente si del hecho se derivan daños o perjuicios». Este artículo deja claro que el responsable criminal también es responsable civil siempre y cuando, naturalmente, el delito haya causado daños o perjuicios.

En cuanto a la pluralidad de responsables criminales el inciso 2.º del mismo artículo 116 establece que siendo dos o más los responsables criminalmente de un delito o falta los jueces o tribunales señalarán la cuota de que deba responder cada uno. Por su parte, el número 2 del artículo 116 impone la solidaridad de los autores y de los cómplices entre sí y la subsidiariedad de unos respecto de los otros. Se mantiene así el tradicional sistema de solidaridad entre los de la misma clase y subsidiariedad de unos respecto de otros de acuerdo con una prelación que es absolutamente innecesaria cuando sólo son dos clases los responsables criminales, ya que sólo pueden responder subsidiariamente unos por otros.

El siguiente ejemplo aclarará el juego de este inciso. Los sujetos A, B, y C son autores de un delito en el que han participado D y E, como cómplices. Los daños y perjuicios derivados de dicho delito son valorados por el Tribunal en 1.500 euros, de los que impone a los autores una cuota de 400 a cada uno, otra de 150 a cada cómplice.

Supongamos que A y B son insolventes, mientras que C no lo es. En este caso C pagará 1.200 euros, correspondientes a su cuota y a la de los otros dos autores (solidaridad entre los de la misma clase). Si D es insolvente, pero E puede pagar 250 euros, pagará esta cantidad. Los 50 euros que quedan de las cuotas de los cómplices, y que éstos no pueden pagar solidariamente, deberán ser abonadas por los autores (subsidiariedad).

El último párrafo del artículo 116.2 establece el derecho de repetición del que hubiere pagado contra los demás, ya se trate por haber hecho efectiva la responsabilidad solidaria o la subsidiaria.

Resulta cuanto menos dudoso que los responsables subsidiarios, que no sean responsables criminales, sustituyan a sus principales no sólo en el abono de sus respectivas cuotas, sino también en la solidaridad o subsidiariedad. La jurisprudencia ha sido en este punto vacilante ya que, por un lado, los amplios términos de estos artículos apoyan la solución extensiva (que implicaría que el responsable subsidiario respondiese también de las cuotas del resto de los partícipes de la misma clase que su principal, y subsidiariamente por el resto), pero, por otro lado, las responsabilidades subsidiarias son siempre excepcionales, por lo que deberían interpretarse de manera restrictiva. Esta última solución parece la más adecuada, por lo que el responsable subsidiario, no responsable criminal, responderá únicamente de la cuota de su principal, y no podrá exigírsele que abone solidariamente las cuotas de los restantes partícipes de la misma clase que el primer obligado, ni tampoco que responda subsidiariamente por las cuotas de los demás partícipes de otra clase.

La LO 5/2010 ha introducido un nuevo número tercero en el artículo 116 en el que se declara que la responsabilidad penal de una persona jurídica llevará consigo la responsabilidad civil de la misma, de forma solidaria con las personas físicas que fueren condenadas por los mismos hechos.

b) La responsabilidad del partícipe a título lucrativo

Según el tenor del artículo 122 son responsables civiles los que por título lucrativo hubieren participado de los efectos de un delito. Se trata de una responsabilidad civil directa y no subsidiaria como se deduce del hecho de que no se establezca en defecto de tercera persona, ni alcance a la totalidad del valor de las consecuencias patrimoniales.

c) La responsabilidad civil directa de las compañías aseguradoras

El artículo 117 contiene una novedad respecto a la tradicional regulación legal de la responsabilidad civil derivada del delito en el CP. Este artículo considera responsables civiles directos a los aseguradores cuando como consecuencia de un hecho previsto en el Código se produzca el evento que determine el riesgo asegurado. Aunque el CP de 1973 no contenía una norma paralela a ésta, ya incluso desde antes de la promulgación de la Ley de Contrato de Seguro de 1980 (en adelante, LCS), se venía admitiendo por el TS que las compañías aseguradoras podían ser condenadas como responsables civiles directas, siempre que se hubiesen personado en el juicio, cuando se producía ese evento que determinaba el riesgo asegurado. La publicación de la Ley de Contrato de Seguro vino a dar un espaldarazo a esta línea jurisprudencial al conceder en el artículo 76 acción directa al perjudicado contra el asegurador. De aquí que pueda afirmarse que la inclusión de la responsabilidad civil directa del asegurador, pese a ser una novedad en el CP de 1995, no es una novedad en nuestro derecho.

Gramaticalmente el artículo 117 no hace responder de manera directa al asegurador frente al agraviado por los daños derivados del delito o falta en todo caso, sino sólo cuando el delito cause el evento concreto que se aseguró, es decir, el no excluido por las cláusulas limitativas de la cobertura; lo que implica que el asegurador puede oponer al perjudicado las excepciones objetivas que podría oponer al asegurado. Sin embargo, esta interpretación hace que la acción que el CP otorga al perjudicado sea más limitada que la que concede el artículo 76 de la Ley de Contrato de Seguro. Por ello, parece más adecuado interpretar que el artículo 117 hace responder al asegurador frente al perjudicado cuando el evento dañoso objeto de indemnización derive del uso o explotación del bien o de la empresa, industria o actividad que fue asegurada. Desde esta perspectiva, si el seguro se refiere a la conducción de vehículos de motor, el asegurador responderá frente al perjudicado de todos los daños derivados de la conducción del vehículo, hasta el límite de la indemnización legalmente establecida o contractualmente pactada.

La jurisprudencia del Tribunal Supremo se inclina por esta última interpretación, pero durante unos años ha ido incluso más allá, obligando a la compañía aseguradora a indemnizar a la víctima del delito incluso en los supuestos en los que el daño ha derivado de un actuar doloso del autor (SSTS de 29 de mayo de 1997, 11 de febrero de 1998 y 23 de junio de 2004, entre otras).

La postura expuesta, que hace responder directamente a la compañía aseguradora por los daños derivados de conductas dolosas cometidas con el vehículo durante la conducción, se ha extendido a otros ámbitos distintos del de la circulación. Así, la STS de 11 de febrero de 1998 condena a la compañía que aseguró un arma de fuego a indemnizar a los familiares de la víctima de un asesinato cometido con la misma; la Sentencia de 17 de octubre de 2000 admite que forman parte del riesgo asegurado los perjuicios derivados de un delito continuado de abusos sexuales; la STS de 22 de junio de 2001 considera responsable civil directa a la compañía aseguradora de los daños derivados de un delito de estafa de un abogado a sus clientes; la STS de 9 de diciembre de 2002 considera que forma parte del riesgo asegurado en un seguro multirriesgo el incendio doloso provocado por el autor, y últimamente la STS de 25 de julio de 2014 por un delito de apropiación indebida de una procuradora. Naturalmente que en todos estos casos la aseguradora puede repetir contra el asegurado.

En materia de seguro del automóvil nuestro TS ha acabado por matizar, en el Acuerdo del Pleno de 24 de abril de 2007, que «no responderá la aseguradora cuando el vehículo de motor sea instrumento directamente buscado para causar el daño personal o material derivado del delito. Responderá la aseguradora por los daños diferentes de los propuestos directamente por el autor», con lo que se viene a eliminar la exigencia de que el hecho enjuiciado constituyera «una acción totalmente extraña a la circulación», como se había mantenido hasta el momento por la jurisprudencia. Sin embargo, la STS de 16 de abril de 2011 da, en cierto sentido marcha atrás, puesto que señala que el Acuerdo del plenario de 2007 sólo es aplicable a los seguros obligatorios, no a los supuestos en los que junto al seguro obligatorio existe un seguro voluntario, en estos casos la compañía aseguradora debe indemnizar, aunque el delito sea doloso, y repetir posteriormente contra el asegurado. En el mismo sentido se han pronunciado últimamente la SSTS de 26 de mayo y 25 de junio de 2020.

B) *La responsabilidad civil en los casos de exención de responsabilidad penal*

Los artículos 118 y 119 abordan el tema de la responsabilidad civil del no responsable criminal que el CP de 1973 recogía en el artículo 20.

a) La responsabilidad civil en los casos de inimputabilidad

a') Anomalías psíquicas y alteraciones en la percepción

El número primero del artículo 118 regula la responsabilidad civil de los que sufren anomalías o alteraciones psíquicas y de los que sufren una alteración en la percepción. La norma contenida en la versión original del CP de 1995 había modificado profundamente el régimen tradicional del CP de 1973, y recientemente la Ley 8/2021, de 2 de junio, de apoyo a las personas con discapacidad, ha vuelto a reformarlo.

Como se sabe el CP de 1973 consideraba responsable civil directo al que tuviera bajo su potestad o guarda legal al menor, al enajenado y al que sufriera alteraciones en la percepción, siempre y cuando hubiera por su parte culpa o negligencia, y responsable civil subsidiario al menor, al enajenado o al que sufriera la alteración cuando no hubiere persona que los tuviere bajo su potestad o guarda o aquélla fuera insolvente, a este caso había que añadir, aunque no se dijera expresamente, los supuestos en los cuales el tutor o guardador había actuado diligentemente. Por su parte la norma contenida en la primera versión del CP de 1995 establecía una responsabilidad civil directa tanto para los tutores o guardadores, siempre que por su parte hubiera mediado culpa o negligencia, como para los inimputables, sin esclarecer si la responsabilidad entre ellos era solidaria o mancomunada, y sin resolver, en este último caso, si unos respondían subsidiariamente por los otros o no, amén de crear un régimen dispar sobre la carga de la prueba del establecido en el artículo 1.903 del CC, por cuanto este exonera de responsabilidad cuando se pruebe que «emplearon toda la diligencia de un buen padre de familia para prevenir el daño».

Dice literalmente el nuevo artículo 118.1.º:

> 1.ª En los casos de los números 1.º y 3.º, son también responsables por los hechos que ejecuten los declarados exentos de responsabilidad penal, quienes ejerzan su apoyo legal o de hecho, siempre que haya mediado culpa o negligencia por su parte y sin perjuicio de la responsabilidad civil directa que pudiera corresponder a los inimputables.
>
> Los Jueces o Tribunales graduarán de forma equitativa la medida en que deba responder con sus bienes cada uno de dichos sujetos.

El nuevo precepto adolece de los mismos defectos que el anterior, no soluciona si la relación entre los responsables civiles es solidaria o mancomunada y tampoco resuelve la discrepancia con lo establecido en el art. 1.903 CC sobre la carga de la prueba, pero además introduce nuevos defectos. Así es, el reformado Título XI del CC no se refiere en ningún precepto al «apoyo legal o de hecho» de la persona con discapacidad sino a las medidas de naturaleza voluntaria, y a la guarda de hecho, la curatela y el defensor judicial. Cabría interpretar sin mayor problema que la referencia al «apoyo de hecho» lo es al guardador de hecho, pero la cuestión no resulta tan fácil con el término el «apoyo legal», que tanto puede referirse al curador, como al defensor judicial, como a ambos. Dado que la figura del defensor judicial es completamente residual y, fundamentalmente, que el también reformado art. 120.1.º del CP solo hace responsable al curador, no tiene sentido interpretar que el defensor judicial de la persona con discapacidad sea responsable civil del daño que cause el delito cometido por el inimputable.

De todo lo expuesto cabe concluir que el artículo 20.1.º del CP de 1973 contenía en esta materia una regulación más coherente y de superior calidad técnica al actual artículo 118.1.º. Es una lástima la desidia que muestra el legislador español en este como en tantos otros temas.

b') Intoxicación y síndrome de abstinencia

Según el número 2 del artículo 118:

> Son igualmente responsables el ebrio y el intoxicado en el supuesto del número 2 del artículo 20.

El contenido de esta norma es totalmente innecesario y además perturbador puesto que no menciona al que actúa bajo los efectos del síndrome de abstinencia. En estos supuestos, como en el del que sufre un trastorno mental transitorio, la inimputabilidad es de carácter pasajero y, siendo obvio que la inimputabilidad supone el tipo del injusto, la responsabilidad civil recaería sobre el que haya realizado el hecho, aunque el legislador no lo mencionare.

b) Otros supuestos

Los números 3.º y 4.º del artículo 118 establecen quien responde civilmente en los casos de estado de necesidad y miedo insuperable sin novedades respecto a la regulación anterior.

En los supuestos de estado de necesidad será responsable civil directo la persona en cuyo favor se haya precavido el mal, en proporción al perjuicio que se les haya evitado, si fuera estimable, o, en otro caso, en la que el Juez o Tribunal establezca según su prudente arbitrio (art. 118.3.ª).

Si se trata de miedo insuperable serán responsables civiles directos los que hayan causado el miedo, y en su defecto, los que hayan ejecutado el hecho (art. 118.4.ª).

En el Congreso se añadió un número 5.º al artículo 118 que hace responsables civiles a los autores del hecho en el caso del artículo 14, es decir, cuando concurra un error. Si tenemos en cuenta que en el artículo 14 se regula tanto el error de tipo como el error de prohibición, el que se haga responsable civil al que actúa bajo un error de tipo invencible significa claramente que el legislador se inclina en este artículo por la teoría del dolo.

c) Estimación por el Tribunal penal de alguna de las causas de exención que afecten a la responsabilidad civil

El artículo 119 reproduce literalmente el párrafo último del artículo 20 del CP de 1973 haciéndose por ello merecedor de las mismas críticas que recibió esta norma. Según este artículo:

> En todos los supuestos del artículo anterior [118], el Juez o Tribunal que dictare sentencia absolutoria por estimar la concurrencia de alguna de las causas de exención citadas, procederá a declarar las responsabilidades civiles correspondientes, siempre que las acciones civiles hayan sido ejercitadas conjuntamente con las penales, de acuerdo con las reglas que para cada caso se establezcan.

Según establece esta norma cuando se dicte sentencia absolutoria y se haya absuelto al procesado en el que concurra alguna de las causas de exención recogidas en el art. 118 el Juez o Tribunal procederá a declarar las responsabilidades civiles correspondientes. No se resuelve, sin embargo, el supuesto en el que se dicte auto de sobreseimiento libre en lugar de sentencia absolutoria. El problema se ha abordado por los tribunales en el ámbito de la excusa absolutoria del art. 268 aunque se han dictado sentencias de índole contradictoria (STS de 26 de noviembre de 2021). En los supuestos de sobreseimiento parece que en virtud del principio de tutela judicial efectiva deba considerarse que la responsabilidad civil se dirima frente a los tribunales civiles.

C) *La responsabilidad civil subsidiaria*

La responsabilidad civil subsidiaria se encuentra fundamentalmente recogida en los artículos 120 y 121. De todos los supuestos contenidos en estos dos artículos resultan predicables los siguientes requisitos: 1) comisión de un delito o falta de los que llevan consigo responsabilidad civil; 2) insolvencia del autor de la infracción punible, ya que la responsabilidad civil subsidiaria es de segundo grado, y sólo tiene lugar cuando el directamente responsable no puede satisfacerla; 3) para que resulte condenado cualquiera de los responsables subsidiarios es preciso haberle dado entrada en el proceso por el cauce normal de los artículos 615 y siguientes de la LECrim, ya que de otra forma se vulnerarían los principios constitucionales de contradicción, audiencia, etc.

a) Responsabilidad civil subsidiaria de los curadores respecto de los daños y perjuicios causados por las personas a las que prestan apoyo

Según el artículo 120.1.º, modificado por Ley 8/2021, son responsables civiles en defecto de los que lo sean criminalmente:

> Los curadores con facultades de representación plena que convivan con la persona a quien prestan apoyo, siempre que haya por su parte culpa o negligencia.

La norma contenida en el nuevo art. 120.1.º es coherente con el reformado art. 1.903 del CC que también hace responsables a «curadores con facultades de representación plena» que convivan con la persona con discapacidad. Aunque cabe preguntarse quiénes son los «curadores con facultades de representación plena» porque en el nuevo Título XI del CC no se mencionan, es más lo que se establece como regla general es que las funciones de representación del curador sean limitadas, además de temporales. Dada la falta de definición legal se podría interpretar que la norma se refiere a las hipótesis en las que el curador tenga atribuidas facultades representativas completas, con independencia del número de actos de que se trate, es decir, la representación plena haría referencia a la medida de apoyo más intensa y con carácter duradero, distinguiéndola también de las eventuales autorizaciones judiciales de representación singular concedidas al guardador de hecho. Solo en dicho supuesto, si además el curador convive con la persona con discapacidad y ha habido culpa o negligencia en su actuación, será responsable civil subsidiario.

Por otra parte, es preciso señalar que perviven las dos diferencias entre el régimen que contiene el CP y el del CC, incluso después de la modificación de ambos: *a*) en la legislación civil la responsabilidad del curador es directa, mientras que en la penal es subsidiaria; y, *b*) en la legislación civil la responsabilidad es de carácter objetivo, mientras que en la penal tiene su fundamento en la culpa in vigilando.

Por último, debe señalarse que la norma contenida en el art. 120.1.º rara vez podrá aplicarse porque su punto de partida es que la persona con discapacidad es responsable criminal, pero si lo es no tiene demasiado sentido que se le haya nombrado un curador con facultades de representación plenas. De haberse incluido en el precepto al guardado de hecho habría tenido más probabilidades de aplicarse.

b) Responsabilidad civil del empresario

a') La responsabilidad civil de los titulares de medios de comunicación

El número segundo del artículo 120 considera responsables civiles subsidiarios a:

> Las personas naturales o jurídicas titulares de editoriales, periódicos, revistas, estaciones de radio o televisión o de cualquier otro medio de difusión escrita, hablada o visual, por los delitos cometidos utilizando los medios de los que sean titulares, dejando a salvo lo dispuesto en el artículo 212 de este Código.

La intelección de esta norma resulta clara; se considera responsables subsidiarios a los titulares de los medios de difusión por los delitos o faltas cometidos mediante dichos medios. Lo que no resulta tan claro es cuándo pretende el legislador que se aplique este artículo, puesto que del examen de los distintos casos en los que se podría dar responsabilidad civil en delitos cometidos por medios audiovisuales cabe concluir que esta norma sólo se puede aplicar a la publicidad engañosa, tipificada en el artículo 282 del CP, lo que desde luego resultaría un desatino. De aquí que fuera necesaria la supresión de este precepto.

b') La responsabilidad civil del empresario por los delitos cometidos dentro del establecimiento

Según el número tercero del artículo 120 son responsables civiles subsidiarios:

> Las personas naturales o jurídicas, en los casos de los delitos o faltas cometidos en los establecimientos de los que sean titulares, cuando por parte de los que los dirijan o administren, o de sus dependientes o empleados, se hayan infringido los reglamentos de policía o las disposiciones de la autoridad que estuvieren relacionados con el hecho punible cometido, de modo que éste no se hubiera producido sin dicha infracción.

Esta norma reproduce prácticamente el contenido del artículo 21 del CP de 1973 en su párrafo primero, teniendo el mérito de superar la decimonónica enumeración de éste. Para que se considere responsable civil subsidiario al empresario es necesario que concurran dos requisitos: Primero, infracción del titular o dependiente de los reglamentos generales o especiales de policía, y segundo, una relación entre tal lesión y la infracción cometida.

Respecto de la «infracción de los reglamentos» la STS de 9 de febrero de 2022, considera que debe entenderse referida a la infracción de las normas de actuación profesional en el ramo de que se trate, es decir, que abarcan cualquier violación de un deber impuesto por ley o por cualquier norma positiva de rango inferior, incluso el deber objetivo de cuidado que afecta a toda actividad para no causar daños a terceros (en este sentido también las SSTS de 16 de julio de 2009 y 11 de junio de 2015).

En cuanto a la relación entre la lesión y la infracción la literalidad de la norma la cifra en «que (el hecho punible) no se hubiera producido sin dicha infracción», lo que indica que el legislador exige una relación causal directa entre la infracción de los reglamentos y el hecho punible, lo que hace inoperante esta disposición, porque entonces nos encontramos con una responsabilidad civil directa del empresario por la comisión de un delito imprudente.

Afortunadamente nuestro Tribunal Supremo no considera necesaria la existencia de una relación causal directa, conformándose con que exista una relación «simplemente adecuada» entre la infracción de los reglamentos y el daño (así la STS de 25 de septiembre de 2006, 16 de julio de 2009, 4 de febrero de 2010, y, últimamente, 12 y 17 de febrero de 2020).

Por último, debe señalarse que es este el precepto que se utiliza para fundamentar la responsabilidad civil subsidiaria de las entidades bancarias por los delitos que se cometen utilizando sus servicios on line. Como afirma el Tribunal Supremo en jurisprudencia consolidada (SSTS de 30 de noviembre de 2015, 20 de abril de 2016, y últimamente 12 de febrero de 2020).

> Es claro que la actividad propuesta por la entidad bancaria a sus clientes mediante la operativa on line presenta algunos riesgos derivados de la posibilidad de suplantación de la identidad de quien contrata con la entidad para la realización de operaciones sin la autorización del auténtico contratante. Es claro también que, excluyendo actuaciones dolosas o gravemente negligentes por parte de los clientes, la entidad bancaria es responsable de ofrecer y poner en práctica un sistema seguro, de manera que las consecuencias negativas de los fallos en el mismo no deberán ser trasladados al cliente. Todo ello con independencia de la determinación de quien sea el auténtico perjudicado en estos casos, en atención a la correcta interpretación de los preceptos que regulan esta clase de depósitos.

c') La responsabilidad civil de las personas jurídicas por los delitos cometidos por sus empleados

Establece el artículo 120 en su número cuarto la responsabilidad civil subsidiaria de «las personas naturales o jurídicas dedicadas a cualquier género de industria o comercio, por los delitos o faltas que hubiesen cometido sus empleados o dependientes, representantes o gestores en el desempeño de sus obligaciones o servicios».

La disposición contenida en este artículo es literalmente la misma que la del artículo 22.1.º del CP de 1973, lo que resulta atinado, puesto que no recibía críticas ni doctrinales ni jurisprudenciales, a no ser la disparidad de criterios con el Código Civil que establece una responsabilidad directa para el empresario en lugar de subsidiaria, lo que no levanta demasiada polémica en ninguno de los dos ámbitos. La responsabilidad subsidiaria del empresario se concibe como objetiva, puesto que no se admite prueba alguna tendente a demostrar la diligencia o cuidado que tuvo, exonerándose así de responsabilidad (véase STS de 15 de noviembre de 1978). Contrasta así, en este punto, la regulación penal con la civil que admite la prueba de la ausencia de la culpa, aunque establece una responsabilidad directa.

Dos son los requisitos que se exigen para que concurra la responsabilidad subsidiaria del empresario: que el representante, gestor... sea autor o partícipe en el delito; y que el delito se haya cometido en el desempeño de sus obligaciones. Para que concurra el primer requisito es suficiente con que exista cualquier tipo de vínculo entre el responsable criminal y la persona natural o jurídica que haga que el primero se halle bajo la dependencia del segundo. El segundo requisito concurre cuando el delito se comete en el seno de la actividad encomendada al autor (SSTS de 23 de abril de 1996, 22 de enero de 2002 y 18 de octubre de 2007, y últimamente la de 31 de enero de 2022).

c) La responsabilidad subsidiaria de los titulares de vehículos de motor

Considera el número quinto del artículo 120 responsables subsidiarios a «las personas naturales o jurídicas titulares de vehículos susceptibles de crear riesgos para terceros, por los delitos o faltas cometidos en la utilización de los mismos por sus dependientes o representantes o personas autorizadas».

Esta norma supone una grata novedad en nuestro derecho puesto que viene a llenar una laguna legal que actualmente obligaba a los tribunales a hacer piruetas jurídicas en la interpretación del artículo 22 del CP de 1973. En efecto, baste recordar que en un intento de ser equitativo el TS ha considerado que la relación entre padre e hijo no excluye la dependencia del artículo 22 (SSTS de 16 de mayo de 1988 y 10 de julio de 1990), que también existe esta relación entre el arrendador y el arrendatario de un vehículo de alquiler sin conductor (SSTS de 19 de mayo de 1971 y 2 de abril de 1991), e incluso la cesión de un vehículo a título gratuito se considera fuente de dependencia, y por ende de responsabilidad civil subsidiaria del artículo 22 (SSTS de 30 de mayo de 1990 y 21 de febrero de 1991).

Con todo hay que destacar que existe un solapamiento entre los números cuarto y quinto del artículo 120, puesto que la utilización del vehículo por el dependiente o representante hace entrar en juego la responsabilidad civil subsidiaria del titular del vehículo en virtud de ambos números.

d) La responsabilidad civil del Estado, las Comunidades Autónomas, Provincia, Isla o el Municipio y demás Entes públicos

Constituye una novedad la regulación expresa por el Código de la responsabilidad civil subsidiaria del Estado, Comunidades Autónomas, Provincia, Isla o Municipio y demás entes públicos. El artículo 121, en su párrafo primero, establece que:

> El Estado, Comunidades Autónomas, Provincia, Isla o Municipio y demás Entes públicos, según los casos, responden subsidiariamente de los daños causados por los penalmente responsables de delitos o faltas dolosos o culposos, cuando éstos sean autoridad, agentes y contratados de la misma o funcionarios públicos en el ejercicio de sus cargos o funciones siempre que la lesión sea consecuencia directa del funcionamiento de los servicios públicos que les estuvieren confiados sin perjuicio de la responsabilidad patrimonial derivada del funcionamiento normal o anormal de dichos servicios exigible conforme a las normas de procedimiento administrativo, y sin que, en ningún caso, pueda darse una duplicidad indemnizatoria.
>
> Si se exigiera en el proceso penal la responsabilidad civil de la Autoridad, agente de la misma o funcionario público, la pretensión deberá dirigirse simultáneamente contra la Administración o Ente público presuntamente responsable civil subsidiario.

El establecimiento de una responsabilidad subsidiaria para la Administración, que es lo que hace este artículo, contradice el artículo 106.2 de la Constitución y Ley 39/2015, de 1 de octubre, del Procedimiento Administrativo Común de las Administraciones Públicas y la Ley 40/2015, de 1 de octubre, de Régimen Jurídico del Sector Público, artículos 32 a 37, que recogen un sistema unitario de responsabilidad objetiva directa de la Administración Pública.

D) *Responsabilidad civil en los casos de minoría de dieciocho años*

El régimen de responsabilidad civil cuando el daño deriva de la comisión de un hecho punible y su causante es un menor de edad es en la actualidad un tanto complicado, debiendo distinguirse los siguientes supuestos:

a) Cuando el daño es causado por un menor de 14 años la normativa aplicable es la contenida en los arts. 1.903 y 1.904 del Código Civil (CC). Los menores de 14 años no son responsables civiles, pero sí lo son sus padres, por el art. 1.903 párrafos 2.º y 3.º CC. Además, si el delito se cometió en el centro escolar al que acude el menor serán responsables civiles los titulares del mismo (art. 1.903 párrafo 6.º CC). Estas responsabilidades se fundamentan en la *culpa in vigilando* y, por tanto, son subjetivas, aunque la tendencia de los Tribunales es a objetivarlas;

b) Cuando el daño es causado por un mayor de 14 años menor de 18, son aplicables los arts. 61 a 63 de la Ley de responsabilidad penal de los menores (LRPM). En este caso el menor es responsable civil, puesto que lo es también penal. También los padres del menor pueden ser responsables civiles, por *culpa in educando*, así como los titulares del centro educativo, si el delito se cometió en el mismo, por *culpa in vigilando*. La responsabilidad civil será en estos casos solidaria entre ellos y el menor, en virtud del art. 61.3 LRPM. Además, hay que tener en cuenta que en los casos en los que la responsabilidad civil esté asegurada (suele ser la de los centros educativos) los aseguradores también son responsables civiles directos, según lo establecido en el art. 63 de la LRPM.

c) Por otra parte, si el delito se ha cometido en un centro escolar público, o en un centro de protección de menores o de internamiento, hay que tener en cuenta el contenido de la Ley 39/2015 de 1 de octubre, del Procedimiento Administrativo Común de las Administraciones Públicas y la Ley 40/2015, de 1 de octubre, de Régimen Jurídico del Sector Público, artículos 32 a 37, y en su caso, se podrá exigir responsabilidad civil directamente a la Administración.

Por último, hay que señalar que en los casos en los que los titulares del centro escolar sean responsables civiles podrán repetir contra los profesores, cuando haya habido por su parte dolo o culpa grave, según establece el art. 1.904 párrafo 2.º.

El contenido de la responsabilidad civil es exactamente el mismo que el establecido en el CP para los adultos (art. 62). Por tanto, puede consistir en la restitución, la reparación o la indemnización de daños y perjuicios.

4. Fraccionamiento y transmisión de la responsabilidad civil

La posibilidad del fraccionamiento del pago de las responsabilidades civiles, tanto para el responsable civil directo como para el subsidiario, queda recogida en el artículo 125 del CP:

> Cuando los bienes del responsable civil no sean bastantes para satisfacer de una vez todas las responsabilidades pecuniarias, el Juez o Tribunal, previa audiencia del perjudicado, podrá fraccionar su pago, señalando, según su prudente arbitrio y en atención a las necesidades del perjudicado y a las posibilidades económicas del responsable, el período e importe de los plazos.

Respecto de la trasmisión de la responsabilidad civil debe recordarse que la muerte del reo, pese a extinguir la responsabilidad criminal, no extingue la acción civil, que podrá ejercitarse contra sus herederos. Igualmente, la acción para repetir la restitución, la reparación e indemnización se trasmite a los herederos del perjudicado.

5. Responsabilidad civil específica en determinados delitos

A lo largo del Libro II del CP existen algunas normas que abordan cuestiones concretas relavas a la responsabilidad civil de determinados delitos. Así, el art. 212 impone un régimen especial de solidaridad, en los delitos de injurias y calumnias con publicidad, pare el titular del medio y el autor del delito; el art. 259.5 obliga a incorporar a la masa del concurso el importe de la responsabilidad civil por los delitos singulares relacionados con la insolvencia punible cometidos por el deudor o persona que haya actuado en su nombre; el art. 272, en los delitos contra la propiedad intelectual el artículo 272 remite la regulación de la responsabilidad civil a la Ley de Propiedad Intelectual.

6. Prescripción de la responsabilidad civil

El régimen de extinción de la responsabilidad civil derivada del delito era una cuestión muy debatida en aplicación del CP de 1973. El Código Penal de 1995 debería haber solucionado los problemas que dicha regulación presentaba, como lo hacía el Proyecto de 1992, estableciendo una norma clara sobre la prescripción de la acción por responsabilidad civil derivada del delito que no olvidara los supuestos, también polémicos, de sobreseimiento por rebeldía o muerte del procesado y prescripción del delito, a los que se asimilan los casos de indulto y amnistía.

El silencio del legislador y la remisión general que el artículo 109 del CP hace a las leyes han perpetuado la polémica cuyo punto nuclear pivota sobre si el plazo de prescripción debe considerarse de un año, por ser éste el plazo establecido en el artículo 1.968.2.º del CC para la acción por responsabilidad civil extracontractual, como mantiene la doctrina civilista o si, como vienen entendiendo los Tribunales, aún con alguna sentencia de signo contrario, el plazo es de cinco años en virtud de lo dispuesto en el artículo 1.964.2.º del CC para las obligaciones personales. La reciente STS de 29 de abril de 2021, expone claramente la posición de nuestro Alto Tribunal:

> La jurisprudencia, partiendo del art. 1.092 CC (puesto en relación con el art. 117 CP 1.973) viene entendiendo aplicable a la acción civil nacida de delito un plazo prescriptivo diferente al general de un año de la responsabilidad civil extracontractual (art. 1.968 CC). Al estar emancipado su régimen legal (art. 1.092), habría de acudirse al plazo residual de quince años (art. 1.964, inciso final), hoy reducido a cinco (reforma de 2015 del Código Civil). Ese criterio está reafirmado por la más moderna jurisprudencia de la Sala Segunda (así como de la Primera), aunque no sin esporádicos pronunciamientos contrarios. Viene a refrendarlo la reciente STS 314/2020, de 15 de junio: que la acción penal haya prescrito no impide que subsista la civil, aunque deberá ejercitarse en un proceso civil. Esa circunstancia (acción penal extinguida por prescripción y acción civil viva), puede producirse no solo en virtud del distinto plazo prescriptivo, sino también por cuanto el régimen del *dies a quo*, así como de las causas de interrupción de la prescripción están diferenciados.

Esta postura ha sido criticada por la doctrina civilista que considera un contrasentido que, iniciado el juicio penal con reserva de acciones civiles, y concluido con sentencia condenatoria, la víctima dispusiera de cinco años para ejercitar la acción civil, mientras que si la sentencia es absolutoria el plazo sería de un año en virtud de lo establecido en el artículo 1.968, párrafo 2.º, del CC.

También resulta controvertida la cuestión de si la prescripción de la acción penal y de la acción civil quedan anudadas de tal forma que la tramitación de un proceso penal retrase el inicio del cómputo del plazo de prescripción extintiva de la acción civil, lo que a juicio de la STS de 11 de febrero de 2021, con numerosas citas jurisprudenciales precedentes, debe responderse afirmativamente argumentando que el legislador ha querido que la sentencia penal decida definitivamente toda las consecuencias penales y civiles derivadas del hecho delictivo, salvo que el perjudicado haya hecho reserva de acciones civiles. También a juicio de la doctrina civilista esta solución se presenta como errónea dado que implicaría plazos distintos de prescripción de la misma acción dependiendo de si se ha hecho reserva de acciones civiles o no.

Singular problemática presentan los delitos cuya tipicidad se construye sobre el incumplimiento del pago de deudas, como por ejemplo el delito de delito de abandono de familia por impago de pensiones del art. 227, o de defraudación a la hacienda pública y la seguridad social (arts. 305 a 307). En estos casos hay que dilucidar si dichas deudas prescriben con arreglo a lo establecido en la normativa de la que traen causa o si hay que aplicarles el plazo de prescripción de la responsabilidad civil nacida del delito. El TS ha abordado recientemente esta cuestión respecto del delito de abandono de familia y la STS de 23 de marzo de 2022 sostiene que:

> esa obligación civil —pago pensiones— impuesta en sentencia (que en rigor puede reclamarse en el mismo proceso de ejecución en familia, aunque exista un proceso penal en trámite) no es responsabilidad civil que nazca de un delito. Se generó antes. Es una obligación nacida de la ley. No se transforma por el hecho de que su incumplimiento haya podido dar lugar a un proceso penal en el que viene a ser exigida. Sigue siendo la misma obligación, con idéntico régimen, y con idéntico obligado, aunque pueda convertirse en objeto accesorio del proceso penal.

Por último, debe señalarse que también plantea un encendido debate si ejercitada la acción civil en el proceso penal, y firme la sentencia condenatoria, la acción para reclamar el pago del contenido de responsabilidad civil prescribe o no. La reciente STS de 13 de noviembre de 2020, aborda directamente la cuestión y, con voto particular del Magistrado Andrés Martínez Arrieta, concluye considerando imprescriptible la acción para exigir el pago de la responsabilidad civil. La argumentación parte de que la protección de la víctima del delito determina que se atribuya al órgano judicial el impulso y la iniciativa en la ejecución de sus pronunciamientos civiles y ello justifica que la interpretación de las normas del proceso de ejecución deba realizarse en el sentido más favorable a su plena efectividad, por lo la ejecución de los pronunciamientos civiles de una sentencia penal condenatoria, una vez declarada su firmeza, puede continuar hasta la completa satisfacción del acreedor, según previene el art. 570 LEC, sin que le sea de aplicación ni la prescripción, ni la caducidad. El voto particular, sin embargo, considera que por necesidades de seguridad jurídica sí debe considerarse prescriptible.

II. LAS CONSECUENCIAS ACCESORIAS

Hasta la promulgación del Código Penal de 1995 solía afirmarse que las consecuencias jurídicas del delito eran la pena, la medida de seguridad y la responsabilidad civil, ahora debe añadirse a éstas una cuarta, las llamadas consecuencias accesorias al delito, recogidas en el Título VI del Libro I. En realidad bajo este epígrafe incluye el legislador dos institutos que no eran ajenos al ordenamiento penal; el comiso, que antes se consideraba pena accesoria al delito, y una serie de medidas administrativas para las personas jurídicas que estaban dispersas a lo largo del articulado del Código. La denominación utilizada no parece inapropiada y tampoco lo es que se hayan recogido bajo el mismo Título.

Los artículos 127, 129 y 130 de este Título han sido modificados por LO 15/2003, LO 5/2010 y por la LO 1/2015.

En este apartado se va a abordar muy brevemente el comiso, y la nueva consecuencia accesoria de toma de muestras de ADN, dejando el estudio de las medidas del artículo 127 para tratarlas conjuntamente con la persona jurídica (véase *infra*, Tema 35).

1. El comiso

El comiso se regula en la actualidad en los artículos 127 a 128, si bien es cierto que se han introducido hasta un artículo 127 octies, lo que da cuenta de la prolijidad de la regulación del mismo.

Se suelen distinguir dos tipos de comiso: el comiso de seguridad —referido a los productos o instrumentos del delito— que se fundamenta en la peligrosidad del objeto sobre el que recae, o en el peligro que los objetos supongan *per se* para la comunidad (materiales explosivos, tóxicos, material inflamable, drogas, etc.), o en el peligro de que puedan servir para la comisión de futuros delitos (armas, moneda falsa, documentos falsificados, etc.); y, por otra parte, la pérdida de las ganancias ilícitas, que responde a la finalidad de corregir situaciones patrimoniales ilícitas, sobre la base del principio de que nadie debe enriquecerse mediante hechos ilícitos.

Según el párrafo primero del artículo 127.1, el comiso consiste en «la pérdida de los efectos que del delito o falta dolosos provengan y de los bienes, medios o instrumentos con que se haya preparado o ejecutado, así como de las ganancias provenientes del delito, cualesquiera que sean las transformaciones que hubieren podido experimentar». Ya en este artículo se detecta que nuestro ordenamiento jurídico considera comiso las dos modalidades antes mencionadas.

El artículo 127 y el artículo 128 contienen una regulación más próxima al comiso de seguridad en los delitos cometidos individualmente, mientras que todos los demás desarrollan principalmente su efectividad en el comiso de pérdida de ganancias en delitos cometidos en grupos criminales. Sin embargo, todas las normas de comiso pueden aplicarse a todos los delitos.

En esta materia nos limitaremos a señalar algunas cuestiones:

a) El artículo 127.2 faculta al Juez o Tribunal para decretar el comiso en los delitos imprudentes para los que la ley prevea la imposición de una pena de prisión superior a un año. En principio no habría nada que objetar a esta norma, salvo que el legislador se ha mostrado muy descuidado al describir el posible objeto de comiso. Así es, el artículo señala que el comiso puede recaer en «los efectos que provengan del mismo y de los bienes, medios o instrumentos con que se haya preparado o ejecutado, así como las ganancias provenientes del delito, cualquiera que sean las transformaciones que hubieran podido experimentar». Naturalmente ninguno de estos términos casa bien con la comisión de un delito imprudente. Esta norma puede aplicarse para decomisar los vehículos a motor en los delitos imprudentes.

b) El comiso puede consistir también en la pérdida de otros bienes no relacionados con el delito que pertenezcan al responsable del hecho (comiso de valor equivalente).

En este supuesto el valor de los bienes decomisados será equivalente al de los efectos, bienes, medios, instrumentos o ganancias provenientes del delito que no se puedan decomisar (art. 127.3).

c) Se pueden decomisar bienes, efectos y ganancias pertenecientes a una persona condenada por algunos delitos cuando se resuelva, a partir de indicios objetivos fundados, que los bienes o efectos provienen de una actividad delictiva, y no se acredite su origen lícito (art. 127 bis). El artículo contiene tanto la lista de delitos como algunos de los indicios que se valorarán para hacerlo aplicable.

d) El comiso podrá acordarse también en los supuestos en los que no medie sentencia condenatoria cuando la situación patrimonial ilícita quede acreditada en el proceso (art. 127 ter). El artículo contiene los supuestos concretos en los que se puede aplicar y la necesidad de que el proceso se haya dirigido contra la persona cuyos bienes se quieren decomisar.

e) Se pueden decomisar los bienes, efectos y ganancias con origen delictivo aunque hayan sido trasferidos a otras personas (art. 127 quáter).

f) Se pueden decomisar los bienes, efectos y ganancias provenientes de actividades ilícitas previas (art. 127 quinquies). En el artículo 127 sexies se contienen una serie de presunciones para posibilitar la aplicación del artículo anterior.

g) Se pueden decomisar incluso los bienes, efectos y ganancias de origen lícito, por valor equivalente, si no se pueden decomisar por cualquier causa los de origen ilícito (art. 127 septies).

h) El comiso se puede acordar desde las primeras diligencias, y los bienes y efectos intervenidos ser utilizados provisionalmente con la correspondiente autorización judicial (art. 127 octies).

2. La toma de muestras de ADN

El legislador ha introducido en LO 1/2015 una nueva consecuencia accesoria en el artículo 129 bis, regulándola con la falta de técnica legislativa que impera en toda la ley.

Establece el artículo 129 bis que:

> Si se trata de condenados por la comisión de un delito grave contra la vida, la integridad de las personas, la libertad, la libertad sexual, de terrorismo, o cualquier otro delito grave que conlleve un riesgo grave para la vida, la salud o la integridad física de las personas, cuando de las circunstancias del hecho, antecedentes, valoración de su personalidad, o de otra información disponible pueda valorarse que existe un peligro relevante de reiteración delictiva, el Juez o Tribunal podrá acordar la toma de muestras biológicas de su persona y la realización de análisis para la obtención de identificadores de ADN e inscripción de los mismos en la base de datos policial. Únicamente podrán llevarse a cabo los análisis necesarios para obtener los identificadores que proporcionen, exclusivamente, información genética reveladora de la identidad de la persona y de su sexo.
>
> Si el afectado se opusiera a la recogida de las muestras, podrá imponerse su ejecución forzosa mediante el recurso a las medidas coactivas mínimas indispensables para su ejecución, que deberán ser en todo caso proporcionadas a las circunstancias del caso y respetuosas con su dignidad.

III. LAS COSTAS PROCESALES

Las costas procesales son todos aquellos gastos que se ocasionan en la sustanciación de un pleito o de cualquier otro asunto judicial. GUASP matiza esta definición diciendo que:

> Las costas son aquella porción de gastos procesales cuyo pago recae sobre las partes que intervienen en un proceso determinado y reconocen a este proceso como causa inmediata y directa de su producción.

El artículo 123 del CP dispone que:

> Las costas procesales se entienden impuestas por la Ley a los criminalmente responsables de todo delito o falta.

Por su parte, el artículo 124 determina que las costas procesales:

> [...] comprenderán los derechos e indemnizaciones ocasionados en las actuaciones judiciales incluirán siempre los honorarios de la acusación particular en los delitos perseguibles a instancia de parte.

Las costas procesales consistirán según el artículo 241 de la LECrim:

> 1.º En el reintegro de papel sellado empleado en la causa.
> 2.º En el pago de los derechos de Arancel.
> 3.º En los honorarios devengados por los Abogados y peritos.
> 4.º En las indemnizaciones correspondientes a los testigos que las hubiesen reclamado, si fueren de abono, y en los demás gastos que se hubiesen ocasionado en la instrucción de la causa.

La tasación de costas se practica por el Letrado de la Administración de Justicia dando vista al Ministerio Fiscal y a las partes y aprobándose por el Tribunal. Debe recordarse que la Ley 25/1986, de 24 de diciembre, suprime las tasas judiciales, por lo que no pueden incluirse en las costas. La disposición no fue modificada para la jurisdicción penal por la Ley 10/2012, de 20 de noviembre, Reguladora de determinadas tasas en la Administración de Justicia.

En el proceso penal las costas no tienen un carácter convencional, ya que derivan de la resolución judicial, que a su vez ha de ceñirse a lo que diga la ley. Para las partes acusadoras, el querellante particular y el actor civil, rige el principio de la temeridad o mala fe (art. 240 LECrim). Para el acusado rige el principio del vencimiento (art. 240 LECrim).

IV. PRELACIÓN DE RESPONSABILIDADES PECUNIARIAS

Dedica a esta cuestión el Código el artículo 126:

> 1. Los pagos que se efectúen por el penado o el responsable civil subsidiario se imputarán por el orden siguiente:

1.º La reparación del daño causado e indemnización de perjuicios.

2.º La indemnización al Estado por el importe de los gastos que se hubieren hecho por su cuenta en la causa.

3.º Las costas del acusador particular o privado cuando se impusiere en la sentencia su pago.

4.º Las demás costas procesales, incluso las de la defensa del procesado, sin preferencia entre los interesados.

5.º La multa.

2. Cuando el delito hubiere sido de los que sólo pueden perseguirse a instancia de parte, se satisfarán las costas del acusador privado con preferencia a la indemnización del Estado.

En el CP de 1848 la multa ocupaba el segundo lugar, para descender al último en el de 1850, lo que no puede dejar de producir cierta perplejidad; puesto que si bien consideraciones de justicia material parecen indicar que las responsabilidades civiles deben ser preferentes al pago de la multa, no ocurre lo mismo con los números 2.º, 3.º y 4.º que en definitiva no contiene sino costas procesales.

Conviene señalar que el artículo 126 cae en el error de incluir junto con el penado al responsable civil subsidiario, que en ningún caso debe considerarse obligado al pago de las cuantías señaladas en los números 2.º, 3.º, 4.º y 5.º del artículo 126. Urge la supresión de la mención al responsable civil subsidiario en este artículo.

CUARTA PARTE

LA RESPONSABILIDAD PENAL DE LA PERSONA JURÍDICA

En esta Cuarta Parte se van a tratar las cuestiones relativas a la responsabilidad penal de la persona jurídica, introducida en nuestro ordenamiento jurídico por LO 5/2010 y modificada por LO 1/2015.

TEMA 35

RESPONSABILIDAD PENAL DE LA PERSONA JURÍDICA

I. INTRODUCCIÓN

El Derecho romano negaba la capacidad delictiva de las personas jurídicas (lo expresa el adagio latino «*societas delinquere non potest*»). Por su parte, el Derecho germánico la aceptaba fundándola en la responsabilidad de la *sippe* por los actos de sus miembros. Desde la construcción por los postglosadores (concretamente por Bartolo de Saxoferrato) en el siglo XIV de la teoría de la ficción, se trasladó al Derecho Penal la idea de la responsabilidad de las personas jurídicas, que perduró hasta el siglo XVIII. Pero, especialmente por obra de Savigny, se excluyó desde el siglo XIX.

En el Derecho comparado actual, los países del sistema anglosajón aceptan la responsabilidad criminal de las personas jurídicas por razones pragmáticas. Sin embargo, en el sistema continental la tradición ha sido la contraria, aunque en los últimos años se abre paso la superación del principio *societas delinquere non potest*. Así es, la responsabilidad penal de la persona jurídica se asume y admite, aunque de distintas formas, en un creciente número de ordenamientos de nuestro entorno: Alemania, Austria, Bélgica, Dinamarca, Holanda, Italia, Francia, Finlandia, Noruega, Portugal y Suecia, entre otros.

En las sociedades modernas, la llamada «delincuencia organizada» ha alcanzado dimensiones vastísimas y a ella se asocia la comisión de los delitos más nocivos: terrorismo, tráfico de drogas y de armas, trata de seres humanos, prostitución, corrupción y la inmensa mayoría de los llamados delitos económicos.

Aunque no existe un concepto unívoco de lo que debe entenderse por «delincuencia organizada», se suele coincidir en que se trata de la delincuencia asociada a colectivos de personas que tienen un carácter permanente o autorrenovable, estructurado y jerarquizado, cuyos miembros están sometidos a normas internas de la organización, y que utilizan toda clase de medios, legales e ilegales, frente a terceros.

Simplificando mucho se podría considerar que existen dentro de la delincuencia organizada dos modalidades distintas: *a*) organizaciones criminales fundadas para delinquir, son las organizaciones de naturaleza mafiosa cuyo único objetivo es la comisión de delitos y que suelen utilizar medios violentos, tanto externa como internamente. Este tipo de organizaciones raras veces se constituyen en sociedades reconocidas jurídicamente, salvo que se trate de sociedades tapadera; y *b*) las organizaciones que se dedican de manera habitual a lo que se podría denominar «criminalidad de empresa» o que por dificultades puntuales caen en ella. La expresión «criminalidad de empresa» es usada, entre otros por BAJO FERNÁNDEZ, para designar los delitos económicos cometidos en el ámbito de actuación de la empresa y en provecho de la misma (estafas, delitos contra la propiedad industrial o intelectual, defraudaciones fiscales y a la Seguridad Social, fraude de subvenciones, delitos contra los trabajadores, contra el medio ambiente, uso de información privilegiada...). En este segundo caso sí que existe un reconocimiento jurídico de la organización, y no se suelen emplear medios violentos.

Con frecuencia la delincuencia organizada tiene un carácter transnacional, se dedica a actividades criminales diferentes y suele utilizar como medio habitual la corrupción. Por ello no resulta extraño que sean numerosos los instrumentos jurídicos internacionales y europeos que reclamen una lucha eficaz contra la delincuencia organizada. En el contexto de esa lucha se viene reclamando, desde hace ya años, la exigencia de responsabilidad penal a la persona jurídica, en ocasiones sin caer en la cuenta de que la lucha contra la criminalidad organizada no se agota haciendo responsable criminal a la persona jurídica, puesto que no todas las organizaciones criminales adquieren forma jurídica.

La doctrina mayoritaria sigue siendo contraria a la consideración de que la persona jurídica pueda ser responsable criminal. Los argumentos manejados para mantener esta postura son de dos tipos: por una parte, se sostiene que la persona jurídica es incapaz de acción, postura a la que nos unimos dado el concepto de acción que venimos manejando; por otra, se argumenta que exigir responsabilidad penal a la persona jurídica conculca los principios de culpabilidad y personalidad de las penas.

Pese al rechazo doctrinal, la corriente legislativa actual favorable a la responsabilidad criminal de la persona jurídica parece imparable, lo que ha llevado a que parte de la doctrina haya buscado fundamentaciones que la hagan compatible con los principios inspiradores del Derecho Penal y con las categorías del delito (fundamentalmente acción y culpabilidad).

En este sentido los esfuerzos doctrinales se han concentrado en la legitimación de la pena desde otros puntos de partida que la culpabilidad (así SCHÜNEMANN fundamenta la imposición de la pena a la persona jurídica en la necesidad de protección del bien jurídico); o en una reelaboración del concepto de culpabilidad que haga posible admitir que las personas jurídicas son culpables de sus actos (así TIEDEMANN fundamenta la culpabilidad de la persona jurídica en el defecto de organización y GÓMEZ-JARA en la ausencia de una cultura empresarial de fidelidad al Derecho).

Otros autores, sin embargo, propugnan distinguir entre el Derecho Penal nuclear —dirigido a las personas físicas imputables, en el que regirían los principios de culpabilidad y personalidad de las penas— y otros Derechos Penales accesorios —cuyas consecuencias sancionadoras no dependerían del actuar culpable del sujeto (Derecho Penal de menores, de inimputables y de personas jurídicas)—. Esta corriente, denominada por algunos autores como una «tercera vía», es defendida, entre otros, por BAJO FERNÁNDEZ que no encuentra óbice a admitir que las personas jurídicas cometen hechos típicos (eludir el pago de impuestos, contratar, verter sustancias...), y son culpables (en cuanto que incumplen su obligación legal de imponer a sus empleados normas internas creadoras de una cultura de fidelidad al Derecho), aunque no consideran necesario el reconocimiento expreso de la responsabilidad penal de la persona jurídica, puesto que el Derecho Administrativo sancionador ya contiene sanciones eficaces, proporcionadas y disuasorias. Postulan teorías que se pueden adscribir también a esta tercera vía MIR PUIG y NIETO MARTÍN.

II. EVOLUCIÓN LEGISLATIVA ESPAÑOLA

Todos los Códigos Penales históricos españoles se han mantenido fieles al principio *societas delinquere non potest.* Hay que esperar a la Reforma Parcial y Urgente del CP de 1983 para que se comenzara a plantear a nivel legal la problemática de la comisión de delitos en el seno de las personas jurídicas. Fue esta reforma la que introdujo en el CP de 1973 un precepto que posibilitó la exigencia de responsabilidad criminal por la actuación en nombre de otro.

A dicha norma se incorporaron en el CP de 1995 las llamadas consecuencias accesorias al delito, auténticas medidas tendentes a garantizar que la persona jurídica no fuera utilizada para la comisión futura de delitos.

La reforma del artículo 31 del CP de 1995, operada por LO 15/2003, añadió a la actuación en nombre de otro la responsabilidad directa y solidaria de la persona jurídica del pago de la multa impuesta a la persona física a la que se condenaba por el delito cometido.

Sin embargo, ya en el Anteproyecto de Ley Orgánica de Reforma del Código Penal de 2006 el legislador había previsto introducir, en el actual artículo 10, un párrafo segundo en el que se establecían las bases de imputación penal a las personas jurídicas. La reforma legal no llegó a ser aprobada, pero mediante LO 5/2010 se ha incluido un artículo 31 bis, muy parecido en cuanto a su contenido al artículo 10, párrafo segundo del Anteproyecto, en el que se regula la responsabilidad penal de la persona jurídica.

La Exposición de Motivos de la LO 5/2010 justifica la introducción de la responsabilidad penal de la persona jurídica afirmando que «son numerosos los instrumentos jurídicos internacionales que demandan una respuesta penal clara para las personas jurídicas», haciendo referencia indirecta al Derecho Comunitario. Sin embargo, debe señalarse, como ya lo hacía el Informe del CGPJ al Anteproyecto de 2006, que «el Derecho Comunitario únicamente exige que en los supuestos de conductas criminales realizadas por personal directivo, las personas jurídicas puedan *ser consideradas responsables o exigírseles responsabilidades* por determinadas infracciones de naturaleza penal y que pueden serles impuestas por ello sanciones de naturaleza penal o administrativa. La imputación de responsabilidad de naturaleza penal a las personas jurídicas no lleva implícita necesariamente la imputación subjetiva de hechos delictivos, por lo que no debe considerarse que sea consecuencia de un imperativo de Derecho Comunitario que las personas jurídicas deban ser objeto de un régimen de responsabilidad penal como el de las personas físicas, como tampoco que las sanciones hayan de ser de naturaleza penal.»

La LO 1/2015 ha modificado el régimen de responsabilidad penal de la persona jurídica, introduciendo, como novedad más significativa, dos causas de exención de la responsabilidad penal de ésta.

En la interpretación de la normativa referida a la responsabilidad de la persona jurídica debe consultarse, además de la abundante doctrina sobre el tema, la Circular de la Fiscalía General del Estado 1/2016, sobre la responsabilidad penal de las personas jurídicas tras la reforma del Código Penal, y la doctrina jurisprudencial sentada en las SSTS núm. 514/2015, de 2 de septiembre, la núm. 221/2016, de 16 de marzo, la núm. 154/2016, de 29 de marzo, la núm. 516/2016, de 13 de junio, la núm. 583/2017, de 19 de julio, y la núm. 668/2017, de 11 de octubre, en la que el Tribunal, recogiendo sus pronunciamientos anteriores insiste en que:

> «[...] más allá de la rica complejidad que anima el debate dogmático acerca de la responsabilidad penal de las personas jurídicas, la jurisprudencia hasta ahora dictada en esta materia ha proclamado la necesidad, ya se opte por un modelo de responsabilidad por el hecho propio, ya por una fórmula de heterorresponsabilidad, de que cualquier pronunciamiento condenatorio de las personas jurídicas habrá de estar basado en los principios irrenunciables que informan el derecho penal» no cabiendo por tanto «una objetivación de este rupturista régimen de responsabilidad criminal de los entes colectivos, construido a espaldas del principio de culpabilidad proclamado en el art. 5 CP».

En la actualidad la responsabilidad penal de la persona jurídica (recogida en el art. 31 bis a quinquies del CP) convive con la exigencia de la responsabilidad penal por la actuación en nombre de otro (art. 31 del CP). Abordaremos ambas cuestiones por separado, comenzando por la actuación en nombre de otro, que es la primera respuesta del legislador español a la problemática de este tipo de criminalidad.

III. LA ACTUACIÓN EN NOMBRE DE OTRO

Establece el artículo 31 que:

> El que actúe como administrador de hecho o de derecho de una persona jurídica, o en nombre o representación legal o voluntaria de otro, responderá personalmente, aunque no concurran en él las condiciones, cualidades o relaciones que la correspondiente figura de delito o falta requiera para poder ser sujeto activo del mismo, si tales circunstancias se dan en la entidad o persona en cuyo nombre o representación obre.

Dos son los requisitos exigidos para sancionar penalmente a una persona física por su actuación en nombre de otro:

1) Que se trate del administrador de hecho o de derecho de una persona jurídica, o que actúe en nombre o representación legal o voluntaria de otro.
2) Que concurran en la persona jurídica o en el representado los elementos del tipo penal correspondiente, aunque no concurran en la persona física que actúa. Por tanto, se trata de los casos en los que una persona jurídica, por ejemplo, firma un contrato fraudulento, evade impuestos, etc.

Estos requisitos obligan a hacer una serie de precisiones en torno a la actuación en nombre de otro:

1) El ámbito de aplicación del artículo 31 se reduce a los delitos especiales propios, constituyendo en el fondo una norma de autoría que permite considerar responsable criminal a la persona física que, no obstante haber lesionado el bien jurídico protegido, no encaja en el tipo penal por carecer de las condiciones o cualidades que éste exige para ser autor. Es decir, el artículo 31 constituye una causa de extensión de la autoría que permite, sin infringir el principio de legalidad, poner a cargo del que actúa en nombre de otro las condiciones especiales exigidas para ser autor del delito. Debe tenerse en cuenta, sin embargo, que no siempre que se comete el delito en el seno de una persona

jurídica es necesario acudir al artículo 31, en muchos de estos delitos el tipo puede predicarse sin dificultades de la persona física que actúa.

2) El artículo 31 sólo permite suplir la falta de concurrencia en la persona física de las condiciones que se requieren para ser autor del tipo, pero no contiene una regla de responsabilidad objetiva para el que actúa en nombre de otro. En efecto, los representantes o administradores de hecho o de derecho responden exclusivamente de sus propios actos, pero no hay responsabilidad sin acción —conducta humana voluntaria, por tanto dolosa o culposa— y la ausencia de la misma no puede ser suplida mediante el artículo 31, otro tanto sucede con la culpabilidad.

IV. LA RESPONSABILIDAD PENAL DE LA PERSONA JURÍDICA

Abordaremos separadamente las distintas cuestiones que plantea el Código Penal respecto de la responsabilidad penal de las personas jurídica. Por una parte, las cuestiones relativas al injusto de la responsabilidad penal de la persona jurídica (qué personas jurídicas pueden ser responsables criminales, los requisitos de imputación penal de las personas jurídicas, las causas que eximen de responsabilidad penal, las circunstancias atenuantes y las reglas por las que se articula la exigencia de responsabilidad penal en personas físicas y jurídicas por la comisión de los mismos hechos) y por otra, las relativas al sistema de penas (catálogo de penas, reglas para la determinación de la pena y la pena de multa por su peculiar sistema). Se tratará también de una cuestión muy vinculada con la responsabilidad de la persona jurídica, las penas accesorias que se pueden imponer a las entidades que no tienen personalidad jurídica. Finalmente se abordarán la extinción de la responsabilidad criminal y la rehabilitación de la persona jurídica, para acabar hablando de la responsabilidad civil.

1. Personas jurídicas responsables

El legislador ha establecido como regla general la responsabilidad penal de todas las personas jurídicas, con independencia de su tipología concreta (art. 31 bis), aunque algunas instituciones y entidades con personalidad jurídica quedan excluidas de responsabilidad (art. 31 quinquies).

La LO 5/2010 establecía en el artículo 31 bis.5 la lista de instituciones y entidades a las que no se hacía extensible la responsabilidad penal de las personas jurídicas, incluyendo en el catálogo a los partidos políticos y a los sindicatos. La LO 7/2012, ante el escándalo que había causado esa excepción, modificó el precepto suprimiendo de la lista de personas jurídicas excluidas de responsabilidad penal a ambos, es decir, que a partir de su entrada en vigor, también los partidos políticos y los sindicatos podían ser responsables penales.

Tras la reforma operada por la LO 1/2015 el artículo 31 quinquies establece que:

> 1. Las disposiciones relativas a la responsabilidad penal de las personas jurídicas no serán aplicables al Estado, a las Administraciones públicas territoriales e institucionales, a los Organismos Reguladores, las Agencias y Entidades públicas Empresariales, a las organizaciones

internacionales de derecho público, ni a aquellas otras que ejerzan potestades públicas de soberanía o administrativas.

2. En el caso de las Sociedades mercantiles públicas que ejecuten políticas públicas o presten servicios de interés económico general, solamente les podrán ser impuestas las penas previstas en las letras *a*) y *g*) del apartado 7 del artículo 33. Esta limitación no será aplicable cuando el Juez o Tribunal aprecie que se trata de una forma jurídica creada por sus promotores, fundadores, administradores o representantes con el propósito de eludir una eventual responsabilidad penal.

Por tanto, son responsables penales todas las personas jurídicas, incluidas las Sociedades mercantiles públicas que ejecuten políticas públicas o presten servicios de interés económico general, y no son responsables penales, el Estado, las Administraciones públicas territoriales e institucionales, los Organismos Reguladores, las Agencias y Entidades públicas Empresariales, las organizaciones internacionales de derecho público, ni aquellas otras que ejerzan potestades públicas de soberanía o administrativas.

En esta norma se echa en falta una definición de *persona jurídica a los efectos penales*, como ha hecho el legislador en otras ocasiones (así los arts. 24, 25 y 26), que pueda solventar algunas cuestiones más complicadas, como la de las sociedades pantalla o de fachada (aquellas que se han constituido exclusivamente como instrumentos para la comisión de delitos) o de aquellas cuya actividad fundamental sea ilícita.

La Circular 1/2016 de la Fiscalía, siguiendo el Auto de 19 de mayo de 2014 de la Audiencia Nacional, diferenció las personas jurídicas imputables de las inimputables, postura que ha sido acogida por el Tribunal Supremo en SSTS de 29 de febrero de 2016, 5 de marzo de 2019 y 22 de octubre de 2020. Conforme a ello se distinguen:

A) Personas jurídicas penalmente imputables y por tanto responsables criminales:

1. Aquellas corporaciones cuyo fin es lícito y operan con normalidad en el mercado; a estas sociedades es a las que dirigen las disposiciones sobre los modelos de organización y gestión de los apartados 2 a 5 del art. 31 bis.

2. Las sociedades que desarrollan una actividad en su mayor parte ilegal, es decir, aquellas a las que se refiere la regla 2.ª del art. 66 bis como las utilizadas «instrumentalmente para la comisión de ilícitos penales». Un ejemplo de este tipo de sociedades serían las utilizadas en delitos de blanqueo de capitales o financiación del terrorismo. En la mayoría de los casos en estas sociedades se mezclan fondos de origen lícito e ilícito.

B) Personas penalmente inimputables y por tanto no responsables criminales.

Son las sociedades «pantalla», es decir, aquellas creadas exclusivamente para el desarrollo de actividades ilegales, o en las que la actividad legal es meramente residual y aparente para los propios propósitos delictivos» (véase el Auto de 19 de mayo de 2014). Estas personas jurídicas han de ser consideradas al margen del régimen de responsabilidad del artículo 31 bis, puesto que sería incoherente pretender respecto de ellas que se sometan a mecanismos de autorregulación cuando nacen exclusivamente con una finalidad delictiva.

Para este supuesto de personas jurídicas inimputables, y para aquellos otros en los que la entidad no tenga personalidad jurídica, será aplicable el artículo 129, que establece que el Juez o Tribunal pueda imponerles algunas de las penas previstas para las personas jurídicas (véase *infra* el apartado V).

2. Requisitos de imputación del delito a la persona jurídica

Los requisitos de imputación del delito a la persona jurídica están contenidos en el número primero del artículo 31 bis, mientras que en el número segundo se contienen las causas de exención de la responsabilidad penal.

En la primera versión del artículo 31 bis se recogía una responsabilidad de carácter objetivo, porque el legislador no había realizado ni siquiera un intento de fundamentar la culpabilidad de la persona jurídica, dejando a la doctrina y a los Tribunales esta labor, lo que daba lugar a una situación de inseguridad jurídica lamentable.

La LO 1/2015 ha mejorado la situación, inclinándose por la postura doctrinal de fundamentar la imputación de responsabilidad a la persona jurídica en la teoría del defecto de organización o/y supervisión, como se deduce de que se exima de responsabilidad penal a la persona jurídica cuando en la organización, *ex ante*, se hayan adoptado y ejecutado con eficacia medidas de vigilancia y control para evitar, o al menos prevenir, la comisión de delitos (art. 31 bis.1, p. 2, 3 y 4), es decir, un sistema de autorregulación. En este sentido, la Sentencia del Tribunal Supremo núm. 154/2016, de 29 de febrero de 2016, declara:

> [...] el sistema de responsabilidad penal de la persona jurídica se basa, sobre la previa constatación de la comisión de un delito por parte de la persona física integrante de la organización como presupuesto inicial de la referida responsabilidad, en la exigencia del establecimiento y correcta aplicación de medidas de control eficaces que prevengan e intenten evitar, en lo posible, la comisión de infracciones delictiva por quienes integran la organización.

Establece el artículo 31 bis.1 que:

> 1. En los supuestos previstos en este Código, las personas jurídicas serán penalmente responsables:
>
> *a*) De los delitos cometidos en nombre o por cuenta de las mismas, y en su beneficio directo o indirecto, por sus representantes legales o por aquellos que actuando individualmente o como integrantes de un órgano de la persona jurídica, están autorizados para tomar decisiones en nombre de la persona jurídica u ostentan facultades de organización y control dentro de la misma.
>
> *b*) De los delitos cometidos, en el ejercicio de actividades sociales y por cuenta y en beneficio directo o indirecto de las mismas, por quienes, estando sometidos a la autoridad de las personas físicas mencionadas en el párrafo anterior, han podido realizar los hechos por haberse incumplido gravemente por aquéllos los deberes de supervisión, vigilancia y control de su actividad atendidas las concretas circunstancias del caso.

Se contienen, por tanto, dos requisitos de imputación, uno común para todos los casos y otro alternativo.

A) Requisito común: que el CP prevea la responsabilidad penal de la persona jurídica para el delito que se le imputa (art. 31 bis.1.º).

El requisito de imputación, esencial y común a los dos casos en los que la persona jurídica es responsable, es que el propio Código Penal prevea en el Libro II que la persona jurídica responde penalmente del delito concreto que se le imputa.

A este respecto debe señalarse, en primer lugar, que el legislador ha cerrado con esta norma la posibilidad de imputar a la persona jurídica los delitos previstos en la legislación especial dado que no están recogidos en el Código. Se trata de los delitos contenidos en la Ley de Contrabando y de Control de Cambios.

Actualmente los delitos que pueden ser imputados a la persona jurídica son: artículo 156 bis (tráfico ilegal de órganos); artículo 177 bis.7 (trata de seres humanos); artículo 189 bis (prostitución y pornografía infantil); artículo 197 quinquies (acceso ilegal a datos o programas informáticos); artículo 251 bis (estafa); artículo 258 ter (alzamiento de bienes): artículo 261 bis (insolvencias punibles); artículo 264 quáter (ataques a sistemas informáticos); artículo 288 (delitos contra la propiedad intelectual, industrial y el mercado y los consumidores); artículo 302.2 (blanqueo de capitales); artículo 304 bis (donaciones a partidos políticos); artículo 310 bis (delitos contra la Hacienda Pública y la Seguridad Social); artículo 318 bis.5 (delitos contra los derechos de los ciudadanos extranjeros); artículo 319.4 (delitos contra la ordenación del territorio y el urbanismo); artículo 328 (delito ecológico); artículo 343 (delitos relativos a la energía nuclear); artículo 348.3 (delitos de riesgo provocados por explosivos); artículo 366 (delitos contra la salud pública); artículo 369 bis (tráfico de drogas); artículo 386.5 bis.1 (falsificación de moneda); 399 bis (falsificación de tarjetas de crédito o débito y cheques de viaje); artículo 427 bis (cohecho); artículo 430 (tráfico de influencias); artículo 445.2 (cohecho de funcionarios públicos extranjeros o de organizaciones internacionales); artículo 510 bis (provocación a la discriminación y al odio), y, por último, artículo 576 bis.3 (financiación del terrorismo).

De este listado podrían hacerse dos consideraciones: la primera, que hay una serie de delitos que en pocas ocasiones serán cometidos por organizaciones con personalidad jurídica (como el tráfico de órganos o la trata de seres humanos) y la segunda, que se echa en falta la imputación de algunos delitos que sí suelen cometerse en el seno de personas jurídicas. Así es, no se hace responsable penal a la persona jurídica del delito de administración desleal (art. 252), de apropiación indebida (arts. 253 y 254), ni de los delitos contra los derechos de los trabajadores (el art. 318 no se ha modificado y sigue remitiendo al art. 129 del CP). La LO 1/2015 ha establecido la posibilidad de imputación de otra laguna legal que había dejado la LO 5/2010; los delitos contra la salud pública del Capítulo III del Título XVII, delitos contra la seguridad colectiva (art. 366). Se echa en falta también que se puedan imputar a la persona jurídica los delitos de incendios, comprendidos en el Capítulo II del Título XVII, y por eso no abarcados por el contenido del artículo 366 que se refiere a los delitos de este «Capítulo». Quizá, respecto de estos delitos, el legislador ha considerado suficiente la medida que puede tomar el Juez o Tribunal de no modificación de la calificación del suelo, que puede llegar hasta los treinta años (art. 355).

B) Requisitos alternativos: que concurra alguno de los dos supuestos previstos en las letras *a*) y *b*) del art. 31 bis.

Los otros dos requisitos establecidos en el artículo 31 bis.1 son alternativos y se enlazan con la persona física que ha realizado la conducta típica, lo que demuestra a las claras la realidad ontológica de que las personas jurídicas no cometen delitos. Los supuestos alternativos son:

1) Art. 31 bis letra *a*)

La persona jurídica será responsable penal cuando el delito del que se le acusa lo hayan cometido, por nombre o cuenta de la misma y en su beneficio directo o indirecto: *a*) sus representantes legales; o *b*) los que están autorizados a tomar decisiones en nombre de la persona jurídica, ya se trate de personas individuales o de órganos colectivos; o *c*) los que ostentan facultades de organización y control dentro de la persona jurídica.

2) Art. 31 bis letra *b*)

La persona jurídica será responsable penal cuando el delito del que se le acusa lo haya cometido, en el ejercicio de las actividades sociales de la persona jurídica, y por cuenta o en beneficio directo o indirecto de la misma, una persona sometida a la autoridad de alguna de las personas físicas mencionadas en el supuesto anterior, y cuando su comisión haya sido posible porque éstos hayan incumplido gravemente los deberes de supervisión, vigilancia y control de su actividad, atendidas las concretas circunstancias del caso.

Por lo que respecta al beneficio, la STS 154/2016, de 29 de febrero de 2016 considera por tal «cualquier clase de ventaja, incluso de simple expectativa o referida a aspectos tales como la mejora de la posición respecto de otros competidores, etc., provechosa para el lucro o para la mera subsistencia de la persona jurídica en cuyo seno el delito de representante, administrador o subordinado jerárquico, se comete». En este mismo sentido se manifiesta la doctrina, así Nieto Martín, que pone de relieve que el beneficio no siempre tendrá carácter económico, bien porque se trate de un delito que no conlleve lucro (acoso sexual en la empresa...), o porque la persona jurídica no sea un ente con ánimo de lucro (un partido político, un sindicato…), o porque el delito trata de proteger bienes jurídicos colectivos (seguridad en el tráfico jurídico…). Esta postura es mantenida también por la Circular de la Fiscalía General del Estado 1/2016 que considera que solo quedarán excluidas aquellas conductas que, realizadas por la persona física en su exclusivo y propio beneficio o en el de terceros, resulten inidóneas para reportar a la entidad beneficios.

3. Causas de exención de la responsabilidad penal

Sin duda la novedad más importante y más trascendente a efectos prácticos que introduce la LO 1/2015 respecto de la responsabilidad de la persona jurídica es la inclusión de un sistema de exención de responsabilidad criminal. Una carencia del sistema creado por la LO 5/2010 que la doctrina había puesto insistentemente de manifiesto.

La exención de la responsabilidad se fundamenta, como advertíamos antes, en la adopción *ex ante* de un sistema de autorregulación. La autorregulación, desde el punto de vista de la criminalidad de las personas jurídicas, implica la adopción por parte de las mismas de medidas organizativas encaminadas a la prevención de la comisión de delitos en su seno.

Esas medidas organizativas se vuelcan en los llamados *compliance programs* (programas de prevención de riesgos penales), que se empezaron a implementar en nuestro país tras la introducción de la responsabilidad penal de la persona jurídica. Los *compliance programs* recogen herramientas, políticas, procedimientos, guías y manuales, que la persona jurídica se auto-impone para controlar que en su quehacer diario se respete la legalidad y la normativa que le es aplicable. En la regulación de la responsabilidad penal de la persona jurídica fruto de la LO 5/2010, el establecimiento *ex post* de estos programas atenuaba la responsabilidad de la persona jurídica, pero nada se decía del establecimiento *ex ante* de los mismos. La Fiscalía General de Estado interpretó, en buena lógica, que no podían eximir de responsabilidad penal a la persona jurídica.

Dado que en la legislación española no existía normativa alguna en este sentido, para la elaboración de los *compliance programs* se han estado utilizando, como referencia, las de otros sistemas jurídicos en los que ya tenía más tradición la responsabilidad penal o administrativa de las personas jurídicas. Pues bien, la LO 1/2015 ha incorporado a nuestra legislación esa normativa que se había estado importando. A nuestro juicio el Código Penal no es el lugar idóneo para incorporar estas reglas, habría sido mejor que se recogieran en el Código Penal sólo los supuestos de exención, con un reenvío claro a una normativa extra-penal donde se desarrollaran.

El artículo 31 bis recoge dos eximentes, una para cada uno de los supuestos en los que se imputa responsabilidad penal a las personas jurídicas por los actos realizados por personas físicas:

a) La primera de las eximentes está recogida en el artículo 31 bis.2 y 3, y se relaciona con lo previsto en el artículo 31 bis.1, letra *a*).

Los requisitos para que la persona jurídica esté exenta de responsabilidad penal en este caso se contienen en el artículo 31 bis.2, y son:

1.ª Que el órgano de administración haya adoptado y ejecutado con eficacia, *ex ante*, un programa de organización y gestión que incluya las medidas de vigilancia y control idóneas para prevenir, o para reducir de forma significativa, el riesgo de la comisión de delitos de la misma naturaleza que el imputado;

2.ª Que la supervisión del funcionamiento y del cumplimiento del programa de prevención implantado haya sido confiada a un órgano de la persona jurídica con poderes autónomos de iniciativa y de control, o a un órgano que tenga encomendada legalmente la función de supervisar la eficacia de los controles internos de la persona jurídica;

3.ª Que los autores individuales hayan cometido el delito eludiendo fraudulentamente los programas de organización y de prevención;

4.ª Que el órgano encargado de velar por el cumplimiento de los programas no haya omitido, o ejercido insuficientemente, sus funciones de supervisión, vigilancia y control. Respecto de esta condición debe señalarse que quizá hubiera sido más oportuno utilizar el término «negligencia» que tiene un contenido mucho más preciso que el de «suficiencia».

El legislador, consciente de que las dimensiones de una persona jurídica pueden hacer inviable la existencia de programas exhaustivos de prevención de riesgos penales, ha recogido una norma específica para las pymes, en el artículo 31 bis.3, según el cual:

> En las personas jurídicas de pequeñas dimensiones, las funciones de supervisión a que se refiere la condición 2.ª del apartado 2 podrán ser asumidas directamente por el órgano de

administración. A estos efectos, son personas jurídicas de pequeñas dimensiones aquellas que, según la legislación aplicable, estén autorizadas a presentar cuenta de pérdidas y ganancias abreviada.

El propio artículo 31 bis.2 en su inciso segundo se hace eco de las dificultades de acreditar algunas de las condiciones que exige, y crea una circunstancia atenuante, que incluso podrá ser considerada como muy cualificada, para los casos de acreditación parcial.

b) La segunda de las eximentes se contiene en el artículo 31 bis.4 y se relaciona con lo previsto en el artículo 31 bis.1, letra *b*).

En este caso se exige para eximir que la persona jurídica, *ex ante*, haya adoptado y ejecutado eficazmente un programa de organización y gestión adecuado para prevenir, o al menos para reducir de forma significativa, el riesgo de la comisión de delitos de la naturaleza del que se le imputa. Los requisitos que debe cumplir el programa están recogidos en el artículo 31 bis.5 y son los siguientes::

1.º Identificarán las actividades en cuyo ámbito puedan ser cometidos los delitos que deben ser prevenidos.

2.º Establecerán los protocolos o procedimientos que concreten el proceso de formación de la voluntad de la persona jurídica, de adopción de decisiones y de ejecución de las mismas con relación a aquéllos.

3.º Dispondrán de modelos de gestión de los recursos financieros adecuados para impedir la comisión de los delitos que deben ser prevenidos.

4.º Impondrán la obligación de informar de posibles riesgos e incumplimientos al organismo encargado de vigilar el funcionamiento y observancia del modelo de prevención.

5.º Establecerán un sistema disciplinario que sancione adecuadamente el incumplimiento de las medidas que establezca el modelo.

6.º Realizarán una verificación periódica del modelo y de su eventual modificación cuando se pongan de manifiesto infracciones relevantes de sus disposiciones, o cuando se produzcan cambios en la organización, en la estructura de control o en la actividad desarrollada que los hagan necesarios.

También en este caso el legislador prevé la posibilidad de que no se cumplan todos los requisitos, pero sí algunos de ellos, y por ello preceptúa que en esos supuestos sea de aplicación una atenuante (art. 31 bis.4, inciso segundo).

Sobre la naturaleza jurídica de la exención existen importantes discrepancias; así para algunos constituye una excusa absolutoria vinculada a la punibilidad (Circular de la Fiscalía 1/2016), postura que rechaza nuestro Tribunal Supremo (STS 154/2016, de 29 de febrero) y parte de la doctrina (entre otros Feijoo Sánchez) argumentando que para que concurra una excusa absolutoria debe haberse afirmado previamente la existencia de la responsabilidad, y eso es lo que falta en los casos en los que la persona jurídica ha adoptado mecanismo de autorregulación eficiente. Desde esta perspectiva, la presencia de adecuados mecanismos de control «lo que supone es la inexistencia misma de la infracción», es decir, se considera que la ausencia de controles eficaces constituye un elemento objetivo del tipo del delito corporativo, figura delictiva propia de la persona jurídica sancionada en el artículo 31 bis del CP. En palabras de Feijoo Sánchez pareciera que el Tribunal Supremo considerara el art. 31 bis «como si fuese un *crimen culpae* de la corporación consistente en la ausencia de mecanismos de control». Lo cierto es que la postura de nuestro Tribunal Supremo respecto de este tema todavía no está consolidada, en parte quizás por los múltiples planteamientos doctrinales.

4. Circunstancias modificativas

La LO 5/2010 introdujo en el artículo 31 bis.4 el elenco de circunstancias atenuantes que se podían apreciar en la responsabilidad penal de la persona jurídica. La LO 1/2015 se ha limitado a cambiar la ubicación de la norma, sin modificar su contenido, aunque debería haberlo hecho, siquiera para recoger las dos nuevas atenuantes que ha creado en el artículo 31 bis.2, que no aparecen mencionadas en el catálogo. Esta falta de técnica legislativa no obsta, sin embargo, a que puedan aplicarse dichas atenuantes.

Del catálogo de circunstancias atenuantes cabe destacar dos cuestiones: 1) que el propio legislador se encarga de que no se puedan aplicar otras de análoga significación, al iniciar la norma con la expresión «sólo podrán considerarse»; y; 2) que todas las que se recogen en el catálogo son circunstancias *ex post*, es decir, que concurren después de haberse cometido el delito. El fundamento político-criminal de las atenuantes del catálogo es el mismo que el de la confesión y reparación del daño, disminuir las consecuencias del delito, facilitar su persecución, aunque se añade otra: prevenir la comisión de futuros delitos.

Establece el artículo 31 quárter que:

> Sólo podrán considerarse circunstancias atenuantes de la responsabilidad penal de las personas jurídicas haber realizado, con posterioridad a la comisión del delito y a través de sus representantes legales, las siguientes actividades:
>
> *a*) Haber procedido, antes de conocer que el procedimiento judicial se dirige contra ella, a confesar la infracción a las autoridades.
>
> *b*) Haber colaborado en la investigación del hecho aportando pruebas, en cualquier momento del proceso, que fueran nuevas y decisivas para esclarecer las responsabilidades penales dimanantes de los hechos.
>
> *c*) Haber procedido en cualquier momento del procedimiento y con anterioridad al juicio oral a reparar o disminuir el daño causado por el delito.
>
> *d*) Haber establecido, antes del comienzo del juicio oral, medidas eficaces para prevenir y descubrir los delitos que en el futuro pudieran cometerse con los medios o bajo la cobertura de la persona jurídica.

Las atenuantes contenidas en las letras *a*) a *c*) son equivalentes a las de confesión, colaboración con la justicia y reparación del daño, por lo que deberían interpretarse en el mismo sentido que éstas. Sin embargo, la contenida en la letra *d*) es una atenuante novedosa que viene a fomentar que en las personas jurídicas responsables penales se active una reorganización que pueda impedir la futura reiteración de infracciones penales.

5. Reglas de exigibilidad de responsabilidad para la persona física y jurídica por los mismos hechos

Dado que el legislador ha decidido mantener la exigencia de responsabilidad penal por la actuación en nombre de otro al tiempo que hace responsable penal a la persona jurídica en cuyo nombre o representación se actúa, ha sido necesario introducir una serie de reglas para articular ambas responsabilidades.

a) Se le exigirá responsabilidad penal a la persona jurídica, siempre que se constate la comisión del delito, aun cuando la concreta persona física responsable no haya sido individualizada, o no haya sido posible dirigir el procedimiento contra ella por cualquier causa (art. 31), o haya fallecido o se hubieren sustraído a la acción de la justicia (art. 31 ter.2).

b) Cuando como consecuencia de los mismos hechos se considere responsable penal a la persona jurídica y a una persona física y se les impusieren a ambas la pena de multa, los jueces o tribunales modularán las respectivas cuantías, de modo que la suma resultante no sea desproporcionada en relación con la gravedad de aquéllos (art. 31 ter.2).

c) La concurrencia en las personas físicas responsables de circunstancias que afecten a su culpabilidad o agraven su responsabilidad no modificará la responsabilidad penal de las personas jurídicas (art. 31 ter.2).

V. LAS PENAS APLICABLES A LAS PERSONAS JURÍDICAS

1. El catálogo de penas

El artículo 33.7, introducido por LO 5/2010, enumera las penas aplicables a las personas jurídicas, establece su duración máxima y define aquellas de las que resulta necesario un concepto.

Según el artículo 33.7 son penas aplicables a las personas jurídicas las siguientes:

a) Multa por cuotas o proporcional.

b) Disolución de la persona jurídica. La disolución producirá la pérdida definitiva de su personalidad jurídica, así como la de su capacidad de actuar de cualquier modo en el tráfico jurídico, o llevar a cabo cualquier clase de actividad, aunque sea lícita.

c) Suspensión de sus actividades por un plazo que no podrá exceder de cinco años.

d) Clausura de sus locales y establecimientos por un plazo que no podrá exceder de cinco años.

e) Prohibición de realizar en el futuro las actividades en cuyo ejercicio se haya cometido, favorecido o encubierto el delito. Esta prohibición podrá ser temporal o definitiva. Si fuere temporal, el plazo no podrá exceder de quince años.

f) Inhabilitación para obtener subvenciones y ayudas públicas, para contratar con el sector público y para gozar de beneficios e incentivos fiscales o de la Seguridad Social, por un plazo que no podrá exceder de quince años.

g) Intervención judicial para salvaguardar los derechos de los trabajadores o de los acreedores por el tiempo que se estime necesario, que no podrá exceder de cinco años.

La intervención podrá afectar a la totalidad de la organización o limitarse a alguna de sus instalaciones, secciones o unidades de negocio. El Juez o Tribunal, en la sentencia o, posteriormente, mediante auto, determinará exactamente el contenido de la intervención y determinará quién se hará cargo de la intervención y en qué plazos deberá realizar informes de seguimiento para el órgano judicial. La intervención se podrá modificar o suspender en todo momento previo informe del interventor y del Ministerio Fiscal. El interventor tendrá derecho a acceder a todas las instalaciones y locales de la empresa o persona jurídica y a recibir cuanta información estime necesaria para el ejercicio de sus funciones. Reglamentariamente se determinarán los aspectos relacionados con el ejercicio de la función de interventor, como la retribución o la cualificación necesaria.

La clausura temporal de los locales o establecimientos, la suspensión de las actividades sociales y la intervención judicial podrán ser acordadas también por el Juez Instructor como medida cautelar durante la instrucción de la causa.

Lo cierto es que por su contenido las penas recogidas en el nuevo artículo 33.7 no suponen una novedad en nuestro Código, salvo las multas, puesto que el artículo 129 —en su versión anterior a la LO 5/2010— ya preveía que pudieran imponerse con carácter facultativo, como consecuencias accesorias, en los casos previstos por el Código. La novedad real afecta tan sólo a que las penas a imponer a las personas jurídicas tengan el carácter de penas principales y no de consecuencias accesorias y que deban ser impuestas obligatoriamente, además de que se puedan imponer también penas de multa.

Por último, debe señalarse que todas las penas aplicables a las personas jurídicas tienen siempre el carácter de penas graves, con las consecuencias que ello conlleva en la prescripción.

2. La determinación de la pena aplicable a la persona jurídica

El legislador ha introducido en la reforma operada por LO 5/2010 un nuevo artículo, el 66 bis, en el que se contienen una serie de reglas específicas para la determinación de la pena aplicable a la persona jurídica.

Antes de abordar el contenido concreto de dichas reglas surge, sin embargo, una duda: ¿son aplicables también el resto de las reglas, y, en concreto, son aplicables los contenidos de los artículos, 62, 63 y 68?

Respecto de la posible aplicación del contenido del artículo 62 la respuesta debería ser afirmativa puesto que el delito cometido en nombre, por cuenta o en provecho de la persona jurídica puede hallarse en grado de tentativa y no parece haber óbice suficiente para no considerar menos grave la infracción penal en este caso.

Sin embargo, la regla contenida en el artículo 63 no será de aplicación puesto que si el delito se ha cometido en nombre, por cuenta o en provecho de la persona jurídica ésta no podrá ser considerada, a efectos de pena, más que autor.

Tampoco resultará de aplicación el artículo 68 puesto que el legislador, al recoger las causas que eximen de responsabilidad penal a la persona jurídica ya ha establecido un régimen especial para los casos equivalentes a la exención incompleta; la de su valoración a efectos de atenuación de la pena. Así es, establece el artículo 31 bis.2.2 que «en los casos en los que las anteriores circunstancias solamente puedan ser objeto de acreditación parcial, esta circunstancia será valorada a efectos de atenuación de pena», consideración que se hace extensible a la exención contenida en el número cuarto en el párrafo segundo de éste. Naturalmente lo que sí cabrá, para distinguir unos supuestos de otros, será la consideración de esta atenuante como simple o como muy cualificada.

Por lo demás las reglas aplicables a la determinación de la pena a imponer a la persona jurídica podrían sistematizarse de la siguiente forma:

1.ª A la pena que se le imponga a la persona jurídica le serán de aplicación las reglas 1.ª a 4.ª y 6.ª a 8.ª del artículo 66.1 (art. 66 bis.1). La regla 5.ª del artículo 66.1 se excluye porque el propio artículo 66 bis recoge previsiones específicas para el caso de multirreincidencia.

2.ª Todas las penas a imponer a las personas jurídicas, salvo la multa y la disolución, estarán limitadas al máximo de duración de la pena privativa de libertad prevista para el delito cometido, salvo en el caso de que se imponga la pena de prohibición de realizar actividades como definitiva (art. 66 bis.2.ª1).

3.ª Las penas *c*) a *g*) del artículo 33.7 tendrán una duración máxima de dos años cuando la responsabilidad de la persona jurídica, en los casos previstos en la letra *b*) del apartado 1 del artículo 31 bis, derive de un incumplimiento de los deberes de supervisión, vigilancia y control que no tenga carácter grave (art. 66 bis.2.ª3). Lo cierto es que el legislador debería haber sido más cuidadoso al ubicar esta norma porque, tal y donde ha quedado recogida, bien podría pensarse que es una excepción del caso siguiente.

4.ª Cuando la persona jurídica sea reincidente o sea utilizada instrumentalmente para la comisión de ilícitos penales, se podrán imponer, con una duración superior a dos años, las penas de las letras *c*) a *g*) del artículo 33.7, es decir todas las penas, salvo la multa y la disolución (art. 66 bis.2.ª2). Se entenderá que la persona jurídica ha sido utilizada instrumentalmente para la comisión de ilícitos penales siempre que la actividad legal de la persona jurídica sea menos relevante que su actividad ilegal. La dicción literal del artículo 66 bis.2.ª2 obliga a imponer las penas con una duración igual o inferior a dos años cuando la persona jurídica no sea reincidente o no haya sido utilizada instrumentalmente.

5.ª Cuando la persona jurídica sea multirreincidente (art. 66.1.5.ª), o sea utilizada instrumentalmente para la comisión de ilícitos penales, se podrán imponer, con una duración superior a cinco años, las penas de las letras *e*) y *f*) del artículo 33.7, es decir, las penas de prohibición de realizar actividades e inhabilitación para obtener subvenciones y ayudas públicas. En estos casos también se podrán imponer, con carácter permanente, las sanciones previstas en las letras *b*) y *e*) del mismo artículo, es decir, las penas de disolución y prohibición de realizar actividades (art. 66 bis.2.ª3). También en este supuesto la dicción literal del artículo 66 bis.2.ª3 implica que cuando la persona jurídica no sea multirreincidente, o no haya sido utilizada instrumentalmente, la prohibición de realizar actividades e inhabilitación para obtener subvenciones y ayudas públicas deba tener una duración igual o inferior a cinco años y que no se pueda imponer con carácter permanente las penas de disolución y prohibición de realizar actividades.

6.ª Cuando como consecuencia de los mismos hechos se impusiere a la persona jurídica y a la persona física que haya actuado en su nombre o representación sendas penas de multa, los jueces o tribunales modularán las respectivas cuantías, de modo que la suma resultante no sea desproporcionada en relación con la gravedad del delito (art. 31 bis.2).

7.ª En los supuestos en los que por los mismos hechos se declare responsable penal a una persona jurídica y a una persona física, las circunstancias que afecten a la culpabilidad y las agravantes que concurran en la persona física no modificarán la responsabilidad de la persona jurídica (art. 31 bis.3).

Por último, debe señalarse que para la fijación de la extensión de las penas aplicables a las personas jurídicas, salvo las de multa por expresa decisión legislativa, se tendrán en cuenta los siguientes criterios (art. 66 bis.1.ª):

a) La necesidad de la pena para prevenir la continuidad de la actividad delictiva o de sus efectos.

b) Las consecuencias económicas y sociales, y especialmente los efectos para los trabajadores.

c) El puesto que en la estructura de la persona jurídica ocupa la persona física u órgano que incumplió el deber de control.

3. La pena de multa

La pena de multa consiste en la imposición de una sanción pecuniaria al condenado. En el nuevo Código la pena de multa adquiere dos modalidades; el día multa, sistema general adoptado por el CP según nos indica el artículo 50.2, y la multa proporcional, que tiene un carácter excepcional.

A) *El sistema de los días multa*

El sistema de los días-multa empleado por el legislador español (arts. 50 y 51) es una variante del modelo escandinavo de los días-multa, que persigue conseguir que la pena de multa, aflictiva en todo caso, no devenga en una distinta aflicción dependiendo de cuál sea la situación económica del reo. La LO 5/2010 modificó los artículos relativos al sistema de días-multa, a la que por cierto el artículo 33.7 denomina multa por cuotas, para incluir reglas específicas para la imposición a la persona jurídica.

Cuando la multa por cuotas se imponga a una persona jurídica la extensión será de diez días a cinco años, siendo ésta la duración máxima de la pena aunque deba subirse de grado, puesto que el legislador no ha modificado el artículo 70.3 para incluir una regla específica para este supuesto.

Para imponer una pena de día-multa el Tribunal tendrá que realizar tres operaciones:

1.ª Fijar las cuotas a imponer partiendo de la pena del tipo, rebajada en uno o dos grados si el delito está sólo intentado, y teniendo en cuenta las posibles circunstancias que concurran en la misma, es decir, aplicando el artículo 66.1 (salvo la regla 5.ª, la relativa a la multirreincidencia por expresa decisión legislativa como veíamos antes). Como en cualquier determinación de la pena, fruto de estas operaciones, tendremos una pena de multa que tendrá un límite mínimo y un límite máximo, dentro de los cuales el Tribunal, motivadamente, tendrá que decidir el número de cuotas de la pena de multa. Los criterios que suelen utilizarse son la gravedad del hecho y las circunstancias personales del reo, estos criterios pueden ser válidos también en el caso de las personas jurídicas.

2.ª Una vez que conocemos el número de cuotas a imponer, tendremos que determinar cuánto deberá pagarse por cuota impuesta. Respecto de las multas a imponer a las personas jurídicas, el legislador ha establecido que la cuota diaria tendrá un mínimo de 30 euros y un máximo de 5.000 (art. 50.4). Sin embargo, no se han recogido expresamente los criterios que el Tribunal sentenciador debe utilizar para fijar la cuota, aunque se pueden utilizar por analogía los criterios establecidos para las personas físicas en el mismo artículo 50.5 y los establecidos en el artículo 66 bis.1.1.ª para la persona jurídica. Nos parece congruente con el sentido de la pena de multa por cuotas combinar ambos, utilizando entonces como criterios de fijación de la cuota los siguientes: la situación económica de la persona jurídica y las consecuencias económicas y sociales, y especialmente los efectos para los trabajadores, que la multa pueda conllevar.

Una vez conocidos el número de cuotas a imponer y el importe de las mismas, basta multiplicar unos por otra para conocer el importe global de la pena de multa que procede imponer. Este importe, naturalmente, debe aparecer como condena concreta en la sentencia.

3.ª Conocido el importe de la multa a pagar todavía le resta al Juez determinar la forma de pago de la multa. Sobre este tema se hablará *infra*, dado que es una cuestión común a la multa proporcional.

B) *La multa proporcional*

Según el número primero del artículo 52 en los casos en los que el Código así lo determine, se podrán imponer multas en proporción al daño causado, el valor del objeto del delito o el beneficio reportado por el mismo.

A este respecto debe señalarse que son numerosas las Sentencias del Tribunal Supremo que declaran que la determinación, en los hechos probados, del valor de referencia de la multa proporcional, es un requisito imprescindible para que ésta pueda imponerse como pena. Pues bien, a la vista de la doctrina jurisprudencial de nuestro Tribunal Supremo el legislador, en 2010, introdujo una norma específica para evitar que en estos casos la persona jurídica no pudiera ser sancionada, el artículo 52.4.

Establece el artículo 52.4 que «en los casos en los que este Código prevé una pena de multa para las personas jurídicas en proporción al beneficio obtenido o facilitado, al perjuicio causado, al valor del objeto, o a la cantidad defraudada o indebidamente obtenida, de no ser posible el cálculo en base a tales conceptos, el Juez o Tribunal motivará la imposibilidad de proceder a tal cálculo y las multas previstas se sustituirán...» por multa por cuotas.

La sustitución se realizará en los siguientes términos:

a) Multa de dos a cinco años, si el delito cometido por la persona física tiene prevista una pena de prisión de más de cinco años;

b) Multa de uno a tres años, si el delito cometido por la persona física tiene prevista una pena de prisión de más de dos años y hasta cinco;

c) Multa de seis meses a dos años, en el resto de los casos.

Cierto es que las multas proporcionales suelen acompañar a penas de prisión, pero si en algún caso el legislador previera como pena del tipo una multa proporcional que no acompañara a una de prisión, habría que seguir la doctrina jurisprudencial expuesta más arriba y no podría imponerse la multa.

C) *La ejecución de la pena de multa*

Las multas impuestas a las personas jurídicas constituyen sin duda una sanción pecuniaria, y dado que según el artículo 50.6, tras la reforma operada por la LO 15/2003, el pago aplazado de la multa sólo podrá acordarse por causa justificada, debe considerarse que el régimen normal de ejecución de la pena de multa impuesta a la persona jurídica será el pago total del importe de la multa cuando la sentencia sea firme. Ésta es por tanto la regla general respecto al pago de la multa.

Sin embargo, el artículo 53.5, fruto de la reforma del 2010, autoriza el pago fraccionado de la multa impuesta a la persona jurídica, durante un periodo de hasta cinco años, cuando su cuantía ponga probadamente en peligro su supervivencia, o el mantenimiento de los puestos de trabajo o cuando así lo aconseje el interés general.

Aunque el contenido del artículo 53.5 resulte loable, su ubicación debe considerarse errónea ya que en este artículo lo que se aborda es la obligatoriedad del pago de la multa y las formas coercitivas de hacerlo efectivo, y, por ello, no tiene sentido incluir aquí la posibilidad de fraccionamiento. Sin duda lo que el legislador ha tratado de evitar es duplicar el contenido de la regla y ubicarlo dos veces, una en las multas por cuotas y otra en las multas proporcionales. Este mismo fin se habría conseguido trasladando el contenido del actual artículo 51 al final del artículo 50, el contenido del actual artículo 52 al artículo 51, y ubicando en el artículo 52 la norma relativa al fraccionamiento del pago de las multas aplicables a las personas jurídicas. De esta forma habría quedado mucho mejor sistematizado todo el contenido de las multas.

Por otra parte, debe recordarse que el artículo 51 autoriza a modificar el importe de las cuotas periódicas y de los pagos en el caso de que el pago de la multa se haya fraccionado cuando, tras la debida indagación, se verifique que la situación económica del penado se ha variado. Habiéndose establecido explícitamente la posibilidad del pago fraccionado de las multas impuestas a las personas jurídicas, el legislador debería haber introducido una norma específica para modificar el régimen de cumplimiento de la pena de multa impuesta a la persona jurídica, dado que la situación económica de la misma también puede cambiar. A nuestro juicio nada obsta a que se pueda aplicar el contenido del artículo 51, por analogía, también a este supuesto.

Por último, debe recordarse que en el inciso segundo del artículo 53.5, introducido por LO 5/2010, el legislador ha recogido la obligatoriedad del pago de la multa impuesta a la persona jurídica. Dado que en este supuesto, lógicamente, el impago no puede amenazarse con una responsabilidad de carácter personal, el legislador ha establecido la pena de intervención de la persona jurídica hasta el pago total de la multa.

VI. MEDIDAS APLICABLES A LAS ORGANIZACIONES SIN PERSONALIDAD JURÍDICA

Como señalábamos *supra* el legislador, en el artículo 129, modificado primero por LO 5/2010 y posteriormente por LO 1/2015, ha previsto la posibilidad de que el delito se cometa en el contexto de entidades sin personalidad jurídica. Los términos en los que el legislador expresa la conexión entre el delito y la entidad recogen todas las posibilidades imaginables: que los delitos se cometan en el seno, con la colaboración, a través o por medio de empresas, organizaciones, grupos o cualquier otra clase de entidades o agrupaciones de personas que, por carecer de personalidad jurídica, no estén comprendidas en el artículo 31 bis.

Dado que dichas «entidades» no tienen personalidad jurídica, aunque sí existencia real, no se les puede imputar la comisión de un delito. En estos supuestos es donde mejor se aprecia la realidad ontológica de que sólo las personas físicas pueden ser sujetos activos del delito. La única solución posible pasa, entonces, por adecuar el derecho a la realidad. Habrá que exigir responsabilidad penal a la persona física que comete el delito, e imponer como consecuencias accesorias al delito, las medidas necesarias para evitar que en el futuro se vuelva a utilizar una estructura organizada, al margen del derecho, para posibilitar la comisión de nuevos delitos. Eso es lo que hace el legislador en el artículo 129, aunque de una manera harto confusa como veremos después.

También en el caso de las personas jurídicas inimputables es aplicable el contenido del artículo 129, así lo considera la doctrina de nuestro Tribunal Supremo en Sentencia núm. 154/2016 de 29 febrero.

Establece este artículo que:

1. En caso de delitos cometidos en el seno, con la colaboración, a través o por medio de empresas, organizaciones, grupos o cualquier otra clase de entidades o agrupaciones de personas que, por carecer de personalidad jurídica, no estén comprendidas en el artículo 31 bis, el Juez o Tribunal podrá imponer motivadamente a dichas empresas, organizaciones, grupos, entidades o agrupaciones una o varias consecuencias accesorias a la pena que corresponda al autor del delito, con el contenido previsto en las letras *c*) a *g*) del apartado 7 del artículo 33. Podrá también acordar la prohibición definitiva de llevar a cabo cualquier actividad, aunque sea lícita.

2. Las consecuencias accesorias a las que se refiere en el apartado anterior sólo podrán aplicarse a las empresas, organizaciones, grupos o entidades o agrupaciones en él mencionados cuando este Código lo prevea expresamente, o cuando se trate de alguno de los delitos por los que el mismo permite exigir responsabilidad penal a las personas jurídicas.

3. La clausura temporal de los locales o establecimientos, la suspensión de las actividades sociales y la intervención judicial podrán ser acordadas también por el Juez Instructor como medida cautelar durante la instrucción de la causa a los efectos establecidos en este artículo y con los límites señalados en el artículo 33.7.

Como se puede apreciar de la lectura del artículo, la expresión utilizada por el legislador para posibilitar al juzgador la imposición de las consecuencias accesorias es la siguiente: «el Juez o Tribunal podrá imponer motivadamente a dichas empresas [...], una o varias consecuencias accesorias a la pena que corresponda al autor del delito». La primera versión del artículo 129 establecía «El Juez o Tribunal, en los supuestos previstos en este Código, y previa audiencia de los titulares o de sus representantes legales, podrá imponer, motivadamente, las siguientes consecuencias». Se trataba por tanto de medidas (en cuanto a su contenido) que se podían imponer a la persona jurídica que había sido utilizada para la comisión del delito. La utilización de la expresión «penas accesorias a la pena que corresponda al autor» tiene una consecuencia evidente: supone la incorporación al elenco de pena accesoria al delito que ya existe, a lo que no habría nada que objetar si no fuera porque el concepto de pena accesoria supone la existencia de una pena principal, es decir, que en aquellos casos en los que no se pueda condenar al «autor» del delito (porque se le aplique una eximente, porque haya fallecido...) tampoco se podrá imponer la consecuencia accesoria.

El problema se habría evitado de haberse utilizado la expresión de 1995. La redacción podría haber sido la siguiente: «Cuando el delito se haya cometido en el seno, con la colaboración, a través o por medio de una entidad sin personalidad jurídica el Juez o Tribunal, en los supuestos previstos en este Código para exigir responsabilidad penal a las personas jurídicas, o en aquellos otros expresamente previstos, podrá imponer motivadamente las siguientes consecuencias».

Por lo que respecta a las consecuencias en sí mismas hay que tener en cuenta dos cuestiones:

a) Sólo podrán ser impuestas en los casos previstos en la ley expresamente o en los casos en los cuales el legislador exija responsabilidad penal a la persona jurídica;

b) Las consecuencias en sí son varias: 1) según expresión literal del artículo «las penas previstas para las personas jurídicas en las letras *c*) a *g*) del apartado 7 del artículo 33», también aquí el legislador podría haber sido más cuidadoso utilizando una expresión semejante a ésta «las consecuencias accesorias tendrán el mismo contenido y límites que las penas expresadas en...»; 2) además el Juez o Tribunal podrá acordar la prohibición definitiva de llevar a cabo cualquier actividad, aunque sea lícita.

Por último, hay que recordar que la clausura temporal de los locales o establecimientos, la suspensión de las actividades sociales y la intervención judicial, podrán ser acordadas también por el Juez Instructor, con los límites señalados en el artículo 33.7, como medida cautelar durante la instrucción de la causa.

VII. LA EXTINCIÓN DE LA REPONSABILIDAD PENAL Y LA REHABILITACIÓN DE LA PERSONA JURÍDICA

Con carácter general son predicables a la responsabilidad penal de la persona jurídica las causas de extinción previstas en el artículo 130.1 del CP, aunque naturalmente no lo serán aquellas que sólo puedan concurrir en la persona física.

Existe, sin embargo, un régimen específico para la extinción de la responsabilidad penal de la persona jurídica.

Extingue la responsabilidad penal de la persona jurídica la disolución real y efectiva de la misma (art. 130.2.2.º). En consecuencia no extingue la responsabilidad penal la disolución encubierta o meramente aparente. Se considerará en todo caso que existe disolución encubierta o meramente aparente de la persona jurídica cuando se continúe su actividad económica y se mantenga la identidad sustancial de clientes, proveedores y empleados, o de la parte más relevante de todos ellos.

Por su parte, el artículo 130.2 recoge los supuestos en los que no se extingue la responsabilidad criminal de la persona jurídica. Esta norma trata de evitar que la persona jurídica evada su responsabilidad penal utilizando alguna operación legal. Según el artículo 130.2, la transformación, fusión, absorción o escisión de una persona jurídica no extingue su responsabilidad penal, que se trasladará a la entidad o entidades en que se transforme, quede fusionada o absorbida y se extenderá a la entidad o entidades que resulten de la escisión. El Juez o Tribunal podrá moderar el traslado de la pena a la persona jurídica en función de la proporción que la persona jurídica originariamente responsable del delito guarde con ella.

La rehabilitación de la persona jurídica ha sido introducida en el CP por LO 1/2015. Establece el nuevo artículo 136.3 que:

Las penas impuestas a las personas jurídicas y las consecuencias accesorias del artículo 129 se cancelarán en el plazo que corresponda, de acuerdo con la regla prevista en el apartado 1 de este artículo, salvo que se hubiese acordado la disolución o la prohibición definitiva de actividades. En estos casos, se cancelarán las anotaciones transcurridos cincuenta años computados desde el día siguiente a la firmeza de la sentencia.

VIII. LA RESPONSABILIDAD CIVIL

La LO 5/2010 ha introducido un nuevo número tercero en el artículo 116 en el que se declara que la responsabilidad penal de una persona jurídica llevará consigo la responsabilidad civil de la misma, de forma solidaria con las personas físicas que fueren condenadas por los mismos hechos.